1001 ESCAPES

TO EXPERIENCE BEFORE YOU DIE

GENERAL EDITOR HELEN ARNOLD
PREFACE BY CATHERINE FAIRWEATHER
TRAVEL EDITOR, HARPER'S BAZAAR

有生之年必须体验的
1001场
逃离尘嚣的旅行

海伦·阿诺德◎主编
巩熠 万洁◎翻译

← 乘坐三桅小帆船，沿尼罗河享受放松之旅，饱览沿岸美轮美奂的景色。

中央编译出版社
CCTP Central Compilation & Translation Press

图书在版编目（CIP）数据

有生之年必须体验的1001场逃离尘嚣的旅行 /（英）阿诺德（Arnold,H.）主编 ；巩熠，万洁译．-- 北京 ：中央编译出版社，2014.9

书名原文：1001 Escapes to Experience Before You Die

ISBN 978-7-5117-2246-1

Ⅰ．①有… Ⅱ．①阿… ②巩… ③万… Ⅲ．①旅游指南－世界 Ⅳ．① K919

中国版本图书馆 CIP 数据核字 (2014) 第 168093 号

有生之年必须体验的1001场逃离尘嚣的旅行

出 版 人： 刘明清
出版统筹： 贾宇琰
责任编辑： 饶莎莎 郑晴蕾
责任印制： 尹 珺
出版发行： 中央编译出版社
地　　址： 北京西城区车公庄大街乙5号鸿儒大厦B座（100044）
电　　话： （010）52612345（总编室）（010）52612342（编辑部）
（010）52612316（发行部）（010）52612315（网络销售）
（010）52612346（馆配部）（010）66509618（读者服务部）
传　　真： （010）66515838
印　　刷： 利丰雅高印刷（深圳）有限公司
成品尺寸： 160毫米×210毫米　60印张
版　　次： 2014年9月北京第1版
印　　次： 2014年9月第1次印刷
定　　价： 228.00元

网　　址： www.cctphome.com　**邮　　箱：** cctp@cctphome.com
新浪微博： @中央编译出版社　**微　　信：** 中央编译出版社（ID:cctphome）
淘宝店铺： 中央编译出版社直销店（http://shop108367160.taobao.com）

本社常年法律顾问：北京市吴栾赵阎律师事务所律师 闫军 梁勤
凡有印刷质量问题，本社负责调换。电话：010-66509618

目录

序

凯瑟琳·费尔韦瑟，《时尚芭莎》旅游编辑

丛林掩映之下，你正在高高的树屋上练习着冥想技巧，片刻之后，鹦鹉纷纷停歇在枝头，喧闹嬉戏的猴子也开始休息了。从这处鹰巢般高高在上的小屋望出去，目之所及是七座神圣的山峰，这里便是斯里兰卡被人遗忘的中心地点——阿尔婆沙。这片土地与世隔绝，纤尘不染，可谓是人类堕落之前的伊甸园。这里既收不到手机信号，又与城市生活不变的“白噪音”相隔数英里；既没有电，也没有热水。但是，你可以在瀑布下冲凉，在莲花盛开的湖水中游泳，身边间或有蝴蝶相随，最后伴着油灯的光晕和萤火虫的飞舞进入梦乡。你会感觉到，眨眼间，一个小时便溜走了。香茅精油和昙花的芬芳洋溢在空气中。宁静安详的氛围让你几乎能听到血液在耳朵中隆隆流过的声音和自己心脏砰砰跳动的声音。你何时曾什么都不干，只是静静沉思并且简单地“存在着”？你何时曾放下全身的戒备与警惕，直到几乎要迷失自己，重新与真实的自我进行沟通，或与此同时成为一个全然不同的自己？以蕉叶挡风遮雨，以看蚂蚁忙碌为乐，手执一串贝壳做念珠，你已然渐渐卸下了身体的疲惫，抛开了精神的烦忧，将你的人生融在了此情此景中。

像阿尔婆沙和本书中众多其他逃离尘嚣的所在一样，这些诱人的地点能让人暂时逃离循规蹈矩的生活，从沉闷乏味的日子里开溜，得到一种释放。待到围裙上的香薰气味和防晒油洗净，这些地方就像是有长久的魔力一样，会给你打上一针解毒剂，让你从现代生活那令人抓狂的节奏和压力中恢复过来。

对于我们中的大多数人而言，所谓逃离尘嚣便是放慢速度，仔细品味“慢”的艺术。对此完美的诠释就数在育空河上荡舟了，熟悉了那循环往复、令人陷入冥想的桨声，就此笃定前行，一路上不紧不慢地拐过一个个林荫遮蔽下的峡湾与水港。想象你自己就在一轮满月之下，在波光粼粼的海面上划出一道水痕。当行舟时偶然瞧见一头牡鹿正高傲地昂着鹿角在你划过的水面上游着，或当你发现小船底下有一条逆戟鲸，水面的平静就此被打破，转而一个优美的小漩出现在你眼前，这样的画面，即便只是一瞥，也足以在我们的脑海中留下永恒的美好。在我们的精神生活愈发贫瘠时，这一切更显得弥足珍贵。

书中很多旅程以其缓慢、稳重的节奏鼓励我们停下来反思自身，去与精神世界和自然世界重新沟通。去沿着尼罗河乘三桅帆船缓缓顺流而下，去乘一列火车伴着“咔嚓咔嚓”的行进声穿越澳大利亚腹地，去乘中空圆木独木舟或者博茨瓦纳传统独木舟，撑着篙慢慢渡过奥卡万戈的漫滩，充分利用你的空间和时间，真正深入了解一个地方和一种文化。一切都是慢悠悠的，唯独从劳累苦闷到轻松欣喜的转换是迅速的。

但是无论你认为逃离尘嚣的内涵，是与“自我”重新建立联系，还是彻底与“自我”背道而行，本书都会着重突出一个重要的元素——梦幻，由这一主题将很多旅行、酒店和修养住所排除在外。飞往迪拜的阿拉伯塔酒店这一建筑奇观的航班，极致梦幻，让我心跳不已；爱维森华欣酒店创意十足的漂流木，或躺在帐篷里睡觉的童话般的诱惑，也会让我欣喜不已。他们都是逃离尘嚣的好地方，会让人所有的观感都为之活跃起来，让麻木的味蕾重又敏感起来，带给我们和在家乡时截然相反的体验。

本书中满满都是让人心旷神怡的诱惑。从“远离生活一切烦恼”的主旨出发，我们一开始将其阐述为：一杯凤梨椰奶鸡尾酒，一片海滩，一件T恤衫足以证明你到过那里。但随着时间成为越来越宝贵的商品，现在，让那些短暂的休息获得共鸣并且让人觉得真实可信，比过去任何时候都重要。

书中一张张让人垂涎欲滴的美景图片，对波浪般起伏的沙丘、涟漪不断的海岸线与摇曳生情的棕榈树的文字描写，当然能让人的灵魂得到洗礼，以更轻松的方式来想，这些也可以让你在入睡前或泡澡时，放开想象力的缰绳，让它在美好中尽情驰骋，或当你晃荡在通勤列车中时做你分散注意力的好帮手。所以，尽管你从未到达过金瞪羚酒店的神话大门，也没能到你发誓要去的维科斯峡谷远足，有时候，只要知道这样的地方真的存在于这世界上，就足以让人心满意足、重拾希望了。

Catherine Fairweather

凯瑟琳·费尔韦瑟，伦敦

引言

海伦·阿诺德，本书主编

标识说明

- 帐篷
- 住宿处/小旅馆
- 出租屋
- 酒店
- 水疗/冥想
- 旅行

- 山景
- 水景
- 岛屿
- 沙滩
- 公园/绿地
- 城市

- 美食
- 自然景观
- 人文景观

!	免费
$	$1-100
$$	$101-500
$$$	$501-1,000
$$$$	超过 $1,000

快得令人眼花缭乱的21世纪的生活节奏，再加上先进的技术，这意味着你和办公室之间永远保持着一通电话或一封电子邮件的距离，想逃离现代世界的压力更是难上加难。不管你多努力地想远离这种生活，你的手机铃声总会一遍遍地响起，每个人都想占用你的一部分时间。所以我们有时候会想，干脆离这一切都远远的，这种想法一点都不奇怪。

在本书中，我们决定专注于纯粹的放松。从喜马拉雅山脉中瑜伽修行者的隐居处，到遥远偏僻的苏格兰人避世所在，到熙熙攘攘的城市中央静谧的花园，再到夏季滚滚热浪中凉爽沉静的教堂，我们集中向你展现那些能让人逃离尘嚣的地方，那里引人深思、平静安宁、令人放松、适合冥想，或者能给人的心灵带来慰藉。我们并未收录会让人肾上腺素冲高、神经撕裂、全身一时间为之战栗的那种逃离喧嚣之地，这留待以后有机会另立成册。不过，这并不表明我们这本书中囊括的逃离尘嚣之地无趣而程式化，相反，不仅有趣，而且多种多样。这些逃离尘嚣之地有足够的娱乐方式可以让人们从现实中逃出来，享受令人心情舒缓的休闲放松。从伯利兹城温和宜人的海滩下水，在水晶般纯净透明的浅海中潜水，身边时有蝠鲼和海龟穿梭经过；或者在安达卢西亚芬芳满溢的橘树和柠檬树丛中信马由缰，有什么能比这些更能让人平静松弛下来的呢？

三十或四十年前，一般人都没有经济能力去游览偏远的地方，如不丹或孟加拉。不过，随着航空公司的折扣多起来，道路也逐渐增加，让交通变得更加便利，那些世界上曾经专属于富人、闲人或是富贵闲人的地方渐渐向世人露出它们的容貌。

本书所选的全部逃离尘嚣的旅行都旨在给你一个远离世俗生活、柴米油盐和日常工作的机会，令你放松身心，在美丽的景色、陌生的环境中尽情享受精神充电的快感，最后回到家里不仅得到了充分的放松和休息，还重新充满了活力与精力。

放眼全世界，到处都是让人心旷神怡的地方。比如说加拿大就有几处极好的偏僻的灯塔，在那里你可以远离喧嚣的人群。或者入住卡彭岛上的卡彭灯塔客栈，卡彭岛坐落在纽芬兰的北侧，是一片小小的陆地，除了两座经细心修复保存完好的灯塔看守人住的房子以外，岛上一片荒芜。书中也介绍了富丽堂皇的酒店，从含有米其林星级餐厅的世界级酒店，如建在英国乡村腹地的庄园酒店，到标志性的香港半岛酒店，还有更为简单的民居，如前身是渔夫村舍的松德霍克若旅馆。书中还包括了非传统的住所，如瑞典的冰雪酒店，该旅店完全是以冰雕凿而成，还有印度喀拉拉邦的名副其实的宁静度假酒店。他们可以给人带来不同档次的舒适和奢华体验，你只需往床上安心一躺，便会高枕无忧、乐不思蜀。

法国有一系列由令人惊叹的古堡改造而成的酒店，完全能够满足你对法王路易十四帝王生活的幻想，从坐落在加斯科尼乡间深处那座18世纪的气势恢弘的拉萨尔城堡，到卢瓦尔河谷的蒙迪欧庄园任你选择。葡萄牙也拥有同样给人留下深刻印象的一系列政府经营的酒店，其前身是城堡、宫殿、军事堡垒和修道院，而现在被改造成了美得令人惊异的酒店。英国地区满眼都是古老的乡间宅邸改造的酒店和旅馆，这些老房子里有褪色的印花墙布，劈啪作响的柴火前打盹儿的拉布拉多犬，还有端着完美调制的杜松子酒和奎宁水的男管家。摩洛哥的马拉喀什以其美丽的酒店而闻名于世，经过改造，那些联排别墅以周围的走廊为界圈起一块块绿洲，给客人带来欢喜愉悦的心情。利雅得艾尔芬是其中最为奢华的酒店，不过这里还有几百所各种价位的酒店。

世界上越来越多的人开始关心自身的健康，而且他们对心灵与身体之间的联系也有越来越深刻的认识，因此人们对水疗旅行的热衷达到了前所未有的程度。水疗不再是娇生惯养的公主或百无聊赖的家庭主妇们的专属消遣，而是吸引了的数量空前的人来体验。如今几乎每家新开的酒店都会提供必不可少的水疗服务。但是本书中涉及的那些养生主题的场所可不是一个涡流式浴缸外加一个后来新添的脏兮兮的理疗室那么简单。这些地方是超乎想象的放松好去处，你可以沉浸在经验丰富的理疗师为你提供的周到服务中，或者体验针对不适的身体局部进行的使人精力充沛的治愈疗法。要说起终极的纵情享受，还要属泰国的奇瓦颂度假村或喜马拉雅山山脚的阿南达度假村。那些更倾向于体验略微清教徒式的健康生活方式的游客，就去斯巴达式的比较残忍的奥地利迈尔&莫尔水疗。

考虑到生态意识较强的旅行者，我们为你准备了一些很棒的生态旅馆和环境友好的下榻处。中美洲在这方面可以算得上是个“开路先锋”，这片区域中的生态旅馆选择颇为丰富。在危地马拉雨林心脏位置的泥屯保护区，你可以像野生动物一样展开奇妙的徒步跋涉；在尼加拉瓜的摩根岩石庄园和生态旅馆，你可以翻身上马沿着太平洋岸边纵情驰骋，在这里的娱乐多得让人无从选择。哥斯达黎加也有数不清的生态旅馆，但是本书中列出来的那些都有各自的特别之处。就拿艾尔锡伦西奥酒店来说吧，该酒店不但获得了无可指摘的许许多多环保类资质证书，而且还能为顾客提供奢华的体验。而拉库辛格旅馆在环保方面也没有做表面文章，旅馆小屋内所有的家具均为木质家具，打造家具的木料正是来自于当地可持续发展的种植园。

不过，并不是我们书中的所有逃离尘嚣的旅行都是住在酒店旅馆里观景，认识一个地方最好的方式就是行走。虽然我们收录的一些绝美的徒步路线税负较重，但其实也有中间价位的路线，你可以选择各个不同消费档次的徒步路线。在去往西班牙北方圣地亚哥-德孔波斯特拉那条举世闻名的朝圣者之路上，你将会踏着几个世纪以来朝圣者们留下的脚印前行。在科西嘉岛上有一条野趣盎然、魅力非凡的徒步路线，却有着一个听上去平淡无奇的名字——GR20，你在那条路上走几天也未必能见到一个人，徒步旅行是清除烦忧、让自己累并快乐着、最后享受一夜无梦的甜美睡眠的绝佳方法。事实上，伟大的户外自然界有多种多样的地形和气候，你若总是留在室内就无法窥其全貌。去迪拜沙漠的流沙中骑骆驼吧；跳下彼得岛，去蔚蓝的加勒比海中潜水吧；去夏威夷的哈雷阿卡拉火山骑自行车往下冲吧；去赞美那超现实的令人瞠目结舌的阿根廷莫雷诺冰川吧；去惊讶地凝视舞动的北极光吧；或者只单单去享受波拉波拉岛荒芜海滩上鲁滨逊式的笨拙行走。

若是你想看到原始未驯化的野生动物，非洲是个必去的地方。你可以选择来趟辛苦的旅行，不过大可放弃那些童子军式露营的想法，因为现在那里有众多豪华帐篷可供选择，既让你能享受回归自然的清新感觉，又不会以牺牲舒适为代价。坦桑尼亚塞卢斯项目是一个相当不错的选择，在那个私人自然保护区内不必受到浩浩荡荡、装满游客的吉普车队的干扰，或者住在塞伦盖蒂平原中心的辛集塔法鲁法鲁旅馆，那里是观看数以百万计的牛羚进行史诗般的一年一度迁徙的最佳地点。赞比亚的恰瓦是奢华氛围满溢却仍旧美妙地将其融入自然风景之中的胜地，此地以乘独木舟游河闻名。

无论是浪花冲上岸时拍击沙滩的破碎声，还是在水路上划船时船桨轻拍在水面上的“扑通”声，水声总是能抚慰人的心灵，这一点毋庸置疑。你可以去住瑞典的一所浮于水面的旅馆，也可以在法国沿着阿尔代什河荡舟，在加拿大的育空河上玩皮划艇，再或者去参观一下佛罗里达州的一家水下酒店，在那里你得穿上带水肺的潜水服才能回到你的房间。当然，你也可以干脆享用一下法国依云小镇的矿泉水，因为水中含有有益健康的成分，该地的水闻名遐迩；也可以去英格兰的巴斯，几世纪以来，贵族们都喜欢到这个地方享受有保健功能的温泉。或者，你可以泡在冰岛的地热温泉中，这里温热的泉水对缓解肌肉的酸痛有神奇的效果。

如果你只想坐下来好好放松一下，让世界的风景从你眼前毫不费力地一一掠过，我们也为你准备了一些世界上最引人入胜的火车之旅，从壮观的俄罗斯跨西伯利亚铁路线到热带地区澳大利亚昆士兰的库兰达铁路线，供你挑选。想要以不同的视角观赏美景，那就试试乘坐热气球轻盈飘荡在土耳其中部的卡帕多西亚那崎岖大陆的上空吧，在尼罗河上乘奢华游船一览埃及风景名胜，或是驾车穿越加州风景如画的大苏尔景区。

无论你是为了活而吃，还是为了吃而活，对于大多数人来说，游览新地方的最大乐趣之一就是：品美食，饮美酒。法国仍是时尚闻名的美食中心之一，恐怕这也就能解释为什么有些法国的景点介绍中重点提及了餐饮。去卢瓦尔尝尝葡萄酒，去加斯科尼喝点阿马尼亚克干邑白兰地，去兰斯霉味扑鼻的地窖啜饮香槟，或者在普罗旺斯的波玛尼尔乌斯陶酒店里享用米其林星级大餐。喜欢品尝佳肴、鉴赏美酒的人会发现自己来到了美食天堂。但是法国不是唯一一个让饕餮客流连忘返的国度。你也可以在马德拉群岛品尝到与岛齐名的白葡萄酒，在伦敦的彼得舍姆苗圃这个波西米亚园艺中心享用美味的有机食物，在南非的酒乡中央位置的“第四个法国人”酒店体验米其林星级菜肴。

如果你在找的是一个从嘈杂喧闹的都市生活中出逃的临时避难所，还有什么比去草木茂盛、翠绿欲滴的花园更好的选择呢？沙尘遍野的马拉喀什腹地的马若雷尔花园就是一片这样的绿洲，而德国汉堡的花卉植物园是一处植物多种多样的“避风港”，非常适合在阳光灿烂的时节参观游玩。

不过，要想彻彻底底地逃离尘嚣，还是得去外太空，那里荒凉、空旷、（据我们所知）杳无人迹，不愧是抛开世俗的绝佳去处。目前，在太空旅行的初期，商业太空旅行对于那些“胆大包天”的勇士和“富可敌国”的有钱人来说却是个可以考虑一去的避世之所，想想那远超预算的二十万美元太空旅游票价，谁知道会发生些什么呢。也许几年后，这个票价就会和今天的廉价机票一样实惠了。

我希望这本书能带给你欢乐、灵感和勇气，让你最终能甩开平凡的生活和繁忙的工作，开始计划属于你自己的逃离尘嚣的旅行。旅途愉快！

国家与地区索引

在北美洲和南美洲，能找到远离尘嚣的去处之多，绝对是其他大洲望尘莫及的。无论是坐着狗儿拉的雪橇穿越加拿大这样激奋人心的旅行，还是在魅力无限的纽约市酒店中体验奢华与满足，无论是在遥远的加勒比海岸度过轻松愉悦的一天，还是徒步穿过亚马孙雨林，或是在阿根廷的葡萄园尽享灵感之旅，美洲乐园应有尽有。

美洲

← 巴巴多斯小小良港

育空河独木舟漂流
Canoe the Yukon River

地点：加拿大育空地区 **网站：**www.touryukon.com; www.naturetoursyukon.com **价格指数：**$$

尽管离开白马市还没多远，但已经足以让你领略蓝绿色的育空河。白头海雕在天空中盘旋，唯一能够听到的就是船桨波动水面的声音。当你到达营地的时候，你可能发现自己是独自一人，而周围，是黑熊和灰熊栖息的树林。即使是在旅游旺季，育空河流域也是人迹罕至的地区。

这里曾经不是如此的荒凉，在搭帐篷的时候，你可能会看到锈迹斑斑的、属于育空淘金热时代的遗迹，因为这里属于克朗代克地区。据说，在1896年的夏天，在克朗代克河的溪流中，发现了储量丰富的金矿。当时美国正处于经济大萧条时期，当矿工们带着成箱的金块返回城市的时候，引发了人们的疯狂。1897年7月17日《西雅图邮讯报》这样报道："金子！金子！金子！金子！波特兰号船上有68位富豪，以及堆积如山的黄澄澄的金属。"大约有10万人，向美洲北部进发，寻找他们的财富梦想。其中很多人翻越了奇尔库特山口和怀特山口，他们建造船只在这片水域航行，河道里船只熙熙攘攘，河两岸用木头建造的营地里游人络绎不绝，繁荣的景象一直延续到20世纪50年代，克朗代克高速公路建成。现在，你依然能够看到一两艘破旧的大船残骸，搁浅在河滩上。

当世界上各个城市的人口越来越多的时候，地球上的这个角落却从繁华回归安宁，统治这个偏僻的归隐之处的，不再是人类，而是麋鹿、狼和熊。PE

← 育空河湍急的水流，使独木舟漂流充满了乐趣。如果你想偷个懒的话，河水会载着你继续前行。

探索道森市
Explore Dawson City

地点：加拿大育空地区 **网站：**www.dawsoncity.ca
价格指数：

道森市是在19世纪末随着克朗代克淘金潮的涌现而迅速发展起来的，至今仍保持着独特的狂野西部氛围。

一大批梦想着成功的人们，包括年轻的杰克·伦敦，放弃了在城市里的艰辛生活，动身前往克朗代克。几乎没有人实现他们的发财梦，在随后的几年中，淘金潮向其他地方迁移，道森的人口开始越来越少。在1898年，大概有4万人生活在道森，现在，仅仅只有2千人。尽管如此，道森市依然保持着她的魅力。

> "你可以一饮而尽，也可以慢慢品尝，但是嘴唇必须碰到脚趾。"
>
> 腌脚趾鸡尾酒俱乐部的饮酒规则

这里的建筑都是传统风格的，道路两旁是垫高了的木质步道。游客们在这里可以徒步旅行，可以在河里划船，也可以在溪流中淘金，或者在钻石牙女郎赌场试试运气。他们游览这个城市，倾听这里非比寻常的故事，与不同肤色的当地人聊天。勇敢的人可以前往市中心酒店的拓荒者酒吧，点一杯"腌脚趾鸡尾酒"——一杯威士忌，里面放着一个截断的人脚趾作为装饰。（脚趾的来源是他人捐赠，收到捐赠后，将脚趾进行脱水处理，然后同盐一起封存。）很遗憾的是，第一颗脚趾没有保存下来，第一颗脚趾来自一位在颁布禁酒令期间，从边境向阿拉斯加走私烈酒的酒贩子，他的脚趾被冻伤了。而第一颗脚趾被替换，则是因为一位过度狂热的酒客在喝掉了十杯鸡尾酒后，从吧台的椅子上仰面跌倒，撞到了他的头，结果把脚趾咽了下去。PE

住在湖畔旅馆 Stay at Inn on the Lake

地点：加拿大育空地区马歇湖　**网站：**www.exceptionalplaces.com　**价格指数：**$$

在距离育空地区首府白马市大约半小时车程的马歇湖岸上，坐落着原木质地的隐居之所——湖畔旅馆。在这里，似乎任何异想天开的念头，都能够被满足，甚至会超出你的想象。当你握着一杯葡萄酒，或者拿着一瓶冰啤酒，走出旅馆，来到宽敞的露台上，从这一刻起，你会感觉自己沉浸在极度的放松状态。

这里有连绵不断的白雪皑皑的群山，茂密的原始森林，还有冬季被封冻的水晶般清澈的湖泊。如果你觉着这些对你没有什么吸引力，那你可以在黄昏小酌的时候，拿起窗台上的望远镜和观鸟指南，看看能不能找到一两只潜鸟。傍晚，这里提供的是有四道菜的晚餐，所有的客人在长餐桌上共进晚餐。

在夏季，可以在湖里钓鱼，滑皮划艇和独木舟，也可在周围的荒野中徒步或者骑山地车。附近高尔夫球场的门票也包含在酒店的住宿费用里。在冬季，育空地区的空气很清新，天空经常是湛蓝的。游客们可以滑雪（越野滑雪，野外滑雪和高山滑雪都可以选择），驾驶雪地摩托或者是狗拉雪橇。游客们还可穿上雪鞋在雪地里徒步越野，或者亲身体验一下冰下捕鱼。当然也可以在晚上，躺在温泉池中，欣赏繁星点缀的夜空里不断变换着色彩的极光。

这家旅馆全年开放，客人们可以选择住在旅馆的主楼中，也可以选择独立的小木屋。最大的木屋带有独立的露台和温泉池，而面向北方的露台和温泉池，都是观赏北极光的最佳角度。在冬季，忙里偷闲到这里小住几日，泡在热气腾腾的温泉中，欣赏着漫天的北极光，享受一下这里的浪漫时光。**PE**

对于来到湖畔旅馆的游客，以及在附近徒步旅行和山地车骑行的人们来说，最吸引他们的是有机会可以看到迷人的北极光。

狗拉雪橇穿越育空地区 Dogsled Across the Yukon Territory

地点：加拿大育空地区 **网站：**www.muktuk.com; www.uncommonyukon.com; www.bluekennels.de **价格指数：**$$

除了哈士奇雪橇犬的爪子快速拍打雪地的声音，以及雪橇发出的柔和的咯吱声之外，这里再也听不到别的声音。雪橇犬时不时把头一齐转向左边或者右边，大概是闻到了附近云杉丛中隐藏的白松鸡和雪兔。你还有可能在雪地里发现一连串的爪印，说明在你之前，曾经有一只狼经过这里。因为你正在穿越世界上仅存的几个巨大荒原之一。它的面积比加利福尼亚州的面积还要大，但是只有3万1千人居住在这片土地上。另外，还有7万只麋鹿，以及相当多数量的灰熊和黑熊、驯鹿、狼獾和大角山羊栖息在这片土地上。

当你离开森林中的小路，沿着冰冻的河面继续前行的时候，夜幕渐渐降临，一轮满月高悬在天空中，银色的光芒投射在这片荒凉但却凄美的土地上。再晚些时候，很有可能北极光就会在星光闪烁的夜空中为你翩翩起舞。然后，你会发现自己已经被“育空的魔力”所征服。就像诗人罗伯特·塞维斯诗中所写的：“有人说上帝创造育空的时候，他累了；有人说这是一片应该回避的净土；也许吧，但是还有人认为这是世界上不可替代的一片土地，而我，就是其中一个。”

来到育空地区的游客无论如何都要尝试一下狗拉雪橇，半天、一周甚至更长时间。游客们可以住在狗舍附近舒适的旅馆中，也可以选择跟雪橇犬一同在北方地区的小路沿途扎营。如果游客们想的话，他们甚至可以全程追踪被称为“世界上最艰苦的狗拉雪橇比赛”的育空国际狗拉雪橇大赛，观看专家们是如何驾驭狗拉雪橇的。这项赛事创办于1984年，在每年气候最恶劣的2月份举办，从阿拉斯加的费尔班克斯到白马市，全程1,000英里，约1,600公里。**PE**

↑ 同忠实的雪橇犬伙伴一起，踏上深入育空原始荒原核心地带的旅程。

自驾伊努维克到图克的冰上之路 Drive the Ice Road from Inuvik to Tuk

地点：加拿大西北地区　**网站：**www.tuk.ca; www.inuvik.ca; www.explorenwt.com　**价格指数：**$$

当你小心翼翼缓慢地驶出伊努维克，就踏上了冬季之路。这条路在马更些河的冰面上绵延120英里（约193公里），然后跨越波弗特海。它通向伊努维阿鲁特人的定居区图克托亚图克（通常简称为图克），这座城市坐落在北冰洋的岸边，加拿大领土的最北边。

这条路很宽阔，但是也很光滑，就像个溜冰场。跟你预想的不同的是，周围并不是白茫茫的一片。透明的冰层把阳光折射成淡黄色，堆积在路两侧的积雪，投射出藏蓝色的阴影。起初，矮小的灌木生长在河的两岸，渐渐地它们消失了，视野变得更加宽阔和平坦。

在很多地方，地面上隆起了很多冰丘。有点像巨型的鼹鼠丘，高度甚至可以超过150英尺（约45米），这些冰丘的形成，是由于永久冻土层下的地下水聚集后被冰冻，然后体积膨胀造成的。

最终，河道结束，当你历尽艰辛穿越冰冻的海面后，依稀能够看到远处建筑物的轮廓。你持续不断地驾车前行，穿越这片冰封的广袤荒原，在这里，连希望都会被冻结。你来到村庄的大街上，有一艘纵帆船搁浅在那里，这艘船曾经用来接送当地的孩子去寄宿制教会学校。再向前几步，你可以看到村庄里墓地的拱门上铭刻着："上帝，请赐予他们永远的安息，让永恒的光芒照耀他们。"（具有讽刺意义的是，永恒的光芒有时也照耀着这里活着的人们，这要感谢午夜里的阳光，这是北极地区的特有现象。）这光芒照耀着一排排的十字架，而这些十字架，似乎是在眺望着粉红色和紫色交织的波弗特海。你可以假设一下，如果人终究要死亡，那么还有哪里能够比这更适合作为终老之寝的呢？**PE**

↑ 要根据季节来制定你的出行计划，在夏天，这条路就变成了河流，根本无法从陆地上进入图克。

太平洋国王旅馆的放松之旅 Unwind at King Pacific Lodge

地点：加拿大不列颠哥伦比亚地区大公主岛　网站：www.kingpacificlodge.com　价格指数：$$$

加拿大的大熊雨林沿着不列颠哥伦比亚省的内线航道不断延伸，面积是黄石国家公园的两倍多。在这片连绵不断的原始森林深处，距离公路240公里远的地方，坐落着太平洋国王旅馆。它是一座漂浮的垂钓旅馆，停泊在大公主岛巴纳德湾宁静的水域中。这里是黑狼，北美灰熊，黑熊的乐园，当然，这里也是享受奢华服务的乐园，不过最多只能接待30位客人。

那里的飞机会带着您飞跃森林、湖泊和河流。旅馆与世隔绝的地理环境，绝对能够吸引像凯文·科斯特纳这样的一线明星，他已经成为这里的忠实客户。每年春天，这家独特的旅馆都会从她冬天的驻地——鲁珀特王子港的海岸边，向北拖拽100英里（160公里），到达她的夏季驻地——大公主岛附近。在这里，旅馆的17间客房，或面对荒野，或面对海洋，使人置身于纯粹的自然之中。

众所周知，座头鲸会在巴纳德湾这片水域浮出水面呼吸，距离旅馆仅几步之遥。游客们可以划独木舟前往无人居住的海岛，或者在向导的带领下，攀登无名的山峰。如果你幸运的话，你还可以看到珍稀的柯莫德“灵熊”——由隐性基因引起的全身生长白色皮毛的黑熊。

太平洋国王旅馆坐落在一艘废弃的海军驳船上，由几位海军建筑师设计。一家多伦多的公司负责旅馆的内部装饰，主要特点是家具全部采用浮木制造，木头栅栏未作任何装饰，因纽特人的挂毯上方的横梁两侧，悬挂着当地艺术家的绘画作品。船体中有冷冻室和冷藏室，用来保存肉类和鱼类，蔬菜则由每周接送客人的飞机空运过来。**BS**

↑ 太平洋国王旅馆后面的大熊雨林，是一片巨大的未被破坏的温带原始森林。

休假骑士湾旅馆
Relax at Knight Inlet Lodge

地点：加拿大不列颠哥伦比亚地区格伦代尔湾

网站：www.knightinletlodge.com　**价格指数：**$$

骑士湾旅馆坐落在距离骑士湾入海口36英里（60公里）的区域，隐匿在风景如画的格伦代尔海湾，只能搭乘水上飞机或者船舶到达这里。骑士湾旅馆是一家漂浮在水面上的经济型旅馆，停泊在冰川补给的瀑布之下，周围是遍布海岸山脉的温带雨林，这片区域，正好是大不列颠哥伦比亚省最大的灰熊聚集地。旅馆的房间沿着岸边分布，12间客房简洁宽敞。这家旅馆从20世纪40年代起开始营业，大多数房间内部提供一张超大号或者大号的床，和一张单人床，全部客房都带独立的卫生间和浴室。客人可以在宽敞的公共餐厅用餐，这里的膳食绝对一流，可以提供太平洋珍宝蟹，鲑鱼和肋排。

这里对于狂热的观熊爱好者来说，是观赏灰熊和刚出生的灰熊幼崽在自然栖息地生活的好去处。每年4月，灰熊从它们山顶上的巢穴迁徙到溪流以及骑士湾的河口处，享用这片区域富饶的浆果和天然草本植物。根据季节的变化，观熊的方式也有所不同，游客可以站在靠近岸边的船屋里观看，也可以冒险登上陆地，使用特别建造的树屋进行观测；骑士湾旅馆同猎人及当地居民合作，限制合法的运动狩猎活动。每年这一地区河流中迁徙的太平洋鲑鱼的数量，决定着灰熊的种群数量，因此骑士湾旅馆也积极地支持可以使这一地区河流中鲑鱼数量持续增长的各种举措。

这一地区是北美灰狼、海狮、水獭和白头海雕的家园。以逆戟鲸、座头鲸和小须鲸为特色的观鲸之旅，完善了野生动物观察的丰富内容，即使是最挑剔的户外运动爱好者，都能够尽兴而归。**BS**

在克拉阔特野外度假村度假
Stay at Clayoquot Wilderness Resort

地点：加拿大不列颠哥伦比亚地区温哥华岛

网站：www.wildretreat.com　**价格指数：**$$$$

骑马，观熊或者观鲸，划独木舟，徒步旅行，这些都是可以在克拉阔特野外度假村进行的休闲活动，这里可能是北美唯一一家豪华游猎风格的度假村。帐篷式的营地被翠绿的雨林环绕着。在2000年，靠近不列颠哥伦比亚托菲诺的这片区域，被联合国教科文组织选定为生物环境保护区。

这里的20顶帐篷（12顶双人帐篷，8顶大小够全家人使用的家庭帐篷）提供了足够的空间和舒适性，例如可以遥控操作的丙烷取暖炉，阿迪朗达克式的装修风格，大量的蜡烛以及煤油灯，足以在夜晚营造出迷人的质朴氛围。牧场的厨房有一个巨大的石头壁炉，和一间开放式的厨房，可以让最多6位用餐者观看烹饪大师准备度假村最著名的佳肴。在被称为康复营地的区域中，有度假村引以为傲的3个雪松热水浴桶，海水浴池和4座按摩理疗帐篷，另外还有一栋新的SPA中心，内有两间室内的水疗室。更令人感到惊异的是，这里的原始环境以及丰富的野生动物，可以说现在的城市探险者们绝对不曾有过这样的经历。**PS**

> “克拉阔特湾是一个美丽得让你忘记了呼吸的地方。”
>
> 让·克雷蒂安，加拿大前总理

受19世纪末乡村度假风潮的启发，克拉阔特度假村提供荒野中的精致和舒适。

泛舟诗人海湾 Canoe at Poets Cove

地点：加拿大不列颠哥伦比亚地区温哥华岛 **网站**：www.poetscove.com **价格指数**：$

彭德岛的西南部，被浪漫地称之为诗人海湾，由于受到加拿大温哥华岛的庇护，这里没有受到汹涌的海浪影响，因此诞生了这片静谧的海湾。在这里，时间仿佛都停止了。这里有46间古色古香、但又不乏现代设备的度假小屋，几乎每一间都配备了独具特色的热水浴缸，这里是逃离城市喧嚣、呼吸大自然气息的最佳去处。大多数当地人都居住在北彭德岛，南部基本没人居住。

从本土乘坐渡轮，穿过乔治亚海峡——更好的方式是乘坐螺旋桨水上飞机。由于这里有100多个泊位，贝德维尔港的码头在富有的西雅图游艇一族中小有名气。这里是钓鱼、划船和深潜等运动的热点地区。然而，淡季才真正是这里的最佳时间，当你划着独木舟进入这片水域，事实上意味着你拥有了自己的海湾。

在出发划向海湾之前，尽量用防水装备把自己武装起来，特别是要注意保暖。当你在泛着微光的水面划行的时候，平静的海面像水面上的漂浮着一层油膜。第一次船桨划破海面激起的波纹，可以一直扩散到视线的尽头。这里是如此的寂静，甚至会让人觉得有几分不安。你不需要同波浪进行抗争，就可以很快提高独木舟的行驶速度，很难想象这是身处于太平洋中。请不要怀疑，最好还是把注意力高度集中在比你的独木舟大两倍的杀人鲸上。

沿着海岸线缓缓地划行，你有机会欣赏海岸上漂亮的原木风格小屋和巨大的建筑设计杰作。继续向北向彭德岛大桥划行，从桥下穿过来到莫蒂默峡湾，两侧陡峭的山崖上覆盖着茂密的森林。独自泛舟在蓝得难以置信的海水中，经过荒芜的人迹罕至的海滩，让自己彻底得面对自然，以一种安详的，甚至是迷幻的方式，来认识野外的真正魅力。**RCA**

↑ 暮色中，两位游客划着独木舟，轻柔地掠过平静的诗人湾海面，划向属于他们自己的海湾。

驾车穿越冰原大道 Drive the Icefields Parkway

地点：加拿大不列颠哥伦比亚地区 **网站：**www.icefieldsparkway.ca **价格指数：**$

这条南北向的高速公路，连接着贾斯珀国家公园和班夫国家公园附近的路易斯湖，蜿蜒在雄伟的加拿大落基山脉之中，沿途自然风光美轮美奂。这条公路被称为“冰原大道”，是因为它是一条穿过冰冻地带的公路。沿着美洲大陆的分水岭，它跨越了贾斯珀国家公园和班夫国家公园中的崇山峻岭，全长143英里（230公里），秀丽景色连绵不断。

离开滑雪小镇贾斯珀后，很明显四轮驱动的交通工具是非常必要的了。由于温度停留在-10℉（-25℃），一切都被新雪覆盖着，表层上包裹着一层酥脆的冰层。冰原大道于1940年修建完成，被认为是世界上最壮观的山区高速公路之一。这条公路全年开放，尽管在冬季，道路两侧为数不多的建筑，包括唯一的一个加油站，都是不营业的。

尽管55英里（90公里）的时速限制看起来有些低，但是这条公路依然充满了危险。道路被冰雪覆盖着，表面上是融雪，有时候还会覆盖着冰，路况非常危险。出发前准备妥当是非常明智的选择：加满油，带上给养，带上国家公园的许可证，穿上保暖内衣。

沿着森瓦普塔河和阿萨巴斯卡河，穿过山地森林，来到泰安格山脊，你要随时警惕在公园的树林和厚厚的积雪之间自由漫步的大角羊、麋鹿、北美驯鹿、驼鹿，甚至还有灰熊和黑熊。银装素裹的景色是令人无法抗拒的，哥伦比亚冰原、弓冰川和乌鸦爪冰川、阿萨巴斯卡瀑布、和沛托湖、同样令人赞叹不已。当地人自诩每年冬天的降雪能够达到33英尺（10米），不过这毫不令人怀疑。**RCA**

↑ 冰原大道是通向壮观到令人折服的美景的必经之路。

EAGLE'S EYE
MY BLUE HEAVEN
THINK TWICE
IT'S A TEN
DUTCH TREAT
NORTHERN LIGHTS
BUBBLY

鹰眼豪华套房小住
Visit Eagle's Eye Suites

地点： 加拿大不列颠哥伦比亚地区基金霍斯山区

网站： www.kickinghorseresort.com **价格指数：** $$

不列颠哥伦比亚省基金霍斯山脉的香槟粉雪，覆盖着超过2,700英亩（1,090公顷）适宜滑雪的区域，这里有100多条雪道，70多条回程陡坡道。所有的运营都是在海拔高于戈尔登市7,700英尺（2,345米）的山顶进行的，这里是落基山脉、珀塞尔山脉和塞尔扣克山脉的交汇处，山顶的豪华套房被恰当地称为鹰眼套房。这里被《加拿大滑雪》杂志评为最佳私人山区度假屋，及最佳山顶就餐体验。这家餐馆，本身就是加拿大海拔最高的餐馆。与鹰眼豪华套房相辅相成的还有超大的壁炉，从地面延伸到天花板的玻璃窗，以及360度的周围群山景观。

从基金霍斯度假村前往这座精致的隐居之所，可乘坐缆车，缆车内部采用真皮装饰，还配备了环绕音响。一杯葡萄酒可以让你在前往山顶的路途中保持身体的温暖。独家经营是鹰眼套房的重要经营理念。热情周到的酒店员工会主动向你问候，并为你披上绒毯，然后带领你前往仅有的两间套房中的一间。这两间套房被命名为“日出”和“日落”，套房中配备了浸泡式浴缸，私人阳台，以及24小时的个人贴身管家服务。

住在山顶的好处是保证让你成为第一个从山顶滑到山脚的人，这里有和杰克逊霍尔以及惠斯勒一样陡峭的山坡，并且有无数滑降路线可供选择，使这里成为直升机滑雪爱好者的天堂。如果你不喜欢滑雪，可以在夏季参观附近的基金霍斯山脉灰熊保护中心——世界最大的封闭式灰熊栖息地。在这里，徒步旅行也非常流行，既可以选择20分钟的短途路程，也可以选择从狗牙山脊到戈尔曼湖区耗时6个小时的长途线路。**BS**

贾斯珀国家公园的冰上行走
Go Ice Walking in Jasper

地点： 加拿大艾伯塔省贾斯珀国家公园

网站： www.pc.gc.ca/pn-np/ab/jasper **价格指数：** $

夏季，落基山脉的峡谷中遍布奔腾的河流，水流湍急，进行任何水上运动都会有生命危险。然而在冬季，这些河流就停滞下来。瀑布不再汹涌，变成了白色的冰，冰上的水滴就像凝固在时间里的蜡烛，许久才滴落下来。游客们通过冰上行走的方式，很容易就可以探索这片冬季仙境。

很多公司提供贾斯珀国家公园内的有导游带领的冰上行走活动，他们提供橡胶靴和冰爪。其中最受欢迎的一条线路是穿越马林峡谷。峡谷两侧的岩壁高出地面以及冰川100英尺（30米），冰川是由地下水系统形成的，地下水渗透出峡谷的石灰岩岩壁，被冻起来，然后陡降到遍布石头的裸露岩层，宛如巨大的钟乳石。在这些冰钟乳石的下面，波纹状的冰柱呈现出超凡脱俗的姿态。纹理错综复杂的雪白幔帐覆盖着每一个岩洞，闪闪发光的雪墙掩盖了洞穴和裂缝。这里并不是雪白的世界，有些冰是蓝绿色的，有些冰是蓝色的，有些冰是淡淡的翠绿色，常常是每个小时都会发生变化。

> “每迈出一步，你都能听到冰破碎的声音，回荡在人们头顶的岩壁之间。”
>
> 约翰·克罗班克，记者

冰上行走的路程，大概有2英里（约3.2公里），对于孩子们来说，也没有什么难度，而且他们会特别喜欢从天然的冰坡上慢慢滑下去。大多数冰上行走项目的经营者要求参与者的年龄至少是6-7岁，还有一些经营者提供晚间冰上行走项目，需要参与者佩戴头灯。**PE**

← 在山顶极尽奢华的鹰眼套房中，迎来第一缕阳光。

LAKE
LOUISE

入住费尔蒙特城堡

Stay at Fairmont Chateau

地点： 加拿大艾伯塔省路易斯湖

网站： www.fairmont.com/lakelouise　**价格指数：** $$

从加拿大落基山脉中的城市卡尔加里驾车向西行驶2个小时，便可以达到路易斯湖，坐落在路易斯湖畔的这座令人难忘的费尔蒙特城堡酒店，得益于19世纪末加拿大太平洋铁路的修建，使其成为拥有世界级湖光山色的著名酒店。

这座具有开拓精神的酒店，被当地人称为荒野中的钻石。在1890年开始营业的时候，还是简陋的原木搭建的木屋，在最初营业的一年中，可以为50位客人提供食宿。120多年后，碧绿的路易斯湖和宏伟的维多利亚冰川并没有多少改变，但是这座木屋现在已经成为拥有552间豪华客房，7家餐厅的豪华酒店，所有房间和餐厅按照记忆中的旧时光风格装饰。精雕细刻的木料，雅致的细节装饰，无处不体现着工艺美术风格。具有历史意义的老照片，年代久远的吊灯，以及可以追溯到英国皇室把这里当做第二故乡的时代的文件。

> “上帝作证，在我所有的探勘活动中，从未见过能与之媲美的景色。”
>
> 托马斯·威尔逊，加拿大太平洋铁路雇员，1882

路易斯湖畔的小径，是落基山脉最受欢迎的徒步线路之一。徒步线路从城堡前开始，沿着路易斯湖的西岸蜿蜒前行。你也可以在路易斯湖平静的湖面上划独木舟，在湖的另一侧欣赏这座加拿大的标志性建筑。**TM**

费尔蒙特城堡的每一个房间，都能欣赏到令人惊叹的湖光山色。

在贝克溪旅馆的木屋中小憩

Unwind in Log Cabins at Baker Creek Chalets

地点：加拿大艾伯塔省加拿大落基山脉

网站：www.bakercreek.com **价格指数：**$$

如果你想要体验一次真正的偏远木屋的经历，那么就不要错过加拿大落基山脉。被森林环绕着，再加上厚厚的新雪，会让你不自觉地想，如果身陷其中，会不会有生命危险。远离像惠斯勒这样的大型度假村，径直前往艾伯塔省班夫国家公园路易斯湖畔秀美的群山。这里是罗比·威廉姆斯和布鲁斯·威利斯钟爱的度假胜地，他们曾在这里的粉雪上呼啸而过。这里有绝佳的雪坡，并且成为公认的落基山脉徒步旅行之都。

在11月到次年3月这段时间，厚厚的积雪覆盖着徒步线路，圣诞节到新年这段时间是比较繁忙的季节，但即使这样，也不会出现蜂拥而至的状况。这里的雪季是淡季，意味着更低的价格和更少的游客。晴朗的蓝天，清新的空气，寥寥无几的游客，这几乎就是梦想中的滑雪胜地。不过还是要提醒你一点，这里的温度最低可达到-23.8℉（-31℃）。

贝克溪旅馆坐落在松林中一处安宁的角落，这是一家家庭经营的旅馆，可以让你在寒冷的冬日中感受到温暖。这家温馨的狩猎风格的旅馆配备了石头壁炉，双人按摩浴缸和完全独立的厨房。如果你不想亲自下厨，你可以前往贝克溪餐馆，这里是美食家的最爱。

每天清晨，窗外被白雪覆盖的森林看上去就像是童话故事里的冬季仙境。松貂在嬉戏打闹，麋鹿偶尔经过，还有看不见的狼在漫步。如果想进一步跟大自然接触，那么可以尝试亲自驾驭狗拉雪橇。乘坐哈士奇拉的雪橇沿着冰面赛跑是种愉快的经历，但是即使是蜷缩在雪橇的毛毯之下，也还是会觉得冰冷刺骨。**RCA**

> “落基山脉似乎变大了一倍，呈现出令人惊叹的美景。”
>
> 贝克溪旅馆的所有者

↖ 在享受穿着雪鞋穿越森林，或者沿着路易斯湖徒步的乐趣之后，坐在温馨的炉火旁，温暖自己。

领略克里族村落生活的乐趣

Enjoy Cree Village

地点： 加拿大安大略省穆斯工厂市

网站： www.creevillage.com　**价格指数：** Ⓢ

想要前往穆斯工厂岛是需要费一些周折的。除了北极熊号特快列车——一条连接科克伦和极地小镇穆索尼的单轨铁路外，没有任何公路玷污这绵延数英里波光粼粼的河流，以及北极圈内的原始森林。对于穿越穆斯河这最后一道障碍，则可以乘坐停靠到克里村生态旅馆的水上出租车。

一切努力都是值得的。这是北半球第一家土著生态旅馆，这是一个具有21世纪理念的传统克里族居住地，用松木和杉木建造，有像大教堂一样的玻璃窗，透过玻璃窗，可以远眺穆斯河。

> “参加日落时的游船之旅，欣赏一下北极光，或者和克里族长者一起消磨时光。”
>
> 《颂》杂志

这里的穆克里贝克族人，细心地注意到了能够对环境产生影响的每一个细节，例如，天然羊毛的地毯和床罩，有机棉面料的床单和可生物降解的香皂。这个荒野中的归隐之所，让你感觉到是生活在世界的边缘。乘坐小船游览穆斯河，或者到河对岸的潮汐省立公园去看鹰、鹗、熊和驯鹿；或者在适当的季节前往詹姆斯湾去寻找海豹和白鲸；或者用一整天的时间，跟随生活在这个偏远的社区中的克里族部落成员，看一看习俗和传统是如何传承和复兴的。

这里是克里族世代繁衍的居所，祖先们曾在这里举行的仪式上载歌载舞，强壮的男人们穿着雪鞋，在刺骨的寒风中连续数周追踪麋鹿的踪迹。谁还需要路呢？**AD**

亲身体验让泽海角冒险乐园

Experience Cap Jaseux

地点： 加拿大魁北克省圣·福尔让斯

网站： www.capjaseux.com　**价格指数：** ⓓ

魁北克南部的萨格奈峡湾，是世界上最长的可以通航的峡湾之一，也是北美唯一可以通航的峡湾。峡湾的岩壁平均高度大约有500英尺（150米），几乎垂直于水面。这是加拿大著名的自然奇观之一，同时也是让泽海角冒险乐园让人激动的活动场所。冒险乐园是一个户外运动的天堂，这里有悬索桥，以及组织有序的空中绳网，还可以划独木舟，参加帆船运动和攀岩运动。在疲惫而又充实的一天结束时，你可以解下安全带，回到自己的高架树屋，树屋里有双层的床铺，一张桌子和几把椅子，还有油灯，以及在峡湾和森林树冠之上远眺的美妙景色。

让泽海角位于圣·福尔让斯小镇附近，面积超过450英亩（182公顷），被白桦、松树和黑云杉森林覆盖着。这里为观赏萨格奈峡湾壮观的岩壁提供了得天独厚的空中视角，为观赏者提供了广阔的视野。超过70座高架悬索桥引领你在森林树冠之中穿行，通过这样一条摇摇欲坠但实际上完全安全可靠的路径，往来于各个平台之间，这将考验你的技巧和耐力，从一个非常罕见的角度，磨练你适应自然的能力，而这一切，通常是在富有经验的公园导游的陪同下完成的。

金属梯和固定的绳索为在峡湾的岩壁上进行攀爬提供了保障。不太喜欢冒险的游客可以乘坐25英尺（7.5米）长的压载龙骨帆船，在萨格奈湾平静的水面上航行。如果游客想要参与更大体力投入的运动，可以选择独木舟，进行一次超过3个小时的旅程，或者参加全天活动项目，前往埃斯特海角灯塔，全程12英里（20公里）。

很多游客都很喜欢让泽海角冒险乐园标志性的绳网项目，他们回到自己的树屋，期待着黄昏暮色中的远足。**BS**

在冰酒店放松心情

Relax at the Hôtel de Glace

地点： 加拿大魁北克省圣·卡特琳娜附近的雅克·卡蒂埃

网站： www.hoteldeglace-canada.com **价格指数：** $$

“这里是绝佳的避风港，让你远离俗世的喧嚣和压力。”

冰酒店的所有者

加拿大的冰酒店是一个令人愉快、同时又让人非常敬畏的地方，这里是真正的冬季里的世外仙境。从魁北克市向西大概半小时的车程，便是这座位于法语区的酒店，从名字我们就能够看出来。这家酒店每年营业3个月，从1月份到4月初。考虑到全球变暖的情况越来越严重，比较稳妥的做法还是要赶在3月底之前。

酒店的外观本身就是一种极大的震撼，尽管一些敏感的游客首先体会到的是那种新奇的寒冷。比较幸运的是，如果你觉得脚趾开始冷了，可以时不时到附近的杜谢尼酒店里暖和一下。到这里游览不仅仅是冰酒店这一项内容。周围的区域对于喜爱雪的人来说，就是一个大游乐场：狗拉雪橇，雪地摩托，滑雪，滑冰，还有按摩，这里也全都提供。国家地理频道和MTV频道都介绍过这家酒店，以及各种刊物上出现的摄影照片，都证明了这里是一个兼备冒险和时尚的选择。

每年12月份，酒店都由20位建筑工人使用不锈钢模具按照不同的规格进行重建。你可以看到4英尺（1.2米）厚的墙和2英尺（0.6米）厚的屋顶，很显然，这样可以更好地抵御寒冷。用冰做的椅子和床上都覆盖着动物毛皮，此外还提供睡袋，房间里用各种冰雕装饰着，摆满了蜡烛，甚至还有一座为了举行婚礼而特别准备的冰教堂。

在冰酒吧，你可以要上几杯酒，不过不需要在酒里加冰块了，因为酒就是装在冰块中的——这里的酒杯都是用冰制成的。然后你可以整夜在光滑的冰舞池里跳舞，我们神奇的播放清单中会有大名鼎鼎的流行艺人，例如“冰香草”、“冰茶”以及“冰块”这三位美国著名的说唱音乐歌手，当然还有大量的驰放音乐经典曲目。LD

↑ 在23℉（-5℃）的酒店住宿，是千载难逢的特殊经历。

→ 即使是加拿大冰酒店内的通道，也投射着这位优雅的冰美人的迷人气质。

探访黄金角灯塔

Visit Cape D'Or Lighthouse

地点：加拿大新斯科舍省黄金角

网站：www.capedor.ca **价格指数：**$

黄金角灯塔餐馆的景色，用任何一种标准来衡量，都是令人难以忘怀的。15扇大玻璃窗，几乎占据了餐馆的三面墙体，让人们可以直接俯瞰芬迪湾、斯普利特海角和欧特岛大约300英尺（90米）高的悬崖，观赏世界上最高落差的潮汐起伏，以及天空中翱翔的游隼，同时还可以品尝最新鲜的当地海鲜美食。

黄金角上的第一座灯塔始建于1922年——尽管现在的混凝土材质的灯塔可以追溯到1965年。1989年灯塔改造成自动控制后，原来看守灯塔的人的住处，就被改造成了一家提供住宿和早餐的旅馆，这样就为游客提供了机会，拥有自己独立的房间，或者可以暂时接管整个旅馆。

灯塔、灯塔看守的住处、餐馆和游客参观中心，在同大海进行的斗争中占了上风。这里的潮涨潮落所带来的水流运动，堪比世界上任何河流的水流运动。最好的见证方式就是看一看新不伦瑞克省好望角的岩石，以及斯普利特海角怪石嶙峋的海岸，这些壮观的美景，都是高达10英尺（3米）的惊涛骇浪经年累月长期冲刷塑造出来的。在远离海岸的地方，巨大的潮汐平原上富含有机物的沉积土壤，是种植葡萄和苹果的沃土。

如果你跟当地人聊天，他们会告诉你这个地方的名字，来源于日落。这个地方的名字在法语中就是黄金之角的意思。每天傍晚，当你向西凝视芬迪湾寒冷的水域，夕阳西下的余晖会映入你的眼帘，所有的焦虑都烟消云散，忧愁的皱纹也渐渐消失，你将再次获得内心的宁静。 **BS**

游览西点灯塔

Visit West Point Lighthouse

地点：加拿大爱德华王子岛

网站：www.westpointlighthouse.com **价格指数：**$$

北角海岸公路上的西点灯塔，位于爱德华王子岛最西南端，它始建于1875年，是岛上最高的正方形灯塔。这种正方形底座，锥形外观的木质灯塔，在19世纪晚期的加拿大东海岸非常流行，它的标志性外观是宽大的黑色条纹，以及人字形的屋顶。1984年，灯塔经过志愿者们精心缜密的修复，开始提供夜间住宿服务。这里曾经是灯塔看守人的客栈，目前有8个房间，全部配有独立浴室。不过最受欢迎的还是灯塔第二层的房间，因为这一层有比较高的空间，以及窗外的风景，正如你期待的那样，这里有一览无余的海景，正好面对诺森伯兰海峡的西侧入口。

> "这座灯塔把独特的建筑特色、民俗特色、海难历史和迷人的风景结合在一起。"
>
> 西点灯塔所有者

灯塔东侧的楼梯可以让游客攀登到灯塔的顶端，在这里，标志性的红灯一天24小时持续闪亮。隔壁是灯塔手工业协会开设了一间小的纪念品商店，以及一个现场博物馆。每年7月份的第三个周末，西点灯塔会举办热闹的灯塔节。**BS**

→ 西点灯塔始建于1875年，1963年安装了自动控制的电子信号灯。

在卡彭灯塔客栈小住

Stay at Quirpon Lighthouse Inn

地点：加拿大纽芬兰省卡彭岛

网站：www.linkumtours.com **价格指数：**$$

卡彭岛，是纽芬兰北部非常小的一个岛屿，仅有2英里（3.2公里）长。岛上遍地是泥炭沼泽，海绵状的苔藓类植物，以及低矮的灌木丛。这里的峭壁高度达200英尺（60米），长长的影子投射在海湾以及零星分布的沙滩上。

这座岛现在还是荒芜的，除了一家由两处灯塔看守人的住所改造而成的客栈，这家客栈有11个房间，最多可以容纳25位客人，房间位于卡彭灯塔的底部。手工缝制的被子挂在墙上作为装饰，这里没有电视也没有电话。客栈的营业时间是每年的5月到9月，同世界最大规模的鲸鱼迁徙线路之一的时间段正好吻合。

从纽芬兰海岸的渔村卡彭乘坐渡轮穿过狭窄的贝尔岛海峡，行驶45分钟就可以到达卡彭灯塔。对于从圣劳伦斯湾向北大西洋迁徙的鱼类来说，贝尔岛海峡某种程度上就是一条海上高速公路。丰富的食物来源，吸引了小须鲸，逆戟鲸和座头鲸来到这片海岸的深水区域，你可以看到它们把鱼群赶向你脚下的水下悬崖。一些鲸鱼从它们的喷水口喷出水柱，暴露了自己的所在位置。贝尔岛海峡也是著名的冰山巷，是将冰山从西格陵兰岛的冰川传送过来的巨大传送带的一部分。

当你对躲避冰山和被座头鲸喷出的水柱溅的浑身湿透都不再感兴趣的时候，你还可以来一次3英里（4.8公里）的徒步旅行，穿过还未被发掘的维京人的草屋，来到兰塞奥兹牧草地，参观重建的维京人定居点——北美土地上的第一个欧洲人社区，比克里斯多弗·哥伦布到达美洲还要早500年。**BS**

入住安吉耶海角灯塔客栈

Stay at Cape Anguille Lighthouse Inn

地点：加拿大纽芬兰省安吉耶海角

网站：www.linkumtours.com **价格指数：**$

安吉耶海角是纽芬兰省西端的一个海角，从这里可以远眺圣劳伦斯湾。这里到处是被海风吹拂的草甸，是属于鹗、鹰、白鲸和蓝鲸的原始世界。从巴斯克港小镇开车到安吉耶海角灯塔和灯塔看守人的住处，需要40分钟。客栈和雾航警报建筑的建设工作于1907年开始，次年开始建造灯塔。在1960年，灯塔和雾航警报建筑被我们今天所看到的建筑物所代替。所有的3处建筑，在2003年被列入已注册遗迹建筑名录。

> "我们很确信所有的徒步旅行者都会觉得这里会带给他们愉快的旅行经历，并且欣赏到令人惊叹的风光。"
>
> explorenewfoundland.com

住宿的地方是错层式的结构，提供了组合式的厨房，足够大的食物储藏室，楼下是餐厅，楼上有4间卧室，可以单独租赁其中的一间。两间面对大海的房间，仅比面对着后面满是羊群的草甸的房间，贵一点点。

纽芬兰西部的海岸线，是迁徙鸟类主要的南北通道，在这里能够看到大量的鸟类成群结队地飞翔，以及在海岸的悬崖上筑巢——包括濒临灭绝的笛鸻，全世界不超过5000只。对于喜欢徒步的人，客栈的后门就有路通向蓝锆石小径，这条小路蜿蜒曲折，通向附近的长岭山脉。**BS**

沿齐尔库特小路徒步旅行
Hike Along the Chilkoot Trail

地点：美国阿拉斯加戴依小镇至加拿大哥伦比亚本尼特小镇

网站：www.nps.gov/klgo **价格指数：**

1896年8月，在加拿大育空地区道森市附近的克朗代克河流域的溪流中，发现了黄金。一些满怀希望的淘金者早已经在这片区域寻找他们的梦想。现在，他们立桩标记出自己的领地，冰冻的河流以及寒冷的旷野，把这里同外界隔离开，整个冬季他们都在寻找矿砂中的黄金。到了1897年的5月，育空河上的冰融化了，一些淘金者便取道前往西雅图和旧金山。当时美国正处于大萧条中，这些头发花白的矿工带回来的金子，极大地刺激了公众对财富的幻想。教师离开了他们的课堂，警察离开了他们的管区。估计大概有10万男男女女前往克朗代克。

淘金者最常采用的线路是齐尔库特小路，这条小路从阿拉斯加海岸的戴依小镇开始，一直通往加拿大不列颠哥伦比亚省和育空地区的湖区，是以前特林吉特印第安人的通商路线。这条小路崎岖陡峭，由于担心会引起道森地区的食物短缺，加拿大边境管理局要求淘金者必须携带足以支撑他们一年的给养。那些雇不起搬运工的淘金者，要花几个月的时间来运输他们的给养。

现在，这条小路归属国家公园管理系统，每个徒步旅行者只需要携带一个背包。这趟旅行需要2-5天，但是沿途风景美不胜收。小路从沿海的雨林地带，逐渐上升到高山地带，在这里，高山湖泊闪烁着蓝绿色的光芒，灰熊在山间漫步。直到今天，路旁仍旧可以看到锈迹斑斑的随身物品——铁镐、铁铲，甚至是一百多年前绝望的人抛弃的轻便船只。但从景色的角度来讲，齐尔库特绝对是令人难忘的地方。而历史又为这里平添了几许辛酸的色彩。**PE**

体验阿福格纳克原生态旅馆
Enjoy Afognak Wilderness Lodge

地点：美国阿拉斯加州科迪亚克群岛

网站：www.afognaklodge.com **价格指数：**

经过一段低空飞行，飞过遍布云杉、池塘的海湾和岛屿，穿越阿拉斯加湾之后，我们的小型水上飞机划破平静的海面，停靠在海豹湾。阿福格纳克原生态旅馆的一栋栋小木屋，映入眼帘。这个被茂密的森林，溪流和峡湾围绕着的避风港，丝毫不受阿拉斯加最恶劣天气的影响。最近的邻居，居住在15英里（24公里）之外。

罗伊·兰德尔和香农·兰德尔夫妇在阿福格纳克岛上创建了这个非常时尚和奢华的世外天堂，并且能够自给自足。他们依靠水力发电，

> “为了保护这片美得令人惊叹、令人沉醉的森林，我们在这里建立了州立公园。”
>
> 阿福格纳克原生态旅馆的所有者

自己种植蔬菜，冷冻柜里装满了当地的鱼类和打来的猎物，而这些，正是他们制作健康美食的原料。每间小木屋都是用手工切削的云杉木建造的，屋内宽敞、温馨，家具风格古朴典雅，并且非常舒适。窗外的风景更是让人着迷，你能够看到一大群座头鲸或者杀人鲸在海湾中游过，或者看到棕熊在门前的台阶上散步。

木屋内舒适而惬意，而木屋外的动物毫无疑问才是最吸引人的。野生动物爱好者可以看到驼鹿、灰狼、棕熊、老鹰、麋鹿、马鹿、水獭、海豚、海豹和鲸鱼。大自然向我们展示它最纯净的美，等待着我们去欣赏。**ML**

在兰里旅馆小住
Stay at the Inn at Langley

地点：美国华盛顿州圣胡安群岛

网站：www.innatlangley.com **价格指数：**$$

在圣胡安群岛中，距离西雅图海岸不远的地方，有一处宁静的海湾，在这里，大自然欣欣向荣。圣胡安群岛坐落在美国未被污染的西北太平洋海域中的普吉特湾。每个岛屿都有它们自己的特点和魅力。惠德比岛是比较受欢迎的一处观鲸景点，到了这里就要遵守西北部的生活理念：健康的生活方式，良好的户外环境，放松的心情。

最佳的观鲸季节是5月到9月，既能够看到在附近海域定居的鲸鱼，也能够看到迁徙途中经过此地的杀人鲸。这个群岛也是其他海洋动物的家园，例如鹰、北海狮和海豚。这里也是户外运动爱好者的天堂，在如此辽阔的大自然的怀抱中，你可以徒步，骑自行车，钓鱼，划船，露营，还有水肺潜水。而且，由于这些群岛受雨影气候的影响，每年有250天以上都是阳光普照的天气。

我们可以在兰里旅馆安顿下来，这家迷人的木质小旅馆有26个房间，正好可以远眺萨拉托加通道的迷人景色。旅馆的房间有180度的视野，还有温馨的木质户外门廊，可以坐在门廊里欣赏外面的景色，或者静静的思考问题。房间里还有一点小奢侈——可以远眺窗外风景的按摩浴缸和开放式的壁炉。饮食当然也是需要优先考虑的问题。周末，大厨们用当地新鲜的食材精心烹制，共有六道美味佳肴，一定能够激发你的食欲，送到房间里的早餐——松饼，更是美味极了。

黎明时分，水面是平静的，闪烁着黎明的第一缕光辉。只有在这样的时候，才能够明白“寂静”这个词的含义。如果一整天划行于逆戟鲸群之间的独木舟旅程不太适合你的话，你可以到香水Spa放松一下，或者在餐厅里大吃一顿，这里有温馨的双面壁炉，是用河滩上的石头砌成的，并且还有超大的酒窖。RCA

留宿在哈萨塔海角
Stay at Heceta Head

地点：美国俄勒冈州哈萨塔海角

网站：www.hecetalighthouse.com **价格指数：**$$

一个多世纪以来，这座灯塔一直照耀着哈萨塔海角，这里是臭名昭著的太平洋洋流肆虐的禁区。现在，这里的与世隔绝成了游客们前来探访的主要原因：在绵延40英里（64公里）的俄勒冈沙丘的包围之中，这里是绝佳的逃离城市喧嚣的清净之所。

哈萨塔海角是太平洋沿岸仅存的几处灯塔看守人住所之一。1973年，这里被列入《美国国家历史遗迹名录》。从1995年开始，科尔甘一家开始担任旅馆老板，为游客们服务，同时也要照顾这处国家遗产。当外面海浪停息的时候，最佳的观景房间是水手一号房间和水手二号房间，那种与世隔绝的感觉油然而生。整座建筑有6个大床卧室，游客可以全都租下来。这座温馨的历史遗迹的内部，可以最多容纳14位客人。坐在桌前享用早餐的时候，一两只灯塔里的猫蜷缩在你的膝盖上，这就是这里最精彩的地方。

> “早餐……绝对是很丰盛的，好像一共有七道菜，我觉得是这样，我没数清楚。”
>
> 《纽约时报》

麦克和凯罗尔现在经营这家旅馆，他们都是技艺精湛的厨师，这里的早餐简直就是俄勒冈特产的展示会。令人期待的美味有手工制作的奶酪、香肠、凯罗尔的特色酥皮糕点，以及新鲜出炉的冰咖啡，用维多利亚式的印花盘子盛着这些美食，旁边是新采栽的香草做花色配菜。LD

→ 哈萨塔海角灯塔从1894年开始，提醒着船只躲避礁石，从1973年开始接待游客。

入住阿曼加尼度假村
Stay at Amangani

地点：美国怀俄明州杰克逊霍尔

网站：www.amanresorts.com **价格指数**：$$

在落基山脉的高山之中，怀俄明州的提顿山脉雄伟地伫立在山谷中，恰好是黄石国家公园的入口处。这里一派西部田园诗歌景象。冬天，山谷里生活着成千上万的麋鹿，自由自在漫步的野牛、灰狼、灰熊以及山狮，同麋鹿分享这一片避难之所。

杰克逊霍尔的居民生来就是爱好户外运动的。冬天厚厚的积雪对于这里的居民来说，如果不是在玩双板或者单板滑雪，就是穿着雪鞋，驾驭着狗拉雪橇飞奔，要么就是在滑冰。在夏季，居民们会参加徒步、自行车骑行、划独木舟以及黄石公园附近的钓鱼活动。杰克逊霍尔的山区度假村，因其原始的自然状态而闻名于世，是狂热的滑雪爱好者心目中的天堂。

> “对于山区居民来说，杰克逊霍尔就是被群山环绕的高山山谷。”
>
> 杰克逊霍尔商会

阿曼加尼度假村是细细品味这里景色的最佳选择。从这里看到的景色，就像极地地区一样，未受到任何破坏。傍晚时分，银白的世界变成了蓝色和粉红色的，光秃秃的山峰高耸在日落的余晖之中，欣赏这样景色的绝佳地点就是装饰别致的大堂，或者是加热的室外泳池。度假村是使用雪松木材作为原料建造的，设计要求能够同周围环境融为一体。高高的红衫木天花板被巨大的俄克拉荷马砂岩柱支撑着，一直延伸到大堂。每间套房的客人都可以在浴缸中欣赏外面的雪景。20世纪70年代复古极简主义风格的阿曼加尼度假村，为这个隐秘的山谷平添了几许神秘的色彩。**LB**

在如家农场舒展心情
Unwind at Home Ranch

地点：美国科罗拉多州埃尔克河谷

网站：www.homeranch.com **价格指数**：$$$

如家农场是体会美国狂野西部风情的最佳去处。游客们可以住在农场中，体验一下传统的农场假期——没有移动电话的骚扰，没有电视节目，只有360度纯粹的自然风光。农场坐落在美国仅存的几个适合农场发展的高山山谷之一——埃尔克河谷，这里有580英亩（235公顷）的白杨和常绿森林，以及白桦、野鹿，还有自由翱翔的鹰，当然少不了穿流其中的奔腾的埃尔克河。

农场豪华的住宿环境包括主建筑中的6间客房和8栋独立木屋，所有的房间和木屋都配备有热水浴缸，可以让游客缓解骑马所带来的酸痛和疲惫。每天都有很多种骑马活动可以选择，包括骑马去树木茂盛的山坡野餐，或者在草原上放牧牲畜，当然还有骑术训练，让你有足够的时间来体会在农场和埃尔克河谷中生活的自然之美。日落时分，点燃篝火，牛仔们的夜生活开始了。在这之后，你可以蜷缩在绒被里，屋内壁炉中的火焰熊熊燃烧，保证带给你整晚的温暖。

两个特点使这里成为真正与众不同的度假农场：自然环境和绝对的与世隔绝。简单的快乐，在现在的生活中却难以找寻。你会真的感觉到似乎回到了旧日的时光，回到了那个和大自然紧密接触是如此司空见惯的时代——那个从未有过也不曾期待移动电话和电视这些现代烦扰的时代。傍晚的时候，你可以坐在篝火旁看着火焰噼噼啪啪燃烧，看着火花飞向满是星星的天空，这一幕，在这里已经延续了几百年，从未改变；在深夜入眠的时候，你所能够听到的一切就只有寂静。原始状态的大自然，本身就是一种美。**LD**

在63牧场度假
Relax at 63 Ranch

地点：美国蒙大拿州象头山

网站：www.sixtythree.com **价格指数：**$ $

当你骑马经过农场山上的小路时，向导可能会告诉你一些关于西部移民马车队的传奇故事，200多年前，他们跟随着猎人和探矿者翻越了这里的山丘。有一次车队受到了克劳印第安人的袭击，只有一位妇女幸免于难。在战斗结束以后很长的一段日子里，仍旧可以听到她悲痛的哭喊声。克劳部落的印第安人把这片区域称作“疯女人生活的山脉”。现在，这里的群山仍旧被称为“疯子山脉”。

现在的蒙大拿州也许不再是狂野的西部风情，但是木质的牲畜围栏，旅馆和小木屋，依旧会唤起人们对牧场初建时那段旧时光的想象，那是在1863年，那也是牧场名字的由来。毫无疑问，老传统还在延续着。63牧场从1929年起，一直归属一个家族所有，现在已经被认定为“国家历史遗迹”。目前，这里是一座占地2,000英亩（810公顷）的畜牧农场，游客们可以到这里来体验马背上的探险之旅。

象头山横跨在黄石国家公园附近的米申河峡谷，在高达5,600英尺（1,707米）的山顶，空气是清新愉快的。这里是一片被白杨、三角叶杨、山艾树和野花覆盖的山丘，还有一眼望不到尽头的山间小路。你可以住在带木质家具和私有浴室的传统木屋中。膳食准备得非常丰盛，同时用餐也是主住宿区的集体活动之一，这里晚上有各种比赛，还有熊熊的篝火。清晨，游客可以进行强度不大的马背之旅，穿过峡谷去观赏隐匿的瀑布，或者是跃马快速翻越山口，体会一下疾风扑面的感觉，或者干脆躺在你的小木屋里，凝视着外面的风景，直到晚餐时间。**SH**

> “由于这座牧场的历史地位，使得前来牧场参观的游客们觉得仿佛踏上了时光追溯之旅。”
>
> 马克·拜多尔，《America's Horse》杂志

↗ 在蒙大拿的63牧场，马匹的数量要比游客的数量多一倍。

在圣丹斯度假村度假

Stay at Sundance

地点：美国犹他州普罗沃附近

网站：www.sundanceresort.com　**价格指数：**$$

作为“世界最佳旅馆”名单上的常胜将军，罗伯特·雷福德拥有的乡村风味的圣丹斯度假村很有自己的特色。它坐落在12,000英尺（3,660米）高的廷帕诺戈斯山山坡上的一片荒地之中，荒地的面积达6,000英亩（2,425公顷）。夏季，这里溪水潺潺，虫鸣鸟唱；冬季，噼啪作响的炉火旁，飘着热气的热巧克力等待着滑雪爱好者们归来。温馨的房间用美国百衲被和北美土著居民的挂毯作为装饰。这里的餐饮特别棒，无论是在方德雷餐厅——萨加特曾经高度评价过这里的豪华早午餐，还是在其他的五星级餐厅。

> “我们对圣丹斯度假村一直恪守的承诺就是，最小规模的开发，最大程度的保留原貌。”
>
> 罗伯特·雷福德，演员兼导演

冬季运动项目是这一地区主要的魅力所在。在1月份，你可能发现自己同独立电影圈里的名人滑行在同一个雪坡上，每年一度的圣丹斯电影节期间，他们会住在这里。在淡季，这茂盛的草地是徒步、山地自行车、骑马运动的乐园，豪华的Spa会所吸收苏族印第安人的传统元素，即在神圣的地方，身体和灵魂会得到复活。

在生态保护还没成为潮流之前，圣丹斯度假村就一直致力于此。从浴室里的阿凡达系列产品，到混合动力的汽车，再到度假村周围山坡上进行的再生项目，无处不贯彻着圣丹斯度假村对环境的热爱。**LD**

← 圣丹斯度假村为有环境意识的人士提供了一个温馨惬意的美食天堂。

在S圈牧场享受假期
Enjoy Circle S Ranch

地点：美国堪萨斯州劳伦斯市

网站：www.circlesranch.com **价格指数：**$$

当游客们向S圈牧场的所有者杰克·克劳恩梅耶询问，在牧场附近可以玩些什么的时候，他用悠闲而放松的堪萨斯口音这样回答："确实没什么可以玩的。"然而，这就是乐趣的所在。

如果你非要找些事情来做的话，当然也有选择。你可以沿着鹰巢小路散步，或者在山坡上的杏树下悠闲地享受时光（杏树是玛丽·克劳恩梅耶的祖母栽种的），或者去野餐。你可以徒步穿越长满了高高野草的草原，去寻找野牛、长角牛、赫里福德肉牛和安格斯牛，然后让自己浸泡在可容纳8个人的大浴缸内。或者你也可以让牧场中资深的理疗师帮助你放松一下。你还可以躺在门廊下的摇椅中，悠闲的摇晃上一阵子。

牧场传到玛丽一家，已经是第五代了，一家中的三代人，都是在迄今还存在的校舍中接受的教育。玛丽的叔叔米勒德被汗水浸湿过的牛仔帽，装饰着旅馆的大厅。旅馆的建筑，还是比较新的。杰克，这位堪萨斯州的第五代木匠，沿用了很多传统的建筑方法，修建了这座11,000平方英尺（1,022平方米）的旅馆，然后这对夫妻又煞费苦心地对旅馆进行了装饰。除了舒适，如厚厚的浴巾、丰盛的食物和宽敞的酒吧等因素之外，这里有很多关于大草原的艺术品，比如当地艺术家恩斯特·厄尔默表现西部风情的作品。

这里的12间客房，每间都有独特的装饰主题。例如牛仔客房，在宽大的大床上方装饰了牛角，瓦楞铁皮的浴室，用一个小桶作为淋浴喷头。如果你真的想放松一下，每个房间也提供了爪足浴缸，躺在里面就可以欣赏牧场的景色。到处洋溢着平和幸福的氛围。**PE**

入住亮点度假村
Stay at The Point

地点：美国纽约州上萨拉纳克湖

网站：www.thepointresort.com **价格指数：**$$$$

作为美国最独特的世外桃源般的度假村之一，亮点度假村是美国最佳度假酒店评比榜单上的常客。度假村建于20世纪30年代初，采用了"大露营运动"时期的建筑风格，曾经是威廉·艾弗里·洛克菲勒的家。这里是一处古朴的休憩场所，占地10英亩（4公顷），坐落在上萨拉纳克湖岸的一个半岛上，被阿迪朗达克山脉的森林所环绕着。

阿迪朗达克风格的家具为11间客房增色不少，大教堂式的天花板与巨大的房内空间相得益彰，给人留下湖畔家园的印象。主楼有4个房间，

> "我们的度假村集热情好客、精美雅致、古朴典雅于一身。"
>
> 亮点度假村主人

其中一个名为阿冈昆，曾经是主人的藏书室。鹰巢和迎宾楼都各有3间客房，水面上经过改造的船屋有一间客房，房间里提供了一张带天蓬的大床，可以穿过湖面看到远处原野震动内心的美景。

晚餐可以在大厅里享用，也可以带回客人自己的房间。亮点度假村的大厨和厨房的员工们精心准备的菜谱，每周都会更新，而大厨和厨房的员工们，都接受过伦敦著名的米其林三星厨师阿尔伯特·鲁的培训。**BS**

→ 可能因为曾经是洛克菲勒的住处，所以亮点度假村被公认为田园风格的奢侈度假村。

参观索格蒂斯灯塔
See Saugerties Lighthouse

地点：美国纽约州伊索珀斯小溪

网站：www.saugertieslighthouse.com **价格指数：**$$

在起到重要的通商作用的哈德逊河上，曾经有16座灯塔指引船只航行，保留至今为数不多的几座灯塔中，只有一座可以接待游客在灯塔中留宿。索格蒂斯灯塔被修复得很漂亮，它建于1869年，作为河道中的地形标灯，光荣地屹立着。至今还在运营的灯塔，为游客们提供了可以欣赏哈德逊河全景的机会，向西可以看到卡兹奇山，向南可以看到玛格达伦岛和克鲁格岛。

游客可以乘船，或者穿过一条天然的小路，步行半英里，来到灯塔。灯塔为留宿的游客提供早餐、午餐和晚餐，游客可以去当地的餐馆用餐，也可以带回到灯塔享用，或者是自己亲自下厨；可以在厨房里精心烹饪，也可以在户外进行烧烤。这里也能够接待大众旅游和特定的活动。

灯塔内部的家具还是20世纪初的风格，这座建筑内部包括一座小型的博物馆、礼品店、客厅、厨房、灯塔看守的宿舍、两间客房，以及在一层共用的浴室。灯塔内的洗手间是同堆肥系统连接在一起的，因为灯塔的位置比较偏僻，无法同城市的排污系统连接，游客在来到灯塔的时候，会有人告诉游客如何使用洗手间。

索格蒂斯灯塔全年开放，不过周末需要提前预订，4月到9月的平日时段，留宿的客人也非常多。一旦预订成功，你就可以在离纽约如此近的地方，享受几天悠闲时光，哈德逊河谷的风光和大自然的声音将始终围绕着你。索格蒂斯灯塔是休息和放松的绝佳去处，当然，来到这里也可以享受划独木舟和皮划艇、钓鱼、涉水步行和游泳的乐趣。**HA**

在汤普森街60号酒店小住
Stay at 60 Thompson

地点：美国纽约州纽约市

网站：www.thompsonhotels.com **价格指数：**$$

它就是时尚，那种极致的时尚，这就是纽约的汤普森街60号酒店。这家Soho酒店规模不大，但是有100间客房，每间都用漂亮的深色硬木装饰。酒店的内部有一种禅宗般的平静，这种平静从酒店的大堂，一直延伸到酒店的房间。酒店的房间是典型的纽约标准（温馨而并不宽大的空间），房间里充满了令人激动的美。墙上用一些当代艺术家的现代摄影作品装饰，其中包括劳拉·雷森的作品。房间内的床上用品非常豪华，

> "对于市中心的名人们，汤普森街60号酒店最大的吸引力，就是在这里可以看到形形色色的人。"
>
> 《纽约时报》

床上用Sferra（意大利顶级家纺品牌）生产的豪华床罩覆盖着。浴室是用大理石装饰的，配备玻璃的淋浴间，小冰箱里储存着独特的饮品和甜点。

可能正是汤普森街60号酒店这种梦幻般的奢侈，吸引了一些高端的客户，如格温妮丝·帕特洛、詹妮弗·安妮斯顿和罗素·克洛，这些名流都把这里当做家。毫无疑问，他们要使用那些大一点的套房，配有独立的生活区和工作区。

酒店还拥有纽约市一流的配套设施。酒店的餐厅——柯迪才餐厅，由大厨伊恩·柯迪才为大家提供经过现代改良的传统泰式佳肴，这些改良绝对是令人激动的，而托姆酒吧适合安静地小酌几杯。在夏季，汤普森街60号酒店的A60酒吧，能够欣赏到无与伦比的360度市中心景观。**PS**

在尚圜酒店放松心情

Unwind at The Mercer

地点：美国纽约州纽约市

网站：www.mercerhotel.com **价格指数：**$$$

尚圜酒店坐落在零售天堂苏豪区（Soho，纽约市曼哈顿的一个区，是South 和Houston两个词的缩写）中一个非常酷的街角，附近有很多时尚店铺。尚圜酒店的古罗马式建筑风格和地理位置，使它成为很多来访的权贵人士的首选。它还拥有纽约第一家跃层阁楼酒店的殊荣。20世纪60年代，艺术家们在这里曾经引领了一种潮流，他们一眼就看中了这里多个废弃的仓库，把那些荒废已久的摇摇欲坠的工业遗址，转变成了创造力和时尚的天堂。

这座典雅的精品酒店有75间客房，分布在6个楼层，冰冷的裸露墙砖，巨大的玻璃窗和工艺品铁柱，诠释了酒店的风格，并且给人以空间感和永恒感。酒店的房间很宽敞，事实上，按照曼哈顿的标准，可以算得上是巨大。同时，还具备高高的天花板，步入式的衣帽间，以及由克里斯蒂安·里艾格尔设计的暗色非洲实木家具。想象一下你躺在宽大舒适的床上，靠着柔软的靠垫，轻按遥控器打开液晶电视，那是多么的舒适和惬意。你也可以试试房间里的综合娱乐系统，或者离开铺着Frette（意大利家纺奢侈品牌）亚麻用品的床，在硬木地板上散散步。房间里的壁炉、真皮沙发和足以容纳两个人的大理石浴缸，很好地诠释了房间里的浪漫元素。

世界著名厨师让·乔治·冯格里奇顿主管酒店中令人胃口大开的餐厅，并且亲自设计了精致的24小时房间服务的菜单。格林尼治村就在街角附近，时代广场和中央公园离这只有15分钟的路程。无论是从地点的角度还是从风格的角度，尚圜酒店都比其他酒店要略胜一筹，所以毫无疑问《时尚》杂志会把“纽约最热门酒店”的称号授予尚圜酒店。**PS**

美妙的图书馆酒店

Stay at The Library Hotel

地点：美国纽约州纽约市

网站：www.libraryhotel.com **价格指数：**$$

对于有抱负的作家和想要成为诗人的人来说，纽约的图书馆酒店是绝佳的去处。正如它的名字，这里是全世界爱书如命的人的梦中天堂。这家酒店隐藏在距中央车站不远的街角、一栋典型20世纪早期建筑风格的褐色砂石建筑中。这座雅致的带有文化气息的精品酒店既囊括了爱读书的人的最爱，又表现出了对当代风格设计的热爱。图书馆主题在这里并不是噱头，例如：酒店的10个楼层相应的用杜威十进制图书分类法的10个类别命名，60个房间中的每一间，都用同所在楼层主题相符的书籍和艺术品加以装饰。图书馆酒店收藏了超过6000卷经过精心挑选的图书，如果你觉得还不够的话，纽约公立图书馆和皮尔庞特·摩根图书馆在附近。

> “同纽约过剩的那些自认为是夜总会的精品酒店相比，这里是宁静的避风港。”
>
> 《独立报》

客人可以根据自己的喜好预订房间，从诗歌到经典名著，从童话故事到色情文学，任由你选。尽管房间非常小，但是却很舒适和时尚，并且各种设备都很齐全。3处公共休息大厅会让你有身处私人会员俱乐部的感觉，当然这里还有作家书斋和诗人花园可以作为活动场所，作家书斋是用红木装饰的带有壁炉的大客厅，诗人花园则是一处可爱的温室。当你觉得大脑已经疲倦了的时候，你会发现实际上纽约已经在你脚下了。**PS**

美丽芬芳的波浪山花园 Explore Wave Hill Gardens

地点：美国纽约州纽约市 **网站：**www.wavehill.org **价格指数：**$

想要找一处田园牧歌式的所在，逃离纷繁琐事和纽约市拥挤的人群，你脑子里冒出来的第一选择也许并不是布朗克斯（纽约市最北端的一区）。无论如何，在这个空气不甚清爽的市区里藏身于波浪山，你就能享受到28英亩（11公顷）苍翠繁茂的绝佳绿地，这片广阔的绿地作为公共花园和文化中心使用，算得上是馈赠给这座城市的礼物，也是纽约市最美丽的景点之一。

以前，波浪山是一处私人地产，英国大使、西奥多·罗斯福和马克·吐温都曾经在不同时期在此居住过。时至今日，这里已经成为这座城市最隐秘之处，人们可以在这片经过精心养护栽培的“绿洲”上望见整个哈德逊河及其下游的帕利塞兹丘陵。观景最佳的地点莫过于绿廊观景台和椭圆花园，你可以坐在长椅上凝神深思，尽享远处风光。秋季落日时分的景观尤为美妙。

每个季节，绿廊上各色的植物争奇斗艳，攀附在游廊上，带给人不同的感觉。沿着木板铺设的小径漫步，观赏野趣花园，园如其名，那里的花花草草自由生长，并且无人工干预；看那清澈的花园池塘，水面上盛开着一朵又一朵的睡莲，还有蔓生植物穿梭于其间；也不要错过阿尔卑斯花房，花房中培育着高纬度地区生长的植物花卉。这些宝石一般的花朵努力在冬末和早春时节展示出自己的美丽。这些坚强的阿尔卑斯植物从粗糙的石墙缝隙中生长出来，组成了一个与人视线平齐的垂直花园。

在草药花园中呼吸着沁人心脾的芬芳，园中薄荷、迷迭香、月桂树和其他众多植物欣欣向荣，这些植物可作药用，也可做烹饪菜肴的香料。在炎热的夏天里，你可以在这里躲避毒辣的太阳，榆树、山毛榉、枫树或红杉的浓荫一定会带来清凉的感觉。波浪山花园真可谓是一座园艺天堂。**HA**

↑ 波浪山的花园同时使用古典和现代两种风格的植物装点环境，让那里一年四季都能观赏到斑斓的景观。

在格拉梅西公园酒店放松心情 Relax at Gramercy Park Hotel

地点：美国纽约州纽约市　**网站：**www.gramercyparkhotel.com　**价格指数：**$$$

格拉梅西公园酒店是伊恩·施拉格在精品酒店领域的最新杰作，施拉格是一名企业家，他最被人们熟知的一些"作品"有摩根酒店（该酒店在某种程度上创造了"时尚酒店"的概念）、蒙德里安酒店、美仑大酒店、派拉蒙酒店和伦敦的圣马丁的小巷酒店。

和施拉格以往的大多数酒店相似，格拉梅西公园酒店专注于独特、惊艳和浪漫。在这一点上，酒店大堂和公共区域尤为鲜明，其中装饰着随意组合的当代艺术作品，家具摆设大胆狂野，还陈设有古董摆件，这一切让酒店的入口非同凡响。

酒店内的185间客房和豪华套房同样散发着卓尔不群的气质。有些房间里布置着成套精美的反映文艺复兴时期风貌的家具和工艺品，让人回想起那个久远的年代。为了与这些设计相称，墙上挂着来自摄影界有着神圣地位的玛格南图片社档案馆的摄影作品——由亨利·卡蒂埃-布勒松、罗伯特·卡帕、维加和其他著名摄影大师创作的经典肖像摄影，或者饰以手工编织的地毯或当代红木家具。酒店的酒吧和餐厅一直是市民们谈论的焦点。瓦琪雅、玫瑰酒吧和翡翠酒吧，再加上私人楼顶俱乐部&花园，都为客人提供了大把的机会休闲娱乐、享受美食佳肴。酒吧与俱乐部中陈设有专门定制的家具和20世纪艺术品，艺术品由艺术家安迪·沃霍尔、塞·托姆布雷、朱利安·施纳贝尔和达明·赫斯特这些大师级人物创作而成。酒吧里播放的音乐当然也不是随随便便的什么老歌连播，而是从世界著名的各个DJ那里专门定制的。酒店二楼开设有设备最先进的健身房和理疗选择颇为丰富的水疗馆。此外，你还能在格拉梅西公园酒店做到一站式购齐所有纽约特色商品。**PS**

↑ 超现实的室内设计让人深受触动，再加上为数众多的原创艺术作品，这一切让格拉梅西变成了一场视觉盛宴。

EXIT

下榻沃尔多夫-阿斯托里亚和沃尔多夫塔楼酒店

Stay at the Waldorf-Astoria and Waldorf Towers

地点： 美国纽约州纽约市

网站： www.waldorfastoria.hilton.com **价格指数：** $$

沃尔多夫-阿斯托里亚不仅是纽约最有历史的酒店之一，还可以与克莱斯勒大厦和洛克菲勒中心并称这座城市中装饰艺术的“皇冠宝石”。酒店总共1,300间客房，分设在两个不同的地方：沃尔多夫-阿斯托里亚和沃尔多夫塔楼，后者有极为宽敞的套房提供租赁。无论是塔楼还是阿斯托里亚，房间都是一样的奢华。办公桌、鲜花、大理石卫浴、三层软床算是酒店再普通不过的布置。所有的住宿条件都显示出非同一般的大方，更不用说套房中有设施齐全的厨房、露台、更衣间和餐厅，此外还为顾客提供了极速网上冲浪和快捷办理退房的服务。

> “可以体验一下……沃尔多夫塔楼酒店，那里的大多数客房比纽约市的大多数公寓还要宽敞。”
>
> 《纽约时报》

沃尔多夫-阿斯托里亚的三个酒吧被人们认为属于周边最棒的酒吧。哈利先生的吧里的鸡尾酒的味道独特而惊艳，“公牛与熊”供应的牛排最出名，就像里面独一无二的红木环状吧台一样闻名。奥斯卡餐坊可供应早午晚三餐，孔雀巷餐厅也一样。穿过宽敞的大堂去这两个地方用餐时，别忘了看看那座算得上是“招牌”的大钟。稻菊餐厅可提供精致高档的日本料理，更增添了酒店房客的用餐选择。如果你想要找的是传统高级的舒适型酒店，那么沃尔多夫绝对符合你的要求，而且还会超乎你的想象。**PS**

← 总共49层的沃尔多夫建筑美轮美奂，是装饰艺术的地标性建筑，装潢美观得让人无可指摘。

在玛雅卡玛山顶景区冥想

Meditate at Mayacama Mountaintop Retreat

地点： 美国加利福尼亚州索诺玛

网站： www.mayacamamountain.com **价格指数：** $$

玛雅卡玛山顶景区坐落在加利福尼亚州索诺玛葡萄酒产区的中心位置，颇具田园风光，适合情侣在此度假。小小的村舍设计得仿佛树屋一样，屋前便是5英亩（2公顷）的质朴乡村景色。小屋舒适温馨、宁静浪漫，在这里，人们可以与自己的灵魂重新建立沟通，了解自己内心真正想要获得的重要事物。蜜月期的情侣们一向喜欢这里与世隔绝的感觉；大自然爱好者沿着附近的小径行走，观赏鸟儿、蝴蝶和野兔；不堪压力过大的城里人在这里找到了所需的平和与宁静。这里只有一处寓所，叫做月光小屋，内有一张大床，内部装修简单大方，地上铺有木质地板和美洲原住民风格的地毯。

在这里你可以专注地放松心情，周围没有任何会让你分心的事物。在瀑布步道的最前面，会有一座冒着泡泡的室外热水浴缸等着你，泡在里面便可欣赏迷人的景色；站在斑驳的树影中，可以俯瞰一条潺潺的溪流。景区里的占星者之屋也不容错过，你一定要走过那座跨瀑布的吊桥，到大峡谷的另一端才能到达，在那里，手握一杯有机葡萄为原料的当地红酒观看日落是一件再惬意不过的事情。夜幕降临时，纯净的天空中群星璀璨，美极了！

小屋建在肯伍德和圣罗莎之间，舒格洛夫山国家公园的边缘地带，而且与索诺玛县相当近，你甚至可以在参观景区后去那里用餐。你可以去试试县城的泥浆浴和热石按摩疗法，或者干脆就在月光小屋预约按摩服务。服务人员会为你呈上一篮有机葡萄酒、极品咖啡、茶，同时还有天然的肥皂和香波。除此以外，再没有什么会打扰你此时此刻的心情，只有当地的野生植物摇曳相伴，还有“震耳欲聋的”寂静之声。**LD**

乘海岸星光列车穿越加州

Ride the Coast Starlight Train Through California

地点：美国，华盛顿州的西雅图至加利福尼亚州的洛杉矶

网站：www.amtrak.com **价格指数：**$$

这是不是世界上最精彩却尚未被大众熟知的火车旅行之一呢？海岸星光列车连接着西海岸上两座著名的城市，从西雅图出发，到洛杉矶结束（反之亦然），行驶总距离为1,400英里（2,253公里），旅程时间为36个小时。大多数旅行者在来这部分地区观光时会选择沿着高速公路和久负盛名的大苏尔公路进行自驾游，不过要欣赏同样的精致，反而是坐在舒适的火车车厢里欣赏更轻松享受。每天，这辆快车都会跨过亘古不变的山脉、沙漠和西海岸的都市风光。它穿过肥沃的山谷、白雪皑皑的喀斯喀特山脉群峰和崎岖不平的太平洋海岸线，还会经过旧金山、萨克拉门托和圣芭芭拉这些大城市。

因为长期资金不足，最近这条美妙的火车之旅路线前景堪忧。不过，美国铁路公司最终还是向海岸星光注资了，私人卧铺车厢和坐席车厢都因此而焕然一新，常年未改变的餐车菜单也经过修订加入了新鲜的地方性菜肴。乘客们坐在一起，这对他们来说是个分享旅行故事的大好时机。车上还有游艺室，供孩子们玩耍娱乐，同时在车上过夜的旅客还可以在特等豪华车厢里品尝一下当地的红酒或者享用下午茶。

若是对各种不同的文化有着强烈的好奇与求知欲，你一定会享受“游径与铁路”计划。这个计划由美国铁路公司和美国国家公园管理局共同发起，借此机会，计划志愿者们可以跳上这趟列车，一路上对沿线如画的风光和著名的景点发表私家评论。**LC**

→ 如果你计划着当天要好好放松身心，那么坐在海岸星光号上望到的风景将做你灿烂美好的背景画面。

Amtrak

在东方兄弟灯塔上小住
Stay at East Brother

地点：美国加利福尼亚州旧金山

网站：www.ebls.org **价格指数：**$$

东方兄弟灯塔是经过修葺的一座完美维多利亚式灯塔，坐落在旧金山湾的一座小巧的岛屿上。你可以在这里停留，与海豹一起在岛上望风景。但注意：这绝不是什么一般的奢侈景点。

尽管从旧金山市中心乘船到这里也就几分钟的时间，旅程仍可以说是一个小小的冒险，旅客们会得到事先提醒："登岛者必须要有体力从摇摇晃晃的小船爬上一段4—12英尺（1.2—3.6米）高的垂直梯子（梯子长度视涨潮情况而定）。"这里有五个时代展室，要是有幸住在其中一间里，只有在这里住一晚以上才能使用淋浴。（洗澡水并非淡水，而是原来的蓄水池中积攒的雨水）。

> "西海岸上最安静的住宿加早餐简易旅店之一。"
>
> 《旧金山纪事报》

那么为什么要来这里游玩呢？首先，在灯塔上观景会带给你独一无二的体验，目之所及，有塔玛佩斯山、天空映衬下的旧金山城市轮廓线，还有马林海岸。更棒的是，尽管这里是非盈利性质的住处，你仍然会觉得自己受到了周到热情的款待——到达后就会有人为你奉上香槟和开胃菜，晚餐有多道菜肴，并且佐以红酒，而且第二天还会有美味的早餐等着你。最受欢迎的房间在有雾角的建筑里，屋中镶有木地板，而且离水边很近。**SH**

← 东方兄弟灯塔守护船只往来已经133年多了，时至今日还在指引航向。

在希瓦南达享受瑜伽带来的轻松
Enjoy Yoga at Sivananda

地点：美国加利福尼亚州草谷市

网站：www.yogafarm.org **价格指数：**$$

喜欢派对狂欢的人要注意了：这处静修地隐蔽在加利福尼亚州北部的丝雅拉丘陵中，专为那些寻求健康的休假和精神升华的游客所准备。这里被人们称为瑜伽农场，可为那些希望在"清规戒律"下体验另类放松的人提供全年的修行课程预订。住在这里，每天凌晨五点半你就会被铃声唤起去参加早课——冥想、唱诵和讲道，一天的修行结束于晚上十点。在这段时间里，你可以享有两顿丰盛的素宴，如果天气状况允许的话，大家会在室外席地而坐用餐，之后就在空地上进行两节瑜伽课的学习，课程间隙便可以沉浸在美丽的环境和平静的氛围中放松心情。

希瓦南达瑜伽活动在世界各地都建有静修中心，在那里，经验丰富的瑜伽修行者和初学者都沉浸于宁静的瑜伽生活方式。这处静修地就在壮丽的丝雅拉丘陵山脚下，周围都是古老的橡树。场地附近还有一汪幽湖，炎热的夏季，客人们可以在里面游泳避暑，或者只是在湖边打坐、放松、凝神思考。

让人感到惊奇的是，尽管备有卫星无线网络连接，这里却无法收到手机信号，毕竟专注于逃离繁忙琐事清修静养才是来这里的重点。一年当中任何时候，这里都会组织主题静修活动（如儿童瑜伽营地和阿育吠陀回春周末等），不过游客也可以不参加任何活动，只是单纯在这里小住，住宿时间不限。你可以住在湖边空地上小屋，经过良好维护的小屋十分吸引人的眼球；你也可以选择住在主楼的宿舍中。静修住宿的主旨并不是奢华，而是为那些对瑜伽一时兴起（或者不仅如此）的人提供成长、健康和丰富的收获体验，以及相随而来的生活方式。**LC**

在幽谷农场沐浴天然水疗 Bask in the Natural Spa at Calistoga Ranch

地点：美国加利福尼亚州纳帕谷　**网站**：www.calistogaranch.com　**价格指数**：$$$

幽谷农场距离旧金山仅有两个小时的车程，来到这里，你最先注意到的就是农场出人意料的广阔。这里的占地面积有157英亩（64公顷），不过既然这一地区如此广袤，你肯定会碰上其他"访客"的。田野里，从野鹿到响尾蛇等种种动物你都可能看到，幸运的是，在此地区遭遇后者的几率被证实微乎其微。

农场共46间客房，就掩映在加州山松中，在房间里你能眺望到周围无与伦比的美丽地形。农场面积最小的住处也有6,460平方英尺（600平方米）的空间，而且包含室外淋浴；而面积最大的要数庄园别墅了，这栋别墅占地异常广阔，达到了25,830平方英尺（2,400平方米），而且就坐落在洛梅尔湖畔，别墅后方就是苍翠的森林。庄园别墅内有两间私密卧室、室内和室外的起居室、两个洗漱间、两处壁炉和一个露天热水浴缸，这简直就是为蜜月旅行的新婚夫妻量身打造的别墅。

农场还有一间为店外客人专设的会客厅，厅中供应简单但高品质的美式菜肴，主厨埃里克·韦伯斯特对此印象颇为深刻。红酒爱好者也会爱上这里，不仅仅因为附近的纳帕谷以红酒闻名于世（幽谷的旧世界与新世界葡萄酒尤其特别），跟是因为农场本身就有葡萄园，还提供葡萄酒赏鉴课程和参观酒窖及葡萄园的活动。

农场内禁止车辆通行，所以场内交通都由类似于高尔夫球车的交通工具承担。因此，在浴室（幽谷农场的天然水疗馆）里享受悠闲时光时，不会有嘈杂的车声搅扰。洗浴用水来自于当地的温泉，而且你还可以选择多种精品理疗服务。葡萄园中为练习瑜伽的房客架起了木板高台，连同附近的池塘一起呈现出美好的景致。在这座美利坚最优质的农场中，无论是清晨醒来还是黄昏睡去的时刻都将会给你留下美妙的体验。PS

↑ 如果你正在纳帕谷旅行，布置堂皇的幽谷农场不失为参观消遣的好地方。

在维塔勒水疗院放松身心 Unwind at Spa Vitale

地点：美国加利福尼亚州旧金山　**网站**：www.hotelvitale.com/spavitale　**价格指数**：$

在旧金山熙熙攘攘的市中心，裸身躺在室外浴缸里尽情舒展，这听上去简直就是痴人梦话，绝对不可能实现。确实，想在喧闹的都市环境中如此放松减压而不用担心变态偷窥，世界上能满足这种要求的地方可不多。放心吧，在这儿可没必要担心那些。维塔勒酒店建有一座美妙的竹顶花园，保证你能安心享受而没有后顾之忧。周围高大的竹子垂下柔软而细密的枝条，形成天然屏障，挡住了附近摩天大厦上可能存在的偷窥视线。而且奇怪的是，都市好像离这座小小的绿洲是那么的遥远。

维塔勒水疗院位于维塔勒酒店的顶层阁楼。共有3间理疗室，比起众多俗丽而商业化的水疗院，这里的空间更为小巧而私密；这种比较私密的感觉让理疗氛围更为融洽、专注。水疗最值得关注的特别之处就是楼顶的沐浴仪式，虽然仪式很简单，但概念非常吸引人。一线摇曳生姿的竹子下面摆放着两个彼此隔开的深浴盆，浴盆之间还有另外一层竹子作为屏障，这样两个朋友就可以一起享受沐浴仪式同时又保有自己的隐私了。在其他情况下，水疗院每次只为一位顾客提供浴缸，就是说，你沐浴时可以从始至终独占楼顶。

进入水疗院，会有服务人员为你递来蓬松洁白的浴袍和毛巾，引领你进入让人心驰神往的浸泡式沐浴。房间里摆放着当季的沐浴产品，这些产品是桑博蒂公司专门为维塔勒水疗院设计的产品。浴盆旁边放着一杯草药饮料和一个托盘，盘中满是沐浴产品，还有一大盘精心摆放的新鲜水果，淡然还有更为轻柔蓬松的毛巾。你现在只需要宽衣解带，进入浴缸享受便可。轻轻后仰，让身体浸入热腾腾的蒸汽，合上双眼，将黄瓜片置于眼上。让城市的声音尽管涌来淹没耳朵，而你则尽情体验着这真实独特的都市体验。LC

↑ 城市中央的一块福地：维塔勒水疗院天台上的浴缸给你奢华的露天沐浴体验。

在大苏尔公路上兜风

Drive Through Big Sur

地点：美国加利福尼亚州大苏尔

网站：www.montereyinfo.org **价格指数：**$

大苏尔海岸公路是洛杉矶与旧金山之间一号公路的岔路，沿路自然风光原始纯粹。一号公路（太平洋海岸公路）沿线上，在洛杉矶以北200英里（320公里）左右的地方，你可以选择圣路易斯奥比斯波和小渔村莫洛湾这两个地方作为大苏尔公路行的起点。这段长达144英里（230公里）的公路几乎可以用“荒芜”来形容，路边只会零星出现屈指可数的几个小村镇和几座旅馆，其中社会名流们比较喜欢入住波斯特农庄酒店。

至于野生动植物保护区，最近似乎引进了加州秃鹰。人们总是能看到它们在峭壁处高高地向下俯冲。天空之下，该地区的“常住民”有海獭和海狮，还有偶尔迁徙到此的鲸鱼。野鹿和狐狸也是本地常见的动物。虽说神出鬼没的美洲狮不轻易露面，但也是这里的老住户。

> “沿路始终是荒芜多石的海滩，对于习惯走平整道路的人来说寂寥而令人生畏。”
>
> 哈利·米勒，作家

狭窄的双车道公路就这样沿着参差崎岖的环山峭壁蛇行向前铺展。驶过波音特苏尔灯塔后，公路沿着一系列陡峭的下坡迂回推进，你可以一边开车一边饱览车窗外的荒野风光，最后在风景如画的卡梅尔——西海岸质朴宜人的沿海小镇的中心结束这次公路之行。此外，卡梅尔以其细腻平整的沙滩著称，电影明星克林特·伊斯特伍德（曾经的镇长）的宅邸就坐落在在那里。**RCA**

→ 1932年，大苏尔地区偏远的小镇终于通了公路，也就是这条令人印象深刻的沿海公路。

在忘忧草餐厅用餐
Eat at Restaurant Nepenthe

地点：美国加利福尼亚州大苏尔

网站：www.nepenthebigsur.com **价格指数：**$

对忘忧草餐厅和餐厅卓绝的景致赞不绝口的不只是游客。就连当地人都会告诉你，绝对不容错过这处景点，因为这可是大苏尔地区，甚至是整个美国西海岸的最佳全景观赏点之一。坐在靠窗的位置，或者登上露天的平台，背靠色彩明艳动人的摩洛哥式靠垫，你就能极目远眺，壮观的山海奇景会让你不由自主地屏息凝神。

不过忘忧草的经营规模并不大。楼上是餐厅，楼下是柯瓦咖啡厅和琳琅满目的凤凰礼品店，氛围都比较轻松休闲。这里现在由原主人的儿孙后辈——洛莉·法瑟特和比尔·法瑟特拥有并经营着。

> “这里也许是世界上最壮观的海景，是通往太平洋的罗曼蒂克的门户。”
>
> tripadvisor.com

餐厅内的座位舒适柔软，入座后能看到超赞的全景风光；餐厅外是宽敞带台阶的露台，景致更是引人入胜。你可以点上一个招牌仙餐汉堡——法式小面包里夹上大片煎牛排做成的三明治，再佐以特制的酱料，被人们赞为“加州体验的精髓”。酒单上的选择非常多，其中包括加州最著名的葡萄酒品牌，由加里·皮索尼的黑皮诺葡萄精制而成。

餐厅楼下的柯瓦咖啡厅（天气允许的情况下，营业时间为每年3月到次年的1月）的露台景观更赞。而且咖啡单上着重推介了他们使用的新鲜配料和美味的咖啡。**LC**

在露西亚旅馆放松心情
Unwind at Lucia Lodge

地点：美国加利福尼亚州大苏尔

网站：www.lucialodge.com **价格指数：**$$

从旧金山这个繁华的商业中心驱车出发，开上3个小时便能彻底放松心情，这是千真万确的。忘掉硅谷，向着美国最动人的景点之一——大苏尔出发吧！一路向南，沿着一号公路的海岸线行驶不超过170英里（270公里），无与伦比的荒原美景就会扑面而来，每平方英里的土地上，你能看到的野生动物比人还要多。这是一片原始荒凉但美丽绝伦的自然风光，尚未被人类染指。陡峭的悬崖、崎岖的地形，再加上拍岸的太平洋海浪，这片冷峻的荒野似乎已经被人类所遗忘。

这里并不适合建汽车旅馆或城市酒店，小小的路边简屋反倒别有一番温馨情趣，比如说露西亚旅馆。这里旁边以前有座加油站和邮局，现在只剩下偏僻的露西亚旅馆孤零零地守望在峭壁之上。旅馆建于20世纪30年代，共有10间蓝白相间海滩风格的小屋，它们遗世独立般静静矗立在加州这个纯洁的角落里。此情此景，看上去好像自从这块陆地被发现，1865年哈伦家族在这里定居之后这里的一沙一石就再没有变过。

这里的海景餐厅可以为客人提供超赞的炸鱼和薯条，就餐环境也充满了历史沧桑感。墙上深褐色的版画有些褪色了，看到这些你就会想起在这里居住过的老一辈人。卧室四壁是刷着白浆的木墙，屋里陈设着松木家具，还有让房间熠熠生辉的温暖壁炉。宽大的卧床床头悬着白色的亚麻幔帐，上面缠绕着棉质的玫瑰花，有种摄人心魄的浪漫情调。经营这所可爱宾馆的已经是创始家族的第五代人了，而且宾馆一直秉承着简洁舒适、传统怀旧的风格。

既没有电视，也没有电话，如果说加州海岸上有那么一处地方与世隔绝，就是这里了。**RCA**

在波斯特农庄酒店歇脚

Stay at Post Ranch Inn

地点：美国加利福尼亚州大苏尔

网站：www.postranchinn.com **价格指数：**$$$

结合敏感的生态意识与非凡的建筑创造力，选址在加州的黄金景点——说的就是波斯特农庄酒店了。这座奢华的度假酒店就坐落在大苏尔的悬崖峭壁上，洛杉矶到旧金山的一号公路旁边。

波斯特农庄有世界上最豪华的树屋和木屋，酒店沿风光璇旎的海岸线而建，背靠维塔纳山峦，风景优美绝伦。酒店风格既现代又富有戏剧性——红木、玻璃、钢铁混搭的材质构筑成一个大幅度弧线型建筑，拱门和天窗也展现出建筑独特的气质。内部设计简单大方，以柔和朴实的色彩为主，以平纹织物搭配原木墙壁，别出心裁。你所住的客房可能是三角形的，离地有10英尺（3米）高，底下有木桩支撑；也有可能是设计为蝴蝶形状的客房，不过所有的旅客房间里都配有烧木柴的壁炉、私人水疗浴盆和露台、囊括45个频道的私人音乐系统和免费的手杖。酒店内不设电视或闹钟。

旅客们可以在自己的房间接受水疗服务；在可以远眺大海的私人甲板上享受按摩是加州权贵们最热衷的消遣活动。酒店的希拉玛餐厅就坐落在峭壁边缘，其建筑主体却是玻璃，这是为了让桌边用餐的顾客能尽情享受壮丽的海景。美味的加州菜肴配上可圈可点的红酒单，这一切堪称完美至极。

白天，观光客可以在水池中休闲放松，或者去附近山里徒步。而一些打定主意要将加州自由精神发挥到极致的游客可以参加每日的瑜伽课程、冥想，甚至讨论占星学。普通游客通常会选择驱车到蒙特利和卡梅尔的小镇上购物和游览。**SH**

在肯尼迪别墅过夜

Stay at Kennedy Cottage

地点：美国加利福尼亚州近圣巴巴拉市

网站：www.sanysidroranch.com **价格指数：**$$$

你有没有想过，总统和电影明星都去哪里度蜜月呢？不出意外的话，答案应该是在社会名流的私人豪宅里或者到偏僻遥远的岛上去，总之就是让世界上的所有媒体都找不到踪迹，离狗仔越远越好。1940年的一个月光如水的夜晚，午夜时分，在蒙特西托山谷环绕的圣芭芭拉的圣伊斯德罗农场花园里，费雯・丽和劳伦斯・奥立佛男爵交换了结婚誓言。这处充满传奇色彩的度假村就坐落在圣塔内兹山和太平洋之间，这里也是约翰・肯尼迪和杰姬・肯尼迪于1953年举办他们婚礼的日子。今日，房客们可以在肯尼迪别墅里小住，分享这里发生过的传奇与浪漫。约翰与杰姬的这处高雅的别墅有两个配有大床的主卧，一个壁炉、面积不小的海景露台、室外淋浴和宽敞的热水浴缸。

> “群山中间或有幽深的峡谷在你身后耸立、蔓延，整个世界看起来就像一场大型舞台剧的布景。”
>
> 温斯顿・丘吉尔，英国政治家、作家

要想过上一段田园牧歌式的生活，你可以选择去圣塔内兹来一次私密的品酒之旅，打打高尔夫，或者沿着极好的徒步路线进行长达17英里（27公里）的“探险”。入夜，你可以一边享受着上门水疗服务，一边思考着晚餐吃些什么佳肴：是去石房子餐厅呢，还是爬犁与天使？前者建在一座19世纪时用来加工柑橘的房子里，去那里用餐不仅可以看到潺潺的小溪，还能在露台上看海景；后者则有温馨的氛围，供应受到本地人广泛欢迎的肋排和奶酪通心粉。**LP**

驾车穿越死谷

Drive Through Death Valley

地点：美国，加利福尼亚州/内华达州

网站：www.nps.gov/deva **价格指数：**

死谷灼热的盐滩就像月球表面一样，杳无人迹，但却给人一种难以忘怀的美感。这座跨越加利福尼亚和内华达两个州的国家公园最宽处可达140英里（225公里），它是世界上最让人难受的地方之一，占据了300万英亩（120万公顷）的荒芜沙漠。死谷得名于1849年冬天来到这里的一队迷失方向的拓荒者。附近其他地点，从“最后的生机”峡谷到恶水滩，再到恶魔的高尔夫球场（此地尽是凹凸不平、成块的尖锐岩盐，因为崎岖的地面环境，大家纷纷说“只有魔鬼才能在这种高低不平的沙地上玩高尔夫”），似乎都被传染上了“死谷”的宿命。

几百万年前，死谷就已经存在于地球上了，当时内陆海的水分被蒸发殆尽，所以才留下了这些盐。因为大多数沙漠都在海平面以下，该地温度高达130℉（55℃）。神奇的是，这里仍有生命存在：超过1,000种植物在这里成长，其中有50种只有在当地才能见到，世界其他地方都从未发现。至于动物界，此地活跃的有土狼、响尾蛇、蝎子、更格卢鼠（这种鼠类没有水也能存活）、黑寡妇蜘蛛，甚至在盐溪里发现了鳉鱼。

驾车穿过这片荒芜的土地，中途可以停下来在盐滩拍张照片，或者围绕着被奉为“艺术家之路”的火山（因为火山上的岩石颜色多样）来一次9英里（14公里）的环山之旅。死谷中提供住宿的只有一处：熔炉溪。酒店和农场汽车旅馆都建在这里。汽车旅馆本身非常简单，不过那座酒店可以追溯到1972年，是个历史性的地标。因为条件恶劣的地形地貌，此地变得荒僻、寂寥，这样的氛围在死谷随处可见。**RCA**

热烈欢迎来到死谷——美国最炎热、最干旱以及海拔最低的沙漠。

去宰恩国家公园望风景

See Zion National Park

地点：美国犹他州宰恩国家公园

网站：www.zionmountainresort.com **价格指数：**

宰恩是犹他州历史最悠久的公园，它第一次引起全美人民广泛的关注是因为19世纪60年代来这里开拓家园的摩门教移民，是他们鉴证了此地的辉煌；移民中的一人名叫以撒·毕乎宁根据《圣经》中的描述给这处峡谷起了现在的名字。

红白相间的纳瓦霍砂岩组成的石壁相对着平行地凸出，高达2,000英尺（600米），被川流不息的维琴河不断冲刷侵蚀着。尽管这种画面与当今的情形不尽相同，因为今日的河流沿着谷底的河床静静流淌，看不出曾经肆虐狂野的姿态。因为这条河，随之形成了瀑布绿洲和水草丰美的绿地。如果你有时间，公园229平方英里（593平方公里）的广阔面积可为你提供多种多样的运动选择，包括自行车骑行、骑马、攀岩和攀绳下滑。

“公园就在大自然的怀抱中，来参观的游客只需进入住宿小屋便能饱览美景。”

nationalparkreservations.com

想要开展上述众多活动或者只是单纯进行冥想，最理想的大本营离公园的东侧入口仅有3分钟的车程，就坐落在与公园原生态风格相配的宰恩山度假区。你可以住在温馨的木屋中，木屋有情侣双人房、宽敞的家庭房以及为人数更多的团队准备的客房，从所有客房都能看到气势磅礴的山峦。附近有低头吃草的北美野牛，它们时常在空旷的平原上游荡，而此时客人们完成了一天的运动、游览，正在私人露台上放松或者在热水浴缸里泡澡。从这个度假区驱车到周边的其他公园和游览胜地也很方便，值得注意的有布莱斯峡谷国家公园和令人生畏的大峡谷的北缘。**SG**

在四季酒店下榻
Stay at the Four Seasons

地点：美国内华达州拉斯维加斯

网站：www.fourseasons.com　**价格指数：**$$

内华达沙漠中声名狼藉的“罪恶之城”与大家在电视上看到的并无二致：纸醉金迷的生活超乎想象。这里是赌场和霓虹灯构筑的丛林，“丛林”里是成群结队的寻欢作乐的人，在这条常被人们称为长街的拉斯维加斯大道极富传奇色彩，至于上文描绘的情形，不过是大道的寻常街景。

按当地人的说法，“长街上”唯一未设人头攒动的赌场大厅的就是四季酒店了，该酒店仅占据了曼德勒海湾大厦最高的几个楼层，是长街上最小的酒店，总共只有400间客房。你可以蜷缩在舒适的长街街景套房的沙发里，透过落地窗静静看着维加斯的疯狂与躁动。熠熠生辉的房间里配有42寸的等离子电视，还有大理石铺的盥洗室。

> “这是市里面唯一真正称得上奢侈的度假酒店，占据了曼德勒海湾大厦最高的五层楼。”
>
> 《纽约时报》

酒店客人可以在长廊餐厅享用露天早餐。晚餐时，该餐厅供应意大利菜，菜单上赫然印着意式生牛肉和松露汤团。或者你也可以选择去查理·帕尔默餐厅吃一顿海陆大餐。酒店里还有高雅清净的酒吧，酒吧里流淌着柔和低沉的爵士乐，而并非通常听到的刺耳的维加斯流行乐。水疗时，你可以尝试一下极具维加斯特色的香槟泥敷疗法或者配合西番莲精油开展的金泥抹身服务。如果忽略它高昂的收费，但看质朴的服务，美妙僻静的泳池，这一切让此酒店成为了真正的疗养胜地。梅格·瑞恩、里斯·威瑟斯彭，甚至迈克尔·杰克逊都曾下榻在这个不夜城里的“庇护所”中。**RCA**

见识一下大峡谷
See the Grand Canyon

地点：美国，亚利桑那州/内华达州

网站：www.nps.gov/grca　**价格指数：**!

这不仅仅是个巨大的峡谷，也不仅仅是千年侵蚀风化的结果，更不仅仅是世界上最壮丽的景观之一。大峡谷是那种凡是参观过的人都会深感自身渺小的地方。无论你是在这里驾车、徒步、骑行、骑马还是激流漂流，这都是它原始而动人的本性所在。大峡谷看起来是那么的高大巍峨、亘古不变，与它相比，人类和人类的那些愁情烦事看起来都是那么微不足道。

大峡谷的整体规模值得我们在此强调一下：峡谷长277英里（445公里），深1英里（1.6公里），最宽处达18英里（29公里）。大峡谷有科罗拉多河川流其中，同时也受到了它的冲刷。此外，峡谷大部分均属于大峡谷国家公园——美国首批被指定为国家公园的地区之一。这里每年都能吸引多达五百万名游客参观游览，因此也成为了世界上最热门的自然景点之一。

游客来此是为了参观峡谷复杂有趣的地形：尖顶、险缘和悬崖峭壁并存。他们还着迷于巨大岩石上光影的移动变换（日升日落时分总是这里最令人陶醉的时刻）。大峡谷国家公园内外均有充足的住宿条件，也有足够的活动供游人参与。有些人愿意沿着山径随心漫步，抬头仰望山边振翅高飞的乌鸦，侧耳倾听脚下咆哮的湍流。其他人可以选择骑着骡子游览。也许最令人难忘的峡谷游览体验就是玻璃底的天空步道了。步道由瓦拉派印第安人经营，就建在他们的保留地内。步道有马蹄形的钢铁框架、玻璃门、玻璃护墙，由峡谷边缘向另一侧的虚空中探出70英尺（21米）的宽度。胆小的人可千万别走这条步道。**SH**

→ 大峡谷永恒的壮丽恢弘之势会让参观者从现代生活的紧张与压力中解放出来，精神为之一振。

探索纪念碑山谷
Explore Monument Valley

地点：美国，犹他州/亚利桑那州

网站：www.navajonationparks.org **价格指数：**❶

这是亚利桑那沙漠中有着非凡魅力的一处景观，相信任何看过西部片的人，见过马克斯·恩斯特（德裔法国画家、雕塑家）超现实主义的梦幻画作的人，读过保罗·奥斯特（美国当代最勇于创新的小说家之一）1989年出版的小说《月宫》的人，都会对这里的景象感到亲切熟悉。就像对汽车旅馆的霓虹灯招牌和路边吃饭的人一样，我们总会对实际上是第一次看到的事物有一种似曾相识的感觉。在名导演约翰·福特住过的古尔丁的小屋酒店下榻，这种感觉就会尤为强烈。你可以打开电视，从酒店大量的西部片中选出福特的电影《关山飞度》，或回顾一下《搜索者》。

> "如果说有哪个地方能对你施以魔咒，当你定在地上动也不能动，还怎么也不放你走，那就是这儿了。"
>
> 《洛杉矶时报》

花时间（也许错过游客高峰后的冬季较好）研究一下这些特点鲜明的山谷别称是有价值的：电影中经常出现的"连指手套"、崇高的"图腾柱"和被称为"风之耳"的岩石拱门。一座座孤立的山峰错落有致，山峰上独特的岩石彰显出沧桑的年代感；尖耸的山顶和细高的塔状石峰看起来岌岌可危，再加上风沙常年侵蚀，更是险峻。

纪念碑山谷是科罗拉多高原的一部分，因为卡特勒红色粉砂岩中蕴含着氧化铁，山谷便呈现出深深的夕阳红。因为大峡谷就在附近，且纳瓦霍部落散布于周围，因此无论是自然风光，还是精神内涵，纪念碑山谷都是集美国西部体验之大成的一块"磁铁"。**CM**

带着发现的眼睛看鲍威尔湖
Discover Lake Powell

地点：美国，犹他州/亚利桑那州

网站：www.lakepowell.com **价格指数：**❶

20世纪60年代，政府计划在科罗拉多河上建大坝，让河水吞没格兰峡谷，从而形成今天的鲍威尔湖，这个有争议的计划多被环保主义者和人类学家抗议和反对，因为这个主意相当于水淹大峡谷。但是，几乎没人能否认，该计划最后造出的人工景观令人叹为观止。

水晶般清亮透明的蓝绿色湖面倒映出水畔高耸的深红色峡谷岩壁，点缀着一座座令人称绝的石拱，壮丽恢弘的峰顶以及拔地而起的砂岩孤峰，再加上数不清的水湾和沙滩，可称得上是风景绮丽。湖泊跨犹他州南部和亚利桑那州北部，跨度长达186英里（300公里），湖岸线长达2,000英里（3,220公里），还包括同样也被水淹没的96个周边较小的峡谷，其中大多数景点游人只能乘船进入。

实际上，要想尽情享受这片湖泊带来的乐趣，最好的方式就是坐上游艇兜风。你可以在瓦卫普、布弗洛格和安特洛普波音特这3个游艇码头租到船。只有游艇才能让你自由探索湖上偏僻的停泊角落。游艇分为几个级别，其中豪华游艇上配有热水浴缸和酒吧台，最多可容纳14人；还有舒适度一般、配有基础设施的普通游艇。燥热的夏日里，主打活动通常都是水上运动。不过，要说钓鱼还是在比较适合凉爽的几个月份里进行：4月到6月期间和10月到11月。最受欢迎的泊船处靠近壮观的虹桥国家纪念碑。这一地质原因形成而蕴含着强大精神力量的石拱桥高290英尺（88米），跨275英尺（84米）长，是世界上最大的一座天然形成的桥。**SG**

→ 该湖得名于探险家约翰·韦斯利·鲍威尔，其湖岸线的长度比美国西海岸的总长还要长。

FOREVER HOUSEBOATS
ANTELOPE POINT MARINA 800 255 5561

在邓顿温泉小憩
Stay at Dunton Hot Springs

地点： 美国科罗拉多州圣胡安山脉

网站： www.duntonhotsprings.com **价格指数：** $$

这片度假村是由一个浪漫的采矿小镇转型而来的，就隐藏在圣胡安山脉中，给人带来清新的观光体验。尽管有传言说：1889年的时候，布屈·卡西迪和日舞小子在特柳赖德抢劫银行后就把这里当成了藏身之处。因此有人认为小镇看上去较为冷清，但其实没有比这种说法更荒唐的了。这里的活动多得足以让精力最充沛、热情最高涨的度假者都应接不暇：骑马深入山林去发现如雷般轰鸣的瀑布和宁静的湖泊，去沙漠徒步，乘直升机上高山滑雪，在莹白的雪原上大玩雪上摩托，在激流中进行让人血脉喷张的乘舟漂流，或者来点不那么刺激的活动——午后在“湿润的多洛雷斯”上飞蝇垂钓。您可以住在家具精巧的人工搭建的小木屋里，在有些年头的酒吧里品尝当地有机食材做出的美味菜肴；在印第安式的尖顶小帐篷里享受全套的艾丽美护理，重新焕发青春的活力；另外，你当然也可以在小镇上有理疗功效的天然温泉里泡上一泡，就像几千年前犹他州的印第安人那样。

> “邓顿温泉名列我们的‘地球上前十处最受欢迎景点’排行榜——会给你带来浪漫且充满魔力的体验。”
>
> LuxuryTravelMagazine.com

离小镇不远，有一系列迷人的景点，包括让人难以忘怀的纪念碑山谷和纳瓦霍印第安人保留地的德谢利峡谷（一称红岩峡谷），还有莫克埃尔默峡谷中小镇自有的葡萄园。如果说有机会让你独拥整个小镇怎么样？邓顿温泉可以为至多42人提供私人包场，这一服务让此处成为了举办婚礼和家庭庆典的理想地点。**LP**

在弥阿摩水疗会馆放松享受
Relax at Mii Amo

地点： 美国亚利桑那州赛多纳

网站： www.miiamo.com **价格指数：** $$

因为强大的灵性能量，赛多纳在全美国都赫赫有名，出名的另一部分原因是那里充满力量感的景观色彩——橘红色的岩石，矢车菊样的浅蓝天空和四季常青的植物。亚利桑那州的这部分土地既然以其新世纪灵性著称，那么这里必定有一些特殊之处。

弥阿摩超级水疗会馆坐落在波因顿峡谷中，其上矗立着一座风蚀岩，名叫“克奇纳女人”。2007年，这里被《悦旅》杂志评为世界上最棒的水疗地，无论是这里的服务人员、选址还是护理项目和设施都是满分十分。水疗会馆场内共有16座小屋和套房——面积最大的是弥阿摩套房——每间房屋都配备有私人院落，还可以眺望到波因顿峡谷的美景。如果你想让自己的灵魂也上路旅行，这里可以满足你的愿望。灵魂探索课程可以帮助你建立与内在自我的沟通，水疗会所中心的“水晶岩洞”可以帮助你恢复活力，或者享受一下用赛多纳自产的矿物晶体进行的弥阿摩招牌按摩。这是以充满了魔力的治愈胜地。

弥阿摩这个名字来自于美洲原住民语言中的“旅行”一词。水疗可以通过各种方式让人的身体和灵魂达到一个新的境界，可以通过全天候的护理——从观察面相到解读灵气，也可以通过在这里休息放松三四天甚至整整一周。你可以报名参加一套简单有效的水疗课程，也可以选择一款健身套餐，其中包括在赛多纳附近徒步，还可以预约享受新世纪美洲原住民理疗套餐，其中有一系列高温课程，你甚至可以一并体验以上全部三项。**LD**

→ 弥阿摩的建筑风格与引人注目的亚利桑那州红岩融为一体，自然和谐。

在熊之农场留宿 Stay at Rancho de la Osa

地点：美国亚利桑那州索诺拉沙漠　**网站**：www.ranchodelaosa.com　**价格指数**：$$

熊之农场的前身是1885年建立的一座传统的庄园，就坐落在亚利桑那州中距离墨西哥边界线一英里的地方——干旱的索诺拉沙漠中。这里远离美国式的文明，最近的小镇就是那个全镇只有一家商铺的萨萨比了。

这个地方就适合登上牛仔靴，戴上阔边高顶的毡帽，骑着马跨过那干涸的河床。这是一个你可以尽情释放心中狂野一面的“理想国”。夺人眼球的粉黄蓝颜色搭配让眼前这些土坯房屋凸显出一种现代的墨西哥风格。在酷味十足的小酒馆中，随处可见装饰用的巨大宽檐帽和彩陶罐，西式的马鞍状吧台椅静静立在一旁，仿佛在邀请你坐下喝一杯。在杰罗尼莫（印第安人阿帕奇族首领）旧日的沙场中心冒着飞扬的尘土跑马归来，像约翰·韦恩以前住在这里的老习惯一样，点上一杯鲜爽的科罗娜可以称得上是此情此景下最享福的事情了。劳作导致的肌肉酸痛和炎热的天气让人们愈发喜欢喝酒，这也是这家酒吧长盛不衰的关键原因，在这里可以听听牧马女聊天，听听农场工人吹牛，还有常年播放的乡村音乐。要是不想外出活动，可以在农场的池塘游泳，享受上门按摩，或者美美地睡上一觉。要是想多少活动一下，那就试试徒步、骑单车、观察野鸟或者可能的话去旁观农场工人捕猎眼镜蛇。

庄园内和室外均可用餐，每个人面前都会摆上让人垂涎欲滴抹着特制香料的三文鱼，或是支上烤架，上面放着野外烹饪风格的牛排。这里能带给你真真正正的牛仔野营的感觉，舒适程度却一点都不打折。

入夜，有一个喜欢做梦的人不容错过的小“仪式”——凝望星空。沙漠上空一片晴朗，夜幕拉开才是好戏刚刚开始，璀璨的星辰铺满了整个天空，要是不花上一些时间好好看看就太可惜了。**RCA**

↑ 熊之农场是最后留存的宏伟庄园之一，也据传是亚利桑那州最古老的建筑。

去白沙沙漠一探究竟 Discover White Sands Desert

地点：美国新墨西哥州图拉罗萨盆地 **网站：**www.nps.gov/whsa **价格指数：**❶

美国军方导弹试验基地听上去很难联想到一片平静的绿洲。1945年第一颗原子弹爆炸的军事基地附近坐落着白沙国家公园——一片面积广达275平方英里（712平方公里）的由细软白沙组成的沙漠。奇怪的是，在军方不做武器试验的时候，这片沙漠算得上是世界上最宁静的地方之一。这样宁静平和的地方却在被经常遭受毁灭性攻击的区域附近，这个悖论只能更突出这片沙漠的美丽。

沙漠的白天非常炎热，夏季温度可高达100℉（38℃）。面对白花花的波浪般的沙丘，您几乎一定会被晃得头晕目眩。当太阳落下远处的圣安德列斯山时，大地就会被笼罩在一片神秘的玫瑰红色霞光中。晚上，沙漠便开始热闹起来，210种鸟类、44种哺乳动物、26类不同的爬行动物，还有各种两栖动物和昆虫都冒出来在沙丘中活动。蜥蜴、羚羊、乌龟、山猫和长鼻袋鼠从沙子上匆匆走过，只留下他们夜间活动的各种混乱痕迹，沙丘就像是一张大大的油画布，画着它们前夜的动向。

游客可以去70号公路上的博物馆参观一下，了解这片区域神奇的历史和地理情况。这片沙漠是世界上最大的石膏沙丘地，有4,000英尺（1,200米）高。驾车兜上一圈，然后下车在原始的白色沙丘中走一走。这里的光线非常好，足以让你拍出非常优秀的摄影作品；这里是自助摄影最理想的景点。太阳西沉时，你要留心马努艾拉的幽灵帕伏拉·布兰卡。她是16世纪时的一位美人，整日在沙丘中游荡，寻找她的未婚夫——征服者赫尔南多·德·卢纳，他在沙漠中与印第安阿帕奇族人交战时不幸身亡。

白沙沙漠是一个荒无人烟的极端环境，正因如此，才给人带来一种梦幻般的感觉。这片美丽纯净的沙丘就好似存在于另外一个星球上。**RCA**

↑ 柔软的白丘和深沉的寂寥让白沙沙漠成为了一处神秘宁静的旅游点。

在斯波洛溪农场酒店下榻
Stay at Cibolo Creek Ranch

地点：美国德克萨斯州普雷西迪奥镇附近

网站：www.cibolocreekranch.com　**价格指数：**$$

这片广袤无垠的农场占地37,000英亩（14,975公顷），到了这里就好似与21世纪现代社会完全隔离了。这座农场是以一座19世纪的骑兵碉堡为基础改造而来的，就坐落在墨西哥边境的北部群山中，住在农场就好像又退回到了开拓边疆的年代。

这里的砖坯和杨木堡垒原是当地的一个养牛大户为抵御阿帕奇人和科曼奇人侵犯而建起来的。经过修葺，现在农庄屋里摆满了古董，并且其装潢颇有当地特色，诸如烧制而成的萨尔提略瓷砖地板、外露的木梁、古老的灯具、墨西哥毛毯和开放式的火炉，不过里面没有电视和电话。这处要塞被政府指定为美国国家历史遗迹，所以在农场闲逛时你会发现有旧时代的四轮马车、石砌的墙、农业生产工具和古老的手工艺品。

从地理学的角度看，斯波洛溪也是比较吸引人的：这块广袤的土地非常偏僻而私密，海拔高度达6,000英尺（1,830米），就位于西纳提和西恩奈加山中，靠近大本德国家公园的峡谷。这片区域的野生动物非常之多，有美洲狮、羚羊、野鹿等等；自然风景可看点也很多，有赤色的花岗岩山峰与峭壁、尘土飞扬的沙漠，还有泉水流经的郁郁葱葱的果园。这里既有令人回味无穷的墨西哥菜肴，还有水疗馆和健身房。这当然不是只供游人休养玩乐的所谓“度假农场”，斯波洛是一座依旧在运营的真正意义上的农场，其中蓄养着长角牛、马和水牛。

大多数住在这里的游客都会体验到一种混杂着平静安宁与热情冒险的氛围。在这里可以参加多种多样的室外活动，包括骑马、游泳、钓鱼、徒步、打猎和越野驾车。你也可以藏在私人露台上或躲在游廊的浓荫下静静地放松。**SH**

在拉吉塔斯度假酒店和水疗中心享受悠闲时光
Enjoy Lajitas Resort and Spa

地点：美国德克萨斯州德州荒野

网站：www.lajitas.com　**价格指数：**$$

如果你已经到达了拉吉塔斯，那就意味着你一定已经穿过了德克萨斯州最具代表性的一部分，因此，你必然会产生一种距离文明社会已是千山万水的感觉。曾几何时，这里是卡曼奇族人和派其奥·维拉（印第安农民起义部队的首领）叱咤风云的地方。这片边陲村落就坐落在引起诸多纷争的格兰德河边上，紧靠墨西哥边境，离最近的主要美国城市还有300英里（482公里），不过度假村拥有供私人喷气飞机起落的小型机场。

众所周知这里算得上是德州典型的穷山恶水，荒芜贫瘠的土地上点缀着一簇簇仙人掌果和墨西哥刺木，即便有干涸的溪流，也早已成了土狼、美洲狮和响尾蛇的乐园：这里可是真正的牛仔之乡。曾经被人遗忘的商栈村落如今成了占地25,000英亩（10,000公顷）的人间乐园，里面既有奢华的水疗馆，为游人提供沙漠磨砂疗法，还有高档餐厅，可以奉上牛仔范儿的大餐，比如传统的墨西哥菜肴或者响尾蛇蛋糕，甚至还有一座达到国际水准的高尔夫球场。

> “对于整个世界而言，在某种意义上说，德州就是一个自成一体的国家。德州人出了德州就是异乡客。”
>
> 约翰·斯坦贝克，作家

去河上泛舟，或者学着西部牛仔的架势骑马，再或者和当地治安官比比枪法，说不定就会赢得在占星师的观星台上享用牛仔式户外早餐的机会。一边呼吸这里的空气，一边沿着古旧的木板路往前走，就可以走到“口渴的山羊”酒吧，这酒吧名字来源于拉吉塔斯四条腿的镇长——克雷·亨利，一头喜喝啤酒的山羊。**RCA**

在橡树巷庄园小住
Stay at Oak Alley Plantation

地点：美国路易斯安那州新奥尔良附近

网站：www.oakalleyplantation.com **价格指数：**$$

离新奥尔良市仅有40英里（65公里）的地方是由种植园形成的乡村，乡村中宏伟庄严的房屋建筑就矗立在路易斯安那州广阔的天地之间，周围是一片片的湿地、甘蔗田和绿荫，它们就这样覆盖着密西西比河草木茂盛的两岸。这些建立于19世纪的种植园至今还继续运营着。最古老的德斯特汉种植园或最大的诺塔威种植园可以说是来此旅游的人必去的两个景点。造访这两处庄园，你很容易就被旧日南方恢弘的气势所折服。

橡树巷庄园就是一处仍在正常运营的种植园，它仍旧保留着之前的荣光，甚至还为造访的游客提供住宿。这座由白色立柱支撑的宅子与南方佳丽传奇历险故事里描绘得几乎一模一样。追溯到1839年，这里曾经被命名为“大河路的贵妇人”。因为庄园令人瞠目结舌的庭院和不胜枚举的闹鬼传言，选这里作为电影《夜访吸血鬼》的取景地堪称完美。入夜，庄园里就会冉冉升起一丝惊悚气息，人们仿佛能看到斯佳丽·奥哈拉的游魂穿过古老的橡树巷中的薄雾，就在庭院上方飘荡着。不过那些对超自然力量心存怀疑的人们看到的又是另外一番景象，他们可能更容易看到面对镜头躲躲藏藏的犰狳。

带有木质门廊和弹簧纱门的木屋虽小，但却安逸舒适，这些小屋曾经是种植园工人休息的宿舍：因为氛围平静，便成为了逃离尘嚣的好地方。日落时分，咂着冰镇薄荷酒，身畔是飞舞着的小虫，这一切再完美不过了。庄园里的餐厅提供午饭，但是要找吃晚饭的地方可就是个难题了。当地人下午七点的时候就已经用完了晚餐。幸运的是，早晨吃饭还是比较方便的。橡树巷庄园的工作人员会为你奉上一顿丰盛的早餐，南方人的殷勤好客立刻展现在你眼前。**RCA**

在索尼亚特豪斯酒店放松心情
Unwind at Soniat House

地点：美国路易斯安那州新奥尔良

网站：www.soniathouse.com **价格指数：**$$

尽管卡特里娜飓风给这里带来了一系列的悲剧，但新奥尔良市还是一个必去的地方。这里的人为他们拥有多元文化的遗产而感到深深的自豪。正因为如此，我们才能看到市里引人注目的建筑、颇具异国风情的卡真菜、巫毒教传说和无所不在的爵士乐——这座被人们称为“快活之都”的城市多姿多彩，有着千张不同的面孔。不过这座因为狂野的狂欢节而闻名于世的“派对之城”也有安静的一面：两边坐落着住宅楼的街道优雅迷人，每栋建筑上都有标志性的美丽阳台，四周就好像装饰上了铁艺蕾丝边。

> “索尼亚特豪斯酒店有着旧世界的优雅风情，却还能满足现代世界人们的上网需求。”
>
> 《时代》周刊

法国区拥有迷宫一般的古董店和小商铺，里面卖各种各样的玩意儿，从纪念品到古董首饰或艺术品应有尽有，此外甚至还有稀奇古怪的巫毒杂货店。索尼亚特豪斯酒店就位于沙特尔街上，远离熙熙攘攘的人群，而且走到市里参观景点的步行距离也不算长。好似被烧过的橘红色的外墙很具有欺骗性，而墙里面等着你的却是精致的酒店，酒店由19世纪30年代的三座具有历史意义的克里奥尔联排别墅组成。酒店的每间客房都是独有的，卧床装有四根帷柱，以华盖为顶，屋内的古董和现代家居混搭在一起，让索尼亚特豪斯酒店呈现出一种美妙的穿越时空的感觉。酒店内的天井里种着姜花、木兰以及芙蓉花，吸上一口新鲜空气，顿感花香沁人心脾。夜晚，庭院中明明灭灭的灯火更给这浪漫的氛围增添了情调。**RCA**

在赛泰酒店尽享悠闲

Relax at The Setai

地点：美国佛罗里达州迈阿密

网站：www.setai.com **价格指数：**$$$$

围起墙壁的砖块灰黑相间，是从遥远的上海运来的；地上浅浅的水池中，花岗石铺砌的一条小径悠然穿过；从柬埔寨带回的高棉雕像和中国市场上购得的玉器点缀在酒店的各处。听着这样的描述，你一定以为这是东南亚的某个高端度假村，但其实这是迈阿密海滩腹地的赛泰酒店。

酒店有很多娱乐场所供人打发时间，闲来无事可以看看人来人往：你可以在大堂鸡尾酒吧啜饮红辣椒激情马提尼，可以在餐厅的开放式厨房旁落座，尝上一口令人回味无穷的寿司，也可

> “在这个以世界顶级酒店云集而闻名的城市里，这家宾馆刷新了品位与服务的标准。”
>
> 《悦游》杂志

以经过三个池塘时，选择走进水边的一家沙滩酒吧，在你梦中曾出现的靠背长椅上落座。

酒店客房遍布整栋建筑，原属于20世纪30年代建成的德姆西·范德比尔特酒店。现在的客房像是一个个舒适的蚕茧，其中甚至有“标准的”高级套房，内设独立的黑色花岗岩浴盆和淋浴设施、能制出拉瓦萨特浓咖啡的咖啡机和细腻柔滑的丝绸窗帘。四十层的高楼中更大些的套房好似宫殿般恢弘，从套房的私人阳台上望出去，可以望见催人入眠的大西洋海景。位于阁楼的客房更为奢华，阁楼中有四间卧室，一间蓝尼·克罗维兹（美国创作型歌手）设计的录音棚，一座私人葡萄酒窖，一个大大的露台，正适合举办派对，甚至还有一座小型健身游泳池。**LP**

→ 在禅意与艺术装饰风格的浸润中，赛泰清冷而宁静，然而，熙熙攘攘的南海滩离这里只有几步之遥。

在圣殿酒店下榻
Stay at The Sanctuary

地点： 美国佛罗里达州迈阿密

网站： www.sanctuarysobe.com　**价格指数：** ＄＄

迈阿密的南海滩有很多广为人知的特点，不过“宁静”可不在其中，直到这里建起了圣殿酒店。这是一座超豪华的现代精品酒店，散发着浓浓的禅意，由北欧设计师精心打造出一种静谧的氛围，让客人沉浸在独一无二的环境中，而在这里住宿所需花费并不多。

以酒店为中心，四周建有一个露天的内庭，庭院中是一座座小型喷泉，喷泉周围植着竹丛。酒店的31间现代化客房布置环境宽松安逸，配有最先进的意大利厨房、宽频等离子电视、无线网路，还有冲浪浴缸、装满食物酒水的客房内冰箱。在精选客房中，甚至设有蒸汽浴房。这里是迈阿密，所以当然啦，有点享乐主义的风格不足为奇。至于我们现在谈到的这座圣殿酒店，顶层有一家小酒吧，每逢周末人满为患，此外还有无边际泳池，这绝对是个休憩游玩的绝佳场所。

> “这地方太酷了，我们都不知道怎么形容了……我们觉得这家酒店应该改名叫异形庇护所。”
>
> 《纽约时报》

该酒店的意大利餐馆——苏果，远近闻名，去当地游玩的旅客总要去那里就餐，这家餐馆就坐落在时尚的酒店大堂中央。圣殿水疗馆和美容院也是你放松身体、休息保健的好去处。住店客人还可以要求多种多样的礼宾服务，包括宾利轿车接送、征人伴跑、G4私人飞机包租等服务。这里的一切都如此私密完美，能够满足人们宠溺自己的渴望，这就是典型的迈阿密南海滩风格。**PS**

在标准酒店放松心情
Relax at The Standard

地点： 美国佛罗里达州迈阿密

网站： www.standardhotels.com　**价格指数：** ＄＄

在安德烈·巴拉兹的标准酒店里，有一件事我们可以担保，那就是你能够享有独一无二的体验。酒店座落在迈阿密的一角——贝拉小岛，那里安静得出人意料。北欧式的水疗/酒店非常宁静，甚至泳池区都禁止播放音乐，在迈阿密海滩上，这还是第一家有如此要求的酒店。

作为一个为顾客提供休闲氛围的酒店，这里不但能让人充分放松，而且还打破常规，与众不同，其中的水疗区是酒店最引以为傲的特色区域。该区域有天然形成的跌水潭和热水浴盆。水潭上方是12英尺（3.6米）高、3英寸（7.6厘米）宽的瀑布水柱，供人减压消遣。无氯的传音池中通过水下扩音器传出DJ精心准备的音乐。此外，这里还有土耳其浴室、芳香蒸汽浴室、雪松木桑拿浴室、罗马式瀑布热水盆浴和泥浴休息室——这么多洗浴设施，看来想在这儿滴水不沾是件不容易的事儿。还是没有放松下来吗？那就预订一节针灸师罗莉·亚历山德拉·贝尔的理疗吧。

标准酒店菜单上的食物也很高级。丽朵餐厅早餐可以提供新鲜水果和有机农场的鸡蛋；这里还有仿照地中海风格健康美食的贝塞德烧烤；此外美酒店内部还有一家小饭馆，主要供应以鱼类为主的菜肴，装饰性配菜是自家种的草本香料，每道菜都在超级主厨艾力克·里佩尔的监督下完成。巴拉兹的审美元素随处可见，他将酒店白色大理石、水磨石地面、钢铁构造的电梯融入了自己的格调，并且加入了一些非常时尚的元素，比如汉斯·瓦格纳的安乐椅、来自丹麦的古董家具、安妮·雅各布森的壁灯和阿尔瓦尔·阿尔托的活动茶几。客房本身的时尚格调拿捏得当，小而精致，以轻型木材为主要建材，涂以明快的白色，始终不乏对砂岩的巧妙应用。**PS**

尽享威尼斯泳池
Discover Venetian Pool

地点：美国佛罗里达州迈阿密

网站：www.venetianpool.com　**价格指数：**Ⓢ

威尼斯泳池是一处惊人的历史“活化石”（其所在地点在美国《国家史迹名录》中有记载），也是迈阿密腹地风光秀美的避世胜地。从熟铁铸就的独特大门穿过，便进入了另外一个时代——一个建筑风格天马行空、城市设计浪漫梦幻的时代。

20世纪20年代，这里曾是坐落在科勒尔盖布尔斯市典型市郊的一处珊瑚礁采石场。后来，最著名的建筑师菲尼亚斯·派斯特和艺术顾问丹曼·芬克将此地改建为一座游泳池，建筑灵感来自于威尼斯的泻湖。他们将820万加仑（310万升）的泉水与他们丰富的想象力相结合，创造了地中海式的宁静绿洲。

> “想体验一下与众不同的游泳场吗，千万别错过科勒尔盖布尔斯的威尼斯泳池。”
>
> 《南佛罗里达太阳哨兵报》

泳池周围是西班牙式的建筑，热带花园和由珊瑚礁雕刻出的岩穴。这里不但有山洞，还有点缀着墨西哥棕榈的游廊，更有岩石跳台供有人跳水。在极乐鸟、倒挂金钟和九重葛这些热带植物中流连，穿过威尼斯式的拱桥，你就能看到一座人工岛屿，上面还有随风轻摆的椰子树。在茂密的蕨类植物和花朵间，拉丁拱桥和喷泉随处可见。黄昏时分，威尼斯式的灯笼和水下的灯一齐点亮，让这片景致氤氲在一片闪烁摇曳而浪漫梦幻的光晕中。

1989年，经过投资达数百万美元的复原项目的修葺，游人们现在可以观赏到佛罗里达州梦幻世界的本色了。**SH**

在小棕榈岛度假村放松心情
Unwind at Little Palm

地点：美国佛罗里达州小火炬岛

网站：www.littlepalmisland.com　**价格指数：**ⓈⓈ

佛罗里达州的可圈可点之处太多，从一年四季的好天气给他带来的“阳光州”别称到加勒比式的群岛不一而足。不过要说一个真正远离喧嚣的地方，还得要数独特的小火炬岛上的小棕榈岛度假村。小岛距离大陆约有百万英里，要想到达这座度假村你只能乘坐客船或水上飞机，那里有真正意义上的宁静，整个度假村让你感受到的两大主题就是典雅和潮流。甚至连度假村工作人员都好像是从时装杂志中走出来的一样。

吊脚楼似的套房以茅草为顶，有一种殖民时代的风格，房间中的卧床均罩有蚊帐，床上织物印着各种动物的图案，卫生间的装修也尽显奢华。屋外甚至还设有露天洗浴的设施。

比起佛罗里达，度假村的氛围更像是在巴厘岛。白天，你可以在泳池游泳、在有棕榈树遮阴的沙滩上放空，或者在吊床上晃来摆去。度假村看上去很安静，不过供游人消遣的活动却不少：你可以尝试一下浅滩潜水、划着独木舟穿过红树林，或者干脆坐上酒店的“波士顿捕鲸者”海钓艇来此快速巡游，探索一下周边的岛屿。

在小棕榈岛度假村里，一切的一切都是那么浪漫。登岛时，接过送到码头的香槟食篮，此时正是日落时分，空中一片不可思议的迷人粉霞；暮色中，沙滩已摆好了餐桌，摇曳的烛光照着晚餐，提基火炬也燃着温暖人心的明亮火焰。美味的菜肴中有金枪鱼鞑靼、迷迭香羊排和鲜虾意大利烩饭。

如果说这些还不足以让你意乱情迷，那么见到娇小的礁鹿之后，你就会彻底沦陷。它们会从容地在度假村里自由漫步，到了晚上，甚至会从你身旁偷偷衔走桌上的面包。**RCA**

参观儒勒海底旅馆
Visit Jules' Undersea Lodge

地点： 美国佛罗里达州基拉戈岛
网站： www.jul.com **价格指数：** $$

坐在世界上唯一一家水下旅馆里，看着鱼儿在身边来回游动，你完全可以把它想象成一个倒扣着的鱼缸。儒勒海底旅馆最初是一家研究实验室，供科学家研究远离波多黎各海岸的大陆架，海洋专家伊恩·科布里克和尼尔·曼尼决定进一步开发这个实验室，将坐落在佛罗里达州基拉戈岛海底公园翡翠湖湖底的这座建筑改造成一家旅馆。他们以小说《海底两万里》的作者儒勒·凡尔纳的名字命名，并且设法在旅馆中实现了洗热水浴，并配备了DVD、微波炉和一个冰箱。

旅馆通常能接待4个人，不过6个人也能挤得下。要进入旅馆并不是那么简单直接，你必须带上水肺潜至水下21英尺（5米）的深度才行，当然这并不需要你考潜水证：儒勒旅馆的工作人员会在3个小时的时间里教会你所有需要知道的事项。情侣们甚至可以在这里结婚——公证人也会潜入水下为新人证婚。

不可否认，客房的寝具其实并不都那么富于浪漫情调。羽绒被和枕头罩都有各自的海底主题；把泰迪熊落在家里的孩子还可以抱着旅馆的鱼形毛绒玩具入眠。这处水下旅馆吸引了相当多有名望的客人，其中有前加拿大首相皮埃尔·特鲁多、史密斯飞船的摇滚明星史蒂夫·泰勒以及名至实归的费西合唱团（Phish，因合唱团名称与鱼在英文中的发音一致）的乔恩·费什曼。

对游客来说，最吸引他们的就是鱼，真实存在的鱼。早晨一睁开眼睛你就能看到神仙鱼、鹦嘴鱼、梭鱼和鲷鱼正透过窗玻璃偷偷看你呢。你是不是在和它们对视呢？而它们是不是正在观察屋里奇怪的人类都在干些什么呢？**PE**

在伊斯拉摩拉达岛探险
Explore Islamorada

地点： 美国佛罗里达群岛伊斯拉摩拉达岛
网站： www.casamorada.com **价格指数：** $$

佛罗里达群岛的第一个岛屿——基·拉戈岛，该岛得名于好莱坞明星鲍嘉和巴考尔主演的同名影片，经过这座岛之后可以停泊在伊斯拉摩拉达岛岸边，这是一座安静低调的“紫色岛”。岛上最时尚的住处——加萨摩拉达酒店是几个商人合伙建立的，他们希望能在风景如画的群岛上消遣放松，打造一个加勒比风格的精品度假胜地。耳畔飘着的是牙买加雷鬼乐，眼前是简单随性的白色建筑和高大的棕榈树，俨然一副热带风情的画卷。客房的卧室简约而不失精致：熟铁打制的卧床高雅大方，上面缠绕着洁白的亚麻织品、一朵让人眼前一亮的白兰花，当然了，从卧室窗口望出去，满眼都是蔚蓝的大海。酒店小小的人工岛上铺满了白沙，岛上有绝妙的泳池和让人感到舒适惬意的酒吧，客人们晚上都会来这里消遣。早餐有新烤制的小松饼、百吉饼、蛋糕和水果，让你第一天有个美味的开始。第二天，你就会躺在摇椅上，或者去捕北梭鱼，或者驾船离开岸边，去捕捞棘鬣、金枪鱼或旗鱼。总之，伊斯拉摩拉达岛是“全世界捕鱼运动的首都”。

> “这里向周遭宁静有余、风格难定的环境笃定地散发着宁静与风格。”
>
> 《纽约时报》

还有一个选择，就是去探索沿群岛形成的全长达110英里（177公里）的礁岩，或驾车行驶在两侧风景如画的公路上，向基·韦斯特岛进发，这条路是20世纪初期的公路杰作，共包含43座桥梁，其中一座桥甚至长达7英里（11公里）。**RCA**

→ 在伊斯拉摩拉达岛上，完美的一天要有个完美的结束——手持鸡尾酒站在余晖中观赏日落吧。

NO
FISHING

探索哈雷阿卡拉火山
Discover Haleakala Volcano

地点：美国夏威夷毛伊岛

网站：www.nps.gov/hale　**价格指数：**$

鼎鼎大名的毛伊岛无需介绍，大家都知道这里是“冲浪天堂”。其实，这处诗意盎然的夏威夷岛屿能给你带来更多惊喜——从乘直升机环岛巡览到在海岸策马扬鞭快意驰骋，或者潜到水下与海龟鲨鱼共舞，或者骑单车从10,000英尺（3,050米）高的火山冲刺下坡。哈雷阿卡拉火山坐落在占地28,655英亩（11,595公顷）的同名公园中。得名于早期夏威夷原住民的传说，他们称这座山峰为“太阳之家”，相信太阳每天就是从这座火山后面升起的。想要看到更壮美的景观，就

“目之所及，磅礴壮阔，火山顶峰让一切想妄言其规模大小的人都不得不缄口不言。”

美国国家公园管理局

登上火山吧，你将看到2英里（3.2公里）宽、约2,600英尺（800米）深的火山口，周围浮着的是蓬松雪白的云朵。有些游人选择骑车上山（骑行时间至少要在3个小时以上），但其实最有趣的要算骑车沿28英里（45公里）长的蜿蜒柏油路下山了。早起的游人可以登上峰顶看日出，如果你真能在凌晨两点半左右从床上爬起来，你就会发现这一切都是值得的。为了确保能在峰顶享受一下一个人的时光，你可以选择旅游公司休息的周日登山，而且要避过春夏秋这三个“蜜月季”。观赏了震撼人心的火山日出后就是蹬车乘风下山的时候了，一路上你会看到惊人美丽的海岸线，感受到自由奔放和惊心动魄的真谛。**RCA**

→ 毛伊岛的地形奇特，像是不属于这个地球一般——1969年登月前，宇航员就曾经在这里练习过月球漫步。

在哈纳放松身心 Unwind at Hana

地点：美国夏威夷毛伊岛 **网站：**www.slh.com/hanamaui **价格指数：**$$

除冲浪以外，毛伊岛还有很多吸引游客的地方。一方面氛围悠闲自在，一方面风景美丽迷人，还有一方面适合户外爱好者来此游玩，这座夏威夷群岛中最著名的岛屿有着吸引各类人群的特质。想真正避开喧嚣的人潮，还得向东前往安宁纯净的哈纳。

举世闻名的“哈纳之路”长52英里（84公里），蜿蜒曲折，路边就是悬崖峭壁。一路上有600个弯道和54座桥，胆小的人可不敢开上这么狭窄的道路。这条路能给你的不仅仅是优美的风景：陡峭多变的悬崖峭壁，争奇斗艳的热带花卉，在芬芳花香中，令人心情愉悦的自驾之旅就此展开。路程的终点就是你此行的“奖励”——非常非常安静的哈纳，这种安静会让人误以为这里距离热闹的毛伊岛商业区有百万英里之遥。实际上，除了几个孤零零的私人别墅，这里基本就没有别的建筑了。据传这几栋别墅属于伍迪·哈里森和奥普拉·温弗瑞。而哈纳-毛伊度假村建在小镇中心位置，周边有学校、教堂和图书馆。白天，你可以冲浪、游泳，甚至在苍翠茂密的热带森林中徒步旅行。夜晚，酒店里的酒吧和餐厅是人们唯一可聚的地方。古怪奇妙的夏威夷茅草屋客房望出去，可以看到荒凉的太平洋海岸线与大自然融为一体，使得大部分信风起到了天然空调的作用。请你放心，在这里，所有其他一切现代的便利设施一应俱全，有奢华的沉陷式浴盆，酒水储备丰富的小酒吧，还有本地种植的香气浓郁的咖啡豆和饼干。度假村可以满足你一切时尚休闲的需求：有奢华的养生温水泳池，有可以看到无与伦比的太平洋景观的健身房，有室外火山熔岩涡流浴池，还有火努阿水疗中心。水疗中心的理念是从地球和自然的赐予中寻找真正的平衡和健康，哈纳正是这样一个地方——一个养育了夏威夷人并给他们带来幸福安康的地方。RCA

↑ 在太平洋上找到真正的平静：毛伊岛的哈纳带给你许许多多的美妙感受，舒展你紧皱的眉头。

沿着火努普海滩漫步 Walk Along Honopu Beach

地点：美国夏威夷考艾岛 **网站：**www.kauai-hawaii.com **价格指数：**❶

不会游泳的人就不要费心了，到达火努普海滩唯一的正式途径就是游泳，通过陆路是无法到达的，而且海滩所处环境神奇得令人难以置信。多部电影曾在这块宝藏般的沙滩上取景，有《金刚》《夺宝奇兵》和《南太平洋》。（当然，官方很可能对影片摄制组网开一面，不要求他们一定通过游泳登岛。）

两片金黄色的神秘沙滩，两侧唯有陡峭的山岩和南太平洋迷人的碧蓝海水相伴，连接它们的是由峭壁横生的岩壁形成的一座巨大石拱，前面是阶梯状的瀑布，如同一面闪闪发光的帘子。火努普坐落在树木茂盛的那波利海岸上，是大自然赐予冒险爱好者的礼物。令人头晕目眩的悬崖峭壁上面，满眼望去是更加荒凉的地带，荒野上最后留存的一片传奇丛林守护着火努普沙滩，这是1962年的一场飓风带来的结果。这片厚重而不可通航的荒原被认为是摩胡恩原住民最后的家园，也因此被人们称为“失落的部族之谷”。火努普是考艾岛繁茂的热带雨林中掩藏地最好的密地，也是夏威夷群岛中最为古老的一片土地。因为岛上有一座火山，所以考艾岛形成了特别的天然地形，既有峻峭的岩壁和茂密的丛林，又有水量充足的瀑布、祖母绿一般的深潭和主题公园般完美的溪流和水路。山区的凉爽让游客们更乐于去海岸享受温和宜人的气候。

火努普被世人冠以传奇的光环，被认为是神圣的部落墓地，首领贵族都在此安眠。如今，这里成了欣赏太平洋最精彩的海洋生物画卷的最佳地点。在这里，你可以体验到完全彻底的与世隔绝的感受，可以在纯粹的自然之乐中尽情地发呆。**VG**

↑ 想要真正把那些愁情烦事抛却脑后，就穿上脚蹼向着火努普海滩进发吧。

在巴哈营地休息

Relax at Baja Camp

地点：墨西哥圣灵岛

网站：www.bajacamp.com　**价格指数：**$$

从拉巴斯搭船行驶一小时的路程，就会到达墨西哥科特斯海上的一座罕无人迹的岛屿，荒无人烟的沙滩上有一片豪华的生态露营地。这里没有高耸入云的酒店或人声嘈杂的俱乐部，只有轻拍沙滩的海浪伴你在星罗棋布的天空下进入安宁甜美的梦乡。这里有可供10人住宿的大型帐篷，内设床铺、柔软的亚麻织品和热水淋浴。此处最大的帐篷兼做餐厅和休息室，内有舒适的座椅，你尽可以慵懒地坐在椅子上，手执一杯玛格丽特鸡尾酒，静看夕阳西落。

你可以在这里品尝到地中海和墨西哥菜肴中

> “这里的海洋生命如此丰富，以至于雅克·格斯特把这里称为‘世界的水族馆’。”
>
> 《独立报》

最精华的食材——刚从海里捕到的鱼和贝壳。早上，你可以享用品类丰富的热带水果；晚餐则可佐以智利和加州葡萄酒。在水下，你可以与海狮嬉戏，观赏蝠鲼、鲨鱼和急速穿梭、五颜六色的鱼群。你也可以划着橡皮艇到附近的小海湾一探究竟。你能乘着营地的船玩一把流网捕鱼，甚至能体验游钓的惊喜与刺激，亲手钓到旗鱼、金枪鱼、刺鲅、黄尾鱼和三保公鱼。

事实上，游客们对巴哈营地只有一个不满意的地方，那就是这里的开放时间不够长。该营地只在6月到9月期间开放。**AD**

→ 巴哈营地坐落在科特斯海中无人居住的岛屿之上，该营地接待的游客数量有限。

在埃斯佩兰萨酒店度假村享受 Enjoy Esperanza Resort

地点：墨西哥洛斯卡布斯市　**网站：**www.esperanzaresort.com　**价格指数：**$$

登记入住后，酒店经理会随之为你奉上赠送的头颈按摩，那个时候，你一定会忍不住赞叹：真是来对地方了！在美得令人窒息的自然环境中，埃斯佩兰萨酒店度假村就建在波光粼粼的科特斯海和太平洋岸边，这里有50幢小屋（小型别墅）和6座奢华套房，它们分布在面积为17英亩（7公顷）的土地上。

从外部来看，整个度假村是仿照墨西哥村庄的样子建造的，各个小屋和度假村的设施之间均由传统的石子小径相连。而内部装潢显然格调颇为高雅，屋里陈设着墨西哥艺术真品、手工打造的家具和精致的意大利亚麻织物。大多数小屋具有室外露台，在露台上还能看到美丽的海景。室内设施包括储备满满的小酒吧和娱乐中心宽敞的浴室里放着各种华丽的用品。那6座奢华别墅中有些坐落在人迹罕至的海滩上，占地面积较大，同时还提供私人游泳池和管家服务。

你可以在地中海风情的埃斯佩兰萨酒店度假村中享受户外用餐，你的用餐地点就设在山崖内凹的地方，在那里可以俯瞰科特斯海，并且坐在任何位置的餐桌旁都能拥有180度的观景视野。您在享用开胃菜和小食的同时，餐厅也会为你呈上品种丰富的龙舌兰和雪茄菜单供你挑选。尽管等你参与的大量活动，会让你宿醉的疲惫瞬时消失得无影无踪，但是鉴于这里有一百多种不同的龙舌兰酒，到酒吧品鉴美酒还是有点危险的。

你可以去海上观看鲸鱼，乘一艘玻璃做底的小船出海游玩，也可以钓鱼、冲浪、潜水、玩帆板。如果你不喜欢水上活动，那就随着导游一起穿越荒凉的大地或者沿着空旷的沙滩走走吧。有兴趣的话，打打网球，玩玩高尔夫，骑骑马。而且这里美妙的纯天然水疗，随时等着你前来体验奢华的按摩。**PS**

↑ 对于那些需要彻底放松享受的游客，田园牧歌式的水疗，可为其提供有养生功效的按摩和让人恢复活力的理疗服务。

在天堂之窗酒店下榻 Stay at Las Ventanas Al Paraiso

地点：墨西哥洛斯卡布斯市　**网站：**www.lasventanas.com　**价格指数：**$$$

你要去天堂之窗酒店，最好带上能拍照的手机，因为你回家后滔滔不绝地诉说自己的奇遇清单时，空口无凭，没人会相信你说的是真的。从洛杉矶到天堂之窗酒店到下加利福尼亚州的空中走廊可谓是众星云集，来这里度假的摇滚明星、时装设计师和前总统络绎不绝。尽管这里的私密氛围也带来了些许不便（酒店外没有标识牌，所以计程车司机和私人司机必须认识路才行），但是这些社会名流们却纷至沓来。珍妮弗·洛佩兹就曾经在接受《时尚芭莎》杂志的采访时说，她最喜欢的休闲方式就是享受“天堂之窗酒店的水疗”，无独有偶，杰西卡·辛普森在接受《滚石》杂志的采访时曾表示说，那里的傍海别墅的水池才是史上最棒的东西。为什么他们都选择来这里度假？很简单，这里不仅365天里天天都艳阳高照，还有保时捷博克斯特跑车供游客租用，以及24小时管家服务和宫殿般的泳池别墅。天堂之窗酒店唯一流行的主题就是——美好的生活。

在这个墨西哥独一无二的角落，旱生园艺（沙漠景观美化的艺术）找到了它天然的家，罗伯特·琼斯二世十八洞高尔夫球场就蜿蜒布设在酒店度假村和起伏的荒漠景观中。仙人掌点缀的荒漠风景却衬着一系列令人惊叹的别墅水池，直连着蓝宝石般的科特斯海，相得益彰。洛斯卡布斯的海岸上就这样散布着一列狭长的别墅群，这些矮小可爱的别墅以土坯垒就，外墙刷成美丽的白色。从为了观看一年一度的鲸鱼巡游仪仗所准备的挂在海堤上的双筒望远镜，到几乎是刚敲完最后一个字还未来得及出版的小说，酒店应有尽有。浪漫主义者甚至可以骑上一匹白马到绵延不绝的海滩上向心爱的姑娘求婚。这才是服务。

对了，没人真的在意你是否有一架里尔喷射机停在酒店附近，因为来这地方消遣理应有如此的派头。TM

↑ 墨西哥-地中海式的建筑风格反映出这座别具一格的酒店就坐落在沙漠中。

徒步于青铜峡谷

Hike the Copper Canyon

地点：墨西哥奇瓦瓦州

网站：www.coppercanyonguide.com **价格指数：**❶

墨西哥的青铜峡谷坐落在奇瓦瓦州的马德雷山脉中，是全世界最大的峡谷山系。迷宫一样的山间有六片彼此相连的峡谷，甚至比美国“大峡谷”还要大，还要深；这里的悬崖峭壁、山溪飞瀑、森森岩洞和最棒的徒步地形给游客们带来了气势磅礴的景色。峡谷上下长满了古铜色的苔藓，因而得名青铜峡谷。

这处峡谷是塔拉乌马拉印第安人的故乡。16世纪时，西班牙探险者到了墨西哥，塔拉乌马拉人这支游牧民族才在此隐居避世。多年以来，天主教的耶稣会传教士们也在这里安了家，门诺派教徒在这一地区也有几处定居点。这里还有更多典型的墨西哥小镇，镇上有许许多多的牛仔。其中一些小镇与前面所说的部落族群和教派有着明确的疆域划分。

要开始进行徒步，就得先登上火车，沿着最刺激的铁路线之一前进。从埃尔弗里特开始，你一路上会跨过37座大桥，经过巍峨耸立的峡谷峭壁，穿越86个隧道，一路景色震撼人心。无论是沿着峡谷的边缘，还是在峡谷的谷底行进，你都会在其中走很多天才能完成徒步。而且，有很多向导愿意带你进行为期一周或者更长的徒步。崎岖的山路会把你带入峡谷腹地，而且因为很多向导都与当地的塔拉乌马拉族印第安人相熟，你还能得以窥见他们的生活。这里的徒步能让你一览未有人类染指的荒野景色，欣赏大峡谷的壮观景象。**LD**

→ 墨西哥的青铜峡谷可以为各种级别的徒步者提供不同的徒步机会。

在唯一帕尔米拉度假村下榻

Stay at One&Only Palmilla

地点：墨西哥洛斯卡布斯市

网站：www.oneandonlyresorts.com　**价格指数：**$$$

这颗星球上，没有几个地方能让我们一边啜饮着香醇的玛格丽塔鸡尾酒，一边赤脚踩在粉末般柔软的沙滩上，还能同时从别墅水池看着鲸群在远处缓缓地滑过。唯一帕尔米拉度假村坐落在下加利福尼亚半岛的最南端，介于圣何塞德尔角和圣卢卡斯角之间，是一处别致的海滩度假村，还有更多特别之处。该酒店度假村的地理位置令人惊叹——恰巧是太平洋与科特斯海在洛斯卡布斯走廊汇聚的地方，所以绝对是独一无二的。

度假村的环境有利于人们真真正正的休闲放松。酒店房间被充满异域情调的花朵簇拥着，还有摆着躺椅的露台或阳台，可以躺在上面俯瞰层层冲向岸边的浪花——此情此景非常适合午休。你还可以通过望远镜观看鲸鱼或眺望星空。1956年，帕尔米拉度假村首次开始营业，当时还是一座小型的独一无二的钓鱼旅馆，深受约翰·韦恩和平·克劳斯贝的喜爱。而时至今日，你更可能在那里撞见黛米·摩尔或者约翰·屈伏塔，因为这里已经变成了一个奢华的海滨绿洲，配备有一流水疗服务，整修得很美的场地和高尔夫球场，你还经常有机会参与世界级捕鱼活动。**LP**

> “高消费阶层最适合去的度假村[之一]……还有广阔到几英亩面积的无边际水池。”
>
> 《纽约时报》

帕尔米拉的石头喷泉、白漆墙壁和熟铁屋门都会勾起人对旧时的墨西哥的怀想。

在豪戴丽朵-戴斯果诺西多度假酒店享受

Enjoy Hotelito Desconocido

地点：墨西哥哈利斯科州

网站：www.hotelito.com　**价格指数：**$$$

如果你想找一个终极生态友好型的旅游地点，那就一定是这里了。豪戴丽朵-戴斯果诺西多是专为热爱自然的人们准备的，因为它就建在马德雷山脉和太平洋之间的湿地上，在一大片鸟类和龟类保护区的中央。当游客划着船穿过河口，从酒店的主要建筑到海滨小屋的路上，两边的沙地上还长着一株株的仙人掌。

色彩斑斓的房间随属基本配置，但也散发着迷人的美丽。这里不通电，唯一的几个便利设施就是淋浴、水槽和卫生间，还有四周支起蚊帐的床铺。你可以懒洋洋地躺在阴凉下的吊床上，或者卧在原生态的40英里（65公里）长的海滩上，那里的黄昏时分，刚孵出来的小海龟会奋力游入大海，而近旁只有为数不多的几个游客惬意地看着。酒店提供的菜肴有一种恰到好处的简单、健康和美味：鱿鱼沙拉、酸橘汁腌鱼和椰汁蛋糕。

入夜，只需用手电筒发出信号，即可招来船只到港口的房屋一侧渡你前去装修风格不同一般的艾尔坎特丽朵享用烛光晚餐。喝一口冰啤酒或是玛格丽特，在吧台前聊聊天，或者在昏黄的薄暮中来一局台球。酒店的开夜床服务还会为你奉上许许多多在黑暗中闪烁的茶灯。而且，除了客房服务外，你还可以通过升起窗外的标志告诉服务人员，你想在用早餐之前先来一杯新鲜的墨西哥咖啡和一碟曲奇。这绝对是一种不同于以往的体验，而且也颇为浪漫。

在这里想与世界上的其他地方接触恐怕是不大可能的，但这不就是来此度假的全部意义吗？最近的村庄也有好几英里远，豪戴丽朵以此来确保让你享有自己的小世界：甜蜜的寂寥。难怪麦当娜、米克·贾格和昆丁·塔伦蒂诺都曾经来这里度假呢。**RCA**

在库伊马拉度假村租一栋别墅
Rent a Villa at Cuixmala

地点：墨西哥哈利斯科州

网站：www.cuixmala.com　**价格指数：**$$

就连现代童话都不足以形容这里的美。库伊马拉是一个非常受欢迎的度假村，在广袤的25,000英亩（10,117公顷）生态保护区中，隐匿着一座座豪华的别墅，而保护区的外围又是金色的沙滩。这里从各个角度看都是一个完美的私密庇护所。来这里让你的大脑得到充分的休息吧，在荒芜的沙滩上散散步，与自然亲近一下。然后看看在这生态保护区安家的鸟儿们，还有各种动物——从美洲虎、海龟，到罕见的斑马、羚羊。

这里的顶级别墅叫做Casa La Loma，其蓝黄相间的条纹圆屋顶让它显得与众不同。别墅看起来像个城堡一样，还能看到空旷无人的科斯塔海滩以及汹涌的太平洋波浪。此处还有其他4座别墅，有足够的服务人员待命，装修设计也是华丽的墨西哥和欧洲风格，此外还有共享一个游泳池的九座舒适的小屋（小别墅）、俱乐部会所和餐厅。你可以把这里当做自己的家，骑着马随意拜访附近的有机农场，在芒果树和木瓜树下经过，穿过柑橘园，走遍所有的沙滩。有些还是潜水和玩皮划艇的好地方；你也会发现，还有为了遮阳在椰子树间系起的吊床。你可以先在杳无人迹的海滩上野餐，然后乘船游泻湖，在湖上看夕阳西下、赏海豚与鲸鱼。最后喝一杯冰玛格丽特鸡尾酒，结束这一天的童话生活。

社会名流对这处生态度假村极其喜爱。美食家餐厅中的美味佳肴，所用食材都是在大农场或者高地农场以有机方式栽培的。这里还有两层座位的小放映厅，座椅都是配有印第安式靠枕的靠背长沙发，座椅有双人床大小，对于疲倦的一线明星来说，来这里看场电影再惬意不过。AD

→ 华丽的Casa La Loma别墅，曾是已故的工业大亨詹姆斯·戈德史密斯爵士在热带度假时的住所。

在昆塔瑞尔酒店下榻
Stay at Quinta Real

地点： 墨西哥萨卡特卡斯州

网站： www.quintareal.com　**价格指数：** $$

这里已经有34年的时间没有举办过斗牛表演了，但是昆塔瑞尔酒店给你带来的逃离尘嚣的体验另有玄机。酒店建在北美洲最古老的斗牛场——圣佩德罗，外围有16世纪的水渠。在你冒出来“这里的名声完全是因为一些噱头”这样的荒唐想法之前，先好好想想吧。昆塔瑞尔酒店集团以注重细节闻名于世，而此处融合了阳春白雪的高雅文化和下里巴人的墨西哥本土传统元素，客人不仅可以享用美食，还可以享受这里贴心的服务。

> “他们始终让顾客享有顶级的体验，并且提供卓越的个性化服务。”
>
> 托尼·佩罗，墨西哥AAA级大区经理

酒店内是宽敞的多功能宴会厅，殖民风格的装潢给人一种盛大隆重的感觉。房间的卧室床头挂的是艺术珍品，窗前还可看到外面的庭院。该酒店开业后获得了数不胜数的建筑奖项，你只需一看便能明白其中奥妙。原来的斗牛场已经在酒店的广场餐厅的光芒下黯然失色，餐厅的露台上有置于阴凉处的餐桌，曾经供观众观看血腥斗牛场面的阶梯上摆着赤土陶器，但真正让人惊叹的还是吧台——以前是公牛等待表演开始时被关着的牲畜栏，现在取而代之的是上佳的陈设和艾尔伯塔瑞尔为你奉上的最棒的南美葡萄酒。

人们都说萨卡特卡斯有“石头的脸，银子的心”，因为这里过去是一座以银矿著称的小镇。鹅卵石铺就的狭长街道两旁是镀金的大教堂和殖民风格的建筑物。而住在昆塔瑞尔酒店便可一览市镇全貌。**LD**

在道斯噶萨斯酒店休息
Relax at Dos Casas

地点： 墨西哥圣米盖尔德-阿言德

网站： www.doscasas.com　**价格指数：** $$

有时候，人们感觉离开家远走高飞才像是休息放松的不二法门。而在道斯噶萨斯酒店，你既能感受到家的温馨，又能有旅行的新奇。这座魅力十足的精品酒店坐落在风光如画的一座小镇上——圣米盖尔德-阿言德，小镇地处墨西哥丘陵起伏的“沙洲”中心位置。追溯到1542年，当时的圣米盖尔德-阿言德是墨西哥独立战争的中心地区，所以该地区以当地将领——这个国家永远的英雄伊格纳西奥·阿言德——的名字重新命名。

这里有你憧憬的宁静墨西哥小镇上的一切：耀眼的黄色土质墙壁、宏伟的别墅、简陋的小酒馆和鹅卵石街道上的令人印象深刻的门廊。空气中弥漫着干热和饭菜的香气。道斯噶萨斯酒店掩映在雄伟精致的哥特式教堂附近，外面挤满了熙熙攘攘的游人。作为一家非常具有现代风格的酒店，道斯噶萨斯始终奉行着“我家即是你家”的好客原则。酒店仅有5间客房，设计者并未将房间设计成循规蹈矩的模样，而是让空间中充满了别致舒适的感觉，营造这样的氛围全靠当地色彩多样的陶器、深色的异国木材、中性的亚麻织物和插满了香气扑鼻的兰花的一件件花瓶。

你可以选择在露台上用早餐，这是一个小小“避风港”，铁艺阳台上还有一朵压一朵的鲜花。早餐可以选择尝尝墨西哥式辣煎蛋，或者上面涂着厚厚的番茄酱的自制面包。在正午最炎热的几个小时，你可以选择和当地人一样睡午觉，然后等清凉的时候再外出欣赏本地的艺术品。

晚上，你可以从厨房的公用冰箱里取一罐科罗娜啤酒，或者回到拉特若阿萨——自带私人露台的房间中小憩，躺在冲浪浴缸里，看夕阳渐渐沉下。尽管洋溢着异国情调，但是你几乎可以说是立即就会把它当做你的另一个“家”。**RCA**

在阿祖利克玛雅水疗度假村享受

Enjoy the Azulik Maya Spa

地点： 墨西哥尤卡坦半岛

网站： www.azulik.com **价格指数：** $$

玛雅人的智慧举世闻名。他们先进文明的恢弘遗迹就散布在阿祖利克奢华的图卢姆度假胜地中，把游客带回到那个人与环境更为亲近和谐的时期。阿祖利克最大的优点正是用现代的审美将古代的情感和奇观结合在了一起。最吸引人的要数玛雅水疗服务了，度假村提供了各式各样的理疗项目，从我们最为熟悉的西式按摩技巧到古代的治愈术和放松疗法都可体验，其中还有传统的玛雅式按摩。这些按摩方法流传了上千年，鉴于玛雅人的智慧，它们也一定具有相当神奇的疗效。

这处海边的度假村为游人称道的还有15座木结构别墅，每座别墅都有茅草做的屋顶和天然去雕饰的装潢风格。别墅群坐落在悬崖顶上，从那里可以看到气势磅礴的海景，尤其是第1号到第12号别墅的景观最佳，专为那些“不可救药的”浪漫主义者和蜜月期的情侣准备。在白色的沙滩上漫步的时候，你可以想穿多少就穿多少（因为该度假村只限成人入内，因此你就算全裸也没人会介意），这与乘小艇巡游珊瑚礁和徒步穿越热带雨林是一样难以忘怀的体验。你也可以干脆就在别墅里放松休息（每半个小时，门房都会小心翼翼地巡视一圈，如果你需要什么东西买可以在外面放上红色标志），在你自己的露台上享受海风轻拂，或者在手工雕刻的浴缸中泡澡。

阿祖利克不通电，所以墨西哥的夜幕降临之际，你在这里就可以感受到那烛火散发出的迷人风情。两眼微阖，聆听丛林的夜曲，想着那留下如此伟大文化印记的玛雅人的灵魂永远与阿祖利克同在，这是一种多么独一无二的体验啊。**PS**

在北部山脉跋涉

Trek the Sierra Norte

地点： 墨西哥瓦哈卡州

网站： www.sierranorte.org.mx **价格指数：** !

当地人称这处山脉为“云雾之乡”，因为山脉总是笼罩着轻纱般美妙的雾气。其他人管它叫“pueblos mancomunados”，意为“大家的村落”。不管人们如何称呼散步在北部山脉中的定居地，有一点毋庸置疑，那就是这里是逃离都市繁忙生活的福地。

这里总共有8座村庄，都坐落在海平面以上10,000英尺左右（3,048米）的地方。萨巴特克人在这里居住了好几个世纪，他们集体劳作，共享土地，沿着统共60英里（96公里）长的道路在村与村之间互相拜访。时至今日，村民们仍不使用农药或经过基因改良的种子，也正因为如此，他们的生态系统才如此欣欣向荣。这是一处宝贵的资源：世界自然基金会将北塞拉利昂山区的松树-橡树混交林列为地球上最丰富多样的森林。

> “山中风景和植物群非常壮观……总是给人带来新鲜平静的感觉。”
>
> 格雷厄姆·威廉姆斯，记者

为了避免现代的农业方法和伐木活动影响此地的生态，这里奉行以社区为基础经营生态旅游，即“北塞拉利昂北部山脉探险”，该旅游服务已经有10年的营运历史，为村民们带来了一部分收入。该服务现在包括维护村庄之间的道路，为游人提供地图，组织游人在卡巴纳斯即小棚屋中住宿，在当地村民家中用餐。**PE**

在瓦亚蒙庄园豪华精选酒店放松 Unwind at Hacienda Uayamon

地点：墨西哥尤卡坦半岛　**网站：**www.haciendasmexico.com　**价格指数：**$$

如果墨西哥最富有的人之一罗伯托·赫尔南德斯决定投资开一家酒店，你的头脑中一定会浮现出一场豪奢盛事。瓦亚蒙的确没让人失望，这座酒店就建在气势恢宏的17世纪大庄园里，这里曾经是一片剑麻种植园的中心。19世纪的时候，由于剑麻贸易很成功，这座大庄园的主人获利颇丰，便把资金大把地用在了购买地产、扩建庄园方面。然而，20世纪20年代的市场不景气，曾经的辉煌在此告一段落，种植园倒闭，这座庄园也只能在这片如画的风景中寂然衰颓。

今日，多亏赫尔南德斯的慷慨投资，瓦亚蒙庄园得以重生，成为了这座半岛上最浪漫的避世胜地。经过整修，庄园昨日的宏伟得以再现，高雅质朴的装修风格、高高的穹顶——暖红色、深黄色、暴露在外的砖墙结构——这一切都唤起人们对殖民时期的记忆，不同的是，如今的古老建筑里面配备的是现代的便利设施。庄园里有一处面积较大的水池——附近有电话帮你传达服务要求，你可以要求侍者一杯接一杯地呈上鸡尾酒——此处的餐厅也以当地的“尤卡坦”菜肴而享有盛誉，你还可以看到迷人的花园，只不过这花园看上去更像是一座森林。

说到住宿条件，大庄园主建筑中可提供大型套房，此外还有一些独立的别墅——房间中都配有宽大的床、华丽的盥洗室和私人露天平台，其中大多数曾经是种植园“经营”工人的生活区。这里是那种你可以住上整个假期都无需离开的地方，不过酒店还是为客人们安排了探寻地区历史的机会。酒店所处位置正在古时候玛雅人进行仪式的中心地点，离艾德兹纳很近，这个半岛丛林的生长期从公元前1600年一直到公元1000年。**JF**

↑ 在印度尼西亚建筑师加亚·易卜拉欣的设计下，套房保留了庄园的种植园风格。

探索孔托伊国家公园 Discover Isla Contoy National Park

地点：墨西哥孔托伊岛　**网站：**www.cancundays.com/islacontoy.php　**价格指数：**$

孔托伊坐落在加勒比海与墨西哥湾汇流处，它凭借天然优势成为整个墨西哥国土上最佳的海鸟筑巢地。这座仅有5英里（8.5公里）长的小岛是受到保护的自然保护区，而且还是远近闻名的生态旅游景点。

那里的海岸有丝绸般细腻的沙滩，而每天只允许200名游客上岸参观。游客可以从女人岛或坎昆乘船（行程需花费大约2个小时）去那里游玩。你可以坐在沙滩上看水面上成群结队的褐色鹈鹕、双冠鸬鹚，或者往岛上深处走走，游览波多维耶荷泻湖——这是一处重要的筑巢地。该岛无人居住。来这里度过一天会给人带来被世人遗忘的感觉。登上瞭望塔，可以看到壮观的岛屿全景。

孔托伊岛不仅仅吸引鸟儿在此筑巢，还是四种海龟的繁衍地，遮天蔽日的棕榈树和白沙滩给它们提供了埋藏龟蛋不受打扰的环境。岛周围的海水水晶般清亮，坐在船上探头看水中，什么都能看得清清楚楚：体型巨大的蝠鲼向深处俯冲，无数热带鱼在珊瑚礁附近游来游去。

去往该岛的游船通常会在伊克斯拉什礁石处停下，这样游客们可以在附近潜水。你能在水中看到硕大的黄貂鱼、原色的鹦鹉鱼、小丑鱼、梭子鱼和神仙鱼，甚至还有海龟。每年夏天，游客们都有机会看到世界上最大的鱼（鲸鲨）游经坎昆，所以你也可以在水上旅行计划中安排这条观光路线。如果到墨西哥的这部分地区旅游，来此岛一探不失为一次大胆的出行，你最好不要错过。LD

↑ 无人居住的孔托伊岛是加勒比海的海鸟和其他海洋生物重要的繁衍地。

在伊森西亚酒店享受水疗

Enjoy the Spa at Esencia

地点：墨西哥尤卡坦半岛

网站：www.hotelesencia.com　**价格指数：**$$$

玛雅海滨，2英里（3.2公里）的空旷海滩（也是墨西哥最好的海滩之一）上坐落着僻静而低调的伊森西亚酒店。酒店占据了50英亩（20公顷）的私人地产，有两个游泳池，一个日间水疗所、一家餐厅和梦幻般迷人的海滨风景。

苍翠繁茂的花园里，有一条呈蛇形铺设在其中的小径，直通一个个供客人在沙滩上休憩遮阳的茅草顶小屋。这里的装潢布置简朴素雅，令人放松。那些现代的设施和很多建筑都曾经供一位意大利公爵夫人冬季度假时专用。伊森西亚酒店也因这位公爵夫人的高端审美情趣而变得愈发美丽。酒店本身刷着白色涂料，层数并不高，墙是用灰泥抹过的，嵌着深色木质百叶窗，房顶的陶瓦是由赤土烧成的，主体外还有探出的阳台。酒店前面既是草坪，沙发一字排开，直摆到白色的沙滩上。

伊森西亚酒店的环形水疗所设在一个较为安静的角落处，那里提供以本土生长的水果、植物和药草为材料的理疗项目，这些材料中很大一部分都来自于酒店的花园。水疗所共有5间理疗室，四个按摩浴缸和两间玛雅式圆顶桑拿房。理疗项目包括按摩、草药蒸气浴和面部护理。你也可以在这里参加瑜伽和冥想课程。

酒店的卧室简约典雅，陈设着本地产的硬木家具，墙壁地板均为白色，天花板较高，房门饰有百叶窗板，窗户朝向大海和花园。你可以享受私人大厨专门为你烹饪的服务，不过大多数情况下，需要到萨拉伊傅叶果餐厅用餐，餐厅有原生态墨西哥菜肴供客人品尝，配料也是当地产的新鲜调味料，烹饪方法亦是来自本地。**SH**

→ 伊森西亚这座现代风格的酷建筑，彰显了高贵、奢华和极致的品位。

在西米诺休息
Relax at Chimino

地点：危地马拉派特克斯巴吞泻湖
网站：www.chiminosisland.com **价格指数：**Ⓢ

夜深人静时，一只调皮的吼猴突然发出一声尖叫，把你从梦中惊醒，或者一条鳄鱼从你房间的窗前游过，把你吓了一大跳，这些都是你住在世界顶级生态考古旅游地可能会碰到的事情，也是那里吸引游人的原因之一。

西米诺是一座有防御工事的小岛，坐落在危地马拉丛林腹地的一个巨大的泻湖中。来参观游玩的客人会被安置在5座摩登的田园风格村舍中，这些村舍由当地原本倒下的桃花心木建成，屋顶由蓬松的棕榈叶覆盖着。每间村舍都至多可供5人住宿，与其他村舍之间的距离几百英尺远，住在里面可以俯瞰泻湖风光。色彩斑斓的犀鸟和鹦鹉栖息在外面的枝桠上向屋内张望，正如你也对它们感到好奇一样，这些小东西对你也很感兴趣。屋子的外形比较原生态，屋内陈设着简单的床铺，有盥洗室，还可以提供热水。你也许会觉得这样的住宿环境与丛林太过接近、亲密。但旅馆主人担保，这些平房蚊虫不进、野兽不侵。

类似的中央建筑里有酒吧、餐厅、露台和吊床。小岛附近的水面上浮着一段木甲板，供游人在此享受日光浴、游泳、划独木舟或者垂钓。旅馆会为你准备好传统的地方菜肴，而食材则是泻湖中捕捞的新鲜鱼儿。

许多游客登岛只是为了看一看杂草丛生、杂乱无章的石头废墟。从游客所住的平房前往令人惊叹的玛雅人城堡遗址，路途通畅易辨。那些遗址包括有城墙、举行仪式所用的锥形塔和宫殿。据说，在公元600年到900年之间，这里曾是玛雅人王室的一个分支，他们就在这里扎根繁衍，之后这个神秘的文明便神秘地凋零了。在丛林深处，考古学家还挖出了古时候人们玩球类游戏的一片场地，成为游人休闲的好去处。**SH**

在拉兰查酒店下榻
Stay at La Lancha

地点：危地马拉蒂卡尔附近
网站：www.blancaneaux.com **价格指数：**Ⓢ

弗朗西斯·福特·科波拉最新开设的异国风情丛林酒店会让人想起他导演的史诗巨作《现代启示录》中的场景。这个电影大亨在危地马拉雨林腹地的佩藤察湖岸边开了一家叫拉兰查的酒店。不过，你在这里看不到马龙·白兰度呐呐地说“恐怖……恐怖……”的场景。科波拉在陡峭的丛林山腰上建造了这样一个理想的遁世之所，不仅有双层带瀑布的游泳池，可以俯瞰整个湖的开放式餐厅，还有可供游人住宿的美丽迷人的玛雅式小屋（小型别墅）。

小屋外设有简单的木平台和阳台，在上面可以看到湖水与树木相互映衬的美景。屋内是粉刷成白色的墙壁、瓷砖地板、高高的木制天花板和大理石铺设的浴室。玛雅式壁挂、地毯、靠垫和沙发，色彩纷呈，让人眼前一亮。这里还有餐厅、让人神经松弛的24小时酒吧、配有沙发座椅和喷泉的日光露台，还有湖边的一小块沙滩。住在这里的客人可以尽情放松，去乘船出游、划皮划艇、钓鱼或骑马，还可以参加学习西班牙语的课程。从酒店出发到更远一点的地方，你可以看到玛雅人的各种遗迹。酒店组织了去这些遗址参观的远足活动，还有清晨观鸟的活动，你可以在这里看到犀鸟、鹦鹉、翠鸟、蜂鸟和秃鹰。**SH**

> “我爱这片未遭破坏的土地，吼猴就住在我房间的露台外。”
>
> 弗朗西斯·福特·科波拉，导演

→ 拉兰查酒店有一家茅草铺顶的餐厅，餐厅一侧向森林敞开，向客人提供当地食物和意大利菜肴。

在泥屯保护区放松心情

Unwind at Nitun Reserve

地点： 危地马拉圣安德列斯

网站： www.nitun.com **价格指数：** ＄＄

尽管并不是史上最豪华的避世所在，可蜷缩在泥屯的一张吊床上，仰头望向空中徘徊忙碌的蜂鸟，心中又是一种别样的平静。因为生态旅馆附近有专门的饲养员为鸟儿喂食，所以住在这里的客人可以有幸观赏到六种不同品种、五颜六色的小鸟上下翻飞，表演它们的“杂技”。

泥屯坐落在佩藤察湖沿岸的雨林中，由之前的咖啡种植园所有人修建而成。这是一个能给人带来激情的地方，棕榈树叶为屋顶，岩石木材为屋身，这样的一座座小房子就在树木的掩映下沿着海岸线立了一排。房子中的内部装潢风格可与你平常所见的商务旅行酒店迥然相异——地板由粗糙的石头与圆木铺成，里面陈设的家具简单大方。泥屯给人的感觉与这片雨林很和谐，并没有那种突兀的奢华，而只是自然环境中和谐的一部分。不过这里仍配备了风扇、纱窗和私人浴室，你可以在其中尽情享受热水浴带来的惬意。

> “一旦真正身处这一绿色美景之中……你就会不由得去找来吊床躺在上面，并且再也不愿离开这里。”
>
> 卢卡斯·韦德根，记者

处于中央的住所是一栋两层楼的小房子，里面包含一家餐厅、酒吧和休息室。里面那开放式的厨房被誉为是这个国家最棒的地方之一。游客们白天可以沿林中野径探索雨林，也可以环湖游船感受水趣。此地处于自然保护区之中，而且经营者始终按照严格的生态准则运营旅馆。**SH**

← 泥屯保护区的住所虽然较为原生态，但让客人满意，因为它与周围的丛林已经成为一体了。

体验维拉萨玛雅酒店

Enjoy Villa Sumaya

地点： 危地马拉阿蒂特兰湖

网站： www.villasumaya.com **价格指数：** ＄＄

危地马拉不只有浓密的丛林，这处颇具艺术氛围的酒店就完美地印证了这点。维拉萨玛雅酒店坐落在4,500英尺（1,370米）高的山峦上，也是在一处美丽的湖泊岸边上，围绕着酒店的是繁茂的兰花花园，而正好面对着3座圆锥状的火山。这处极好的风景正是在危地马拉高地的中心地带，而这座风景如画、低调素雅的酒店正是探索高地周边景点的游人们再好不过的歇脚地方。

维拉萨玛雅酒店建在阿蒂特兰湖的边缘上，曾经是危地马拉一个非常富有的家族的度假别墅。后来这栋别墅被改造成了酒店，因为宁静的氛围有益于人们获得灵感和启发，这里最终成了闻名的瑜伽和冥想度假中心。除了所处自然环境景色秀美，酒店的建筑还有着传统的茅草屋顶，并且是敞开式的，方便住在这里的客人欣赏美妙绝伦的风光全景。露台上有数条石头小径蜿蜒而过，还有游人在这里享受日光浴，露台上还配有热水浴池、桑拿汗蒸室和花架绿廊。

小屋虽然陈设简单，但是布置得却很舒适。颜色搭配为泥褐色和赭石色，地板是手工铺就的瓷砖地板，房间里还摆放了柳条编成的椅子、蜡烛和吊床。屋内的装饰物包括玛雅式纺织物和当地的民族艺术品。你将会在宽敞的游廊中耗上大部分的时光，只为了凝视那片静美的湖景。

湖畔是蓝虎庙，这里是各种活动和课程（瑜伽、舞蹈、冥想、按摩、芳香疗法、太极、灵气疗法、萨满仪式、即兴戏剧和家庭聚会）的举办地点。优美的餐厅就在喷泉的一侧，餐厅可以为你提供健康的餐点，包括各国美食和本地食品。这里的特色菜就是湖中捕捞的新鲜鱼，而且经过花园时，你很难抗拒自制白面包和墨西哥玉米饼的香气的诱惑。**SH**

在鹦鹉巢旅馆小住

Enjoy Parrot Nest Lodge

地点：伯利兹卡约区

网站：www.parrot-nest.com　**价格指数：**$

在去热带旅游的时候，如果你打定主意要在巴西雨林深处100英尺（30米）高的瓜纳卡斯特树上的树屋里度过一夜，那么与世隔绝的鹦鹉巢旅馆肯定是你理想中的选择。

从旅游城圣伊格纳西奥出发，仅开上一小段路就能到达你的目的地。旅馆三面环水，也就是被莫潘河围着，周边是树木繁茂、景观优美的花园，你要是既想体验原生态的环境，又想住得舒适放心，那么鹦鹉巢旅馆不失为一个折中的好选择。想要探索周围卡约区为数众多的自然奇观，这里是个理想的修整地。旅馆可以为你提供全天或半天的伯利兹森林短途游。从九点出发到里奥弗里奥洞穴的全天徒步旅行之后，我们推荐你必做的事情就是——紧接着跳到洞穴岩石间的温暖的潭水里游泳，我们还建议你去参观一下巨岩瀑布和最近在卡拉科尔发掘的玛雅人遗迹。

半天的旅行，比如说，包括骑马和意外闯入坐落在巴顿溪附近的当地门诺派社区。你可以从鹦鹉巢旅馆出发，在经验老道的向导的带领下，乘独木舟穿过一座座洞穴。向导将向你介绍洞穴的构成，并带你穿过迷宫一样的水道。或者，不如干脆从旅馆宽大的内部水道中，即莫潘河上坐船顺流而下，这样可以让你尽情地享受掠过壮观的红檀树瀑布的整个过程。这一路上，我们敢保证你一定会看到河流附近栖息的鬣蜥， 甚至还能有幸瞥到一两只大水獭。

面对莫潘河水晶般清凉的水，你可以长时间地在其中游泳，这样的活动能让人为之精神一振。你也可以从旅馆出发，沿着一系列所谓的“采药小径”走一走，将会在该地区种类丰富的药用植物中有所收获。**BS**

在布兰克尼奥克斯酒店下榻

Stay at Blancaneaux

地点：伯利兹圣伊格纳西奥

网站：www.blancaneaux.com　**价格指数：**$$

布兰克尼奥克斯酒店坐落在玛雅山脉附近的山松脊森林保护区中，曾经是专为猎取美洲虎的猎人们准备的住宿处。1981年伯利兹独立后，导演弗朗西斯·福特·科波拉看上了这个地方，于是他抢着买下了这处地产，所谓招待家人朋友的地方；经过大规模的翻新，他终于在1993年的时候开始运营布兰克尼奥克斯酒店。

今天的布兰克尼奥克斯酒店，客人在小屋和别墅中都能够看到河，所有的别墅都安了纱窗，除了纱窗，还配备淋浴和日式浴池。奢华的小屋添建了一所四周带墙壁的花园，而且客人同样可以享受室外淋浴。而吸引人的村舍式住宅甚至在盥洗室中配备了壁炉和一间蒸汽室。这里有7栋可以容纳一家三口的别墅；你甚至可以租下科波拉私人的别墅，连带里面的艺术品和个人纪念物等。酒店有两所餐厅，其中之一——蒙塔尼亚反映出酒店主人科波拉偏好意大利南部风味的菜肴，你还可以小口啜饮来自他在加州纳帕和索诺马葡萄园的香醇葡萄酒。

> “装修很惊艳，服务也很好，餐饮也不错，完完全全地逃离了俗世。”
>
> 《每日电讯报》

布兰克尼奥克斯酒店拥有马厩，所以骑马入林变成了住客必不可少的活动。附近的保护区中有众多的玛雅古迹；一天的观光完毕后，客人们可以在水疗中心享受泰式按摩——你尽可放心地体验这一切，而不用担心会有美洲虎突然出现在视野里。**PS**

→ 布兰克尼奥克斯酒店有两个游泳池，其中之一配备有精妙的照明设施，在夜间的效果尤能给人带来异域氛围。

霍尔-钱海洋保护区

Snorkel at Hol Chan Reserve

地点：伯利兹霍尔-钱海洋保护区

网站：www.holchanbelize.org **价格指数：**$

驶离气候温和的伯利兹海岸，你便能找到世界上最伟大的自然奇观之一——180英里（290公里）长的珊瑚礁，其尺寸仅次于澳大利亚的大堡礁。尽管这处珊瑚礁较小，但伯利兹具有澳大利亚相应景点所不具备的一大优势——交通便利。

这处珊瑚礁距离海岸少于1,000英尺（300米），就矗立在风平浪静、水晶般清亮的浅水中，潜下水去观赏珊瑚礁附近的水底风光是件非常轻松的事情，也可以如你所愿，拥有一段悠闲的体验。珊瑚礁创造了良好的生物生长环境，是种类繁多的生物的家园——从色彩明艳、近乎散发着荧光的鱼儿到体型庞大的蝠鲼和海龟——他们都在这个奇形怪状、起起伏伏的珊瑚礁中来回穿梭。

租上一条皮划艇和一套浮潜装备，来一次你的私人珊瑚礁探险，这些只消花费几伯利兹元而已。至于其他赏心悦目的观赏野生动植物的机会，你可以去参加团队旅行，旅行团的向导将会带你去到珊瑚礁上一般很难到达的景点。其中最闻名的莫过于霍尔-钱海洋保护区，这个保护区得名于几百年前当地玛雅人部落在珊瑚礁中凿开的一条狭窄缝隙，他们这样做是为了让他们的船得以进入。时至今日，这条缝隙已经成为了海洋动物往来于珊瑚礁内部的水域和外海间的窄路。这也是观赏大型鱼类的一个绝佳位置，如鲨鱼、石斑鱼和梭鱼。这些鱼不仅会在此处聚集，在名符其实的鲨鱼湾也能看到这样的景观，在这些地方是允许导游向鱼儿喂食以便引它们现身的。**JF**

→ 伯利兹附近的蓝绿色海水不但浅，而且美，为游客浮潜带来了无尽的好机会。

在萨巴洛斯丛林客栈留宿

Stay at Sabalos Jungle Lodge

地点：尼加拉瓜拉斯瓜图左斯自然保护区

网站：www.sabaloslodge.com **价格指数：**$

从圣卡洛斯的边陲小镇出发，乘坐巴拿马特有的独木舟，在尼加拉瓜的里奥圣胡安河咖啡色的河面上航行2个小时，你就会到达萨巴洛斯丛林客栈坐落在河岸的小屋。由于被拉斯瓜图左斯野生动物保护区的浓荫绿树遮掩着，客栈的7栋小屋只露出部分真容，这处野外住宿地点为你提供了最为冒险的氛围。这个客栈属于雅侯·舒瓦瑟尔-普拉斯林，他是桑地诺的支持者，领导了20世纪80年代的农业改革。他的革命故事会给来自世界各国的丛林游客们带来深刻印象。客栈中通向敞开式餐厅的是木质廊道，此外它还连接着丛林浓荫下分布在各处的小屋。小屋里配有柔软的垫子、蚊帐、供水的私人浴室和至少晚上九点前都有的电。夜里发电机关闭那一瞬间，整个客栈都会顿时陷入黑暗中。

> “我是在一片蟋蟀的鸣叫声和青蛙的快活‘谈笑’声中进餐的。”
>
> 乔·考利，守林人

躺在床上，你可以尽情聆听丛林中的“小精灵”发出的各种歌唱，这些“乐章”很容易让人联想到这里是一片处女地，从未出现在什么地图上，只有在附近河上活动的海盗们才知道这里的存在。下游地区有卡斯蒂略金字塔——一座用来抵御海盗袭击的要塞建筑。尽管要欣赏萨巴洛斯丛林客栈的美，只需躺在轻轻晃动的吊床中就行，但是你还是可以选择参加当地的远足活动，包括以观赏野生动植物为主旨的徒步和划船。**JC**

在摩根岩石庄园和生态旅馆休息

Relax at Morgan's Rock Hacienda and Eco-lodge

地点：尼加拉瓜南圣胡安

网站：www.morgansrock.com **价格指数：**$$

有句话说得好，“好东西总是留给那些耐心等待的人”。尼加拉瓜的摩根岩石庄园印证了这句话。在乘坐螺旋桨小飞机到达尼加拉瓜这样激动人心的旅途之后，等待你的是两个小时的颠簸路程。一路上要经过尼加拉瓜湖、经过骨瘦如柴的狗、经过打着赤足的孩子们、经过装满了人的一辆辆公交车和马拉的运货车才能走上一条泥径，这条小路通向藏在雨林深处的、独一无二的生态旅馆，路途可以说得上遥远。

到了旅馆就会发现，这简直是进入了伊甸园：巨大的蝴蝶在繁茂的森林中扇动着翅膀。诱人的池塘下方就是波光粼粼的大海，它们的相互映衬让本就堪称完美的景色更加秀美迷人。旅馆仅为游客提供14座村舍居住，但是还带来了高端的自然之旅体验。摩根岩石庄园不仅实施了再造林工程，还为宾客准备了贴心的服务，这座庄园旨在达到完全的自给自足。

要想到达生态设计师特别设计的小屋，需要经历一段印第安纳·琼斯式的冒险：你得走过雨林华盖之上72英尺（22米）高的坚固吊桥。庄园的小房子与四周环境非常协调：翠绿色的石头铺地，以网为墙，桉树树干做栋梁，还有一把把悬挂着的长椅，看上去已经有些年头了。

太平洋的海浪排山倒海般地拍打下面的海岸，天籁之声不绝于耳。每天早上6点，会有服务人员将咖啡送到你的床头，这是一个令人惊喜同时也广受欢迎的服务，这是为了叫醒你去看刚孵出来的小龟苗游向大海的壮观景象。在这里可做的事情太多了：冲浪、划船、钓鱼，甚至可以在饱经风霜的驯马者杰西的陪伴下骑马。**RCA**

→ 摩根岩石庄园建有马厩，所以宾客大可骑马在周边畅游，最后在海滩收缰勒马即可。

下榻艾尔锡伦西奥酒店

Stay at El Silencio

地点： 哥斯达黎加巴卓思德尔托罗

网站： www.elsilenciolodge.com **价格指数：** $$$

艾尔锡伦西奥酒店坐落在一片云雾林的腹地，虽然仅由16座优雅的别墅组成，但设施齐全。酒店稳稳地矗立在丛林密布的山腰上，视野极好，可以透过大大的窗户看到山野和森林。该酒店设计简约，建筑使用了天然的材料，在这一点上可以说得上奢侈：浴室屋顶与四壁是用大批的抛光木料与竹材建造的，地板是光亮的石头，浴室内配有莲蓬头淋浴设施。室外是私人阳台，阳台上有户外浴缸。看到这里，你一定要问，这不是破坏生态环境吗？一点也不——该酒店完全可以实现碳中和。同时，艾尔锡伦西奥酒店也很安静。哥斯达黎加著名的蒙特沃德云雾森林吸引了全世界成千上万的游客，而你在艾尔锡伦西奥酒店不仅会领略到震撼人心的多种野生动物，还不会因为游人太多而增添不必要的烦恼。你专属的生态导游会陪你一道穿过神奇的林中小径，前去观光三处可爱的瀑布。

> “在这个发明了生态旅游的国度里，艾尔锡伦西奥酒店为有责任感的奢华设立了新标准。”
>
> concierge.com

以艾尔锡伦西奥酒店为大本营，你可以去周边进行漂流、参观咖啡种植园、观赏波阿斯火山热气腾腾的蓝绿色火山口。但其实艾尔锡伦西奥酒店的最神奇之处在于你可以吃到主厨马尔科·冈萨雷斯烹制的有机美食，而比这更美妙的是享受酒店的水疗服务。**CD**

← 木与竹的简单搭配设计，让别墅与周围自然环境十分和谐。

在拉库辛格旅馆下榻

Stay at La Cusinga Lodge

地点： 哥斯达黎加海洋鲸鱼国家公园

网站： www.lacusingalodge.com **价格指数：** $$

哥斯达黎加有数不清的生态旅馆，但说到对环境的精心利用与保护，没有几家可与坐落在哥斯达黎加太平洋海岸上的拉库辛格旅馆相媲美。旅馆的所有小屋和室内家具都是当地可持续生长的林场出产的木材打造的，而电力则采用水力发电或太阳能供电，旅馆供应的食物则是当地采收的蔬菜或海里捕捞的生鲜。不用担心，这里不是斯巴达式的简陋窝棚。虽说旅馆在向游客宣扬一种绿色的理念，但舒适度和餐饮美食并不打折扣，反而可以说是顶级的。你可以安心地在这处自然美妙的旅馆里放松休息，而不用担心你的活动会影响到环境。

该旅馆最宝贵的就是它的地理位置，它坐落在一座山上，可以俯瞰整个海湾，每年有成千上万座头鲸游到这个海湾繁衍后代。四周是浓密茂盛的热带雨林，还有五彩斑斓的以水果为生的热带鸟儿（包括巨嘴鸟，该旅馆就是以这种鸟命名的）和在树顶兴奋地跳来蹦去的白脸僧帽猴。

这里的奢华全部是自然天成。虽然没有热水浴缸，但是丛林中有一个清澈见底的池塘，在那里，你可以和流光溢彩的热带鱼一同嬉戏游泳。想晒日光浴的人就别去海滩了，那里满满全是巧克力色的砂砾，沿岸长着一排随风摇摆的棕榈树，遮光蔽日。令人心醉神迷的日落时分，耳畔萦绕着颇有韵律的蝉鸣，此起彼伏，绵绵不绝，隐约中还有猴子的啸叫声。

如果想从这里出发去探索哥斯达黎加的其他自然景观，也是非常方便的。旅馆以北是祁丽波山——哥斯达黎加的最高山，以南是生态环境令人惊艳的克尔克瓦多国家公园——亚马孙盆地外最大的未开发的热带雨林。**JF**

漂流于帕古亚瑞河

Raft the Pacuare River

地点：哥斯达黎加帕古亚瑞河

网站：www.ticotravel.com **价格指数：**$

帕古亚瑞河始于圣马丁，终于西奎瑞斯，全长18英里（29公里），中途有52处湍流，包括长5英里（8公里）的帕古亚瑞河峡谷，这里被世人认为是整个南美洲最刺激的湍流之一。如果你根本无法想象乘坐充气橡皮筏在激流白浪中奋勇向前的情形，那么可以尝试一下峡谷段中称为“弹珠游戏”的一节湍流，该段难度在二级到四级之间，非常适合新手在指导下进行漂流——只是，想让衣服不沾水是不可能的。

这条河也有一些平静的支流。在惊险刺激的峡谷段中，你不得不全力挥桨才让筏子向前行进，跨过泛着白沫的漩涡，便到达了散布着大卵石的瓶颈区，这时候你就漂到了幽静的帕古亚瑞山谷，谷中蓝绿色的河水静悄悄地流淌着。河岸上是塔拉曼卡山区域，该地以野生动物丰富多样而闻名。漂流到这段河路，你大可松口气，好好欣赏周围未受到人类活动影响的野生环境。你将会穿过尚未被开发的热带雨林，远远望去，刚刚把人转得晕乎乎的峡谷段中点缀着几处闪闪发亮的小瀑布，煞是可爱。犀鸟和鹦鹉从头顶上遮天蔽日的树冠上振翅起飞，猴子们在树枝间蹦来跳去，你甚至还能见到豹猫和树懒埋伏在河流上方的枝桠中，而大闪蝶正舞动着它那鲜艳的金属蓝双翼从树丛中飞过。

帕古亚瑞河漂流有几条推荐路线：大多数是以卡塔戈省的图里亚尔瓦小镇为起点。18英里（29公里）长的漂流路线通常会在4个小时内完成，但是有些游客甚至选择将他们的漂流旅行延长到2天。**PE**

⇥ 乘橡皮船沿帕古亚瑞河漂流是个超级棒的选择，这样就可以沉浸在哥斯达黎加让人震撼的自然美景怀抱中。

在帕古亚瑞旅馆放松

Unwind at Pacuare Lodge

地点： 哥斯达黎加希奎瑞斯

网站： www.junglelodgecostarica.com **价格指数：** $$

随着驶入湍流，橡皮筏开始旋转，就好像被河流那股隐形的力量推着。此时,你既没时间体会那份刺激，也顾不得去理会心中的恐惧。你的向导正在一旁命令你疯狂地划桨，有那么一瞬间，你的筏子会被高高抬起，直接将你送上更汹涌的浪头，让你一时间透不过气来，浑身上下都被浪花打得湿透，然后再次回到平静的河段。很快，这段经历就变得让人愉快了。

你可以在瀑布附近暂停行船，就浮在温暖的浅湖中，徜徉在诗情画意的大自然里：河流两岸莽莽的雨林还未被人类染指，兰花的花苞从高大的树上冒出来，树干上缠绕的藤蔓向下垂着，探到汩汩流淌着的河水中。又过了一处湍流，橡皮筏上了岸，停在了丛林中的空地上，你才终于能放松下来。此时奇迹般的事情就会发生了，你会在这里看到一座美丽的木结构建筑，还会有工作人员迎出来为你奉上一杯冰柠檬汁。这就是帕古亚瑞旅馆，隐蔽在占地25,000英亩（10,115公顷）的森林保护区腹地，位于一个河湾附近。要想入住这家旅馆，只能乘橡皮筏到达这里（不过，儿童可以乘吉普或空中吊篮越过河流），帕古亚瑞之旅以冒险开始，却以深深的宁静结束。在周围美丽的花园里，你不但能观赏到数百种鸟儿，清晨还会被吼猴回荡山林的啸声唤醒。

带花园景观的客房不过是简单的小木屋而已，屋顶由棕榈树叶搭盖而成，而且从四面八方包裹着小屋的就是颇具异国风情的花园。你也可以选择空间更大的河景木屋，这类客房附有带吊床的阳台和流行的户外淋浴设施。晚上，旅馆燃起蜡烛，客人们汇聚一堂，啜饮着巴西甜酒，晚餐有三道菜——薄切新鲜金枪鱼、菲力牛排和香煎罗非鱼。没有什么比这更浪漫的地方了。**CD**

在拉帕洛玛旅馆休息

Relax at La Paloma Lodge

地点： 哥斯达黎加德雷克湾

网站： www.lapalomalodge.com **价格指数：** $$

哥斯达黎加的很多酒店旅馆都自称位置偏僻，但其实并没有哪个旅馆像我们现在介绍的这个一样，需要乘船两个小时闯过红树林沼泽，还要驶入太平洋。拉帕洛玛旅馆坐落在哥斯达黎加南端地势较高的丛林中，可以俯瞰美丽的德雷克湾，起码我们知道弗朗西斯·德雷克爵士很享受这里的景致。该旅馆主要吸引了热爱自然景观的游客，他们的目标是游览此处的基督山国家公园，旅馆设施奢华，但是优秀的外观设计让它与周围的环境显得和谐融洽，毫不破坏美感。

> “科尔科瓦多湾——地球上生物物种最密集的地方。”
>
> 《国家地理》

从旅馆出发，乘船20分钟便能到达公园管理办公室，那里有各种语种的向导为游人服务，可以带领大家深入占地超过10万英亩（40,470公顷）的次生雨林处女地。其他的短途活动还有划独木舟、骑马、观察研究野鸟等等，其中最令人难忘而且最具吸引力的特殊活动是夜间赏虫活动——患有蜘蛛恐惧症的游客不宜参加哦！距离奥撒半岛12海里（22.2公里）的卡尼奥岛是每个考古学家都梦寐以求的地方。因为岛上有多个大小不一的圆球体，它们从足球般大小到6.5英尺（2米）高不等，是在哥伦布发现新大陆之前由原住民带到岛上来的。至今这还是一个无人能解的历史谜题。

对于那些想得到更加私密体验的游客来说，我们推荐坐落在峭壁顶上的7座被称为“夕阳牧屋”的奢华两层木屋，住在那里只能听到丛林天籁之音和太平洋浪花拍岸的声音。**DN**

在拉帕里奥斯生态旅馆享受

Enjoy Lapa Rios Eco-lodge

地点：哥斯达黎加奥撒半岛

网站：www.laparios.com **价格指数：**$$

拉帕里奥斯生态旅馆位于奥撒半岛，这座岛屿不仅是世界上生物种类最多的地区之一，还因为占地面积37.5万英亩（15.2万公顷），成为了中美洲太平洋海岸上现存最大的湿林之一。该海岛以濒临灭绝的物种丰富闻名于世，其中有美洲狮、豹猫和貘，而且雨林中也到处是野生动物。

旅馆所在地是一片广达1,000英亩（405公顷）的私人雨林，共有14间平房，以可持续发展的理念运营，用以支持环境保持和当地社区的生活。修建该旅馆的目的在于证明“留下一片林胜过砍倒一棵树”。旅馆的木结构主客房以茅草为顶，整体以柳条为装饰，一楼是起居室，爬上一段33英尺（10米）高的螺旋木楼梯，就到了观景台，可以俯瞰热带雨林和太平洋海岸线的景色。

当地食物别出心裁。红鲷鱼、墨西哥卷饼或法士达被端上餐桌时，你会发现这些食物都被精心摆放在香蕉叶上。侍者微笑着听候你的差遣，他们非常渴望学好英语。酸橘汁腌鱼味道刺激但新鲜可口，切成薄片的鱼肉与异国水果和酸橙汁拌合在一起，再配以甜辣椒和芫荽叶，让人胃口大开。橄榄油拌意大利面上是烤大虾，而大虾的味道尝起来出人意料，竟然是甜味的；接下来上的是旅馆自制的甜点——洒有澳洲坚果的布朗尼蛋糕，随之奉上的是一杯极好的当地咖啡。

旅馆的平房让人惊艳，木地板、深绿与白色相间的床单、床上挂着浪漫的白纱蚊帐。房间基本没有什么奢侈品，当然也没有电视或电话。你可以一头扎进室外淋浴中，倾听那丛林中传出的“交响乐”，也可以去悬崖顶上的泳池中消遣。吼猴在远处咆哮，而犀鸟、鹦鹉和金刚鹦鹉则静静地栖息在树林里，完全沉浸在大自然的怀抱中。**RCA**

在剑桥海滩度假村下榻

Stay at Cambridge Beaches

地点：百慕大萨默塞特

网站：www.cambridgebeaches.com **价格指数：**$$

只要瞥一眼百慕大著名的粉色沙滩，就很容易明白为什么凯瑟琳·泽塔-琼斯和迈克尔·道格拉斯管这座亚热带地区的天堂称为“家园”了。压碎的珊瑚颗粒散发着温暖的粉色光晕，像蜡笔画一样色彩柔和的沙滩在蓝绿色海水的映衬下显得愈发绚丽夺目。

百慕大是色彩的世界，碧蓝的海洋中倒映着深蓝的天空，海天之间是糖果色的房屋：绿色、粉色、黄色……一座座掩映在枝繁叶茂的亚热带绿色植物中，显得分外可爱。剑桥海滩度假村位于萨默塞特，客人们下榻在粉刷成粉红色的奢华小屋中。此处有四片沙滩和沿岸长着棕榈树的小小海湾，对于爱游泳的人来说，这里就是天堂。水面下，潜泳的游客可以悠然欣赏色彩明艳的热带鱼和精致的珊瑚雕像。再往深处潜下去，游客可以看到船只的残骸静静地躺在满是沙子的海床上。晚餐时间，宾客们就会聚集在叫做“微风”的水边露天餐厅里等待开饭。

> “对于讲求派头档次的顾客来说，剑桥海滩度假村是他们的头号选择。”
>
> 《纽约时报》

柔软细腻的沙滩上布置着烛光摇曳的餐桌，大西洋的海浪就在几英尺远的地方一下下拍打着海岸。为了给客人以终极浪漫的体验，度假村员工会在另外一个私人岛屿上准备晚宴，做好的菜肴会由快艇送到这个一切就绪的沙滩上。用餐完毕后，客人们便返回度假村，只剩下涨起的海潮拥着小岛重归寂寞。**JP**

W10

在提亚摩度假村休息

Relax at Tiamo Resort

地点：巴哈马群岛南安德罗斯岛

网站：www.tiamoresorts.com　**价格指数：**$$

安德罗斯岛的白色沙滩上点缀着一排小木屋，看上去并不怎么显眼。但实际上正是它们组成了提亚摩度假村——近几年来最常被人提到的“奢华”度假村。提亚摩共有11座木屋，屋内床铺样式宽大别致、镶嵌在瓷砖中的镜子闪闪发亮，再加上顶级的浴室，这一切给人带来不可抗拒的时尚感，不过最宝贵的就是开放式的门廊，站在那里你可以尽享森林与沙滩的惊艳全景。

> “赤足走在沙滩上的奢侈体验异常美好，这也是跟自然环境友好互动的一个方式。”
>
> 《独立报》

度假村严格遵守生态友好的原则，因此配备了巨大的太阳能发电系统，提供给客人的洗浴用水也是太阳能加热的雨水，而饮用水则采自岛上的一口水井，度假村还提倡大家使用堆肥式厕所。提亚摩的客房内既没有电视，也没有电话，就连查看电子邮件也受到了严格的限制。这里的菜单秉承了生态友好的特点，上面没有任何濒临灭绝的物种，比如贝壳、龙虾和石斑鱼，不过比起这些，其他菜肴之美味有过之而无不及。

周边景色美得让人窒息：每天清早醒来看到的都是典型的加勒比海白沙滩和波光粼粼的蓝绿色海面。你可以从藏书颇丰的图书室里借来几本书，躺在你的吊床上以阅读来放松身心，或者只是躺在沙滩上享受温暖的阳光。总而言之，在提亚摩，你唯一需要做的就是纯粹的放松。**PS**

← 与加勒比海地区其他注重享乐的度假村相比，让提亚摩引以为傲的是它的平静和私密。

在蓝鼎酒店下榻
Stay at The Landing

地点：巴哈马群岛哈伯岛

网站：www.harbourislandlanding.com　**价格指数：**$$

坐落在哈伯岛上的蓝鼎酒店是一家仅有7套客房的精品酒店，曾被拉夫·劳伦选做广告宣传的背景酒店。你只消一看便知他为什么选择这里。酒店具体呈现了舒适奢华这两个概念的内涵，其主体是由两座小楼改造而来，其中之一可以追溯到1800年，另一栋房子1825年便已建成，而且整座酒店距离沙滩仅有几步台阶的距离。

哈伯岛时常会被评选为拥有世界上最美海滩的岛屿之一。酒店的房间也屡次获得赞誉，劳伦的一位前模特——英迪娅·希克斯就住在岛上的传统殖民时代风格的套房中，套房里配有四根帷柱的卧床，深色的抛光木地板，摇曳着烛光的防风灯和高级的白色家具。床上饰以拉夫·劳伦的亚麻织品和印度棉的床罩。在客房经典的色彩搭配中，艳粉色的三角梅让人眼前为之一亮。因为房间里没有电视或电话，蓝鼎酒店可以称得上是名副其实的逃离现实的所在；柔和的光线透过上漆的木质百合窗投射入房间，亦真亦幻。最令人赞不绝口的是酒店建在山崖边缘的蜜月套房，套房竟然还配备了独立式卫浴。晚餐时分，澳大利亚名厨肯恩·戈梅斯会在私密餐厅中为你奉上当地的海鲜菜肴。你可以点托比酒窖中的上乘葡萄酒佐餐，餐毕燃上一支古巴雪茄，再饮一杯最香醇的加勒比朗姆酒。简单典雅是最难实现的格调之一，而蓝鼎酒店却轻而易举做到了。**LD**

> “退潮时沙滩上留下的鱼脊似的淡淡纹样，像极了香奈儿的花呢夏装。”
>
> 《悦游》杂志

在卡马拉莫礁上探险
Explore Kamalame Cay

地点：巴哈马群岛卡马拉莫礁

网站：www.kamalame.com　**价格指数：**$$$

巴哈马群岛距离佛罗里达海岸60英里（95公里），毋庸多言，相信大家都知道这个地方，但是大家清楚如何从这700座岛屿中选出最佳的逃离喧嚣之地吗？避开人群熙熙攘攘的首都拿骚和人声鼎沸的大型度假地区，如亚特兰蒂斯，转而选择卡马拉莫礁私密与休闲的氛围，那里是占地96英亩（39公顷）的一座私人岛屿，充满了加勒比海式的清爽，而且距离安德罗斯岛海岸不远。

这片天堂般的小天地虽说简单，但趣味盎然。一片长达3英里（5公里）的沙滩上点缀着一棵棵棕榈树，远处是广阔壮丽的碧蓝色大海，另一边是巴哈马人质朴的浅色草屋，掩映在椰子树下和木槿与九重葛的花丛中。小屋里融合了乡村风格的古朴和殖民地风格的雅致：以石材的运用为特色，木梁天花板高20英尺（6米），屋顶吊着轻轻旋转的风扇，屋内陈设着印尼家具，浴缸宽敞大气，豪华中透着一种异国风情。

卡马拉莫礁是享乐和休闲舒适的代名词。你可以去体验一下2000平方英尺（185平方米）的巴厘式水疗中心，在吊床上小睡片刻，或者只是简单地漫步在沙滩上搜寻大海螺壳。当然，钓北梭鱼、浅滩潜水、红树林中划独木舟或者在世界上最清凉的水中沿着世上第三长的堡礁潜水，观赏热带鱼、海龟、铰口鲨和斑点鹰魟在色彩斑斓的珊瑚中来回穿梭。若是敢于下潜到6,000英尺（1,800米）深的、被戏称为“海洋之舌”的海底，你就能看到小巧的海马、彩虹色的鹦鹉鱼、优雅的魔鬼鱼和优雅地在水中滑翔的其他鱼类。

日落时分，喝一罐新鲜的加勒比啤酒定定神，或者乘坐高尔夫球车赶到主楼，享受那美味的家常菜肴：巴哈马面包、牡蛎和酥皮点心。**RCA**

在穆沙礁上享受

Enjoy Musha Cay

地点：巴哈马群岛南部穆沙礁

网站：www.mushacay.com　**价格指数**：$$$$

穆沙礁由世界著名魔术师大卫·科波菲尔以5,000万美元的价格购得，面积仅有150英亩（60公顷），与世隔绝，是逃离尘嚣的好地方，曾被那些有幸来过这里的游客赞为“世界上最受欢迎的遁世之所之一”。

穆沙礁第一次对外开放是在2001年，小小的一片棕榈树林和细腻如粉的沙滩周围是蓝绿色的海水，这片海域未经允许不得入内：科波菲尔还买下了穆沙礁周围的岛屿，以确保这些岛保持无人居住的状态。这里已经达到了空前的私密程度。围绕着这座岛的是几乎无人涉足的寂寥沙滩，还有每天都会短暂“现身”的毗邻沙堤，修筑此沙堤是为了让小岛向海中延伸2英里（3公里），以便从穆沙礁可以散步到最近的邻岛。岛上有5座小房子，全部采用了英国都铎式建筑风格，包括一栋颇有气势的领主宅邸也是如此。每座房子都有各自的私人沙滩，常年由30名员工照看这些建筑。

你在这里找不到任何菜单，岛上有熟悉各国饮食的大厨每日根据客人个人要求和口味为其制作菜肴，而且食材用的是刚从海中打捞上来的新鲜海产品。

小岛活动中心是蓝丁斯楼群，在那里可以俯瞰小岛码头。楼中餐厅四面均为玻璃，还包括一家露天的草顶小亭子、一个泳池，甚至还有一座图书馆。水上运动包括深海钓鱼、航行和轻便式潜水。从在私人沙滩上的帐篷里用餐到呆坐在烟花绽放的夜空下，以这些愉快的体验来看，我们的大师级魔术师已经创造了一个人间天堂。**BS**

“穆沙礁才真正配得上终极私密休闲岛屿的称号。”

《城市与乡村》杂志

↗ 事实上穆沙礁的一切都可以说是在海边上，这里是你的私人天堂。

在鹦鹉礁放松

Unwind at Parrot Cay

地点：特克斯和凯科斯群岛普罗维登西亚莱斯岛

网站： www.parrotcay.como.bz **价格指数：**$$

从特克斯和凯科斯群岛的首都——普罗维登西亚莱斯岛乘快艇到达鹦鹉礁仅需35分钟，坐在快艇上，就像突然跳进了詹姆斯·邦德的某部电影的场景里。这座私人加勒比海岛面积为1,000英亩（405公顷），岛上除了不可或缺的白色细沙滩，更有随风摇曳的棕榈树，放眼望去是一望无际的碧蓝大海，这样安宁与私密的环境就像一块磁铁一样深深地吸引着想摆脱狗仔队纠缠的一线明星。

"鹦鹉礁有着风景如画的沙丘和柔软得让人难以置信的沙滩，仿佛是在宠溺着每一个到来的游客。"

《悦游》杂志

登岛之后，接待人员会为你提供周到细致的服务，驾驶沙滩车沿着木板路前进，很快就会将你送到住处。这里所有的卧室都有私人露台，而且海滩别墅还配备有私人泳池和美妙的露天淋浴。离蓝宝石般的加勒比海近在咫尺的别墅完美地诠释了低调的优雅。沿着铺有细沙的木板道走，不一会儿就到了酒吧和餐厅区，从这里俯瞰是美丽的无边际泳池、可以上网的图书馆、健身房、两个网球场和提供多种理疗服务的巴厘式香巴拉水疗馆，馆内有一种禅意十足的安静。水疗馆还有一份特殊的菜单、一座冥想花园、自带泳池和日光浴区和分开的瑜伽及普拉提练习亭。**HA**

→ 要是想找一处周围环境最美丽迷人的地方好好放松一下，那么鹦鹉礁是你的不二选择。

在盐岛租栋别墅
Rent a Villa on Salt Cay

地点：特克斯和凯科斯群岛盐岛

网站：www.saltcay.org **价格指数：**$

盐岛有个名字叫“被时光遗忘的岛屿”，因为自从食盐贸易没落之后，这里渐渐变得门可罗雀。小岛周围的其他加勒比岛屿吸引了大批的游客，同时也建起了一座座奢侈酒店；而2英里（3.2公里）长的盐岛却独守着旧日的辉煌孤零零矗立在繁华之外。你可以在这儿租一栋别墅，而别墅并没有钥匙——因为这里根本就用不着钥匙锁门。清晨你会在雄鸡报晓声中醒来；岛上基本没有机动车，手机在那里也没有信号。

“我们在那里露营，玛格丽特鸡尾酒让我们兴致高涨，尽管有些被晒伤了，但还是度过了愉快的一天。”

《卫报》

这座小岛并不只适合那些想在这里放松一下找找乐子的人。喝朗姆潘趣酒、看海滩落日、吃烤鱼，这些喜好小岛当然都可以满足，但是这里更吸引热爱原始礁岩的潜水者，尤其是那条7,000英尺（2,134米）长的“哥伦布之路”，那可是漂流式潜水的最佳地点。每年12月到次年中旬，会有3,000到5,000条北大西洋座头鲸迁徙至小岛附近，让这里成为世界上最大的座头鲸繁育场。

盐岛上只居住着80人左右。游客只占岛上人口的一小部分，你到达之后有可能发现自己是唯一的外地人。当然，岛上会有一大片白色沙滩供你在浪漫的氛围中漫步，体验一下海滨生活，总之就是过着科技和现代世界存在之前的生活，享受返璞归真的乐趣。**LD**

← “让地球停转吧，我不想再这么过下去了”——如果你曾有过这样的想法，请抓紧时间调头前往盐岛。

探索乐维萨岛
Discover Cayo Levisa

地点：古巴卡纳雷奥斯群岛

网站：www.cubahotelbookings.com **价格指数：**!

从哈瓦那出发，仅需2个小时的路程便可抵达帕尔马卢比亚，这是一个规模很小的镇子，也是去往科罗拉多斯群岛的起点，该群岛由很多微型小岛组成，面向佛罗里达海峡，岛上尽是繁盛茂密的热带红树林，而外围则是糖霜般雪白而柔软的沙滩。乐维萨岛是其中最理想的小岛，从这些未被开发过的小岛可以眺望到附近的黑珊瑚礁。这里可没有日复一日的机械工作等着你。岛上除了20栋掩映在松树中的小平房，再没有什么可住人的地方了，房子简单而原始，建筑材料也取自于当地，静静矗立在海滩上。

室外酒吧是岛上夜生活的开始，亲切的酒保给客人们倒上鸡尾酒，放上古巴音乐，让美酒与音乐在美好的夜色中弥漫。除了酒吧和烧烤店，岛上还有一家餐厅。唯一可能会给你带来些烦恼的是那些上午来下午走的一日游客人。因为这里是世界上最大的珊瑚礁之一，所以成为了各种各样的海洋生物聚集繁衍的家园，非常适合在浅水中潜游或者深海潜水，45分钟的船程中甚至有23个得到潜水者广泛认可的潜水点。

在乐维萨岛游玩的乐趣与其他古巴度假点完全不同。除了极个别的几个地方，几乎所有的古巴旅游景点都缺乏内涵和底蕴、犹如一个巨大的喧哗“派对”，被收入度假旅游公司的宣传册中，作为廉价的出行套餐供游人选择。而与之恰恰相反，登上这座岛屿，你会感觉它是属于你自己的，你眼前只有1.8英里（3公里）的壮丽白沙滩，温暖而清亮碧蓝海水冲刷着海岸。小岛最宽的地方只有几百码。乐维萨岛属于这片群岛的一部分，据传是欧内斯特·海明威最喜欢的钓鱼地。总之，这是一座梦幻的加勒比天堂。**LB**

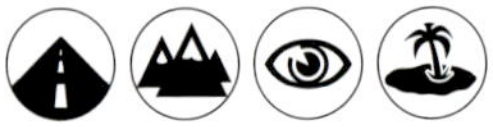

在比尼亚莱斯山谷探险

Explore the Viñales Valley

地点：古巴比那尔德里奥省

网站：www.cubahotelbookings.com　**价格指数：**❶

你可以步行、骑单车或者骑马在这片潮湿而且寂静得可怕的乡野中漫游。宁静的比尼亚莱斯村庄本身是一座典型的古巴小村镇，小镇呈带状，由一座座殖民时代风格的小平房组成，房屋涂着各种柔和的颜色，而镇子外围则是松树林。大多数房子整洁而美观，房子主人也比一般的古巴农夫更讲究家居摆设。同时，这里也是体验古巴农村人热情好客的最佳地方：人们友好、亲切、谦恭并且互相帮助，他们的这些特质比普通的哈瓦那人还要明显。

"地理上来讲，我们距离哈瓦那仅一百五十公里，可在时间上，我们可穿越了数百万年。"

蕾娜·玛利亚·罗德里格斯，古巴诗人及小说家

如果你想领略壮丽的山谷风光，希望能看到能让你联想到伊甸园的美景，那就去古巴旅游吧。古巴西部的比那尔德里奥省有着无穷无尽的烟草、甘蔗和咖啡种植园，这片土地满是苍翠的丛林、美丽的河流和天然的泉水。可爱的比尼亚莱斯村庄坐落在洛斯奥加诺斯山中，而村庄附近的比尼亚莱斯山谷是得到联合国教科文组织保护的。从公路上向市镇方向望去你就会知道为什么这里会成为保护区了：第一次看到被称为默古兹的石灰岩小山丘会让你大吃一惊，这种山丘由地下河冲蚀而成，在绿色的原野上拔地而起，显得古怪而突兀。**LB**

→ 山谷有着与众不同的圆顶山，诠释了自然之美。

参观皇家种植园
Visit Royal Plantation

地点： 牙买加奥乔里奥斯

网站： www.royalplantation.com **价格指数：** $$$

牙买加奥乔里奥斯的皇家种植园是一个可以大摆阔气的地方。带着老派种植园豪宅的夸张气势，这座酒店向来客展示着店中陈设的迷人古董和加勒比地区的艺术品、纺织品和家具。

茂密的热带植被、神秘的大海和花团锦簇的九重葛带来了一丝芳香的异国情调。这里美得像电影里的布景一样，也难怪《神魂颠倒第六感》和《结婚证书》会在这里取景。而且不少大人物和红人都曾下榻这家酒店，享受过“皇家”待遇：温斯顿·丘吉尔、伊恩·弗莱明、诺埃尔·科沃德、亚历克·鲍德温和梅格·瑞恩。

在这里，你日程表上将仅有一件事，那就是彻底放松。躺在吊床上休息，或者走向沙滩，你可以在海边散步、参与水上运动或是享用沙滩烧烤。在上层泳池边上放松心情也是不错的选择，那里不仅有冲浪浴缸，还是观景的极好位置，而且千万别错过非常讲究的下午茶，你可以尝到味道极棒的司康饼。

要说终极放松，还得数这里的水疗。你可以尝试一下特别的“擦洗磨砂浴”——用盐与红糖擦身，然后是美妙的漩涡浴。一边还可以享用果汁潘趣酒和奶昔，最后是芬芳愉快的热带按摩。

酒店还有精致考究的法式餐厅——蝴蝶，餐厅中摆着改良的路易十四式靠背椅，椅子上的软垫由另一类型的布料包裹着，形成奇特的混搭风格，而客人们便是坐在这样的座椅中品尝龙虾饺和斑节对虾。如果你想一个人用餐，那么可以吩咐餐厅员工为你在码头布置浪漫的晚餐，在海洋与闪烁群星的陪伴下进餐。如果你十分喜欢菜肴的口味，想进一步知道做法，那么你可以参加耗时半天的烹饪课程，很快你便将学会制作美味的面包果汤和烤龙虾尾。**RCA**

草莓山小住
Stay at Strawberry Hill

地点： 牙买加蓝山

网站： www.strawberryhillresort.com **价格指数：** $$

从床上跳起来，一把打开百叶窗，然后便忍不住掐了自己一下：不，你没在做梦。这一切都是真的，微凉的清风从你身后的蓝山拂来，异域热带花园的芬芳沁人心脾。

草莓山上矗立着一座18世纪殖民时期的种植庄园，庄园属于音乐制作人克里斯·布莱克威尔所有，是他发掘了鲍勃·马利并成立了小岛唱片公司。这座古老庄园如今改造成了雅致特别的精品酒店，而且还是著名音乐人、模特和国际富豪喜爱聚会的地点。乔治王时代风格的木制华丽别墅分布在花园中，而山下3,000英尺（915米）处便是牙买加首都金斯顿美丽的城市风光。推开法式落地玻璃门，面前是一座私人阳台，看得出，阳台上手工雕刻的回纹浮雕是工匠细心打造模仿19世纪木艺款型而来。室内的卧室宛若一个展览厅，向客人展示着精美的织物、轻薄的白色亚麻布、抛光的红木家具及地板。当然，所有的客房均配备了高级立体音响系统，并且藏有众多的小岛唱片公司CD供客人欣赏。

> “从主宅中向外眺望，目之所及，是那有着天鹅绒般柔软起伏线条的翠色群峰，绵延在你的四周。”
>
> 《卫报》

用餐时间，可以摆渡到餐厅的露天木质平台，享用有名的“新牙买加菜肴”，该类菜肴的烹饪使用了产自当地的调味香料和酱料。主厨金斯利·麦格雷戈已经创制了好几款标志性的菜肴，据说其口味绝对超出了大家的期待。**SH**

蓝山漫步

Walk in the Blue Mountains

地点：牙买加蓝山

网站：www.great-adventures.com/destinations/jamaica/bluemo.html **价格指数：**❶

说起牙买加，与这个国家最不搭边的恐怕就是雪了，不过在7,400英尺（2,256米）高的蓝山顶峰，游客们却时不时能有幸看到霜雪。

蓝山绵延24英里（38公里），最宽处横跨14英里（22公里），占据了牙买加全岛东部三分之一，是牙买加境内最大的山脉。从岛上其他位置来看，蓝山的山峰在蓝色的迷雾中若隐若现，因此而得名，与其同名的品牌咖啡就产自较低一点的肥沃山坡。当西班牙人撤离咖啡种植园时，群山便成了奴隶们的避难所。这里有500多种开花植物，其中一半是此地独有的，世界上其他任何地方都无法找到。

经典的蓝山山峰登顶徒步的全程是在夜晚进行的。3到4小时的徒步后，你就会站在海拔3,000英尺（915米）的高度。登上顶峰后，你就可以看到太阳从海面升起、照亮牙买加北岸与南岸的壮观景象，天气晴朗时还能看到距此130英里（209公里）的古巴。下山时已是白天，你可以体验苍穹中的“宝光”、云雾林和森林覆盖的山坡。

山中的徒步路线不只一条，当然，数百条通往村庄的小径已有几个世纪的历史。观鸟者和植物学家尤其会喜欢格兰德山谷哈沃德山口，因为那里的物种最为丰富。**LD**

↗ 牙买加的蓝山笼罩着一层薄薄的雾气，那是来自于山中的瀑布和湍急的水流。

> “这里有种植咖啡的田地、连绵起伏的苍翠群山和锯齿样的一座座山峰……”
>
> 波莉·罗杰·布朗，《卫报》

在洞穴度假村下榻

Stay at The Caves Resort

地点：牙买加尼哥瑞尔

网站：www.thecavesresort.com **价格指数：**$$$

因为占地10英亩（4公顷）的热带雨林和海滨悬崖、石砌通道、天然形成的洞穴，由格里尔·安和伯特伦·索尔特设计的牙买加洞穴度假村成为了全岛最引人入胜的逃离尘嚣之地。度假村由10座人工打造的别墅组成，掩隐在海边一座苍翠繁茂的花园中。

这里有一面紧邻悬崖的游泳池、面向大海的微型水疗浴场、几个可以就餐的眺望台，均配有酒水齐全的吧台，此外还另有游泳池和日光浴区。同时，海滨区到处都是大大小小的洞穴，包括让这处度假村得名的那些“洞穴”，它们就存在于峭壁中。

> “这里是加勒比海地区最浪般的遁世之所……洞穴度假村真的能给您带来独一无二的体验。”
>
> 《希拉里》杂志

每座别墅的设计都不尽相同，颜色是海岛上常见的明亮颜色，屋里的家具是竹制家具。所有建筑均取材于天然材料，大多数是木材和石头建成，屋顶为茅草搭成，既有天然去雕琢的效果，又有雅致华美的环境。度假村周围是一片海洋奇境，非常适合那些喜爱游泳、浮潜和潜水的人。此外，附近海域的礁岩还有许许多多的海豚、海龟和叫不上来名字的鱼儿出没。你可以在洞穴度假村报名考取潜水认证、租赁摩托车、骑马驰骋海滩、体验沿河漂流或者参加更多其他活动。PS

→ 度假村里有不少很棒的便利设施，海景也不错，而且岛上的夜生活也毫不逊色。

沙巴岩石酒吧里的消遣
Relax at Saba Rock Bar

地点：英属维京群岛维京果岛

网站：www.sabarock.com **价格指数：**$$

这间酒吧是由微型小岛改造而成的，专为过往游艇提供服务。看见这里时，“遥远偏僻”与“田园牧歌”将是你脑海中最先冒出来的两个词。只能坐船或乘水上飞机才能来到沙巴岩石酒吧，这里给人一种“世界尽头”的感觉，看上去似乎是被造物主不经意地丢在了加勒比海中。在英属维京群岛的维京果岛北部海峡中，沙巴岩石酒吧恰恰夹在了锚缆端游艇俱乐部和无人居住的仙人球岛国家公园之间。与这座小岛近在咫尺的是著名的厄斯塔提亚礁，那可是浮潜者的天堂，也是黄头有颌鱼、帆鳍鲇鱼、神仙鱼和海马等等的家园。

> “截止到目前为止，在加勒比海地区有人居住的小岛中，这里算是受到人类破坏最少的，沙巴确实让人惊艳。”
>
> 《悦游》杂志

从蓝胡子到基德船长，这块岩石附近留下了不少多姿多彩的海盗故事，但它更是出海游玩的游艇最爱停泊的一站。深色的木甲板、棕榈树、水晶般纯净的海水以及当地的空调系统：伴着带来一丝香甜的信风，头顶的吊扇在轻轻转动，这一切尤其塑造了一种加勒比海放松休闲的氛围。

喝一口冰镇饮料，或者干脆赖在吊床上，就这样任时间流逝。入夜，酒吧和餐厅便热闹起来，甚至有钢鼓乐队的演出。如果你不想住在甲板下面，那么可以从7间客房与套房中选一个来住。毫无疑问，沙巴岩石酒吧是这世界上最酷的酒吧之一。**RCA**

游玩毕拉斯溪度假村
Visit Biras Creek

地点：英属维京群岛维京果岛

网站：www.biras.com **价格指数：**$$$

英属维京群岛拥有60座火山岛，冒出海面的这一座座岛屿形成了崎岖蜿蜒的海岸线，岸上分布着星星点点的白色沙滩。没有哪里能比毕拉斯溪度假村更诗情画意了，这处景点就坐落在维京果岛的东北端，是一个低调的“世外桃源”。开始时，因为小岛浑圆的形状，克里斯多弗·哥伦布给度假村所在的岛屿起名为“怀孕的处女”（群岛名维京Virgin在英语中是处女的意思），后来他意识到这个名字在逻辑上说不通，所以最终改名为“胖胖的处女”。

毕拉斯溪所处环境独一无二，它像楔子一样插在平静的加勒比海和大西洋之间，并且只有乘船才能到达。驶过迷人的海域，将有数不胜数的美好事物等着你。从到达码头便能观赏到的红树林中海蓝宝石一般的水域，再到身边不论是游客还是员工都笑脸相迎的友好氛围，周围环境绝对能让人喜出望外。不管你转身面向哪个方向，你都会被大片大片明媚的蓝色包围着。

每一幅画面都会让人想起旅游公司印刷精美的小册子中所说的“天堂般的美景”。人们都说这里有三种不同的生活节奏：慢、特慢以及完全静止。借一辆单车或“波士顿捕鲸者”海钓艇参观附近仙人球岛的荒凉海滩或欣赏一下周边的动植物：壁虎和脾气暴躁的美洲鬣蜥四处游荡，而它们的人类邻居却总是视而不见。你可以在沙滩上度过慵懒的一天，可以品尝美味的烧烤、去清可见底的浅海海域潜游、去健身房锻炼或者到水疗中心来一次彻底的放松。**RCA**

→ 无论是在阳光明媚的白天还是在月光朦胧的夜晚，小溪的景致总是那么优美。

维京果岛大浴场

Enjoy Virgin Gorda's Baths

地点： 英属维京群岛维京果岛

网站： www.bvi.com **价格指数：** $

说起维京群岛，除了诸多小海湾中嵌着随风摇摆的棕榈树的荒芜沙滩之外，还有更多值得观赏的景观、更多值得体验的事物。

维京果岛这座群岛中第三大的岛屿上，最热门的景点之一就是被称为"大浴场"的自然奇迹。大约7,000万年前，熔融的岩石最终沉积成为加勒比海床上的熔岩层，最终才有了我们所看到的充满异域风情的水池和洞穴，它们都是由巨型花岗岩构成的。熔岩缓慢形成了体积庞大的、由长石与石英组成的花岗岩。约5,000万年后，大陆板块的移动抬升海床，因此花岗岩才浮出水面，得以被世人所见。

"沙滩上点缀着花岗岩巨石……它们散落在海岸线上，堆叠成一座座不规则的石堆。"

《悦游》杂志

要到得早些，才能独享这人间奇境，花上3美元的参观费，就可以走进大大小小的洞穴，体验这里的奇妙，而且你很容易会产生应接不暇、不知所措的感觉。藏在一道光束后面的隐蔽空间和清澈透明的浅水域几乎呈现出超现实的景象。有些池塘深到可以入水浮潜，但务必要小心，别到内侧的深井中探秘。沿着小径来到白色的沙滩上，那里满是硕大浑圆的卵石。"大浴场"下面的一片名为"克劳"的沙滩，沙滩上甚至还有一汪泻湖，湖周围岩石遍布，甚至礁石附近还有海龟、鳐鱼和海马出没。**RCA**

← 不仅没有人类破坏的痕迹，而且草木茂盛，富有异国风情，英属维京群岛向游人尽情地展示着它的海洋、阳光、沙滩和挥之不去的寂寥。

彼得岛潜游

Snorkel at Peter Island

地点： 英属维京群岛彼得岛

网站： www.peterisland.com **价格指数：** $

长途飞行后，转而乘上一架小巧的8座螺旋桨飞机，登机后就满心激动地出发去彼得岛的私人海滩。来到无所不包的热带天堂，就会有高尔夫球车将你接到早已预订好的豪华客房中，在这里，目之所及尽是加勒比的优美风光。

尽管度假村中从空间宽敞的水疗中心到现场音乐演奏，再到装修豪华的客房应有尽有，真正吸引人的还是那水晶般明澈的海水。游客们可以前往被称为"亡者之滩"的海滩上游览，这个名字起源于臭名昭著的海盗"黑胡子"曾将他的15个手下抛在这座名叫"亡者胸膛"的孤岛上，只给他们留下了一瓶朗姆酒。最终只有一个人逃生，据说其他人都不幸在岛上永别人世了。

离沙滩几码的地方就是浅水潜浮爱好者的天堂，在那里，你可以与五颜六色的加勒比蓝倒吊鱼、黄吻蝴蝶鱼和闪闪发亮的紫色隆头鱼一同游泳。稍远一点的水域被称为"印第安"，那里的水下风光更是一绝，有海鳝、海龟、管口鱼、纺锤鲱在脑珊瑚中自在地穿梭。这片区域分布着众多受到保护的潜水地点，比如盐岛的沉船，该处所需下潜深度为310英尺（95米），被评为是世界上最棒的潜水地点之一。此外，你可以跳上渡船去约斯特·范大克岛那片只有150个人居住的纯净绿洲。当然也可以去探索钻石礁附近美得像明信片中风景一般的水域。

一天的活动结束后，你可以去索吉多勒酒吧要一杯朗姆酒与椰汁混合的"止疼剂"鸡尾酒，曾几何时，要去那所酒吧人们只能游上岸或者在"福克斯家"海滨旅馆那里加入驾驶游艇出行的队伍，"福克斯家"不仅有卡吕普索舞表演，演出间隙老板"福克斯"本人还会给大家讲些让人摸不着头脑的笑话。**RCA**

小开曼岛的潜水之乐

Go Diving in Little Cayman

地点：开曼群岛小开曼岛

网站：www.paradise-divers.com　**价格指数：**$

据说小开曼岛占地面积非常小——仅有10英里（16公里）长，1英里（1.6公里）宽，岛上永久居民不多（这里说的是水上居民，其实水下的“居民”还真不少呢）。开曼群岛其实可以看做是海底的山峦，山中的顶峰冒出海面，便成了我们看到的一个个小岛。水下部分有悬崖峭壁还有陡然下降的地势，这样的地理条件创造了世界上最知名的一些潜水地点。而其中最为著名的是血腥湾和杰克逊布莱特，它们是小开曼岛的血腥湾海洋公园中两堵明显耸立的“墙”。

血腥湾的“墙”从水面以下20英尺（5米）处一直延伸到1,000英尺（305米）甚至更深的地方，还有说法表明这堵墙的深度能达到惊人的6,000英尺（1,829米），墙上覆盖着海绵和珊瑚，投射出红黄二色的斑斓魅影，奇异之处令人咋舌。海星以不可思议的速度缓慢起伏移动着，海鳗那长着尖牙的脑袋在礁石缝隙中一探一缩。外形艳丽的天使鱼、蝴蝶鱼和鹦鹉鱼伴着吻部为管状的狭长管口鱼急速游动着，展示着它们明丽生动的色泽。燕魟、 黄貂鱼、鲨鱼、梭鱼和石斑鱼也在附近游来游去；此外还有海龟，开曼群岛最初便是因此种动物而得名。事情是这样的，1503年，克里斯多弗·哥伦布到达这里，并命名此处群岛为“龟岛”，这一切与加勒比海令人惊艳的湛蓝海水形成了鲜明对比。

小开曼岛的陆地部分倒是相当平静。在岛上，除了潜水、浅滩浮潜和观赏野生动植物再没有什么别的消遣。此外你也可以入住岛上的一些旅馆、度假村，然后慵懒地躺在温暖的加勒比阳光下，享受彻底放空、完全放松的状态。**PE**

→ 小开曼岛会给潜水者带来最棒的潜水体验，水底五颜六色的礁石让人赞叹不已。

入住伊甸岩
Stay at Eden Rock

地点：法属西印度群岛圣巴泰勒米岛

网站：www.edenrockhotel.com **价格指数：**$$$

伊甸岩曾是圣巴茨第一任市长雷米·德·爱农的私人豪宅，爱农其实也是好莱坞影星葛丽泰·嘉宝、罗伯特·米彻姆和亿万富翁以及影界大亨霍华德·休斯的朋友。今日的伊甸岩也依旧完全称得上是加勒比海上最璀璨的明珠，这里现在是一座家族经营的酒店，数十年来一直散发着迷人的魅力、在业界保持着良好的声誉。

这座酒店方方面面都对游客有着巨大的吸引力，酒店拥有34栋精致非凡的套房及别墅，包括占地16,000平方英尺（1,485平方米）的“摇滚明星”别墅。客人们可以在这里举办派对，也可去专属于别墅的高尔夫球场果岭区小试身手，或到配套的电影院中欣赏电影。度假酒店还有65英尺（20米）长的公主号游艇，艇上环境整洁有序，船体上还配备有私人水上摩托。乘坐游艇环岛观光或许价值不菲，不过至少过往游船（包括吹牛老爹这种大牌明星的游艇）都会同意你搭乘，让你体验这种交通方式有多么的时尚。

> “发现与加勒比海自然美景亲密接触的私人时光。”
>
> 电影《洛城机密》

这座别致的小岛有着优美的港湾、崎岖的海滩和水下海洋生物色彩斑斓的海洋保护区。回到干燥的陆地上，景色也同样令人印象深刻——之前也同样到这里游玩过的滚石乐队主唱米克·贾格尔和美国著名女歌星玛丽亚·凯莉可以证明。追求浪漫氛围的人会爱上这座周身散发着20世纪30年代好莱坞影坛魅力的嘉宝套房。而詹姆斯·邦德的崇拜者或许会对这座詹姆斯套房一见倾心，套房还配有私人泳池和热水浴缸呢。**LP**

萨曼娜的悠闲时光
Unwind at La Samanna

地点：法属西印度群岛圣马丁

网站：www.lasamanna.com **价格指数：**$$

圣马丁是一座独特的小岛，因为岛上有法国与荷兰这两个国家的分界线。文化的融合让小岛具有神奇的“双重性格”——一方面是法国对美食的注重：岛上遍布着精致的法式蛋糕店和法式西餐厅；一方面是荷兰典型的熙攘赌场与丰富的夜生活。幸好，这里并不是仅有这些。游人可以参观岛上的两座首府城市——法属圣马丁的马里戈特和荷属圣马丁的菲利普斯堡——体验两座城市不同的魅力与建筑，游玩7英亩（3公顷）的伊甸公园或是站在1,400英尺（426米）高的天堂峰上俯瞰全岛风景，或者躲到萨曼娜这座僻静、高雅、精致的度假酒店里放松身心。

这座迷人的酒店像是加勒比地区享乐生活的缩影：处于上层的客房有及其私密的屋顶露台，那里的墙壁通体白色，与装饰的湛蓝软垫形成眼前一亮的搭配，优雅的露台那边是一处公园，公园中的棕榈树树荫下就是懒懒摇晃着的吊床。

度假酒店中设有小巧精致的“爱丽舍”水疗中心，这个名字来自于希腊神话，意为“受到神灵祝福者的居所”。中心有8间供客人舒缓神经的按摩室以及更多供人放松的空间。可选的理疗服务极多，从日式指压按摩疗法到足部按摩反射疗法、泰式按摩、热石疗法无所不包，当然也有普拉提等课程，私人教练还能提供一对一培训。

夕阳西下，在燃烧的火炬的映衬下，游泳池区变得热闹起来，晚餐前大家喝鸡尾酒的时候还有乐队现场演奏。酒店周围的景色极好，可以俯瞰人们展开休闲活动的整个海湾。**RCA**

→ 在萨曼娜沙滩上看海一览无余，是加勒比海地区最好的观景地。

徒步毛恩特鲁瓦皮顿山国家公园

Hike in the Morne Trois Pitons National Park

地点： 多米尼加毛恩特鲁瓦皮顿山国家公园

网站： whc.unesco.org/en/list/814 **价格指数：** ❶

“这里不但有草木茂盛的天然热带森林，还有颇具科学研究价值的火山风景。”

联合国教科文组织世界遗产委员会

多米尼加的毛恩特鲁瓦皮顿山国家公园既是注重生态保护的游人的伊甸园，也是加勒比海地区几个最棒的远足路线的所在地，园区能供人徒步的山径总长度超过300英里（483公里）。这座被指定为世界遗产的公园占地超过16,980英亩（5,870公顷），内有溪流、瀑布、未经开发的热带雨林和山峦，更不消说那5座巍峨的火山、50个火山喷气孔，还有不胜枚举的温泉。公园最具吸引力的景点是厚重的蒸汽云下的沸腾湖，在世界同类湖中，该湖面积排名第二。湖里冒着泡，就像一锅烧开了的水，但不知究竟有多深；湖水呈乳白色，水温在82℃到 92℃之间。

国家公园名称中的“特鲁瓦皮顿”特指公园中坐落的有3座顶峰的山脉，其海拔为4,673英尺（1,424米），终年雾气缭绕。公园中没有哺乳动物，但是你可以看到很多的昆虫、鸟类、甲壳纲动物和爬行动物；当地还有两种特有的鹦鹉，如果你幸运的话，或许能看到其中一种。而其中的帝王亚马孙鹦鹉更是被多米尼加人尊为国鸟。

徒步的游人通常会前往公园的荒凉谷，走这条路线需要7到8个小时，走完全程简直让人精疲力竭。背包客们一般从劳达特村出发，一路穿越茂密的雨林，林中还有罕见的异国鸟儿时不时从眼前飞过。山谷被地衣苔藓覆盖，呈现出荒凉阴冷的景象，但其实这里恰恰是地热活动频发的地方，到处都能碰到咕嘟嘟冒着泡的温泉和沸腾的泥温泉。徒步者可以在这里享受回归自然的水疗，为自己涂上一层厚厚的泥浆面膜，在热腾腾的温泉瀑布下冲淋，或者在凉爽的湖水中游泳，以此卸下一身的酸疼和疲惫。**JK**

↖ 徒步者通常选择走毛恩特鲁瓦皮顿山国家公园荒凉谷的一个下坡。

入住赞多利客栈

Stay at Zandoli Inn

地点：多米尼加冯德圣琼村附近

网站：www.zandoli.com　**价格指数：**$$

和同名的当地小型蜥蜴一样，赞多利客栈就在多米尼加东南岸遍布着乱石的林地上静静沐浴在阳光中。这是家很小的客栈，比起客栈，它更像是一栋普通的小别墅，内部仅有5间客房，附近有一个跌水潭，包围着整座建筑的是6英亩（2.4公顷）的雨林和海水的低声呢喃。夕阳西沉，微风夹着依兰树浓郁的香气拂过露天阳台和你简单而时尚的卧室之间挂着的轻纱帘帐，嗅着这香甜的气味，你会得到一次全身心的放松。

多米尼加正好位于瓜德罗普岛和马提尼克岛之间，所在位置是小安的列斯群岛上最为崎岖多山的地方，按地形来看，在该地周边游玩应该不是件轻松的事。赞多利客栈在岛屿的东南岸，距离多米尼加首府罗索仅有13英里（21公里），但二者之间给人感觉要更远一些。那里及其附近的远足路线实在是太棒了，而且在长满了枣椰树、香草藤蔓、肉豆蔻和鳄梨树的密林间行走，再加上时不时会看到热带鸟儿从头顶飞过，很容易会迷失自己，继而沉浸在寻找蜂鸟窝的活动中，或者只是单纯地享受颜色明艳的当地巨大花朵带来的美感与震撼。客栈中仅有5间客房，在这里住宿是一种非常私密的体验。耸着巨石的海岸线是一处颇受欢迎的冥想胜地，而赞多利则是情侣趋之若鹜的蜜月胜地。尤为重要的是，整个客栈都没有电视、收音机或者电话。

绿色环保是这里的另一主题。你可以借助瀑布下的跌水潭让自己心情平静，用来处理潭水的化学品对环境也是有好处的，淋浴的水则是太阳能加热的。傍晚就餐时，你可以享用新鲜的当地水果和多种多样的土特产；而晚餐前喝鸡尾酒的时刻你会有幸尝到朗姆潘趣酒和库布利啤酒，同时看看日落是再合适不过了。**LD**

造访卡莱尔湾度假村

Visit Carlisle Bay Resort

地点：安提瓜岛卡莱尔湾

网站：www.carlisle-bay.com　**价格指数：**$$$

安提瓜岛的海滩一年365天都适合游人度假，岛上全年开放的海滩和诱人的海水在整个加勒比海地区都是最棒的。安提瓜岛位于背风群岛的中心，很受各界名人欢迎：奥普拉·温弗瑞、丹泽尔·华盛顿、摩根·弗里曼和埃里克·克拉普顿都在岛上购置了房产。外出度假的社会名流，如多娜泰拉·范思哲等就会选择坐落在岛屿南端的卡莱尔湾——一处时尚奢华的天堂。

和加勒比式的随性装饰风格不同，卡莱尔

> “这里给人的感觉像是一处圣境，是完美的逃离喧嚣放松休憩之地。”
>
> 《每日电讯报》

湾度假村设法将地域风情和城市与现代的时尚感结合了起来。度假酒店的内部装潢可谓是富丽堂皇：入口的廊亭装饰着殖民时代风格的百叶窗，此外还陈设着极大的异国插花艺术品，光滑的深色家具上覆盖着纯白色的布。客房中以深浅不一的灰色和浅紫色为主色调，营造出微妙的典雅氛围，屋内挂着吉姆·汤普森的生丝窗帘，而陈设的长沙发却给人一种颓废的感觉，卫生间椭圆形的超大浴缸可以容纳两人共浴。至于值得一提的小物件，还有时髦的浓缩咖啡机和床头光纤阅读灯。度假酒店共有两家美食餐厅：海滩上的深蓝和亚洲与东方之融合。

此外，度假村还有惊艳的游泳池、令人脱胎换骨的水疗服务、可容纳45人并配备蓝色皮椅的放映室、供人畅饮清爽伏特加、椰汁朗姆和湛蓝凤梨冷饮的泳池池畔酒吧。来到这里你就一定不会想离开。**RCA**

徜徉在隐士湾
Enjoy Hermitage Bay

地点：安提瓜岛隐士湾

网站：www.hermitagebay.com **价格指数：**$$$

在距离安提瓜岛首都圣约翰仅20分钟车程的地方有一座人迹罕至的小山，山脚下是一个多世纪以来都归私人所有的隐士湾，而山腰上错落有致得建着25座巴厘岛主题的木制别墅，从那里可以俯瞰加勒比海湛蓝无双的海水。这可以说是安提瓜岛保留的一处最美好的海滩，专为那些逃离都市繁华的游客所准备：红木地板、巨大的跌水潭和无可挑剔的服务都在欢迎你的到来。

别墅相当宽敞，宅中装饰着精致无比的亚麻织物，陈设着屏幕巨大的纯平电视，甚至还配备了iPod扩充基座和无线宽带。因此，可能在室内享受一段时光后，你才能抽出空来推开折叠门、摆脱包围着你的实木四壁、来到弧形的阳台上欣赏海湾和远处海洋的全景。

> "山坡上的小房子风景好极了，绝对值得只身一人小住。"
>
> 《每日电讯报》

为了强调隐士湾休闲健康的主旨，也为了不打扰大家放松享受的氛围，这里是禁止机动水上运动的，取而代之的是更为悠闲从容的帆船和帆板运动。如果你不想在室内享受水疗，那也可以去木码头一端专为此建造的茅草小屋中接受水上按摩服务。在这座占地10英亩（4公顷）的全套房度假村中，夕阳西沉后你唯一听到的将是海浪拍打岸边的声音。**BS**

下榻在琼比湾酒店
Stay at Jumby Bay Resort

地点：安提瓜岛琼比湾

网站：www.jumbybayresort.com **价格指数：**$$$$

琼比湾度假村坐落在一座3,000英亩（1,215公顷）的私人岛屿上，最近经过耗资数百万美元的建设与装修，度假村的面貌焕然一新，而且达到了非常高的标准。客房灰黄色与奶油色的配色方案不但使人心情平静，更与房间中的英式殖民时期风格的陈设相得益彰，这些陈设有宽敞的卧床、超大空间的盥洗室（包括室内浴缸）。几乎所有的琼比湾套房均配有各自单独的入口和庭院、宽大的露台、柚木打造的家具和私人深水泳池。你可以在房间内预订上门理疗服务：沙滩别墅的按摩理疗师同时擅长东西方按摩手法，一定能满足你的要求。

对于热爱自然的度假者而言，琼比湾是一个即能让人松弛又会让人兴奋的地方，因为这里野生动物种类丰富，比如白鹭鸶和蓝色鹈鹕（还有绵羊）就总会在附近出没。而吸引众人的是牧场湾沙滩，因为这是濒危动物玳瑁龟的筑巢区，而此受到保护游客可以报名参加赏海龟活动并积极帮助开展活动。至于户外活动，这里有多种多样的水上运动，包括浅滩潜水（需要参加相关课程）、帆船航海、帆板冲浪、皮划艇运动、划水橇、深海潜水、租船出海和深海钓鱼。度假村设有3个网球场，你也可以参加单车环游、沙滩徒步或者玩槌球游戏。另外千万别忘了可在沙滩别墅区享受的奢侈购物疗法（指为了调整情绪或精神状态而进行的购物行为），如果想进行体质锻炼的话，你也可以在那儿找到健身中心。

平日里美丽通透的游廊餐厅可提供早中晚三餐（晚餐为烛光晚餐）。该餐厅是由有着230年悠久历史的殖民时期庄园主宅邸改造而成的。**PS**

→ 琼比湾是濒危动物玳瑁龟的家园，这种龟通常会在牧场湾沙滩上产卵。

在岩石屋别墅度假

Relax at Rock Cottage Villa

地点：安提瓜岛深海酒店

网站：www.bluewaters.net　**价格指数：**$$$

岩石屋耸立在加勒比海中高高突起的岩层上，这里是那种你流连数天都见不到一个人影、但心情仍旧愉快如初的地方。这处私人地产坐落于安提瓜岛北岸的战士湾，据说可以观赏到270度的美丽海景。无论这一数字准确与否，几乎没有人能否认，面对广阔无垠、波光粼粼的大海，这处世外桃源有着无与伦比的壮丽景观。

岩石屋四壁粉刷为白色，地板由大理石铺就，推开木制百叶窗，就能看到烟波浩渺的湛蓝大海和青翠欲滴的草叶花木，可以说是集加勒比海地区特色之大成。除了可以在阳台上晒日光浴，去餐厅里用餐，你还可以享用私密冲浪浴缸和内有大床的通风卧房。或许此处最值得一提的就是楼上的情侣浴室，室内百叶窗前建有一对水池，池边是随风轻摆的棕榈树，但又露天处于深蓝海水之上。也许来此沐浴消遣的宾客勉强可以将目光从浴室的美景上收回来，不过除非你想扮演詹姆斯·邦德，骑上下面停泊的私家摩托艇过过瘾，否则确实没有离开岩石屋的必要，更不必说这座岛了。**NS**

> “在这里消遣，几乎可以说是加勒比海地区最棒的度假选择。”
>
> 《周日邮报》

→ 如果你想在美丽原生态的地方度过一段不关心时间流逝的慢生活，那就选择岩石屋吧。

在玉山度假村放松心情
Relax at Jade Mountain

地点：圣卢西亚安斯·沙塔内海滩

网站：www.jademountainstlucia.com **价格指数：**$$$

玉山度假村的套房有一整面开放式的墙，由此可以有幸看到世界上最壮丽的美景之一：波光粼粼的加勒比海上浮出的圣卢西亚的皮顿双峰，该景点也是世界自然遗产之一。客房的私人无边际泳池一半嵌入房间内，总面积达900平方英尺（84平方米）。

套房天花板高15英尺（4.5米），四壁由岩石、混凝土和珊瑚礁构成；房间几乎没有角落可言，也没有什么笔直的线条，地板则是热带硬木铺成的。房间中的巨大卧床装饰有天篷，个别陈设着其他风格的家具形成混搭的时尚氛围。浴室中不但有花洒，更有6个身体喷雾头。套房独具特色的是装配了带"彩光疗法"功能的冲浪双人浴缸，在浴缸中你可以一边欣赏美景，一边控制水中的彩灯，制造出不同的视觉效果，你还可以在无边际泳池中控制彩色的灯光。

> "建筑师尼克·特鲁别茨柯依创造出了仿佛浮在加勒比海上空的空间。"
>
> 《悦游》杂志

这家无边际泳池套房组成的独特度假村就坐落在郁郁葱葱的圣卢西亚山巅，而其拥有者则是富有并且创造力非凡的建筑师。这里有各种豪华的度假设施，包括沙滩、餐厅、泳池和水疗中心，最重要的是，你会发现自己实在无法忍心离开这些美丽迷人的套房，而这种痴迷与套房中的高科技并无半点关系。**SH**

懒懒地躺靠在玉山度假村无边际泳池中，可以尽情欣赏这处被列为世界自然遗产的绝美风景。

住在遮露西种植园
Stay at Jalousie Plantation

地点：圣卢西亚皮顿双峰

网站：www.thejalousieplantation.com **价格指数：**$$$

此地的前身是一处甘蔗种植园，当现任业主将其买下时，人们只能乘独木舟到达这里。而今时今日，你可以从机场搭乘计程车沿着蜿蜒曲折、崎岖不平的道路直奔酒店，或者包下一架直升机直飞圣卢西亚风光秀美的皮顿双峰。

在皮顿双峰的山谷中，遮露西种植园的范围遍布192英亩（78公顷）的雨林，共拥有115间客房，包括一等别墅、套房和在小心呵护的18世纪制糖厂中改建的客房。所有房间均装修成现代的加勒比风格，所费不多，但却舒适大方。窗外风景颇为靓丽，有山有海，当然也少不了跌水潭和晒日光浴的甲板。这座五星级的酒店向宾客们提供了全面周到的五星级服务。除了在阳光下进行放松之外，如果你还想做些别的，服务人员会为你献上不少好主意。雨林绿洲水疗中心里受自然界启发创制的种种疗法可以帮助你放松身心，其中有全身精油按摩、体膜护理、热石疗法和脸部护理，以及用附近的硫磺泉为身体去角质等，而在享受这些疗法的同时，你还可以欣赏到热带雨林的美丽景观。

沙滩上，附近覆着沙子的大陆架与山峰一般起伏较大，所以这里的海域格外平静，尤其有利于喜爱游泳的人。酒店为宾客准备了带水肺潜水的相关课程，而且每位客人都能免费进行一次进阶潜水或执证潜水；酒店几乎能提供世界上每一项叫得出名的水上运动。如果你想在度假时挑战自我，不妨试试攀爬皮顿峰吧！你可以请向导将你带上山，也可以带下硫磺泉，或者带去参观圣卢西亚的火山与瀑布。手执一杯鸡尾酒躺在提基茅草屋下放松的感觉是无与伦比的。**LD**

在小良港下榻

Stay at Little Good Harbour

地点：巴巴多斯谢尔曼斯

网站：www.littlegoodharbourbarbados.com **价格指数：**$$

这座精品酒店坐落在小岛的西北部谢尔曼斯的小渔村中。小小的别墅宛若瑞士山中的牧人小屋，围绕沙滩远处的中央池塘而建，内部装修典雅得恰到好处。而自炊式别墅是殖民时期风格的，有着粉色的屋顶，给人慵懒亲切的感觉，走上别墅的阳光露台还能看到海景。

尽管这里没有客房服务，酒店员工们还是会尽可能地让您住得舒服，不过还是会给你出个小难题——“你不得不做出最艰难的决定，就是今天晚上吃什么”。而酒店的鱼笼餐厅的目标就是尽可能让这个本就艰难的决定变得难上加难。这座铺着木甲板的餐厅是当地的不传之秘，虽然所在地非常偏僻，但靠近鱼市，所以来这里总能吃到当天最新鲜的货色。开始选吧，是烤剑鱼还是佐以克里奥尔酱汁儿的赤贝，再或者是炸龙虾？不过，你一定要省下肚皮来盛美味的烤椰奶布蕾。

> “你脚下就是一朵朵破碎的浪花，这是最经典的加勒比景象。”
>
> 詹姆士·亨德森，《金融时报》

小良港有清澈的海水、细腻的沙滩、宁静的氛围，算得上是巴巴多斯的避世胜地，也是理想的放松休闲之地，目之所及，尽是蜂鸟、棕榈树上的猴子和飞来飞去的蝴蝶。来此下榻时，你的着装务必要上档次，设计师定制的长袖长衫是必不可少的，因为在史密斯夫妇（精品酒店专家）所著的豪华精品酒店集团相关书中，小良港可是赫赫有名的；切记，千万别太过热衷于当地的朗姆酒而破坏了大家的宁静氛围。**LD**

在棉宅享受悠闲时光

Relax at Cotton House

地点：圣文森特和格林纳丁斯马斯蒂克岛

网站：www.cottonhouseresort.com **价格指数：**$$$

从热带岛屿这种人人向往的地理位置到完全私密的感觉，棉宅可以说满足了游客们所有的要求。漫山遍野的苍翠与青葱、树木茂密的林地、白沙滩上高高耸立的陡峭悬崖、水清且深的蔚蓝大海吸引了数不胜数的社会名流前来度假，这其中既有大卫·鲍伊一样的歌坛明星，也有汤米·希尔费格类似的时尚界大亨。

棉宅的前身是18世纪的古老仓库和制糖厂，其修复改造工程由英国的已故公主玛格丽特的叔父——才华横溢的设计师奥利弗·米瑟尔负责完成。宅邸坐拥占地13英亩（5公顷）的原始海滨花园，可供宾客选择的下榻处有五座修复完好的英王乔治时代古宅、三座别墅、一栋内含五间屋子的海滨房或一座带私人泳池的两间一居室的复式别墅。客房的特大号卧床（其中一些以熟铁铸就并且有四根帷柱）上铺着奢华的埃及棉床单，上方还装饰着网状天篷。房间的现代元素有纯平电视和DVD播放器，而且每间屋子都有各自的阳台或露台。位于库蒂诺海滨房（内含5个房间）上层的“塔楼”比其他客房更胜一筹，但要说真正的奢华，还得是堪称无法超越的双卧室“棉山”别墅。那里有靴形私人游泳池，四周围着冷白色的砂岩板和柚木安乐椅，让你在悠然自得地欣赏着花园与海景之余游游泳，而原制糖厂中所设的吧台可以为你奉上五颜六色的茶点小吃。

健身中心可为宾客提供保健和美容服务，不过因为大西洋和加勒比海都近在咫尺，你可能更倾向于来一次帆船航行，也可体验蛙潜或浅滩潜水，再或者骑上摩托艇来次短程旅行。参加完这些活动，可以在马斯蒂克岛受到保护的小海湾或船港中慵懒地躺在安乐椅上，或许这种休息和水上运动一样，需要身心的全力配合。**PS**

沿苏弗雷小径徒步
Hike La Soufrière Trail

地点：圣文森特和格林纳丁斯苏弗雷火山
网站：www.state.gov/r/pa/ei/bgn/2345.htm **价格指数：**❶

在加勒比海滩上度假期间，攀登4,000英尺（1,210米）高的圣卢西亚活火山这一活动似乎并不是人人都知道，但却被列为该地区最大的冒险运动。

为了充分利用这次旅游机会，你可以选择加入旅行团或者找一个独立向导。他们将驾车带你从港口出发，沿着海滨公路推进，穿过香蕉林、椰子林和竹芋丛，最终抵达小径的起点。在这里你能看到从层层树冠中冒出头的那座光秃秃的顶峰。这条小径绕过巨大的树根、粗重的藤蔓和旧熔岩遗址，在竹林与热带雨林的藤蕨中蜿蜒伸展。沿途上坡过程中，随着海拔越来越高，我们会进入高寒地区，树林也逐渐变得越来越稀疏，最终只剩下火山口边缘分布着的干燥岩屑与碎石。整个向上攀登的过程需要2到3个小时，时间根据环境条件与徒步人员的身体状况而定。

站在火山顶向下俯瞰，景色美得让人窒息。火山口坑底比火山口低700英尺（213米）；火山另一侧的小岛向远处延伸，最终终结于大海。游客们通常会坐在火山顶，边吃午餐边欣赏这壮阔的自然景观。下山时没有上山那么累人，但脚下却更容易打滑；返程通常需要一到两个小时。

到达山顶后，有些游客还有精力再走45分钟，去火山口的湖中游泳。这里的淤泥富含矿物质，所以来一次泥浴也未尝不可，不过通往“浴场”的路不是一般得难走，你得用上专业的固定绳才能到达目的地。如果你还有几个小时的时间，可以沿着火山口的边缘徒步，看一看整座岛的风景。苏弗雷火山上次喷发是在1979年，不过据专家称它随时可能变得活跃起来。**SH**

↗ 在圣文森特，休眠中的苏弗雷火山以其美丽和不可预测而著称。

“到圣文森特游览是每一个大自然爱好者的梦想，那里有自然小径、热带森林……和一座活火山。”

苏菲·林，《独立报》

在卡努安莱佛士酒店消遣
Unwind at Raffles Canouan

地点：圣文森特和格林纳丁斯卡努安岛

网站：www.rafflescanouan.com **价格指数：**$$

卡努安莱佛士酒店坐拥300英亩（121公顷）的土地，其中有三片白沙滩和世界上最大的珊瑚礁之一。这片天地太过广阔，你得乘高尔夫球车才方便观光游览，但即便四处游走，这里也很少能见到其他宾客。

这里是蜜月旅行的极佳选择；17世纪的石砌教堂见证了一对又一对的游客喜结连理。《新娘》《悦游》和《精英旅行家》杂志都曾对这座

> “相当长一段时间里，加勒比海地区从未有过规模如此大的酒店。”
>
> 《悦游》杂志

度假酒店有过高度评价；隶属酒店的特朗普国际高尔夫球俱乐部，曾经被誉为世界上最棒的俱乐部之一，而其水疗馆的服务据说有让人青春永驻的神奇效果，同时其中的晒后脸部护理还能让客人的肌肤更长时间保持健康的小麦色。

莱佛士一直在加勒比海地区大多数精英度假酒店中享有盛誉，因为它的特别之处远不止于令人赞不绝口的服务、家居陈设周到的殖民时期风格客房和滨海餐厅。你可以租一条船探索附近的珊瑚岛，体验真正的寂寥感觉，也可以去浅滩潜游，再或者与颇有气势的海龟同游，探寻莱佛士意为“海龟之岛”的原因。晚上，你可以在餐厅中享用新鲜的海产，但请务必遵守餐厅的着装要求——日落之后要穿着优雅得体：穿牛仔裤或短裤者不得入内。LD

→ 在卡努安莱佛士酒店，你可以忘情地游泳、换着花样吃喝、通过水疗恢复精神、打一局高尔夫，甚至干脆在这里举行婚礼。

拜访棕榈树岛 Visit Palm Island

地点：圣文森特和格林纳丁斯棕榈树岛 **网站：**www.palmislandresortgrenadines.com **价格指数：**$$$

把这座加勒比海岛屿想象成可以任意把玩的心爱之物：你可以打着赤脚在海岸上四处行走，也可以沿着白色沙滩海岸线划船、或者沿着棕榈树与颇具异国情调的灌木丛之间的小径漫步，寻觅野生动物的踪影，在整个135英亩（55公顷）的小岛上到处留下你的脚印。

棕榈树岛坐落在圣文森特和格林纳丁斯的南端，是32座岛屿及珊瑚礁组成的梦幻群岛，以美丽的自然风光和清澈明亮的海水著称。这座岛屿度假村一直以来都小心保持着低调的态度。度假村共有42座底层别墅，别墅就建在海岸线上生长的花草树木中，向游人提供完全逃离尘世的生活体验。客房中既没有电视，也没有电话，有的只是沙滩与其他岛屿组成的靓丽风景。

客房中陈设的统统是酒店定制的竹木家具，此外还配备了吊扇、藤编的天花板、裸露的原木横梁，屋内的织物备品也很丰富。你还会发现普通的陆地酒店中常见的奢侈元素：大理石铺就的卫生间、空调系统、棉布浴袍、迷你冰箱、保险箱、吹风机和咖啡机。这里应有尽有，不仅如此，宾客们还可以在两家餐厅中享用三餐精美菜肴、下午茶、鸡尾酒和海滩烧烤。一切都是如此的浪漫：你可以选择在岛上任意私密地点用午餐，而晚餐则可坐在水畔借着温馨的灯火细细品尝。考虑到有些游客不想只是躺在沙滩吊床上慵懒度日，度假村还配备了网球场、迷你高尔夫球场和单车骑行车道，你也可以参加非机动化的种种水上运动，如帆板冲浪、浅滩潜游、皮划艇和双体船。若想平平静静地专心放松，还有水疗馆、美容院、游泳池、体育馆和图书馆在恭候你的光临。**SH**

↑ 你可以在自己的加勒比海度假基地——棕榈树岛上彻底实现你的鲁宾逊·克鲁索梦。

租住兰斯欧艾毕酒店 Rent L'Anse aux Epines

地点：格林纳达皮里克荔湾 **网站：**www.lanceauxepineshouse.com **价格指数：**$$

这处奢华的加勒比“世外桃源”是由带塔楼的制糖厂改建而来，因此显得与众不同。从海上看，这座小小的圆塔像极了老式的灯塔或古堡的角楼。而当你真正登上这座加勒比岛屿的时候，你就会发现它原来是一座古老的石砌糖厂塔楼。塔楼目前已经被改建为一座度假屋，供那些真正需要非常特别的偏僻度假地的游人居住：这对于要求极高的度假者而言会是一个难以忘怀的避世之所。酒店的位置简直好得无以复加：就在格林纳达皮里克荔湾岸上山坡的一侧，从那里可以俯瞰大西洋和加勒比海的壮阔海景。

我们所说的这间制糖厂塔楼属于兰斯欧艾毕酒店——19世纪殖民时期的古老宅邸，这处地产可供14位客人下榻，亦可连同塔楼整体出租。而塔楼可以单独出租，至多容纳4人住宿。你会看到制糖厂就坐落在滨海的私人花园中，花园附属于酒店主体建筑，占地2英亩（0.8公顷）。殖民建筑内部有两间卧室、一间厨房/酒吧和有棚顶的阳台，外加一处小小的泳池，由此去可以发现一片长长的私人日光浴甲板（该区域仅供主宅宾客使用）。卧室里配有四柱床、纯平卫星电视、DVD播放器、电话和网络接口。花园中有私密的通道、休憩处和一条20英尺（6米）高的瀑布。通过花园小径便可到达私人海滩和深海私人码头。酒店的无边际泳池长达65英尺（20米），是格林纳丁斯群岛中面积最大的私家泳池，此外还配备了“水上健身”泳池和漩涡按摩浴池。

为酒店宾客提供服务的是由5人组成的服务团队：一名厨师/女管家、两名佣人和两名园丁。如果需要按摩师和美食厨师，可以另付费用，此外宾客也可以使用酒店的帆船出行。如果这还不够的话，游客还可以使用酒店的机动船出海，船上还有专门的船长。SH

↑ 这是一个奢华的加勒比度假酒店，但是有一点不同：酒店前身是一家带塔楼的制糖厂。

探索卡里亚库岛

Explore Carriacou Island

地点： 格林纳达卡里亚库

网站： www.carriacoupetitemartinique.com **价格指数：**

沙岛仅有300英尺（90米）长，岛上点缀着五六棵随风轻摆的棕榈树。你可以铺开毛巾毯、晒晒日光浴、享受野餐的好滋味或者在加勒比海最清澈、鱼儿最多的水域中潜泳，就好像这个美妙的地方只属于你一个人一样。当太阳开始西沉，就动身返回主岛卡里亚库岛，享受那里丰富热闹的夜生活。格林纳丁斯群岛像一串由小岛组成的项链，点缀着格林纳达到圣文森特之间的海域，而卡里亚库岛便是群岛中最大的一座。

当然，说它“最大”是相对而言的。卡里亚库长7英里（11公里），平均宽度为2英里（3公里），岛上最高点海拔956英尺（291米）。遍布岛屿的火山岩上原来种植着一片片甘蔗地和棉花田，现在旅游业成了这里的支柱产业。但从任何方面来讲，这都不会破坏此处悠闲慵懒的氛围。是的，你可以通过电子邮件和外界沟通，但是既然来到这里，最重要的就是喝上一杯解渴的朗姆潘趣酒好好放松一下，难道不是吗?

当地人唯一热衷的事情恐怕就是造船了，他们有着苏格兰先辈（很多岛民的姓氏都是传统的苏格兰姓氏）流传下来的精湛技能，再加上人口中融合了来自西非的奴隶，岛民的造船技能更是上了一个台阶。希尔斯堡是卡里亚库和小马提尼克的首府，总有高速渡轮从面积稍大些的格林纳达姐妹岛开来，在这里的码头停泊。岛上还有一条较小的飞机起落跑道，跑道使用了部分公路，因此只有指挥暂停过往车辆才能让飞机降落。

5月末，比莱尔公园会举办盛大的马荣节，庆典的高潮部分就是向地上泼洒朗姆酒和水，然后岛民们进行精彩的表演。如果你够幸运，可能会无意中碰上当地的马荣节庆祝仪式，节日时当地社区的酒水饮食、狂欢活动全部免费。**RsP**

在玛卡巴那别墅小住

Stay at Maca Bana Villas

地点： 格林纳达圣乔治

网站： www.macabana.com **价格指数：**

袖珍的格林纳达精品度假村被山坡上的丛林环绕着，下方就是旅游杂志中那种田园诗般的沙滩，玛卡巴那就是这样的地方，住在这里既能圆你一个“泰山与珍妮”的丛林梦，同时还可以享受美酒佳肴。游客们就住在7座设计得颇具艺术氛围的“巴纳斯”别墅中，而别墅就分布在热带园景花园里，不仅配备了可以俯瞰沙滩的无边际泳池，你还能看到壮丽的瀑布景观。

> “这里的别墅均由它们的艺术家主人精心装修设计，屋内设施也非常齐备豪华，不仅有热水浴盆，更有令人惊喜的景观。”
>
> 《观察家报》

这里是一个掩映在椰林中的宁静避风港，对生态保护也非常重视，因而使用太阳能电池板和热水器供应能源。温馨的度假酒店拥有有机苗圃，果树园和药草园，专为坐落在沙滩上的水族馆餐厅和酒吧供应本地农产品。每座迷人的别墅都被潺潺的溪流和整池的锦鲤包围着，房子里配有干净整洁、设施齐全的厨房，客人可以自己动手做饭，或雇佣私人厨师为其做饭，然后在私密的阳台上边看风景边用餐。

至于水疗，你既可以选择在舒适的别墅中进行，也可以在微风轻拂的室外环境下进行。与此同时，你还可以参加瑜伽、太极和冥想课程，这些课程会帮助人们进行更深层次的精神放松，此外多种多样的艺术和烹饪课程也能起到相同的效果。“巴纳斯”别墅设有室外热水浴缸、宽敞的日光浴甲板和阳台，游人可充分欣赏加勒比海岸的美丽风光和梦幻般的海滨日落。**LP**

在庄园酒店放松心情
Relax at Estate House

地点： 格林纳达哈特曼山湾

网站： www.mounthartmanbay.com **价格指数：** $$$

哈特曼山湾坐落在格林纳达的一个私人半岛上，适合像詹姆斯·邦德一样懂得享受的人。庄园酒店就建在半山坡上，屋顶长着茂盛的野草与仙人掌，酒店内部还有奔流的瀑布，蔚为壮观。当地人叫它“洞天之家”，因为乘船抵达私人码头或飞机降落到停机坪后，客人们都要通过峭壁中的一扇大门才能进入酒店内部。

进到里面才发现，酒店的装修与配套设施均属世界一流，让人不禁想起了两位著名的建筑大师——勒·柯布西耶和安东尼·高迪。弧形的白色圆柱好似垂在地面上的束起的窗帘，酒吧以抛光的木料构筑，背靠着覆满青苔的瀑布，还有一张超大的餐桌等着你坐下来静静欣赏外面的美好景色。酒店背侧是茅草为顶的沙滩别墅，别墅的中庭面向一片僻静的沙滩，而沙滩环抱在珊瑚礁中，留给人私密的美妙空间。别墅中的图书馆藏有多种必读书目：酒店的主人要求客人们将自己最喜爱的图书的影印本留在此处，供后人借阅。

格林纳达被誉为是一座水手们能闭着眼睛单靠鼻子找到的小岛——这座香料之岛的空气中弥漫着生姜、豆蔻、丁香、肉桂和可可的芬芳，庄园的厨师熟知香料的特性，总能用他们烹出最美妙的菜肴。罗杰·威廉姆斯是一位备受赞誉的格林纳达厨师，他用当地食材营造了名副其实的“美食天堂”。

如果你在寻找一处最多可供24位衣着考究的游客开展火热派对的最佳别墅，这里将是你的不二选择。你每一个心血来潮的想法都会得到最贴心的迎合——长40英尺（12米）的游艇及其船长、水上踏板车、三菱帕杰罗听候您的差遣。你可以去安静得宛若被世界遗忘的岩礁小岛上野餐，或者就躺在沙滩上放松。**LD**

在欢乐山享受人生
Enjoy Mount Plaisir

地点： 特立尼达拉岛欢乐山

网站： www.mtplaisir.com **价格指数：** $

欢乐山正好在西半球最大的棱皮龟筑巢区旁边。每年这些稀有的濒危巨型棱皮龟都会游过大半个地球，大批返回到这里的沙滩产卵。夏天，营巢季节一到，入夜，这些巨大的龟类就会在酒店客房外的沙滩上产卵，过不了多久，成千上万的小龟苗就会破土而出，急匆匆回到大海的怀抱，如此，生生不息。

> “徒步进入雨林，你会发现世上仅存于此地的帕韦鸟。”
>
> 《时尚芭莎》

13所套房面朝加勒比海，背靠覆盖着茂密雨林的珠山。简单的房间中陈设着当地工匠制作的家具。此处还有一家烛光餐厅，餐厅厨房所用食材都是附近田里栽种的有机作物或是出海捕捞的鲜货。餐厅的甜香面包、蛋糕和椰蓉小面包的美味在整个岛上也都是出了名的。

若是想深入森林观察野生动物、想划着独木舟沿大河游玩或者想在海岸沿线徒步，欢乐山是一个可供放松休息的大本营。如果在向导的带领下进入森林探险，晚上可以在高高的树上过夜，或者登山看日出，甚至还可以望见邻近的多巴哥岛。当地的鸟种类繁多，甚至还有一些稀有品种是此处特有的。游客们每天都能观赏到大群黄尾鸟儿归巢的壮观景象。**SH**

在热情酒店下榻
Stay at Hotel Passion

地点：哥伦比亚卡塔赫纳

网站：www.lapassionhotel.com **价格指数：**$$

在城墙围起的古老城市卡塔赫纳的中心，坐落着一座小小的酒店——热情酒店，正如它的名字一样，酒店中不仅倾注了建立者的感情，而且还营造了浪漫的氛围。卡塔赫纳是南美最美、最具活力的城市之一，在这里可以俯瞰加勒比海。而这座精品酒店古老、别致而宏伟，浓缩了哥伦比亚城市的大部分精髓。

对于权贵名流来说，热情酒店太小了，沿着陈旧的花岗岩楼梯向上走，楼上仅有8间挑高的卧房。这些装修传统的客房中摆放着风格各异的古董摆件，铺设着具有民族特色的织物，不过也配备了方便的现代设施。不出所料，你能在这里看到壁画、古老的落地窗、柳条编织的柜子、上年头的木雕床头架、波斯和哥伦比亚本地产的地毯、摩洛哥的烟灰缸和塞维利亚出产的灯具。你住的房间中会有混凝土砌筑的巨大浴缸，剥落的石膏（这种风格现在很流行）还有做旧的法国华美家具。在这些旧时代风格的家居布置中也仍然有现代的设施，比如空调和等离子电视。

> "这座城，他的城，屹立在时间的边缘，永恒不变。"
>
> 马尔克斯，《霍乱时期的爱情》

热情酒店不仅是有格调，实质上的酒店设施也不差，尤其值得一提的是屋顶天台上有一个泳池。晚上，华灯初上，在天台上可以俯瞰城市中诸多的历史遗迹和远处的大海。酒店拥有快艇，可以将客人送至附近的岛屿。酒店还有一艘小小的木制渔船从天花板上悬下来，当做是秋千沙发供客人休息。**SH**

在失落的城市中徒步
Trek to Ciudad Perdida

地点：哥伦比亚内华达山脉

网站：www.hosteltrail.com/turcol **价格指数：**!

哥伦比亚的加勒比海沿岸雾气弥漫、丛林密布，因此显得神秘莫测，像是一团解不开的谜。而且沿岸地形有利于游击队作战和古柯种植园的兴旺。失落的城市便坐落在这样一个地区，一个令人赞叹的古老城市，可以追溯到公元800年。这座城的位置稍有些偏远，需要徒步跋涉3天才能到达其所在大山的脚下，而山脚便是通往考古遗址的入口。从河中开始向上共有1,200级小而湿滑不平的台阶。这些台阶并不像马丘比丘的那么好走，也许是因为附近没有任何旅游点而且来此探索的人也不多的缘故。该城市直至1972年才被一些劫掠者发现。

到达了阶梯的顶部，也便到了这座山坡的顶，看到了分散在山上的古老城市遗址。曾经有超过一百块石台作为居住小屋的基础，石台之间有蜿蜒的小径和石阶相连。此地安静得有些可怕，尤其是当你想到这里曾经居住着数以千计的人，而后来因为西班牙的侵略，人们抛弃家园，如今偌大的城中空无一人。因为来这里参观的游客屈指可数，所以你可以轻松地独自漫步，就好像你是第一个来到这里发现遗址的人。古老的石台间点缀着一朵朵野花，四周环绕着棕榈树；来到此地，你就会有发现了一座秘密花园的感觉。

因为遗址所处位置颇高，你可以一览脚下的群山，还会清楚地看到各种异国鸟儿和颜色艳丽的蝴蝶。当地的部落族人便是这座失落之城原住民的后裔。他们目前都住在这里的草屋中。当地人声称早在20世纪70年代发现这座城市遗址的多年以前，他们就已经知道这里的存在，不过他们想保守这个秘密，独享这处宁静的所在。**JK**

→ 通往这座失落的城市的是一条看上去没有尽头的石阶路，路上长满了苔藓，路旁则是茂密的丛林。

漫步泰罗纳海滩
Walk Along Tayrona Beach

地点：哥伦比亚近圣玛尔塔

网站：wikitravel.org/en/El_Parque_Tayrona **价格指数：**❶

走上大约40分钟就会到达阿瑞喜斐沙滩，那里荒凉而粗犷，海浪猛烈地拍击着海水侵蚀而成的巨大卵石，鉴于有危险的激流，你可千万不要下海游泳。不过你可以沿着一条崎岖多石的道路走到相对风平浪静的比西纳和艾尔卡波海滩。从艾尔卡波沿着一条陡峭的野径接着走一个小时就会到达艾尔皮柏里托，这是从哥伦比亚遭到侵略之前便已经被人们遗弃的一座小村庄。往上爬坡时你甚至可能看到伶猴；公园拥有200种不同的鸟类，所以一路上你一定会看到各种各样的鸟儿。丛林腹地还有美洲豹出没。

不过到沙滩去可并不容易。离沙滩最近的小镇叫圣玛尔塔，大多数人会首先从那里乘公交或的士到达艾尔扎伊诺的公园大门，公园门口的大面包车可以把你送到步行小路的起点。很多游人都会走完剩下的全程，不过要是走得脚疼可以租一头骡子载着你。

泰罗纳国家公园坐落在哥伦比亚海岸北端，占地58平方英里（150平方公里），南美洲最棒的几片海滩就在那里。圣玛尔塔内华达山脉是全世界最高的滨海山脉之一，而山脚下便是粉末般细腻的白沙和蓝绿色加勒比海那一下下拍着沙滩的海浪。

你可以在一种称为“艾克哈伯”的草顶小圆屋中过夜，小屋位于距离阿瑞喜斐45分钟步行路程的卡纳沃诺悬崖上，和考吉人住的传统小屋极其相似。或者你也可以租一张吊床，把它绑在两棵树中间，然后就可以听着加勒比海规律的波涛声入眠了。**PE**

→ 哥伦比亚泰罗纳国家公园中的雨林郁郁葱葱，森林的边界几乎蔓延到了海边。

巡游加拉帕戈斯群岛

Cruise the Galapagos

地点：厄瓜多尔加拉帕戈斯群岛　**网站：**www.celebrityxpeditions.com　**价格指数：**$$$$

加拉帕戈斯群岛包含19座植被茂盛的小岛，距离南美厄瓜多尔海岸600英里（965公里），到那里度假绝对是梦幻般的经历。这是你亲眼近距离观察活泼的鲣鸟、笨拙的海狮以及巨大鬣蜥的好机会，因为这里的动物压根不怕人。这将会是十分刺激的顶级体验。

群岛的中心城市圣克鲁兹有好几座酒店，但其实观光的最佳方式就是乘船巡游，一天游玩两座或更多座小岛，观察那些给达尔文开创“进化论”带来灵感的动物。这些小岛如此特别，完全值得你花上一笔钱好好探索一番，比如登上“名流远征号”游艇。艇上可乘98人，既没有供人一掷千金的赌桌，也没有华丽炫目的晚间节目秀。但等你在岛上的丛林里辛苦跋涉了几个小时之后，返回游艇，这里等着你的有宽敞的船舱、美味的餐点以及用来降温的凉毛巾和果汁。

因为岛上的动物对人不知躲避，上岛的游客便对它们构成了真正的威胁，于是有关部门不得不对加拉帕戈斯群岛的游客严加约束。你只能在国家公园登记在册的导游的带领下登岛，而且（转乘充气橡皮艇）下船后，你必须严格沿着人们长年累月踩出来的小道前进。想到能领略到美妙的自然景观，遵守这些规矩便也不再困难。要知道，你将看到的是雄军舰鸟为了吸引雌性鼓起它的红色喉囊，还有鲣鸟的求偶仪式，它们翩翩起舞只为了得到异性青睐。你是否知道，在交配季节，西班牙的海鬣蜥红绿相间，而加拉帕戈斯群岛的海鬣蜥却通身漆黑。导游还会带你去圣克鲁兹高地看大若磐石的海龟，19世纪时，这种生物几乎因为捕鲸船到了濒临灭绝的地步。当然你也可以选择攀上海边的峭壁，每年夏天，信天翁都会纷纷从崖顶飞向天空，景象着实壮观。**JA**

> “我曾遇上过一个拦路的大家伙，不过它却没怎么注意到我。它们的外形与崎岖不平的火山岩非常相配。”
>
> 查尔斯·达尔文，《加拉帕戈斯群岛笔记》

↑ 圣达菲陆鬣蜥是加拉帕戈斯群岛土生土长的独特物种之一。

→ “踢者之石”是熔岩锥遗留物质遭到海水的侵蚀后形成的，该景点非常受到来群岛观光的游客们的欢迎。

在阿古阿萨纳庄园小住
Stay at Hacienda Aguasana

地点：委内瑞拉帕利亚

网站：Website www.pixotomy.com **价格指数：**$

忘了富丽堂皇的五星级酒店里那奢华的水疗吧，为什么不重回大自然的怀抱，让人心醉神迷的极致体验将你包围呢？能带给你这种享受的就是阿古阿萨纳庄园了。这座庄园坐落在委内瑞拉东北部丛林茂盛的帕利亚地区，四周是连绵起伏的群山和青葱的草场，也是马儿和水牛的好牧场。这座偏远平静的庄园共有17个蓄水池大小的地热温水塘，池塘温度各不相同。有些池塘散发出硫磺的味道，有些池塘咕嘟咕嘟地冒着热泥泡。这里有一口满是泥巴的浅井（据说这种泥对皮肤很好），你可以用一把小棍一样长的抹刀从头到脚都抹上一层厚厚的泥浆，然后在灼热的阳光下将身上的泥巴晒干，再一头扎进池塘中把干泥巴通通洗掉，露出婴儿般娇嫩细腻的肌肤。你也可以尝试一下这里的减压按摩和穴位按摩服务。庄园拥有几所简单舒适的客房和一座游泳池。在这里过夜的好处就是你可以泡在热腾腾的池子中看落日余晖。离此不远便是原生态的异域丛林，林中草木茂盛，花香扑鼻，值得你好好探索发现。附近还有梅迪纳和普伊普伊两片诗意的海滩。

> "'阿古阿萨纳'一词道出了此地的特质：通过水与泥为游人们带来健康与幸福。"
>
> 阿古阿萨纳庄园主人

阿古阿萨纳庄园本身是个能让人身心放松的休闲之所。在这里度假，你只需倚在躺椅上休息，然后泡在有治愈奇效的池水中，直到皮肤开始起皱再上岸回房间休息。**JK**

在布克庄园放松心情
Relax at Hacienda Bukare

地点：委内瑞拉帕利亚

网站：www.bukare.com/inght/hacienda.html **价格指数：**$$

1498年，当哥伦布展开他的第三次新大陆之行时，委内瑞拉的帕利亚北部地区还是一片异国荒野，而现在却变成了爱吃巧克力的人的天堂。在该地区的中心位置坐落着当地人称为"巧克力海岸"的布克庄园，这儿既是宾馆，也兼营可可种植园，并且生产手工巧克力。

庄园共有4间简单宽敞的客房，从窗口望出去便是绿树成荫、整齐有序的花园，花园中有吊床和圆形小池塘。花园外围着一圈可可树林。这座种植园的主人比利·埃塞尔堪称委内瑞拉的威利·旺卡（小说中的人物，拥有一座巧克力工厂），学识渊博的他会带着你在园中观光，在这一个多小时的参观过程中，你会了解到可可的收割与生产的相关知识，最后才是品尝时间。现磨的可可粗粉和未加工的巧克力中苦味与甜味各半，而且据说因为其中的抗氧化成分含量高，所以对健康也很有好处，还能有利于失眠和减轻压力。

所以说，节食的人要注意了，这儿可不是那些纠结体重的人该来的地方。虽然这里生产的巧克力水准最高，可可固体含量高达90%，但客人们从早上睁开眼等待着他们的就是巧克力大餐，这让想减肥的人实在无力招架。

早餐是涂着巧克力酱或浇了厚厚一层热巧克力的面包，晚上则是浸在厚重的巧克力酱中的多汁牛肉。

你可以在吊床中放松，然后在布克庄园的巧克力美食中大吃特吃，不带一丝愧疚。毕竟这是可可含量如此高的纯巧克力，不会对你的身体有什么坏处。**JK**

乘坐海拉姆·宾厄姆号列车

Ride the Hiram Bingham Train

地点：秘鲁库斯科到马丘比丘

网站：www.perurail.com　**价格指数：**$$

乘坐从库斯科到马丘比丘的海拉姆·宾厄姆号列车旅行是观光印加古老大地的最佳方式。不过，每年都有成千上万的游客忍着脚痛也要坚持以徒步的方式走完这段3天的旅程。当然，乘火车这种方式比徒步要舒适简单多了。

该列车的名字来源于耶鲁大学的一个历史学家，他在1911年偶然发现了这座古老城堡的遗址。列车一周6个班次，上午九点准时发车。这比通常清晨六点发车的那些列车要好，可以让游客不至于太过仓促。火车从库斯科出发一路缓慢向上坡行驶，穿过神圣峡谷的一路上，车窗外的景色千变万化，在安第斯山脚下，既有郁郁葱葱的田野，又有色彩缤纷的小山村。内部装修豪华的车厢中，游客们不由得为眼前展开的一幅幅美好“画卷”衷心赞叹，这时，列车服务员会端上美丽的金合欢花和可口的早午餐。在这三个半小时的旅程中，车窗外的景致从奇妙的山峦远景到美丽的乌鲁姆班巴河令人目不暇接，乘客们会始终沉浸在其中无暇他顾。

下午十二点半，列车便会抵达马丘比丘，此时大多数游客已经开始返回库斯科了，而刚下车的这些游客却刚好进入参观历史遗迹。抓住这个机会，便可以在相对人少的情况下花较长的时间细致地游览。太阳落山时便可返回列车。到达景点后，乘客们首先会在私人导游的带领下参观游览，然后就可以在马丘比丘圣地旅馆用下午茶，闲暇时去古城游玩。此外，这一精品观光项目还在回程路上为游人准备了鸡尾酒和晚餐。**HA**

“你不必选择会让人筋疲力尽的四天徒步旅程……你可以让火车代劳。”

《悦游》杂志

↗ 海拉姆·宾厄姆（美国探险家和考古学家）就是乘坐这辆蓝色与金色相间的特别列车翻山越岭的。

入住卡萨安迪娜私人酒店
Stay at Casa Andina Private Collection

地点：秘鲁苏阿西岛

网站：www.casa-andina.com **价格指数：**$$$

位于的的喀喀湖北侧的苏阿西岛是一座私人岛屿，海拔高度与安第斯山相同，那里的景色更是有种令人窒息的美。从这栋乡村小酒店的24间客房的任意一间向外望都能看到一片广阔的莹蓝湖泊，还有酒店正前方花园正在吃草的羊驼和骆马。微风中荡着一个个条纹吊床，还有大群的鸟儿扎进湖泊最深处捕鱼。到了这样一个世外桃源，一切压力全都烟消云散了。

秘鲁这个人间天堂唯一的小缺陷就是偏远，要到这儿度假得花上不少工夫；而这也恰恰是个优点，因为这就意味着此处环境清幽，不会出现游人摩肩接踵的情况。此岛距离普诺市有5个小时的航程，且游人仅可乘快艇登岛。中途会在乌鲁斯群岛靠岸，当地的传统社区就住在用漂浮的芦苇建造的人造岛上。

苏阿西岛给人一种与世隔绝的感觉。卡萨安迪娜私人酒店是用传统的土砖和芦苇茎秆建造而成，但是酒窖中却藏着满满的好酒，不但有智利和阿根廷的葡萄酒，还珍藏有酩悦轩尼诗。如果你想要更为私密的氛围，那么安第斯山村舍旅馆的两间私密小屋可供你挑选，此外旅馆在湖畔也设有露台并提供私人管家式服务。旅馆整体为暗淡的奶油色，内部采用深色木料装饰，是蜜月情侣的理想居住环境。

如果你想体验真正的南美避世生活，那么可以尝试一下此处传统的安第斯山桑拿，也可以和萨满法师约定时间并在他的引导下祭祀大地之神。你也可以乘小艇或木船畅游宁静的湖泊，去到处盛开着野花的山坡上徒步，或者透过望远镜凝望夜空繁星。这里的空气清新无污染，能见度可达几英里。**LD**

巡游亚马孙河
Cruise the Amazon River

地点：亚马孙河

网站：www.responsibletravel.com **价格指数：**$$

想知道为什么亚马孙丛林地区被列在每一名冒险家愿望清单的最顶端吗？那是因为它是世界上最大的一片荒野，尚未有人环游地球时便已经存在。尽管我们的技术在不断进步，人类却始终没能主宰这片莽林，其中很大一部分还从未被开发过。

亚马孙河流经9个国家，绵延2,890英里（4,650公里）。有关亚马孙河的问题不少，但人们能得到的答案却十分有限。从哪里开始游览这条河便是一个最大的问题。大多数游客会将秘鲁的伊基托斯港作为起点，从那里出发向上游航行，10天后便可到达首都利马。你也可以选择乘坐较小的船只探索鲜为人知的支流，而且会有猴子、体型巨大的水獭和树懒时不时出现在视野中。河流沿岸生长着巨大的睡莲，其直径甚至可以达到6英尺（1.8米）。上岸循着小径进入丛林，你会有机会参观当地部落村寨。夜幕降临，你可能会遇到蝙蝠、凯门鳄和有毒的树蛙。去亚马孙探险绝对是你这一生中绝无仅有的历险，所以请务必挑选可靠负责的旅游公司：亚马孙雨林遭到破坏的速度惊人，我们必须竭尽所能去保护它。**LD**

> “这条河壮美而具有重要意义，独一无二、大气磅礴，还散发着无与伦比的魅力。”
>
> 卡洛斯·哲门·阿梅萨加，《献给巴西的赞美诗》

→ 褐色的河水从郁郁葱葱的大片丛林中蜿蜒穿过。

在修道院酒店休闲放松

Relax at Hotel Monasterio

地点：秘鲁库斯科

网站：www.monasterio.orient-express.com　**价格指数：**$$

吉赛尔·邦辰和莱昂纳多·迪卡普里奥这些一线明星都曾经在这家酒店柔软的亚麻枕头上过夜；简·方达、本·金斯利和戈尔迪·霍恩也都曾经品尝过酒店时髦酒吧里的招牌鸡尾酒——皮斯科鸡尾酒；哥伦比亚的流行乐小天后夏奇拉也曾经在清晨绿树成荫的酒店庭院中喝过咖啡。要问这是哪家酒店？是库斯科的修道院酒店——引领南美洲时尚潮流的先锋奢华地产之一。

酒店由一座16世纪的修道院改建而成，建筑中心为一片与世隔绝的庭院，且修道院所处环境格外安静。清晨客人们用自助餐时，餐厅中播放的是格里高利圣咏。酒店的私人礼拜堂供你使用，沐浴时的管家服务也会让你感觉自己像是一位高贵的安第斯公主。酒店的中心位置是一个带喷泉的庭院；一颗有300年历史的雪松矗立在院子中央，周围是花园和回廊。

> “五星级的修道院酒店是整个南美最宏伟的建筑之一。”
>
> 《独立报》

酒店应对高原反应（在高纬度地区，由于空气稀薄，体内的氧会比平常缺失30%）的方法非常现代。酒店有15间配有充足氧气瓶的卧室；在泵的作用下氧气通过过滤器会减少大气压力并有利于轻微昏迷者恢复。这是在享受库斯科美妙生活的过程中比较高端的一部分。**DA**

→ 修道院酒店中让人欣喜的细节之一就是礼拜堂中装饰的17世纪油画。

入住亚马孙丛林旅馆
Enjoy Reserva Amazonica Lodge

地点：秘鲁马尔多纳多港镇附近
网站：www.inkaterra.com **价格指数：**SS

借助卫星图像俯瞰秘鲁的亚马孙地区，你会看到，在图上漫无边际的绿色中，马尔多纳多港镇是一系列粗糙的灰色斑点，还有一条黄褐色的河流蜿蜒着穿过浓密的雨林。虽然看上去不太可能，但是沿着河流向下游行进一个小时，然后爬上高低不平的土河堤，你会看到秘鲁最迷人最令人激动的酒店之一。

英卡泰拉生态旅游公司旗下的亚马孙丛林旅馆是占地30,000英亩（12,140公顷）的私人自然保护区的一部分。这里是平和、安静、豪华的人间天堂，被紧紧拥在大自然的怀抱中：不仅有身披红黄蓝三色美羽的金刚鹦鹉在头顶尖叫，还能看到世界上最小的猴类侏狨、排成一列列一心一意向前进的切叶蚁和蝎尾蕉那精致奇特的深红色花朵。

传统的建筑物上新增了一层绷得紧紧的网屏，而30座别致的茅草屋向周遭环境敞开，在最炎热的夜晚，这样的设计会方便屋中的客人感受从河面吹来的习习凉风。这里是摆脱了现代技术的天堂，没有电话、网络，甚至电力也是定量供应的。虽然没有这些，细心周到的服务人员会适时为你奉上鸡尾酒和冰凉的面巾，夜晚还会擎着一盏闪烁的煤油灯一路领你回房休息，接受这样的贴心细腻的关怀是非常愉快的体验。

旅馆共有两间“坦博帕塔套房”，如果你有幸住进了其中一间，那么丛林中远足归来，就可以在套房所配的私人跌水潭和露台中消暑放松。旅馆的导游会带领你参与包括林中徒步在内的各种活动：夜间行船于河上，可以窥见河岸阴影中凯门鳄的双眼闪出警惕的光芒；也可以去走走刺激的树间吊桥，吊桥距离地面100英尺（30米），脚下便是发出窸窸窣窣声响的茂密树冠。CR

参观马丘比丘圣地旅馆
Visit Machu Picchu Sanctuary Lodge

地点：秘鲁库斯科
网站：www.machupicchu.orient-express.com **价格指数：**SSS

2007年7月，马丘比丘这座标志性的15世纪印加古城当选为新世界七大奇迹之一。尽管有关部门对通往马丘比丘的印加古道上的游人数量做出了越来越多的限制，但是这里仍然是世界上最受欢迎的旅游景点之一。

每年来到马丘比丘参观的游客都多达70万人。旺季时候，天一亮你就会看到太阳门那里挤满了穿着风雨冲锋衣往上爬的游客。而在马丘比丘圣地旅馆下榻，你就可以远离大批的游客，得以用心感受这一被联合国教科文组织选为世界文化遗产的景点的灵性。这是该景区内的唯一一家旅馆，共有2间套房和29间普通客房。

> “你会情不自禁地想到安第斯山地区的人们仍旧崇拜的神秘山神。”
>
> 《独立报》

当然，旅馆观景位置相当好。多花些钱住到价格不菲的山景房或者更贵的全景房绝对是超值的选择。全景房有独自的观景阳台，可以俯瞰古老的遗址。同样给人深刻印象的还有天普餐吧，那里既有可口的美食，又能望见宏伟的古迹。

酒店将派经验丰富的导游为客人提供领队游古迹的服务，但是其实下榻本店最重要的是体验置身于另外一个世界的独处氛围。早早穿衣起床，在朦胧的晨光中漫步于这座古城，真正去欣赏那里的独特韵味，这才是住在此处的真正意义所在。尽管不多时游人的大部队就要抵达太阳门了，但在此之前你还有一些宝贵的时间可以充分享受这片完美的平静。DA

沿“另一条”印加古道穿越安第斯山脉

Walk Through the Andes on the “Other” Inca Trail

地点：秘鲁澳良泰坦博到马丘比丘

网站：www.peru.info; www.aito.co.uk　**价格指数：**

随着从澳良泰坦博到马丘比丘的传统印加古道“先人之路”日渐衰败，游人们开始寻找通往这处不容错过的世界文化遗产的新路线。有一条全长75英里（120公里）的小路，以卡卓拉小镇为起点，中途穿过鲜为人知的宏伟遗迹——乔戈奇洛（意为“金之摇篮”）。这条小路比起游人较常走的道路来，能给人更深刻的印象，对徒步者的体能技巧也更具挑战性。一路上，你要趟过水量丰盈的大河和成百上千条涓涓细流，还会经过高居安第斯山的小村落；途中总能见到阳光洒下来照亮的一道道森林和田园牧歌式的开阔山谷。这段旅程将持续6到8天，有上坡路上的印加阶梯，也有专为骡子、山羊和美洲驼准备的较为平缓的之字形道路。你所在的这片山林是秘鲁最难以进入的角落，难怪印加古迹一直隐藏在山谷中，直至16世纪60年代西班牙攻破了库斯科才得以被世人所知。

山谷中的兰花煞是美丽，游人不禁会屏息观赏；薄荷和一种叫做“穆纳”的野生牛至（别名为滇香蕾）散发出的气味会让蝇虫退避。桃子、灯笼果、仙人掌果和黑醋栗都可自由采摘。

乔戈奇洛仿佛是你曾经梦到过的情形，就静静地坐落在两座山峰间自然形成的山口位置。夕阳西沉时你便会恍然大悟，为什么原始部落要将他们的家园安置在如此高的地方，甚至可以说是在云端——原来两边的灰色方石堆在此时会散发出耀眼的金色光芒。从此出发到马丘比丘还有3天的时间，不过你心底已经明白你已经见过了名气虽有不及但是更恢宏、也许还更重要的那座印加城。**CM**

“乔戈奇洛确实是一座失落的印加古城……任何一个时代的编年史中都不曾提到过它。”

《纽约时报》

↗ 去乔戈奇洛远足会让你看到古时的灌溉渠、建筑遗址、举行仪式的礼堂以及神奇美丽的日落。

在卡娅拉庄园小住
Stay at Hacienda de Cayara

地点：玻利维亚近波托西

网站：www.cayara.com.bo **价格指数：**$

如果把玻利维亚那些历史遗留下的诸多庄园比作一顶王冠，卡娅拉庄园一定是王冠上最璀璨的宝石。这座庄园坐落在波托西以外15英里（25公里）处的一座质朴而不乏诗情画意的村落里，是今时今日玻利维亚少数几个还在运营的庄园之一。

这片地产于1557年首次开发建设，原本是西班牙贵族的宅邸，因此给人一种“活的博物馆”的感觉，楼内的过道蛛网遍布，不知都是通往怎样的隐秘角落。这片占地247英亩（100公顷）的土地上有一座奶牛场，每天可生产75加仑（350升）的牛奶，可用于制作各种美味的卡娅拉牌乳制品作为庄园客人的餐点。尽管房间配备了私人浴室，但其实这20间客房还是相当简单的。到了晚上，气温下降，没有取暖设施的室内就成了考验客人坚毅品格的地方。不过即便是这样，也是值得的。白天里，你可以参观挂着一幅幅肖像画的餐厅，也可以去庄园图书馆中翻阅年久积尘的一册册古卷，会产生一种回到古代的奇妙体验。此外，走出宅子去室外阳光中散散步，然后吃一个卡娅拉自制冰激凌（尤其向你推荐香草口味）也是个不错的选择。

> “玻利维亚最可爱也是最独特的酒店就是卡娅拉庄园。”
>
> 迈克尔·雅各布斯，《独立报》

卡娅拉的精髓在于这样的体验：午餐后在阳光明媚的植物培育室里小憩，或者是在三道菜的丰盛晚餐中与其他宾客觥筹交错，餐毕，蜷缩在噼噼啪啪燃烧着的温暖火炉旁和大家开心畅聊。这是一个让历史鲜活地呈现出来的地方。**DA**

在查拉澜生态旅馆享受人生
Enjoy Chalalan Eco-lodge

地点：玻利维亚近鲁雷纳瓦克

网站：www.chalalan.com **价格指数：**$$

玻利维亚的亚马孙地区，偏僻的马迪迪国家公园腹地，有一个梦想终成为了现实。1992年，圣何塞德乌楚皮亚莫纳斯社区需要解决另寻经济作物的问题和年轻人纷纷离开家园去大城市找工作的问题。在政府资助下，当地的70户家庭共同创建了查拉澜生态旅馆。只有乘坐小艇沿着贝尼河和伊奇河航行五个半小时后才能到达该地。

在21世纪的人们猎奇的目光中，这座旅馆所在的环境其实可以成为失落的世界，这个世界是毛丝鼠、猴子、貘、短吻鳄以及350多种鸟类的乐园。旅馆沿查拉澜泻湖的而建，湖泊静谧古朴，也作为旅馆的私密游泳池。旅馆的28座传统别致的棚屋共用4间独立的浴室，浴室通过太阳能系统来供应自来水。沿着林间徒步小路走上超过15英里（25公里），当地导游就会带你认识森林中的各种动物和多种多样的药草和当地植物。戴着头灯夜间徒步，其实可以见识到林中很多奇妙的夜行性动物，比如马迪迪的蛙类、鸟类、黑色的凯门鳄和其他“夜间活动家”。圣何塞德常住民还会在晚上举办非正式的“故事会”，他们会与旅馆宾客分享他们当地关于这座森林及森林中各种动物的传统故事。

因为这片原生态的雨林以世界上最具生物多样性的热点景区闻名，共拥有超过4万5千种植物。尽管交通不便，每年还是会有一千多名大胆的游客涉足此地并留下了深刻的印象，他们来这里了解到了森林环境的脆弱，同时也帮助圣何塞的当地人共同保护了这片独特的荒野，让我们的后人都有幸能欣赏这里的自然风景。**BS**

在罗萨里奥宾馆悠闲度日
Unwind at Hotel Rosario

地点：玻利维亚拉巴斯

网站：www.hotelrosario.com **价格指数：**$

拉巴斯的繁华喧闹让人有些吃不消。圣弗朗西斯科大教堂背后街道纵横交错的市场区虽然令人兴奋，但是也容易让人产生疲惫。而就在市场的中心位置，有一片少有的“宁静绿洲”，这是一座小小的迷人酒店，建筑风格属于殖民时代，而且在相同预算水平内住宿标准惊人得高。

酒店原是一座19世纪的西班牙风格庄园，房宅中央是阳光充足的美丽庭院。这是一个真正令人赏心悦目的地方，尤其是可以避过附近市场的嘈杂拥挤，取而代之的是有花草点缀的安静露台，上面有足够的空间供客人坐下来读书，或者只是凭着自己的喜好，单纯地沉浸在此时此刻的平和氛围中。酒店的房间既舒适又时尚，床上是民族风格的梭织毯和床罩，为室内的布置增添了温馨的家庭气息。这些毯子和床罩都可以在楼下的社区艺术品店——“安逸”买到，此外，小店还出售当地匠人创作的各类手工制品。

这座精品酒店与安第斯山地区传统氛围最一致的地方就体现在酒店内的坦博殖民餐厅，该餐厅提供自助餐，菜肴种类繁多，包括世界各地的经典美食。每到周末，餐厅中就会热闹起来，里面传出阵阵悠扬的排笛声和查兰戈琴声（一种类似于夏威夷四弦琴的传统乐器），还有穿着南美披风的当地音乐家为大家献唱民歌。楼下的接待区有可以自取的马黛茶（一种古柯叶做的茶，对高原反应有缓解作用），而且全天均有小食提供，这为下榻的游客彼此交流旅游经验营造了轻松友好的环境。同样为了旅者便利，驻店办公的旅行社塔瑞斯巴士可以安排从此地到的的喀喀湖的短途旅行，然后从的的喀喀湖继续前进，跨过边界线，进入秘鲁。**DA**

访问德苏默塞德酒店
Visit Hostal de Su Merced

地点：玻利维亚苏克雷

网站：www.desumerced.com **价格指数：**$

德苏默塞德酒店设在一幢可以追溯到18世纪的殖民风格庄园中，建筑美丽大方且经过精心修复，从顶层露台可以俯瞰到玻利维亚所谓的“白色城市”的壮观全景，这是旅馆最令人称道的地方。此外，旅馆还为想远离闹市喧嚣的人们张开了双臂，确实是一个不可多得的所在。

酒店于1997年正式开张营业，当时是作为一次重要政治峰会的接待点。与苏克雷的很多其他酒店并不相同，酒店的装修富有品位，而且空气清新、通风良好、光线充足，整座建筑都阳光而富有朝气。对于喜欢晒太阳的人来说，酒店天台简直就是天堂，而楼下的天井则有一座马赛克镶嵌的喷泉，让人顿感凉爽宜人，而且还有宽敞的空间，供人们一边阅读一边呷上一口冷饮。

> “你可以在这里看到那美得令人几乎窒息的城市景色，一边呼吸着最纯净的空气，一边享受温暖的阳光。”
>
> 德苏默塞德酒店的主人

酒店标准完善的设施让它成为了留宿苏克雷的首选，一共20间宽敞的客房，房内带有时代气息的家居摆设，高雅而有格调。这里的自助早餐很丰盛，电脑房里还有可免费使用的网络。更重要的是，德苏默塞德有一种重返旧时光的怀旧氛围，总是能让人想起从前那个时代的精致与美妙。用午餐的餐厅格外有着上流社会的风范，挺括的桌布、完美的服务，这一切让人不禁有走进电影场景的错位感。客人们用餐前酒的酒吧墙上挂着褪色的油画，桌前是多少有些磨损的皮革座椅，再加上水晶杯中晶莹剔透、叮当作响的冰块，无不表现出殖民时代的特征。**DA**

探索拉克纳维尔德
Explore Laguna Verde

地点：玻利维亚乌尤尼盐沼
网站：www.enjoybolivia.com **价格指数：**❶

乌尤尼盐沼是蔓延在玻利维亚偏远的西南地区的一片盐滩，接近智利的边界，是玻利维亚最伟大的自然景观。该地区风光壮观惊人，天地间白茫茫的，让人有患上雪盲症之虞，此外还有大量的动植物在那里栖息。这是一片比荷兰地势还平坦、比阿尔卑斯山的勃朗峰还要白的地区，夜间温度能低达-22℉（-30℃），白天温度能高达86℉（30℃），每天温度都在这两者之间大幅波动。

当地旅行社可以组织为期3天的吉普游盐沼之旅。起点为乌尤尼的火车枢纽，本次旅程中的一个亮点就是可以观赏到海拔约14,435英尺（4,400米）的拉克纳维尔德湖（绿之湖）。湖水缤纷的颜色反映出该地区的矿物含量较高，有镁、钙、铅和砷。此湖坐落在高耸的雷勘克博火山的山脚下，火山跨越了玻利维亚与智利的边界。绿湖的姐妹湖被称为克洛拉朵湖（色之湖），这两片湖泊均在“爱德阿都·阿瓦罗”安第斯动物群国家保护区的范围内。湖水周围的地表是纯净的盐结晶且覆盖着面积广阔的地下湖。雨季时（12月到次年3月），地下湖的水就会漫过地表。

这些小小的湖泊集中体现出了盐沼清澈平静的自然之美，此外，还为一些本土物种提供了条件严酷但又适宜的栖息地。此地多安第斯火烈鸟，它们呈现出来一种柔和的粉红色光晕，这是因为它们的主要食物来源是粉红藻。此地的动物还有安第斯狐和胆小的兔鼠；至于植物，这里有奎奴亚藜和克努牙灌木。**DA**

拉克纳维尔德的温泉所在地是世界上最后的广袤荒原。

在波萨达印加酒店放松心情 Relax at La Posada del Inca

地点：玻利维亚的的喀喀湖 **网站：**www.titicaca.com **价格指数：**$$

的的喀喀湖位于秘鲁与玻利维亚接壤地带，海拔高度12,530英尺（3,820米），是一个充满了神秘色彩的胜地。波萨达印加酒店坐落在太阳岛的乡村中，传说太阳岛是印加文明的发祥地。

因为有着这样的渊源，波萨达印加酒店注定要与古老的传说有相配的特质，而事实上其建筑装修也确实气势宏大。酒店由庄园改造而成，共有17间客房，屋顶上铺着陶瓦，围绕着私人地产上一系列阳光灿烂的小院落，看上去与太阳岛神秘的氛围非常相配。下榻庄园的客人们不仅在此体验到了与世无争的宁静小岛生活，还可以观赏到安第斯的雷亚尔山脉雄浑壮阔的景色。

秃鹫在高空翱翔，你周围的湖水轻轻拍打着岸边，仿佛整个世界都被一种纯粹的宁静占据着。酒店的房间舒适而富于乡村气息：卧室中摆放着粗矮的木床和手工制作的小摆件。所有的房间中都有私人浴室，每当客人洗澡时，打开太阳能淋浴，喷头流出的热水也只是涓涓细流。午后稍晚一些的时候，太阳就要消失在小岛的天际，客人们会躺在花园里的日光浴躺椅上聊天、阅读或者沉浸在周遭凉爽惬意的氛围中单纯体验这一刻的愉悦心情。

太阳落山后，客人们可以到类似于学校自助餐厅的一间现代公共用餐大厅吃晚饭。菜肴很丰盛（推荐尝试从附近湖中捕捞的鳟鱼），不过价格有些贵。总部设在拉巴斯的旅行社——克利翁图尔斯可提供乘坐水翼船游湖的服务，此外，该旅行社专门负责管理这片地产，还能为游客提供交通膳宿全包的旅游套餐。如此世外桃源实在是可遇而不可求，不妨大胆打开钱包潇洒一次。**DA**

⇑ 这是一个完美的静心胜地：的的喀喀湖中的太阳之岛——很少有比这里更宁静的地方。

在阿里亚乌树屋过夜 Stay in a Treehouse at Ariau

地点：巴西近玛瑙斯 **网站：**www.amazontowers.com **价格指数：**$$

亚马孙雨林腹地坐落着亚马孙阿里亚乌度假酒店——世界上唯一一家雨林树冠中的酒店，也是世界上最大的树顶酒店。酒店包括7栋供客人住宿的楼阁和10座仿佛摆脱重力影响的树屋，其中在一棵高达110英尺（30米）桃花心木树顶端建有一座套房，这座套房应该算是前所未有的最超凡脱俗的蜜月套房之一了。

五号阁楼可以360度观赏周围的雨林和雨林中的各种动物，比如红色的金刚鹦鹉、树懒、蜘蛛猴。四号阁楼的一家餐厅可烹制当地特色美食，如淡水中的巨骨舌鱼。餐厅的墙上自豪地展示着曾来此就餐的名人大腕的签名，而且签名还在不断增多，其中不乏凯文·科斯特纳、詹尼佛·洛佩兹和美国前总统吉米·卡特这样大家耳熟能详的娱乐界和政界明星。要是你觉得这地方看上去很眼熟，那也不必吃惊，无论是电影还是电视中都曾经出现过这处度假胜地。好莱坞大片《狂蟒之灾》和电视真人秀《生还者》的剧组都曾经在此地拍摄。

这所酒店是法国著名的博物学家雅戈·库斯托的心血，其庞大的楼阁和树屋建筑群之间由长达5英里（8公里）的栈道连接，直通地球上最具生物多样性的荒野之一——亚马孙地区的地面。酒店所在地位于阿纳威哈纳斯群岛的下游地带，群岛由世界上最大的一片淡水岛屿组成，罕见的粉红色海豚就栖息在此地附近。白天，你可以乘酒店的私人小船出海钓水虎鱼（又称食人鱼）。如果你觉得这样的消遣太过危险，那么不如在树冠间酒店的泳池中游泳，振作精神，然后通过这座世上独一无二的酒店带给你的独特视角欣赏这片奇景。**BS**

↑ 想鸟瞰雨林吗？那就赶快入住亚马孙阿里亚乌度假酒店吧。

在阿尔托峡谷牧场酒店观鸟

Bird-watch at Fazenda Barranco Alto

地点：巴西南玛多克罗索省

网站：www.fazendabarrancoalto.com.br **价格指数：**$$

阿尔托峡谷牧场酒店深深隐藏在遥远偏僻的“人间天堂”中，只有少数权贵才能有幸享受这里的美景。酒店的客房仅可供9位客人入住，而且客人们只能乘坐私人飞机抵达该地。酒店所在的巴西荒野周边分布着热带稀树草原，也有森林和泻湖，是一个与众不同的自然保护区。这片地区野生动物分布广泛、活动频繁，因而充满了盎然的生机与活力。

4月，连日的雨渐渐停歇，450多种不同的鸟类纷纷飞入这片区域。在这里，大鹳、蓝紫金刚鹦鹉和蜂鸟就像英国的麻雀一样寻常可见。清晨，醒来的鸟儿们纷纷出巢，在空中形成巨大的漩涡鸟群，准会让你感到吃惊。在这里小住的游客们很快就会习惯吼猴、大水獭和食蟹狐时不时出现在视野中，不过大家最想看到的还是平时难得一见的美洲豹。在这种体格雄健的野兽巡视地盘时，耐心的野生动物爱好者总会有机会见到；如果你错过了也没关系，起码还能看到沼泽地区遍布的美洲豹爪印。

游客可以乘坐敞篷路虎在见多识广的车主卢卡斯·勒辛格的带领下外出狩猎。行驶在草甸与沼泽间，你会看到成群的白唇野猪和在格兰德河河畔晒太阳的凯门鳄。白天，你也可以骑马去追踪体型巨大的食蚁兽，抑或或策马穿过漫洪草甸，这些活动都会让你真切感受到在潘塔纳尔栖息地度假的美好。毕竟阿尔托峡谷牧场酒店还是个营业的牧场，因此你尽可以和牛仔们一起去划船、垂钓或者放牛。一天结束后，美味的家常菜和篝火等着你归来，抬起头，你还能看到从未见识过的世上最明亮的银河。**SWi**

> “因为地理位置偏远，再加上客房有限，住在这里将会给你带来一段私密的体验。”
>
> 《部落旅游》

↖ 绿翅金刚鹦鹉是潘塔纳尔湿地最具异国风情的鸟类之一。

入住马拉维哈客栈

Stay at Pousada Maravilha

地点：巴西费尔南多-迪诺罗尼亚岛

网站：www.pousadamaravilha.com.br **价格指数**：$$$

费尔南多-迪诺罗尼亚岛是地球上出类拔萃的地方之一，也是1839年查尔斯·达尔文加入的著名的“比格尔号”探险队途中的一站。2001年，该岛以及附近的罗卡斯环礁已经被联合国教科文组织列为世界遗产，同时也因为该处令人赞叹的动植物群被认为是巴西顶级的深海潜水胜地之一。此地环境脆弱易受破坏，因此由巴西环境保护署进行监管；每天可登岛参观游玩的游人限制在700人以下，而且岛上的16片海滩都完美无瑕，未受到任何污染破坏，因此在其清澈的水域中，可见距离长达165英尺（50米）。

> “此情此景，‘天堂’将是你脑中闪过的第一个词语……”
>
> 《悦旅》杂志

马拉维哈客栈仅有8套独立客房（5栋平房别墅和3间豪华公寓），房间配有宽大的卧床、室外淋浴（和竹制吊床）、日式热水浴缸和巴西顶级设计公司阿特法克托设计的家具。此外，客房的落地窗充分展现了壮观的海湾风光。晚餐前，你基本上只可能在无边际泳池遇到零星几个与你一样同住在这家客栈的客人，接下来的晚餐将由大厨阿德瑞娜·萨拉精心烹制。你也可以选择巴西/意大利餐厅，借着摇曳的烛光和泳池反射出的清冷幽光用晚餐。酒店还会组织一些旅游活动，如探岛、深海潜水、冲浪等，更神奇的活动是像两百年前的达尔文一样，半夜起床特意去观看海滩上刚刚孵出的小绿海龟。**PS**

在阿尼玛酒店放松心情

Unwind at Anima Hotel

地点：巴西蒂尼亚雷岛

网站：www.animahotel.com **价格指数**：$$

在巴西美丽的巴伊亚海岸附近有一座叫做蒂尼亚雷的岛屿，岛上是15英亩（6公顷）的私人雨林，雨林中坐落着一座由9幢平房别墅组成的酒店——阿尼玛酒店。酒店位于莫罗圣保罗镇以南8英里（15公里），周围是原生态的英坎托海滩。

一座座平房别墅散布在绿树成荫的酒店区内：高高的天花板，竹制的屏障，还有营造了绝无仅有的私密氛围的私人平台。阿尼玛酒店的餐厅既提供地方菜肴，又有国际化的餐饮选择；其菜单根据季节不同也会做出相应的调整，一年到头的招牌菜中不乏以下美味：鲜虾配水果沙拉酱与甜辣椒、火焰煎香蕉配朗姆酒、香料和椰果沙冰，还有阿尼玛酒店专属酒窖的葡萄酒。如果你碰巧在酒店旁边的岩池中捕到了一条章鱼，那么酒店的厨师会很乐意为你将这条章鱼烹制成美味菜肴。你的早餐则完全是酒店自制的，其中有酥皮糕点、蜜饯、新鲜面包和当地的小吃，如以木薯粉为原料做成的可丽饼。

酒店的氛围轻松悠闲，图书馆里有各种语种的书籍，你可以借一本躺在木制阳台上摇晃的吊床里读书打发时间。架高的木板平台上有一把室外躺椅，躺在那里就可以感受到有清凉的微微海风从四面八方吹来，很是惬意。这个平台也兼做会议中心和展览空间，有时会展出当地的艺术作品和手工艺品，有时也会举办一些活动，以便让客人们更加了解当地的风俗习惯和历史传统。平台上配备了双筒望远镜，借此你可以观察该地区多种多样的鸟类。此外，酒店还贴心地为你准备了消磨时光的棋牌桌游。

从萨尔瓦多古镇出发，近2个小时的航程便可抵达蒂尼亚雷岛。当然，你也可以从萨尔瓦多国际机场乘飞机，这样只需要20分钟就到。**BS**

在艾特尼亚酒店放松休息
Relax at Etnia Pousada

地点： 巴西托兰克索

网站： www.etniabrasil.com.br　**价格指数：** $$

艾特尼亚酒店位于巴伊亚省最时尚、最具世界性的村庄——托兰克索，该地区也是巴西最酷的一部分。这里不仅有美丽纯净的海滩和迷人的乡村风情，还有潇洒休闲的生活方式。即便是身着T恤衫，脚蹬人字拖，在这里，你也会情不自禁感觉自己像个模特。艾特尼亚是一家别致时尚的精品酒店，经常被选作时尚杂志的照片背景。

酒店在树林间共有8座混搭风格的客房，每栋房子都有各自的民族主题：非洲小屋室内装饰多为豹纹图案和诸多部落木雕；摩洛哥套房有阿拉伯式的拱形门廊和粉刷为白色的石阶；日本主题房间则属于极简抽象主义的风格。其他主题分别为罗马、田园、地中海、印第安和巴西风格。

大多数客房中有优雅现代的四柱床，铺的是精致的意大利亚麻床上用品，四角吊着蚊帐。房间的地板为打磨光亮的水泥地面。客房配有步入式淋浴、私人阳台和花园。酒店的主人来自于巴黎的时尚界，所以有这样的入时装潢不足为奇。

酒店的公共房间为敞开式，在原本应是墙的地方挂着的是微风中轻摆的纯白色幔帐，与房间中藤编扶手椅上的白色靠垫十分相配，夜幕降临，这些白色的装饰会发出朦胧的微光。酒店拥有一座露天游泳池和一家小型的水疗中心，该中心可为游客们提供按摩服务和瑜伽课程；此外，棕榈林、橡胶树和芒果树间还零零落落布置着一些供游客休息的吊床。

从酒店出来走不了几步便是托兰克索绿草如茵的步行广场，沿着广场是一排排令人印象深刻的精品店，店中摆着最新最紧俏的品牌时装和手工制作的珠宝配饰；白色的殖民时期教堂和零零落落的休闲餐馆就坐落在广场的边边角角。**SH**

在拉果亚庄园酒店小住
Stay at Fazenda da Lagoa

地点： 巴西伊列乌斯

网站： www.fazendadalagoa.com.br　**价格指数：** $$$

忘记人山人海的科巴卡巴纳海滩吧，巴伊亚海滩才是巴西最新的热门度假胜地，而在这片胜地上最火的要算拉果亚庄园酒店了。酒店的所有人是一对夫妻，他们第一眼看到这处地产时就爱上了这里，不难看出为什么：放眼望去，建筑前是原始的白色沙滩，背后则是热带雨林和红树林，附近还有咸水湖。于是他们形容这里为“一枚小小的星球”。

酒店共有14座宽敞的平房别墅，每一座均有各自的平台、室外淋浴，室内还配备了电视、CD和DVD播放器、吊床、空调和罩着薄纱的床。而客房的室内设计也足够令人欢喜：波普风格、配色明亮而大胆，由建筑师利亚·西科瑞亚设计、巴西里约热内卢的艺术家玛卡·斯科罗沃斯基装修。不过，这里并不仅仅是一个豪华的荒野度假场所，它还是一座生态酒店。你会发现淋浴间中的洗漱用品都是可以生物降解的。此外，这里也为客人准备了很多室外活动，比如皮划艇、冲浪和溯溪。

> “如果你不是一个能早起的人，那么你将非常喜欢这家酒店的早餐安排。”
>
> i-escape.com

除去理想的地理位置不说，那些出乎你意料的小事情才是拉果亚庄园酒店的特别之处。当然，这里的无边际泳池和水疗馆都现代时尚，给人留下了颇深的印象。更棒的是，当你早上起来想吃早餐的时候，只需将你房间外的一面旗帜升起，厨房就会将早餐篮送到你的私人露台上。**LD**

享受克鲁姆堡的美景佳肴
Enjoy Corumbau

地点：巴西克鲁姆堡

网站：www.corumbau.com.br **价格指数：**$$$

在当地帕塔克索斯人的土语中，克鲁姆堡意为“遥远的地方”。当你到达圣弗朗西斯科农场，在克鲁姆堡醒来的第一个清晨，如果恰好有兴致用双脚去丈量这片私人沙滩，那最好随身带上水。因为这可不是一片普通的度假海滩，它沿着巴伊亚海岸线绵延了超过一英里的距离，还包括另外长达5英里（8公里）的海滩，两侧皆荒无人烟。近海地区刚好有一座珊瑚礁，在礁石附近的碧蓝海域中潜水可以面对面地接触大量热带鱼和多种热带植物。

巴西的巴伊亚海岸，也称为“椰子”海岸，是一片长124英里（200公里）的美丽沙滩和椰树林。我们要介绍的这家农场就坐落在其中一片椰树林中。农场共有6座空间宽敞的平房别墅，房屋布置典雅别致，使用了深色的巴西木材，且每一座别墅均有各自的私人露台。农场主宅中还有两间套房，每间套房都能望到壮观的海景。客房价格中包含了每天的传统海鲜菜肴，因此你可以日日享用新鲜的海味了。

室外是一个大型的泳池，周围有平台和方形的凹式露天休闲区，其建筑风格模仿了时下流行的古老玛雅神庙。游完泳，可以缓步穿过周边原生态的红树林沼泽，到附近的帕塔克索斯印第安村子中参观。1500年，葡萄牙探险家佩德罗·卡布拉尔率船队驶入塞古鲁港时，帕塔克索斯人是与欧洲人进行接触的第一支南美部落；而今时今日，我们可以从这支部落的后裔手中买到美丽的手工制品和艺术品。

你可以从巴西的任何大型城市通过塞古鲁港进入圣弗朗西斯科农场，也可以从该港口乘水上飞机、轮船、帆船、汽车或直升机抵达你的目的地。**BS**

在汤阿纳休闲放松
Unwind at Tauana

地点：巴西克鲁姆堡

网站：www.tauana.com **价格指数：**$$$

新营业的酒店汤阿纳坐落在纯净的巴伊亚海滨，它具有一种私密而奢华的氛围。在这里休闲时，你会听到风儿轻拂过树叶的沙沙声和海浪轻舔岸边的哗哗声，此外，你的耳畔只有寂静。

酒店的建筑师兼老板是位葡萄牙女士，名叫阿娜·卡特琳娜·费雷拉·达西尔瓦，她亲手设计了酒店的每一个细节。她混合了巴西和丹麦两国的设计元素，还掺杂了一点20世纪60年代现代主义的调调，这让酒店的整体感觉非常酷。同时这间酒店的方方面面也都符合设计者提倡的各项生态保护原则。酒店共有9座平房别墅，但周边却种植了3万棵树。建筑所用的木材全部来自于可持续来源，并且施工过程中使用了传统的印第安建筑方法。下属的美食餐厅烹饪菜肴所用配料也是来自于酒店自营的有机菜园。而且，夜间在酒店内外活动的游客们须使用灯笼照明，这是为了将光污染降低到最小程度。

> “到巴西是为了找清净，到中国是为了做生意。巴伊亚则是巴西非常繁荣的海滨省份。”
>
> 《纽约时报》

巨大的平房房顶是蓬草，看上去好像和高更画中的建筑一样；而建筑内部的极简主义风格给大家带来了现代美术馆的感觉。房间里是经过高度抛光的木质地板，还有薄如蝉翼的白窗帘迎风摆动，烛光下，你可以懒懒地窝在沙发中，透过玻璃墙眺望远方沙滩。此时你一定会感觉自己就是印在光面杂志中的人物。不用担心你会与如此精致的“照片集”格格不入，只要住在汤阿纳，用不了多久你就会感觉自己变得美丽起来。**SH**

参观卡尔摩修道院

Visit Convento do Carmo

地点：巴西巴伊亚州萨尔瓦多

网站：www.conventodocarmo.com.br　**价格指数：**$$

派斯塔纳卡尔摩修道院酒店坐落在（巴西东北地区）萨尔瓦多市风景如画的佩洛尼奥区，且该酒店被联合国教科文组织列为人类文化遗产。1586年，按照加尔默罗修会的第一条会规，该建筑本身托管给了该修会的修女使用。多年来，从荷兰的入侵到巴伊亚的独立，它见证了许许多多历史事件的发生。现在这里则是巴西整个国家最豪华的酒店。其中包括79间布置精美的普通客房与套房，房间中配备有液晶电视机、选枕单（顾客可选择不同的枕头）和奢华的埃及亚麻织品。

> “卡尔摩修道院是世界上新开业的酒店中最棒的。”
>
> 《悦旅》杂志

此外房间还配有水疗设施、漩涡按摩浴缸、桑拿浴室和泳池；当然，你也可以选择去图书馆或任何公共客厅阅读以打发时间。不仅是该修道院的历史，还有隔壁拥有超过1500件展品的博物馆都会让热爱历史的游客欣喜不已。

这个宁静的“人间天堂”之外是萨尔瓦多港市，该市成立于1549年，也是联合国教科文组织认定的世界遗产。该地以其绚烂多彩的狂欢节和节日氛围闻名于世，它不仅仅有过两个世纪的巴西首都历史，还是非洲、葡萄牙和原住民文化的交汇之地。城里美丽的建筑和精巧的鹅卵石街道无不让人产生美好的憧憬，这也就让此处成为了休闲度假的好地方。**PS**

在泰克赛度假村休闲放松

Relax at Txai Resort

地点：巴西伊塔卡雷

网站：www.txai.com.br　**价格指数：**$$

泰克赛度假村坐落在巴西著名的卡扣阿海岸，该处海岸未开发，周围是247英亩（100公顷）大西洋沿海雨林。度假村的客房零零落落分布在一座私人的椰子园中。

这处生态友好的避世之所拥有辽阔壮观的大海和郁郁葱葱的山林，泉水叮咚，瀑布隆隆，山水交融，和谐美好。度假村共有40间客房，房间配备了超大的卧床、蚊帐和弧形组合沙发。这些客房中还包括26座平房别墅，清一色的木梁茅草顶，外部刷成彩色，还带有私人的温泉浴池。其中两座别墅甚至还有私人跌水潭。大多数的别墅都位于度假村中较低的位置，距离宫殿般宏伟的泳池仅有几步路，但其他别墅沿山坡而建，为了配合多样的需求，其楼面设计不一而足。有一栋别墅建有夹楼，非常适合四口之家，其他别墅则至多可留宿8人。

饭费中包含一日三餐，大多数时候，你需要去度假村的巴伊亚式餐厅就餐。餐厅的菜单每日都有变动，但大部分都是巴西菜肴，从传统的烩鱼和佐以黑豆与木薯粉的鲜虾到平民化的披萨饼应有尽有。

度假村的山顶水疗馆提供水疗按摩、热石疗法、瑜伽课程和一系列的脸部护理与美甲服务。兴奋地度过了一天之后，你一定会迫切需要来这里好好放松。度假村的活动内容很是丰富，你可以划皮划艇，也可以称作传统的巴伊亚小船沿着里奥迪孔塔斯航行，骑马穿过雨林或者通过沙滩徒步到卡贝德卢，从那里可以更好地凝望巴西这处原生态的美丽角落。**BS**

享受托兰克索别墅酒店的每一天

Enjoy Villas de Trancoso

地点：巴西托兰克索

网站：www.mybrazilianbeach.com　**价格指数：**$$

托兰克索别墅酒店整体由木材与茅草搭建而成，是一块五星级的飞地，周围就是郁郁葱葱的棕榈树和金合欢树。酒店共有5套别墅，设计者是著名建筑师里卡多·赛伦，而酒店的内部则由圣保罗的西格·伯格曼和设计风格同样私密和奢华的代表设计师共同打造。此地纯粹的静谧氛围吸引了不少独具慧眼的旅行者。

托兰克索别墅酒店的一室和两室客房均由稀有的巴西木材建成，室内陈设着许多本土家具，还配有蚊帐和手绘靠垫。这些建筑傲然立在风景绝美的倾斜沙滩上，位于具有历史意义的托兰克索乡村以南1英里（1.6公里）处。村庄于1586年沿崖顶而建，悬崖下方便是绵延几英里的纯粹的白色沙滩。在过去的7年里，这座默默无闻的小渔村摇身变成了整个南美最受欢迎的度假胜地之一，而且著名男星莱昂纳多·迪卡普里奥、模特纳奥米·坎贝尔和美国前任副总统阿尔·戈尔都是这里的常客。

这些别墅都配有会讲英语的员工，如清洁工、厨师和礼宾员。别墅还配有吊床、海滨小屋、白色大理石筑成的无边际泳池和上游池畔吧。更夸张的是，这里竟然有奢侈的瀑布淋浴，这一切会让你觉得自己像是集万千宠爱于一身，而且还会容光焕发，精神也为之一振。你可以借着海边火把在满天星光下用晚餐，既可以尝到异国风味，也可以选择简单的汉堡和薯条。

当然，你也可以沿着原始的海滩纵马驰骋、去划独木舟、骑越野自行车或者在托兰克索别墅酒店玩高尔夫。要知道，酒店的高尔夫球场还是刚刚建好的。**BS**

↗ 大多数别墅均是敞开式的，这样的设计对工艺质量的要求非常高。

"这里的各个方面都很棒……在这样美丽的环境中住过，将是一段值得珍藏的回忆。"

约翰·丹尼洛维奇，美国驻巴西大使

下榻里约热内卢法萨诺酒店

Stay at Fasano Hotel Rio de Janeiro

地点： 巴西里约热内卢

网站： www.fasano.com.br　**价格指数：** $$$

里约热内卢法萨诺酒店是近几年开始营业的新酒店，除了历史短外，在这座精品酒店鳞次栉比的城市里绝对算得上是业内的领跑者。今日，在这座缺少新鲜活力的城市中，法萨诺以迷人的现代魅力吸引了众多游客，更具优势的是它靠近依帕内玛沙滩。因为周围城市环境中充满了美丽与优雅的元素，五星级的法萨诺自然也是一座富有独特魅力的时尚酒店，这一点毋庸置疑。酒店以高标准个性化的周到服务著称，这让很多其他同类酒店都黯然失色。这是酒店员工不辞辛劳的工作才换来的胜利，但最主要是归功于罗热里奥·法萨诺——酒店的所有者，同时也是一位导演，他的好品味和高制片价值处处有所体现。

这是人们梦寐以求的酒店，从备受赞誉的法萨诺阿尔艾尔马勒海鲜餐厅到时尚的楼顶泳池，从头到脚都散发着令人窒息的美妙感觉，又是在这样一座美不胜收的城市中。这是那种已经舒适宜人到了极致的酒店，无论你是站在池边还是懒洋洋地躺在阳台上豪华的抛光木椅中，哪怕是抬起眼不经意地一瞥，眼前都是令人诧异的美景。高层海景房的费用虽然不低，但你一定会觉得物有所值，因为眼前的依帕内玛海滩有着惊人的壮美。这也要感谢菲利普·斯塔克，是他在阳台上设计了能起到特殊效果的镜子，因此本就美丽的景色才会显得更加缤纷。

在里约热内卢游玩一天之后，客人们通常会来这里喝上两口鸡尾酒，一边欣赏海天之间的霞光和远方宏伟的基督救世主雕像，然后转头回到楼下的伦达酒吧，为这“酷”色难掩的夜晚拉开序幕。**CR**

← 在楼顶泳池中可以俯瞰依帕内玛沙滩和两兄弟山，美景令人难以忘怀。

在皮辛古阿巴宾馆小住

Stay at Picinguaba Pousada

地点：巴西近帕拉提

网站：www.picinguaba.com　**价格指数**：$$

“仅夸赞[皮辛古阿巴湾]有着令人窒息的美丽并不公平。”

《潮流酒店指南》

皮辛古阿巴是一座令人休闲放松的宾馆，位于一座自然公园中心的小渔村的边缘地带，由一对朴素低调的巴西夫妇经营着，其前身是一栋殖民时代的宅邸。宾馆所在海滩是迷人的翡翠海滩，那里是联合国教科文组织所列的世界遗产之一，放眼望去，尽是壮观的风景。

宾馆共有10间舒适的客房，装修成巴西本土艺术风格。每间客房均配有带吊床的阳台，而且在阳台上还能看到郁郁葱葱的亚热带花园。这是一个与外界切断联系独处的好地方，因为这里既没有电视，也没有网络，更没有手机信号。天花板上的吊扇和从屋外吹来的自然海风起到了空调的作用，让屋内空气既凉爽又新鲜。

你可以躺在海滨泳池池畔的甲板上休息放空，或者在轻纱帘幔笼着的凉亭中享受按摩。夜里，客人们会惬意地聚在一起享受美酒和佐酒的小面包。最重要的是，这里的用餐时间地点都很灵活，你可以稍稍推迟用早餐的时间，或者要求在不同的环境里用晚餐。宾馆还有以自助餐形式提供的有机食品，全部是来自当地的水果和蔬菜。这里的招牌菜是鱼，此外还有从酸橘汁腌鱼到有名的巴西烤牛臀等一系列美食。

喜欢冒险的人可以租借酒店的橡皮艇穿越海湾，去普拉亚牧场观光，这是一片绵延1.8英里（3公里）的绝美海滩，非常适合散步。你可以在向导的带领下散步、参加冲浪班、垂钓、潜水或者安排一次荒岛之行。如果想要体验一下附近的城镇生活，驱车25分钟即可到达帕拉提这一殖民时期的港口，那里有小饭馆、传统的集市和上等的精品店。**CSJ**

↖ 客人们可以一边在宾馆棕榈树的树荫下乘凉，一边远眺绝赞的翡翠海岸。

在吉特丁达依阿提巴休闲放松

Unwind at Gite D'Indaiatiba

地点： 巴西近帕拉提

网站： www.legitedindaiatiba.com.br **价格指数：** $$

有这样一个不成文的规律，最美的地方往往是遥远而难以到达的地方，而且越是偏僻，越是美丽。恰巧，圣保罗和里约热内卢之间的雨林中的吉特丁达依阿提巴就是这样一个地方。它就隐蔽在一条坎坷多石、危险难测的泥道尽头茂密的植被中，距离帕拉提海滨小镇仅7英里（12公里）之遥。

这座小小的宾馆所在地远离人们常走的主路，像是一颗弥足珍贵的宝石。在这片陡峭的雨林地带坐落着宾馆的一栋主宅和五间棚屋。在较高的地块上建有一座微型的桑拿屋，从那里可以俯瞰这片热带天堂，而且你唯一能听到的就是嘁嘁喳喳的鸟鸣和淙淙的河水声。这些平房刷成粉红色和奶油色，房间内没有电视或电话，唯一的奢侈品便是开放式的壁炉。

> "这就好像是买了一座巴黎的公寓。我寻寻觅觅看了上百个地方，最后一眼看中了这里。"
>
> 吉特丁达依阿提巴的主人

这里可参与的活动有限：你可以在门廊的吊床里看书，在淡水池塘中游泳或是数一数林中有多少种野生兰花。至于食物，宾馆提供十分美味的法餐和巴西本土菜肴，甚至圣保罗的一些巴西富豪专门乘喷气式飞机来此进晚餐，或是派他们的飞行员带外卖回去；为此，宾馆还修建了飞机起降场。也许这听上去有些让人不敢相信，可是坐在烛光摇曳的浪漫餐厅中，品尝着佐以葡萄酱的鱼肉和味道浓郁的酸橘汁腌鱼，你很快就会明白我们所言非虚。**RCA**

租下皮达德岛好度假

Rent Piedade Island

地点： 巴西安格拉杜斯雷斯

网站： www.privateislandsonline.com **价格指数：** $$$$

当你从直升机或者快艇上下来，踏上皮达德岛的时候，你要知道，你迈出的每一步脚下都有各界名流留下的足迹，他们是好莱坞影星、是顶级的时装模特、是一级方程式赛车手、是足球明星、是国家政要——你来到的这片土地是世界上最奢华、最独特的避世胜地。这座小小的岛屿如此私密，因此经常会被南美的《卡拉斯》杂志，还有《人物》《你好》杂志整个租下来，用以为名人和贵宾拍摄照片或者开派对。

皮达德岛位于圣保罗和里约热内卢的中间，是令人眼花缭乱的安格拉杜斯雷斯（又称王者之湾）群岛中的一座小岛，是以前海盗作为老巢的诸多岛屿中的一个，这片海域的岛多到可以让海盗一年365天每天都换一个新的藏身地。而如今，这座小岛拥有2000片人烟稀少的美丽海滩，已经成了巴西顶级富豪精英们最受欢迎的帆船、潜水和海滩休闲活动的目的地，如果你想远离人群喧嚣，这里是再好不过的选择。

这座岛上设施齐全，可最多供22人住宿。如果你出手够大方，可以租下一座包括5间套房和6栋带空调的平房别墅（每栋可容2人住宿）的宾馆，外加配有户外烧烤及日光浴露台的海滨别墅。小岛的顶部有一座较大的敞开式凉亭，做消遣之用，亭子周围则是供客人闲暇时休憩观景的游廊，在这里可以远眺整个海湾及其周边岛屿，景色非常壮观。客人可以坐皮达德岛的船去别的岛上和沙滩游玩，当然也可以借助岛上的停机坪乘自己的直升机去。岛上的山石树丛仅占地4英亩（1.6公顷），但在这片土地上却包含了四片私密的小海滩、一座带照明的网球场、一间桑拿室和一座足球场。岛上还有提供全天候服务的员工，其中当然还包括一名美食厨师。**SH**

游览帕拉提港镇

Visit the Harbor Town of Paraty

地点：巴西帕拉提

网站：www.paraty.com.br **价格指数：**❶

“卡门·米兰达曾经唱过一首歌，唱的是一个不喝茶不吃烤土司一心想着去帕拉提的男人。”

约翰·德维特，记者

在巴西的翡翠海岸上有一座17世纪殖民时代的港镇——帕拉提，那里是联合国教科文组织指定的世界遗产，风景优美，保存完好。帕拉提镇（在图皮语种意为“鱼之河”）成立于1667年，它的发展和它所处的地理位置是分不开的——小镇就坐落在连接里约热内卢和米纳斯吉拉斯州金矿的滨海“黄金之路”的尽头。

金矿生意渐渐止歇后，帕拉提成了著名的巴西甘蔗酒之乡。（这座小镇的甘蔗酒非常出名，以至于人们一度将该酒叫做帕拉提。）而今，这是一座被热带雨林环抱的美丽小镇。

小镇的街道以鹅卵石铺就，道路两边色彩缤纷，街上没有汽车，唯一的交通工具便是马车。在街上漫步，眼前是一系列美丽惊人的建筑物。这里的教堂，如桑塔瑞塔教堂或救济圣母堂区主教堂均保存完好。你还可以看到有共济会神秘符号的涂鸦的房屋和街边五彩斑斓的店面，店前还荡着色彩明丽的吊床。

帕拉提的美食、音乐和甘蔗酒都是值得一提的特色。你可以尝试一下当地的美食：鱼和奶油焗香蕉，或是椰奶中添以香蕉和奶酪的鱿鱼。可以说，这些独特的菜品还需客人慢慢培养与之相适应的独特口味。游人们可以在简单但不乏美丽的小旅馆中过夜，其中简朴的客房里摆放着一件件古董和当地艺术品。这里既没有汽车旅馆也没有快餐店，有的只是低调的氛围格调。不过也不全是这样，尽管此地安静偏远，但还是被不少名流所熟知，米克·贾格尔、琳达·伊万格丽斯塔和汤姆·克鲁斯都曾经来这座与世隔绝的小镇度假。**RCA**

↖ 这座殖民小镇以优雅的建筑和美丽的山景闻名。

在西提奥杜罗伯放松心情

Relax at Sitio do Lobo

地点： 巴西格兰德岛

网站： www.sitiodolobo.com.br　**价格指数：** $$

手中握着一杯鸡尾酒，躺在西提奥杜罗伯的吊床中，凝望明澈湛蓝的海水和海洋另一边的远山，此时感觉仿佛距离文明社会千里之外。不过，这并不只是一种感觉，你的的确确是在一个遥远偏僻的地方。这座酒店坐落在一座几乎可以说是荒无人烟的岛上，周围环绕着清香扑鼻的橘子树和颇具异域风情的一丛丛花朵，距离里约热内卢有两个小时的路程。

这里绝对称得上是与普通现代生活没有一丝瓜葛的避世胜地。格兰德岛有25英里（40公里）宽，岛上没有道路，最近的村庄也要乘皮划艇行驶将近一个小时才能到达。西提奥的房子看上去有些弱不禁风、摇摇欲坠，也给人一种返璞归真的自然感觉，它们沿海岸而建，共9间客房，全部掩映在丛林中。此地称为“星辰之湾”，19世纪时曾是咖啡种植园。二十年来，隐蔽在广达数英亩的茂密植被中的西提奥一直是某个富有的巴西家族在翡翠海岸度假的专属胜地。曾经有不少多金的名流前来造访，其中包括足球明星罗纳尔多和摩纳哥王子雷尼尔。近些年，这处奢华的度假胜地才开始对外营业。这里会给你带来舒适如家般的感觉。

这样的酒店别无二家：沙发嵌入巨大的花岗岩中，还有茅草为顶的按摩小屋和可以远眺大海的木造游廊。竹制的家具中配有小小的贝壳装饰，墙上间或有突出裸露的花岗岩。酒店里摆放着奇特的装饰物，从现代小船到手工木蛙不一而足。酒店的食物简单新鲜，可为客人提供大量的海鲜和当地水果。酒店还设有直升机停机坪。此外，客人们亦可乘坐酒店的高速游艇绕海湾观光，乘坐皮划艇探访周边国家公园或者参观沙质海滩（全岛有102片海滩）也是个好的选择。**SH**

在索拉达彭特酒店小住

Stay at Solar da Ponte

地点： 巴西蒂拉登特斯

网站： www.solardaponte.com.br　**价格指数：** $$

宏伟的索拉达彭特位于巴西最具历史意义的村庄之一，看上去像是庄严肃穆的办公大楼或是富丽堂皇的宅邸，紧邻美丽的中央广场和古老的石桥。实际上，索拉达彭特只是一座季节性开放的酒店，其中共有18间宽敞的客房，配有游廊、花园、池塘和桑拿室。

20世纪70年代，一位来自英国的自然主义者和他的巴西裔妻子买下了这座被遗忘的建筑。此后，他们用了30年的时间精心修复这座宅邸，

> “这是巴西最好的酒店之一……美妙，考究，值得发掘探索。”
>
> 《漫谈者旅游指南》

时至今日，它已经变成了一处值得怀念的历史遗迹。索拉达彭特时常被评选为巴西最棒的酒店之一。它位于米纳斯吉拉斯州殖民时期的金矿镇蒂拉登特斯的中心，是18世纪的淘金热让这里的建筑一座座拔地而起。客人们可以沿着鹅卵石铺就的街道或者在铺满了落叶的广场上悠闲散步，广场周围到处是有年头的历史建筑，更远处是起伏的圣热泽山脉。比较富裕的人家通常会从里约热内卢到这里来度周末。

索拉达彭特酒店室内很舒适，不仅陈设着古董家具，还装点着新鲜的花朵和当地的艺术品。此外还有可回收的木质地板和传统的木床，从屋中的落地窗可欣赏到楼下静谧的花园，花园中开放着五彩缤纷的兰花，树梢还有异国小鸟在唱着动听的歌；如果留意观察，你还能看到草坪上嬉戏的狨猴。**SH**

庞塔多思甘淖司度假村的自然之美

Enjoy Ponta dos Ganchos

地点：巴西圣卡塔琳娜州

网站：www.pontadosganchos.com.br　价格指数：$$$

庞塔多思甘淖司度假村是天堂般的度假胜地，位于一片私人泻湖旁郁郁葱葱的热带雨林中，周围分布着一座座小岛。这处奢华的度假村坐落在圣卡塔琳娜州的南部地区，所在位置被称为巴西的“绿宝石海岸”，共包括有20座原生态的时尚小屋，有的配有桑拿室、冲浪浴缸和无边界泳池。18岁以下未成年人不得入内，这也就保障了度假村的环境安静，适合情侣度蜜月。度假村的每栋别墅都配有3人以上的员工，他们的一切服务都是为了让客人在这里住得开心。

度假村的活动很多，从网球、排球到深海垂钓、独木舟到深海潜水不一而足。而且距离此地航程仅不到一小时的阿沃莱铎生物海洋保护区是巴西最佳潜水地之一。此外，这里还有健身中心和电影院。度假村最具吸引力的是美洲唯一的克里斯汀迪奥奢华水疗中心，你可以在这里享受到露天的日式指压按摩与印度草药治疗。度假村附近的安哈托米瑞姆岛是巴西最古老的堡垒要塞之一，沿临近航线前行还可到达几座非常小的渔村。

度假村的菜单每天都有新变化，而且用餐时间不限，也就是说，如果你愿意的话，大可以在午夜时分吃早餐。至于浪漫的晚餐，你可以预订在某个小岛上的观景台用餐，或许点上一大盘圣卡塔琳娜州的特色牡蛎与贻贝，这两样海产被大多数人认为是世界上最好吃的。度假村的收入基本都用来满足环境友好的要求，此地租赁的汽车均是电力汽车，而且即将要建造天然的废物处理系统。TW

→ 这个度假胜地的每栋别墅都有一个私家露台，不但配有吊床和日光浴床，还能饱览超赞的海景。

探索伊瓜苏瀑布

Discover Iguazú Falls

地点：巴西巴拉那州；阿根廷米西奥内斯省

网站：www.iguazuargentina.com **价格指数：**

也许把这处宏伟的瀑布群当作逃避世事纷扰的世外桃源是个奇怪的想法，不过如果你计划着要划独木舟渡过瀑布激流，那么在你疯狂划桨的过程中就会短暂地体验到愉悦心情。不过站在“魔鬼之喉”的边缘向下方广阔的马蹄形山谷看去，瀑布的水量之大超乎你的想象，水流奔流直下，腾起的水汽聚成一块块云朵，大乌雨燕在空中的彩虹水雾间来回穿梭，你仿佛进入了梦中的童话世界。

这处南美最大的瀑布群位于亚热带雨林中，落差242英尺（74米），宽度近1.8英里（3公里），包含272条不同的单独瀑布。不过，重点不在于其大小，伊瓜苏瀑布的神奇之处在于无论你从哪个角度看都能欣赏到瀑布的壮美奇景。从巴西一侧可以看到完整的遥远全景，而想要进入真正的“世外桃源”，你还需进入阿根廷伊瓜苏国家公园，乘坐生态火车向森林深处进发，开始你的探险旅程。

通往魔鬼之喉的路会越过宽广的伊瓜苏河，这条河水流平缓而安静。雾气越来越浓、震耳欲聋的水声越来越大，这预示着不多时便能看到你向往已久的壮观景象。当你真正站在瀑布面前的时候，就会因为富有冲击力的水帘而感到无比震惊。你可以划着一只小舟冲入会让人浑身湿透的瀑布水流中，或者沿着马酷口小径徒步，沿途欣赏各种各样的鸟儿。总之，伊瓜苏地区是一个完完全全能令人心生愉悦的避世胜地，只要去过一次，你就会在今后的生活中无数次追忆在那里度假的种种美好体验。**CD**

← 阿根廷一侧的伊瓜苏瀑布从一处悬崖壁上流淌下来，形成了一级级迷人的水阶。

在卡波波罗尼奥小住

Stay at Cabo Polonio

地点：乌拉圭卡波波罗尼奥

网站：www.discoveruruguay.com **价格指数：**

卡波波罗尼奥是否就是嬉皮士们的理想居住地呢？这片自然保护区横跨好几英里的海岸线，而乌拉圭正是以崎岖的海岸线而闻名。该区域是整个南美洲隐藏得最深的秘境，只有非常熟悉情况的当地人才知道这处“人间天堂”的存在。这里平静安宁，具有一种质朴的天然美，海滩上聚满了海狮，放眼望去，还有一座座起伏的沙丘。这里与附近喧嚣浮华的埃斯特角城和迪阿布罗角城形成了鲜明的对比。

该地仅有两座酒店（从20世纪中期被定为保护区开始，这里的经济建设就停步不前了），大多数游客都选择住在简朴的海滩旅舍或者涂成彩虹色的棚户中，这些小房子零星分布在沙丘后面绿草如茵的山坡上。这里没有汽车（甚至连电都没有），只有略显奇怪的四驱车可以载着游客于沙丘间驰骋；有时候则随着一声马儿的嘶鸣，你会看到一辆马车驶入这一地区的中心——艾尔卡波。这是一个被时间遗忘的小镇，镇子上最显眼的“居民”就是一群群的海狮，他们卧在海中约100英尺（30米）的位置，守护着海湾的灯塔。

> “住在卡波波罗尼奥酒店仿佛置身于遥远的银河。”
>
> 凯利·韦斯特霍夫，Go-Nomad.com

微风拂过，耳畔传来浪花舔岸的声音，心中的烦忧也仿佛随着退去的海浪消失地无影无踪；人们在白色的沙滩上展开吊床、尽情放松，大家也围绕着篝火欢歌笑语、情意绵长。这里就像一首河畔的田园诗，清婉明丽，浑然天成，因此也更需要我们人类的细心保护。**VG**

在阿塔卡马沙漠探险

Explore the Atacama Desert

地点：智利阿塔卡马沙漠

网站：www.awasi.cl　**价格指数：**$$

很难想象还有什么地方能比阿塔卡马沙漠更偏远。这片沙漠沿着智利一侧的安第斯山脉绵延近1,000英里（1,600公里）。这里是地球上最干燥的地方，沙漠中的几座火山仍然冒着烟。这里的天空很晴朗，天文学家可以看到宇宙中最早期的银河系发出的光芒。沙漠腹地有几片碧蓝色的盐湖，湖上始终笼罩着一层薄薄的雾气，雾气里是盘旋着亮粉色的火烈鸟，周遭静寂得可以听到它们饮水的声音。

间歇泉喷出大量蒸汽，蒸汽柱直指向钴蓝色的天空，后方还有数条生长着红藻的河流。月亮谷以巨大的沙丘为特色：地面经过外力的侵蚀与扭曲形成各种不可思议的形状，让人很容易联想到光怪陆离的外星球。阿塔卡马的落日尤其令人惊叹，余晖中的雷勘克博火山会化为紫色，会让人由衷生出一种真切地孤独感。夜幕降临，天空中繁星点点，这时候，你的专属向导会带你回到奢华的绿洲大本营——阿瓦西。

阿瓦西是一个与热闹非凡的圣佩德罗德阿塔卡马截然不同的地方，阿瓦西美丽、宁静而且非常独特。绿洲上有一系列露天的通透空间，更有烹制绝妙现代菜肴的餐厅。传统的织物与土砖建筑相搭配，并精巧地结合了当代家具，这样的陈设装修给这座具有浓郁的地方美感的建筑添加了一丝五星级酒店的格调。客房的布置都很花心思，有的是圆形房间，挑高的茅草屋顶，室内带有沉降式浴缸。最棒的是，在阿塔卡马的酒店中，阿瓦西是唯一一座为每位客人准备了专属导游的酒店。向导会带你前往空旷人稀的月亮谷，并在大批游客走后带你造访塔提奥间歇泉。**CD**

→ 阿塔卡马沙漠中巨大的火山和月球表面一样的地貌赋予了它一种怪异的美感。

在艾尔基德默什酒店观星

Stargaze at Elqui Domos

地点：智利帕伊古阿诺

网站：www.elquidomos.cl **价格指数：**S

1982年，科学家第一次借助卫星对地球的磁场进行测量，他们发现地球的中心在智利干旱的艾尔基谷的中心地带。所以，意料之中，2005年这片被认为是磁场中心的地方的晴空之下建起了一座天文酒店，这样的酒店在世界范围内还有6座，但在南半球，仅此一家。

酒店的客房建筑颇为集中，略显拥挤，这是在模仿未来主义风格，恰似亚瑟·查理斯·克拉克（科幻小说家）试图构筑的“后启示录”时代（科幻世界中灾难后的世界或文明）中残存的文明世界。实际上，这体现了“环境敏感地区”旅游业大胆的新尝试。艾尔基德默什酒店共有7座圆形房顶的二层小楼。底层为生活区和卫生间，上层为卧室；此外，卧室的天花板上还设有一扇支摘窗，以方便客人自在地观星。每栋圆顶小楼都配有天文望远镜，这一点可确保你不会错过体验这座酒店真正的特色。此外，圆顶小楼还有各自的露台，能够看到特别的陆地自然景观。

酒店换工作人员会组织一系列的活动，比如骑马、山地自行车骑行、参观葡萄园或者诺贝尔文学奖得主加夫列拉·米斯特拉尔的故居。这些都是白天的活动，太阳落山后，真正令人兴奋的活动便开了序幕。酒店会为客人提供天文学课程和许多天文学著作，你可以在吊床上看书，也可以泡在室外的木制澡盆中一边放松一边阅读。带地区建有不少国际天文台，其中就有对外开放的玛玛鲁卡业余爱好者天文台。**BS**

← 艾尔基德默什酒店每一个小圆屋都配有露台和天文望远镜，方便客人仰望星空。

沿奥斯特拉尔公路兜风

Travel the Carretera Austral

地点：智利南部

网站：www. visit-chile.org **价格指数：**S

奥斯特拉尔公路是南美洲最令人惊艳的公路之一，不过有些路段才刚刚完工，因此还不被世人所熟知，相比较而言，路上的车辆也较少。尽管这条公路长达770英里（1234公里），一头连接着热闹的蒙特港，一头连着边陲小镇维拉欧希金斯，路两侧的大多数土地还是无人居住的荒野。而且，三十年前，公路附近的小渔村只能通船。这里如今仍是巴塔哥尼亚地区一处原始、陡峭而宁静的峡湾，奔流着碧绿色的河水，盘踞着参差崎岖的山峰，峰顶零星点缀着冰川。想要在这里开始一段冒险旅程，最好租上一辆结实的四驱车（大部分路面未铺设柏油），当然，更好的选择是骑山地车。

> “这条公路可是智利公路之旅的经典路线。”
>
> frommers.com

你可以先在智利附近的森林中泡天然温泉，然后再去美丽的富塔乐富体验刺激的激浪漂流；停下脚步，在峡湾一侧的宁静村庄普宇华皮静静思索，然后调转方向去锡斯内斯港，这是一座潮湿但具有独特氛围的渔村，坐落在西岸。路上可以在稍显繁华的柯伊艾克短暂停留，这是一座原生态的巴塔哥尼亚小镇，但是由此南去，就又是一片荒凉寂寥的原野。而途经的塞罗卡斯蒂罗山麓白雪皑皑、银峰如针，宛若童话故事中的千年古堡，是一处徒步的好地方。最后，也不要错过了卡雷拉将军湖，这片蓝绿色的湖水魅力非凡，周边有大理石洞穴可供探索，岸边古老的大牧场更是值得一游。沿着这条公路的景致太多，至少要安排两个星期的时间才不算辜负沿途风景。**CD**

在神秘小农场享受悠闲时光 Unwind at the Secret Ranchito

地点：智利巴塔哥尼亚 **网站：**www.i-escape.com **价格指数：**$$

神秘小农场位于智利的南部，周围是质朴的自然环境和令人叹为观止的安第斯山脉。幸运的是，因为与世隔绝的地理位置，只有那些信念最坚定的游客才能抵达，这样也就不会因为大群游客的到来而遭到破坏或打扰。来农场的旅途本身就是一次冒险。你需要搭乘清早的航班从智利首都圣地亚哥到蒙特港，然后再乘坐私人包机到达沙伊顿小镇，接着，会有来自“智利探险”旅游服务公司的代表安排你登上班车，进入安第斯山，4个小时后你会到达一个叫做富塔乐富的普通村庄，最后还要步行20分钟才能最终到达你的住宿地。到达农场的整个过程漫长而辛苦，但有句话说得没错——好事多磨！

如果你想要的是绝对的与世隔绝，完全摆脱一切现代文明的痕迹，那么这里一定会合你的心意。你的行李是放在农场牛车上带进来的，而你专用的四驱车就停在距离你的住处15分钟步行路程的地方，要去开车得经过一条用木板和绳索搭建成的吊桥，吊桥下方就是小而险的河谷。附近的阿苏尔河和富塔乐富河那清凉纯澈的河水有大量的褐鳟和虹鳟，飞蝇钓鱼的爱好者将会为此高兴不已。你可以乘着皮划艇或橡皮船沿着阿根廷边界一路向下，探索整条河流，或者在你的私人河畔白沙滩上的吊床中悠然度过一天又一天。

这里的住宿条件就是一间一室的木屋，屋中被分割成一间厨房和一间卧室，铺着羊毛小地毯，还有一些简单的家具摆设，相邻的还有另外一间棚屋。这两间屋子均可眺望到特雷斯修女山那壮观的花岗岩峰。这里热水淋浴、电话、收音机、CD播放器应有尽有，如家般舒适方便。像这样，在大自然壮美景观的怀抱中短住，这将是你此生最难忘的一次体验。**BS**

↑ 神秘小农场位于高高的安第斯山山谷中，只能通过步行、骑马、乘船或直升机到达。

在智利峡湾行船 Cruise the Chilean Fjords

地点：智利南部 **网站：**www.explore.co.uk; www.lata.org **价格指数：**$$

在智利的南端，大陆边缘环绕着诸多岛屿与冰山，太平洋与大西洋之间也有若干海峡相通。这样的自然环境形成了“天涯海角”般的氛围，被世人视为终极的避世胜地。

位于智利西部或是太平洋海岸的峡湾与北部的峡湾一样深邃而震撼人心，不同之处则是前者近乎完全与世隔绝，湾中布满了冰蓝色的冰山，附近陆地上仅住着屈指可数的原住民。通常游客们会选择从圣地亚哥直飞蒙特港，然后乘坐游轮从蒙特港出发，沿着峡湾航行，最终到达纳塔莱斯港。你无法通过陆路抵达纳塔莱斯港，水路是进入智利这片区域的唯一选择。麦哲伦在1520年的时候就曾经从周边的水湾通过，19世纪早期，达尔文乘船向加拉帕戈斯群岛行驶的途中又再次从这里经过。

这片格外偏远的地区既有白雪皑皑的山峦，又有原始粗犷的荒野，还有时不时跃出水面的鲸鱼。因为这些，不难看出这次旅行的特别之处。在人们整日奔波忙碌的现代世界中，要办什么事情已经简单方便到了点点鼠标便能完成的地步，而到达这里却需要你非常认真地组织安排。整个行程共686英里（1,100公里），耗时4天左右，时间很宽松，尽可以放慢节奏，甚至中途可以停下来，你会注意到不少小细节，比如船儿前行时海豚会跟在后面游弋跳跃，沿岸还有海豹在嬉戏。

喜欢看鸟的游客会很高兴能看到沿途的信天翁、大海燕和麦哲伦企鹅。游轮抛锚停泊时，你可以划着独木舟去周边岛屿和海湾中探索。这片迷人的地区人烟稀少，却到处都是野生动物的踪迹。海岸线上零星分布着几座渔村和畜牧场，而且大多数区域，企鹅的栖息地在数量上要比人类居住区还多。夜幕降临时，漆黑的夜空中，银河便会发出明亮的光芒。**LD**

↑ 在智利巴塔哥尼亚南部的阿玛利亚峡湾，一只船在浮冰水域中前行。

在普宇华皮宾馆小住
Stay at Puyuhuapi Lodge

地点：智利奇洛埃岛

网站：www.patagonia-connection.com **价格指数：**$$

沿着智利那偏远但风景绝美的奥斯特拉尔公路，有一片童话世界中一样的森林。坐着车子走在林中的碎石路上，一路颠簸起伏，车轮轧过的隆隆声不绝于耳，然后，你就会到达坐落在峡湾边缘的一处宁静的小村庄——普宇华皮。然而，最后一段旅程需要你乘船穿过一片一平如镜的水域，最终才能到达你此行的目的地——一栋外形像大教堂一样的木造建筑，这座建筑就位于湖畔，身后则是茂密的原始森林。很难想象能有比这样的抵达方式更为浪漫的了。普宇华皮的秘密就是：这里不仅有取自峡湾的清澈海水，还有水晶般透明的融雪水泉和有治愈功效、矿物质丰富的温泉。凭借着这种罕有的水源组合，普宇华皮宾馆的主人创制了一系列护理疗法并引进了多位天赋极高的理疗专家，致力于以种类齐全的疗法让客人拥有平和的心境和健康的身体。

普宇华皮宾馆的工作人员友好而专注，为客人营造了温暖放松的氛围。尽管住宿条件简单，更谈不上什么时尚，但这些以天然材料建成的客房都很舒适，透过屋中巨大的窗户可以饱览外面静谧的峡湾。宾馆精致的美食更是为此处周到的招待平添了一份圆满，尤其是在极其偏远的巴塔哥尼亚地区，都有如此丰盛的菜肴实在可以说是一个奇迹。客人们可以在圣拉斐尔湖中欣赏气势巍峨的冰山，以此作为这次难忘旅行的结束。

普宇华皮宾馆的特别之处就在于住在这里的客人可以与大自然有着完全彻底的接触：你可以划着皮划艇在水中探索，或者徒步登上峡湾另一侧那令人心生敬畏的悬冰川。一天的探险与运动之后，没有什么能比泡在热水池中仰望完美无瑕的夜空和漫天繁星更棒的放松了。**CD**

参观克洛阿巴达酿酒厂
Visit Clos Apalta Winery

地点：智利圣克鲁兹

网站：www.closapalta.cl **价格指数：**$$

克洛阿巴达是品酒行家的天堂：在这处宁静的避世胜地，游客们所见所闻皆是佳酿，就连呼吸的空气中也带着那么一丝酒香。酿酒厂和住宿地位于智利空加瓜谷一侧森林茂密的山腰上，由马尼尔-拉博丝特家族（金万利酒的制造商）创建与1994年，不过早在那之前，该家族就在智利享有盛誉，也已经是领先的酒制造商了。酿酒厂本身格外美丽，建筑共有5层，其中有2层就建在花岗岩山坡内，为葡萄酒的成熟创造了阴凉的良好环境。在建筑中心位置是一段引人注目的螺旋楼梯，楼梯的形状是在模仿美酒倒入玻璃杯时的形状。游客们不仅可以看到葡萄酒是如何制造的，还能亲口尝到这里的美酒。

> “每一座小屋都以葡萄园中种植的红葡萄主要品种命名。”
>
> 马努斯·昂吉拉吉斯，LuxuryWeb.com

离酿酒厂不远处是4座华丽的小屋，每座小屋都配有各自的热水浴缸、火炉、大床和露台。这些奢华的居所中还有满满当当的冰箱和iPod音响系统。此外，酒厂邀请了当地的大师傅为客人烹饪佳肴，做出的美食与这里的酒一样出色；就餐时喝上几杯葡萄园的精品葡萄酒，再加上混有少量金万利的皮斯科酸酒，一定很惬意。这里的葡萄园占地450英亩（182公顷），你可以骑着马在园内细细观赏，也可以干脆泡在舒适的无边际泳池中远远眺望。**JK**

→ 克洛阿巴达酿酒厂现代前卫的建筑在郁郁葱葱的山坡映衬下格外抢眼。

在英迪格酒店放松心情

Relax at Indigo

地点：智利巴塔哥尼亚纳塔莱斯港

网站：www.indigopatagonia.com **价格指数：**$$

来到纳塔莱斯港，这里矗立着一幢幢饱经风霜的铁皮房子，弥漫着孤寂疏离的气氛，不禁让人感觉像是抵达了世界的尽头。这是因为这个海滨小镇距离巴塔哥尼亚地区美洲南端仅100英里（160公里），人们无论如何也不会想到这里竟然能见到该国最具原创风格的设计酒店。

英迪格酒店所在海岸有一个浪漫的名字——最后的希望之音。酒店具有新鲜时尚的北欧格调（以金木为建筑材料，床单颜色白到极致），而整个建筑则是智利先锋建筑师塞巴斯蒂安·伊瑞亚哈扎瓦尔主持设计的当代建筑。客房中没有浴缸，取而代之的是雨林淋浴。不过屋顶上有3个大型的热水浴缸，泡在其中可以直接欣赏到靛蓝色的峡湾、色调不断变换的广阔天空和遥远的百内国家公园中隐隐绰绰的山巅。无论天气如何（全年大部分时间都比较寒冷），只要你浸泡在雾气蒸腾的热水中，就丝毫不会觉得冷。

> “到现在为止，纳塔莱斯港最棒的景观就是从英迪格酒店看到的风景。”
>
> 克里斯塔贝尔·迪克思，《卫报》

大多数游客都选择先到达纳塔莱斯港，再以此为大本营出发去百内国家公园，因为公园就在纳塔莱斯港以北50英里（80公里）处，那里有世界上最美的徒步环路，一路上你会穿过冰川、薄荷色的湖泊和直指天空的粉红色花岗岩山峰。让英迪格酒店格外突出的是它经营的近乎完美的品牌、令人休闲放松的奢华氛围和利于长途跋涉后休息的良好环境。**IA**

在艾尔玛南提亚尔酒店享受人生

Enjoy El Manantial

地点：阿根廷普尔马马卡

网站：www.hotelmanantial.com.ar **价格指数：**$$

敢自称是“寂静的源泉”对于一家酒店来说是个大胆的行为，想要做到名副其实可并不容易。坐落在普尔马马卡古老村庄中的艾尔玛南提亚尔酒店就是这样一处真正宁静的所在。自从2002年联合国教科文组织宣布此地为世界遗产，这座宏伟的彩色岩石峡谷就游人暴增，旅游业也随之蓬勃起来。幸运的是，绝大多数游客都选择在峡谷中心地带游览，美丽迷人的普尔马马卡却少有人问津。这里有阿根廷最著名的景观——七色山，据说那些鲜艳的一道道山岩至少有七种不同的颜色。气势磅礴的山前则是一座微型小镇，镇上有热闹的集市和传统的土砖筑成的教堂。教堂仙人掌木的房顶下挂着一系列美丽的油画。白天前来参观的游客早晨一般会在镇子里毫无目的的闲逛，但是午后时分，普尔马马卡就会展现出深沉的静谧氛围。

艾尔玛南提亚尔酒店的神奇之处在于它的设计。酒店建筑风格与早期的殖民建筑相仿，舒适的客房与当地简单的生活方式十分相符，白色的墙壁与房内的亚麻织品有着近乎修道院一般的纯洁，搭配着深绿色的百叶窗帘，显得愈发简洁大方。传统的纺织品和油画为酒店增添了别样的色彩，深受喜欢，而酒店的一切都与窗外的山景融为一体，分外和谐。你可以斜倚在噼噼啪啪的火炉边先喝上一杯杜松子开胃酒，再去餐桌旁尝尝获过业界大奖的厨师为你烹制的生原驼肉和手工山羊乳干酪意大利饺。服务周到的酒店员工将会为你安排好山涧及周边地方的所有探险活动。

余晖中艾尔玛南提亚尔上方的盐滩会让大多数客人在脑海中留下深深的印记：一片波光粼粼的白色海洋，边缘伴着一圈铜棕色的云朵，下方则是遥远巍峨的群山，还有身边完全的寂静。**CD**

在科洛梅大庄园悠闲度日

Unwind at Estancia Colomé

地点： 阿根廷卡尔察其谷

网站： www.estanciacolome.com　**价格指数：** $$

赶往科洛梅大庄园的旅程本身就具有别样的魅力。一路上，你会经过殖民时期的老城——萨尔塔城，城中建筑虽然有岩块剥落的情况，但依然难掩它的美丽与辉煌；你还会沿着小径蜿蜒而上，穿越景色壮观奥维斯山坡，观赏那天鹅绒般绿草如茵的山峦间的一道深深的峡谷，蔓延到红色高原上的峡谷里长满了仙人掌。在海拔26,900英尺（8,200米）的山上，仿佛周围寸草不生。但是沿着赤褐色岩石组成的峡谷往下走，来到一处偏远荒凉但极为壮观的溪谷，你会突然发现眼前出现一片翠绿整齐的藤蔓，这就是唐纳德·赫斯奇迹般种出的马尔贝克斯葡萄。在葡萄藤的中央地带是一片开阔地，周围簇拥着芬芳的薰衣草，这是另一个奇迹——阿根廷最惊艳的酒店之一。

酒店中央的露天庭院中有一座禅意盎然的喷泉，庭院周围是9座宽敞奢华、精心设计的客房，整体主色为深褐色。整座建筑可以看做是一个依照生物动力学建造的体系；酒店所占的土地和周边一切生物都是同一有机体的组成部分，因此酒店的主人赫斯将他96,000英亩（38,850公顷）土地上居住的400名安第斯人都视为自己大家庭的成员。科洛梅大庄园可以说与其周围环境非常和谐。

无论是沿着小道爬入古老的深山，在马的耳畔低语下令然后策马驰骋，还是单纯地在池边自在地漫步，陶醉在美景之中，你总会体验到深沉的平静。夜幕降临，倒上一杯如墨的阿麦拉雅，小口啜饮这美丽的大地上产出的热情奔放的酒，心中顿时充满了祥和喜悦，身体也不由得完全放松了下来。**CD**

↗ 科洛梅大庄园拥有世界上纬度最高的葡萄园，所产的葡萄酒也备受赞誉。

> “人生苦短，不要看没品位的艺术品，不要饮苦涩的劣酒，更不要住糟糕的酒店。”
>
> 科洛梅大庄园的主人

探索火地岛国家公园
Explore Tierra del Fuego National Park

地点： 阿根廷火地岛

网站： www.parquesnacionales.gov.ar **价格指数：** $

火地岛国家公园毗邻智利边境，位于安第斯山脉南端，共占地155,000英亩（63,000公顷），以卡密湖北侧和比格尔海峡的海岸为界。

在这座群岛中的主岛上，有一条绵延几英里的荒芜野径可供徒步者行走，沿途可跨过瀑布、穿过森林、越过泥潭沼泽，最终可到达几处绝佳的观景点，恰好可以看到崎岖的海岸线和白雪皑皑的山脉全景。途中，你有可能会瞥到秃鹰、信天翁、鸬鹚和橘色扁喙的短翅船鸭。公园一年四季都色彩缤纷，冰川的白色最为显眼，但秋天一到，漫山遍野的红叶让森林山坡都向世人展现出别样的风采。

火地岛国家公园是阿根廷唯一一座滨海国家公园，园中的群山被深深的冰蚀河谷分割地四分五裂，谷中是一片片湖泊和一条条河流。此地临近大海，盛行风为西风，全年温度为中等或较低。即便是到了夏天，温度也罕有超过50℉（10℃）的时候。这样的自然条件就意味着此处有品种独特的花，如海石竹和岩高兰，还生长着稀有的地衣与苔藓。

该地区的原住民是雅马纳人，他们的部落就居住在比格尔海峡和罗卡湖岸边。他们靠海为生，总是乘着树皮制作的独木舟外出猎取海狮和捕鱼。拉帕塔尼亚海湾的原住民遗址还保存完好。如今，游客们喜欢在公园中露营，充分利用周遭环境，或者选择住在附近的乌斯怀亚，这是世界上最靠南的城市。**AD**

火地岛粗犷的自然之美和神奇的地貌吸引了大批的徒步爱好者和生态旅行家。

下榻茉莉之屋酒店
Stay at House of Jasmines

地点：阿根廷萨尔塔省

网站：www.houseofjasmines.com **价格指数：**$$

好莱坞影星罗伯特·杜瓦尔和他的阿根廷妻子露西安娜购买这片有120年历史的殖民时期房产，原本是作为自己的私人度假别墅，不过现在该房产已经转售给了一个当地家庭，而新主人将其改造成了一座独一无二的原生态精品酒店。茉莉之屋位于阿根廷萨尔塔省的西北部，靠近安第斯山脉边缘，周边既有茂密的亚热带森林，也有险峻的峡谷和山坡。客人们要沿着一条长长的两侧长着尤加利树的大道走到尽头才能抵达这片安静的所在。这座古老的房子通身刷成白色，以陶瓦铺顶，屋子连接着游廊，周围是一簇簇芬芳的茉莉花。

> "客人们无论是步行还是骑马，都能很好地感受这片伊甸园般的土地。"
>
> 《悦旅》杂志

酒店共有7间套房，给人以非常私密的感觉，因为酒店有意保留了私人住宅的氛围。装修风格有些华丽，但又不失乡村的纯朴：天花板上裸露着木梁，还垂下数盏熟铁打造的枝形吊灯；室内陈设着当地的古董椅子和台灯，卧室中还摆放有四柱床，地板上则铺着蒲草编成的席子。有些套房带有屋顶平台，但所有套房都可观赏到令人难忘的美景：花园、建筑田地以及崇山峻岭。

水疗中心有男按摩师为你服务，同时还配有蒸气室和桑拿间。美丽的花园中设有池塘。一把把白色的木制座椅被安排在草坪周边的阴凉处，坐在这里，手执一杯当地产的托隆特斯葡萄酒实在是件乐事。酒店的土地包括阿雷纳来河一带，那里盛开着兰花、玫瑰和更多的野茉莉。**SH**

探索依如雅村
Discover Iruya Village

地点：阿根廷萨尔塔省

网站：www.enjoy-argentina.org **价格指数：**$

单单驾车向目的地进发的过程就会让人格外难忘。你首先需要一路向北穿过散发着野性之美的塔夫拉达·德乌玛瓦卡峡谷，这座峡谷由一层层黄褐色的岩层组成，被联合国教科文组织定为世界遗产。然后你会驶上一条崎岖坎坷的道路，这条路跨过数条河流，而两侧匆匆闪过的美景荒凉却又别样的诱人。接着你要爬上海拔13,120英尺（4,000米）的令人心惊胆战的隘口——阿布拉戴尔贡德。从这里开始，小道就沿着山坡上的巨大石板曲折向下。让人吃惊的是，这里竟然还有人居住。就在道路尽头，一段异常陡峭的坡路上方坐落着此行的终点——依如雅村。

因为有了电视等现代元素的影响，当然最重要的还是旅游业的发展，安第斯山地区的乡村生活有了天翻地覆的改变。但是不知为什么，依如雅村却依旧如故。村中有一条主干道可以通到粮仓、一座小小的邮局和营业歇业时间不定的电话中心，除此之外，依如雅村与世界完全隔绝。看着村民们赶着羊进山或是沿着小路走入偏远的山谷，你一定会忍不住想跟上去。步行去圣伊西德罗那富有田园气息的小村庄仅需3个小时。复活节的时候，房屋四周开满了鲜花，盛夏时节，房顶上又盖着极小的桃子，它们在太阳的照射下渐渐干瘪下来。依如雅周边尽是迷人的小路与风景，你来了之后就压根不想再离开这地方了。

你最好带上一本书，而且至少在村子里住上5天，重要的是要让自己的生活节奏慢下来。你可以住在村民的房子里，冬天蜷缩在美洲驼毛做的厚重毯子下过夜，也可以选择去住依如雅旅馆里舒适的客房。**CD**

→ 山中的依如雅村可以让大家见识到了安第斯山地区人们不为人所知的生活方式，这样的机会很难得。

沿特洛赤塔铁路欣赏沿路风光
Ride La Trochita train

地点：阿根廷埃斯克尔

网站：www.latrochita.org.ar　**价格指数：**$

巴塔哥尼亚地区是隐居的终极选择：在这片辽阔的土地上，你尽可以迷失自己、找回自己或脱胎换骨重塑自我。“虎豹小霸王”布奇·卡西迪和日舞小子这两个在逃不法分子就曾经藏匿于该地区名为丘力拉的美丽荒原。切·格瓦拉曾经对回到这里充满了期待与渴望，他说“如果不能永远地留在这里，那么至少也要在我转变对世界的认识的时期在这里短暂停留”。不过，还是保罗·泰鲁（美国旅行文学家）在《老巴塔哥尼亚快车》一书中的描写让巴塔哥尼亚地区的窄轨铁路被世界所熟知。

原本的建设计划是将这里的轨道与国家铁路网相连，这样就能组成举足轻重的交通运输网，可以从偏远的农场向外运送羊皮和牲畜。现在只剩下了250英里（400公里）的轨道，这段轨道以埃斯科尔为起点，以埃尔马伊登为终点，越过了安第斯山与大草原交界地区的一座座山麓丘陵。乘火车在这段铁路上旅行，才是欣赏这片大自然鬼斧神工之杰作的最佳方式。这趟木车厢的火车仍旧是由原来的蒸汽发动机驱动的，这台发动机是1922年从比利时进口的。严冬时节，工作人员会用精巧的铁炉子为发动机保暖，火车逶迤行驶在群山中，一路上要经过约600个弯道。从车厢的窗户向外望去，眼前的景物总是在不断地变换，你沿途可以看到茂密的森林、狭长的草原荒漠，还有在南方的阳光照耀下闪着金光的一排排杨树。你可以在纳韦尔潘村下车，尽情呼吸山中新鲜的空气，而当地的马普切人也会为你奉上甜滋滋的炸糕。**CD**

巴塔哥尼亚的窄轨铁路真名为“特洛赤塔铁路”，原意便是窄小的铁路。

在湖泊旅馆享受悠闲生活
Enjoy Posada de la Laguna

地点：阿根廷伊贝拉沼泽

网站：www.posadadelalaguna.com　**价格指数：**$$

船儿划过泻湖，不带一丝声响，湖面广阔，几片水域连结在一起，映着上方的天空，形成了一汪不带一丝云影的湛蓝。通过浮岛间狭窄的水道，眼前便冒出了各种各样的鸟儿。一种当地叫做杰卡斯的鸟儿从树冠中传出动听的鸣叫声；一抹动人的鲜艳掠过，原来是树间嬉戏的朱红霸鹟；水雉则摇摇摆摆地踏着水百合的叶子寻食，只为了喂饱那些嗷嗷待哺的雏鸟。在阿根廷的众多自然奇观中，伊贝拉沼泽的游人最少，可这片湿地上住着至少有350种鸟。

> “我们的客人每晚都可以乘小船畅游伊贝拉泻湖，这将是一段神奇的旅程。”
>
> 湖泊旅馆的主人

湖泊旅馆是探索这片神奇世界的最佳大本营，尽管这座旅馆的规模很小，只是坐落在泻湖边上的一个小村庄中。旅馆主人艾尔莎·吉拉尔德斯让旅馆有一种颇为雅致的格调和私密的氛围；她热情欢迎每一个到来的客人，就好像是迎接到她家做客的人一样。旅馆只有6间客房，均面朝湖边，沐浴着阳光，保留着一种传统牧场的感觉；但是屋里有超级大床和现代的盥洗室。旅馆外的游廊上吊着吊床，而穿过花园、经过一座游泳池，便可以直接到达湖边。艾尔莎的当地导游对泻湖了如指掌，他们清楚地知道去哪里才能看到凯门鳄，鸟儿们又在哪里栖息。但是，乘船旅行除了观察这些动物，还有别的目的，那就是观日落：返回时落日的余晖洒在湖面上，天空与湖水都变成了深深的橘红色，看到水天一色的壮观景象，你的空间感会顿时发生美妙的变化。**CD**

参观传教场遗址

Explore the Ruins of The Missions

地点：阿根廷米西奥内斯省

网站：www.turismo.misiones.gov.ar **价格指数：**❶

从16世纪早期起，耶稣会在今阿根廷西北部、巴拉圭、乌拉圭和巴西南部建立了30个布道所。这些布道所本身建筑风格严谨保守，但与周围环境在一起显得十分和谐。当年，成千上万的瓜拉尼原住民为了逃避葡萄牙贩奴人的追捕，统统涌入这几处布道所。于是，教士们成立了归化区，这是一种设在布道所周边、实行自治的聚居区。归化区的主要收入来自于农业，而其中最为重要的就是生产马黛茶，不过他们也蓄养牲畜。这些组织起来的社团中总有一些有专长的人，有的擅长纺织，有的擅长音乐。“几天前，于邑聚居区的音乐表演团为我们进行了表演……他们唱了晚祷、弥撒和连祷，还唱了颂歌。他们的演唱优美而充满了艺术气息。如果你闭上眼只听他们的歌声，一定会认为这些音乐家来自于印度或是欧洲最好的城市之一。”神父斯托珀尔写于1729年。不过，1767年，西班牙的卡洛斯三世国王对耶稣会进行驱逐，最后人去楼空，只留下了这些辉煌的建筑。

这些荒废的楼宇依然挺立，而且其中4座还被联合国教科文组织定为世界遗产，也因此得到了较好的修复保存。阿根廷境内保存最完好的要数波萨达斯镇附近的圣伊格纳西奥米尼传教区。游人们纷纷前来参观那残垣断壁上依旧美丽的雕饰，漫步穿过石板露台，就来到了以前作为藏书室的房间和教士们当年的住处。今日，基督徒们虔诚的圣歌已经听不到了，取而代之的是鸟儿的啁啾声，但似乎还能感觉到先人的精魂在这片土地上游荡。墙外是喧嚣的世界，墙内则仿佛有耶稣会圣徒们的灵魂在这处安息所自由漫步。**PE**

“许许多多的归化区居民都开始为了森林放弃他们的居住地。”

杰佛理·格罗斯贝克，历史学家

⇱ 圣伊格纳西奥米尼的红色砂石墙因为风雨侵蚀开始剥落，但依然雄伟，给游人们带来了深沉的平静感。

参观卡瓦斯酒庄
Visit Cavas Wine Lodge

地点：阿根廷门多萨

网站：www.cavaswinelodge.com **价格指数：**$$

阿根廷出产的葡萄酒其中70%都来自于门多萨地区。而卡瓦斯这座令人赞叹的酒庄正是位于阿根廷酒乡门多萨，距离市中心仅20英里（32公里）。在这座酒庄里，如果你只是把葡萄酒看做佐餐的饮品，那一定会被人轻视的，当地这些善于找乐子的人们认为葡萄酒不仅仅属于餐桌，还是室内水疗的一部分。

卡瓦斯是阿根廷第一家引入葡萄酒沐浴疗法的酒庄。该疗法最初是1997年的时候在波尔多葡萄酒产区兴起的，因为葡萄酒具有延缓皮肤衰老的功效。不过，参观拜访卡瓦斯可不只是为了泡在2005年的博纳达（阿根廷独特葡萄品种酿制的红酒）里。这座酒庄拥有占地35英亩（14公顷）的葡萄园，公寓式客房一座座安置在葡萄藤间，格外别致。客房中装修时尚、配备齐全，而且屋顶的露台是个在落日余晖中酣饮的好地方。

> "终于，聚集在门多萨的那些爱酒成痴的人能有奢华酒店住了。"
>
> 《墙纸》杂志

晚餐时分，游人们会回到主宅用餐。在卡瓦斯，用餐是生活中最主要的一部分，因为餐厅不仅供应可口的饭菜，还有酒窖中的250多瓶美酒供你选择，你还已通过优先预约参加这里的烹饪课。对于喜动不喜静的游客，酒庄可以安排他们进葡萄园参加收割葡萄的活动，足够把昨天吃进肚的牛排消化掉。作为回礼，你会得到当晚晚餐时支付一杯葡萄酒的代币。**DA**

在亚古亭阁客栈小住
Stay at Yacutinga Lodge

地点：阿根廷伊瓜苏

网站：www.yacutinga.com **价格指数：**$$

去阿根廷游玩的游客大多会蜂拥至伊瓜苏瀑布，那是一道气势磅礴、震撼人心的瀑布，从一条宽大的马蹄状岩缝中喷涌而出；但是极少有人去探索周边宏伟壮美的森林。就在瀑布上方60英里（96公里）处，宽阔的伊瓜苏河静静流淌着，河边是5座精巧有趣的小房子，它们掩映在原始的雨林中，周围缠绕着婀娜的藤条还生长着凤梨，不太容易被人发现。这就是亚古亭阁客栈。

客栈氛围浪漫、布置舒适，但又透着一股质朴的气息，客人们置身于森林中，总是伴着天籁之声入睡。清晨，走出房门，眼前是一簇簇一丛丛五彩缤纷的花朵，香气扑鼻；卷尾猴轻松地在枝头荡来荡去，犀鸟则在客人们的头顶上粗声粗气地时不时叫上一声。住在这里是个难得的好机会，不仅是能体验森林腹地的生活，更是可以亲身参与针对4,000多种植物和500多种蝴蝶的保护项目，因为这片私人保护区是世界上生物多样化最突出的地区之一。

游客们通常会在瓜拉尼船夫的指引下开始他们的冒险历程，先是乘着一叶轻舟顺流而下，眼前奇景渐渐展开：凯门鳄趴在岸边晒太阳、翠鸟低低地扎进河中捕鱼。经验丰富的大自然导游将游客们带入森林腹地，大家会了解到这个脆弱的生态系统内有着怎样的相互关系。你可以通过植树为重新造林项目做贡献，也可以听听在这里定居的生物学家讲讲他们的研究。不过。最佳选择是泡在周围盛开着异国花朵的池塘里，或者坐在高高的平台上，尽情陶醉在鸟语花香、彩蝶纷飞的美景中。夜幕降临，客人们通常会围坐在露天酒吧中的篝火旁消遣一会儿，然后就出发去夜游森林，去观赏那些白天看不到的小动物。**CD**

在蜂鸟庄园休闲度假

Relax at Estancia El Colibrí

地点：阿根廷科尔多瓦

网站：www.estanciaelcolibri.com **价格指数：**$$

蜂鸟庄园是一座时尚奢华的现代五星级酒店，同时也是一座仍旧经营着的古老而传统的阿根廷牧场，它兼具这两种氛围格调，却又并不显得突兀割裂，反而非常和谐。这座畜牧场并没有属于乡村的那种别致，取而代之的是现代感颇强的高雅。庄园占地420英亩（170公顷），半是私人花园半是国家公园，放眼望去，美景绵延不绝。

庄园宅邸中的9间房共隔成3个套房和6个小套间以及豪华客房，房间中都布置得细心周到，进屋还有暖烘烘的火炉迎接你。除了客房，酒店还有避暑别墅，里面还有供人放松的酒吧和起居室；别墅设计有安达卢西亚风格的拱门、瓷砖地板，挑高天花板上吊着枝形吊灯，室内还陈设着酸性染料涂刷的高雅家具。难怪《哈珀斯》杂志会将此地作为时尚写真拍摄地；《时尚》和《闲谈者》杂志也评价此地是极受欢迎的度假胜地。

这座酒店的美丽并不只是浮于表面：客人们都说，不管是在宽敞的地下酒窖中拼酒，还是学着打马球、跳探戈，抑或是在牧场上吃露天烧烤（可以烤羊驼肉、猪排和羊排），无论在这里做什么，都能享受周到细致的服务。

一天的骑马远足并且体验了新鲜的牧羊赶牛之类的活动后，回到酒店，你可以惬意地泡在泳池中，也可以在芬兰式桑拿房、土耳其浴室或热水浴缸中尽情放松，舒缓紧张酸疼的肌肉。在这里住的最后一晚，压轴的节目才该上场——酒店会在客人各自的阳台上精心准备一顿私密的晚餐。**LD**

← 迷人的殖民风格乡间别墅坐落在美丽的阿根廷田园间。

在洛斯波特雷罗牧场骑马

Ride Horses at Los Potreros

地点：阿根廷科尔多瓦

网站：www.ride-americas.com　**价格指数：**

洛斯波特雷罗牧场是座占地6000英亩（2428公顷）的畜牧场，高高地坐落在塞拉斯其卡斯山上。从牧场放牛工人、厨房女佣到普通客人脸上总是洋溢着一丝淡淡的笑意，直让人疑心他们喝的马黛茶里是不是有什么让人愉悦的魔药。

贝格家族世世代代经营着洛斯波特雷罗牧场。和数百年来一样，他们仍然在这里养牛，不过如今罗宾·贝格和凯文·贝格新增了游客接待的业务，可为度假的游客提供内容丰富的骑马活动。罗宾和凯文出生于阿根廷，但曾在英国上学，因此其实具有典型的英国人的特点。在农舍的餐厅中，你可以见到产自英国谢菲尔德的银质餐具和古旧的英国大部头图书：温斯顿·丘吉尔的《第二次世界大战回忆录》和《查泰来夫人的情人》。在参厅你会有幸尝到牧场自制的橘子酱。走出房子，迎接你的就是美妙的阿根廷风景，既能看到叽叽喳喳的长尾小鹦鹉，也能遇到带着贝雷帽的加乌乔牧人（居住于南美大草原上的印第安人和西班牙人的混血种族）。牧场上的克里奥尔马和秘鲁马性格温和。住在这里的游客可以参加多天的骑马活动、打马球，或者只是花上几个小时的时间，在大牧场浅金色随风摆动的草丛中自由漫步。回到住处，有香气扑鼻的热茶、自制小蛋糕，甚至是一杯洛斯波特雷罗自有品牌葡萄酒等着你，等你享用了茶点酒水、胃口大开的时候，晚餐才刚刚开始。**PE**

> “米其林要是出一本《骑马旅游指南》，那洛斯波特雷罗牧场一定稳居榜首。”
>
> 派特里克·贝雷斯福德勋爵，《终极旅行》

入住阿尔韦亚尔皇宫酒店

Stay at Alvear Palace Hotel

地点：阿根廷布宜诺斯艾利斯

网站：www.alvearpalace.com　**价格指数：**

这座宏伟古老的酒店位于高级住宅区瑞可雷塔，富丽堂皇，时尚别致，是一座纯正的布宜诺斯艾利斯标志性建筑。阿根廷的第一夫人也是民族女英雄贝隆夫人就曾经在这里用下午茶。今时今日，那些相貌堂堂的先生和面容姣好的女士们仍然选择在这里消遣，享用酒店冬景花园酒吧间的下午茶；这个每天下午四点起提供的下午茶服务俨然已经成为了酒店的招牌和特色。现在的下午茶与贝隆夫人时代的并无二致，不过美味的大黄派可比以往任何时候都要新鲜得多。

酒店本身体现着遥远时代的魅力：想象一下，你眼前出现的是法王路易十六时期凡尔赛宫的装潢风格，墙上挂的是极具历史意义的艺术作品，高雅的套房中点缀着文艺复兴时期的家具。橘园室内餐厅无疑也沿袭了酒店的欧洲风情。酒店的水疗中心可以提供范围广泛的疗法。而酒店最吸引顾客的特色则是贝隆夫人留下来的内容丰富的遗产。从酒店前门出去没几步就是瑞可雷塔公墓，1974年，贝隆夫人就是在此下葬并从此长眠在这里。从这里搭乘出租车，穿过市区，很快就来到了阿根廷的总统府——玫瑰宫，贝隆夫人曾经在此进行过多次打动人心、值得纪念的演讲，她就是在这里被第一次提名副总统，也是在这里挽起她庄重的圆发髻。

不过，比起国家元首，今天的阿尔韦亚尔皇宫酒店与好莱坞一线影星的关系更为密切。在那些明星大腕中，最经常下榻在这座酒店的有演员安东尼奥·班德拉斯、凯瑟琳·德纳芙和萨尔玛·海耶克。对于贝隆夫人的追随者，这座酒店永远是怀念她的圣地，每天的下午茶时间，就会有一众某个特定年龄段的女士纷沓至来，学着贝隆夫人的样子在这里享受午后的悠闲时光。**DA**

在拉科罗纳保护区享受人生
Enjoy La Corona Sanctuary

地点：阿根廷布宜诺斯艾利斯省

网站：www.lacoronasanctuary.com **价格指数：**$$

拉科罗纳保护区既是可供游人住宿的奢华旅馆，也是仍然营业的一座农场，坐落在空旷的草原上，位于布宜诺斯艾利斯的西南部，距离该城市仅4小时车程。从1875年起，该旅馆一直由同一家族经营着，可以提供全套瑜伽课程和全面的水疗疗法，包括日式指压按摩疗法和灵气治愈疗法。

拉科罗纳比较注重客人的身心放松和对自己的珍爱与宠溺。这里仅有6间客房，其中两间位于泳池别墅中，与主宅相隔一段距离，相对来说较为私密。而且别墅采用的是优雅地落地双扇玻璃门，门前即是修剪整齐的草坪。另外4间客房都在主宅内，其中一间较大的双人房可以俯瞰整个游廊。细心周到的旅馆服务人员随时待命，做早餐、清洁客房、端茶递水、洗衣洒扫这一切都会安排得妥妥当当。所以作为客人的你起床后没有什么可操心的，可以先做一个小时的瑜伽，然后去鸟类保护区观鸟或是悠闲地坐在旅馆的马车上欣赏周边美景。为了满足那些喜静不喜动的游客的要求，旅馆在郁郁葱葱的花园中布置了几张吊床，此外还准备了台球桌。至于午餐，你可以享用阿根廷传统烤肉。

> “过不了多长时间你就会适应这个精品度假村的生活节奏。”
>
> travelintelligence.com

真正让这家旅馆扬名的还是这里的水疗服务。客人们最好能在这里住一周以上，这样才能充分体验这里的各种理疗项目，包括注重重塑全身的瑜伽体位法课程。**BS**

造访道斯塔拉斯
Visit Dos Talas

地点：阿根廷布宜诺斯艾利斯省

网站：www.dostalas.com.ar **价格指数：**$$$$

从喧嚣繁华的布宜诺斯艾利斯启程，两个小时的公路旅行中，你会穿过一片平坦的草原，长长的公路两侧掠过大片的田地和零零星星的牛群，从被风吹得哗哗作响的榆树到种着直插云天的智利南美杉的广阔农场，再到一望无际的绿茵地，车窗外的风景如画，引人入胜。到达目的地，你会看到一栋可以追溯至1893年的法式古堡，城堡中有螺旋扶梯、阳台和黄色的遮阳棚。就在高大的桉树下布置着一张午餐长桌，古堡的主人会在这里迎接宾客的到来，树下还架起了传统的阿根廷烤炉，上面烤着大块的自制多汁牛排，令人垂涎欲滴。喝上一杯巴尔贝克葡萄酒，咬上一口香辣过瘾的南美肉馅卷饼，就这样放松下来吧，因为这里就是你的家。

不在大庄园中住上几天，你的阿根廷之旅就是不完满的，因为是庄园的养牛场让阿根廷富裕起来的。你所在的道斯塔拉斯就是一个最浪漫最真实的例子。在这里，你就是庄园主人，即创始人佩德罗·卢侯后辈的座上宾，热情好客的主人将会带你参观他们的公园，园中尽是两边生长着高大树木的林荫道。原来，这座公园是由阿根廷杰出的景观设计师查尔斯·赛斯设计的。他们还会告诉你，你尽可以将这座高雅别致的古堡当做自己的家。有时候这里会举办盖茨比式奢华派对般的文学沙龙，届时从挑高的客房到优雅地露台全都是热烈交谈着的人们。从藏书颇丰的图书馆到满满覆盖着生动照片的古董桌，整个宅邸都洋溢着浓重的历史感。清晨，你可以在庄园四周漫步，下午，便可以坐在池塘边，凝望那无边无际的广阔平原。当太阳缓缓沉下地平线时，和当地的加乌乔牛仔一道骑马驰骋在美丽的余晖中。**CD**

享受法伊纳酒店的优雅环境

Enjoy Faena Hotel

地点：阿根廷布宜诺斯艾利斯

网站：www.faenahotelanduniverse.com　**价格指数：**$$

沿着红色灯光满溢的过道来到满室生香的大堂，再参观那格调诡谲、充满奇思妙想的彼斯托餐厅，最后进入以标志性的雪白、赤红与金黄三色装饰的客房，这就是共有110间客房的法伊纳酒店，由世界著名设计鬼才菲利普·斯塔克设计，风格大胆惊人。对于这座洋溢着布宜诺斯艾利斯颓废美的酒店，夜里到达才是欣赏其富丽堂皇的装修与精致时尚的品牌魅力的最佳方式。

法伊纳无处不在彰显酒店戏剧性的设计理念，它巧妙地将天马行空的大胆想象与“美好年代”的颓废与戏剧感融合在一起。不过，这样的设计风格确实适合这座酒店，因为酒店所在地曾是一个大型粮食储备仓库，在世纪之交的全盛时代，阿根廷的农业财富就是从这里出口到世界各地。在陈设着多种木制与皮革家具的图书馆酒吧间中，伴着三角钢琴弹奏出的悠扬乐曲，啜饮几口手中的开胃酒，胸中顿感舒畅。在风格上，这家酒吧间仿效了20世纪农场庄园的那种怀旧的奢侈风。然后你便可以起身去彼斯托餐厅用晚餐，那里已经有令人惊艳的美味佳肴等你了。餐厅的美食同时具备味道上的美妙与外形上的时尚，而且这里的经典菜式均以空气、泡沫、球体等进行了别出心裁的装饰，厨师甚至还采用了结构的手法让菜肴看上去更为新颖，绝对可以满足追求精致美食和高端菜品设计之人的苛刻要求。如果你到来的时间刚好赶巧，可以有幸看到卡巴莱歌舞表演剧场的探戈舞和管弦乐队表演，这里的演出在整个布宜诺斯艾利斯都算是顶级的；剧场的空气中洋溢着葡萄酒和香槟那醉人的芬芳，客人们眼前则是舞者迷人的身段和精彩的舞蹈。**CR**

彼斯托餐厅中装修得富丽堂皇，颇为夸张，墙上还挂着独角兽头。

在拉帕素阿拉旅馆拥抱自然

Stay at La Pascuala

地点： 阿根廷蒂格雷河三角洲

网站： www.lapascuala.com　**价格指数：** $$

在距离布宜诺斯艾利斯仅一小时车程的地方，有一个只有当地人才知道的所在，那里宛若天堂，充满了狂野浪漫和自然不羁的元素。从空中俯瞰，蒂格雷河三角洲就像河流与成百上千座小岛组成的一条精致蕾丝花边。

蒂格雷镇上有几座宏伟的建筑，里面是几家颇有历史的划船俱乐部。从这里租船，然后轻巧地下水出航，你会顿时萌生一种逃离尘嚣、直入莽林的幸福感。河道越来越窄，最后进入一条高树密林围绕的隧道；最后，这逍遥自在的船儿仅能借着透过树叶照射下来的阳光继续巡游。两边河岸附近是成排的吊脚木屋，当地居民们在看起来快要散架的木码头上悠哉地喝着马黛茶，皮划艇经过时，若要碰着两边，就能看到码头直打晃。不一会儿，等你穿过了巴拉那河，进入三角洲偏僻的第二段地区，就又会发现些许房屋住家。这一河段较为安静，河畔野草丛生，是苍鹭等鸟儿的地盘。深入到丛林腹地后，你会看到一系列高高的木桩插在河里，树林间便是拉帕素阿拉旅馆那优雅考究的小楼，门房会招呼小船靠岸，然后将你的行李搬到房间，而这时你早已上岸泡在房间的浴缸中了。

拉帕素阿拉旅馆是美丽荒僻的大自然中的天堂，格调高雅、装修奢华，每间套房都设在单独的吊脚楼中，掩映在一片苍翠间，还配有各自的阳台，供客人在私密的环境中躺在休闲椅上放松心情。客房的卧室非常宽敞，洗手间也几乎与卧室一样大。最值得称赞的是，客人泡在浴缸中眼前都有赏心悦目的美景。傍晚，你可以在露台上啜饮杜松子酒，然后再去私密的饭厅享用美味的晚餐。旅馆的服务周到细致，堪称一流。CD

在伯玛修庄园酒店享受奢华款待

Enjoy Estancia Peuma Hue

地点： 阿根廷巴塔哥尼亚巴里洛切

网站： www.peuma-hue.com　**价格指数：** $$$$

掀起窗帘，眼前是一面湖泊，蓝莹莹、亮晶晶，煞是可爱。对面是绵延的群山，山顶白雪皑皑，山腰郁郁葱葱，茂密的森林一直延伸到山脚的湖岸。沿着通往瀑布的一条野径，穿过一片教堂般气势恢宏的考依休树林，一路上可以看到红头麦哲伦啄木鸟，还有数不清的其他鸟儿。不管是乘皮划艇下水巡游，还是骑着马驰骋到无路可通的偏远湖泊，你总能在这片小天地中自由自在地享受独处的乐趣。阿根廷的湖泊地区在自然探险的条件上无与伦比：陡峭的山坡、形形色色的湖泊还有原始莽林都令人称奇。不过最特别的还数伯玛修庄园酒店，因为酒店可以为客人们提供私人湖岸和大片山林，一切都能让人们住得非常开心；此外，客人们还可以单独去探索这片自然景观。难怪伯玛修庄园在马普切语中意为“梦之园”。

> “我们的首要目标就是要保护伯玛修庄园那原始的森林、溪流和那里的动物。”
>
> 伯玛修庄园酒店的主人

这座庄园是主人伊芙琳·霍特的杰作，她的目标就是让住在这里的客人都有幸与自然进行全面接触。每天傍晚晚餐前，她和她的员工都会站在篝火旁举着一杯杯葡萄酒迎接客人。他们还能为客人的徒步和冒险提供非常专业的指导。庄园土地上建有4座美丽的小屋，既有配备了大床、双人按摩浴缸的奢华套房，也有人迹罕至的山中小屋，僻静而偏远，非常适合寻求浪漫的情侣。CD

在拉斯巴尔萨斯度过午后悠闲时光

Spend an Afternoon at Las Balsas

地点：阿根廷巴塔哥尼亚拉安戈斯图拉镇

网站：www.lasbalsas.com.ar **价格指数：**$

拉安戈斯图拉镇位于阿根廷的巴塔哥尼亚地区，古香古色，氛围亲切友好。尽管此地属于南美，但却透着一丝瑞士风情，这可能是因为每个街角都有诱人的巧克力糖果店，或许又是因为这里的家庭建筑很像瑞士山中的牧人小屋。除去所在的精致小镇不谈，拉斯巴尔萨斯本身就是一处遁世的绝佳去处。这家酒店位于纳韦尔瓦皮湖国家公园内一条小小的泥路尽头，而这座国家公园是巴塔哥尼亚最美丽的土地，而且若非专门指引，你绝不可能随随便便就偶然发现这片美景。

酒店仅有12间普通客房和3间套房，环境都很私密。每间客房都有独特的风格，有的以灰粉色为主色调，从窗口望出去可以看见壮观的安第斯山；有的装饰有高雅的红色条纹。酒店还有一座简单精致的米黄色套房，房间中的床头边桌是由独木舟改造而成的，工匠将独木舟涂上清漆，锯成两半，然后倒立起来，便成了我们今日看到的边桌。除了室内和室外的泳池，酒店还有一座石造水疗馆，其中的理疗项目不胜枚举：除了以金为抗炎抗氧化成分的“黄金面膜”，还有以巧克力为基础元素的全身“巧克力护理”。

酒店最具吸引力的地方绝对是以柏树和石头为主材料建造的餐厅和魅力迷人的品酒间。轻轻地咬上一口酸橘汁儿腌鲑鱼，尝一尝皇帝蟹配椰奶以及黑醋栗和巧克力酱配鹿肉，最后再享受阿根廷最受欢迎的甜品——牛奶焦糖，这份甜品和与之相配的红色冰冻果子露和椰子曲奇都是大厨巴勃罗·坎波伊的杰作。**RCA**

↗ 这座蓝色木板围成的别致酒店距离人们常走的大路还有一段距离，可以说是个豪华的人间乐园。

“每间客房或每座套间都有各自的风格，还能望到独有的纳韦尔瓦皮湖风景。”

《公路与旅游》杂志

在七大湖公路上兜风

Explore Seven Lakes Route

地点： 阿根廷巴塔哥尼亚

网站： www.patagonia-argentina.com　**价格指数：** ❶

曾有人这样说过："启程前往你所选择的目的地，沿途的经历与你抵达后在那里度过的时光一样富有冒险乐趣"。而从巴塔哥尼亚地区的微型小镇圣马丁·德·洛斯安第斯出发，沿着"七大湖路"向拉安戈斯图拉镇进发，这段旅程就正应了前面这句话。

这段路是234号国道的一部分，总长67英里（107公里）蜿蜒曲折，纵贯内乌肯省的两大国家公园——纳韦尔瓦皮湖国家公园和拉宁国家公园。这段不是什么用柏油铺的平整道路，而是碎石遍地的土路，更适合拉力赛。圣马丁是一个迷人的滑雪胜地，到处是木材与石头搭建的小屋，里面存放着滑雪用具、羊驼毛衣和围巾。这里非常安静，到达拉安戈斯图拉镇之前是你能见到的最后一丝人类文明存在的痕迹。

游客见到这样美到极致的景色，在惊讶之余甚至会屏住呼吸小心地欣赏。你不用费劲拐出公路，七片湖泊也能尽收眼底，远处是起起伏伏的山地，此外你还能看到更远处的安第斯山脉。马赫奥尼克、埃斯孔迪多、埃斯帕乔、拉卡、福克纳和维拉瑞诺这七片湖泊，各有各的迷人之处。

这片地区可不是巴塔哥尼亚一马平川的草原，相反，更像是南美洲的"阿尔卑斯山"，甚至还要更刺激。你会想象着在山中也许能看到熊和美洲狮，不过，事实并非如此，可能你看到的只有马儿和笨笨的牛时不时穿过马路，也许它们只是在比较哪边的牧草更绿更可口。如果到来的时候是春天，冰雪初融、瀑布解冻，自然界的新生力量喷薄而出；因为漫山遍野开着红色和橘色的花朵，这片已然非常美丽的风景变得愈发迷人。**RCA**

→ 路上的每一个转弯都有如画的湖泊、山野和密林等着你。

在克里斯蒂娜大牧场过夜

Stay at Estancia Cristina

地点：阿根廷巴塔哥尼亚

网站：www.estanciacristina.com **价格指数：**$$

船儿渐行渐远，驶离炊烟袅袅的人类文明，进入蓝绿色阿根廷湖偏远的地段，在楼宇般大小的冰山间穿行，这是要去哪里呢？经过3个小时的航行，游客们就会看到巨大的乌普萨拉冰山，沿着这堵高达230英尺（70米）的透明冰墙前行，有可能会发现某段冰墙突然“轰”的一声崩解，然后沉入水中。随着小船距离湖泊的最北端越来越近，4座迷你建筑浮现在你眼前，它们在荒凉的湖岸上孑然独立，背后则是连绵起伏的山峦，这就是我们的目的地——克里斯蒂娜大牧场。

这座偏僻荒凉的巴塔哥尼亚牧场是一个世纪前由一个勤劳勇敢的英国家庭建立的，现在可以为远道而来的游客们提供新建的舒适小屋。傍晚晚餐前，你可以慵懒地躺在落地窗前，手中擎着一杯上好的葡萄酒细细欣赏屋外的美妙景色；当你考虑着究竟是吃香煎三文鱼还是火炉上正小火慢炖着的巴塔哥尼亚嫩羊肉，头脑中不禁想到严酷的冬日里蓄养群羊的原住民。在清冷的星空下，向着温馨的小屋走去；屋子虽然简单朴素，但足够暖和，还有舒适的床铺等着你入眠。

在克里斯蒂娜大牧场，最令人难忘的体验则是跟着向导爬上山脊，山上长长的一段朱红色的岩石被远古冰川侵蚀摩擦得圆润光滑，形成一片壮观的开阔风景。山脚下，遥远的天际耸立着乌普萨拉冰山，沉寂安静，深不可测，令人心生敬畏。你可以沿着宏伟的峡谷往下走，去寻找鹦鹉螺化石和软体动物化石，但是四下里毫无人类活动的踪迹，只有成群的骆马、野马和河水中游来游去的大鳞大马哈鱼与你为伴。**CD**

在设计套房酒店休闲放松

Relax at Design Suites

地点：阿根廷巴塔哥尼亚埃尔卡拉法特

网站：www.designsuites.com **价格指数：**$$

设计套房酒店属于五星级，由世界著名建筑师卡洛斯·奥特设计，是环保性建筑的杰出作品。这座奢华的酒店使用的建筑材料皆来产自于当地，酒店包括一座美术馆、一家设计商店、一家可以俯瞰阿根廷湖那令人难以置信的风景的美食餐厅。虽说这是一座令人拍手称绝的恢弘大厦，但其实真正吸引人的地方还在于其中的一些细节；是一个巴塔哥尼亚设计团队负责酒店的家具挑选制造和内部装修。60间客房，每间都有落地窗，窗外则是巴塔哥尼亚地区荒凉无垠的美丽原野，遥远的天际是连绵不断的群山和高耸入云的山峰，山前则是平滑如镜的湖泊。这里绝对算得上是南美洲最令人印象深刻的酒店之一，因为设施齐全，既有室内和室外恒温泳池、水疗馆、桑拿室，还有健身俱乐部和葡萄酒酒吧。不过没有人是单单为了一座酒店才来到巴塔哥尼亚的，如果在一番心理挣扎下，客人们能迫使自己从酒店的舒适环境中走到户外，那么相信他一定会去埃尔卡拉法特镇，那儿是通往著名的佩里托·莫雷诺冰川的必经之路，因为这处冰川有定时“冰崩”的现象，也就是说，到时间后会有大块的冰体“轰隆”一声沉入海底，游客们都会因为这一独特的壮观景象而当场惊骇到像钉在原地一样一动不动。除了佩里托·莫雷诺冰川，周边的湖泊群山冬天宜滑雪，夏天宜徒步，也是不可多得的度假胜地。**DN**

> “设计套房酒店专门为对设计有独到见解的游客准备，绝对令人惊艳。”
>
> 《墙纸》杂志

在艾罗远眺巴塔哥尼亚荒野

View the Patagonian Wilderness from Eolo

地点：阿根廷巴塔哥尼亚近埃尔卡拉法特

网站：www.eolo.com.ar　**价格指数：**$$$

没有什么地方能比巴塔哥尼亚的荒野更能唤起人心中巨大的孤独感。这片地区靠近南美洲的最南端，该地的草原一望无垠，没有树木，也没有人居住，一片寂静中只能听到大风刮过的呼呼声。比起在寒冷的夜晚瑟缩在帐篷里，有些游客更喜欢盖着洁白的棉被和柔软的毯子入眠，对于这些人而言，没有什么比艾罗更好的选择了。艾罗旅馆的是7间套房中都有巨大的落地窗，从房中可看到不可思议的美景：空旷寂寥的平原、无边无际的苍穹、零星分布的湖泊、山峦；天气晴朗的时节，横跨阿根廷与智利交界的百内国家公园中尖顶的山峰都能看得真真切切。

这座奢华的旅馆其实是一座占地4,000英亩（1,618公顷）的牧场，从巴塔哥尼亚地区的一般住宿条件上来讲，这里的环境是一流的。房间布置得再舒适不过（超大的卧床、松软的毛巾、大方的软垫沙发椅），装饰风格入时，无可挑剔，但又朴素低调，毫不夸张（相比之下，反倒是这里的自然风光更为抢眼）；周到细致的服务人员和套餐式的价格费用让住在这里的客人可以安心享受，哪怕一丁点的烦恼也不会有。这里的员工甚至会为你准备美味可口的午餐便当。

艾罗重新定义了度假的风尚——“远离一切烦忧”。旅馆的主人并没有在卧室中安装电视，这一点是可以理解的，因为窗外的风景要比电视节目可引人入胜多了。你可以借一副望远镜或者用休息室的大型单筒望远镜观察空中翱翔的老鹰、平原上三三两两的巴塔哥尼亚野兔。而且，千万别错过莫雷诺冰川的冰崩奇观，这座冰川是世界上最大的仍在向前推进的活冰川。**IA**

↗ 艾罗的建筑耸立在一座光秃秃的山坡上，可以看到山下壮观的平原景色。

“这处山谷原野辽阔、寂静，覆盖着一簇簇高高的牧草。”

preferredboutique.com

观赏佩里托·莫雷诺冰川奇景

See Perito Moreno Glacier

地点： 阿根廷圣克鲁兹省

网站： www.parquesnacionales.gov.ar　**价格指数：** ❶

巴塔哥尼亚地区以其“绝对”的风景吸引着我们：“绝对”干燥的沙漠、“绝对”冰封的海洋和“绝对”一条直线走到底的公路，但该地区其实还毗邻令人心生敬畏的一处景点。向西沿着50度纬线穿越阿根廷干旱的大草原，你就会看到在古老的海滩森林和嶙峋突兀的安第斯山山峰的环抱下，是著名的佩里托·莫雷诺冰川。莫雷诺冰川位于冰川国家公园的中心位置，具有一种超现实的美感和迷人的魅力。菲茨罗伊和达尔文于1831至1836年间进行的具有里程碑意义的旅行差点就发现了这座冰川，不过最终还是佛朗西斯科·帕斯卡西奥·莫雷诺在1877年的时候才发现，因此该冰川便被命名为“莫雷诺冰川”。

如今，要去参观这座吱吱嘎嘎不断向前推进的庞然大物，游客们可以选择多种方式。有的喜欢徒步穿过冰川那像蛋糕一样的表面，其他人喜欢攀登冰坡或者驾驶超轻型飞机盘旋在雪茄形状的云朵下观赏冰川。喜欢以更加闲适的方式欣赏美景的游人则更愿意坐在麦哲伦半岛舒适的观景台上眺望冰川，或者在众多的双体船与巡洋舰中选一艘，乘船近距离观看不断崩解的冰墙。这堵墙高达200英尺（60米），而冰川本身占地160平方英里（414平方公里），和布宜诺斯艾利斯这座城市一样大。怎么样？很震惊吧！莫雷诺冰川是从南方冰原注出的，冰原的面积和以色列整个国家国土一样大。每隔4到5年，当水流过阿根廷湖南部的狭长湖湾时，佩里托·莫雷诺冰川就会断裂一次，面向东侧的中央冰墙也因此而崩塌，整个过程非常壮观，吸引了来自世界各地的游客。

CM

→ 令人心生敬畏的佩里托·莫雷诺冰川是三座巴塔哥尼亚冰山中唯一没有融化后退的。

随着前进号巡航
Cruise on MS Fram

地点：南极洲
网站：www.hurtigruten.co.uk　**价格指数：**$$$

南极洲的生态环境在世界上是最为脆弱的，因为这片大陆具有地球上数种极端环境的特质：气温最低、海拔最高、风力最强、天气最干旱、冰冻面积最广。在这里，你能见识到大自然最原始的状态，为其辉煌与壮观感到惊讶感慨。为了保护这里的原始环境不受到破坏，IAATO（国际南极旅游组织协会）制定了严格的指导方针。在此海域航行，乘客的安全也是最重要的；海达路德游轮公司的前进号出航经验丰富，而且在南极地区这片海域是最易操作的。

“我们看到了金色的迷雾，那是落日余晖透过薄薄的蒸汽造成的效果，非常美妙。”

欧内斯特·沙克尔顿，探险家

游艇驶过巨大雕塑一般的冰山与冰川，游客们躺在船上的长椅中即可看到尖耸的冰峰，有些冰峰甚至高耸入云，给人一种童话世界般的美妙感受。甲板上一片寂静，只能偶尔听到冰川断裂的咔嚓声。白雪皑皑的山头映在宁静的水面上，崩塌下来的冰块沿着山坡一路滚落入寒冷的海水中，周围零星浮动着碎冰和小房子般大小的冰山。

海上，信天翁像灰色的俯冲轰炸机一样从空中猛冲下来，在狂野的海风中滑翔。上了岸，你可以近距离地观察成群的企鹅，还能看到在浮冰上趴着打盹的海豹。随着船儿小心翼翼地向前推进，破开冰层，船体两侧就会有碎冰和较小的冰山向外排开。在这个天寒地冻的白色世界，视线所及尽是剔透玲珑的冰。**AD**

探索南极地区
Visit the Antarctic

地点：南极洲
网站：www.voyagesofdiscovery.co.uk　**价格指数：**$$

太阳照耀在冰块覆盖的海面上，突然传来一声大喊：“左舷旁边的浮冰上有海豹”，顿时照相机的快门声响成一片，这就是南极洲探险巡游艇上的第一个清晨，时间刚刚七点。乘船拜访这片白色大陆可以说是终极的逃离尘嚣之旅，旅途中你将有机会踏上这片原始的大地，而同一时间在这片大陆上参观游览的人限制在百名以内。你可以步行穿过企鹅的栖息地、近距离观看海豹、冰山还有给鲸鱼喂食的画面，也可以看到信天翁在轮船后面的滑流中滑翔。

每年会有许许多多大型邮轮来南极洲探险，但是邮轮上的人是不允许上岸的。如果你想踏着沙克尔顿的脚印真正走在这片白色的大陆上，那么只有乘坐勘探船才行。这种船一般体积较小，食宿条件也谈不上豪华；不过，失之东隅收之桑榆，在这片世界上最为恶劣的环境中，虽然牺牲了极致奢华的度假体验，但是却收获了远离人类文明的那份精彩与刺激。所以就别幻想有什么设施齐全的码头和精美的纪念品商店了，但要记得一定要带上一双防水靴，因为你到时候会乘坐充气橡皮艇登岸，有时候下船还要踩在水中或者布满礁石的海滩上。你还需要带上一副厚厚的保暖手套和一顶羊毛毡帽。游船通常会在南半球的夏季，即11月到3月之间前往南极洲旅游参观，那时的冰层最薄，利于船只前进。

根据大小不同，勘探船能容纳100到500名乘客不等。真正的冒险家会选择较小的船进行南极之旅，不过如果你希望自己的旅程稍微舒适一点，那么探索之旅邮轮公司的“探索号”不失为一个极好的选择。“探索号”上有顶级的南极科考专家团队，他们会在驾驶台上通过讲座的方式与你分享他们渊博的南极知识。**JA**

在爱国者山扎营

Camp at Patriot Hills

地点：南极洲

网站：www.adventure-network.com **价格指数：**$$$

想象一下这样一片大陆，放眼望去只有白茫茫的冰雪和岩石和头顶的天空，能够在这里存活的动植物少之又少。这片大陆就是环境严酷的南极洲，而爱国者山是这块与世隔绝的大陆上唯一一座私人拥有的营地。这里的温度在冬天有时会下降至-129℉（-89℃），不过在夏天，游客们可以享受24小时的阳光照耀、无限的风光和厚重的孤独感。可以这样说，爱国者山是逃离喧嚣的终极之选。

爱国者山营地成立于1987年，距离南极点仅668英里（1,075公里）。从智利最南端的彭塔阿雷纳斯城市乘飞机出发，在四个半小时的航行后，你将降落在埃尔斯沃思山脉稀有的蓝色冰跑道上。至此，你还有半英里的路程才能到达营地，可以徒步，亦可选择更舒适的方式——乘坐雪地摩托。

到达营地，有不少活动在等着你参加。你可以乘飞机在极点上空飞过，或者如果特别有冒险的冲动，那不如直接滑雪滑到南极点；去访问威德尔海附近道森·莱姆顿冰川上的地企鹅栖息地；再或者穿着雪鞋或开着雪地摩托在周围的山丘上逛逛，与同伴一道或在经验丰富的导游的带领下了解该地区独特的地理面貌。

用餐的帐篷位于爱国者山营地的中心位置，游客们在这里齐聚一堂，就着热腾腾的菜肴餐点分享彼此的冒险故事。然后，缩在各自的睡袋中，在睡梦中追随1911年12月间探险家罗尔德·阿蒙森的脚步。要知道，他可是到达南极点的第一人呢！ **BS**

“我们有幸到过南极，死去的那一刻也要像绅士一样。”

罗伯特·弗尔肯·斯科特，探险家

↗ 无论何时，爱国者山上的探险用帐篷最多都只能容纳五人居住。

欧洲为游客提供了千姿百态令人羡慕的游览地，满足了各种不同的口味和预算。从法国经过改建的风车，到苏格兰的城堡、希腊的岛屿，或意大利中世纪的要塞，众多的景点可供游人挑选。要是想舒活一下筋骨，不妨骑马穿越西班牙南部的群山，或是乘船经运河穿越勃艮第，也可以搭乘火车穿越德国。就看你怎么选择了。

欧洲

⇐ 维卡尔罗城堡，意大利

探险圣海伦岛
Explore St. Helena

地点：南大西洋圣海伦岛

网站：www.sthelena.se　**价格指数：**ⓈⓈ

圣海伦岛如此偏僻，难怪英国会将拿破仑皇帝流放到这里。这个位于南大西洋的小岛距离最近的陆地也有750多英里（1,207公里）。近来，政府准备在该岛建造一个机场，资金已经到位，2010年就会动工。但是现在登岛还只能乘坐定时出发的皇家邮轮圣海轮号。这艘坚固耐用的邮轮可谓是连通岛内和岛外的生命线。每次到岸都会向岛上运送1,500吨左右的货物和多达170名乘客。游客们先在开普敦上船，邮轮向着纳米比亚荒凉的骷髅海岸航行两日两夜，然后调转方向，迎着夕阳一路向前，一直驶入广阔的大西洋。此后，经过5天的航行，仿佛进入时间隧道一样，抵达了一个充满英国风情的地方。

> “荒凉孤寂和苍翠繁茂轮番上演，这里似乎浓缩了整个地球的风景。”
>
> 珍妮·达奇，《观察家报》

荒凉的海岸线旁是红色火山岩，沿着海岸线向岛内走去，会看见郁郁葱葱的亚热带植物和起伏不平、令人目眩的丘陵。想要登高的人可以去爬爬“雅各布的阶梯”。阶梯位于岛上怡人的首府镇詹姆斯敦，共有750级台阶，台阶紧贴峭壁，一路向上。此外，或许你可能更想去看看渔夫用于诱捕龙虾的笼子，悠闲地消磨掉整个下午。这里虽然很偏远，但文明程度之高却足以令人惊讶!

从此处出发，再坐船航行两天，我们就会到达人烟更加稀少的阿森松岛。之后再乘坐军用飞机到达英格兰布莱兹诺顿，我们就能重返欧洲大陆了。**RsP**

体验狗拉雪橇
Dogsled in Greenland

地点：格陵兰岛康克鲁斯瓦格

网站：www.greenland.com　**价格指数：**ⓈⓈ

被冰雪覆盖的格陵兰岛可谓是雪中仙境。在这里，你可以看到自然最原生态的一面，也可以去观赏鲸鱼，或在冰冻的水面上划爱斯基摩独木舟（单人小划子，木船体外面裹以海豹皮）。最重要的是你还可以体验狗拉雪橇，只要学上几天，你甚至可以自己驾驶雪橇。

在纯白广阔的冰雪世界里尽情奔驰，耳边是爱斯基摩犬兴奋的狂吠声。这种感觉非常奇妙，仿佛置身于另一个世界。虽然气温达到了-30℉（-34℃），但碧蓝的天空上仍挂着耀眼的太阳。由于阳光非常刺目，游客除了要穿温暖的麝香牛皮靴子和舒适的海豹皮外套外，还得涂上些防晒霜。穿戴好后，就可以坐到由驯鹿皮制成的雪橇上，伊努伊特族的驾驶者就会让雪橇犬跑动起来，它们并排前行，六只一排，和我们熟悉的两两并排的跑法还不太一样。

康克鲁斯瓦格机场很少会因恶劣天气而取消航班。发生这种情况的次数比世界上任何一家机场都要来得少，这点确实令人称奇。其实原因很简单，这里既有在极圈内才会出现的子夜太阳，又有北极光带来的奇妙光辉。而这里荒凉原始的自然环境也一直保持得很好。无论在何处，道路也只向城外延伸几英里而已。

这里的人们和雪橇犬已经建立了长达一万年的特殊伙伴关系，而这种关系也使得其他人无法轻易定居于此。坐上雪橇，你就能体会到他们之间的联系，非常奇妙。幸运的话，你还能在新建成的冰屋中享用午餐，晚上则可喝到一杯30年的威士忌，而冷藏这杯酒的冰块可是当天下午刚从1,500万年的极地冰冠上砍下来的。**RsP**

→ 美丽的夕阳照亮了冰面，雪橇驶过冰雪之地都被浮上了一层绝美的光辉。

到格陵兰岛乘坐邮轮

Enjoy a Greenland Cruise

地点：格陵兰岛

网站：www.hurtigruten.co.uk **价格指数：**$$$

冰天雪地的格陵兰岛是个属于伟大探险家的世界。进入这个冰冷的世界冒险，游客可以乘坐挪威海达路德公司的轮船绕岛游玩一圈。这家公司的邮轮最常去的就是世界上那些最荒无人烟的地方。尽管格陵兰岛被称作“绿岛”（Greenland），但其位于北极圈内，实则是个被冰雪覆盖的岛屿，全岛的85%都被冰层覆盖，某些地方的冰层厚达1.8英里（3公里）。除此之外，岛上还有巨大的峡湾、庞大的冰山、北极熊、鲸鱼和爱斯基摩犬。

其实还有一些邮轮也提供格陵兰岛一日游，并将其作为挪威峡湾游览的一部分。但是，海达路德公司却将航行的时间缩短了。对于那些希望乘船游览，远离尘嚣的游客来说，因为机场和邮轮停泊地挨得很近，只要飞机抵达康克鲁斯瓦格机场，他们就可立即从纽因特出发，即刻展开自己的旅程。

此外，弗来姆号是一艘建于2007年的现代非奢华型邮轮。船上虽然提供餐饮、休息和观赏沿途风景的场所，但日间的娱乐活动却非常少，只有介绍格陵兰岛历史和相关动植物的讲座，以及锻炼身体的健身房。但这并没什么关系，因为真正的壮丽景色都在船外：北极熊（虽然很难看到）、喷水的鲸鱼以及教堂大小的巨大冰山。

因为格陵兰岛是世界上最大的岛屿，所以弗来姆号并不会周游全岛。共有两条游览路线可供选择，而两条路线都是沿西南海岸前行。游轮每天都会靠岸停泊，让游客上岛参观小镇（游客乘坐充气小艇），沿着冰河远足。当然，游客也可以乘坐直升机俯瞰峡湾的美景。**JA**

住在布迪酒店

Stay at Hotel Budir

地点：冰岛斯奈菲尔半岛

网站：www.budir.is **价格指数：**$$

从冰岛首都雷克雅未克出发，驾车向西北方向行驶两个小时，就到了布迪酒店。这里被山顶积雪的群山、死火山和高耸入云的瀑布环绕。酒店孤零零地坐落在冰岛荒凉的斯奈菲尔半岛人迹罕至的岸边，就像桀骜不驯的卫士一般，在适宜居住的世界边缘守卫着人类的文明。

然而，酒店里面的布局却是既干净又整洁，给人宁静平和的感觉。红色毛绒沙发摆放在光光的木地板上。砖砌的壁炉旁边堆着高高的木柴，

> “海水是青绿色的，土地是黑色的，从丛柔韧的草地呈现出淡淡的金色。”
>
> 露西·吉勒，《独立报》

深色的木制壁柜上放满了带有皮面的书本。因为外边就是极其恶劣的环境，墙上挂着的模型船看起来又滑稽又有趣。酒店的烛光餐厅是格陵兰岛最好的餐厅之一，它一直坚持着自己的传统——专门烹调有机食物，食材主要有当地的海鲜和野味。白天捕到的鲽鱼、鳕鱼、大比目鱼或扇贝，晚上经布迪火山岩处采集的香草调味后，就成为了餐桌上的美食。这座荒凉的岛上还有许多鹅、雷鸟、海鸠和鸬鹚，而这些野味也会根据季节的不同而陆续出现在菜单上。

酒店周围的环境非常适合户外活动。你可以乘坐雪橇去冰河探险，乘船出海钓鱼或去看看鲸鱼。火山岩远处的沙丘上是骑马的极佳场所。你可以在沙滩上嬉戏，也可穿过沙丘和火山岩，一口气冲到远处的村庄和风景绝佳的峭壁上去。**SH**

在格莱姆酒店放松心情
Unwind at Glymur

地点： 冰岛赫瓦夫峡湾
网站： www.glymurresort.com **价格指数：** $$

冰岛如此偏僻，它本身就是一种逃离，而这座远离尘世的酒店则提供了一个不同寻常的方式让人们体验这一切。虽然西冰岛酒店离雷克雅未克中心只有不到一小时的车程，但这里仍然宁静清幽，来客不多。在这里可以看到鲸鱼峡湾的风景，也可以看到冰岛其他迷人的自然景观，如黑沙海滩、海上鲸鱼、冰川、火山岩地和广阔的牧场。峡湾和群山的景色就足以令你身心舒畅，进入酒店独具特色的房间，你还可以尽情享用美味的食物。酒店的菜品极具风味，包含了冰岛各种特有的食材，例如鳕鱼、山羊肉和冰岛优酪乳。

酒店共有22个房间，都是上下连通的两层客房。酒店还有专供两人住宿的主题别墅。急需修养身心的游客可以在酒店的"静休之屋"练练瑜伽，享受一下宁静与平和。酒店的介绍是这样说的：坐在石头上休息一下，让你的灵魂得以追赶上你的身体。其他的别墅则利用了自然景观，举例来说，"自然之屋"的中心有一个瀑布，内部还设有温暖惬意的壁炉。此外，房间的装饰用的都是当地纯天然材料。而另一栋"浪漫别墅"则拥有大床和私人热水浴缸。

来到冰岛，你会充分感受到大自然的伟大：到了夏天，澄清的天空会出现午夜太阳，而冬天则会出现北极光；骑着稳健又毛茸茸的冰岛马去探寻火山岩的风景；清澈的山泉汇集成喷薄而出的瀑布，打破了山间的寂静。来到这里，你的身心会得到净化，而你也会充分感受到大自然巨大的力量。**LD**

"来到［格莱姆酒店］……在地热供暖的浴缸中边泡澡边眺望满是鲸鱼的大海。"

莎拉·巴雷尔，《独立报》

↗ 格莱姆酒店四周既有瀑布，也有布满苔藓的山峦和黑色火山岩石。

观赏北极光

See the Northern Lights

地点：冰岛

网站：www.icelandtotal.com　**价格指数：**❶

古时候，冰岛的居民认为孕妇看到了北极光，生出的孩子就会变成对眼。印第安人认为对着北极光吹口哨，就会召唤出逝者的灵魂。与这些相比，现代宇航员对北极光的解释就显得乏味多了：由于太阳的剧烈活动，放射出无数的带电微粒，这些微粒流向地球，因磁场作用进入南北磁极附近与其中的分子和原子碰撞，吸收了这些粒子的能量，为了回到最初的状态，这些粒子释放出光子，从而形成了可见光，也就是北极光。

极光的最佳观赏区域就是极光卵形环，也就是地球磁场附近的椭圆形区域。而冰岛就位于卵形环中间，只要夜晚的天空足够清澈，这里就是全世界观赏极光的最佳地点之一。一年之中，9月至3月的是最佳的观赏时段。岛上的向导会将游客带离灯火通明的城市，然后为其提供温暖的住户，以便大家能更好地欣赏极光。

美丽的极光只延续10分钟左右，但其震撼人心的美却足以令人终生难忘。红绿色的缎带在幽暗的星空中上下飞舞，划过夜空后又翻转腾挪，变成了一座立体的圆锥形帐篷，既而快步疾走，像一个绿色的精灵冲向天际。在你以为绚烂的表演就要结束的时候，地平线上又悄悄地出现了几条白色光带，就像洁白的纤纤玉指，在苍穹中闪闪发亮。这些光带随后又渐渐变粗，幻化成长长的钉子，随即又变成一道光束，直冲向天空的尽头。面对如此变化莫测、绮丽无比的美景，与其说是逃离了现代社会的喧嚣，还不如说是进入了一个新的宇宙空间。**PE**

← 在冰岛的夜空中，北极光状若绿色丝带，上下舞动翻转，划过天际。

参观斯奈菲尔火山
Visit Snæfellsjökull Glacier

地点： 冰岛斯奈菲尔半岛

网站： english.ust.is/Snaefellsjokullnationalpark **价格指数：**

关于冰岛斯奈菲尔火山的故事实在太多，不知应从哪里讲起。新世纪的人们认为这里是获取神秘力量的源泉；冰岛作家、诺贝尔文学奖得主哈德尔·拉克斯内斯就曾来这里获取灵感；儒勒·凡尔纳在撰写《地心游记》的时候，也将这里作为通往世界中心的入口。到了晚上，岛上就会出现神秘的光亮。人们说这是天外来客造访此地，但其实只是自然现象而已。可是，这座岛也并非你想的那么简单。

天气若是晴朗，从雷克雅未克一眼望去，就可以看到法赫萨湾对面的半岛。岛的顶部被少见的圆锥体冰川覆盖，周围则是国家公园、蜿蜒的单行线、布满海鸟巢穴的峭壁和散布着火山岩的牧场。只有在这个位于世界尽头的小岛，你才能体会到那种特有的宁静与祥和。

半岛周围的沙滩也呈现出不同于现世的奇妙景象。一小群逆戟鲸在海上徘徊；从船上掉落的金属碎片早已锈迹斑斑、扭曲变形，散落在黑色的沙滩上，多年以来无人问津。杜帕隆桑德海滩的圆形巨石原本是维京人用来测试力量的工具，现在却静静地矗立在通往沙滩的小路左侧。冰岛最受欢迎的传说就发生在这里。克里斯托弗·哥伦布也曾在这里度过一个冬天。虽然在这个世界上，已经很难找到真正可称作“未被开发”的地方了，但这里就是其中之一。呼吸着冰爽的空气，看着强壮的冰岛小矮马在广阔的牧野上缓慢前行，灰白的鬃毛在迎风飘动，生活在如此美好的世间，你一定会感慨万千！**LD**

这座偏僻的教堂坐落在斯奈菲尔火山脚下，红色的屋顶具有典型的冰岛风格。

在兰德曼纳劳卡放松
Relax at Landmannalaugar Hot Springs

地点： 冰岛雷克雅未克附近

网站： www.landmannalaugar.info **价格指数：**

长久以来，深受游客喜爱的兰德曼纳劳卡温泉一直是舒缓压力、摆脱烦恼的好去处。因为可以治愈疾病、缓解疲劳，这里的温泉也十分出名。无论是患有关节炎，还是严重的偏头疼，抑或是心情郁闷，又或是仅仅感到压力巨大，温泉都会发挥其神奇的作用。

海拔1,970英尺（600米）高的兰德曼纳劳卡（冰岛语中的意思是“人们的温泉”）酒店被火山和黑色火山岩环绕。温泉所在的冰岛南部高地，地热活动频繁——数条温泉和冷泉从熔岩区涌出，流入下方开阔的露天温泉浴池，是游泳和泡澡的好地方。冰岛最大的一个地热田也在这里。虽然道路有些崎岖，来的路上可能会有些颠簸，但这里却是夏日休闲的好地方。

> “山泉和温泉交融在一起，流入被野花环绕的浅池之中。”
>
> 《观察家报》

在如此寒冷的季节，脱去衣衫一定会把人冻得瑟瑟发抖。但只要克服了这点儿寒冷，你就能高高兴兴地跳入温暖的泉水中，尽情享受富含矿物质的温泉浴。热乎乎的泉水会发挥其神奇的魔力，将病痛一统赶走。要想全方位体验温泉，就得在池中游动一下，感受热水和周围冰水奇妙的温度差。**HA**

在蓝湖修养身心

Unwind at the Blue Lagoon

地点： 冰岛格林达维克

网站： www.bluelagoon.com **价格指数：** Ⓢ

蓝湖虽然是人造景观，但却巧妙地融入了冰岛如仙境般的月景之中。距离首都雷克雅未克24英里（39公里）、距离国际机场约8英里（13公里）的蓝湖可算是冰岛最佳的景点之一（它也确实当之无愧）。

巨大的露天地热浴池占地53,800平方英尺（5,000平方米），池水富含纯天然矿物盐和藻类植物，对皮肤病有治疗效果，治疗牛皮癣更是效果奇佳。水蒸气凝成雾气，飘浮在牛乳一样的蓝色泉水中。这里的水温暖舒适，最高也不会超过104℉（40℃），所以来者一般不会急着出去，特别是身穿比基尼，在室外温度低于冰点的情况下。

冬天的蓝湖总是被冰雪覆盖，所以池外温度总是很低。室外寒冷的空气和温暖舒爽的池水也总会形成鲜明的对比。事实上，冰岛人认为享受湖水的最佳室外温度是14℉（-10℃，这个温度足以冻得人瑟瑟发抖。浴水旁的盒子里装有泥，多涂些可以清洁皮肤，去除角质。要是在水中泡腻了，也可以去桑拿蒸气房享受一下。除此之外，还可以站在蓝湖的小瀑布下面，感受一下振奋精神的背部推拿，让水流将病痛全部带走。

蓝湖周边的壮丽风景又透出一丝古怪。蓝湖静静地坐落在黑色火山岩之中，远处尽是群山。近处的一个发电站将地下一公里的地热水压了上来，而你就可以呆在池水中，直泡到皮肤起皱为止。此后你就能体验到池水的疗效了。**JK**

⇐ 一团团水蒸气飘浮在蓝湖之上，湖水的温度要远远高于外面的温度。

探寻法罗群岛
Explore the Faroe Islands

地点： 北大西洋法罗群岛

网站： www.visit-faroeislands.com **价格指数：** Ⓢ

一眼望去，映入眼帘的是起伏的火山、巍峨的峭壁、长长的黑色峡湾和海风吹拂下的荒原。法罗群岛的景色着实令人心怀畏惧。北大西洋的海浪不断冲击着矗立在海上的黑色石柱，玄武岩的尖顶在黑云中若隐若现，《指环王》中的景象仿佛出现在了眼前。

法罗群岛由18个岩石岛屿组成，是丹麦的海外自治领地。群岛位于苏格兰和冰岛之间，是欧洲最适合休闲旅游的僻静之所。虽然大部分地方都非常险峻荒凉，而且被幽深的峡湾分割成几处，但群岛的首府托沙苏却是个拥有上层画廊、博物馆、餐厅和酒吧的大都市。

> “这是一个远离尘嚣的地方；这里的羊群胆大无畏，鸟儿也活泼灵动，连天气也变得沉静祥和。”
>
> 莎拉·克劳，《卫报》

岛上的酒店建于20世纪70年代，多被砌成鲜艳的桔黄色，室内有很多镜子。来到这里，游客可以住在提供早餐的简易旅馆，也可以租住在传统的木屋之中。这种木屋常带有黑色老旧的二层阁楼，以及阳台和草木丛生的屋顶。

在这里放松心情，尽情享受原生态的绿色美景；观赏各处动人心魄的海上美景，吮吸着欧洲最纯净的空气。群岛受海洋性气候影响，全年温暖潮湿，但有时会潮气较重，雾气朦胧，有时则会天气晴朗，阳光明媚。若想留下一个难忘的回忆，不妨坐船观景，或是乘坐提供补贴的岛内直升飞机，俯瞰随海鸟一起流动的岩石和峭壁。此外，近海处也时常能看到鲸鱼，岛上的餐厅也会提供用鲸鱼肉制成的菜品。**SH**

住在风景绝佳的大峡湾酒店
Enjoy Storfjord Hotel

地点： 挪威桑莫尔

网站： www.storfjordhotel.com **价格指数：** ⓈⓈ

时尚的大峡湾酒店虽然不大，但却非常美丽。酒店由“lafta”（交叉排列的完整原木）手工建成，总共只有6个房间，但每个房间都设计得十分高雅，让游客能体验到自然之美。酒店位于挪威西部上千英亩受到保护的森林之中，坐落在占地6英亩（2.4公顷）的私人土地上。酒店居于三座大山和一个湖泊之间，眺望着雄伟的桑莫尔阿尔卑斯山。

另外，酒店将现代风格和正宗传统融合在一起，每间客房都配有一间奢华的浴室和一个宽敞的阳台。站在阳台上，你可以看到峡湾的全景。此外，有些房间还放有四帷柱床。每个房间都配有电视、DVD播放机和无线宽带网，以便住客和外部保持联系。游客可以在格罗赛海湾划爱斯基摩筏子，也可以登上附近的霍图山，在山顶眺望村庄另一侧的斯达尔郡的斯科迪以及周围湖水和峡湾的绝美风景。如果想尝试一下更为冒险的活动，不妨乘着渡船去桑莫尔阿尔卑斯山脉挑战高海拔散步。回到酒店，你可以在原木建成的大厅里享用晚餐，前方就是熊熊燃烧的火焰。睡觉之前，你也可以在画廊中喝上一杯酒，眺望格罗赛海湾和远处白雪皑皑的群山。

因为酒店西侧就是阿尔桑德和其他群岛，东侧则是壮美的峡湾和群山，所以许多客人把这里作为探寻挪威绝美西海岸的根据地。此外，酒店还坐落在黄金路线的入口处。从此处出发，就能领略到许多世界上最美丽的风景，被联合国教科文组织认定为世界遗产的格尔让哥峡湾就是很好的一例。驾车穿过山谷，越过巍峨的群山和延深至大海的峡湾，沿途就能看到令人惊叹的瀑布和雄伟的山峰，大自然美好的一面也会展现在你的眼前。**AD**

探寻罗弗敦群岛
Discover the Lofoten Islands

地点：挪威罗弗敦群岛

网站：www.lofoten.info　**价格指数：**❶

陡峭的山峰和诡谲的岩壁拔地而起，矗立在大海之上。假如再靠近一些，就能发现罗弗敦群岛毗邻大海的地方还有沙滩和小海湾，以及广阔的荒原和荒凉的沼泽。在绿色的荒原上，质朴的木制建筑星星点点地散落在各处，其中暗红色的建筑最为常见。

罗弗敦群岛虽然位于北极圈内，气候却惊人地温和。6,000年以来，这里一直有人居住。尽管如此，罗弗敦最大的定居群体，也就是霍宁斯沃格渔村也只有500个居民而已。直到20世纪80年代这里才建起了桥，从而和其他岛屿建立了联系。

除了拥有丰富的渔业资源，这里的居民还十分喜爱艺术。他们在这里设立了许多艺术展览和一个玻璃吹制工房。冬天杀人鲸观览队会从这里出发，因为鲸鱼会尾随迁徙的鲱鱼一直游到图斯峡湾和西峡湾。到了夏天，这里也有观览海雕的游览队。海雕的翅膀很长，有些翼展能达到6.5英尺（2米）宽。罗斯特威瑞地区还有绒鸭、角嘴海雕和巨大的白尾海雕。喜爱户外运动的人们可以在夏季到这里远足、爬山、骑自行车、划单人筏子等，边运动，边欣赏午夜阳光。每到2月中旬，罗弗敦岛就会热闹起来，渔夫会穿过挪威海岸，航行到这里捕捞在附近海域产卵的大量鲱鱼。而这种繁忙的景象会持续到4月份。

若想体验全新的生活方式，你可以住在渔民的小屋（挪威语叫rorbu）中。许多小屋已经改造成适宜居住的旅馆，从质朴到奢华型，各类旅馆应有尽有。另外，很多位于码头的屋子也被改造成了简易旅馆。**PE**

“［罗弗敦群岛］在［挪威人］心中是个神秘的存在。”

《独立报》

↗ 小村庄坐落在莫斯克内斯岛，即罗弗敦群岛中的一座小岛之上。图中是小村庄的冬日景观。

住在卡克斯劳坦恩酒店

Stay at Hotel Kakslauttanen

地点：芬兰卡克斯劳坦恩

网站：www.kakslauttanen.fi **价格指数：**$$

最绝妙的事情莫过于沐浴在北极光之中了。住在玻璃圆顶小屋中，欣赏绚丽夺目的北极光，这绝对是一个既新鲜又舒适的观景方式。仅凭北极光这一自然奇观，游客也应在这里住上一晚。每年8月至来年4月是最佳的观赏时间。这段时间，清澈的天空会布满星光，而北极光会从天际逐渐展开，直至覆盖住整个苍穹；而初现时的银光也会逐渐变成一卷展开的光帘，在天空中缓缓飘动。如果不是亲眼所见，你一定无法相信世间会有如此震撼人心的美景。

卡克斯劳坦恩坐落在芬兰北部终年积雪的萨利色饵卡，位于北极圈之内，是一个由圆顶小屋和原木小屋组成的度假村。夜晚，驯鹿会对着月亮嘶鸣，而冰晶会伴随着叫声在风中轻颤。小屋由枯死的松树直接建成，屋内全部是自助式设施，包含厨房和桑拿。度假村共有两种圆顶小屋，一种由冰块建成，另一种则由玻璃建成。两种小屋都非常温暖，设施也都十分时尚，但冰屋显然比玻璃屋更为私密一些。

白天你可以出外滑雪，乘坐驯鹿雪橇，也可以穿上雪靴，在连绵起伏的林中散步。回到酒店，等待你的是极热的烟熏桑拿和极冷的冰水泳池。晚上你可以到最大的一间冰屋中进餐。餐厅的宴会桌由冰块制成，菜单上既有碳烧鲑鱼，也有烤驯鹿肉。享用过晚餐，不妨去闪闪发亮的玻璃拉普兰人帐篷里坐上一会儿。这里既有鸡尾酒宴会，也可尽情观赏北极光，直至深夜也无人打扰。**SM**

← 卡克斯劳坦恩的玻璃圆顶小屋虽不甚私密，但却为游客提供了一种观赏北极光的崭新方式。

在冰雪城堡中过夜

Experience a Night in the Snow Castle

地点：芬兰凯米

网站：www.snowcastle.net **价格指数：**$$

从1996年开始，芬兰北部的凯米地区每年冬天都会建起一座“世界上最大的冰雪城堡”。而到了春天，城堡就会融化得无影无踪。每年建造的城堡都有所不同。有时可能高达65英尺（20米），大约三层楼高，有时可能长达3,280英尺（1,000米）。不论外形如何，城堡总能吸引上万游客到这里参观。白天，许多游客在此参观的同时，还会进行一系列冬日游玩活动，如乘坐破冰船观景，或是参加爱斯基摩犬雪橇游览队。

五光十色的灯光将城堡衬托得恍如梦境，令人惊叹的冰雕更是散布在四周，为城堡增添了光彩。除了冰制墙壁、角楼和房间，城堡里还常常有一个小教堂，一个餐厅和一个酒店。

城堡就像一个巨大的冰雪“圆顶小屋”，室内温度只有23℉（-5℃），所以来客必须时刻裹着厚厚的衣服，即便到了餐厅，也不能脱下衣物，因为里面的桌椅都是由冰制成的，上面只铺了一层驯鹿皮而已。在这里，你可以吃到当地的特色食物，例如驯鹿汤、拉普土豆和越橘。除了冷饮常常装在冰制容器中供人享用，其他的菜肴都放在锡箔中保温。

许多情侣会来到城堡中的普世小教堂中举办婚礼（里面有冰制长椅），然后住在城堡之中，在低于冰点的房间中度过新婚之夜。这些房间没有窗户，来客就睡在超级保暖的睡袋里。另外，为了防止冻伤，睡觉的时候最好戴上滑雪帽，穿上袜子。休息室里有卫生间和电视（虽然放在冰桌上面），可要想洗淋浴，就得坐大巴去另一家更为传统的酒店了。**SH**

> “无论是冰屋的结构，还是里面的冰雕艺术品和绚丽的灯光，都拥有惊人的美感。”
>
> 哈里特·奥布莱恩，《独立报》

冰雪城堡的餐厅布满了冰雕和铺有驯鹿皮的凳子。

乘船游览赛马运河
Cruise the Saimaa Canal

地点：芬兰东南部至俄罗斯西北部
网站：www.saimaatravel.fi **价格指数：**$$

要是想和特工一样悄悄潜入俄罗斯，明净河水中的混凝土石碑就是指明国界的唯一标志。但这个标志倾斜得实在有些厉害，渡河的时候，稍不留神就会看漏，彻底将两国的分界线抛在脑后。坐在翻新的美丽小船上，看着宁静神秘的赛马运河从眼前流过。河两岸既有繁茂的森林，也有通往外部的湖泊。

清晨，乡间的游轮从拉彭兰塔起航，向俄罗斯过去的边界港口城市开去。这座名叫维堡的城市有很多伟大珍贵的历史遗迹，位于港口处的城堡就是一个很宝贵的遗迹。赛马运河总长28英里（43公里），因为赛马湖和芬兰湾的水位差足有250英尺（76米）（赛马湖和芬兰湾是运河的起点和终点），所以运河上有8处水闸，这也是一项非凡的水利工程。

> “冰河时代的大陆冰盖创造了赛马运河复杂多变的河道。”
>
> nationmaster.com

乘船游览十分悠闲，客人们可以花上几个小时放松身心，观赏美景。由于运河上的船不多（“卡瑞利亚”号是唯一开往俄罗斯的客船），所以大家能够看到和城市景观完全不同的风景。此外，船上还有两个餐厅和一个非常适合观赏水闸的日光甲板。**CFM**

游览波尔沃群岛
Visit Porvoo Archipelago

地点：芬兰波尔沃
网站：www.magnusnyholm.net **价格指数：**$$

在芬兰，平均每平方英里（2.5平方公里）只有6.5个人，所以在这里远离人群倒不是难事。但说到远离尘嚣的度假胜地，非波尔沃和派林克附近的群岛莫属。南部群岛的海水清澈透明，平静的水面倒映着万里无云的碧空，可谓是最佳的度假场所。

群岛距离芬兰首府赫尔辛基约有35英里（56公里），包含了数百个小岛。有的小岛被闪闪发亮的银白杉树和延伸至芬兰湾的松树包围，面积虽极小，但绿意盎然。岛上还零星散布着颜色鲜艳、温馨舒适的钓鱼小木屋，以便游客休息。岛上几乎没有酒店，位于提莫的马格努斯尼霍姆沙滩小屋被森林环抱，也是一个观赏海景的绝妙隐世之地。旅店最多能住14个人。游客可以享用桑拿，也可以划船观景。岛上的池水不深，且非常清澈，游泳也不失为一个上佳的选择。

因为岛上的风景秀丽，所以许多作家和艺术家也来到这里吸取灵感，芬兰著名诗人鲁内贝格在波尔沃住过一段时间；创造了姆明一族的芬兰著名儿童文学家托芙·扬松也经常到克罗哈路岛度过夏日时光。这座岛是群岛中最与世隔绝的一个。扬松最受欢迎的成人小说《夏日书》讲述的也是这里的故事，群岛原始的美丽也被其展现得淋漓尽致。每年7月，岛上都会开放她曾住过的小屋供游人参观，但只有短短的7天而已。

到了夏天，虽然游轮每天都会从赫尔辛基开往古城波尔沃，但最佳的观景方式还是租上一条小船，一个人沿着神秘的水道划到岸边，或是划到一个无人的小水湾，静下心来欣赏美景。**CFM**

体验雪上雪橇
Enjoy a Snowmobile Safari

地点：芬兰拉普兰洛斯托

网站：www.snowgames.fi **价格指数：**$$

外太空的电子和地球大气中的粒子结合，形成了北极光。北极圈的天空闪闪发亮，布满了红色、粉色和绿色的光带。当地的萨米人将这种光称为“狐火”。因为他们认为北极之狐的尾巴扫过天际，带出的火星才将天空点亮。而越往北走，就越有机会看到这种奇妙的自然景观。虽然北极光全年都可能出现，但冬季会更加清晰一些。那时，在广阔无垠的黑夜衬托下，北极光显得异常璀璨夺目。

观赏北极光的方法有很多，你既可以午夜穿上雪靴出外看景，也可以乘坐狗拉雪橇。但是最令人兴奋的还是坐上雪上摩托，跟着团队一起观赏美景。墨黑的苍穹之下，幽蓝柔和的月光笼罩了整个世界，耳中只听到雪上摩托飞驰在雪道上发出的闷闷低吟。外面的气温非常低，泪水从眼眶中流出的瞬间就会凝成水柱。但不用担心，摩托上有发热的座位和把手，只要穿上北极冰雪服，你一定会坐得既舒服又温暖。再喝上一杯香味扑鼻的越橘汁，保证你会从心底感到温暖。

如火焰般炽热明亮的北极光将天空映得透亮，跳动的光亮越过天际，如同烟火般在天空绽放。大地上满是松树，厚厚的积雪压弯了树枝，看起来就像一座座奇异的雕塑。冰雪的结晶被摩托发出的光照亮，整个世界都仿佛亮了起来。**JP**

← 乘坐雪上摩托穿越被冰雪覆盖的拉普兰，不仅十分刺激，还能欣赏到北极光的绚烂之美。

住在水獭客栈
Stay at Utter Inn

地点：瑞典韦斯特罗斯梅拉伦湖

网站：www.vasterasmalarstaden.se **价格指数：**$$

水獭客栈是世界上最奇特的客栈之一。在韦斯特罗斯的码头乘坐橡皮小艇，然后在梅拉伦湖上航行0.6英里（1公里），最后到达一个漂浮在水面上的小屋。红色的小屋有一间浴室，地板上还有连通到下屋的入口。打开舱口，顺着楼梯往下走，就会来到水下卧室。这个卧室用防水材料制成，位于小屋下方。

这个水上客栈可以帮助你远离尘嚣吗？有些人觉得小屋会让人产生一种被幽禁的孤独感，而这正是他们想尽力摆脱的感受。但也有人很享受这种孤独。他们喜爱平和却略带危险的感觉。住在这里，你不仅可以睡在鱼群之中，还可以观赏它们。虽然说起来有些奇怪，但你和鱼的位置似乎对调了；住在金鱼缸中的是你而不是鱼，而被观赏的对象也变成了你自己。湖中的梭鱼和鲈鱼就聚集在窗户周围，看着不同寻常的来访者。

> “水獭客栈会给人带来一种冒险的刺激感，也会让人们在冒险中获得奇妙的感受。”
>
> Unusalhotelsottheworld.com

设计这座客栈的是当地的一位艺术家——麦卡尔·甘博文。在此之前，这位设计师还建造过一个名叫“啄木鸟旅馆”的树上酒店；酒店所需的食物全靠绳子运送。住在水獭客栈，晚上会有人乘船送来食物，当然，你也可以划着充气小艇到岸上吃饭。此外，客栈也提供简单的野餐式早餐。住客可以在水上平台沐浴阳光，也可以进行其他休闲运动。这座客栈最独特的地方就在于它漂浮在泳池之上。**SH**

在冰雪酒店放松身心

Relax at the Icehotel

地点：瑞典尤卡斯亚维　**网站：**www.icehotel.com　**价格指数：**$$

“冰雪酒店整个都是透明的……看起来仿佛不是这个世界的产物。”

朱丽叶·艾尔佩林，《华盛顿邮报》

↑ 冰雪酒店位于瑞典的拉普兰，画面中的女士就睡在铺着驯鹿皮的床上。

→ 图中是酒店中的一个房间；酒店每年的造型都不同，冬天建成的酒店到了夏天就会融化，而来年又会建起新的酒店。

20世纪80年代，一个名叫英格卫·贝里奎斯特的瑞典人想到了一个新奇的主意。他打算在距离北极圈125英里（200公里）的瑞典拉普兰地区建造一座冰雪酒店，但由于资金筹集得并不顺利，所以一开始只造了个很小的酒店。多年以后，这座全部由冰块建成的酒店获得了人们的欢迎，参观者也成倍增加。由此可见，贝里奎斯特的设想并没有错。

现在，这座建筑既是酒店，也是冰雕展览馆。从大门进入冰雪酒店，就会看到布满精美冰柱和优雅闪亮小雕像的走廊，一侧的通道连接到冰块砌成的客房。所有房间都是由世界各地的雕刻家设计完成的，每年的艺术风格都会有所不同。虽然酒店在夏天会保存一些较大的冰块，但到了夏天，冰雕都会自然融化，重新汇入托那河中。

无论外面的气温如何，酒店内的温度都会维持在23℉（-5℃）左右。晚上客人们就睡在冰雪房间中，而酒店也会为住客提供松软的紫色睡袋，温暖的冰雪服和靴子（如果你很怕冷，另一栋建筑也有温暖的房间）。卧室的床架由冰块制成，但走廊由木板制成，上面还放有床垫和柔软的驯鹿皮（可能会稍稍有些味道）。

沿着另一条走廊走到尽头，就会来到一间冰雪酒吧。在这里，你可以喝到装在酒杯中的伏特加鸡尾酒。酒吧每年会消耗上万个冰制酒杯。虽然消耗很大，但好处就在于，不需要人再来洗杯子了。为了不让杯子从手中滑落，客人必须戴上手套。喝酒的时候，口中呼出的热气也会将杯子融化成适合自己饮用的形状。PE

住在北欧之光酒店

Experience the Nordic Light Hotel

地点：瑞典斯德哥尔摩

网站：www.nordiclighthotel.se **价格指数：**$$

酒店的名字已经说明了一切。北欧之光酒店最重视的就是照明设施，大厅的声控和移动感应系统，以及客房内多种多样的照明装置，都是为了重现变幻莫测的北极光。另外，这些灯光也可帮助客人治疗疾病。

喜爱灯光和色彩的人们会汇集于此，除此之外，时尚界人士也会聚集到这里。作为斯德哥尔摩设计周（包含46个时装博览会）以及未来设计趋势讨论会的官方住所，北欧之光酒店吸引了众多的设计界人士。届时，他们会住在酒店舒适的房间中。酒店共有175个房间，每间客房的墙壁都采用简约的白色，墙上并没有悬挂任何艺术作品，而是运用灯光将图案投影到墙壁上。此外，酒店还配有床灯，客人可以自己选择床的颜色、氛围和颜色变换的速度。客人还可以在休息室中品尝鸡尾酒（酒店一周会举办几次夜店活动），或是悠闲地四处走动一下，看看瑞典最棒的灯光设计。

在这座酒店中，你会一直被灯光包围。房间里布满各式照明设施，客房服务也会包含灯光治疗。专业的灯光治疗师和按摩师会来到屋中为你服务。其实这种治疗已经不算新奇了，而其效果已经得到了证实。具体说来，灯光治疗对缓解时差，加快血液循环，去除体内毒素，去除水肿和皮下脂肪，改善体内排毒系统都有一定的功效。另外，酒店也提供激光针刺治疗。这种治疗对减轻症状，治愈多种病痛都有很好的效果，并且没有任何副作用。当然，如果你拿不定主意，也可以只预约普通的按摩。PS

> “选择房间的时候最令人高兴，感觉就像选衣服一样，小号、中号、大号和超大号，应有尽有。”
>
> 珍妮特·海德，《观察家报》

↖ 在斯德哥尔摩的北欧之光时尚酒店，大厅里布满了移动式灯光投影。

住在格兰德酒店
Stay at the Grand Hotel

地点：瑞典斯德哥尔摩

网站：www.grandhotel.se **价格指数：**$$$$

格兰德是一座拥有130年历史的奢华酒店。进入这座位于斯德哥尔摩的酒店，无论是抬头仰望顶部的枝型吊灯，还是布满镜子的华丽大厅以及顶部的美丽图案，抑或是来到富有法国风情、温馨的木制烛光餐厅，又或是走到矗立着镀金石柱的宽敞大堂，侧卧在长毛绒沙发上稍作休息，你都会感受到这座酒店的华丽优雅。此外，这座斯堪的纳维亚建筑是欧洲仅存的古典城市酒店之一，也是瑞典引以为傲的国家性纪念建筑。

酒店坐落在斯德哥尔摩市中心，位于皇家宫殿对面的海港边。坐在酒店华丽的餐厅里，边吃鲱鱼自助餐，边看明轮蒸汽船停港靠岸，这也是瑞典的传统之一。

> “酒店房客留言册上的签名，就像一本汇聚了20世纪名人的年鉴。”
>
> 蒂姆·艾科特，《卫报》

虽然豪华古宅中的许多房间都极其奢华，但最吸引人的还是阁楼中的4个房间。站在阁楼中，抬眼向窗外望去，可以看到川流不息的水道。酒店还有一间名叫“诺贝尔”的套房。100多年来，数位诺贝尔奖名人都曾住在这里。有一次美国歌手及演员弗兰克·西纳特拉在酒店中的酒吧喝多了，后来连医生都叫来了。好莱坞默片时代的电影皇后葛丽泰·嘉宝为了躲避工作人员，还曾在酒店的浴室中躲过一阵。由此可见，这座酒店散发出一种诱人的优雅和华丽，无论谁来到这里，都会被深深吸引。**SH**

住在斯德哥尔摩酒店
Relax at Smådalarö Gard

地点：瑞典斯德哥尔摩

网站：www.smadalarogard.se **价格指数：**$$

蒸过柴火桑拿，再跳入冰冷的池水中游泳，这种刺激神经、振奋精神的双重享受很难有机会体验。但是，在斯德哥尔摩酒店，你就能充分体验这种令人震撼的冰火两重天。酒店由一座美丽宁静的庄园宅第改造而成，距离斯德哥尔摩繁华喧闹的市中心有45分钟路程。在这里，游客可以同时享受火热的柴火烟熏桑拿和冰凉的池水，也可在温暖的池中游泳嬉戏，让皮肤充分适应变换的温度，以便能尝试更多的美妙活动。

庄园建于1810年，后经全面整修，变成了现在的四星级酒店。酒店共有62个房间，室内配有最为先进的设施。此外，这里还是非常著名的顶级会议中心。无论外面的天气如何，开放式壁炉和温暖舒适的房间都会让室内始终保持浪漫温馨的氛围。而另一个叫做果可布的房间（指布谷鸟的巢）则是新婚夫妻的最爱。假如天气允许，你可以泛舟湖上，也可以去高尔夫球场打上几杆，或是乘坐酒店的快艇到湖上游览一圈。划船、钓鱼、散步一类的休闲运动也好，法式滚球和网球一类的激烈运动也罢，玩完之后，你都可以回去美美地享受一下桑拿，将疲乏彻底赶走。你也可以在室内玩飞镖或台球，抑或是在冬日感受一下人造日光浴，让皮肤变成健康的褐色。随着季节变换，哈维肯美丽群岛的海水也会改变颜色。到了秋天，斯堪的纳维亚区域的海水会变成异常美丽的颜色。很多年来，达拉霍阿斯也一直是航海者和旅游商人的交易场所。来到这里，你也会被其独特的历史氛围所笼罩。

酒店的餐厅和南朵用餐大厅会为住客提供瑞典风味的高级美食，比如群岛上最高级的鱼类和贝类，以及各种鸟类和禽类动物。即使你身心俱疲，斯德哥尔摩酒店也会让你重振精神。**PS**

住在卡哈恩别墅酒店
Enjoy Villa Källhagen

地点：瑞典斯德哥尔摩

网站：www.kallhagen.se **价格指数：**ⓈⓈ

卡哈恩别墅酒店坐落在斯德哥尔摩皇家尤尔格丹公园中，是一间面积不大但很温馨的酒店。而其所在的公园也是200年来一直受到游客喜爱的著名景点。瑞典作为典型的北欧国家，夏天的白昼很长，所以卡哈恩别墅酒店也考虑到这点，利用了大量玻璃采集日光。这种让住客充分感受日光、利用日光的建筑也极具诱惑色彩。

酒店的20间卧室都面朝公园，透过巨大的玻璃窗，可以看到皇家公园和美丽的尤尔格丹运河。房间顶部的天窗也将日光引了进来，在自然光、淡色木质家具和色彩绚丽的纺织品的共同作用下，本就不小的房间显得越发宽敞起来。另外，酒店所有的房间都有阳台或露台，所以你可以尽情享受北欧的新鲜空气。对于喜爱瑞典美食——特别是鱼的游客来说，一定要到酒店的餐厅就餐，因为里面像油炸波罗的海青鱼这样的传统美食会令你满意。

> “温暖亲切的陈设和尤尔格丹的自然环境完美地融合在一起。”
>
> Countrysidehotel.se

每到春天或夏天，这里就成了最佳的度假胜地。而到了冬天，开放式壁炉就会燃起熊熊烈火，酒店就会变得非常温暖。而你就可以在酒吧中慢慢享受，倾听着外面呼呼的风声。而且酒店离市中心只有10分钟的路程，对于想参观斯德哥尔摩的人来说，可谓是最佳的住所。**PS**

住在拉格霍尔门酒店
Stay at Långholmen Hotel

地点：瑞典斯德哥尔摩

网站：www.langholmen.com **价格指数：**ⓈⓈ

介绍景点的时候，一本书要是连监狱也没有提到，那就实在不够全面了。作为瑞典最大的监狱，这座19世纪的宏伟建筑坐落在市中心附近一个植物茂密的岛上。但现在，这座监狱已经改造成了酒店，单人牢房也变成了卧室。直至1975年，这座监狱一直被用来关押斯德哥尔摩性质最恶劣的犯人。牢房中间原有的楼梯井一直保留到了现在，两旁的牢房也没有改变位置，只是在房间之间新建了一个通风的中庭。

房间中的小窗户没有改装，只去除了上面的铁栅栏，而原有的高安全性房门也没有换掉。此外，每间房都有淋浴、厕所、电话、无限网络、收音机和有线电视。现在墙上还贴有剪报做成的装饰品，上面写有犯人的罪行和审判过程。更特别的是，每位客人还会领到一张纸，上面写着犯人过去的生活日程表。虽然纸上写着早上5点45分起床，晚上7点45分睡觉。但你完全不用担心，这只是让游客了解现在和过去巨大的差异而已。

酒店很大，有102个卧室、一个独立的青年旅社、一个会议中心、一个博物馆和四个餐厅。另外，酒店还有一个地下室，从前服刑的女犯人都在这里纺纱。幸运的是，我们现在有的可不仅仅是水和面包了。酒店不仅有许多菜品，最上层还有一间露台咖啡厅。其实这里原本是供犯人运动的院子，但现在客人可以在这里玩滚球游戏。

斯德哥尔摩由上百个岛屿组成，酒店所处的地方也是最大的岛屿之一。由于历史上一直作为监狱使用，这座岛屿一直十分荒凉，可以说几乎保持了最自然的状态。但实际上，小岛距离皇宫和古城只有15分钟的路程，监狱旧城外面还有一个小小的沙滩，喜爱游泳的人们会常常到这里游玩。**SH**

在亚瑟拉吉酒店充电

Recharge at Yasuragi

地点： 瑞典哈瑟路登

网站： www.yasuragi.se **价格指数：** $$

亚瑟拉吉的意思是“内心的平静与和谐”，这也是酒店能够给予客人的珍贵礼物。酒店距离斯德哥尔摩只有20分钟的路程，是一个宁静宽敞的休闲胜地。住在这里，你永远不会觉得拥挤，即使酒店的166间客房都住满了人，也依旧不会感到拥挤。酒店秉承佛教简单典雅的美学：室内的灯笼发出柔和的光线，芦苇编织的席子以及纯天然灰白木墙上挂着的美丽和服，营造出了一种平静的氛围。

走进浴室，你就会看到和服、拖鞋、泳衣、毛巾和所需的一切。浸泡在水中，感受着日本沐浴仪式，你的内心就会渐渐归于平静。随后，负责沐浴的女员工会帮助你在湿漉漉的浴室中选择一个清洗的位置。借着昏暗的灯光，你就可以在美丽的房间中慢慢进入冥想的状态，在热水和冷水的交替中进行细致的清洁。在此之后，为了更好地享受温泉，不妨先在石头水疗池或桑拿房中待上一会儿，然后再去巨大的池水中修养片刻，最后再去树木环绕的室外温泉泡个澡。

从禅宗冥想课程到舒服的指压按摩，从悬浮减压浴缸再到思泰瑜伽，体验了这一切，你就能变得更加健康。这里的食物也很讲究，早餐对细节的关注达到了新的高度：光是鸡蛋就分成了水煮三分钟、五分钟和十分钟3种类型，而牛奶也有5种，茶的品种更是多不胜数。肉类、奶酪和面包也会一直供应到晚上。酒店共有两个餐厅可供选择，其中一个就是铁板烧，每桌都有单独的厨师为客人讲解朴素菜品中蕴含的烹饪传统。待食材准备完毕，他们就会在高高的火焰前展示自己高超的烧烤技艺，为顾客奉上美味菜肴。**OM**

↗ 在巨大的游泳池旁，亚瑟拉吉酒店的茶馆将佛教和斯堪的纳维亚的美学融合在了一起。

“简单已成为一种罕见的奢侈品，所以亚瑟拉吉酒店的简单舒适才显得那么与众不同。”

亚瑟拉吉酒店的经营者

游览哥特兰岛
Discover Gotland

地点： 瑞典哥特兰

网站： www.gotland.net　**价格指数：** ❶

哥特兰是瑞典阳光最充足的地方。岛上四季怡人，人口约为57,000。距小岛约有46英里（90公里的）的近海地方，冬天也舒爽怡人。柔软的沙滩和绵延的石灰岩柱环绕着哥特兰岛，在风雨的侵蚀下，镶嵌着鹅卵石的石柱被雕刻成了奇奇怪怪的形状。被茂密森林所覆盖的小岛是个土地肥沃、地形较为平缓的好地方。由于土地肥沃、气候适宜，岛上的居民甚至计划着种植葡萄酿酒。此外，由于岛上道路平坦，四周宁静平和，所以也很适合骑车或骑马游览。另外，因为地势较为平缓，没有高山，所以岛上也零星分散着几个高尔夫球场。每年7月哥特兰都会举办迷你奥林匹克比赛。哥特兰人将这种比赛称作“极地游戏”。届时也会展开许多新奇的体育比赛。比赛项目也非常具有挑战性，如投掷木制长辊，摔跤和哥特兰五项全能比赛。

到了夏天，古老修道院遗址中的罗马剧院就会上演莎士比亚戏剧和其他经典剧目。一年一度的风筝节也会将欧洲的风筝爱好者吸引到这里。

岛上不仅有许多度假别墅和公寓出租，酒店的种类也很齐全。从简单的旅馆到重新翻修的庄园，各式各样的旅馆应有尽有。假如从斯德哥尔摩乘飞机前往哥特兰岛，全程大约只耗时35分钟。而且，在一年之中，每天都有25个航班通往该岛。除了乘坐飞机，游客还可以乘坐渡轮悠闲地驶往该岛。事实上，哥特兰是一个非常悠闲的小岛，岛上的居民将户外活动和野外烧烤视为极为主要的仪式，每天都尽情地享受各种娱乐活动。另外，德国、挪威和芬兰也有直达哥特兰岛的航班。**RsP**

⇐ 被风雨侵蚀的石灰岩柱变成了各种各样的形状。图中就是一个名为“狗”的石头。

探索科斯特群岛
Explore the Koster Islands

地点：瑞典科斯特群岛
网站：www.kosteroarna.com　**价格指数：**❶

科斯特群岛位于瑞典的布胡斯海岸，面朝挪威边境，是斯堪的纳维亚的秘密岛屿。群岛由两个岛屿组成，居民只有300人。挪威和瑞典的游客都知道，这里是逃离21世纪现代生活的夏季度假胜地。为了岛上新鲜的空气和繁茂的植物，以及餐厅里美味新鲜的海鲜和传统的红色凉亭，他们会来此度假。其实，瑞典就是一个远离尘嚣的国家，拥有许多视野开阔、风景秀丽的景点。但是，作为一个有人居住的岛屿，而且是瑞典最西边的岛屿，科斯特群岛的宁静和美丽却是其他地方无法企及的。

> “这两个小岛幽深宁静。由于岛上禁止车辆行驶，游客们可以步行或骑车观赏自然美景。”
>
> 西沃恩·穆赫兰，《独立报》

群岛由北科斯特和南科斯特岛组成。群岛附近还有许多礁石和小石岛，上面时常有成群的海豹歇息，而船只也经常停泊在这里。在较小的北科斯特岛上只有60户人家。小岛上零星分散着经历过冰河时期的海滩、沼泽和岩石。一个废弃了110年之后又重新修复的灯塔也矗立在岛上，边散步边看这些景观肯定非常有趣。两相比较，南科斯特是个更为繁忙的小岛。但是，这也只是相对而言。岛上既有宾馆、饭店和酒店，也有几条穿越林地的自行车道和一条长约半英里的凯尔沙滩。其中的一条自行车道通往瓦夫迦的瞭望点，对面就是一座木质小教堂。进到屋中，你可以看到群岛一直延伸至大海。在这里度假，好似回到了过去的时光。**LD**

在斯库舒韦德酒店放松身心
Relax at Skovshoved Hotel

地点：丹麦哥本哈根
网站：www.skovshovedhotel.dk　**价格指数：**❺❺

斯库舒韦德海滨酒店虽然很小，却是个完美又浪漫的精品度假酒店。尽管距离哥本哈根市中心只有20分钟路程，宁静的海滨郊区却会令人感到一种远离城市喧闹的平静。

当然，第一个感受到这种魅力的人肯定不是你。自1660年开始动工，很快就建成了现在的斯科索维德酒店。每到夏天，酒店都会利用灿烂的阳光来营造浪漫的氛围。而到了寒冷的冬季，尽管阳光微弱、天气阴沉，酒店仍能保持最佳的浪漫气氛。温馨的烛光公共区域是最佳的休闲场所：燃烧的篝火噼啪作响，靠在柔软的乳白色沙发上，一边喝酒一边看书，一定非常惬意。

酒店位于丹麦最好的两个海滩之间，即夏洛滕隆和贝尔维尤。作为海滨酒店，其中的22个房间极为宽敞，内部装饰也十分精美。房间采用乳白、淡蓝、浅灰等北欧淡色装饰，地上铺得的是条形木板，使用的也都是白色家具。一些客房还配有海景阳台。这里的米其林星级餐厅以意大利和法国菜为主。每天晚上，几乎在开门的同时，餐厅就会被全部订满。另外，餐厅希望能创造一种既优雅又休闲沉静的氛围。

如果想找一个更悠闲的地方喝上一杯，隔壁就有一个很好的酒吧。出了酒店，走上几步就有一个私人码头。假如你足够勇敢或略带些鲁莽，完全可以跳入冰冷的海水中游个泳，振奋一下精神。再走上一段稍远的距离，就来到了海滩，而这里也是度过北欧漫漫夏日长夜的最佳地点。**HA**

游览赛尔国家公园
Explore Thy National Park

地点：丹麦赛尔

网站：www.visitthy.dk **价格指数**：

国家公园位于北极和欧洲南部交接的区域，是丹麦最后的一座野生公园。这里是丹麦日照时间最长的地方，占地61,775英亩（25,000公顷）的公园坐落在日德兰半岛西北部蜿蜒的海岸边，并一直延伸到内陆地区。公园拥有史诗般的壮丽风景和新鲜的空气。

公园西部边界的海岸线保持了原始的风貌：一大片沙丘以及长满蓝莓、小红莓和兰花的美丽荒野。冲浪爱好者和度假者非常喜爱这里的海滩，夏季时常云集到这里。但除了夏天以外，其他季节很少有人来公园游玩。

> “你可以跳入波光粼粼的北海，也可以骑自行车穿过沙丘园。”
>
> 丹麦国家公园

再往东走，就是绵延起伏、土地肥沃的小山，其间不时出现几个小小的村庄和农田，以及被风吹成奇怪形状的树木。再往里，就是被针叶树种植园环绕的湖泊。这条富含石灰质的湖也是丹麦最纯净的湖泊之一，湖中生长着许多水生植物和昆虫，大量的鲤鱼也吸引了许多垂钓者。在清澈的水中游泳的时候，你还能看到小鹿从诺斯湖边经过。

另外，公园多变的地形也为步行者、骑自行车和骑马的人提供了多种游览路径。他们可以走进森林探险，也可以沿着海滨小径游览。虽然路不太好走，但沿途的美丽风景和开阔的平原会让你沉醉其中。**JK**

住在斯蒂恩加德庄园
Stay at Steensgaard Manor

地点：丹麦菲英南部

网站：www.herregaardspension.dk **价格指数**：

漫步在木质雕刻镶板、古董家具、油画和盔甲之中，你仿佛变成了贵族中的一员。位于菲英岛风景如画的群山深处，斯蒂恩加德庄园多年来一直是丹麦伯爵的宅邸。虽然现在被改建成了乡村旅馆和餐厅，这里却仍然保留着历史的厚重感和舒适豪华的氛围。

铺满鹅卵石的小路通往一座庭院，而这座位于主屋两翼之间的庭院十分古老，其历史可以追溯到公元14世纪。进入大厅，低头就会看到红白两色的华丽大理石地面。抬起头来，即可看到挂在墙上的古代兵器和狩猎的战利品；从华丽的黄铜吊灯下走过，沿着华美的木制楼梯向前走去，就会来到设有画廊的房间和卧室。这些房间虽然都很宽敞，外面的风景也很赏心悦目。这里和皇室居所一样传统，屋里虽然有许多古董，却没有包括电视在内的现代化设施，有的只是棉布窗帘、花边编织物和优雅的梳妆台。楼下是一间图书馆，里面的书架直达屋顶。你可以在这里浏览精装图书，但千万不要逗留太久。据说中世纪时，屋主的妻子密谋杀害了自己的丈夫，但此后又一直后悔，最后变成鬼魂留在图书馆中。房主说，她会在午夜过两分出现，然后努力洗刷着丈夫留在地板上的血迹。

酒店外面有一个湖，周围环绕着古树和一个叫做泽西的奶牛牧场。牧场主不仅自己做黄油和奶酪，还为自家经营的餐厅和农家商店提供植物和蔬菜。深红色的墙壁、奶油色的亚麻编织品和闪亮的水晶玻璃杯将餐厅带出了几分优雅的味道，而你可以在这里优雅地享用四道菜的地道西餐。**SH**

住在松德霍克若旅馆
Stay at Sønderho Kro

地点： 丹麦日德兰半岛

网站： www.sonderhokro.dk　**价格指数：** $$

法诺岛上的居民认为，人世间的烦恼很难从埃斯比约大陆漂洋飘洋过海，到达该岛。这种说法似乎也有些道理。乘坐小船从埃斯比约出发，航行一小会儿就抵达了法诺岛。诺德彼和松德霍附近的房子都是17世纪和18世纪时建造的，而想要建新房子，也必须得遵循传统风格。来到这里，我们仿佛回到了百年之前。

松德霍克若旅馆坐落于岛的南岸，自1722年起开始营业。但是，不要指望岛上的旅馆拥有华丽的造型和中性的装饰：14个房间铺的都是木地板，且都是由渔民的居所改建而成。这些房间都是用该岛航海史上著名的船只命名，或是用客栈老板的名字命名。你可以从苏菲、贝莎和奥尔加斯中选一个自己喜欢的名字。如果觉得这些房间都不够私密，也可以住在独立的粉红色的茅屋之中。一居室的房子虽然不大，却附带一个花园。另外，酒店提供多种传统食物，当然还是以海鲜为主。想要消耗卡路里，也可以在几乎看不到机动车的马路上骑自行车，或者去漂亮的沙滩溜达一圈。此外，这座岛屿虽然位于寒冷的北海中心，但却仍是个很好的度假场所。你会惊喜地发现，这里的水很浅而且升温很快，所以海水会变得非常温暖。**HA**

> “木质的横梁、低低的天花板和旧时的家具，这里是丹麦最古老的专用客栈。”
>
> 保罗·奥斯威尔，《卫报》

在古德纳划独木舟
Canoe the Gudenå

地点： 丹麦日德兰半岛

网站： www.visitdenmark.com　**价格指数：** $

在丹麦的古德纳，游客可以坐在独木舟上，一连划上几英里，穿过苍翠的湖区，这种游览方式会满足所有人的需求。

在丹麦湖区游览，在古德纳河上划着小船，这绝对是非同一般的旅游方式。两岸是绵延起伏、翠色欲滴的原野，在看景的同时，流动的河水轻轻地将你带到下游。在潺潺的水上不要急着前行，因为我们要留心观看岸上的各种鸟类，还要留意那些适合野餐的完美地点。

我们也可以租上一条独木舟，几个小时或几天后再去归还。如果是一家人来此旅行，丹麦的斯尔科堡旅游委员会为他们提供最好的独木舟套装。或者，你也可以在这里的租赁公司直接租一条船。如果是划船好手，10天就能在河上前进100英里（160公里），到达河的尽头。而游客们可以从古德纳的源头，也就是位于日德兰半岛中东部的图灵出发，最后到达兰讷峡湾的东海岸，也就是弗拉博海岸。

河岸两侧遍布着迷人的旅游景点，艾尔密斯特博物馆就是其中的一个。这座神奇的博物馆恰好位于古德纳水电站附近，专门展示所有和发电有关的自然景物。在西麦伯格，你可以将独木舟停在岸边，先上岸爬一会儿山。沿途还有一些城镇也值得游玩一番，例如风景优美的斯尔科堡。

想要躲开人群，就要避开学校假期。因为每到这时，游客就会汇聚于此，而河面上就会布满了独木舟。如今，人们对环境越来越关心，而这里就是摆脱碳足迹的最好度假场所。白天划着独木舟，晚上在帐篷里休息，此处是一个对环境几乎没有危害的胜地。**JK**

→ 在丹麦的古德纳划独木舟，穿过数英里翠绿的湖区，能满足所有人的口味。

在肯梅尔花园酒店放松

Relax at Park Hotel Kenmare

地点：爱尔兰凯里郡

网站：www.parkkenmare.com　**价格指数：**$$

从肯梅尔花园酒店向外望去，可以看到肯梅尔湾壮丽的景色以及远处的察哈山。但是，这样一个静谧宜居的地方离肯梅尔独具魅力的小镇也仅有几分钟的路程。小镇拥有许多商店、高级餐厅和音乐厅，所以游人才会络绎不绝。这座气势宏伟的肯梅尔花园酒店由灰色石头筑成，四周是美丽的花园和草坪以及一个有十八枚球洞的高尔夫球场。要是驱车前往，不用花很长时间就可到达小镇的郊外，去那里散步休闲实在再好不过。

肯梅尔花园酒店与其他酒店有所不同，它的萨马斯水疗仅对酒店客人开放。这也就意味着酒店能够给顾客提供一个远离外界喧嚣、怡然享受的地方。住在这里，你不用担心自己会被诸如婚礼、会议这样的事情打扰，因为这座家庭酒店根本不会承接这些业务。尽管46间卧房都配有平板电视、DVD、CD、MP3，以及精选的电影和音乐光盘，这家酒店的装饰还是蕴含着传统的韵味：室内挂满了古董器件、原创油画以及复古家具等。豪华客房更是宽敞豁亮，更配有静静地坐在那儿便可欣赏水面风光的休息区。如果精力充沛，你还可以在82英尺（25米）长的游泳池里游上一会儿泳。假如不想在公园雅致的餐厅用餐，你还可以进城用餐。马尔卡希和帕奇斯都是由主厨自己经营的绝好餐厅。此外，酒店的私人影院每晚也会放映一些经典电影。**CSJ**

← 在肯梅尔花园酒店光线充足的房间里，一边享受水疗带来的放松，一边欣赏美好的景色。

在度假水疗中心放松身心

Unwind at Temple Country Retreat and Spa

地点： 爱尔兰维斯特米斯

网站： www.templespa.ie　**价格指数：** $$

水疗中心坐落在有着250年历史的古老修道院的农舍里边。尽管仅限成年客人，这里仍然是个远离生活烦扰的绝佳场所。在维斯特米斯静谧的郊外，你可以边享受奢华的理疗，边将烦恼抛在脑后。

这里距都柏林只有90分钟的路程，周围的环境虽然有些古韵，但水疗设施却十分现代。这里是生机盎然的绿洲：自然光斜射进室内，照亮高大、宽敞的房间。这里有活力四射的套房、水疗泳池、桑拿浴室和蒸汽浴室。在这里，你既可以尽享全身浸润在海洋中的感觉，陶醉于面部葡萄酒理疗之中，也可以做全身按摩来放松身心。

由家庭经营的水疗中心遵循着一个经营理念，那就是为顾客消除日常生活带来的烦扰，让他们体会放松和幸福的感觉。在水疗中心，客人可以从80种不同的整体治疗中选择一种。在此之后，还可以在100英亩（40公顷）的公园绿地之中悠然漫步或者骑单车。客人也可以什么都不做，因为这样的放松效果更佳。这里会带给你幸福和轻松，即便离开水疗中心，这种感觉也会持续很久。

这里原本是一座与世隔绝的修道院；受到前身建筑的启发，水疗中心的23间客房都可以俯瞰到内部的花园。然而，真正的好地方其实是拥有按摩浴缸和阳台的套房。酒店烹制的都是当地最好的食材，食物健康且符合客人口味。

修道院不仅是个服务热情周到的简易旅店，也是个现代的水疗中心；世外桃源般的环境非常适合休闲度假。**AD**

> “一种平静和安宁之感似乎渗透到了整个明亮、通风的二层小楼之中［水疗中心］。”
>
> 格雷斯·赫尼根，《整体健康》

修道院的泳池中有十二个座椅，且都配有水疗喷射装置，放松效果极佳。

在德尔裴山放松
Relax at Delphi Mountain

地点：爱尔兰戈尔韦郡

网站：www.delphimountainresort.com **价格指数：**

德尔裴山度假村坐落在宁谧的爱尔兰西海岸，绝对是个放松休闲的好去处。客房可以俯瞰到山间美景，豪华的错层式套房包含舒适的客厅和卧室（位于两层之间）。

最有吸引力的当然还是水疗了。你可以选择按摩和理疗服务（指压按摩、芳香疗法和灵气疗法），以及各种去角质的美容服务，面部护理和海藻排毒浴。这里有多种理疗可供选择：用海藻包裹腿部的冷冻治疗就可以消除腿部浮肿。除此之外，这里还有极尽奢华的健康水疗套房，其内部配有豪华的按摩浴缸、桑拿房、干石墙蒸汽浴室以及一个露天的水疗池。度假酒店轻松的氛围和亲切的服务使这里成为了一个充满和平与安宁的避风港。

> “在温泉套房和休闲室内，客人能够欣赏到爱尔兰最美的景色。”
>
> 菲奥纳拉·昆兰，《爱尔兰观察报》

这里可能只是一个乡村的隐居地，但仍然有很多令人沉醉的户外活动。海上皮划艇、骑自行车和远足都是不错的运动。假如有兴趣，还可以在沙滩上探索海蚀洞，或是尝试一下冲浪和骑马，又或者在附近的湖上划独木舟、滑水或是沿绳索从山上滑下，抑或是徒步穿越美丽的乡村。百富勤饭店会为客人提供最新鲜的海鲜：从奇拉瑞贻贝到扇贝和鲈鱼，当地的海鲜应有尽有。另外，餐厅的蔬菜也都是从花园中采摘的。住在这里，你会感到非常放松，身体和灵魂达到前所未有的契合。**AD**

住在拜林特酒店
Stay at Bellinter House

地点：爱尔兰米斯郡

网站：www.bellinterhouse.com **价格指数：**

想象一下，假如拥有一座乡村豪宅，手中又握着能赋予它现代感的魔杖，你会怎么做呢？要是挥动魔杖，你就会得到如同拜林特酒店一般的建筑。这座酒店坐落在爱尔兰12英亩（5公顷）的绿地之上，巧妙地融合了现代风格与格鲁吉亚乡村风格。住在豪华的拜林特酒店，你会感觉到一种融合了优雅与庄严的奇妙感觉，并为其中的现代便利设施而惊叹不已。正如当地人会告诉你的那样，爱尔兰本身就具备这样的一些气质：一边坚定地开创着未来，一边传诵着奇妙神秘的故事，展现着绿意盎然的自然美景。

从画室的水泥墙到吊窗和地板，拜林特酒店内部的一切都十分精美。另外，河面的景色非常美丽，就算从都柏林驱车一小时才能到达，你也会欣然前往。进到客房之中，你就很深刻地体会到自己的选择有多么正确。34间客房的装潢不仅古香古色，还配有定制的等离子电视和一整套让你不用下床也能享受的娱乐设施。明亮宽敞的优雅客厅可以观赏到窗外的美景。除此之外，酒店还有一个藏书丰富的图书馆，一间游戏室和一个极棒的酒吧。但是，气氛轻松的酒吧只是预热而已，还有一个更有品味的地下葡萄酒酒吧在等待着你。自然光线透入酒吧美丽的餐厅之中，因此主人将其命名为“伊甸园”。在这里，你可以充分享用当地新鲜且富有想象力的美味佳肴。品尝过醇香的葡萄酒，还可以尝试一下牛排和吉尼斯黑啤这一完美搭配。

拜林特酒店的露台和草坪是室外就餐的理想场所，附近的博伊恩河更是垂钓的完美之地。轻轻松松就可打发掉一下午的时间，然后回家洗上一个热水澡或者坐在火炉前再喝上一杯吉尼斯黑啤酒，你就能彻底感受到乡村的舒适惬意。**PS**

住在阿什福德城堡

Experience Ashford Castle

地点：爱尔兰梅奥郡

网站：www.ashford.ie　**价格指数：**$$

阿什福德城堡里拥有角楼和城墙，盔甲和橡木镶板，是个货真价实的城堡。1228年，伯格家族建立了这座城堡。此后的8个世纪，这里的住客都可眺望到科里布湖（爱尔兰第二大湖泊）的清波碧水。起先，城堡的主人将这里修建成法式建筑，后来的主人又将这里变成维多利亚时代的风格。17世纪之后，吉尼斯家族一直将这里作为狩猎和钓鱼的休息场所。直到1939年，他们才将城堡卖出，此后这里才被改建成酒店。

许多身居高位的人士都曾来过这里。威尔士亲王，也就是后来的乔治五世曾于1903年造访过这里；当时不仅为他修建了台球室，还将餐厅以他的名字命名。美国总统罗纳德·里根也在阿什福德住过；他们还特意为他准备了一张特殊的床。

> “隆起的山脉静静地守卫在这里，就像冰岛的神灵般沉静。”
>
> 乔治·摩尔，19世纪80年代小说家

阿什福德城堡如今有83间卧室和一个水疗中心（水疗治疗用得都是Ya Kon的产品），外面还有350英亩（141公顷）的繁茂园地。客人可以在高尔夫球场打上一局，或者学习一下训鹰术，此外还有射箭、飞碟射击和越野骑行可玩。因为湖中生长着野生褐鳟鱼和鲑鱼，这里的湖景也很有名气。或者，你也可以和城堡中的历史学家一同前往印恰戈尔岛，去看看那里圣帕特里克于公元450年修建的圣帕特里克教堂。**PE**

住在冰屋酒店

Stay at Ice House Hotel

地点：爱尔兰梅奥郡

网站：www.icehousehotel.ie　**价格指数：**$$

冰屋酒店坐落在莫伊河美丽的河口处。每天，潮起潮落的河水都会冲击着岸边的古老冰屋。150年前，人们从河中捕捞出品质绝佳的鲑鱼，就将其储存在放满冰块的屋中。如今，这里已经焕然一新，不再是那个冷冻鱼类的地方，而成了一个纳凉休闲的冰雪酒店。凭借豪华的水疗和令人兴奋的建筑结构，这里被《康德纳斯特旅游者》杂志评选为爱尔兰最时尚、最具创新精神的新型酒店，同时也是探寻爱尔兰西海岸原始风景的最佳场所。

酒店的现代建筑光彩夺目：精心修复的白色房子中还铺有石板墙，其上布满了纵横交错的橙色线条。内部的32间客房和套房分为两种：一种是配有古董家具和框格窗的19世纪古典房间，另一种则是可以看到莫伊河，配有落地窗的极现代简约房间。此外，酒店的浴室里铺有地暖，还配有柔软的毛巾和欧舒丹的洗浴产品；宽敞的卧室中不仅有等离子电视机，墙上还挂着许多现代艺术品。

在码头餐厅中，你可以品尝到刚从圆形冰库中取出的本地最新鲜、最好的食物，如科纳马拉羊肉、爱尔兰牛肉、烤鸽子和兔腰肉。豪华的水疗也相当不错，值得多去几次。5个治疗房间分别以莫伊河上的失事船只命名，外面还有俯瞰河面的露天热水浴。这里最有名的就是面部美容和身体按摩。如果有兴趣，不妨尝试一下伊尼斯科恩的鹅卵石加热按摩。

酒店不仅是西海岸欢庆节日的最佳地点，也是徒步旅行或河边垂钓的最佳选择。以前这里可能有些寒冷，但现在却非常温暖。**LD**

在克莱尔岛练习瑜伽

Enjoy Yoga on Clare Island

地点： 爱尔兰梅奥郡

网站： www.yogaretreats.ie　**价格指数：** $

一侧是危峰兀立的群山，一侧是大西洋的滔滔巨浪，克莱尔岛确实是个极为偏僻的隐蔽小岛。尽管壮观的风景具有很大的吸引力，但最吸引人的还是这里的瑜伽运动中心。无论是初学者还是狂热的爱好者，瑜伽中心都会为大家提供一个练习瑜伽、消除日常压力的绝佳场所。

你可以住在岛上传统的别墅中——这里刚刚装修完毕，使用的都是太阳能电池板和柴火炉取暖等环保设施。木材、麻、赤陶、天然板岩等材料也给房间增添了舒适的感觉。新建的木制瑜伽工作室外面就是克鲁湾和帕特里克的绝美风景。

瑜伽中心坐落在一片宁静的土地上：在占地240英亩（97公顷）的草地上，绵羊和马匹随处可见。此外还有一个花园，里面栽种的有机水果和蔬菜会送到餐厅去。练习完瑜伽，你也可以去占地数英亩的原始森林中探险。从农舍自产的奶酪和黄油，到新鲜出炉的面包和自制豆浆，中心超过90%的素食都是由本地栽种的有机（或自家种植的）食材制成。此外，饮用水也是从附近的泉水中引过来的。

克莱尔岛毗邻欧洲边界的小岛，所处的位置及其偏远。虽然比瑜伽中心还要偏僻，但因其独特的自然环境，小岛也成了探险和自省的好地方。学会了凝神静气，不妨到这里巩固一下，以便回去之后随时可以安宁心神。但是，这并不是修行，而是一种轻松愉快的练习。如果不参加课程学习，你也可以租住在其中的一间小屋。AD

“绝美的海景和清爽的空气……克莱尔岛着实令人难忘。”

i-escape.com

↗ 僻静的克莱尔岛既拥有美丽的海景，也是个练习瑜伽的最佳度假场所。

在阿赫德纳侯酒店缓解压力 De-stress at Ard Nahoo

地点：爱尔兰利特里姆郡　网站：www.ardnahoo.com　价格指数：$$

一条单向马路穿过了风景秀丽、郁郁葱葱的北利特里姆峡谷。马路一侧坐落着一家宁静的环保酒店：阿赫德纳侯酒店。这里的环境是如此美妙，如此值得珍惜，为了保护这里的环境，人们才修建了这座酒店。酒店的3座小木屋十分迷人，全部由采用环保材料建成。

淳朴简单的环保农场和周围的景观融合在一起，保持了原本的氛围。这里有一套针对个体需求的完整治疗方案，旨在恢复身体机能、保持身心平衡，让身体和灵魂得到放松。另外，这里还提供各种有吸引力的身体按摩和面部按摩。只需一个疗程，新研发的排毒盒子就能帮助你放松肌肉，去掉死皮，燃烧掉900到2400的卡路里。酒店的瑜伽注重平衡与和谐，寻求的是宁静的环境，所以高处的安静房间时常作为练习的场地。

除了进行治疗和练习瑜伽，客人还有充足的时间去广阔的土地和美丽的特里姆山上游览。你可以雇上一位导游，在散步的同时让他给你讲解一下本地的花草树木，以及相关的爱尔兰民间传说。在诗人叶芝的故乡，其中心区的风景永远都是那么令人身心舒畅。白天，爱尔兰乡村呈现了传说中的40种绿色；晚上，璀璨的繁星会在浩瀚的天空中闪耀。

如果觉得饿了，可以用酒店的简单炊具自己做饭。但是，最好的办法还是请当地的玛丽亚主厨为你烹调美味的素菜，并将菜肴送到屋中。随后，你就可以尽情地享受当地的美食，欣赏引人入胜的美景，让酒店的魔力得以充分发挥。在这里，最重要的就是放松身心。**SWi**

↑ 酒店并没有破坏绝美的自然景观，而是为游人提供了一个幽静的修身之所。

在欧极品酒店放松 Relax at O´Fabulous

地点：爱尔兰多尼哥郡　**网站**：www.ofabulous.com　**价格指数**：$$

迷人的欧极品休闲酒店虽然不大，却是五脏俱全，没有辜负它的好名字。这座精致的酒店位于古老的沿海城市阿尔达拉，其装潢十分美丽：闪闪发光的金色建筑和晶莹透亮的玻璃。酒店建于19世纪晚期，拥有5个融合了各种风格的房间。房间里的云床（设计巧妙的三层睡床）既舒服又美观，睡在上面一定非常舒服。浴室配有两端都是圆弧形的浴缸、极好的祖·马龙洗浴用品、花洒淋浴和厚实柔软的浴袍。屋内的陈设也同样奢侈豪华，房间里的装饰有层层叠叠的华丽天鹅绒、爱尔兰亚麻和极好的绸缎及丝绸。

如果舍得出门，可以从格兰斯山路出发，迎着风在山路上前行，欣赏两侧迷人的山景，也可以在长满石楠花的荒原散步。或者，先去拉夫罗角眺望大西洋对面的景色，然后再去格兰威国家公园呼吸新鲜的空气（自然保护区内有美丽的湖泊和森林，维多利亚时代建造的突兀的格兰威城堡就坐落其中）。这里风景如画，极为浪漫，是静修度假的最佳选择。

事实上，就算是为了爱尔兰早餐，也值得在此住上一晚。酒店的早餐包括厚厚的自制面包、掺有爱尔兰威士忌的麦片粥、新鲜的鸡蛋，以及肉质鲜美的香肠和培根。下午可以在炉火边喝下午茶，晚上可以享用多尼哥蟹肉和奶油土豆泥，并搭配最好的红酒。最后，再去鸡尾酒酒吧喝上一杯贝利尼鸡尾酒。如此一来，你对食物的热情会持续一天。

远离成群结对的游客，拥有精品酒店所需的一切；蕴含复杂的风格和奢华的装潢，欧极品酒店一直是尽情放松的度假胜地。**AD**

↑ 华丽的镜子，优雅的墙面装饰和吊灯——欧极品酒店就是一场视觉的盛宴。

探寻拉斯提拜格岛
Explore Lusty Beg Island

地点：北爱尔兰弗马纳湖
网站：www.lustybegisland.com **价格指数：**$$

拉斯提拜格岛（源于盖尔语Lusteabeg，意为又小又肥沃），位于弗马纳郡厄恩湖下游的最北端，距离恩尼斯基伦22英里（35公里），是一座宁静的绝美小岛。

占地75英亩（30公顷）的小岛本来是修道士避世赎罪的地方，几个世纪以来多次易主，其中就包括一位加拿大贵族和一位英国陆军上尉（他在20世纪50年代建立了第一个出租小屋）。后来，当地的一对夫妇成为了这里的主人。如今，小岛不仅是鸟类保护区，还是享受安静生活的僻静度假胜地。

要想上岛，只能乘坐小船或渡轮，后者一次只能承载两辆汽车，使用的仍是古老的缆绳和滑轮装置。上岛之后，就会发现这里没有马路，只有一条观景小径环绕该岛，为游人提供了无数观赏当地鸟类的机会。成群的桑氏白额燕鸥聚集在岛上哺育后代，形成了一道独有的风景。假如更喜欢在水上观景，也可以去划小划艇。此外，岛上还有游戏房、网球场和室内游泳池等设施。

岛上既有提供早餐和住宿的简易旅馆，也有带私人阳台、可以俯瞰湖景的自助式五星级酒店。走上几步，就可以从住宿地来到岛上小屋。这里不仅坐落着岛上唯一的酒吧，还会定期演奏爱尔兰传统音乐款待来客。两个餐厅的菜肴也相当不错，其中以新鲜的鱼类最为著名。

船员和水上运动爱好者一定会爱上这座岛。他们甚至会被岛上隐蔽的环境和静谧的美景所诱惑。时间似乎都停滞不前，除了放下手中所有的事情，静下心来放松享受，你似乎很难有别的选择。**LM**

住在贝拉岛城堡
Stay at Belle Isle Castle

地点：北爱尔兰弗马纳郡
网站：www.belleislecastle.com **价格指数：**$$

想成为城堡中的国王其实一点也不难，只要将其租下来就行了。建于17世纪的贝拉岛城堡是爱尔兰最豪华的度假居所之一。它坐落在弗马纳郡占地470英亩（190公顷）的贝拉岛庄园的湖水边，周围是湖泊、岛屿、小山和森林。

你可以租住在别墅和公寓，但最令人难忘的还是独自租住在城堡的一翼。8个卧室将原本的古典风格和现代设施结合在一起，室内仍保留了华丽的旧家具、取暖的壁炉，带有镀金画框的油画和镜子。此外还有一间厨房和七间浴室可供使用。

> “城堡静静地坐落在水边，群山起伏的水岛和湖泊将其环抱。”
>
> discovernorthernireland.com

你可以自带厨师烹调美食，也可以享受这里完善的餐饮服务。因为饱受赞誉的烹饪学校和运营良好的农场就在城堡附近，所以食物的品质可以得到保证。这里的宴会厅最多可容纳30人，里面还有专供吟游诗人表演的廊台。全天候的网球场，射击游戏场和梭子鱼钓鱼场也可供客人使用。除此之外，客人还可以乘坐木质游艇（最多可乘16人）在厄恩湖风景如画的水湾和水岛周围航行。**SH**

→ 1993年翻新后的17世纪城堡，充分体现了休闲的乡村风格。

游览托里岛 Discover Tory Island

地点：爱尔兰多尼哥郡

网站：www.oileanthorai.com **价格指数：**Ⓢ

“［这是］一处拥有迷人美景的地方……一代又一代的艺术家都为其着迷。”

凯文·康诺利，BBC记者

在别的地方，国王一般不会亲自迎接游客，在当地酒吧和国王一起喝酒的习俗也不太常见，但这些事情在托里岛却十分常见。这座小岛位于风暴频发的大西洋中，离多尼哥海岸有9英里（14公里）远。尽管小岛饱受海风侵袭，位置也较为偏远，但还是有近180个意志顽强的居民住在这里。他们都将爱尔兰语作为第一语言并以此为傲。小岛的历史可以追溯到4,000年前的新石器时代。高隆，也叫圣哥伦巴就是这里较为著名的人物之一。公元6世纪，圣哥伦巴在这里修建了一座修道院。这座修道院一直掌管着人们的生活，直到1595年英国军队入侵这里并将其摧毁。现在，只剩下一座贝尔塔仍然矗立在岛上。

因为大风和波涛到来的次数会比预测的多，渡船也会因此受到冲击，所以登岛有时候也会充满挑战。可是，一旦站在岛上崎岖的岩石上，就会感到非常舒服，因为岛上的居民都很热情好客，彬彬有礼。岛上有一些住宿的地方，比如港口附近的酒店和一家青年旅社。这些地方虽然都谈不上豪华，但参观托里岛，并不是为了沉湎于奢侈的环境，而是为了寻找生活的乐趣（或美好时光）。托里岛的国王帕特西·丹·罗杰斯是一位杰出的手风琴演奏家，也是一位艺术家。他会在“Soisialta Club”（爱尔兰语，意为社交俱乐部）给大家讲述小岛生动有趣的故事。你也可以和当地居民一起在同乐会上唱歌跳舞，或者去岛上隐蔽的角落和山洞探寻往昔的秘密。**LM**

⇱ 人们将参差不齐的岩石称为“巴洛尔的牙齿”。巴洛尔曾住在岛上，是邪恶的弗莫利亚（爱尔兰神话中的巨人族）国王。

住在斯卡瑞斯塔
Stay at Scarista House

地点：苏格兰赫布里底群岛

网站：www.scaristahouse.com **价格指数**：$$

哈里斯是外赫布里底群岛中的一个小岛。从岛上的斯卡瑞斯塔海湾出发，穿过空旷的沙滩，再转身向岸边看去，就能看到健壮的羊群在绿色的沙丘上吃草；海浪翻滚，溅起的浪花洒落在它们身上。酒店孤单地坐落在海湾的中心，星星点点的石南花点缀在其后的巍峨群山之上。在乔治王朝（18至19世纪早期），这里是牧师的住宅。

但是，这个小酒店却位于英国最美丽、最偏僻的地方。斯卡瑞斯塔就像一个舒适的小型乡间酒店，里面不仅有开放式的复古壁炉和宽大、舒适的沙发，还有许多古旧的图书和古董，以及无处不在的壁画。这里还有一只名叫马克斯的可爱小猫。因为布置得极为舒适，客人几乎不会注意到房间里没有电视。

> “我们在海滩上走了四十分钟……只遇到了四个人而已。”
>
> 卡罗琳·鲍彻，《观察家报》

其实没有电视也很好，客人可以在房中边吃边喝，悠闲地四处转转。或者，也可以出外散步，去洒满贝壳的美丽沙滩走走，寻找一下水獭的脚印。但是，要想看到沙滩全貌，需要走上3英里（沙滩全长5公里）。白天乘船到哈里斯岛附近游玩的人很多，最远可至荒凉的圣基尔达岛。游客可以探访当地的艺术家，也可以去看看矗立在卡拉奈斯的石头，或干脆自驾环岛游览一圈。

斯卡瑞斯塔酒店的食物饱受赞誉。许多食物都由酒店自己制作，比如面包、酸奶、蛋糕、什锦谷物麦片和冰淇淋。厨师充分利用了当地的原料：扇贝和龙虾都是刚从海湾中捕来的，高地羔羊也是刚从小山上抓来的，非常新鲜。**SH**

在泳池小屋放松
Unwind at Pool House

地点：苏格兰罗斯郡

网站：www.poolhousehotel.com **价格指数**：$$

泳池小屋坐落于苏格兰西北高地的群山之中，位于风景如画的韦斯特罗斯艾维湾的最前端。这座房子豪华浪漫、远离尘嚣，凭借着优秀的自然景观以及豪华的风格多次获得褒奖。这栋三百岁的房子，原是奥斯古德·麦肯齐的住所，而房子附近著名的因维尔花园也是由这位房主建造。自1991年购得房子，彼得和妻子玛格丽特·哈里森，以及他们的女儿莉斯和梅莉一起将其变成了一间优雅的维多利亚式建筑。屋中满是古董、绘画、瓷器和奇珍异宝。

小屋散发出优雅的乡村气息。开放式壁炉将木板房和图书馆烧得暖暖的。温暖的图书馆藏书丰富，沙发也非常舒服，是一个享受慵懒下午茶的好地方。此外，舒适的酒吧还提供多不胜数的纯麦威士忌。酒店的套房不仅面积很大，布置也极尽奢侈，风格迥异。巨大的睡床（有些是四帷柱床）和宽敞的维多利亚风情浴室彰显了酒店华丽的风格。虽然大多数套房保持了维多利亚风格，但尼瑞娜套房却模仿了拉贾斯坦邦王宫的华美风格，布朗伯套房都是用法国的古董装饰。

酒店的餐厅非常美丽，天花板上的数千颗繁星全部由手工绘成。在璀璨星空下俯瞰整个海湾一定令人终生难忘。餐厅包含七道菜的西餐虽然赢得过大奖，但迷人的落日和偶尔出现的水可能会让客人忘记桌上的美食。想来酒店的主人肯定十分睿智，因为他丝毫没有炫耀的意思。和其他酒店相比，这里毫不逊色，许多地方都捕捉到了苏格兰高地的奇妙美景。**ML**

游览乌伊格沙滩
Explore Uig Sands

地点：苏格兰刘易斯岛
网站：www.bailenacille.com　**价格指数：**$$

贝拉纳西里的海滩总是比游客多。乌伊格沙滩是英国最与世隔绝却又最美丽的海湾之一，而小酒店就在它的旁边。离这里不远的地方，还有24个海滩，步行即可到达。对于只能容纳16个客人的小酒店来说，这样的地理位置已经很不错了。

来到这里，你可以独自享用整个海滩。然而，日光浴和游泳可不是全部，你可能会在这里散步、野餐、观鸟赏花、钓鱼、摄影、探寻新景，或只是呼吸一下来自大西洋的新鲜空气。到了该回去的时候，舒适的老庄园还会在那里静静地等着你。

酒店因历史而成名，主要是因为1831年人们在这里的沙丘里首次发现了刘易斯西洋棋。这些棋子是维京人创造的早期国际象棋。原来的老房子、马厩和附属建筑，经过改造，变成了现在的酒店。酒店有3个客厅：一个配有电视，一个配有立体声，还有一个附带台球桌和足球游戏桌。如果天气不好的话，房间里还有棋类游戏、拼图玩具和很多图书。假如外面阳光灿烂，那就可以在花园里坐坐，或者和去门球场和草地网球场玩一会儿。

酒店采用聚餐形式，提供的食物也很丰富。美味的菜肴都是由当地食材制成。另外，早上提供的苏格兰早餐量非常大，如果想喝的话，还可以配上麦片粥；晚餐共有五道菜，菜品由酒店决定；朴素的卧室既温暖又舒适。住在这里，你会全身心的放松下来，绝对不会让手机来打扰你宁静的假日。**SH**

→ 酒店的花园俯瞰着长达2英里（3.2公里）的美丽金色乌伊格沙滩。

游览偌瑞德灯塔小屋

Experience Rua Reidh Lighthouse

地点：苏格兰盖尔洛赫

网站：www.scotland-inverness.co.uk **价格指数：**$$

灯塔附近没有什么建筑，最近的也在3英里之外。灯塔离最近的盖尔洛赫也足有12英里（20公里）远。这座白色的建筑坐落在苏格兰荒凉的西北高地之上，位于被石南花覆盖的半岛之上。在如此与世隔绝的地方，海豚的数量远远超过了人类的数量。

现在，看守者的房子已改造成了可供出租的屋子。房内总共可以睡26个人，游客既可以租下单个房间，也可以把整个地方租下来。屋里有两个配有壁炉的舒适客厅、一个暖房和一个烘房。风暴降临高地的时候，斯凯和西部群岛的景色会变得异常壮美，而你就可以在烘房中悠然地小口抿着威士忌。

在这偏僻的海岬，最吸引人的还是野生动物。为了满足大家的需求，灯塔也开设观赏动物的周末旅游项目：水獭是海岸的常客，鲸鱼、海豚、姥鲨也经常到这里来；游客还时常能看到来自大西洋的海豹。灯塔周围的陡峭悬崖是管鼻藿、绿鹭鸶和三趾鸥筑巢的地方，而金海鸥和红松鸡的巢穴则分布在内陆的沼泽之中。

此外，灯塔还提供野生动物观赏向导和家族海岸游览项目。孩子们可以去海边抓鲳鱼，了解帽贝和藤壶的区别，在岩石池穴旁等着抓红色的海葵和螃蟹。稍大些的孩子可以学习生火、烹调帽贝和区分可食用海藻的方法。灯塔的拥有者还组织了攀岩课程，攀越托里山的游览路线。该路线全长64英里（103公里），先穿越雄伟的山峰，然后到达大西洋广阔的海滩。**PE**

“紧贴峭壁向前行驶的时候，我们看到了周围的美景，于是决定建造一座灯塔。”

灯塔的拥有者

偌瑞德灯塔建于1910年，建造者是罗伯特·路易斯·史蒂文森的表兄。现在，它已经成为了一座全自动的灯塔。

住在斯图亚特城堡
Stay at Castle Stuart

地点： 苏格兰因弗内斯

网站： www.castlestuart.com **价格指数：** $$$

70多年前，为了证明自己的居所，也就是斯图亚特城堡中并没有鬼，马里伯爵宣布，只要有人敢在这里睡上一晚，他就会奖励那个人。在一个漆黑的夜晚，一个名叫比格·安格斯的高地偷猎者睡在了卧室之中。这间闹鬼的卧室位于东塔顶部的三角塔楼中。到了早上，安格斯冰冷的尸体出现在院中，脸上还挂着死前的恐惧。城堡现在的主人也想问问大家：你敢住在这栋闹鬼的地方吗？

"我很喜欢让大家住在这栋城堡，因为可以和大家一同感受历史。"

斯图亚特城堡的主人

其实，比格·安格斯不是唯一的牺牲者。这是一栋拥有血腥历史的建筑。16世纪，这块土地被赐予苏格兰玛丽女王同父异母的兄弟詹姆斯·斯图亚特。然而，他后来被人谋杀，儿子也被人残忍地杀害了。1625年，城堡刚刚建成就被麦金托什家族占领了。几年后，斯图亚特的国王查理一世被处死，斯图亚特城堡也被废弃了300多年。

1980年，查尔斯和伊丽莎白·斯图亚特买下了这栋城堡，修复后成为了一座豪华酒店。开放式壁炉、格子地毯和古董家具诉说着城堡多姿多彩的历史。秘密的楼梯、隐藏的入口和牧师避难室比比皆是。如果想喝杯威士忌，却又不想走长路，城堡里还有一扇通往客厅吧台的秘密旋转门。**PE**

住在奥德哈旅店
Enjoy Auld Haa House

地点： 苏格兰费尔岛

网站： www.tommyart.com **价格指数：** $

英国最偏僻的无人岛只有3英里长，1英里宽（相当于5公里长，1.5公里宽）。这座岛如此小，所处的位置如此隐蔽——孤零零地坐落在北海的顶部，介于设得兰和奥克尼群岛之间——以至于地图都常常忘了标。去费尔岛不仅麻烦，花销也不少。首先得登陆设得兰群岛或奥克尼群岛，然后根据日期、季节和天气，乘坐飞机或船前往该岛。

因为大雾和暴风雨，小岛时常和外界失去联系。然而，这个拥有70个居民、1,000只羊、150,000只海鸟的岩石小岛却赢得了世界的关注。岛民的传统针织风格比这个地方还要有名。岛上还有几户人家在制作传统针织品。古老的石头学校中还建起了一个针织博物馆。在众多展品中，有一张照片拍摄于20世纪20年代，而照片上的模特正戴着一顶费尔岛针织帽搔首弄姿。舒适的奥德哈旅店大约建于1700年，石墙厚约3英尺（1公尺），石头屋顶已经和最强大的北极风暴对抗了几个世纪。现在这里已经被改造成了一个旅馆，而主人则是几个美国艺术家。他们非常欢迎富有创新精神的游客周末来这里绘画度假。

小岛的海岸线旁是一排排高耸入云的峭壁和陡峭的海湾。此外，岛上还有两个灯塔、一个奇特的商店、几个港口和海滩。岛上的鸟类观测员会将游客带到悬崖之上，让他们坐到海鹦群落中去，而头顶上就是不断俯冲、守护领地的贼鸥。数十名针织工匠也很乐意向游客展示他们的手工制品。他们会邀请你到小院子中喝茶聊天，整个下午都不放你走。**SH**

探寻巴尔弗城堡
Discover Balfour Castle

地点： 苏格兰奥克尼群岛

网站： www.balfourcastle.co.uk **价格指数：** $$

巴尔弗城堡是世界上最北端的城堡酒店。自19世纪中期建成以来，巴尔弗家族一直将这里作为夏季的居所。1960年，家族最后的一位继承人死后，城堡被波兰骑兵军官队长塔杜斯・卡泽瓦茨基买走，现在则由他的苏格兰妻子和两个女儿管理。

城堡的主人虽然变了，城堡的传统却保留了下来。屋内都是维多利亚时期的古董；壁炉中的木柴噼啪作响，雄鹿的头颅被作为装饰品挂在墙上；燃气通过鹿角点燃了顶端的灯泡。在图书馆中，伪造的书架后面藏着一个秘密通道。相传只要有客人不请自来，巴尔弗家族的人就会从秘道中悄悄溜走。此外，领主的卧室中有一个四柱睡床，上面雕刻着巴尔弗家族的盾徽。另一间卧室则连通到角楼的一个淋浴间。

餐厅提供的都是当地的肉类和鸟类，鱼是从附近的大西洋和北海中捕捞上来的，而水果和蔬菜则是从城堡厨房的花园中摘来的。客人要是想自己收集晚餐的食材，也可以帮助酒店的员工收捕捞龙虾的笼子。另外，情侣也可以在城堡的小教堂（只能容纳20人）举办一场浪漫的婚礼。

喜爱历史的人们一定会喜爱斯卡拉布雷，因为这里的村庄拥有长达5500年历史；对于喜爱观赏鸟类的人来说，奥克尼群岛就是天堂。每年的5月到7月，海雀会到这里筑巢，而游客们时常会看到尖嘴海雀、海鸠、管鼻藿、贼鸥、绒鸭和北极燕鸥。假如想要接近野生动物，据说只要吹一吹口哨，当地的海豹就会游过来。**PE**

← 没有人会想到，城堡外就是无人居住的岛屿和无人知晓的海洞。

住在灯塔小屋
Stay at Lighthouse Cottage

地点： 苏格兰奥克尼群岛

网站： www.orkneylighthouse.com **价格指数：** $$$

奥克尼岛上的灯塔看守人小屋位于苏格兰大陆的最北端，除了这里，恐怕也不会有更加偏僻的地方了。岛上地势崎岖、景色秀丽怡人，是个看海豚、海豹以及鲸鱼和海鸟的好地方。

岛上共有两栋别墅可供选择。别墅都是由托马斯・史蒂文森——罗伯特・路易斯的父亲——和他的哥哥大卫在19世纪50年代设计建造的。房子保留了许多的自然要素，看到屋中的陈设，就能充分发挥想象力，想象出风暴来袭，海岬遭遇强风的震撼景象。此外，农舍私密隐蔽，四周被围墙环绕，距离最近的邻舍也有1英里（1.6公里）。

> “灯塔亮起来的时候，我不禁自豪地想到，有了父亲的才华，这里才能更加灿烂耀眼。”
>
> 罗伯特・路易斯・史蒂文森，苏格兰小说家

其实，这座岛是一处历史遗迹。在这里，你可以深入了解当地的考古发现，例如：德瓦菲石头。专家认为，这块石头是英国仅有的新石器时代或青铜器早期的石制墓室。此外，灯塔周围的峭壁是垂钓的好地方，附近的海德拉河也是钓鳟鱼的好地点。岛上最著名的地标是“霍伊的老人”，也就是大西洋上高出海平面450英尺（137米）的岩石群。即使是最有经验的登山者，攀登这些岩石也很不容易。若是秋季和冬季来此游览，你或许还能看到绚丽的北极光，这可是一场免费的视觉盛宴。**AD**

探索阿曼戴尔城堡花园
Explore Armadale Castle Gardens

地点： 苏格兰斯凯岛

网站： www.clandonald.com　**价格指数：** ⑤

在无与伦比的热带花园中漫步，让内心慢慢归于平静。斯凯岛地势崎岖、绿意盎然，正中就是这座奇妙的花园。占地40英亩（16公顷）的绿地公园种满了异国风情的花草树木。其实，这里之所以如此温暖，并且全年无霜，都是因为墨西哥湾暖流的影响。

花园其实只是40,000英亩（16,185公顷）的苏格兰高地房产中的一部分。外围的花园和内部的城堡本来归唐纳德家族（苏格兰最大的家族之一）所有，但唐纳德家族土地信托于1971年接管了这里，并把废弃的土地改建成了今日的温室花园。花园有一条主路，两旁挺立着200多年的欧椴古树，以及种下不久的金钟柏和猴谜树。细心的园丁来到这里，肯定还会发现许多令人欣喜的小景观：园子里绿色的栅栏、池塘中来自世界各地的水生植物，还有那品种繁多的树木和灌木。树下的草地上，蓝铃花、兰花和小小的野花点缀其间，煞是好看。作为一片宁静的绿洲，这片美丽的地方也非常适合举办户外婚礼，所以宗教和民间婚礼也时常在这里举行。

无论踏入园外的哪条小径，都能清楚地看到怡人的景色。映入眼帘的是斯莱特之声，也就是将斯凯岛和苏格兰大陆分开的水道。沿着小径前行，还能看到许多珍贵的野生动物。只要睁大双眼，就能看到狍子、红鹿、水獭和飞鸟；运气要是够好，说不定还能看到金鹰。如此有趣的旅行要花多少钱呢？其实只要交一点儿门票钱，就能游遍整个城堡、花园、博物馆以及林中小径。**JK**

观赏格罗马克瀑布
Walk to the Falls of Glomach

地点： 苏格兰洛卡尔

网站： www.lochalsh.co.uk　**价格指数：** ❶

越过西部高地的山脉，穿过其间的荒野，就能到达英国最高的瀑布——格罗马克瀑布。位于终点处的景观虽然壮美，山路却非常难走。要想看到美景，必须徒步走上5英里（8公里），行进5到7个小时。所以，适宜步行的靴子是必需的装备。

瀑布位于苏格兰大陆多益取湖东部。暴雨过后，游客就能见到最为壮丽的景色。但是，由于天气不好，景区的能见度会急剧下降。为了避免迷路，最好雇上一个导游。穿好靴子，我们先从苏格兰的摩维什镇的小村庄出发，穿过开放的山地，其间或许会看到极为罕见的美丽红鹿和勇猛金鹰。尽管迎接了许多来客，通往瀑布的小路却仍然显得幽静隐蔽。还未见到瀑布，游客就能感受到大地的振动。格罗马克是阴暗的意思，如果天气恶劣的时候来这里看瀑布，你就会明白为何要叫这个名字。因为气温一旦下降，瀑布就会被冻成冰柱。夏天的水流量虽然不大，但其景却是其他季节无法媲美的。**JK**

> “每当不知应该行往何处，这座山的一棱一角就会出现在我的面前。”
>
> 南·谢拔德，苏格兰诗人

→ 雄伟的瀑布位于陡峭的峡谷之中；水流从375英尺（114米）高的山上倾泻而下，直坠入幽暗的深渊中。

在圣岛世界和平中心放松身心

Relax at Holy Island Center for World Peace

地点： 苏格兰圣岛

网站： www.holyisland.org **价格指数：**

忌杀戮；尊重别人的财产，忌偷窃；要说真话，不要撒谎；也不要吸毒和酗酒。看到这些，你会以为自己不小心闯进了青少年感化院。其实，这只是圣岛世界和平与健康中心的一些准则而已。

坐落在苏格兰西海岸的阿兰附近，圣岛是个历史悠久的圣地。据说，岛上的温泉可以治疗疾病，13世纪时这里还曾有过一个修道院。该中心由益希洛赛喇嘛建立，是个环境怡人的心灵庇护所。虽然大部分课程在固定的时间进行，但游客还是可以根据自己的意愿决定一天的日程。这些课程包括瑜伽、冥想、素食烹饪、佛教和其他挖掘灵性的精神课程。中心有许多房间，可供60多人住宿。此外，每天的就餐时间固定。

自成立以来，圣岛的各项工作就全部交由志愿者完成。植树、干砌石墙、建造房子、园艺、组织课程和日常运营都由志愿者负责。中心也欢迎游客参与其中，当然全是自愿的。或者，你可以坐下来静静感受一下平和的氛围。假如平日苦于没有机会探寻美景，此次也可到附近去游玩一番。在墨西哥暖流的影响下，岛上遍布着稀有的植物和可爱的野花，野生埃利斯凯小马、山羊和绵羊也随处可见。小岛附近的海域也未经污染，景色迷人，海豹、海豚，甚至是奇怪的姥鲨都被吸引到这里来。**HA**

乘坐赫布里底公主号

Take a Cruise on the Hebridean Princess

地点： 苏格兰

网站： www.hebridean.co.uk **价格指数：**

作为世界上最小的豪华游轮，皇家赫布里底公主号更像是一个浮在水面上的别墅酒店。无可挑剔的服务、高档的餐厅、奢华的环境，公主号沿着蜿蜒的水道向前航行，两侧就是苏格兰崎岖多岩的群岛。

游轮最多只能容纳49个人。站在甲板上，乡村的美景逐渐扩展开来，低调优雅的氛围也随之扑面而来。船上的服务也堪称一流，几乎每位乘客都有专人服务。天鸽座餐厅的厨师准备了最好的当地食物，大家可以在这里尽情享用美食。晚餐过后，乘客可以到泰里休息室的壁炉边找一个舒服的位置喝威士忌。此外，船上的客舱也十分高级。名为阿伦岛的客舱中既有带天篷的四柱床，也有维多利亚风格的大理石浴室。

> "因为游轮很小，所以只能停泊在较小的海湾，让乘客欣赏周围动人心魄的山景。"
>
> 詹妮弗·威尔逊，《每日快报》

每天早上，游轮都会抵达一个岛屿或一条狭长的地带，让乘客在工作人员的护送下游览观景。游客既可以观赏罕见的海鸟、鲸鱼和海豹，也可以沿着开满野花的沿海平原（苏格兰语为machair）散步，还可以冒险深入茂密的峡谷，去看看古老的城堡和矗立的石头。游览归来，在床上好好睡上一觉，第二天又会开始另一场鼓舞人心的旅游。**AD**

为了最美的景致，赫布里底公主号能够驶入许多偏僻狭窄的湖泊。

在巫术城堡中振奋精神

Recharge at the Witchery

地点：苏格兰爱丁堡

网站：www.thewitchery.com **价格指数：**$$

16世纪的古老城堡中，富丽堂皇的套房中摆放着奢华的古董家具。这座巫术城堡将爱丁堡最浪漫的居住环境展现在你的面前。城堡围绕着一座可以追溯到1595年的商人居所，而堡内的套房流露出哥特式近乎颓废的奇幻氛围。每间套房都放满了古董家具和奢华的古旧纺织品，墙壁则由橡木镶板制成，上面装饰着挂毯、镜子和雕刻品；天花板上绘有华丽的彩绘描金画。

巫术城堡将豪华的套房称作“心灵圣地”，其中有古董四柱床、书房、红色和金色的华美墙壁、单独的房间和俯瞰皇家英里大道的早餐间；朱漆浴室里的卷盖式按摩浴缸足能装下两个人。在巴洛克风格的“老神甫居所”套间中，还有橡木镶板、红色编织物装饰的墙壁和布道坛雕刻而成的奢华古董床。大理石壁炉两边是镀金的书架，独立的更衣室连接到教堂式的浴室中。浴室里的天花板是拱形的，墙壁也由镀金镜子制成。通过一个秘道，可以到达“图书馆”套间的浴室。这里十分隐秘，里面不仅放满了书，还有能装两个人的超大浴缸。

酒店虽然非常完美，但还是有一个缺点。因为只有7个套房，客人通常需要提前几个月预订。好莱坞明星如杰克·尼科尔森和迈克尔·道格拉斯就是这里的常客。如果订不到房间，你可以在酒店的烛光餐厅定个位子，里面的现代苏格兰菜肴备受赞誉，装饰和装潢也极为华丽优雅。**ML**

← “老神甫居所”套房的浴室很是浪漫，每面墙上都有镜子。

在芬顿塔放松
Unwind at Fenton Tower

地点： 苏格兰东洛锡安
网站： www.fentontower.co.uk **价格指数：** $$

1591年，苏格兰国王詹姆斯六世，也就是苏格兰玛丽女王的儿子发现自己被叛军围困在法夫。后来，幸得镇上人们的帮助，他才顺利逃脱，此后又在福斯湾乘船前往北贝里克，并在那里的芬顿塔避难。既然国王都选择这里避难，那么21世纪的平凡都市人想要寻求远离拥挤城市的避难所，这座塔一定符合要求。

这座宏伟坚固的16世纪塔楼傲然挺立在东洛锡安富饶的农田中。塔楼俯瞰着福斯湾，距离爱丁堡东部只有20英里（32公里）。英国侵略者曾洗劫过这个塔楼，自此之后的几个世纪，这里一直是一片废墟。但在1998年，塔楼得到了细心的修复，现在成为了一间能够住下12个人的豪华酒店。此外，酒店还将现代设施与私人住宅的休闲舒适结合在一起，让客人在隐蔽的环境中充分享受优质的服务和美味的食物。

塔楼的外墙和原先一样美丽，不仅采用了暖色调的粉红色，还将当地的土壤与碎贝壳混合在一起作为涂料。一楼的窗户又严实又狭小，一般人都会觉得里面肯定十分阴森。其实，楼上的窗户通常很大，自然光也很好；有时两面或三面都有窗户，非常适合欣赏外面的景观。

芬顿塔周围还有许多极好的高尔夫球场，其中就包括世界闻名的莫菲尔球场。另外，这里还有射击场和飞蝇钓鱼场。如果你想充分感受一下这座属于自己的城堡，不妨在占地20英亩（8公顷）的私人土地上走一走，或者在迷人的小湖边沉浸在美好的幻想之中。**HA**

住在高登伊润旅馆
Discover Y Goeden Eirin

地点： 威尔士卡那封附近
网站： www.ygoedeneirin.co.uk **价格指数：** $$

找个周末，来到宁静的北威尔士村庄，在舒适的旅馆里住上几天。这家提供早餐的小旅馆可不仅仅是一个远离烦嚣的休息场所。旅店的房间都是用剧作家约翰·格威利姆·琼斯在威尔士撰写的系列短篇故事命名。因此，这里与其说是个旅馆，还不如说是个学习威尔士文化和艺术的中心。

旅馆的主人约翰和艾路恩·罗兰兹以前都是学者，所以房中一排排书架上堆满了文学巨著。

> “这里是学习威尔士文化的好地方，也是了解这个国家时尚的旅游景点。”
>
> 阿拉斯泰尔·萨第，旅行作家

墙壁上装饰的是威尔士艺术家的原创作品。这些作品也吸引了一批文学社团定期来这里聚餐；此外，一些学者也会将这里作为调研的对象。旅馆附近的人们将威尔士当做第一语言，如果你想多了解一下当地的文化，约翰晚上会经常组织相关活动。除此之外，客人还可以循着步行小道在古老的城堡周围游览一下。

旅馆既舒适又休闲，总共可以住6个人。自家制作的晚餐，先在火炉上烹制，然后装入传统的威尔士餐具柜中送到餐厅之中。吃过饭后，可以围坐在休息室里，喝上一杯雪利酒或是读上一本好书。但是，最引人注目的还是小男孩的房间：玻璃盒中展示着柏林墙的碎片，脸盆上面还有一块写着政治口号的威尔士岩板。**DA**

探索安格尔西岛海岸

Explore the Anglesey Coast

地点：威尔士安格尔西岛

网站：www.angleseycoastalpath.co.uk **价格指数：**❶

位于北威尔士乡村的安格尔西岛是一个有些沉闷的地方，但安格尔西岛沿海小路却是个探索北威尔士海岸线绝美风景的好地方。长达125英里（200公里）的步行小路旁矗立着独特的黄色标志，提醒游人附近有北极燕鸥出没。小路穿过20个城镇和村庄，只需走上几步，就可以找到吃饭、喝酒和过夜的好地方。

小道由12段组成，沿着较为平缓的地势一路延伸，所有人都可以来这里逛一逛。沿途可以看到风景如画的农田、海边的石楠灌木丛、盐沼、陡峭的悬崖和原生态的海滩。出发前，要先将O.S.探险家地图262（西海岸）和263（东海岸）的部分复印下来，然后花上2周的时间走完整个路程，平均每天走7英里（11公里）左右的距离。这条路虽然有起点也有终点（霍利赫德岛上的圣·西比教堂是终点），但每段小路都可以作为一个独立的部分，每天可以走上7到13英里（11至21公里）。12段小路中的一些部分，特别是最北边瑟玛斯至教堂湾的那段路的景色最为震撼。强风吹拂着辽阔荒凉的大地，迎面而来的海风令人感到神清气爽。

自波马利斯起始的一段小路最受游客欢迎。小路先经由彭蒙角穿越角嘴海雀岛，沿途可看到绝美的景致，然后向兰德温的美丽海滩一路延伸。这条位于岛屿东部的小路长达6英里（10公里），是个值得游览的好地方。小路最后2英里（3.2公里）紧贴着海岸线，虽然有些难走，但还是值得付出一番努力的。**DA**

“瑟玛斯……两边的海岸线绵延崎岖，周围的景色也很迷人。”

安格尔西岛郡议会

↗ 除了潮水涨到最高的时候，兰德温岛上的灯塔一直和内陆连接在一起。

住在圣裘瑞德教堂

Stay at St. Curig's Chapel

地点： 威尔士斯诺登尼亚

网站： www.stcurigschurch.com **价格指数：** $$

这座提供早餐和住宿的隐蔽小旅馆散发出迷人的贵族和波希米亚气息。19世纪的石头教堂能够拥有如此吸引人的气息，还要归功于大刀阔斧般的改建以及旅馆主人朝气蓬勃的性格。

坐在长木桌前享用早餐，你的注意力会被外面的景色吸引。窗外原本建有一个半圆的后殿，现在却已变成了空地。环顾四周，映入眼中的是教堂年代久远的拱形窗户、大理石柱子、彩色玻璃以及高高的由玻璃镶嵌画组成的镀金圆顶天花板。穹顶由威廉·萨克维尔·韦斯特下令建造。身为英国近卫步兵第一团的中校和当地的房地产经理，他想用穹顶来纪念他的妻子乔治娜。

1998年，爱丽丝·道格拉斯小姐 和她温顺的大狗布雷肯成为了这里的主人。此后，房子经历了巨大的改造，变成了一个独特而又有些古怪的地方。房中的卧室非常豪华，里面不仅有手工雕刻的四柱床，还有加热的板岩地板。其中的一个房间还保留着原先的石头讲坛。

若是想找个地方休息一下，泡泡热水浴缸就是最好的选择。浴缸位于院子的一角，这里原本是教堂的墓地。旅店上面就是斯诺登山马蹄山道的中心：这里拥有威尔士最高的山峰。大多数山路的起点都在盆依帕，而这里距离旅店只有几分钟的车程。如果你刚刚爬完斯诺山或是周围的山峰，这里也是放松的最佳地点。游人可以放心，教堂外的林间小径并不难走，有些甚至还通到附近的酒吧。**SH**

→ 旅店于1883年开业；这间简单的旅馆保留了教堂原本的魅力。

在生态花园别墅放松身心

Relax at an Eco Retreat

地点：威尔士波伊斯

网站：www.ecoretreats.co.uk　**价格指数：**$$

戴菲森林拥有令人心潮澎湃的一面。天刚破晓，威尔士的阳光就勾勒出一排排不同寻常的形状：4个直径21英尺（6米）的北美印第安圆锥形帐篷和一个位于森林之中的18英尺（5米）长的蒙古包。里面的设施都很原始：个人堆肥厕所和热水太阳能洗浴袋。即便如此，还是有一些诸如有机床上用品、瓷器和玻璃器皿的人造用具。

帐篷和蒙古包的主人不仅从本地的有机农场主那里租下了这片土地，还通过公平的交易购买了当地食物供给住客。此外，所有的废物会用来滋养大地，一切物品都会回收利用，以便将这里打理得井井有条，维持绿色环保资质。

生态花园不仅仅是一处居所，还是一个感受全新生活的好地方。来到这里，游客可以彻底逃离现代生活的烦扰。这里没有电、没有自来水，最重要的是，手机在这里也收不到信号。每天，人们就借着黄昏的光亮做饭，晚上就睡在松软的床上，在摇曳的烛光中渐渐入眠。这是个放飞思想，提倡清洁环保的地方；茂密的森林也会令人重新振奋精神。露营的第二天晚上，客人们会接到集体冥想的邀约。如果决定参加，主办方还会给大家进行一灵气或灵性疗愈，并提供一张替代技术中心的免费门票。然而最重要的是，这个地方可说是地域宽广、与世隔绝，从帐篷中抬眼望去，寂静的森林中连一个人影都看不到。**DA**

← 生态旅游是一个很有意义的游览项目，游客们可以体验到真正的远离尘嚣。

住在特夕立依萨夫小屋

Rent Trehilyn Isaf Cottage

地点：威尔士彭布罗克郡

网站：www.underthethatch.co.uk　**价格指数：**$$

作为彭布罗克郡保存最完好的别墅之一，这座位于斯图伯海德半岛沿岸的“特夕立依萨夫”小屋享有绝好的地理位置。小屋四周布满了黑色的峭壁和巨石群，附近的山上云雾缭绕，悬崖高耸入云。如果觉得这里有些眼熟，那可能是因为BBC的电视系列节目"彭布罗克郡的农场"曾经提及过小屋的修复过程。当地的建筑历史学家格雷格・史蒂文森博士负责给该节目提供建议，而他曾将这里称为“一块真正的宝石”。

这栋小屋是威尔士社会型企业“茅草屋下”最为环保的产业。通过使用低毒油漆、羊毛保温，石灰粉刷等可持续环保手段以及运用碳中和技术的中央供暖等，小屋现已装修一新。翻新后的农舍既漂亮又环保，里面的设施也既现代又便捷。屋内有一个巨大的壁炉，将传统风格和时尚简约完美地融合在了一起。走进小屋，你就会立刻感到平静。

> “这栋房子似乎活了起来。不是以鬼怪出没的那种惊悚方式，而是和周围的景观有机地融合在一起，然后才拥有了生命。”
>
> 尼尔·格里菲思，《卫报》

假如舍得离开舒适的宁谧小屋，你还应该去艾贝莫尔海湾看看。海湾被绵延几英里的崎岖悬崖包围，四周的景色非常壮美。此外，斯图伯灯塔附近的景色也同样美丽，确实值得一看。**HA**

在锡厄姆酒店放松
Unwind at Seaham Hall

地点：英格兰达勒姆郡
网站：www.seaham-hall.co.uk　**价格指数：**ⓈⓈ

锡厄姆酒店和水疗中心拥有一段伟大的历史。18世纪晚期，这里本来是一座巨大的豪宅，后来拜伦勋爵与安娜贝拉·安米尔班克于1815年在此结婚，才令这里一下闻名于世。在一次世界大战中，宅子先后被用作军事医院、肺结核疗养院、前沿心脏治疗中心和疗养院。直到2002年，这里才重新恢复了昔日的辉煌。在汤姆和乔斯林·马克斯菲尔德的努力下，房子被改建成了世界级的豪华酒店和水疗中心。

在这座崭新的酒店之中，最引人注目的就是数量众多的优秀当代艺术作品。彩色玻璃艺术家布里奇特·琼斯根据拜伦的诗歌，在大堂中庭的天花板上创作了一幅玻璃画。屋内的墙上装饰着戴尔·阿特金森和保罗·加拉格尔的画作，以及尼古拉·维德伯格和安德鲁·伯顿的雕刻作品；威廉·派伊的作品也遍布整个酒店。酒店的19间套房既现代又便捷，“智能”照明和可调空调都非常令人满意。有些房间还有双人浴室。此外，酒店的客厅（拜伦举办婚礼的地方）仍可承办民间婚礼。名为"白色房间"的餐厅放满了木质桌椅，提供的食物虽然简单却很美味。

然而，上面说到的仅仅是一部分而已。顺着地下隧道走到尽头，就会来到宁静的水疗中心。这里采用亚洲设计风格，拥有超过45个灵魂、身体和心灵的治疗方案。沐浴在茉莉花的香气之中，聆听着流水的声音，你会发现长达65英尺（20米）的可爱泳池就隐藏在其中，此外还有黑色花岗岩蒸汽房、按摩修养池、冰雪喷水池和传统的土耳其澡堂。这里不仅提供美容项目，还提供许多正规的心理治疗。**PS**

在斯温顿公园放松
Relax at Swinton Park

地点：英格兰北约克郡
网站：www.swintonpark.co.uk　**价格指数：**ⓈⓈ

如果你喜欢英国的宏伟，那么斯温顿公园就是个完美的度假地点。这座拥有30个卧室的豪华城堡酒店还配有专属角楼、长长的走廊和数量众多的楼梯。沿着楼梯前行，客人就能找到装饰风格各不相同的宽敞卧室。

虽然周围就是约克郡山谷，想要去山上冒险非常方便，但斯温顿公园占地200英亩（80公顷），拥有自己的湖泊、花园和开阔的草地，游客几乎没有必要去更远的地方冒险。如果想挑战一些更加冒险的事情，不妨尝试一下放鹰捕猎、钓鱼或驾驶越野车。此外，斯温顿公园的餐厅也很值得一去。四面都是围墙的花园占地4英亩（1.6公顷），是英国同类型花园中最大的。餐厅使用的大部分食材都来自花园，而最长使用的就是新鲜的应季蔬菜。因为名厨罗兹玛丽·斯拉格在这里开设了烹饪学校，所以酒店俨然成为了深受烹饪爱好者追捧的胜地。

> “为了一睹小鹿、水仙花和翠绿的公园，我们还是会穿上长筒雨靴，冒着风雨出外观景。”
>
> 吉尔·哈特利，《卫报》

结束了一天的活动，何不在游戏房中玩上几盘斯诺克，或是在水疗和浴缸中享受一下按摩？这可是最棒的英国乡村生活。**RS**

→ 来到斯温顿公园，你就会期盼着能碰见电视剧“万能管家”的主人公吉夫斯和伍斯特。

在约克郡荒原小路漫步
Walk the Wolds Way

地点： 英格兰约克郡

网站： www.nationaltrail.co.uk **价格指数：**

对约克郡的居民来说，这里就是“上帝的领地”。看到这里的景色，就会明白其中的含义了。景色原始而宁静，略带恐怖的、令人窒息的风景似乎永远不会改变。25年前，一群热情的人漫步到这里，建立了英国平静的国家步行道，而这条路就隐藏在约克郡之中。

长达79英里（127公里）的约克郡荒原路是英格兰游客最少的一条国家级步行道。但对于许多人来说，这也是件好事。因为这里可以充分感受自由，独自徘徊许多天也可能碰不到一个人。但是，步行者很可能看到一些意想不到的野生动物，例如在山坡上吃草的小鹿或是飞入云霄的茶隼。

步行道从林肯大教堂的塔楼开始，向南穿过亨伯河，即可看到壮观的景色；若是向北，即可在尽头处看到起伏嶙峋的费雷伯勒格岩石群。你还会路过英格兰著名的中世纪村庄沃瑞姆珀西。在14世纪，由于爆发了黑死病，所以这座村庄被隔离荒废。一路上，你还会在山顶上看到许多青铜时代的古坟。沿途的村落会让游客们觉得仿佛倒退回了古代。尽管布拉夫的“渡船旅店”是英国公路劫匪迪克·特尔宾被捕的地方，你也不用特意骑着马到这里歇上一会儿。当年，特尔宾骑着他最信赖的母马"黑贝丝"从伦敦一路跑出了那著名的200英里（322公里）。最后，法律的翅膀终于在1739年追赶上了特尔宾，随后将其在约克处以绞刑。**SWi**

约克郡步行道穿越了广阔田野的顶端，越过了白色的山谷和美丽的村庄。

在桑姆灵酒店放松
Relax at The Samling

地点： 英格兰湖区

网站： www.thesamling.com **价格指数：**

舒适怡人的桑姆灵酒店就是来客的另一个家。虽说是家，但这里还是拥有豪华的房间，而窗外就是温德米尔湖秀丽的美景。另外，这里还有露天温泉浴池和一个储藏丰富的酒窖。一到酒店，就仿佛回到了自己家中，感觉非常轻松自在。这座18世纪的漂亮三角房子散发出的魅力会将人包裹其中，令你感觉轻松而温暖。

此外，五彩缤纷的铁线莲和五叶地锦将酒店装点得生机勃勃。虽然只有13个套房，但每个房间都有其独特的风格和特点。向窗外望去，大部分房间都能看见美丽的湖景。举例来说，马赛拉套房的装饰采用了清爽的蓝色和绿色；独立的客厅几乎全天都沐浴在阳光之中，此外里面还有一个壁炉。而另一个叫做“波希”的小屋则离主楼较近，里面不仅有维多利亚时期的浴池和花洒淋浴，还有一个改造成温室的客厅。

> “……没有一个如此小的地方，能囊括如此多样的庄严和美丽。”
>
> 威廉·华兹华斯，在湖区

酒店结合了传统装饰的情调和现代装饰的舒适，将壁炉、蜡烛和双人浴缸放入了客房之中。尽管占地面积达到了67亩（27公顷），游客们还是喜欢待在舒适的屋中。当然，门外的湖区风景也同样迷人，值得游客游览一番。**LP**

探索利兹-利物浦运河
Explore the Leeds and Liverpool Canal

地点： 英格兰，利兹至利物浦

网站： www.penninewaterways.co.uk/ll **价格指数：**

要说最为悠闲的旅行方式，那还是坐船观景。一旦学会了掌舵的方法，明白了向左转舵就会向右走，向右转就会向左走，你的划船速度就会比步行略快上一些。

利兹-利物浦运河拥有150多年的历史，而两岸的景色则向游客述说着工业革命时期的故事。希普利、索尔泰尔和斯基普顿可能没有汉堡或佛罗伦萨的名气大，但宏伟的建筑足以令人赞叹。设计精致、造型雄伟的建筑本来要用作教堂，但因工业发展，后来竟成了磨坊和糖果工厂。停船上岸，不妨在索尔泰尔美丽的"模范"村逛上一圈。这里就是大名鼎鼎的工业家泰特斯·索尔特爵士为员工们建立的家园。房屋的设计和谐而自然，与坚固美丽的图书馆、体育馆、音乐厅和工厂完美地融合在一起。此外，工厂的塔楼模仿了托斯卡纳钟楼的建筑风格，看上去非常雄伟。

> “60英尺长、14英尺宽、3.5英尺深的船可以通过运河的92道水闸。”
>
> 利兹-利物浦运河协会

虽说泰特斯·索尔特并没有在这里建酒吧，但运河旁却有一些很好的地方喝啤酒。享用过丰盛的早餐，在雾蒙蒙的早上发动引擎固然不错，但是坐船游览的最大乐趣还是在太阳落山之时，将船停靠在岸边的酒吧，然后悠闲地走到里面喝一杯啤酒。**SWi**

游览基尔德人工湖和森林公园
Visit Kielder Water and Forest Park

地点： 英格兰诺森伯兰郡

网站： www.visitkielder.com **价格指数：**

想要寻求平和与宁静，基尔德人工湖和森林公园就是最佳的选择。因为几乎没有光污染，这里的夜空也清澈透明，英格兰著名的最幽暗夜空就在这里。前不久，英国刚刚进行了“保护英格兰乡村”的环保运动，被选为英国最宁静地方的诺森伯兰郡也恰好是公园的所在地。

北欧最大的人工湖和英格兰最大的森林也坐落在花园之中。无论是骑车、骑马还是步行，占地232平方英里（600平方公里）的花园都有足够的空间让你远离烦嚣，尽情驰骋，一连几个小时都碰不到一个人。假如想要悠闲的散步、骑车或骑马，森林里有数条小径可供选择，其中还包括湖边长达27英里（43公里）的基尔德水滨小路。这里还是野生动物的天堂，游客能看到鹿、水獭、獾、蝙蝠和其他稀有的鸟类。此外，公园还是英格兰本土红松鼠的最后一个聚集地，全国近60%的红松鼠都居住在这里。

有了漆黑的天空，基尔德人工湖和森林公园以及基尔德天文台才能成为完美的观星地点。天文台在大多数时间都会开放，偶尔在晚上开放，游客可以来这里多了解一些天文学知识。在这个美丽的地方，还有许多当代艺术作品和建筑物；公园里也有许多餐厅和野餐的地方。在英格兰最宁静的地方过上一天或度过一个周末，看到如此多的就餐地点，你都不知应当如何选择。**HA**

→ 纯净的空气和自然的气息让基尔德人工湖和森林公园成为了一个散步游览的好地方。

在库姆艾比修道院酒店享受
Enjoy Coombe Abbey

地点： 英格兰沃里克郡

网站： www.coombeabbey.com **价格指数：** $$

1150年，天主教隐修会的西多会修道士建造了库姆艾比修道院。现在，这座奢华的精品酒店向你敞开大门，参观绝佳的中世纪宴会感受“领主与夫人”的奢侈生活。占地500英亩（202公顷）的酒店坐落在沃里克郡（过去的中心位置）。房子现已完全修复，重新展现出浪漫的色彩，也难怪这里时常举办婚礼。

除了古典装饰，这里的现代设施也非常充足，例如便捷的无线互联网、卫星电视和24小时的客房服务。不论进入哪个房间，你都会发现令人赞叹的文物和许多出人意料的物品。现代设施总是巧妙地隐蔽在年代久远的古董之后：古旧书柜后面就隐藏着一间浴室。酒店共有83间客房，其中包括八个独特的“华美主题”房间。“中国风”套房和“克雷文夫人”套房就是其中的两间。风格奢华的中国风套房采用了亚洲主题，窗外就是开阔的湖面和庄重典雅的花园；克雷文夫人套房则将重点放在充满鸵鸟羽毛的四柱床上。

广受赞誉的中世纪宴会仿佛让时间回到了1539年；在食物和音乐的包围下，你会感受到昔日的欢乐气氛。享受到烛光盛宴和宫廷传统美食，如“男爵专用肉汤”和“皇家牛肋条”。要是谋杀和故意伤害更合你的胃口，不妨参加一个在世纪之交时举办的神秘谋杀晚餐会，你一定会感到异常兴奋。另一个令人难以忘怀的活动就是“可怕的事情”：在享用三道美食之前，有人会先为你讲述修道院的历史。人们要是不能以史为鉴，修道院就会用时尚的方式让人们重温历史，以免他们重蹈覆辙。**JS**

住在汉布尔顿旅店
Stay at Hambleton Hall

地点： 英格兰拉特兰郡

网站： www.hambletonhall.com **价格指数：** $$

汉布尔顿旅店原本是维多利亚时代的一座狩猎小屋，二十多年前由银行家提姆·哈特改造成了旅店。旅店坐落在拉特兰宛如梦幻的湖水边，不仅拥有诱人的食物，还有无可挑剔的服务和极好的房间。

屋内共有17间卧室，美丽的天花板都是倾斜的。有一对房间还能俯瞰到湖景。此外，传统而又不失典雅的内部装修令人赏心悦目。卧室的床又大又舒服，墙上还挂着狩猎的画作。这里与其他旅馆并不相同，并不会为了顺应潮流就在地下开设温泉。正如提姆·哈特所说：“既然来到了这么美丽的地方，为何还要将时间都花在地下室里呢？”

> “这是一个罕见的酒店；客人们不但会得到细心的照料，还会受到珍惜和爱护。”
>
> 《每日邮报》

要是不去看看欧洲最大的人工湖——拉特兰湖，或是错过了那片广阔的蓝色湖水，那可就太不应该了。但是，尽管无法在这里狩猎狐狸，游客还是有很多事情可做。环湖步行或骑车，观鸟、钓鲑鱼，无论你做什么，最后都一定要有个好胃口。因为汉布尔顿的食物十分可口，而杰出的主厨亚伦·帕特森只会用本地最好的原料烹调出具有很强季节性的美味佳肴。旅店可能没有噱头或时尚元素，但却足以令人赞叹。**HA**

在橄榄枝酒吧就餐
Eat at the Olive Branch

地点：英格兰拉特兰郡

网站：www.theolivebranchpub.com **价格指数：**$$

人们心中最完美的英国酒吧一定和这里一模一样。酒吧的屋顶由茅草搭成，墙壁是由蜜色石头砌成的，看起来如图画般美丽。走过长满金银花的花园，推开房门，你就进了一个低矮的舒适房间。壁炉里的柴火发出噼啪的响声，条形松树桌子和古董椅子静静地待在那里。等到了午饭时间，客人就可以把教堂长凳搬出来了。

其次，这里的食物也和普通的酒吧大不同，可谓极其美味。你可以不相信我说的话，但米其林一星级的评价却无人能够否定。酒吧对食材的要求非常严格，只选用当季和当地食材。厨房的鳟鱼都是从附近拉特兰湖中抓来的，春天的羊羔肉是从最好的纳尔逊肉店买来的，猪肉是从隔壁农场采购的，而浆果则是从树篱里刚刚摘来的。这里既有经典的炸鱼和土豆片佐以自制番茄酱和新鲜豌豆，还有炭烤肋眼牛排搭配粗粗的薯条。此外，这里的酒单也同样令人印象深刻。来自传统和新兴产地的各色葡萄酒会让你觉得仿佛离开了尘世，来到了葡萄酒天堂。但是，酒吧似乎比天堂更好，因为你根本不需要回家，只要晃晃悠悠地穿过马路，就会到达“山毛榉小屋”。这座迷人的小小格鲁吉亚旅店也是酒吧主人的财产之一。

酒吧的成功源于对细节的关注，所以酒吧旗下的旅店对细节也十分关注。6个房间都采用绿色、巧克力和淡紫等安静而又富于品味的色调。卧室中的法国古董床、手工缝制的床垫、埃及的亚麻床单和鸭绒被子可以让你舒舒服服睡个好觉。醒来之后，必定神清气爽；梳洗过后，就可以回到酒吧再享用一顿丰富美味的早餐。**HA**

在科茨沃尔德公寓酒店放松
Relax at Cotswold House

地点：英格兰科茨沃尔德

网站：www.cotswoldhouse.com **价格指数：**$$

奇平卡姆登如巧克力盒般绚丽多彩，科茨沃尔德酒店位于其中心，坐落在英格兰中西部科茨沃尔德群山之中，是个最完美的度假地点。为了让客人住得舒服惬意，酒店老板付出了最大的努力。无比舒适的超大睡床和可供选择的多种枕头保证了完美的睡眠质量；配有淋浴和室内电视的浴室也非同一般。总而言之，每位客人都会享受到这里舒适的环境。有了定制迷你酒吧，无需等待客房服务，就可尽情享用自己喜爱的美酒。即使到了冬天，房间的地热也会让你在寒冷的早晨倍感温暖。如果需要的话，每个房间的免费宽带也会让你和办公室保持联络。

> “这栋豪华的17世纪房子不但拥有优雅时髦的内部装饰，客人还可以在卧室中点餐。”
>
> 凯特·西蒙，《独立报》

自主经营的酒店力求给每一位客人留下难忘的回忆。当然，酒店也自然而然地散发出时尚的气息。倾斜的天花板、梁柱和开放式壁炉组成了别致舒适的花园别墅客房。有一间客房甚至还拥有独立的私家花园和热水浴缸。无论是巨大的石头浴池，还是随情绪变化的灯光，蒙特罗斯别墅的8个房间具有很强的现代感。再加上绝好的朱莉安娜餐厅和完备的水疗设施，这里无疑是个完美的酒店。**HA**

在鸽舍小屋重振精神
Recharge at the Dovecote

地点：英格兰巴克兰
网站：the-dovecote.co.uk **价格指数：**$$

鸽舍小屋位于牛津附近的巴克兰庄园内，是个非常适合鸟类爱好者游览的地方，近来被评为英国最浪漫旅游地。这座18世纪的建筑既温馨又舒适，令人流连忘返。

20世纪早期，这里曾一度失修，幸好后来被修复一新，改造成了一个餐食自理的舒适居所。这里虽然极富趣味，但最多只能睡下4个人。走进古老的建筑，就会看到保留完好的中心柱和阶梯，而原先的1,200个鸽舍也仍然挂在墙上。这些盒子大小各异，形状也不尽相同。其中的一个八角形盒子惊人得大，外面用红砖砌成。厨房和餐厅的铁制螺旋楼梯连接到北欧桑拿房和双人淋浴间。再向上走去，你就会发现隐蔽在屋顶下的卧室，其隐秘程度绝非一般。

> “大多数来这里度周末的夫妻几乎都不愿出去。”
>
> 莉斯·伯德，《观察家报》

要是懒得自己做饭，当地的“羊羔酒吧”会将餐食送到门口。要是想出去游玩，附近也有许多有趣的景点。若是开车前往，只需30分钟即可到达牛津和温斯顿·丘吉尔爵士的出生地布莱尼姆宫，以及著名园艺师全能的布朗设计的园林景观。**HA**

品尝四季农庄餐厅的美食
Dine at Le Manoir aux Quat' Saisons

地点：英格兰牛津郡
网站：www.manoir.com **价格指数：**$$$

来到雷蒙德·布兰科的四季农庄餐厅，你肯定想知道这座距离M40高速公路不远的餐厅能有多么安静。穿过美丽的通道，从恢宏的大门驱车进入餐厅，你很快就会来到世界名厨的宁静领地。这座与世隔绝的餐厅就坐落在蜜色石墙的后面。为了保证用餐环境完美无缺，餐厅在几天之前就已经做好了完善的迎客准备。

你还没找到把手，服务员就已为你打开了门；手袋还没想好要放在哪里，就已经被取走放置在一旁。不论走进哪个房间，餐厅的服务都会令人感到极为贴心。然而，这里并不是华而不实的恐怖地方，以至于打个喷嚏或提高音量都不被允许。相反，这里的氛围非常轻松随意。

餐厅对“食物、舒适度、服务和氛围”的关注都细致入微，并且每个房间都各不相同，以便让客人保持新鲜感。作为米其林两星级餐厅的主人，布兰科是少有的仍然在厨房亲自动手的大师级世界名厨之一。你可以品尝一下“Le Decouverte”（发现）菜单上的十道菜，让你的味蕾狂欢在唇齿之间。另外，别忘了留出时间去酒店周围的花园里溜达一圈。这里的多数新鲜农产品最后会出现在你的盘子里。**RS**

→ 一进餐厅，你就会有一种宾至如归的感觉；其实，这也是四季农庄餐厅的设计宗旨。

在查韦尔搭乘平底船
Punt on the Cherwell

地点：英格兰牛津郡牛津

网站：www.cherwellboathouse.co.uk **价格指数：**$

在众多小船之中，更具英国风情的还是方头平底船。这种专门在小河上航行的船不仅底部是平的，船上还带有一个切弓。船夫将长杆抵在河床，通过推力使船向前行进。但有时，长杆可能会插入或绊在低矮的树枝当中，船的前行就会受到影响。

想在繁华的大学城中心地带寻得一处宁静的乡村风光，在牛津郡乘坐平底船绝对是个绝佳选择。小船大多在查韦尔河边出发，穿过牛津的绿色田野和树林，随即驶入基督教堂大草坪旁的泰晤士河。虽然很多地方都可以上船，但莫德林桥太过于拥挤，而弗利桥又总有许多长长的划艇和机动渔船驶过，实在过于危险。港口草地的浅滩虽然适合撑船，但最好的出发点还是查韦尔船屋。位于查韦尔岸边的田园小屋既是餐馆也是咖啡馆，还是很好的停船站点。来到这里，《故园风雨后》的影迷们一定会过得非常惬意。剧中出现的乳白色法兰绒衣服、香槟、运动短上衣和草莓，现在都可随自己的喜好尽情享用。**LB**

> “花一天的功夫，[穿过] 历史悠久的牛津大学、植物园和宁静的英格兰乡村。”
>
> oxfordpunting.co.uk

⇦ 度过夏日的高雅方式，莫过于坐在手工制作的平底船上，在河上慵懒地度过几个小时。

游览玛拉玛逊酒店
Experience Malmaison

地点：英格兰牛津郡牛津

网站：www.malmaison-oxford.com **价格指数：**$$

虽说要远离烦嚣，但人们也不想去监狱一类的地方。牛津城堡本来是英国的一座监狱，近来却开创了先河，变成了一栋精品酒店。而里面奢华的环境恐怕是罪犯们当初连想都不敢想的。

城堡最初由征服者威廉于1071年建成，后来经过扩建，全部占地面积达到了5英亩（2公顷）。穿过焕然一新的庭院，游客就会来到酒店的正前方。你不仅能看到雄伟恢宏的城堡，还能看到挂着旗子的角楼和带有十字架镂空的墙壁。最近几十年里，人们一般被这里称为“H.M.牛津监狱”。迈克尔·凯恩主演“偷天换日”的时候，也在这里拍过戏。

现在，酒店共有94个时尚而别致的卧室、一个热闹的酒吧和一个餐厅。就算是要在此服刑许多年，想必你也会非常乐意。酒店入口处的景致最令人难忘：巨大的中庭名为＂羽翼＂，而屋顶则由玻璃制成，盘旋的楼梯两侧是挂满油画的墙壁。城堡各层通过铁制的楼梯相互连接，白色的墙壁上嵌有红色的小门。原本是单人牢房的房间也经过改造，每三个房间连成了一间客房。而看到房中的拱形窗户，客人们才会想起原来置身于城堡之中。

此外，完善的设施也是囚犯们可望而不可即的：超级舒适的睡床、雪白的床单、按摩淋浴、迷你酒吧和心情照明会让你完全沉浸在其中。此外，房间里的一些小物件都可以带走，例如化妆品。每间房里还有许多的DVD以及一个CD库，让客人能够随时使用，在酒店里过得舒服愉快。**HA**

在维多利亚酒店放松

Relax at The Victoria

地点： 英格兰诺福克郡

网站： www.holkham.co.uk **价格指数：** Ⓢ

松树挺立在沙径两旁，沿着小径一路向下便来到了美丽的霍克汉姆海滩。而小路对面就是维多利亚酒店；许多来北诺福克海岸线观景的游客会选择住在这里。家庭式轻松的氛围和别致有趣的环境让客人们能够度过一个愉快的周末。此外，维多利亚酒店和受欢迎的酒吧也很类似，但其中又混合着一种与世隔绝的精致和优雅。

酒店的食物也足以令所有客人满意。食物虽然符合大众口味，但使用的都是本地的当季食材。也就是说，酒店的菜单总是在变化并且包含了许多诺福克美食。其中就包括从克罗默附近捕来的螃蟹，以及从莱斯特伯爵领地旁猎来的鸟类和其他野味。无论是懒洋洋地躺在设计独特而又简单的卧室中，还是坐在安静、舒适的休息室中享用拿铁咖啡，宾至如归的感觉很快就会笼罩在你的心头。

除此之外，附近的海滩也非常具有吸引力。碧蓝的大海和澄清的天空创造了理想的散步地点。游客既可以沐浴着海风，在长长的沙滩上散步，也可以和孩子们一起盖沙子城堡。如果这里看起来有些熟悉，可能是好莱坞电影《莎翁情史》的缘故。在片子的结尾，格温妮丝·帕特洛从脚边取沙子的经典一幕就是在这里拍摄的。在海滩上玩了一天后，回到酒店，你就可以在浴室中彻底放松一下。酒店融合了英国传统和殖民时期的设计风格，最有特点的就是爪形支座浴缸和吧台自取式的阿德纳姆斯啤酒。进口的拉贾斯坦家具和其他殖民地手工艺品更是给房间增添了些许波希米亚风情。想要远离尘嚣，伯爵刚刚重建的三处房产都是不错的选择。**RS**

→ 霍克汉姆城堡附近栖息着许多种野生动物，其中还包括一些濒危物种。

在斯特拉顿酒店放松

Unwind at Strattons

地点： 英格兰诺福克郡

网站： www.strattons-hotel.co.uk **价格指数：** $$

在斯沃弗姆幽静的集市小镇中，坐落着一个名叫斯特拉顿的美丽小屋。这座红砖小屋就是安妮女王的乡间别墅。虽然外面看起来很传统，服务也严格遵循传统，但精致酒店的背后却蕴含了一种非常现代的精神。

20世纪70年代，酒店的主人瓦妮莎和莱斯·斯科特在艺术学校相识。经营酒店的时候，他们严格遵循环保标准，也因此赢得了很多奖项。他们还定下了一条严格的规定：尽力采购当地生产的有机食品，支持当地供应商并积极推行废物回收。然而，斯特拉顿的生态措施并没有影响到其舒适的环境。每个房间都是单独装修，并且极富艺术气息。酒店的氛围也博采众长，不拘一格：木制的地板上铺着牛皮地毯；大理石半身像和雕塑巧妙地放置在各处；壁画和彩色玻璃散布各处；原创的艺术作品挂在墙上。10个卧室也是惊人得漂亮。走进浪漫的“红色”房间，就会看到四柱床、深红色的墙壁和摩洛哥风格的浴室。要是住在“威尼斯”房间，浴室的墙上绘有和实物一般大小的壁画——波提切利的名作《维纳斯的诞生》。

但是，真正令人赞叹的还是这里的食物。从早上的巧克力面包到晚餐后的巧克力和法式糖衣小蛋糕，酒店的食物全部是现场制作。另外，外面的草坪上还养着母鸡。也正是有了这些母鸡，早餐的鸡蛋才能那么新鲜可口。当然，餐厅的晚餐也像国王的筵席般丰富，其中尤以品种多样的奶酪板最为令人印象深刻。端着一大盘沉甸甸的诺福克和其他英国奶酪，服务员仍能极为详细地介绍每一种奶酪。由此可见，这里不愧为美食的天堂。**HA**

体验云中小屋

Enjoy House in the Clouds

地点： 英格兰萨福克郡

网站： www.houseintheclouds.co.uk **价格指数：** $$$

离地70英尺（21米）的树上小屋是英国最受欢迎的奇特建筑之一。现在这里已经变成了俯瞰萨福克海岸美景的度假旅店。

早在20世纪20年代，苏格兰领主和剧作家格伦凯恩·斯图尔特·奥格尔维就决定在苏彼尼斯建立一个度假村，希望人们能够享受"可爱的英国生活"。度假村遵循了古典的英式建筑风格，格外关注自然的露天景观。海滩边就是修剪整齐的草坪、漂亮的度假别墅和人工湖；湖中还有颜色鲜艳的划艇。直至今日，美丽的景色也一如往昔。

> “小精灵真的住在这所房子里，孩子们又或许会说……它们会和我们一起搬到这里来住。”
>
> 马尔科姆·梅森太太，作家，1923

因为周围没有水源，所以度假村旁建了一个储水塔。因害怕水塔丑陋的外表破坏了天空的美好，奥格尔维特意将其伪装成了一间房子。从数英里外看去，储水塔就像隐藏在树上的红色小屋，因此得名“树上小屋”。近来，这个古怪的房子变成了重温童年幻想和家庭度假的奇妙去处。其实屋子并不算小，不仅拥有1英亩（0.4公顷）的私人领地，还可以轻易睡下12个人。屋内的装饰是20世纪20年代的地道英国风格：木制的房间、挂着画像的墙壁以及放着橡木大桌的厨房。从顶部向外望去，无比辉煌的景色一定会让小孩子迷上这座小屋。**LD**

住在塔登汉姆
Stay at Tuddenham Mill

地点：英格兰萨福克郡

网站：www.tuddenhammill.co.uk　**价格指数：**$$

位于塔登汉姆的磨坊已有1000多年的历史，但现在看到的建筑其实建于1775年。如今，磨坊迎来了改造计划，原有的特色将会和现代风格完美地融合在一起，创造出崭新的风格。

自动玻璃门刷拉拉地打开，别致的大堂随即呈现在眼前。石板地面和暗色木质墙面优雅而深沉，角落里熊熊燃烧的火焰却又增添了一丝温暖。白色的房间光线充足、通风良好，顶上暴露在外的橡木横梁格外巨大。室内的意大利家具既时尚又现代；浴室的史塔克洗浴设施也是一应俱全。有些浴室配有足能装下两个人的巨大卵形石头浴缸，其他浴室则配有最先进的步入式淋浴。在祖马龙化妆品、意大利米索尼浴袍、超大睡床和柔软羽绒被的陪伴下，你会度过一个美好的夜晚。另外，房间里还有新潮的Bose音响系统以及丰富的DVD和巨大的平板电视。除了现代奢侈品，这里还有磨坊的一些专有配备。破旧的铁铸水车经过修复，已经移到了酒吧的玻璃橱窗里，成为了恢宏的建筑装饰品。到了晚上，水车就会重获生命，像过去一样闪烁着耀眼的光芒。

吃晚餐时，前格伦伊格尔斯饭店的主厨戈登·麦克尼尔会为客人奉上当地的美食。克罗默的螃蟹和龙虾非常美味，从10英里（16公里）外的艾尔文迪取来的羊肉也极为诱人。享用过美食，你可以到附近的乡村散散步，观赏天鹅划过水面的美景。或者，你也可以像许多都市人那样，忘记喧嚣都市的一切，全身心地沉浸在田园美景之中。**HA**

在榆树酒店振奋精神
Recharge at the Elms

地点：英格兰伍斯特郡

网站：www.theelmshotel.co.uk　**价格指数：**$$

要是和孩子在一起，可能很难好好度假。但美丽的榆树酒店却为压力过大的父母们提供了一个完美的度假胜地。这座安妮女王时期的宅邸位于伍斯特郡的乡村，近来刚刚翻新。酒店坐落在占地10英亩（4公顷）的开阔草地上，附近还有美丽的铅锡谷，是个居家旅行的最佳选择。所以，家长完全可以带上孩子一起度假旅行。

家长可以把较小的孩子放在日托中心，而让大一些的孩子自己在室内玩桌上冰球游戏、桌上足球、棋牌游戏甚至是Xbox游戏机。室外还有足球场、槌球、蹦床以及有趣的游乐场供孩子们消耗精力，而你就能放下心来，偷偷地溜到苏里斯温泉尽情享受一下。此后，你可以在简朴的泳池中稍稍降温。这里有成人专用的游泳区，所以游泳的时候孩子就不会在旁边烦你了。

> “住在这里，就好像周末和富有的朋友一同出行。”
>
> 西蒙·休斯，《每日电讯报》

此外，榆树酒店的食物也是极好的。三餐之中，尤以晚餐最为美味。晚餐之后，家长可以利用酒店的免费收听服务。让孩子们安然入睡，然后就可以去休息室喝一大杯杜松子酒，随后再品尝一下达伦·贝尔主厨烹制的美味佳肴。经历了如此美好的假期，还有人敢说家庭旅游一定充满了压力吗？**HA**

在哈特韦尔酒店放松
Relax at Hartwell House

地点：英格兰白金汉郡

网站：www.hartwell-house.com **价格指数：**$$$

哈特韦尔酒店坐落于990英亩（400公顷）的园林景观之中。这栋乡间别墅的设计极为考究，而美丽的园林则由万能的布朗设计。虽然酒店很大，房间也非常考究，但住在这里，却更像是住在朋友的家里。这里没有专横的规定，也不会限制你的行为，而服务也是谨慎又无可挑剔的。

悠闲地坐在壁炉前，管家却像变魔术般突然出现，手上还拿着极好的琴酒和其他与之搭配的饮品。柔软的沙发和成堆的杂志让你觉得仿佛来到了阔绰的朋友家。洛可可风格的晨间起居室（大宅中用作早上沐浴阳光的地方）装有大理石的壁炉架和华丽、巨大的天花板。这栋建筑的历史可以追溯到近1000年前。不仅《末日审判书》提到过这个地方，法国国王路易十八在也曾流亡到这里。

> “[哈特韦尔]蕴含了众多的历史景观：几乎每个时期的设计风格都可以在这里看到。”
>
> 杰弗里·杰利科爵士，景观设计师

因为大部分卧室非常宽敞，外面就是开阔的草地，所以才能得到王室的青睐。因为不喜欢华而不实的东西，所以客人绝对看不到巨大的等离子显示屏一类的设施。相反，酒店关注的是真正重要的东西：极为舒适的睡床、放满松软大毛巾的浴室和水量充足的淋浴。要是这些还不能令你充分放松，不如去温泉尝试一下各项治疗，体验一下当国王或女王的奢侈感觉。**HA**

住在卢顿浮宫
Stay at Luton Hoo

地点：英格兰贝德福德郡

网站：www.lutonhoo.co.uk **价格指数：**$$

位于贝德福德郡的卢顿浮宫见证着英国的历史。英国女王和菲利普亲王曾在这里度蜜月；宫殿后来归沃纳家族所有，温斯顿·丘吉尔在二战期间曾将这里作为测试坦克的场地。

现在，只要钱够多，任何人都能住在这里，因为这座18世纪的房子已经变成了豪华的五星级酒店。这里看不到现代、简约的风格；一切都是规模庞大，气势恢宏。无所不在的镀金天花板高高在上，上面还绘制着壁画；大部分房间还有黑橡木镶板、丝绸窗帘以及华丽的维多利亚时期的灰泥装饰墙壁。

华丽的卢顿浮宫虽然位于乡村，但距伦敦也就一个小时的车程。周末来这里度假那是再好不过。酒店不仅有十八个球洞的高尔夫球场和温泉，还有布朗设计的占地1,000英亩（405公顷）的园林景观：郁郁葱葱的草地上坐落着两个湖；蜿蜒曲折的利河穿过草地，向远处流去。和其他别墅酒店相比，卢顿浮宫的特别之处就在于从不佯装时髦。它只是在极其安静的乡村，为客人们提供着老式优质的服务。

像近代的贵族般住在华丽的宫殿中，到了用餐时间，就去沃纳餐厅享用美食。餐厅的装潢依旧传统奢华，异国情调的大理石墙板和颜色多样的纺织品让人不禁想起法国的凡尔赛宫。酒足饭饱，可以踱步到台阶式花园观赏美景，或是在阳光明媚的下午，到湖上划船钓鱼，悠闲度过一整天。**HA**

→ 华丽的乡间别墅得名于房子的前主人托马斯·浮爵士。

参观切尔西药用植物园

Visit Chelsea Physic Garden

地点：英国伦敦切尔西

网站：www.chelseaphysicgarden.co.uk **价格指数：**$

伦敦的切尔西时尚又迷人，而位于中心区的“秘密”花园被围墙环绕，可谓是繁华大都市中的一片宁静绿洲。我相信，喜爱安静的游客一定会爱上这里。为了指导学生们辨认各种植物，尊贵的药剂师公会于1673年建立了这座占地4英亩（1.6公顷）的美丽花园。公园之所以坐落在泰晤士河的岸边，也是为了创造出一个温暖的小气候区域，让橄榄和菠萝树等外来植物能够茁壮生长。

时至今日，花园仍在研究植物的性质、起源和保护，其植物数量已超过了5,000种。游客来到此处，还可通过有趣的音频指南了解花园的历史。引人入胜的制药花园还会给游客们详细讲解植物已经证实的医学价值，例如：用于抗癌的马达加斯加长春花；用于治疗心律失常的毛地黄以及首次提取出阿司匹林的绣线菊。在花园中，游客可以领略到医学的世界，看到世界各地的药用植物，新西兰毛利人和澳大利亚土著人适用的植物也包含在内。

除此之外，这里还有一个芬芳美丽的香水和香料花园。园内种植了大量的芳香草木和鲜花，如薰衣草、迷迭香、天竺葵和柠檬马鞭草。花园西侧的小路旁放置了许多艺术品，其中还有一些涉及公园的历史。咖啡厅的食物清淡又美味。要是天气不错，你可以坐在外面，边喝咖啡边呼吸着芬芳而又新鲜的空气。**HA**

→ 远离烦嚣的花园非常适合休闲度假，你既可以心情愉悦地在园中散步，也可以沉浸在植物学有趣的历史之中。

参观海格特公墓
Visit Highgate Cemetery

地点：英国伦敦海格特
网站：www.highgate-cemetery.org　**价格指数：**$

海格特公墓是个远离城市单调生活的特别景点。公墓分为东西两部分，东边的墓地中静静地矗立着许多名人的坟墓，其中包括著名的小说家乔治·艾略特和道格拉斯·亚当斯的墓穴。最惹人注目的是卡尔·马克思墓地上庄严雄伟的巨大半身像。但是，墓园中还是以简单的坟墓为主，其中穿插着小巧、漂亮但又老旧的小径。

相比之下，西边的公墓更加有趣。要是度假观光，这里只允许旅游团体进入。即便如此，看到第一个坟墓，你就仿佛置身维多利亚时代：四周是哥特式建筑和宏伟的坟墓；青翠繁茂的草木遍布整个墓园，将这里衬托得更加幽静。公墓给人的感觉并不是在逐渐腐朽，而是一种特意为之的恒久倾颓。

墓地于1839年开放。当时伦敦计划新建七个私人墓地，而海格特公墓就是其中之一。维多利亚时期的人们喜爱宏伟的葬礼，所以很多古墓都是精心打造。由于当时发现了伟大的埃及建筑，为了满足大众的喜好，园内还建造了令人难忘的埃及大道。

游览西边墓地的时候，不禁会觉得自己极其微小，而其间的迷人景色又让人难以忘怀，很难用语言形容。沉静的墓地散发出颓废荒凉的气息；来到这里，就像走进了电影的布景之中，又或是进入另一个世界。**CW**

> “哲学家只是用各种办法解释世界，而问题的关键在于改变世界。”
>
> 卡尔·马克思的墓志铭，海格特公墓

↖ 公墓的坟墓和雕像表达了对维多利亚时代的痴迷。

在圣保罗教堂做晚祷
Enjoy Evensong at St. Paul's

地点：英国伦敦圣保罗

网站：www.stpauls.co.uk **价格指数：**$

因为前任建筑师葬身于1666年的伦敦大火，所以克里斯托弗·雷恩临危受命，承担了建造圣保罗大教堂的任务。由于中世纪的城市毁灭于大火之中，所以圣保罗教堂就成了重新振兴新教区的希望之塔。雷恩想让教堂成为伦敦的新型代表性建筑，但教会的想法却恰恰相反，他们想要的就是一座尖顶教堂。最后雷恩还是按照自己的想法，建造了一座有巨大圆顶的巴洛克教堂，其规模仅次于罗马的圣彼得教堂。教堂在德国的空袭中幸存了下来，至今仍是伦敦市最雄伟的标志性建筑。每到夜晚，教堂的圆顶都会汇聚光线，发出梦幻般的光芒。

> “雷恩追求的艺术效果是：在伦敦的天际建起一座雄伟的圆顶教堂。”
>
> BBC历史网

作为英国新教历史上第一座标志性建筑，圣保罗教堂的氛围和罗马教堂大不相同。虽然精美的雕刻和精致的壁画展现出了复杂的工艺，但清新巧妙的设计却又透露出一种现代感。不幸的是，这个地方总是挤满了游客。除了晚祷时刻，大家很难感受到教堂的和平与庄严。由男孩和成年人组成的教堂唱诗班已有900多年的历史。若是听到了天籁般的传统音乐，即使是铁石心肠的人也会被深深打动。**LB**

在彼得舍姆苗圃吃饭
Eat at Petersham Nurseries

地点：英国伦敦里士满

网站：www.petershamnurseries.com **价格指数：**$$

这里可不是普通的苗圃餐厅；无论天气好坏，彼得舍姆都能展现出不同一般的神奇魅力。餐厅的装潢极为柔美，波希米亚风格的古老艺术收藏品随处可见。经过精心的装修，维多利亚时代的温室如今已成了不拘一格的餐厅：室内的镀锌彩绘桌子虽然风格各异、摇摇晃晃，摆放得却很赏心悦目。桌子周围环绕着古色古香的镜子，值得炫耀的美丽花园和华丽的服饰（大多是印度的手工艺品）以及栽种在木盒中的繁茂植物。

餐厅带有非常特别的英式乡村花园的氛围。虽然被围墙封闭在内，园内却有很大的空间种植最鲜为人知的蔬菜、香草和水果。随着季节变换，各色果蔬逐渐成熟，迸发出田园特有的蓬勃生机。天才厨师斯凯·金格尔曾在安东·莫西曼身边学习厨艺，非常了解搭配食材的技巧。在他手中，各种材料都能巧妙地融合在一起，幻化出最奇妙的滋味。一边享用着招牌玫瑰花瓣贝利尼鸡尾酒，一边满心欢喜地看着简短菜单上的美食。因为只使用当天上午花园中最好的材料和市场中贩卖的食材，所以菜单随时都在变化，而且一直采用手写方式。

刚送意大利运来的马苏里拉上等奶酪配上最新鲜的沙拉，一定会令你赞不绝口。夏天的特色菜是茶熏野生鲑鱼佐以开胃的欧芹酱和芦笋，而秋天的特色菜则是佐以酸橙的南瓜番茄咖喱。甜点也非常美味，其中最好吃的就是杏肉雪莉酒冰淇淋和巧克力馅饼。全部菜品就像伊甸园里的费里尼盛宴般完美，难怪米克·贾格尔和麦当娜也在这里吃过饭。**SP**

在里士满公园散步
Stroll in Richmond Park

地点：英国伦敦里士满

网站：www.royalparks.org.uk/parks/richmond_park **价格指数**：

里士满公园原本是英国王室的私人游乐场，现在已经对民众开放。这座中世纪的狩猎场离伦敦很近，在过去的几个世纪里几乎没有什么改变。层峦叠嶂的群山、树木繁茂的林地和草木茂盛的草地组成了一幅辽阔壮丽的画卷。这里是真正的城市绿洲：无论漫步到“Pen”池塘——湖水被堤道分成两部分，是个看水鸟的好地方，还是走到幽静美丽而又奇妙的林地——维多利亚时代的林地位于伊莎贝拉种植园内，你都会觉得仿佛置身于万千变化的大自然中。

作为伦敦最大的皇家公园，这里的野生动物也非常有名。红色扁角鹿就是其中之一。这些优雅的动物群聚在古老的橡树林中吃草；到了秋天，雄鹿为了吸引雌性，就会用鹿角相互角力，场面非常震撼。到了6月份，你就能看到新生的小鹿躲在欧洲蕨后面，怯生生地四处张望。

彭布罗克旅馆是一座恢宏的格鲁吉亚豪宅，也是英国首相约翰·罗素勋爵的家。后来，他的孙子，也就是哲学家伯特兰·罗素也曾住在这里。现在，这里开了一间很受欢迎的餐厅。

园内到处都是美景，其中最著名的就是“亨利八世小丘”至“观景走廊”的一段路。自1710年以来，山丘下的林荫走廊一直都受到法律保护。站在这里，你可以看见10英里（16公里）外的圣保罗大教堂和伦敦市。尽管如此，1536年的信号弹却是从伦敦塔发出，以便告知亨利八世，安妮·博林（亨利八世第二任妻子）已被绞死。**SWi**

在伦敦，里士满公园是唯一让你能够和650多头小鹿一同自由玩耍的地方。

住在凯布市政厅酒店
Stay at Kemp Townhouse

地点：英格兰东苏塞克斯布莱顿

网站：www.kemptownhouse.com **价格指数**：

要是想逃离布莱顿繁华的中心地带，远离那些时尚的夜总会、酒吧和餐厅，安静的凯布市政厅酒店就是最好的选择。别墅坐落在坎普镇附庸风雅的波希米亚飞地中，其建筑保留了英国摄政时期的独特建筑风格。近来，德国老板将这里重新翻修，把原来破旧的旅馆变成了一个时尚优雅的酒店。值得庆幸的是，建筑原本的特色被完整保留了下来。

> “营业的时间虽不长，但凯布市政厅酒店绝对是布莱顿最高雅的新酒店。”
>
> 《独立报》

高高的格鲁吉亚小楼共有4层，里面的9个房间也各具特色。有些房间有古董壁炉，其他的则有豪华的四柱床或独立的浴室。此外，每个房间都配有一间私人浴室；其中松软的白毛巾、香薰蜡烛和专用化妆品体现了奢华的定位。

酒店运用灰色和蘑菇色两种中性色调，创造出了宁静舒缓的氛围。餐厅柔和的灯光和柴火静静地迎接着来客；来自世界各地的有趣艺术品将餐厅塞得满满的。这里既有来自马拉喀什的银壶，也有一些家传的绘画作品以及从纽约运来的闪亮吊灯。

你既可以在青绿色的海景餐厅享用早餐，也可以在舒适的房间中享用早餐。酒店的松饼、穆兹利（用碎果仁、干果和谷物混合制成的早餐食物）和新鲜的酥皮面点十分美味。如果不喜欢，也可以来一份分量超足的英式早餐。**HA**

在楚顿戈兰酒店放松
Relax at Chewton Glen

地点： 英格兰汉普郡

网站： www.chewtonglen.com **价格指数：** $$$

绵延起伏的草坪和华丽的露台让人不禁想起美国小说《了不起的盖茨比》。但这座乡村豪宅却和盖茨比没什么关系，真正的主人其实是马里亚特家族。现已成为五星级豪华酒店的宅邸，风格独特，尽享英式时尚。58间客房既低调又优雅且兼具个性。房中不仅放有丰富的艺术品和家具装饰品，还有等离子电视等现代奢华设施。

新森林国家公园附近的景致也非常迷人。除了网球场、槌球场和高尔夫球场以外，附近还有一条几百年前用于走私的小道：隐秘的楚顿小道穿过古老的树林，通向远处的海岸。

> “一个真正的乡村酒店；华丽的外表、舒适的环境和极高的品质，酒店会满足你所有的需求。”
>
> 水疗推荐指南

宁静祥和的镀金罗马浴场会驱除所有的烦恼。浴场的装饰主题是白天和夜晚的天空。从室内游泳池的天花板，到位于中庭的水疗区，各处都巧妙地呼应着这一主题。远远看去，棕色的治疗间形似蚕蛹。酒店中的专业面部按摩由琳达·梅雷迪思负责，而身体保健就由莫尔顿·布朗负责。

从早上最好的英式水果到晚上丰盛的菜肴，餐厅一直为客人提供最好的食物。这里的服务真诚周到又不唐突；服务人员也极其重视细节，端咖啡时也会在杯子旁配上鲜花装饰。假如盖茨比来到这里，肯定会对此大加赞赏。**VG**

住在谷仓餐厅
Stay at the Grain Store

地点： 英格兰汉普郡

网站： www.theonionstore.co.uk **价格指数：** $$

在新森林北边汉普郡最深处的乡野间，有许多相互交织的小路。沿着其中的一条花园小径走到尽头，再越过奇特的柳树栅栏，你就到达了谷仓旅店。除了这个旅店，附近还有两个可爱浪漫的幽静小屋。不管是哪个小屋，看上去都如梦境般美好。

17世纪时，这里本来有一座占地8英亩（3公顷）的茅草屋。现在，古朴优雅的旅店占据了这片土地：又粗又重的横梁旁竖立着巨大的落地窗，炫目的阳光倾泻而入，法式的乡村建筑风格近在眼前。旅店的浴室中有充满异国情调的法国铸铁浴缸；卧室中有美丽的木质镶板和挂着长长棉质薄帘的床。只要放下睡帘，你就能更好地体验与世隔绝的感觉；躺在床上，枕头上还会奇迹般地开出玫瑰花。

客厅的陈设十分简单。地上的木制地板已然陈旧；墙上只有一个吊灯，而屋里也只有笨重的木头桌子。打开客厅的门，就可以直接到外面去。室外有一座私人花园，园中的树木极其繁茂。一眼望去，柳树和其他树木仿佛组成了一片树的海洋，将黑色的阳台隐蔽在其中。若是天气晴好，这里就是再好不过的早餐地点。假如天气不尽如人意，你也可以移步到室内的暖房，或是在泳池边喝咖啡。这里晚上会点上蜡烛，让客人在幽静的环境中游泳。

不同于一般酒店，为了让客人在短时间内安心休息，这里几乎收不到手机信号，屋里也没有电视或收音机。虽然熙熙攘攘的美丽小镇利明顿离旅店只有几分钟路程，但又有谁想去那里呢？**NS**

在仙水疗重振精神
Recharge at SenSpa

地点： 英格兰布罗肯毫斯特

网站： www.senspa.co.uk　**价格指数：** $$$

凯里庄园酒店位于新森林深处；来到这里，你必须牢记一点，那就是外表很具有欺骗性。看似沉闷的酒店其实隐藏着绝好的泰国水疗：肩部按摩会让你得到放松，脚部按摩则会让你沉浸在喜悦之中。另一个名叫仙水疗的地方还提供中西合璧的新型治疗。

水疗的目的在于心灵治疗和寻找身体与心灵的平衡。无论接受的是梦幻水疗还是高级草药桑拿，过不了多久，你就会感觉压力和紧张的情绪渐渐散去，慢慢进入放松的状态。但是，一旦进入冰屋，你就会迅速振奋起来。轻轻拽一下绳子，就会有一桶冰水从上方倒灌下来。这个房间还有一种和热带暴雨十分相似的淋浴。多个感应喷头会喷出冰冷的雨水，同时还伴有雷声和闪电。上面的疗法固然不错，但最好的还是最为简单的治疗。其中最不容错过的特色项目就是仙·融合按摩：泰式专业治疗师会帮你缓解肌肉的疼痛和紧张，让你如同置身天堂般舒爽。

做完了按摩，要是还有精力，还可以去新森林的美丽小径骑自行车、步行或骑马，途中还能看到野生的小马。随后，你可以品尝一下泰国美食，为第二天的水疗储备些体力。**HA**

“他们花费了许多精力，最后才建成了这座正宗的泰国水疗中心。”

《卫报》

↗ 治疗间外的环境也体现了泰国水疗中蕴含的东方哲学。

在格雷斯霍特温泉放松
Unwind at Grayshott Spa

地点：英格兰萨里郡

网站：www.grayshottspa.com **价格指数：**$$

静静地坐落在萨里郡隐蔽的一角，格雷斯霍特酒店是维多利亚时代的诗人艾尔弗雷德·丁尼生爵士的故居。酒店的氛围轻松怡人，但又不失优雅和华丽；水疗室看似简单，实则功能强大。舒适性、可行性和奢侈华丽被巧妙地融合在一起，最后造就了一个迷人的水疗中心。

在这里，你既能看见单独前来的客人，也能看见男性客人以及夫妇们。而且，这里的活动完全由你自己决定。所以，时常有人在休息室的壁炉边刚坐上一会儿，就迅速进入梦乡——这可能是一种恢复体力的游戏吧。占地47英亩（19公顷）的花园背后就是700英亩（283公顷）的国民托管组织用地（靠捐款保护名胜古迹的英国民间组织）；恬静的乡村美景会让你得到彻底的放松。温泉爱好者们还可以试试整骨疗法、元气排毒按摩和感情自由治疗法。

时尚的乳白色装饰、昂贵的地毯和舒适的床，酒店不仅拥有精致的装潢，对细节也是格外关注：美丽楼梯两侧的蜡烛发出幽幽的火光。这里的食物也同样令人难忘。餐厅的食物既健康又美味，中午的自助餐包括大量的沙拉、烤蔬菜、烤鱼和野生稻米。晚上，你既可以在优雅的餐厅中按照自己的喜好点餐，也可以在温室餐厅点餐。因为很多客人都很注意瘦身，所以晚餐的量并不大。然而，菜肴的味道却是没有半点妥协，还是一如既往地好。

若是厌倦了室内休闲，也可以参加普拉提、瑜伽等课程，或前往健身房运动健身。要是每天早上8点都在附近几百英亩的土地上竞走健身，你肯定会胃口大开，丰富健康的早餐也会变得更加美味。**LC**

在欧拉彭庄园尽情享受
Enjoy Owlpen Manor

地点：英国格洛斯特郡

网站：www.owlpen.com **价格指数：**$

古老的欧拉彭庄园建于都铎王朝，其历史可以追溯到900年前。庄园的现任主人是尼古拉斯爵士及其夫人曼德。三十多年来，他们已将自己名下的许多房产租了出去，并在保留原有风格的基础上将其改造成温馨舒适自助式的度假别墅。

其中就有许多历史悠久、独一无二的建筑。根据房间的大小而定，屋里大概能睡下两至九个人。舒适的中世纪谷仓，例如什一税谷仓就只能睡下两个人。浪漫而隐蔽的居所，顶部有巨大的橡木横梁，充满乡村魅力。而大一些的农舍则能住下好几个人。举例来说，科特小屋（建于1620年的三角形宴会用农舍）就能住下5个人。清澈的艾薇尔姆小溪旁建有一座刚刚翻新的水磨坊。这座名叫谷物研磨房的屋子建于1728年，里面可以住8个人。马林斯角是传统织布者居住的小屋，里面有三间卧室和一个美丽的花园；外面的景色非常美丽。

> "欧拉彭……是英国乡村的缩影……经历了数百年的农村生活，这里才发展成了今日的模样。"
>
> 威尔士亲王殿下

无论住在哪里，周围都是迷人的乡村美景。完美无瑕的教堂和庄园宅邸就是童话小村的中心。赤褐色的山毛榉覆盖住了整个山谷，而这个小村庄就隐藏在树林之中。曼德家族的格言是"Vive Bene"（过优裕的生活）；住在欧拉，你当然可以奉行这条格言。**HA**

住在巴恩斯利酒店
Stay at Barnsley House

地点： 英国格洛斯特郡

网站： www.barnsleyhouse.com **价格指数：** $$$

近年来，科茨沃尔德已成了老于世故的城里人享受乡村恬静生活的胜地。他们涌向新一代的乡村酒店，在这里体验领主和夫人的美好生活。精致的巴恩斯利就是其中一座具有代表性的乡村酒店。

这座超级时髦的古老庄园坐落在11英亩（4.5公顷）的花园之中。华丽的花园由前任主人，同时也是传奇园艺师罗斯玛丽・韦瑞精心设计。过去，游客们可以到这里欣赏美景，但现在只有酒店的贵宾才能进入花园。你可以在露台上沐浴阳光，也可以在历史悠久的草地和修剪整齐的美丽草坪上漫步，抑或是在宫殿和花园水池边静坐。

然而，酒店吸引人的地方不仅限于花园，美丽的水疗室也同样令人着迷。建在下沉花园中的水疗室囊括了桑拿房、蒸汽房和休闲室；阳光从落地窗倾泻进来，将室内照得晶莹透亮；外面的温水治疗池还配有背部按摩淋浴。温泉爱好者一定会爱上这里各式各样的治疗项目。

虽然只有9个房间，但每个房间都有其独特的风格。酒店希望创造一种温馨而又舒适的气氛。室内的床很大，枕头也很柔软，刚从花园里摘来的鲜花将整个屋子都熏得芳香四溢；浴室的装潢也极其豪华：自动感应淋浴、两端都是弧形的传统浴缸、时尚的照明以及等离子电视。马路对面有一家温馨的乡村酒吧，也是酒店老板开的。晚饭前到这里喝一杯，说不定还能碰上几个当地的名人。据说凯特・莫斯和莉兹・赫莉是这里的常客。**HA**

在拉克那姆公园酒店公园放松
Relax at Lucknam Park

地点： 英格兰威尔特郡

网站： www.lucknampark.co.uk **价格指数：** $$$

沿着草木茂盛的乡间小路前行，穿过古老的石头门，就会来到一条几英里长的大道。将近200岁的古老大道两侧矗立着欧椴树和山毛榉树。这条林荫大道通向一片芳草地，绿色草坪的前面就是古典的英国酒店——拉克那姆公园酒店。酒店坐落在巴斯郡外的群山之中，占地面积达到了500英亩（200公顷），包含一家米其林星级餐厅、极好的水疗室和室内游泳池。此外，酒店精致的花园可以追溯到几百年前；马术中心有30匹马供客人骑乘观光。

> “你会幻想着永远住在这座酒店。”
>
> 凯特・凯拉韦，《观察家报》

酒店始建于17世纪，当时的一个商人从弗吉尼亚进口烟草，发家致富后修建了酒店的中心建筑。房子后来的主人又将这里不断扩建，最终建成了带有传统风格的世界级奢华酒店。

房子前部的卧室非常华丽，四柱床、餐桌、客厅、大理石浴室和开阔美丽的景致应有尽有。古董家具、装饰品和精美的编织物中也偶尔可以看到几件搭配得当的现代物品。楼下，主厨海维尔・琼斯正在为你烹调美食。作为英国最好的厨师之一，琼斯将传统与现代融合，充分利用当地最优质的食材和酒店花园中的香料，制作出了独具特色的菜单。**SH**

16

参观皇家新月酒店
Visit Royal Crescent Hotel

地点：英格兰萨默塞特郡巴斯

网站：www.royalcrescent.co.uk **价格指数**：$

这座优雅的酒店似乎将简·奥斯丁书中的内容变成了现实。皇家新月楼是巴斯最著名的古代建筑群，而酒店就位于其中心位置。皇家新月酒店由两个历史悠久的建筑组成；自18世纪以来，这两座建筑就是贵族定期享受水疗的度假场所。直至今日，建筑的外观也没有什么改变。

虽然酒店的外观和250年前几乎一样，但室内却有了些许变化。巨大花瓶中的百合花散发出清新的香气，客厅壁炉中的柴火噼啪作响，为了不打扰到客人，谨慎的工作人员只有在需要的时候才会现身。卧室虽然重新装修过，但还是保持了18世纪的外观。地毯、配色和家具都是精心考虑后才确定的，以便在营造舒适环境的基础上重现当年的历史氛围。

要是想做水疗，那就得去巴斯小屋。那里提供一系列治疗，其中就包括温暖的泳池放松疗法。在池中放松的同时，阳光还会穿过哥特式窗户投射到屋中，令人倍感惬意。慵懒地歇上一会儿，然后到热水浴缸中泡上一会儿，最后再跳入冰冷的浴缸中刺激一下神经。据说这样的冷热交替对促进血液循环很有帮助。

当然，你还可以随时享受酒店最好的食物和景致。道尔小屋餐厅俯瞰着酒店的花园，里面的食物也不容错过。在晴朗的日子，你还可以信步来到静谧隐蔽的花园，坐在繁花锦簇的木兰树下，一边聆听鸟儿的鸣叫，一边像巴斯最辉煌时的格鲁吉亚精英一般，在这里悠闲地喝上一杯下午茶。**HA**

在巴斯温泉浴场尽情享受
Enjoy Thermae Bath Spa

地点：英格兰萨默塞特郡巴斯

网站：www.thermaebathspa.com **价格指数**：$

落日的余晖洒落在格鲁吉亚的屋顶上，每到这时，巴斯温泉浴场中温暖潮湿的屋顶浴池就是游客们休息的最佳场所。这里是英国唯一的纯天然温泉浴场。即便在巴斯，酒店的水疗池用的也都是加热过的自来水。但这里的热水来自地下温泉，水温达到113℉（45℃）；泉水自石灰岩中喷涌而出，其中富含丰富的矿物质。这里不仅和罗马精致复杂的浴场十分相似，几百码远的地方就是罗马浴场的遗址。

> “夜晚时分，天际现出光亮……水蒸气渐渐飘散到空中，［屋顶泳池］的最佳享受时间就到来了。”
>
> 文森特克·伦普，《纽约时报》

浴场的建筑风格既现代又奢华。浴场修建前，有140多名建筑师参与了设计选拔。最终，尼古拉斯·格雷姆肖凭借富有现代感的奢华设计赢得了竞标。他将传统的巴斯石头作为建筑材料，建造了许多带有巨大玻璃和古怪圆形舷窗的房子，水疗池周围的格鲁吉亚房子就是一个例子。

除了常见的水疗，浴场还有幽静的格鲁吉亚私人热水浴。街对面罗马原址的蓄水池上方，还有一个独立僻静的公共浴室——科罗斯浴室。在三层楼高的主温泉中，现代罗马洗浴者会见到所有期盼的东西：原型玻璃罩中的芳香蒸汽桑拿、水波荡漾的室内游泳池、泡泡足浴池、足以装下十多个人的巨大淋浴池和最具特色的屋顶游泳池。**SH**

⇐ 皇家新月饭店坐落在巴斯18世纪美丽的皇家新月楼中间。

住在贝冰顿酒店
Stay at Babington House

地点：英格兰萨默塞特郡

网站：www.babingtonhouse.co.uk **价格指数：**ⓈⓈ

贝冰顿酒店是特意为沉浸在媒体中的时尚都市人设计的乡村度假胜地。这里既是私人会所，也是豪华酒店和餐厅，更是英国企业家尼克·史密斯小型精品连锁产业的一部分。由蜜色石头砌成的贝冰顿宅第既古老又奢华，其历史可以追溯到1370年，所以史密斯当初才会选定这里。豪宅位于英格兰西部萨默塞特的乡村深处，坐落于林荫大道的尽头，总面积达到18英亩（7公顷）。

酒店成功的秘诀在于将古典和现代充分融合。图书馆、酒吧、游泳池都集中在主屋之中。你可以在温馨轻松的“房中厨房”进餐，也可以在更为隐蔽的“原木房间”中进餐。要是天气不错，还可以在阳台上享用美食。花园对面的“牛舍水疗”既有室内游泳池也有室外游泳池，此外还有健身房、蒸汽房、桑拿、香薰治疗室，外加一个电影院。花园中有草坪、硬网球场、板球场、槌球场，天鹅栖息的湖和一个被围墙环绕的古典小花园。主屋的楼梯由桃花心木制成，其上就是卧室。重新改造的门房、停放马车的房子和马房也有卧室，只要穿过碎石小路即可到达。其中一间房的睡床边有个独立的浴缸，另一个房间的私人阳台上则有个按摩浴缸。**SH**

> “……‘物质女孩’可以住在六号房间，因为麦当娜非常喜爱阳台上的浴缸。”
>
> 苏珊·达奇，《纽约时报》

探索兰迪岛
Explore Lundy Island

地点：英格兰布里斯托尔海峡

网站：www.lundyisland.co.uk **价格指数：**Ⓢ

兰迪岛只有3.5英里（5.5公里）长，0.5英里（0.8公里）宽，至今仍是个与世隔绝的神秘岛屿。从北德文郡伊尔弗勒科姆港口乘坐渡轮，两个半小时后就会到达小岛，此时你会觉得仿佛回到了20世纪50年代。岛上崎岖的海岸线一直遭受海浪和海风的侵袭，维京海盗和走私也在此滋扰多年，但现代世界的触角仍然没有延伸到这里。岛上没有汽车，居民也很少；除了一个酒吧，剩下的就是挤满海鹦的峭壁以及满是羊羔、鹿和野山羊的山野。

从遮风避雨的营地到13世纪的城堡，从格鲁吉亚别墅到渔夫小屋甚至是灯塔，岛上可供住宿的地方可谓多种多样。23个标志性建筑都可住宿；每个地方都经过精心装饰，墙上可能还贴着海军图表和绘有沉船的特别装饰品。此外，屋中还有壁炉以及装满野生动物图书和棋盘游戏的书柜。因为对细节格外关注，这些建筑才能变得如此与众不同。

虽然地方不大，但岛上却有很多有趣的活动。管理员会组织游客散步、潜水或是乘船环岛观光。在船上，还没看到灰色海豹的繁殖聚集地，它们的叫声就会先飘入耳中。因为附近的海水非常清澈，所以潜水爱好者也很喜欢这座小岛。另外，这里还是英国最受欢迎的攀岩地之一。兰迪岛简单的生活会让你觉得身心愉悦，仿佛永远都会沉浸在这种幸福之中。到时，在海中游泳或在玛瑞思科喝啤酒就会成为生活的重心。小岛西海岸最南端和美国之间只有碧蓝的海水，你再也找不到其他陆地。**LD**

→ 兰迪岛上的灯塔历史悠久，受到“地标信托”的保护。

在盖亚静修中心放松

Relax at Gaia House

地点：英格兰德文郡

网站：www.gaiahouse.co.uk **价格指数：**$$

前往盖亚静修中心，是为了逃离日常生活中所有的压力和困境。这里确实是个放松身心缓解压力的不可多得的好地方。隐藏在南德文郡青翠乡野间的盖亚静修中心，原本是一座位于山丘和树林间的僻静修道院，现在则是英国唯一的私营静修中心。尽管静修课程秉承广义的佛教传统，但中心同样欢迎拥有其他宗教信仰的客人。这里的氛围自由而包容，绝没有强迫性的教规。

客人既可以参加中心的课程，也可以按照自己的意愿悠闲度日。这里有许多主题可供选择，包括禅宗静修、冥想、气功和瑜伽。但是想睡懒觉又想和朋友聊八卦的人可能并不适合参加这些课程，因为这些课程对时间和投入度的要求很高。早上6点就得起床，晚上9点半结束，而且大部分时间都得静坐冥想。有时会坐在宽敞的冥想大厅，有时会四处走动，但无论做什么，重点都是保持沉静、遵守纪律和维持宁静的心境。

此外，这里非常安静。为了让客人完全沉浸在安静的环境中，中心还设立了“不使用手机”的规定。住宿环境虽然比较简朴，但房间却很舒服；除了仅有的几个单间，其他的都是多人同住的房间。客人在这里还需负责一些事情：每天需要花一个小时打理中心，例如修剪花园、洗碗和打扫卫生。朴实无华的食物既健康又美味；假如想吃全素餐，还可以和其他人一起聚到草坪上的餐厅。

尽管日程很满，但你仍可空出一些时间去盖亚静修中心周围的美丽乡村散散步。你可以尽情沉浸在思考之中，尽情地感受宁静的大自然。**LC**

住在康比酒店

Stay at Combe House

地点：英格兰德文郡

网站：www.thishotel.com **价格指数：**$$

康比酒店被称为英国最浪漫的酒店之一，只要来到这里，你就能明白其中的缘由。这座伊丽莎白时代的庄园坐落于德文郡风光秀丽的乡村之中。沿着漫长而曲折的车道向前驶去，穿过3,500英亩（1,415公顷）的美丽田园，酒店就会出现在眼前。沿途还能看见许多天真可爱的阿拉伯母马和小马驹，以及自由自在四处闲逛的野鸡。打开宏伟的橡树门，你就会看到奢华的门厅：全黑的镶板、舒适的沙发以及熊熊燃烧的壁炉。

酒店的16个房间都经过单独装饰。尽管主屋的房间更具传统气息，新装修的“亚麻套间”也拥有宁静的现代装饰风格。现代套房包含一间卧室、一个巨大的通风客厅和一个宽敞的浴室。浴室中最吸引人的还是定制的黄铜浴缸。直径6英尺（1.8米）的浴缸足能装下两个人，其上还有水流强劲的花洒式淋浴。

> “我们所处的位置出奇得好，英格兰西部诸郡都离我们很近。”
>
> 酒店的所有者

若想体验浪漫的终极隐居生活，深谷树林中的茅草屋应该是最佳选择。这个隐蔽舒适的小屋充满了田园风情：古老家具、刚摘的鲜花和巨大的火炉。屋子后面还有一个令人喜爱的私人花园。在特殊的日子里，小屋的厨师还会为客人准备两人份的烛光晚餐。**HA**

探索坡汉堡垒
Discover Polhawn Fort

地点：英格兰康沃尔郡

网站：www.polhawnfort.com　**价格指数：**Ⓢ

如果真想逃离这个世界，那就去坡汉堡垒吧。位于康沃尔郡拉梅·海德半岛尽头的壁垒拥有一座吊桥；一旦将其拉起，这里就会成为完全封闭的隐居地。堡垒建于19世纪60年代，那时拿破仑三世控制下的法国海军刚刚建造了世界上第一艘蒸汽驱动的军舰。见此情景，当时的英国首相帕默斯顿勋爵立即下令建造了一系列“拿破仑堡垒”，其中就包括坡汉堡垒。但此后，法国并没有攻打英国。由此可见，勋爵的决定实在不够明智。

如今，堡垒的氛围比以前友善了许多。走进接待区，你就能看到噼啪作响的壁炉和环绕其间的沙发。8间舒适的卧室全部面朝大海，最多可容纳20人。尽管常常被用作婚礼会场（巨大的砖砌拱形宴会厅由4个古代炮塔组成，可以容纳一百个客人），这里其实也可作为度假的旅馆。你可以在私人海滩上嬉戏，还可以乘坐50英尺（15米）长的豪华游艇“耳语号”欣赏海景。康沃尔海岸旁的峭壁十分壮观，上面还栖息着海鸟，是个散步的最佳场所。

坡汉壁垒还有一个有趣的地方，那就是逆向的花岗岩螺旋楼梯。历史上的防御工事通常沿逆时针方向修建，因为敌人通常会从下方攻上来，而上方的士兵右臂挂着武器，身体右侧又恰好是楼梯向外的一侧，行动起来会方便不少。然而，因为英国觉得敌人会从上方攻击，所以坡汉的主楼梯是顺时针方向的。**PE**

在波特雷农庄露营
Camp at Botelet Farm

地点：英格兰康沃尔郡

网站：www.botelet.com　**价格指数：**Ⓢ

波特雷农庄原本是个劳教农场，20世纪30年代被改建成了提供早餐和住宿的旅店。旅店由圆顶帐篷和两个自助式别墅组成，其中最大的就是“庄园别墅”。这栋别墅建于17世纪，是由石板和橡木横梁组成的康沃尔郡传统长屋，屋内甚至还有一架钢琴。厨房的橱柜里放着康沃尔郡的陶器，壁炉发出火红的光亮，迎接着即将到来的客人。卧室的装饰既简单又雅致；黄铜床、木质床和褪色的美丽碎花装饰展现出一种古旧的时尚感。此外，厨房中还有一口闪闪发光的水井；深层的地下矿泉被水泵压了上来。位于杜罗的巨石圆阵，位于柏瑞宕的新石器时代建造的堡垒和圣袤比教堂年代久远的圣水坛，都是值得一去的景点。游览完这些景点，你就可以回到温馨的波特雷旅店感受一下家的温暖。

> “穿过野花丛生的道路，驱车开往山底隐蔽的小屋。风格独特、颜色鲜艳的小屋就如同宝库般美丽。”
>
> 《卫报》

如果喜欢接近大自然，你可以住在传统的圆顶帐篷里：由木头搭成的传统帐篷的地板上铺着结实耐用的帆布，还有一个烧木头取暖的火炉。圆顶帐篷坐落在宁静荒凉的草地上；住在这里，不仅能看到落日的余晖，还能看到农田至大海的全景。你可以一边眺望美景，一边啜饮着当地出产的新鲜清凉的苹果汁，或者请治疗师来为你进行推拿按摩和足底按摩。无论住在哪里，你都会被周围的美景所吸引。**SWi**

沿滨海小路从洛克走到波尔泽斯

Walk the Coastal Path from Rock to Polzeath

地点： 英格兰康沃尔郡

网站： www.cornwall-online.co.uk　**价格指数：** ❶

浪漫的海滩、连绵起伏的峭壁、宽广开阔的乡村和诱人的食物，洛克拥有众多令人欣喜的宝贵资源。然而，一些负面新闻却影响了这个地方的声誉。虽然当地有许多调皮捣蛋的男孩，乡村小道也常常拥挤不堪，但附近的风景绝对不容错过。你应该租上一间小屋，好好欣赏一下绝美的景致。骆驼谷是康沃尔郡最美丽的地方：清澄动人的天空、金色的沙滩以及高低起伏的浪漫高尔夫球场——即使不喜欢运动，这里也是休息的好地方；翠绿的群山延伸至河口，那里的避风水域很适合没什么经验的新水手。夏天，金色的海滩上点缀着色彩斑斓的防风屏和风筝；到处都是野餐的家庭，孩子们在岩石池中玩耍，欢乐的笑声在沙滩上回荡。

但是，这里并没有人冲浪。如果想玩立板冲浪和趴板冲浪，你可以攀过峭壁，或是沿着海滩穿过德梅湾，来到位于峭壁深处的波尔泽斯海滩。这里可能会很热闹：冲浪的时候，新手们会爆发出兴奋的尖叫声，他们身边的小狗也会在水中欢腾不已。要是觉得吵闹，你也可以站到高处，在视野良好的峭壁上静静地观看人们冲浪。

在海湾游玩的时候，你还可以顺路参观一下桂冠诗人约翰·贝杰曼的墓地。他的墓地位于美丽优雅的圣安诺多克教堂。低矮的教堂建于13世纪，坐落于布雷山草木横生的沙丘之中。几百年前，教堂被埋在沙丘下面，人们只能从房顶进到屋中。**LB**

> “走过……德梅湾广阔的沙滩，欣赏约翰·贝杰曼不朽诗篇中描绘的景色。”
>
> 克里斯托弗·萨默维尔，《每日电讯报》

↖ 沿海小路紧贴着悬崖边缘，每当刮起海风，这里的景色都会格外迷人。

在浮木酒店放松
Relax at Driftwood Hotel

地点：英格兰康沃尔郡

网站：www.driftwoodhotel.co.uk **价格指数：**$$

南康沃尔海岸旁，草木茂盛的峭壁一直延伸至英吉利海峡和墨西哥湾；在这个安静的海岸边，坐落着一座私人小旅馆。走出旅店，再穿过一英里外的僻静乡村，你就会到达美丽的朴次卡渔村。在这里，除了渔村和几英里外的酒店，你能看到的就只有不断冲刷着海岸的波涛和驶进格兰斯湾的游艇。

浮木酒店的氛围十分轻松；有人来这里寻找浪漫，有人则来这里逃避烦嚣。许多人前往这里，也是为了在极好的餐厅中欣赏大海的全景。餐厅中的龙虾和螃蟹都是早上刚刚从酒店下方的岩石中抓来的，大部分菜肴也都是在本地采购的。在阳光明媚的日子里，你可以在露台上享用美食；在温暖的夜晚，你可以在花园明亮的防风灯下品尝佳肴。一排排露台延伸至海岸，树林中还隐藏着一个结实的小木屋，以供游人住宿观赏海景。

酒店以航海为主题，运用极富品味的方法将室内装饰一新。客厅中放着书籍、杂志和棋盘游戏，非常适合消磨时间。每个房间的装潢都很简单，用的也是海边常见的蓝色和白色。屋中装饰的布上印着印花和贝壳；用来装饰的漂流木碎片分散在各处，窗户上还有漆成白色的木制百叶窗。卧室不仅可以俯瞰海景，一层的卧室还有铺着木板的独立露台。

沿着树木繁茂的小路向下走去，就会来到僻静的海湾。若是驾车穿过被树木遮蔽的车道，就会来到时尚的游艇胜地圣莫斯。如果想稍微体验一下喧闹的生活，你可以乘客运渡轮穿过河口，到达岸边繁忙的城镇法尔茅斯。**SH**

租住在彭卡莱尼克酒店
Rent Pencalenick House

地点：英格兰康沃尔郡

网站：www.pencalenickhouse.co.uk **价格指数：**$$

在康沃尔郡曲折的车道尽头，在宁静的彭皮尔小湾旁，孤零零地坐落着彭卡莱尼克酒店。这座豪华的现代建筑由赛斯·斯坦建造，所在的位置也极其隐蔽——这里原本是与世隔绝的结核病医院。当时，人们用当地开采的石头和砍伐的木材建成了这所房子，还在屋顶上撒了草籽，希望它能和周围的环境融为一体。

尽管外表如此，酒店内部其实十分豪华。7间卧室都放有法国知名设计师菲利普·斯塔克设计的家居用品；门外的露台位于房子两侧。为了让明媚的阳光照射进来，开放式起居区的墙上特意开出了落地式窗户。户外草坪上的桌子可供露天餐饮；其中的一条小路连接到林中的烧烤区。此外，客人还可以乘坐酒店的私人游艇出海捕捞鲭鱼，或是去小海湾探险。要是想划独木舟旅游，或是骑马游览附近的乡村，酒店的经理也很乐意为客人安排行程。

> “必定是现代主义者接手了霍比特人的家，才建成了这样的酒店。”
>
> 《时尚芭莎》

做菜的时候，酒店尽职尽责的厨师只会使用花园中种植的有机蔬菜。为了保持一贯的绿色风格，酒店的餐厅更喜欢使用本地的食材。从康沃尔清澈海域捕来的新鲜海鲜到家庭野餐所需的各种食物，这里的厨师会准备好各种材料以备不时之需。**PE**

游览海利根失乐园

Discover the Lost Gardens of Heligan

地点：英格兰康沃尔郡

网站：www.heligan.com　**价格指数：**Ⓢ

在梅瓦吉西渔村上方草木茂盛的山谷中，有一个花草丛生的花园弥漫着悲伤的氛围。富有的Tremayne家族在这里住了400多年，后来第一次世界大战爆发，满腔热情的园丁们全部奔赴战场，此后再也没有回来。这座超凡的花园就这样被人忽视了，以致于草木丛生，最终被人遗忘。

九十年后，有热心人士无意中发现了一些线索：占地数英亩、杂草丛生的树林中可能隐藏着什么东西。后来，他们决定修复花园，想法虽然有些不切实际，但最终却取得了成功：一排排的杜鹃花丛——包括世界上最大的标本，高耸入云的树形蕨类植物——用船从新西兰运来的，和巨大的根乃拉草叶——维多利亚时代的园丁用它来遮挡日光，都极富吸引力。但是，赫利根花园最吸引人的还是它的故事：如何利用前代原丁的档案、工具和方法，让一个精致的维多利亚花园重现昔日的辉煌。

重建后的花园更凸显了前代园丁的高超技艺。首席园丁的办公室也恢复了本来的面貌——一间依附于温室的砖砌小屋。屋中，格栏中的炉火在熊熊燃烧，架子上挤满了贴有清晰标签的果酱瓶，里面装满了种子。破旧的木桌上堆满了栽种植物的时间表。来客还会看到质朴的apple阁楼（过去学徒园丁们就挤着睡在里面是光秃秃的地板上），室外洗手间墙上所有园丁的骄傲签名（维多利亚时代的园丁签名），以及园丁用马粪加热温室的巧妙方法。**SH**

→ 康沃尔郡的赫利根花园打开了一扇通往维多利亚时代的神奇窗子。

游览布赖尔岛
Experience Bryher Island

地点：英格兰锡利群岛

网站：www.tresco.co.uk/stay/hell-bay **价格指数：**

从面积最大的圣玛丽岛出发，绕过众多的岩石，小船最终停靠在布赖尔岛黑玉般的石头旁。古旧的四轮驱动汽车沿着布满车辙的颠簸小路一直驶向岛上的酒店。只有半英里宽的是布赖尔锡利群岛（有人居住的岛）中最小的岛屿。在70个居民眼中，对面的特斯卡岛实在是太自以为是了，因为那里竟然修建了混凝土马路。从布赖尔岛布满欧洲蕨的小山上望去，建有机场的2.5英里（4公里）宽的圣玛丽岛俨然成为了纽约一般的中心城市。

“屋外是荒野；屋内则是供你休息的居所，等待鉴赏的艺术品和包含三道菜的晚餐。”

理查德·伍兹，《纽约时报》

布赖尔也是最西边的小岛，最著名的地标就是地狱酒店 ，同时也是岛上唯一的酒店。酒店的氛围既亲切又平实：客人若是出去散步，酒店会提供热水瓶；若是晚上出去，酒店也会提供出租手电筒的服务。距离低矮的复合式白色建筑几码远的地方，就是美丽的沙滩和小海湾。祈求风暴到来吧。那时，海水会被狂风击碎，不断敲打在窗户上，而你正在室内享用岛上的螃蟹和龙虾以及小岛自产的蔬菜。

柳条椅、木质地板和彩色油漆墙面——酒店内部就像科德角的船库一样。虽然房间中放满了现代艺术品，如英国雕塑家芭芭拉·赫普沃斯的作品，但最吸引人的还是大型落地窗外的风景。**SH**

布赖尔岛的海岸时常会遭受大西洋狂风暴雨的袭击，所以酒店才以“地狱”命名。

住在科隆格壁堡
Stay at Fort Clonque

地点：海峡群岛奥尔德尼

网站：www.landmarktrust.org.uk **价格指数：**

喜爱军事史的人一定会喜欢上科隆格堡。二战时期，德军曾一度占领了海峡群岛，科隆格壁堡也被德军控制。壁堡坐落在陡峭多岩的海岬之上，暴露在外的海岬通过一条堤道连接到内陆；涨潮的时候，这唯一的通路也会被切断。现在，放置大炮的洞穴可供游人休息，这里还是德国武装力量最高指挥部特意下令建立的。尽管墙壁有19英尺（5.8 米）厚，睡觉时仍能听到海浪不停撞击附近花岗岩的声音。

科隆格壁堡牢牢地矗立在奥尔德尼岛陡峭的西南海岸上，坐落在长长堤道的尽头（堤道离法国大陆只有5英里远）。人们并未将壁堡建在海岬的最顶端，而是让其顺着自然的山势起伏，静静地坐落在孤零零的海岬上。高高低低的塔楼、炮位和防御土墙分散在各处，形成了一幅错落有致的美景。

早在1847年，这里就被当做防御工事使用。但直到德军占领时期，其军事哨所的重要作用才得以发挥。至今，许多为德国军官修建的营房和窗子仍然坐落在那里。科隆格壁堡总共能住13个人，住宿的地方就是军官和士兵的营房、警卫室，上层弹药库和德军的地堡。这里还有一个现代厨房，食品和物资是从附近的圣安妮地区运来的。但是，不要对这里恋恋不舍，因为潮水一旦涌上来，你可能就回不去了。另外，如果诚恳的请求，管家会在你到来之前提前购买好所需的物品。炉火和立式钢琴不仅使严肃的环境变得温柔起来，也使得气氛变得浪漫而随意。**BS**

金德代克公园的发现之旅

Discover Kinderdijk Park

地点：荷兰鹿特丹附近

网站：www.kinderdijk.com **价格指数：**❶

要是想找一处经典的荷兰景观，还得和早期绘画大师油画中的景象一样美好，那就非金德代克公园莫属了。在公园中，同时也在距离鹿特丹只有10英里（16公里）的运河两岸，坐落着19座建于18世纪中期的传统风车。作为荷兰老式风车最为集中的地方，这里发挥着非常重要的作用：由于荷兰大部分地区与海平面平行或低于海平面，所以洪水一直是个严重的问题。200多年来，风车从阿尔布拉瑟丹围垦地中抽取了多余的水，确保了周围无法形成洪水。

如果9月的第二个星期来这里，晚上就会看到灯光闪烁的风车，美丽的景象令人难忘。或者在7月或8月，选一个周六来这里游览，到时19个风车都会转动起来。现在，大多数保存完好的风车都投入了使用，只有一座对游客开放。只需交一点儿门票钱，你就能沿着陡峭狭窄的楼梯到每层参观一下，顺便在原磨坊主及家人生活的狭小空间中逛上一逛。尽管进入和离开的时候，风车的风翼看似会打到脑袋，但其实并不用担心，巧妙的设计会避免任何危险的事故。

你可以沿着河岸骑自行车，假如天气够冷，你甚至可以在运河上滑冰。要是觉得这些运动太耗费体力，也可以乘船在晶莹的水面航行，或沿着小路散散步，享受这片土地的宁静与祥和。**HA**

⇐ 美轮美奂的金德代克风车被联合国教科文组织列为世界文化遗产。

在波斯特索恩酒店享用美食
Dine at Posthoorn

地点：荷兰莫尼肯达姆
网站：www.posthoorn.eu　**价格指数：**$$

华丽的17世纪马车房被淳朴的钓鱼小屋包围，坐落在海港边波希米亚风格的村子之中，距离阿姆斯特丹中心区只有20分钟车程。从古至今，不仅马车时常停靠在这里，波斯特索恩也是显要人物沿滨海小路游玩时经常会面的著名地点。三年前，新主人不仅修复了马车房，还将其改造成了时髦的”套房酒店和餐馆”——他们是这样称呼它的。这座配有客房的优雅新餐厅已经成为各界显要人物会面的著名场所，如正活跃在荷兰电视、电影和艺术界的名人。

这里的一切都极具风格，充满设计感：美丽的古董吊灯和现代深色木质家具以及古旧的中国花瓶巧妙地搭配在一起。一排排花瓶就排放在抛光的木地板上；木板搭成的酒吧里生着篝火，客人可以在这里点雪茄。餐厅中满是美食，它虽然只有5个豪华的房间，但里面的装潢都精美无比。卧室也浪漫到了极致，蜡烛和玫瑰无处不在。每间套房都会以著名住客的名字命名，并参照他的风格进行装潢。拿破仑·波拿巴套房拥有经典的图案的壁纸，色调以巧克力色为主；舒适的裴西恩套房（名字取自建立了阿姆斯特丹的Persijn家族）位于阁楼，里面有裸露在外的横梁和松软的坐垫。

楼下的餐厅布置简单，环境整洁，客人可以尝到用荷兰本地食材烹调的现代法国地中海菜肴。餐厅的墙上挂着现代艺术品，抛光木质地板上放着铺有软垫的扶手椅，而你就可以坐在这个舒适的椅子上。又高又壮观的古典天花板上挂着巨大的现代灯具。或者，你也可以来到室外，在铺着砖的庭院树荫下吃饭。**SH**

住在朱利安酒店
Stay at Hotel Julien

地点：比利时安特卫普
网站：www.hotel-julien.com　**价格指数：**$$

外面是安特卫普老城熙熙攘攘的狭窄街道和隆隆作响的有轨电车，初到此地，可能并不会觉得朱利安酒店有什么特别的吸引力。然而，打开巨大的木门，看到这座被宁静庭院环绕的16世纪商人居所，所有的忧虑都会化于无形。

你可以在酒店前台的铅白橡树桌上办理入住手续；透过玻璃墙，你还能看到沐浴在阳光之中的户外庭院和精致的餐厅以及休息室。现代家具和古董家具相互辉映，华丽的门板和厚重的镶板则充当了完美的背景。你可以选中旁边的一把华丽的埃姆斯牛皮椅子，一口气坐上去休息，或者悄悄走进装有镀金天花板的图书馆，靠在火炉边享用刚刚煮好的咖啡和比利时的巧克力——这些饮品都是全天候供应，然后再沿着金色的木质楼梯，爬到富有格调的卧室中去。共有11间卧室。

> “……联排住宅已装饰一新……新建成的酒店就像杂志上的照片一样迷人。”
>
> 凯蒂·鲍曼，《纽约时报》

楼上采用的多是纯白、柔灰、乳白和蓝等素雅柔和的中性色调。你可以住在既能眺望到教堂，又附带A形木质阁楼的房间，也可以住在配有阳台的高顶房间，后者自然更加宏伟雅致。坐在公用的佛兰芒古董桌子前，欣赏着投射在餐厅的斑驳阳光，你可以尽情品尝酒店自制的面包、果酱、奶酪、鲑鱼、鸡蛋、酸奶和新鲜的水果沙拉。**SWi**

在潘德酒店放松
Unwind at Pand Hotel

地点：比利时布鲁日

网站：www.pandhotel.com　**价格指数**：$$

迷人的潘德酒店位于布鲁日的中心，距离运河只有几步的路程。酒店的经营者梵艾克家族将这座18世纪的房子变成了一座别致的精品酒店。他们之所以能取得成功，还得归功于梵艾克家族的独特优势：他们都是老牌的古董商人。因此，酒店美丽的画作和家具不仅世间罕有，还都是由家族专属的业内行家精心挑选出来的。

看了上面的描述，你可能会觉得酒店有些因循守旧。但事实却是酒店并没有一味追求古旧器物，而是将对于古董的激情和精良的现代设施甚至是透着古怪的时髦装饰结合在一起，创造出了更为大众喜爱的住所。酒店共有26个卧室，每间都单独装修。雅致的房间配有空调和无线互联网，里面还放有古董和美国服装品牌拉夫·劳伦的纺织品；大理石浴室中放有安霓可·古特尔品牌的身体护理用品；普通套房配有一个按摩浴盆和平板电视。除此之外，这里还有两家小型的家庭旅馆，一家在运河上方16世纪的三角墙房子中，另一家则在18世纪的庄主宅邸之中。

你一定期望这样的酒店能有个图书馆，而善解人意的潘德酒店自然会满足你的需求。不仅如此，酒店还配有壁炉、路易威登的行李箱和木制的收藏品。同样舒适的还有烛光酒吧，里面不仅拥有红木家具，一个切斯特菲尔德皮质沙发，还营造出了极为安逸舒适的氛围。木质隔板搭成的早餐房间连接到一个小庭院；楼下甚至还有一个桑拿房。酒店的服务全部达到了国际豪华酒店的水平：这里的服务细心周到，如同私宅一般令人倍感亲切。**PS**

住在公爵宫殿
Enjoy the Duke's Palace

地点：比利时布鲁日

网站：www.kempinski-bruges.com　**价格指数**：$$

铺满鹅卵石的小巷和比利时布鲁日小镇中的运河将公爵宫殿凯宾斯基酒店环绕在其中。宫殿建于1429年；经过大面积的修复，原本为菲利普三世所建的宫殿现已成为欧洲最好的酒店之一。

从布鲁日丰富多彩的集市广场走上一小段路，就来到了既是酒店，又是艺术画廊的凯宾斯基酒店。房中装饰着具有时代特点的装饰品和精心修复的15世纪艺术品。许多原有的风貌也被保留了下来，一如往昔的宏伟宴会厅和列入遗产保护名录的教堂就是很好的例子。原有的巨大彩色玻璃仍然完好无损，教堂的墙壁上也依然装饰着古老的壁画。

> “酒店拥有高耸入云的角楼和静谧的花园，是旅游住宿的最佳地点。”
>
> 苏珊·卡迪什，《独立报》

在酒店的餐厅里，你可以吃到美味的比利时特色菜；酒吧中的葡萄酒和啤酒种类繁多，可谓是布鲁日之最。每月一次的室外展览都会在宽阔美丽的花园中进行，届时来客可以购买当地艺术家手上的作品。休息室里还可以吃到手工制作的巧克力。在寒冷的冬日，在15世纪壁炉的熊熊烈火前享用巧克力，一定是最美妙的吃法。三个治疗房间还提供多种的按摩和面部治疗，周围则被时尚的土耳其浴场、桑拿蒸气房、健身房和室内游泳池所占据。**BS**

参观拉肯的皇家温室

Visit the Royal Greenhouses in Laeken

地点： 比利时布鲁塞尔

网站： www.monarchie.be/en/visit **价格指数：** Ⓢ

马格利特神秘的画作展现了布鲁塞尔超现实主义的一面，位于拉肯的皇家温室蕴含着神秘与平凡的双重元素，也展现了布鲁塞尔超现实的一面。富丽堂皇的温室坐落在城市的边缘，来自刚果殖民地的花朵每天都会散发出沁人心脾的香气，将布鲁塞尔笼罩其中。喜悦的游客悠哉地穿过兰花、杜鹃花和山茶花，吸入的是苦橙和蕨类植物湿漉漉的香气。新艺术装饰品连成数条蜿蜒的曲线，展现了不同的观赏角度，其间还会突然瞥见绿色的树冠、炮塔、角楼和拱形玻璃隧道。

出于炫耀的目的，国王利奥波德二世（1835—1909）才领头建造了这座温室。换句话说，这个市内的热带温室就是皇家一时心血来潮的产物。利奥波德从不肯屈尊访问刚果殖民地，但作为一个热爱植物的人，他希望能用船将刚果的植物定期运送到比利时。假如非要在北部地区建一座热带花园，真正的挑战就在于国王要建“一个永远是春天的完美玻璃宫殿”。

利奥波德的建筑师和园丁实现了他的所有愿望。但是，国王的功劳也不可忽视，因为他不仅对建造花园充满激情，还对外来植物和棕榈树充满迷恋：如橡胶植物、垂叶榕、菠萝树和粉蕉。利奥波德就在这些花园中和朋友游玩，在有玻璃罩的泳池中游泳，骑着非洲象巡游。假如你要来这里游览，务必提前联络一下温室，因为这里只在夏季有限的一段时间对外开放。**LGS**

⇦ 皇家温室位于布鲁塞尔的拉肯；这条小路从热带植物温室的中心穿过。

探索哈利根群岛

Explore the Halligen Islands Archipelago

地点： 德国石勒苏益格-荷尔斯泰因

网站： www.wattenmeer-nationalpark.de/flag/engl.pdf **价格指数：** ❶

与其说是群岛，不如说是高出海平面的小浅滩。哈利根群岛的命运一直都掌握在北海手中：风暴或涨潮来袭，海水就会将小岛上的大部分土地淹没；要是两者同时来袭，岛上的部分陆地就会永远消失。由此可见，在这里居住十分危险。为了抵御洪水，房子起码得建在人工堆成的3英尺（1米）高的土堆之上。虽说如此，十个狭长的小岛却有一种独特的美。岛上的视野格外开阔，抬头便是清澄的蓝天。成群的鸟儿在茅屋、红砖农庄、堤坝和不堪重击的堤道上徘徊。笔直的地平线偶尔会被形单影只的木制风车或坚固的石头灯塔打断。祥和的小岛具有浓郁的乡村风情，城市的压力似乎早已被抛诸脑后。

> “瓦登海的盐沼地和潮滩会随着海水的涨落而不断隐现。”
>
> 艾伦·哈珀，《卫报》

几个世纪以来，群岛中的许多小岛都在大海的影响下分分合合。有时由淤泥堆积而成的堤道会将小岛与大陆连接在一起，之后又会因涨潮而分崩离析。比起实体保护措施，这里多采用法律手段保护小岛独特的精致景色。另外，小岛也是瓦登海国家公园的一部分，游客也可跟随导游到这里的潮滩散步，观看候鸟迁徙和独特的植物。此外还可以坐船游览，或乘坐连通部分小岛的独特火车，沿着跨越大海的窄窄的铁轨一路欣赏风景。**SH**

参观吕根岛
Visit the Island of Rügen

地点：德国吕根岛

网站：www.ruegen.de **价格指数：**❶

耀眼的白垩岩峭壁和长长的沙滩被宁静的山毛榉树林覆盖，脑中勾勒出的宁静美景和吕根岛一模一样；蜿蜒起伏的群山中隐藏着星罗棋布的美丽别墅、曲折的自行车和步行小道、中世纪的教堂和华丽的住宅以及城堡。这里可能是德国最大的岛屿，但却很少有人知道这座小岛。该岛虽然位于德国东北部的波罗的海，气候却异常温和。

直到19世纪的浪漫主义画家卡斯珀·大卫·弗里德利希在画中展现了这里的风景，吕根岛才得以声名大振。现在，这里已经成为了德国最受欢迎的度假胜地之一。要想上岛也十分容易：岛上不仅有一条与大陆连接的公路和一架铁轨桥，还有很多渡轮可以乘坐。

狭长的海岸边有许多旅游胜地，如沙滩和码头。此外还有开往丹麦、瑞典、波兰和德国附近岛屿的船上观光旅行。去沙滩游玩，或者去乡村和岸边探险也是不错的选择：岛上有两个国家公园和一个自然保护区可供游览。登上苍翠的峭壁，就可以看到波罗的海和德国海岸线的全景。从洒满石楠花的小山到芦苇丛生的河床，从长满野花的树林到郁郁葱葱的平坦农田，岛上的景色也是旖旎动人。

岛上的大部分建筑都可追溯到19世纪的水疗热潮时期，许多小城镇和村庄都由古老的窄轨蒸汽铁路连接在一起。虽然无法避开岛上的游客，但你却能逃离纷杂繁嚣的21世纪。**SH**

→ 坐落在吕根岛上的塞林度假村保留了码头的传统建筑风格。

住在凯宾斯基大酒店

Stay at Kempinski Grand Hotel

地点：德国梅克伦堡-前波莫瑞州

网站：www.kempinski-heiligendamm.com **价格指数**：$$

正午的太阳发出刺目的光线，在蔚蓝天空和波罗的海碧波的映衬下，发出耀眼白光的海利根达姆凯宾斯基大酒店看起来就像个巨大而华丽的结婚蛋糕。被称为“白色海边小镇”的海利根达姆是德国最古老的海滨水疗浴场，其中坐落着6座灿烂夺目的新古典主义系列建筑。为了呼吸新鲜的空气，也为了郁郁葱葱的山毛榉树林和没有潮汐的水流，梅克伦堡大公弗里德里希·弗朗一世于1794年下令修建了这些建筑。

20世纪30年代，酒店曾一度成为疗养院兼医院，但持续的时间并不长。经过2003年的修复工程，奢华的酒店已经完全摆脱了旧日的模样。但是，看到穿着白色毛绒拖鞋和柔软便袍的富有客人涌向和涌出超级高级的水疗浴场，你也许能找到些过去的影子。托尼·布莱尔、弗拉基米尔·普京和尼古拉斯·萨科齐曾因第33届八国峰会来此居住。波诺和鲍勃·格尔多夫爵士等非政界人士也曾造访这里。

酒店对餐饮也非常重视，里面不仅有一个亚洲餐厅、一个寿司店，还有许多高档餐厅。其中的弗里德里希·弗朗茨美食餐厅更是德国为数不多的米其林星级餐厅。户外运动爱好者也有很多事情可做，比如骑马和划帆船。花上30分钟，骑车来到漂亮的德库伦伯恩小村庄，或者乘着窄轨的蒸汽火车欣赏美景，两者都是极佳的游览方式。隆隆的火车已经运营了140年之久。**TW**

← 海利根达姆凯宾斯基大酒店就坐落在波罗的海边，周围的景色秀美宜人。

避开市民公园的人群

Escape the Crowds at Bürgerpark

地点：德国不来梅

网站：www.buergerpark.de/en **价格指数**：!

市民公园就坐落在德国大城市的中心地带，四周都是茂密的森林。相比拥有卫星城的大都市，这里的景象似乎更容易让人想起乡村。和大多数城市的花园和公园不同，这里并不是为统治阶级而建的游戏场，而是为了市民，也就是普通公民而建的游戏场。

19世纪60年代，不莱梅的居民成立了市民牧场绿化委员会。自此以后，人们通过自发的行动和个人捐款将公园保留了下来。除了森林一样的景观和宽广的草原，这里也有迷人的公园和一个动物围场。为了那些无法去乡村旅行的城市居民，特别是孩子们，人们才建立了这座公园。另外，公园内的自然景观和探险小径也可以帮助游客了解动植物的生长环境。

> “人们认为市民公园是……德国景色最美的公园之一。”
>
> 《独立报》

装修的时候，公园将均衡的户外活动作为最重要的目标。举例来说，为了减少道路对人体关节的冲击，公园和医疗机构共同修建了一条名叫芬巴恩的跑道。此外，部分场馆还会举办一些文化活动；音乐会和戏剧演出的所得也会直接用于公园的维护工作。**DaH**

住在布勒欧赫酒店
Enjoy Bühlerhöhe

地点：德国巴登巴登
网站：www.buehlerhoehe.de **价格指数：**$$$

布勒欧赫古堡酒店位于黑森林地势较高的地方，周围环绕着44英亩（18公顷）的繁茂林地，是个远离现代生活压力的理想休闲酒店。尽管位置较为偏僻，酒店距离雅致的温泉胜地仅有9英里（14公里）。从前，每年夏天位于巴登巴登的温泉都会聚集许多欧洲贵族。直至今日，这里古老的城镇和著名的赌场仍然是很受欢迎的旅游景点。

"[这里]可以俯瞰到黑森林的全景，也是最为震撼人心的观景点之一。"
luxurytravelmagazine.com

作为一家五星级酒店，为了创造宁静私密的环境，酒店对于装潢、设施和服务的要求都细致入微。77间客房及13间套房都经过重新装修，室内不仅奢侈华丽，还配有高级的特大号床铺以及豪华的床垫。水疗和健康诊所也一改往日的倾颓，变成了贴心可人、气氛轻松的崭新面貌。位于酒店健康区的房间也经过精心的装潢，柔和的灯光更为其增添了些许品味和格调；客人可以在这里享受美容和水疗。

如果需要更为激烈的运动，酒店还提供体能训练。此外，酒店的游泳池也极为奢华，清澈的池水其实是酒店特供的泉水。午后时分，一边欣赏着四周苍翠的树木，一边悠闲地散步，也是个极好的放松方式。极致的奢侈享受也不过如此。**TW**

参观花卉植物园
Visit Planten un Blomen

地点：德国汉堡
网站：www.plantenunblomen.hamburg.de **价格指数：**!

在德国汉堡，最为人称道的就是那漂亮的运河和水道，以及红灯区和水域辽阔，停泊着巨大船只的海港。其实，汉堡的植物覆盖率很高，花园也很多。身在此处，你完全有可能远离所有的都市喧嚣。在众多花园之中，最为幽静的就是汉堡的"花卉植物园"。

这里原本坐落着一个动物园，周围也都是墓地。1930年，为了举办大型花卉展览，花卉植物园才得以建立。后来这片广阔的土地也一直作为公园使用。1953、1963和1973年，经过几次调整，公园逐步将各式各样的国际园艺展览纳入其中，最后成为了城市中心的一座宁静的绿洲。

广阔的绿色花园从达姆特火车站几乎延伸到了汉堡的圣保利附近。游客可以沿着小径漫步，欣赏两旁婀娜多姿的花草，或者在不同的咖啡馆都坐上一小会儿，喝上一杯红酒或冰镇啤酒。兰花锦簇的热带温室位于公园东部，以前是"老植物园"的一部分。

每逢仲夏，音乐厅都会举办爵士音乐会；晚上9点，湖上还有古典音乐灯光秀。到了冬天，公园就成了德国最大最好的露天滑冰场。另外，日式花园中间有一个湖，岸边还有正宗的日本茶室，也是值得一去的好地方。**CK**

→ 花卉植物园中的郁金香改变了天际的轨迹。

乘船游览勃兰登堡
Cruise the Brandenburg

地点： 德国柏林

网站： www.brandenburg-tourism.com **价格指数：** $$

柏林周围近20,000英里（32,000公里）的河道网是欧洲最独特的生态系统之一。这个生态系统由3,000多个湖泊，错综复杂的美丽运河和河流组成。河流两侧是一派田园风光：城堡、庄园、木质教堂、长满罂粟花和矢车菊的绚丽原野和宽阔的花园坐落在河岸边。拥有如此丰富的景致，这里不愧是休闲放松和重振精神的最佳选择。

因为没有急流，所以勃兰登堡多数纯净的水道不仅非常适合游泳，还特别适合划帆船和独木舟。无论是顺流而下，还是逆流而上，缓缓的水流都不会阻碍你的航行。机动游艇可以在近1,000英里（1,600公里）长的水道上航行。这种船每小时航行不到3英里（5公里），所以不需要特别的许可证。此外，每一个景点都有许多停泊地点，所以游客不用驾车穿越林荫路，就可以游览勃兰登堡的著名景点。

“这里的航道……会让所有喜爱划船的人倍感兴奋。”

germany-tourism.de

要是想体验纯粹的宁静，可以去施普雷瓦尔德森林（被称为勃兰登堡的“威尼斯”）僻静的河道游览。这些纵横交错的河道位于柏林东南部，两岸的景色秀丽宜人。要是想纵情欢乐，那就得去位于沙米策尔湖的萨罗疗养胜地。要是既想放松身心，又想追求都市的刺激感，不妨在柏林的水道上航行，从全新的视角感受这座城市。

DaH

住在布雷多酒店
Stay at Hotel Bleibtreu

地点： 德国柏林

网站： www.bleibtreu.com **价格指数：** $$

于1995年开业的布雷多酒店（“保持信念”的意思）是柏林第一家“设计酒店”。尽管市内的精品酒店不断涌现，但布雷多仍然受到了人们的追捧，不断吸引着年轻时尚的顾客群。布雷多小街是毗邻选帝侯大街的优雅小街之一，也是柏林著名的购物街。布雷多酒店就坐落在这条街中。一眼望去，新装修的19世纪房子并不像一座精品酒店。酒店有个热闹的酒吧，人潮涌动的咖啡餐厅和一家花店。经过繁忙的酒吧和餐厅，沿着小径穿过玻璃鹅卵石花园，就会来到被庭院绿树稍稍遮住的酒店前台。

一进入酒店，就会看到赫伯特·雅各·威南德独特的作品。房中的陈设都是单独制作，制作的工艺也十分精良，其中大部分由未经处理的原木制成——秉承酒店的环保理念，上面还绘有中性色彩的意大利马赛克图案。考虑到木头会散发出香气，威南德将木头碎片撒在走廊，以便让它们散发其独特的香味。

酒店的食物也会让你的味蕾得到享受。“餐厅31”的菜肴既健康又新颖，但其最吸引人的地方还是餐厅所在的庭院——铺着陶土瓷砖的庭院十分可爱。此外，位于地下室的温泉也是一个看点。温泉虽然很小，但包含的项目却不少。这里不仅有蒸汽浴室，还有足底按摩、针灸、单人训练和冥想项目。酒店的“布雷多31”花店专卖罕见的玫瑰和各种稀奇古怪的美丽花卉。酒店所处的位置极好，西柏林所有的重要景点，餐厅和文化活动都在这附近。**PS**

参观勃兰登堡霍夫酒店
Visit Brandenburger Hof

地点：德国柏林

网站：www.brandenburger-hof.com **价格指数**：$$

你走进的是19世纪普鲁士贵族曾住过的豪华宅邸：打开宏伟的木门，就能看到浮雕石膏天花板上的水晶吊灯和两侧的华丽白色柱子和石头垒成的墙壁。蜜色的镶木地板会将你指引到一个通往庭院的温室。走进院子，映入眼帘的是整齐的灌木丛和石头小径。

勃兰登堡霍夫仍然保留了些许严肃的普鲁士风格，但加入了柔美的地中海装饰，整体风格已经变得较为柔和。酒店将黑色皮革和闪亮的钢制品和淡色的木制品以及素雅的颜色相互结合，最终创造了一个休闲放松的豪华酒店。此外，酒店还有个精致的餐厅和水疗中心。若是从选帝侯大街长长购物街的精品店出发，走上几步就能到达位于西柏林僻静街道的勃兰登堡霍夫酒店。

> "房间里放满了精美绝伦的古董……[此外，酒店还有]一个非常体面的餐厅。"
>
> 《经济学人》

酒店的"双轮战车"餐厅以其经典的地中海美食和独有的850种德国葡萄酒赢得了米其林一星级的荣誉。塔利亚水疗每次只接待一位客人，所以你可以独享这里的优质服务。这里不仅提供美容项目，还提供巴厘式精油全身按摩或海水浴等治疗项目。套房俯瞰着日式园林；在酒店管理者丹妮拉·索特的严格要求下，这些套房都秉承了包豪斯的装饰风格。**SH**

在罗马酒店放松身心
Unwind at Hotel de Rome

地点：德国柏林

网站：www.hotelderome.com **价格指数**：$$$

前东柏林中央银行位于一栋宏伟的古老建筑之中，其历史可以追溯到1889年。这座建筑坐落在贝贝尔广场，离洪堡大学和国家歌剧院不远。1933年5月的一个夜晚，纳粹在广场上焚毁了上千本书；为了让人们记住这次历史事件，广场中心还矗立了一座纪念碑。

东德和西德统一之后，这座建筑就变成了冷清的会议中心。直到国际酒店经营者洛克·福特爵士将这里买下，并投入了数百万资金用于修复和重建，富丽堂皇的会议中心才得以变成一座豪华的酒店。此后不久，罗马酒店不仅成了市内最著名的酒店，还成了最适合市内观光的最佳住所。尽管进行了现代化的改造，酒店中仍能看到一些过去的影子：银行的地下保管库已经变成了游泳池，巨大的收银大厅也变成了铺着灰泥镶板和马赛克地板，顶部装有玻璃瓦的舞厅。酒店最好的客房配有俯瞰全城的宽敞阳台；屋顶的露天平台也俯瞰着下方的广场。

酒店的歌剧院也是一处宏伟的公共空间，另一个得以保留的玻璃瓦封顶就在这里。此外还有著名的意大利餐馆帕里奥利，由此还可前往屋顶的平台。以融合作为设计理念，酒店将柏林风格的玻璃和钢制品——许多采用日耳曼的黑色、红色和灰色——与昂贵且独特的现代家具结合在一起。一层和二层的套房原本是银行经理的办公室，里面有高高的天花板、木质镶板和石膏浮雕，尊贵的气息一直延续至今。浴室拥有步入式淋浴、大理石马赛克装饰和独立的铁铸浴缸。或许，镶嵌在木板墙上的手榴弹碎片就是最好的历史遗留物，其历史可以追溯到第二次世界大战。**SH**

探索沃利茨公园
Explore Wörlitz Park

地点：德国萨克森

网站：www.woerlitz-information.de **价格指数：**❶

18世纪晚期，一位富有且游历甚广的德国王子雇佣了一批欧洲顶级园丁和土木工程师，设计并建立了欧洲大陆最美轮美奂的花园。200多年后，这座由利奥波德王子建立的巨大英式园景公园依然完好无损。更令人高兴地是，就像刚开放时那样，人们现在可以自由进出并游览这座277英亩（92公顷）的花园。

公园坐落在风景如画的沃利茨镇北面，毗邻萨克森易北河的一条支流，周围的供水全靠这条河流。除了这座公园，该地区还有许多相互连接的小型花园。联合国教科文组织世界遗产委员会已将这里认定为世界文化遗产，并将其称为“花园王国”。与其说是植物，到不如说沃利茨花园更重视设计。园中确实有华美的花坛和许多品种的树木，但最主要的景观还是石窟、运河、桥梁、人造岛屿、寺庙、纪念碑、船只、雕像、浮雕和一个巨大的湖。在如此广阔的公园中，尽管有些景观模仿了英国的斯托黑德庄园，但与其相比，这里更像是个私人花园。另一处岛屿和运河的部分景观，也是很大一片区域，仿效了英国斯托的经典庄园。

无论划着贡多拉小船在水道上徜徉，还是沿着小径漫步，映入眼中的都是纤细秀美的风景。繁茂的树木和雕塑都是为了吸引你的视线。偶尔还会看到一片棕榈林和仿制的寺庙；沿着蜿蜒的小道穿过树林，完整的湖景就会突然冲入你的眼帘。**SH**

“花园王国展现了出类拔萃的景观设计与规划。”

联合国教科文组织世界遗产委员会

⇱ 这座建筑由斯坦于1788和1796年间建立，上面随意地覆盖着大石块。

住在布洛酒店
Enjoy Bülow Residenz

地点：德国萨克森德累斯顿

网站：www.relaischateaux.com/bulow **价格指数：**$$

大多数人都知道1945年情人节那天，德累斯顿在盟军的轰炸中惨遭毁灭，但这座城市重生的故事却鲜有人知。城中的一位旅游主管如此说道："德累斯顿是世界上唯一历史遗迹每年都有所增多的地方。"

这座宏伟的巴洛克城市仅有一小部分逃过了盟军的轰炸。位于新城角落的一两个地方，如哈尼伽撕等区域都被妥善保护了起来，以便让大家了解城市鼎盛时期的最真实面貌。布洛酒店就坐落在这片区域。酒店建于1730年，原本是城中的一座巴洛克宫殿。1989年，霍斯特和莫妮卡·布洛耗费了许多心力，终于将这里修复一新。

酒店拥有25个宽敞的房间和5间套房。在酒店附近一侧的位置，正在筹建一个新的奢华型游泳池。公共房间内的古董家具也起到了装饰的作用；地下室中还隐藏着一个热闹的酒吧。德国名厨拉尔夫·库特纳可以立即向你保证，酒店的餐厅"卡卢索"的风评极好。作为这个城市最好的就餐地点，至今没有哪个强劲的对手能够撼动餐厅的位置。

最重要的是，布洛酒店为客人提供了见证德累斯顿现代奇迹的宝贵机会。2006年，随着圣母教堂重建工程落下帷幕，德累斯顿著名的雄伟建筑群也得以重现在世人面前。拥有了森帕歌剧院、天主教大教堂、茨温格宫、"绿宫典藏馆"（里面放有撒克逊国王的珍贵宝物）和美术馆，德累斯顿的地位仍然和昔日一样崇高。易北河上游，还有保存完好的别墅和城堡值得游览一番。此外，千万别忘记古老的城市迈森。沿着河岸行驶一段距离，很快就能到达古城。**GMD**

住在艾克博格城堡
Stay at Schloss Eckberg

地点：德国萨克森德累斯顿

网站：www.schloss-eckberg.de **价格指数：**$$

艾克博格城堡既有塔楼和角楼，也有新哥特式拱门，是个如童话般的城堡。这座城堡坐落在林地的一座小山之上，就在德累斯顿的中心区外。城堡外是葡萄园和药草园，还有紫红色的玫瑰花丛。花朵的枝叶倾斜下来，触到了下面的河水。

酒店共有17个房间，自1859年建成以来，一直是当地商人的私人住宅。现在，这座离城市很近的建筑已经成为了独特的隐蔽酒店。每个房间都放有昂贵的古董和具有时代特点的家具；有些房间的窗下还设有座位，向外眺望，就可看到修剪整齐的意大利花园，易北河的蜿蜒水道和远处德累斯顿的古老城镇。其他诸如蜜月套房的客房都分别坐落于不同的塔楼中，无论是哪位公主要度过新婚之夜，这些房间都值得住上一晚。

> "看了好几天巴洛克建筑……城堡广阔而空旷的空间会给人耳目一新的感觉。
>
> 《城市与乡村》杂志

来到这里，美食家们会发现自己仿佛来到了美食的天堂。要是正式地用餐，胡桃木餐厅就是最好的选择：里面铺有闪闪发光的镶木地板，顶部还有手绘图案的镀金天花板。餐厅的菜肴以典型的德国菜为主，如"撒克逊风格"的酸牛肉佐以卷心菜和土豆。想要尽情享受美景，不妨在装有哥特式落地窗的温室中预定一个座位。如果是在傍晚，气氛独特的石头酒窖也是个睡前歇脚的舒适场所——里面有怪兽形状的滴水石雕；除了撒克逊的葡萄酒，窖中还储存了许多其他地方的葡萄酒。**TW**

在布罗肯铁路乘坐火车

Ride Brockenbahn Railway

地点：德国哈尔茨山

网站：www.harzmagic-info.co.uk/Brockenbahn.html　**价格指数：**$

如果喜欢刺激的火车旅行，你就一定会喜欢上布罗肯铁路。古老的蒸汽火车隆隆作响，沿着蜿蜒陡峭的山崖盘旋而上，直开往德国北部海拔3,743英尺（1,141米）的最高峰布罗肯的顶峰。

布罗肯铁路只是哈尔茨山三条窄轨铁路中的一条，其余两条分别是哈兹克铁路和赛科塔铁路。大多数火车仍然使用蒸汽车头，还有许多用的是20世纪50年代生产的老式车头。火车会穿越千姿百态、风景如画的哈尔茨国家公园，带你领略幽暗的森林、直入云霄的悬崖和奇妙诡谲的岩层。在日耳曼民间传说中，这座山上有个特别的地方：每年的4月30日，也就是五朔节之夜，传说哈尔茨的女巫会来到布罗肯的最顶端和魔鬼会合，然后和他一起沉入地狱。这里的山峰也令沃尔夫冈·歌德深深地陶醉，所以在著名的悲剧《浮士德》里面，女巫安息日描述的场景也是这里。正是因为这部诗剧，布罗肯的群山才能永垂不朽。

中世纪美丽的城镇和村庄星星点点，点缀着这片山景，其中最引人注目的是戈斯拉尔山顶上的一座小镇。镇子已经被列为世界文化遗产，并被称为“北方的罗马”。冬天，郁郁葱葱的冷杉和山毛榉上覆着一层薄薄的细雪，河流和小溪沐浴在暖阳中闪闪发光，这里俨然变成了晶莹璀璨的仙境。到了夏天，你可以在其中一个露天车厢中尽情享受美妙的旅行。TW

→ 一辆蒸汽火车从哈尔茨山的冰雪仙境中驶过。

99 7234-0
99 7234-0

在帕克舒罗西恩酒店重振精神
Rejuvenate at Parkschlösschen

地点： 德国拜德韦尔斯坦

网站： www.parkschloesschen.de **价格指数：** $$

帕克舒罗西恩酒店可不是个重燃爱情生活的地方：这座迷人的古老酒店坐落在德国西部摩泽尔山谷起伏的群山和葡萄园之中；在住宿期间，酒店建议客人尽量禁欲。倒不是因为酒店的主人过于拘泥礼节，而是为了客人的健康着想。

悠闲平和的酒店隐藏在高大的树木之中，将客人带入了一个充满替代疗法和先进印度草医学的新世界。印度草医学已有5000年的历史，是一种包含了解毒、草药制剂、营养学和按摩的东方治疗术。占地11英亩（4公顷）的公园和新艺术学派的城堡都秉承着草医学的理论，即“健康源于身心的和谐和人与自然的和谐”。酒店翻新时用的都是羊毛、木材、板岩和大理石等纯天然材料；酒店的水也是从附近的温泉引来的。经过系统的规划，所有房间都已经设法排除了电缆造成的“有害的影响”（现在使用的是双绝缘线），而水管（覆盖着一个大理石盾）也变成了柔和的淡色。

酒店的印度草医学医疗组（有传统医学背景）会监控并确保客人在此得到最佳的治疗效果。无论是压力巨大的高管、大病初愈或刚刚接受手术的人，还是想获得健康的来客，这里都是最好的避风港。客人可以在这里游泳、打网球，或者在树林里徒步旅行，也可以体验桑拿、按摩、瑜伽、冥想和替代治疗。酒店仅限成人居住，也不鼓励携带手机。美味的食物都是不含乳糖的素食；酒类、咖啡和茶在这里都喝不到，因为酒店鼓励客人们饮用温水。**SH**

探索凯勒瓦尔德国家公园
Explore Kellerwald National Park

地点： 德国卡塞尔

网站： www.nationalpark-kellerwald-edersee.de **价格指数：** $

多么美丽的森林啊！湖泊和河流环绕着凯勒瓦尔德国家公园，山丘和山谷一直延伸至地平线的尽头。就算走上一整天，你也不会走到尽头。这片树木繁茂的原始森林在绵延数里的丘陵和山脉之上，是欧洲中部最大的阔叶林，面积更是达到了近14,000英亩（5,665公顷）。在埃德尔河水流的冲刷下，森林中形成了许多峡谷、山丘和山谷，最终成为了逃离城市烦嚣的完美公园。

园中的红色山毛榉连成树海，其历史也异常悠久。超过三分之一的树木种于120多年前，还有许多栽种于17世纪。凯勒瓦尔德国家公园还拥有许多罕见的物种，如黑鹳、雕鸮、渡鸦、野猫、红鸢、锹甲虫和火蝾螈。你可能还会看到红鹿，听到啄木鸟敲击树木的声音。夜幕降临，或许还能看到蝙蝠在空中飞来飞去。四百多条泉水的源头都在公园中，它们汇聚成数条小溪，遍布在林中。清澈见底的溪水拥有最高的品质，是河鳟生长的最佳地点。

> “苍劲的古树早已糟朽洞穿……许多稀有物种都以此为家。”
>
> germany-tourism.de

这里是如此与世隔绝，甚至连保障人身安全的政策都没有。若是老树即将倒下，或是枝干就要断裂，公园也不会将其移走，所以游客需要自己承担风险，尤其是风暴之后。但也因为如此，森林才能变得更加美好。**SH**

沿德国葡萄酒之路前往帕拉丁瓦尔德

Follow the German Wine Route to the Pfälzer Wald

地点：德国莱茵兰-普法尔茨州

网站：www.germany-tourism.de　**价格指数：**❶

将高速公路远远地抛在身后，沿着公路从坎德尔、明菲德、温登和巴特贝格匝本开阔美丽的乡村间驶过。在寂静的小路上，既可以驾车游览，也可以骑车或步行观景。在苹果园和南瓜园的映衬下，乡野染上了秋天的颜色；小片的玉米田和葡萄园交织在一起，路边贩卖的当地红酒就是由葡萄园提供的新鲜红酒。

德国葡萄酒之路经过许多村庄。村子里有很多保存完好的灰泥木梁房子；蜿蜒盘曲的葡萄藤爬满了墙壁，成串的葡萄在阳光下晶莹闪亮。只要看到画有葡萄酒壶的标志，就表明这里可以品尝葡萄酒。因为气候和地中海十分相似，所以杏子、甜栗子、无花果和柠檬才能在这里茁壮成长。另外，这里的水果都是装在篮中售卖，在车道的尽头就可以买到。

虽然葡萄酒之路是一条旅游路线，但附近坐落着恬静的村庄，旅游地图也没有将其标明，所以这条小路十分宁静。登到高处的帕拉丁瓦尔德自然公园，茂密的树木和曲折的小路遮住了所有的居所，你不禁会觉得来到了更为偏僻的地方。常青树、甜栗树和橡树中时常会空出一方土地，阳光透过树冠，斑驳的光影就落在为数众多的空地上；萨巴克和斯派耶巴克河谷盘旋在道路之下，倒映着岸边的风景。立于山顶，即可一览瓦尔德震撼人心的美景。林中的村庄会不时地打断前进的步伐：面包房新鲜出炉的面包香气诱人，期盼着你的光临；路边的餐馆提供的都是当地的淳朴菜肴。这里虽然有人居住，但想看到游客却是越来越难。**CM**

“这里的气候温和，不仅风景像托斯卡纳一样美好，居民也很热情友好。”

germany-tourism.de

↗ 沿着蜿蜒的小路进入帕拉丁瓦尔德自然公园，道路两旁就是葡萄园秋日的美景。

在拜尔斯酒店放松
Relax at Bareiss Hotel

地点： 德国黑森林

网站： www.bareiss.com **价格指数：** $$

沿着风景优美的小路前往拜尔斯酒店和水疗中心是个不错的主意。酒店位于德国西南部拜尔斯布隆的米代乐达附近，坐落在遮天蔽日的黑森林深处。百转千回的蜿蜒小路延伸至黑暗迷人的森林深处，格林童话《糖果屋》中的场景好像出现在眼前。

拜尔斯酒店的美丽之处就在于它能满足你的所有需求：这里既有梦幻般的美食，也有尽情享受的服务，还是个静静享受自然的好地方。酒店因先进的水疗闻名，其中有5个游泳池、3个桑拿房和多个按摩水池。从印度草医学到正骨疗法，酒店的治疗方法应有尽有。也就是说，无论想享受岱蔻儿的海洋身体护理，还是想体验异国情调的西藏背部按摩，酒店都可满足你的要求。客人还可以打高尔夫球、钓鱼或徒步旅行，甚至可以参加绘画或烹饪课程。在酒店众多餐厅中，有一个米其林三星级餐厅；餐厅的酒窖中储藏了18,000瓶葡萄酒。餐厅的主人克劳斯·彼得·拉姆普曾经在名厨阿兰·杜卡斯那里学习过烹饪。此外，酒店还有一个提供意大利便餐的地中海餐厅，以及一个历史悠久的蒂罗尔会客厅——多夫斯杜本。乡村风格的小酒馆由木板搭成，墙上的传统固定式时钟令人印象深刻。身穿传统服饰的服务员面带微笑，将黑森林的特色菜端到你的面前。菜品主要有：培根配煎饼、香肠配沙拉、新鲜的熏制鳟鱼和冰爽的比尔森生啤。**RCA**

> “拜尔斯酒店的菜肴会带给你全方位的震撼感受。不同凡响的多层次口感会征服你的味蕾。”
>
> 苏·丝戴尔，《金融时报》

在欧芬斯营地露营
Camp at Hopfensee

地点： 德国巴伐利亚

网站： www.camping-hopfensee.de **价格指数：** $

这里不同于其他的营地，巨大却平和的综合型营地坐落在美丽的欧芬湖边，旁边就是青翠的牧场“国王的角落”和巴伐利亚的阿尔卑斯山脉。这个湖是巴伐利亚阿尔高最温暖的地方之一，无论是游泳、钓鱼，还是非机动水上运动都非常适合。3英里（5公里）外有一座风景如画的小镇——福森小镇；再远一点就是这里最繁忙的旅游景点之一：国王路德维希二世如童话般的新天鹅城堡。从城堡所在的空地放眼望去，便可看到下面的平原。此时，心中便升起了一股避开人群、奔向这片绿地的强烈冲动。

在五星级营地的私人领地中，你可以远离人群，在水疗室中漫漫消磨时间。这里是“病人”期望“治愈”病痛的地方。一个人放松身心，呼吸着纯净的空气，其实就已能治愈所有病痛。营地的理疗服务已得到许可，基于整体医学疗法（由本地的克奈普开发）的理疗包含许多项目，可以治疗多种常见疾病。然而，客人必须提前预订。若是夏季来访，最早可提前三个月预约。要是只想放松身心，营地中心的水疗室还提供按摩、洗浴、美容、桑拿和日光浴。

营地和室内恒温泳池都是全年开放。冬天，这里还会以营地为起点，辟出一条38英里（61公里）的越野滑雪小道。到时，营地会出租滑雪板、平底雪橇和自行车。宽敞的营地只允许拖车或房车进入（虽然这里名叫“营地”，但里面并不允许搭帐篷）。如果不想自己做饭，这里还有一个玻璃屋顶餐厅，里面不仅空气清新，食物也是一流。**CFM**

探寻贝希特斯加登国家公园
Discover Berchtesgaden

地点：德国巴伐利亚

网站：www.kehlsteinhaus.de/en/index.php **价格指数：**$

在慕尼黑东南75英里（120公里）靠近奥地利边境的地方，德国阿尔卑斯山脉的盘山路极其险峻。沿着山路前行，就会来到一个山中的世外桃源。一开始的时候，“游览”的概念还没有为大众所熟知，这里就已成为了深受人们喜爱的度假胜地。起初，巴伐利亚的贵族将贝希特斯加登占为己有，随后又轮到了德国纳粹。在此之后，这里才成为了一个面向大众的度假胜地。

> “壮丽的山景令人赞叹——阿尔卑斯山最美的景色就在这里。”
>
> 威廉·库克，《卫报》

在贝希特斯加登国家公园中，瓦茨曼山的雪顶双峰在美丽的教堂尖顶旁若隐若现，幽深的冰川湖国王湖中也倒映着双峰朦胧的影子，周围的高山草甸上满是牛群。城里的游客可能觉得古老的传统古怪而有趣，但贝希特斯加登却一直维护着这些传统。爬山和划船是国王湖最受欢迎的活动，沿途的风景不仅震撼人心，还能让人感受到平静。要是更喜欢高强度的体育运动，冬天可以在这里滑雪，攀岩运动者也可以挑战一下瓦茨曼-奥斯特瓦德山的悬崖峭壁。与此同时，阿道夫·希特勒的故居“老鹰的巢穴”也提醒着人们贝希特斯加登和纳粹的联系。尽管如此，这里的美却是毋庸置疑的，缓慢的生活节奏也能让人得到彻底的放松。**DaH**

住在埃尔毛城堡酒店
Stay at Schloss Elmau

地点：德国巴伐利亚

网站：www.schloss-elmau.de **价格指数：**$$

“看似健康的人们会在这里放下沉重的精神负担”，1914年开放城堡的时候，哲学家和城堡的创始人约翰内斯·穆勒如此说。此后不久，这里就吸引了各种各样的艺术家、不受世俗约束的人和美学家。他们都想寻找一个具有文化气息的隐匿地来治愈疲惫的身心。城堡酒店仍然延续了以往的传统，来这里的游客也大多是为了其文化活动（一年大约会举办一百多次活动，如文学周、爵士音乐节、舞蹈和诗歌研讨会以及政治辩论），以及这里的风景和纵情欢乐的氛围。

虽然2005年的一场大火将城堡毁了大半，但全面的修复工程已令其重拾昔日的辉煌，甚至更胜从前。城堡坐落在山谷之中，四周是维特斯坦近乎垂直的岩壁。虽然听来有些夸张，但这里的风景确实配得上“叹为观止”四字。假如曾经幻想过进入《音乐之声》的世界，那这里肯定和那里最为接近：高耸入云的山峰、开满野花的山坡、晶莹透亮的湖水、叮咚作响的牛铃、70多英里（112公里）的步行小道和山地车道都等待着你去探索。徒步走上3小时，就会抵达国王路德维希二世著名的狩猎小屋——如图画般美丽的小屋。

城堡共有140间优雅的客房和套房；每个房间不仅配有Bose音响系统，还有丝面墙壁和闪闪发光的抛光橡木或柚木地板。埃尔毛酒店有两个豪华的水疗中心和音乐厅、三个图书馆、一个书店、一个高档购物商场和六个绝好的餐厅。世界各地的厨师每年都会来参加酒店的国际美食节，时间一般定在11月。**TW**

韦桑岛发现之旅
Discover Ushant

地点： 法国菲尼斯泰尔

网站： www.ouessant.fr **价格指数：** ❶

韦桑岛的法语名是“Ouessant”，英语则是“Ushant”。原始多岩的韦桑岛位于布雷斯特外10英里（16公里）的地方，周围都是诡谲的峭壁、危险的海域和汹涌的潮汐和波涛。在大西洋的滔滔海浪面前，法国最西端的小岛似乎就是个脆弱的小圆点。小岛只有4 英里长，2英里宽（6公里长，3公里宽），但因其重要的地理位置、冬天毁灭性的风暴和历史上的英法海战，最终成了闻名于世的地方。岛上的环状灯塔就守卫在世界上最繁忙的航运通道的入口处，所以电台的航运行情预测也经常会提到韦桑岛。

在布雷斯特或布雷顿的勒孔凯渔村乘坐渡轮，穿过潜伏着危险的海域，渡轮就会停泊在丝蒂夫海湾。上岛以后，最好租辆自行车或面包车代步旅行。对部分人而言，荒芜的牧羊草场单调无趣；对其他人而言，岩石、草地和低矮的厚墙白房子却是非常美丽。

岛的另一侧有个叫做朗保尔的村子。村里有几个酒吧、一个餐馆和面包店、两个小旅馆、几个提供早餐的简易旅馆和小度假屋。夏天，白色的石头墙上挂满了绣球花和倒挂金钟。到了冬天，你就会知道窗口为何要开在3英尺（1米）深的坚固墙壁中。

在岛上漫步的时候，不妨深深吸入一口海边清新怡人的空气。你可以去看海豹和海鸟，也可以去拍照、绘画、散步或骑自行车。**SH**

← 韦桑岛上的克黑阿克灯塔矗立于布满岩石的海岸之中。

在巴茨岛放松 Relax on the Île de Batz

地点：法国菲尼斯泰尔　**网站：**www.iledebatz.com　**价格指数：**❶

巴茨岛位于布列塔尼北部的罗斯科夫附近，只有2英里（3.2公里）长，1英里（1.6公里）宽的小岛在地图上只是一个小圆点。但是，小岛却会跨越漫长的岁月，将你带回法国的浪漫时代：马拉犁车、老人戴贝雷帽、家庭主妇骑着自行车晃晃悠悠地回家。岛上有白色的沙滩，雕塑般的圆形花岗岩以及松树和棕榈树隐蔽下的村舍，唯一的交通工具是拖拉机。在这里看不到游戏厅、夜总会或嘈杂的马路，映入眼中的是经过精心照料的有机蔬菜田，18个海滩和10英里（16公里）长的锯齿状海岸线。

巴黎雄心勃勃的人们、政客和名人都十分喜爱巴茨岛。他们换上宽松的短裤和人字拖，欣赏着起伏的海景和长满倒挂金钟、旱金莲及绣球花的灌木树篱，享受着这里简单的生活；他们坐在海港边的咖啡厅中，品尝着法式薄饼，啜饮着布列塔尼的苹果酒；他们四处闲逛，游览岛上的灯塔、野鸭池塘和杂草丛生的堡垒。

异国风情的热带花园建于1897年。当时，一个富有的巴黎人发现在一年之中，岛上的平均气温也只有几度的浮动，所以才建造了这座花园。小岛所处的位置不受风雨侵袭，又在暖流控制之下，所以极少出现严寒天气。岛上最受欢迎的景点之一就是每天都坐在港口遥望大海的年老的法国船长，怀中抱着同样年老的宠物龟。

岛上有两个老式酒店，40个小度假屋和几个宾馆。这里的人几乎都讲法语；许多标志、地名和房子的名字，甚至菜单用的都是古老的布列塔尼语，所以外面来的人可能很难看懂。一个名叫第瓦扎杜的简易旅店是这里最好的旅店之一。旅店提供早餐。**SH**

↑ 巴茨岛靠近布列塔尼北部的海岸边散布着许多小船。

探索菲尼斯泰尔峡湾 Explore the Fjords of Finistère

地点： 法国菲尼斯泰尔省　**网站：** www.finisteretourisme.com　**价格指数：** ❶

菲尼斯泰尔是法国最西边的省，其名源于拉丁语，意为“世界的尽头”。当地的布列塔尼人将这里称为“Penn ar bed”，这是布列塔尼语，意思是“世界开始的地方”。尽头也好，开始也罢，无论怎样看待这里，菲尼斯泰尔著名的美丽海岸线都不会改变，与世隔绝的孤寂感也不会消失。和英国的“地角”一样，这里高低不平的海岸线旁不仅有走私犯出没，还有许多沉船的残骸，而浪漫的故事、神话与传说也是不少。

菲尼斯泰尔省北部的荒凉海岸连成一线，对面就是英吉利海峡。海岸的汇流口或峡湾也为人们所熟知。其中的三个峡湾就位于北部海岸，分别是依杜峡湾、沃哈斯峡湾和波诺峡湾；三个漏斗状的峡湾构成了一幅令人赞叹的美景。最小的依杜峡湾将大西洋和英吉利海峡分割开来；波诺峡湾全长5英里（8公里），沿岸有8个村庄；沃哈斯峡湾是最著名的峡湾，包含5个岛屿，其中就有处女岛。岛上不仅坐落着欧洲最高的灯塔，还有一个深受欢迎的游艇海港和许多漂亮的石头村庄。

步行也许是最好的探险方式。峡湾和童话故事有着紧密的联系，所以人们才将这里称为传奇海岸。虽然亚瑟王和凯尔特旅行者传说的背景是康沃尔，但发源地却是这里。这里还有巨石群、凯尔特人的遗址和圣泉可供游览。海岸的最西边就是毫无遮掩的赫兹海岬；你可以沿着海岬一线的“精灵小路”欣赏两侧的高沼地和大海。另一条灯塔小径自波萨勒起始，通向62英里（100公里）外的布雷斯特。徒步旅行的过程中，你会看到111个灯塔中的23个灯塔。LD

↑ 木质楼梯通往菲尼斯泰尔省的沃哈斯峡湾。

潘蓬森林发现之旅
Discover Paimpont Forest

地点： 法国伊勒-维莱讷省

网站： www.bretagne35.com **价格指数：** ❶

法国的潘蓬市由高位沼泽地、幽深的山谷和映着斑驳阳光的茂密林地构成，潘蓬森林就坐落在该市之中。幽暗的森林在神话中被称作“布罗塞利昂德”；相传，亚瑟王和王后桂妮薇儿、圆桌骑士、巫师梅林和仙女维维安以及摩根勒菲的灵魂都在这里飘荡。事实上，许多凯尔特的传说都发生在这里，讲述着那个充满宫廷浪漫故事和骑士精神的远古时代。不必花费太多功夫，就能想象出摩根勒菲被“青春之泉”吸引，倚在艾达拉福吉湖边的样子，又或是在梅林的坟墓默默流泪的模样。要是喝了当地的苹果酒，那就能容易看到这些景象了。

“凡能自石台上拔出此剑者，即为英格兰的天命之王。”

托马斯·马洛里，《亚瑟之死》

古老的巨石遗址诉说着该地丰富且神秘的历史，阿夫和思瑞荒凉的山谷则展现了自然的力量。此外，这里还有很多带有指路标的步行道、自行车道和骑马小径。

你一定不能错过苏斯蒙特福特饱受赞誉的布罗塞利昂德花园，也不能错过布列塔尼省的首府——古老的城市雷恩。如今，在鹅卵石铺就的中世纪街道上，布列塔尼的黑白旗在风中飘扬。附近还有一些值得游览的景点，如深受图书爱好者推崇的贝榭丽小镇、梅德阿克的磨坊博物馆、特芬德的公园和圣梅格兰德市镇的博物馆。**RsP**

参观圣米歇尔山
Visit Mont St. Michel

地点： 法国芒什省

网站： www.ot-montsaintmichel.com/accueil_gb.htm **价格指数：** ❶

坐落在巨大海湾中的圣米歇尔山就像一座中世纪的金字塔形修道院，每年都会吸引四百万游客。人们聚集在哥特式的尖顶上，汇聚在斜坡上的花园和完好无损的防御工事中。这些壮观的防御工事坐落在离海岸一英里的岩石堆上。

然而，很少有人知道在这个奇妙地方尽情享受的正确方法。其实，只需等到傍晚，等公交车和游客离开后，你就能独享这个童话般的小岛，直到第二天上午。更好的是，无甚意义的纪念品摊位也会在游客离开后关闭，主街道就会恢复到600年前的宁静模样。

你可以住在半木质结构的15世纪客栈中，通往修道院的古老鹅卵石街道就在客栈的下面。客栈看似悬挂在街道之上，其实后部固定在防御工事上面。这里可能是个收费低廉、环境温馨的小客栈，但凭借着自身的价值，圣皮埃尔客栈成为了政府保护之下的历史建筑。古旧的梁木、木质镶板、挂毯、铅化玻璃窗、蜿蜒的楼梯、古老的木质百叶窗和暴露在外的石头墙组成了一个摇摇欲坠的迷宫式建筑。餐厅秉承了经典的高卢风格，里面不仅有壁炉，还有红色的方格桌布，菜肴则包括从海湾捕捞来的贝类和内陆农场送来的烤羊肉。

这里与其说是豪华，不如说是舒适。但哪个五星级酒店外矗立着被认定为世界文化遗产的防御土墙呢？有了旅店的钥匙，客人就可以在深夜穿着睡衣走出房间，站在城垛上眺望潮水穿过宽广的滩涂，向这里涌来。**SH**

→ 圣米歇尔山坐落在小岛之上；被城墙包围、与世隔绝的小岛矗立于泥潭之中，看起来就像童话里的城堡。

沿着苹果酒之路游览
Follow the Route du Cidre

地点：法国卡尔瓦多斯省和奥恩

网站：www.cambremer.com **价格指数** Ⓢ

作为一条有名的旅游路线，这里本应人声鼎沸。狭窄的乡村车道旁就是蜿蜒的小道，但25英里（40公里）长的小道上却很难看到往来的车辆。想要欣赏挂满鲜花的树篱，细细品味苹果园、农场等地的风景，就要调整前进的步伐，迈着悠闲的步子向前走去。

环形的苹果酒小路将许多诺曼底小乡村连接在一起。传统的木质镶板房中挂着装饰用的花箱，里面种着天竺葵。果园中放养着为数不多的牛，农场中也散养着鸡，旧时的田园风景就呈现在你的面前。二十几个小型苹果酒生产商在路边开设了绝好的休息点，你可以在这些地方参观，品尝苹果白兰地或当地的特产pommeau苹果酒（虽然主人希望你能品尝一下，但也可以拒绝）。另外，每种苹果酒的味道都有所不同，酿酒人也会根据世代相传的配方调整酒的口味。

> “草地和果园……再加上农场传统的砖木房子……组成了一幅完美的田园美景”。
>
> 艾米丽· 哈斯维尔，《独立报》

开车来的人可以品尝不含酒精的新鲜苹果汁。虽然小路非常适合骑自行车，但果酒的味道是如此美好，你可能忍不住想要稍上几瓶，也必须得买上几瓶，但自行车却装不了这些酒。在奥格伯夫龙村可以停留一会儿，因为这里是法国最漂亮的地方之一。到了周日，当地的家庭就会带着小小的薄煎饼聚集到这里，进行传统的诺曼聚餐。**CM**

住在圣西米恩农场酒店
Stay at La Ferme St. Siméon

地点：法国卡尔瓦多斯省

网站：www.fermesaintsimeon.fr **价格指数：**ⓈⓈ

翁弗勒尔古老的港口中坐落着历史悠久、带有灰色石板屋顶的房子。但是，翁弗勒尔最可爱的酒店并不在这个著名的港口，而是在地势更高的地方。那里可说是印象派绘画的摇篮。莫奈、西斯利、容金德、库尔贝等画家都被塞纳河河口反射的璀璨阳光深深吸引。当时，圣西米恩农场客栈的主人名叫“杜坦妈妈”，她对画家十分友善，也受得了他们古怪的习惯。

尤金·布丹是第一个发现客栈潜在价值的人。他是当地一位渔民的儿子，不仅喜欢吃鲭鱼，还喜欢喝本地的苹果酒。他将莫奈介绍到了旅店，要是画家们付不起房租，就得留下一幅画作。后来这里变成了一座茅草农舍，但1888年又经过改造，最终变成了现在的模样。那时，住在这里的贫穷画家并不多，但像克林特·伊斯特伍德和苏菲·玛索那样的名人却时常住在这里，客栈的直升机停机坪和豪华的套房也就派上了用场。然而，现在的主人伯伦家庭却重拾了客栈的艺术传统。他们邀请巴黎美术学院的学生来这里居住，欣赏著名的日光。当然，他们必须用画作支付账单。

自然，客栈也变成了一座豪华的酒店。里面共有25个房间和4间套房，此外还有水疗中心、室内游泳池和一个美丽的餐厅。当地著名的食物都会出现在餐厅的菜肴里，如柔软的奶油奶酪、苹果白兰地和苹果，以及当地上好的小牛肉。搭配菜肴的酒单也值得细细观察，里面有一些物美价廉的红酒。伯伦家族在海岸附近还拥有一栋别墅——“茅顶别墅”。别墅只有8个房间，用当地食材烹制的菜肴也没有那么奢侈，但还是能喝到一些苹果酒。**GMD**

在兰斯品尝香槟
Taste Champagne at Reims

地点： 法国马恩

网站： www.champagne.com/en_indx.html **价格指数：** $

一边骑自行车旅游，一边在沿途品尝香槟，这听起来可能非常危险，但却是游览兰斯的最好方式。这座美丽的城市是法国香槟的首府，以拥有世界上最好的香槟生产商著称。泰坦瑞香槟、凯歌香槟 、白雪香槟、玛姆香槟和波马利香槟的酒窖都在这里。

这里的地质环境非常适合酿造香槟。白垩岩因风雨侵蚀形成的洞穴充当了储存葡萄酒的酒窖。游客们不仅可以参观酒窖，了解其生产过程，也可以品尝一些诱人的香槟。因为酒窖有些冷，温度维持在46℉—50℉（8℃—10℃），所以需要多穿些衣服。参观酒庄不一定要提前预约，许多酒窖就欢迎游客随时光临。

> “兰斯既是个美丽的香槟酒庄汇聚地，也是个自行车旅行的理想度假地。”
>
> 《卫报》

香槟小路自兰斯蜿蜒而上，穿过山坡上精致漂亮的葡萄园；古雅的小村庄星星点点，点缀在郁郁葱葱的山坡上。沿途会看到一些著名香槟品牌的酒庄，比如克劳德-雷米和克洛埃特-瓦扎德。周围的风景也绮丽动人，骑着自行车悠然穿梭于酒庄的时候，也可以顺便欣赏一下美景。在兰斯租自行车很方便，自行车道也适合所有年龄层的游客。但要注意的是，许多香槟酒庄会在葡萄收获期，也就是9月和10月关闭。**JK**

在克哈叶赫古堡放松
Unwind at Les Crayères

地点： 法国马恩

网站： www.lescrayeres.com **价格指数：** $$

克哈叶赫古堡原本是波利尼亚克王子的宅邸。波利尼亚克家族的王子是摩纳哥格里马尔迪家族统治者的表兄弟，同时也是波马利香槟的所有者。现在，身为波马利香槟的首席酿酒师，阿兰・波利尼亚克也是家族最著名的寡妇珍妮・亚历山大・波马利的直系后裔。在丈夫死后，这位寡妇将公司打理得很好。

城堡虽然位于艺术之城兰斯的近郊，但拥有20英亩（8公顷）公园的古堡似乎更像是一座乡间的别墅酒店。城堡还有个绝好的优势，那就是离罗马白垩岩采石场很近，最好的香槟就存储在那里。无论参观哪个大型的香槟酒庄，前台都会为你安排好一切。酒庄和波马利香槟有些历史渊源，要是幸运的话，工作人员还会向你展示如何用佩剑开香槟：将剑放到瓶颈处，然后砍掉瓶塞。你还有机会欣赏到艺术家古斯塔夫・纳福莱特的白垩岩浅浮雕。

在法国最杰出的三星级厨师杰拉德・波伊尔的领导下，城堡的厨房享誉盛名。波伊尔最近将这里卖给了波尔多费伦塞居尔城堡的主人泽维尔・加迪尼耶，后者雇佣了摩纳哥厨师迪迪埃・埃莱拉作为这里的新任主厨。这无疑是个正确的决定。埃莱拉在阿兰・杜卡斯身边当了15年的私人助手；杜卡斯在纽约开餐厅时，也是由他负责烹制菜肴。因为餐厅位于法国香槟区，所以埃莱拉将菜肴化作了葡萄酒的陪衬。他制作了一个菜单，里面的每道菜都需搭配一杯不同的王妃香槟；主菜还会搭配一杯装在高脚杯中的著名王妃水晶香槟。**GMD**

游览拉梅湖

Enjoy Lake Gérardmer

地点：法国孚日山脉

网站：www.gerardmer.net　**价格指数：**❶

拉梅湖位于法国东北部靠近德国边境的地方，坐落在孚日山上，是个平和宁静的隐蔽湖泊。夏天，占地285英亩（115公顷）的拉梅湖就成了水上运动爱好者，尤其是冲浪员和水手的天堂；海岸线旁则是苍翠的高山和美丽的小屋。到了冬天，这里就是法国规模较小的滑雪胜地。在这里，你看不到滑完雪后狂饮杜松子酒的人群，所以初级和中级滑雪者可以在较为安静的环境中尽情运动。当地人一般会去松树林中的越野雪道上滑雪，长达62英里（100公里）的雪道直达山顶，可以看到绝美的景致。

这里的房子虽不奢华时髦，却极具吸引力。尽管辉煌的时代已然逝去，湖水周围的漂亮小屋和酒店还是应该感谢旧日的美好时光。举例来说，杜拉克乡间别墅酒店曾经是19世纪法国作家莫泊桑·盖伊的避世居所。这位作家在晚年极其渴望独处一地，此处平和的氛围也令他十分满意。

比起学术作家经常出没的隐居地，现在的拉梅湖更像是个从事各类活动的天然运动场。每年9月初，这里都会挤满拉梅湖铁人三项赛的参赛者。他们先在附近清澈的湖中游泳，然后在附近的山上骑自行车（环法自行车道的一部分），最后在树木繁茂的山坡上跑步。从19世纪的文学创作到缓和的滑雪运动，再到挑战极限的体育比赛，所有喜爱新鲜空气的人都可以在拉梅湖得到真正的享受。**LD**

→ 拉梅湖坐落在高高的山上；无论冬夏，这里都是远离烦嚣的理想度假地。

住在比西耶尔修道院
Enjoy Abbaye de la Bussière

地点：法国科多尔省

网站：www.abbaye-dela-bussiere.com **价格指数：**$$

修道士可能早就离开了，但位于勃艮第乡村深处的比西耶尔修道院仍然被宁静的氛围笼罩着。建于12世纪的修道院坐落在15英亩（6公顷）的美丽公园中；公园位于苍翠的山谷之中，两侧是博纳和第戎。园中零星种植着51种树木，此外还有一条名叫阿沃特的小河。河水穿过公园，注入一个大型的观赏湖。现在，修道院的主人卡明斯家族已经将这里变成了一座豪华酒店。除了这栋酒店，卡明斯家族还是苏塞克斯和英格兰著名的安伯利城堡酒店的主人。

酒店内部已彻底翻新，里面有令人赞叹的穹顶、20英尺（6米）高的彩色玻璃窗、石头栏杆和盘旋而上的浪漫楼梯。从外面看上去，酒店仍像个教会的修道院，但里面的11个房间却和教会完全扯不上关系：淡底印花的亚麻纺织品、宽大的躺椅、巨大的床铺（有一些是四帏柱床）和摞得高高的松软垫子，房内的一切都和过去朴素的陈设大相径庭。毫无疑问，酒店的浴室也是21世纪的现代风格，里面配有按摩淋浴、按摩浴缸和宝格丽的化妆品。

尽管内部装饰比较贴近英国乡村风格，但酒店的食物肯定是典型的法式菜肴。坐落在因食物和葡萄酒而成名的地方，修道院自然受益匪浅。两家餐厅的菜肴都是由当季的食材制成，并配以当地最好酒庄生产的最佳葡萄酒。在温暖的夏季，客人可以在室外就餐，顺便欣赏一下外面的美景。**HA**

在勃艮第运河上乘船游览
Cruise the Burgundy Canal

地点：法国，科多尔省至涅夫勒省

网站：www.burgundy-canal.com **价格指数：**$

坐船游览勃艮第运河是观赏两岸美景的最佳选择。隐藏在法国角落中的景致充满吸引力，葡萄酒和当地文化也是举世闻名。宁静的航道保留着古老的魅力，但河面上的驳船却早已焕然一新。在水面上滑行，两岸依次出现葡萄园、向日葵田地、起伏的农田以及被森林覆盖的丘陵。此时的丘陵正展现了最灿烂的秋之色彩。

尽管行程各有不同，但游船一般从第戎起航，用一星期的时间航行31英里（50公里），最后抵达旺德内斯。游船在白天悠然前行，给乘客留下足够的时间赏景。船长和船员会负责船上的大小事务，你要做的就是放松休闲。在豪华的大型平底船上，宽敞的甲板上不仅有露天餐厅，还时常有按摩浴缸；船舱内有休息室、用餐区、酒吧、图书馆和明亮的双人床或标准客舱（带有两个单人床），里面的装潢都很舒适宜人。

> “据说，这里是法国最美丽的运河；[蜿蜒的]河道流经美丽的乡村。”
>
> 利兹·迈尔斯，《卫报》

要是还有其他需求，无论是乘坐热气球还是骑马或打高尔夫球，游船基本都可以为你安排。乘客也可以到岸上骑自行车，或沿着河岸散步，在下一个停泊点返回游船。太阳沉入水面的时候，甲板上就会开始提供餐前饮品。后面的每一餐都是美味佳肴，与之搭配的当地葡萄酒也是芳香醇厚。**SoH**

→ 中世纪的新堡村俯瞰着平原和勃艮第运河。

游览雷岛
Discover Île de Ré

地点：法国滨海夏朗德省

网站：www.hotel-de-toiras.com **价格指数：**❶

拉罗谢尔是法国保存最为完好的中世纪港口城市之一，这还得感谢当地尽职尽责的委员会。而其中保护得最好的地方还是雷岛，一座拱形大桥将小岛和大陆连接在一起。雷岛是一个地势平坦、布满沙滩的狭长岛屿，精巧雅致的小城镇和村庄点缀其间。每个建筑都被粉刷成白色，顶部铺着螺旋状的橙色瓦，墙上则开出了绿色的百叶窗，整个建筑都呈现出一种淳朴的对称美。

每年，富有却谨慎的巴黎人都会光临这座大西洋上的迷你小岛。在蜜色的雷岛马丁小海港中，波西米亚风格和略带有贵族气息的艺术家会在迷人的小酒馆中互道寒暄，看着捕捞牡蛎的拖网渔船来来往往。要是想深入其中，可以在多哈酒店中选一个宽敞、奢侈、华丽的法式套房住下，比如马雷夏，然后就可以透过窗户欣赏港口的绚烂景色。酒店毗邻小巧美观的餐厅——奥利维亚的餐桌。圣马丁的食物基本都是海鲜，牡蛎和贻贝尤其常见；小岛东北部零星散布着许多牡蛎养殖场。

在街上散步的时候，你会看到当地贩卖诱人水果和蔬菜的市场、出售家庭用品的商店和精品服装店，以及许许多多衣冠楚楚的巴黎人。你也可以走过防御工事，或是租一辆自行车，向着南部的海滩进发。秋天将至，客人们也随着旅游季的结束而离开这里，缓慢的生活节奏反倒生出了一丝诱人的气息。此时的重点已转移到了牡蛎和贻贝的身上，圣马丁朦胧的街道已归入平静，沉浸在享用美食的快乐之中。**LB**

⇐ 由于当地政府推行了建筑规范，雷岛上的美丽村庄才得以保留下来。

住在港口磨坊酒店
Stay at Le Moulin du Port

地点：法国滨海夏朗德省

网站：www.bookcottages.com **价格指数：**ⓈⓈ

港口磨坊酒店坐落在克哈旺的一个小村庄中，位于波尔多和滨海城市拉罗谢尔的中间，其真挚可亲的魅力和质朴的自然景观令人感到心情愉悦。古老的风车经过精心改造，已经变成了一座可以容纳6个人的现代简易酒店（提供住宿和早餐）。这里不仅洋溢着个性，还彰显着历史。如果你想避开尘世，随着每日的潮涨潮落融入典型的法式乡村生活中去，这里就是最为理想的隐蔽居所。

> “驾车行驶一小段距离，就会看到海滩和麦斯彻斯的洞穴［和］鲁瓦扬的沙滩。”
>
> 港口磨坊酒店的业主

磨坊旁边就是一座房子，透过地板上特意安装的玻璃板，可以看到其下美丽小河的淙淙流水。磨坊内部共有两层，四周是带有纹理的粗糙石墙，顶部则是暴露在外的桁架，上面还满是繁茂的植物。一楼中心放着一架三角钢琴，旁边就是开放式壁炉。楼梯不仅陡峭，每个踏步之间还是镂空的，位于夹层的2个小卧室就在楼梯的一头。

房子中有个功能齐全的小巧厨房、一个起居和就餐区、一个修剪整齐的古雅花园。法式双开门上的一块块玻璃就像画框一样，将花园变成了美丽的画作。除了坐落在户外的浴室，外面还有个游泳池和带有盖顶的露台。**BS**

在波多克城堡放松
Relax at Château Bauduc

地点：法国吉伦特省

网站：www.bauduc.com　**价格指数：**

如果波多克城堡的葡萄酒足以让米其林星级厨师戈登·拉姆齐满意，其口感也一定能令最有眼光的葡萄酒饮用者满意。波尔多白葡萄酒是拉姆齐先生在欧洲所有餐厅中的招牌酒。你可以在酒庄大量采购葡萄酒，也可以住在美丽的农舍中；这座18世纪的农舍坐落在250英亩（101公顷）的庄园中。“葡萄树的边缘”也是一个不错的住处。这里位于葡萄园的中心，舒适的房间可以睡下8个人。虽然这里有大量放松的机会（唯一的邻居就是葡萄园主人的城堡），但来此的目的决不仅限于此，你还可以在近处见证酿酒过程并品尝一些优质的葡萄酒。

农舍离波尔多和圣爱美浓只有15英里（24公里），从国际机场到这里只需半小时车程，距离大西洋海岸长长的沙滩更是只有一个小时的车程。农舍是探索法国西南部和波尔多城堡的最佳地点。但在此之前，必须舍得离开农舍的游泳池，或是离开朝南花园中的桌子，走出那片葡萄藤下的阴凉，才能到周围游览。

房子的内部装潢非常精美，几乎考虑到了所有细节。近几年彻底装修的时候，只选用了最优质的家具和材料。业主的城堡就是你唯一的邻居，你很可能会觉得真正逃离了繁杂的现代生活。房子按周租起，由于此处的美丽非比寻常，所以有些客人每年都会住在这里。**CFM**

参观考达里温泉酒店
Visit Les Sources de Caudalie

地点：法国吉伦特省

网站：www.sourcesdecaudalie.com　**价格指数：**

在考达里温泉酒店，你不仅能体验波尔多最豪华的水疗，还能让精神和灵魂浸浴在法国葡萄栽培的传统之中。这个种植葡萄的社区历史悠久，其历史可以追溯到14世纪。

酒店位于庄园之中，其中占地138英亩（56公顷）的葡萄园由建于18世纪的主建筑史密斯拉菲特城堡和围绕四个废弃谷仓重建的附属建筑组成。酒店的房间大小各异，既有包含特大号床和露台的“舒适房间”，也有配有露台和壁炉的宽敞套间。

然而，酒店的心脏和灵魂还是在它的葡萄酒中。坚硬岩石上的15,000个瓶状酒窖都是由酒店的主人凿出来的，一代又一代的葡萄栽培者就将葡萄酒储藏在这里。在这里，葡萄藤的平均年龄是30岁，种植密度接近每公顷一万株葡萄藤，其中以美乐和赤霞珠红葡萄为主。此外，酒店也有自己的葡萄酒相关建筑。酒店的餐厅“宏伟的葡萄藤”效仿了18世纪温室的建筑风格，下面就是众多池塘中的一个。在这里，还可以吃到许多特色食物，如阿卡雄湾的牡蛎和胡萝卜馅鱿鱼卷。

“葡萄酒水疗”就诞生于此。当时，人们在城堡下方1,600英尺（500米）的地方发现了富含高浓度矿物质的宝贵温泉。现在，水疗中心提供各种葡萄酒治疗：使用葡萄籽多酚的保健治疗会抑制皮肤的自然衰老。**BS**

你可以住在私密的小屋“鸟之岛”，旁边就是湖水。

探索匹拉沙丘
Explore the Dune du Pilat

地点： 法国吉伦特省

网站： www.littoral33.com/gb/dune_pilat **价格指数：** ❶

这个庞大的沙丘是欧洲同类型沙丘中最高的，高度达到了惊人的328英尺（100米），宽度也足有1,640英尺（500米）。蜿蜒的沙丘沿着法国西南海岸的阿尔卡雄湾延伸了1.8英里（3公里），巨大的沙丘对视觉极具冲击力，距波尔多也只有37英里（60公里）。由于风的影响，沙丘总是在不断地扩展和改变。因为没有植物覆盖，这里的景象就如同沙漠一般；时刻不停的大风迎面吹来，沙丘就起伏不平，现出片片沙浪。

游客要是敢于大胆想象，沙丘也会为其提供无与伦比的冒险机会。在两个楼梯中选择一个，踏着台阶爬到最顶端，然后就可以顺着沙丘的斜坡滑到大海，其过程肯定非常刺激。也可以在这里放风筝，或只是散散步，吮吸着带有咸味的新鲜空气，一边享受海风拂过秀发的舒爽，一边欣赏辽阔的景致：一侧是深蓝色的大西洋，另一侧则是苍翠繁茂的松树林。喜爱极限运动的游客可以去攀岩或乘着滑翔伞鸟瞰整个巨大的沙丘。

沙丘下面是茂密的松树林，远处就是纵横交错的小溪和池塘。夕阳西下，落日的余晖让沙丘蒙上了一层粉红色的光芒，此时就是摄影师们最喜爱且最常出现的时刻。每到这个时候，去比斯开湾乘船观赏沙丘的景色也是很好的选择。游览完毕，可以去阿尔卡雄吃饭。那里坐落着2500个牡蛎养殖场，每个餐厅还会提供新鲜的牡蛎并搭配一瓶本地最好的葡萄酒。**JK**

⇐ 广袤的匹拉沙丘是欧洲最高的沙丘，如同沙漠般的景致不断变换。

在比什训练营健身
Experience Camp Biche

地点： 法国塔恩-加龙省

网站： www.campbiche.com **价格指数：** $$$

比什训练营坐落在法国南部中世纪小镇的高山上，和一般的训练营有所不同。前期权交易员利比·普拉特和丈夫克雷格从美国搬到这里的时候，发现他们和法国人的生活方式有些许差异。所以，在2001年，利比决定建立一个豪华的隐蔽居所，让人们通过久经考验的可靠方法强身健体。比什训练营重视的是美好生活更为简单的一些方面，比如食用本地美味的有机食品，进行振奋精神的运动和感受绝美的自然环境。在训练营待上一周，获得好身材是一定的，但这可能标志着你已经有了更深层的变化。

> “传统形式的严格训练和健康的卡路里摄入量造就了一个令人脱胎换骨的法国五星级运动场所。”
>
> 伊恩·贝尔彻，《纽约时报》

早上7点的腹肌和哑铃训练标志着一天的开始，其间会通过吟诵祷文来帮助你提升对自身体型的自信心；简单的早餐过后，可以走出这所中世纪的房子，穿过田野徒步走上四或五个小时。徒步旅行是训练营最核心的运动项目。开始前，需要先静静地进行一个小时的冥想，让自己的心绪归于平静。

回到房中吃过午餐，下午会进行更加美妙的运动：哈达瑜伽、哑铃或普拉提。运动之后就是一个小时的舒爽按摩，然后是放松身心的热水浴。在浴缸中泡过澡后，就可以享用诱人的晚餐和美妙的法国葡萄酒。**LD**

探索米迪运河
Explore the Canal du Midi

地点：法国西南部
网站：www.midicanal.fr　**价格指数：**$$

以每小时4英里（6.4公里）的速度悠然前行，却不会感到无趣。在这里，即使第三次世界大战爆发，你也不会注意。这个地方就是绝妙的米迪运河。运河东起多尔湖和地中海的赛特港，流入熙熙攘攘的图卢兹和加龙河（最终抵达吉伦特省），后又经波尔多注入大西洋中。全长150英里（240公里）的运河沿岸铺有曳船路。

骑自行车或在水道边漫步纵然十分有趣，但真正令人愉悦的还是租来一条小船，在河上乘船游览。你很快就会掌握操舵的诀窍（船上可举办两到12人的派对），并学会如何驶过众多的水闸。虽然运河共有91道水闸，但每天平均只能航行10英里（16公里）左右，所以不会遇到所有的水闸。一路上经常会有人伸以援手，看闸人也很乐意卖给你鸡蛋、葡萄酒或其他新鲜的本地产品，并和你互道几个奇闻异事。如果不想做饭，沿途有许多迷人的餐厅和咖啡馆。

> "阳光透过精巧的树叶，水面有时会映出七彩的彩虹。"
>
> 莎拉·波叶滋，《卫报》

如果行程允许，最好去看看壮观的墙中之城卡卡颂和贝济耶郊区芬斯哈娜的八个阶梯状水闸。另一个震撼人心的景点是恩泽润村长达570英尺（173米）的隧道。进入黑暗潮湿的隧道，你需要用航行灯照明。**RsP**

去阿马尼亚克品酒
Go Armagnac Tasting

地点：法国热尔省
网站：www.buscamaniban.com　**价格指数：**$

加斯科尼位于法国西南乡村的深处，以食物和酒类而闻名。起伏平缓的山峦顶端坐落着许多城堡，四周的田野上长满了巨大而耀眼的向日葵，绚烂的景色令人赞叹。这里是鹅肝、豆焖肉的故乡，也是最著名的阿马尼亚克酒的故乡。阿马尼亚克酒是法国最古老的白兰地，比科尼亚克白兰地还要早上几个世纪。在中世纪，这种酒一直作为治疗用的饮品，16世纪突然变得非常受欢迎，此后才成为了真正的商品。第一个出口阿马尼亚克酒的人可能就是查理·巴兹（《三个火枪手》中达达尼昂的原型人物）。

来到加斯科尼，若是不品尝一下蕴含当地灵魂的白兰地，那这趟旅行就不算完整。除了在生产商那里品尝白兰地，还有什么更好的选择吗？该地区最大的生产商是洛巴德庄园，但最美丽的庄园之一却是归家族所有的布丝卡-玛尼帕庄园。这座庄园位于特纳勒兹，大部分的阿马尼亚克白兰地都产自这里。作为古老的历史遗迹，庄园拥有494英亩（200公顷）的葡萄园，以种植白玉霓为主；这种葡萄品种和阿马尼亚克白兰地酒有紧密的联系。建于17世纪的城堡有一位和蔼的女主人，如果幸运的话，菲丽哈娜·菲赫纳女士将亲自带你参观沙龙，然后再带你去品尝各式各样的传统阿马尼亚克白兰地；这些酒都只蒸馏过一次，所以才拥有浓郁、强烈的口感和极为宝贵的水果香味。白兰地都储存在当地的橡树中，其中尤以1976年的酒最为特别。喝过几杯令人兴奋的白兰地，你很可能得找个地方清醒一下头脑。这时候，就得躺在树下荫凉的地方，在加斯科的阳光中小憩一会儿。**HA**

踏上从法国到西班牙的朝圣路

Walk the Pilgrim Route from France to Spain

地点：从法国的卢尔德和上比利牛斯，到西班牙拉科鲁尼亚的圣地亚哥德孔波斯特拉
网站：www.worldwalks.com **价格指数：**$

一千多年来，西班牙北部的所有道路都通往圣地亚哥德孔波斯特拉。这里有一座大教堂，相传门徒圣詹姆斯的遗骸就在里面。自中世纪以来，这里就一直是朝圣地。现在，在卢尔德到孔波斯特拉的路上仍然能看到大量的朝圣者，但徒步旅行的人变少了，骑自行车或开车的人则变多了。这里有什么吸引人的地方呢？每年都会有数千人从四面八方汇聚于此，在带有太多束缚的朝圣线路上前行，但并不都是处于对宗教的虔诚信仰。不过，要是可以证明自己是徒步的朝圣者——在位于起点的荣塞瓦勒修道院可以得到朝圣者的身份证明，那就可以免费住在路边几乎所有的旅馆中。

朝圣之路自比利牛斯山脉的边缘起始，整个路程达到了470英里（750公里），沿途会看到壮观的山景、古老的村庄和林间小道。一路上遍布着摇摇欲坠的小教堂，古老的城市布尔戈斯和莱昂会和你偶然相遇，里面巨大的哥特式教堂会让你提前感受终点的氛围。

为了为期三天的圣伊阿古节，很多人会在7月25日抵达圣地亚哥。除了街头派对和常见的欢庆活动，嘉年华中还会看到随风摆动、壮丽非凡的香座。依据传统，盘旋而上的香气会将人们的祈祷带到上帝那里去（以前也用来掩盖贫苦朝圣者身上的臭味）。无论是因为宗教信仰还是情感使然，只要踏上朝圣之路，如史诗般的旅行都会给你的生活带来一些改变。SWi

“看到数百万寻求宽恕的朝圣者，我好像突然被带回了中世纪。”

德里克·比什登，《每日电讯报》

↗ 步行最多要花费31天，为了让旅程更加轻松，朝圣之路一般会被分成几个较小的部分。

探索珀杜山
Explore Mont Perdu

地点：法国上比利牛斯省
网站：www.worldheritagesite.org　**价格指数：**❶

珀杜山是比利牛斯山脉中一座"失落的山"（法语中perdu有丢失、遗忘的意思；西班牙语为Monte Perdido）。这座雄伟的山峰不仅位于山脉的中心位置，还是分隔法国和西班牙的天然屏障。10,997英尺（3,352米）高的珀杜山是比利牛斯山脉的第三高峰，也是欧德萨珀杜山国家公园最具吸引力的景观。因为其古老的地质面貌，联合国教科文组织也将其列入世界遗产保护的名录之中。更重要的是，这里的田园生活得以保留下来，至今仍然是欧洲"失落的世界"。

这里的动植物种类多到令人吃惊的地步，仅花卉就有1,500种，哺乳动物则有西班牙野山羊和野猪。前者的蹄子非常稳健，攀爬危险的悬崖和峭壁都不在话下，后者则常在该地区捕食。雄鹰围绕着山顶翱翔，要是幸运的话，或许还能看到传说中的胡兀鹫。这种当地的鸟类翼展达到了10英尺（3米）。

在比利牛斯山脉漫步，周围的景色一定会令你叹为观止：陡峭的山峦、美轮美奂的山谷、惊心动魄的高山瀑布和深蓝色的湖泊。山峰的雪顶全年都有游客聚集，他们不是在山上露营，就是睡在山上的小屋或沿途的乡村简易旅店中。

一旦来过此地，就很难想象在繁华城市中的生活。这个尚未被开发的地方零星分布着几个村庄，简单的生活日复一日地继续着。天然的地形也保证了这里的自然环境不太可能会改变。知晓了这一点，也就放心了不少。**LD**

← 阿哈扎河从欧德萨珀杜山国家公园中的多萨马洛山中穿过。

在比利牛斯山脉做瑜伽
Do Yoga in the Pyrénées

地点：法国阿列日省
网站：www.yogafrance.com　**价格指数：**$$

这座小小的优雅的乡村城堡已有200多年的历史。城堡坐落在比利牛斯山脉一个安静的山谷之中，周围是繁花锦簇的草地、树木繁茂的小山和绿树掩映的小溪。房子下边就是清可见底的湖水，水面上有蜻蜓盘旋，岸边则有小鹿在喝水。清凉的湖水也很适合游泳。

格霍斯属地本就是个宁静的旅游景点，加入了有益的瑜伽课程，这里就成为了一个远离现代生活压力的完美度假胜地。在这个偏僻的度假地，5月至10月会开设特殊的瑜伽训练班。到时，客人就住在新改造的漂亮农场中，自己负责每日的饮食。这里有双人间和单人房，也配有厨房和带有天井的餐厅。客人可以在附近的村庄购买新鲜的农产品，也可以在当地的咖啡馆和餐馆就餐。

> "在山中练习瑜伽调息法的时候，吸入的纯净舒爽的空气就是令人欣喜的礼物。"
>
> 格霍斯属地的主人

经验丰富的瑜伽老师达格玛也是本地的居民，她早上和晚上都会开设课程。这些课程不仅融合了各种瑜伽的精华，也充分考虑到学生的需求，无论水平如何，都可参与其中。瑜伽课程可能在城堡的顶层进行；透过法式窗户，就可俯瞰到湖面。在最热的天气里，所有学员也可能会聚到翻新的岩壁谷仓中练习瑜伽。客人还可以通过附带指导的冥想和整体疗法，如灵气疗法、推拿和足底按摩来放松身心。**SH**

住在珀尔磨坊
Rent Moulin de Perle

地点： 法国东比利牛斯省

网站： www.pyreneesgites.com **价格指数：**

古老的水车磨坊珀尔就坐落在法国比利牛斯山脉地势低矮、景色壮丽的弗诺耶迪丘陵地带，位于一个风景如画的山谷中。房子的主人已经修复了磨坊和其他陈旧的附属建筑，并建造了3个独立的小型度假屋，里面可以分别睡3个、5个和6个人。你既可以在这里住宿并享用早餐，也可以支付聘请专家的费用，参加这里的常规绘画度假项目。附近就是葡萄园、森林和河流，震撼人心的峡谷，以及矗立在岩石上的古老的卡特里城堡，

> “在阳光下慵懒地休息，或四处闲逛，探寻迷人的风景和美丽的村庄。”
>
> 珀尔磨坊的所有者

艺术家一定可以在这些景致中获得许多灵感。在度假小屋中，你会见到裸露在外的横梁和烧着木柴的火炉；屋外不远处就是溪流、迷人的庭院和漂亮的花园。小屋由凹凸不平的石墙筑成，墙上光秃秃的；赤褐色的陶瓦屋顶和天蓝色的墙面上爬满了繁茂的匍匐植物，上面还开有小花，与之搭配的还有盆栽和枝叶蔓垂的树木。占地4英亩（1.6公顷）的纯天然草地环抱着小屋和磨坊，古老的磨坊水槽边开满了兰花。若是天气炎热，在这里戏水是再好不过了。

磨坊坐落在两个小村庄之间，是个宁静的旅游景点，同时也是四处游览的最佳住宿地。村里的游泳池和当地的网球场也离这儿不远，走上5分钟即可到达。**SH**

黑山探索之旅
Explore the Black Mountains

地点： 法国黑山（塔恩、埃罗和奥德）

网站： www.blackmountainholidays.com **价格指数：**

陡峭的山崖被茂密的森林覆盖，从远处看上去黑漆漆一片，因而这条山脉才有了一个相当慑人的名字——黑山。然而走近一看，你将会知道法国人为何如此珍惜这片区域。受到高度保护的乡村是散步、钓鱼、骑马和探险的好地方。历史悠久的城堡星星点点，点缀在山间，这些建于卡特里时代的城堡包括被评为世界文化遗产的卡卡颂城堡，以及欧特布勒要塞、拉丝杜赫城堡和塞萨克城堡。

黑山山脉的一部分在郎格多克国家公园之中，后又延伸至中央高原的西南端，也就是塔恩、埃罗和奥德三个省的交界处，最高峰诺尔高达4,000英尺（1,219米），傲然屹立在卡卡颂平原上。从这里向远处眺望，西方地平线上的比利牛斯山脉闪闪发光。山上的植被分布差异很大，主要取决于该区域的盛行风是来自地中海还是大西洋。以欧荷谷为例，这里还能看到含羞草、橄榄和樱桃，往西仅仅几英里的地方就再也看不到水果和鲜花。在大西洋盛行风的影响下，这里就只能看到山毛榉树。

最吸引人的休闲运动就是在凉爽、清澈的高山湖中游泳。有几个地方就像小小的海滨度假胜地一样，深受当地人的喜爱。普哈戴勒湖和蒙塔涅湖不仅配有救生员和脚踏船，还有网球场、迷你高尔夫球场、步行小道，甚至数量众多的餐厅。**SH**

→ 西格勒运河流经黑山，注入米迪运河之中。

住在玛丽农场

Stay at Les Fermes de Marie

地点：法国上萨瓦

网站：www.fermesdemarie.com **价格指数：**$$

巍峨陡峭的阿尔卑斯山上零星分散着许多可爱又古旧的农场小木屋，旅行者们肯定都梦想着住在这样的木屋之中。法国夫妇乔斯林和让·路易·西布埃可不仅仅是幻想而已：他们找到并买下了二十多个摇摇晃晃的老旧木屋、农场和棚屋，将其拆成若干部分并分批运到山下，然后在高端的度假胜地梅杰夫边缘处重新组装，最后建成了一个临时的村庄。

农场老旧的房间中并没有挤满成群的牲口和成堆的干草。房中放着老萨瓦牧羊人的家具和民间艺术品，而诸如卫星电视、奢华睡床和华丽的大理石浴室等现代设施也是在不破坏整体氛围的前提下放入屋中。屋内四处都是风化的木板，注重细节的装潢也令人感到舒适喜悦。正因为如此，这里才能保持那无与伦比的质朴感觉。西布埃想建造一个独一无二的豪华酒店，与此同时，这个酒店还得位于山中，并由多个谷仓组成，散发着古朴和浪漫的气息。在当时看来，这个计划相当冒险，但后来却进行得异乎寻常地顺利。

与众不同的僻静农场全年都有许多有趣的活动。冬天，这里就是个滑雪中心，往来的巴士会把你送到上山的滑雪吊椅附近。夏天，你可以在山中散步、骑山地自行车、打网球，或只是在酒店中，在梅杰夫的商店、咖啡馆和酒吧中放松享受。酒店的水疗中心、健身房和游泳池设施完备，著名餐厅中的食物也很美味，时时刻刻都吸引着客人。16个水疗室中使用的都是酒店自主研发的产品。这些产品全部由马尾草和山金车等高山植物制成。**SH**

→ 几乎不可能找到一个比玛丽农场更完美的高山度假胜地。

住在阿贝酒店
Stay at Hotel Arbez

地点： 法国侏罗山脉/瑞士沃州
网站： www.hotelarbez.fr.st **价格指数：** $

这座阿尔卑斯山的小酒店非同一般，令人难忘，住宿的价格比一些五星级酒店的早餐费用还要低。不同于其他绝妙的度假村，阿贝酒店的成名原因非常独特：它坐落在法国和瑞士的交界处，周围是各式各样、盘旋曲折的奇妙山路。客人可以选择睡在瑞士或法国，有些房间的双人床正好跨越两个国家。也就是说，躺在床上的时候，头在法国，而脚却在瑞士。在一间屋子里，必须得跨越到法国去洗手，而另一个房间的厕所就在瑞士边境上方。

> "我们已经投入了无数心力，让特色菜肴能反映出酒店的特点。"
>
> 餐厅的老板亚历山大·彼宏

房间的装潢很简单，四周是白色的墙壁，顶部是暴露在外的木梁。冬天窗外是银装素裹的皑皑雪山，夏天则是鲜花烂漫的草甸。住在这里，无论是去法国还是瑞士的滑雪胜地或山间小径都很方便。酒店奇妙的位置也有其严肃的一面。二楼有一间被称为"藏匿地"的房子，其历史可以追溯到二战秘密抵抗运动期间。1940年德国占领法国的时候，酒店就成了中立国瑞士边境上的战略要地。业主可以在楼上藏匿盟军士兵和犹太平民，而德国军队则不能上去。**SH**

在拉布依特酒店放松
Relax at La Bouitte

地点： 法国萨瓦
网站： www.la-bouitte.com **价格指数：** $$

如果喜欢滑雪，但又无法忍受拥挤的人群和大型度假村喧闹的夜生活，不如在拉布依特酒店住上几晚。酒店由18世纪的木质农舍改造而成，坐落在雷美纽尔和圣马丁·德·贝尔维尔之间的山谷小村中，也就是圣马塞尔。

2000年，房子的主人勒内·马尼尔开始对外提供住宿。与许多小屋和阿尔卑斯山脉的酒店不同，拉布依特酒店不会在夏天的几个月中关闭，而是全年营业。5个房间分散在主屋的阁楼和各个附属建筑中，通过外部的木质楼梯，也可进入这些房间。沿着梯子爬到阁楼，就会看到舒适的床和盖在上面的厚厚毛毯；酒店外是萨瓦宅地的经典景观——松树和石头。

酒店的主人马尼尔因缘巧合，成了这里的厨师。从雷美纽尔偏僻地区滑雪而来的人们必然会饥肠辘辘，于是三十年前他就自学成才，开始为行至门前的客人烹制食物。简单富有创意的菜肴很快得到了米其林和《戈尔和米约》葡萄酒指南的青睐。现在，马尼尔的儿子马克西姆也在厨房中帮忙；在两人的努力下，餐厅赢得了米其林两星级的荣誉，并会延续地方的经典传奇。要是想体验更加复杂的口味，可以在舌头上放一朵南美的花，当它慢慢开始刺激味蕾的时候，就喝上一口番茄浓缩汁，将其吞入腹中。

酒店外面，正向这里走来的滑雪者形成了一条细流。他们之所以离开雪道，从圣马丁·德·贝尔维尔附近拥挤的陡峭山峰中走来，可能是因为听说了一个绝对不能错过的地方，那就是名叫拉布依特的僻静农舍。**BS**

在鹰巢放松

Relax at Eagle's Nest

地点：法国萨瓦

网站：www.scottdunn.com **价格指数：**$$$

鹰巢位于欧洲最好的野外滑雪道之中，是个融合了现代设计和新英格兰温馨情调，奉行享乐主义的小屋。这里共有四层，每层的装修不仅奢华，还拥有宽敞的开放空间，暴露在外的木板和天然的石头壁炉。小屋距离被其他国家人占领的雷克拉飞地仅有5分钟的路程。

进入小屋的世界，最重要的就是和雪接触。你几乎可以滑着雪来到小屋门前。这座别致小屋的主人和经营者是英国的豪华旅游运营商斯科特·邓恩。这家公司的代表们为客户服务带来了全新的解读：如果乘飞机前往日内瓦，斯科特·邓恩的迷你巴士就会带着野餐篮和香槟到机场接你。

> "[小屋]最具特点的就是古老的木梁和天然的石头壁炉。"
>
> 鹰巢的业主

鹰巢的卧室分布在两层，最多可以睡12个人，里面放置的都是粗削的精品家具。华丽的客厅里装有造型夸张、暴露在外的桁架；独立的饭厅位于上层，额外的夹层正好构成了一个放置卫星电视的独特空间。一层的健康中心包含一个室内游泳池、桑拿和水疗室。无论想要到达哪个楼层，都可乘坐内部的电梯。**BS**

在圣约瑟夫酒店享受

Enjoy Le Saint-Joseph

地点：法国萨瓦

网站：www.lesaintjoseph.com **价格指数：**$$

圣约瑟夫酒店坐落在海拔很高的萨瓦地区，该地区位于法国阿尔卑斯山脉一线，周围环绕着375英里（600公里）的滑雪道，高雪维尔山谷的200个滑雪吊椅也触手可及。经过极其精心的装饰和极富技巧的装潢，奢华的精品酒店看起来就像个高贵的乡村宅邸。

酒店有11个房间和3个复式套房，不仅适合大型团队住宿，还配有单独的私人入口。房间散发出一种极其罕见的、温暖亲昵的气息，而这还是得益于房中带有华盖的床、厚厚的毯子、裸露在外的粗削木梁天花板、纺织品和墙上挂着的、从那不勒斯、巴黎和里昂搜集来的画作。要是不在意花销，督政府奢华套房就是最好的选择。其中放有红色和金色的闪亮纺织品、深色的沙发和带有华盖的巨大睡床。每间浴室中都能看到镶了金边的镜子和具有时代特色的爪形浴缸。套房还配有更衣室，里面可以存放滑雪服和滑雪靴加热器。

为了让你有足够旺盛的精力在斜坡上一直滑到黄昏，酒店的早餐富含极高的能量，主要有新鲜出炉的面包、水果和谷物。因为有了巨大的石头壁炉，圣约瑟酒店的意大利餐厅"轻骑兵"内部十分温暖。餐厅的墙壁由木板筑成，顶部则是方格天花板。格兰德咖啡厅的气氛较为轻松，里面专门烹制正宗的泰国菜肴。

高雪维尔1850度假胜地（度假村的高度是1,850米）建于20世纪40年代，是第一个由法国计划并在空地上建立的度假村。在此之前，度假村都是在现存的城镇上建立的。这个度假胜地在三谷滑雪区的站点之间，坐落在瓦伦托斯和美贝尔的中间。事实上，因为海拔很高，在此滑雪也肯定会感觉不同凡响。**BS**

乘热气球俯瞰多姆山
Balloon over Puy-de-Dôme

地点：法国多姆山
网站：www.france-balloons.com **价格指数：**$$

如果想画一幅绘有火山的画，皮勒地区造型完美的熔岩锥可能和你想象中的画面一模一样。皮勒死火山群位于法国中部的火山区，也就是奥弗涅地区。作为法国最受欢迎的景点之一，这里的八十多座火山贯穿南北，连成一线。平原上的环状火山拔地而起，绿意盎然的火山不像是地质运动的产物，反倒更像是神话中的景物，同时也是绝好的摄影对象。日出或日落的时候，乘着热气球随风而行，俯视着下面的景色，一定是个不容错过的美好体验。

皮勒死火山群的景色奇伟瑰丽，也不枉3000多年前的一番喷薄激涌、激烈骇人的地质变化。要是天气晴朗，你可以看到中央高原、康塔尔山脉和东面的勃朗峰。在八十多座火山之中，最高的就是多姆山，其海拔达到了4,800英尺（1,463米）。而长满野草，光滑苍翠的帕西悟火山高达3,970英尺（1,210米），一条步行小径通往其中心。

这里每年都会迎来五十万游客。许多人会沿着罗马时期的古老小径“骡马小路”登上多姆山的顶峰，并到达那里古老的墨丘利神庙。至于山顶的其他神庙，自基督教诞生以前就一直坐落在那里，由此可见多姆山的魅力。还有一些人选择乘悬挂滑翔机或滑翔伞从山顶乘风而下，从不同角度俯瞰美景。火山的矿物质会用来制作当地出产的富维克矿泉水，而熔岩则会用来制造农舍屋顶的瓦片，修建网球场和道路。从高处俯瞰，这些景物都可尽收眼底。**LD**

← 多姆山的火山口看起来郁郁葱葱，极为平和，丝毫没有喷发的迹象。

在阿尔代什划独木舟
Canoe the Ardèche

地点：法国阿尔代什
网站：www.france-voyage.com/en **价格指数：**$

20英里（32公里）长的阿尔代什河位于拱桥谷和阿尔代什圣马丁之间，平静的河水无波无浪，显然不适合漂流冒险。只要掌舵的人年满七岁，并且会游泳，就能在河上驾驶小船，而唯一的风险就是两岸迷人的风景。你可能深深沉醉于美景之中，以至于最后临时决定下水游泳。

经过几千年的河水冲刷，白垩岩和石灰岩最终形成了一个峡谷，乘船游览也会穿过这个峡谷。阿尔代什国家公园的亮点也是这条河道；河道的起点是一座名叫“拱桥”的天然石桥，距离碧蓝水面足有197英尺（60米）的石桥令人赞叹。有时上方还会出现1,000英尺（305米）高的巍峨峭壁。河边有许多公司出租独木舟和皮划艇，租期短约几个小时，长至两天左右。若是租上两天，可以在沿途的高德和古涅尔第营地中休息。那里不仅配备淋浴，还提供户外烧烤和饮用水，但需要提前预订。

> “急流的名字虽然很吓人，例如‘黑色的牙齿’，但其实很容易就可以渡过去。”
>
> 戈登·莱斯布里奇，《独立报》

喜欢冒险的人最好提早来这里游玩，因为4月和5月的水面较高，水流也比较湍急，驾船游览的线路也会变长。一旦到了夏末，乘船游览就会变得更加悠闲。河水时而潺潺流动，令人倍感慵懒，时而又化作急流，让人兴奋愉悦起来。要是想在水面上休息一会儿，可以停靠在沿途的河滩上。**PE**

探索塔恩峡谷
Explore Tarn Gorge

地点：法国塞文山脉（加尔省、洛泽尔省等）

网站：www.mairie-albi.fr/eng/tourism/tarn.html **价格指数：**❶

要是法国曾有过蛮荒的西部，那就一定是这里了。在荒凉的塞文山脉，浅浅的塔恩河穿过幽深漫长的石灰岩峡谷，辟出了欧洲最伟大的自然奇观之一。沿着A75高速公路一路奔驰，穿过格兰德科斯地区自然公园质朴、孤高的高原，在1,125英尺（343米）的米洛高架桥上向下眺望，就能稍稍看到一点儿峡谷，进而引发更强烈的好奇心。这座桥时常没入云中，其高度已经打破了世界纪录。

然而，匆匆地瞥上一眼绝对不能尽兴。塔恩峡谷和容特峡谷在罗齐尔附近交汇，其上有一条世间罕见的步行道。绵延的小道两侧是令人瞠目结舌的景色和近乎垂直的岩脊，就算感到眩晕也没有办法。

当然也可以乘船探索峡谷。在玛莱纳村租上一条双人独木舟，在河水中以自己喜爱的速度前行。不需要什么专业技能，就能驾驶坚固的塑料小船。如果在家乡的公园中划过船，你就能在平静的塔恩河上驾驶独木舟。善解人意的河水推动着小船，几乎不用摇桨，就能以不慢的速度前行。只有在遇到树干或小股急流的时候，才需要转动一下船舵。岸边的悬崖不仅极为陡峭，还高耸入云，遮住了半个天空，怪不得这里的高地被称为“宏伟顶点”。身旁的游览船只自顾自地快速驶过，你就会暗自庆幸自己选择了手动小船，可以在水面上慢悠悠地飘荡；要是高兴的话，还可以把船停在岸边或砾石小岛上，然后整个下午都在这个隐秘美丽的地方野餐或游泳。远处挂着旗子的地方就是停泊小船的地方。交完船后，公共汽车会把你送到来时的村子。**TL**

在纱戴乐疗养胜地减压
De-stress at La Chaldette

地点：法国奥布拉克（康塔尔、阿韦龙和洛泽尔省）

网站：www.lachaldette.com **价格指数：**Ⓢ

自中世纪以来，奥布拉克的温泉一直是人们疗愈疾病、镇静放松的休闲胜地。纱戴乐疗养胜地位于海拔约4,265英尺（1,300米）的法国中南部，坐落在安静的小村庄里，整体装潢极尽奢华。现代派建筑师吉恩·迈克·威尔莫蒂在房中安装了时髦的落地窗，以便让阳光照射进来，改善住客的心情；房中还采用简约的流线型设计，让客人的头脑能够保持清明。

不堪重负的都市人可以在这里享受雨水淋浴按摩，也可以在放有鲜花和精油的按摩浴缸中泡澡，然后慵懒地倚在室外的躺椅上，充分享受这份宁静。此时，只有奶牛偶尔发出的叫声会飘入耳中，抚慰身心的天然泉水在脚下缓缓流动。公寓式的房间环绕在中央楼梯周围；因为酒店的主人十分懂得享受，所以房间也是融合了乡村的魅力与现代别致的风格。

> “有益于健康的气候和极为纯净的空气使纱戴乐疗养胜地受益匪浅。”
>
> 纱戴乐的业主

由主厨烹制的cuisine de terroir（一种用现代手法和本地食材重新演绎的传统菜肴）包括美味的橘子鸭和焦糖蓝莓布丁。品尝过美食，就要到休息室的木柴火炉边喝上一杯当地朗格多克区出产的葡萄酒，然后回到房中，在雪白的棉花被中奇迹般地放松身心，安然入睡；而窗外新鲜纯净的空气、绵延不绝的绿色山谷以及倾泻的泉水会让你的内心重新归于宁静。**SjD**

住在秘密花园酒店
Stay at Jardins Secrets

地点：法国加尔省

网站：www.jardinssecrets.net **价格指数：**$$

到达秘密花园酒店，不禁会疑惑自己是否找对了地方。看到不讨人喜欢的小巷和墙上乏善可陈的门，你不会想到里面藏着一片绿洲。跨过门槛，踏入迷人的花园，映入眼中的是生机勃勃的橙子树和柠檬树；角落中还种着枝叶繁茂的香蕉树，墙上则垂挂着三角梅。

秘密花园酒店位于古城尼姆中心区的边缘，原本是一座建于17世纪的别墅。比起酒店，这里似乎更像一座私人宅邸，再加上里面没有接待区，所以这一感觉就更加强烈了。此处和其他酒店不同，客人不需要填写一大堆无聊的表格，这里的服务人员会直接将他们带到自己的房间。

14间客房既宽敞又奢华，里面放满了美丽的艺术品、绘画作品、丝绸窗帘和刚采摘来的鲜花。有些房间还配有四柱床，上面挂着淡雅漂亮的亚麻帷帘。所有的房间都装有双开门，门外就是花园；粉刷成绿色的百叶窗遮挡了耀眼的晨光。装在镀金框中的镜子和闪闪发亮的18世纪吊灯充当了浴室的装饰物，而其中最具震撼力的就是那巨大的爪形浴缸。

沙龙中的袖珍三角钢琴带来了一丝古典的味道，而在其他地方，你还会看到成堆的图书和照片，数量众多的乐器甚至是住着小鸣禽的大型鸟舍。然而，正如酒店名字所暗示的，最重要的还是翠绿的花园。在这里，你可以完全放松下来，远离城市的燥热和喧嚣。参观完尼姆古城的罗马遗址，可以回到酒店，在荫凉处的休闲椅上舒服地午睡一会儿。此外，也可以在清凉的海水游泳池中游泳，或只是悠然地呼吸着玫瑰的浓郁香气。**HA**

参观塞南克修道院
Visit Sénanque Abbey

地点：法国沃克吕兹省

网站：www.senanque.fr **价格指数：**$

西多会的修士住在这里；无论是古色古香的石墙，还是房顶斑驳的瓦片，这座12世纪的修道院都给人一种柔和治愈的感觉，你很难不爱上这栋建筑以及它的沉静。树木繁茂的小山环绕着修道院，客人们可以在这里进行精神静修，最长可达8天。

若是短期住客，这里对性别或信仰都不加限制，但来客最好可以参与祈祷和静修；事实上，修道院希望你随时都处于静修之中，除了每天15分钟的时间之外，吃饭和其他时间都需保持安静。住在这里的修士每天都有固定的日程：从早上4点开始，一天共有五次宗教仪式，如晚祷和弥撒。到时，来此度假的人们也会被邀请参加这些仪式。剩余的时间则用来读书、冥想和在花园中劳作。每到夏天，周围都会被紫色笼罩，分割整齐的薰衣草田展现出一片醉人的梦幻色彩。几个世纪以来，修道士们一直在这里种植薰衣草、生产蜂蜜（取自威斯敏斯特大教堂的蜂巢）并提取其精华。

> "塞南克修道院是最为典型的早期西多会建筑之一。"
>
> www.senanque.fr

来此度假的客人，特别是那些想大声说话的人可以离开修道院的所在地，走到远处的地方去欣赏壮观的景色。**CFM**

在米兰德酒店放松
Unwind at La Mirande

地点：法国沃克吕兹省

网站：www.la-mirande.fr　**价格指数：**$$

中世纪的古老教皇宫殿坐落在阿维尼翁，其辉煌令周围的建筑相形见绌 。在这座历史悠久的城市，装饰着比利时挂毯和古老木刻印刷壁纸的米兰德酒店不仅位置极佳，而且是欧洲最好的酒店之一。

作为古老建筑群的一部分，米兰德酒店的历史可以追溯到罗马教廷初建的时候，也就是1306年。直到1796年这里才变为了酒店，此后的两个多世纪一直被称为帕马赫酒店。从丝线窗帘到映出城中日常生活的古董玻璃窗，从橡木地板到卡拉拉大理石浴室，再到墙上的大师级画作，20间客房和公共空间的装潢细致入微，令人赞叹。酒店的米其林星级餐厅也非常雅致，地板上铺着刺绣地毯，上面则是文艺复兴时期华美的双藻井吊顶。管理餐厅的主厨名叫朱利安·阿拉诺。假如想在更精致特别的地方进餐，酒店每逢周二和周三都会在19世纪的厨房空出一张桌子。

> “相对而言，米兰德酒店的烹饪技艺追求的是……意想不到的和谐组合。”
>
> 克劳德·艾维诺，《米兰德》

这里不禁让人想起法国贵族的奢华宅邸。人们也经常小声议论，要是教皇得以在酒店感受生活，可能就不会那么急着回罗马了。**BS**

眺望格兰布朗山
See Le Grand Blanc

地点：法国沃克吕兹省

网站：www.provenceweb.fr　**价格指数：**!

在普罗旺斯阿普特村庄的东侧，杜兰斯山谷无法触及的地方，坐落着起伏的群山和环绕着格兰鲁伯隆的山谷，体现了典型法国淳朴乡村生活的所有元素。

高达3,690英尺（1,124米）的最高峰慕赫奈格比附近小鲁伯隆一线的山脉都要高出不少。山下的克拉巴海德高原平坦而荒凉，直至一片花海令其重新焕发了生机。绵延数英里的薰衣草田一直延伸到奔牛村的山谷。不仅山顶布满了古老的村庄，目光所及之处，还总能看到昔日质朴的建筑，如无处不在的干石小屋，以及由石块筑成的拱形圆顶小屋（其历史可追溯到13世纪）。搭建这些简单房屋的岩石都是从周围的土地上取来的，因为将这些石头清走后，余下的土地就可以用来耕种了。格兰布朗山傲然挺立在广袤的橡树、雪松林以及石灰岩层之中，是旅游者和当地人辨别方向的一座灯塔。

这里的土层不仅很薄，还大多较为贫瘠，所以无法大规模发展农业，许多小村子和较大的村庄才能够维持传统的生活方式。在15世纪，这里曾经是韦尔多教派的避难所，如今诸如戈尔德和鲁西荣等中世纪城镇吸引了许多名人、外籍人士和喜爱阳光的游客。他们都渴望到一个几乎未曾改变的地方游览。要知道，自1977年鲁伯隆地方花园建成以来，这个法国乡村的小角落就被环抱其中，其魅力才能够得以保存。**BS**

→ 戈尔德位于鲁伯隆山谷的山顶上，是典型的中世纪传统村庄。

参观鸟类公园

Visit Parc Ornithologique

地点：法国罗纳河口省

网站：www.beyond.fr/sites/camargue.html **价格指数：**❶

卡马尔格因野马和巨大的火烈鸟而为人所熟知，后者在高斯桥鸟类公园就能见到。这些引人注目的粉红鸟类拥有一对纤长的脚。虽然全年都能在公园中见到火烈鸟，但最壮观的场景还是冬天聚集交配的时候。从12月到3月，多达20,000头火烈鸟聚集到这座公园挑选伴侣。游客每天都能看到它们一起跳舞的求偶行为。它们的脖子优雅地绷紧，喙高高地举起，头部左摇右晃，昂首阔步地排成纵队。如果幸运的话，还能看到鸟儿成群结队地飞向天空，铺天盖地地粉色羽毛直冲入天际。

公园不仅包含占地150英亩（60公顷）的湿地，还有许多穿过沼泽和池塘的小径。游客可以漫步于小径之上，沿途欣赏来此觅食的当地鸟类和迁徙鸟类，比如苍鹭、鹳、白鹭、野鸭、大雁和天鹅。一路上还有专门搭建的隐蔽观测点；你可以在里面观赏鸟类涉水捕鱼或展翅高飞，外面全然不会注意到你。若是冒险再往里走一点儿，就会见到大型鸟舍。公园的工作人员会在这里照料受伤的鸟儿，直到它们恢复健康。此外，沿途还有帮助游客识别鸟类和了解它们习性的指示牌。要是想更进一步了解鸟类，公园的导游会为你深入讲解。因为鹰、隼、鹞、秃鹰和秃鹫也会在园中出现，所以散步的时候也要时不时地望望天空。**PE**

➔ 日落时分，卡马尔格鸟类公园中的火烈鸟立于浅水之中。

住在圣十字修道院

Stay at Abbaye de Sainte Croix

地点：法国罗纳河口省

网站：www.hotels-provence.com **价格指数：**$$

这座宏伟的12世纪修道院位于花园之中，满园的薰衣草和迷迭香散发出阵阵清香。经过修复和改造，修道院已变为了豪华酒店。修道院坐落在阿尔比耶小山最后的一个要塞中，罗马式的拱形结构和小窗户都保存得极其完好。

供修道士居住的斯巴达式单间已经被改造成了21个舒适的房间和4个套间。从简单到豪华，房间的风格各不相同。厚重的石头墙挡住了普罗旺斯炙热的阳光，即使在夏天最热的时候，白色的房间也能保持凉爽。当然，为了以防万一，房中也配有空调。拱形吊顶、富丽的男爵壁炉、厚重的木梁、赤陶地砖和分散在各处的彩色手工地毯给客房增添了几分普罗旺斯的乡间魅力。有些房间可以俯瞰到浪漫的花园，另一些则可以俯瞰到山谷。你可以在餐馆的全景露台品尝当地的美食和葡萄酒，欣赏周围的绝美风景，例如附近建于中世纪的城镇普罗旺斯地区萨隆。

夏天，公共休息区会延伸到爬满绿藤的露台。乡村风格的家具和精心挑选的艺术品搭配在一起。除此之外，酒店还有一个避暑降温的游泳池，精力充沛的人也可以去隔壁的网球俱乐部打球。然而，最美妙的还是躺在阳台上沐浴阳光，聆听夏蝉的鸣叫和远处教堂的钟声，一手拿着玫瑰葡萄酒，一手拿着一本好书。所谓的玫瑰人生，也就是如此吧。**HA**

> “两万年前，修道院所在的Salounet高原居住着萨利人。”
>
> 《休闲和城堡旅游》指南

↖ 位于普罗旺斯的圣十字修道院洋溢着浓郁的历史气息，为人们提供了一个奢华的度假居所。

游览卡朗格小河
See the Calanques

地点：法国罗纳河口省

网站：www.francethisway.com **价格指数：**

驾车离开繁忙的马赛城，几分钟后就会到达一个未经开发的自然景点。美丽的小溪、松树、陡峭的悬崖和碧蓝的海水将你环绕其中，就像是偶然闯入了加勒比海地区。卡朗格小河曾经是古老的河口，所以最初的科西嘉语名字是“calanca”，也就是“入口”的意思。河水延伸至内陆，长度达到了2.5英里（4公里）。现在，这里绝佳的自然美景已经被保护起来，原始的环境至今仍然完好无损。

有的水道边散落着几个被称为cabanons的屋棚，附近还有几个很小的餐馆。索尔米的Le Lunch餐厅中放满了塑料家具，新鲜的鱼类菜肴要价也很高。但是，餐厅独特的卖点就在于：其下就是地中海，海水轻轻拍打着餐厅，周围只能看到碧蓝的大海和巍峨壮观的石灰岩峭壁。半透明的碧水旁还有沙滩、岩石和松树林，小河则包括格宏、波戴司达、昂瓦、波赫宾和波赫密欧。

为了防止自然环境在旅游旺季遭到破坏，也为了预防森林火灾，到了夏天，这里的交通就会停止运行。想去海边散步的话，可能就要走上很长一段路，有时甚至长达2英里（3公里）。假如要去波赫宾和昂瓦，就要徒步走上一个半小时，先得穿过加蒂罗森林，然后沿着陡峭的山坡下到岸边。尽管路途遥远，但绝美的精致还是不容错过。卡朗格小河虽是个与世隔绝、深受欢迎的景点，但消耗较大的徒步旅行还是令大部分游客望而却步。不过，这也是值得庆幸的一点。

除了步行，还可以乘船前往小河和潜水地点，诸如德米洞穴、嘉波朗洞穴或卡斯戴乐耶的洞穴。懒惰的游客也可以沿着山脊滨海路开到最高处的卡纳耶峰顶，向下就可瞥见天堂般的梦幻景致。**RCA**

在福科庄园酒店尽情享受
Enjoy Mas de la Fouque

地点：法国罗纳河口省

网站：www.masdelafouque.com **价格指数：**

越过阿尔勒城，到达普罗旺斯的西部边境，在罗纳河三角洲切入地中海的地方，坐落着卡马尔格湿地。波光粼粼的河水一直延伸到肉眼可以看到的远方，野白马和乌木牛依然在广阔的沼泽地上游荡，空气中弥漫着一丝迷幻的色彩。在这片特别注重保护大自然，宣扬传统生活方式的地方，在这片占地45,000英亩（18,000公顷），布满沼泽、湖泊和稻田的地方，民间传说和传奇故事依然散发着昔日的光辉。

> “周围都是大海、沙滩和数量众多的野生动物（飞禽、火烈鸟、卡马尔格野马和野生公牛）。”
>
> 卡罗琳·拉斐尔，《观察家报》

时尚的福科庄园酒店隐藏在自然公园之中，俯瞰着窗外耀眼的荒野。在摩尔风格的强烈影响下，酒店的装潢不仅梦幻、时髦，还极富特色。极为浪漫的房间装饰着华美的古董、亚麻和浮木，以及挂着长长蚊帐的熟铁四柱床。湖边甚至还有一个吉普赛大篷车造型的客房。

和当地的牛仔一起骑马穿过灯心草，试着深入感受这里的精神。近距离地观赏分散在各处、粉红色的美丽火烈鸟，或只是在波光潋滟的池边消磨一整天，卡马尔格最深层的秘密。酒店的机动船会沿着罗纳河航行，将客人送到私人沙滩上去野餐，轻松的氛围就会自然而然地和乡村风格融合在一起。**RCA**

住在黑色王子旅店
Enjoy Le Prince Noir

地点： 法国罗纳河口省

网站： www.leprincenoir.com　**价格指数：** $$

普罗旺斯雷堡是法国“最美丽的村庄之一”，占地17英亩（7公顷）的土地如瀑布般倾斜而下。罗马坚固的防御工事就建在这个高原。如今，这里拥有22个历史悠久的古迹，包括大大小小的教堂。从石灰岩中辟出一条路，就会来到独一无二、提供早餐和住宿的黑色王子旅馆。

历史悠久、与世隔绝的迷人旅馆原本是一位艺术家的宅邸，里面有3个房间。旅馆不仅是村里最高的建筑，还是最完美的住宿地点。旅店坐落在普罗旺斯一个极受欢迎的景区中心，周围就是阿尔比耶山脉和阿尔勒和普罗旺斯圣雷米等城镇，旅游观景十分方便。裸露的黑色石墙形成了一个天然屏障，将普罗旺斯的夏日骄阳挡在了客房之外。3个房间包括一间双人床卧室、一个包含两个房间和私人阳台的套房，以及一个带有厨房和主卧室的套间。套间还拥有独立的客厅和两个极好的私人露台，站在露台环顾四周，雷堡和附近乡村以及地中海的美景都可尽收眼底。虽然黑色王子旅店的早餐令人赞叹，但雷堡的人口只有五百左右，想要找个很好的餐厅吃饭，就得驾车开往别处。

在黑色王子酒店度过一个夜晚，就能和当地的居民一样静静地欣赏雷堡的美景。结束一天的旅程，傍晚回到旅店，与你一同分享普罗旰斯古雅景致的只有村里的小猫。**BS**

← 夕阳西下，中世纪普罗旺斯雷堡（人口只有五百）村庄的风景如画卷般美丽。

在波玛尼尔餐厅品尝美食
Eat at Baumanière

地点：法国罗纳河口省

网站：www.oustaudebaumaniere.com　**价格指数：**$$

普罗旺斯闻名于世的独特美食确实值得称道，其中最完美的当属波玛尼尔乌斯陶酒店的美味佳肴。酒店由17世纪的农舍改造而成，最初的主人是雷蒙德·杜耶。自1945年营业以来，餐厅的美味菜肴一直令客人赞不绝口。

这座餐厅现在由他的孙子，也就是世界级的大厨琼·安德烈掌管。作为米其林两星级餐厅，波玛尼尔的菜肴不仅高档，还包含了许多绝佳的特色食品，将普罗旺斯的烹饪和当代烹调技术提升到了一个无与伦比的高度。单是招牌菜“酥皮包羊腿”就已经吸引了许多美食家。他们从四面八方赶来，只为品尝这道菜。

> “和乌斯陶酒店邂逅之时……它就成了你们之间的秘密。”
>
> 弗雷德里克·达尔德，作家

虽然有了这座餐厅，就值得来此游玩一番，但精品酒店也同样令人心醉。波玛尼尔乌斯陶酒店由3个坐落在古典园林的石头房组成，墙壁上爬满了葡萄藤，室外甚至还建有护城河和吊桥。房间的品质也达到了最高水准，里面不仅摆满了古董，还配有四柱床和大理石浴室；客厅的墙壁上也绘满了早期的壁画，外面则有一个巨大的游泳池和视野开阔的露台。酒店的客人包括温斯顿·丘吉尔、伊丽莎白·泰勒和巴勃罗·毕加索。碰巧的是，酒店也坐落在普罗旺斯雷堡，即世界上最美丽的村庄之一。**PS**

在古乐合花园小屋中放松
Relax at Couleurs Jardin

地点：法国瓦尔省

网站：www.gigarobeach.com　**价格指数：**!

虽然20世纪50年代初，名人和普通人就已经开始涌向圣特罗佩，但真正让这里闻名于世的其实是碧姬·巴铎的邪典电影《上帝创造女人》。从说唱歌手吹牛老爹到著名演员休·格兰特，所有人都会来到这里度假。夏天的时候，看名人或许才是真正的运动项目。但幸运的是，只需前往半岛另一侧、几英里开外的克罗伊-瓦勒梅尔，到达那里的小村庄，就可以避开尘世浮华。

克罗伊-瓦勒梅尔的景色是纯天然的。这里有美丽的海滩和保存完好的松树林。繁茂的松树从基伽偌一直延伸到拉赫蒂海岬的自然保护区，覆盖了被当地人称作马基群落的低洼、芳香的地中海灌木丛林。蔚蓝的地中海沿岸是基伽偌沙滩，起伏嶙峋的岩石散落其间。房子都隐藏在桉树、仙人掌和松树之中。这个村子可能是法国里维埃拉最不为人知的秘密。白色的沙滩上只零星坐落着几间餐厅，有些已经建成二十多年了，每年都会有常客光顾。

毫无疑问，最好的旅游季节就是淡季，即复活节之后，7月之前。因为那时游客尚未涌向这里。太阳下山后，你可以在古乐合花园露营；这座海滩上的小房子布局精妙，室内装修着浮木、奇妙的外来植物和一些颜色鲜艳的装饰品。轻柔的海风、灰色的木桌、镶着褶边的餐垫和烛台给房间带来了一种悠闲但又时尚的感觉。露台的中间生长着一棵低矮的松树，树下是桌子，上面则是竹面屋顶。你可以在这里点一瓶新出产的玫瑰葡萄酒。服务员会端着透亮的冰桶和一碗气味强烈的蒜香橄榄，微笑着出现在你的面前，其视觉效果也是出类拔萃的。**RCA**

参观赖奥尔的花园

Visit the Gardens of Rayol

地点：法国瓦尔省

网站：www.domainedurayol.org　**价格指数：**❶

离开喧闹繁杂的圣特罗佩，只需一小时车程，就可到达俯瞰着大海的安静房子及花园。这座房子位于陡峭的莫赫高地的最底端，赖奥尔卡纳代海边小镇最早的主人在自己的领地建造了一个巨大的花园。这座建于1910年的花园坐落在荒凉的海角之上，俯瞰着无花果树湾。后来，房子和花园年久失修，逐渐凋零，直至1989年才被海岸保护协会保护起来。协会还保证，周围珍贵的动植物和海滨的悬崖也会被妥善保护起来。

自此以后，花园就被改造成集合世界代表性区域植物的地中海花园。进入园中，就会看到世界上各种巨大的植物。在加那利群岛花园漫步，然后观赏约书亚树、仙人掌，以及从加州巴哈运来的丝兰。新西兰的花园中生长着从澳大利亚运来的刺鼻桉树和仙人掌；地中海花园中则种满了橄榄树、松树和棕榈树；其他还有智利、墨西哥和南非花园。和许多规整的花园不同，赖奥尔区域内的草木都没有贴上标签，所以想了解这些植物，需得带上一本书。

位于海岬的花园被翠绿的树木环绕，周围的景色令人惊叹，蔚蓝的地中海就在下面。如此美丽的花园，一定会给人留下深刻的印象。夏日时分，沿着陡峭的斜坡下到海滩上去，在清澈湛蓝的海水中游泳振奋精神，顺便欣赏一下当地的海洋生物。**HA**

“超凡脱俗的花园静静地坐落在赖奥尔卡纳代海边小镇的莫赫高地底部。”

frenchgardening.com

↗ 园中美丽的仙人掌是从加利福尼亚巴哈干燥的沙漠花园中运来的。

在迷尼姆修道院水疗中心放松

Relax at Le Couvent des Minimes Spa

地点：法国上普罗旺斯阿尔卑斯省

网站：www.couventdesminimes-hotelspa.com　**价格指数：**$$

植根于普罗旺斯的化妆品兼香水公司欧舒丹决定在法国建立第一个水疗中心的时候，偶然在阿尔卑斯山脚下发现了一个古老的修道院。这座修道院不仅无人居住，离欧舒丹的总部也不远。迷尼姆修道院的白色石墙和钟楼已经度过了三百多个春秋，其下就是薰衣草田、橄榄园和繁花锦簇的杏树。古旧的木质百叶窗、汉白玉雕栏的露台、喷泉和赤陶瓦屋顶，所有的一切都展现出了普罗旺斯完美的风格。

专业建筑师和当地的工匠将修道院改建成了一个奢华的水疗中心。于2008年开业的中心由一个小酒店和水疗室组成；酒店共有46个房间，还附带一个精致的餐厅。修道院艰苦的住宿环境肯定是一去不复返了。现在的房间和套房都十分现代，设施也很完善，采用的都是简单的浅色调，陈设也大都使用的是木材、石头和优质面料。

客人可以在私人露台上眺望远处的山峦，或是在酒店的拱形地窖中一边纳凉，一边品尝葡萄酒。被灯光照得透亮的网球和室外的恒温游泳池，以及附近的高尔夫球场也是运动的好地方。或者，来客也可以在广阔的土地上散步，探寻周围的回廊、一如往昔的教堂、古老的雕刻或阶梯状花园的遗迹。曾几何时，这座花园的美丽植物还为修道院赢得了全国的赞誉。餐厅和水疗室使用的原料都是自己种植或在当地采购的：芦笋和松露可能会出现在餐厅的菜单上，而当地的蜂蜜、柠檬、橄榄油和薰衣草则是水疗所需的主要材料。**SH**

← 三百多年的修道院虽然已变得十分现代，但欧舒丹还是保留了建筑的原始风格。

骑马游览马尔康杜国家公园
Explore Mercantour National Park on Horseback

地点：法国滨海阿尔卑斯省

网站：www.horseandventure.com　**价格指数：**$$$

几个世纪以来，牧羊人和农民都会在冬季和夏季将牲畜转移到不同的牧场，这种传统就叫作迁徙放牧。加州人丹尼斯·朗费罗在法国乡村居住了三十年，如今，他组建了一支梅汉姆马队，往返于圣艾格尼丝和他在山上的牧场。前者位于内陆之上，距离尼斯北部的地中海海岸只有几公里。马队走的这些小径历史悠久，当地的居民已经在上面行走了数百年。丹尼斯不仅会与游客同行，还会充当向导。

整个行程需要3到5天（沿途会住在舒适的度假小屋），秋天会走到海岸，春天则会返回位于马尔康杜国家公园边缘地区，坐落在波黑欧的牧场。几乎无人居住的马尔康杜国家公园又被称为“小瑞士”，园中的风景和阿尔卑斯山脉很相似，除了高达10,000英尺（3,048米）的山峰，公园中还有橄榄树林和薰衣草田。近两千多种植物中不乏许多稀有品种，如雪绒花、头巾百合、虎耳草和龙胆。住在园中的动物包括几千只岩羚羊、旱獭（游客经常能听到它们嘶啸）和野猪，以及一些最近重新引入的狼群。

即使不想参加牧场迁徙，游客也可以在公园里骑马。夏天，朗费罗会在公园开设为期半天和一天的骑马旅行，冬天的旅行地点则换到海岸边的村子里。10月到6月中旬，他都在圣艾格尼丝，其余时间则住在波黑欧。每年9月底和6月中旬，牧场都会开始迁徙。**PE**

> “这条古老的小径是迁徙放牧时真正的牲畜通路。”
>
> Horse and Venture网站

↖ 骑马游览马尔康杜国家公园，仿佛回到了逝去的牛仔时代。

住在猎户座简易旅馆

Stay at Orion B&B

地点：法国滨海阿尔卑斯省

网站：www.orionbb.com **价格指数：**$$

猎户座旅馆坐落在尼斯蔚蓝海岸上方的小山上；提供早餐和住宿的简易旅馆由5个树屋组成，位于橡树林中的小屋眺望着被壁垒环绕的中世纪山中城市——圣保罗德旺斯。旅馆的出现，也令人们对当代精致的隐世度假地有了全新的认识。

树屋主要由红雪松建成，支撑树屋的是矗立在树木之间的木桩，而不是树木的枝干。客人需要爬过楼梯和坡道，才能进到树屋之中，这也是一个极为环保的建筑方法，可以最大限度地降低人类建筑对自然的影响。如此一来，山间的溪流就可以肆意流淌，森林的土地也可以保持原貌。但是，还请把乡村的生活方式留在门外。进到屋中，映入眼帘的是超大的床、按摩淋浴、足够举办睡衣派对的大量松软垫子和网络接口。

树屋大小各异，其中的“巴格希拉”树屋可以睡下两个人，旁边的“国王路易”和“莫格利”小屋则可以住下一家四口，窗外就是旅馆清澈的山间池水。经过砾石、精心挑选的细菌和水生植物的自然过滤，池水已变得非常纯净，达到了足以饮用的程度。要是喜欢住在坚实的地面上，池边还有个名叫“阿奇拉”的小屋。屋子有两间卧室，还附带一个可爱的小厨房和两个隐蔽的露台。

旅馆坐落在占地75,350平方英尺（7,000平方米）包含空地和狭小隐蔽角落的房产之中，橡树、松树和棕榈树的枝叶遮盖住了所有的土地。住在这里，你可以放慢生活的脚步，在独特的环境中放松下来，而不远处就是法国的里维埃拉。**BS**

住在金色山羊酒店

Stay at La Chèvre d'Or

地点：法国滨海阿尔卑斯省

网站：www.chevredor.com **价格指数：**$$

古典气息浓郁的埃兹村位于地中海1,000英尺（300米）高的山上，西侧几英里外就是尼斯，附近就是阿尔卑斯山脉直入大海的地方。村里没有汽车，道路也很狭窄。金色山羊酒店就深深地隐藏在村子一侧，来此游玩的客人也很少。

这里的景色极为秀丽，只要站在私人阳台上，就会忘记尘世的喧嚣，专心俯瞰著名的时尚海角——费拉角。有些房间拥有独立的无边沿游泳池，你可以在池中欣赏周围的美景。当然，如果想和其他人一起游泳，仙人掌园林中还有个公共的游泳池。

> “我睡得很好，脸上时常挂着微笑，还获得了无限的活力和耐心。”
>
> 哲学家弗里德里希·尼采如此形容法国的埃兹村

埃兹村的创建者是瑞典的威廉王子。20世纪20年代，为了和平民女子结婚，他毅然放弃了王位继承权，搬到了这里。埃兹村另一个出名的地方就是“尼采的步行道”：下行时，陡峭的斜坡十分难走（上行的时候更加骇人）。德国哲学家尼采住在这里的时候，创造了这条步行道，这里的景色也激发了他的诗歌创作。

光是村子就有很多看点，除工艺品商店之外，村中的教堂也值得一看。绚烂多彩的教堂秉承了意大利的巴洛克风格，主要是因为埃兹村在1860年才归为法国领土。金色山羊酒店有3个餐厅，分别是金色山羊米其林星级餐厅、只提供午餐的壁垒餐厅和格锡耶城堡餐厅。**GMD**

在露水农舍尽情享受

Enjoy Les Rosées

地点： 法国滨海阿尔卑斯省

网站： www.lesrosees.com **价格指数：** $$

对于大多数人来说，在蔚蓝海岸拥有一座度假小屋，可能是个非常美好的梦想，那么，参观露水农舍无疑是另一件最为美好的事情。拥有400年历史的普罗旺斯农舍十分温馨，仅有的4个木梁套房也充满魅力。农舍位于法国迷人的里维埃拉地区，坐落在戛纳的山上，内部装潢极其别致，游览穆冉的村子也非常方便。

古老的乡村式石头建筑和飘荡着香气的原始花园都具有浓郁的普罗旺斯风情，来到此处，仿佛置身于好莱坞电影之中。优雅而又自然的露水农舍虽然和理想中的场景极为接近，但却无法成为旅游团体的度假胜地。换言之，这里似乎不会因时间的流逝而衰败，也不会因人潮汹涌而流于世俗，这里是梦中想要寻找的地方。

“谢古耶”套房的部分屋顶由玻璃制成，房中还有一个熊熊燃烧的柴火壁炉；梦幻的“伊莎多拉”套房拥有一个宽敞通风的休息室，墙上的丝绸窗帘随风飘动；“圣玛格丽特”套房的私人露台俯瞰着芬芳的薰衣草花园；浪漫的“圣奥诺阿岛”套房则充满了19世纪的氛围。所有的房间都配有拉夫·劳伦的床上用品和Bose音响系统；室内的陈设也非常得体到位，古老的躺椅和维多利亚时代的巨大浴室更是给农舍增添了几分古旧的时尚感。

每天早上，客人都会在阳光明媚的露台享用形状独特的片状羊角面包。出门之前，可以先在泳池运动一会儿，然后再沿着陡峭的山路前往穆冉的中心。几个世纪以来，穆冉对艺术家和诗人的吸引力一直长盛不衰。其实，正因为农舍主人基尔帕里克·罗拜特和妻子珍妮真诚好客，待人亲切，工作人员优质突出的服务，尽管离家千万里，客人也仍能感受到家中的温暖。**LP**

在卡帝耶农舍酒店放松身心

Unwind at Le Mas Candille

地点： 法国滨海阿尔卑斯省

网站： www.lemascandille.com **价格指数：** $$

其实，卡帝耶指的是农舍正面一排修剪得像罗马焰火筒般的细长柏树。精心栽种的树木正对着可爱农舍紧闭的百叶窗。建于18世纪的卡帝耶与其说是个农舍，倒不如说是个豪华的乡村宅邸。除了这栋建筑，占地10英亩（4公顷）的普罗旺斯台阶状绿地也是酒店的一部分。广阔的绿地位于西北方向的斜坡之上，其下就是穆冉，遮天蔽日的松树、成熟的柏树和繁茂的橄榄树将酒店深深隐藏起来。

> “很难找出[水疗]的缺点：享受过水疗，像婴儿一样安然入眠，梦中还想着下一顿要吃些什么。”
>
> 梅尔·阿加丝，《观察家报》

古典优雅的酒店为客人提供了最为宁静的环境。尽管距离戛纳的中心只有十分钟的车程，法国里维埃拉的嘈杂喧闹却完全不会触及这里。阶梯斜坡上有间池畔餐厅，新鲜的羊角面包和本地出产的水果全天都会供应。但真正让你流连忘返的还是卡帝耶的米其林星级餐厅。在这里，客人既可以品尝烤野鸭等经典菜式，也可以选择融合多种风格的菜肴，如用黄油和盐烹制的安康鱼尾。

卡帝耶农舍酒店的另一个亮点是资生堂水疗。通过毛巾热敷和指压按摩交替治疗，就能达到消除压力和疲劳的效果。水疗中心被一座私人花园环绕，里面配有按摩浴池、休闲中心、水疗池和桑拿。**BS**

乘坐尼斯至唐德的火车
Ride the Nice to Tende Train

地点：法国滨海阿尔卑斯省

网站：www.beyond.fr/travel/railcuneo.html **价格指数：**

坐着从法国南部驶向意大利边境的舒适火车，欣赏着窗外令人惊叹的美景，难道还有比这更好的旅行方式吗？“奇迹火车”从尼斯出发，两小时后会抵达目的地唐德。若是在夏天，法国国营铁路公司每天都会发车，其他时间则大多在周末发车。

火车沿着罗亚谷蜿蜒的轨道驶入唐德山口隧道，穿越阿尔卑斯山脉后向着意大利进发。在罗亚谷上边接近唐德的地方，火车需要拐好几个360度的大弯。一路还有许多高架桥和隧道，艾斯嘉何纳和索皮尔之间的隧道足有3.7英里（6公里）长。尽管隧道数量众多，但窗外的风景是如此壮观，足以让人记住这次旅行。驶过荒凉的群山和幽深的峡谷和山谷，火车会沿途停在几个怡人的山村旁，比如枫唐村和圣三一村。乘客如果想徒步旅行，这些村子都是绝好的起始地点。

你可以全程都待在空调车厢中，欣赏外面的风景，也可以中途在山村下车，去看看当地的景点，如宽广的马尔康杜国家公园和因为神秘的史前洞穴壁画而闻名的“奇迹山谷”，然后再赶回到火车上去。或者，也可以在火车越过边境，进入意大利历史悠久的库内奥后再下车，这里确实值得住上一晚。但是，想实践这个方案，一定要做好详尽的计划，因为火车的班次实在很少。冬天搭乘火车去山上滑雪是再好不过的选择，如此一来，你就不用跟着导航的指引在危险的冰面上行驶了。**HA**

住在博斯科洛广场酒店
Stay at Boscolo Plaza Hotel

地点：法国滨海阿尔卑斯省

网站：www.boscolohotels.com **价格指数：**

尼斯不仅是蔚蓝海岸最宏伟的城市，还是法国里维埃拉的心脏和灵魂。作为典型的海滨小镇和过去的中心城市，古色古香的尼斯也被称为“尼斯老城”。这里有温暖的石子海滩和地中海沿岸长达数英里著名的大道——英国步行道。

要是想眺望尼斯的全景，却又不想挤入人群之中，那就得去城中最隐秘的地方：博斯科洛广场酒店屋顶上的酒吧。酒店整体呈蛋白色，墙壁全部由白色灰泥覆盖；位于最高点的餐厅和酒吧视野极为辽阔，无论是市内装饰华丽，呈现粉色、赭色和淡黄色的绚烂建筑，还是远处波光粼粼的碧蓝大海，都能尽收眼底。

> “这里是尼斯黄金地段装潢典雅、服务热情周到的一流酒店。”
>
> 博斯科洛广场酒店的所有者

在这里，既可以点一杯法式牛奶咖啡，也可以来一杯冰镇的玫瑰葡萄酒。无论饮用的是什么，酒吧都是欣赏落日余晖的最佳地点。空气中弥漫的是里维埃拉时尚的气息，深色的木质地板和明亮的白色墙壁以及低矮的两用长沙发形成了鲜明的对比。复杂的格状铁栏将酒吧罩在其中，展现了法国“美好时代”的装饰风格。身穿制服的服务员态度友好，脸上总是挂着微笑；流行音乐从扬声器中飘荡而出，音量恰到好处。

视线扫过喧闹的莎勒亚林荫大道，就会看到狭窄古老的街道以及星罗棋布的房子。向下望去，即可看到博西昂大道上的艾伯特一世花园。几株棕榈树点缀着绿色的花园，一到下午，这里就会变成一个简易的运动场。**RCA**

皮亚纳探索之旅
Discover Piana

地点： 法国科西嘉岛

网站： www.sipiana.com/en/index **价格指数：** ❶

卡朗格岩岸位于科西嘉岛尖石嶙峋的西海岸，红色尖顶的古怪岩石形成了一幅惊人的景致，衬托着法国官方认定的最美丽城镇——皮亚纳。荒凉原始的城镇弥漫着一种令人无法忘怀的氛围，这也是有原因的：1489年，残暴的热那亚领主将这里的男人屠杀殆尽，只留下了女人和孩子。汇聚成溪的鲜血流入狭窄的小巷，给皮亚纳留下了异样的吸引力。虽然这种魅力延续至今，但小城的气氛早已变得极为宁静和安详。

皮亚纳坐落在高约1,437英尺（438米）的狭小高原上，其下就是地中海波光粼粼的蔚蓝海水。站在小镇上，即可眺望到波尔图海湾、斯坎多拉和桑尼诺半岛。一栋栋粉色泛白的精致房子聚集在巨大的圣玛丽教堂周围。动用了公共基金，自1765年开始，总共花了三十年的时间，才建成了这座宏伟美丽的教堂。然而，这里的居民却只有735人。沿着教堂险峻狭窄的车道一路向下，就会来到停泊渔船的费伽尤拉小港湾；穿过维斯塔拉的小村庄，隐蔽的阿霍纳小海滩就会出现在面前，在这里游泳非常安全。

若是见到了岛上耀眼夺目的日落，就很难抵挡住留下来的强烈欲望。这时候，就要前往红石酒店，因为这里是捕捉科西嘉岛真正精神的地方之一。换言之，小岛泛着古旧的优雅气质可以在此一见。酒店刚刚经过重修，明亮的房间中摆放着雅致的古董家具。美味的菜品主要由最新鲜的鱼和海鲜组成；当地渔民捕到的海产品会直接运到餐厅，最终变为盘中餐。**RsP**

⇐ 卡朗格粉色嶙峋的岩石衬托着与世隔绝的地中海小镇——皮亚纳。

在科西嘉岛散步
Walk in Corsica

地点： 法国科西嘉岛

网站： corsica.forhikers.com/gr20 **价格指数：** ❶

在欧洲，纵横交错的长途远足山道有时被称为Fra li monti（也就是穿越山脉）。其中的一段步行路GR20（名字实在算不上浪漫）沿对角线从北到南贯穿科西嘉岛，是欧洲最好但也最难走的小径之一。游客可以沿着小径进入岛上的小山之中，欣赏两边的风景。

112英里（180公里）长的步道一直延伸到6,561多英尺（2,000多米）的山上。虽说如此，倒也不必像登山者一样攀登陡峭的山崖，只要有信心走完崎岖的阶梯状山路就行。沿途的岩石和树上画有红白相间的矩形，大约15天就能走完全程。当然，也可以随自己的喜好决定走多远的路程。北部的小径穿越的山峦最多，虽然最为难走，但也是最美丽的一段路。小径北起于卡尔维附近，止于南部的维琪奥港附近，中间有许多进来出去的岔道口。

> “科西嘉岛和天堂有些相似，因为我们都幻想着赶在其他人前面找到这个地方。”
>
> 克雷格·R. 惠特尼，《纽约时报》

11月至5月，因为下雪的缘故，小道会变得危险，而到了仲夏，天气又会太过炎热。因此，徒步旅行的最佳时间是6月至9月。最经典的项目包括穿越吊桥和拽着石壁上的链子攀登陡峭的山峰。一路上，大自然最为辉煌壮丽的景色会展现在你的眼前。**SH**

住在施瓦岑贝格宫酒店

Stay at Palais Schwarzenberg

地点：奥地利维也纳

网站：www.palais-schwarzenberg.com **价格指数：**$$

世界上像施瓦岑贝格宫一样的酒店可着实不多。酒店位于维也纳的中心，周围20英亩（8公顷）的公园也是酒店的一部分。住在这里的感觉和住在伦敦的白金汉宫有些类似，但明显的区别在于：任何人都可以住进施瓦岑贝格宫，当然前提是你得有钱。

在1962年，宫殿的主人施瓦岑贝格王族做出了一个不同寻常的决定。他们决定将宫殿的一翼改造成一座酒店（现在建筑的中心部分全部成了酒店）。宫殿的外观可以追溯到1716年，施瓦岑贝格王族刚得到它的时候，就命令当时最好的建筑师约翰·伯纳德·费希尔·冯·埃拉赫将其改造成了现在这个样子。而后，宫殿所在的这片区域迅速被宏伟的贵族宫殿包围。萨弗伊公国的欧根亲王在更高的山上建造了美景宫，即现在的奥地利国家美术博物馆。

施瓦岑贝格宫中央的穹顶毁于二战期间的炸弹袭击。不过，要是当初躲过了无情的炮火，现在的宫殿就不会有那么多改变。华丽的大理石客厅和饭厅中摆满了艺术珍品，包括鲁本斯的油画、迈森瓷器和哥白林挂毯。五星级酒店共有38个装饰传统的客房和套房，最好的房间可以眺望到后面修剪整齐的美丽花园。到了夏季，还可以在漂亮的阳台上吃饭，将车水马龙的施瓦岑贝格广场抛在脑后。法式烹饪一直是酒店引以为傲的地方，因为维也纳其他地方的美食大都是随意的家庭菜肴。GMD

在科堡皇宫重振精神

Recharge at Palais Coburg

地点：奥地利维也纳

网站：www.relaischateaux.com/coburg **价格指数：**$$

比德迈的科堡皇宫酒店坐落在小镇之中，原本是科堡公爵的宫殿。酒店于2003年开业，是维也纳最新的五星级酒店。酒店共有35间套房，设计风格各不相同，整个房间都被放入宫殿原本的框架之中。这里甚至还有一个宽敞的室内游泳池，在维也纳可算是极其罕见的奢侈品。

昔日的宫殿似乎没有失去什么重要的东西，“家族客厅”就是个很好的例子。这里展示了科堡家族所有公爵的画像，还讲述了小小的公爵领地是如何为半个欧洲输送了君主，取得了无与伦比的成就。

> “热带植物环绕着酒店；感到疲劳的时候，水疗中心是个休闲放松的理想场所。”
>
> 科堡皇宫的所有者

科堡皇宫的餐厅由克里斯蒂安·佩特担任主厨，是维也纳最好的餐厅之一。世界上其中一个最好的酒窖也在这里，里面有数量众多的18世纪葡萄酒，其有一些可以在酒店的酒吧和雅座中品尝。

科堡皇宫所在的地方是古老城墙的防御工事之一，远处就是著名的环城大道和城市公园。坚固的军事拱形地窖已经暴露在外，形成了一个震撼人心的门廊。防御工事中的深深地窖是士兵们休息的地方，现在仍然保存完好，变成了酒店富有冲击力的景观之一。GMD

在福斯尔城堡酒店放松
Relax at Hotel Schloss Fuschl

地点：奥地利萨尔斯堡

网站：www.schlossfuschlresort.at **价格指数：**$$$

童话故事中的狩猎小屋现在已成了一座城堡。自1450年以来，这座雄伟的城堡就坐落在小小的半岛之上，俯瞰着奥地利的福斯尔湖。秉承古典风格的酒店位于一个隐蔽宁静而又富丽堂皇的世界，并被《康德纳斯特旅游者》评定为二十五个欧洲顶级度假胜地之一。

大多数奢华的房间都在城堡之中，但6个萨尔茨卡默古典风格的房间都在加格豪斯的狩猎小屋之中，位于城堡围墙的阴影里。此外还有6个湖边小屋，里面不仅配有私人露台，还拥有大酒店中的所有设施。酒店老主人的150多件艺术品，也被称为“福斯尔城堡的收藏”，点缀在城堡宽敞的公共空间中。

在酒店就餐一定会成为最为难忘的愉快记忆。你可以在酒店湖边的阶地上享用分量充足的早餐。午餐和晚餐的菜单包含许多美味佳肴，其中的一道熏鳟鱼是由酒店每天从私有的养鱼场中捕捞上来的新鲜鳟鱼制成。另外，饱受赞誉的帝国饭店中还有传统的奥地利美食。无论如何，走之前请一定不要忘记品尝著名的福斯尔城堡水果馅饼。

要是想多了解一些城堡的辉煌历史，酒店专供展览的大厅会将你带回几个世纪以前。城堡的塔楼中还有个图书馆；一条城堡专用的小船可以载着乘客在福斯尔湖上游览。拥有9个球洞的高尔夫球场可供客人娱乐，酒店独有的古董汽车可供客人驾驶，展开一小段浪漫的旅行。**BS**

参观大主教迪特里希的陵墓
Visit Archbishop Dietrich Mausoleum

地点：奥地利萨尔斯堡

网站：www.salzburg.info **价格指数：**❶

位于萨尔茨河右岸的林茨街是萨尔茨堡最主要的购物街之一，也是见证这个城市历史的重要街道。悄悄地穿过装饰用的铁门，离开繁忙的步行街，转而进入一个悄无声息的世界——圣塞巴斯蒂安教堂的墓地。偶尔，巴洛克教堂的铜铃声会打破这种寂静，清亮的铃音回荡不绝，陷入沉思的游客不仅不会被侵扰，还会更加融入幽静的环境之中。1595年，在沃尔夫·迪特利希大主教的授意下，陵墓采用了意大利的建筑风格，四周环绕着回廊，中间坐落着圣加布里埃尔的教堂。自1597年动工以来，这座为大主教建立的陵墓终于在1603年竣工。巴洛克时期的大半部分，统治萨尔斯堡的都是这位著名的大主教。你坐在黑暗之中，除了屋顶圆形窗户投射进来的光线，以及彩色陶瓷墙上映射的光彩，四周是一片漆黑。炎热的夏天，教堂就成了绝佳的纳凉场所。白雪覆盖坟墓的时候，这里也是短暂休息的好去处。早在1888年，这里就不再是个墓地，所以享受宁静的时候，不用担心会被某个家庭突如其来的悲伤气氛打扰。**CFM**

> “沃尔夫·迪特利希·冯·莱特瑙……为这座城市带来了意大利文艺复兴时期的建筑与风格。”
>
> 《大英百科全书》

在玛维瓦柏兰斯水疗酒店放松
Unwind at Mavida Balance Hotel and Spa

地点：奥地利萨尔斯堡附近

网站：www.mavida.at　**价格指数：**ⓈⓈ

闪闪发光的泽勒淡水湖位于其下，奥地利的阿尔卑斯山脉将其包围，超级现代的玛维瓦酒店一直处于时尚的最前沿。设计这座酒店的是备受赞誉的“酒店设计集团”，而内部装潢则由德国出生的设计师妮基·斯拉蕊负责，最终创造了一个整洁美观、有益健康的休闲胜地。

热衷于排毒治疗的客人可以在酒店的水疗中心体验传统的芬兰桑拿，以及其他独特的治疗方法。玛维瓦的水晶水疗会使用珍贵的石头和罕见的精油来帮助你达到身心的宁静。若是想同入禅一般获得平静，但又不想花费太多时间，不妨在漂浮池中休息一下；只要体验过几次，就会和度过一周假期一样神清气爽。户外运动爱好者可以骑着酒店的自行车，高高兴兴地去泽勒湖的南岸和酒店的私家海滩看看，总共也不过十分钟的路程。湖边环绕的山峰高耸入云，高达 9,840英尺（3,000米）的雄峰就有三十多座。泽尔湖畔的小镇历史悠久，驾车很快就能到达。因为毗邻美丽的高陶恩国家公园，所以高山草甸和山间清泉就在酒店旁边。回到酒店，迎接你的是美味佳肴，而烹制食物的过程也可在开放式的厨房中看到。酒店的菜肴展现了奥地利和地中海传统菜肴的美妙滋味，从酒店花园摘来的新鲜食材更提升了食物的口感。**BS**

> “极简的装潢也说明了酒店最大的对手就是市内最为繁复的度假酒店。”
>
> 《独立报》

乘齿轮火车去沙夫山斯皮兹酒店
Take the Cog Train to Schafbergspitze

地点：上奥地利州

网站：www.schafberg.net　**价格指数：**Ⓢ

沙夫山斯皮兹酒店坐落在萨尔茨卡默古特地区最高峰的顶端，是该地区唯一的住宿地点。到达酒店有两种方法可以，一是步行，二是乘坐传统的盘山蒸汽齿轮火车。无论选择哪种方法，只要天气晴朗，沿途就会欣赏到令人惊叹的美景。山下是7个幽深的蓝色冰川湖，被冰雪覆盖的巍峨群山穿过山谷，蔓延数里。白天的游客离开后，你就可以在海拔6,000英尺（1,780米）的峰顶独自享受沙夫山的晚上。

奥地利最古老的齿轮火车自1893年以来，就一直从圣沃尔夫冈小湖边的村庄出发，踏上45分钟的旅程，窗外的风景始终让人心情激荡。150岁的酒店由派斯克家族负责经营，自20世纪60年代开业以来，每年5月初至10月底都会营业。酒店共有25个双人房，其中的5个房间拥有家庭活动室；每个房间都配有私人浴室，有些房间拥有朝南的阳台，可以眺望到沃尔夫岗湖。室内秉承古典的奥地利风格，全部采用松木家具，装潢虽然简单，但却富有品味。房间不仅宽敞通透，光线也很好。厨房烹制的都是健康传统的奥地利食品；用餐的地点很多，夏季开放的露台可以鸟瞰到整个地区。酒店的食物如此自然美味，最重要的原因还是它得天独厚的地理位置。在这里也可以买到包含返程齿轮火车票的旅行套票。**CFM**

→ 蒸汽火车咔嚓咔嚓地在点缀着野花的斜坡上爬行，直驶入云层之中。

在多士丹城堡放松

Enjoy Schloss Dürnstein

地点：下奥地利州

网站：www.relaischateaux.com/durnstein **价格指数：**$$

巴洛克风格的宫殿是多士丹小村的核心建筑。这个风景如画的安静小村位于瓦豪的葡萄酒地区，2000年被评为世界文化遗产。主街上坐落着许多可爱的咖啡馆和酒吧，以及面包师施米德尔制作的一种在欧洲中部十分有名的面包卷——Laberl。由他酿造的葡萄酒也是村里最好的葡萄酒之一。

1683年，奥地利皇帝利奥波德得知土耳其已经被赶出维也纳时，就住在这座城堡之中。直至今日，经常有许多王子和国王造访这里，近来的客人就包括英国、日本和西班牙的皇室成员。这座建筑于1937年被莱蒙德·蒂埃里收购。宫殿现在的主人蒂埃里家族已经将其改造成了充斥着绝好古董的优雅五星级酒店。

> “[酒店]的装潢再现了巴洛克风格、彼得麦式样的帝国的风貌。”
>
> 多士丹城堡的主人

近年来，厨房的烹调技术已经提高到卓越的境界。在主餐厅就餐肯定令人心情愉悦，夏天在露台上一边俯瞰多瑙河，一边品尝美食也很是愉快。当然，瓦豪的葡萄酒也是首屈一指的。酒店一层都是华丽的拱形房间，许多卧室中还有许多价值连城的家具。阳台上有个可爱的游泳池。从多瑙河南部眺望城堡，据说是奥地利最浪漫的景致之一。**GMD**

来到迈尔&莫尔水疗

Discover Mayr & Mohr Spa

地点：奥地利克恩顿州

网站：www.mayrandmore.at **价格指数：**$

忘记香薰蜡烛、香薰精油和赤素馨的花朵吧，这座由医院改造而成的奥地利健康水疗中心有一套注重效果的严格治疗方法，和纵情享受的普通温泉大不相同。穿着崭新白制服的女性工作人员令人心生敬畏；不仅清晨就要起床，饮食也很是朴素。简而言之，水疗中心想给你的生活带来一些变化。

水疗酒店以迈尔的健身方法为基础，将消化系统视为身体健康的关键。在这里不仅能吃到略带古怪的菜肴，喝到花草茶，还会经历体检和排毒按摩。经过一周的治疗，中心还会对客人的尿液进行分析。酒店的一切都以健康为先，所以室内没有电梯，外面就是有益身心的新鲜空气和高山美景。酒店坐落在令人羡慕的沃斯湖边，在湖上划船非常方便，附近还有个高尔夫球场。在这座四星级酒店中，每个房间都可以俯瞰到湖或花园。

饱受赞誉的迈尔和莫尔健康水疗可能不是个别致的热带休闲胜地，也不是个按摩天堂，但一个星期的治疗足以改变你的身心，为您带来的远比治疗要多。除了缓解压力疗法、缓解疲劳的解决方案，酒店还有许多其他的治疗方案，旨在治好忙碌不健康的生活方式带来的各种疾病。因为每个项目都必须符合个人需求，所以每次的处方也各不相同。

接受过治疗，你的皮肤会变得更加富有光泽，睡眠也会变得更好，精力也会更加充沛。这次的体验甚至会为你构建一个新的开始：舍弃过去的习惯，建立新的认知，创建新的生活方式。**LD**

在拉姆绍体验越野滑雪
Cross-country Ski at Ramsau

地点：奥地利提洛尔

网站：www.tirolarena.com **价格指数：**$$

想象一下，迈着大步，毫不费力地在雪山上滑行，身旁是耸立的山峰和幽静的森林，C.S.刘易斯《纳尼亚传奇》中的场景仿佛变成了现实。在蒂罗尔州阿尔卑斯山脉尝试越野滑雪，上述想象就会变为现实。滑雪板有节奏地落在晶莹的雪地上，留下了一条条曲线；路过的滑雪者也会友好地和你问好，这种旅行方式的确非常美好。

随着自己的喜好，越野滑雪既可以充满强度，也可以悠闲怡人。在强度最大的情况下，手臂、腿和其他部位都可得到有效的锻炼。强度最小的时候，滑雪不过是一次愉快的漫步而已：在山上的咖啡馆享用过咖啡和苹果馅饼，以步行的速度慢悠悠地到下一个酒吧去喝啤酒。

洛伊塔施离因斯布鲁克不远，是奥地利越野滑雪的最佳场地。这里的降雪量十分惊人，高达8,730英尺（2,661米）的锥形霍厄曼德山下还有超过125英里（200公里）的滑雪道。朴实无华的村子星星点点，点缀着最主要的山谷；缓缓上升的雪道极为平缓，沿途会见到许多年龄各异、体能各异的滑雪者。

进入高处的树林后，周围的山峦就会明显增多，而人群就会显著减少，直到抵达下一个茶点小屋，游客才会重新出现。秉承着奥地利人民一贯的认真细致，每条线路都用不同的颜色标明难度，地势起伏和总长度也都用线路图表现出来。在这里游玩，永远不用担心迷失方向。**TL**

↗ 在美丽的蒂罗尔州阿尔卑斯山脉，一个越野滑雪者从一片平滑的雪地上走过。

> “用精致的滑雪板替代塑料雪靴，在寂静的山中滑行，这种畅快简直无法用语言形容。”
>
> 斯蒂芬·维纳布尔斯，《卫报》

在波斯特酒店放松

Relax at the Posthotel

地点：奥地利提洛尔

网站：www.posthotel.at　**价格指数：**$$

波斯特酒店位于阿亨基希，酒店的管理者和员工对“健康”一词似乎不怎么关心。这个词语在酒店业流行开来以前，这家酒店就已经将健康的理念贯彻了二十年之久，使来此的客人受益匪浅。而且，波斯特酒店是奥地利公认的最为先进的水疗和治疗中心之一。

现在，酒店的健康疗法已经声名远扬，从身体磨砂、消脂瘦身和氧气疗法，到诸如太极的各种亚洲训练课程，客人可以尝试各种健身方法。无论是简单的少林按摩，还是漂浮在包裹身体的水床中，透过水疗中心的玻璃中庭遥望蒂罗尔夜空的闪烁繁星，只要在酒店之中，就都可能实现。酒店的设备都配有训练有素的治疗师；他们一直在引领潮流，努力推行身心结合的整体健康疗法。

酒店的43个房间都采用乡村风格，地上铺着木质地板，浴室的日式浴缸中放满了带有花香的水。面朝海湾的窗户和私人露台都是标准配置，酒店还会免费赠送水果篮，并配有高速互联网等设施。

波斯特酒店的厨房运用当地食材，烹制出了应季的佳肴。权威的《戈米兰美食指南》会给美味的菜肴冠以厨师帽，这里的菜肴就时常获此殊荣。无论是打网球或壁球，在美丽的阿亨湖上划船，或是在山上骑马，背后就是壮丽的卡尔文德尔山脉，最后都会达到振奋精神的效果。**BS**

→ 五星级酒店位于蒂罗尔州田园诗般的阿亨塔山谷，在树林深处静静地欢迎着客人的到来。

住在利比斯沃特夫水疗酒店
Enjoy Liebes Rot-Flüh Hotel Spa

地点：奥地利提洛尔

网站：www.rotflueh.com **价格指数：**$$

“……只要坚定信念，你的梦想就会成真。”

摘自1950年《灰姑娘》动画的主题曲

这里不是酒店，而是一个童话般的世界。水疗宫殿“灰姑娘的城堡”就像戏剧的舞台布景一样：洞穴中的水池冒着气泡，四处布满了钟乳石，整个空间都弥漫着一种梦幻般的氛围。宫殿中的特色建筑包括蒸汽浴室、桑拿房和一个设计精巧、无与伦比的冰窟。从玫瑰花瓣浴到提神的按摩，酒店的治疗项目超过五十种。做完水疗，可以在地中海风格的休息区放松一下，在里面沐浴阳光，吮吸鲜花的芬芳；也可以在室外的泳池中游泳降温，即使到了冬天，也完全没有问题！

室内陈设已经很好，但外面的景致才是震撼心灵。冬天的草甸白雪皑皑，夏天的草甸则是繁花遍野；尽管幕布不断变换，高山草甸和宁静的哈尔登冰川湖依旧如童话布景般迷幻灵动。要是想在山里休息，这里也是最佳的选择。只要能舍弃温暖的壁炉、奢华的美食和华丽的卧室，无论是步行还是滑雪越野，都能进到山中。

套房的装潢体现了古斯塔夫·克里姆特、蒂凡尼和乡村风格。房间不仅各不相同，许多还拥有独立的按摩浴缸和蒸汽浴室。此外还有大型家庭套房，孩子可以在里面体验各种娱乐项目，并得到全天候的照料。在他们玩得高兴的时候，你就可以尽情在水疗中心放松。正因为如此，酒店才能赢得《休闲指南》评选的“奥地利最佳酒店”大奖，以及多个“最适合家庭和女性居住的酒店”等奖项。这里会为你带来无条件的幸福和真正的放松。CFM

↖ 从豪华的卧室到巨大宽敞的综合水疗，酒店的设计无可挑剔。

游览纽锡德尔湖
Visit Lake Neusiedl

地点： 奥地利和匈牙利边境

网站： www.neusiedler-see.at **价格指数：**❶

纽锡德尔湖位于欧洲中部的深处，跨越奥地利和匈牙利边境，四周环绕着厚厚的芦苇丛，看起来绝非一般的自然景观。水流从匈牙利平原流至此处，再也无法继续前行，于是浅浅的盆地中就形成了一个大湖。纽锡德尔湖是远离中央大陆、鲜为人知的湖泊，整个占地面积超过了115平方英里（300平方公里）。长达310多英里（500多公里）的小径常常令游客沉醉其中；游人既可以步行，也可以骑车穿过芦苇丛、湿地和池塘。此外，也可以加入湖边的人群之中，在城镇附近的水上运动中心游玩。波德斯多夫和莫尔比希等城镇都有滨湖运动中心。

> “不同凡响的乡村建筑围绕在湖水周围，为本就秀丽的景色添色不少。”
>
> 联合国教科文组织世界遗产委员会

湖水很浅，最深处也只有6英尺（1.8米）。这就意味着，纽锡德尔湖在夏天升温很快，最后会形成一个巨大、温暖、平静的水上运动场，数百英里外就是大海。夏季活动以划船、游泳、钓鱼和风帆冲浪为主，游客既可以参加冲浪课程，也可以自己租摩托艇。到了冬天，浅浅的湖水很快就会结冰，滑冰和越野滑雪都是十分受欢迎的运动。湖边古老的村庄一如往昔，其间坐落着几座18世纪和19世纪的美丽宫殿。纽锡德尔湖已被评选为世界遗产，现在也成为了跨境国家公园的一部分。**SH**

在阿圭亚纳水疗中心
Unwind at Aquareina Spa

地点： 瑞士格劳宾登州

网站： www.vereinahotel.ch **价格指数：**Ⓢ

说到原始的高山魅力，克罗特斯别致的山区度假胜地堪称第一。作为皇室和知名人士最喜爱的度假地，这里不仅拥有顶级的天然滑雪场，还有超过185英里（300公里）的雪白坡道。

这里不仅只有雪场而已。身着香奈儿和普拉达的滑雪者聚集在雪道上，远处则有许多豪华隐蔽的居所，例如费尔艾纳酒店最先进的阿圭亚纳水疗中心。温馨华丽的水疗中心拥有温泉浴、芬兰浴、香熏桑拿和一系列缓解过度消耗的治疗。活力池中的按摩喷水口可以帮助你恢复精力，大型室内游泳池则是练习游泳的最佳地点。酒店的按摩包括全身按摩和局部按摩、足部反射区按摩和恢复体力的按摩。在女性按摩师的推拿中，你会感觉飘飘欲仙、神清气爽。离开之前，一定要尝试一下最具特色的克利奥帕特拉牛奶浴，让皮肤变得更加光滑。

豪华高雅的别墅型费尔艾纳酒店坐落在克罗斯特斯阳光明媚的地方，距离村子的中心只有几分钟的路程。极为时尚优雅的酒店最初于1890年开业，后来经过了一次大规模的翻新，终于在21世纪震撼回归。

要是舍得这里的美味佳肴和钢琴酒吧，可以去周围的步道小径和越野雪道探险，在溜冰场滑行一圈，或是坐着哥斯塔纳的缆车到帕森的雪道上去。假如在山间翱翔，沐浴清风是你的梦想，不妨从哥斯塔纳格莱特起飞，乘着滑翔伞在普莱蒂高山谷上空盘旋。除水疗中心的治疗之外，这可能是最接近天堂的体验了。**AD**

住在尤金尼亚小屋
Stay at Chalet Eugenia

地点： 瑞士格劳宾登

网站： www.descent.co.uk **价格指数：** $$$

尤金尼亚小屋重新解读了“富丽堂皇”一词。别墅共有6间卧室，客人要是接管了这里，就会同时获得一个6人工作小组、室内桑拿和蒸汽室、木板搭成的学习室、客厅和两个漂亮的餐厅。而且，这还只是开始而已。

室内的装饰风格古典而精致，每个房间的设计都遵循了最顶级的客房规范。大部分房间都配有私人阳台，向南望去，就能见到无比壮丽的哥斯塔纳山。如果想去远一点儿的地方探险，任何时候都可以叫小屋的司机送你去。小屋已经极尽奢华，附近的景色却是更加充满诱惑，令人无法抵挡。尤金尼亚所在的位置非常好，离漂亮的克罗斯特斯只有两分钟的路程。小屋坐落在恩加丁山的山脚，巍峨壮美的群山宛如梦中之景，难怪长久以来，克罗斯特斯一直都是英国王室最喜欢的冬季运动场。

> “这里是阿尔卑斯山脉最豪华的小屋……尤金尼亚奢侈着实令人惊叹。”
>
> 汤姆·罗宾斯，《观察家报》

毫无疑问，这里也是个绝好的滑雪胜地。卓越的帕森滑雪区位于此处，马德里萨区更是家庭滑雪的最佳选择。游客们还喜欢沿着奇妙的林荫步道嗖嗖地快速前行，最终抵达库布里斯，或是追寻着古老的路线，前往阿罗萨。要是觉得这些活动都太过于辛苦，尤金尼亚就是最好的避世居所。你可以在此修养身心，欣赏雪花轻轻地落在外面，给大地铺上了一层雪白的地毯。**LP**

在温泉酒店放松
Relax at Hotel Therme

地点： 瑞士格劳宾登

网站： www.therme-vals.ch **价格指数：** $$

作为最前沿的现代建筑，温泉酒店令设计爱好者的梦想得以成真。人们一直在说，彼得·卒姆托精心设计的温泉水疗不仅仅是石头、水和光线而已，而是一种极其少见、近乎于宗教的震撼建筑。这种说法倒也不是信口开河。卒姆托确实用瓦尔斯的灰色石英岩创造了一个超现代主义的开拓性建筑，但他并没有止步于此。他将注意力转移到了旁边的酒店上面。这座建于20世纪60年代的古旧酒店后来就成了“临时”住宅。充满现代感的房间全部被粉刷成白色，地上铺着色彩明亮的印度地毯，上面则放有巧克力色的皮革椅子。长久以来，海蒂风格的小屋一直是瑞士的代表性建筑。然而，这里的氛围可是与之大不相同。

酒店坐落在一座小山上，泉水是从下面的圣彼得斯天然温泉引来的。酒店的造型虽然奢侈豪华，但价格却不同于一般的五星级酒店。因为许多部分都归地方所有，例如水疗，所以酒店的价格绝对在可以接受的范围之内。最好的是，除了公共开放的时间外，酒店还允许客人在其他时间进入水疗中心，尽情享受温泉。其中最吸引人的是各式各样的大型水池：有些是热水池，有些是冷水池，还有些是漂浮着鲜花花瓣，散发着芳香的水池。阳光从顶部蓝色的天窗射入，地面上也有许多照明设备，整体的效果十分恢宏。从底部到水位线，有些池子的内壁都被刷成了白色，上面则放有深灰色未经修饰的石头，使人产生一种水面闪闪发光的错觉。浸在热气腾腾的水中，只将头部留在外面，欣赏着被白雪覆盖的山脉，让雪花轻轻地落在头上，这肯定是个激动人心的体验。**AD**

琉森湖发现之旅

Discover Lake Lucerne

地点：瑞士中部（乌里、施维茨和翁特瓦尔登州）

网站：www.myswitzerland.com　**价格指数：**❶

背倚着皑皑的雪山，周围是童话般的塔楼和中世纪的木制桥梁，琉森不愧为世界上最浪漫和优雅的城市之一。在阿尔卑斯的群山中，隐藏着一个承载着最现代文化的美丽小镇。镇中吸引人的景点很多，湖边还坐落着酒店和华丽雅致的文化和会议中心。

抵达苏黎世机场后，游客只需换乘平稳、舒适的火车，即可到达湖边的码头，明信片中的瑞士美景就会出现在你的眼前。明轮船在琉森湖上穿梭往返，优雅的白天鹅穿梭于其间，峰顶终年积雪的瑞吉和皮拉图斯也会全部映入眼中。秀美的景色使这里成了最完美的活动场地，丰富的艺术活动会贯穿一年。6月份，街头会回响着传统音乐；7月会举办“蓝色球体音乐节”，届时布鲁斯、灵乐、R&B和乡土爵士乐都汇聚一堂。8月和9月，一年一度的音乐会、芭蕾、歌剧、舞蹈和戏剧会将世界各地的表演者吸引到这里，到时群山就会因为音乐而真正焕发生机。

一年的任何时候，都可以去琉森白雪覆盖的皮拉图斯峰游览，欣赏壮观的景色。要获得最大的享受，就要在山顶享用午餐，为此就得乘坐明轮船、缆车和贡多拉，并乘坐齿轮火车体验世界上最陡峭的铁路。火车会穿过一簇簇点缀着蓝色龙胆花的草丛，以及悬挂着天竺葵的木质小屋。这里虽听不到岳德尔民间小调，却会看到瑞士的完美之处。**MN**

“我真的是气喘吁吁、步履蹒跚，被这非凡的美景所震撼。”

迈克尔·温纳，导演

↗ 从瑞吉库尔姆山顶俯瞰湖面，壮丽的景色会让你的呼吸为之一窒。

在贝拉托拉重振精神 Recharge at Bella Tola

地点：瑞士瓦莱州 **网站：**www.bellatola.ch **价格指数：**$

古老的贝拉托拉酒店饱受世人赞誉，其历史可以追溯到1883年。最初，人们以罗马别墅为基础，建立了一座典型的高山酒店。经过多年的扩建，酒店最终变成了一个与世隔绝的奢华大酒店。

酒店坐落在海拔5,420英尺（1,652米）的平台上，其下就是蜿蜒的盘山道，安尼维尔山谷就位于其侧面。贝拉托拉酒店原本属于一个家族，三代主人也都来自该家族。现在，酒店的主人是安妮·弗朗索瓦丝和克劳德·布克斯。他们并没有将贵妇般高贵的瑞士酒店改造成现代风格的酒店，而是小心翼翼地将旧地板和窗户翻新，还在室内放置了许多艺术品、收藏品和古董家具，以便让来客记住这里典雅的陈设。

总而言之，这里是个休息、放松和振奋精神的地方。奢华的卧室风格各异，里面配有具有时代特色的古典家具；有些房间拥有私人阳台，是欣赏山谷美景的好地点。室内游泳池旁边有一个熊熊燃烧的火炉、一个桑拿房、澡堂、冰泉和多个按摩间。酒店的治疗项目数量众多，在山坡上运动了一天，这些治疗正好可以缓解肌肉的酸痛。

此外，山谷里有天然的野外滑雪场。驾车只需15分钟，就可到达极受推崇的度假胜地格里门茨。在那里你可以雇上一个导游，体验刺激的野外滑雪。或者，也可以坐在大花园露台的椅子上，浸浴在阳光之中。叹为观止的美景延伸至附近13,120英尺（4,000米）的山峰，例如马特洪峰。

吃晚饭前，可以在舒适的客厅中欣赏（时常出现的）爵士乐队的表演，然后走到酒店的餐厅——塔玛布隆，享用里面的芝士火锅和拉克莱特干酪。在寒冷的冬日夜晚，这样的晚餐最为完美。**AD**

↑ 新式的健康区域令人感到幸福，为客人提供了一个休息和享受的安静场所。

租住在洛奇小屋 Rent The Lodge

地点：瑞士瓦莱州　**网站**：www.thelodge.virgin.com　**价格指数**：$$$

如果说韦尔比耶是阿尔卑斯山脉中最顶级的时尚度假胜地，那么洛奇小屋就是拥有至高荣耀的住所。理查德·布兰森的别致小木屋会给客人带来一次詹姆斯·邦德式的、永世难忘的经历。

这座超现代的小屋拥有9个卧室，距日内瓦机场只有两个小时的车程。室内包含许多令人惊叹的设施，如一个室内游泳池、按摩浴缸、水疗、“聚会房间”、酒窖和溜冰场，甚至还有一个电影院。住在这里，随时可以通过电话呼叫私人司机和滑雪导游，厨房会根据你的口味迅速烹制诱人的美食，随时满足你的需求。美容治疗师和活动协调员都是小屋专业工作小组的成员，所有的花销都是值得的。在火炉旁欣赏壮美的景色时，甚至还有一位调酒师为你调制最喜爱的鸡尾酒。说到此处，小屋的生活显然和007没什么两样。屋外的森林也同样壮观。冬天的小屋只有酒店的客人才能居住；雪花轻飘飘地落在高山上，将周围的瑞士阿尔卑斯山脉打造成了一个寂静无声、闪闪发光的白色仙境。到了春天和夏天，山中就恢复了勃勃生机，满眼尽是七彩的绚烂颜色。冬季可以沿着小径迅速滑到山下；夏季来临，就把滑雪板换成登山靴。无论是滑雪还是登山，迷人的风景都会施展它的魔力，令你为之沉醉。

小屋的位置十分不错，步行5分钟即可到达滑雪索道和韦尔比耶的时尚小镇。滑雪之后，镇上还有许多享有盛名的社交活动等待着你，热闹的场面令人难忘。然而，回到洛奇小屋，感受着随时随地的奢华，你可能想永远留在这个临时的居所。是的，住在这里的花销很高，但这里是布兰森心爱的小屋。在热水浴缸中喝上几杯白兰地，就会全然忘记昂贵的价格。LP

↑ 洛奇小屋是布兰森“限量版”的度假屋之一，其奢侈豪华世间罕有。

住在利菲尔阿尔卑2222米度假村

Stay at Riffelalp Resort 2,222m

地点： 瑞士瓦莱州

网站： www.riffelalp.com **价格指数：** S

站在阳台上眺望马特洪峰，雄伟的山峰令人不由得肃然起敬。利菲尔阿尔卑度假村下面1,975英尺（602米）的地方坐落着熙熙攘攘的策马特小城，对面则矗立着一座如猛兽般巨大的山峰。可以说，度假村周围的景色十分壮丽。在清晨橙色柔光的笼罩下，附近的景致最为妩媚。

酒店位于阿尔卑斯山脉的森林中，客人只能通过登山小径、滑雪道或附近的戈尔内格拉特齿轮火车进入酒店。宽敞的酒店条件优越，冬天可以在此滑雪度假，暑假可以到此休息，观赏鲜花遍地的草甸。

客人想要的现代设备，都能在酒店的房间中见到，如按摩浴缸、DVD播放器和Bose音响系统。房间不仅独具风格，还拥有极高的品质，实在非常难得。宽敞的马特洪峰和蒙特罗莎套房很适合家庭居住，此外还有很多娱乐场所，诸如由教堂改造的演唱会场馆、家庭影院、室内恒温游泳池和室外游泳池（可以眺望到著名的壮美峰顶），以及一个最先进的水疗中心和两个保龄球馆。

晚餐之前，最好先参加一下地下酒窖的品酒聚会。在此之后，客人可以在三个餐厅中选择一家就餐。餐厅提供的当地特色事物十分诱人，其中尤以拉克莱特热融干酪最为美味。伴着酒吧悠扬的钢琴声中，用一杯餐后酒为夜晚画上一个完美的句号。其实，酒店最吸引人的还是可进可出的滑雪道。换言之，天气晴好的时候，出门就可以立即滑雪。**LP**

⇐ 度假胜地拥有绝美的景致，由此可以眺望到最具代表性的山峰——巨大的马特洪峰。

在白色圆顶帐篷中露营
Camp at Whitepod

地点： 瑞士伯尔尼
网站： www.whitepod.com **价格指数：** $

乍看上去，阿尔卑斯山上的小屋周围环绕着一排排巨大的白色高尔夫球。这些白色建筑实际上是圆顶帐篷，也被称为“圆顶气舱”。这些小屋坐落在Les Cerniers村庄上方海拔5,577英尺（1,700米）的高山上，是最热门的生态旅游住宿地之一。

瑞士企业家索非亚·德·迈耶想在不破坏美丽环境的前提下，充分利用周围的环境创建一个迷你度假村。于是，白色圆顶帐篷就应运而生。

> “你会呼吸到最特级的纯净空气，观赏到叹为观止的景色，真正融入大自然中。”
>
> 西蒙·米尔斯，《卫报》

帐篷搭建在木质平台之上，造型和传统的拱形圆顶小屋很是相似。帐篷不仅防水阻燃，还可阻挡紫外线；帐篷使用的隔热面料美国国家航空航天局也同样在使用。里面的小火炉可以用来取暖，每个房间还配有舒适的床、结实耐用的被子和枕头、有机的床上用品和羊皮软垫。透过窗子，外面的景色一览无余，就连阿尔卑斯山上的小屋都能看到。建于1820年的小屋名叫“莱迪亚布勒雷小丘”。在度假村的餐厅中，可以品尝到由当地有机食材（或从别处采购来的有机食材）制成的美味佳肴。

只要来到这里，客人就可以尽情体验雪上行走、攀登冰岩、野外滑雪、骑马甚至是狗拉雪橇。体力耗尽之后，可以让营地的治疗师会为你进行治疗。从长约一小时的按摩，到脚底按摩和整骨疗法，可供选择的项目非常多。**PS**

住在美丽海岸
Stay at Beau-Rivage

地点： 瑞士沃州
网站： www.lhw.com/beaurivage **价格指数：** $$$

1817年，拜伦勋爵和雪莱一家曾来过这里，玛丽也在此处创作了《弗兰肯斯坦》。自此以后，游客就源源不断地涌向洛桑市。英格兰酒店依然伫立在那里，但酒店近来却新开辟出了一处时髦的住宅，即古色古香的美丽海岸酒店。

这座酒店可不是建于拜伦和雪莱的时代，它建于1861年，体现了英国人对日内瓦湖的强烈兴趣。夏季到来，可以在此欣赏瑞士的湖景，呼吸山中的新鲜空气。每个城镇都有自己的“大酒店”，但其中最辉煌的还是美丽海岸酒店。由于取得了巨大成功，酒店不得不在世纪之交的时候建造了一个全新的侧翼，通过精致的新艺术派舞厅与旧建筑相连。

所有的房间都很辉煌耀眼，但最好的房间可能还是在新艺术风格的侧翼中。向窗外眺望，就能看到漫无边际的平静湖水延伸至法国一侧的群山之下；夕阳的微光洒落下来，湖面上泛起粼粼的波光。酒店还有个规整的花园，以及游泳池和水疗室。住在这里的并不都是度假的年轻人，许多人在这里处理银行账户的业务，政客们也时常出现在这里。他们经常三三两两地分散在四面是灰泥装饰墙壁，悬挂着华美油画的梦幻餐厅中。酒店有很多好餐馆可供选择；从湖中捕捞来的鱼类是一定要品尝的菜肴。在花粉和炭火的包围下品尝鲈鱼片；沃州的葡萄园就在东边一到两英里外，所以餐厅中可以喝到口感纯正的葡萄酒。尽管有很多活动可供选择，但最愉快的放松方式还是乘坐世纪之交时常见的明轮船，到西庸城堡游玩。因为拜伦所作的著名诗篇，城堡也得以名声大噪，永留史册。**GMD**

在雷泽尔弗酒店放松

Relax at La Réserve

地点：瑞士日内瓦

网站：www.lareserve.ch **价格指数：**$$$

山中的新鲜空气令人神清气爽，美丽的湖边坐落着一座风格独特的建筑。这座名叫雷泽尔弗的酒店给人以清风拂面的舒爽感觉。朴实无华的瑞士度假酒店充满了吸引力，整个建筑矗立在日内瓦湖边，坐落在一个景观公园中，既保证了隐秘性，又给予来客足够的放松空间。但是，客人也不会因此而闲得发慌，因为雷泽尔弗酒店的派对非常不错：每天晚上，人们都会在酒吧一边喝鸡尾酒，一边听DJ播放音乐直到凌晨。日内瓦青春靓丽的年轻人都聚集在酒店的中国和法国餐厅之中。

到了白天，就要摆脱掉宿醉，在国际大都市日内瓦免费乘船旅游。只需几分钟，威尼斯风格的精致木质快艇就会将客人送到城中。客人也可以在酒店中静静地休息，或是尽情体验各种活动，例如在湖面上玩冲浪滑水。

酒店的外表虽然平淡无奇，内部的房间却设计精美，地上不仅铺着木质地板，整体的色彩也颓废而华丽，此外还有奢华的天鹅绒床罩和花岗岩浴室。许多房间都可眺望到湖景或阿尔卑斯山脉的美景，有些房间还有宽敞的露台。撇开美丽的装潢不谈，单是备受好评的水疗中心，就足以让客人来此一住。17个治疗间位于酒店一翼，治疗方法极为丰富，此外还有室内游泳池、室外游泳池、桑拿房和土耳其浴室。该中心还提供个性化的服务，如沐浴疗法和茉莉花浴。天气晴朗的时候，最佳的休闲地点就是室外的泳池。小口地喝着葡萄酒，感受那清新的口感，自己也仿佛融入了那奇妙的氛围之中。**LP**

↗ 时尚的装潢，或者说有些大胆的装潢出自当红室内设计师雅克·加西亚之手。

> “从非洲小屋中汲取了部分灵感，室内不仅铺着动物图案的地毯，还有一个帐篷形状的餐馆。”
>
> 《康德纳斯特旅游者》

骑自行车游览皮埃蒙特

See Piedmont by Bicycle

地点：意大利皮埃蒙特

网站：www.piemontefeel.org　**价格指数：**$

皮埃蒙特位于意大利的西北角，北部与瑞士接壤，西部与法国连接，因白色松茸和美味佳肴而闻名，同时也是意大利最伟大的葡萄酒产地之一。

这里的田园风光宛如天堂般美好，最好的游览方式莫过于骑自行车。平缓的斜坡上满是果园和向日葵花田。蜿蜒的小路铺展开来，将人们带到极小的村子和风景如画的中世纪村庄。从起伏山间的葡萄园，到毗邻阿尔卑斯山脉的边界地区，皮埃蒙特的美景似乎永远也看不完。在晴空万里的夏日，还可以眺望到勃朗峰的宏伟顶峰。

作为皮埃蒙特的首府，都灵是自行车之旅的最佳出发地。纵横交错的自行车道遍布整个中世纪城市，沿途可以看到数量众多的城堡、教堂和博物馆。一路上会穿过许多城镇，如布哈和阿尔巴。前者被誉为美食之城，后者则是白色松茸的原产地。不过，在城镇间穿行的时候，或许才是真正美妙的时刻：空气中弥漫着野花的清香，鸟儿的鸣叫在耳中回响。

沿着宁静的乡村小路向前行去，奔腾的河水边就是栗子树林。从小树林中穿过，紧接着就要穿过茂密的松树林，然后在沿途的小村庄休息一会儿，找一家满意的餐馆吃顿午餐。要是能尽量赶上其中一个美食节，尤其是针对松露、蜗牛和奶酪的节日，那就再好不过了。入住酒店后，每晚都可以享用一杯该地区世界闻名的巴罗洛葡萄酒。**JP**

→ 为了尽情享用当地的美味佳肴，先要在皮埃蒙特平缓的坡道上奋力骑行。

参观巴罗洛的葡萄园

Visit a Barolo Vineyard

地点：意大利皮埃蒙特

网站：www.italyandwine.net/piedmont/barolo.htm **价格指数：**$$

狭窄曲折的小路穿过绵延起伏的小山，延伸至巴罗洛小镇。镇子虽然不大，却是举世闻名的葡萄酒酿造区的中心。小镇将其出产的红葡萄酒命名为巴罗洛红酒；这种酒由皮埃蒙特的内比奥罗葡萄酿成，气味浓郁、口感富有层次。红酒呈深蓝色，富含多种单宁酸，由于制作难度极大，所以价格也很高。

巴罗洛是意大利最古老的乡村。在当地导游的指引下，游客们一定会被葡萄园深深吸引。此外，也可以驾车在阿尔巴南侧的山上兜风，游览葡萄园并品尝葡萄酒，顺便参观一下历史悠久的酒窖。

在当地人口中，巴罗洛就是“国王的葡萄酒，葡萄酒中的国王”。因为其历史和统治皮埃蒙特地区的家族紧密相连，所以不妨参观一下巴罗洛城堡。在法国出生的朱利亚·科尔伯特侯爵夫人原本住在这里，巴罗洛葡萄酒也是由她创造的。在此之后，可以去看看巴罗洛东部市镇的酒庄，例如位于塞拉伦加和埃利奥格拉索的马索林奥酒庄或是位于梦馥迪村的芳汀贡帝诺酒庄。这些酒庄的巴罗洛葡萄酒口感更有层次感，不仅富含单宁酸，发酵的时间也很长。

除了在阳光斑驳的葡萄园品酒，这里还有许多食物可以品尝。面包棒虽然是当地的食物，但皮埃蒙特的美食通常都十分优雅且营养丰富：松茸、山区奶酪、小牛肉和榛子都是当地的特色食物。你还可以参观美丽的中世纪城堡，在诸如阿斯蒂和阿尔巴一类的古老城镇购物，或是在传统的乡村市场中欣赏当地奢华的产品，又或是和当地人一起去采摘松茸。**SH**

“[巴罗洛的]葡萄园……拥有意大利最精心布置的葡萄藤。”

italyandwine.net

↖ 巴罗洛小镇位于库内奥省的皮埃蒙特，镇子里的葡萄园位于一个位置不错的斜坡上。

住在拉薇拉别墅酒店
Enjoy La Villa

地点： 意大利皮埃蒙特
网站： www.lavillahotel.net **价格指数：** $$

拉薇拉别墅酒店坐落在一座山上，俯瞰着蒙费拉托葡萄园。酒店最初是一座17世纪的宫殿，现在已经被英国房主改造成了宏伟的精品酒店。四周的景色都很令人赞叹，62英里（100公里）开外的阿尔卑斯山脉将酒店环绕在其中。这里原本是贵族的宅邸，为了重现昔日的辉煌，业主也进行了大规模的重建工作。最后，乡村度假酒店于2005年8月开门迎客，如今已经成为了该地区口碑最好的酒店。

"［拉薇拉别墅酒店］的生活很放松、很舒适，同时也很奢侈迷人。"
cellartours.com

14个房间的装潢都极富品味、无懈可击：具有时代特色的古典家具和21世纪生活的必要设施充分地融合在一起；当地出产的古董和古旧陈设与最先进的现代娱乐系统相互竞争。户外有个巨大的藤架，在绿荫下享用午餐再好不过。或者，也可以在休息室的室内酒吧进餐，这里一般比较安静。酒店还有一个品尝当地最佳葡萄酒的品酒间。就算到了午夜，这里的酒保也不会蛮横地让你回去睡觉；你可以随着自己的心意，在酒吧坐上一整晚，慢慢啜吸着带有水果清香的巴罗洛葡萄酒或巴贝拉红葡萄酒。讲究礼貌的酒吧不会对此有什么意见。

酒店的餐厅使用的都是当地的食材。作为慢食运动的发源地，皮埃蒙特的食物因极高的品质而闻名于世。据说，这里是意大利高级大厨最多的地方。**HA**

游览皮耶·德拉·穆萨
See Pian della Mussa

地点： 意大利皮埃蒙特
网站： www.canavese-vallilanzo.it **价格指数：** !

艾拉山谷位于都灵西北部的阿尔卑斯山脉中，是个宁静的小山谷。山谷顶部的小道极其狭窄陡峭，向上方前行的时候，有种要跌落山崖的感觉。房子高高地矗立在岩石上；当地人依然住在里面，而且仍以耕种为生。从房子旁边经过，绕过蜿蜒曲折、无比狭小的弯道，路面会变得较为平缓，视野也会变得开阔起来。看到宽广壮丽的高原时，一种发自内心的敬畏感和喜悦感会从心中涌现。进入皮耶·德拉·穆萨地区，就仿佛要进入一个不为人知的失落世界。

爱开玩笑的老太太会告诉你皮耶·德拉·穆萨是个充满了民间传说的地方。看到了周围的环境，也就不难看出这里为何有如此多的传说。高原两侧分布着数量众多的瀑布，富含矿物质的白色水流奔腾飞溅，不但形成了晶莹闪耀的水雾，水花还落在了平原之上。大量的土拨鼠和喧闹不止的野山羊聚集在看似贫瘠的石灰岩上，找寻着石头下面的植物。周围的群山横跨意大利和法国边境，其间有许多山间小径。星星点点的石头避难所点缀在道路两旁，其历史可以追溯到19世纪80年代。每个避难所背后都有一段充满鲜血和战争的历史，特别是二战士兵奋勇抵抗的历史。

想要欣赏皮耶·德拉·穆萨历史悠久、堪称奇迹的自然景观，乡村咖啡馆的木质长椅就是最好的选择。这个家庭经营的咖啡馆位于中心地区，室内放置着由厚木板制成的长椅。"克里斯蒂娜"咖啡馆不仅气氛温馨，还拥有几百年的历史；不仅能俯瞰到整个平原和山脉，还会品尝到暖人心房的意大利菜肴。蛋黄、糖和浓郁、甜美的葡萄酒混合在一起，就重现了阿尔卑斯徒步旅行者数百年来一直喜爱的味道。**CW**

住在“小皇宫”
Stay at the Petit Palais

地点：意大利伦巴第区

网站：www.petitpalais.it **价格指数：**$$

对于喜欢高档货又想体验文化和时尚的人来说，米兰是个极富吸引力的城市。这里拥有数不胜数的雅致时装店、高级的美食和长达数百年的迷人历史，远方的各路游客都被吸引到这里来。而在这些人中，最有眼光的人最后会选择住在“小皇宫”：一栋17世纪时建造的高雅居所，近来被改造成了一个令人喜爱的温馨饭店。

饭店以品质为重，枝形吊灯用的都是穆拉诺玻璃，地毯也是手工编制的，器皿也是由水晶玻璃制成。饭店共有18间套房和小套间，每间都经过独立装潢且布置高雅。其中最具特色的是精致的挂帘、复古的家具、墙壁上独创的灰泥粉饰和方便而并不招摇的设施。室内的浴室由意大利顶级大理石建成，里面配有涡流按摩浴缸和巨大的淋浴间。此外，有些套房还拥有私人露台，或是直接连接到舒缓身心的露天庭院，而三个皇家套房还拥有独立的壁炉。你可以在饭店的休息室享用下午茶或开胃酒，在拱形地下室享用早餐（当然，也可在房中进餐）。

饭店的氛围十分宁静，但令人称绝的是，只需走上10分钟，米兰无数的商店、服装店、餐厅和全城最著名的文化地标大教堂广场、斯卡拉歌剧院和圣玛丽亚感恩教堂就会呈现在你眼前。换言之，出了饭店，只要花费几分钟，就能见到这些标志性建筑。“小皇宫”既舒适又安静，不仅装潢高档时尚，附近还有许多可供娱乐的场所，可谓是最美好的全方位休闲度假胜地之一。来到这里，既能让精神为之振奋，又能让心灵得到抚慰。**PS**

了解马焦雷湖
Discover Lake Maggiore

地点：意大利伦巴第区/皮埃蒙特自治区

网站：www.illagomaggiore.com **价格指数：**

伦巴第区北部有13个湖泊，它们就像闪闪发光的项链上镶嵌的宝石一样。经验丰富的游客会告诉你，虽然每个湖都有其独到的魅力，但最美的还是被称作“大”湖的马焦雷湖。这里最著名的是小镇斯特雷萨和巴韦诺上面属于“美丽时代”的美景，以及巴欧米亚3座迷人的岛屿。拥有了这些美景，马焦雷湖可说是最佳的度假胜地。

> “意大利湖泊的美丽无人能描述，即使想试着描述，也根本无法做到。”
>
> 亨利·詹姆斯，美国著名作家

这里的湖水清澈透明，晶莹剔透，非常适合游泳解乏。可惜的是，全湖的宽度达到33英里（54公里），想要游泳却又太宽了些。位于湖中央的小岛归博洛梅欧家族所有，其中的贝拉岛 和马德雷岛既宏伟又庄严；岛上还有归家族所有的洛可可风格宫殿，四周则被花园覆盖。另一座苏佰西华岛归渔民所有：质朴的小房子无规则地散布在岛上，湖滨线沿岸时不时会出现几个正在修补渔网的渔夫。

此外，马焦雷湖的小气候十分有名。在一天之内，游客就可看到各个季节和天气的风景。尽管如此，游客还是应该在不同季节来此观赏不同天气下的美景。早上，天空会布满巨大的薄纱云，而后又被丝丝阳光穿透。待到雾气消散，暖洋洋的日光将水面照得光滑明亮时，映入眼帘的就只有那灿烂夺目的光辉而已。**SWi**

→ 最佳的观景方式还是坐船；渡船会沿着湖岸线慢慢前进，而你就可以在船上观赏美景。

住在艾伯尔塔酒店
Experience L' Albereta

地点： 意大利伦巴第区

网站： www.relaischateaux.com/albereta **价格指数：** $$$

艾伯尔塔酒店坐落在弗兰奇亚考达的山丘上，为喜爱美食和奢华享受的人们提供了一个完美的度假村。经过装修，这里已经成为了时髦别致的乡间别墅酒店。米其林两星级的世界级餐厅由意大利最受人尊敬的圭帝雷罗·马尔凯西主厨负责。另外，酒店的水疗同样令人印象深刻。

马尔凯西在特鲁瓦克罗兄弟位于罗阿讷的餐厅学厨，后来成为了意大利第一个米其林三星级厨师。近年来，他还被认定为国家的珍贵财富，并开办了自己的“国家级”烹饪学校。在艾伯尔塔酒店，他运用法国的烹饪方式制作意大利传统美食：意大利调味饭是用最好的鸡汤、藏红花和少许奶酪制成的，中间放有一片完美的正方形金箔。另一道值得品尝的菜肴就是经典的“罗西尼嫩牛肉片”。马尔凯西使用的是小牛肉而非牛柳，所以烹制出来的菜肴鲜嫩多汁。

> “对艺术的热爱影响到了马尔凯西烹饪的菜肴，最好的例子就是那些在绘画启发下制作出来的菜肴。”
>
> theworlds50best.com

酒店拥有优雅的画室、一个室内游泳池和一个直升机停机坪，所有地方都令人感到舒适。有个房间中甚至还装有可升降的玻璃屋顶。酒店的位置也非常适合到伦巴第鲜为人知的僻静角落观光。其中一定不能错过的城市就是贝加莫，那里的教堂和艺术收藏品确实值得一看。**GMD**

← 爬满植物的19世纪别墅似乎和周围的葡萄园融为了一体，挺立在葡萄园之中。

骑车穿越蒂罗尔
Ride Through the Tyrol

地点： 意大利南蒂罗尔

网站： www.theridingcompany.com **价格指数：** $$

醒来之后，你可能不知自己身在何处：南蒂罗尔虽然位于意大利，但大多数居民的母语却是德语。南蒂罗尔地处意大利和奥地利边境，美丽的山峦和青翠的峡谷遍布其间，排列整齐的苹果园穿插其间，甜美的牛铃声在空气中回响。此外，哈福林格马的故乡也是这里。这种棕色的小型马带有引人注目的白色鬃毛，奔跑的时候还带着节奏。19世纪末，人们第一次在南蒂罗尔的白云石山脉培育这种马匹。

前往多德霍夫的骑马训练场，就可以骑上一匹哈福林格马，在阿尔卑斯山脉四处游览，玩上半天或一整天。室内的骑乘学校还会教授驯马术和跳跃技巧；要是还不敢在户外骑马，可以先在这里树立一些信心。当然，骑马毕竟还是户外运动，而且不仅限于夏天：到了冬天，你可以骑着小马，在盖满初雪的纯白大地上慢慢奔驰，甚至可以像水上冲浪一样尝试一下雪上滑行。只要把滑雪者拴在马的后面，就能像滑水运动员一样在雪上滑行。有没有骑马的经验并不重要，只要会滑雪就行了。

伯斯特酒店是个不错的住宿地点。这里是家四星级酒店，肌肉酸痛的人可以在水疗中心享受按摩和香薰沐浴。酒店餐厅的食物也十分美味，包含五道菜的晚餐用料充足，让你有足够的体力继续骑马旅行。或者，你也可以住在训练场隔壁的公寓；若是住在那里，也可以随意使用酒店的设施。除此之外，还有一个名叫普鲁杰尔别墅的新艺术风格的酒店。那里不仅可以容纳13个人，还拥有一个独立的大花园。**PE**

在维吉利度假村尽情享受

Enjoy Vigilius

地点：意大利南蒂罗尔

网站：www.vigilius.it **价格指数：**$$

绝美的维吉利高山度假村位于4,920英尺（1,500米）的大山上，不仅远离尘嚣，还拥有白云石山脉壮丽巍峨的胜景。来到这里，可以避开城市的污染和压力；纯净的空气中弥漫着落叶松木的香气，周围的气氛也是格外宁静。

度假村的建筑造型大胆而现代，不同于传统的提洛尔小屋。明星级建筑师马特奥·图恩一直走在环保时尚设计界的最前沿，他利用玻璃和当地木材，将建筑和低洼的自然环境巧妙地整合在一起。他的灵感来源于一棵被风吹倒的树。进到屋中，客人就会发现前台位于倒长的树根之上，而卧室则位于树干之中。长满绿草的屋顶对节能很有帮助；室内的开放式房间被内部加热的黏土墙壁巧妙地分割开来，里面放满了极简风格的家具。房间主要由裸露在外的木材筑成，每个房间都有阳台或露台，以便欣赏外面的景色。

设施齐全的水疗中心提供一系列的治疗和按摩，里面不仅有蒸汽房和桑拿房，中心还开设了瑜伽课程。想要促进血液循环，不妨尝试一下最具代表性的干草浴治疗。从炖菜到果馅奶酪卷，帕洛尔艾达餐厅供应的都是热乎乎的提洛尔菜肴，而素食餐厅“150”提供的则是地中海风情的菜肴。回房休息前，可以在休息室的火炉边喝一杯，或是走到外面的露台上，遥望绚烂的夜空。冬天来临，群山被白雪覆盖的时候，就可以去玩玩平底雪橇，尝试一下滑雪和雪地行走。另外，夏天还可以挑战一下31英里（50公里）的徒步旅行，或是体验一下北欧式健走（也称越野行走）、滑翔伞和射箭。**AD**

→ 在漫无边际的泳池游泳，感觉仿佛进入了大山之中。

游览白云石山脉

Experience the Dolomites

地点： 意大利南蒂罗尔

网站： www.valgardena.it/en　**价格指数：** ❶

阿尔卑斯山脉或许有海拔更高的山脉，但说到形状最为惊人、最为陡峭的山脉，那还得是白云石山脉。这里的山脉奇峰罗列、挺拔险峻，周围的景色几乎是专为步行探险而造。虽然大部分巍峨的高山只适合登山者攀爬，但降低难度的方法也有不少，山谷处的缆椅和缆车就能将游客送到高处。

初夏时分，草地尚未修剪之时，首先映入眼中的是绚烂的野花。最好的地方是苏伊斯阿尔卑斯，也就是意大利小镇奥蒂赛依上方长满青草的高原。小镇的奥地利名字是圣乌尔里希，当地使用的语言包括德语、意大利语和当地的拉丁方言。除了小小的杜鹃花和明艳的蓝色龙胆，还有数以百计的其他物种分散在各处。这里的地势较为平缓，走起路来毫不费力；沿着小径漫步，冲入云霄的萨索伦哥巨峰将一切都笼罩在其中。

对于登山者和徒步旅行者来说，萨索伦哥的小屋是最迷人、最古朴的休息地之一。小屋的数量众多，无论住在哪个高山小屋，只要住上一晚，第二天早上踏出屋门，就能看到光辉闪耀、恍如仙境的山间美景；此等美景，你甚至可以一人独享。在布满岩石的皮耶阿尔卑斯附近，有一条小径从瑟赛达山的顶部延伸下来。如能找到这条小径，就能看到高山上的雪绒花。走过漫长而陡峭的山路，就会到达比萨渡小屋，而前方就是一条穿越萨拉山的小径（即使到了夏天，萨拉山的积雪也不会融化）。相信这次徒步旅行是你可以想象出的最为愉快的旅行之一。**TL**

> “……树木繁茂的山谷，高耸的群山形如熔化的墓碑，形成了好似月球表面一般的原始景观。”
>
> 尼克·瑞德曼，《观察家报》

⇱ 在瓦尔加迪纳的高山小木屋中住上一晚，感受白云石山脉最为经典的行程。

参观多比亚科
See Dobbiaco/Toblach

地点：意大利南蒂罗尔

网站：www.dobbiaco.info **价格指数：**

一侧是白云石山脉裸露在外的岩石，一侧是阿尔卑斯山脉，锡安达山中的汩汩河水给阿尔塔-普斯戴哈和兰德罗山谷带来阵阵清新的水气。毫无疑问，美丽的多比亚科村坐落在一个位置极佳的地方。多比亚科位于意大利的南蒂罗尔地区，靠近奥地利边境；该地区的居民既说意大利语也说德语，所以村子有两个发音一样的名字。

结构紧密的村庄只有3,200个居民，地标建筑是施洗者圣约翰教区教堂绿白相间、状若洋葱的拱形高塔。冬天的多比亚科俨然是滑雪爱好者的天堂。到了春天和夏天，高山牧场的魅力虽然不减，却全然不见游客的踪影。因为海拔很高，落叶松林的清新气味爬上低矮的斜坡，时不时地飘入山间纯净的空气之中；周围的乡村渗透出一种宁静的氛围。寂静的氛围确实充满吸引力，但这里也不是完全与世隔绝。附近不仅分散着几个旧农舍、山间小屋和小教堂，风景也是非常壮丽，让人想要与之融为一体。村子所在的森林和白云石自然公园中穿插着许多步行小道。想要沿途欣赏美景，可以去观赏拉高·第·多比亚科清澈透亮的河水；如果想仰望令人敬畏的高山，著名的“三高峰”山脉还为游客提供了延伸至远方的小路。

村里的酒店都拥有一流的水疗设施，并且充分利用了周围清爽的自然景观，你可以按照自己的喜好选择酒店。波西米亚的作曲家古斯塔夫·马勒就是来此避暑的著名客人。1908至1910年间，他在村里创作了第九交响曲以及第十交响曲（未完成的作品）。**CFM**

探索普罗塞克
Explore Prosecco

地点：意大利威尼托/弗留利—威尼斯朱利亚

网站：www.prosecco.it **价格指数：**

美丽的风景、漂亮的建筑、美味的食物和香醇的红酒，威尼托大区和人们通常印象中的意大利一模一样。1966年，在威尼斯下方的隐蔽地带，也就是阿尔卑斯山脉的山麓丘陵区域，意大利的第一条葡萄酒之路正式建成。另外，普罗塞克葡萄酒也是在大区中酿造的。

长达29英里（47公里）的普罗塞克葡萄酒之路蜿蜒曲折，将科内利亚诺和瓦尔多比亚德尼连接在一起。这两个城市都位于葡萄酒产区之中，也是公认的葡萄酒中心城市。葡萄酒之路自科内利亚诺雄伟的城堡开始，沿着山脊一路向前，直达圣彼得罗·迪·费莱托。在平原风景秀丽、群山环抱的地方，你会发现一座16世纪的水磨坊——莫里纳托·戴拉克洛达。磨坊位于大瀑布旁边的岩石中，被人们称为“石头中的珍珠”。几个世纪以来，这里一直是众多艺术家和诗人寻欢作乐的地方；他们喝完普罗塞克葡萄酒后，就会将这里作为绘画的对象。

> “……［普罗塞克起泡葡萄酒］呈稻草的浅黄色，醇度适中，拥有独特的果香。”
>
> 科内利亚诺至瓦尔多比亚德尼的普罗塞克葡萄酒法定产区

看过磨坊，下一站就是弗利纳的圣玛丽亚修道院。普罗塞克起泡葡萄酒诞生前的很多年，勤勉的修士们就已经开展了羊毛加工业务。沿着葡萄酒之路前行，就会看到贵族的别墅、栗子林和斜坡上的葡萄藤。主路下方始终是开放式的葡萄园；进入了瓦尔多比亚德尼，到达了阿尔卑斯山脚下的山谷，也就抵达了终点。**SWi**

住在保尔帕拉第奥酒店

Stay at Bauer Palladio

地点：意大利威尼托威尼斯

网站：www.bauerhotels.com　**价格指数：**

来到威尼斯，周围的景色令人惊叹，仿佛置身电影布景之中。在威尼斯游览的时候，可以先四处逛逛，然后就住在保尔帕拉第奥酒店之中。这座酒店位于与世隔绝的朱代卡岛，是威尼斯历史上具有里程碑意义的建筑，与举世闻名的西普里亚尼宾馆只有几码的距离而已。要是喜爱名人擦肩而过的感觉，又想体验古典的建筑风格，那就一定不能错过这家酒店。虽然酒店一侧就是大运河，却仿佛和圣马可广场的大量游客相隔百万英里。

酒店原本是个修道院，后来才改造成了酒店。最初的设计师安德里亚·帕拉第奥采用了文艺复兴时期的建筑风格，外表虽然奢侈华丽，内部却带有几分严肃的感觉。然而，如洞穴般空旷的休息室和餐厅的装潢都很精致美观，给人一种超乎寻常的亲切感。37间客房和13间套房的设计也很巧妙，里面放有古董、挂毯和手工制作的装饰品，要么附带一个花园，要么可以俯瞰到湖景。为了保持许多文艺复兴时期的特点，酒店也付出了很多心血。

酒店的水疗中心可以眺望到威尼斯的泻湖，其景色和明信片上的美景一样绚烂。尽管在水疗中心可以享受到一系列的治疗，但无论来客是谁，最能吸引住他们的还是私人太阳能渡船。渡船从酒店出发，将客人送到姐妹酒店——豪华皇宫酒店。这座酒店距威尼斯所有的地标建筑仅有几码的距离。购物游览了一天，肯定会觉得又热又疲劳，此时就要走到码头，跳过你的私人小船上，在闪闪发光的泻湖上航行5分钟，就会回到宁静的酒店。**RS**

⇐ 经过精心修复的优雅酒店坐落在湖边，附近的景色美妙动人。

游览“五渔村”

Visit Cinque Terre

地点：意大利利古利亚

网站：www.lecinqueterre.org/eng　价格指数：❶

“将各具特色的城镇镶嵌在海岸边布满葡萄园的陡峭斜坡上，就构成了一幅绝妙的美景。”

阿里尔·福克斯曼，《纽约时报》

“五渔村”（又名五村镇）由五个小村庄组成，是联合国教科文组织世界遗产认定的世界遗产。一条风景如画的步行道将五个村庄连接在一起，每个村庄都通过火车或船和外界连通，但探索崎岖海岸线的唯一方式只有步行。

最南端的村庄叫做里奥马哲雷。百年以前，因为此处非常适合种植橄榄树和葡萄树，人们才建立了这个村庄。由于地势陡峭，漂亮的石头房子只得建在垂直的岩壁上，看起来就像多层的宝塔。沿着民宅和建筑物之间的旋转楼梯，就可以进到屋中。在这里，你会见到著名的“爱之路”的起始点。这条人工铺就的小路长约0.6英里（1公里），起点是里奥马哲雷，终点则是毗邻的马纳罗拉小镇。只需要20分钟，就可走完岩面小路；沿途转过身去，就会看到村庄的美景，向远处眺望，则会看到地中海另一侧的风景。

马纳罗拉到克里日亚的这段路大概需要花费一个小时。在五个村庄的中心地带，三面都是古老的石头阶地和郁郁葱葱的绿色葡萄藤。作为传统的渔村，韦尔纳扎拥有一个天然的海港。然而，人们只能步行前往该地，因为很久以前，当地人为了留住村子的特色和宁静安逸的生活，才决定不修建公路。“五渔村”步行小路的最后一站就是蒙特罗索。通往这里的小路虽然最为陡峭、最为难走，风景却是最为秀丽，整段路程耗时约90分钟。沿着蜿蜒的步道前行，便会穿过橄榄园和翠绿的葡萄园，见到令人流连忘返的壮观海景。**JP**

⇖ 马纳罗拉坐落在海上的岩石之上，是“五渔村”中第二小的城镇。

在艾米利亚-罗马涅区游览
Discover Emilia-Romagna

地点：意大利艾米利亚-罗马涅区

网站：www.emiliaromagnaturismo.it **价格指数：**$

从壮观的景色到激昂喧闹的城市，毫无疑问，驾车穿越艾米利亚-罗马涅区就是体验意大利生活的最好方法。意大利人的开车方式和生活方式非常相似，都是充满了激情与刺激。如果无法跟上这种情绪，就会被甩到后面，绝对没有折中的办法。

艾米利亚-罗马涅区以秀美的风景和美味的食物而闻名。这里是最适合驾车旅游的地方，沿途不仅能欣赏到动人的风景，还能品尝到各种美味佳肴。在路上风驰电掣般的狂飙，就会来到帕尔马城。这座城市坐落在波河郁郁葱葱的山谷中，最著名的就是熏制的帕尔马火腿。游览过小城，可以悠闲地驱车前往雷焦爱米利娅，并在那里品尝另一个当地最受欢迎的美食：帕尔马乳酪。继续向东行驶，就会抵达摩德纳香脂醋的故乡——摩德纳城。酸酸甜甜的香脂醋历史悠久，其历史甚至可以追溯到11世纪。城中最适合歇脚的地方莫过于马拉内罗（也被称为法拉利之城）。自20世纪40年代早期，这座小镇就已经开始生产著名的跑车。然而，法拉利最初的厂房毁于二战的炮火之中。后来，创始人恩佐·法拉利将工厂迁至马拉内洛。

领略了意大利最好的汽车工程，继续开车穿过绿色的乡村，然后沿着亚平宁山脉的山麓丘陵一路驶向艾米利亚-罗马涅区的首府博洛尼亚。这里的食物非常诱人，所以被誉为意大利的美食之都。到了这里，就要尝尝著名的意大利肉酱。尽管当地人称其为肉酱，但世界其他地方却将其称为博洛尼兹（博洛尼亚的肉酱）。博洛尼亚背后的小山上还散落着纯朴的意大利乡村和城镇，等待着你去探索。继续踏上旅程，就会到拉文纳。华丽的拜占庭建筑一定会令你赞叹不已。**JP**

住在卡萨阿根旅店
Stay at Casa Argento

地点：意大利托斯卡纳

网站：www.invitationtotuscany.com **价格指数：**$$

时尚的卡萨阿根旅店坐落在山上，周围的景色是如此引人入胜；向外眺望，甚至可以看到延伸至科西嘉岛的景致。旅店位于阿尔卑斯山脉的高山上，其下就是卡马约雷和彼得拉桑塔。若是想摆脱城市生活的压力，那就一定要住在这家旅店。

这里原本是附近中世纪银矿的一部分，后来经过修复，才成为了现在的旅店。客人可以租下整个房子（最多能睡下6个人），也可以只租上层的部分（能睡下三个人）。无论选择哪种方式，小屋都能保证绝对的隐私，因为旅店不支持合租。

> “假如托斯卡纳只限于佛罗伦萨地区，那还值得去爱。但它却自认为还有几个如宝石般珍贵的地方。”
>
> 阿诺德·威斯克爵士，英国剧作家

白天可以去爬山，然后沿着曲折的盘山小道散步，探访周围的山谷。回来之后，就在户外的岩石洞中享受清爽的淋浴，然后浸泡在露天的按摩浴缸之中。浴缸就在露台上，外面便是整个地中海的美景；手中要是再拿着一杯葡萄酒，那就是最完美的休闲方式了吧。

在周边地区，也可以进行很多活动。只需25分钟，即可到达沙滩；夏日可以在那里玩上一整天。此外，也可以开车去村庄转转，寻觅一下提供当地传统美食的怡人餐馆。米开朗基罗的大卫是用当地采石场的白色大理石制成。去采石场参观的时候，也可顺路去附近的彼得拉桑塔看看。当地的雕塑家会将他们的作品放在这个中心展出一整年。**AD**

在朱斯蒂洞穴放松
Relax at Grotta Giusti

地点： 意大利托斯卡纳

网站： www.grottagiustispa.com **价格指数：** $$

朱斯蒂洞穴水疗能够成名，主要因为它是由天然洞穴改造成的桑拿。水疗中心的“房间”分别叫做地狱、炼狱和天堂。除了名字十分有趣之外，洞中的湿度也极高，温度更是比室外高出不少。度假村除了蝙蝠洞中的房间以外，还有一座19世纪的雄伟建筑。其实这栋建筑原本是一个优雅的别墅，里面放满了古董和绘画，散发着旧时的古典魅力。奢华的天鹅绒、巨大的休息室，以及影响力最大的大理石墙面及地面，为整栋建筑添加了宏伟高贵的氛围。

> “威尔第将朱斯蒂洞穴称为“世界第八大奇迹”……不过，这仅限于没有幽闭恐惧症的人。”
>
> 《纽约时报》

真正吸引人的是纯天然的温泉，其中富含丰富的碳酸氢盐、硫酸盐、氯、镁和钙。自1849年发现以来，温泉的客人就络绎不绝。从肌肉酸痛到心血管问题，温度适宜的93℉（34℃）泉水适合各类人群享用。更重要的是，拧开大理石浴室中的水龙头，温泉就会喷涌而出。现代健康中心包含一个亚洲健身区、一个健身房和游泳池，一个附带瀑布和水下水力按摩的露天温泉池，以及一个运用古代和尖端技术的医疗美容中心。健康中心的治疗项目包括泥浆疗法、瑞典式按摩和浪越指压按摩等项目。治疗的同时，空气中还会飘散着犬蔷薇、甘草、海带和橄榄等植物的芳香。朱斯蒂洞穴可不仅仅是个温泉水疗中心，它实则是个设施极为完善的度假胜地。这里不仅有游泳池和网球场，还有一个很好的餐厅，和炼狱全然没有相近之处。**RCA**

探索波波里花园
Explore Boboli Gardens

地点： 意大利托斯卡纳佛罗伦萨

网站： www.firenzemusei.it **价格指数：** $

或许，佛罗伦萨（准确地说是意大利）最著名的花园会出现在每本旅游指南上。但是，爬上极为陡峭的山坡，将彼蒂宫甩在身后，就会进入鲜有游客出现的公园，并很快“迷失”在其中。整个花园占地111英里（45公顷），与佛罗伦萨喧闹的观光景点相隔甚远，是个绝佳的游览地点。园中的僻静程度不尽相同。要是想体验寂静无声（且暂时远离托斯卡纳的阳光），那就一定要避开彼蒂宫正后方、连通到海神喷泉广场的圆形露天剧场。在花园之中，修剪整齐的条形树篱组成了对称的线条和图案；树篱中间则坐落着多个古典风格的泳池，旁边则矗立着骇人的石头雕塑。

至于其他地方，尤其是彼蒂宫的西边（背对着宫殿，然后转向右侧），就都是人迹罕至的地方了。神秘蜿蜒的小径抚慰着你的心灵，榛木树丛、高大的松树和柏树为你遮挡烈日，不让夏日的酷暑侵扰到你。对称的树篱、柔软的草地、小小的树丛和草甸既是午休的最佳选择，也是远离繁忙城市街道，最适合小孩子休息的安全场所。从花园的东边看去，可以眺望到佛罗伦萨的绝美景致。另外，那里还有一个供应茶点的小咖啡厅。

大部分游客都从彼蒂宫广场的彼蒂宫进入花园，但其实还有一个更为安静的进出口。穿过福特观景台，同样可以进入花园。这座宫殿外面是安静的郊区街道与开阔的田野。除此之外，不要忘记每月的第一个和最后一个星期一花园都会关闭。**CFM**

→ 除了宫殿旁修剪整齐的花园和古典泳池，还有一些绿荫掩映的僻静景点。

住在马戈纳城堡
Stay at Castello di Magona

地点： 意大利托斯卡纳
网站： www.castellodimagona.it **价格指数：** $$

想要在利沃诺度过充满欢笑的假期，那就得住在16世纪的城堡之中。除此之外，估计也没有更好的选择了。马戈纳城堡位于厄尔巴岛对面，遥望着马雷玛的海岸线。城堡坐落在美丽的花园之中，是一栋巨大的豪宅。许多托斯卡纳身份显赫的公爵都曾住在这里，而让城堡尊贵地位得到认可的，则是利奥波德二世。

这座文艺复兴时期的住宅已经过完美的修复。进到屋中，品味着五百多年的历史，陶醉在奢侈的陈设之中。酒店有一个拱形的餐厅；赤陶土铺就的地面上铺着艳丽无比、做工精细的亚洲地毯。走廊的木质雕花天花板十分华丽，里面时常放满了沙发、书架，偶尔也会展出古代的大刀。卧室的墙壁被漆成雅致的颜色，窗外就是托斯卡纳山，以及点缀其间的柏树和橄榄树。房中的家具可不仅仅是配套那么简单：巨大的木制衣柜、带有顶篷的特制床和装在超大镀金框中的画作。画中的人物是身披铠甲的先人。

> “［利奥波德二世是］推崇物质文明、自由和宽容最为先进的倡导者之一。”
> 托斯卡尼大公利奥波德二世的讣告，《纽约时报》

酒店的陈设会把你带回16世纪贵族纵情享乐的世界。这种感觉是如此的强烈，以至于心中暗自期盼，绕到拐角的时候，或许能看到躺在沙发上休息的利奥波德公爵和尽职尽责的侍奉人员。**SWi**

探寻厄尔巴岛
Discover Elba

地点： 意大利托斯卡纳
网站： www.elbatuttanatura.com **价格指数：** !

根据古老的神话，女神维纳斯在第勒尼安海现身，浮出水面的时候，她的项链突然断裂，7颗珍珠就变成了托斯卡纳群岛的7个小岛，而其中最大的岛屿就是厄尔巴岛。现在，充满吸引力的小岛也保留了一些神话色彩。

厄尔巴岛最著名的是闪闪发光的海水（有些是欧洲最清澈的海域）和绝美的白色海滩。沙滩旁就是长满松树和冬青属树木的林地。古老的树林散发着栗子的香气，永不间断地吸引着过往的游客。这座独特的小岛还是欧洲最大海洋公园的一部分，因而吸引力也是提升了不少。潜水员在水下冒险的时候，红色的珊瑚会组成一幅视觉的盛宴。徒步攀登卡巴纳山（岛上的最高峰）的时候，则会看到野生的兰花、矢车菊和紫罗兰。

在岛上的首府费拉约港，优雅的建筑坐落在古老的海港中。这些建筑在街道上连成一线，荫蔽在褐色的阴影中。离开繁华的港口，既可以深入内陆探寻古老的村落，也可以循着远古牧羊人的蜿蜒小路，在芬芳的斜坡和繁茂的树林漫步，或者找一个宁静的小海湾，在那里感受祥和的氛围。

位于西南的费托维亚尤为吸引人，主要是因为那里有雪花石膏和花岗岩。来到历史悠久的马尔恰纳，从狭窄街道间的陡峭通道中爬过，让自己沉浸在浓郁的历史氛围之中。拿破仑曾于1814年被放逐到该岛。这座美丽的镀金监狱一定震撼过他；看着火红的落日，他一定会想起自己出生的地方——科西嘉岛。**KF**

→ 波吉奥小镇位于厄尔巴岛。镇子被茂密的森林环绕，街道通常由花岗岩铺就。

住在维卡尔罗城堡
Stay at Castello di Vicarello

地点：意大利托斯卡纳

网站：www.vicarello.it **价格指数：**$$

隐蔽的城堡坐落在意大利的格罗塞托省，周围是托斯卡纳起伏的群山和散布其间的绿色橄榄树和葡萄园。维卡尔罗城堡位于山顶之上，就像一个童话中的城堡。建于11世纪的城堡精致典雅，深沉的历史氛围和现代的豪华陈设相互交融，造就了一个与世隔绝的乡间温馨居所。城堡共有四间套房和一个套间可供选择。房中的古董和优雅家具将意大利风格和亚洲风格完美地融合在一起。

庭院中铺着鹅卵石，郁郁葱葱的树下是随处可见的阴凉角落。蜷缩在绿荫之下看书，或是在那里吃个午餐，都是不错的选择。在庭院和橄榄树林之中，有两个没有边沿的泳池。说到浪漫的环境，泳池周围的精致绝对堪称一绝。客人可以在露台上放松，在蜜色的砾石小径上漫步，也可以坐在舒服的藤椅子上喝一杯喜爱的饮品，看着太阳渐渐西沉。小型的水疗中心提供舒缓身心的治疗和瑜伽课程。全景套房的木梁天花板较为低矮，但窗户却很敞亮，石墙也很厚。

城堡利用自家栽种的食材烹制美食，其中以传统的托斯卡纳和地中海式菜肴最为诱人。尝一口佐以培根、鼠尾草和白葡萄的煎鸽子，然后再喝入一口维卡尔罗城堡的葡萄酒，必定会回味无穷。这种酒由城堡葡萄园中的赤霞珠和品丽珠混合酿造而成。

完全不用耗费时间，就可轻松适应这里缓慢的生活节奏和美好的生活，将全部心神放在牵动人心的风景之上。在花园中散步，从玫瑰花、摇曳的茉莉花、薰衣草和桑树林中穿过。天气晴朗的时候，咸咸的海风会轻轻拂过内陆，波光粼粼的大海在远处就可望见。**AD**

在兰达纳酒店放松
Unwind at L' Andana Hotel

地点：意大利托斯卡纳

网站：www.andana.it **价格指数：**$$

兰达纳酒店从前是托斯卡纳大公利奥波德二世的狩猎小屋。酒店所处的地方十分僻静，四周是古老的橄榄树林和马雷玛的葡萄园。此处极为安静，入耳的只有微弱的蝉鸣和斑鸠的咕咕叫声。

世界闻名的餐厅老板阿兰·杜卡斯与水疗界的革新者亚士霸建立了合作伙伴关系，将狩猎小屋改造成了豪华的兰达纳酒店。酒店拥有33间客房，提供的食物不仅美味，水疗也十分不错。既优雅又时尚地房间中挂着美丽的丝绸窗帘，装饰着意大利的编织物、托斯卡纳的古董和绚丽华美的床罩。但是，真正打动人心的是酒店的浴室；浴室四面都铺着大理石，部分浴室还配有足以装下整个足球队的巨大浴缸。

> "兰达纳酒店展现了马雷玛的特点……独特、真实而富饶。"
>
> 阿兰·杜卡斯，酒店的创始人之一

想要体验最极致的享受，就一定要试试整体背部、面部和头皮按摩。这种按摩会用到热石头，让客人得到深度的放松。治疗师的按摩技法娴熟，你会觉得昏昏欲睡，仿佛来到了天堂。在此之后，可以在活力池中泡个澡，或是品尝水疗室中的一系列美味小吃。纵情享受之后，可以在怡人的花园散步，让内心重新归于平静。要是还有精力，拥有三个球洞的高尔夫球场和网球场也可供娱乐。**HA**

住在利帕德欧奇亚
Experience Ripa d'Orcia

地点：意大利托斯卡纳

网站：www.castelloripadorcia.com **价格指数：**$

自建成以来，数百年的岁月已然逝去，利帕德欧奇亚城堡的墙壁、城垛和塔楼却依然矗立在那里。城堡位于意大利托斯卡纳一处极为僻静的地方。沿着一条蜿蜒的碎石小路，穿过欧奇亚山谷旁的树林，就会到达位于山顶的城堡。穿过门楼，就会进入城堡的防御工事。虽然现在看不到吊桥，但仍会产生一种闯入中世纪的感觉。进到里面，就会看到一个小村庄和教堂、纵横交错的石阶和小径，以及星罗棋布的花园、附属建筑和塔楼。此外还有面包店、木工车间、铁匠铺、橄榄油厂和粮仓，感觉好像来到了一个博物馆似的村庄。

长久以来，城堡一直是贵族锡耶纳家族的宅邸。为了让城堡保持原貌，该家族也是煞费苦心；直至今日，他们仍然住在城堡的主建筑中，至于城墙中的其他房子，很多已经用作酒店的客房和度假的套房。进到屋中，你会发现一切都未曾改变。简单朴实的房间中既有托斯卡纳的木质家具、暴露在外的横梁，也有赤陶砖地板和厚重的百叶窗。有些房间配有开放式壁炉和私人露台；所有房间都能看到绝美的景致。房中虽然没有电视或电话，但却配有现代的浴室。城堡唯一的现代化改建位于全景露台之上，那里建造了一个极好的露天游泳池。

公共餐厅的菜肴十分丰富，新鲜的食材都是从城堡花园中采摘来的。古老的谷仓经过改造，不仅变成了阅览室，里面还设有一个巨大的开放式壁炉。如今，城堡的全部占地面积仍有800英亩（324公顷）。除了榨取橄榄油和酿造食醋，城堡还酿造红白葡萄酒和甜葡萄酒。古老的酒窖已被改造成了一个美丽的品酒室，以便客人当场购买此处自产的葡萄酒和特级初榨橄榄油。**SH**

在萨图尼亚温泉放松
Relax at Terme di Saturnia

地点：意大利托斯卡纳

网站：www.termedisaturnia.it **价格指数：**$

三千多年来，天然的温泉都注入同一个火山口中。现在，这个火山口后方建起了一座酒店，即“萨图尼亚温泉水疗和高尔夫度假村酒店”。这座别致、简约的酒店位于马雷玛萨图尼亚古老村落的最末端，是世界上最知名的水疗中心之一，其医疗保健和传统美容治疗也是享誉盛名。现在，酒店的50个治疗间已经全部投入使用。

地下的温泉从石头的微小裂缝中慢慢渗出，将盐分和矿物质融入其中；四十多年之后，这些水流才能到达酒店日夜冒着气泡的热池。酒店拥有一百四十个房间、一个室内游泳池和六个室外游泳池、两个餐厅、一个健身中心、几个网球场、一个再现罗马传统风格的澡堂以及一个适合锦标赛的八球洞高尔夫球场。

> “雨水经过地面的过滤，汇聚到死火山的火山口处，形成了这个水池。”
>
> 丹尼斯·坎贝尔，《观察家报》

无论是褐色的小山、郁郁葱葱的葡萄园，还是位于山顶的村庄以及中世纪的城堡，几个世纪以来，托斯卡纳的景致一直吸引着游客。马雷玛的牛仔们仍然使用传统的方式牧牛；伊特鲁里亚的遗址分散在各处。此外，附近的中世纪城镇蒙特梅荷诺和超凡脱俗的小镇皮蒂利亚诺都是非常值得游览的地方。**TW**

住在博尔戈圣皮埃特罗旅店
Stay at Borgo Santo Pietro

地点：意大利托斯卡纳

网站：www.borgosantopietro.com　**价格指数：**Ⓢ

约700年前，欧洲朝圣者去往罗马的时候，博尔戈圣皮埃特罗就是他们休息的场所。这座极小的房子坐落在高地之上，位于樱桃园和用于观赏的花园之中，其历史可以追溯到13世纪。沿着古老的朝圣路走上5分钟，就会来到漂亮的村庄帕拉扎多。另外，旅店距离锡耶纳和托斯卡纳海岸都只有半个小时的路程。

近来，古旧的别墅及其附属建筑已经改建成了奢侈精致的度假旅馆。博尔戈旅馆和你心目中的意大利豪华住宅一模一样：古老的面包店已经变成了最先进的水疗，食物也都是从有机花园中采摘的；不含化学试剂的无边沿淡水泳池周围是堪称完美的花园。旅馆虽然奢华，却也温馨舒适，里面只有八个卧室。房间的装潢充分体现了古典的风格，例如华丽的灰泥装饰墙壁、镀金框的镜子、挂毯、木梁天花板、独立式的浴缸和开放式的壁炉。巨大的床上放有丹麦手工制作的特殊床垫。

> "科尔托纳是我们第一个住过并经常回来住的地方。"
>
> 弗朗西斯·梅耶斯，《托斯卡纳艳阳下》

别墅华丽的烛光餐厅坐落在立有廊柱的露台旁，客人既可以在这里就餐，也可以在池塘边的花园就餐。餐厅提供的是意大利最好的菜肴，使用的材料可能是酒店花园栽种的，也可能是当地农场或其他地方供给的。**SH**

游览阿米塔山
Explore Monte Amiata

地点：意大利托斯卡纳

网站：www.sienaonline.com　**价格指数：**❶

远处，巍峨的雄峰高耸入云，直插入托斯卡纳的天际。阿米塔山是意大利排在埃特纳火山之后的第二高火山。足有5,680英尺（1,731米）高的火山是托斯卡纳前亚平宁山脉最北端的高峰。这条山脉分布在托斯卡纳南部一线，由星罗棋布的火山组成。

虽然火山最后一次喷发是在18万年前，但其核心部分仍然保持过热状态，最终才能在底部形成温泉。几个世纪以来，意大利和其他国家的游客不断涌向这里的温泉。人们认为，含有丰富矿物质的泉水有放松和治疗的效果。附近的健康中心数量众多，大多都提供全年的热水浴。有些人在温泉旁建立了复合型的水疗中心，或是依照周围的地势，在附近开辟了天然的泳池。

然而，浸泡地热温泉只是阿米塔山众多旅游项目中的一个。休眠的火山上还有纵横交错、树立着路标的小路。这里也是最受徒步旅行者欢迎的旅游线路。上方的斜坡被浓密的森林覆盖，林中既有山毛榉，也有冷杉和栗子树；行至下方，则会见到橄榄树和奇形怪状的火山岩。12月到3月，小路会被皑皑的白雪覆盖。除了在林中体验越野滑雪，游客也可以去山上的滑雪场滑雪。

数百条不尽相同的小路分散在阿米塔山附近，让游客可以领略到丰富多彩、独具魅力的山景。从淡水温泉到山坡上交错的小小村庄和城镇，山上的景致也是仪态万千，其中以阿巴迪亚圣萨尔瓦多小镇最为著名。该镇以本笃会修道院（托斯卡纳最古老的本笃会修道院之一）为中心，环绕其修建而成。时至今日，建于11世纪的小镇依然保存完好。**JP**

探寻马雷玛
Discover the Maremma

地点： 意大利托斯卡纳/拉齐奥

网站： www.lamaremmafabene.it **价格指数：** ❶

要是觉得托斯卡纳已经失去了原始面貌，变成了过度开发的旅游景点，那就有必要纠正一下这种想法。马雷玛横跨托斯卡纳西南部和拉齐奥北部，由壮观的海岸、森林和山峰组成，是个充满原始魅力的地方。该地区尤为著名的是长达100英里（160公里）的岩石海岸。海岸边布满了渔村，美丽的海湾也非常适合游泳。

若是希望荒野上布满餐厅，那就应该去福洛尼卡海湾游玩。在卡拉玛蒂娜、卡拉维欧利娜和卡斯蒂廖内-德拉-佩斯卡亚的沙滩上享受日光浴；利用间隙时间品尝丰富的美食。享用当地佩科里诺干酪的时候，最好配上几杯莫莱里诺-德-斯坎萨诺葡萄酒。除此之外，也可以去吉格里岛和加努特里岛游览，欣赏矗立在碧蓝地中海中的峭壁。作为著名的潜水地，蒙特塔里奥的海角也是不错的选择。

沙滩边的松树林中零星散布着几个泻湖，水面上则聚满了水鸟和其他鸟类。此处原本是一整片湿地，直至墨索里尼将这里的水源耗尽。9月至4月，观鸟爱好者可以去拉古纳绿洲鸟类保护区游览，或者去意大利最重要的鸟类栖息地——布拉诺湖。无论是生活在意大利，还是迁徙到意大利的鸟类，超过一半的物种都可以在这里看到。

要是节日期间来此游玩，一定要留意观看牛仔为特殊日子备马上鞍的场景。另外还要亲自见证，马雷玛仍然因其狂野的一面而感到欣喜。**PE**

“托斯卡纳，特别是阿根塔略的景色可以和任何地方媲美。”

蒂姆·杰普森，《每日电讯报》

↗ 近100年前，湿地的水源枯竭。从某种程度上说，如今的马雷玛仍然是尚未被开发的地带。

探索佩鲁贾
Explore Perugia

地点： 意大利翁布里亚

网站： www.comune.perugia.it; http://tourism.comune.perugia.it

价格指数： ❶

佩鲁贾是一个迷人的要塞城镇。城中不仅有巨大的石头墙、红瓦屋顶，还有古老的大门和拱门。灿烂的阳光照耀着城中古典风格的壁画，高处可以俯瞰到全城的景观。小城展现了最具代表性的意大利景致，美丽的景色和文艺复兴早期的画作极为形似。站在城中最高的大教堂中，就能看到绵延至远方的一排排山峦，婀娜的柏树和种满橄榄树和葡萄藤的陡峭斜坡。在古老的城墙中，有许多充满情趣的地方。这里是闲逛或漫步的最佳地点（意大利最常见的休闲方式就是散步），也是感受当地文化娱乐的最好选择。

佩鲁贾多样的建筑风格让人们得以一窥小城昔日的辉煌。巨大的伊特鲁里亚城墙和达古斯托拱门建于公元前4世纪（提醒着人们残暴的罗马人曾经洗劫过这里），而建于中世纪的传道者宫殿则由白色和粉红石头筑成，十分优雅美丽；翁布里亚的国家美术馆也在这里。宫殿旁边是大教堂广场，其中的非凡雕塑铸于13世纪，点缀着马焦雷喷泉。充当背景乐的钟声深沉而悠远，偶尔会突然插入几声现代生活的嘈杂响声。

进入幽深的时间隧道之中，就能进一步领略到佩鲁贾的血腥历史。自动扶梯将你带到罗卡宝丽娜，也就是巴利奥尼家庭过去的总部。这个嗜血的家族一度控制了这座城市，直至同样令人厌恶的教皇保罗三世将许多家族成员谋杀，并将他们的遗体和宫殿、7座教堂和138间房屋一同埋入岩石堡垒之下。**SWi**

→ 中世纪的马焦雷喷泉由福哈·贝威奈特设计，尼古拉和乔瓦尼皮萨诺建造而成。

在托迪城堡放松
Relax at Todi Castle

地点： 意大利翁布里亚

网站： www.todicastle.com　**价格指数：** $$$

宏伟的中世纪堡垒属于一个家族。城堡矗立在意大利中部翁布里亚起伏的苍翠群山之中，为人们提供了一个体验意大利城堡的好机会。尽管托迪城堡将轻松自在的自炊式住宅和豪华的顶级服务完美地结合在一起，却无法隐藏真实的历史：长久以来，这里一直是个战火不断、防御坚固的据点。中世纪时，士兵将大桶沸腾的油从城垛中抛出，许多士兵的尸体就遗留在这里，后来才被发现。高高的石墙、塔楼、射箭的缝隙和地下秘密遁道保留了下来；无论触碰到城堡的哪个部分，都会感受到过往的历史。

城堡会为客人准备早餐、清扫房间并提供优质的亚麻床单和毛巾。除此之外，城堡的主人会依照你的需求，尽可能少或尽可能多的为你提供服务。你可以在厨房自己烹制食物，也可以让城堡为你准备午餐和晚餐。

城堡的主建筑中设有4间卧室，独立的一翼还可以睡下3个人，而其他的3个别墅则用于出租。城堡外有一个附带游泳池的花园、俯瞰全景的阶地和延伸至葡萄园、橄榄园和小鹿公园的倾斜草坪。公园四周建有围栏，而这几个园子的周围都挺立着一排排松树。在这个偏远的地方，还有很多事情可做。业主会提供私人旅游、山地自行车、徒步旅行、上门按摩、私人教练、品尝食物、烹饪展示等活动和服务。烹饪展示还包括一个亲自制作意大利面的课程。除此之外，城堡的主人甚至会带你参观当地的酒窖、农场和橄榄油厂。**SH**

← 托迪城堡位于翁布里亚省。向城堡的西侧看去，映入眼中的是倾斜的绿色草坪和果园。

参观意大利“其他”湖泊
Visit Italy's "Other" Lakes

地点： 意大利意大利拉齐奥

网站： www.lagodibolsena.org/en　**价格指数：** ❶

将加尔达湖、科莫湖、卢加诺和马焦雷湖统统抛诸脑后，去罗马北部拉齐奥的三个火山湖游览吧。布拉恰诺湖自身名气并不大，比较出名的反而是湖边的城堡，但这绝对是件好事。汤姆·克鲁斯和凯蒂·赫尔姆斯2006年在这座城堡中举办的婚礼。因为大众旅游尚未触及这个湖，所以这里就成了躲避罗马炎炎夏日的僻静场所。湖水四周环绕着森林、橄榄园和花园；游客可以在湖上进行帆船和滑水等水上运动，也可以去参观城堡，了解痛失所爱的传说，探寻死亡的故事、秘密通道和中世纪的恶行，然后绕着烛光壁垒走上一圈。

> “由于这里没有重工业，水源才得以免遭污染的厄运。”
>
> 斯蒂芬·普里查德，《观察家报》

博赛纳湖是意大利最大的火山湖。湖泊呈圆形，周长达到了71英里（115公里），中心坐落着两个小岛。低矮的小山环抱着湖水，藤本植物覆盖着全山；作为欧洲最纯净的湖泊，博赛纳湖还有几个非常适合游泳的海滩。在湖边杳无人烟的一侧，还隐藏着数个小海滩。潜水员和航海者也非常喜爱这里。

维科湖虽然是最小的湖，全长却也超过了7英里（11平方公里）。维科湖其实是个火山口，自然保护区就在其周围，维纳斯山则俯瞰着这个湖泊。根据传说，这个湖泊的形成和大力神赫拉克勒斯有关。相传，赫拉克勒斯不顾当地人的要求，贸然拿起他的棍棒。这时，一条河流突然出现了，继而形成了这个湖泊。**LD**

住在向日葵休闲酒店
Stay at Sunflower Retreats

地点： 意大利拉齐奥

网站： www.sunflowerretreats.com **价格指数：** $$

罗马沦陷后，为了保护当地人不受外来野蛮入侵者伤害，一个防御坚固的避难所就在山顶诞生了——卡斯派瑞亚。这个阳光灿烂的中世纪村庄距离罗马仅有45分钟的路程。如今，在村中美景的衬托下，向日葵休闲酒店的瑜伽之旅变得更加富有情趣。从村里的福哈尼宫殿到附近的洞穴（阿西西的圣弗朗西斯居住和学习的地方），这里的精神境界和更为现代、追求健康的思想完美地契合在一起。

> "体验真正的意大利乡村生活，从真正的整体和精神体验中获得益处。"
>
> 《意大利杂志》

向日葵休闲酒店最核心的项目是瑜伽。在改建的谷仓中，有一个地下流淌着淡水温泉的工作室。日常的课程包括按摩、灵气治疗和美容治疗等有助于消除任何由工作引发的疲劳。或者，你也可以品尝红酒或参加意大利烹饪课程消磨时间。酒店的客人和当地居民都在诱人的休息室兼咖啡馆中吃饭或娱乐。这里既提供有机自助早餐、零食和饮料，也会开设晚间娱乐活动。

住在这里，可以探寻橄榄园、幽暗的树林和群山，以及毗邻的村庄。尽管生活节奏较为缓慢，此处仍是个充满跃动的地方。向日葵休闲酒店为单人旅行者组建了气氛友好的团体旅游。假如好朋友和夫妻喜爱瑜伽，想要领略乡村的田园风光，同样可以加入团体旅游。**OM**

住在维奇亚驿站酒店
Enjoy La Posta Vecchia

地点： 意大利拉齐奥罗马

网站： www.relaischateaux.com/posta **价格指数：** $$$

酒店周围的景色会让人想起17世纪法国大师克劳德·洛兰画中的景象。维奇亚驿站酒店坐落在哥特式的城堡旁，其地基好像深入水中。来到这里，好似回到了旧日时光。然而，酒店距离罗马的中心并不远，乘出租车很快就可到达。利多迪法罗就在该市最主要的机场附近，到了晚上，就会看到那里闪烁的灯光。

维奇亚驿站酒店最初是澳德斯科奇王子供给客人居住的客房，隔壁的城堡就是王子的产业；后来，旅馆变成了驿站（酒店也因此而得名），此后又被废弃了长达一个世纪之久。1965年，美国百万富翁约翰·保罗·盖蒂不仅买下了这栋房子，还叫来考古学家研究这栋房子。他们发现该地原本建有一座罗马时期的别墅。在酒店的地下室，可以看到他们的诸多发现。

如今，盖蒂收藏的部分古董仍然充斥着整个酒店，其中就包括华美的三脚桌和玛丽·德·美第奇存放嫁妆的宝箱。卧室中也有一些珍贵的家具。在一间套房中，就有一个原本属于科隆纳王子的17世纪的睡床。

直至20世纪90年代初期，这里才变成了一座酒店。首尾两端的开放式拱廊如今已被一个餐厅和游泳池填满。尽管大部分葡萄酒都是高级奢侈的布鲁内洛和巴罗洛葡萄酒，却也可以品尝到一些当地的葡萄酒。喝完顶级的弗兰卡蒂葡萄酒，肯定会对这种白色葡萄刮目相看，不再保持鄙夷的态度。夏日时节，可以在露台上用餐，低头便是地中海奔腾的海浪。**GMD**

→ 奢华的维奇亚驿站酒店原本是澳德斯科奇王子招待客人的房子，图中是酒店的前部。

游览萨比娜的群山
Visit the Sabine Hills

地点：意大利拉齐奥
网站：www.sabina.it/index-i.html **价格指数：**❶

距离罗马不到一个小时路程的萨比娜是个布满山丘的地方。在起伏山峦的顶端，点缀着许多中世纪的村庄，极小的洛坎提卡就是其中的一个。纵横交错的鹅卵石街道遍布整个村庄，其下就是中世纪所建的壁垒。每年8月，村中都会开展为期四天的节日庆典活动。届时，游人不仅能欣赏到训鹰表演、火焰喷射表演和野猪宴，还会看到色彩缤纷的中世纪盛大庆典——庆祝圣母升天的游行队伍。要是觉得在迷人的村中漫步太过悠闲，不妨用上一天的时间，徒步走到皮滋托山。这座海拔近4,265英尺（1,300米）的雄峰是该地区最高的山峰。若是爬到山顶，就能眺望到被冬雪覆盖的巍峨泰米尼罗山，以及下方穿越山谷的台伯河。假如天气晴朗，还能看到罗马另一侧的第勒尼安海。

其实，为了欣赏奇妙的景致和体验宁静自然的山路，完全不必爬到如此的高度。卡斯派瑞亚也是一个位于山顶的村庄。由蜜色石头筑成的房子、塔楼和炮塔散布在村中，此外还有很多延伸至远处的平缓步行小道。这些小路由古老的骡马小径和林中小径组成，从绿色的橡树林（旁边就是银色的橄榄树林和葡萄园）中穿过。要是更喜欢在古老的建筑附近散步，那就一定要去法尔法的修道院或维斯科威欧的圣玛丽亚教堂。昔日的教堂和萨拜娜十分相似，奉行的都是简约的美丽。

返回城中之前，先要在波焦米尔泰托或卡斯派瑞亚的广场中享用一杯红酒，然后品尝一下萨比娜另一个不为人知的美食：当地的初榨橄榄油。**SWa**

→ 只有800个居民的托菲亚村坐落在萨比娜群山的顶部，南边就是罗马。

住在德拉戈内蒂别墅酒店
Enjoy Villa Dragonetti

地点：意大利阿布鲁佐

网站：www.villadragonetti.it　**价格指数：**ⓈⓈ

德拉戈内蒂别墅酒店是意大利艺术的杰作。别墅建于16世纪，原本是托雷斯家庭夏季度假的居所，后来经过细致地修复，现在已经恢复了昔日的辉煌。帕哥尼卡村位于阿布鲁佐地区，坐落在格兰萨索高山的山脚下，是个几乎没有被开发的村庄。德拉戈内蒂别墅就隐藏在这个村子里。广阔翠绿的草坪、迷宫式的花园和水池，仅仅看到外面的景观，就会立即被深深地震撼。

别墅的历史可以追溯到16世纪，但内部装潢却是在18世纪重新布置的。来自法国的艺术家接受了专门的委托，将别墅从上到下包裹在动植物壁画之中，营造出了一种华丽复杂、穿越时空的感觉。酒店只有4个双人间和3个普通套房。但正因为如此，这里才能真正形成温馨怡人的氛围。房间相当宽敞，室内既有壁画或墙体彩绘，也有真正的古董陈设，如大型的梳妆台、大型衣柜和厚重的窗帘。酒店的浴室也同样华美夺目、设计独特。此外，供来客居住的房子中还有3个房间以及一个小天井。

酒店的餐厅之所以在当地非常出名，主要是因为它的当地特色菜肴。当然，客人每天早上还能享用到酒店自制的美味早餐。花园的植物十分繁茂，非常适合举办婚礼。客人可以在室外游泳池旁享用一杯开胃酒，然后再去享用晚餐，或是在池中游一会儿泳，再去吃午餐。若是想在附近滑雪或徒步旅行，抑或是单纯地喜爱典雅的住宿环境，漂亮雅致的德拉戈内蒂别墅酒店都是不二的选择。**PS**

住在赛克唐堤欧酒店
Stay at Sextantio

地点：意大利阿布鲁佐

网站：www.sextantio.it　**价格指数：**ⓈⓈ

赛克唐堤欧-艾尔伯格-迪富索酒店坐落在意大利中世纪的小镇中。时间的流逝似乎对这个名叫圣斯特凡诺-迪塞萨尼奥的小镇没有什么影响。相比普通的酒店而言，这里反倒更像个雄心勃勃的文化项目。几年以前，这里还只是个被废弃的荒凉小村庄。米兰企业家丹尼尔·齐尔哥罕骑摩托车路过这里的时候，不仅爱上了这个地方，还决定在此地推行一个振兴计划。他想在发展当地旅游业的同时，保留当地的古老文化和民间传说。

> "凭借建筑之美和山顶的美景，圣·斯特凡诺让人们真正体验到了过去的生活。"
>
> 马克·扎奇亚，《城市与乡村》杂志

经过精心地挑选，齐尔哥罕成立了一个由考古学专家和研究人员组成的团队，并和他们一起设计了一个极其接近中世纪建筑的房子。这里的房间都由天然开采的岩石和石头筑成，不仅全部采用石穴结构，还装有巨大的木门（配有长长的铁钥匙）和充满自然风情的壁炉。手工编织的床上用品是由当地工厂制作的，食物则是当地出产的。此外，室内还加入了富有设计感的浴室、加热地板和远程遥控照明，力求达到舒适宜居。

酒店还拥有许多中世纪风格的作坊（投入使用当中）、一个中世纪风格的餐馆和很多用于展览的空间。走出酒店建筑群，村子的生命似乎延续了下去，仿佛数百年来未曾改变。**PS**

→ 他们想让赛克唐堤欧酒店看起来不像50年前的建筑，而是像500年前的建筑；修复的过程也是耗费了很多的心血。

走进马耶拉国家公园
Walk in Majella National Park

地点： 意大利阿布鲁佐

网站： www.parcomajella.it/LgENG/home.asp; www.uplandescapes.com　**价格指数：** ❶

“这里纯净、寒冷而干燥。粉状的雪花是干燥的，野兔踏出的足迹就在干雪之上。”

欧内斯特·海明威，美国作家，谈论阿布鲁佐

山势起伏的马耶拉位于阿布鲁佐的深处，与人潮涌动的海岸相距甚远。作为意大利鲜为人知的人间天堂，马耶拉不仅拥有山脉和草原，还有许多中世纪的隐蔽居所。

国家公园环绕着亚平宁山脉的第二高峰——阿马罗山。走进马耶拉地区的险峻高山，会看到各种各样的地形和景观。较低的地方布满了高山草甸和森林；越往上走，绿色植物就会越少，最后会看到如沙漠般荒凉的景色和小区域的终年的积雪。

德贡特哈是四处游览的理想出发点。这个小山村坐落在2,650英尺（810米）的山上，南面的风景非常优美，可以眺望到峡谷的原始高地牧场。许多旅游路线都从这里出发，你既可以选择充满挑战的登顶路线，也可以选择布满野花的悠闲路线。

此外，也可以花上半天的时间，徒步走到桑巴特鲁姆。沿着宽阔的砾石路走过草地和田地，再穿过吉蒙帝亚山谷所在的高原，就会见到这座中世纪的隐居所。蜿蜒的石子路旁有羊群在吃草；长满青草的小路边坐落着形状奇特的锥形石头房，只是建造房子的牧羊人早已不见了踪影。据说多年以前，只有迷路的基督教传教士碰巧进到山中，就会隐居在洞中，然后建立一个新的宗教派系。

欧赫芬托峡谷深邃而神秘，要是深入其中，就会见到更多古老的岩石隐居所。欧赫芬托河的水晶莹透亮，其间环绕着许多隐蔽的小路，岸边则是绿荫掩映的树丛。来到峡谷底部，游人可以沿着曲折的小径欣赏河岸的美景。**SWi**

⇱ 即使在同一水平面上观赏马耶拉的群山，仍然会觉得其充满浪漫神秘的感觉。

在圣神酒店尽情享受
Enjoy Santo Spirito

地点：意大利阿布鲁佐

网站：www.monasterosantospirito.it **价格指数：**$

建于1222年的圣神修道院是阿布鲁佐最早的西多会修道院之一。阿布鲁佐位于意大利南部，是个宁静安逸、历史悠久的地区。这里不仅风景优美，还拥有许多中世纪的村庄和国家公园。几年前，修道院被改建成了气势磅礴的旅店：高高的石头墙和高耸的钟楼是旅店的特色所在。在起伏的地势上，造型独特的矩形旅店傲然矗立在地面之上。

> “修道院被草木丛生的原始林地包围，狼、鹿和貂在周围悄悄地活动着。”
>
> 圣神修道院的官网

一旦穿过古旧的铁门，就会陷入沉静之中，说话的声音也会不自觉地变成轻声细语。修道院的修复工程堪称完美，就连最初的氛围和最本质的核心都得以完全复原。进到里面，首先映入眼帘的是一个宽敞的方形庭院（最初是个游廊）。庭院四周环绕着一个教堂（墙上的壁画绘于1280年）、一个食堂、一个宿舍和十二个朴素的客房。这些房间原本是修道士居住的地方。尽管后来的装修较为简单，但房间的装潢已经远胜从前。所有的房间都配有现代木制家具，并能俯瞰到中央庭院。

修道院中甚至还有个小型健身房和桑拿室，以及阅览室和一个可爱的露台。站在露台上，可以眺望到未曾改变的乡间美景。这里是放松、冥想、自省和思考哲学问题的最佳地点。**PS**

在拉赫赛维水疗酒店放松身心
Unwind at La Reserve

地点：意大利阿布鲁佐

网站：www.lareserve.it **价格指数：**$

拉赫赛维是个提供住宿的豪华水疗中心，而不是将水疗视为附属物的酒店。虽说如此，这里仍是个怡人的住宿地点。山坡上长满了常绿植物，而现代派的水泥玻璃建筑就像个令人愉快的堡垒，挺立在树林之中。无论向哪里眺望，都能看到周围的马耶拉国家公园。

走进这栋雄伟的现代建筑，就会自然而然地被宁静幸福的氛围所笼罩。这种令人感到平静的影响自大厅开始：白色的墙壁、设计师专门打造的座椅和抛光木地板共同营造出了舒适的氛围。水疗中心零星装饰着巨幅黑白照片（从天花板一直延伸到地板）和当代雕塑；巨大的圆形天窗为室内带来了自然阳光。明亮通风的卧室采用的是白色墙壁和简单的配色方案。

水疗中心之所以能建成，还得感谢四周的温泉。所以，来自亚平宁山脉的温暖硫磺水是中心重要的水源。大型户外温泉泳池或许是此处最引人注目的设施。每到夜晚，池水都会闪耀着蓝色的光芒，而到了白天，四周的全景露台又能俯瞰到明媚的景色。除此之外，椭圆形的室内温泉池周围不仅铺着木质地板，还立着许多梁柱，环境也十分优美。

中心有数量众多的治疗方案可供选择，还有一组专业的治疗师随时待命。这里的特色项目是泉水治疗，因为水中含有解毒的成分，所以中心也鼓励客人饮用这些水。另外，客人也可以尝试最先进的治疗，例如呼吸再生治疗、按摩、天然热疗和营养学疗法，甚至有机会体验用当地厚厚热泥浆盖满全身的地热矿物泥疗法。**SH**

在里贾纳-伊莎贝拉放松

Relax at Regina Isabella

地点： 意大利坎帕尼亚

网站： www.reginaisabella.it　**价格指数：** ⓈⓈ

里贾纳-伊莎贝拉酒店位于那不勒斯湾的伊斯基亚岛上。酒店就坐落在水边，四周环绕着裸露在外的岩石和起伏错落的绿色植物。石头筑成的堤坝给大海带来了宁静，也给享受日光浴的人们提供了额外的空间；堤坝一侧是僻静的私人沙滩，远处则是美丽的村庄和群山。旅馆后面有一个小广场，里面建有教堂、博物馆和古董市场。

岛上的景色令人赞叹不已，也难怪富有的意大利电影制片人于20世纪50年代建造了这个酒店，并在短时间内得到了国际名流的青睐。进到屋中，仿佛还能看到理查德·伯顿或查理·卓别林等过去的常客。他们在美丽的瓷砖地板上踱步，躺在特制的那不勒斯家具上休息。挂毯、马赛克和现代艺术品被用来装饰墙壁；无论透过哪扇窗户，都能瞥见广袤无垠的大海。

卧室展现了传统意大利设计的美丽，套房中还配有私人露台和游泳池。你可以斜靠在阳台古旧的柳条椅上，也可以找一家餐厅吃饭。餐厅的特色菜多为新鲜的海鲜，窗外的景色令人心驰神往。

酒店下面就是富含矿物质的温泉。远在古典时期，这里就已吸引了许多泡温泉的人。现在，酒店拥有上下两层的豪华水疗中心，并使用当地具有治愈作用的火山泥为客人提供治疗。酒店共有四个水池，若要在其中做出选择，想必十分困难。酒店前方悬于大海之上的水池也许是最好的选择。那里不仅有净化的海水，还可以俯瞰到壮观的景色。**SH**

→ 里贾纳-伊莎贝拉共有四个游泳池。其中的一个泳池俯瞰着那不勒斯湾。

在米加罗酒店放松
Unwind at Micalò

地点： 意大利坎帕尼亚那不勒斯
网站： www.micalo.it **价格指数：** $$$$

那不勒斯海湾的自然奇观实在太美丽了，以至于狂野迷人的巴洛克城市往往被游客忽视。米加罗酒店就坐落在这座城市的高档居住区——基艾亚。住在这里，既会觉得欢欣鼓舞，又会感到放松，仿佛置身于天堂之中。酒店外就是长长的街道“基艾亚的里维埃拉”；西班牙总督和当地贵族在那里建造了许多住宅，街上的生活多姿多彩、喧闹繁华。

在外面看来，酒店好似是一座摇摇欲坠的17世纪宫殿，但只要进入里面，就会被梦幻般的陈设包围。美妙的气氛就如同补品一般，让那些在那不勒斯冒险的人们重新振奋精神。带有弧度的洁白墙壁，再加上乳白色的大理石地面，整个酒店都变得空灵起来。那不勒斯的新兴艺术家创作了很多绚烂的作品，也为酒店增色不少。低矮的植物和精雕细琢的火山岩散步在各处，而9个客房则大多形如洞穴。房中不仅有高墙，夹层中还时常建有艺术和禅宗风格的浴室，其下则是巨大的床。

> “房间的天花板很高，整体设计简洁明快，装潢则是富丽堂皇，各个房间充分连接在一起。”
>
> 《周日先驱报》

时尚的艺术酒吧由意大利大理石雕刻而成，里面不仅能吃到美味的早餐、茶点和那不勒斯的食物，还能看到城市公园和大海。基艾亚有很多别致的商店、画廊和绝好的餐馆。而乘坐水翼船的最佳地点则是梅尔杰利纳码头。只要搭乘小船，就能去海湾附近的岛屿和沿岸的度假胜地游览。**NB**

住在米纳维塔酒店
Stay at La Minervetta

地点： 意大利坎帕尼亚
网站： www.laminervetta.com **价格指数：** $$

20世纪50年代，索伦托悬崖边的餐厅被改建成了一座高档的酒店，设计师的梦想也得以实现。和普通的酒店相比，这里似乎更像是现代派的地中海阁楼式公寓。即使将酒店的图片放到时髦的室内装潢杂志上，也不会显得突兀。那不勒斯温暖的阳光从落地窗中倾泻而入，将光滑的螺旋托脚复古小桌照得闪闪发亮。壁龛和架子上陈列着艺术品和陶瓷收藏品，对比强烈的颜色完美地搭配在一起。

这座时尚的建筑令人感到温暖和友善，又不会显得过于前卫。无论是墙上悬挂的从古旧船只上取来的地图，还是咖啡桌上细心摆放着的小碗新鲜柠檬，屋中的一切都让人切实地感到温馨。酒店有12个迷人的房间，有些房间装有弧形的玻璃墙，可以180度全角俯视下面的蔚蓝水面。睡觉的时候，最好卷起百叶窗。如此一来，晨光洒满恢弘大地的时候，耀眼的光芒就会将你唤醒。酒店下面就是村庄；伴着村中教堂的钟声，你可以悠闲地踱步到厨房享用早餐。糕点、谷物、新鲜的水果和泡沫卡布奇诺咖啡就摆放在巨大的桌子上。白天可以在酒店的私人海滩上嬉戏，然后乘着水翼船去卡普里岛、伊斯基亚、那不勒斯和波西塔诺游玩。除此之外，也可以沿着三百级台阶走到下方的格兰德渔港感受传统的氛围。到了晚上，也可以和意大利人一样出外散步放松。

露台上放有沙发、沙发床和躺椅。客人可以躺在上面俯瞰全景，一边喝着鸡尾酒，一边欣赏夕阳西下，或是坐在按摩浴缸之中，眺望着远方的维苏威火山和闪闪发光的那不勒斯湾。这个时候，池水似乎越过了悬崖，伸向了远处。**AD**

在塞任酒店放松
Relax at Le Sirenuse

地点：意大利坎帕尼亚

网站：www.sirenuse.it **价格指数：**$$

250年来，这里一直是那不勒斯贵族的宅第。每年夏天，迈凯塞尔萨莱家族都会来此避暑。或许因为酒店的经营者仍是这个家族，所以整栋房子仍然像个宏伟的私人住所。作为波西塔诺小镇无可争议的第一酒店，塞任酒店自20世纪50年代以来，吸引了无数大名鼎鼎的作家和好莱坞明星。这座著名的酒店就位于阳光普照的海滨小镇上方；整个建筑被葡萄架覆盖，尽管下面就是街道，还是让人觉得和尘世相隔万里。

乘电梯到达露台，就会看到游泳池和纯洁的白色躺椅，以及拱形的玻璃用餐区。最好的是，这里还能看到绝好的景色。圣玛丽亚教堂色彩强烈的圆顶仿佛近在咫尺，越过教堂，就能望见蜿蜒曲折的塞任群岛（酒店的名字也取自该岛）。放满热水的小型健身游泳池俯视着如粉笔画般的波西塔诺小镇；水疗中心的土耳其浴和生物桑拿会让人得到彻底的放松，好似进入了另一个世界。

> “作为代表性的建筑之一，庞贝红色的塞任酒店彰显了意大利的热情好客。”
>
> 《康德纳斯特旅游者》

要是天气太热，可以暂避到优雅的客厅，或是在鲜花锦簇的露台上找一处阴凉的角落休息。若想游泳避暑，游客也可随意使用酒店的小船。游玩泳后，只需往回走上5分钟，就会到达波西塔诺的沙滩。将价格抛在脑后，预订一间带有阳台和浴缸的海景房，外面的景色一定会令你沉醉其中。**AD**

在卡萨安吉丽娜酒店尽情享受
Enjoy Casa Angelina

地点：意大利坎帕尼亚

网站：www.casaangelina.com **价格指数：**$$$

卡萨安吉丽娜酒店坐落在悬崖顶部，俯瞰着美丽的阿马尔菲海岸。然而，想要探索这迷人的海岸，却是有些困难，因为现代简约而又时尚的酒店实在让人不舍离去。卡萨安吉丽娜酒店位于一个名叫普莱亚诺的小镇中，两侧分别是阿马尔菲和波西塔诺。客人可以乘坐私人全景电梯下到海滩上去，然后在遮阳伞下享用鸡尾酒。此外，也可以在游泳池中游泳，遥望整个海岸线。酒店的水疗池中盛满了冒着气泡的热水，天花板上则布满了由光纤组成的闪烁繁星。

然而，别致的海滩还是不及优雅简洁的白色房间时尚。部分房间配有露台；日落时分，可以坐在日光浴床和椅子上赏景喝酒。酒店的一端坐落着许多成排分布的花园；坐在园中小憩，吸入的都是玫瑰的芳香。花朵在夕阳西下时散发出香气，令人感到身心愉悦；到了晚上，香气就会飘到阳台之上。酒店拥有4个名叫奥德西的靠海套间，要想保有绝对的私人空间，可以选择这些套间。渔民的房子则是情侣度假的最佳浪漫居所。

“天空钢琴”餐厅中烹制的都是传统的地中海美食，其香味和口味都是阿玛尔菲海岸特有的，与之搭配的葡萄酒也十分高级。客人可以坐在露台边用餐，欣赏外面的壮丽景色。晚饭后，踱步至鸡尾酒酒吧，其间可以驻足欣赏酒店中的当代艺术品，如美丽的穆拉诺玻璃、令人赞叹的画作和青铜雕塑。身为鉴赏家，不妨在雪茄室中喝一杯格拉巴酒，顺便眺望外面的美景。

要是舍得离开卡萨安吉丽娜酒店，只需驾车行驶一小段距离，就可到达波西塔诺、阿马尔菲和拉维罗。**AD**

参观鲁菲洛别墅花园
Enjoy Villa Rufolo Gardens

地点：意大利坎帕尼亚
网站：www.villarufolo.it **价格指数：**S

四方形的塔楼静静地矗立在树林之中，将人们引入主教广场之中。穿过拱门、欧椴树和柏树林，一座13世纪的别墅就会出现在你的面前。建造这座别墅的是鲁菲洛家族；该家族不仅富有，还时常赞助艺术事业。尽管鲁菲洛别墅几经易主，却依然保留了很多原有的特点。

进入别墅，就会看到分散在各处的雕塑、古旧的拱门、摩尔风格的庭院和带有精致柱廊和凉亭的回廊。这些得以保存的陈设和建筑营造出了一种独特的氛围，让客人可以沉浸其中，放松身心。数不尽的作家和艺术家都在这里找寻到了灵感，而且大多是在酒店的花园之中。华丽的花园建于19世纪，设计者内维尔·里德将其打造成了颇具浪漫时尚风格的地方。爬到地中海高达1,150英尺（350米）的雄峰上，就可眺望到阿马尔菲海岸和奥尔索海角的壮丽全景。海角四周环绕着诡谲的悬崖峭壁，其上遍布着葡萄园和柠檬果园。

一年四季，花园都会飘散出香气，展现出绚烂的色彩。每个季节的花园都令人愉悦，但最热闹的季节还是夏季。4月至11月，世界闻名的音乐节会在这里举办，花园也会呈现出最完美的一面。音乐节最初是为了纪念德国作曲家理查德·瓦格纳，因为他在自己的最后一部歌剧《帕西法尔》中写道，这里就是“克林格索尔令人迷醉的花园”。现在，多样化的音乐形式更加受到音乐节的青睐：室内乐、管弦乐、芭蕾舞、音乐剧会在拉维罗众多的场馆中轮番上演。演出固然精彩，但还是比不过鲁菲洛别墅的花园。月亮升起时，观众就出神地坐在花坛之间，望着建在边缘处，仿佛漂浮在蓝天和碧海之间的舞台。**SoH**

鲁菲洛别墅的花园坐落在阿马尔菲海岸的至高处，俯瞰着美丽的海湾。

在圣多梅尼科农场酒店放松

Unwind at La Masseria San Domenico

地点：意大利普利亚区

网站：www.masseriasandomenico.com　**价格指数：**$$

若将意大利比喻为一支靴子，豪华的五星级度假酒店就位于靴子的后跟处。坐落在普里亚海岸边的圣多梅尼科农场酒店建于15世纪，是一座辉煌的白色建筑。改建以前，酒店本是一座农舍。从前，马耳他骑士曾利用农舍古老的瞭望塔抵御奥斯曼的攻击。

整个建筑弥漫着一种富有魔幻色彩的摩尔风格。32个房间和16间套房配有铁铸床，室内的陈设也很奢华。打开法式大门，就会进入橄榄园中，而远处的景色也同样令人心醉。越过郁郁葱葱的植物，就会眺望到波光粼粼的亚得里亚海。在修剪整齐的橄榄园中心，坐落着一个造型随意的咸水游泳池。宏伟的泳池四壁由岩石砌成。坐上免费的高尔夫球场班车，只需15分钟就可到达宽阔的私人海滩，并见到那里时髦的换衣间。

水疗中心的海水浴对排出身体毒素、净化身体和灵魂都有一定功效。浴场中使用的都是亚得里亚海的天然海水和富含矿物质的海藻。除此之外，这里还拥有网球场、水上健身房、带有十八个球洞的高尔夫球场以及风帆冲浪和潜水区域。与此同时，在普利亚附近还有很多洞穴和钟乳石，而巴里附近的卡斯泰拉纳岩洞也有许多岩石可供游览。巴洛克风格的莱切城是离这里最近的大城市。那里有许多热闹的娱乐场所，而附近位于山顶上的城镇奥斯图尼和玛蒂娜弗兰卡则拥有数量众多的古老教堂、咖啡馆和艺术画廊。

游览完，可以换上心爱的衣服，来到圣多梅尼科餐厅享用晚餐。这里原本是酿造橄榄的地方，如今却被改造成了餐厅，将酒店农场的食材直接烹制成各种美食。AD

“全身涂满泥后，就会进入一个塑料舱中，喷射而出的温暖水柱可以帮助肌肤排毒。”

《闲谈者》

⇖ 破败的农场早已被修复一新。即便到了炎热的夏季，闪闪发光的白色石墙也会让室内保持凉爽。

驾车游览普利亚区
Discover Puglia by Car

地点： 意大利普利亚区

网站： www.viaggiareinpuglia.it/hp/en **价格指数：** $

被海水包围的普利亚区位于意大利的脚后跟处，也是亚得里亚海和爱奥尼亚海交汇的地方。巍峨的悬崖上坐落着白色的房子、橄榄园、葡萄园和宏伟的教堂；古老的鹅卵石小径分散在各处。从历史悠久的造船厂到洁白的沙滩，再到制作手工意大利面条的家庭餐厅，这里不仅拥有广阔的视野，还拥有许多排列整齐的有趣景点。而且，大众旅游从未触及到这里（去的时候不要忘记带旅游常用语手册）。可以说，这里是远离人群、驾车旅行的最佳地点。

可供选择的旅游路线很多，喜欢海景的人们可以从玛格丽特-第萨沃伊出发，沿着海岸驾车游览。这座城镇最著名的就是盐矿和盐矿博物馆。要是继续前往古老的特拉尼渔港，就能欣赏到奥特朗托海峡的壮丽景色：去港口看捕鱼之前，应该先去参观一下大教堂。去完了渔港，下一站就是莫尔费塔海滩。充满活力的海滩吸引了众多的冲浪者。再往西南行驶一段距离，就会抵达另一个充满魅力的古老城镇——莫诺波利。

在此之后，应该空出些时间逛逛布林迪西。那里密密麻麻布满了古老的砖墙。欣赏过砖墙，就得去意大利最东边的奥特兰托小镇看看，欣赏一下镇子附近的史前洞穴壁画。（若是喜爱哥特小说，就应该带上霍勒斯·沃波尔所著的《奥特朗托城堡》，以便沿途阅读。）行至普利亚区的尖端，加利波利小城就出现在你的眼前。这个小城坐落在绝美的海滩上，和第一次世界大战中的同名战场毫无关联。加利波利的老城区位于石灰岩小岛上，通过一座16世纪的桥梁和大陆连接。最后，驾车开往高处的爱奥尼亚海岸，观赏那里清澈透明的海水。此外，吉诺萨附近的村庄尤为美丽动人。**PE**

住在帕可德尔
Stay at Parco del Vaglio

地点： 意大利普利亚区

网站： www.cvtravel.co.uk **价格指数：** $$$

普利亚的平原上坐落着一排排的橄榄园。来到这里，炎热干燥的感觉就会扑面而来。此处有一种名叫“特鲁利”小屋的独特建筑。这些神秘的白色房子是用圆形石头建成的，屋顶则是用黑色板岩搭建的，看起来就像没有风翼的风车。大多数房屋建于15世纪，并被人们视为一种很受欢迎的避税建筑。特鲁利的房子并不是用水泥建造的，可以随时拆除规避查收房屋税的稽查人员。等海岸上没人的时候，这些房子又可以重新搭建起来。

> “［阿尔贝罗贝洛］具有极为突出的普世价值……它代表了一种特殊的建筑类型。”
>
> 联合国教科文组织世界遗产委员会

虽然房子的历史听起来有些卑微，但仍有数以千计的如霍比特人一般的民居幸存了下来。欣赏特鲁利房子的最佳地点就是被列入世界文化遗产的阿尔贝罗贝洛镇。那里拥有1500多座特鲁利小屋，许多屋子仍然有人居住。蜂拥而至的游客将这里变得非常热闹，其中尤以夏天为最。要是想真正远离尘嚣，那就得前往乡村的圆顶小屋。

瓦利奥公园酒店是其中最好的住宅地之一。自助式的度假酒店由许多精心修复的特鲁利小屋拼凑而成，最多可以睡下8个人。此外，也可以将巨大的度假屋拆成数个小房间。即使没有空调，由传统厚石墙筑成的单层房子在夏天也很凉快。屋中不仅铺有原石地板，还建有高高的拱形天花板，此外还配有现代奢侈陈设和带有浴室的卧室。**SH**

在拉索密塔酒店放松
Relax at La Sommità

地点：意大利普利亚区
网站：www.lasommita.it **价格指数：**$$

在洁白无瑕的奥斯图尼城顶部，在迷宫般的狭小巷道之中，隐藏着一座名叫拉索密塔的奢华酒店。历史悠久的豪华酒店遥望着远处的橄榄园，俯瞰着亚得里亚海碧蓝、晶莹的海水。这里或许拥有意大利最时尚的装潢，但16世纪的建筑风格仍然得以保存。在酒店之中，仍能看到宏伟的穹顶、盘旋曲折的楼梯、石头墙壁和浮雕圆柱。

进入客房，就会看到米色的墙壁和精致的家具，而秉承极简风格的室内陈设都是由米兰

> “环状的奥斯图尼城建于小山之上，拉索密塔酒店就位于山顶的位置。”
>
> 《康德纳斯特旅游者》

精致品牌古缇提供的，因为该品牌是酒店的股东之一。要是发现了喜欢的陈设，还可以将其买下并运送回家。此外，也可以包下一个带有露台的房间欣赏海景。眺望大海的同时，早上还可以在露台上独自享用早餐，晚上则可以慢慢品尝开胃酒。冬季温度较低的时候，可以去日光浴室放松，或是在过去的酒窖中享受水疗。这里提供的定制治疗可以缓解旅行的疲劳和病痛。更好的是，酒店的餐厅会为客人烹制正宗的普利亚菜：经过完美的烹调，从当地捕捞上来的鱼类就会变成美味佳肴；餐厅的葡萄酒和面食也非常美味。除此之外，在户外的西班牙花园中就餐也相当不错，周围都是盛开的香橙花和挺立的橄榄树。

虽然酒店没有游泳池，但却有个私人海滩。除了骑马和骑车，酒店还开设了意大利烹饪课程。**AD**

住在托雷卡米利亚提酒店
Stay at Torre Camigliati

地点：意大利卡拉布里亚
网站：www.torrecamigliati.it **价格指数：**$

卡拉布里亚的宏伟建筑大都成了废墟，但18世纪的狩猎小屋却在精心修复之后，恢复的昔日的辉煌。这座名叫托雷卡米利亚提的小屋位于西拉格兰德的中心区，既是一座酒店，也是文化中心和文学公园。其实，建造这座小屋，主要是为了纪念英国作家诺曼·道格拉斯及其毕生的创作。公元19世纪，诺曼创作了经典的“大旅行”游记《古老的卡拉布里亚》。（旧时，英国富家子弟在欧洲各主要城市游览，作为教育的一部分，人们就将其称为“大旅行”。）这片私人房产占地200英亩（80公顷），给人一种温馨宁静的奇妙感觉。

二楼有许多接待室，其中摆放着19世纪的华丽家具。翻新后的12间客房十分相似；所有房间都采用古典的装饰风格，不仅配有铁床和古董衣柜，还能看到外面的公园，让人感到宁静平和。旁边的6个迷你套间由工人的茅屋改造而成，造型更为现代，设施更加齐全，适合夫妻和家庭居住。公共区域则延续了酒店一贯的宽阔风格，不仅包含巨大的卧室和壁炉，还配有享用早餐的美丽房间，以及偶尔用于音乐会和展览的宽敞大厅。来客中心位于一层：里面存放着无数关于“大旅游”的书籍，还设有米默·乔迪斯等人的摄影展，以及贩卖卡拉布里亚工艺品的商店。

周围的环境非常适合沉下心神，静静地远足散步；若是行至稍远一些的地方，就会看到星罗棋布的中世纪村庄、拜占庭教堂、迷人的乡村和古老的阿尔巴尼亚社区，甚至是古希腊定居点的遗迹。徒步游览附近的名胜，最好带上一个导游。**PS**

探寻伊奥利亚群岛
Explore the Aeolian Islands

地点： 意大利西西里

网站： www.italiantourism.com/island6a.html **价格指数：** ❶

闷闷燃烧的火山、冒着气泡的泥浆和烟雾缭绕的火山喷气孔，一直以来，这里都是充满动荡的世界。7个岛屿分散在西西里海岸附近，分别是利帕里岛、武尔卡诺岛、萨利纳岛、帕纳里亚岛、斯特龙博利岛、菲利库迪岛和阿里库迪。这些姐妹岛屿可是真正的炙热岛屿。

斯特龙博利岛和武尔卡诺岛上的火山都是活火山。虽然群岛上到处都有火山活动，但每个岛却都有自己的特点。有些岛上的火山口直冒黑烟，不见火星，周围散落着纵横交错的峡谷。有些小岛拥有黑沙海滩，其他的则拥有白糖般的沙滩；有些小岛草木贫瘠，其他的则苍翠欲滴。在幽深碧蓝的大海边，挺立着四分五裂的倾斜海岸，以及被大自然雕刻成各种奇异形状的岩石。

除了地形不同，每个岛屿给人的感觉也不同。乘喷气式飞机旅行的豪富阶层可能更喜爱华丽的帕纳里亚岛；每到夏天，岛上都会挤满了超级游艇。阿里库迪是个纯朴的岛屿，岛上唯一的交通工具就是驴子。据说，岛上的80多个居民都厌恶见到对方。萨利纳是植被最为茂密的小岛，而斯特龙博利不仅拥有迷人的火山，还有深入熔岩峭壁的小小黑砂海湾。在低调的利帕里岛上，坐落着许多乡村餐馆和花串沟壑；岛上不仅全年都有人居住，还有个相当大的镇子。镇里可以吃到当地的新鲜美食，例如野生茴香、樱桃番茄和鹅卵石街道上贩卖的各种本地鲜鱼。如果能忍受武尔卡诺岛硫磺的恶臭，请务必和意大利人一起在硫磺池中浸泡一下。据说，这里的池水能够治疗关节疾病和神经痛，并能使肌肤更加顺滑美丽。**LB**

↗ 利帕里岛是伊奥利亚群岛中最大的岛屿，离西西里岛的海岸有一段距离。

"群岛就好似一个混杂着原石和闪亮珠宝的袋子，而被其吸引的游客也是各不相同。"

《康德纳斯特旅游者》

蒙戴罗发现之旅
Discover Mondello

地点： 意大利西西里

网站： www.palermotourism.com　**价格指数：** ❶

提到巴勒莫，脑中浮现的可能是拥挤的城市街道，而不是金色的沙滩。但是，从喧闹的市中心出发，只需驾车20分钟，就会到达海边的小镇蒙戴罗。小镇原本是个繁荣的渔村，当地人过去一直在西西里的西海岸捕捞金枪鱼以图生计。捕鱼业衰亡后，他们很快发现了海湾的潜在价值。这里的海湾宽阔美丽，凭借着金色的沙滩和碧蓝的海水，蒙戴罗已然成了深受富有西西里人喜爱的度假胜地。

如今的沙滩上坐落着一排排汇成曲线的银色小屋。红褐色肌肤的西西里人躺在沙滩上享受日光浴，富有经济头脑的当地人却正在利用炙热的沙滩赚钱。他们就在沙滩上兜售冷饮。远处的海平面上，依稀能看到几个玩冲浪和帆船的人影。

沿着两侧种满棕榈树的街道，来到小镇的中心，就会发现蒙戴罗的贸易在很大程度上还是依赖着古老的捕鱼业。码头上停满了游艇和渔船；水边的众多咖啡馆和餐馆会将刚从海中捕捞上来的鱿鱼、海胆和虾送到你的桌上。

从这里眺望，可以清楚地看到海湾对面的景色，即佩莱格里诺山的巍峨岩壁。1624年，巴勒莫的守护神圣罗萨莉亚的遗骨就是在那里的一个山洞中发现的。人们相信，将这座城市从黑死病中解救出来的人就是圣罗萨莉亚。每年的7月14日，当地人都会在列队穿过巴勒莫，通过游行来庆祝这一节日。站在佩莱格里诺的顶峰，就能一览地中海的全景。**JP**

← 这些船不只是漂亮而已，在蒙戴罗海湾捕鱼的时候，还会用到它们。

住在杜卡勒别墅酒店

Stay at Villa Ducale

地点：意大利西西里

网站：www.villaducale.com **价格指数：**$$

不妨在脑中想象一下这样的浪漫夜晚：在私人露台中，一边小口抿着普罗塞克葡萄酒，一边俯瞰着爱奥尼亚的蔚蓝海水，或是凝视着盖有雪顶的埃特纳火山。火山喷出的缕缕烟雾和偶尔流出的炽热熔岩震撼着人们的心灵，打破了此处的平静。这里原本是西西里贵族的乡村居所，现在则由安德里亚和罗萨丽亚·桂杜西经营的优雅酒店，也是游览西西里和陶尔米纳的最佳住所。

酒店的地中海花园不仅配有小型水疗中心，

> "酒店的主人重现了私人别墅的原有氛围……[酒店的]员工热情真诚。"
>
> 玛丽·克莱尔·杰拉姆，《每日电讯报》

还带有供应早餐的露台，所以总能赢得客人的称赞；不论是公共房间中的赤陶瓦、漆彩陶器和锻铁器具，还是卧室中雅致的当地制品和家具，所有的陈设都能相互融合，既能做到精致美观，又不会显得太过于古板。

你肯定非常不舍得离开酒店，但只需步行十分钟，就可到达过去的中心小镇陶尔米纳。镇上绝美的山顶景观、美丽的遗址、雅致的商店和餐馆几十年来吸引了无数作家、皇室成员和好莱坞明星。他们来到此地，是为了观赏壮观的古希腊竞技场、埃特纳火山和离酒店不远的古老中世纪村庄——喀斯特莫拉。当然，他们也是为了西西里极为丰富美味的食物。**MN**

参观卡拉布朗第奇海滩

Visit Cala Brandinchi

地点：意大利撒丁岛

网站：www.sardegnaturismo.it **价格指数：**!

柔软的白沙在地中海碧蓝色的浅海处形成了一个匀称的半月形沙滩。凭借着如此奇妙的景观，位于撒丁岛东北沿岸的卡拉布朗第奇海滩又被人们戏称为意大利的"塔希提岛"。海滩和度假胜地圣特奥多罗小镇相距不远，相较于同样著名的拉辛塔海滩，卡拉布朗第奇似乎位于海岸的更上方。两个海滩都拥有细腻的白沙、清澈透亮的海水和沙质的海床，游客肯定很想到这个意大利西海岸的迷人小岛游览一番。

撒丁岛周围的水域是地中海最纯净的水域之一，供游客参观的海滩也都有专人每天打扫清洁。圣特奥多罗的海岸边点缀着十八个海滩，卡拉布朗第奇却总能以其广阔的沙滩和奇妙的景色脱颖而出。柔软的沙滩渐渐被平缓起伏的沙丘取代；被杜松树丛覆盖的沙丘背倚着繁茂的松树林。清凉的海风会让夏季的高温降低不少，即使到了冬天，岛上的天气也是舒爽怡人。

站在海滩上，可以遥望到远处的塔沃拉拉岛。作为曾经的小小王国，岛上却只住着几户人家。小岛全长3英里（5公里），海拔1,854英尺（565米）的加农山是岛上的最高峰。1997年，小岛被定为了海洋保护区，此后一直受到保护。环绕小岛的海水清澈温暖，一直深受潜水者的青睐。未经开发的海岸边生长着大量的野生动物，鸬鹚、海鸥、鸭子、苍鹭甚至是火烈鸟都可能出现在眼前。

在美妙柔软的沙滩上放松心情，然后就可以踏上短途旅行，返回圣特奥多罗小镇享用美酒与佳肴：毫无疑问，这里是结束撒丁岛田园旅行的最佳地点。**JP**

在撒丁岛沿岸划独木舟

Kayak the Sardinian Coast

地点：意大利撒丁岛

网站：www.locationsardinia.com **价格指数：**

撒丁岛被温暖、清澈、平静的地中海包围，近1,250英里（2,000公里）长的海岸线旁有许多适宜划独木舟的地方。小岛北部和东部的海岸起伏不平，其中隐藏着许多小海湾和神秘的海滩，沿岸的悬崖上还有海鸟的巢穴。但是，即使登上小岛，岸边也没有通往海湾和沙滩的路。

如果划着独木舟去探险，第一个要去的地方就是离岸最近的岛屿。这些岛屿大多无人居住，离撒丁岛也只有几英里而已。要是觉得日光太过炙热，摇桨的手臂也觉得酸痛起来，可以到白色沙滩上去休息。那里有一个舒适的露营区。在因清澈而闻名的大海上划行，值得欣赏的景致也是不少。海岸上坐落着几栋由意大利百万富翁建造的别墅。坐在船中，不仅能见到别墅最震撼人心的一面，还能看到被风雨侵蚀的岩层和岛上青铜时代的遗迹。

> “被海风侵蚀的花岗岩峭壁和岛屿组成了一个奇妙的群岛，分散在东北方向。”
>
> 吉姆·克莱比亚奇，《卫报》

一下午的水上之旅若是不能让你满足，还有更加富有挑战性的独木舟旅行路线等待着你。博尼法乔海峡就位于小岛7英里（12公里）开外的海域之中。海峡将撒丁岛和科西嘉岛分隔开来，是个适宜挑战的区域。在此处划行的时候，迎面吹来的是海峡著名的海风，两侧则是巨大的白色悬崖。沿途会遇到几个无人居住的岛屿：斯帕吉岛、圣玛丽亚岛、拉佐利岛和布代利岛都是值得一去的小岛。**LD**

参观萨拉宫酒店

Visit Xara Palace

地点：马耳他姆迪纳

网站：www.xarapalace.com.mt **价格指数：**

出租车在尘土飞扬的蜿蜒车道上奔驰，向着小岛中心的岩石山脊开去。最后，位于山顶的角塔和塔楼终于出现在眼前，我们就来到了被城墙包围的中世纪城镇——姆迪纳。因为乘客是萨拉宫的住客，所以出租车可以无视“禁止通行”的标示牌，直接从护城河上的窄桥上通过，驶过古老的门房，最后停在宏伟的诺曼庭院中。院中的石板地面早已破旧不堪，古老的宅邸就坐落在庭院后方。如此一来，客人就能感受到马耳他最好的酒店，即萨拉宫酒店的悠久历史。圣约翰十字军骑士统治这座岛的时候，西西里岛的大公就重返该岛，并直接在壁垒中建立了这座宫殿。

十年前，当地的一个家庭买下了这座荒废已久的宫殿，此后不仅花费数年将其修复一新，还将马耳他的古董和绘画作为其中的装饰物。他们在中庭里栽种了形状奇特的古老橄榄树，还在楼梯平台上放置了早期的发条留声机，很好地完成了修复工作。屋顶上的现代餐厅俯瞰着整个海岸，吸引着全岛的食客。历史悠久的姆迪纳也是饭后散步的最佳地点。纵横交错的狭窄小巷连接着高耸入云的宫殿、修道院和教堂。正因为如此，此处平日才禁止车辆往来，当地人才将这里称为“寂静的城市”；而萨拉宫一直受到名人的喜爱也就没什么奇怪的了。酒店的知名常客包括布拉德·皮特、罗杰·摩尔爵士和布鲁斯·威利斯。

酒店拥有17个客房，其中最好的是一间套房。这间浪漫的套房隐藏在蜿蜒石梯的尽头；巨大的露天浴缸位于城垛的私人区域中，在灯火的照耀下，发出璀璨的光芒。晚上的景色尤其吸引人；夜幕降临，就应该一边品尝着鸡尾酒，一边遥望瓦莱塔的闪闪灯火。**SH**

探索希耶斯群岛

Explore Las Islas Cíes

地点：西班牙加利西亚

网站：www.turgalicia.es　价格指数：Ⓢ

西班牙地处大西洋一线的海岸原始而壮观；绵延数里的海滩就是最天然的绝美景观。加利西亚地区位于葡萄牙北部，希耶斯群岛就分布在这片区域。群岛对面就是比戈城的西北海岸。过去，岛上时常有海盗出没，如今却已变成了一个荒无人烟、对外开放的原始国家公园。但是，开放的时间只限夏季而已。

在巴约纳乘坐前往普拉亚-塔罗达斯海滩的渡船，然后在那里慵懒地度过慢慢长夏。完美的海滩呈新月形，柔软纯白的沙滩后面散落着许多小沙丘，清澈晶莹的宁静泻湖就隐藏在沙丘之中。不论是青绿海水、白色沙滩，还是岸边绿树成荫的松树林，在大西洋同一侧的沙滩中，要说最能体现加勒比风格的海滩，那就非这里莫属了。岛上的营地能眺望到达海，食物也不像《鲁宾逊漂流记》中写得那么差。在僻静的小岛上，坐落着一家提供美味海鲜的尚佳餐厅。不过，要是带着行李和野营装备从摆渡点到这个营地，还是要走上半英里多的距离（1公里多）。

在群岛西侧，高耸的花岗岩峭壁承受了大西洋全部的冲击力，周围环绕着许多洞穴。群岛包含三个主要的岛屿（其中两个连接在一起），四周则散布着更小的岛屿和暴露在外的岩石。宁静的海滩固然具有很强的吸引力，野生动物也吸引了数量可观的游客。群岛的内陆被松树和桉树覆盖，其间点缀着紫色毛地黄的和白色的水仙花。

沿着带有标记的小径散步，沿途寻找野生动物的踪迹，然后慵懒地待在海滩结束一天的旅程。要是需要的话，岛上甚至还有一个专为裸泳者准备的海滩。**AD**

⇐ 拉岛群岛是自然保护区的一部分，也是海鸟们的家园。

住在国王天主教旅店
Stay at Hostal dos Reis Católicos

地点： 西班牙加利西亚

网站： www.parador.es/en **价格指数：** $$

西班牙共有85个由国家经营的酒店和旅馆。它们都位于西班牙最重要的历史建筑之中，其中的王者就是国王天主教旅店。这家旅店坐落在欧伯拉多罗广场之中，两侧的罗马式教堂和军事学院也同样壮观美丽。

据说这里是世界上最古老的酒店。1499年，这里是为聚集在圣城圣地亚哥成千上万的朝圣者建造的医院（现在是联合国教科文组织认定的世界文化遗产）。按照1000年前的传统，如果现代朝圣者走完了圣詹姆斯之路，就能获得免费的食物和住宿。（据说圣詹姆斯的遗体就葬在大教堂之中。）现在，除了现代浴室和一些奢侈用品之外，旅店看起来和当初没什么不同。气氛优雅的餐厅由马厩改造而成，里面的食物非常可口。见到了旅店的回廊、修剪整齐的药草花园和四柱床，就会觉得仿佛回到了500年前。国王、王后和总统都曾造访过这座神圣的殿堂，进一步证明了旅店崇高的地位。**TW**

> "即使我无法找到自己的圣剑，朝圣者……也会帮我找寻到自我。"
>
> 保罗·科埃略，《朝圣者》

国王天主教旅店位于圣地亚哥-德-孔波斯特拉，其中的庭院拥有五百年的历史。

在波萨达山谷酒店放松
Relax at Hotel Posada del Valle

地点： 西班牙阿斯图里亚斯

网站： www.posadadelvalle.com **价格指数：** $$

风格独特的农舍位于西班牙北部，坐落在皮克斯山脉的山脚下。虽然豪华和放纵完全与这里扯不上关系，但要是喜爱美丽的农村和环境价值超高的地方，并且对广阔的散步空地和自家栽种的食物很有兴趣，波萨达山谷酒店就会令你感到满意。

20世纪90年代，酒店的主人奈杰尔和乔安·伯奇将木石结构的农舍改造成了拥有12个卧室的传统酒店。奈杰尔是个著名的园艺家，而乔安则是个厨师。作为一对搭配默契的组合，他们将当地种植的食物变成了桌上的美味佳肴。其实，酒店还包含一个在欧共体注册过的、占地18英亩（7公顷）的有机农场。其中不仅养殖着山羊和稀有的夏尔达斯绵羊，还放养着很多只鸡和两匹阿斯图里亚斯小马。除此之外，农场还拥有传统的成捆干草和开满野花的草地，而且还会酿造苹果酒。

早在2008年，酒店的餐厅就赢得了西班牙"有机食品和生物多样性"大奖。在可能的情况下，餐厅会尽量利用农场出产的作物制作美味佳肴。吃早餐的时候，餐厅会为客人提供新鲜的苹果汁和自家烘培的面包。酒店隐藏在绵延起伏的灿烂绿色乡村之中，若要在附近找个附带餐厅的城镇，最近的也需步行45分钟。但是晚上的菜单十分富有新意，定能够满足你的口腹之欲。

就算没有汽车，也完全可以度过一个美好平和的假期。奈杰尔和乔安已为客人准备了至少一周的步行计划（都从酒店出发）；假如想去更远的地方游玩，也可以乘坐出租车。只需20分钟的车程，就会到达阿斯图里亚斯北部震撼人心的无名海滩。要是乘坐西班牙窄轨铁路FEVE火车前行90分钟，就会到达怡人的城市奥维耶多。**LC**

住在里斯卡尔侯爵酒店

Stay at Marqués de Riscal

地点： 西班牙巴斯克地区

网站： www.starwoodhotels.com　**价格指数：** $$

无论是喜爱还是厌恶，弗兰克·盖瑞都将西班牙的里斯卡尔侯爵酒庄改造成了现代酒店，并将小村庄带入了未来世界。走在酒店的红地毯上，朝着时尚豪华的房间走去，心中就会涌现一种独享奢华房间的优越感。泛白的枫木地板、皮革家具和黑色大理石浴室散发着奢侈的气息；卧室采用的绝对是21世纪的现代设计，里面配有丹麦品牌Bang & Olufsen的时尚平板电视。另外，盖瑞对客房的影响也是无处不在。从阿尔瓦·阿尔托极具创意的家具到法国知名品牌写意空间的亮红色POP椅，室内的陈设都是盖瑞亲自挑选的。

建于1858年的古老葡萄酒酒庄很有参观的价值，“葡萄酒大教堂”中的超凡酒类也是不容错过。自生产葡萄酒的第一年开始，酒庄每年都会贮藏一些优质的葡萄酒。至今，略带阴森的“地下室”中已经窖藏了约16,000瓶葡萄酒。酒瓶上早已盖满了灰尘，就像被遗忘的宝藏一样。来到充满情调的屋顶休息室，就能在品尝葡萄酒的同时欣赏到外面的美景。维诺提卡酒吧俯瞰着埃尔谢戈的中世纪教堂，就里面共有1,000瓶葡萄酒可供选择的，就像一个巨大的葡萄酒图书馆。其中包括桃红葡萄酒、里奥哈葡萄酒和卢埃达的白葡萄酒。想要品尝美食，油炸肉丸已为餐厅赢得许多奖项，肉饼配松露也是不可错过的一道佳肴。

在此之后，可以到欧缇丽葡萄酒水疗中心放松身心。巨大的筒状浴缸中放满了各种搅碎的葡萄籽；浸泡在具有药效的葡萄籽中，啜饮着对身体有益的葡萄酒。谁能想到享用葡萄酒的方法竟然有如此之多呢？**RCA**

← 盖瑞设计的波浪状钛合金屋顶十分独特，略带些超现实主义的风格；在里奥哈葡萄园的环绕之中，傲然屹立的屋顶显得格外与众不同。

在图伦农舍水疗酒店放松 Unwind at Mas de Torrent Hotel and Spa

地点：西班牙加泰罗尼亚 **网站：**www.mastorrent.com **价格指数：**$$

由莫兹雅小屋改造而成的酒店是个与世隔绝、休闲放松的好地方。酒店位于巴塞罗那和赫罗纳之间，坐落在加泰罗尼亚的乡村之中。18世纪的农舍十分宽敞，为了让客人感受其原有的魅力，酒店已经设法保留了许多原有的特色。在游戏房中，古老的橄榄压榨机依然矗立在那里。10个独立的小屋中都放有古董家具，令其魅力又增加不少。

酒店的小屋分散在广阔的土地上，两旁种着橘子树的小路连接着各个小屋。小屋包括两个浴室、一个巨大的卧室和一个单独的客厅，室内的设施就和家中一样齐全；其中的7个小屋由豪华套房和私人游泳池组成。客人要是在享受日光浴，酒店甚至为会他们提供消遣用的图书。为了让客人得到最好的享受，浴室中还摆放着一系列的化妆品。若是觉得精神紧绷，既可以去农舍水疗中心放松一下，也可以让女按摩师到房中为你进行彻底的全身按摩。

一旦放松下来，就会觉得食欲大开。除了客房服务，你还可以走出门外，寻到风味绝佳的餐厅。进到里面，就会被超凡的“美味”菜单深深地吸引。无论是开胃酒和四道头盘，还是鱼类或肉类菜肴，抑或是开胃甜点和正式甜点，所有食物都是用当地新鲜的当季食材烹调而成，而酒类则是当地酿造的。另外，酒店也有自己的药草园和菜园。

享用过那么多的美食，你会觉得第二天应该出去运动运动。这时就可以去酒店巨大的户外游泳池游一会儿泳，也可以去打网球，或是在酒店借一辆自行车，去周围的乡村探险游览。**JED**

↑ 原为18世纪农舍的酒店由黄色石头搭建而成，外观和氛围都和过去一模一样。

住在萨哈斯卡夏旅店 Stay at Hostal Sa Rascassa

地点：西班牙加泰罗尼亚　**网站：**www.hostalsarascassa.com　**价格指数：**$$

人们一般认为，优质的度假酒店必定既昂贵又豪华，萨哈斯卡夏旅店却打破了这种先入为主的观念。作为一个极其美妙的度假旅店，萨哈斯卡夏只有5个简单的房间，房中也没有电话，整个建筑都处于松树的隐蔽之下。旅店建于1916年，看上去却像一座古老的地标建筑。旅店距离艾瑞福莱达海湾只有130英尺（40米）。客人可以从比利牛斯山脉一路下到空旷的海滩，沉浸在沿途迷人的风景之中。此外，方圆数英里都见不到酒吧或迪厅，这里可谓是最隐蔽的美妙居所。

舒适的房间全部采用地中海颜色，里面放置着传统的橡木家具。秋天降温的时候，房中就会开始供暖。餐厅中的西班牙美食带有鲜明的地方特色，其中包括伊比利亚猪肉和烤蛤蜊，以及刚捉的沙丁鱼、鲈鱼和安康鱼。如果不想在室内就餐，也可在院中就餐；透过头顶的松树枝叶，就能欣赏到满天的繁星。在此之后，找一个安静的角落眺望海湾和四周的美景，手边还得放着一杯里奥哈葡萄酒和一碗橄榄。令人感到宁静的喜悦也就是如此了吧。

从风景如画的海湾出发，沿着一条狭窄的小路走到尽头，萨哈斯卡夏旅店就会出现在你的面前。旅店距离贝格只有几英里，是探索海岸线的最佳住宿地。沿着岩石周围的步行小道散步，在温暖的夏季到大海中游泳，然后在当地四处探索游览。这里才是真正的西班牙。这里离拥挤的海滩和吵闹的酒吧足有一百万英里，是巴萨罗纳市民周末度假的地方。游客可以在贝格的鹅卵石街道上漫步，顺便买些古董，或是在每周都有的手工艺市场上欣赏一下当地艺术家的作品。驾车继续前行，就会见到迷人的中世纪城镇帕尔斯和佩纳塔拉达，以及位于菲格雷斯的萨尔瓦多·达利博物馆。见到这些建筑，感觉好像回到了过去。

AD

↑ 旅店的餐厅通往一个挂满明亮灯笼的迷人庭院。

参观蒙特塞拉特修道院

Visit Montserrat Monastery

地点：西班牙加泰罗尼亚

网站：www.abadiamontserrat.net **价格指数：**❶

880年，一群牧羊人的孩子看到一道光束从天空直射向蒙特塞拉特的群山。这时候，天使开始歌唱，孩子们的心中也充满了喜悦之情。这种神圣的景象持续了一个月之久，人们发现光束最终落在一个山洞之中。当地的牧师寻到了那里，便见到了显圣的圣母玛利亚。到了11世纪，阿博特·奥利瓦在那里建造了一个小修道院。山中的修道院住着80个本笃会修士，时至今日，他们依然欢迎朝圣者来此住宿。

所谓的朝圣者，指的是所有来此寻求精神解脱的人。只要他们愿意进来，蒙特塞拉特的修道士就会和他们一同祈祷，并将食物分给他们。除此之外，游客们还可以参观博物馆。这座博物馆的设计者是何塞·普伊赫·卡达法尔克。除了这座建筑，很多巴塞罗那的标志性建筑都是由他设计的，例如“马蒂之家”，也被称为四只猫餐厅。博物馆中的藏品超过了1,300件；从古埃及石棺到21世纪的雕塑，藏品的种类极为丰富。蒙特塞拉特还有一个享有国际声誉的少年合唱团（14世纪甚至更早，这里就已成为了音乐学校）。

蒙特塞拉特的群山已经成为了自然保护区，非常适合徒步旅行。爬到圣杰罗姆山的顶峰，就可以望到层峦叠嶂的群山（在加泰罗尼亚语中，蒙特塞拉特是＂锯齿山＂的意思）。很多游客从巴塞罗那行至此处，然后在这里玩上一天。要是想在蒙特塞拉特多停留一会儿，可以住在阿巴特西斯内罗斯酒店或附近的阿巴特马塞特公寓酒店。**PE**

← 修道院隐藏在蒙特塞拉特山的阴影中，是个独一无二、令人难忘的地方。

在六感水疗放松身心
Relax at Six Senses Spa

地点： 西班牙加泰罗尼亚巴塞罗那

网站： www.sixsenses.com **价格指数：** $$

六感水疗中心位于巴塞罗那艺术酒店的42层和43层，俯瞰着无边无际的地中海和奥林匹克港口。酒店的位置本就难得，水疗中心更是凌驾于其他房间和工作间的最高观景点。桑拿房中摆放着一排排斯堪的纳维亚白色木质长椅。这些椅子柔和光洁，和玻璃墙上的几何边框相得益彰。透过整面的玻璃墙，既可以望见蓝色的大海，也可以享受加泰罗尼亚明媚的阳光。除此之外，中心还有两个俯瞰着整个城市的户外平台。

中心开创了一种独创的石头艺术疗法。这种疗法将地球上的多种自然治愈方法和按摩手法结合在一起，以求达到身心平衡、恢复活力的效果。最具特色的“六感之旅”要持续3个小时左右，但治疗过程很舒畅，感觉时间很快就过去了。另外，中心也提供色彩治疗或色光治疗：为了让身心变得更加健康，治疗间和蒸汽房分别采用六种色彩装饰。

假如城市的烟尘已经堵塞了你的毛孔，天然的泰式面部按摩就是最好的选择。这种按摩采用蜂蜜、酸奶、芝麻和荷芭油清洁皮肤，去除面部的死皮。豪华的冷热石面部精油按摩也是不错的选择；中心将温热和冰凉的石头放在脸部、脖子和肩膀进行按摩。喜爱挑战新事物的客人可以尝试一下霍皮族的耳烛疗法，即北美和南美原住民使用的一种古老疗法。治疗的时候，会在耳中放入并点燃专用的蜡烛，有益健康的气雾就会进入耳朵、鼻窦和咽喉之中。要是觉得治疗太多，也可以在这里锻炼身体。六感水疗中心拥有最先进的健身中心，客人可以参加瑜伽、太极和普拉提课程。**PE**

游览蒙特惠奇花园
See Montjuïc Garden

地点： 西班牙加泰罗尼亚巴塞罗那

网站： www.barcelonaturisme.com **价格指数：** !

与约贝拉花园已经完美地融入了巴塞罗那狂野炫酷的血液之中。但是，一旦看腻了高迪的奇妙建筑，这里就成了呼吸新鲜空气的清静之所。徒步也好，乘坐缆索列车或缆车也好，游客都可以远离城市的喧嚣，爬上蒙特惠奇的小山，到达山顶的花园。这座仙人掌花园位于米拉玛的入口处，俯瞰着巴塞罗那的港口。

花园是由建筑师若阿金·卡萨马约·伊戴斯伯纳设计的，园中的植物则由何塞普·帕奈罗负责栽种。其实，建造这些花园，是为了纪念马略卡岛的诗人迈克尔·科斯塔·犹布拉。加泰罗尼亚诗人科斯塔·犹布拉在此处见到了一株松树，才创作出了最为著名的诗篇——“福门托尔之松”，公园的纪念碑也是因此而设。花园中茁壮生长着两百多种仙人掌和多汁植物，原产地也是分布广泛，诸如肯尼亚、埃塞俄比亚和墨西哥等国家也包含在内。有些植物的高度甚至超过了20英尺（6米）。松树的种类也超过了12种，游客可以在树下乘凉。

> “两座山峰造就了我们的城市特色，提比达波山就是其中之一，而另一座就是蒙特惠奇山。”
>
> 巴塞罗那市议会

丽翁锦是园中最古老的仙人掌，人们又将其称为“安第斯山脉的老人”。这株仙人掌是从意大利进口的，已有两百多年的历史。在西班牙炙热阳光的照射下，蒙特惠奇的仙人掌投下了一片巨大的阴影，展现出超凡脱俗的一面。**EP**

住在欧姆酒店
Unwind at Hotel Omm

地点：西班牙加泰罗尼亚巴塞罗那

网站：www.hotelomm.es　**价格指数：**$$

巴塞罗那并不缺少设计独特的酒店，欧姆酒店却是最具特色的酒店之一。该酒店位于市内时尚的格拉西亚街区（购物的最佳场所），由建筑师朱丽·卡贝拉和室内设计师桑德拉·塔若拉及伊莎贝尔·洛佩兹共同建造而成。因为设计前卫，灯光幽暗，踏入酒店的瞬间，就仿佛进入了超现实主义的时髦"母舰"之中。尽管后现代主义的简约风格仍占主导，设计师所推崇的奢华仍然有所体现。这种奢华和新世纪的宁静氛围（酒店的名字也暗示了这种宁静）相互制约，最终取得了平衡。

开放式的大厅是个休息的好地方，里面放有一个可移动的壁炉。建有木板屋顶的露台也十分不错。站在那里，不仅能看到高迪设计的雄伟建筑"采石场"（米拉之家的别名）和神圣家族教堂，还能看到瀑布下充满魅力的水潭。房中光线充足，十分明亮，弯曲的墙壁透着诱惑的味道，随处可见高科技的设施。正面的房间配有阳台，后面的房间配有露台，位于上层的房间俯瞰着高迪的米拉之家。

名叫Moo的餐厅也同样别致。穿过玻璃门，就会进入种满巨型竹子的庭院花园，见到里面的不锈钢雕塑。在厨房中，米其林星级厨师罗卡兄弟（琼、约瑟和乔迪）会为客人烹制精致的现代加泰罗尼亚菜肴。餐后娱乐的最佳地点就是两个酒吧兼休息室；客人不仅能喝到鸡尾酒，还能听到DJ播放音乐以及现场的音乐演出（包括周末和大多数工作日）。作为远离尘嚣的居所，这里似乎有些过于刺激，其实并不会如此：酒店的服务细致入微，客人会始终处于悠闲放松的状态。你可以随时到楼下的室内温泉泡澡，享受包括水下按摩在内的多种治疗。**PS**

游览普拉德群山
See Muntanyes de Prades

地点：西班牙加泰罗尼亚

网站：www.ctv.es/USERS/albertb/english.htm　**价格指数：**!

位于加泰罗尼亚的普拉德山坐落在塔拉戈纳以北37英里（60公里）的地方。山上布满了绿色植物和岩石，顶部覆有皑皑白雪，僻静的村庄点缀其间。想要见到最美丽的景色，只有步行一法，因此大多数人也只在《国家地理》杂志中领略过山中的美景。

走下高耸入云的雪峰，穿过看似无边无际的松树林，或者在山顶俯视奇异的石头村庄，普拉德的山间拥有许多迷人的景点。然而，真正令人寻味的还是普拉德的两面性。刚刚还在山上眺望壮美的嘉珂斯峡谷，现在却已坐在咖啡厅里，聆听山村的牧羊人演唱民歌。这里的奇妙体验似乎永远也说不完。游客对群山的爱和当地人一样多。沿着小路穿过巍峨的石灰岩壁，仰望着带给年轻毕加索灵感的峭壁和峡谷。

> "有了丰富的河流、小溪和泉水，此处的橡树和松树才能如此挺拔繁茂。"
>
> 世界旅游市场网站

该地区拥有很多不同寻常的动物，如野猫和欧亚獾，还长满了美丽的枫树、榛树和橡树。在国家的保护下，未经破坏的美丽永远不会消逝。进到山中，没人能通过电话联络到你，而你也会想起寂静无声的感觉。如此美好的地方，其实就在巴塞罗那的入口处。**SWi**

参观瓜尔山脉及峡谷自然保护区
Visit the Natural Reserve Sierra Y Cañones de Guar

地点： 西班牙阿拉贡

网站： www.guara.org/ingles **价格指数：** ❶

瓜尔山脉及峡谷保护区位于西班牙的东北部，以峡谷最为著名。在瓜地扎勒玛、阿尔卡纳德雷、玛斯坎和维洛四条河流的冲刷下，造就了该地区的喀斯特地貌；经过风雨的侵蚀，震人心魄的洞穴和峡谷也得以成形。

保护区内大约有90条峡谷漂流路线，其中最受欢迎的就是维洛河的峡谷漂流。漂流不会用到下降的套索，只要能够走路和游泳就行，所以非常适合初学者。喜欢登高远望的游客也许该选择弗尔米加河的漂流路线。其最大的魅力就在于壮观的瀑布，以及水帘后隐藏的洞穴。除了漂流以外，客人还可以套上绳索，沿着岩壁下降到底部。位于下方的贝奈哈峡谷漂流也十分不错，沿途会看到超凡脱俗的洞穴和清澈见底的岩石水池。假如更喜爱陆上活动，保护区里也有专为远足和山地自行车准备的山间小径。

> “这里拥有洞穴、壶穴和峡谷……简而言之，这里的美丽绝非寻常。”
>
> 阿拉贡旅游网站

除了冒险活动以外，仙境一般的保护区还有许多看点。鸟类就包括兀鹫、胡兀鹫和金鹰，此外还有史前艺术：六十多个洞穴和岩窟都绘有壁画，其历史可以追溯到旧石器时代晚期。游览过后，要是觉得胃口大开，山顶的村庄会为你准备许多当地的菜肴。这些村庄数量众多，分布在保护区和附近地区。**PE**

走进欧洲之巅
Walk in the Picos de Europa

地点： 西班牙欧洲之巅

网站： www.spain.info **价格指数：** ❶

欧洲之巅是欧洲最后的原始山脉之一。长达25英里（40公里）的石灰岩山脊横亘在阿斯图里亚斯和坎塔布里亚之间，离西班牙北部海岸只有很短的距离。嶙峋的群峰几乎达到了8,700英尺（2,648米）。近一百年前，该地区就已经成为了受到保护的国家公园。现在，此处已然成了野生动植物的美好家园。在较为偏远的景区，甚至能够看到棕熊、狼、猞猁、秃鹫和野猪。

几千年来，向北流动的河流一直冲刷着河岸，最终才能形成独具特色的幽深峡谷。有了这些峡谷，步行者才能更好地发现晶莹的山间溪流、宁静的湖泊、覆盖着白雪的峰顶和绿色的山谷。在山谷之中，不仅有古老的山毛榉和橡树林，还有草木繁茂的牧场。此处的登山避难所连成了网络，喜爱挑战极限的登山客可以放心地攀登高峰。若是想到洞中探险，地下就有一些西班牙最深的洞穴。

徒步穿越陡峭峡谷的时候，唯有驴子和山羊陪伴在你的身旁。继续向下走，穿过寂静的石头村庄和几千年来不曾改变的传统农场，就会看到挂满樱桃的果树、艳丽夺目的成群蝴蝶和长满野花的草地，继而听到草中昆虫的嗡嗡叫声。

许多游客都选择住在波特斯，因为这个繁忙的小镇位于三个大山谷中间。从小镇驾车行至芬恩特德，只需乘坐缆车，就可轻松地到达山顶。**SH**

→ 水手从美国返回欧洲的时候，第一个望见的就是欧洲之巅。

走进普里莫·里维拉公园
Walk in Primo Rivera Park

地点：西班牙阿拉贡

网站：aragonguide.com **价格指数：**❶

萨拉戈萨优雅的居民通常将普里莫·里维拉公园称为“Parque Grande”，也就是伟大的公园。他们还说，这座公园就是萨拉戈萨的肺部。1929年，西班牙的独裁者米格尔·普里莫·德·里维拉下令修建这座公园，为居民提供了100英亩（40公顷）的绿色休闲空间。在20世纪20年代，这位领导人掌权的时间长达7年之久。

当然，这座花园极具西班牙特色。人们会在纽约的中央公园里慢跑，会坐在伦敦海德公园的条纹躺椅上休息，而到了西班牙，公园中的大多数人则都在散步。在这里，散步俨然成为了一种艺术，人们会穿衣打扮，出外会见友人。毫无疑问，公园的时尚景观足够应付这种场面，也不枉费当年耗费了14年的时间设计建造。园中的主要入口正对着宏伟的圣塞巴斯蒂安大道。那里布满了喷泉，两侧坐落着凡尔赛风格的花园。与此同时，布埃纳维斯塔山上还有一座20英尺（6米）高的卡拉拉大理石雕像。雕像的原型人物是阿拉贡国王阿方索一世；他曾于1118年击退了摩尔人，将萨拉戈萨重新变回了基督教城市。

园中不仅有植物园，还有一个种满松树的大型“冬季花园”以及一个献给西蒙·玻利瓦尔的花园。假如对园艺更有兴趣，也可以在此欣赏当地的阿拉贡植物。要是觉得娱乐项目不够多，园中还有旅游列车和游乐园可供选择。另外，游客还可以租借自行车和三轮车。总而言之，这里是远离城市嘈杂噪音的绝佳场所。**PE**

← （威武的）阿拉贡国王阿方索一世（又称战斗者）的纪念碑矗立在萨拉戈萨的普里莫·里维拉公园中。

住在A.C.圣莫罗酒店
Stay at A.C. Santo Mauro

地点：西班牙马德里

网站：www.ac-hotels.com **价格指数：**$$

在马德里，不为人知且华丽耀眼的建筑简直数不胜数。所以，在富人区贝里的街道上，即使见到了在树荫中若隐若现的A.C.圣莫罗酒店，也不会被其奢华的外表所震撼。在圣莫罗公爵的命令下，建筑师路易斯·罗格朗决定建造一座新古典主义的豪宅，并于1894年竣工。在此之后，豪宅的主人多次变换。直到1991年，原本是圣莫罗侯爵宅邸的建筑最终成为了一座酒店。

宏伟的建筑会立即吸引住人们的视线，室内的陈设更是恢宏。宏大的建筑以淡雅的黑白灰三色为主；由于近来刚刚翻修，酒店也流露出一种现代的氛围。51个房间都很宽敞，其中既包括单间公寓式客房，也包括复式套房。有些房间位于宅邸过去的马厩之中。房中配有古董家具、丝绸窗帘和波斯地毯。看到如此细致入微的奢华陈设，即使是侯爵也会激动不已。

> “一旦了解了[马德里]，就会发现它是最具西班牙风情的城市，也是最适宜居住、拥有最好居民的城市。”
>
> 欧内斯特·海明威，《午后之死》

在这里，古老的陈设和崭新的陈设完美地结合在一起。例如，现在的餐厅以前是图书馆，里面的书架被完整保留了下来，玻璃罩中的图书也给餐厅增添了一些典雅的文化气息。过去的舞厅变成了会议室；酒店中还有一个阿拉伯风情的游泳池和一个设备完善的健身房。**PS**

住在城市酒店
Unwind at Hotel Urban

地点： 西班牙马德里

网站： www.derbyhotels.com　**价格指数：** $$

自2004年末开业以来，六层的玻璃酒店为马德里带来了一丝前卫的时尚感。酒店位于提森-博尔内米萨美术馆、普拉多的博物馆、太阳门广场和圣安娜诱人的小吃天堂中间，即便没有绝好的艺术收藏，极好的地理位置就足以吸引大量的游客。

酒店的老板乔迪·科洛斯不仅是位著名的收藏家，还是考古学会的负责人。酒店不仅展出了学会最高级的藏品，还放置了许多独具特色的艺术品，例如从萨索斯岛运来的白色大理石、巴布亚新几内亚的雕像、拥有300年历史的中国肖像画，以及一组19世纪的超凡印度人物雕像。大堂的展品来自一家极好的埃及艺术博物馆，并且都是馆中享有盛誉的藏品。博物馆中最著名的藏品就是法老及其侍从的雕塑，其历史可以追溯到公元前300年。

但是，城市酒店的艺术氛围并不仅限于此。除了艺术品，公共空间的照明和室内设计也是精致典雅；由雪花石膏制成的圆柱矗立在中庭中央，在阳光的照射下，闪亮的柱子映在了大堂接待处的柜台上；墙壁上装饰着荧光灯管，发光的灯泡仿佛在传递一个信息：酒店追求的是极简的现代主义犀利风格和炙热的白色灯光。96间现代风格的卧室中都装饰着一件艺术品（并附有相关介绍）。

酒店的菜肴结合了地中海与新西班牙菜肴的特点，以风味绝佳著称。酒店的“玻璃酒吧”由玻璃建造而成，你可以坐在里面和有权有势的客人一起品尝凉爽的鸡尾酒，享用新鲜的牡蛎。想来，最美好的酒店生活，也就是如此了吧。**PS**

住在钦琼国营旅店
Stay at the Parador de Chinchón

地点： 西班牙马德里钦琼

网站： www.paradores.es　**价格指数：** $$

钦琼国营旅店距离喧闹的马德里仅有31英里（50公里），是一处寂静的绿洲。旅店原本是奥古斯丁的修道院，由钦琼的领主于17世纪建立。领主们不仅为修道院带来了第一批修道士，还在旁边的城堡中保护他们。尽管如此，修道士的生活也十分艰苦。在过去的几个世纪里，他们先是被禁止从事宗教活动，后来又得到了许可，但紧接着财产又被充公。1929年，这座建筑最终毁于大火之中。

> “拥有4400人口的完美城镇保留了建于16世纪的马约尔广场。”
>
> 《纽约时报》

后来，建筑师胡安·帕拉苏埃洛重新修复了这栋建筑，在保留巴洛克式外观和文艺复兴建筑特点的基础上，将其打造成了如今的旅店。旅店的装饰物包括盖住整个墙壁的巨大挂毯、华丽的宗教人物壁画和绘成赭色的美丽天花板。酒吧的墙壁上铺满了蓝色和白色的传统瓷砖，地上则放着古旧的皮革椅子。如果这些椅子能说话，它们一定会给你讲述过去的故事。

花园中生长着柏树、玫瑰和野生的水蜡树，喷泉更是为花园增强了祥和的气氛。卧室的装修虽然简单，环境却很舒适。有一个房间不仅带有私人阳台，还能眺望到城堡。从前，斗牛士在钦琼的斗牛场表演前，都会预订这个房间。也许在表演过后，他们喜欢在水疗按摩浴缸中缓解一下四肢的疲劳。**PE**

探寻瓜达卢佩国营旅店

Discover Parador de Guadalupe

地点： 西班牙埃斯特雷马杜拉

网站： www.paradores.es　**价格指数：** $$

卡塞雷斯位于西班牙西部埃斯特雷马杜拉自治区之中，是个几乎见不到游客的地方。作为一个布满石头和鹅卵石的漂亮城镇，卡塞雷斯和周边地区在探索南美的过程中发挥了至关重要的作用。许多征服南美的西班牙人都来自这里，其中就包括弗朗西斯科·皮萨罗。旅店的名字也取自当地一个名叫瓜达卢佩的开拓者。14世纪，人们在附近发现了一尊小小的黑色瓜达卢佩圣母雕像。一座修道院就此拔地而起，圣母的名字也就传到了新大陆。

瓜达卢佩旅店原本是一座14世纪的建筑——托雷奥尔加斯宫殿。然而，最初的哥特式建筑已经改头换面。举例来说，宫殿正面就已改建成了18世纪的建筑风格，石雕上也镶嵌着多位高贵主人的盾形徽章。由砖石和花岗岩筑成的塔楼是此处最古老的建筑。

建筑物是欣然的迷宫。室内庭院的墙壁被刷成了深赤褐色，里面还有一个高高的拱形长廊以及镶有铁花格的窗户。休息室的装饰也以鲜艳的红色和褐色为主，既与庭院的色调相互呼应，又与旅店的淡色外观形成对比。最大的一间卧室名叫“阿库斯卡的指挥官”。其中不仅有配套的客厅和按摩浴缸，还能眺望到卡塞雷斯的守护神蒙特圣母的圣殿和花园。

酒店外面分布着许多有趣的景点，如马特维索的洞穴壁画、罗马剧场、露天剧场和梅里达的博物馆。卡塞雷斯周围的区域原本是罗马帝国重要的据点，那里的手工制品质量极好。然而极少有游客离开常见的观光路线，到达这个尚未被发现的西班牙宝贵之地。**PE**

探寻蒙弗拉格国家公园

Explore Parque Nacional de Monfragüe

地点： 西班牙埃斯特雷马杜拉

网站： www.spanish-fiestas.com/extremadura　**价格指数：** !

埃斯特雷马杜拉是西班牙最为人迹罕至的地方，蒙弗拉格国家公园就坐落在这里。这个自然公园建于1979年，2007年被指定为国家公园，并被联合国教科文组织定为生物圈保护区。

辽阔的公园为野生动物提供了极佳的生存环境。这里很难看到行人，却时常能看到冲入云霄的老鹰。因此，随身携带双筒望远镜觉得是个正确的决策。普拉森西亚至特鲁希略的路上鲜有行人；沿着小路前行，就会穿过公园的中心，见到乡间矮小的野生橄榄树、被太阳晒得又干又硬的草丛，以及挺立在其间的栓皮栎和圣栎树。除此之外，公园还有两条小路；三条路都延伸至最北端，游客可以徒步探寻得以保存的原始景观。沿途偶尔会看到裸露在外的岩石，观察鸟类的最佳地点就是这些地方。站在岩石上，就能看到游隼、老鹰和世界上最庞大的黑秃鹫群。塔霍河和铁塔尔河拥有宽阔的河道，波光粼粼的河水穿过公园，使得荒凉壮阔的景色变得更加美丽动人。此外，鹿、野猪、水獭和稀有的伊比利亚狼和山猫都居住在这片区域。

> “每年都有成千上万的游客来到园中……以求‘保护和重新发现’自然。”
>
> 选自联合国教科文组织的“人与生物圈计划”

维拉里尔·德·圣卡洛斯是园中唯一的定居点，居民只是30人而已。除了水源保护中心和自然中心，此处还有一个游客中心。如果有兴趣的话，可以在此进一步了解公园的情况。**CFM**

在阿尔马格罗国营旅店放松
Relax at Parador de Almagro

地点：西班牙卡斯蒂利亚-拉曼恰
网站：www.paradores.es **价格指数：**$$

阿尔马格罗国营旅店拥有14个雅致的室内庭院。旅店位于西班牙的拉曼恰，由一座尊崇圣弗朗西斯科的修道院改造而成。1596年，达维拉·德拉奎瓦家族建造了这座修道院。每到午夜，修道士就会走出单人房间，然后在小教堂中跪着祷告3个小时。此后，他们就会回床休息，等待黎明时分更多的祷告。

如今，客人就睡在修道士过去的房间。当然，这些房间已经舒适了不少。床上不仅带有天篷，家具也是极为典雅的古董家具。古典雅致的氛围甚至延续到了公共区域：客厅和饭厅都铺有抛光的瓷砖，天花板上也建有木梁，墙上则开有宽敞的拱门。外面的环境极其幽静：庭院的数量不仅多，里面还有许多的喷泉和绿色植物。除此之外，露台一侧还有个室外游泳池。

> “每一面墙壁，每一个画廊和院子都渗透出原有的宁静气息。”
>
> 汤姆·雷诺兹，《星期日泰晤士报》

出了修道院，游客可以去游览阿尔马格罗著名的露天剧场，其历史可以追溯到17世纪。附近的塔布拉斯·德·代密尔自然保护区不仅吸引了来自全球的观鸟者，也吸引了诸如苍鹭、白鹭、鹭鸶和潜鸭等迁徙鸟类。这里也是唐吉诃德的故乡，除了几个风车以外，此处还有很多奶酪和葡萄酒可供享用。PE

住在康德斯塔贝尔·达瓦洛斯国营旅店
Stay at Palacio Condestable Davalos

地点：西班牙安达卢西亚
网站：www.paradores.es **价格指数：**$$

康德斯塔贝尔·达瓦洛斯是一名士兵。他参加了基督教夺回西班牙的战争，被摩尔人俘虏并囚禁起来。重获自由之时，国王胡安二世授予他“康德斯塔贝尔”的头衔，也就是高级统帅。现在，酒店的餐厅悬挂着他的画像，但他却从未在这里住过。这里原本是马拉加的教长多姆·费尔南多·奥特格·萨利多的宫殿。

旅店建于16世纪，17世纪时经历了重修，整个建筑变得十分宏伟。旅店正面是平整的蜜色石头墙，虽然外表看似简朴，但走进室内，就会来到拥有优雅石头拱门的双层长廊。上面一层的长廊闪闪发光，窗户上挂着长长的白色亚麻窗帘。园中的盆栽树、石头喷泉和铁铸桌椅组成了一个温馨亲切的绿洲。沿着宽宽的石头阶梯，就可以走到上层。这里既有华丽的壁炉、铁铸的灯饰，也有和摩尔人打仗时的成套盔甲。卧室的地上铺着赤陶瓦，其上放有古董桌子和柜橱以及松软的沙发和扶手椅。餐厅的厨师会为客人烹制当地的特色菜肴，如红烧小山羊。

旅店一侧就是乌贝达的瓦斯奎兹广场，旁边则是城中最受人敬仰的建筑：萨尔瓦多教堂、圣玛丽亚教堂、瓦斯奎兹·德·莫利纳宫殿和艾拉马克斯宫殿。PE

→ 16世纪文艺复兴时期的宫殿还有一个以所在地命名的别称，即乌贝达国营旅店。

住在圣卡塔利娜岛的国营城堡旅店

Enjoy Parador Castillo de Santa Catalina

地点：西班牙安达卢西亚

网站：www.paradores.es　**价格指数：**$$

俯瞰着安达卢西亚哈恩城的旅店是个富有情调的地方。公共房间的拱形天花板和门廊比65英尺（20米）还要高。在45间卧室之中，许多房间不仅拥有四柱帷帘睡床和挂毯，还带有景致极佳的阳台。向外看去，就能眺望到橄榄园和塞拉莫山脉与内华达山脉的多岩雄峰。昏暗的餐厅体现了阿拉伯的建筑风格，为游客提供了许多当地的特色食品，例如冰凉的大蒜汤、鹧鸪沙拉、混合沙拉和炖制的黑色布丁。饭后要是想运动一下，室外还有一个游泳池。

其实，酒店没有外表看上去那样古老。此处原本是一座古老的城堡，直到20世纪60年代才变成了旅店。城堡建于摩尔人统治时期，后来费迪南德三世的军队于1246年攻陷了这里，城堡也就落入了基督教徒的手中。在接下来的两个世纪中，尽管摩尔人的攻击从未停止，基督徒仍然牢牢把持着这片土地，并在此处建立了自己的城堡和教堂。最后，在1492年，信奉基督教的国王费迪南德和王后伊莎贝尔终于将摩尔人驱逐出了西班牙，但哈恩城的平静并没有持续多久。1810年，拿破仑入侵了该地；19世纪末期，由于卡洛斯战争可能波及此地，所以城中又建起了许多防御工事。

现在，所有的战事都已经平息。城中的建筑和周围郁郁葱葱的花园散发出平和宁静的气息，难怪戴高乐将军会远离烦嚣，来到此地撰写回忆录。**PE**

“你甚至暗中期盼，查尔顿·赫斯顿饰演的西班牙英雄熙德会骑着马从传奇故事中走来，然后到池边的酒吧去喝啤酒。”

大卫·克莱门特·戴维斯，《卫报》

↖ 旅店坐落在圣卡塔利娜岛的小山上，此处原本是13世纪的阿拉伯要塞。

住在巴里奥皇朝水疗酒店
Stay at Hospes Palacio del Bailio Spa

地点：西班牙安达卢西亚科尔多瓦
网站：www.hospes.es **价格指数：**$$

住在巴里奥皇朝酒店，就能感受到其中的低调奢华。这座美丽的酒店隐藏在古城科尔多瓦的狭窄小巷中，原本是栋建于16世纪的宅邸，后来曾作为军队的总部和马厩。

酒店和许多安达卢西亚建筑一样，中间坐落着一个摩尔风格的院子。修剪整齐的橘子树和柠檬树散发出浓郁的果香，弥漫在院子各处；18世纪的石头喷泉涌出涓涓细流，令人感觉身心舒畅。酒店本身也很令人赞叹，其下隐藏着罕见的宝藏：一座残存的罗马房子。这还是房子以前的主人偶然间发现的。现在，房子残存的部分被放置在五星级餐厅的玻璃地板下。夜晚降临，遗迹就会被灯光照亮，看起来十分壮观。

> "酒店带来的……惊喜在逐步进化，以便让客人能够展现真正的自我。"
> 《康德纳斯特旅游者》

欧洲南部的阳光炙热灼人，消解暑气的最佳方法就是在没有边界的池中游泳。此外，伯堤娜水疗也是酒店的一大特色。部分水疗室建于庭院之中，两侧矗立着石柱；其他三个水疗室则位于底层的原始罗马温泉浴室周围。只需步行15分钟，令人惊叹的科尔多瓦清真寺就会出现在你的面前。这里是摩尔人建造的最宏伟的清真寺；联合国教科文组织世界将其认定为世界文化遗产，实在是个正确的决定。**TW**

参观科托多尼亚纳
Visit Coto Doñana

地点：西班牙安达卢西亚
网站：spainforvisitors.com/sections/donana.htm **价格指数：**$

观赏野生动物有时会令人深感沮丧。无论准备工作做得有多么细致，都不能保证动物一定会露面。但是，科托多尼亚纳国家公园的野生动物数量众多，见到有趣动物的几率非常之高。因此，来这里游玩，必定会让你心满意足，感受不到丝毫的压力。公园中居住着30多万只鸟类，除非运气实在太差，要不肯定能见到一些美丽的鸟类。

公园的名字源于著名的公爵夫人唐娜·安娜·德席尔瓦耶·门多萨。当年，她在此地特意为自己建造了一个尽可能远离人类文明的居所。多尼亚纳公园坐落在海岸边，占地面积超过了500平方英里（1,300平方公里），主要由沙丘、沼泽和湖泊组成，为近125种鸟类提供了完美的生活和繁殖环境。仅存的几对极为罕见的伊比利亚鹰就生活在这里。此外，园中还有红鸢、蜂虎、戴胜鸟和黄莺等迁徙鸟类，以及其他著名的动物。这些动物以鸟类为食，其中就包括帕戴拉猞猁。如今，多尼亚纳公园已经成为了这种猞猁最后的聚集地之一。

园中的部分区域可以步行参观。只要沿着小径，就可到达各个主要的游客中心（里面有当地野生动物的展览）。穿过沼泽和湖泊的时候，路边还设有隐蔽的野生动物观察点。不过，要想深入游览，最好事先预订一次带有导游的汽车旅行。到时候，四轮驱动的汽车将会开入更难进入的区域，让游客在最好的位置观赏野生动物。**JF**

探寻苏埃罗斯
Explore Zuheros

地点：西班牙安达卢西亚
网站：www.zuheros.com.es **价格指数：**❶

在西班牙，有一处景色会令你铭记多年，那就是隐藏在群山之中的苏埃罗斯。作为安达卢西亚最著名的白色村庄之一，苏埃罗斯的天空清澈湛蓝，周围尽是橄榄园。科尔多瓦、马拉加和格拉纳达形成了一个三角地带，该村恰好位于三角的中心，是个典型的摩尔村庄。村中布满了狭窄的街道，罗马建立以前，这里就时常有走私者出没。

镇上的居民连1,000人都不到，旅馆和酒店也只有屈指可数的几家，但这并没有阻碍形形色色的客人来此游览。当地有一家名叫罗斯帕兰克斯的餐厅。这家小小的餐厅位于亚娜街43号，专为游客提供温馨的乡村菜肴，包括小羊肉、兔肉和乳猪肉。若是想寻找宁静，安达卢西亚山区的僻静餐厅是再好不过的选择。尽管很难相信，但这里距离奢侈繁华的马拉加和马贝拉仅有一个半小时的路程。

苏埃罗斯位于塞拉利昂-苏比第卡自然公园的边缘地带，是个非常适合徒步旅行的地方。另外，贯穿村子的古旧铁路也被改造成了适宜步行和自行车通行的小路。从村子出发，向着山顶走上2.5英里（4公里），就会抵达一处不容错过的极好景点——蝙蝠洞穴。除了钟乳石和石笋之外，洞中自然还有令其出名的哺乳动物蝙蝠。另外，洞中还有大量新石器时代人类生存的痕迹，其中就包括洞穴壁画。村子中心的拉巴朗夏霍山羊奶酪工厂享有国际声誉。不仅在此处，即使在其他地区，这里的奶酪都是极受欢迎的餐前小吃。旅行结束后，完全可以带些山羊奶酪回去。

LD

→ 位于安达卢西亚山区的苏埃罗斯是最具代表性的白色村庄之一。

住在圣拉斐尔庄园
Stay at Hacienda de San Rafael

地点： 西班牙安达卢西亚塞维利亚
网站： www.haciendadesanrafael.com **价格指数：** $$

德圣拉斐尔庄园完全断绝了和尘世的往来。若是想远离烦嚣，这里就是极佳的选择。长长的车道两旁种满了橄榄树；沿着车道驶入安达卢西亚幽深的乡村，典型的西班牙庄园就会出现在你的面前：洁白无瑕的墙壁、散发着甜味的草药花园和一望无际的向日葵田地。

庄园的历史可以追溯到17世纪。在过去的150年中，庄园的主人一直都是同一个家族。然而，最初的橄榄庄园已经变成了现在的豪华精品酒店。将庄园完美修复一新的是安东尼和帕特里克·里德兄弟。这对英裔的西班牙兄弟不仅是庄园的主人，还是塞维利亚饱受赞誉的科拉尔德雷酒店的幕后策划者。

> "住在小小的精品酒店，就像住在自家的大别墅一样。室内的装潢十分精致。"
>
> 《独立报》

庄园共有11个豪华客房，每个客房都环绕着一个院子。院中种满了九重葛，每年都有迁徙的燕子来此筑巢。在燕子俯冲而下、飞至各处的时候，你正惬意地小口抿着桑格利亚汽酒，或是在烛光下享用精致的地中海美食。要是想保有全部隐私，可以住在3栋别墅之中。每座别墅都配有独立的花园和游泳池，位于主屋的客人无法进入其中。你甚至可以将早餐叫到屋中，然后在室外独立的露台上舒舒服服地进餐。**TW**

参观阿卡莎皇宫的花园
See the Jardines de las Reales Alcazares

地点： 西班牙安达卢西亚塞维利亚
网站： www.gardenvisit.com **价格指数：** $

比起欧洲来说，这里的景致似乎更像摩洛哥。恢宏的城堡花园建于摩尔人的废墟之上，周围种满了棕榈树、柏树、橘子树、桃金娘和柠檬树。在绿茵的遮蔽下，游客们完全不必担心安达卢西亚灼热的太阳。拥有白色建筑、鹅卵石街道和高大棕榈树的塞维利亚是欧洲最令人回味的城市之一。这里的阿卡莎皇宫及其花园吸引了无数游客。

作为一处历史遗迹，塞维利亚的皇宫着实令人印象深刻。这里最初是摩尔人的堡垒，后来经过几次改建，无论是宫殿还是嵌满马赛克图案的房间都扩大了不少。现在，大多数的现代建筑都建于摩尔人的遗迹之上；遗迹的主人是卡斯蒂利亚的国王佩德罗，1350至1369年间，他一直统治着这里。其实，这座宫殿是最典型的穆德哈尔建筑之一。此种建筑虽然遵循了西班牙基督教的建筑准则，却深受伊斯兰建筑的影响，最终形成了一种独特的建筑风格。后期添加的哥特式建筑元素又和占据主导地位的伊斯兰风格形成鲜明的对比。

城堡中的花园占据了很大一片土地，是乘凉避暑的最佳地点：小小的阿拉伯庭院穿插在闪闪发光的池水和喷泉间；特制的座椅专为东方式的沉思冥想而设。春天或许是游览安达卢西亚最好的季节，因为每到此时，橘子树上的果实就会成熟掉落，散发出世界闻名的甜美香气。位于城市中心的绿洲深受游客青睐，尽管如此，这里仍有很多安静的角落供游人休息、畅想，或只是沉浸在幽静的氛围中。除周六和周日下午，花园全年都会开放。想要在城市中找一个比这里更僻静的休闲场所，实在是难上加难。**LC**

参观玛丽亚·路易萨公园
Visit Parque María Luisa

地点：西班牙安达卢西亚塞维利亚

网站：www.spain.info **价格指数：**!

坐在阴凉的橘子树下，聆听着喷泉中水流涌动的声音，自然而然地就会闭上双眼，心情也会放松起来，恍惚间仿佛离开了尘世。玛丽亚·路易萨公园是塞维利亚主要的城市公园。广阔的公园中栽种着大量枝叶繁茂的树木；要想逃离城市街道的热浪和尘土，隐蔽的公园就是再好不过的选择。

公园就坐落在市中心的南侧。1929年，为了迎接伊比利亚美洲国家展览会，西班牙聘请了法国园林家让·克洛德·弗赖斯设计了这座公园，准备让各国在此兴建会场。除了这座公园，弗赖斯还参与了巴黎最主要的公园“布洛涅森林”的设计工作。展览会带来的影响十分显著，地标建筑周围都挤满了人，其中的西班牙广场距离公园植物最茂盛的地方只有几步之遥。尽管游客数量众多，但因为面积足够大，所以找到凉爽、私密的地方静下来休息一下并不困难。其实，大部分游客都想找个地方避避暑气。

1893年，奥尔良公主玛丽亚·路易萨将这片广阔的土地赐给了这个城市。现在，园中不仅布满了林荫大道和步行小径，还拥有色彩斑斓的花坛、花园、池塘、水池、小型瀑布、雕像和喷泉，以及西班牙国家级作家的纪念碑，例如塞万提斯的纪念碑。公园中心坐落着一个较大的湖，湖中还有一个小岛。站在岛上的观景台上，可以静静地欣赏水鸟在湖中游动。一直以来，人们都将玛丽亚·路易萨公园视为欧洲最美丽的城市公园之一。**CFM**

“[弗赖斯的成就在于]他总能以创新的方式诠释园林设计。”

艾伦·泰特，《优秀城市公园》杂志

↗ 公园引入了摩尔风格的设计元素，整个园中都可见到陶瓷瓦。

骑马探寻安达卢西亚

Explore Andalucía by Horseback

地点：西班牙安达卢西亚　　**价格指数：**$$

网站：www.ridingandalucia.com; www.spain-horse-riding.com

说到欣赏安达卢西亚绝美风景的最佳方式，还有什么能胜过骑马吗？骑在马背之上，不仅视野会比步行开阔许多，可以到达的地方也会远上不少。

在这片美丽的区域，有许多提供骑马旅游的公司。无论是彻头彻尾的初学者，还是在马背上长大的人，都有适合的项目等待着你。不论能力如何，选择了哪条线路，最终都能体验到人与自然合为一体的奇妙感受。

在酷热的夏天，很早就要踏上旅程。因为太阳一旦升起，气温就会飙升，到时即便是最为轻松的旅行，都会消耗不少体力。跨上马背，安达卢西亚的马匹就会向着内华达山脉走去。循着摩尔人占领时期（甚至更早以前）的古老马道和驱赶家畜的小路，爬到弥漫着松树清香的小山上；马蹄踏过迷迭香和百里香的时候，鼻中闻到的是芬芳醉人的香气。

在此之后，你会穿过两旁挺立着桉树的河流，穿过橙子树、柠檬树和杏树林。途中需要不时休息一下，让马和人都歇息一会儿，吃些东西。由于周围没有围墙或柏油路，所以会觉得非常自由舒畅。

加快速度的时候，马蹄会嗒嗒作响，人也会随着马背腾飞起来。停下的时候，马队会为客人提供美味的食物。野餐通常包括烤面包、奶酪和西班牙猪肉香肠以及当地的葡萄酒和啤酒。**HA**

→ 安达卢西亚让你目不暇接：你可以探寻火山景观，连绵的群山，绿色的小丘和开阔的海滩。

在特西亚酒店放松身心
Unwind at Trasierra

地点：西班牙安达卢西亚塞维利亚

网站：www.trasierra.co.uk **价格指数：**

提到健康休闲中心，脑中浮现的若是残酷的训练营和冰冷的淋浴，那就大错特错了。由家庭经营的特西亚酒店建于16世纪。一直以来，酒店都为客人提供了美丽、舒适的环境，以及美味的食物和祥和的氛围。此外，“In:Spa”健康中心的专家每年会接管酒店两次，客人可以借此体验健康的生活方式。

在阳光的润泽之下，莫雷纳山脉呈现出狂野浪漫的景象。在满山遍野的橄榄树和栗子树中，不仅有野猪在四处游荡，还有公牛隐蔽在树荫之中。特西亚酒店坐落在一个偏僻的山谷中，四周便是占地3,000英亩（1,210公顷）的橄榄园与桔子园，以及分布其间的白色建筑和连接各处的赤陶色步行道。穿过拱门，即可到达精心打造的芳香花园。望向深潭，就会看到泛着幽光的墨色潭水，抬头望去，映入眼帘的便是辽阔的红土地。房间的装饰融合了英语乡村风格和传统的西班牙风格。

> “特西亚酒店没有平凡的事物，这里是孕育梦想的地方。”
>
> 《独立报》

太阳刚刚从山后升起，泳池边的瑜伽课就宣告了一天的开始。酒店的早餐包括美味的水果沙拉、麦片粥、浓稠的冰沙和鲜榨的果汁。在此之后，上午的山野徒步旅行就此展开。运动过后，等待你的是有助于排出体内毒素的简单午餐。到了下午，既可以享受身体按摩，也可以选择足底按摩，或只是在池边躺着休息。**HA**

住在凡娜农舍酒店
Stay at Hotel Cortijo Fain

地点：西班牙安达卢西亚

网站：www.arcosgardens.com **价格指数：**

这个精品酒店可能看起来有些拥挤，但里面的卧室却是和市中心的公寓一样宽敞。即使是最小的房间，也有面向巨大浴室的起居室。浴室中不仅配有又大又深的浴缸，还配有单独的防水淋浴间。有了墙上的百叶窗，你完全可以整夜开着窗户，尽情吮吸带有桉树清香的空气。但是，即使想在极其舒适的床上再赖上几个小时，也很可能会被鸟儿的鸣叫吵醒。

原本是农舍的酒店散发出一种浪漫的气息。农舍中的每个房间都以诗人的名字命名。这些诗人来到附近的阿尔科斯-德拉弗龙特，也就是安达卢西亚最美丽的白色村庄，都获得了不少创作的灵感。酒店环绕着一个拥有三百年历史的中央庭院；院中既有喷泉，也有颜色鲜艳的九重葛。为了引入自然光，也为了让客人欣赏到庭院和花园的景色，许多房间特意在两侧开了窗户。花园中生长着数百棵古老的橄榄树，繁茂的枝叶将泳池包裹在其中。游泳的时候，偶尔会听到橄榄掉落在附近石板上的叮咚声。

在尽可能保留原有风格的基础上，酒店展现出了安达卢西亚最具代表性的建筑风格。从前的马厩也被改造成了诱人的西班牙小吃吧。此外，高尔夫球场的第一个和第九个球洞之间还坐落着连排式住宅，里面的套房也可供来客居住。其实，只要来到高尔夫球场，就能看到阿尔科斯-德拉弗龙特的秀丽景色。最佳的赏景时间是傍晚。待到太阳落山，你就可以开着租来的高尔夫球车来到室外，看着兔子和松鸡在绿色的林间穿梭。**JED**

在艾斯孔迪约小屋放松身心
Relax at Escondrijo

地点： 西班牙安达卢西亚

网站： www.escondrijo.com **价格指数：** $$

西班牙的贝赫尔-德拉福兰特拉坐落着无数白色的房子。不论时间如何流逝，这里的白色小屋都不会改变。沿着村里错综复杂的鹅卵石小径进入艾斯孔迪约，只有5个雅致套房的精品酒店就会出现在你的面前。酒店建于韦拉克鲁斯教堂的遗址之上，部分建筑的历史可以追溯到摩尔人统治的时期，比如带有长廊的室内庭院和12世纪的水井。

酒店的房间不仅舒适，装潢还很现代，每个房间还有自己独特的风格。其中一间套房采用敞开式布局，高高的天花板营造出宽敞的感觉。另一个房间则装有百叶窗，墙壁上还挂着艳丽浮华的窗帘，让人觉得更富有激情。站在楼上的私人露台上，可以望见数英里之外的壮观景色。

> “艾斯孔迪约不只是自助式的复式酒店而已，它展现了西班牙黄金时代的梦幻生活。”
>
> 朱丽叶·肯斯曼，《观察家报》

驾车离开酒店，只需几分钟即可到达背倚着沙丘的阳光海岸。海滩上的活动多种多样，包括冲浪、风筝冲浪、携带水肺的潜水和观赏鲸鱼和海豚。除此之外，还可以步行穿过悬崖之上的松树林，低头便是奔腾的海浪。另外，在海边骑马也是不错的选择。你也可以去骑山地自行车，打一场高尔夫球，或找个好位置观赏鸟类。为了感受最好的西班牙文化，可以去加的斯、赫雷斯和塞维利亚游玩。这些地方都是一日游的最佳场所，参观完景点，日落时分即可顺利回到酒店。**PE**

住在拉古纳小屋
Enjoy Casita La Laguna

地点： 西班牙安达卢西亚

网站： www.vivatarifa.com/laguna **价格指数：** $$

不为人知的双人小屋坐落在极其美丽的地方。越过海峡，就会眺望到远处的摩洛哥。在小屋之中，与你做伴的只有爱人和大海。位于塔里法南侧的小屋坐落在狭窄小路的尽头，隐藏在沙丘和松树之中。尽管面积很小，却是个非常浪漫的隐蔽住所。你可以蜷缩在屋中，尽情遥望北非的景色，欣赏远方丹吉尔城中的璀璨灯火。

内部的装潢简洁而美观，摩洛哥风格的灯笼和陶瓷都是室内的装饰物。透过高高的窗户，明媚的阳光便会倾泻而入；在寒冷的夜晚，熊熊燃烧的炉火会给房中带来温暖。小屋本身也很环保，不仅利用风能发电和太阳能发电，水流也是引自附近的泉水。屋外有个美丽的露台；坐在露台上，就能望见火红的落日。室外还有一个延伸至海滩的隐蔽花园。在僻静无人的海滩上享受日光浴或享用野餐，一定都是极好的选择。假如还想体验更多活动，小屋旁边就是农场。你可以在那里租一匹马，然后骑马穿过松树林，沿着海滩前往博洛尼亚的渔村。

从小屋出发，驾车15分钟即可到达塔里法。只需沿着蜿蜒的街道散步，不时停下来品尝一下传统小吃，然后再去探究城堡和港口，便可度过愉快的一天。若是走水路前往摩洛哥，也会度过美妙的一天。坐上水翼船，只需45分钟便可抵达摩洛哥。夜幕降临，在马路上悠闲踱步，一直走到当地的鱼类餐厅才停下脚步。如果不想在餐厅吃饭，也可以将自己烹制的晚餐端到户外的露台，然后在布满繁星的天空下就餐。从新鲜的鱼类到当地种植的植物和蔬菜，塔里法的市场拥有大量的优质食材。伴着大西洋海水拍打海岸的声音，一会儿就会进入梦乡。这座小屋真可谓是宁静的代名词。**AD**

住在戴胜鸟圆顶帐篷酒店

Stay at Hoopoe Yurt Hotel

地点：西班牙安达卢西亚

网站：www.yurthotel.com/about.html **价格指数：**$$

“想要回归自然，最简单的方法莫过于住在这个太阳能度假村，”英国《独立报》记者兴致勃勃地说道。所谓的度假村，其实是隐藏在安达卢西亚角落的圆顶帐篷酒店。这些帐篷沐浴在阳光之下，坐落在占地7英亩（3公顷）的橄榄树和软木橡树之中。只需步行20分钟，即可从帐篷行至科尔特斯-德拉弗龙特风景如画的村庄。

住在这里，客人就可以独享山间的美景。酒店现有5个圆顶帐篷；无论住在哪个帐篷，都能遥望到碧空之下朦胧的格拉萨莱马山脉。除此之外，帐篷周围还铺有私人草甸，上面不仅放有吊床和户外家具，还建有私人浴室。即使不敢使用露天浴室，也不敢使用户外的堆肥厕所，也不要轻易做出否定的判断。其实，种满鲜花的草甸完全是片私人土地。

戴胜鸟圆顶帐篷酒店是专门为室外活动爱好者而建。酒店虽然远离现代文明，附近却也有酒吧和商店（步行即可到达）。实在很难想象比这里更加适合养生的度假胜地。清晨，山羊的铃铛会发出清脆的声响，雀鹰、斑鸠和蜂鹰等当地鸟类也会开始鸣叫，而这些声音会将你从睡梦中唤醒。似乎一切都以“回归自然”为准则，追求环保的方式也令人印象深刻。尽管如此，宽敞舒适的帐篷中还是配有室内家具，以防天气有变。

来到此处，美食家就要欢呼雀跃了。一周中的四天，年轻的英国老板埃德和亨丽埃塔都会为客人准备三道菜肴。这些菜肴由本地食材制成，以有机食物搭配葡萄酒为主。晚餐的地点位于棚架之下；棚架就在泳池一侧，其上挂满了中式灯笼。**LC**

“圆顶帐篷里的生活和你想得一样浪漫，要做到这点可不容易。”

蒂法尼·达克，《星期日泰晤士报》

↖ 舒适是酒店最主要的优势之一。每间帐篷都配有双人床和私人浴室。

住在罗斯卡斯塔尼奥斯酒店
Experience Los Castaños

地点：西班牙安达卢西亚
网站：www.loscastanos.com **价格指数：**$$

背靠着马贝拉和龙达的卡塔加玛是西班牙的白色村庄之一。拥有5个卧室的罗斯卡斯塔尼奥斯酒店就坐落在村庄之中。此处的山峦秀丽险峻，一直绵延至远方。无论是陡峭的群山，还是颠簸起伏的之字形山路，都拥有令人惊叹不已的景致，将游人的视线深深吸引。因为过去时常有强盗出没，这里的山路也因此而变得有名。

穿过了艰险的山路，便可尽情享受轻松的环境。酒店的主人是一对母女，她们想要创造一个田园牧歌般慵懒的酒店并最终取得了成功。为了让客人大幅度地减压，她们在屋顶的露台上建造了瀑布和水潭，还在房中放置了豪华的沙发和开放式的壁炉；此外，酒店还拥有按摩室。住宿期间，客人要是觉得获得了一些灵感，也可以在酒店的速写本上作画（每个房间都配有速写本）。要是周围的环境激发了你的创作欲望，也可以参加酒店开设的绘画度假课程。只需交纳一些学费，本地的艺术家就会亲自传授你绘画的技巧。除此之外，酒店也开设写作课程。另外，当地的鸟类学家还会带你去寻找栖息在这里的四种鹰。精力充沛的客人可以沿着小道徒步旅行。这些小道连通到奥托格纳尔的七个村子，沿途都是栗子树林和石灰岩峭壁。去龙达的河里游泳或骑马也是不错的选择。如果胆子够大，也可以在洛瑞斯可尝试一下洞穴探险或攀岩。结束了一天的旅程，等待你的是酒店的烛光晚餐和安达卢西亚与非洲风情的美食。**PE**

> "……你开始体味到这种更古老、更缓慢、更平和的生活方式所蕴含的和谐。"
>
> 《苏格兰人》

在凯赛亚休闲放松
Relax at La Cazalla

地点：西班牙安达卢西亚
网站：www.lacazalladeronda.com **价格指数：**$$

美丽的朗达镇位于西班牙的安达卢西亚地区，往来的游客数量众多。小镇中有个深不见底的峡谷，中间有一座18世纪的石桥。峡谷两侧都是险峻的峭壁，洁白的古老民居紧靠岩壁而建。下了石桥，沿着坑坑洼洼的小路走上10分钟，就会发现最偏僻的住宿地——一间只有6个房间的酒店。酒店位于寂静的山谷之中，四周环绕着群山和橡树林，面积虽然很小，却十分浪漫。

为了建造自己的酒店，玛利亚·鲁伊斯花费了许多时间和精力寻找适合的地点。最后，她找到了这个神秘的地点，并在此建造了一座迷人的乡村小屋。和酒店相比，小屋似乎更像一座美丽的私人住宅。毫无疑问，这里是个完全与世隔绝的地方。你可以在屋中休息，欣赏房中的垫子、窗帘、摩尔风格的瓷砖和古董，也可以去附近的山中散步。有些客人会在花园里玩法式地滚球，有些则会安静地坐在一边读书。

绘着蔓藤花纹的拱门、粉刷成白色的墙壁、古旧的绘画、图书和风扇与蚊帐，所有的东西汇聚在一起，营造出一种奇特的豪华感。此处虽然有隐蔽的户外游泳池，却没有电视或空调，手机也收不到信号。住在这里，就像来到了年事已高，但善解人意的姑姑家。壁炉边不仅准备了一碗核桃，枕头上还放着一小枝醉人的迷迭香。房间的冰箱里装满了冷肉、奶酪、葡萄酒和啤酒等食物。不论向哪里看去，窗外都是秀丽的乡村美景。每间房中都配有双筒望远镜，客人可以用它来欣赏美景，或者用来观察当地的鸟类。

虽然没有菜单，酒店的菜肴却是用最好的材料烹制的。厨房的员工不仅从当地的市场采购食材，还会使用自家种植的优质香草、蔬菜和水果。**SH**

参观阿尔罕布拉宫的格纳拉里弗花园
Visit the Generalife Gardens of Alhambra

地点：西班牙安达卢西亚格拉纳达
网站：www.alhambra.org　**价格指数**：$

西班牙格拉纳达的格纳拉里弗花园由多个部分组成，摩尔诗人将这片古老的花园称作“镶嵌在绿宝石中的一颗明珠”。13世纪的时候，花园原本是奈斯里德王朝苏丹的奢华住所。花园四面立有围墙，中间坐落着巍峨的古老宫殿和阿尔卡扎巴城堡。古堡周围分散着世界上最美丽的传统伊斯兰园林。

在伊斯兰人民的生活中，花园已经成为了一个至关重要的元素。人们将其视为躲避炙热沙漠的避暑胜地；在设计花园的时候，水流便扮演了极其重要的角色。流动的水不仅抚慰着人们的灵魂，也冷却了被阳光烤热的石头建筑。人们将阿尔罕布拉宫的花园称为格纳拉里弗，也就是“天堂花园”、“果园”或“宴会花园”。

花园中心坐落着一个水渠中庭。庭中又细又长的水渠建于14世纪，渠道两侧分别坐落着十几个装饰用的喷泉。每个喷泉都会射出一股细细的水流，既而在空中形成一道拱架。穿过北边的门廊，进入翠柏中庭，就会看到一个矩形的水池以及四周修剪整齐的低矮树篱。花园中心还有一个较小的池塘；池塘的中心坐落着一个石头喷泉，清澈的水流缓缓地流淌而出。花园的布局不仅富有新意，还展现了完美的对称结构。

其实，大多数花园都采用这种规整的几何布局方式。从炮塔形状的树篱，再到三角形状和完美星星形状的树篱，园中一箱箱的树篱被雕刻成各种奇异的形状。每个角落都有其独特的美丽，每个庭院都展现了阿拉伯艺术和建筑的精华。**JP**

在阿尔罕布拉宫中的花园里，坐落着摩尔风格的美丽水渠中庭；一排排喷泉矗立在中庭之中。

住在格拉纳达国营酒店
Stay at the Parador de Granada

地点：西班牙安达卢西亚格拉纳达

网站：www.parador.es　**价格指数：**$$

格拉纳达酒店周边的环境极其壮观，世界上极少有酒店能够与之匹敌。如今，深受流行的国营连锁酒店已经将近一百个历史建筑成功地改造成了供游客休息的宏伟酒店。凭借着当地的美景和悠久的历史，格拉纳达酒店成为了其中最为优秀的酒店。

巨大的阿尔罕布拉宫建筑群背倚着内华达山脉，散发出一种傲视群雄的气势。格拉纳达酒店就位于建筑群的中心位置。建于14世纪的酒店原本是宫殿和清真寺的一部分。当初，格拉纳达还是伊斯兰世界最繁华、最令人羡慕的城市之一。1492年，基督教再次征服了这座城市，这座建筑就被改造成了方济会的修道院和教堂。在此之后，建筑逐渐变成废墟，只有极少的地方还保留着从前的痕迹。然而，现在的酒店已经还原了摩尔人的建筑风格。户外不仅建有缓缓流淌的喷泉，还有种满紫藤的花园。而在回廊和客房之中，则摆放着大量的艺术品和古典家具。只要向窗外望去，就能看到绝美的风景，其中尤以阿尔拜辛的景色最为震撼。**SG**

> “只要在阿尔罕布拉宫中睡上一晚，浪漫的旅行者就实现了毕生最大的一个梦想。”
>
> 《康德纳斯特旅游者》

← 在天主教君的命令之下，在格拉纳达修建的第一座宗教建筑就是这座修道院。

住在奎瓦斯佩德罗·安东尼奥·德·阿拉尔孔酒店
Discover the Cuevas Pedro Antonio de Alarcón

地点：西班牙安达卢西亚

网站：www.andalucia.com/cavehotel　**价格指数：**$

瓜迪克斯就在格拉纳达附近，那里的居民很想告诉大家：即使住在洞穴里，也不一定就是原始的野人。在镇子里，超过一半的人都住在洞穴之中（这里是欧洲最大的穴居人汇集地）；洞中装有互联网、电源、自来水等所有现代生活设施。离镇子不远的地方，坐落着一间“洞穴酒店”——奎瓦斯佩德罗·安东尼奥·德·阿拉尔孔。在酒店之中，有个套房甚至还配有按摩浴缸。

自8世纪起，人们就一直住在洞穴里。根据某些故事的描述，摩尔人被基督教徒击败之后，就逃到了山上。他们躲在了地洞之中，洞穴也因此而得到大力开发。且不论存在的理由为何，洞穴所具有的优势确是不容忽视的。在一年之中，洞中的温度始终维持在66℉（19℃）左右。必要的时候，可以利用洞中的壁炉取暖。白色的烟囱挺立在棕色富饶的土地上，洞中的烟尘就顺着烟囱飘向天空。有些人说，他们的睡眠质量得到了改善。显然，这可能和贴近大地有些关系。另外，有些人认为洞穴最具吸引力的地方是其私密的感觉。毕竟，世间没有两个完全一样的洞穴。

酒店由23个洞穴套房组成，每间套房都可俯瞰到瓜迪克斯和内华达山脉。中央供暖的房间不仅提供热水，还配有电视、电话、浴室和厨房，以及私人烧烤用具。此外，酒店中也有餐厅和游泳池。附近的有趣活动也不少。客人既可以在附近骑马，也可以去爬爬周围的小山，或者去瓜迪克斯享受一下罗马温泉浴。晚餐过后，客人可以盛装打扮，前往夜店玩乐。但是，酒店并不推荐你这么做。**PE**

在帕拉姆花园酒店尽情享受
Enjoy Los Jardines de Palerm

地点：西班牙伊比沙岛

网站：www.jardinsdepalerm.com　**价格指数：**$$

伊比沙岛可能因其夜总会而闻名，但在岛上的一个小角落里，游客却可以享受到绝对的放松。帕拉姆花园酒店是一座小巧精致的酒店（只有9个房间）。酒店是由一座建于17世纪的种植园改建而成。俯瞰着圣安东尼奥海湾的酒店是个充盈着安静与平和的天堂，但如果你还想要海滩和夜生活的话，酒店附近就是海滩和夜总会。

大多数客人会谈及的是具有异域风情的水上花园和无边界游泳池的恬静感。放有躺椅的露台零散地分布在景色秀美的园林中，所以客人要找一个属于自己的安静角落全然没有问题。简约的白色房间中装饰着漂亮的中国陶瓷和古董手稿，整个空间显得更加宁静了。酒店虽然没有餐厅，但提供早餐。友善的员工甚至会设法为那些聚会到凌晨而错过了正餐的客人们找到些食物。厨师也会为那些在午餐时间舍不得离开躺椅的人们变出一个三明治或一份沙拉。酒店还为客人们开设了一间自助室式的诚信酒吧。

> "［酒店］不仅拥有绝对私密的空间，还拥有打破这种私密的水上花园和两个时尚的无边界游泳池。"
>
> 《时尚芭莎》

只需步行几分钟，即可到达氛围绝佳的圣何塞镇。那里有白色的建筑物、棕榈树和陶器店。在主广场的瓷砖长椅上静静地坐着，欣赏一小会儿这里的景色。你会感觉到帕拉姆花园酒店正在召唤你。**PE**

探索福门特拉岛
Explore Formentera

地点：西班牙福门特拉岛

网站：www.turismoformentera.com　**价格指数：**$$

虽然福门特拉岛就坐落在伊比沙岛以南几英里的地方，却似乎与最近的邻居相隔一个世界那么遥远。如果伊比沙岛是西班牙的派对岛屿（岛上满是人群跃动的夜总会、人潮涌动的酒吧和成群结队满身是汗的恣意狂欢者），那么福门特拉岛就是放松休闲的岛屿。福门特拉岛位于西班牙的东海岸，只有搭乘轮渡（耗时1个小时）或水翼船（耗时25分钟）才能从伊比沙岛到达这座岛屿。换言之，这座岛还没有被大众旅游破坏。

虽然大多数人都是当天来回，但来到这里为数不多的游客会发现，在这样一个小小的地方，在只有32平方英里（83平方公里），同时也是巴利阿里群岛中最小的有人居住的岛屿身上，竟然还蕴含着田园牧歌式的无穷魅力。起伏的小山被橄榄树所覆盖，山上零星分散着一些小石头村庄。山下就是西班牙最为原始的海滩，干净的白色沙滩和湛蓝的海水几乎与加勒比海岸的景色相差无已。

帆板运动很受欢迎，如果想潜入水中，去到居住在沿海水域的色彩斑斓的鱼群中，你可以租用浮潜和潜水设备。纵横交错的自行车道让游客们可以轻松容易地探索小岛。这些车道会带你穿过海滩，然后一路进入位于福门特拉岛中心暴露在风中的原始乡村。

这里的夜生活像地中海水域轻柔的海浪一样令人放松，岛上还拥有一系列精美舒适的小餐厅，许多餐厅还是值得称赞的悠闲海滨餐厅。小岛北岸面朝着伊比沙岛的餐厅为客人提供了欣赏落日绝美风景的机会。**JF**

→ 从任何角度都能看到同样壮观的落日美景，岩石的颜色会在你面前缓缓地改变。

在松帕罗庄园酒店放松身心
Relax at Finca Son Palou

地点：西班牙马略卡岛

网站：www.sonpalou.com **价格指数：**$$

距帕尔马仅25英里（40公里）的地方坐落着一个名叫欧瑞安的小村庄。村里的鹅卵石街道上只零星分布着几个蜜色的石头房子；多年以来，村子都未曾发生什么大的变化。直至今日，圣乔迪小教堂的钟鸣一如往昔。偶尔都有新人在此举办婚礼，到时所有人都会来教堂观礼。

小村庄位于郁郁葱葱的山谷之中，被雄伟的塔曼图纳山脉环绕。作为完美的住所，松帕罗庄园酒店为客人提供了令人惊叹的美景和宁静平和的环境。建于14世纪的酒店原本是庄园主的宅邸，现在也归同一个家族所有。虽然后来被改建成了高级酒店，宅邸原本的纯朴感觉却依然还在。周围的土地也归酒店所有，培育出来的有机食品也会送至酒店。除此之外，酒店外还有数英里长的人行道和自行车道以供探索；客人可以浸泡在没有边界的泳池中，一览山谷一线的风景。宽敞的客房各不相同。到了炎热的夏天，房间就会变成凉爽且让人放松的人间天堂。冬季来临，中央空调就会开始供暖，让屋中变得温馨舒适。石头地面、白色的墙壁、裸露在外的横梁与雅致的陈设结合在一起，形成了一种精巧的简约风格。

客人可以在酒店悠闲地享用早餐。夏日时节，客人还可以在露台上吃早饭：喝着鲜榨的橙汁（水果都是当地种植的），吃着新鲜的烤羊角面包，再喝上一杯香浓的咖啡。此时此刻，耳中听到的只有鸟儿的鸣叫和羊铃不时发出的叮当声。庄园的午餐和晚餐也十分值得称赞。现代的地中海式菜肴都是用当地最好的原料制成的；在清爽的夏夜，客人可以在户外享用晚餐。太阳渐渐西沉，四周的群山也奇妙地改变了颜色。**SD**

在塞拉尼亚酒店放松身心
Unwind at La Serranía

地点：西班牙马略卡岛

网站：www.laserrania.com **价格指数：**$$

春天和秋天，无论是艺术家，还是作家和瑜伽修行者，都能在此处获得改变人生的宝贵灵感。这个宁静的居所位于塔曼图纳山脉的山麓丘陵地带，6英里（10公里）外就是历史悠久的波伦萨小镇。塞拉尼亚酒店坐落在占地10英亩（4公顷）的私人土地之中；对于周围的环境，酒店不仅善加保护，而且还善加利用。

得益于高高的天花板和巨大的窗户，酒店不仅显得宽敞明亮，精致的大理石与橡木地板、石灰岩墙壁和雪松木制品也得以凸显。正因为如此华美，酒店才时常被选为电影和照片的拍摄地点，企业和旅游团也最爱将这里定为度假地点。尽管如此，这里的空间还是非常地私密。

> *“若想获得灵感，看透俗世，或是逃离日常的生活，这里就是最好的归处。”*
>
> 《哈珀斯与名媛》

秉承极简风格的酒店也展现了时尚和奢华：光亮的私人大理石浴室、随时待命的女仆和私人露台。要是想寻求更深层次的宁静，酒店还设有一个冥想室。在专家级按摩师双手的按压下，你也会得到彻底的放松。此外，也可以在酒店的大型游泳池中静思一会儿，但要记得将头探出水面，因为在山谷之中，还零星分散着扁桃树、橄榄树和橄榄树，超凡脱俗的绝美风景还在等待者你去欣赏。到了夏天，你有充足的游泳时间，每天还有瑜伽课程可供选择。酒店提供的早午餐和晚餐十分丰盛，绝对不容错过。因为闲散的时间很多，所以也有机会品尝令人食欲大开的当地美食。这就是抚慰灵魂的地方吗？是的，先生，这里就是。**JS**

住在颂格耶酒店
Stay at Son Gener

地点：西班牙马略卡岛

网站：www.songener.com **价格指数：**$$

早已被人遗忘的18世纪石头农舍坐落在山顶之上，马略卡岛东北部的农田将其环绕。当地的建筑师兼设计师托尼·艾斯塔瓦发现了这个农舍，并耗费多年时间，终于将其改造成岛上最吸引人的小酒店之一。现在，颂格耶已经变成了一座别致的庄园酒店。酒店共有10间客房，四周是布满橄榄园和果园的起伏群山。此外，酒店还拥有自己的有机果蔬园。向远处眺望，就能看到地中海闪闪发光的海水。离此最近的旅游景点是历史悠久的阿尔塔小镇。在那里，你可以沿着石头小路悠然漫步，到山顶的教堂游览。岛上一些人迹罕至的海滩离酒店也不远。

酒店的室内设计十分简洁。在迷宫般的石墙中探险，抬头便是古旧的木梁，低头便是白色的石灰岩地板，古董也是随处可见。酒店既不过分讲究，也不追求虚有其表的豪华；它只是静静地用中性低调的颜色装饰着宽敞的房间，在屋中建立了石阶，偶尔出现的鲜花也只是用来缓和气氛。天气转凉的时候，炉中就会升起火焰；打开房中的双开门，就会进入广阔的花园。

宽敞的卧室配有私人露台、四柱床、高高的木制天花板和盖着奶油色编织物的扶手椅。浴室的墙壁由石灰岩建成。有些房间拥有观赏海景的天台。小小的水疗中心由石头、玻璃和深色木材筑成，包含室内泳池、室外泳池、桑拿房、蒸汽房、按摩浴缸和按摩间。这里虽然没有精美的佳肴，却有新鲜美味的乡村美食。你可以走出房间，在九重葛的花丛中就餐。

这里非常安静，有时甚至是寂静无声。躺在阳台上，让全身彻底放松，偶尔会听到田地中山羊铃铛发出的清脆响声。**SH**

住在赫登西亚酒店
Stay at La Residencia

地点：西班牙马略卡岛

网站：www.hotellaresidencia.com **价格指数：**$$$$

辉煌的赫登西亚酒店俯瞰着山中的村子——德亚村。住在酒店之中，也可眺望到巍峨的特曼恩塔纳山脉和波光粼粼的地中海。酒店周围方圆30英亩（12公顷）的土地上，分布着美丽的草坪、花园、芬芳的柑橘园，以及种有作物的农田。酒店最初是庄园主的三座宅邸；如今，屋中不仅放有马略卡的古董，还配有简单质朴的编织物和大量的当地艺术品。酒店之所以这么做，也是为了将极致的奢侈与庄园的质朴融合在一起。

> “房间采用传统的马略卡装饰风格（外加少许高档酒店风格）。”
>
> 《星期日泰晤士报》

登上一级级柔美的赭石色台阶，就会进入酒店纵横交错的漂亮房间和花园。古老的房子拥有一种摇摇欲坠的古怪魅力，豪华的套间则具有更加奔放的奢华感。无论是否喜爱这种风格，伊比利亚的美丽建筑都会让你为之倾倒。埃尔奥利沃餐厅所在的地方原本是16世纪的橄榄油厂。去餐厅参加晚宴的时候，最好要注意一下自己的穿着。餐厅的菜品不仅具有当地特色，还极其美味诱人。除此之外，还有一家名叫松福尼的餐厅。那里的气氛更加随意，菜肴却是同样美味。

来到德亚村，就会被逍遥自在的氛围笼罩。几十年来，这个迷人的村子始终是当地艺术家、作家和诗人魂牵梦绕的地方。这种氛围也渗入了令人难忘的酒店之中。在悠然平静的氛围中，村子却渗透出了一种个性，而酒店也是如此。**SWi**

住在阿巴玛度假村

Stay at Abama

地点：加那利群岛特内里费

网站：www.abamahotelresort.com **价格指数：**$$$

豪华的度假酒店坐落在西班牙特内里费岛西海岸的白色沙滩上，背后就是泰德山较为低矮的山头；山上的棕榈树荫蔽着度假酒店。对于喜爱运动的人来说，阿巴玛度假村就是最为理想的度假胜地。庞大的度假村不仅拥有各种设施，还配有八个游泳池、一个私人海滩和一个专用的高尔夫球场。十家餐厅的菜肴也极为美味：从寿司到阿根廷烧烤，从海鲜到意大利传统美食，各式菜肴一应俱全。除此之外，住宿地点也有多种选择。若是住在位于中心的城堡中，就能眺望到高尔夫球场和花园；若是住在别墅，就能享受到更为宁静的环境。每间宽敞的别墅都配有一个私人阳台；无论是富有激情的赤陶瓦，还是深色的木头和长毛绒地毯，室内的装潢都会让人想起摩尔统治时期。

海滩俱乐部为客人提供帆船、潜水和深海钓鱼等活动。如果不喜欢，也可以直接躺在日光下，然后慢慢享受按摩。度假村的网球学院不仅开设网球课程，还为客人提供球场和设备租赁服务。此外，健身房也开设瑜伽、普拉提、有氧运动和太极等课程。健康俱乐部的放松课程极其丰富，以至于客人需要查字典才能知道课程的含义。除了一间温水浴室、土耳其浴室、非洲桑拿房和草药蒸气浴室，这里还有一条克奈普小道、一个水疗池、一座雪中木屋和一个水疗花园。

除此之外，度假村还有读书俱乐部、莎莎舞学习班、肚皮舞研习班以及桥牌和台球比赛。为了让孩子们住得开心，多个儿童俱乐部还开设了蛋糕烘焙、项链制作、迪斯科舞会和户外游戏等活动。**PE**

⇐ 站在酒店各不相同的宽敞露台上，可以望见许多壮丽的景色。

在圣罗克酒店放松身心

Relax at Hotel San Roque

地点：加那利群岛特内里费

网站：www.hotelsanroque.com **价格指数：**$$

在特内里费的远端，坐落着一个名叫加拉奇科的小渔村。渔村位于植物更加繁茂、气候更加炎热的西北海岸，与南部拥挤的海滩相隔很长一段距离。几栋白色的房子挤在一起，坐落在村子之中。加拉奇科的大部分土地都没能逃过300年前的火山喷发。直至今日，仍然能在这里看到由熔岩凝聚而成的荒芜小径。村里有几个咖啡馆，还有一间教堂和一个商店。走过林荫主广场，就会看到一座18世纪的豪宅。现在，经过改造的宅邸已经成为了世界级的精品酒店。

> “温馨的圣罗克酒店将哈瓦那风格的美感与最现代的设施巧妙地融合在一起。”
>
> 路易丝·罗登，《每日电讯报》

艳丽的赤褐色外墙暗示了室内的风格和氛围。穿过回廊和拱形石门，就会进入黑暗凉爽的房间，见到厚重的木梁天花板、巨大的柳条沙发和引人注目的西班牙艺术品。打开窗户和门，乳白色的窗帘就会在微风中飘动。沿着螺旋楼梯爬至三层，来到“塔楼套间”的私人屋顶露台，美丽的山景和海景就会出现在你的面前。透过床上方的小圆窗户，可以看到坐落在加拉奇科房子的屋顶。

庭院里有个质朴无华的泳池；到了晚上，池中就会散发出耀眼的光芒。只要步行一分钟，就会见到大海。虽然海边没有沙滩，客人却可以在熔岩旁的水池中游泳。酒店的前台可以借到钓鱼竿；如果钓到了鱼，酒店的厨师会在晚餐时将其烹制成美食。**SH**

行走在大加那利岛的高原上

Walk in the Highlands of Gran Canaria

地点： 加那利群岛大加那利岛

网站： www.uplandescapes.com **价格指数：** ❶

来到岛上，大多数游客都会前往南部的沙滩和风景如画的渔港。但是，要想寻找一个拥有壮丽景致的僻静景点，大加那利岛上的高地就是最好的选择：连绵的火山之间是开满鲜花、长满棕榈树的山谷和郁郁葱葱的草地。海拔6,230英尺（1,900米）的高山上点缀着古雅寂静的村庄；古老的皇家通路将各个村庄连接在一起。即使到了较为寒冷的季节，山顶的平均气温也在60℉（15℃）甚至以上。因此，10月至4月便成了徒步旅行的好时节。

假如在高地上徒步旅行，可以住在时尚的洞穴房屋之中。这些房屋既可出租给个人，也可租给五人及以下的团体。在特赫达幽静的山村中，还坐落着一家名叫"Fonda de la Tea"的酒店。山村中分散着几家商店和餐厅，甚至还有一间博物馆；迷人的建筑与周围寂静祥和的山脉相得益彰。酒店的住宿费中已经包含了租车的费用。如果不想坐车，客人也可以选择更为环保的团体飞机接送或根据个人需求选择相应的交通方式。

既然是徒步旅行，最重要的自然还是高地上的步行条件。在大加那利岛上，游客既可以单独上路，也可以组队一起出行。走在朝圣路上，闻着空气中的松树香气，一定会将过去的生活抛诸脑后。**DaH**

→ 火山区的壮丽风景会造就一次令人难忘的徒步旅行。

在龙格哈斯庄园尽情享受
Enjoy Finca Las Longueras

地点：加那利群岛大加那利岛

网站：www.laslongueras.com　**价格指数**：$$

在大加那利岛上，有一间建于1895年的乡间大房子。这座房子位于农业种植园的中心，园中的香蕉、橙子、鳄梨和番木瓜散发出热带水果的诱人香气，吸引着偶然经过此地的游客。这个美丽的地方隐藏在高高的山上，位于蜿蜒迂回的砾石路的尽头。即使人们发现了这里，也会很快迷失在种植园迷宫般的小路中。

豪华的乡村酒店又被称为“红房子”，室内装潢深受殖民风格影响，不仅建有装饰用的白色拱形门廊，还配有高高的天花板。作为当地贵族过去的宅邸，酒店依然保持了宏伟的感觉：华丽的黄铜床架、长长的走廊、巨大的拱形窗户和大量的古董收藏品。

> “在热带植物的环抱中，静静地欣赏浪漫的落日，吮吸着香橙花的芬芳香气。”
>
> 龙格哈斯别墅酒店的业主

酒店坐落在大西洋边缘，虽然只有9间双人卧室，427英亩（173公顷）的土地上却是连一个人影都见不到。你可以坐在果园中，手中拿着一杯葡萄酒，看着火红的太阳渐渐沉入山中，或在晨起时分，尽情品尝刚从树上摘下来的新鲜水果。如果觉得香橙花的香气过于浓郁，或是觉得与世隔绝的生活太过孤寂，20英里（32公里）外便是喧闹的城市——拉斯帕尔马斯。**NS**

住在玛尔维萨庄园酒店
Stay at Finca Malvasia

地点：加那利群岛兰萨罗特

网站：www.fincamalvasia.com　**价格指数**：$

18世纪，喷射而出的火山熔岩流至兰萨罗特各处，将这里变成了一个凹凸不平的奇异世界。对某些人而言，在两座火山之间的山谷过夜，听起来可不是什么好主意。但是，别墅的英国老板塔恩雅和理查德·诺斯·埃文斯可并不这么想。如今，他们已经在岛上建造了僻静的度假庄园。

四个复古的乡村别墅坐落在一个雕刻而成的泳池周围，组成了一个L形状。在布满灰黑熔岩的土地中，种满热带植物的别墅区闪耀着白光，就如同沙漠中的绿洲。褐色屋顶上爬着一些九重葛；棕榈树的枝叶遮挡着私人花园。屋中的陈设融合了旧与新：高科技的娱乐设施被安放在光秃秃的石头架子上；赤陶砖的地面上铺有艳丽的地毯；时尚的浴室中放满了室内观赏植物。到了晚上，周围就会变得格外安静。因为附近几乎没有光污染，如利刃般刺目的碧空似乎伸手可及。

酒店虽然较为隐蔽，但并不意味着无事可做。客人可以在石头瑜伽圆顶小屋中享受水疗和按摩，也可以到近6英里（10公里）外的沙滩游玩。此外，这里也有适宜长途旅行的步行小道。沿着纵横交错的小道，客人可以体验更为刺激的旅行方式。根据客人的需要，酒店也会为其安排创意写作、烹饪和绘画类课程。客人虽然要自理餐食，酒店还是会为客人提供有机早餐。到时，坐在僻静的露台上，就能享用包含本地水果的特色早餐。要想在冰箱中囤积些食物，可以去当地的农贸市场逛逛。市场每周末都会开放，可以买到奶酪、水果、蔬菜和新鲜的面包。无论是渴望彻底休息、不堪重负的上班族，还是想要寻找绝好僻静度假地的夫妻，抑或是寻求心灵静修所的艺术家，兰萨罗特内陆中位于亚热带地区的锥形火山都是最好的选择。**JC**

在纯净水疗酒店放松身心

Unwind at Aquapura

地点： 葡萄牙布拉干萨到波尔图杜罗河谷

网站： www.aquapurahotels.com　**价格指数：** $$$

在葡萄牙东北部的苍翠群山之间，流淌着一条名为杜罗的蜿蜒河流。数百年前建立的葡萄园层层叠叠，依然坐落在河水上方的山坡上。尚未被破坏的古老山谷已经被评为世界遗产，并因其出产的波尔图葡萄酒而为世人所知。

纯净水疗酒店是一家豪华的酒店兼水疗中心，佩苏达雷瓜历史悠久的小镇就在其对面。位于河水南岸的赤红色房子就是酒店的中心建筑，巨大的水疗中心则位于别致的现代玻璃延伸建筑之中。室内的装潢秉承亚洲主题，将闪烁的烛光和黑色的木板结合在一起。治疗间中使用的都是当地的天然产品；透过巨大的落地窗，即可俯瞰到杜罗河谷。

> “历史悠久的传统葡萄栽培技术孕育了富有文化气息的超凡美景。”
>
> 联合国教科文组织世界遗产委员会

在酒店的餐厅中，客人将会品尝到法国厨师重新演绎的葡萄牙特色菜肴。烹制美食的过程中，厨师不仅会用到当地的橄榄油和波尔图葡萄酒，还会用到许多其他的酱汁。客人可以来到户外，在院中的柳条伞下吃饭，或是在室内的高档现代餐厅就餐。

酒店的豪华和雅致已经达到了最高境界。宽敞优雅的卧室采用了轻松的极简主义风格；房中不仅配有奢华的双人浴室和铺有整洁棉质床单的特大号四柱床，还提供24小时的送餐服务和水疗上门服务。有些房间的阳台俯瞰着古老的回廊和杜罗河。**SH**

在弗洛尔达罗莎放松

Relax at Flor Da Rosa

地点： 葡萄牙波塔莱格雷

网站： www.pousadasofportugal.com　**价格指数：** $$

要是想看角楼，这里就能满足你的愿望。虽然最初是座修道院，但比起宗教建筑来说，这里反倒更像一座城堡。建于1356年的修道院是由马尔他的骑士团修建而成，葡萄牙的建筑师卡里略·达格拉萨后来对其进行了大规模的翻新，最终取得了极好的效果。现在，这座建筑依然浸浴在历史之中，室内不仅装有宏伟的拱形天花板，还拥有中世纪的回廊。

酒吧所在的地方是最引人注目的房间之一。从前，修道院的餐厅就在这里。酒店将原有的拱形天花板、拱形窗户和石柱保留了下来，并在房中放入了几何形状的棕色皮革滑面沙发以及灰绿色的亚麻布。卧室中放着数把扶手椅，上面盖有清爽的洁白麻布，对面则是历经沧桑的古老石墙。酒店只有24个房间；在大多数客人看来，塔楼中的三个房间是最好的客房。

酒店坐落在阿连特茹寂静的小村中，克拉图就在其附近。在克拉图居住的人们仍用传统的方式制陶，制作的陶器也十分有名。波塔莱格雷被围墙包围的美丽城镇也离酒店不远。

弗洛尔达罗莎还有一个游泳池；蓝色的池水倒映着雄伟壮观的角塔。对于追求安静与平和的人们来说，这里就是静静休息的最佳场所。白天在池边慵懒地歇息，然后在酒店的餐厅享用美食。在餐厅不仅能品尝到当地绝佳的特色菜肴，还能透过现代的全景窗户眺望到外面的美景。上床休息前，可以坐在超级时尚的沙发上喝一点儿波特酒。想要运动的话，既可以去酒店的高尔夫球场和网球场，也可以去附近骑马、钓鱼、射击和赏鸟。此外，无线网络、空调等设施每个房间都有配备。对于14世纪的修道院来说，如此完备的设施难道还不能让客人满意吗？**PE**

探索埃什特雷拉山脉
Explore the Serra de Estrela

地点：葡萄牙埃什特雷拉山脉

网站：www.quintadoriodao.com/eng/out/estrela.html **价格指数：**❶

海拔6,541英尺（1,993米）的埃什特雷拉山脉是葡萄牙大陆最高的山峰。被人称作“群星山脉”的雄峰也没有辱没这个美名，耸立的高峰确实直达天际。不同寻常的是，到达山顶其实相当容易。只要沿着山上平整的路面，即可到达顶部的高原以及被称为托雷的瞭望塔。站在山顶眺望，可以见到近100英里（160公里）外的大海。

巨大的花岗岩山脊延伸至60多英里（100多公里）外的远方，一半以上的山峰都在海拔2,300英尺（700米）以上。大自然所能完成的绝世美景，

> “据说［它的］顶部附近有一个河流，船只的残骸就漂浮到水面上。”
>
> 赫尔曼·梅尔维尔，《白鲸》

也就是如此了吧。嶙峋的峭壁、幽深的峡谷、奔流的山溪和平静的湖泊组成了一幅独特的画面。蒙德古河是葡萄牙境内最长的河流；除了这条河流以外，阿尔瓦河和泽济里河的源头也位于此处。山区中还有一个受到保护的自然公园。洛里加地区还坐落着一个蓬勃发展的滑雪胜地。除此之外，还有许多以埃什特雷拉命名的动物和食物，如一种品性坚韧的狗、一种熏制的香肠和一种美味的硬质奶酪。

山中还有各种各样的野生动物，瀑布、森林和神秘的洞穴更是绘成了一幅美丽的画卷。此处的熊类已然绝迹，狼也极其罕见，但还是可能见到水獭、水鼠和许多珍稀的鸟类。**RsP**

→ 贝尔韦尔风景如画的小村庄坐落在埃什特雷拉山脉的塔古斯河边。

在潘纳龙格酒店放松

Unwind at Penha Longa

地点：葡萄牙里斯本附近

网站：www.penhalonga.com　价格指数：$$

“优雅宫殿式的建筑坐落在起伏的群山、清澈的湖水和郁郁葱葱的花园之中。”

《纽约时报》

虽然距离里斯本只有很短的车程，酒店四周的环境却和现代都市大不相同，游客可能第一眼就会看到潘纳龙格酒店。当年，修士们看到了这里长长的岩石，便将此处视为圣地，并在此建造了一座修道院。如今，此处的世俗世界仍然维持着宁静的氛围。14世纪的修道院也依然矗立在那里，游客甚至可以在小教堂中举办婚礼。

在古老的建筑附近，尚未到达现代酒店的地方，坐落着一个亚洲风情的水疗中心。一边喝着水果茶，一边坐在水中或池边休息的客人可能正等着接受康复治疗，或是体验过了海藻裹体护理等治疗项目，想要稍稍歇息一会儿。如果舍得离开这里，可以浸泡在美妙的泳池中，一览大西洋高尔夫球场的广阔绿地。优雅的酒店拥有194个房间，目前共有4个不同的餐厅，包括泳池边的塞拉餐厅和提供日本料理的美岛绿餐厅。阿罗拉是最新建造的餐厅，餐厅的主厨胡里奥·佩雷拉运用现代的方式烹制新式的葡萄牙菜肴。客人可以在阿萨马萨餐厅或俱乐部的休息室中享用早餐。餐点包括大量的新鲜水果、麦片、面包和多种自制的美味蜜饯；品尝这些食物的时候，不禁会想起最为诱人的熟食。

俱乐部的休息室有个位置极佳的宽敞阳台。站在阳台上，可以从最好的角度眺望太阳从周围的小山上升起。这时不妨坐下来静静看着初升的太阳慢慢升起，将潘纳龙格酒店神圣的岩石渐渐照得透亮。**JED**

↖ 潘纳龙格酒店前栽种着蓝色的爱情花，又被称为尼罗河的百合花。这些花朵散发出美妙的香气。

住在拉帕皇宫
Experience Lapa Palace

地点： 葡萄牙里斯本

网站： www.lapapalace.com　**价格指数：** $$$

拉帕皇宫建于1870年，最初是瓦伦萨伯爵的宅邸。多年以来，宫殿的主人一直精心保护着建筑雅致的粉色外墙和内部的大理石灰泥墙壁、木雕和美丽的彩砖。自1992开业以来，拉帕皇宫酒店赢得了许多赞誉，想知道其中的原因其实并不难。

酒店被美丽的花园、溪流和装饰用的喷泉环绕。因为酒店位于里斯本的中心，又坐落在山上，所以无论是去城市中心区，还是俯瞰绝美的塔古斯河都十分方便。酒店共有109个房间，即使是最普通的标准客房，也配有露台或阳台、法国和英国的仿古家具和大理石浴室（有些配有浅浮雕装饰和按摩浴缸）。另外，房间采用的是18世纪古典的设计风格。22个单独装饰的宫殿客房及套房中放有一些经过修复的古董（都是原有的物件）。从前的马厩中还建有14个意大利风格的别墅客房。这些房间都拥有私人花园；黄昏时分，客人可以在园中沐浴南欧温暖的阳光，慢慢消磨时间。

这家酒店吸引了很多有名的客人。其中大部分客人都是为了皇家套房或“塔楼房间”而来。前者采用洛可可的装饰风格，显得十分柔美，后者则是度蜜月的夫妇最喜欢的房间：床尾配有猫王式的弹出式电视，浴室装有双人按摩浴缸，私人角塔上还设有用餐区域。在健康中心或温水泳池稍做运动，然后在名为“塔霍河”的酒吧喝茶。此处的茶类饮品多达五十种。室内的奇普里亚尼餐厅被视为里斯本最好的餐馆之一，餐厅的现代烹调手法也赢得了极高的赞誉。总之，酒店会为客人提供贵族般的服务。**PS**

在贝尔蒙特宫殿振奋精神
Recharge at Palácio Belmonte

地点： 葡萄牙里斯本

网站： www.palaciobelmonte.com　**价格指数：** $$

玛丽亚和弗雷德里克·库斯托兹买下贝尔蒙特宫殿的时候，这里还是个亟待修复的残破建筑。花费了数百万欧元的资金，经历了数年的修复，破旧的宫殿不仅变成了拥有10间套房的酒店，还被认定为国家级历史文物。酒店坐落在阿法玛中世纪的古老犹太区中；只要沿着鹅卵石小路，即可到达圣若热城堡。

虽然业主引入了一些现代设施，屋中还是有许多古老的陈设，比如保存完好的19世纪浴缸和原有的蓝白瓷砖。酒店的套房全部以葡萄牙杰出人士命名（如生态学家、作家和发明家等等）。房中放置的镜子、大衣柜、油画和素描等东西皆来自18世纪。浪漫主义者可能会选择住在巴塞洛缪-德古斯芒套间。这个套间位于摩尔人的塔楼顶部，私人露台俯瞰着阿法玛和塔古斯河。

> “建于伯爵宫殿遗址的贝尔蒙特酒店延续了以往的高贵风格。”
>
> 《康德纳斯特旅游者》

白色的墙壁、繁茂的果树和艳丽的九重葛，酒店的花园如伊甸园般充满魅力。除了黑色的大理石游泳池，此处的图书馆也值得一说。馆中的图书和刊物不仅超过了4000本，还涵盖多种语言。此外，贝尔蒙特酒店甚至拥有自己的教堂。贝尔蒙特宫殿不仅为客人提供了全方位的文化体验，还为客人提供了一个时尚奢华的居住环境。酒店带来的完美享受一定会让人毕生难忘。**PS**

住在里兹酒店

Stay at the Ritz

地点： 葡萄牙里斯本

网站： www.fourseasons.com/lisbon **价格指数：** $$

想要寻找典型的奢侈酒店，里斯本的里兹酒店就是再好不过的选择。乍看上去，这里可能和里斯本众多的古老建筑没什么不同，但只要进到里面，就会看到远胜其他酒店的精细装潢。

里斯本共有七座小山，酒店就位于其中的一座山上。向窗外眺望，就能见到许多城中著名的地标性建筑，例如爱德华七世公园、圣乔治城堡和塔古斯河。这些建筑一定能给你留下非常深刻的印象。踏入酒店的一瞬间，公共区域的装饰品就会牢牢吸引住你的目光：绚烂多彩的挂毯和画作，以及仿古器具（其中还包括葡萄牙同时代艺术家制作的仿制品）。酒店的套间不仅非常宽敞美观，还配有大理石浴室、带有顶篷的巨大红木床、椴木古董梳妆台和极其奢华的地毯。

> “酒店套房的装潢是葡萄牙大型酒店中最好的。”
>
> 《纽约时报》

酒店的瓦昂达餐厅是里斯本最高级的就餐地之一，吸引的自然是城市中的上流人士。休息室的酒吧拥有一个俯瞰着公园的大型露台。为了绝妙的美景，即使是极其不爱运动的人，也会想去屋顶的健身房溜达一圈。那里的跑道十分神奇，可以360度全视角观赏城市的景色。在此之后，可以迅速回到室内禅宗风格的水疗中心。中心不仅提供很好的蒸气浴和足部按摩，还提供令人舒爽的治疗，里面的更衣室铺有发热的石灰石地板。**PS**

参观圣哲罗姆派修道院

See Jerónimos Monastery

地点： 葡萄牙里斯本

网站： www.mosteirojeronimos.pt **价格指数：** $

想要寻一处安静的住所，且不能和里斯本最受欢迎的旅游景点相距太远，贝伦区16世纪的圣哲罗姆派修道院就是最佳的选择。尽管大多数游客不是涌到附近的贝伦糖果糕点店享用酥皮点心，就是去河边探寻壮观的建筑物，如“发现者纪念碑”，修道院还是能盛下数量众多的好奇游客，并且保持一贯的宁静氛围。

螺旋状的走廊环环相套，连通至酒店的客房。在那里，你会看到诗人费尔南多·佩索阿、历史学家亚历山大·艾尔库拉诺和数以百计的杰罗姆修道士的坟墓。沿着其他的小路，可以到达位于中央的最高点。那里以天为顶，似乎被尖塔托起，地面和墙壁都是由纯白色的石头筑成。这些美丽的石壁是水手们想象的产物。在展开无尽的航行前，他们会先在这里祈祷。假如能够平安归来，水手就会来此讲述自己奇妙的旅行，诉说在海外看到或梦想看到的东西。

勇敢的冒险家们在修道院中道出了自己的心中所想。他们讲述的梦幻故事常常和《圣经》中的场景如出一辙。举例来说，成群的动物似乎要从古老的诺亚方舟上溢出，而单薄的小船载满了寻找新世界的水手们，与诺亚方舟很是相似。

直至今日，教会也在举行弥撒。坐在教堂的后方，葡萄牙人的低吟会让你昏昏欲睡。小心不要睡着了，因为在这个神奇的地方，谁又能知道会梦到些什么呢？**JED**

→ 奇妙的是，这座建筑好像拥有了生命，看起来并不像人类建造的修道院，而是像破土而出的生命体。

游览圣母山观景台

Visit Nossa Senhora Do Monte

地点：葡萄牙里斯本

网站：www.golisbon.com　**价格指数：**❶

圣母山观景台位于葡萄牙最高峰的顶端。为了欣赏美好的景色，即使山路陡峭，也得到观景台游览一番。

里斯本分布在七座山上，圣母山观景台位于群山的最高点上。身着白衣的圣母一手稍抬，赐予人们幸福，双眼则凝视着城中红色的屋顶和远处的塔古斯河。圣母教堂矗立在圣母像的后面，其历史可追溯到1243年。公元4世纪，里斯本的第一位主教圣保罗就是在这里被人杀害的。

教堂周围有个环境优美的眺望台：阶梯状的地面上铺着漂亮的瓷砖，枝叶繁茂的树下则放着长椅。向左边看去，映入眼帘的是圣乔治城堡巍峨的炮门垛口。城堡距离眺望台很近，步行即可到达，也是一处值得一看的景点。你可以爬上塔楼，沿着城墙漫步。若是手中拿着一杯咖啡，坐在餐厅外的桌子旁，就能眺望到更多的城中美景。

如果爬不了山（从城市中心到这里大约需要步行30分钟），可以乘坐28号电车上山。里斯本的有轨电车因复古的设计而成名。28号电车会开往城中的多个小山，也是旅行的亮点之一。

当地人说，来观景台赏景的最佳时间是日落时分。假如天气不错，碧蓝的天空就会变成深蓝色，继而变成朦胧的粉红色，与塔古斯河幽暗墨黑的河水连成一线。阳光透入玻璃罩中，将圣母像照得闪闪发亮。在温暖的暮光之中，山下的城市闪烁着黄色和橙色的幽光。**PE**

→ 圣母山观景台坐落在葡萄牙最高峰的顶端——只能通过陡峭的步行道才能登上去，但值得一试。

住在埃斯特雷国营酒店

Stay at Pousada de Estremoz

地点：葡萄牙埃武拉

网站：www.pousadas.pt **价格指数：**$

从前，位于西班牙和葡萄牙交界处的埃斯特雷是个有部队驻防的城市。当时建立这座城市，是为了防止西班牙人的入侵。现在仍有大量的士兵驻扎在周围的修道院中。这些修道院数量众多，都是用当地开采的白色大理石建成。位于埃斯特雷的圣伊莎贝尔皇后酒店坐落在皇家宫殿之中，旁边是宏伟的14世纪城堡。城堡位于埃斯卡上方的老城区，星形的城墙是由法国军事工程师沃邦设计的。来到海拔1,300英尺（395米）的埃斯特雷，站在私人的宫殿花园中，可以一览西班牙埃尔沃斯、埃武拉和巴达霍斯的壮丽美景。

宫殿是为迪尼兹国王的妻子而建。1336年，圣洁的伊莎贝尔女王在这里逝世。20世纪60年代，这座建筑才成为了一间酒店。城堡一层有个装有拱顶的八角形房间。这个豪华的酒吧带有时代特色的陈设和精致美丽的古董无处不在：除了古老的四柱床，酒吧中还有一组盔甲和古代兵器。客人可以品尝到朴素的阿连特茹特色美食，例如一种名叫migas的面包汤，以及葡萄牙arroz（一种西班牙贝类海鲜饭）和埃尔沃斯的李子干。

埃斯特雷有一个巨大且重要的四方形场地。每到周六，这里都会变成热闹的集市。四处游览的时候，要留心观看牧羊人身上粗糙的羊皮背心和传统的拖鞋，以及极具特色的赤陶器和羊奶奶酪。长久以来，当地的古董商店一直都在贩卖稀有的宝石，比如18世纪的英国白镴。同样值得一去的还有阿连特茹的博物馆、圣弗朗西斯科修道院的教堂和皇家城堡其他的建筑。**GMD**

在蒙特多–乔拉卡斯卡旅店放松

Unwind at Monte do Chora Cascas

地点：葡萄牙埃武拉

网站：www.wonderfulland.com **价格指数：**$

一条长长的小路从葡萄牙的乡村穿过；在蜿蜒小路的尽头，有一个与世隔绝的美好地方。就在这里，坐落着一个旅店。在农舍主人和建筑师索尼娅·艾斯帝玛·马赫克的共同努力下，传统的农舍被改造成了一座温馨的乡村旅馆。

对于只有7个房间的旅店来说，素雅的颜色才是其特色所在。虽然房间的数量很少，但和巨大的酒店相比，旅店不会让人产生拥挤和压抑的感觉。拥有铸铁床、明亮墙壁和雪白亚麻布的旅店透露出低调的风格。木制的天花板让客人们记起了逝去的时光，奢华的浴室又将人带回了现代生活。

> “看到现在的旅店，就能知道我们投入了多少心血与强烈的感情。”
>
> 蒙特多-乔拉卡斯卡旅店的主人

宽敞的客厅中摆放着松软的沙发、中国木雕和插满了鲜花的雅致玻璃花瓶，角落里还放着一架小型的三角钢琴。走到屋外，可以在漂亮的庭院和郁郁葱葱的花园中探险，也可以向山谷一侧眺望，欣赏蒙特莫尔山中小镇的美景。回到旅店，慵懒地躺在泳池边，将手中的葡萄牙新酿葡萄酒喝得一滴不剩。如果想做些更加激烈的运动，可以去网球场打球。此外，酒店还提供自行车出租服务。为了住在这里的孩子们，旅店还特意修建了一个树屋。在蒙特莫尔周围散步，美丽的18世纪庄园宅邸会让你终生难忘。**AD**

住在维拉维索萨酒店
Stay at Pousada Vila Viçosa

地点： 葡萄牙埃武拉

网站： www.pousadasofportugal.com **价格指数：** $$

葡萄牙的“波萨达斯旅店”是一系列由历史建筑重新装潢而成的国有酒店，旨在展现当地的文化和遗产。维拉维索萨酒店（又称约翰四世酒店）建于16世纪的查加斯基督修道院之中，同时位于维拉维索萨迷人的古镇中。从前，葡萄牙的国王就住在这个小镇里。修道院坐落在大广场中，旁边就是过去的皇家住所——公爵宫殿。大理石广场的中心有一座巨大的雕像，雕像由一人一马组成，骑在马背上的是来自布拉甘萨家族的第一个国王——约翰四世。

维拉维索萨的大理石采石厂非常有名，因此，酒店接待区铺满了清爽的白色大理石，也就不是什么奇怪的事了。但是，修女们使用的厕所就在接待区旁边（酒店将其保留了下来），这或多或少折损了酒店恢宏的形象。沿着古老的走廊前行，脚下踩的是石头地面，进到卧室之中，石头地面又变成了木质地板。至于大理石地面，则是为了楼梯和浴室特别准备的。

吸引客人的不仅是酒店的历史，还有其他的东西：在狭窄的螺旋石梯上方，坐落着一个小型的健身房和一个大型的户外游泳池。酒店还拥有一个院子；到了夏天，客人可以在这里用餐，也可以坐在回廊中纳凉。宁静的花园中栽种着橘子树、葡萄树和薰衣草花丛。

客人可以进到宏伟的穹顶客厅之中，在开放式壁炉边的天鹅绒沙发上休息也可以在放有皮革桌子和装饰画框（框中放的是马术相关的印刷品）的酒吧中聊天。酒店可能并不是个博物馆，但只要来到隔壁，就能看到一批来自雄伟公爵宫殿的珍贵收藏品，如陶瓷、瓷砖和挂毯。**SH**

在多罗斯酒店放松
Unwind at Pousada Dos Loios

地点： 葡萄牙埃武拉

网站： www.pousadas.pt **价格指数：** $$

这里是葡萄牙最美丽的酒店之一。在此之前，这里是一座建于1485年的施洗圣约翰修道院。只要从酒店相对简单的巴洛克式建筑前穿过，就能感受到曼奴埃尔和哥特式建筑的魅力。修道院于1834年被迫关闭，这座建筑也被用来做许多事情，例如应征入伍士兵们的营房。1965年，这里最终变成了葡萄牙古老的国有旅店之一，也就是所谓的波萨达斯旅店。

客人可以睡在31个配备齐全的房间中。这些房间原本是修道士居住的单人间。如今，洗涤洗澡间的公共洗浴设施已经不见了踪影。每隔两个单人间，就会单独空出一个房间。这个房间会被分成两部分，分别作为两侧单间的浴室。昔日的回廊共有两层，酒店的餐厅位于下面一层，旁边就是圣器收藏室。餐厅装有绝妙的双马蹄曼努埃尔门，提供的都是阿兰特茹的特色菜肴，比如“Porco preto”（伊比利亚）火腿，以及经典的甜点“morgado”（一种阿尔加维的馅饼），“pao de rala”（用碎面包与大块甜南瓜制成的甜点）就是其中的一种甜点。餐厅的红葡萄酒和白葡萄酒自然也是以阿兰特茹的葡萄酒为主。用餐的时候，一定要品尝一下埃武拉最负盛名的葡萄酒——Pera Manca。

> “酒店的每一块石头、每一处景观和每一个物件都在述说着历史。”
>
> distinctiveportugal.com

多罗斯酒店为住客们提供了探寻埃武拉世界遗产的机会。洁白的建筑上盖着蓝色的瓷砖；换言之，自18世纪以来，这座建筑就几乎没有什么变化。**GMD**

探寻塔古斯山谷
Explore the Tagus Valley

地点：葡萄牙布朗库堡至里斯本

网站：www.portugal.org/tourism/regions3.shtml **价格指数：**❶

塔古斯是一条河，但不是一条寻常的河。许多人会说，它可能是整个伊比利亚地区最重要的河流之一。河流起自西班牙，止于葡萄牙，在葡萄牙的部分被称为塔霍河。故事还只是刚开了头。超过29英里（47公里）长的河水将两国分开，成为了葡萄牙和西班牙天然屏障的一部分；塔古斯河还是里斯本（世界上最美丽的城市之一）的心脏和灵魂；河流为两国提供了饮用水；河流旁的湿地（葡萄牙中东部的塔霍河河口自然保护区）中生活着40,000只以上的鸟类，其种类约有154种。

此处的公园不仅拥有绝世美景，几个世纪以来，一直是不容错过的鸟类观赏地。不妨想象一下这样的情景：坐在树荫下，俯视着山谷中塔霍河闪亮的河水，或是仰望雄鹰在天空翱翔，又或是看着独具特色的黑鹳穿过郁郁葱葱的沼泽。这种鸟类是公园的象征。

超过100平方英里（259平方公里）的公园等着你去探索。无论是步行、骑自行车，还是悠闲地开车，你都会享受到一场视觉盛宴并将其铭记于心。沿着塔霍河的小路行进，就能见到一些葡萄牙最为美丽的城镇和村庄。其中最好的两个地方分别是奥比多斯和辛特拉；前者是被城墙环绕的中世纪城镇，后者是被联合国教科文组织评定的世界遗产。假如在奥比多斯的壁垒上散步，就能望见狭窄鹅卵石街道上一排排白色小屋的赤陶屋顶。辛特拉是个如童话般的地方，里面的宫殿、峡谷和森林交织在一起。**AM**

→ 圣胡安-德洛斯雷耶斯修道院坐落在塔古斯河上的圣马丁桥边。

探索阿拉卡塞多萨尔

Explore Alcácer do Sal

地点：葡萄牙塞图巴尔

网站：www.pousadasofportugal.com　**价格指数：**SS

葡萄牙的国有酒店分布在全国各个风景独特的地方。酒店的老板风趣友善，还知道很多当地的故事，客人们通常可以从他那里了解到这个国家的情况。一些国有酒店建在古老的历史建筑之中，有些则是彻头彻尾的现代建筑。位于阿拉卡塞多萨尔的阿方索二世酒店却是兼而有之。

酒店矗立在城堡巍峨的石墙之中。城堡位于峭壁之上，俯瞰着古老的村庄和美丽的河谷，其历史可以追溯到5000年前。葡萄牙首屈一指的建筑师受雇改造这座城堡，将建有角塔的古旧城堡变成了一个装有现代设施的酒店。若是从前的骑士来到这里，一定认不出他们原来的大本营。为了方便晚上游泳，酒店的泳池中装有水下照明设施。立有廊柱的庭院中心还建有一个发光的眩目玻璃立方体。正因为古老与现代相互融合，这个酒店才能如此有趣：时尚的阳伞和太阳椅就在光秃秃的石头城墙边；透过古老的木质百叶窗，就能看到简洁美观的现代家具和抛光木地板；明亮的白色柱子环绕着一家很不错的餐厅。餐厅的天花板很高，提供的地方传统菜肴很有特色，这些特色菜包括萨多鱼汤、西红柿米饭配炒鳝鱼、奶油炖羊肉和当地的鸡蛋布丁。

住宿期间，客人可以体验许多种活动，比如在城堡下面的河上划独木舟，或是沿着萨多河口的小道漫步，乘着热气球去冒险，或是在特洛伊半岛的沙滩上游玩。阿拉卡塞多萨尔本身就是个拥有许多咖啡馆和工艺品店的美丽村庄。这些店铺分散在古老的街道中，坐落在中世纪的房屋和古老的穆斯林教堂之间。这里是一日游的最佳选择。**SH**

造访蒙希克

Discover Monchique

地点：葡萄牙法罗

网站：www.monchiquetermas.com　**价格指数：**SS

从罗马时代开始，前往蒙希克的客人就未曾断绝。这座山中小镇位于皮克塔和弗亚的高山之间，游客来到镇中，是为了“取走这里的泉水”。这里说的泉水，指的是恒温89.6℉（32℃）、散发着刺鼻硫醇香气的天然泉水。

一直以来，不仅是葡萄牙和意大利的国王，许多知名人士也会如朝圣般涌向此地寻求健康。蒙希克的泉水已经装入瓶中销往远方；到时，这些瓶装水就会出现在体面的餐桌上。尽管大众旅游的浪潮已经对附近的海岸产生了影响，但只有一万人口的小镇却一直设法摆脱这种影响。

> “自罗马时代起，甚至更早，蒙希克就一直是水疗胜地……这里优质的泉水是阿尔加维最好的泉水。”
>
> 保罗·刘易斯，《纽约时报》

美丽又陡峭的鹅卵石街道、绿荫中的神秘入口、隐蔽的作坊与艺术家和工匠的工作室，这些景象聚集在一起，营造出一种极其引人入胜的氛围。在破旧的17世纪方济会修道院中俯瞰小镇的全景，令人难忘的景色不仅凝聚了葡萄牙乡村真正的精神，还会唤起这种精神。

在五彩缤纷的花园和翠绿的树林中，你会找寻到精致的度假酒店——蒙希克温泉浴场别墅酒店。经过彻底的翻新，现在的酒店不仅拥有所有的现代设施，随着时间的流逝，更是变得愈加悠闲舒适。最近的海滩距离酒店只有11英里（18公里）。**RsP**

在布兰迪酒窖品尝马德拉葡萄酒
Taste Madeira at Blandy's

地点： 葡萄牙马德拉群岛

网站： www.symingtonfamilyestates.com/winelodge **价格指数：** $

蜂蜜、葡萄干、焦糖、香草、太妃糖、柠檬和酸橙。看到列有上述食物口味的单子，一定觉得自己正在挑选甜点，而不是在富有情调的酒窖中浏览葡萄酒品鉴提示。

拥有几百年历史的布兰迪酿酒厂隐藏在马德拉首府丰沙尔的人行步道后方。这里原本是方济会的修道院，现在则弥漫着朦胧的酒香。富有情调的庭院和酒窖迎接过许多来客。沿着其中的石头路前行，首先要穿过记载着岛上葡萄酒历史的博物馆，然后就可以坐下来品尝葡萄酒。

相传，这种经过强化的葡萄酒完全是偶然的产物。当时，一个酒桶被人遗忘在了驶向美国的船上。在漫长的航行中，酒桶被烤得发热，回程之后，里面的葡萄酒已经被“烧”至醇厚芬芳。于是，葡萄酒商们就一溜小跑地赶回去，将他们所有的酒桶都运到马德拉去加热。如今，制造这种葡萄酒的方法已经得到了简化，人们将加热至高温的过程称作“艾斯图法根”。

散落着蜘蛛网的墙边摆放着一排排的酒瓶和酒桶。虽然这些葡萄是在美丽大西洋岛的火山斜坡上种植并压榨的，但真正让葡萄酒发生微妙变化的还是熟化的过程。丰沙尔的酒厂将葡萄酒放入橡木桶中熟化，时间和橡木也才会渐渐发挥作用。

在主地窖中的酒吧坐上一会儿，服务生就会倒出一些新酿的马德拉葡萄酒供你品尝。从最干（剩余糖量最少）、味道最淡的舍西亚尔葡萄酒，到浓郁香甜的马姆齐白葡萄酒，每个人都能找到属于自己的马德拉葡萄酒。**SWi**

“优质的葡萄酒产自1803年……仍然新鲜且充满生机……是通往另一个年代的窗户。”

朱尼尔·维安纳，葡萄酒大师

↗ 能否品尝到几十年前甚至更早以前的马德拉葡萄酒，还得看钱包中是否有足够多的钱。

住在里德的宫殿

Stay at Reid's Palace

地点： 葡萄牙马德拉群岛

网站： www.reidspalace.com **价格指数：** $$

里德的宫殿记载了一段鲜活的历史。就是在这里，在弥漫着含羞草香味的空气中，温斯顿·丘吉尔开始画画并撰写他的战争回忆录；就是在这里，戏剧作家乔治·萧伯纳开始学习探戈。这两个闻名于世的男人都喜爱这个马德拉群岛中经常被人忽视的小岛。这座小岛是大西洋中一颗闪闪发亮的宝石。

正如名字所暗示的，里德的宫殿是一处皇家居所。位于悬崖顶部的宫殿不仅散发出迷人的气息，还俯瞰着丰沙尔海湾的全景。因此，自1891年开业以来，酒店的来客水准就非常之高，有时甚至超越了宫殿本身。斯科特船长1901年前往南极的时候曾造访过这里；新婚夫妇丽塔·海华斯和阿里汗王子想要寻找一处城堡以外的私密居所，便于1949年下榻于此；1959年，古巴独裁者巴蒂斯塔将军和他的随从被菲德尔·卡斯特罗击败之后，曾在此定居。其实，无论是皇室成员还是普通民众，每位客人都能在这里享受到超乎寻常的礼遇。

优雅的酒店坐落在占地10英亩（4公顷）、美丽繁茂的亚热花园之中。虽然距离丰沙尔的商店和餐馆只有几步的路程，酒店却始终笼罩在绝对的宁静之中。在悠闲的日子里，客人可以坐在泳池边（共有三个泳池）休息，也可以在海景水疗房放松，或是在优质的餐厅中用餐。另外，不要忘记享用宫殿具有代表性的传统美食——配有全套餐点的高级下午茶。宁静的环境和美丽的景色悄然协力，使得游客不愿离开这里。**LP**

"大选失利后，温斯顿·丘吉尔曾隐居于酒店之中，借以宽慰情绪。"

艾德里安·莫尔比，《独立报》

↖ 里德的宫殿俯瞰着壮美的丰沙尔海湾和绝美的悬崖。

在舒巴纳山中度假村放松身心
Relax at Choupana Hills

地点：葡萄牙马德拉群岛

网站：www.choupanahills.com **价格指数**：$$

对于一些酒店来说，吸引人的地方不是美食，就是水疗中心。舒巴纳山中水疗度假村虽然既有美食也有水疗中心，真正引人注目的却是风景。从丰沙尔驾车前往舒巴纳山的过程中会穿过几片橘子林；因为山路极其险峻，所以橘子树的倾斜角度也是极其惊人。如果觉得耳朵胀痛，不要觉得惊讶；如果从当地强健的登山者身边经过，看到他们甚至不用停下来休息的时候，也不要惊讶。

> "赞叹海景的时候，客人会吸入微风送来的阵阵桉树香气。"
>
> 《城镇和乡村旅游》杂志

在酒店的接待区，闪闪发光的深色木板和低调的西藏艺术品将人们的视线引向一个巨大的窗口。这个窗户从地板一直延伸到天花板的尖顶，外面就是开阔的景色：山坡上零星生长着一些桉树；在山峰下很远的地方，坐落着曲折秀丽的丰沙尔港。然而，最好的观景地点还是度假村的客房。

每个小屋的设计都是为了让客人能够充分享受私人美景。因此，你可以在私人阳台上一边休息一边赏景，也可以躺在床上透过露台上巨大的玻璃门凝视外面的风景。你甚至可以透过浴室的磨砂玻璃，从完美的高度观赏美景。只有进入索巴纳餐厅，或是去室外或室内的泳池探险，又或是享受开夜床服务的时候，才能看到其他人的身影。如若不然，你也可以避开世人，尽情沉浸在绝对私密的环境中。**JED**

住在圣约翰客栈
Enjoy Quintinha de São João

地点：葡萄牙马德拉群岛

网站：www.quintinhasaojoao.com **价格指数**：$$

来到圣约翰农家客栈，就像回到了家中，而不是进到酒店之中。客栈位于隐蔽的小巷之中，离丰沙尔（马德拉群岛的首府）的中心区很近。此处的氛围和朋友家中的氛围很像（这里所说的朋友，指的是具有完美品味的人），而接待人员的热烈欢迎更深化了这种氛围。因为这里只有43个房间，所以走进房间后，就会觉得自己成为了家族的一员。

如果想利用观光的间隙找个地方放松，这里就是最完美的住宿地点。宽敞的阳台俯瞰着屋顶的泳池、花园和周围的山坡。因为泳池开放得很早，所以游泳醒神也是个很好的选择。在此之后，就可以在孟加蒂哈餐厅中享用豪华的早餐。如果喜欢更加私密的环境，也可让服务生将羊角面包、麦片、水果和咖啡送到你的房中，然后等着咖啡因发挥效用。每个房间的居住面积都很大；套房不仅拥有独立的居住空间，每间卧室还配有通往外面的阳台。如此一来，客人就可以自己选择放松的地点。除此之外，既可以将按摩师叫到房中，也可以去酒店的水疗中心享受服务。那里不仅有3个治疗间，还有按摩浴缸、桑拿和蒸气浴室。

如果不想离开客栈，花园中有很多舒适阴凉的角落，此外还有许多放着宽大扶手椅、桌子和沙发的角落。你可以在这些地方安静地读书，也可以给电脑接上电源，查看之前落下的电子邮件，或者补上早该写完的明信片。

晚上可以在名叫瓦斯科·达伽马的酒吧里品尝些鸡尾酒，或是让总经理安德烈·巴雷托在花园中准备一顿浪漫的大餐。你可以在开满芬芳茉莉花的凉亭下用餐，星星出来的时候，很可能会决定永远不要离开这里。**JED**

与海豚一起游泳
Swim with Dolphins

地点：亚速尔群岛皮克
网站：www.dolphinconnectionexperience.com **价格指数：**$

皮克岛是葡萄牙亚速尔群岛中的一座火山岛。每年夏天，都能在这座岛上近距离看到海豚和鲸鱼在温暖且未受污染的墨西哥湾流中觅食。作为地球上最美丽的自然景点之一，皮克岛不仅吸引了科学家、潜水员和摄影师，还让他们为这里瑰丽的绿色景观、湛蓝的硫磺火山岩和迷人的海洋生物惊叹不已。

拉日什-德皮克宁静的小渔村原本是个举世闻名的捕鲸点，现在却成了观赏海豚和鲸鱼的热门景点。20世纪80年代，因为捕鲸遭到了禁止，所以岛民开始在爱斯巴克塔拉萨搭载旅客出海观鲸。导游们继承了“暗礁”（即原来的捕鲸者）磨练多年的技术，还在船上配备了现代的声呐设备，最多可以追踪到包含200只海豚的鱼群。

海豚互联是一家具有环保意识的公司。公司会为客人提供与海豚一起游泳的度假方式，并希望借此调整、激活并永远改变你的生活。只要穿上潜水服，乘着硬脱壳船奔向大海，就可以见到平静祥和的瑞氏海豚和抹香鲸。滑入清澈的海水中，然后躺在水面上，宽吻海豚就会在你的身下舞动。在斑点海豚以超快速度划过水面的时候，你也可以和它们一同在水中玩耍。见到海豚就会觉得兴奋，大脑便会释放激素，心情就会变得舒畅起来。不在水中与鲸类一起嬉戏的时候，可以去小岛四周转转。巴洛克风格的教堂、小小的广场、鹅卵石街道和古雅的建筑展现了岛上未受破坏、悠闲自在且宁静的环境和生活方式。**SjD**

← 在原始的环境中遇到一群海豚，就是皮克岛旅游的亮点之一。

探寻巴尔科斯之家
Discover Casa Dos Barcos

地点：亚速尔群岛圣米盖尔
网站：www.casadosbarcos.com **价格指数：**$$

飞至大西洋的中心，降落在一个小火山岛上，然后进入草木丛生的丘陵。在植物繁茂的南部湖岸（在死火山的火山口处形成了一个湖），矗立着一个雅致的古老船库，以供客人租下过夜。

巴尔科斯之家酒店旁边就是弗纳斯小湖，即圣米格尔岛最美丽的自然景点。酒店距离岛上的主要城镇蓬塔德尔加达约有一小时的车程，距弗纳斯村则有3英里（5公里）远。弗纳斯村著名的景物有温泉、间歇喷泉、热水浴、天然温水游泳池和富丽堂皇的公园和花园。酒店是19世纪房产的一部分；房产的建造者是当地一位名叫何塞·多坎托的贵族。他聘请了伦敦和巴黎最优秀的植物、景观和建筑公司来打造这片土地。佛兰德风格的船库背后是美丽的园林，园中有小径、溪流和富有异国情调的植物。现在，种满山茶古树的小路已经享誉盛名。12月到3月间，树上就会开满秀丽的山茶花。在海岸边的沙滩上，坐落着一座哥特式教堂（也是房产的一部分）。

> “弗纳斯位于巨大的火山口中，是个风景如画的村庄……[里面有]郁郁葱葱的植被和温泉。”
>
> 凯茜·派克，《独立报》

酒店的客人可以免费使用独木舟和自行车。酒店附近还有马厩，此外还有许多其他的亮点，如弗纳斯村“我们的土地公园”中的人造热水游泳池，以及湖对岸冒着热气的间歇喷泉。**SH**

徒步穿越维科斯峡谷

Hike Through Vikos Gorge

地点：希腊维科斯-乌斯国家公园

网站：www.meteo.noa.gr/Primavera/index.htm **价格指数：**❶

在希腊，除了阳光浸浴的群岛和古老的遗迹，还有很多值得游览的美景。希腊北部的维科斯-乌斯国家公园内坐落着巍然壮观的维科斯峡谷，即世界自然奇迹之一。长达7英里（12公里）的峡谷不仅是由官方认定的世界上最深的峡谷，还拥有一英里多高的石灰墙。峡谷横跨沃尔玛提斯河，游人可以徒步穿越过去。

在峡谷中，你会发现骡车和游牧人留下的古老小路，沿着陡峭的小径前行，就会穿过村庄和小教堂。有时小径会顺着阔叶林边缘延伸，有时则会在溪水边见到鹅卵石铺就的蜿蜒小路。公园内有49平方英里（126平方公里）的森林、山峰和偏远村落，它们还保留着最原始的景观。徒步者会看到温泉、峡谷、松树林、石山、水潭、野花、湖泊和古石桥。如果运气好，你还会见到熊、野猪、狐狸、鳟鱼和鹿。春天的时候，你会发现自己行走在开满野生藏红花的花丛之中。

公园内有高耸入云的山峰，如8,192英尺（2,497米）高的加米拉山。跋涉至此可以见到杰克里尼，也称之为龙湖，并欣赏那激动人心的美景。潘多斯群山深处，有许多隐修院坐落在极其陡峭的山峰上。山中虽然有古老的石路，徒步旅行却依旧艰辛且充满挑战。游人可以在阿尔卑斯山风格的平坦牧场中歇脚，也可以在传统小村落中的石板屋和农舍中休息。旅行者可以住在小型家庭旅馆或村中的膳宿公寓中。这些房间不仅干净舒适，价格还很便宜。**SH**

→ 在维科斯-乌斯国家公园内，你可以享受一次欧洲最精彩且最有意义的徒步旅行。

迈泰奥拉的发现之旅
Discover Meteora

地点：希腊塞萨利

网站：http://odysseus.culture.gr **价格指数：**❶

穿过卡兰巴卡村庄的时候，就要准备好领略非凡的景色。平地而起的岩石就像一片巨型的石笋，以诡谲的姿态勾勒天际。

这样的自然奇观要是仍然不能令你满足，那么位于山顶的建筑群一定会令你折服，因为那些房屋本身就堪称奇迹。这些建筑的历史可以追溯到11世纪，最早住在山洞和棚屋中的就是那时的苦行者们。如今，人们已经开始使用由绳索、梯子和滑轮组成的成套运输装备，将食物、供给，甚至是人送上山去。

科学家认为这里曾经是一片巨大的内海，后来因为地震和自然环境的作用而逐渐形成了石塔。诗人、思想家、旅行者纷纷来到这里，渴望探知这片土地的精神意义和修道院的神圣之光。如今，仍有六家修道院依然保留着美丽的宗教艺术品、湿壁画、马赛克镶嵌画和其他绘画作品，向人们展示着修士和修女们的修行生活。像迈泰奥兰和阿吉雅特拉达这样的修道院，游客需要攀登又长又陡峭的阶梯才能到达，但其他诸如瓦兰姆和如萨努这样的修道院，过桥之后即可到达。尽管大量的旅游大巴和纪念品摊位应运而生，大多数修道士还是很乐意与游客交谈；在院子中乘凉的时候，修女们有时还会递上一些甜点。参观了室内的博物馆，可以去欣赏一下外面翠绿的山坡和远处的雪山：二者交相辉映，既是当代世界的缩影，又是对过去世界的缅怀。**JW**

⇦ 拜占庭修道士们究竟是如何完成了看似不可能完成的任务，在如此高的峰顶上建造了这座修道院呢？至今无人知晓。

游览阿根提肯
Discover Argentikon

地点：希腊希俄斯岛

网站：www.argentikon.gr **价格指数：**$$$

百年以来，这里一直被视为奢华之地。在高大的石墙和镶有青铜的厚重大门背后，就是阿根提从前避暑的宅第——阿根提肯。阿根提是个富有的热那亚家族，中世纪时，他们被派到这个偏远的地中海殖民岛屿，并负责管理各项事务。坎波斯绿色的山谷是整座岛上最美丽，也是最隐蔽的地方，热那亚的贵族也将别墅建在了这里。现在，山谷中的果园被墙壁包围，成为了这里最著名的地方。尽管希俄斯岛很久以前就已归还希腊，但是阿根提肯却依然伫立在这里，展现着富庶的殖民生活。

> “希俄斯是一个特别的存在，即使身在其中，也丝毫感受不到希腊的气息。”
>
> 乔纳森·福翠尔，《卫报》

具有时代特点的酒店只有8间套房。旅客可以在室内欣赏到裸露的横梁、布满湿壁画的天花板以及威尼斯风格的家具。房间采用的与其说是酒店风格，倒不如说是博物馆风格。卧室里有壁炉、大理石浴室和阳台。酒店还有矿泉疗养池、桑拿室、按摩室（以前是鸡舍）和室外游泳池，以及种满棕榈树、玫瑰和灌木丛，布满大理石雕塑的花园。这片富饶的土地在其他方面也同样大有作为。厨房大量采用新鲜的蔬菜和水果来制作美食，鱼类也是从希俄斯直接采购回来的。你还可以品尝酒店葡萄园酿造的美酒，以及橘园制作的橘子酱。**SH**

探索伊兹拉岛
Explore Hydra

地点： 希腊伊兹拉岛

网站： www.hydra.com.gr **价格指数：** ❶

伊兹拉岛距离繁忙的比雷埃夫斯港口仅有38英里（70千米）。这座美丽的港口小镇中满是驴子和咖啡馆。一直以来，小岛都因海上贸易的成功而闻名于世。18到19世纪是伊兹拉岛最鼎盛的时期，那时小岛拥有全希腊最优秀的商船队。在拿破仑战争中，商船队甚至冲破了敌方的封锁线。九头蛇镇所有的美丽宅第（又称作arondika）都是由富有的海洋商人建造的。1821年，当希腊奋起反抗土耳其时，他们也参与到反击之中，并将自己的商船改造成了战舰。

在此之后，自20世纪50年代开始，作家和艺术家就源源不断地涌向这座小岛。许多人在岛上长住下来，醉心于重建海商的故居，或是醉心于建造画廊、博物馆和商店。雷昂纳德·科恩就是他们中的一个。

伊兹拉岛会如此惬意，其中一个原因就是岛上禁止一切机动车行驶。你可以乘坐水上出租环游海滩，也可以去海边星罗棋布的小饭馆吃饭。当然，你也可以租下一辆自行车，然后在岛上游览，或者干脆在岛上散步。

伊兹拉岛是散步的绝佳去处。先抵达富商拉扎罗斯·康多利欧提斯昔日的宅邸（现在这里已作为历史博物馆和公共艺术馆供游人参观）。通往普罗菲缇丝伊利亚斯修道院和安吉亚斯艾普拉克西亚斯女修道院的道路充满艰辛，但要能跋涉至此，俯瞰着整个伯罗奔尼撒半岛的美景时，一定会觉得不虚此行。波多黎是一条从港口延伸至卡米尼渔村的小路；岛上的小港口十分美丽，夜景也是如梦似幻。**LB**

→ 伊兹拉岛环抱着港口，如同一幅被粉刷成白色的浪漫舞台布景。

探索利卡维特斯山
Explore Lycabettus Hill

地点：希腊雅典

网站：www.tourtripgreece.gr **价格指数：**

雅典是一座充满强烈对比的城市，这里既有鳞次栉比的钢筋水泥大厦、混乱的交通，也有雄伟的古代纪念碑和妙趣横生的街道。每天，纷至沓来的游客先是登上卫城山俯瞰整个城市，然后前往帕提侬神庙参观。如果时间充裕，游览利卡维特斯山是一个不错的选择。在尘雾弥漫的灰色之城中，这座被松林覆盖的海拔909英尺（277米）的山丘是俯瞰卫城全景的理想地点。与此同时，不仅雅典的大部分地区也都尽收眼底，甚至还可以看到对面的比雷埃夫斯和塞隆尼克湾。

古代神话中，愤怒的雅典娜用力地朝着克罗普斯王的女儿们抛掷东西，结果却没击中，反而造就了利卡维特斯山。虽然大多数游客选择从繁忙的蒙纳斯提拉基或帕拉卡进山，但利卡维特斯山其实坐落于科罗纳基，这里有着更加宽阔整洁的街道和宁静祥和的氛围。虽然可以选择驾车登顶，但最好的方式还是乘坐有轨缆车。每半小时一班的缆车从科罗纳基的阿里斯提普和普罗塔初的街角驶出。另外，这里还有三条徒步上山的线路：一条是盘旋至山顶的平缓萨兰塔披初山路，一条是略微陡峭的普鲁塔初山路，还有一条是最为陡峭的林间小道。

在山顶，你可以看到一座建于18世纪的阿吉奥斯乔尔乔教堂。这座建筑庄严肃穆，在耶稣受难日的午夜，许多雅典人会汇聚于此观看复活节的火炬传递。沿途还有一个露天竞技场，游人可以在这里俯瞰整座城市。登顶后，你可以在山顶的欧利赞德斯餐厅小酌一杯，欣赏夕阳西下，或者在半山腰的普拉斯尼滕他咖啡馆休憩，然后穿过松树林悠闲地下山，回到喧嚣的城市，完成一天的旅程。**LB**

享受波尔图桑特岛
Stay at Porto Zante

地点：希腊扎金索斯岛

网站：www.portozante.com **价格指数：**

扎金索斯岛位于希腊内陆的西侧，岛上还保留着原始的景观，是一处鲜为人知的瑰宝。波尔图桑特岛上的豪华别墅坐落在一个隐蔽的港湾中；别墅在塔卡基一带拥有一片私人海滩。中世纪时的威尼斯统治者将这座岛称为东方之花。

精品别墅酒店不仅充分利用了周边的自然风光，室内还用希腊杰出艺术家的绘画作品和奢华的家具精心装饰。这里有几种不同类型的别墅酒店，其中最受欢迎的是四居室的皇家水疗别墅。此外，别墅中还提供热水池和室内水疗。很多别墅酒店都会提供私人泳池和花园，临海的地理位置也为顾客呈现了海天一线的美景。每家酒店都配有豪华的寝具、保加利亚的化妆品以及瓦伦蒂诺的睡袍，以便让客人享受到最奢华的服务。

> “这里的奢华无处不在。看到往返于机场的豪华迎宾轿车，你就能体会到其中的奢华。”
>
> 《康德纳斯特旅游者》

在这里，宁静祥和的气氛已经让人得到了最大的享受：俱乐部餐厅提供的美味希腊特色小吃融和了当代的流行口味。在小岛美景的包围中，在水疗室中做海洋治疗也别有一番滋味；你也可以躺在泳池旁边的吊床上，一边慢慢晃动，一边细细阅读手中的书。喜欢冒险的游客也可以租一辆快艇出海游览。**LP**

在波尔图桑特岛别墅酒店旁的海盗湾中待上一天，欣赏着如此美丽的风景，难道还需要去别的地方吗？

体验皮利翁山 Experience Pelion

地点：希腊皮立翁山　**网站：**www.pelion.gr　**价格指数：**❶

有些人将希腊的皮立翁山区称为“四季共存的山峰”。见到此处的山景，便知所言不虚。皮立翁山是一座多山的半岛；半岛坐落在斯基亚索斯岛的西侧，东邻帕卡赛提可海湾，西侧则是爱琴海温暖的海水。从沿海的村落到浓密的森林，再到高达5,000英尺（1,500米）的山峰，这座面积只有78英亩（31公顷）的半岛拥有变化多端的迷人风景。夏天的时候，山毛榉、栎树、槭树和栗树会组成茂密的树林，纵横交错的林荫小路会穿插其间。有些小路是由旅客走出来的，有些则是自然形成的。冬天，你可以在岛上滑雪，同时欣赏波澜壮阔的海景。

传统的皮利翁山建筑不仅独特，还十分夺人眼球。房屋中低部楼层的地板由石头建造，高层的地板则是由石料和木材的混合物制作而成。在希腊，这种风格的建筑仅此一处，再无其他。位于西海岸的村落显然是希腊人的，村里有着坡度平缓的山丘，山上满是橄榄树和桉树林。从岛上的最南端一直延至东边的海岸，这片区域的景色具有更为浓郁的托斯卡纳风情：地中海的落羽杉和杨树林形成了一条蜿蜒曲折的绿化带。如果说岛上美丽的景色好比王冠，那么东北一隅大概就是王冠上镶嵌的宝石了。

从塞萨洛尼基行至达姆哈利村需要4个小时的车程。达姆哈利是一个风景迷人的临海村落。这个希腊村庄位于皮利翁山半岛的内陆，背后是一片美丽的橄榄树林，村中小型的卵石滩港口可以遥望到蓝绿色的爱琴海。村里的人们相处和睦，亲如一家。由音乐剧改编的卖座电影《妈妈咪呀》就在这个美丽的村庄中拍摄了几个重要的场景。皮利翁山中的幽静村庄一直是希腊人度假的首选地点，虽然这里还保留着最原始的风貌，但这还是在不为外人所知的时候。JP

↑ 皮利翁山半岛上有许多类似的小海湾，它们鲜为人知，其上布满了繁茂的植被和卵石海滩。

享受埃里克瑟尔水疗 Relax at Elixir Spa

地点：希腊阿提卡　**网站：**www.grecotel.com　**价格指数：**$$$

温泉疗养池中汩汩地冒着水泡，周围矗立着仿古的柱子，你在池水中不断变换着姿势，透过一面玻璃墙凝望着欧洲大陆最南端的波塞冬神殿。想必设计这样一个充满传奇色彩的八角形水疗池的灵感来自于希腊众神吧？然而事实却并非如此，这座水疗池的业主说设计的灵感源于詹姆斯·邦德的电影《007之诺博士》。在这里，随处可见007电影中的影子：这是一个奢华的现代度假村，拥有着迷人的地中海美景，到处彰显着钱不是问题的慷慨阔气；不过，这里可没有聪明过人的大反派在策划着阴谋。其实，在如此奢华的天堂中，即便是希腊神话中的英雄们也会沉溺其中。

穿过一扇巨大的圆形铜门（感觉有些像进入了舷窗之中），就可到达水疗中心。私人理疗室内弥漫着一种亲切的氛围；蜡烛散发着芳香，轻柔的音乐在耳边回响。理疗包括指压按摩、芳香疗法、反射疗法和热石疗法。当地的特产包含着对海神波塞冬·埃里克瑟尔的敬意，这一灵感来源于古典主义时期的装扮习惯。在持续的按摩中，不仅会加入土地里出产的优质橄榄籽、天然的海盐和肥沃的黏土，还会加入几段蒸桑拿的时间，以便去除体内的毒素。这一系列的双人按摩疗法会持续45分钟，最后一步会用到纯天然的深层润肤霜（由蒲公英和梨的提取物制成）并配合按摩手法，从而有效地使肌肤变得滑嫩有光泽。

水疗只是格莱克特尔卡普索尼恩旅游胜地的一部分：在一个形同圆形露天竞技场地上的还有着一个五星阵容，那就是占地75英亩（30公顷）的124所豪华孟加拉式平房，直面壮观的蓝色大海。许多如同寓言般的孟加拉式平房由赤陶土堆砌而成，有着私人泳池、花园、阳台以及令人惊叹的美景。就算是诺博士来到这里，想必也会心动的。**SH**

↑ 理疗室是八边形的，玻璃外墙向人们展示了难忘的海景。

在格兰德度假酒店
Relax at Grand Resort

地点：希腊阿提卡

网站：www.grandresort.gr **价格指数**：$$

在格兰德度假酒店享受日光，欣赏海景，可谓人生一大乐事。酒店位于希腊首都雅典南部22英里（35公里）的一个半岛上。不仅是在雅典里维埃拉，就是在整个地中海地区，格兰德度假酒店也是最为奢华的酒店之一。

格兰德度假酒店正如名字一样豪华：从私人教练到在72英亩（29公顷）土地上穿梭行驶的电动摆渡车，酒店为旅客提供了所能想到的一切服务。如果对奢华的理解是足不出户，酒店中的晚餐（有专门厨师服务）一定会令你感到满意。

> "格兰德度假酒店的建筑风格令人叹为观止，给人一种静谧的欢愉，就好像遇见'希腊人左巴'一样。"
>
> 海伦娜·史密斯，《卫报》

酒店中还有裁缝、钢琴演奏者、美发师和水疗服务，让客人能够尽情享受。对于富豪们来说，其他酒店大肆宣传的海滨水疗池、健身房、傍水舞厅等设施的诱惑力实在不大。对于顾客来说，格兰德度假酒店的高品质服务才是更为重要的。这些服务包括直升机和游艇租赁，以及私人司机接送。

从壮丽宏伟到非凡出众，酒店的房间和别墅种类齐全。很多别墅都建造在海边，并配有没有边沿的泳池、大理石浴室、地热和各式枕头以供挑选。酒店中更值得称道的是它的六个私人沙滩、十家餐厅、一个奥林匹克规模的海水泳池，以及满足度假期间所有运动需求的完善设施。**SH**

游览阿莫尔戈斯岛
Visit Amorgos Island

地点：希腊阿莫尔戈斯

网站：www.amorgos.net **价格指数**：!

在阳光的照耀下，拜占庭巴纳吉亚-霍佐维欧提莎修道院石灰色的外墙越过悬崖，伸向爱琴海，形成了一幅绵延至天际的蔚蓝色美景。正是这种混合了孤寂感和戏剧色彩的景色在1988年将法国导演吕克·贝松吸引到了阿莫尔戈斯岛，并在岛上拍摄了他的知名影片《碧海蓝天》。如今，这座岛屿每年依然能吸引众多的忠实游客；他们都陶醉在这山陵起伏的自然美景之中。

沿海的蜿蜒道路从北到南穿过群山，陡峭的山崖下就是清澈而深不见底的水潭和隐蔽的洞穴。假如驾车出行，就会踏上一段又漫长又孤独的旅程，路上所能见到的只有几只迷途的山羊；高低起伏的道路给人以飞扬之感，就像是在岛上的三个小镇中来回穿梭一般。祈祷的人们在希腊咖啡厅里玩儿着巴加门，以避开下午的阳光。如果忍受不了8月中旬较多的客流，你可以乘坐一条小船离开海港，来到一处与世隔绝的海滩（也许可以在那里裸泳），或者寻觅一处神秘而荒芜的小岛以便游览。再或者，在长满低矮灌木且土地贫瘠的地方，你可以拿着地图沿着小径走到海港一侧，找到那片属于自己的天地——可能是在浅浅的沙滩上，或者只是矗立在碧海蓝天之间的岩石。

岛上的人口多达1,900人，其中大部分居住在首都霍拉，即基克拉迪群岛保留最完好的城市之一。除却蓝白相间的房屋，抬头还可以望见山上的威尼斯城堡。海盗、罗马流放者、弥诺斯人都曾经来过这里，这座岛的历史可以追溯到公元前4000年——那是一个混乱不堪却又充满艺术氛围的时代。**JW**

→ 当你顺着无数布满灰尘的石阶前往巴纳吉亚-霍佐维欧提莎修道院时，时间仿佛静止了。

参观斯基罗斯岛
Experience Skyros Island

地点： 希腊斯基罗斯岛

网站： www.skyros.co.uk　**价格指数：** Ⓢ

游览斯基罗斯岛的时候，旅客们最好要敞开心扉。在这里，你可以尽情舒缓、肆意想象、学门手艺，或是与人交流，如果有必要，你还可以寻找到改变生活的灵感。

所有的课程都由专家教授，内容涵盖广泛，包括气功、瑜伽、按摩、电影制作、艺术、唱歌。一家挨着一家的工作坊坐落在斯基罗斯中心的圆石子小镇中。来此的客人可以住在现代风格的房间里（房间中都配有私人浴室）。在这座充满希腊风情的岛屿上，为了体验当地的生活，你可以提前和房东预订当地的传统房间。阿特西萨是一家更为基础、更具波西米亚风格的课程中心。该中心邻近大海，周围是一片松树林。这里的人们喜欢体育运动，如驾驶帆船和帆板运动。宽敞的别墅由石头堆砌而成，每个房间可住下5位客人，最多可容纳90个人。游客也可以住在具有乡村气息的小木屋中，屋外种着两人高的竹子。这里是帮助你回归自然的好地方，你可以使用露天浴室，也可以在户外就餐。如果想找更豪华的地方用餐，可以去附近更为高级的阿特西萨咖啡馆。

早餐过后，中心都会召开一个全体人员出席的集会——德蒙斯。到时，协调人员会概述一天的行程，然后再由客人提出反馈意见。虽然大多数旅客的年纪都在35岁左右或以上，但年纪在这里并不重要。无论你遇见什么人，选择什么课程，都有大把的自由时间以供安排。你可以在沙滩上休息，享受令人放松的按摩和室外晚宴，也可以在月下散步，在夜间裸泳，或是参加时尚的迪斯科舞会、哲学辩论和集体拥抱活动。**CSJ**

← 斯基罗斯岛给予人们全方位的安乐享受，如此具有魅力的地方令人们感到宾至如归。

游览纳夫普利翁宫殿
Stay at Nafplia Palace

地点： 希腊纳夫普利翁

网站： www.nafpliapalace.gr　**价格指数：** ⓈⓈ

有些时候，你只是想坐下来，喝杯东西，欣赏一下美景。纳夫普利翁宫殿就是为满足这些简单需求而建造的。建筑师们将宫殿建在了青铜器时代的纳夫里欧壁垒之中。这座宫殿坐落在岩石之上，俯瞰着希腊最早的首都——纳夫普利翁古镇。

在宫殿向外望去，呈现在眼前的是一派蔚然壮观的景色：穿过那一排排花砖装饰的屋顶，沿着海岸穿过沙滩和陡然下落的悬崖，随着蜿蜒的阿格里斯海湾看去，可以望见远处雾霭迷蒙的山峰。白天，低头便能欣赏到攀附在小镇墙上的九重葛；到了夜晚，客人可以坐着遥望海港周围闪烁的灯光，抑或是夜幕下的群星。

> “这里是[希腊]唯一一家拥有历史遗迹的酒店……在华丽精美的房间中，可以欣赏到宏伟壮观的海景。”
>
> 达纳·法卡洛斯，《星期日泰晤士报》

美好的景致对整个酒店也产生了一些影响。虽然所有新装修的现代房间和别墅都面朝着海湾，但是坐落在悬崖上的两家酒吧和三家餐厅才是眺望全景的最佳地点。那里的美景甚至可以令饥肠辘辘的就餐者心情愉悦。很多别墅酒店都建有许多私人泳池和室外按摩浴缸，让你在沐浴的同时还能直面大海，欣赏海景。其他酒店会宣传自己独一无二的露台——在这个绝佳的观赏地点远眺一定会令你难忘。这里处处彰显奢华的氛围。在酒店最好的房间里，旅客可以远程遥控床垫使其抬起，以便更好地欣赏窗外的美景。**SH**

探索卡斯特洛里佐岛

Explore Kastellorizo Island

地点： 希腊卡斯特洛里佐岛

网站： www.kastellorizo.de　**价格指数：** ❶

“卡斯特洛里佐岛上著名的淡绿色洞穴是最为罕见的地理奇观之一。”

卡斯特洛里佐岛市政局网站

希腊最偏远的岛屿就像是一块鲜为人知的宝石。这座岛屿在土耳其海岸附近，就像是一小块被抛至远处的石头。然而，源源不断的旅客却通常从60英里（96公里）以外的罗德岛来到这里，或搭乘飞机，或乘坐渡轮，又或是搭载双体船。

卡斯特洛里佐岛之所以保留着一份神秘感，是因为它并未被收录在旅游宣传册之内，也并未包含在基本的旅游线路之中。在这个面积只有3.5平方英里的小岛上，旅客基本不会迷路，岛上只有250名常住居民，绝大多数都是渔民。在上世纪初，岛上原本有15,000人，但希腊在第二次世界大战中遭受袭击，大部分岛民移居到了澳大利亚。自那以后，岛上的人口一直很少，却也成就了一个宁静的天堂。

在岛上，有一个景色迷人的马蹄形港口。新古典主义风格的房屋矗立在周围，鲜艳的外墙充满生机。这些房屋的历史可以追溯到拜占庭时期，当时人们根据房屋的颜色就可以判断出主人的社会地位。港口后面是一片破败荒废的房子，断壁残垣处透着幽灵般的氛围，数条后街好似化作了一座鬼城。岛上居住区以外的地方都是岩石峭壁，石壁顶端坐落着一座破败不堪的14世纪城堡——卡斯特罗·罗索。岛屿的名字也是取自该栋城堡。岛上没有路，也少有宾馆，但是迷人的港口停泊着木筏，旁边还有一些希腊咖啡馆和一流的餐厅，里面提供烤鱼和一些家庭制作的希腊美食，为旅客提供了一个消磨傍晚时光的好地方。交通工具在岛上毫无用武之地，四处漫步便可满足你所有的需求——你永远不必赶着去做什么，在这里你几乎忘记了时光的流逝。**JK**

⇱ 卡斯特洛里佐岛上或许没有海滩，清澈的海水中却有无数海豚、甲鱼和海豹畅游。

在佩里奥拉斯放松身心
Unwind at Perivolas

地点：希腊圣托里尼岛

网站：www.perivolas.gr　**价格指数：**$$

如果觉得佩里奥拉斯酒店中的超大泳池有一种熟悉感，那么你一定在畅销的旅游杂志封面上见到过它的照片。这些照片都登在最显眼的地方，使整个杂志的美感得以提升。当你亲眼见到它时，便不会再怀疑这间酒店为何会连续数年位列世界最佳酒店，因为世上再没有哪个地方比这里更加浪漫幽深了。

在酒店外不远的地方，小镇伊亚总是迎来一拨又一拨的游客。他们蜂拥而至，只为见一见圣托里尼火山口令人生畏的火山地貌。然而，佩里奥拉斯却始终弥漫着宁静祥和的氛围。佩里奥拉斯酒店秉承了圣托里尼独特的传统建筑风格；酒店以一系列具有三百年历史的洞穴而闻名，这些洞穴以前是当地渔民和农民的居所。在17间私人房屋中，洞穴的原始面貌得以保存下来：造型独特、被粉刷成白色的倾斜墙壁依然还在，但类似的洞穴建筑再没有许多。现在，每个房子都呈现出朴素、现代的装饰风格，并配有可以俯瞰绝美风景的私人石头露台。

> “令人赞叹的超大泳池遥望着圣托里尼著名的水中火山。”
>
> 《康德纳斯特旅游者》

如果想有一番不同的体验，就到佩里奥拉斯酒店的客房来吧。中央会客区域通向各个卧室，水疗设施包括蒸气浴和按摩室，私人泳池也是观赏爱琴海浪漫景色的好地方。当落日降至火山口的时候，旅客们可以在泳池平台对面的烛光酒吧中休憩，为一天的享受之旅画上句号。**HO**

住在圣托里尼格蕾丝酒店
Stay at Santorini Grace

地点：希腊圣托里尼

网站：http://santorinigrace.com　**价格指数：**$$

说来说去，地理位置是圣托里尼格蕾丝酒店赢得成功的真正原因。酒店位于圣托里尼火山岛的西北部，坐落在美丽的伊莫洛维里小镇中；酒店高高矗立于火山口的上方（这里所说的火山口，其实是火山沉入大海后形成的幽深盆地）。在所有饱受赞誉的格蕾丝酒店中，这家酒店的历史最短，但其最大的优势就在于：旅客身处其中，就可以欣赏到爱琴海上的日落。

踏入酒店的那一刻，就会感受到一种不同凡响的服务。侍者会端上一杯香槟以欢迎你的到来，同时递上一条让你感到清爽的冰毛巾。酒店9间独立的充满时尚元素的房间将时尚雅致的特性发挥到极致；房间以浅色调为主，给人以世外桃源般的轻松浪漫之感。酒店结合了一流的服务和美食，使人感到一种出世的宁静。从配有下沉泳池的豪华客房，到直面大海的高级套房，再到可以观赏惊艳景色的中级套房，以及独一无二的奢华住所（蜜月套房和格蕾丝套房）。无论你住在哪间客房，都将享受到国王级别的床铺、豪华的睡衣，以及不同样式的枕头，所有的服务都将为你创造一个美好的夜晚。酒店不仅提供珂诺诗的天然保养品，让客人尽情呵护自己的身体，还提供卫星电视、DVD、无线网和iPod扬声器，以满足顾客的娱乐需求。

酒店还有一家小而温馨的餐厅供应融合了地中海风味的美食。餐厅有着精美的穹顶，在星光闪耀的夜幕下，餐厅充分利用了如梦如幻的室外美景，不失为宴请宾客的上上之选。如果你只是单纯地被格蕾丝酒店的浪漫气氛所打动。你可以在附近的安吉亚斯露安妮丝卡提夫安斯教堂举办婚礼（始建于15世纪）。这里的田园风光温馨浪漫堪称世界之最，举办婚礼是再好没有了。**HA**

欣赏伊罗达半岛的美景

Stay at Elounda Peninsula

地点：希腊克里特岛

网站：www.eloundapeninsula.com **价格指数：**$$$

“在这里，景观的层次感和宁静的氛围给人以最大的享受……目之所及，一片湛蓝。”

greekhoneymoon.com

但愿生活是简简单单的，你只需要在做水疗时决定享受哪种服务，或者考虑去打高尔夫还是搭乘快艇出海度过一天，抑或在晚餐前琢磨着去哪里喝一杯鸡尾酒，除此之外不必再多想什么。幸运的是，生活有时可以这样；至少在克里特岛上的伊罗达半岛你可以享受这样的生活。虽然成群的旅客吵吵闹闹地聚集在岛上的各个角落，伊罗达半岛却仍然笼罩在宁静祥和的氛围中。

时尚酒店坐落在半岛之上，俯瞰着伊罗达的海湾，即米拉贝洛湾，以及波光粼粼的爱琴海。长久以来，这家没有客房、只有套间的酒店一直被蓝色的海域所笼罩。在豪华的大理石浴室中，可以看到远处蔚为壮观的山景；即便是在淋浴，你的心也会被这美景俘获。对于谨慎消费的人们来说，住在这里的宫殿可能是一生仅有一次的珍贵体验。宫殿坐落在海边，不仅整体装修精致典雅，令人赏心悦目，还有着修剪堪称完美的花园和员工住宅区，以及一艘时尚的游船。

酒店最为人称道的还是最顶级的六感水疗：包含一整套全面的理疗以及正宗的土耳其浴。结束了一天的游览，克里特岛上的橄榄石会将你的身体和双足变得嫩滑光亮，但前提是舍得离开迷人的沙滩。六感水疗对客人许下了承诺，保证在吸引五个感官之后，会唤醒第六感。总之，即便是对希腊众神来说，这里都堪称是一处避世的仙境。**LP**

↖ 码头上的酒吧为旅客提供了一个畅饮的绝佳去处，人们可以透过脚下的地板欣赏到大海。

在蓝宫度假酒店放松身心

Unwind at Blue Palace Resort

地点：希腊克里特岛

网站：www.bluepalace.gr **价格指数：**$$

置身于蓝宫度假酒店，浪漫的气氛无处不在。酒店单独设立了浪漫专区，使许多举办婚礼和享受蜜月的爱人们趋之若鹜。酒店的全体员工都拥有高度的敬业精神，周到的服务无处不在，更有名为“陌生人之爱”的希腊传统活动开展得如火如荼。

蓝宫度假酒店坐落于伊罗达村外，毗邻渔村布拉卡，紧挨着克里特岛西岸的一座陡峭山峰。一度作为麻风病疫区的斯皮纳龙格岛如今拥有如画的风景；面朝着这座岛屿的酒店不仅享有天赐的自然美景，更在巧妙的设计中彰显了其独特的历史传承。走进建有穹顶的大厅，仿佛一瞬间便回到了亘古的年代。因为这座建筑仿制了克里特岛首都伊拉克利翁16世纪威尼斯兵工厂的装潢风格。酒店保留了最初高达36英尺（约11米）的圆柱，并在夜幕降临时将其点亮，呈现出美轮美奂的景象。五家餐厅香气四溢，所有餐点均由当地上等食材调和加工而成，为旅客们提供了优质而充足的选择空间。然而不容忽视的还有酒店内的水疗项目，你可以静静地享受些许时光，让身体与灵魂得以暂时休憩！最值得一提的是海水按摩浴池，温暖的海水每日从克里特岛引入并每日更换，水中还添加了特有的海洋药草。如此不可多得的水疗按摩浴，又怎么不会让你体验到最极致的放松呢！**LP**

> “这一华丽的酒店坐落在美丽而自然的海岸线上。”
>
> 琳·特拉斯，《泰晤士报》

参观重建的米莉亚居住地

Visit the Restored Settlement of Milia

地点：希腊克里特岛

网站：www.milia.gr **价格指数：**$$

“不要把我们想象成一群以大葱为食，将装土豆的麻袋穿在身上的极端人士。”米莉亚村的业主说道。事实上，他们只是拥有房屋和土地的所有权而已。将他们聚集在一起的是对于所有自然和传统事务的热爱之情。这个克里特的小山村不仅是闻名于世的宁静天堂，也是闻名于世的回收再利用和可持续发展的天堂。

石屋的重建堪称完美，房子矗立在土地肥沃的斜坡上，坡下是流淌的溪水，石屋的周围种满了橄榄树、梨树和灌木丛。古老的村子里仅有13个房间供客人居住，不要期盼这里和丽姿卡尔顿酒店一样豪华；这里的房间虽然简单朴素，却拥有精致的再生家具和色彩斑斓的纺织品。有的房屋恰巧筑在岩石坡上，因而在房间的一侧可以看到巨大的卵石。虽然村里鼓励游客尽可能地使用蜡烛，但房中也装有太阳能供电设施。在这里，客人的舒适是最基本的要求，房间还配备私人浴室和壁炉，便于旅客在冬日取暖。房间还带有阳台、小露台或小花园，客人们可以在这里欣赏到溪谷的美丽风光。

这里的气氛友好而轻松。你可以坐在公共餐厅又矮又厚实的修道院餐桌前品尝美味；菜肴都是由村庄农场的有机食物制作而成，包括希腊山羊奶酪配烤兔肉、洋葱土豆炖栗子、木火烤橘汁猪肉和卡里苏尼亚小奶酪派。白天，人们可以选择探索山间小路或者使用村里的登山车来消磨时光。这里还有传统克里特烹饪课程和品酒课程可以选择。一些客人在体会到了米莉亚村的精神内涵，之后更是热衷于利用假期时间到村中帮忙。**SH**

观赏蝴蝶谷
See Valley of the Butterflies

地点：希腊罗得岛

网站：www.rodosisland.gr **价格指数：**

每年，罗得岛的峡谷都会成为泽西岛数百万只娇美虎蛾的临时家园。尽管峡谷的名字起得并不准确，但这座名为蝴蝶谷的地方每年都能吸引五十万的游客。你可以在罗得岛的城镇中搭乘公车，也可以驾车前往这里；如果住在北部海岸的度假村中，也可以步行一个小时，抵达这个自然公园。你的努力会使蝴蝶谷中所有的繁茂植物变得更加清新悦目。木桥横跨在皮勒卡诺斯河之上；瀑布飞流直下，枝繁叶茂的树木在深潭中投下了倒影。

6月初，几只飞蛾会先飞入山谷，此时就是感受宁静氛围的最佳时期。虽然7月和8月才是飞蛾数量最多的时候，但这段时期也是参观游客最多的时候。到了那时，众多的游客会将山谷的小路变成大道。而在6月，你可以成为这座山谷的主人：避开到处飞动的虎蛾，从松木树脂的醉人芳香中获取能量（这种香气弥漫整个山谷），并得以欣赏它们扑动着的红色、黑色以及褐色的翅膀。这些飞蛾会积攒几个月的精力，然后在8月进入温柔而疯狂的繁殖期，到了9月，山谷中便慢慢失去了它们的踪影。

这里还有一个博物馆，馆内展示着谷中的动植物标本。即使是在没有飞蛾的时期，山谷也是风景如画。你可以在斑驳的日光下漫步，呼吸清凉的空气，瀑布溅起的水花会沾湿你的衣物。

JED

抵达佩塔劳德斯就像是在沙漠中见到绿洲，这实在不像是来到了罗德岛上。

在阿纳斯酒店尽情享受
Stay at the Anassa

地点：塞浦路斯岛拉齐

网站：www.anassa.com.cy **价格指数：**

若是敞着阳台门睡觉，次日清晨就会看到米黄色的窗帘在爱琴海的暖风中轻轻摇曳。走出酒店，沿着长长的海岸线漫步，望向无垠的沙滩，隐约中远处的阿卡马斯国家公园与阿芙洛狄忒浴池边际的山脉也消融于一片模糊之中。阿纳斯孤零零地伫立于塞浦路斯最美的沙滩上，背后是种满松叶的群山，静谧的环境更为阿纳斯增添了如梦似幻的氛围。来到这里，游客们便身处在白色的别墅群中，抬头便能看见赤褐色的屋顶；在别墅群中，坐落着新古典主义风格的豪华宫殿式水疗池、餐厅和凉爽通风的公共区域。站在高处的阳台上，从窗棂间俯瞰蜿蜒的小路，曲曲折折穿过幽静花园，一路通向了平静的海岸。

> “地中海的酒店展现了‘时尚女性’的风采：美丽动人、时尚前卫且风格多变。”
>
> 《美食+旅游》杂志

阿纳斯或许很像一座五星级的古老修道院，但实际上它却是20世纪后期的建筑成果。你所触及之处，尽是大理石、抛光木板、亚麻细布、锻铁、无尘石和米黄色纺织品。沉溺于一片寂静之后，你会在罗马浴池中顿悟人生所得，然后走进有着拱形石门的地窖，在极佳的四家餐厅中选择一家用餐。每家餐厅都采用包含九道菜肴的菜单。当然，你也可以打破这种平静：你可以伴随着布祖基琴的曼妙音乐，在沙滩上品尝令人垂涎欲滴的烤鱼，也可以随时参加潜水、网球和水上运动；与此同时，你还能站在酒店私人游艇的甲板上，眺望阿卡马斯半岛山峦起伏的最佳景致。

SH

住在布莱德别墅酒店
Stay at Hotel Vila Bled

地点：斯洛文尼亚上克拉尼斯卡
网站：www.relaischateaux.com **价格指数：**$$

眺望闪闪发亮的布莱德湖和远处尤利安阿尔卑斯山脉高耸的山峰，辉煌的美景便会呈现在你的眼前。如果觉得自己仿佛置身于高山中的天堂，也是十分正常的事情。在你面前，有一座很小的岛屿。圣玛丽教堂就坐落在小岛的一块巨岩之上。除了几个划独木舟或在湖边慢跑的人以外，此处可说是万籁俱寂。

上面说的是从布莱德别墅向外眺望时见到的景象。这座别墅原本是前南斯拉夫领导人铁托元帅的私人住宅。在铁托之前，奥地利帝国的王子和南斯拉夫的皇室都曾在这里建立居所。他们在此居住的原因其实一目了然。这里拥有划艇、网球场和私人游泳池，不仅为来访的政治家们（无论男女）提供了完美的娱乐场所，还为客人提供了充足的骑马、钓鱼和打猎的机会。宅邸周围12英亩（5公顷）的土地上种满了色彩缤纷的鲜花和绿色植物，此外还有一个水疗室、桑拿房和土耳其式的浴室。但是，真正让别墅变得与众不同的还是湖边的美景。

> “［别墅拥有］令人屏息的美丽湖景……和许多50年代别致的社会主义家具。”
>
> 罗伯特·博因顿，《悦旅》杂志

进到屋中，就能见到简洁的大理石楼梯和木质地板、一个充满情调的钢琴酒吧和一些巨大的套房。有些装饰会让人回想起别墅迷人的共产主义历史：舞厅中布满了铁托留下的珍贵壁画，画中描绘了红军胜利的场景。别墅区外是茂密的原始森林，往南31英里（50公里）即可到达斯洛文尼亚的首都卢布尔雅那。**LP**

在肯达沃多伏艾克酒店放松
Relax at Kendov Dvorec

地点：斯洛文尼亚哥里加
网站：www.kendov-dvorec.com **价格指数：**$$

离开喧嚣的城市生活，回到过去那个生活节奏极为缓慢的时代。肯达沃多伏艾克酒店（意为“肯达庄园”）坐落在斯洛文尼亚的群山之中，距离生机勃勃的首都卢布尔雅那只有一个小时的车程。庄园的历史可以追溯到1377年，当时肯达的地主们都在伊德里亚谷中耕种。许多年过去了，这片土地却依然没有改变，仍然拥有遍布各处的绿色植物和新鲜空气。

现在，这里已经成为了一个富有品位的宁静酒店。酒店的11个豪华客房都是以肯达过去家庭成员的名字命名；每间客房都经过单独装修，里面放有19世纪的古董家具。房中还配有手工雕刻的床和超大的衣柜。你可以充当一回庄园的主人，住在他以前的房间中：宽敞的房间被装饰成精美的巴洛克风格，窗外是古老城市的中心和教会的壮丽全景，周围则是树木繁茂的山峰。或许，这里曾经是该地区最富有权势的男人和女人的宅邸，但现在提供早餐和住宿的五星级酒店却给人一种非常舒适的感觉。桌布、窗帘和床单上都嵌有当地手工制作的花边；美轮美奂的花园中布满了鲜花和拥有数百年历史的苹果树。

酒店的餐厅只使用最好的原料烹制现代风格的斯洛文尼亚菜肴。这里没有菜单，所以厨师会为客人介绍当天提供的菜肴：通常是当地的特色菜肴搭配附近葡萄园出产的葡萄酒。你可以像当地人一样在伊德里河中游泳或在河边钓大理石鳟鱼，或是骑自行车或徒步前往高山上的湖泊和瀑布，又或是去玩漂流或划独木舟。最重要的是，要抓住每个机会深深地吸气，让肺部充满清爽、纯净的高山空气。**JK**

在天堂别墅尽情享受
Enjoy Nebesa

地点：斯洛文尼亚哥里加

网站：www.nebesa.si/ang/nebesa.html **价格指数：**$$

位于阿尔卑斯山脉的4座双人别墅坐落在库克山2,950英尺（900米）的山坡上。别墅的海拔实在太高，甚至比白云还要高，客人在这里能见到令人惊叹的雪顶山峰和绿色山谷。木头和石头小屋简单又时尚，整面的玻璃墙外就是陡峭的山坡：山坡上的草地和林地一直延伸到底部，其间有野生小鹿四处跑动。

楼下宽敞的客厅与一个厨房和浴室相互连通。卧室位于楼上的阁楼中，其中装有低矮的屋檐天花板和一个舒适的双人床。简约风格的房间展现了恰到好处的时尚感，现代的铬灯和咖啡色的羊毛沙发又添加了几分温暖。虽然建有厨房，别墅却只为客人提供早餐和住宿。白天可以随意使用饮料和零食：从当地的葡萄酒到奶酪和冷肉，所有的食物都包含在住宿费之中。早餐就放在客房的冰箱中，你可以随时享用。

> "别墅正面装有玻璃墙，这意味着随时可以欣赏美景：野生的马鹿就在草地中游荡。"
>
> i-escape.com

最近的城镇离这里也有15分钟的车程，所以四处游览的时候，就得备好一辆车。而驾车游览又使得孤寂的旅程变得更加奇妙。如果舍得这些美景和绝好的健康中心（其中有桑拿、按摩浴缸和温水泳池），可以展开徒步旅行，去探寻斯洛文尼亚直至意大利的全景。此外，也可以开车前往卡波雷德，然后在索卡河周围散步。到了冬天，这里就成了最佳的滑雪胜地。**AD**

在弗兰科小屋酒店用餐
Dine at Hiša Franko

地点：斯洛文尼亚哥里加

网站：www.hisafranko.com **价格指数：**$$

酒店位于斯洛文尼亚偏远的西部地区，坐落在意大利边境附近的索卡山谷中。作为小型的精品酒店，弗兰科小屋酒店引发的轰动效应已经延伸至广阔的远方。酒店位于斯洛文尼亚最不发达的地区；仅凭餐厅一处，就值得来此游览一番。

经营餐厅的是一对名叫瓦尔特和安娜的夫妇。餐厅的菜单博采众长，包含荨麻烩饭配扇贝、苦味可可面条、山羊肉、兔肉和地中海金枪鱼。餐后的甜点也很美味，包括水果冰糕和古巴巧克力蛋奶酥。所有的食物都是由本地出产的有机食材制作而成。红色的房间也让人感到放松；房中的餐桌上铺着上过浆的白色桌布，此外还放有黑木家具，与意大利和斯洛文尼亚的葡萄酒十分相配。身为专家级别的酒侍，瓦尔特很乐意与感兴趣的客人一同分享他的专业知识。包含五至八道菜的绝好菜单展现了菜肴的创新性与精致，所以赢得了良好的声誉。虽然酒店提供住宿，但来此的客人主要还是为了吃饭。对于了解这些菜肴的人来说，这里会让他们激动不已。夏季来临，客人就可以在玻璃房中就餐；若是有些特殊场合，也可以在私人餐厅中用餐。瓦尔特对斯洛文尼亚葡萄酒的热情实在太过强烈，以至于客人都会被其感染，随着他进入地窖品尝葡萄酒。在此之后，客人就会以成本价买下几瓶最爱的葡萄酒并带回家中。

餐厅的房间也展现了对细节的关注，里面放有许多富有创造力的陈设。9号和10号房配有独立的封闭式阳台；所有房间都经过单独装修，体现了现代时髦的风格。四周还有秀丽的乡村等待着游客去探索：你既可以步行，也可以骑车，或者乘着独木舟或激流筏沿河道而下。无论选择哪种短途旅游，安娜都会为你制作豪华的便当。**LD**

骑自行车探寻斯洛文尼亚

Explore Slovenia by Bicycle

地点： 斯洛文尼亚

网站： www.slovenia.info **价格指数：** $$

美丽的乡村被纵横交错的大型自行车道网覆盖。近年来，斯洛文尼亚已经成为了欧洲最好的自行车度假地之一。斯洛文尼亚虽然面积不大，却汇聚了蜿蜒曲折的河流、顶部盖满白雪的群山、崎岖的洞穴、古老的村落，以及原始森林和起伏不平的农田。

如果喜爱随心所欲且难度不大的自行车旅行，这里就有几条可供选择的路线。有一个地方宁静而美丽，布满了乡间小道。这片区域就位于首府卢布尔雅那的西南侧，下方就是意大利边境和亚得里亚海岸。假如想纵情享乐一会儿，可以去西北方向的马里博尔附近逛逛。作为葡萄酒产区，那里的温泉小镇和葡萄园都很有名。骑了一整天的自行车，游客可以在当地的酒店泡温泉缓解一下疲劳，然后喝上一杯当地的葡萄酒。

想要欣赏斯洛文尼亚最好的景致，还需要再花费些体力。狭窄蜿蜒的小路穿过翠绿的山峰、长满松树的山坡和清澈的冰川湖，通向斯洛文尼亚的阿尔卑斯山脉。其中最受欢迎的是通往布莱德湖的路线；一座著名的城堡守护着平静的湖水。一千多年来，布莱德城堡一直矗立在425英尺（130米）高的山崖上。

如果不喜欢在山上骑车，也可以试试完全相反的运动。佩克山为游客提供了一种不同寻常的骑车方式。游客不用气喘吁吁地踩着自行车去往山顶，而是要在车前挂上照明灯，然后沿着地下长达3英里（5公里）的小路穿过一个废弃的矿井。**JF**

→ 在斯洛文尼亚的尤利安阿尔卑斯山脉，一个人正骑着自行车穿越波欣上方的沃耶山谷。

探寻普瑞丝塔瓦-利皮纳酒店 Discover Pristava Lepena

地点：斯洛文尼亚哥里加　**网站**：www.pristava-lepena.com　**价格指数**：$

凝视着索卡河波浪滔滔的碧色河水，很容易就能知道这个斯洛文尼亚的奇妙角落会被选为电影《纳尼亚传奇：凯斯宾王子》的拍摄地。幸运的是，你不用去另一个世界，就能见到高山上未遭破坏的原始美景。

索卡河的河水会穿过特里格拉夫国家公园；在公园之中，阿尔卑斯山脉的新鲜空气与邻国意大利芳香的亚得里亚海微风交融在一起。在过去的几千年中，冰冷清澈的河水不断冲刷着山崖，雕刻出了一个名叫特昂塔的山谷。现在，山谷被郁郁葱葱的青草和色彩鲜艳的野花覆盖。普瑞丝塔瓦-利皮纳坐落在植物繁茂的山谷之中，上方就是尤利安阿尔卑斯山脉雄伟的石灰岩高山。

酒店的主人米兰和西尔维亚·多伦茨已经为户外运动爱好者创造了完美的度假环境。酒店由八个传统的木板和石头小屋组成，不仅融入了周围壮丽的自然景观之中，还充分利用了这些景观。客人可以选择从事各种各样的活动。骑马爱好者可以把握住机会，骑着村中纯种的利比扎马穿越森林和山脊。此处还有步行道、山地自行车道、网球场和游泳池。河上还有一系列的水上运动，包括漂流、划独木舟和峡谷漂流。但是，将世界各地的垂钓爱好者吸引至此的，是这里一流的飞蝇钓法。在凉爽清澈的河水中，无论是大理石鳟鱼、虹鳟，还是褐鳟，都可能钓得到。

餐厅将本地的食材烹制成传统美食，例如串在烤肉扦子上的新鲜羊肉与烤鳟鱼。胆子要是再大些，甚至可以品尝一些自家酿造的烈酒。在此之后，你就可以在开放式的壁炉边暖和一下身体，或是坐在私人阳台上欣赏周围的阿尔卑斯山脉。眼前的景色必定让人难以忘怀。**JP**

↑ 普瑞丝塔瓦-利皮纳坐落在尤利安阿尔卑斯山脉的高山上，位于隐蔽的山谷之中，享有最完美的山景。

住在普西克皇宫酒店 Stay at the Pucić Palace

地点：克罗地亚杜布罗夫尼克 **网站：**www.thepucicpalace.com **价格指数：**ⓈⓈ

在杜布罗夫尼克充满了喧嚣的夏日，五星级的普西克皇宫酒店就是浪漫的天堂。酒店虽然位于老镇的中心，却与城市狭窄街道中背着相机的游客相距百万英里。

贡杜拉广场是以杜布罗夫尼克一位17世纪剧作家兼诗人的名字命名的。广场对面坐落着普西克皇宫酒店。在那个年代，酒店曾经是最好的贵族宅邸之一。19世纪末，宅邸被改建成了一座酒店。此处原来只是一家三星级酒店，后经重新翻新，于2002年重新开业。现在的酒店只有19个房间，每个房间的名字都取自该市过去的作家或艺术家。

尽管有两间套房和一个单间，酒店还是以豪华套房和商务客房为主（后者的景色更好些）。每个房间的装潢都很雅致，里面装有高高的木梁天花板和黑橡木地板。房中不仅配有古董家具，还放有21世纪旅行者需要的各种现代便利设施。如果需要的话，酒店甚至可以提供笔记本电脑、打印机、扫描仪和传真机。浴室也同样豪华，里面放有独立式的浴缸、柔软的棉质浴袍和宝格丽的产品。

酒店的房间固然极好，但最好的地方还是德芬，即屋顶的餐厅。你可以在那里尽情享用地中海东部的美食，聆听着从街道上飘来的轻柔声音。到了夏季，一层的小餐厅皇家咖啡会在室内和室外开设座位。另外，不要错过了这里的石头汤。这种汤中加入了鹅卵石中的矿物质（石头是从亚得里亚海中取来的）。拉佐诺达酒吧是傍晚闲逛的最佳归所：你可以喝着自己最爱的酒，吃着少量的当地传统配菜，如达尔马提亚熏火腿和自制的奶酪。**JA**

⇧ 普西克皇宫坐落在杜布罗夫尼克的老城中心，是一座温馨奢华的酒店。

在杜布罗夫尼克别墅放松
Unwind at Villa Dubrovnik

地点：克罗地亚杜布罗夫尼克
网站：www.villa-dubrovnik.hr **价格指数：**$$$

20世纪50年代，铁托的官员们就在这里休息。这座温馨高档的临时住所拥有多姿多彩的历史。官员们奉行的共产主义可能早已不见踪影，但杜布罗夫尼克别墅却仍为渴望享受的人们提供了一个放松的天堂。

这座迷人的别墅坐落在悬崖边，低矮华丽的露台则平铺在亚得里亚的海面上，将超级时尚的城市杜布罗夫尼克的美丽景色一览无余。六十多级陡峭的台阶两侧种满了柏树；沿着台阶从小路下到底部，就会看到别墅乳白色的正门。进到里面，就会见到完全采用简约装饰风格的客房：光滑的白色墙壁和简单的家具给这里带来了一种轻盈飘逸的感觉。

房间不仅简单干净，还装有法式大门。门外就是阳台，可以俯瞰到大海、洛克姆岛和近处古代城墙的壮丽全景。所有的公共区域都配有极为宽敞的露台。许多人慵懒地坐在露台上，躲在藤蔓和雨伞投下的阴影里。每一顿饭的级别也各不相同：按照菜单点菜的餐厅会为客人提供神圣的食物，小酒馆则会提供零食。要是怕长胖，此处还有一个设备齐全的健身房。

穿过酒店翠绿的花园（或者乘坐电梯），就可行至水边。那里有一个又小又隐蔽的私人鹅卵石海滩，来客可以在此享受日光浴和游泳。悠闲地走上20分钟，或是直接乘坐酒店的私人客船，即可到达杜布罗夫尼克老镇中的商店、酒吧和餐馆。**JK**

> “站在被葡萄藤和鲜花覆盖的露台上，看着太阳沉入亚得里亚海中。”
> 莉斯·伯德，《卫报》

↖ 在迷人的杜布罗夫尼克别墅中，所有的房间都拥有俯瞰着大海和老城的露台。

参观姆列特岛和圣玛丽教堂及修道院
Visit Mljet and St. Mary's Church and Monastery

地点： 克罗地亚姆列特岛

网站： www.visitcroatia.com **价格指数：** Ⓢ

姆列特岛被一种几乎超脱于凡尘的美丽所笼罩，难怪这个小岛成为了备受珍惜的国家公园。克罗地亚的乡野间布满了翠绿的山谷、挺立的松柏和迷人的石头建筑。从村子里人工建造的哥特式塔楼，到自然奇观岩溶峭壁，克罗地亚乡村景致的精华都汇聚在岛上。

小岛不仅拥有盐湖、松树林和寂静的村庄，还拥有独特的生态系统。比起岛屿本身，人们最先知道的反倒是岛上的传说。姆列特岛最初的居民是伊利里亚人；与克罗地亚的历史一样，小岛的历史中也充斥着占领者、定居者、入侵者、收复者和神话故事。这座仿佛被遗弃在大海中的小岛拥有极为传奇的历史。甚至有人说，这里就是卡里普索困住奥德修斯的地方。相传，这位强大的战士被囚禁在洞穴中长达七年之久。

岛上仍有成群的猫鼬聚集，而数条下陷的湖泊形如被猫鼬吞入腹中的蛇。这些湖泊和行踪难觅的海豹和布拉风一样，出现之后又会如传说一般消失无踪。千百万年来，这些大大小小的湖泊一直吸引着杜布罗夫尼克附近的游客。

在岸边乘上一条客船，游客就会到达大湖中心超小的岛屿。奇妙的岛上不仅坐落着本笃会修道院，还矗立着美丽的圣玛丽教堂。当时，姆列特岛还在本笃会修士的管辖之中，如今这些建筑都已变成了遗迹。许多年来，迷人的石头修道院一直是文化与精神的中心。许多著名的诗人被聘为修道院的院长，如伊格内·久尔杰维奇，附近的本笃会修士（或修女）也被吸引到这里来。**VG**

在帕米亚纳岛振奋精神
Recharge on Palmižana Island

地点： 克罗地亚赫瓦尔附近

网站： www.palmizana.hr **价格指数：** Ⓢ

帕米亚纳度假村坐落在亚得里亚海中的一座小岛上，方圆740英亩（300公顷）尽是杳无人烟的荒野。乘船航行10分钟，即可从赫瓦尔到达度假村。空气中弥漫着异国鲜花、松树和野生草本植物的香气，仙人掌和桉树等热带植物生长得十分繁茂。

拥有百年历史的松树林荫蔽着能容纳60个客人的石头平房。这些房子都经过单独装饰，图案丰富的床罩和现代的克罗地亚艺术品将室内衬得鲜艳明亮。一百年来，一直是梅内盖罗家族在管理这片房产。这个家族的成员还经营着两家餐厅，分别是托托斯和帕米亚纳梅内盖罗。这两家餐厅以鱼类菜肴而闻名。客人甚至可以和主厨一起去葡萄园和鱼类市场采购。

> “我的孩子疯狂迷恋着帕米亚纳的海滩。因为这里不仅有浅浅的沙滩，还有成排的洞穴。”
>
> 约瑟普·诺华科维奇，《纽约时报》

步行穿过松树林，只要走上一小段路，就会到达布满僻静海湾和隐蔽海湾的海滩。在那里，你可以凭自己的喜好脱掉衣物直至全裸：裸体已经成了帕米亚纳古老的传统之一，因此在这里裸泳是再平常不过的事情。温暖的气候会从4月持续到11月；此外，小岛也以日光照射时间长而著称。周围的水域是潜水者的天堂：水中不仅散落着许多沉船的残骸，还生活着许多热带鱼类。**JK**

参观科纳提群岛
Visit the Kornati Islands

地点： 克罗地亚科纳提
网站： www.kornati.hr **价格指数：** $

乔治·萧伯纳周游亚得里亚海的时候，最后在一个海岸上（也就是现在的克罗地亚）停下了脚步，并爱上了科纳提群岛的诸多岛屿。直至今日，这些岛屿仍然和多年前一样美丽。

群岛由140个岛屿组成，占地面积约124平方英里（320平方公里），其中大部分区域是受到保护的国家公园。岛上有清澈的水流、隐蔽的小湾、水下的暗礁、具有考古价值的古老遗迹和著名的“王冠”（高耸在海面上的陡峭岩石）。这些巍峨险峻的悬崖位于一个巨大裂缝的两侧，这条裂缝从伊斯特里亚一直延伸到达尔马提亚中部，是非洲板块向北运动，与欧洲大陆碰撞时形成的。

群岛上没有长住居民，大多数地区归姆特岛的居民所有。这些人在岛上照料橄榄园、葡萄园和果园。有活儿要干的时候，他们就住在别墅里，忙完了农活，他们就把房子租给来此度假的游客。房中既没有电也没有自来水，为来客提供了一个最为远离尘嚣的传统居住环境。除此之外，你也可以从扎达尔、希贝尼克或斯普利特出发，展开一天的旅行。

你还可以乘船探寻一些美丽的小岛，例如科罗马纳、欧帕、斯迪尼瓦、斯崔亚、司普纳塔和罗帕蒂卡。你可以将船停靠在群岛周围星星点点的码头上，然后在海鲜餐馆享用一顿美味的午餐。周围的海域也有适合潜水和浮潜的好地方；或者，你可以徒步穿过如同沙漠般的区域，一览全岛的风景。**AD**

⇐ 在科纳提的群岛身上，可以见到地中海崎岖原始的景色。

在克罗地亚的海岸边航行
Sail Croatia's Coast

地点：克罗地亚

网站：www.dalmatiancoast.com **价格指数：**$$

克罗地亚的亚得里亚海岸边分散着一千多个岛屿。在这些岛屿间，有一条长达3,600英里（5,794公里）的海岸线。对航海爱好者来说，这片群岛宛如人间天堂。海岸边有很多游艇租赁公司，在这里既能租到空船，也能租到配有船长和船员的豪华游艇。除了蔚蓝的海水和怡人的天气，这里还有毫不费力就能到达的岛屿（岛上约有50个居民）。

总的来说，让航海者感到快乐的还是群岛的多样性。有些岛屿很早以前就被纳入旅游路线之中。举例来说，早在1889年，地方委员会就将拉布定为疗养胜地。半个多世纪后，英国的温莎公爵（从前是英国国王爱德华八世）和妻子（沃利斯·辛普森）一同来到岛上。据说，他是第一个在这里裸泳的人。自此以后，裸体便成了岛上的传统。你可能会在希尔巴停下脚步；那里虽然有餐厅和商店，却没有马路，由此保证了回归自然的宁静感。此外，你也可以在帕斯曼停留一会儿。那里有许多白色的小海湾，对需要休息的人很有吸引力。

许多人都喜欢去科纳提群岛游览。由147个不同的岛屿、小岛和珊瑚礁组成的群岛实则是一个国家公园。在这里能见到传统的渔村和安静的港湾；岛屿之间是蜿蜒曲折的海上通道。当地的传说讲述了岛屿诞生的故事：上帝创造了世界后，发现还有一些剩余的材料，于是就将它们丢进了大海。**PE**

⇐ 克罗地亚海岸附近温暖清澈的水域是乘船游览的最佳地点。

住在萨波拉
Stay at Zabola

地点：罗马尼亚特兰西瓦尼亚

网站：www.zabola.com **价格指数：**$$

作为迈克伯爵家族的房产，萨波拉的历史可以追溯到近1400年前。过去，这里曾经是一座守卫森严的建筑，不仅配有塔楼，天花板上还绘有精致的壁画。绿树成荫的房产中有一个绝美的湖。湖水周围是占地84英亩（34公顷）的绿地，上方就是喀尔巴阡山脉。宏伟的房子就坐落在绿树的尽头。6个通风的客房位于机器房之中。从前，发电机就放在这座房子里，为当地共产党统治下的医院供电。

> “高档的住宅既体现了殖民时期的印度风格，也展现了特兰西瓦尼亚老派的风格。”
>
> 安德鲁·埃姆斯，《CNN旅行者》杂志

现在，开放式的壁炉用熊熊火焰欢迎着客人；配有血红墙壁的红色房间是遇到骇人吸血鬼德拉库拉时最常见到的事物。浸泡在独立的浴缸中，四周的墙壁上挂着鹿角，让人感受到真正的哥特式生活。在此之后，可以享用厨师在厨房中制作的食物：从鹿肉到精心烹制的野蘑菇，再到自制的沙司和果酱，所有食物都是用本地食材制成的。

尽管狩猎已经被更为环保的观熊游览所取代，周边还是有很多可以探险的地方。你可以在导游的引领下走过童话般的树林，或是骑着房产主饲养的马匹参观当地精心保护的村庄。更远一些的地方坐落着中世纪的居住地——锡吉什瓦拉。这里是臭名昭著的“穿刺王”弗拉德的诞生地。他会将敌人刺挂在削尖的木桩上，这种行为也激发了布莱姆·斯托克的创作灵感，进而塑造了德古拉伯爵这一人物。**AD**

乘船在多瑙河三角洲探险

Explore the Danube Delta by Boat

地点：罗马尼亚多瑙河三角洲

网站：www.deltadunarii.ro/?lg=en **价格指数：**$

由于有300种鸟类在此生活，多瑙河三角洲才被人们称为欧洲的鸟类塞伦盖蒂平原。这里也是大陆上最后几个幸存的辽阔荒野之一。多瑙河1,700英里（2,735公里）长的蜿蜒河道穿过欧洲大陆，注入黑海之中，后又在此分成许多河道。广袤的沼泽、森林和湖泊被厚厚的芦苇丛包围，为各种各样的野生动植物提供了隐蔽的居所。除了苍鹭、鹈鹕、红胸鹅和黑颈䴙䴘，一系列有趣的哺乳动物也居住在这里，如水獭、貂皮、麝鼠和野猪。2007至2009年间，多瑙河三角洲曾连续获得"年度景观"称号；联合国教科文组织也将这里大片地区定为生物圈保护区。

探索水中原始景观的最佳方法之一就是乘船。你可以乘船到三角洲的深处去赏鸟钓鱼，或只是去那里放松一下。但是，想真正全身心地感受三角洲的景致，就得在船屋或当地知名的漂浮酒店住上几天。探索完树木繁茂的小岛、沼泽、沙丘和村庄，就可以找个方便的地方停泊小船。如果乘坐的较小一点儿的船，就能驶进一些较窄的河道和回水区。

如果想让双脚踩在陆地上，豪华的三角洲自然度假村就是个不错的住宿地点。度假村拥有舒适的别墅，宽敞的露台俯瞰着三角洲壮阔的景观，设施包括一个位置极佳的美丽泳池，以及一个可以鸟瞰到美妙自然奇观的瞭望塔。**HA**

→ 美丽的多瑙河中生长着160种鱼类和1200种植物。

在“水上世界”尽情享受
Enjoy Aquacity

地点： 斯洛伐克普拉德

网站： www.aquacity.sk **价格指数：** Ⓢ

为了身体健康，就在世界上最冷的地方体验-186℉（-121℃）的低温。或许，这听起来有些像科幻小说里的情节，但对于顶尖运动员来说，却是一项被视为奇迹的治疗方法。来到“水上世界”，每个人都能体验到这种治疗。位于斯洛伐克的“水上世界”坐落在白雪皑皑的高塔特拉山脉底部，既是一座水上公园也是一个水疗中心。将身体暴露在如此低温的环境中，也是被称为冷冻疗法的环节之一。

该项治疗在严格的医学监督下进行，客人需穿戴好绝缘鞋、袜子、护耳器和手套，并用纸面具护住鼻子和嘴巴，同时着短裤和T恤。进入前厅后，治疗就会正式开始：此处的气温仅有-76℉（-60℃），人们会跺脚着紧挨在一起。该项治疗会帮助人们消除身体表面的水分，治疗时间不会超过一分钟。

接下来便是比所有冰柜都要强大的冷冻室。这个冷冻室达到了-186℉（-121℃）的惊人温度。南极有史以来的最低温度也只有-128℉（-89℃），而这里甚至比南极还要寒冷。在如此极端的低温下，人们只会感觉到刺痛；如果觉得寒冷变得难以忍受，可以随时离开冷冻室。

治疗之后，客人需要在指导之下进行低强度的锻炼，以便让血液流向肌肉和关节。随着血流量的增加，患者们就会觉得疼痛也随之减轻。据说，该项治疗对改善关节炎、腰背部疾病和骨质疏松症等疾病的症状都有所帮助。治疗期间释放的内啡肽对于缓解抑郁症也有一定帮助。**JK**

徒步游览什皮斯
Discover Spiš on Foot

地点： 斯洛伐克什皮斯

网站： www.slovakia.travel **价格指数：** ❶

在拥有许多美景的国家里，即使是斯洛伐克人，也会将什皮斯视为有些特别的地方。有趣的是，该地区在斯洛伐克并没有官方名称。这里不是行政区域，而是一片拥有相同文化、方言和服饰的地区。什皮斯对斯洛伐克人的影响很深，尽管在地图上找不到这里的名字，每个斯洛伐克人却都知道如何到达这里。

人们通常将北至塔特拉山脉（又被称为“微型阿尔卑斯山”），东至洛伐克山脉，南至斯洛伐克矿山的区域视为什皮斯地区。在这片丘陵起伏的地方，布满了美丽的步行道。沿着这些小路，可以行至树木繁茂的陡峭峡谷，见到分布其间的瀑布和水流湍急的溪流，然后跨越巍峨的雪顶高山。夏天人们会沿着小径远足，并浸泡在温泉水疗池中；到了冬天，他们就会来此滑雪。

> “夏日时节，多山的什皮斯会散发出慵懒放松的气息，田野和森林中会满是徒步旅行者。”
>
> 海梅·吉尔，《卫报》

什皮斯既有历史景观，也有自然景观，其中主要的地标是雄伟的什皮斯城堡。作为欧洲最大的要塞之一，这座城堡赫然屹立在海拔2,080英尺（634米）的峭壁上，俯瞰着周围的景观。**JF**

→ 作为世界遗产的什皮斯城堡是斯洛伐克最大的城堡遗址。

在约瑟夫酒店放松身心
Unwind at Hotel Josef

地点：捷克共和国波西米亚布拉格
网站：www.hoteljosef.com **价格指数：**$$

布拉格只有几家精品酒店，采用粉红和橙色外部装饰的酒店就是不容错过的一家。约瑟夫酒店的前台十分醒目，正面装有玻璃墙，只要向里面偷望一眼，就足以看出这里的与众不同。酒店由捷克建筑师伊娃·杰里娜设计而成。她的极简风格几乎无处不在：这种风格从大堂（其中配有落地窗和华丽的玻璃与钢筋旋转楼梯）一直延伸到超现代化的客房和漂亮的灰褐色走廊。

酒店拥有109个房间。这些房间不仅隔音，还体现了杰里娜对于光线和空间的追求。自然光线和玻璃相互结合，形成了一种撩人的效果，从而弥补了墙上艺术品的空缺，并增强了这些空间的独特感。室内的色调既自然又令人喜爱。35个房间建有玻璃浴室，第七和第八层的房间还建有露台；部分露台俯瞰着布拉格的塔楼（也包括城堡），其他的则面向庭院。

> “布拉格拥有太多令人印象深刻的景点……你的眼睛需要休息一下。酒店则可以让你理清一下思绪。”
>
> 约瑟夫酒店的主人

回到楼下，便会见到约瑟夫酒店独具情调的酒吧——全部由玻璃建成的酒吧，设计师的杰作之一。拉出一个洁白的凳子，点上一杯最高级的马提尼，就像变身为詹姆斯·邦德一样。酒店还有一个位于屋顶的健身房（里面建有桑拿房和按摩室），以及一个铺满草坪的庭院。院中还有专为夏日准备的露台。**PS**

在文华东方酒店放松
Relax at Mandarin Oriental

地点：捷克共和国波西米亚布拉格
网站：www.mandarinoriental.com/prague **价格指数：**$$

文华东方酒店是一座崭新的、宁静而又豪华的度假酒店。查理大桥和布拉格城堡作为宏伟的哥特式建筑，所在的地方熙熙攘攘。酒店距离这些地方只有几分钟的路程。典雅的酒店由14世纪的修道院改造而成，四周坐落着风景如画的古老房屋、盖有红瓦屋顶的房子和历史悠久的尖顶建筑。这些建筑位于布拉格左岸宁静的小城区之中，即古老的鹅卵石街道的中心。从酒店出发，许多重要的景点步行即可到达。酒店的大多数房间俯瞰着中世纪的宫殿、教堂和小城区的花园。整座酒店就如同一个露天的博物馆，从哥特式建筑到文艺复兴时期的建筑，每种建筑风格都会展现在你的眼前。

现代风格的笔直线条已经与保存完好的古老建筑融合在一起，从而创造了一座崭新的酒店。举例来说，世界级的现代水疗中心现在坐落在文艺复兴时期的教堂中。这个教堂原本是古老修道院的一部分。如今，修道院的回廊已经变成了休息室，客人可以在矗立着巴洛克式柱廊的房间中喝茶或读报纸。酒店的大堂原本是教堂的中殿。

这里的水疗中心一直被评为全国最优秀的水疗中心。为了彻底保护客人的隐私，客人们可以身着浴衣，沿着地下通道从自己的房间直达水疗中心。共有两层的中心拥有七个私人房间、一个水疗池、数个蒸汽淋浴房和一个水疗按摩区。在最具代表性的传统按摩中，会使用芳香的椴树花进行身体磨砂，最终让身体得到放松。椴树是捷克共和国的国树，其花朵具有治疗作用。

酒店的伊森西亚餐厅也是城中最好的餐厅。客人可以在文艺复兴时期的拱顶下，尽情享受混合了地道亚洲菜和现代欧洲菜的美味佳肴——椰子虾配萨尔萨辣酱、鹅肝酱冰淇淋。**SH**

在麦西利城堡尽情享受

Enjoy Château Mcely

地点：捷克共和国波西米亚

网站：www.chateaumcely.com **价格指数：**$

经过改造的17世纪城堡散发出新古典主义的浪漫气息；城堡不仅拥有雄伟的白色外观，还有精致的内部装潢：闪闪发光的吊灯、华丽的纺织物和一排长长的宽敞楼梯。毫无疑问，这座城堡为人们提供了一个远离喧闹人群的隐蔽住所。但是，布拉格热闹的中心区离这里也不过34英里（55公里）远而已。

城堡一直尽力让客人得到充分地享受：水疗室中有奢华的按摩，喝下午茶的时候还有竖琴师在旁演奏。堪称极品的晚餐中包含了许多优质的当地食材；地窖中有一家名为“炼金术士俱乐部”的酒吧。酒吧的名字取得十分贴切：为了增进健康提倡爱，这里确实将充满诱惑力的“长生不老药”融入其中。如此纵情的欢愉会让人心声歉疚，但任何的歉疚之情或许都敌不过麦西利城堡的环保力量。作为捷克共和国第一家五星级环保时尚酒店，城堡本身也感到自豪。

> “[在麦西利城堡]傍晚的茶点再次受到了推崇……旺盛的食欲可以一次得到满足。”
>
> 埃德·古铁雷斯，《生活方式杂志》

城墙之外也有许多事情可做。你可以沿着步行小路穿过亚柯尼斯野生动物保护区，沿途观赏野生的小鹿；或者，也可以在当地的图森泥浆浴场体验一下高硫泥浆治疗。另外，千万不要错过乘坐马车穿越森林的浪漫旅行。不论选择哪种活动，在幸福的一天即将结束的时候，都不要急于上床休息。首先，你应该来到城堡顶部的瞭望台，然后花一点儿时间抬头凝视夜空，璀璨的星空真是绚烂无比。**LP**

住在琥珀皇宫

Stay at Bursztynowy Palace

地点：波兰波美拉尼亚中部

网站：www.hotel-bursztynowy-palac.pl **价格指数：**$$

琥珀皇宫酒店坐落在科沙林以南6英里（10公里）的地方，距离波罗的海沿岸只有几分钟的路程，是一家由三座古老建筑组成的酒店。这些建筑都建于18世纪，且都是为贵族冯·卡梅克的家族所建。它们分别是“琥珀皇宫”、“白色宫殿”和“猎人小屋”。这三座建筑都位于一个景观公园之中，完美的公园展现出了法国传统花园的布局准则和魅力。

酒店的陈设似乎是从汉斯·克里斯蒂安·安徒生的童话故事中跳出来的。酒店的67间客房包括49间标准客房、琥珀皇宫中的4个套房、白色宫殿中的6个房间和猎人小屋中的12个房间。健康水疗中心拥有一个按摩浴缸和芬兰风格的桑拿房；训练有素的理疗师会为客人提供传统的运动项目，如有氧运动和瑜伽。酒店还为更喜欢冒险的人准备了一系列电流刺激肌肉的治疗和复杂的吸入技术。

酒店的菜单上时常会出现拥有数百年历史的当地菜品。这些菜品会由一支专业的厨师团队烹制而成，然后骄傲地送至酒店金色华丽的镜屋和舞厅之中。厨师们喜爱专门烹制一些传统的波兰菜肴，如野味或烤羊；服务员从头到脚都是传统的波兰服饰。进餐的时候，通常有现场的古典音乐演奏。结束了一天的行程，装有壁炉的房间就是最完美的放松场所。那里会举办民间音乐会，到时就能听到当地加莫诺和卡兹比地区的音乐。若是举办古典音乐会，音乐的主题会非常之广，从巴洛克音乐到现代音乐都有可能出现。历史爱好者们可以在此学习用弩枪射击。无论你的兴趣是什么，琥珀皇宫酒店很可能已经猜测到了你的喜好。**BS**

参观斯沃温斯基国家公园
See Slowinski National Park

地点：波兰波美拉尼亚中部

网站：www.mos.gov.pl **价格指数：**❶

让人流连忘返的美丽沙丘在波兰海岸线旁形成了一道独特的风景。如同沙漠般辽阔的沙丘坐落在斯沃温斯基国家公园和漂亮的城镇罗威与莱巴之间。巨大的沙丘可以达到海拔138英尺（42米）的高度。这些沙丘每年最多会移动32英尺（10米），离开时会留下许多枯死的树墩。这也说明了深埋于沙子底下的是一片古老的森林。这种孤寂的景象为绵延数英里的开阔空间又增添了几分神秘和荒凉的美感。

对于喜欢探索并重返大自然的人来说，拥有丰富动植物的沙丘就是最佳的选择。若是没有石南花、岩高兰、兰花和松树点缀其间，这里就会呈现一片贫瘠的景象。联合国教科文组织已经将滚动的沙丘评定为生物圈保护区；在此栖息和迁徙至此的鸟类共有250种，其中包括一些极为罕见的品种，如白尾鹰和黑鹳。

为了保持宁静的魅力，未经破坏的白色沙滩上禁止私人汽车和公共汽车行驶。游客可以步行穿过公园，到达沙丘后再重返莱巴；除了沿着海滩步行5英里（8公里）以外，游客甚至可以游泳返回。

在温暖舒爽的夏日，尽管太阳火辣辣地照射着沙丘，但轻柔的海风却持续不断地将沙子吹起，让其不停地移动并保持怡人的温度。沙丘旁坐落着几个清澈的泻湖，鹿和野猪经常在岸边聚集。远处还是一片茂密的松树林，麋鹿、浣熊和獾漫步在树林间。你可以在附近宁静的莱巴小镇中过夜，在松林环绕的镇子里观赏野生的动植物。**JK**

⇦ 在波兰的斯沃温斯基国家公园中，巨大的沙丘一直延伸至地平线的尽头。

探寻比亚沃韦扎森林
Explore Białowieża Forest

地点：波兰波德拉谢省

网站：www.whc.unesco.org **价格指数：**❶

现在的比亚沃韦扎森林和五百年前一样原始神秘。当时，波兰王室为了保护这座狩猎场，禁止人们在此伐木和居住。这里极好地展现了宁静与自然，是片未经人类开发和破坏的区域。这片祥和的土地横跨波兰与白俄罗斯的边境；在坚守传统的土地上，农民们依然采用马拉犁的耕种方式。

几千年前，整个大陆的低地都被森林所覆盖。如今，作为欧洲仅存的原始森林，这里是个充满了童话般美景的地方。繁茂又美丽的橡树、云杉、鹅耳枥树交织成网，与湿地、泥炭沼泽和溪流混合在一起。大量腐烂的树木给森林增添了宁静却又诡异的气氛。林中还有丰富的野生动植物：聆听着啄木鸟发出的声音和228种鸟类（它们都以森林为家）的歌声，比亚沃韦扎森林也默默地为之悸动。世界上仅存的野牛群就生活在森林的保护区中。这种野牛是欧洲大陆上最大的哺乳动物。冬季来临，看着这些巨大的动物在雪地里费力地缓慢前行，实在令人感动。

> “[在这片]辽阔的森林中……住着一些非凡的动物。”
>
> 联合国教科文组织世界遗产委员会

林中有步行道、自行车道和骑马小道。换句话说，即使没有向导，也可以在林中游览。游客可以呼吸着带有松木香的新鲜空气，迈着轻松的步伐享受此处的美景。**JK**

参观卡齐米多尔尼
Visit Kazimierz Dolny

地点： 波兰卢布林省

网站： www.kazimierz-news.com.pl **价格指数：**

景观艺术家们涌向卡齐米多尔尼的原因在于，他们认为这里拥有振奋人心的光芒。电影导演们也没有忘记这座寂静的小镇，他们经常将独具氛围的街道作为浪漫电影和历史恐怖片的拍摄场景。位于波兰东部的卡齐米多尔尼傲然屹立在维斯瓦河两岸。小镇中布满了鹅卵石街道；宁静的街道两旁坐落着历史悠久的建筑。疲惫的都市人可以在此处休闲放松。一到夏天，人群就会从附近诸如华沙和卢布林等城市蜂拥而至。在众多艺术家和作家的帮助下，小镇依然维持着波希米亚的气息。

深受爱戴的卡齐米日大帝于公元14世纪建立了这座小镇，并将其作为犹太人居住的社区。此外，他还在这里建造了一座城堡作为自己的夏季居所。17世纪50年代，哥特式的城堡被瑞典人摧毁，但它的废墟至今仍然对公众开放。站在位于山顶的至高点上，游客可以望见城市和维斯瓦河的全景。城镇大部分都毁于两次世界大战之中，所有的犹太人口也几乎葬身于战争之中。但是，当局却奇迹般地重现了中世纪房屋过去的辉煌。城镇的每个角落都讲述了一个古老的故事。

市场广场是镇里最漂亮的地方。广场的中心有一口水井。在这里，你会看到一些华丽的房子，其历史可以追溯到1615年。镇里的房子都铺有木砖屋顶。在暖洋洋的夏日，空气中弥漫着一股微弱但又令人愉快的松树香味。**JK**

→ 从“三十字架之山”俯瞰卡齐米多尔尼传统的城镇中心。

APTEKA

在舒罗斯勒酒店尽情享受
Enjoy Schlössle Hotel

地点： 爱沙尼亚塔林

网站： www.schlossle-hotels.com **价格指数：**

跌跌撞撞地穿过舒罗斯勒酒店，藏身于塔林蜿蜒错杂的狭窄鹅卵石街道中，感觉就像突然闯入了一部精心制作的古装剧的拍摄现场。建于15世纪的商人宅邸充满了旧时代的魅力。酒店不仅拥有巨大的木梁和古董家具，拱形的天花板还给爱沙尼亚首府的中心带来了一种宏大的感觉。

大厅中有一个令人感到温馨的壁炉，古老的石头墙上则装饰着挂毯。酒店有个令人愉悦的庭院花园；中世纪的画像随处可见；雅致的房间和设施齐全的套房满足了现代旅行者的全部需求。

> “这里的四季……确实能激发灵感。尤以秋天最为令人感到兴奋。”
>
> 特尼斯·西古赫，斯丹哈思的主厨

然而，若是把小小的精品酒店比作皇冠，皇冠上的宝石就是独具氛围的斯丹哈思餐厅。餐厅位于拱形地窖之中，客人可以在这里伴着烛光品尝波罗的海的美味菜肴：可能是烤爱沙尼亚麋鹿，也可能是烤海螯虾。在寒冷的冬日夜晚，巨大的壁炉噼啪作响，让人倍感放松。不妨想象一下，几个世纪以前，成群的贵族们就在这个极其温馨的地方做着同样的事情。

想获得一次难忘的回忆，就要在12月至1月初住在这座酒店。那时，浪漫的白雪会将波罗的海东北角的城市覆盖，熙熙攘攘的圣诞市场为人们创造了一个充满乐趣的美妙宝库。**LP**

住在三姐妹酒店
Stay at Three Sisters Hotel

地点： 爱沙尼亚塔林

网站： www.threesistershotel.com **价格指数：**

塔林所处的时代已经彻底改变了。这个中世纪的城市几乎已经完全摆脱了苏联遗留下的痕迹，变成了一座时尚且令人兴奋的都市。文化爱好者和追求享乐的人们都汇聚于此。迷宫般的鹅卵石街道和尖尖的塔楼与喧闹嘈杂的酒吧、超酷的咖啡馆和夜总会交织在一起。

于2003年翻新的三姐妹酒店已经用时尚沉着的态度迎接这新旧交替的时代。从高高的天花板、白垩岩墙壁和深红色的涂料到重新修复的壁画、古老的木制楼梯和拥有数百年历史的暗色木梁，酒店的一切都散发出兼容并蓄的美感。三栋商人的宅邸（也就是三姐妹）组成了这座酒店。每栋建筑都有自己的特点。三妹的房间既宽敞又具有私密性；二姐的房间更为华丽，使用的色彩更为丰富，四帷柱床上还挂有薄棉布帘。殷勤的款待还得留给大姐：她毫不费力就能做到这点。酒店门口的巨大拱门将你引入了一个豪华但又有节制的休息场所。在大厅里，色彩柔和的墙壁反射着幽暗的灯光，营造出舒适的氛围。如洞穴一般的酒吧吸引了许多时尚的人群品尝鸡尾酒。如果愿意的话，还可以到厨房中观看厨师为你快速烹制出一顿包含六道菜的佳肴。此外，铺满鹅卵石的院子也是个不错的就餐地点。在夏日晴朗又漫长的傍晚，你可以在院中进餐。

塔林老城的景点十分紧凑，步行几天就可以全部看完。城中有许多文化景点和历史名胜，如市政厅广场和绿色公园。这些公园位于古代城墙周围，是静静散步的最佳地点。**SWi**

在帕达斯塔庄园放松
Unwind at Pädaste Manor

地点：爱沙尼亚穆胡岛

网站：www.padaste.ee **价格指数：**$$

客人们可能不会想到，在爱沙尼亚海岸边的小岛上还能找到一座由乡村住宅改造而成的奢华的酒店。毫无疑问，帕达斯塔庄园是个独特的隐蔽居所：一处位置极佳、历史悠久的房产被改造成了绝好的酒店。

七百年来，帕达斯塔一直是冯·巴克斯霍顿家族的乡间房产。新月形状的宏伟建筑面朝着大海，其历史可以追溯到19世纪。那时，富有的阿克塞尔·冯·巴克斯霍顿男爵是沙皇尼古拉二世统治时期的皇室狩猎大师。这里原本是男爵家族的避暑别墅，但1919年的一天，在他离开庄园之后，就被革命者暗杀了。

在苏联时期，庄园变成了鱼类配送中心兼老年人的住宿地。二十年前，这里更是被彻底遗弃。如今，庄园仍然矗立在景观公园之中，四周尽是草地和森林，远处就是帕达斯塔海湾。现在，作为一座华丽的乡间别墅酒店，庄园中既有噼啪作响的壁炉，也有松软的沙发和木制镶板。14个房间中放有奢华的纺织物、简单的木质地板和厚厚的地毯。客人还能使用到低调的科技产品，并在传统的古老房间中享受水疗。所有的阳台和露台都拥有绝好的美景，客人可以遥望到小岛的海岸和轻柔的浪花。

真正的浪漫主义者应该选择15号房间，因为这里建有独立的诗歌阁楼。你可以顺着农夫的梯子爬到狭小的夹层中，见到那里塞得满满的诗歌收藏。打开一扇小小的窗口，就能望见天空。你可以向后靠在椅子上，然后躲进诗歌的世界。**SH**

> “我们不想要令人惊叹的东西。帕达斯塔拥有的是僻静与自然。”
>
> 帕达斯塔庄园的主人

↗ 帕达斯塔庄园十分奢华，主要建筑的历史可以追溯到几个世纪以前。

参观基日岛
Visit Kizhi Island

地点：俄罗斯卡累利阿

网站：www.kizhi.karelia.ru **价格指数：**❶

卡累利阿共和国（俄罗斯联邦的一个自治共和国）拥有无边无际的荒野：如童话般的土地上，分布着松树和桦树森林、沼泽和数以万计的湖泊。卡累利阿有一个名叫彼得罗扎沃茨克的城市。城市周围是整个俄罗斯最美丽的区域之一，也是打猎、钓鱼、徒步旅行和露营的最佳选择。

在这片土地上，最美丽的景点应属奥涅加湖上的绝美小岛——基日岛。古老的异教徒就在岛上进行宗教仪式。12世纪的时候，俄罗斯殖民者在此定居，并建立了一个布满木质建筑物的恢宏教区。直至今日，这些建筑仍然矗立在那里。耶稣变容教堂不仅拥有22个洋葱形状的美丽圆顶，装潢也十分绚丽，三角形的墙面更是将雨水挡在外面。岛上还有一座拥有9个圆顶的圣母守护教堂，其中放满了圣像。建于14世纪的拉撒路复活教堂是俄罗斯最古老的教堂。除此之外，这里还有一座天使长米迦勒教堂。建造这些教堂的时候，没有使用一颗钉子或一块金属。经过划线器的测量，再加上连锁的细木制品，水平的原木最终组成了教堂。

到了夏天，学生们就会从附近的彼得罗扎沃茨克前往这里，并在此演奏打击乐器；肤色苍白的年轻流浪儿会身着传统服装演唱悲伤的民歌（关于森林的悲惨故事）。这座岛屿拥有闪耀的田园美景：岛上既有长长的青草和野花，也有乡间小路和寂静的氛围。如果可以的话，你还可以住在森纳亚古巴，成群的俄罗斯人都会在此度假。客船会把你送到基日岛，然后你就可以懒洋洋地躺在木制码头上。那里很可能还有一间木制桑拿房供客人使用。**LB**

← 在阳光的照射下，耶稣变容教堂的圆顶闪闪发光。

住在凯宾斯基莫尼卡22号酒店
Stay at Kempinski Moika 22

地点：俄罗斯圣彼得堡

网站：www.kempinski-st-petersburg.com **价格指数：**ⓈⓈ

俄罗斯过去的首都是圣彼得堡。该市于1703年由彼得大帝下令建造，就像一个拥有生命的博物馆，白色的主题反复出现。要是想体验一下《日瓦戈医生》中的梦幻生活，就得在冬天参观这座城市。那时，城中金色的穹顶上会盖满薄薄的雪花。在夏季的“白夜”期间，太阳整夜都会照耀着大地。这是个神奇的城市，也是个蕴含历史与魅力的城市。作为北方的威尼斯，圣彼得堡拥有许多重要的景点，其中就包括冬宫。艾尔米塔什博物馆的三百万件珍贵艺术品就来自于这座宫殿。想要让自己尽情享受一下，就要住在俯瞰着博物馆的凯宾斯基莫尼卡22号酒店。这座酒店位于传统的圣彼得堡宅邸之中，其历史可以追溯到1853年，即沙皇尼古拉一世统治的时期。

> “在冬宫之中，皇家过去住过的房间……就如艺术一般迷人。”
>
> 克利福德·J. 利维，《纽约时报》

建筑的外观虽然没变，内部却已经过了现代化的翻新。舒适的双人房间以航海为主题。房间之所以能做到豪华又浪漫，特别要感谢每日送到房中的新鲜玫瑰：在雪花的衬托下，放在窗台上的鲜花确实是个不错的装饰。每日供应的英式茶点是另一个值得夸耀的服务（特别是在室外温度低于冰点的时候）。专用的茶室将英格兰和俄罗斯最优秀的传统结合在了一起：普希金和契诃夫等人喜爱的俄罗斯传统午茶已经加入了酥皮点心和蛋糕，此外还有非常英式的黄瓜三明治，以及古董茶壶中冒着气泡的发酵茶——扎瓦卡。**RCA**

乘坐豪华特快列车前往圣彼得堡

Take the Grand Express Train to St. Petersburg

地点：俄罗斯，莫斯科至圣彼得堡

网站：www.grandexpress.ru/en　**价格指数：**$$

这次火车旅行或许不同于为期两周的横贯西伯利亚的大汇演，但夜宿在豪华特快列车上，从莫斯科一路驶到圣彼得堡，却能看到新老俄罗斯最好的景象。从它的名字“列宁格勒”到严肃的气氛，再到詹姆斯·邦德电影中的水蒸气和身着鲜红制服、头戴与之相配的圆顶小圆帽的服务员，俄罗斯首都的发车站台至今仍然没有什么改变。

登上俄罗斯第一辆私人拥有且运营的豪华客运列车，仿佛一下子倒退回了过去的时代。在那个年代，旅行还是充满了诱惑力。拥有14节车厢的火车完全采用红色装饰，其装潢深受艺术装饰风格的影响：豪华客房中配有双人床位，床上放着刚洗过的清爽床单；漂亮的酒吧则由木板搭建而成。

> “乘坐豪华特快列车旅行，不仅充满了奇妙的体验，还能经历一个完美的浪漫之夜。”
>
> 詹姆斯·洛根，《护照》杂志

列车会为客人提供一杯热茶。茶水装在传统的玻璃茶杯之中，底部配有精致的银质茶托。这里的餐厅不禁让人想起黄金时代的电影院；乘客可以在这里就餐，细细品尝虎虾、什锦冷盘或鱼子酱三明治。整个夜晚，火车都会慢慢前行，也几乎没有什么晃动，所以客人很容易就能睡着。但是，若要欣赏外面的风景，也可以一直保持清醒。在数英里的旅程中，能够看到被白雪覆盖的乡野、幽暗的森林和沐浴在阳光中的城镇。**RCA**

参观克里姆林宫的大教堂

Visit the Cathedrals of the Kremlin

地点：俄罗斯莫斯科

网站：www.moscow.info/kremlin/index.aspx　**价格指数：**!

11至12世纪，克里姆林宫最初建于波赫维斯卡山之上。后来经过了一系列的重建（1485年建立了红砖墙和塔楼），克里姆林宫才变成了现在的模样。大教堂广场位于宏伟建筑群的正中心，其中坐落着四座教堂。冬暖夏凉的教堂是克里姆林宫最美丽的事物。

在四个教堂之中，最为古老的是圣母升天教堂。庄严简单又轻盈的教堂出自意大利建筑师亚里士多德·菲奥拉万蒂之手。1492年，由当地建筑师建造的教堂崩塌了，人们便选中了这位来自博洛尼亚的建筑师。他创造的教堂轻盈空灵，与大多数阴沉压抑的东正教教堂截然不同。这里是俄罗斯最重要的教堂，沙皇的加冕、墓葬和就职仪式都在这里进行。

天使长米迦勒大教堂是四个教堂中意大利风格最为突出的一个。教堂由意大利人阿勒威兹·诺韦依于16世纪初期建造而成，由山墙、螺纹和壁柱构建而成。直至彼得大帝统治时期，这里一直是俄罗斯统治者长眠的地方，其中就包括伊凡雷帝。圣母法衣存放教堂既小巧又美观，顶部装饰着微型的镀金穹顶。这座舒适温馨但又腐朽的教堂是沙皇私人的教堂。最后还有一座闪烁着光芒的15世纪大教堂——天使报喜教堂。在这里，伊凡雷帝见到了一颗十字形的彗星，从而预见到了自己的死亡。两天之后，他就去世了。**LB**

→ 圣母升天教堂坐落在莫斯科的大教堂广场，其内部陈设震撼人心。

住在大都会酒店
Stay at the Metropol

地点：俄罗斯莫斯科
网站：www.metropol-moscow.ru　价格指数：$$

这座19世纪末的酒店接待过太多的知名人士，若要将他们的名字全部列出，这本书的页数也会增加不少。有权势的贤达人物一次又一次地被吸引到这里来，是因为这座新艺术风格的建筑拥有简单但永恒的优雅，以及无与伦比的地理位置。从酒店出发，步行3分钟即可到达红场和克里姆林宫；对面就是闻名于世的莫斯科大剧院。大都会酒店的位置实在是得天独厚。

尽管363间客房都经过单独装修，但每个房间都铺有硬木地板、亚洲地毯和俄罗斯花卉墙纸，并放有许多艺术品和古玩。两间总统套房还拥有私人桑拿；站在楼上，还可以俯瞰到莫斯科绝美的景色。庞大的规模意味着酒店需要占用一整座大楼。酒店一楼分布着许多商店和服务设施，包括一个健身中心、一个小型的游泳池和桑拿浴室。如果觉得曾经见过餐厅里五彩缤纷的天花板，那你很可能是对的。这种天花板曾出现在大卫·里恩的史诗巨片《日瓦戈医生》之中。米哈伊尔·弗鲁贝尔的陶瓷壁雕与外部的尖顶、彩砖和铁铸栏杆遥相呼应。开有天窗的大厅同样令人印象深刻，里面不仅有闪闪发光的大理石、黄铜和水晶吊灯，还有一个由铸铁和彩色玻璃建组成的著名古董电梯。

现存的大都会酒店证明了一点：世界可能经历了无情的改变，但至少在墙壁之中，你可以眯起眼睛，重新回到解放前的俄罗斯。**PS**

"尽管已然改头换面，这里仍然保持了旧式的俄罗斯风格：房中不仅有巨大空旷的大厅，还有身穿制服的服务生。"

《康德纳斯特旅游者》

↖ 莫斯科大都会酒店令人惊叹的彩色玻璃屋顶。

住在巴尔舒格酒店
Stay at Hotel Baltschug

地点：俄罗斯莫斯科

网站：www.kempinski-moscow.com **价格指数：**$$$

距克里姆林宫、列宁墓地和莫斯科红场仅一箭之遥的地方，有一家经过改造的迷人酒店。酒店的套房是由英国王室设计并建造的。大卫·林利子爵展现了个性的装饰风格：除了定制的硬木家具和经典的蓝白配色方案，他还建造了一个宏大的意大利大理石浴室（顶部挂有华丽的枝形吊灯）。迈克尔·肯特公主殿下则设计了一个包含3间卧室的套房。该套房采用花卉图案，营造出了中性、放松的氛围，为莫斯科带来了些许英式风格。

"在酒店住上一晚，不仅能享用到齐全的设施……还能看到令人艳羡的红场美景。"

《悦旅》杂志

但是，酒店外还是原汁原味的俄罗斯景色。俄罗斯首都最著名的地标之一，即圣巴西尔的大教堂（又被戏称为"冰激凌教堂"）就坐落在莫斯科河边不远处。想要遥望城市的尽头，就要进入八楼的图书馆，那里的小阳台可以俯瞰到全景。客人可以在楼下品尝到一些俄罗斯最好的美食，比如极好的香槟烩饭配海螯虾、大比目鱼配鱼子酱，作为甜点的果仁千层派；进餐的时候，可以喝一杯俄罗斯特有的伽合索瓦酒庄酿造的葡萄酒。

想要独享这座城市，就得在气温骤降、街道空无一人的冬天来此游玩。红场的室外溜冰场就在莫斯科河大桥一侧，你可以在这里小试身手。从任何意义上来讲，这里都既古怪又炫酷。**RCA**

在艾美酒店重振精神
Recharge at Le Meridien

地点：俄罗斯莫斯科附近

网站：www.lemeridien-mcc.com **价格指数：**$$

很少有乡村酒店能够拥有世界级的高尔夫球场，但艾美莫斯科乡村俱乐部却能举办PGA（美国职业高尔夫球协会）欧洲巡回赛中的重要比赛：凯迪拉克俄罗斯公开赛。比赛的场地选在俱乐部由罗伯特·特伦·琼斯设计的高尔夫球场之中；这座球场既适合业余爱好者，也适合高尔夫的狂热爱好者。其实，这座球场相当精巧，里面不仅有一个电脑模拟的高尔夫球场，还有迷你高尔夫球场、室内和室外练习场，六人使用的推杆及切杆果岭，以及专卖店和一间配有餐厅、更衣室和桑拿的会所。上述设施都坐落在酒店宽敞的场地中，其间还有一些专为主要休闲和商业设施留出的空间。131个房间俯瞰着美丽的自然景观。向外望去，即可看到常绿的森林，以及林中的白桦树、本地的野生动物和秀丽的湖景。很难相信自己竟然距离熙熙攘攘的莫斯科都市如此之近。但是，无论是莫斯科大剧院，还有克里姆林宫和红场，离这里都只有12英里（20公里）不到的距离而已。

如果对高尔夫球没有那么痴迷，也不想进城，仍然有许多事情可做。你可以在湖里游泳，也可以去湖边的酒吧喝一点儿伏特加，或是待在自己的奢华套房，并在私人按摩浴缸和桑拿房中放松。度假村还为客人提供慢跑、沙滩排球和钓鱼的场地。根据季节的不同，也可以选择滑冰、滑雪、越野滑雪和狗拉雪橇等运动。

俄罗斯的气候独特，夏天会比你想象中的暖和一些。温暖的夜晚非常适合骑马穿越酒店周围的美丽树林。要是一家人来这里游玩，也可以租下综合建筑群中的乡间小屋。想在这里住多久都行，餐馆和酒吧都在小屋附近。**PS**

乘西伯利亚大铁路的火车穿越贝加尔湖
Ride the Trans-Siberian Railway Past Lake Baikal

地点：俄罗斯西伯利亚

网站：www.trans-siberian.co.uk　**价格指数：**Ⓢ

西伯利亚大铁路是地球上最长、最奇怪、最具史诗特色的火车游览路线，也是进入西伯利亚地区的独特方式之一。虽然人们会经常谈论到西伯利亚，但真正去过那里的人却很少。抵达莫斯科的方式有很多，如果想体验超级长途旅行，可以乘坐连接欧洲各地的火车。一旦到达俄罗斯的首府，就得前往灰色昏暗的雅罗斯拉夫斯基火车站，因为所有驶向东方的列车都从那里出发。西伯利亚大铁路其实是一条铁路干线，而非列车。

最短的路线是一条跨越蒙古的路线。该条线路长达4,735英里（7,620公里），穿过针叶林、西伯利亚草原和蒙古沙漠，历时仅6天。跨越满洲的路线长达5,623英里（9,050公里），也需耗时6天，行驶路线也和前者较为相似。而不同点就在于，这条路线会环绕蒙古国一圈，然后从哈尔滨进入中国。哈尔滨冬季的冰雕举世闻名。最完全的俄罗斯境内火车路线耗时7天，长度达到了6,152英里（9,900公里）。列车会从莫斯科出发，一路驶向太平洋，最终抵达海参崴。

无论选择那条路线，你都能享用到熏鱼、不掺水的伏特加及杯装方便面，并感受到车厢中的友谊，听到蹩脚的英语和俄语对话。你还有大量读书和睡眠的时间，也可以静静欣赏银桦树林忧郁的美景。但是，无论做什么，都不要忘了在伊尔库茨克下车。因为西伯利亚之旅的高潮就在这里：作为能够想象出的最深、最冷且最蓝的湖泊，贝加尔湖不仅拥有淡水海豹，还有形似鲑鱼的奥木尔鱼和半透明的非凡贝湖油鱼。这个湖泊与西伯利亚的荒地形成了强烈的对比。**CM**

→ 西伯利亚大铁路位于贝加尔湖（世界上最大的淡水湖）沿岸一线。

攀登厄尔布鲁士山
Climb Mount Elbrus

地点：俄罗斯高加索

网站：www.elbrus.org　**价格指数：**$$

欧洲最高的山峰不是勃朗峰，而是鲜为人知的厄尔布鲁士山。黑压压的庞大山峰矗立在俄罗斯西南尽头偏僻的高加索山脉之中，海拔达到了18,519英尺（5,642米）。厄尔布鲁士山是一座休眠了2000年的双锥火山。山上共有两处峰顶，西边的峰顶比东边的要略高出65英尺（20米）。

虽然两个峰顶都很难到达，但登山者要是体格不错，且拥有中级技能，肯定能够到达顶峰。不过，关键还是在于正确地适应高海拔的环境。

> “该片区域因非凡的冰川而闻名：冰川会在夏天融化，注入多条河流之中。”
>
> 史蒂夫·康纳，《独立报》

将登山者带到此处的专业登山旅游公司会要求所有人完成六天或以上的培训课程，或是提供已经拥有同等技能或其他相关经历的证明。

沿着蜿蜒的山路行进，可以欣赏到迷人的风景，也可以在沿途露营。偏远的山村中住着一些当地人，这些小路为你提供了许多与他们交流的机会。丰富多彩的文化在这里交汇，如俄罗斯、格鲁吉亚、阿塞拜疆和土耳其文化。然而，真正刺激的是接近原始的世界。雄鹰在头顶翱翔，野生动物在林中漫步，鲑鱼在山溪中畅游。这片土地拥有超凡脱俗的景色。住宿条件虽然简朴，食物也极为朴素，但却能与大自然融为一体。**RsP**

参观纳雷乔瓦自然公园
See Nalychevo Nature Park

地点：俄罗斯堪察加半岛

网站：www.park.kamchatka.ru　**价格指数：**$

回归自然是一回事，探索西伯利亚的深处的纳雷乔瓦自然公园又是另一回事。偏僻寂静的公园远离尘嚣，坐落在俄罗斯远东地区遥远荒凉的堪察加半岛上。这座岛给人带来的强烈孤独感很难用语言来描述。因为拥有火山（堪察加半岛上有近一百座火山）、熊和满是鲑鱼的河流，小岛也得以闻名于世。

纳雷乔瓦自然公园是半岛五个自然公园中最容易进入的一个，但这也是相对而言。堪察加半岛距离莫斯科仍有9个小时的旅程，也就是4,000英里（6,400公里）以上的距离。

人烟稀少的半岛被公认为世界上地质变化最快的地方。假如以一生的时间为限，这里的山脉会比其他地方增长得更高，山谷也会比其他地方变得更宽，这种差距是显而易见的。纳雷乔瓦自然公园在三座火山的控制之下：科里亚斯基山最近的一次喷发是在1956年，祖巴诺夫斯基山是在1957年，而阿瓦恰山则是在1991年。在所有火山活动的作用下，岛上形成了巨大的地热泉和冷水矿泉（集中在纳雷乔瓦河的源头附近）。蓝莓灌木丛、桦木、河流和温泉汇成了园中的风景；山谷则被雪顶群山包围。这些公园中并没有架设栅栏，所以诸如熊、狼和北极狐等野生动物可以自由行动。

你可以爬上其中一座活火山，也可以在温泉中泡澡，或是去钓鲑鱼。到了冬天，还可以去滑雪或坐坐狗拉雪橇。无论什么季节，你都能呼吸到纯净的空气，喝到天然的苏打水，享受到完美的寂静。**HA**

→ 这座公园将绝美的山景与广袤的苔原和沿海的海景结合在一起。

目前，很多组织都在非洲设立了独资旅游企业，帮助当地人保护他们的自然环境。如果有计划到非洲过一段逃离尘嚣的日子，那么现在正是实现计划的好时候。去埃及乘热气球，到纳米比亚体验奢华水疗，参加南非的狩猎野营，与游牧民一起漫步摩洛哥，这些都在等着你去一一实践。

非洲

← 肯尼亚尚宝罗帐篷酒店

下榻达尔鲁马纳酒店
Stay at Dar Roumana

地点：摩洛哥非斯

网站：www.darroumana.com **价格指数：**$$

达尔鲁马纳经过三年的小心修复才得以重现昨日的辉煌。步入“石榴之屋”，你马上就会忍不住感慨大家的努力确实没有白费。雕花的木屏风、挑高的雪松木天花板、拉毛粉饰的壁缘饰带以及瓷砖都是当地的工匠用牙签和钢丝绒亲手清洁的；而在这座华美的酒店中，这些让人们费时费力的小细节不过仅仅是为了凸显出建筑宏伟的气势。

你可以信步走过庭院中冒着气泡的喷泉，沿着台阶登上露台，俯瞰古老的阿拉伯人聚居区铺展开的一片片楼顶天台和一座座宣礼塔。你也可以坐在皮墩上或者窝在舒服的沙发中，手捧一杯饮料，放空思绪；或者坐在餐桌前，等候服务员端上酒店的美国女老板詹妮弗为你精心烹制的晚餐。要知道，她可是曾经在著名的法国蓝带餐饮学院受过培训的名厨。如果你够幸运的话，你还能亲耳听到詹妮弗的弗拉明戈吉他弹奏家丈夫塞巴斯蒂安演绎动听的小夜曲。

> “建筑的修复工程取得了令人赞叹的成功，我们可以看到这里有铺砌平整的美妙庭院和华丽的套房。”
>
> 《时尚芭莎》

酒店就坐落在中世纪的城墙包围的山坡上，距离其他店铺和咖啡馆仅有5分钟的步行距离。你可以在詹妮弗和塞巴斯蒂安的带领下逛一逛阿拉伯人的聚居区和当地菜市场，或者去土耳其式的公共浴场探索一番。回到酒店，你可以坐在楼顶有阴凉的座位上放松一会儿，站在抬高的瞭望台上俯瞰下方的城市景观，或者在巨大的悬铃树下乘凉。**AD**

享受摩洛哥别墅酒店的惬意生活
Enjoy Villa Maroc

地点：摩洛哥索维拉

网站：www.villamaroc.com **价格指数：**$$

摩洛哥别墅酒店的入口处具有典型的摩洛哥特点，给人感觉酒店并不情愿让别人发现巨大的蓝色大门后面是一个怎样的世界。酒店隐藏在阿拉伯人聚居区和集市中蜿蜒曲折的小巷子里，外面是拥挤嘈杂、五彩斑斓的天地，古老的石砌院墙里则是一片平静安宁的空间。一直以来，摩洛哥别墅酒店都是圈内艺术家、模特和摄影师的最爱。不过，酒店令人放松的亲切氛围也吸引了那些追逐时尚和生活乐趣的客人。

摩洛哥别墅酒店的装修设计美得惊人，眼前的一切都是耀眼的白色和铁蓝色，楼梯平台上摆放着许许多多的绿色植物，楼下则是中央庭院。客人们会聚在壁炉旁聊天或者下棋到深夜。晚上，酒店不仅为客人们提供了美味可口的食物，更营造出一种温和但不失活泼的温馨环境，这种宾客尽欢的场景也常常会吸引住在其他地方的人前来凑热闹。酒店的屋顶平台正好适合人们白天去晒太阳，而这时最动人心魄的就是，每当正午祷告的宣礼声响起，你都会顿时觉得自己被浓浓的异国风情包围着。

酒店共3层，20间套房，整齐可爱。白得耀眼的墙壁更加映衬出房间中棉布织物的鲜艳色彩。屋子里摆放着出自当地匠人之手的金钟柏木家具，此外你还会发现不少迷人的物件以及隐蔽的壁龛，浴室里镶嵌着马赛克瓷砖，闪闪发光，散发着一种惊人的美感。

索维拉并不是一个规模很大的度假胜地，它吸引游客的原因更多是因为它处于一个繁忙热闹的渔港中。曾几何时，葡萄牙的木材商人和罗马的染料贸易商是这里的常客，所以你处处能感受到这里的历史气息，不过目前港口的日常活动也很丰富。**SWi**

在M.K.之屋放松心情
Relax at Maison M.K.

地点： 摩洛哥马拉喀什

网站： www.maisonmk.com　**价格指数：** $$

马拉喀什的阿拉伯人聚居地总是人声鼎沸，混杂着各种味道，令人感到十分兴奋和刺激，所以算是世界上最具吸引力、最令人眼花缭乱的地方之一。不管你是初来乍到，还是来过多次，想在曲折蜿蜒如迷宫般的巷子里不迷路几乎是不可能的，经过七拐八弯，你最后总会发现自己竟然和目的地背道而驰了。

不如逃开外面世界的纷乱与嘈杂，从马拉喀什诸多由私人宅邸改造而成的小型酒店中选择一家下榻吧。M.K.之屋是时尚摄影师保罗·霍普金斯一手建立起来的，因为他在来马拉喀什拍摄时爱上了这座城市。和周围传统的建筑相比，这家酒店的内部装修更倾向于欧陆风格。也许从门外尘土飞扬的小巷子来看，这栋建筑并不怎么讨人喜欢，但是当你迈进沉重的大门，来到酒店内部的时候，就会觉得自己仿佛走入了一片平静的乐土。建筑的中央是一片庭院，周围是一座装饰美观大方的奢华泳池，泳池中涓涓流水的声音会始终陪伴你左右；酒店屋顶是一个供人休闲放松的露台，你可以在露台上让自己舒适地躺在日光浴床的靠垫上，不必理会楼下熙熙攘攘的过往人流与车辆。

M.K.之屋还拥有自己的水疗中心，其中包括两间理疗室，客人们都喜欢在这里享受令人情绪舒缓的各种理疗项目，包括奢侈的面部美容护理，其使用的美容产品都是由天然成分制成的，比如鳄梨、黄瓜和酸奶。酒店就位于阿拉伯人聚居区的西侧主入口旁几码的地方，所以比较容易找到。让M.K.之屋在其他酒店中独树一帜的原因就是这里非常注重细节，而且位于市中心。RS

↗ M.K.之屋虽说是马拉喀什地区相对较新的建筑，但却自成一片幽静的小天地。

"你可以尽情跟随马拉喀什的节奏，捕捉着眼前耳畔的异域风情。"

M.K.之屋店主

在安缦杰纳小住

Stay at Amanjena

地点：摩洛哥马拉喀什

网站：www.amanresorts.com **价格指数：**$$$

安缦的连锁度假酒店在全世界范围内都获得了极高的荣誉。安缦杰纳是该公司在北非的旗舰度假酒店，完美呈现了该品牌酒店一贯稳定可靠的表现。这座宏伟的酒店位于摩洛哥的"粉色之城"——马拉喀什的市郊，由美国建筑家艾德·塔特尔设计，与周遭环境和谐地融合在一起，毫无突兀之感。此外该建筑结合了摩尔式的建筑风格，从主建筑中广泛运用的一字排开的拱门和微妙的亚洲情调便可看出。

穿过前厅入口，游客们面前就出现了异世界的赤陶土色别墅群和赭石色的宅邸，宅邸之间以晶亮的涓涓细流和精心修剪过的草坪分隔开来。每座宅邸都拥有各自的瞭望台和喷泉，其中有8座宅邸还配有游泳池。酒店的内部装修给人的感觉不仅宏大，还充满了想象力：墙壁富有弧度，浴室则是以绿色的摩洛哥大理石雕凿而成，最有特色的要数深深的浴盆，这一点值得注意。如果你希望有更多的私密感觉，那就选择住在两层的独立洋房中吧。房子里有壁炉、客卧，面积达到270平方英尺（25平方米）的私人泳池和花园并配有私人管家服务。

安缦杰纳还拥有一座110英尺（33米）长的公共泳池和一座带土耳其式浴场的健康与美容中心，更不消说水疗中心、健身房了。酒店的泰国餐厅早午晚餐均可提供，该餐厅既有室内席位，也有设在花园庭院的泳池旁的席位；另外，酒店还有一家专门提供传统美食的摩洛哥餐厅，仅晚餐时分营业，需按单点餐。如果你喜欢打高尔夫，那么你一定会很高兴，因为这家度假酒店毗邻两处高尔夫球场地。**PS**

→ 安缦杰纳度假酒店外围绕着诸多蓝绿色的泳池，有一种低调的奢华感觉。

参观马若雷尔花园
Visit Jardin Majorelle

地点：摩洛哥马拉喀什

网站：www.jardinmajorelle.com **价格指数：**$

马若雷尔花园是喧嚣城市中一片宁静的绿洲，远离马拉喀什车来人往的嘈杂声音、沿街叫卖的小贩、路旁乞讨的乞丐以及尘土飞扬的街道。这些宁静的花园坐落在阿拉伯人聚居区的围墙外，1924年由移居马拉喀什的法国籍艺术家雅克·马裘黑设计建造，当时摩洛哥处于殖民时期，是法国的保护国。马裘黑的水彩静物画仍然存在于世，不过他创作的真正杰作是这座花园。花园从1947年起向公众开放，自此有不少游客曾来这里参观。1980年，这座花园被设计师伊夫·圣罗兰和他的朋友以及赞助人皮埃尔·贝杰买下，伊夫·圣罗兰逝世后，他的骨灰也洒在了花园中。

花园最标志性的特点就是马裘黑广泛应用于伊斯兰艺术博物馆外墙的特殊颜色——钴蓝色。无论是这位艺术家之前的家中，还是花盆以及其他花园中的事物上，都涂上了这种颜色。这种绚丽明亮的颜色现在被大家称为“马裘黑蓝”。

花园中栖息着各种各样的鸟儿，其中包括猎鹰、斑鸠、知更鸟和鹳鸟。沿着不同的步道去不同的观景区可以看到一系列小小的池塘，水中生长着茂盛的睡莲、荷花、纸莎草和其他水生植物。在这个喧闹的城市中，这座幽静的花园却静得只能听到潺潺的流水声，是一处颇受欢迎的休憩之地。

在这里游玩的时候，千万别忘了一定要去参观伊斯兰艺术博物馆。馆中收藏了许许多多伊斯兰世界的珍宝，包括来自非洲和亚洲的瓷器、纺织品、武器、陶器和珠宝，同时也有马裘黑本人的一些画作。**HA**

← 博物馆以鲜艳颜色装饰的“蓝色马若雷尔”墙与花园中郁郁葱葱的植物形成了鲜明的对比。

在达雷西高涅酒店小住
Stay at Dar les Cigognes

地点：摩洛哥马拉喀什

网站：www.lescigognes.com **价格指数：**$$

想知道“西高涅”是什么吗？是一种鹳鸟。不过在达雷西高涅酒店的名字里，“西高涅”可不是随随便便的普通鹳鸟，是特指那些出现在马拉喀什皇宫墙头的鹳鸟。而这座雄伟的皇宫正好与达雷西高涅酒店隔路相望。

酒店前身是一个商人的宅邸，位于马拉喀什著名的阿拉伯人聚居区的中心，因为建筑师查尔斯·柏卡拉和当地手艺人组成的团队的保护，这座建筑才得以保存得如此完好。从精致复杂地面拼花图案到雕花优雅的木门，我们可以明显地看到，建筑中处处体现着传统的建筑工艺。走入酒店庭院，映入眼帘的是发出阵阵清香的柑橘树和冒着水泡的喷泉，接下来你可以到环境优雅的餐厅、图书馆和阅读/休闲厅参观一下。虽然这些公共区域更靠近经典的亚洲装修风格，但达雷西高涅酒店的11间客房却又是另外一种截然不同的风格：房间中将地方色彩与惊人的时尚元素相结合，既有超大的时髦卧床，也有雕刻造型富有创意的浴缸，还为客人准备了奢华的纯棉浴袍。

> “博卡拉以他点石成金的魔力让这座17世纪的商贾宅邸焕发出新的魅力。”
>
> 《泰晤士报》

入住此地的整体体验就是放松、奢华和关怀。你可以在自己的房间中订餐，也可以去楼顶的咖啡餐吧中用餐，在楼顶可以一边用餐一边眺望远方的阿特拉斯山脉。你可以充分利用这里极棒的室内水疗服务，水疗中心不仅有按摩室、土耳其浴室，还有冲浪浴缸。而且，酒店的位置距离阿拉伯人聚居区的大多数景点都仅有几步之遥。**PS**

在利雅得连排别墅酒店尽情放松
Unwind at Riad Farnatchi

地点：摩洛哥马拉喀什

网站：www.riadfarnatchi.com **价格指数：**$$

利雅得连排别墅酒店原本是为酒店业企业家乔纳森·维克斯设计的住宅，但最后他决定将其改造为精品酒店，后来，事实证明他的这个决定是对的，酒店非常成功。

酒店坐落在尘土飞扬的阿拉伯人聚居区内，该地也是马拉喀什最古老的区域之一。实际上酒店建筑师3座连在一起的别墅，围绕2座庭院而建，共有9座豪华套房。尽管这些房子有将近四百年的历史，但内部彻彻底底都是现代的装潢和配套设施。每间套房都既明亮又通风，不仅配有高

> “酒店结合了传统和现代的两种风格……高墙上还有重重繁花披挂下来，煞是好看。”
>
> 索菲·兰姆，《独立报》

科技的新式家电，也不乏造型优雅的书桌和传统古朴的地毯与其他家具。你可以在大理石浴缸中充分放松，或是预约每日去室内土耳其浴场享受异国沐浴体验，要知道，那里会为客人提供一系列超豪华理疗服务，从传统的摩洛哥式理疗到最新款的项目无所不包。

即便是在客满的情况下，酒店还能保持一种安静私密的氛围，这是因为庭院中有不少温馨舒适的角落供客人休息和活动，楼顶天台也为大家提供了广阔空间，布置有足够的躺椅等休闲设施。晚上，你可以享受浪漫的烛光晚餐，而且菜单上的美味佳肴每晚都不重样；服务也是十分到位，服务人员只在你有需要的时候才会出现在你面前。在这个以别致时尚的旅馆酒店闻名的城市中，利雅得连排别墅酒店为了做到出类拔萃付出了很多努力。**PS**

体验商队旅馆
Experience Caravanserai

地点：摩洛哥马拉喀什

网站：www.caravanserai.com **价格指数：**$$

尽管商队旅馆名列马拉喀什最受欢迎的顶级奢华住宿地，但从外观来看，还是很容易被误以为是一座普普通通的传统阿拉伯住宅。这座有两百年历史的老宅距离马拉喀什的市中心仅有15分钟车程，经过一番用心良苦的改造，与其所在的阿拉伯小村庄的周围环境融合得天衣无缝，让人感觉不到一丝突兀。而旅馆内部却是另外一片天地。

商队旅馆由当地的传奇人物查尔斯·柏卡拉和他的儿子马蒂厄共同设计建造，富有乡村气息，但同时又是一片散发着迷人魅力的乐土。为了营造出真正的古堡感觉，他们运用了老一辈的建筑技法，并且筑起了泥巴墙，架起了古老的木梁，还使用了一种被称为“塔德拉克特”（一种经特殊调配的石灰泥）的建筑材料。旅馆共有11间豪华套房和5间标准客房，分布在庭院和一座大型游泳池周围。其中有2间客房拥有私人泳池，而且大多数客房配有各自的露台，就连浴室都美得令人惊艳。

商队旅馆的服务员身着长袍，显得格外神秘，召之即来，挥之即去，对客人提出的几乎所有合理要求都能彬彬有礼而又颇有效率地满足。

尽管旅馆可以为客人安排出租车和司机去不远的市中心就餐，但旅馆内部也设有一家环境宜人、服务周到的餐厅/酒吧，既提供摩洛哥特色菜肴，又可以烹制法国大餐。此外，旅馆还请设计师专门打造了一座幽静的花园和土耳其浴场，这就更加让客人流连忘返。从旅馆的观景露台上可以看到坦西夫特河、阿特拉斯山脉和一片被称为“棕榈园”的原生树林。**PS**

→ 商队旅馆的中央庭院是一个奢华的暖水泳池。

在利雅得艾尔芬恩酒店充分放松

Relax at Riad El Fenn

地点：摩洛哥马拉喀什

网站：www.riadelfenn.com　**价格指数：**$$

利雅得艾尔芬恩酒店位于一条异国风情浓郁的小巷子里，毗邻马拉喀什一座座热闹的集市，却自成一片天堂般宁静的小天地。酒店外墙的厚度达3英尺（1米），令人叹为观止，而在这厚重的墙内却是一片广阔惊人的空间，内部设计风格风雅时尚，庭院宁静祥和，就连小小的角落里也具有温馨私密的氛围。看起来，酒店的设计者是为了将宏伟的复古优雅风格与时尚前沿的现代感结合在一起，实现一种独特的混搭效果。

从楼顶的露台上可以看到马拉喀什最美的景观，下方就是库杜比亚清真寺和熙熙攘攘的阿拉伯人聚居区。酒店的总体环境十分适合休闲放松。你可以坐在花架下、泳池旁的日光浴平台上、巨大的沙发上或是一大堆靠枕中享受此时此刻的闲适心情。你也可以去练习高尔夫球技、泡在泳池里避暑气或者去奢华的水疗中心体验各种理疗项目。水疗中心内有一间土耳其浴室、多个理疗包间和两座泳池，一座泳池镶嵌有一圈卡拉拉大理岩，而另一个则装有一圈喷水口。

酒店共有20间普通客房和豪华套房，各自均有不同特点，而它们的共同点就是格外吸引人。如果游客想要的是最前卫时尚的像洞穴一样的居住空间，那么可以选择19号豪华套房，该套房天花板挑高达16英尺（5米），并且拥有645平方英尺（60平方米）的私人阳台。设计师弗雷德里克·肖勒为了让这个广阔的空间显得更加温馨，用手工缝制的骆驼皮铺设地板，屋中家具也均为暖色调，浴室中则配以卷顶浴缸，另外还用迷人的艺术品作为装饰。**NB**

“这座酒店完美结合了亚洲的迷人魅力和纯粹的欧式物质享受。”

《悦游》杂志

↖ 利雅得艾尔芬恩酒店宽敞大方的走廊，隐于马拉喀什的中心地带。

在阿加发古堡酒店小住

Stay at Kasbah Agafay

地点：摩洛哥马拉喀什附近

网站：www.kasbahagafay.com **价格指数：**$$$

若非亲眼目睹你也许都不会相信，下榻于阿加发古堡酒店可以看到古老的橄榄树园、沙漠山丘和阿特拉斯山脉的全景。这是一座有150年历史的山顶城堡，后由在伦敦开展业务的摩洛哥设计师艾贝尔·达姆西改造成为一座奢华的度假酒店。这处古堡之前有36个主人，单单从这些人手中购买这一过程就花了三年之久，之后艾贝尔又花了同样多的时间将城堡修复成了现在的模样。

酒店的区位条件可谓得天独厚，距离马拉喀什的车程仅有40分钟，这便让该酒店成为了人们首选的度假地。阿加发古堡酒店共拥有16间主要豪华套房，围绕5座传统摩洛哥建筑风格的庭院而建，彼此之间由迷宫一般的廊道相互连通。每间套房的设计都各不相同，屋内以柏柏尔人和阿拉伯人的手工艺品二者混搭作为装饰，彰显出一种现代风格。这些奢华的布置足以让大多数普通人心满意足，不过，阿加发还有四座超豪华帐篷。里面不但装修高档，还陈设着珍奇古玩，既有巨大的四柱床、手工地毯、超大浴缸，还有艺术雕像，度蜜月的情侣和浪漫主义者一定会非常喜欢的。

除了一流的住宿条件，阿加发的室内设施也令人叹为观止。酒店拥有大型游泳池、传统的土耳其浴室、水疗园区（包括瑜伽练习专用的凉亭）、泛光照明的网球场和一所烹饪学校。所有这些都设在酒店的有机花园中。酒店的工作人员还会很乐意为客人们安排徒步、山地自行车、骑骆驼出游甚至高尔夫比赛等活动。想找一家不错的餐馆填饱肚子的话，阿加发古堡酒店的厨房可为你提供世界级的法餐和摩洛哥传统美食。选对酒店就会让你度过一个百分百满意的假期，而阿加发古堡酒店正是这样一个完美的例子。**PS**

在卡萨查亚花园酒店下榻

Stay at Ksar Char-Bagh

地点：摩洛哥棕榈园

网站：www.ksarcharbagh.com **价格指数：**$$$

卡萨查亚花园酒店可能看上去像是一座摩尔人的宫殿，但实际上是一座非常不错的模仿之作。酒店为帕特里克·勒维赖赫和尼科尔·勒维赖赫所建，他们二人多次寻找梦中理想的居所无果，最终选择建造了这座宅邸。在建造过程中，他们怀着对摩洛哥建筑和文化的热情做了大量艰苦细致的工作，此外，尼科尔对中东和摩尔人艺术的深入研究，也对酒店的建设有很大帮助。

驾车穿过那片美得有些不太真实的棕榈园地区，像童话里海市蜃楼一般的卡萨查亚花园酒店就会浮现在你眼前。酒店共有12间特等豪华客房，宽敞大方，室内摆放着不少孤品古董和独一无二的艺术品，既有现代的生活必需品，又有只为满足客人物质享受的种种奢华家居，浴室中甚至提供了丝绸阿拉伯长袍。客房外面则是经过精心护理修整的装饰性庭园，包括护城河、池塘、喷泉和花园，最吸引人的是那座黑色游泳池。

> “在卡萨查亚花园酒店，你睁开眼就能看到抚慰人心灵的美好景象，耳畔也时刻萦绕着潺潺的流水声。”
>
> 理查德·阿里曼，《悦旅》杂志

花园中长满了棕榈树、橄榄树，还栽种着各种水果、蔬菜和药草，不仅赏心悦目，更为酒店提供了诸多食材。酒店的其他设施有台球厅、雪茄俱乐部、图书馆、酒窖、健身房、奢华水疗馆和私人高尔夫球场。也许，我们并不能说这是一座货真价实的14世纪的摩尔人宫殿，但下榻在卡萨查亚花园酒店（酒店的名字象征着水与生命的本质联系）会带给你真正的皇室贵族的感觉。**PS**

在巴莱胡尔酒店享受生活
Enjoy Palais Rhoul

地点：摩洛哥棕榈园

网站：www.palaisrhoul.com　**价格指数：**$$$

马拉喀什的西北部有一个叫做棕榈园的地区，那里生长着无数棕榈树，因此而得名。据传说，是几世纪前那些爱吃甜食的阿拉伯武士们丢下的枣核最终长成了这片林子。这片地区的环境干旱缺水，棕榈树上也落满了灰尘，大地上生长着矮小的灌木丛，不时会有几头骆驼悠闲地走入你的视野。不过，这片地区也正是马拉喀什的“比佛利山庄”——在这些高墙耸立的豪奢别墅建筑群中，小心地推开任何一扇大门，你都会发现一片苍翠繁茂的绿洲。离开像马拉喀什这样炎热的、灰扑扑的城市，来到这样一片水源充足、树木繁茂、绿草如茵的乐土实在是美妙至极。

在一条不起眼的小巷子里，筑起的高墙和堡垒一样的大门后面有一座绝美的建筑，周围是浪漫的棕榈树花园。这就是独特、古怪而迷人的巴莱胡尔酒店，酒店中各种造型精美的古董摆件让人眼花缭乱，还有大型的枝形烛台从棕榈树上垂下。在宽敞的中庭处，中央地带建有一座大理石池塘，池中洒满了玫瑰花瓣，顺着高高矗立的柱子和棕榈树抬眼望去，上面是半球状的穹顶和藏有众多书籍的夹楼图书馆。

有些客房可通往大型的浅水泳池，泳池旁建有宏伟的柱廊，夜里池中则漂浮着点燃的蜡烛。其他房型则为摩洛哥豪华帐篷，古时候当地贵族出行便是住这种帐篷。酒店花园中种植着玫瑰花丛、仙人掌、夹竹桃、橄榄树、石榴和柑橘树。

这里的土耳其浴场及其优秀的驻场按摩师如今都非常有名。按摩师会恶作剧般地让你在按摩床上翻覆，他会运用搓洗、摩擦、拍打、轻弹等各种手法为你服务，直到你忍不住开怀大笑起来。按摩完毕，你就可以浸在冰凉的水池中，使用新鲜的柑橘擦拭你的身体，以便恢复精神。**LB**

在遮内尔酒店尽享惬意环境
Enjoy Jnane

地点：摩洛哥棕榈园

网站：www.jnanetamsna.com　**价格指数：**$$

遮内尔酒店之前名叫遮内尔塔姆斯纳，位于马拉喀什附近的棕榈园区，来此度假的客人中不乏名流大腕，布拉德·皮特和大卫·鲍伊都曾是这里的座上宾。酒店由塞内加尔的梅尔雅尼·卢姆-马丁（之前是律师，后转行为设计师）和她的美国丈夫、民族植物学家加里·马丁共同设计建造。

酒店共有24间客房，房型分别为遮内尔豪斯房、遮内尔萨尔米亚房和姆沙菲尔旅人别墅。

> “这座精品酒店不仅具有酷酷的现代风格，还坐落在芬芳扑鼻的花园中。”
>
> 泰莎·博阿瑟，《每日邮报》

这座梦幻般的宏大建筑物中满是惊人的厚重土坯墙、摩洛哥式拱门以及三角梅重重遮蔽的露台。室内装饰着派专人从塞内加尔、摩洛哥和亚洲各地亲手挑拣出的精美织物。酒店共有三座游泳池（其中两座可在冬季时使用加热功能为池水增温）、一座网球场、英文与法文图书馆，还有一间收藏有众多CD和DVD碟片的娱乐室。

在阿拉伯语中，遮内尔意为“花园”，而遮内尔酒店的花园确实是一处美丽而广阔的自然景观。酒店餐厅为客人们提供的地中海摩洛哥式美食所用的食材就是来自于这座花园。酒店的主人还致力于进一步探索马拉喀什的文化生活，因此安排规划了一系列不同的短途旅行路线。客人们可以在受过高等教育的当地向导的带领下参加这些旅行项目，这些项目均非寻常旅游者所走的路线，因此客人们可借此机会以独一无二的视角观察摩洛哥的民俗、风味美食和艺术。**PS**

在阿兹乌恩克里斯澜酒店彻底放松
Relax at Azwou'n Crisaran

地点：摩洛哥里萨尼

网站：www.crisaran.com　**价格指数：**$$

也许，在未眠的深夜里，你偶尔会梦想着来一次终极的逃离尘嚣之旅：撇下沉闷的办公室工作，一把火烧掉你无趣的细条纹西服，与柏柏尔人一道在摩洛哥的沙地中策马扬鞭，绝尘而去。不过，你只需要在阿兹乌恩克里斯澜酒店小住几晚就可以既保住工作，又同时满足自己的流浪热望。这里能够让你以奢华的方式体验柏柏尔人的生活：你可以在土耳其浴室里放松沐浴，享受美味可口的名菜佳肴，还能坐着四驱吉普车兜风。

阿兹乌恩克里斯澜酒店坐落在撒哈拉沙漠的沙丘脚下。房型包括16间豪华套房，每间套房中均有起居室、卧室、浴室和壁炉。床上铺着斑马线床罩。地板上铺着摩洛哥地毯，赤陶土筑成的墙上固定着浪漫的烛台和闪闪发亮的镀金镜子，一切颇具特色的细节都证实了你现在正在非洲度假。白天的活动有沙漠短途旅行、在导游的带领下参观当地村庄、骑骆驼漫步沙海和乘轻型飞机俯瞰地面风光。每周二、周四和周日，你可以随着游牧民去赶集。你可以参观以枣椰树和化石闻名的厄法德村，去梅尔祖卡镇广阔的沙丘看壮丽的日出日落，还可以去卡萨艾尔波治欣赏里萨尼棕榈树林的优美全景。另外，塔菲拉勒特大区是阿拉维王朝崛起的地方，所以此地有不少宫殿和陵墓供你参观游览。

或者你也可以在阿兹乌恩克里斯澜酒店的湖畔休息放松，或者在土砖垒就的古老土耳其浴室里享受按摩。然后，晚餐时分，扎伊玛餐厅的主厨会为你献上精心烹制的阿拉伯菜或柏柏尔人的特色美食。慵懒地坐在低低的软垫上，小口啜饮着薄荷茶，凝神思考，这就是你下榻在此将享受到的舒适生活，比起那些在外奔波的骑士可要舒服多了。**PE**

在达阿拉姆酒店放松心情
Unwind at Dar Ahlam

地点：摩洛哥奥瓦扎扎特

网站：www.maisonsdesreves.com　**价格指数：**$$

去往坐落在南部撒哈拉沙漠的达阿拉姆酒店的过程中可谓是路途艰辛，不过，越是难以到达的地方往往却是最值得一去的地方，达阿拉姆也不例外。这是一座传统的北非城堡，以淤泥烧结砖筑成，其名字意为“梦之屋”，外形宏伟庄严，像是坐落在斯库拉绿洲的一座红色堡垒，距离奥瓦扎扎特仅有25英里（40公里）。

在这伊甸园似的小天地里，打破寂静的唯一声音就是鸟儿们热情的歌唱声。这座屹立于沙漠前的最后一处堡垒就像是一座魔法森林，散发着迷人的气息。这里仿佛是一个充满了喜乐的平行世界，没有电话、电视或日常的烦忧；没有繁文缛节、束缚羁绊，只有自由。推开装饰着铜钉的大门，眼前的屋子里满是古董家居摆件。所有的9间客房都各有各的特色，屋内摆放的家具有的来自于摩洛哥，也有的来自于巴厘岛、叙利亚、法国等国家。客人用餐地点有很多选择：你可以在屋顶天台用早餐，在橄榄树下或者波光粼粼的水池旁用午餐。而在宛若“一千零一夜”故事里的夜晚，酒店会为客人们布置好精致的宴席，桌子上铺以昂贵的红色布料，盘子里装点着五颜六色的香料，周围几十支蜡烛闪烁着浪漫的光芒。

> “即便是见惯了奢侈享乐场面的人也不仅会为这座‘梦之屋’所折服。”
>
> 《时尚芭莎》

你可以登上一方露台，坐在明亮的青绿色软垫中稍事休息，或者去极具催眠氛围的蒸汽袅袅的土耳其浴室中体验神奇的异国沐浴，抑或去玫瑰之谷探索一番。这些童话般的经历让酒店成为了名副其实的“梦之屋”。**RCA**

享受图卜卡勒古堡酒店的美景

Enjoy Kasbah du Toubkal

地点： 摩洛哥阿特拉斯山脉

网站： www.kasbahdutoubkal.com **价格指数：** $

图卜卡勒古堡酒店位于北非最高峰图卜卡勒山的山脚下，坐落在阿特拉斯山脉间海拔高度达5,900英尺（1,800米）的峭壁之上，周围岩石遍布。此山距离马拉喀什市仅有40英里（64公里），但因为所处位置隐蔽，生活节奏也颇为舒缓，与城市氛围大不相同。

从叫做伊姆利尔的柏柏尔人小村庄出发，乘上骡子拉的车，仅需15分钟便能到达这座修复完善的古堡。根据原本开发古堡并将其经营至今的主人的说法，他并不认为这座古堡是一家单纯的酒店，而更多的是当地柏柏尔人村民热情好客的象征。古堡拥有两座巨大的楼顶露台，而且虽然出于当地习俗的原因并没有设任何游泳池，但有蒸气室和小水池场馆。

酒店的客房并不怎么奢华，但是十分温馨舒适，其装修风格为传统的柏柏尔式，室内陈设着雕工精细的胡桃木家具。客房拥有私人浴缸或淋浴以及令人叹为观止的山景。高级客房有阳台或露台。古堡以南坐落着一栋花园洋房，内含三间卧室，专为希望拥有更多隐私的游客准备。

虽说古堡酒店缺少五星级酒店的奢华，但其所在环境的美妙与壮丽弥补了这一点。此地有不少超级棒的徒步路线，而起点恰恰就在酒店大门口。有的路线短而容易，只消穿过周边村庄便可，也有难度较大的夜间徒步路线，其中不乏需要多天跋涉前往遥远山谷的路线，届时你还需要有当地的山地向导引路，还要有骡子帮你驮装备。最好的徒步线路选择之一就是花两天的时间登上海拔13,655英尺（4,160米）的图卜卡勒山。

ML

“天边云朵散尽，眼前是一片美景，我不由得呆坐在那里如痴如醉地望着远方。”

安东尼·赛汀，《悦游》杂志

⇱ 坐在图卜卡勒古堡酒店的露台上，你可以一边啜饮传统的薄荷茶，一边呼吸着阿特拉斯山中清新的空气。

与游牧民一同流浪

Walk with Nomads

地点：摩洛哥阿特拉斯山高地

网站：www.epicmorocco.co.uk　**价格指数：**ⓈⓈ

和游牧民同路而行，沿着几代艾特阿塔（一个大型柏柏尔人部落）部落族人的足迹前进是探索摩洛哥崎岖的阿特拉斯山地的最佳方式。在荒郊野外扎营露宿，基本没有机会能碰到同行的旅人，而且和周围巨大的岩石比起来，你和你的帐篷显得格外渺小。不过，还是会有动物陪伴在你左右，你将会与柏柏尔人放牧的成百上千头山羊、绵羊、单峰骆驼和骡子不期而遇。

从马拉喀什出发，经过6个小时的旅程，你会来到位于阿特拉斯山脉中部的小村庄——汉姆道。自此，你将经历为期6天的艰苦跋涉。你要在这里加入扎伊德的家庭团队，与你们同行的还将有其他帮工。你们首先会在一家小村舍过夜，第二天一早，旅程就要在一片紧张忙碌中开始了。帮工们会将供给品和其他装备固定在骡子和单峰驼背上，以备队伍途中所需。

> “我们感觉自己像是拓荒者，而且其实从某种程度上来说我们的确是，因为这本就是一场探索者的冒险。”
>
> 伊莎贝尔·超特，《卫报》

大家每天要在崎岖多石的路上走5个小时（中强度徒步），途中还要经常停下来喝薄荷茶，而且为了补充体力，茶中加了很多糖分。等你到了当天住宿的营地，柏柏尔人的帐篷和厨房已经搭起来了，静等你入住用餐。晚餐中有北非传统的大锅炖菜和在石头上新鲜烤制的面包。吃完晚餐，你们一行人可以围坐在篝火旁凝望星空。火光中，扎伊德和他的侄子以及赶骡子的帮工会载歌载舞，表示对烧烤晚宴的赞美和庆祝。**RB**

下榻金瞪羚酒店

Stay at La Gazelle D'Or

地点：摩洛哥塔鲁丹特附近

网站：www.gazelledor.com　**价格指数：**ⓈⓈ

花开正盛的九重葛丛中掩映着金瞪羚酒店的30座乡村别墅，周围200英亩（80公顷）的有机柑橘林散发出阵阵清香，飘过精心修剪的树篱和绿茵茵的草坪，沁人心脾。

塔鲁丹特镇四周矗立着古老的围墙，在墙外一英里左右的地方，白雪皑皑的阿特拉斯山脉的山脚下，有一方安静祥和的摩洛哥世界。这些高雅的石砌房屋里没有电视，只有冬天里圆木劈啪作响的壁炉和入夜时闪烁摇曳的摩洛哥烛灯。在光秃秃的灰泥墙围起的客房里，窗前挂着棉布窗帘，地上铺着手工编织的地毯，赤陶土罐子里插着新鲜的花束，放在古老的木架子上。金瞪羚洋溢着一种北非风情，更像是一家乡村别墅酒店。这家酒店以招待社会名流而闻名，但对这些赫赫有名的常客，酒店始终保持低调，从不宣扬，这就是为什么这些名人选择来这里度假的原因。

酒店的砖砌步道两侧是盛开着玫瑰花的树篱，沿着步道前行，你会来到一处80英尺（24米）的恒温室外泳池，泳池周围都是精心布置的绿色植物。除了游泳，你还可以去酒店的红土球场打网球，或者可以试试在草坪上玩槌球游戏。客人们既可以在自己房间的私人露天平台上吃饭，也可以到豪华的圆形帐篷餐厅用餐。餐厅里的服务员都穿着极地的长袍，手上托着银盘灵活地在餐桌间穿梭。晚餐时，餐厅将为你按顺序呈上七道美味的菜肴；而午餐通常是超级豪华的自助餐，其中包括新鲜的海鲜、肉类和沙拉，其中很多食材都是产自酒店的有机农场。

穿过一扇古老的木刻门，来到水疗中心，这里不仅有传统的土耳其浴，还可提供使用天然产品和精油的现代美容服务。酒店还设有健身房以及马厩，所以你可以直接骑着马去山上游玩。**SH**

在达迪亚法酒店放松身心
Relax at Dar Dhiafa

地点：突尼斯吉尔巴岛

网站：www.hoteldardhiafa.com **价格指数：**$$

达迪亚法酒店隐蔽在一条狭窄的小巷子中，外面筑有厚厚的高墙，还设有两扇嵌着铜钉的木门。不过，进入这座种满了九重葛的庭院就仿佛来到了另外一个世界。酒店坐落于吉尔巴岛古老的犹太人居住区——厄利亚德，由5座有六百年历史的房子组成。经过了一番富有品位的改造后，房子的外墙粉刷成白色，安装了百叶窗，显得既具有异国风情，又不失低调华丽的特质。酒店的院落中有通幽的曲径、隐蔽而私密的角落和厚重的石拱门。酒店共有9间普通客房和6间豪华套房，均围绕繁花似锦的庭院而建，彼此之间以一系列的遮阴廊道相连。客房的天花板上裸露着横梁，地板上铺砌有赤陶土地砖，地砖上则装饰着色彩缤纷的柏柏尔地毯；房间里还布置有各种古旧摆件、传统的台灯和当地匠人制造的陶器。房间的外墙之所以厚重，还刷成白色，是为了在夏日的高温中保持房间内部的清凉；不过屋里也安有空调，以便应付极其炎热的天气。酒店还有两座泳池、一间土耳其浴室和氛围极好的室内与室外餐厅，餐厅可提供传统的当地美食。

> “游泳池两侧摆放着花盆、花盏和供客人晒日光浴的长椅，还有美丽的蝴蝶在附近飞来飞去。”
>
> 《悦游》杂志

在厄利亚德镇上漫步，仿佛穿越了时空，回到了古代；老人身着长袍，脚踩拖鞋，慢吞吞地走着；山羊群四处游走；驴子驮着沉重的货物咯噔咯噔地经过你的身旁。而且你一定要参观艾嘉里巴犹太教堂，这里是犹太人的主要朝圣地，历史悠久，可以追溯到公元前586年。**HA**

在潘西沙吉良帐篷酒店过夜
Enjoy Pansea Ksar Ghilane

地点：突尼斯撒哈拉大沙漠

网站：www.pansea.com **价格指数：**$$

潘西沙吉良沙漠营地分布在撒哈拉沙漠北端一隅的棕榈树林中，共有60座亚麻帐篷。这片绿洲与世隔绝，只有一座古老的城堡孑然独立。要想抵达此处，唯一的途径就是乘坐3小时的汽车，途中你会欣赏到世界上最荒凉也是最令人惊叹的风景。

在这些传统的颇具浪漫情调的帐篷中，帘子被风吹得鼓鼓的，像汹涌的波涛般起伏着，帐篷里陈设着原创的当地艺术品，挂着灯笼，地上则铺着漂亮的基里姆地毯。里面唯一现代的东西就是空调了，不仅可以在炎热的天气里出冷风，还能在寒冷的冬天供暖；不过，此处并没有电视或者电话，营地无法收到手机信号。

帐篷外面有一座池塘，池中是天然泉水，你可以坐在池畔一边放松休息，以便计划着你的沙漠冒险。你可以骑上骆驼到附近的盐田或沙丘逛一逛，到罗马废墟上看一看，或者登上修复好的瞭望塔顶端，俯瞰无边无际的沙海，眺望令人目眩神迷的落日景观。开车深入沙漠，去杜兹附近的埃尔杰里德盐湖游览也是不错的选择，电影《英国病人》就曾在那里取景；而泰塔温省附近柏柏尔人古老的“戈尔法”建筑（一种豆荚形状的古老粮仓）则是《星球大战》系列中早期电影的拍摄地。

营地的餐厅则反映出贝都因人的时尚，屋中安置着带坐垫的石凳和熟铁打造的提灯。菜单中最值得推荐的是突尼斯风味美食和法国菜肴，其特色菜包括炖牛肉、砂锅羊肉、粉蒸羊肉和小串烤肉。你坐在传统的山羊毛帐篷里，吃着沙地火灶上烹制出的晚餐，最后抽上一口香味浓郁的水烟，一边抬头看着满天星斗，好不惬意。**AD**

在达赛义德酒店放松心情

Unwind at Hotel Dar Said

地点：突尼斯西迪布赛

网站：www.darsaid.com.tn　**价格指数：**$$

小小的达赛义德酒店是一座19世纪的精致建筑，是突尼斯最迷人的度假酒店之一。酒店之前是一座家庭住宅，坐落在西迪布赛这座悬崖顶上的蓝白相间的小村庄里，从此地可以俯瞰突尼斯海湾。

粉刷成白色的高墙上覆盖着重重的三角梅，高墙内中央是一幢两层小楼，四周围绕着四座庭院、桔园，还有一座泳池。酒店营造出一种休闲迷人的氛围。露台上洋溢着茉莉花的香气，你可以在撑起的遮阳棚下的桌旁用早餐，也可以在洒落着斑斑点点阳光的院落中喝早茶或者在波光粼粼的喷泉旁休憩。客房内部有着美妙的装修，床上铺着昂贵的意大利布料制作的纺织品，四下里摆放着品位不俗的古董，地上则铺设有丝毯。房间天花板极高，四壁粉刷为淡淡的颜色，配以带铆钉的摩洛哥家具。你可以去体验一下有助于健康的土耳其浴，然后缓步穿过狭窄的七拐八弯的街道，最后到达码头。

西迪布赛村位于突尼斯以东10英里（16公里）处，是一个苏菲派（神秘主义教派）信徒——阿布·赛义德在13世纪的时候于山顶上建立的“世外桃源”，后来渐渐成了突尼斯贵族避暑度假的首选地方，最后艺术家们也被吸引着来这里，其中包括保罗·克利。这里虽是个较小的市场，但却是寻宝的好地方，你可以尝到不少美味佳肴，也会带回一些不错的纪念品；这儿的美术馆和博物馆也展出了许多迷人的地方文物。村子里有几处非常好的餐厅，从有些餐厅望出去还能看到地中海的全景。**AD**

“夜空繁星满天，沉静的夜晚只有微风拂过芳香的桉树时树叶的沙沙声。”

肖恩·欧哈根，《观察家报》

↗ 达赛义德酒店楼顶露台可以看到极棒的景色，你可以在那里欣赏美景，顺便晒一整天太阳。

乘热气球飘过帝王谷

Balloon over Valley of the Kings

地点：埃及卢克索

网站：www.egypt.travel　**价格指数：**S

黎明前乘热气球升空是为了更好地欣赏“亡灵之城”底比斯上空的日出。在空中，你能以鸟儿的视角俯瞰下方众生，大地上有呆头呆脑的驴子，泥房子的屋顶上有正在酣睡的家庭，沙漠里还有像蚂蚁一样行进的送葬队伍。

底比斯坐落在尼罗河西岸，与卢克索这座“生者之城”遥遥相对。黄昏来临，沙漠变成一片黄褐色。俯瞰山谷，一侧是永不停歇的尼罗河，一侧是巍峨连绵的群山。这条世界上最长的河，两岸坐落着泥砖垒就的小屋、粗粝的石灰岩峭壁和一座座坟墓。气球从国王谷向女王谷飘去，古埃及法老王蜂巢似的陵墓便随之浮现在眼前，其中就有图坦卡蒙的安息地和哈特谢普苏特女王的石刻陵寝。热气球还会飘过斯芬克斯大道附近的正在进行考古挖掘的地区。

> “跨越山谷的整个景色十分壮丽，一侧是流淌的尼罗河，一侧是绵延的群山。”
>
> 马克思·戴维森，《每日电讯报》

如果你在10月份的时候来此游玩，可以在卡纳克神庙举办婚礼；当月新婚夫妇们可以在那里以五千多年前埃及法老王和女王们的形式举办婚礼。**LGS**

→ 看太阳在卢克索的哈特谢普苏特神庙上空缓缓升起，最后一丝夜色便也随之了然无痕了。

留宿阿德雷雷阿梅拉尔生态旅馆
Stay at Adrere Amellal

地点：埃及西瓦绿洲

网站：www.adrereamellal.net **价格指数：**$$$

这座无与伦比的生态旅馆坐落在撒哈拉沙漠中部的西瓦绿洲，从开罗出发，需要长达8个小时的车程才能抵达此处，一路上尘沙漫天，十分辛苦。旅馆四周围是流动的沙丘，远处则是波光粼粼的盐湖。旅馆是埃及最杰出的环保人士穆尼尔·尼玛塔拉采用盐岩和泥浆建造而成的。

这片地方并没有埃及其他景点那么多的旅游人群，也不通电，不过这并不意味着缺少现代的奢华感。旅馆使用油灯和蜡烛照明，而温暖的煤炭火盆则可以驱散沙漠夜晚的寒冷。无论是浴室还是卧室中，照亮的都只有几十盏摇曳闪烁的蜂蜡蜡烛，没有什么能比在这样的环境里休息更放松的了，更何况身边还没有电话、电子邮件、电视的打扰，甚至连手机信号都收不到。这种接近原始的度假体验是旁的环境无法超越的。

> “旅馆给人的感觉十分简单朴素，也很特别，周围都是充满了魔力的壮美山峦。”
>
> 乔迪·格雷格，《闲谈者》

旅馆房间中按照传统的西瓦风格布置，地板上铺着柏柏尔人的地毯，富有艺术气息；房门由棕榈树制造而成，床铺则是由棕榈叶做成。旅馆还有一座令人精神为之一振的游泳池，池中水来自于一眼古罗马时代的清泉，是消暑纳凉的好地方。整个人泡在水中，被橄榄树和棕榈树围绕着，你可以饱览池畔无限的风景，遥望那片荒凉冷清但又格外美丽的沙漠。晚餐时，只要抬起头就能惊讶地看到漆黑的夜空中一个个神奇的星座。**HA**

体验蓝洞奇景
Experience Blue Hole

地点：埃及西奈

网站：www.allsinai.info/sites/sites/blue_hole **价格指数：**!

蓝洞这个红海瑰宝像是镶嵌了一圈璀璨黄晶的深邃蓝宝石，有世界上最危险的潜水地之称，因为它会散发出迷人的魅力，对人们有着极大的吸引力。从达哈布出发，沿着海滩行走，穿过环抱山丘的沙漠和分布在四处的贝都因人营地，你便能看到一片钴蓝色的浅滩，向浅滩的方向进发，下面便是赫赫有名的“蓝洞”。海胆用它的刺牢牢地将自己固定在海岬岩石上，仿佛是这片海域的卫士。超脱尘世的海洋冒险就要从汇入红海的最迷人的海湾——阿卡巴湾开始了。

进入这个神奇的海底世界后，你会看到光怪陆离而曲折的浅水区，蝠鲼缓慢地有过你的身旁，发出荧光的水母仿佛深海中迷人的女妖在向你招手致意。珊瑚礁有黄有红，甚至还有紫色，它们生长在这片童话般美丽却也危险的水域中，愣头愣脑地摸索着，像是在试探自己的勇气；它们向着海底洞穴生长，是一种极具迷惑性的岩石。蓝洞底部躺着那些永久与海同眠的潜水者的尸体，据说约有接近一百人因为不顾一切地下潜，因而无法在水下辨别方向，最后丧生于此。

不过，还是有一些潜水者比较小心谨慎，不会以冒生命之险而进行潜水活动。当地的贝都因孩子在岸上等待他们浮出水面，大声招呼这些潜水者买他们手中色彩鲜艳的手链和各种小玩意儿，或缠着游人和他们玩儿中东地区的一种十五字游戏，玩起这种游戏，很少有人能赢他们。

晚上，蓝洞所在的海域之上是星光灿烂的山地夜空，附近还有迷人的沿海小镇纽维巴。不过，真正的行家会找一个本地纤夫带路，去附近贝都因人的拉斯特布加洛营地过夜，这片营地有群山环绕，还毗邻小海湾，只有在夜间退潮时翻过重重礁石才能抵达这里。**VG**

在西奈山看日出

Watch the Sunrise from Mount Sinai

地点： 埃及西奈

网站： www.touregypt.net/parks/stkath.htm **价格指数：** Ⓢ

想象一下这样一幅画面：沙漠的清晨，天空和你周围的一切看起来都是一团漆黑，仅有月亮和星辰发出微弱的光辉。这正是攀登西奈山的好时候，这座山峰久负盛名，据传说，摩西就是在这里接受上帝赐予的“十诫”的。

西奈山海拔7,500英尺（2,882米），夜间攀登时往往只能借着摇曳闪烁微弱的烛光前行，这种登山体验十分特别。尽管你登上峰顶时周围往往还有其他游客，并不能保证你能自在独处，但是在此看到的日出景象的的确确壮观至极。登顶的道路有两条：比较容易的，也是大多数人选择的路线需要步行两个半小时（你也可以选择用骆驼代步）；另外一条路线比较陡峭，但也更为直接，需要攀登3,750节台阶。

埃及各大主要城镇和景点都有发往西奈山的巴士，但是要抵达山脚下是一段相当长的旅程。就连从最近的热门旅游城市之一沙姆沙伊赫市出发都要坐两个半小时的巴士才能到达目的地。旅游向导总是会确保他们的团队能恰好到达西奈山的山脚下，并且会在凌晨一点半到两点半之间准备好开始登山，所以当天夜里你是不可能有时间睡觉了。不过晚上登山的好处就是白天最热的时候不用汗流浃背地爬山了。

当太阳升起的那一刻，美景震撼人心，大多数人会拜谒摩西受诫时所在的洞穴。当你返回山脚下时，你还可以顺便参观圣凯瑟琳修道院和修道院旁边著名的“燃烧树丛”。**JA**

“空气洁净清新，天空则是迷人的蓝色，大地则被终年的风蚀刻成梦幻中才有的奇异形状。”

克里斯·哈斯拉姆，《泰晤士报》

↗ 西奈山顶上的美景将会成为挥之不去的美好记忆，陪伴你多年。

乘三桅帆船游尼罗河

See the Nile by Felucca

地点：埃及，阿斯旺到卢克索

网站：www.egypt.travel　**价格指数：**Ⓢ

乘坐经典的白色三桅帆船沿着法老王曾经经过的大道一路航行，你将从埃及的最南端一直行驶到国王谷。

古埃及人相信，尼罗河是一条从生到死再通往来世的河流。这条河成为了北非地区最重要的贸易通道，也成了他们文明的生命线。埃及最重要的神庙就建在这条河流沿岸。法老王及其妻妾的木乃伊，还有看上去稀奇古怪的鳄鱼都属于西岸上令人叹为观止的壮观景象的一部分。一路上，你都会沉浸在古埃及人营造的神秘氛围和传说中，还能看到巍然耸立的阿布辛贝神庙与康翁波神庙、埃及保存最为完好的伊德夫神庙、美丽而散发着异国风情的乡下村落和世界上规模最大的神殿——卡纳克神庙，这座神庙是世界上权力最大的三十个统治者合力完成建设的项目。

> “当我读《尼罗河上的惨案》时，我就感觉自己像是已经坐上了从阿斯旺开往瓦迪哈勒法小镇的蒸汽船。”
>
> 阿加莎·克里斯蒂，作家

如果你在气势磅礴的国王谷上岸，你会看到堤道旁神气十足的狮身人面像和莱比西斯二世威严肃穆的雕像。如同这诸多的神庙禁得起时间的考验一样，这次始于阿斯旺、终于卢克索的尼罗河之行也将在你记忆里永远保留。**VG**

⇦ 乘船游尼罗河仍然算是国王或是法老的一个庆祝仪式。

下榻曼迪纳旅馆
Stay at Mandina Lodges

地点：冈比亚马卡苏图

网站：www.gambia.co.uk; www.makasutu.com **价格指数：**$$

想象一下，你周遭一片宁静，只有猴子们在附近树丛中摆来荡去发出的窸窸窣窣声将这宁静打破。马卡苏图文化森林与人山人海的冈比亚海滨度假区仅有一个小时的车程，由两个英国人——劳伦斯·威廉姆斯和詹姆士·英格利士成立于1993年。他们二人的目标是打造一个文化中心，向世人展示当地人士如何生活的，提醒大家注意防止采伐森林，鼓励让野生动物回归这片森林，同时也是为了给当地村民创造就业机会。

这座奢华的生态旅馆隐藏在森林腹地中，附近有一条冈比亚河的支流穿过，河流两旁生长着茂盛的红树林，所处环境仿佛田园牧歌般浪漫清新。曼迪纳旅馆最多可供16人留宿，客人们要通过走高架行人道或者乘独木舟才能抵达这里。住宿设施采用太阳能供能，均建有私人屋顶露台，视野开阔，景色优美。客房中摆放着精雕细琢的四柱床，床上铺有白色的亚麻织品。浴室为露天浴室，所以客人们可以在星空下沐浴。旅馆有一座大大的泳池，池畔设有供人休闲放松的酒吧。和主厨打好招呼之后，大家可以在户外或者各自的客房中享用晚餐。旅馆所在地全年高温炎热，但是周遭环境的宁静会让压力最大、情绪最紧张的人也能得到完全的放松。

> “曼迪纳旅馆是坐落在红树林腹地的一座奢华的旅馆。”
>
> 凯文·罗施毕，《卫报》

向导将会带领客人们在森林中探索或者在河中荡舟。有传说讲马卡苏图（圣林）中闹鬼，但其实绝大多数时候你会发现那些小动静不过是狒狒或者巨蜥发出的，而不是什么鬼魂。**WG**

在冈比亚观鸟
Bird-watch in the Gambia

地点：冈比亚

网站：visitthegambia.gm/bird-watching **价格指数：**$

即便当太阳开始向着地平线下沉，冈比亚的鸟儿们还是会继续歌唱。在这里，从清晨醒来的那一刻直到星星在非洲的夜空中闪烁，你耳畔那音调优美的鸟儿和声都不会停歇。冈比亚就是观鸟者的天堂。这个坐落在非洲西海岸的小小国家竟然是多达540种不同类型的鸟儿的家园，这也许是因为这片小小的区域中存在着类型广泛的栖息地的原因：不仅拥有大西洋的海岸线，也有内陆湿地和干旱的非洲灌木丛地。因为此地鸟类的种类和数量都非常惊人，所以很多来自全世界的鸟类学家都被这里深深吸引着。即便你不是一个正牌的观鸟者，也不妨碍你欣赏这里壮丽的景观。

根据你去参观的地方不同，看到的景象也不尽相同。如果你走在大西洋的西海岸线上，那么你可以看到翠鸟和海鸟，比如苍鹭和白鹭，还有名字很有趣的白脸树鸭。随着你向内陆地区深入，所看到的鸟儿种类也会跟着地形的变化而有所不同。在干旱的非洲灌木丛地区，你会看到一些猛禽，比如说苍鹰、秃鹰和老鹰以及秃鹫。你无须随身携带任何特别的装备就能享受观鸟的乐趣，不过，如果你能带上双筒望远镜，相信你能看得更加清楚。找一个向导带你去最有利的位置看鸟也不失为一个很好的选择，因为向导还能为你讲解非洲鱼鹰和小直嘴太阳鸟之间有什么不同。

当然，你还可以定制你的私人观鸟行程。你可以划着独木舟荡漾在红树林中的溪流里，顺流而下，寻找巨鹭，或者悠闲自在地漫步于湿地中，与埃及燕鸻和厚嘴棉凫与你不期而遇。你可以在冈比亚河的鱼池附近消遣几个小时，也可以把一整天都花在阿不可自然保护区中。你一定会就此爱上这些有趣的鸟儿的。**JP**

探索布拉瓦
Discover Brava

地点：佛得角群岛布拉瓦

网站：www.archipelagocapeverde.com **价格指数：**

布拉瓦坐落在佛得角群岛的西南端，距离西非海岸大约有400英里（640公里）的距离，是群岛中的“花之岛”。这里分布着广袤而荒芜的火山地形，山峦笼罩着层层薄雾，向游客们展现出一个隐秘的世界。这些山峰海拔高达3,200英尺（976米），终日云雾燎绕，但却为这座佛得角群岛中有人居住的最小的岛屿创造了潮湿温和的微气候。

布拉瓦没有出色的海滩，所以游人们一般鲜有到这里来度假的；也正是因为这样，布拉瓦与群岛中的其他岛屿形成了鲜明的对比，保留着它那分未曾被破坏的独有魅力。岛上没有机场，与邻近的福戈岛之间也没有定时的渡轮往来，所以来此游玩需要进行一番仔细的计划。小岛的海岸线崎岖不平，还分布有火山岩浆凝成的峭壁，游客们可以在这片地区漫步或者登上山峰，俯瞰下方鲜花盛开的幽深山谷。

> “正是因为潮湿的天气，这座小岛上才有了茂密的绿色植被和云涌雾漫的迷离氛围。”
>
> 亚尼内·科尔索，《旅游周刊》

该岛的主要小镇名为维拉诺瓦辛特拉，海拔1,700英尺（520米）。小镇生活丰富多彩，有热闹的集市、殖民时期古香古色的建筑、无处不在的花园和景致优美的小径。岛上真正的焦点则是位于西海岸的风景如画的海滨村庄——法加达古阿，因为位置的原因，此地并不受到山峦那侧刮来的东北风影响，而且还有令人吃惊的黑沙滩。尽管沙滩上是火山岩化为的黑色沙粒，但该地从未有火山活动的记录。**DaH**

游览南奥莫山谷
See the South Omo Valley

地点：埃塞俄比亚金卡附近

网站：www.tour-to-ethiopia.com **价格指数：**

埃塞俄比亚南部腹地是一片尚未受到现代社会影响的净土。在南奥莫山谷中，部落社区的活动就像几百年前一样活跃，他们依然住泥屋，穿羊皮。想踏足此地势必要经过一段艰辛却难忘的旅程。正如大家所想，这是一处真真正正的化外之所，丝毫没有现代文明的影子。

路途难行，显然需要一辆四驱越野车才能穿过坑坑洼洼的土路上那些泥泞或尘灰（这取决于是雨季还是旱季）。要想攻克这片草木横生的区域，你至少需要十天的时间，而且还要带上司机/向导和厨师。关于这些事宜，你均可通过亚的斯亚贝巴或者你家乡的旅行社做好安排。

来到这里，你要更多地去观察此地的人，而不是地区环境。此地共有二十多个部落，他们都遵守着古老的传统和信仰。这儿的民族多样性让人叹为观止，其中莫西族的妇女要在下嘴唇上戴一个像茶碟一样大的粘土盘子，卡洛族人则以在身体上刻有复杂的图案和涂画装饰性花纹而著称，哈莫部落则以“裸体跳牛”的成人礼和在黑暗中进行的舞蹈仪式闻名。奥莫山谷的集市与此地生活的人们一样的热闹活泼，商品有兽皮、贝壳磨成的珠子、各式各样的葫芦、高粱、蜂蜜、稻草和木材，都是日常生活中的必需品。另外，赶集的时候千万要尝一瓶当地的蜂蜜酒塔吉，味道绝对不一般。

在返回亚的斯亚贝巴的漫长旅程中，你可以第一次尝试着白天在奥莫山谷旺杜戛纳的温泉中洗澡，洗去身上的尘埃与疲惫，但要留下心中宝贵的记忆与感受。**SWa**

寻访大猩猩

Go Gorilla Tracking

地点： 卢旺达火山国家公园

网站： www.rwandatourism.com/primate.htm　**价格指数：** $$

“与大猩猩四目相对的时候，没人能不为之动容，你会感觉到猿与人之间的界限隔阂统统消失不见了，我们会清楚地知道我们与大猩猩有共通的地方。”1963年，杰出的野外生物学家乔治·夏勒博士这样写道。当时，他第一次认识到，山地大猩猩并不是人们一直认为的粗鲁野兽，而是一些温和的巨人。

如今，只要你愿意支付500美元的许可费用（此笔费用将用于保护大猩猩），也做好了准备，可以花上至少三小时的时间穿过茂密的灌木和雨林，在专家向导的带领下追寻他们的踪迹，那么你就可以和夏勒与黛安·福西这些勇敢的科学家一样有机会与这些神奇的灵长类动物接触了。得到许可证并不容易，因为相关机构每天只签发三十张许可证。而且，大猩猩每天都会在不同的地区活动，所以你们的跟踪路径也不会只是单一的路线。还有，就算你终于找到了它们，你也仅限与它们相处一个小时，以避免它们过于习惯和人类的接触或者传染上我们人类有害的病菌或疾病。

但无论如何，这短短的一小时都将是你一生中最为神奇也最令人着迷的一小时了。当你真正与一只作为首领的银背大猩猩以及它的族群面对面的时候，你会忘却周遭的一切。你会看到，他们就像人类的家族一样，做母亲的会看护或者责备她们的孩子；蹒跚学步的幼年大猩猩会嬉戏、打闹或者玩捉迷藏；活泼的少年大猩猩会彼此眉目传情，有的甚至会默默接吻表示亲昵。首领大猩猩则会悠闲地在一旁漫步，或者为了保护族群。**SWa**

一对山地大猩猩越过一段圆木，穿过卢旺达火山国家公园茂密的森林。

茵内萨佛里灵修中心体验别样生活
Go on an Inner Safari

地点： 肯尼亚图玛仁和巴拉卡

网站： www.innersafariyoga.com **价格指数：** $$

对很多游客来讲，东非地区广袤而荒蛮的大地以及平原上生活的各种野生动物都散发着一种挥之不去的神秘感，因而吸引力极大。而对于那些想在大自然的怀抱中寻找心灵寄托的人来说，在拥有多种大型野生动物的国家的中心地带进行为期十天的瑜伽和冥想活动应该是一种不可抗拒的诱惑。

茵内萨佛里灵修中心的创办人查奇·伍德有20年的哈他瑜伽修习经验，曾经接受过一系列科目的培训。伍德建立这个灵修中心是因为她在很努力地寻找适合自己的度假方式。她说：“瑜伽是一种身体方面的锻炼，因为其中包括一些规律的动作，但同时不做任何动作，静静地立在那里也是瑜伽的一部分。我们将很多元素都结合在了一起。”

> “人们应该坚持不懈地以坚定的信念练习瑜伽。”
>
> 《薄伽梵歌》

茵内萨佛里灵修中心在肯尼亚有两个分支机构：一个位于图玛仁，是肯尼亚中心的一座大农场，可提供舒适的私人帐篷；另一个是巴拉卡别墅，坐落在海滨地区一片天然林中。一天当中安排有两次瑜伽练习，分别为日出时分和日落时分。课程依学员能力而定，学员年龄范围为18岁到65岁。中心还组织有冥想研习会、唱诵课程、按摩项目和太极班，同时也有自行车和划船、浮潜、爬山与远足活动。晚上，大家将围坐在露天篝火旁唱诵、讲故事、演奏吉他，或者也可以直接回房间休息。**LC**

探索拉穆岛
Discover Lamu Island

地点： 肯尼亚拉穆岛

网站： http://ihs-198.magicalkenya.com/ **价格指数：** !

当你厌倦了内罗毕的现代都市生活的时候，可以搭乘一班飞机到拉穆岛上享受返璞归真的生活。这座洋溢着休闲气息的岛屿是个放松的绝好地方。飞机在曼达岛的简陋机场上降落后，你会看到附近有一丛芦苇将机场隔开，芦苇那边就是接你前往拉穆岛的单桅三角帆船。在这里，帆船和驴子是唯一的两种代步方式，因为此处的大街小巷都太过狭窄，不能通车。拉穆岛被联合国教科文组织列入了世界遗产名录，因为岛上的建筑可以反映出丰富的典型斯瓦西里文化：这些经过精雕细琢的木制门扇和门楣可以追溯到16世纪，当时此岛是与阿拉伯世界之间生意往来的重要商栈。

如今的小岛平静的氛围催人入眠，登岛之后你就会感觉什么事情都不想做。不过，从拉穆镇走到施拉海滩的45分钟行程会是一段非常令人愉悦的时光，因为途中你会了解到更多古代文化，也会看到一座座优雅的民居。这段步行带给你的将是一片长达8英里（13公里）的近乎荒芜的海滩，海滩上的沙子就像白胡椒粉一样细腻而白净。你也可以乘坐帆船去附近的曼达岛的海滩上消遣一番，一边在曼达沙滩俱乐部晒日光浴，一边啜饮鸡尾酒。

无论这里的环境多么令人昏昏欲睡，离开之前你也不要忘了租上一条帆船去附近的红树林或者拉穆群岛的其他岛屿上游玩。一日游中，你可以在海上钓鱼，然后在沙滩上做烤鱼吃，除了鱼，你还可以品尝当地出产的鳄梨和芒果。返回拉穆镇，你可以在能眺望到港湾的海滨餐厅享受东非海岸最棒的美味海鲜。**SWa**

→ 在受到联合国教科文组织保护的拉穆岛上漫步，你会发现自己仿佛是回到了从前的时光。

游览绿色威尼斯

Enjoy Venise Verte

地点：法国滨海夏朗德省

网站：www.marais-poitevin-aria.com/gb/2.htm **价格指数：**Ⓢ

近几十年来，大众旅游已经吞没了意大利的威尼斯，而被称为“绿色威尼斯”的法国运河却一直鲜为人知。位于法国西部，拉罗谢尔东部的绿色威尼斯其实是个纵横交错的古老运河。最初是为了灌溉周围的农田，才建造了这条运河。海水退去后，这里就会形成一片沼泽地，即博特瓦沼泽。虽然该地区曾是指定的自然保护区，但考虑到农业的重要性，最终还是没能守住保护区的地位。但是，美丽的田园风光仍然没有改变，这里依旧是放松游玩的好地方。

库隆村坐落在塞夫尔河边，是法国最美丽的村庄之一，同时也是该地区的中心枢纽。想要去湿地探险，这里就是最合适的出发地点。游览的时候，最好雇个撑平底船的导游，以免在迷宫一般的运河中迷失方向。虽然也可以租条独木舟，边看地图边找寻要走的路线，但相比之下，还是第一种方案比较好，因为导游还能为你深入讲解这个地区的历史以及作为生态系统的重要性。此外，小船还能和周围宁静迷人的环境融为一体，创造出一种温馨的氛围。

浮萍覆盖在水面之上，运河才会如平坦翠绿的土地一般，也是因为如此，这里才得名“绿色威尼斯”。有些运河能勉强通过小船，其余的却足有65英尺（20米）宽，从而形成了一个不同于法国其他地方的自然环境。**DaH**

→ 你可以乘坐独木舟或平底船，穿梭于博特瓦沼泽的运道中，探寻其中的美景。

住在蒙迪欧庄园
Stay in Château Montriou

地点： 法国卢瓦尔河谷（卢瓦雷省、卢瓦尔-谢尔省等）
网站： www.chateau-de-montriou.com **价格指数：** Ⓢ

蒙迪欧庄园由一座15世纪的城堡和19世纪的新哥特式延伸建筑组成，周围都是树木繁茂的草地。300年来，这处地产的主人都是同一个家族，现在的主人是一对法国夫妇。他们不仅住在轻松温馨的城堡之中，也会邀请客人到这座位于卢瓦尔河谷的城堡中作客；里面共有4间卧室或公寓可供选择。到时，你可以在宽敞的庭院中散步，品尝私人菜园中种植的新鲜蔬菜。

“卢瓦尔河谷拥有古老的城镇和绝世的美景，是个蕴含着文化的超凡景点。”

联合国教科文组织世界遗产委员会

城堡的主人妮可和雷吉斯·罗迪赫会亲自出门迎客。他们也非常欢迎客人到各个地方游览，例如湖泊、森林、英式草地、意大利花园、橘园、具有历史意义的私人礼拜堂和被围墙环绕的华丽19世纪菜园。每年，花园中都会结满南瓜和葫芦；“公主花园”中的葫芦就像钟乳石一般挂满枝头。客人可以在空气新鲜、装饰古典的餐厅中享用早餐。“蓝色房间”和“狩猎房间”则会尽力做到又华美又舒适。

蒙迪欧城堡隐藏在卢瓦尔河谷的最北边，离昂热和美丽的萨尔特河很近。**CFM**

骑自行车探索卢瓦尔河谷
Explore the Loire Valley by Bicycle

地点： 法国卢瓦尔河谷（卢瓦雷省、卢瓦尔-谢尔省等）
网站： www.discoverfrance.com **价格指数：** Ⓢ

蜿蜒美丽的卢瓦尔河谷穿过法国的中心，向着大西洋海岸延伸开来。河谷也被称为“法国的花园”，最出名的就是辉煌夺目的建筑和童话般的城堡。历史悠久的村庄汇聚于此，地势也是缓缓起伏，简直就是专门为自行车设计的游览地点。

除了骑车之外，实在很难想到更好的游览方式。坐在车座上，随心所欲地踩着脚蹬子，车轮就能极为顺畅地转动，沿着寂静的乡村小路一路向下。这也是最放松的休闲运动方式，旅行者既能迅速地观景且运动，还能留出足够的时间来体味周围的景致。

卢瓦尔河的低谷中密密麻麻地分布着数以百计的城堡。由此可见，这里的繁荣富饶持续了几个世纪之久，文艺复兴时期的建筑能力更是卓越。华丽的城堡一座挨着一座，花园中满是黄杨树，若隐若现的护城河上还有几只天鹅在嬉水。放眼望去，好像各处都是城堡。

毫无疑问，香波城堡是最令人印象深刻的城堡。宏伟的城堡堪称中世纪的纪念碑式建筑，堡内的440多个房间和一座塔楼几乎全年都可以参观。从昂热和昂博的要塞城镇，到沙特尔大教堂难以言说的美丽彩色的玻璃，河谷还有许多蕴含文化的景点等待你去探寻。

但是，这个环法之旅不只是灵魂的盛宴。乡村斜坡上还有无数的葡萄园，其间还有如翻花绳般纵横交错的安静道路。在葡萄园中，你可以品尝到一些提供给酒店的葡萄酒。和晚上放纵畅饮相比，这里的美酒既可以让你感到兴奋，又不至于喝到神志不清。不要忘记，全球最好的葡萄酒生产地就在这里，如普宜-芙美、桑塞尔、安茹和索米尔等。**SWi**

参观阿尔伯特·卡恩花园
Visit Albert Kahn Gardens

地点： 法国巴黎

网站： www.gardenvisit.com **价格指数：** ❶

巴黎中心有一座秘密花园，其位置十分隐蔽，即使是市里的出租车司机也很难找到。阿尔伯特·卡恩花园及博物馆坐落在布洛涅-比扬古的郊区，是个不为人知的珍贵景点。虽然花园试图避开游客，但正因为如此，才变得更加惹人喜爱。

阿尔伯特·卡恩既是法国银行家，也是一位拥有百万资产的慈善家。他心中有些乌托邦式的理想主义想法，后来更是决定用自己的财产来建立一个“浓缩地球景观的花园”。占地10英亩（4公顷）的美丽花园也确实融合了世界各地的园艺风格；除了日式、法式和英式花园，园中还有三个模仿非洲、亚洲和美国地形的“迷你森林”。20世纪30年代之前，这些花园一直是欧洲知识分子会面的时尚地点。然而，华尔街崩盘后，卡恩也宣告破产，这里就变成了一个公共花园。如今，宁静的花园已然成了远离巴黎熙熙攘攘生活的苍翠绿洲。

> “下面的小溪中长着睡莲，寒冷的微风吹过，空气中弥漫着茉莉花苞的芬芳，睡莲的绿叶在风中来回摇摆。”
>
> 杰奎琳·麦格拉思，《纽约时报》

在芬芳的玫瑰园中散步，欣赏规整、对称的法国花园。清澈的池塘中种着睡莲，到了秋天，垂叶桦树林就会染上一层亮黄色。然而，最动人的还是长满山茶、木兰和樱桃树的日式花园。**HA**

住在丰特夫洛皇家修道院酒店
Stay at Hotel Abbaye Royale de Fontevraud

地点： 法国曼恩-卢瓦尔省

网站： www.hotelfp-fontevraud.com **价格指数：** Ⓢ

英格兰国王亨利二世和妻子阿基坦的埃莉诺，以及他们的儿子理查德一世（狮心王）和其他王室成员都长眠于丰特夫洛的墓冢中。自12世纪建成以来，皇家墓冢已经历了九百个春秋，但作为世界上最大的修道院建筑群，其优雅和美丽一如往昔。

宏伟复杂的建筑群中坐落着许多僻静隐蔽的庭院、花园和大教堂，圣拉扎尔修道院就是其中的一座建筑。修道院原本是修女们休息的地方，现在却成了一栋安静的酒店。酒店和其他建筑稍稍有些距离，窗外可以眺望到苹果园，四周环绕着石头墙和对称的花园。酒店由色彩柔和、材质相同的凝灰岩筑成，看起来十分赏心悦目。52间卧室已全部彻底翻新，室内的色调朴素而古典。圣徒拉扎尔餐厅的优雅不容置疑，乳白色石头和拱形窗户构成了简洁的线条，提供了一个轻松就餐的环境。酒店的菜肴由当地出产的著名食材制成，同时还配有卢瓦尔河谷生产的本地葡萄酒。

冬日在沙龙的火炉边享用下午茶一定十分惬意；若是想安静地沐浴阳光，也可以去平台坐一会儿。然而，最重要的优势还是它的位置——酒店位于30英亩（12公顷）的建筑群中。所以，客人也必须维持这里宁静的氛围。作为历史遗迹和王室的长眠之地，皇家修道院也要求游客：“为了维持平和而宁静的氛围，请您在善待遗迹和花园的同时，尽力做到安静地欣赏，不要跑动和叫嚷。”**CFM**

CONSULAT
LE CONSULAT
CHANGE
AGFA

探寻蒙马特

Discover Montmartre

地点：法国巴黎

网站：www.parisdigest.com/promenade/montmartre **价格指数：**❶

因为保留了原始的乡村景观，这里通常被视为巴黎最后的一个村庄。作为波希米亚人过去的聚集地，位于法国首府最高点的村庄也因此而闻名。该地区以425英尺（130米）高的蒙马特山命名，现在已经成为了主要且热门的景点。蒙马特的小丘广场已经将人们对梵·高和图卢兹·罗特列克的喜爱利用到了极致。在那里，只要花上几欧元，怀有抱负的画家就会为游客画素描。然而，一旦走过纪念品商店，进到里面去冒险，就会看到壮观的19世纪罗马拜占庭风格的圣心大教堂以及周围的小巷子。看到这些，你就仿佛回到了古老的乡村，与下面喧嚣的大都市隔离开来。

该地区还有另一个教堂——蒙马特圣约翰福音教堂。这里虽然同样吸引人，但游客却远不及圣心大教堂多。这座教堂位于蒙马特声名狼藉的皮加勒区（红灯区）附近。结合了摩尔人和新艺术风格的教堂营造出了一种独特的氛围。离此不远的地方就是烈士教堂。相传，圣丹尼斯当初就是在此被斩首，为了纪念他，教堂才以“烈士”命名。这里也是个远离人群、享受宁静的景点。

往南走上一小段路，就会到达“浪漫生活博物馆”中的温馨花园咖啡厅。在这个完美的地方歇一歇脚，再折返回去，走向圣心大教堂和整个城市最令人惊叹的蒙马特葡萄园。这座建于1930年的葡萄园现在归巴黎所有。当初建造这座葡萄园，是为了防止投资者建造新房屋，而现在，它却成为了当地人的骄傲。田园诗般的景致不仅让人觉得仿佛离开了城市，身处于乡野之间。**DaH**

→ 无论白天或黑夜，蒙马特都有永不停歇的活动——离开熙熙攘攘的大路，还有许多地方等着你去探寻。

住在辛巴蒂克的船上
Stay on Bateau Simpatico

地点： 法国巴黎

网站： www.quai48parisvacation.com **价格指数：** $$

身处世界上最浪漫的城市，有什么能比乘船在塞纳河上游览，抬头便是埃菲尔铁塔来得更加浪漫呢？付诸实践其实很简单：改装后的荷兰货船辛巴蒂克就停泊在塞纳河左岸地区。经过精心修复，由抛光黄铜和涂漆木头组成的货船会让人回想起经典的木质大型帆船。现在，船的主人将船租给游客，让他们既可以乘船游览，也可以住在上面。

沿着绿树成荫的街道向下走去，就会来到河边的鹅卵石码头，而辛巴蒂克号就停泊在这里。码头原本十分繁忙，建造埃菲尔铁塔的工人们在这里来回穿梭。但现在，这里却成了停泊家用客船的平静码头。对游客来说，码头的位置绝佳——距离咖啡馆、餐厅、商店、博物馆和巴黎市中心的纪念碑只有一步之遥。你既可以乘坐附近的水上巴士，也可以使用免费提供的自行车去上游的卢浮宫博物馆或巴黎圣母院游玩。

古老的平底大型帆船已有近一百年的历史，里面也是惊人得宽敞。船舱里有一个特大号的卧室、空间大且设备齐全的厨房、配有淋浴的浴室和巨大的客厅。船上最多可以睡四个人。进到木板船舱中，你会看到一个皮质沙发和几个扶手椅、一张餐桌和几把椅子、藏有地图和与巴黎相关书籍的图书馆，以及各类航海的小玩意儿，如水手用过的老旧储物箱和一副双筒望远镜。巨大的露天甲板令人难忘，同时也是放松的好地方。早上，你可以在遮阳伞下喝咖啡、吃羊角面包，或在晚上喝鸡尾酒。**SH**

⇐ 辛巴蒂克（游船中心）位于埃菲尔铁塔边，坐落在塞纳河河畔。

探索玛黑区
Explore the Marais

地点： 法国巴黎

网站： www.parismarais.com **价格指数：** $

玛黑区跨越巴黎第三区和第四区。在这里，你有充足的机会了解这座城市的核心。这里原来是一片湿地，17世纪和18世纪一直被巴黎的贵族占领，后来又被工人和工匠占据。20世纪早期，玛黑区又成了繁荣的犹太人聚集地。现在，这里不仅有很多华人社区，还有许多活跃的同性恋住客。

玛黑区的中心坐落着巴黎的标志性建筑孚日广场。法国国王亨利四世在1605年建立了这座广场；现在这里也是世界上最美丽的公共广场之一。广场中心建有一座小公园，四周则被搭配完美的红砖和石墙包围；广场边沿的拱形游廊中坐落着餐厅、画廊和精品店。在众多咖啡厅中选择一个，在里面喝杯开胃酒，或是在公园驻足，来一次临时决定的野餐。面包、奶酪和其他食物可从当地的商店中购买到。要是想尝尝巴黎最正宗的法棍面包，那就得去蒂雷纳街的玛黑面包店；面包店在孚日广场东侧的一个街区里。

> “有一种东西比世界上所有的军队都要强悍，那就是已然掌控一个时代的观念。”
>
> 维克多·雨果，法国作家，曾住孚日广场

巴黎共有两个保护区，玛黑区就是其中的一个。这里不仅有严格的区域划分，也受到法律的保护。狭窄的街道两旁是独立的咖啡馆、商店和画廊；街道也为人们打开了一扇回望过去的温馨之窗。**BS**

在尚宝罗帐篷酒店小住
Stay at Shompole

地点：肯尼亚纳特龙湖

网站：www.shompole.com　**价格指数**：$$$

尚宝罗帐篷酒店于2001年开始营业，装修风格简约时尚，有着线条流畅的白色混凝土装饰、粗削而成的无花果木和圆润光滑的河中卵石；茅草搭成的顶棚下设有一座跌水潭泳池，让常来的游客也会为之激动不已。酒店背靠肯尼亚南部的蛇绿霞辉岩，可以俯瞰到东非大裂谷的壮观景致，对此处的野生动物也起到了保护作用，并且为当地的马赛人带来了不少帮助。

自从对此地采取保护管理措施后，在这片之前被过度放牧与开发的大地上，狮子的数量比之过去增长了十倍，象群也从罗伊塔山处返回到了这片地区——夜晚开车兜风时还能瞥见有麝猫、大耳狐和土狼出没。在这里度假的大部分活动都是围绕着追踪动物展开的，再有就是去看纳特龙湖上的火烈鸟。

该地社区还将其保护专项费用用于支付巡逻者、老师和护士的工资以及中学奖学金，并且帮助建设和运营一座有6间卧室的旅馆。其中包括一栋带狭长的小型健身泳池的两室附属建筑（房型：小尚宝罗）和一座带有草坪和喷泉的私密家庭别墅（房型：尚宝罗别墅）。此外，还有一座私人单元房，从房间向外望去可以360度全面地看到蛇绿霞辉岩，该单元房带有一座哑铃形的泳池和直升机的停机坪。这意味着你若入住这里便可以直接飞往伦盖伊火山观景，这是一座跨坦桑尼亚国界的活火山。另外，酒店还有一家卖非洲珠宝饰品的小商店和一座中等水疗中心，该中心提供各种理疗服务，其中包括使用纳特龙湖中淤泥进行治疗的疗法。**LJ**

← 是建筑师安东尼·拉塞尔设计了尚宝罗流畅的线条和流动变化的曲线。

在纳达利旅馆放松心情
Relax at Ndali Lodge

地点：乌干达波特尔堡

网站：www.ndalilodge.com　**价格指数**：$$

纳达利旅馆是一栋殖民时代风格的房子，位于一座农场的中央狭窄的田埂上，所在位置正好处于赤道上。农场海拔5,000英尺（1,524米），旁边是一片幽深的圆形湖泊，而这片湖泊是一座死火山演变而来的。在这里可以360度无死角地观赏到古老的火山地形和鲁文佐里山脉，探险者们都称这里为“月亮山”。

旅馆主建筑中有接待区、会客厅和餐厅。而客房则是8座独立的石造草顶小屋。纳达利旅馆给人以奢华的感觉，但其实却是保持着一种非常传统的氛围。夜幕降临时，旅馆就会燃起烛火。旅馆的用水都来自于湖泊，抽水的手段则用的是18世纪70年代的水力技术。从1920年起，这座旅馆的就始终由同一个家族经营，从未易主，现在雇佣的服务人员也都是当地的村民。纳达利旅馆可向客人提供去火山口附近参观玛赫玛瀑布的向导，客人还可以乘船游湖观鸟赏蝶，还可看到一些灵长类动物。当地有许多小径等着你去探索。此处湖上筑有坚固的防波堤，客人们可以在围起的游泳池中游泳或者在湖畔晒太阳，幸运的话还可看到五种不同类型的翠鸟。

> “纳达利旅馆可以俯瞰其私人火山湖，而且这里绝对是一个适合放松休闲的好地方。”
>
> 杰克·巴克，《独立报》

纳达利旅馆坐落在三个国家公园之间，距离非洲有大量黑猩猩聚集的家园——基巴莱国家森林公园仅有45分钟的车程，可以说是探索乌干达的理想大本营。**SH**

在克洛伊米吉尼旅馆充分放松 Unwind at Chole Mjini

地点：坦桑尼亚克洛伊　网站：www.africatravelresource.com　价格指数：$$

看起来，在古老的猴面包树的如蓬树冠的遮蔽下，克洛伊米吉尼旅馆的树屋已经与其完美地融为一体了。这座原生态的避世之所使用木头、绳索和芦苇搭建而成，三面敞开，坐落于茂密的丛林、野兰花和红树林之中，附近还有倾颓的古老废墟，上面爬满了无花果树盘根错节的根须。这片地区生活着不少野生动物。游客们可以看到果蝠倒勾在树屋外面的树枝上，还有机会见识到活泼好动的猴子和各种各样的异国鸟类。

尽管7个客房中，有6个都建在树上，房间内还是摆放着四柱床，床上还铺有埃及棉的被褥，外面还优雅地罩着蚊帐。此处还设有露天淋浴，淋浴周围栽种了竹林以作遮挡。如果你不习惯在树屋中过夜，也可以住在地面上的客房里，客房中设有沉陷式波斯浴缸。

这个地方对于那些想逃开现实世界的人可谓是完美至极。克洛伊岛上并不通电（不过可以通宵点着油灯，也提供有阅读用手电筒），这就意味着旅馆没有电话、电视、汽车，不能查收电子邮件，也无法开空调降温。克洛伊属于马菲亚群岛的一部分，坐落在坦桑尼亚以南约60英里（100公里）处。此地比较流行水肺潜水和浮潜活动，到时候你可以和海龟、蝠鲼、海豚以及鳐鱼一同在水下嬉戏。

克洛伊米吉尼旅馆的一日三餐通常是新鲜的鱼肉和各种水果蔬菜。而且客人们可以和友好的旅馆主人一家共同进餐，用餐地点也可随意选择。其中最佳的晚餐地点就是在古老的废墟旁，届时点上灯笼挂在树梢，气氛将会非常浪漫。

下榻这家旅馆的同时也意味着你对该地的居民献上了一份爱心，因为每位游客在这里每住一晚，旅馆的主人就会向扶持当地医院、学校和培训项目的信托基金捐出10美元。**JK**

↑ 克洛伊米吉尼旅馆拥有装修豪华的树屋，内有四柱床，窗外的风景也非常美丽迷人。

在格雷斯托克玛哈尔营地小住 Stay at Greystoke Mahale

地点：坦桑尼亚坦噶尼喀湖 **网站：**www.greystoke-mahale.com **价格指数：**$$$

去往格雷斯托克玛哈尔营地的旅途本身就是一次小小的冒险。因为这处营地位于广阔的坦噶尼喀湖的东岸，十分偏远，要想抵达目的地需要从阿鲁沙乘小型飞机飞行4个小时，然后乘三角帆船在湖上航行90分钟。这片隐秘的营地方圆60英里（100公里）内没有陆路可走，所以从最近的市镇出发去该地也要坐两个小时的船。旅游地图上甚至没有标注出格雷斯托克玛哈尔营地，所以如果你追寻的是独处的乐趣，那么这里有大片杳无人烟的空间供你体验寂寥。

供客人住宿的是6座中非地区常见的传统茅草屋。海滨小屋的设计非常时尚，有敞开式的门廊、宽阔的休憩平台，室内则是从一座古老的单桅帆船的木质船体精心改造而来的，这就为营地平添了一份粗糙质朴的感觉。

到了晚上，你可以赤着脚在水边享用晚餐或是在帆船上品尝鸡尾酒，抬头便是一片灿烂的星光；当然，你也可以乱石遍布的海岬酒吧去消遣，那里的景致更是优美。用餐区包括分别面对着四个方向的四座平台，可以俯瞰下方壮丽的景色。营地还建有一座图书馆，其中所藏的皆是一些关于当地野生动物的珍本。

营地背靠马哈雷山茂密的森林，这片森林是人类的近亲野生黑猩猩在非洲最后的家园。沿着野径穿过郁郁葱葱的雨林，你会时不时遇到这些濒危的灵长类动物，它们在林木间荡来荡去，神气活现，发出各种声音。雨林中不时会有几道瀑布或巨大而青翠的葡萄藤映入眼帘，林中活跃着各种生物，其中包括豹子、猴子、豪猪、猫鼬、蝴蝶和鸟儿。湖中也有巨大的“宝藏”：在清亮透明的水下生活着250种热带鱼，因此这里是游泳、浮潜和荡舟的理想胜地。**JK**

↑ 格雷斯托克玛哈尔营地的魅力一部分就来源于其中陈设的原生态家具和使用的传统纺织品。

在卡哈瓦山巴村尽情放松
Unwind at Kahawa Shamba

地点： 坦桑尼亚卡哈瓦山巴

网站： www.kahawashamba.co.tz **价格指数：** ❶

每年有成千上万的户外活动爱好者纷纷前往乞力马扎罗山，想要征服这座非洲最高峰，但是却没有几个人能停下脚步，关注一下生活在山下的当地部落，去了解生活在这里的人与物，文化与习俗。

卡哈瓦山巴村的名字意为“咖啡农场”，几个世纪以来，斯瓦希里人都居住在这里，他们种田，打猎，过着简朴的田园生活。而因为产品的市场价格下滑和种植成本增加，在这里种咖啡豆的农民始终挣扎在贫困线上。在社区计划的扶持下，当地人现在正发展旅游业，他们会为游客提供住宿、餐饮或者其他种种帮助以换取酬劳。通过这一计划，当地人的经济状况渐渐好起来，游客们也收获了真正有意义的旅游体验。

村中供游客居住的是一种被当地人称为“楚卡”的传统草屋，屋子从上到下都盖满了香蕉叶。住宿条件虽简陋，但当地人热情好客，周围山川峡谷青葱翠绿，四处生长着高大的香蕉树和矮小的咖啡灌木丛，风景优美，无不体现着别样的“奢华”。

如果你自认为是一个热爱品鉴咖啡的人，那么你一定会喜欢参观小小的公平贸易咖啡园区，在这里你可以了解到更多关于咖啡起源和冲煮过程的知识，和种咖啡的农民们一起吃午餐，还能亲身体验摘咖啡豆，看到咖啡豆去除果肉、接受烘焙和研磨的过程。“实地考察”一天后，如果你觉得有些疲惫，还可以沏上一杯新煮的咖啡提提神。**JK**

在恩戈罗恩戈罗火山口旅馆过夜
Stay at Ngorongoro Crater Lodge

地点： 坦桑尼亚塞伦盖蒂平原

网站： www.ngorongorocrater.com **价格指数：** $$$

“非同一般”这个词绝对不足以贴切地形容你入住恩戈罗恩戈罗火山口旅馆的体验。这座旅馆位于坦桑尼亚的北部，坐落在塞伦盖蒂平原上一座巨大的火山口边缘，远远看去仿佛是跨坐在整个世界的边缘。

旅馆毗邻世界上最大的未喷发火山，周围是超过4,970英里（8,000公里）的原始非洲荒野。这里水草丰美，是野生动物的乐园。而最令人印象深刻的就是一年一度的“动物大迁徙”，届时将有两百万左右的牛羚和斑马为了寻找食物如暴风骤雨般扫过塞伦盖蒂平原，它们狂奔的声音如同雷鸣，一路上尘土飞扬，场面壮观宏大。

> “如果你仅能在非洲过一天，那么你一定要住在恩戈罗恩戈罗火山口旅馆。”
>
> 劳拉·莱利，《大自然的据点》

恩戈罗恩戈罗火山口旅馆的建筑在外形上仿照了马赛人用泥巴和木棍搭建的村寨，但内里则另有一番奢华天地。入住后，旅馆安排的贴身管家会为你将壁炉的柴火添满，在一天两次的追踪动物之旅的间隙为你放好洗澡水，还会在浴缸中洒满玫瑰花瓣，你洗澡的时候还能从窗口看到迷人的风景。此外，管家还会为你安排去火山口野餐以及鸡尾酒。三处私密而浪漫的架空营地都拥有内部装修豪华的套房，套房以石头砌成，屋顶则选用了茅草铺就。这片地区被称为“非洲的伊甸园”，你只有亲眼见到才能相信，而且最好从旅馆开启你的这次非洲伊甸园之旅。**LP**

→ 恩戈罗恩戈罗火山口旅馆大方的内部装修风格是受到了马赛人的简单朴素生活理念的影响。

在琼碧岛珊瑚礁公园小住

Stay at Chumbe Island Coral Park

地点：坦桑尼亚桑给巴尔岛外

网站：www.chumbeisland.com　**价格指数：**❶

琼碧岛珊瑚礁公园将会让你度过一个精彩的生态假期。整座琼碧岛便是一个自然保护区。珊瑚礁保护区不允许钓鱼，岛上的住宅装配有太阳能板、集雨装置和高科技过滤与污水处理系统，以保障污水不会污染珊瑚礁保护区。

不过，大多数人都会选择来这里浮潜。岛上的珊瑚礁保持的原始的样子，因为海水很浅，浮潜的人可以欣赏到通常只有深海潜水员才能看到的海洋生物。你在水下要小心行事，这些岩洞中住着一条名叫“奥斯卡”的金钱龙趸，身长3英尺（1米），相信我，你可不愿意惊动它；不过，你会经常看到成群的颜色鲜艳的鹦鹉鱼、梭鱼、玳瑁龟、龙虾和黄貂鱼。有的游客甚至会幸运地与海豚和住在礁石里的蝙蝠鱼嬉戏。

“琼碧岛目前受到全方位的保护……旅游业创造的收入都会重新投资到岛屿环境的保护事业中去。”

西贝尔·瑞德米勒，联合国教科文组织

在岸上，游客们可以沿着森林保护区的小径远足，琼碧岛上90%的土地都覆盖着桑给巴尔岛为数不多的“珊瑚礁屑角砾岩”森林。落潮时分，你可以走遍小岛的每一个角落。你甚至可能会遇见世界上最大的陆地蟹——椰子蟹，这种蟹可以用它的钳子将椰子壳夹开。PE

⇦ 琼碧岛整体来说就是一个自然保护区，而且所有者也以生态友好的方式在运营着这片保护区。

体验塞卢斯项目

Experience the Selous Project

地点：坦桑尼亚塞卢斯禁猎区

网站：www.selousproject.com **价格指数：**$$$$

一头扎入占地300,000英亩（121,405公顷）的塞卢斯禁猎区，沉浸在这片完全属于你的私人天地中，你就不会被那些呼啸而过的越野吉普车狩猎车队所困扰。此禁猎区得名于第一次世界大战期间去世的一位英国探险家、猎人和自然资源保护论者——弗雷德里克·考特尼·塞卢斯。禁猎区的面积与瑞士国土一样大，在非洲也是最大最荒凉的一片区域。

一个至多8个人组成的团队就可以独自体验这片纯粹的荒野。之前塞卢斯项目只向那些猎杀大型野兽的猎人开放，现在摄影旅行者也可以申请。游客借此机会可以沿着足迹在灌木丛中跟踪大象和水牛，划着独木舟经过在河中打滚的河马以及在河畔饮水的小型动物，或者亲眼去看一看狮子是怎样从藏身处跳出来撕碎猎物的。这个项目主要是为了唤起大家对保护野生动物以及当地社区的重视。

营地本身设计的目的是为了让游客们充分体验弗雷德里克·塞卢斯那个年代传统旅游的乐趣。营地的装修具有英王爱德华时代的复古风格，帐篷中的家具均是由可持续建筑材料打造而成，包括经典款活动挂衣箱、写字台和奢华的皮面安乐椅。营地配套的露天浴室建在种着矮小树木和竹林的花园中。

四座帐篷均有通往卢文谷河河岸的私人小径，喜欢浪漫情调的情侣们可以浸在河流浅水区的铜浴缸中，一边喝着香槟，一边在这无人打扰的幽静环境中欣赏夕阳美景。**SWa**

"空气中蕴藏着力量与守候……闪闪发光的水面沉静安宁……默然挺立的树木围成一圈。"

皮特·马西森，《沙河》

↖ 塞卢斯项目让大家有机会在令人心醉神迷的大地上享受私密的体验。

在辛集塔法鲁法鲁旅馆享受野趣

Enjoy Singita Faru Faru

地点：坦桑尼亚格鲁美蒂保护区

网站：www.singita.com　**价格指数：**＄＄＄

辛集塔法鲁法鲁旅馆坐落在阳光灿烂的塞伦盖蒂平原中心地带，热爱动物的人们都会为它神魂颠倒，这不仅仅是因为旅馆所在地点是观看一年一度的史诗般的动物大迁徙的首选位置（届时将会有一百多万头角马进行迁徙）。旅馆位于一座岩石遍布的山坡上，毗邻格鲁美地河和一汪池塘，该地一年到头都活跃着各种动物。

法鲁法鲁旅馆占据着塞伦盖蒂平原西部走廊上的私人特许地区，但它不仅仅有地理位置上的优势，还是个集私密感和优雅情调于一身的度假胜地，在此下榻会带给你从未有过的新鲜旅行体验。法鲁法鲁旅馆共有6座开放式带空调的帐篷套房，每间帐篷都有巨大的落地窗，此外还配有户外淋浴或盆浴，另有一座配备有先进望远镜的瞭望台。站在瞭望台上，游客们可以欣赏到壮丽的落日景观和只为你一个人“播放”的“动物世界”。更不消说当你在浴缸中惬意的泡澡时会有看到象群缓缓经过的机会。

旅馆的布置虽具有20世纪40年代东非殖民时期的风格，但也受到了斯瓦希里文化的启发，建有一片“沙滩”、两座泳池和一间水疗馆。旅馆的餐厅和烧烤区可为客人们呈上令人食指大动的新式非洲菜肴，有时候人们也会在席间夸张地讲述他们白天里经历的荒野冒险故事。

除了旅馆安排的一天两次吉普越野巡游项目以外，客人们也可在长椅上放松休息，暂时不去理会外面更为精彩有趣的各种动物活动。旅馆还可以为你安排徒步或骑马旅行项目，一边让你体验原汁原味的大自然。塞伦盖蒂平原的名字来源于马赛人的“Siringit”一词，意为“无尽的平原”或“无限延伸的原野”，似乎可以恰到好处地概括此地自然环境的美好之处。**LP**

畅游尼姆巴岛

Discover Mnemba Island

地点：桑给巴尔尼姆巴岛

网站：www.mnemba-island.com　**价格指数：**＄＄＄

每当比尔·盖茨想从快节奏的商业世界中抽身而出，寻找一方清净的时候，他都会前往独一无二的尼姆巴岛度假。这座小岛坐落在桑给巴尔岛东北端的印度洋海域，名字在阿拉伯语中的意思是“章鱼的头”。岛上仅有十座浪漫朴素的海滨小屋，屋身围有一圈平台，屋顶上则覆盖着棕榈树毛茸茸的树叶。

除了所处位置十分讨巧，此岛最吸引人的地方莫过于潜水活动了。尼姆巴岛环礁的珊瑚岩是受到保护的，因此这里活跃着五彩斑斓的海洋生物；海豚、鲸鱼、色彩明艳的热带鱼和巨大的海龟纷纷顺着水流漂入环礁湖。岛上无处不散发着自然的魅力，清晨你会伴着林中红眼斑鸠的歌声醒来，起身便能看到美丽的白蝴蝶和蹦蹦跳跳的桑岛新小羚，脚下不时有沙蟹爬过，躲过这些小生灵，闯过一片椰树林，就来到岛上的主建筑。

> “在所有可提供住宿的小岛中，尼姆巴岛是最富有浪漫情调的一个……设施十分完备。”
>
> 《每日电讯报》

岛上的食物也同样会给人留下深刻印象，因为每天都会有新鲜的水果和海产品送上尼姆巴岛。这里的一日三餐极为丰盛，晚上在用餐区或者私人阳台上都可以享用烛光晚宴；最棒的用餐地点莫过于沙滩，到时候，你一边吃饭还会有海浪轻舔着你的脚丫。

你也可以启程去参观桑给巴尔岛中古老的“香料之岛”，这样大家就有机会享受到令人放松的保健按摩和深海垂钓的活动。你也可以躺在沙滩上，单纯地享受尼姆巴岛的这份静谧。**LP**

在芒博岛上划船

Kayak at Mumbo Island

地点：马拉维，马拉维湖

网站：www.kayakafrica.co.za　**价格指数：**Ⓢ

从位于马拉维湖南岸的麦克莱尔角出发，乘着皮划艇行驶6英里（10公里）后你就会抵达芒博岛（如果对自己的体力不太自信，可以选择搭乘Kayak Africa公司的渡船）。登岛之后你就会发现自己俨然独自拥有了一片小天地。这里有奢华的帐篷供你过夜，帐篷配有浴室、茅草屋顶和观景阳台，湖畔还设有吊床。在你快乐地独处之时，唯一可能出现在你面前的人就只有那些为你准备餐点、端茶递水的服务人员了。

你可以躺在吊床中休闲地度过一整天，看着阳光洒在马拉维湖的水面上，看着五颜六色的慈鲷鱼像一道道电光般围绕着花岗岩小岛快速地冲来突去。如果你心血来潮，想活动一下身体，那么这里有世界上最安全的水域供你练习水肺潜水。当然，你也可以带上呼吸管在沙滩的浅滩处浮潜，或者只是划着皮划艇在小岛岸边巡游。如果有一两只水獭游过来凑热闹也是常有的。

这座天堂般的小岛上长满了猴面包树和无花果树。围绕小岛，有五条适合划船新手的天然简单路线可供选择，沿着这些路线前行可以到达更加隐蔽僻静的海湾和小岛。你可以在岛上悠闲地散步，或许还能发现巨大的鱼鹰、羽毛色彩鲜艳的翠鸟或者霸鹟。如果这些活动在你听来都太耗费体力，那么你也可以只是躺在吊床中一边摇晃，一边咂着葡萄酒，一边看看飞过的鸟儿。

1861年的时候，著名的探险家大卫·利文斯敦将马拉维湖命名为“星之湖”，因为阳光洒在湖面上，形成跳跃的光斑，好似一颗颗璀璨星辰。如今，要欣赏这样浪漫的风景，没有什么地方能比芒博岛更适合的了。**SWa**

⇐ 你可以从芒博岛上清亮的马拉维湖中自由自在地划船。

在库查卫酒店过夜
Stay at Ku Chawe Inn

地点： 马拉维夏尔低地

网站： www.malawi-travel.com **价格指数：** $

马拉维地区最高端的酒店背靠松巴高原的森林，面前则是东非大裂谷和夏尔低地的壮观景色。这样的风景就好像人间的伊甸园一般：山坡与沟壑都生长着新奇的异国树木、各种密密麻麻的匍匐植物、不知名的野花、兰花和苔藓。尽管有这么美丽的风景和奇尔瓦湖与湖畔的白色沙滩，马拉维却并不是知名的度假胜地，因此也并没有因为旅游业带来任何的破坏和不良影响。

库查卫酒店掩映在曲折蜿蜒而漫长的山路尽头那片郁郁葱葱的植被中。虽然置身于一片田园牧歌似的丛林中，但这并不意味着酒店的设施会很简陋。酒店共有40间宽敞的客房，每间客房都配有各自的私人浴室、电话和卫星电视。马拉维人的热情好客是出了名的，库查卫酒店员工的服务非常细致周到，正是把这个优点发扬到了极致。在有遮阳棚的宽敞室外阳台上吃午餐是件非常有趣的事情，因为你可以一边进餐一边观察花园中也同样在吃饭的狒狒。在稍稍有些凉意的冬夜，你可以先在阳台上享用一杯开胃酒，尽情欣赏这美妙绝伦的风景，然后再围坐于摇曳的篝火前，品尝各种美味佳肴。你可以起个大早，雇一名登山向导带你去那云雾缭绕的高原峰顶。你也可以只是凝望远方无边无际的泛着金光的湖水。**SWi**

> “松巴高原的美丽无与伦比，物种丰富，流水水晶般透明清亮。”
>
> 《马拉维协会的朋友》

在安苏娜旅馆放松心情
Unwind at Azura

地点： 莫桑比克本盖鲁阿岛

网站： www.azura-retreats.com **价格指数：** $$$

到安苏娜旅馆入住可并不是一件容易事儿：首先你要从约翰尼斯堡乘两个小时的飞机，然后还要登上有惊无险的直升机，向着色彩缤纷的印度洋俯冲下去，不过这一切旅途辛苦都是值得的。新婚夫妇们都很喜欢来这家旅馆度蜜月，真正吸引他们的是这个小岛那份原始的美。

这座旅馆由一对英国夫妇克里斯托弗·贝特尼和斯特拉·贝特尼建于2007年。他们之所以在这里开旅馆，是因为一个叫加布里埃尔·戈萨的莫桑比克人在此经营一家背包客旅馆，后来面对升级旅馆设施或是搬迁的选择时决定易手，于是夫妻二人看到了机会，将旅馆盘了下来。

在旅馆的14座木结构别墅的建设与装修中，他们运用了不少当地的手艺，也雇佣了不少当地的相关人才。漂流木做成的板凳和木地板营造出了一种慵懒的氛围，让这座海滨旅馆显得格外别致；而带流苏的皮革凳子和潘顿椅更增添了精致与时髦的情调。无论是想要私密氛围的客人，还是爱好交际的客人，大家均能找到适合自己的用餐环境，因为旅馆可以安排沙滩二人烛光晚餐，也可以让客人在壁虎酒吧和众人一道畅快饮酒。就算你执意选择躺在吊床里看星星也无妨。岛上的潜水和钓鱼活动都非常精彩有趣，如果潜入水中，你会看到原色的珊瑚、海龟和旗鱼，7月到10月间，你甚至能在此地看到座头鲸的身影。涨潮时候，如果你登上潘西岛，就会看到沙洲上遍布着被海水冲上岸的海胆；或者会有一座巨大的沙丘出现在你面前，沙丘一侧是海水，另一侧是淡水池塘，塘中满是鳄鱼和涉水鸟。**LJ**

→ 蓬松的茅草铺顶，这是当地人建房子的特别手艺，也是他们手工天分的体现。

在马泰莫岛潜水

Dive at Matemo Island

地点：莫桑比克马泰莫岛

网站：www.matemoresort.com **价格指数：**$$

马泰莫岛只有5英里（8公里）长，1.8英里（3公里）宽，虽然面积小，但地球上还没有什么地方能在钓鱼和潜水上比得过这里。马泰莫岛位于基林巴群岛的中心位置，靠近莫桑比克北岸，岛上全部是白色的沙滩，只是零星点缀着几棵椰子树和几座草蓬泥房子。深海中才是会让你惊叹的真正“宝藏”：大耳马鲛、梭鱼、皇后石首鱼、裸狐鲣和旗鱼，更不用说大群的黄鳍金枪鱼了。正是因为此处海域被划分为海上禁捕区，所以才能有如此多的热带鱼。这里海水温暖，还有

> “基西瓦岛和马泰莫岛上还依稀可以看到大型葡萄牙殖民时期的种植园遗迹。”
>
> 马林·纽维特，《莫桑比克的一段历史》

未曾被污染破坏的珊瑚礁和万花筒一般令人眼花缭乱的海洋生物，8到10月间还有座头鲸出没，这些对于潜水者而言，无疑是一个天大的好消息。此外，你还经常能看到海龟，偶尔甚至能见到濒临灭绝的儒艮。一天的潜水或钓鱼活动结束后，你可以步行探索岛上郁郁葱葱的植被，或者搭乘水上出租车去附近的怡保岛游玩，这座岛过去常有海盗活动和象牙交易。

如果你并不想离开马泰莫岛，那么海滨地区的草棚小木屋中配有24小时的空调，你可以舒适地在屋中休息，走出屋子没几步就是大海，另外还有餐厅，用当地捕捞的海鲜烹制佳肴供客人品尝。**JK**

← 马泰莫岛是潜水、钓鱼爱好者的天堂，就算两样都不热衷，单纯地享受美丽的沙滩也是不错的选择。

在怡保岛旅馆放松休息
Relax at Ibo Island Lodge

地点：莫桑比克怡保岛

网站：www.iboisland.com **价格指数：**$$

怡保岛可谓是印度洋上的一颗宝石，如果你曾经有过在岛上度假的愉快经历，那么它一定会让你难以忘怀的。这座被森林覆盖着的小小岛屿坐落于美丽的基林巴群岛南端，基林巴群岛由32座热带岛屿组成，在莫桑比克的边境以北绵延分布着，所占海域长度超过125英里（200公里）。

怡保岛旅馆的建筑历史悠久，美丽大方，可以追溯到殖民时期。旅馆院落的外墙厚达3英尺（1米），高挑的天花板更给人留下了高雅华贵的印象。旅馆共有14间豪华客房，各自设计有别，但都能看到海滨景致，是一处逃离尘嚣的绝佳去处。客房中陈设的手工制作的古董家具也好，旅馆的木门和百叶窗也罢，都道出了这些建筑经历过的沧桑岁月。

游客们可以乘坐单桅三角帆船围绕着群岛巡航一周，也可以登岸造访能追溯到17世纪的历史古镇。如今岛上的小镇已经得到提名，有可能会被列入世界遗产名录。1754年，葡萄牙人选中了这里作为他们做奴隶和象牙生意的交易栈，而后的一个世纪，此地却被彻底地遗忘了。小镇中遍布着古老的城堡和住宅，散发着神秘的气息；你可以在镇子中闲逛，看看银器匠是如何将银币融化然后打造出精致的银首饰的。

就像享受泳池和私人海滩一样，游客们也可以在这些世界上最美的珊瑚礁附近尽情浮潜或者潜水，或者乘着皮划艇穿过红树林，在基林巴国家公园的水域中与那些海龟、海豚和鲸鱼不期而遇。或许，这就是鲍勃·迪伦多年以前在歌中唱的那个莫桑比克。**AD**

⇐ 怡保岛旅馆由三座美丽的宅邸组成，每座房子的历史都有一百多年。

在马林旅馆留宿
Stay at Marlin Lodge

地点：莫桑比克班古埃卢阿岛

网站：www.marlinlodge.co.za **价格指数：**$$

马林旅馆是非洲南部最酷的度假胜地之一，也是你在非洲大地上游荡一番后最完美的休憩所。旅馆的小木屋沿着宁静的火烈鸟海湾细腻的白色沙滩一字排开，屋顶以木材和芦苇搭建而成，彼此之间由架空的步道相连，步道下方是郁郁葱葱的植被。淡水泳池坐落在一片椰树林的林中空地上。躺在客房的四柱床上就可以看到壮美的海景。

这座小岛是国家海洋公园的一部分，也是很多受保护动物的家园。你能在水中见到鲸鱼、鲸鲨、海豚、儒艮和蝠鲼；礁岩附近还可以看到海龟、黄貂鱼和海鳝。钓鱼爱好者仍然可以在此地钓马林鱼和其他大型鱼类。此外，你可以参加岛上组织的双体船、帆板、划水等运动，也可以称作传统的单桅三角帆船在水上巡航。

> “来这里度假的客人主要是为了在原始的沙滩上漫步或者在纯净的礁岩附近游泳。”
>
> 赖安诺·巴顿，《独立报》

至于陆地活动，游客们可以在小岛的草地、沿岸沙丘、阿拉伯胶树林地和栖息着尼罗鳄的淡水湖湖畔散步，专注地欣赏那些五颜六色的鹦鹉。

住在马林旅馆需要支付参观海洋公园的费用，而向你收取的这部分钱将会转入造福自然环境和当地社区的基金会，所以你大可放心地沉浸在周遭迷人的风景中，因为你知道自己为班古埃卢阿岛能世世代代都保持它天堂般的环境也尽了一份微薄的力量。**AD**

在齐拉里岛放松心情
Unwind at Quilalea

地点： 莫桑比克基林巴群岛

网站： www.quilalea.com **价格指数：** $$$

无论是哈里王子这样的皇室成员，还是莱昂纳多这样的一线明星，都逃不过齐拉里岛这颗印度洋上的美钻的魅力。基林巴群岛由32座岛屿组成，齐拉里就是其中最为珍奇的那一座岛，岛上无人居住，荒凉的海岸线好似从未有人类踏足一般。

齐拉里是基林巴群岛中第一个规划为自然保护区的岛屿。岛上不允许进行商业捕鱼。海水湛蓝，潜入海中，你会看到令人目眩神迷的珊瑚、彩虹般绚烂的浅滩、有着两千年历史的猴面包树和红树林。美丽的蝴蝶忽闪着翅膀从你身边飞过，海龟在沙滩上闭目养神，你乘着白色的帆船航行在海面上，水中鲦鱼纷纷游过。齐拉里曾经是过往水手和商人们的首选休息站，如今则是寻找乐趣的游客们（仅限成人，此地禁止孩童登岛）的休息站。

“齐拉里岛小到无法建飞机跑道。事实上它基本对任何事物来说都太小了。”

道格拉斯·罗杰斯，《悦旅》杂志

岛上只有9座茅草顶的石砌别墅，从别墅中可以一览无余地欣赏海景。游客们可以去探访怡保岛，岛上有一个至今尚未通电的被世人遗忘的小镇，镇上曾经标志着此地经济繁荣的建筑已经逐渐破败倾颓，但小镇居民们却依旧热情好客；游客也可以在森佳尔荒岛上野餐，与青长尾猴亲密接触。齐拉里就是通往另一个世界的大门，是一片失落的天地。**VG**

探索鱼河峡谷
Explore Fish River Canyon

地点： 纳米比亚鱼河峡谷

网站： www.nwr.com.na **价格指数：** $

鱼河峡谷长度接近100英里（160公里），是世界上最令人感到震撼的峡谷之一，位于纳米比亚的一座国家公园中。峡谷中有杳无人烟的绝壁和陡峭险峻的悬崖，为“偏僻遥远”一词带来了全新的定义。

纳米比亚生态度假区中沿着鱼河峡谷有一条长50英里（80公里）的徒步线路，通常完成该线路需要行走5天，精力不够充沛或者健康状况不佳的游客是无法完成的。一路上天气炎热，脚下的大地也散布着乱石，若是你背着双肩包走更是觉得坎坷难行，而且如果你中途改变心意也没有能供你即刻退出的道路或者捷径可走。这里只有会让你觉得一切艰难险阻都值得的原生态美景。险峻的沟壑中布满了深橘色和深粉色的大块岩石，在阳光下不断变换着颜色；看起来有些怪异的球根状箭袋树（纳米比亚的国树）生长在悬崖的边缘上；凡是目之所及，所有的风景都透着孑然独立的真实感觉。鱼河水质清凉纯澈，非常适合裸泳，同时对于那些干渴疲乏的徒步者来说就像是一剂强心针。到了晚上，徒步者可以生起火来煮上一顿饭，凝神看火焰摇曳舞蹈，然后蜷起身子在星空下安眠，这一刻，任何人以及世界上的任何地方都距离你很是遥远。

如果这些听起来对于你都太过狂野，那么你可以去参观国家公园保护区以北的峡谷自然公园，鲁汶河和鱼河就在这里交汇。这里也同样具有惊人壮观的景色和偏远的地理位置，你可以选择带上食品和帐篷，甚至雇一辆交通工具运送你的行囊，然后跟随导游花上两到三天的时间沿着私密的路线进行徒步。**SWa**

→ 鱼河峡谷是世界上第二大的峡谷，仅次于美国的科罗拉多大峡谷。

在海市蜃楼旅馆享受别样风光

Enjoy Le Mirage

地点： 纳米比亚索苏斯韦雷

网站： www.namibweb.com/lem.htm **价格指数：** $$

海市蜃楼旅馆在非洲沙地中闪烁着微光，正如它的名字一样，在沙漠间拔地而起，仿佛《一千零一夜》那个世界里的一座童话城堡。几座高高的石墙和带窗户的塔楼将中央安静的院落围了起来，院子里是一座环绕着绿茵的泳池。

围墙内是浓荫下凉爽的客房，每间客房都有可以俯瞰纳米布沙漠的私人阳台。沿着楼梯登上房顶，是带露天平台的塔顶房间，住进去，你晚上就可以睡在美丽的星空下。清晨的阳光照射在金色的热带草原上，只见草原边缘是花岗岩峰丛和高耸的红色沙丘。客人们还可以在“奥秘水疗中心”里享受按摩理疗，体验最令人放松舒畅的优雅环境。摩洛哥式的理疗室中满是玻璃灯笼发出的柔和光线，泡在盐浴中的你不但清洁了身体，也焕发了活力，按摩之后，你不仅能在精神上得到一种快慰，紧张的情绪也会得到舒缓。

> “索苏斯韦雷不仅是世界上最大的沙丘地带，也是地球上最为古老的沙漠。”
>
> 凯瑟琳·邓菲，《多伦多星报》

在索苏斯韦雷沙丘地区，吸引众多游客的著名景观就是有上百年历史的巨大沙丘。你可以登上温柔起伏的山峰峰顶，饱览山下的风光，也可以乘热气球安静地飘过充满魔幻气息的大地。如果你是个特别具有冒险精神的人，那么可以开着四轮沙滩车奔驰在一座座沙丘间，或者展开一次野生动物之旅，在这片包罗万象的大沙漠中寻找各种野生动物的踪迹。回到海市蜃楼旅馆，你可以坐在室外的篝火旁喝一杯餐前鸡尾酒，然后仰望沙漠漆黑如墨的夜空，欣赏星光的灿烂与美好。AD

下榻维拉酒店

Stay at The Villa

地点： 纳米比亚欧孔吉玛

网站： www.okonjima.com **价格指数：** $$$

每当布拉德·皮特和安吉丽娜·朱莉想过上一段绝对隐私的生活，他们就会预订欧孔吉玛的度假豪华别墅。别墅配有专属大厨、迷人的私人无边际泳池和超大号床，床底带有轮子，可以直接推上宽敞的露台，让客人在星空下入眠。这里的的确确是非常适合好莱坞大明星下榻的酒店。

酒店宏伟的非洲宅邸位于灌木丛中一处隐蔽的位置，距离主营地有6英里（10公里）远。宅邸中包括一座双卧室的主宅和两座分开的茅草顶套房，至多可以供8个人过夜。宅邸中的泳池经过了特别的臭氧化处理，还采用了紫外线灯光消毒技术，而不是用通常的化学方法进行清洁。每当泳池中的宾客有什么需要的时候，提供招待服务的人员和厨师都会给予相应的关照和满足。客人也可以在酒吧附近阴凉的大厅中小憩一会儿。

室内大厅有烧着木柴的壁炉，周围点缀着各式各样的非洲手工艺品，卧室布置有带玻璃嵌板的手风琴式折叠门，拉开门就可以饱览灌木草原壮丽的全景。当然，你也可以将这种折叠门换成用拉链扣连接的帐篷式帆布卷帘门，这样更能带来荒野生存的感觉。浴室一部分为室内淋浴，还有一部分室外淋浴设施设在灌木丛中，更配备有可以看到美好风景的浴缸，这些都会带给人美好的沐浴体验。

欧孔吉玛给来客们提供了一个了解非洲猫科动物保育基金会工作的机会，该基金会致力于保护濒危的印度豹和美洲豹。日出时分，客人们可以起床跟随私人向导步行追踪美洲豹，或者坐上车外出看印度豹，再或者去欣赏该地区上百种不同的鸟类，包括纳米比亚一些地方独有的品种，卡氏山雀、哈氏鹧鸪和一种被称为“达马拉岩石奔跑者”的鸟儿。AD

体验莫瓦尼山中营地

Experience Mowani Mountain Camp

地点：纳米比亚颓废方丹

网站：www.mowani.com **价格指数：**$$

莫瓦尼山中营地位于纳米比亚西部颓废方丹地区的中心位置，即乌加河和华伯河之间，营地的名字意为“神之所在”。从远处看上去，这片高地上汇聚着许许多多的圆顶茅屋，仿佛是一个常见的非洲村落，但其实这并不是一个普普通通的露宿地。

营地中有一些装修高雅的帐篷（带浴室）向西而立，面朝远处的山谷；而其他帐篷所在的位置则向东而立，入住的客人清晨可以看到旭日东升的壮观景象。帐篷中的床上装饰着白色的亚麻幔帐，外侧则是木质阳台甲板，供客人们在此欣赏达马拉的风景。

山岩之上坐落着奢华美丽的圆形茅屋（非洲传统圆屋），以帆布代墙。茅屋套房最为时尚，而且配有私人管家服务，无论你有什么需求都可随时吩咐给管家。此外，客房拥有室内和室外的浴室，而且在淋浴的同时，客人还能欣赏美丽的景色，这绝对是清晨醒觉的好方式。

营地的泳池设在巨大的岩石之间，池畔建有日光浴平台，客人们可以借此机会体验灼热的非洲艳阳。周围山谷中也遍布着巨大的岩石，让人不禁联想到史前时代；在未开发的荒野和沙漠景色中，你也可以看到稀奇的岩层、带有原始岩石壁画的考古遗址和多种多样的独特动植物群。你可以到营地外的大自然中驱车追寻难觅的沙漠象群或者徒步穿越高地，欣赏沿途风光。

颓废方丹的岩层已有惊人的2500年历史，是这片纳米比亚土地上最吸引游客的一点，此外同样引人入胜的还有同时期布希曼人在岩石上的雕刻和画作。**AD**

↗ 照片中，颓废方丹那一块块巨大的岩石会是绝妙的背景。

“这可不是你想象中的传统狩猎之旅。你来此地扎营不仅仅是为着这里丰富的野生动物资源，更是为了欣赏奇特的地貌。”

露西·吉尔莫，《独立报》

在恰瓦露营
Camp at Chiawa

地点：赞比亚赞比西河下游国家公园

网站：www.chiawa.com **价格指数：**$$$

为了证明赞比西河适合航行，大卫·利文斯通当年曾穿过这片地区，结果最终任务失败。我们可以想象，在他艰苦的探险活动中，一定曾希望能有像恰瓦这样舒适的营地可以露宿。这处获得了多个奖项的度假胜地不仅以奢华著称，还非常注重营地与非洲灌木环境的紧密联系。客人们均安排在帐篷中过夜，但与人们通常想象的帐篷露营并不相同。这里的帐篷拥有木制护墙板、卷顶浴缸和室内室外的淋浴设施。营地设在灌木丛中的平台餐厅提供非洲与欧陆融合式菜肴，当然你也可以坐在船上一边享用佳肴，一边平静地行驶在赞比西河上。

> “恰瓦营地是完美的小旅馆……从营地的公共区域可以眺望到赞比西河，此外，营地客房很是宽敞。”
>
> 理查德·格林，《泰晤士报》

恰瓦营地尤以有趣的独木舟之旅闻名，在航行中，客人可以沿途观赏到河马、水牛和大象。此外，钓鱼活动也备受欢迎，尤其是可以捕捉到虎鱼和非洲巨鲶，这点非常令人兴奋。营地可组织白天和夜间的驾车出游活动和灌木徒步旅行，这些活动节奏较慢，而且过程中也非常注重环保。

如果你觉得所住的帐篷太过豪华，不足以深入体验野外露营的乐趣，那么恰瓦营地推荐你入住古老梦多罗灌木营地。该营地舒适简单，仅可容纳8人，具有一种野外生存、回归自然的氛围。晚上，有石蜡灯笼提供照明；清晨，有以营火新鲜烤制的面包供应。**PE**

划独木舟游览赞比西河
Canoe the Zambezi

地点：津巴布韦马纳波尔斯

网站：www.natureways.com **价格指数：**$$$

栖息在马纳潭地区的动物们很少能接触到人类，因为它所在的原始国家公园隐秘地坐落在津巴布韦偏远的西南一隅，园区中并无可供住宿的房舍，所以游人极少。也正因为此，当你划着独木舟在平静的河水中缓缓向远处为象群站岗的大象靠近的时候，它注视你的目光中似乎充满了好奇和兴趣，而不是恐惧与害怕。当你距离岸边只有几英尺的时候，它与你四目相对，眼中充满了善意，这可是你驾驶吉普在草原上奔驰时看不到的一幕。这一刻，你会永远难以忘怀。

被联合国教科文组织列入世界遗产名录的马纳潭占地77平方英里（200平方公里）。附近的赞比西河——非洲第四长河距离马纳潭仅有50英里（80公里），河中没有湍流，河道平坦，水流缓慢，所以不必担心在河中划独木舟会遭遇“湿身”的窘境。这里虽然是真正的狂野非洲，但也不要认为你就一定要因陋就简。Natureways Safaris是当地一家出色的私营旅游公司，可以为不愿多劳心费神的游客提供服务。有了他们的护航，你甚至连手指头都不用动就可安然享受整个旅行。游客在河上航行的时候，服务人员就已经将生态友好的露营设施打包完毕，丝毫不会对此地的原始环境造成影响。然后，他们会将行李以及露营装备转移到下一个露营地点，重新扎营生活，以便迎接游客归来。等你到达新营地，就可以直接享用由三道菜组成的露天烛光晚餐了。

5月到10月间是枯水季节，于是赞比西河附近就会聚集各种鸟儿和野兽，其中包括黑斑羚、非洲大羚羊、河马、鳄鱼、水牛、狮子和美洲豹。**WG**

→ 环绕着马纳潭的赞比西河附近生活着许多异域动物，在河上泛舟时刚好能清楚地看到它们。

在阿布营地过夜
Stay at Abu Camp

地点： 博茨瓦纳奥卡万戈三角洲

网站： www.abucamp.com　**价格指数：** $$$$

阿布营地是一处豪华的度假胜地，可为游客提供三天的住宿和骑象短途旅行服务。无论是到来还是离开，客人们总能以同样的节奏欣赏到开阔的稀树草原上和岛上的禁猎区中多种多样的动植物。

供客人住宿的定制帐篷设在抬高的平台甲板上，毗邻私人天然泻湖。营地的所有客房中均陈设着雪橇式床或者四柱床，还配有完备的盥洗间（集厕所、浴缸和淋浴设施为一体）与私人浴室。每座帐篷都拥有各自的私人阳台，也有围绕成熟的悬铃树和黑檀树所建的单独的户外分层柚木平台以及观景台，二者也可兼做用餐区，届时阿布营地经验丰富的厨师会为客人献上美酒佳肴。泻湖对面建有一座新别墅，至多可供4人留宿；别墅配备私人厨师、向导、管家并拥有私人泳池。

阿布营地得名于以前居住在这里的一头著名的大象——阿布。目前驻守在营地的象群负责背上有大大的鞍具，充当人类友好的坐骑。客人可舒适地坐在象背上不慌不忙地深入奥卡万戈三角洲地区观光游览，另外还有经验丰富的向导相随。

营地的象群可以载着游客长驱直入景区腹地，自由地遍览该地区的动物群，比如斑马、羚羊、长颈鹿和水牛。客人们可以在每天的黎明和黄昏骑着大象观光，也可以参加一日游活动，深入接触以三角洲地区为家园的各种野生动物。此外，你还能够深刻了解到非洲象群中复杂的社会结构。**BS**

⇐ 阿布营地位于奥卡万戈三角洲西侧，占地达500,000英亩（202,340公顷）。

在杰克的营地体验精彩生活
Experience Jack's Camp

地点： 博茨瓦纳喀拉哈里沙漠

网站： www.unchartedafrica.co.za　**价格指数：** $$$$

杰克的营地坐落在博茨瓦纳喀拉哈里沙漠中广阔的盐场上。营地共有10座高级的帆布帐篷，配有私人吊桶淋浴、抽水马桶和跌水潭泳池，这些设施可以成功地转移你的注意力，让你浑然不觉自己所在的地方是多么荒凉与虚无，也无视自己正睡在一座古老湖泊的干涸湖床上这样一个事实。

杰克的营地建立于20世纪60年代，是非洲南部现代旅行风格度假地的先驱之一，也是博茨瓦纳中部偏远地区少数几个提供住宿的场所之一。

> “这里如此宁静，以至于你甚至能听到自己耳朵的血管中血液‘呼呼’的循环流动声。”
>
> 杰克的营地的所有者

在马卡迪卡迪盐沼中，无边无际的盐滩向世人展示这片曾经是非洲最大内陆湖泊的土地；常驻营地的考古学家和地质学家将会带你参观那些几乎已经被世人遗忘的遗迹和古老的化石层，你可以借此机会亲眼得见早已灭绝的河马和现代斑马身形巨大的远古祖先。当然，你也可以驾驶沙滩车独自外出探索。

每年3月和4月的时候，夏季的雨水会让奥卡万戈三角洲变成汪洋一片，干旱的大地立刻变了模样。河水漫过盐田，吸引了成千上万头角马、斑马和水牛前来酣饮，大量的水鸟（如鹈鹕和火烈鸟）也会过来凑热闹。住在杰克的营地，你基本上一定能看到极其少见的土狼，而且营地周围总是有狐獴出现，即便是见惯了野生动物的旅游家也会为看见这些可爱的小东西感到十分开心。**BS**

探索奥卡万戈三角洲

Explore the Okavango Delta

地点： 博茨瓦纳喀拉哈里沙漠

网站： http://okavango-delta.botswana.co.za　**价格指数：** $

在博茨瓦纳的奥卡万戈三角洲，撑一支独木舟于布局错综复杂的湖面上蜿蜒而行，周遭一片寂静，只是时不时会冒出几声鸟叫，或者突然有头河马冒出水面喷着鼻子。这里距离最近的村镇也有上百英里之遥，没有电视，没有收音机，也没有电话，游客们专注地沉浸在一片真正的大自然当中。

三角洲位于干旱荒凉的喀拉哈里沙漠中，遍布5,790平方英里（15,000平方公里）。这是一片千变万化的荒原，有着桀骜不驯的狂野之美，每每季节转换，水位就随之或升或降，这片大地也会向世人展现出不同的面貌。冬天，来自安哥拉高地的雨水涨满了奥卡万戈河，3月份的时候便溢流到奥卡万戈三角洲地带。尽管大量的水都消失于沙漠之中或者在高温天气里蒸发殆尽，余下的冲积平原和沼泽地依旧将生命带到了这片地区，带来了一片盎然绿意，让此地成为了野生动物的天堂。此时便是7月到9月，是来这里旅游的最佳时节。

三角洲的旱地上生活着很多野生动物，你经常能看到一群群的野象、斑马、黑斑羚、水牛和长颈鹿。因为奥卡万戈的猎物丰富，所以也吸引了诸多猎食者的到来，比如狮子、印度豹、土狼和非洲豹。这片大地上处处是奇特而令人难以忘怀的风景。你会看到呈笔直的直线分布的椰枣树，这是因为大象队伍路过时留下的粪便中含有树种，年深日久就长成了今日的模样。三角洲的空气中洋溢着鼠尾草的味道，氛围安宁而平静，难怪被大家称赞为喀拉哈里沙漠的宝石。**JK**

← 奥卡万戈三角洲野生动物种类丰富，穿过该地平静的水域将是你经历过的最静谧的体验了。

探索莫拉契大峡谷

Discover Motlatse Canyon

地点： 南非普马兰加省

网站： http://kruger2canyons.com/travelguide/blydecanyon.php **价格指数：**

在一个以原始地貌和优美自然景观著称的国家中，能被大家公认是出类拔萃的景点相当不易，不过，莫拉契大峡谷（原布莱德河峡谷）似乎就是这样一处无与伦比的景点。峡谷属于德拉肯斯堡山脉的一部分，其质软的红砂岩经过千年的风沙刻蚀最终形成了现在的模样，长度超过12英里（20公里），从河床到山巅的高度平均为2,625英尺（800米），不过某些测量点深达3,280英尺（1,000米），宽达3英里（5公里）。该峡谷是世界上的第三大峡谷，仅次于美国的大峡谷和纳米比亚的鱼河峡谷。

或许，最令人震撼的景致当属谷中高达数百英尺的悬崖壁了。从群峰之上，你可以俯瞰到下方一道道山脊、河流和一片片湖泊与绿葱葱的山谷。也正是因为如此，峡谷一处紧邻峻峭岩壁的石台——也是最受欢迎的景点之一被称为“上帝之窗”。

景区另一处风景极好的景点就是“三茅屋”——三座状似圆形茅草屋的圆锥巨岩从谷底拔地而起。莫拉契河与特勒河交汇之地形成了蔚为壮观的地质构造，被称为伯克幸运壶，也是值得一看的著名景点。上千年的水流侵蚀在河床基岩上形成了深深的孔洞，因此形成了超现实的几何形状。

峡谷中的动植物群尤其丰富多样，单单鸟类就有335种，包括极为罕见和濒危的泰埃隼，而植物更是多达两千余种。**JP**

“这是南非知名度稍弱的美丽景点之一，所以游人较少，想必这儿是上帝为坠入爱河中的情侣们创造的……”

阿拉斯泰尔·索戴伊，旅行作家

莫拉契大峡谷是世界上最大的峡谷之一，在德拉肯斯堡山脉中蔓延出一片绿意。

在萨瑟兰观星
Go Stargazing in Sutherland

地点：南非北开普省

网站：www.saao.ac.za **价格指数：**$$

对于大多数人来说，尤其是住在城市里的人，想清楚地看到满天星斗越来越难了。高楼大厦、空气污染和光污染扭曲了天空的景象，让本来最令人遐想惊叹的景色变得模糊不清。不过，在南非这座名叫萨瑟兰的小镇上，这些问题并不存在，此地被称为是当今世界上最棒的观星地。

小镇地理位置偏远，海拔高4,750英尺（1,458米），没有高层建筑，空气也清新无污染，天空更是晴朗无云，所以才有了这片近乎完美的天文景观。因为小镇的条件确实非常不错，所以便在这里建造了南非天文台的观测点，南半球最大的光学望远镜便设在此处。这架威力巨大的仪器可以帮助人类看到距离地球数十亿光年的星球，为宇宙的历史和结构提供了十分宝贵的信息。

不过，能欣赏到此地如此激动人心的午夜星空全景的不仅仅是科学家和天文学家。在克鲁格国家公园的奥利凡茨休息营地中，游客们可以参加特别的“夜-时间体验”活动。活动从每天的下午开始，首先游客们会展开动物追踪之旅，这是为了领略该地区另一个极富吸引力的特色——野生动物；黄昏将至之时，大家开始讨论关于星辰的有趣话题，期间还会穿插讲述关于当地占星学的民间故事；最后，营地会安排大家通过营地自有的强大天文望远镜观星。在炎热的下午，游客们有机会看到狮子、大象和长颈鹿，随后便可以在凉爽的夜空下安静地欣赏银河与南十字星座。**JF**

茨瓦卢喀拉哈里保护区的美好时光
Enjoy Tswalu Kalahari Reserve

地点：南非北开普省

网站：www.tswalu.com **价格指数：**$$

茨瓦卢喀拉哈里保护区力求为游客营造一种简单高雅的环境：住宿条件舒适，保护区配备有室内和室外的淋浴设施（室外淋浴时还可看到喀拉哈里沙漠景观）、私人日光浴处所、图书馆、私人餐厅。此外，茨瓦卢所在地区灌木丛生，散发着乡村质朴的气息。游泳池附近是野生动物常来饮水的池塘。

保护区总是具有一种私密的氛围，同时住在这里的宾客不得超过30人。保护区共有2个住宿地可供选择：一个是模仿非洲传统村落打造的莫特慈（茨瓦纳语中意为“村庄”），该住宿地的客房为石砌围墙、茅草铺顶；另一个是塔克乌尼，该住宿地的客房中有白色幔帐装饰的四柱床，至多可接待12人，是家庭和小旅行团的首选。

> “虽然这里会带给你非常精彩刺激的狩猎体验，但这里的主要目的还是保护动物。”
>
> Good News South Africa网站

茨瓦卢是一个家族经营的保护区，旨在“保持喀拉哈里地区原貌”。该地区曾经因为开荒耕种遭到了严重的生态破坏；又是筑坝，又是盖房建篱笆墙，让本地的动物无家可归，只能流落他方。现在印度豹和狮子又回到了此地，保护区又成了美洲豹、土狼、豺狼、犀牛、斑马和野狗的家园。如果你看腻了狮子和猎豹，那么可以利用保护区的高级天文望远镜观星，还可以骑马游玩、观鸟和观察猫鼬洞穴。**PE**

在加隆加旅行营地充分放松

Unwind at Garonga Safari Camp

地点：南非林波波省

网站：www.garonga.com **价格指数：**$$$

加隆加旅行营地只能同时为12位客人提供住宿，此地私密感极强，而且环境安宁清幽，是蜜月情侣的理想选择。加隆加的帐篷客房面前是干涸的河床，住宿的客人可以尽情放松并和近距离接触非洲的灌木丛。每间客房都配有木制阳台和吊床，游客完成动物追踪之旅后就可以在此放松，也可以在此读书和闲看黑斑羚吃草。营地客房中布置着垂帘大床，床上铺着质朴的颜色与纯白色搭配的亚麻床单，仿佛回到了久远的岁月。

“小加隆加”营地还新建了一些住宿设施，包括三座带空调的草顶套房，套房中央为室内和室外的休息区、一座泳池和一片烧烤区。套房中最具独特魅力的是“汗布烈登套房”，该套房拥有一间单独的儿童房并配有私人泳池。此外，营地的按摩“大厅”还为客人提供印度古法头部按摩、芳香疗法和足底按摩等服务。

对于那些追求逃离尘嚣的客人，加隆加专门在距离主营地20分钟车程的地方搭建了一方可俯瞰南非草原的平台，供客人露天而眠。营地服务人员将会开车将您送至平台处，还会为您准备好野餐食品篮、装满饮料的小冰箱和热饮。此外，他们还会发给你一部收音机，平台附近也有脸盆和厕所。然后就只留下你和草原上的斑鬣狗为伴，直到第二天一早营地才会派人来接你回去。

如果这些听起来都太过狂野，那么不如试试在灌木丛中沐浴吧。加隆加建有一间围墙隔起的包间，屋里有独立式浴缸，周围摆放着营造浪漫氛围的蜡烛。至于其他活动，你可以参加清晨或下午的追踪动物之旅和荒原徒步，届时你将会看到狮子、美洲豹、大象、犀牛、河马、印度豹和黑斑鬣犬。**PE**

与众不同的克里夫托普旅行度假酒店

Experience the Clifftop Safari Hideaway

地点：南非林波波省

网站：www.clifftoplodge.co.za **价格指数：**$$

威尔格范登私人野生动物保护区腹地坐落着8间奢华套房，建筑前方便是斯泰克斯特鲁姆河谷美景，这就是克里夫托普旅行度假酒店。单从酒店的名字来看（名字意为“悬崖之上”），你就可以得知会有怎样的体验等着你。酒店位于一座悬崖上，由南非众多一流建筑师设计而成，无论是从美感上看还是就其对环境的影响而言，都可以说是严格遵守了生态友好的原则。

乘坐野生动物保护区的敞篷观光车在区内游览是最好的选择。众所周知，威尔格范登在生态治理方面的工作极为优秀，尤其是对动物的重新安置成绩突出，也正是因此才有今天多样化的野生动物群。游客们在此可以见识到不可胜数的动物，包括狮子、美洲豹、大象和犀牛、野狗，还有不少于十五种不同种类的羚羊。保护区总共有超过三十种哺乳动物和接近三百种鸟类。保护区的活动包括：传统的乘越野车在区内观赏动物，在接受过专业培训的野外向导的带领下进行徒步活动。

> “酒店非常吸引人的露台就建在沃特堡（水之山）那锈红色的山坡上。”
>
> Game-reserve.com

每座套房都拥有各自的私人阳台和跌水潭。克里夫托普酒店餐厅的菜肴融合了非洲和西方风味，而且还配有存货丰富的红酒酒窖。另外，酒店的无边际泳池也十分抢眼，在池畔喝鸡尾酒是夜生活不错的选择。酒店无可挑剔的服务和绝世无双的美景一定会带给你五星级的体验。**PS**

在恩加拉帐篷旅行客栈享受人生

Enjoy Ngala Tented Safari Lodge

地点：南非克鲁格国家公园

网站：www.ngala.co.za **价格指数：**$ $

这里帐篷林立，除了帐篷，还是帐篷。尽管露营会令人联想到在潮湿的睡袋中过夜这种因陋就简的露宿形式，但是在恩加拉帐篷旅行客栈（“恩加拉”在尚迦纳族人的语言中是“狮子”的意思）下榻的体验会与你的这种联想有天壤之别。因为这里的帐篷堪称帐篷中的“劳斯莱斯”——偌大的恩加拉私人动物保护区中仅坐落着6座帐篷。这片私密的营地坐落在壮阔的蒂姆巴瓦蒂河两岸，总有野象聚在这里悠闲地饮水，猴子的大家庭也会大象腿边嬉戏欢闹。

这里整体给人一种现代感，站在美丽的木制平台上可以远眺季节性河流。帐篷氛围浪漫，配有奢华的浴室和室外淋浴，卧室则有舒适的电热毯。

最重要的是，保护区的风景之美是全世界数一数二的。每天客栈会安排两次乘坐敞篷四驱越野车出游的活动，全程由优秀的保护区管理员和追踪野兽经验十分丰富的向导带队，因此你十有八九能看到“五大兽”：狮子、美洲豹、大象、犀牛和水牛。这片地区属于克鲁格国家公园的一部分，尤其能让游客看到最矫健美丽的狮子和美洲豹，漫步在热带稀树大草原上的还有300多头水牛。当然，如果没有护卫人员跟随，夜间是禁止游客在营地周边散步的。客栈四周完全没有遮拦，所以有时候野生动物会意外地出现在你房间的门口。

最重要的是，在恩加拉有许多值得你留心的小细节，比如说临睡前放在你枕头上的小字条，上面写着富有诗意的美丽句子，再比如说在广阔壮美的荒原上摆开宴席，或者在干涸的河床上布置浪漫的露天烛光晚餐。不过，一定要小心那些在附近游荡的狮子。**LP**

在狮王沙滩河滨旅馆小住

Stay at Lion Sands River Lodge

地点：南非克鲁格国家公园

网站：www.lionsands.com **价格指数：**$ $ $

下榻在狮王沙滩河滨旅馆，你的非洲之旅体验将从一早就开始。第一轮驱车观赏动物的活动在凌晨五点半的时候开始。国家公园的管理人员和客人会和以往一样见到“五大兽”：狮子、美洲豹、大象、犀牛和水牛。队伍会在途中停下来喝咖啡，然后上午九点返回旅馆享受丰盛的早餐，此后的上午活动可能会包括丛林漫步、用午餐和在水疗中心或者河岸甲板上放松心情。下午的一轮驱车观赏动物的活动从4点开始，然后就是开胃酒和晚餐。旅馆对周边环境非常负责，他们雇佣了专门的生态学家，以便确保原野不会遭到游客们的破坏。

“狮王沙滩是沙比沙地唯一一个雇佣了全职生态学家的保护区。”

狮王沙滩河滨旅馆的老板

旅馆共有18座带阳台和室内外淋浴的茅草屋，彼此之间以木栈道相连。此外，还有两座游泳池、一间观鸟屋和室内外的酒吧与就餐区。胆子大的游客可以在两座树屋中过夜，它们距离旅馆主建筑有15分钟的路程。“杰卡百利树屋”高居穆素图河的雨季河床之上，而“乔克利树屋”则面向开阔的平原，可以看到稀树草原上壮观的日落景象。树屋内并不简陋，星空下的这些小屋中都有舒适的垫子、亚麻铺盖和蚊帐。如果你想，厨房还会送上来野餐包。**PE**

在土屋旅馆中过夜

Stay at Earth Lodge

地点：南非克鲁格国家公园

网站：www.sabisabi.com/lodges/earthlodge **价格指数：**$$$

非洲世界旅游奖评选中，沙比沙比非洲营地酒店被评选为一流的旅行酒店，而《悦旅》杂志将其称为世界上十大顶级酒店之一。土屋旅馆就是坐落在克鲁格国家公园西南一隅上四座豪华旅馆中的一个，所在的私人禁猎区占地面积160,620英亩（65,000公顷）。土屋的建筑与周围大地浑然一体，远远望去甚至让人很难发现。

土屋旅馆共有13座套房，每一座房间中都陈设着设计独特的家具，还各自拥有私人泳池并配备管家服务。其中最大的套房当属安伯总统套房，配路虎汽车和茧式蛋形浴缸、私人健身房、蒸气室、书房和厨房。旅馆户外还有一座庭院和可以俯瞰水潭的用餐区。酒窖藏酒供六千瓶。如果这都没能让你有微醺的愉悦感觉，那就去体验一下禅境冥想花园吧，或者去水疗中心享受各种疗法，其中包括水疗法和使用各种植物和海藻的本草疗法。

白天或是晚上客人们都可以坐在越野敞篷路虎上快意地颠簸在荒原上，而徒步旅行又有另外一番风味，游客们可以充分浸淫在非洲丛林的特别氛围中。沙比沙比地区是狮子、美洲豹、犀牛、水牛、大象、印度豹、野狗和两百多种本土动物种类的家园。此外，这里还有350多种鸟类。据沙比沙比的向导说，这就意味着，在南半球的夏天，任何一个来自北半球的游客在沙比沙比一天看到的鸟类都比他在家乡一辈子看到的鸟类多得多。**PE**

→ 土屋旅馆的套房结合了前卫奢华的风格和传统的非洲风情。

伦多洛兹沙比沙滩上的别样生活

Experience Londolozi Sabi Sands

地点： 南非克鲁格国家公园

网站： www.londolozi.com　**价格指数：** $$$$

八十多年前，查尔斯·瓦提和佛兰克·昂格尔第一次在沙河两岸建设营地。几十年来，他们二人的家族也都将此地作为打猎的营地，直到35年前，家族中新一代人决定不再猎杀动物了，他们反而将这片土地改造成了一个革命性的生态旅游保护区并且将其命名为伦多洛兹，在祖鲁语中，这个名字的意思是“去保护”。

伦多洛兹以美洲豹的数量众多著称。成群的野象和野牛也在附近悠闲漫步，该地区还集中分布着白犀牛和狮子。在此处可进行的活动有两天一次的出游观赏动物、满月时夜间徒步、飞碟射击、在灌木丛中赛跑、露宿，还有进行生态方面的探讨或者在沙河中垂钓。

> “伦多洛兹是我所珍爱的保护自然的梦想。”
>
> 纳尔逊·曼德拉，南非政治家

保护区有5种住宿房型可供选择。花岗岩套房可供6人过夜，其内部装潢色调是深深浅浅的灰色——是大象的颜色，又搭配有蓝灰色和银色的装饰品。瓦提营地的历史悠久：四间非洲圆顶屋甚至可以追溯到保护区最原始的狩猎营地。河流两侧还各建有一座河滨木屋，它们属于创建者营地，另有三座木屋位于带有游泳池的先驱者营地，而树营地的游客则可享受私人分层瀑布跌水潭。**PE**

在马迪克韦山私人禁猎旅馆

Relax at Madikwe Hills Private Game Lodge

地点： 南非马迪克韦禁猎区

网站： www.madikwehills.com　**价格指数：** $$$

马迪克韦山私人禁猎旅馆的住宿条件仅可容纳24人，既富有私密感，又豪华高端。旅馆共10座套房，房间正面为玻璃，便于观景；每座套房自带露天平台和私人泳池。平台上的环境布置富有浓浓的非洲风情。窗口挂着白色的亚麻窗帘，两侧是粉刷成赤土色的墙壁。豆沙红色的松软沙发上的靠垫和沙发罩上喷绘有醒目的各色（黑色、白色和金色）几何图案。旅馆拥有一座藏书丰富的图书馆和一座篱笆院落，院子里的铜质煤油灯如豆的光辉营造出一种美妙的氛围。每到天气暖和的那几个月份里，折叠的玻璃门就会拉到一边，你可以直接与户外景色亲密接触；而冬天里，地下供暖和火炉让旅馆变得格外温馨舒适。小马迪克韦山上有另外两座套房，配有专属的管理员、管家和厨师。

随着旅行的深入，你不仅会见识到此地的“五大动物”，还会看到少见的野狗。这片占地185,300英亩（74,100公顷）的保护区在当地人和私营企业的合作下建立于1991年。建造过程中，人们重新安置了大约8,200头动物。客人们可以在清晨或是傍晚时乘坐敞篷四驱车出游。在惬意地夜晚，客人们可以在非洲丛林的中心地带享受包括三道菜的正式晚餐。出游归来后，大家可以坐在烧得旺旺的篝火旁，大家也可以尽情享用非同凡响的美食盛宴。

对于来这里旅游的小客人，旅馆专门设置有儿童俱乐部。俱乐部的活动中包含“动物粪便辨别”，善于追踪动物的专家会帮助孩子们通过动物留在地上的粪便判断出其种类。而孩子们的家长则可以在水疗馆芬芳安逸的环境中尽情放松。**PE**

马提亚旅行旅馆的全新体验

Experience Mateya Safari Lodge

地点： 南非马迪克韦禁猎区

网站： www.mateyasafari.com **价格指数：** $$$

来到马提亚旅行旅馆，你能见到的不仅仅是通常意义上的“五大动物”，而是“七大动物”：狮子、美洲豹、大象、犀牛、水牛以及印度豹和野狗。除了能欣赏到千姿百态的动物，这片占地18.5万英亩（7.4万公顷）的保护区中还拥有350余种鸟类，你可以观赏到种类如此多的鸟兽，同时却不必担心会感染疟疾等安全问题。

马提亚旅行旅馆仅可容纳10人同时留宿，这就会让客人产生出一种独占感。5座茅草套房中配有罩着蚊帐的四柱床，屋内陈设着令人惊赞的非洲艺术品；套房均配有带休息平台的私人泳池，平台空间较大，甚至足够一头犀牛在这里活动。旅馆所在地地势较高，因此客人们可以欣赏到壮阔的大地全貌，包括附近斑马常常来饮水的池塘。套房浴室中间摆放着豪华的独立式浴缸，此外还配有一处幽静的室外淋浴。客人们可以坐在休息厅的沙发中稍事休息，厅中陈设着深色的红木家具、动物雕像，地上也铺有地毯。眼光独到的将会爱上旅馆的图书馆和存满了全南非最出色的酒的酒窖。在外出欣赏了一天的野生动物之后，客人们回到旅馆往往会直奔水疗中心，浸在热水浴缸中解乏，然后去享用露天晚餐。餐桌围绕着一簇熊熊燃烧的篝火摆放，远方天际则是震撼的如火夕阳。**JK**

> “从多贡人的高脚凳到约鲁巴人的洗礼盘……马提亚藏有最精致的非洲艺术收藏品。”
>
> 马提亚旅行旅馆的主人

入住赫卢赫卢河畔客栈

Stay at Hluhluwe River Lodge

地点： 南非夸祖鲁-纳塔尔省

网站： www.hluhluwe.co.za **价格指数：** $$

如果想体验实实在在的游猎，不如试试下榻在赫卢赫卢的河畔客栈吧。这家客栈距离赫卢赫卢国家公园仅有几英里的距离，是非洲历史最长的野生动物保护区之一。此地以犀牛的栖息地而闻名于世，甚至有使这种动物免于灭绝的功劳。从旅馆远眺，可看到圣露西亚湖；客栈环境私密隐蔽，既能容纳24位客人。

你可以骑在马背上于福尔斯湾森林中穿行，坐在敞篷吉普上展开动物观赏之旅，或者来一次生态环保的徒步，体验最棒的大自然风景。你也可以加入驾驶四轮摩托车的文化之旅，或者参加沿着山径骑行的山地自行车活动。从旅馆出发，有一条通往圣露西亚胡的私人小径；到了湖畔，你便可以一边啜饮着鸡尾酒，一边观察湖中的河马和鳄鱼。但这里的文明气息还相当浓厚，如果你想去野外体验冒险的感觉，可以花一天时间去姆库泽野生动物保护区游览，那里可是观鸟者的天堂；再或者去威德尔角的沙滩上消遣一天，在温暖的水域中浮潜。潜水者可以很轻易地抵达索德瓦纳湾，据说那里是世界上十大顶级潜水珊瑚礁景之一。

夜幕降临，你可以和几个其他客人坐在“探索者之吧”里喝酒聊天，分享白天的探险经过，这也是客栈的日常社交活动惯例之一。而晚餐的美味佳肴也毫不逊色，其中有当地的弯角羚和安氏林这种明火烧烤的野味，也有新鲜的箭鱼，你也可以选择尝一尝非洲风味的咖喱，每上来一盘，你都觉得比上一盘还要令人惊艳。

吃完晚餐，回房休息之前，你可以围坐在篝火旁，品鉴一下当地的玫瑰葡萄酒或者利口酒。而你所住的茅草顶小屋带有梦幻般的的浴室、木制平台和便利的其他设施，比如空调。**RCA**

探索洛克泰尔湾
Explore Rocktail Bay

地点：南非夸祖鲁-纳塔尔省
网站：www.travel-south-africa.net **价格指数：**❶

洛克泰尔湾位于夸祖鲁-纳塔尔省的东北岸，是南非地区生物物种最为丰富的地区之一。此地有两大特色吸引着广大游客：幽静的氛围和多姿多彩的野生动物。无疑，后者存在的很大一部分原因要归于前者，也就是说，正是因为有了海湾与世隔绝、少有人烟的特质，这里的生态完整性才得以保留。

和该地区其他天气干旱、植被稀疏的灌木丛大环境相比，海湾却相反——它生长着郁郁葱葱的绿色植物，它既是圣卢西亚湿地公园的一部分，也被列入了世界遗产名录。该地拥有许多内部相通的美妙栖息地，既有在陆地上的，也有在海中的，其中包括沿海森林、湖泊、湿地、草木丛生的沙丘、松软的沙滩和珊瑚礁，正是因为有着这样的环境条件，才成为了数不胜数的野生动物的家园。

陆地上，森林与湿地中到处是羽毛色彩明艳的热带鸟儿，它们在树冠中扑腾着翅膀，活泼好动，还哼着欢快的小曲。树下，深红霓羚和山苇羚正怯生生地在森林中巡逻，还有河马在湖中满身是泥地打着滚。岸上是几英里荒凉原始的沙滩，还有草木覆盖着的沙丘，这片区域最有名气的访客莫过于体型庞大的红海龟和棱皮龟，它们每年10月至次年3月间都会来到这里，笨拙地爬上岸，在沙滩上产下一窝窝的龟蛋。

海中，在马普塔兰德海洋保护区的范围内，温柔的印度洋海域中生活着庞大的海洋生物群，从海豚、鲸鱼到闪着彩虹般光彩的不知名小鱼和五彩缤纷的珊瑚无所不包。**JF**

→ 洛克泰尔湾的海滩属于自然保护区的一部分，像这样的沙质海滩蔓延了数英里。

享受白象旅馆的惬意氛围
Enjoy White Elephant Lodge

地点：南非夸祖鲁-纳塔尔省

网站：www.whiteelephantlodge.co.za **价格指数：**$$

如果想在旅行中也能享受到奢华待遇，那么请去白象旅馆，该旅馆所在的蓬戈拉野生动物保护区建于1974年，是南非第一座野生动物保护区。旅馆坐落在列朋波山脉山脚下雾气重重的马普塔兰德平原上，从营地的帐篷向远方望去，目之所及是波光粼粼的卓锦湖。

这些豪华的旅行式帆布帐篷房间给人带来一种经典的感觉，而且帐篷内十分舒适，设施一应俱全，不仅为客人准备了松软的浴衣，更是有一望无际的稀树大草原这样无与伦比的美景可供欣赏。营地原建于20世纪20年代，只能容纳16位客人住宿，整体装修洋溢着殖民时代的浪漫，从撑起蚊帐的床铺到维多利亚风格的爪足浴缸无不彰显着这样的情愫。在平原上沐浴的时候，你一定会有超现实的感觉，身体包裹在芳香的肥皂泡中，四周还燃着蜡烛，这是一种多么奇特的体验大自然的方式啊。

> “我希望我们的访客到达旅馆时会有时间停滞了的感觉。”
>
> 白象旅馆的主人

白天，你可以坐车外出观赏动物或者在向导的带领下徒步游玩，追踪动物留下的痕迹，你也可以尝试一下钓老虎鱼、在暮色中于湖上航行以及观鸟。晚上，灌木丛开始热闹起来。你可以躺在床上，伴着自然母亲的“摇篮曲”入眠；也可以选择裹上温暖的毯子，驾车外出兜风，你会领略到种种非同凡响的情形，有河马快速地从你身边跑走，有母狮带着幼崽在暗夜的掩盖下爬上矮树，或者大象在月光中悠闲地漫步。**RCA**

在坦达保护区中扎营
Camp at Thanda Reserve

地点：南非夸祖鲁-纳塔尔省

网站：www.thanda.com **价格指数：**$$

获奖的五星级坦达保护区位于祖鲁兰北部地区，虽然该地区动物们总是面临着激烈的生存竞争，保护区内的旅行总归会给人带来无与伦比的体验。这片占地14,825英亩（6,000公顷）的私人野生动物保护区内单鸟类就有400余种，更不用说人们常常提起的“五大动物”了。客人们一天中可以参加两次乘车观赏动物的户外活动，此外夜间还可跟随导游在灌木丛中徒步探险，以便能得到最佳的动物观赏体验。善于追踪动物痕迹的专家会指导游客们更仔细地观察周围的大自然，让他们知道狮子、野狗、野牛或长颈鹿都在哪里。

晚上，你可以坐在中央休息厅中和同行的游客聊聊白天的所见所闻，然后再回到自己的房间中休息。帐篷营地四周没有设置围栏或护篱，虽然奢华大方，但并未供电，以主建筑为中心的营地整体具有殖民时代的设计风格。帐篷内布置着四柱床，床上设有蓬松柔软的床垫，保证客人能躺在上面有一个甜蜜的好梦。住宿区共有9座私人别墅，别墅都配备了室内外淋浴、游泳池和带茅草顶棚的户外观景平台。

坦达最值得一提的优点就是与当地社区联系紧密，旅馆员工都很高兴能与客人们分享该地区的文化宝藏，所以自然也会慷慨地告诉你祖鲁人助消化的一个妙方：布枯叶茶。此外，旅馆还建有一所精致的水疗保健中心，其中提供称为“非洲王后”和“祖鲁国王”的理疗服务。**LD**

→ 坦达保护区带给游客们的旅行水疗服务都透着一种五星级酒店的奢华。

乘坐罗佛斯号列车

Ride the Rovos Railroad

地点：南非

网站：www.rovos.co.za **价格指数：**$$$$

乘坐罗佛斯号列车穿越南非大陆，整个过程仿佛像是回到了那个久远的年代，典雅迷人，光芒四射。两列火车的车厢都恢复到了它们之前爱德华时代的辉煌模样；为了保持旧时代的风格，车上并没有设电视或收音机。尽管火车大部分时间是由内燃机和电力带动前进的，但部分旅程是以蒸汽为动力的，这通常是在离开或抵达比勒陀利亚的时候。每列火车有36间宽敞的套房，可供72名乘客住宿。所有的套房中均装饰着红木嵌板，陈设有古董家具。床铺都是超大号的，皇家套房中甚至有维多利亚时代的浴缸。

列车以美食佳肴著称，晚上去餐车赴晚宴需要严格遵守着晚礼服的要求。食物无疑是顶级的，特色菜就是南非最棒的猎物，佐以南非最醇美的红酒。菜品的摆放与餐具都很有格调，不仅选用了最精美细腻的陶瓷餐具盛菜，还配以安静整洁的亚麻布做餐垫。

你可以舒适地斜倚在观光车厢中，一边眺望窗外不断掠过的南非广袤大地。列车最流行的路线是从开普敦出发至比勒陀利亚结束，路线总长为995英里（1,600公里），途中会穿过南非东部草木茂盛的高海拔草原、完完全全荒凉寂寥的大卡鲁高原和开普的山地丘陵与酒乡。其他的线路则会经过纳米比亚、德班、克鲁格公园和维多利亚瀑布。

火车费已经包括了所有的食物、酒水和短途旅行的费用，不过你还得稍稍再准备一些钱买香槟酒。**JK**

← 罗佛斯号列车途经南非最美的景致，会给你带来最棒的奢侈旅行体验。

造访圣瓦里鹰崖酒店
Visit Shamwari Eagles Crag Lodge

地点：南非东开普省
网站：www.shamwari.com **价格指数：**$$

圣瓦里鹰崖酒店坐落在南非东开普省无疟疾地区的一个峡谷中，是圣瓦里野生动物保护区的6座酒店之一。酒店9座独立的别墅中，每一座都拥有自己的跌水潭泳池、休闲露台和折叠式的玻璃屏墙，透过这堵透明的墙可以俯瞰整个悬崖峭壁的壮美全景。圣瓦里保护区的创始人是艾德里安·加迪纳，他1990年的时候在这里买了一座小型农场以作为周末度假的场所。20世纪早期，因为农业耕作、打猎和干旱，东开普省的本地动植物基本所存不多：狮子、水牛、犀牛都不再栖息于该地区。于是，加迪纳想购买更多的土地，以便拯救这些大批消亡的物种，后来又将他名下的土地转变为野生动物保护区。目前，圣瓦里是非洲南部最大的私人野生动物保护区之一。

每天清晨和傍晚游客都可以乘着小车巡游保护区，每个保护区的管理员可以至多载6位乘客。游客们还可以参加徒步参观两大猫科动物栖息地的活动，这两处栖息地是保护区与生而自由基金会合作营运的。该基金会是一个英国慈善组织，致力于保护动物、防止虐待动物以及保障野生动物生活在各自的自然栖息地。

忙碌的一天过后，你可以在鹰崖酒店的水疗中心度过平静的几个小时，然后再去楼下的餐厅或者户外用餐区享受晚餐，当然也可以去带壁炉的休息厅、图书馆或者鸡尾酒酒吧打发剩下的时光。

如果，体验过这一切后，你发现自己实在不想就此返家，那么，为什么不多住几天呢？圣瓦里为常驻的客人们准备了为期6周的野外工作培训课程，通过这些课程你将学会以这片人间天堂为家所需要的种种技能。**PS**

体验萨马拉私人野生动物保护区
Experience Samara Private Game Reserve

地点：南非卡鲁
网站：www.samara.co.za **价格指数：**$$

萨马拉私人野生动物保护区包括布洛丰坦南部和德班的西南部，是世界上最独特的旅游地之一。而保护区内的旅馆则位于大卡鲁高原——南非的一片干旱荒芜的大地上，但属于无疟疾地区的腹地。该旅馆始终常见于《悦游》和《闲谈者》之类的杂志上顶级酒店的排名。这些品味独到的杂志对殖民风格的旅馆和美味可口的食物与葡萄酒不遗余力地大加赞赏。

卡鲁旅馆可供6人露宿，庄园别墅则至多可容纳8人，这样的人数安排才不至于让客人觉得拥挤。这里设有泳池供人消暑乘凉，服务人员会在池畔随时听候差遣。而晚上则可选择在旅馆内或是露天夜空下用餐。

> “这座旅馆的建筑模仿了原始的南非台地高原农舍，但格调更为时尚，而且还能为客人们提供亲切的服务。”
>
> 《悦游》杂志

从野生动物方面来看，下榻于此处也将会是极棒的选择。克鲁格国家公园的大地上一辆车也没有，凌晨五点，客人们就坐着四驱越野车开始了私人保护区的巡游，这片地区生活着极为罕见的山地斑马、白犀牛、犰狳、非洲食蚁兽、捻角羚、大羚羊和黑角马。其中最吸引人的是印度豹。而印度豹中最受到关注的则是一头叫做西贝拉的母豹。她曾经差点丧命于猎人的手中，但2003年最终还是来到了萨马拉保护区开始了新生活。她那时候已经孕育了十八个幼崽，相当于为南非印度豹数量的2%。游你在园区散步时可以清楚地看到不远处的印度豹，正巧是让随行的管理人员为你和它们合影的好机会。**LD**

游览布拉沃波池私人动物保护区
Enjoy Blaauwbosch Private Game Reserve

地点：南非卡鲁

网站：www.blaauwbosch.co.za　**价格指数**：$$

南非东开普省文特胡克山脉的山脚下坐落着一家名为布拉沃波池的五星级酒店，酒店是以茅草铺顶的木结构建筑。酒店的主人是一对夫妇——克雷格·卡林沃思和吉尔·卡林沃思，他们坚定地认为应该在这片狮群出没的地方盖起豪华的房舍。酒店共有7座带空调的套房，每座套房中都有更衣室和配有独立式浴缸的浴室，当你在浴缸中沐浴时也能欣赏到室外的灌木草原。干净整洁的白色亚麻床罩衬着抛光过的暗色木床架格外醒目；沙黄色的墙壁上蚀刻有典雅的黑白动物造型，显得优美而富有格调。此外，在别墅宽敞的私人观景露台上可以眺望起伏的群山。

此地另外一座独特的旅馆是卡埃营地，旅游旺季时该营地才开放营业，最多可供8人留宿。卡埃营地位于两山之间，坐拥壮观的山谷美景。营地卧室的特色是拥有同样的茅草屋顶，没有多余的装饰；而房子侧翼开阔平台上的小茅草屋建筑风格也是如此。

无论你是在茅草屋中体验生活还是想去营地过夜，都将参加清早的观赏动物之旅，一路上你可能会看到所有这些动物：狮子、水牛、大象、美洲豹、犀牛、印度豹、斑马和羚羊。印度豹是后来被引进到保护区内的物种，布拉沃波池可带领客人展开“潜行追踪”之旅，就像印度豹偷偷接近它的猎物一样悄悄跟在它的身后。下午则是放松时间，但就算你只是想读读书或者在阳台上打个盹儿，你都会发现自己不由得被近旁窥探你的各种各样的鸟儿们所吸引。晚间兜风的时候，管理员会将车开上较高的山丘，这样客人们就可以欣赏到东开普省壮观的落日景象了，天际一片姹紫嫣红，十分震撼；然后，大家就可以返回营地享用配有上好南非葡萄酒的迷人晚餐了。**PE**

在格鲁特波斯自然保护区休闲放松
Unwind at Grootbos

地点：南非西开普省

网站：www.grootbos.com　**价格指数**：$$

西开普省的自然保护区可谓是数不胜数，但格鲁特波斯则是其中最棒的一个。该保护区只需从开普敦出发沿着海岸行驶2个小时便可抵达，由一个家族企业运营，掌管该地事务的是一个由获过相关奖项的自然资源保护论者组成的专门小组，小组成员共同致力于拯救该地区的环境、恢复自然的美丽景观。

这片天地非常适合人们沿着大自然中的野径漫步或者肆无忌惮地奔跑，在荒凉寂寥的沙滩上骑马和在花丛中野餐。很多游客来到这片沙滩就是为了看看重达40吨的南露脊鲸，大家往往还会像着了魔一般专注地凝望海岸线上距离不到100英尺（30米）的公牛、母牛与小牛一家。

> “[好望角植物区系界]是我所见过的保护生物多样性的最佳典范。”
>
> 大卫·贝拉米，植物学家

在这片郁郁葱葱、色彩斑斓的植被中，坐落着两座旅馆，共27间套房。其一是以家庭为中心建立起来的格鲁特波斯花园，另外一个则是比较新的森林旅馆，设计新鲜现代，吸引了不少追逐时尚的游人。大套房的私人阳台周围环绕着美丽的植物，你不仅可以贴近自然，也能享受到奢华酒店中应有的全部舒适设施。透过大大的窗子，你可以望见屋外硬叶灌木与石楠丛生的广袤荒野，向另一侧的海岸望去，则是千变万化的海景。在宁静的露天餐厅中，富有天赋的年轻厨师会为诸位客人献上包含五道菜的正餐，让你领略名副其实的美食餐厅的风采。**SWi**

体验布希曼斯克卢夫原野保育区

Experience Bushman's Kloof Wilderness Reserve

地点：南非西开普省

网站：www.bushmanskloof.co.za **价格指数：**$$

在布希曼斯克卢夫岩石围起的小水塘中游泳总会让你有一种精神上的触动。也许是因为你听说了这些池塘是这片令人生畏的大地上的古老守护神的化身，或许只是因为池水像水晶般剔透，置身于其中仿佛是悬浮在空气中。保护区位于塞德堡山脉的腹地，距离开普敦约有3小时车程，周围尽是自然奇观。这里不仅有神秘的池塘，还有陡峭崎岖的山岩、原生植物园、山峦起伏的地形，正是这样的地理条件使得此地成为了包括濒危的海角山斑马在内的诸多野生动物的乐园。正是因为与世隔绝的独立环境和与自然之间的亲密联系，布希曼斯克卢夫是一个适合人们来此深思自省的地方，不过，除此之外，值得探索的还有更多。

布希曼斯克卢夫的负责人每天都会组织游客参观这里独一无二的岩石艺术景点，这些景点也是由此地的管理机构负责看守与保护的。山岩上的图画是当地的布希曼族人12万年前创作的。乘车兜风则带给游人们观赏野生动物和千变万化的风景的绝佳机会。每年春天，原野上都开满了缤纷的野花，美丽鲜艳，引人注目。景点处有为游人提供酒水的服务，而且还可以安排客人在咆哮奔腾的瀑布旁边享受“灌木草原上的早餐”。至于其他活动，你可以在毕杜乌河中钓鱼或者在水疗中心享受有助于放松的理疗服务。

客房均有各自的独立设计，每一间都配备了浴室、露台，有的还拥有休息长沙发和壁炉。终极奢华的住所要数阔落别墅了，这座精致的别墅不仅自带泳池，更配备了厨师和导游。**LP**

← 布希曼斯克卢夫原野保育区是可以带来无尽荒野体验的一片生态绿洲。

在库尔兰酒店放松心情

Unwind at Kurland Hotel

地点：南非西开普省

网站：www.kurland.co.za　**价格指数：**$$

“开普荷兰的建筑之优雅……为豪华的内部装修增加了一份圆满。”

《独立报》

五十多年前，皮特·贝尔男爵在南非花园大道途径的普利登堡湾处购置了堪称“人间天堂”的一片广阔土地，他以他出生的波罗的海附近一个省份的名字命名这处地产为库尔兰。两代人之后，贝尔男爵的曾孙及其孙媳决定将这处遗产改造成为一座精品酒店。

酒店位于自然之谷纯净的沙滩与齐齐卡马山脉之间，所属地块总共有1,730英亩（700公顷）之大，而如此广阔的土地上仅建起了12座别墅，每一座别墅的装修都独具特色，室内摆放着家族流传下来的古老家具和摆件以及富有品位的艺术品。此外，酒店还配备有水疗中心、游泳池、观景阳台和图书馆，专供想要放松的客人使用。而对于那些精力充沛渴望运动的游客来说，可以参加的活动也不少。

首先，此地以马球运动闻名：每年12月到次年4月，库尔兰都会迎来众多马球专业选手和爱好者。这个时节的焦点在于库尔兰每年12月举办的南非与澳大利亚的国际比赛。不过，如果你是个连皮套裤跟皮马靴都分不清的外行，库尔兰还有其他运动能让你在库尔兰烛光晚餐的时候胃口大开，比如说划独木舟、滑水、航海和冲浪。喜静的人可以登船去看海豚与鲸鱼——印度洋宽吻海豚和南露脊鲸在这片海域都很活跃；陆地上可参观的有附近的鸟类和大象的栖息地以及猴类保护区。当然，你也可以参加山地自行车运动或者在向导的带领下徒步旅行，就算是仅仅在围绕库尔兰的著名玫瑰花园中散步也是非常不错的选择。

PE

◸ 库尔兰酒店结合了传统的开普荷兰风格和英国乡间村舍的美妙之处。

租一座弗兰谷隘口别墅来度假
Rent Franschhoek Pass Villa

地点：南非西开普省

网站：www.franschhoekpassvilla.co.za **价格指数：**$$

弗兰谷或许不在大多数人“最想去的地方”的名单之上，但是肯定的是，一旦你去过了弗兰谷，你“想再去一次的地方”的名单中一定会有它的位置。

弗兰谷令人惊艳地俊俏和美丽是只可意会不可言传的。虽然是在南非，但此地就好像是将新西兰、阿尔卑斯山、美国西部风光中最棒的片段摘出来拼在一起，最终组成了世界上最理想的景点一样。

不过，除了景色之外，游客还可享受更多，比如弗兰谷的佳肴美酒；另外，这个举世闻名的酒乡中还有古老而美丽的葡萄园可以参观。谷中的餐馆可与南非其他各大上佳餐厅媲美。

你可以下榻在弗兰谷隘口别墅中，该别墅属于备受赞誉的弗兰谷酿酒厂的一部分，高高耸立在弗兰谷隘口的陡坡上，从奢华的私人别墅向外望去可以欣赏到震撼的风光。从别墅出发，你可以步行或者骑自行车穿过此地的葡萄园和自然保护区，或者只是一边休息一边陶醉在眼前美妙的风景中。这座可供住客自己做饭的别墅至多可容纳四人，附近也有许多菜肴可口的餐馆，所以你并不总是需要亲自下厨。别墅和酿酒厂都归尼克·戴维斯所有，他与他的妻子以室内设计为业，所以将别墅装潢得分外美丽。

高尔夫爱好者也会很高兴来这里度假，因为别墅下方的山谷里拥有世界上最独特的高尔夫球场之一，管理者也会鼓励客人们都参与到这项运动中来。你也可以拿起钓竿去水坝附近钓鳟鱼，然后再回到你的弗兰谷隘口别墅为自己烹饪你亲手钓上来的“晚餐”。**RS**

在法国角客栈尽情放松
Relax at Le Quartier Français

地点：南非西开普省

网站：www.lequartier.co.za **价格指数：**$$

熟悉情况的人都会说，就是这座华丽而隐蔽的乡村客栈让弗朗斯胡克成为了西开普省的美食之都。客栈位于开普酒乡正中心位置，与周边曾经是法国胡格诺派家园的地区同样具有迷人的魅力。

这些曾经为农场工人准备的小屋如今已经改造成了非常时尚的度假别墅，还带有一丝法国风情。客房均建在花草茂盛的花园中，有的还带有私人泳池以及专属的管家服务。如果想要真正的遁世体验，那么就该预订“四重奏别墅群”——四座豪华奢侈的套房，带休息厅、更衣室和户外阳台，套房中央则是一座带泳池的庭院。

> “是我们酒店的‘美食屋’重新定义了高级餐厅，让大家明白了什么才是正经的精品餐饮。”
>
> 法国角客栈老板

尽管这些客房都非常棒，但其实此处最吸引人的还是美食。因为有主厨玛戈特·扬瑟精湛的厨艺，米其林星级正式餐厅——美食屋成为了世界上排名前五十的餐厅之一。在如此美丽的餐厅环境中，她总是将最好的开普农产品与最香醇的葡萄酒搭配在一起，为客人们带来富有创意的开普-普罗旺斯风情系列菜肴。餐厅提供由四道菜、六道菜或八道菜组成的正式套餐选择；其中含有八道菜的豪华套餐中每道菜所配的葡萄酒也不尽相同。如果想尝试清淡而且不那么复杂的餐点，那么可以光临咖啡餐吧式的忆昔餐厅（iCi，法语中意为“这里”），该餐厅的餐桌从街边露台一直摆放到花园里的户外壁炉旁。**AD**

探索康斯坦博西植物园

Explore Kirstenbosch Botanical Gardens

地点：南非西开普省开普敦

网站：www.sanbi.org/frames/kirstfram.htm **价格指数：**❶

你是一个专业学识渊博的植物学家也好，是一个想逃离开普敦喧闹拥挤的市中心寻找清静所在的普通游客也罢，康斯坦博西植物园都会带给你想要的一切，既有宜人的风景，又有田园牧歌般的绿洲。

这座植物园占据塔布尔山（又名“桌山”）的整个东坡，被大家评价为“世界上最壮美的七大植物园”之一。园内美丽的草坪、柔和的涓涓细流、蜿蜒曲折的步道都是由一名叫做亨利·哈罗德·皮尔森的剑桥植物学家建造于20世纪早期。不过要说起最早的起源，可以追溯到17世纪60年代，当时此地正处于开普首任总督扬·范·里贝克的殖民统治下，他在刚刚确立的新殖民地区四周种下了一圈野巴旦杏树树篱。部分树篱今天仍能见到，其余的部分则较新，绵延300英亩（121公顷）。

康斯坦博西植物园中划分有多种主题不同的园区，游人可随意选择在任何区域漫步赏景：如果你想体验一下在数英亩的南非地方植物群落中漫步的感觉，那么硬叶灌木群小径是必去的景点；壮丽的帝王花花园则会在冬日里展现出它缤纷多彩的一面。其中有一条小径沿着骷髅峡谷而上，是颇受徒步者和登山者喜爱的小路，行走攀登难度也不算大；这条路穿过花园直向塔布尔山顶峰延伸；深林山谷区则是花园中历史最长的一部分，是一处令人心情舒畅、利于停歇休息的地方。一眼被称为“陆军上校沐浴所”的清泉泉水清透，汩汩地向外冒出，流过石阶，进入山下的小池塘。**SWi**

→ 开普敦郁郁葱葱的康斯坦博西植物园中的树蕨生长得十分茂盛。

在坎普斯湾度假胜地小住
Stay at Camps Bay Retreat

地点：南非西开普省开普敦

网站：www.campsbayretreat.com　**价格指数**：$$

坎普斯湾度假胜地是世界上最昂贵的地产之一，设施豪华奢侈，占地面积甚至超过了4英亩（1.6公顷）。这座开普敦度假胜地位于狮子头山与塔布尔山之间的一条平静无风的峡谷中，对面便是烟波浩渺的大西洋和气势磅礴的十二使徒山脉。住在这里不由得会产生一种与世隔绝的感觉，但其实这里距离开普敦中心和热闹喧哗、人潮涌动的坎普斯海滩仅有几分钟车程。

尽管这座精品酒店的占地面积广阔，但实际上仅有15间各自单独装修的客房供游客居住，其中包括颇具历史纪念意义的戴克伯爵庄园宅邸和更具现代感的“甲板屋”。酒店经过精心布置的花园中既有飞流直下的瀑布、淙淙流淌的山涧、大自然中的幽深野径，也有以绳索桥相连的池塘。喜欢狗的游客可以牵着当地人家的幼犬在附近逛一逛，也可以在园艺学家的带领下对周边的本土植物进行了解。如果你想振作一下精神，那么就去酒店的水疗中心做面部护理或者浪漫的“双人按摩”吧。水疗中心供3间理疗室，其中一个设在露天，四周围绕着灌木丛，在此享受水疗的同时还能听到大海的波涛拍岸声。

如果想品尝到高级的菜肴，就去酒店自营的餐厅“度假厨房”用餐吧，这里为客人提供用花园中的香草调味的肉类菜肴和新鲜的海鲜。客人们可以在观景凉台上一边享受由三道菜组成的烛光晚宴，一边欣赏夕阳沉入大海的壮观美景，然后仰头畅饮主厨专门为客人酿制的美味黑皮诺葡萄酒。更喜欢户外活动的客人还可以租上一辆山地自行车外出骑行，也可以借用面向大海的网球场（夜间具有泛光照明）痛痛快快地打几场球，再或者从酒店的三座泳池中任选一个下水游泳。**JK**

在拉腊别墅酒店尽情放松
Relax at Villa Lara

地点：南非西开普省开普敦

网站：www.villalaracapetown.com　**价格指数**：$$

除了催人入睡的海浪拍岸的声音和头顶上偶尔传来的海鸥尖叫声，拉腊别墅酒店看上去和《世界时尚》杂志里的时尚写真选景地没什么区别。所以，当你了解到该酒店的主人是获奖摄影师时应该也不会感到惊讶吧。酒店的主人非常喜爱这座时尚感十足的奢华海滨度假酒店中反映出的造型与光线。

别墅共有3间典雅的卧室，至多可供8人同时居住；从每间卧室都可以欣赏到大西洋与陆上山峦的广阔景致。此地还有一间设备齐全的独立住宿小屋，其中布置着开放式双人卧室、厨房和休息区。而且每间屋子中都可以照进自然光线，这就增强了极简艺术家在装饰中使用的暗淡色彩带来的整体感觉。室内摆放着亚洲风格的柚木家具，床上则铺着整洁的白色亚麻床罩。

> “海潮的声音会让你卸下所有压力和紧张；赤素馨花甜蜜的芬芳气味将唤醒你的感觉。”
>
> 拉腊别墅酒店老板

与你所想的一样，在如此时尚的住所中配置有紧跟时代潮流的科技产物，其中包括计算机控制的照明设施、一套家庭影院、无线上网设施和纯平电视。总而言之，这是一个可以不必牺牲现代生活方式也能放松休闲的完美度假地。你可以在面向大海的泳池中游个泳，然后上岸躺在长椅上伴着波涛声和赤素馨花令人沉醉的芬芳打个盹儿；你也可以在露天烧烤架上烤出香喷喷的美食，再配着当地产的葡萄酒一起吃下肚去。这便是最开心惬意的海滨生活了。**HA**

在安加加维酒店享受假期
Enjoy Hotel Anjajavy

地点：马达加斯加马任加

网站：www.anjajavy.com **价格指数：**$$

安加加维奢华度假酒店坐落在马达加斯加岛永远阳光灿烂的西北部海岸上，遗世独立，偏僻而遥远，甚至岛上近80%的动物都是只有当地才有，而在地球上其他任何一个角落都看不到。酒店所在地区被人称为是“世界尽头的半岛”，游客们只能乘坐低空飞机才能抵达此地，且一路上会欣赏到绝美的风光。安加加维酒店按照西方标准被评为四星级酒店，不过世界上几乎没有什么酒店的地理位置能和它媲美。

酒店的海湾岸上有大片纯净的白色沙滩，而沙滩上坐落着25所与世隔绝的红木别墅，别墅陡斜的屋顶为茅草铺就并且室内安装有空调。除拥有卧室和浴室的种种设施外，别墅还配备了各自的休息室、早餐区和楼上客房。只有在酒店接待处才能使用卫星电话，所以身心疲惫的遁世者大可以放心在别墅外阳台上的吊床里悠闲地度过整个假期。

除了原始的海滩、面积2,150平方英尺（200平方米）的游泳池和菜品极佳的餐厅，周边还包括有一座占地1,111英亩（450公顷）的自然保护区，那里是1,800种动植物的家园（其中大多数为本地特有的品种，比如狐猴、极乐鸟和几类变色龙）。调皮的狐猴还会在酒店的园景花园中嬉闹，所以来此度假的客人在花园中用下午茶的时候会有马达加斯加这些友好可爱的野生动物陪伴左右。

对于那些已经厌倦无所事事的放松生活的游客，酒店还准备了多种多样的水上活动与水下活动，包括出海航行、浮潜、深海钓鱼和在向导的带领下徒步探访周边丛林，客人也可以去附近的村庄和集市逛一逛。**DaH**

在南纬20° 酒店为精神充电
Recharge at 20°Sud

地点：毛里求斯庚巴区

网站：www.20degressud.com **价格指数：**$$

南纬20° 酒店是毛里求斯唯一一家精品酒店，这里的生活节奏很是缓慢，早餐甚至可以一直供应到傍晚7点。不过，大多数客人都会比这个点儿起得早一些。说实话，这里有不少活动等你参加呢。帆板运动爱好者和水手都喜爱这处永远只有微风吹拂的广阔避风港。附近的库万德米尔岛、龙德岛和普拉特岛都是极棒的浮潜地，也很适合、滑水、皮划艇和帆伞运动。

午餐（从海中运动归来就在露台上开餐）

> “酒店可以俯瞰到巨大的海湾，但没有海浪的侵扰，反倒是终年都有微风拂面。”
>
> 南纬20° 酒店主人

后，你也许会在泳池畔打个盹儿，醒来后或许去享受按摩、土耳其浴，或者轻摇双桨、在酒店私人海滩附近的水域中悠然荡舟。也许等白天的气温降下来之后，你会选择骑着自行车沿着周边的路线骑行，也可以骑到热闹非凡的庚巴村，去逛一逛设计精品店和时尚前卫的酒吧。如果你觉得骑单车去有些麻烦，那么酒店也可以派人撑独木舟供你往返。

酒店共有27间普通客房和两间豪华套房，从每个房间中都能看到海景，此外还都配有露台或阳台。每个房间都是由比利时室内设计师弗拉芒单独设计，其中陈设的家具则给人一种历史沧桑感。说到历史，酒店还拥有整个毛里求斯最有年头的摩托艇——MS莉斯贝夫人号。在酒店老板米歇尔·布尔乔亚的监管下对酒店的游艇进行了修复，现在可以每次载8人在海上用晚餐了。**PE**

下榻王子度假村

Stay at Le Prince Maurice

地点：毛里求斯黑诺士

网站：www.princemaurice.com　**价格指数**：$$

王子度假村是一处坐落在幽静绿洲上的五星级酒店，所在的避风半岛形状不规则，面积仅有60英亩（24公顷），岛上有三片纯净未受污染的沙滩和一汪环礁湖。毛里求斯这个国家以度假村的品质非凡著称，而我们现在所说的王子度假村则符合你对天堂中度假村模样的一切想象。其住宿设施中有8座架空的单层茅草屋，屋子地板下方就是酒店自营的鱼类保护区水域。

王子度假村的标志是一枚平凡但具有标志性的肉豆蔻，昭示着它几个世纪前辉煌壮丽的过往——毛里求斯曾经是葡萄牙与荷兰商人沿着传说中绕过非洲之角的香料贸易航线前进时中途停留的重要一站。如今这片风景优美的"世外桃源"上精心布置有数座豪华套房以及私人游泳池，为客人们营造了即便是最顶级的五星级度假村都很难提供的私密隐蔽的环境氛围。

王子度假村被罗莱夏朵精品酒店集团授予了"殿堂级"紫盾标志，是喜欢临水而居的游人不容错过的度假地，因为有的房屋就架空建在环礁湖之上。而喜欢住在干燥陆地上的游客可以选择带加热室外泳池和直通沙滩小径的高级套房。另外，晚上大家还可以在度假村水上的"环礁湖餐厅"享用烛光晚餐。

此地可免费参加的活动包括皮划艇、帆板运动、乘坐玻璃底的小船巡游以及滑水。此外，王子度假村与邻近的贝尔马尔海滩度假村共同拥有两座十八洞高尔夫球场，可供客人们消遣使用。

BS

→ 王子度假村半敞开式的酒吧间为住在此处的客人们提供了面向环礁湖的优美景致。

在美岸度假酒店休闲放松
Unwind at Beau Rivage

地点：毛里求斯贝尔马尔

网站：www.naiaderesorts.com **价格指数：**ⓈⓈ

美岸度假酒店坐落在毛里求斯东岸，2007年在此新建了12座草顶别墅，这不仅仅是五星级酒店的又一次重复性拓展建设。别墅中装点着中国的瓷器和印度的艺术品，反映出毛里求斯人特殊的文化混合，也彰显了美岸度假酒店向完美与纯粹享乐的目标的探索和不断挑战自我的意识。

美岸度假酒店前方近海处便是一片珊瑚礁泻湖和粉末般细腻的白色沙滩，即便在毛里求斯这个以超出一般水平的精美热带度假地著称的国度中，这里也是其中最为美丽的度假村之一。客房内部装修豪华，窗户上安装有木百叶窗；管家服务和占地21,500平方英尺（2,000平方米）的泳池保障客人拥有充足的活动空间，不必与其他客人挤作一团。酒店为潜水爱好者准备了9个潜水景点，最深处达111英尺（34米），只需10分钟的时间便可乘船抵达。此地几乎所有的水上运动都是免费赠送的，甚至还有专为孩子开放的儿童池和儿童俱乐部，可以保证无论是什么年纪的客人都能尽情享受放松。

毛里求斯是东岸是整个国家开发最少的地区。整个温暖的夏天，东岸的夜晚都有习习海风吹拂，而且这里的荒凉热带海岛的氛围已经是越来越难在其他地方感受到的了。度假酒店最关心的还是客人是否能获得最佳的舒适体验。毕竟，只有极少数酒店为了让客人睡得安稳舒心会提供“枕头选单”。**BS**

← 美岸度假酒店水疗中心专为理疗所设的小帐篷和酒店整体感觉一致，极具异国风情，非常独特。

在唯一度假村的印第安帐篷里过夜
Stay in a Tepee at One&Only

地点：毛里求斯贝尔马尔

网站：www.oneandonlyresorts.com **价格指数：**ⓈⓈ

唯一度假村的帐篷外部是手绣的帆布，装饰点缀着颗颗宝石，内里则是白色与金色的薄纱，再没有比这样的露营更美好华丽的了。这的确不是普普通通的帐篷，而是有强烈个人风格的英国设计师爱丽丝·坦珀利为印度洋岸上的度假村精心设计的作品，专为时尚人士打造。帐篷中有来自巴黎的枝形古董玻璃吊灯、天然木质地板和华丽的靠垫与织物，还有满满一柜子香槟酒。

这些帐篷可以接受客人预订，用作私人晚宴、庆祝活动甚至是水疗服务的场所。客人也可以尝试一种完全新鲜的体验——篝火晚宴。届时你可以慵懒地依靠在丝绸靠垫上，小口啜饮着管家端上来的香槟鸡尾酒，坐在摆放于柔软沙地上的矮餐桌前用晚餐。而晚上剩下的时光，你可以望着噼噼啪啪作响的柴火出神，也可以伴着本土乐师的乐曲在沙滩上跳舞直至凌晨。热恋中的情侣可以独自包下整个帐篷，在其中开怀大吃龙虾与鱼子酱，然后沉醉在度假村的水疗理疗中。

> “One&Only品牌度假村旨在带给客人充满狂想与时尚的独特体验。”
>
> 海伦·麦凯布-杨，One&Only集团副总裁

度假村的餐厅中掌勺的是两位米其林星级厨师——艾伦·杜卡斯和维尼特·巴蒂亚，所以客人们会遭遇面对诸多美食选择不知从何下嘴的情况。度假村中不仅有一流的水疗服务，还组织有一系列的活动，如滑水、帆板运动、出海航行，还有网球与高尔夫球。躺在棕榈树之间的吊床上或只是在华丽的圆锥帐篷中彻底放松，这样的诱惑简直难以抵抗。**AD**

在香提安达纳莫利斯水疗度假酒店放松身体

Relax at Shanti Andana Maurice Spa

地点：毛里求斯圣费利克斯

网站：www.shantiananda.com　**价格指数：**Ⓢ

香提安达纳莫利斯水疗度假酒店与阿南达喜马拉雅山酒店是同一品牌系列的度假酒店，二者运营理念也是一致的。从为个人定制的水疗项目到在专用凉亭和瑜伽室里展开的多种多样的瑜伽与冥想课程，该度假酒店方方面面都体现着对幸福安康的整体追求。

度假酒店坐落在一片占地35英亩（14公顷）的热带花园中，对面可以看到印度洋上零零散散的珊瑚礁，风光璇旎。沿海的位置正与香提安达纳莫利斯的氛围与理念相得益彰；从水疗中心的鹅卵石餐厅到高级海景套房，几乎到处都可以看到碧蓝的海水。其中两类房型——奢华别墅与奢华套房别墅都各自带有游泳池。超豪华总统别墅则更加夸张，甚至配备了嵌入式漩涡冲浪浴缸和桑拿室，同样也拥有私人泳池和郁郁葱葱的风景园。

水疗场所占地50,000平方英尺（4,645平方米），提供种类繁多的理疗服务，从阿育吠陀疗法到西式疗法不一而足。其中不仅有专门的阿育吠陀排毒治疗室，也有为情侣准备的水疗包房以及更多多功能理疗室、擦洗室和水疗室。像这样结合了东西方养生理念和放松方式还不失和谐的水疗度假酒店为数不多。客人们下榻之初需要先向生活助理进行私人咨询，助理会根据客人的个人需求和意愿对课程和项目进行调整。**LC**

→ 在香提安达纳莫利斯享有的尊贵体验会让心灵、身体的精神都得到充分的放松休息。

发现罗德里格斯岛
Discover Rodrigues Island

地点：毛里求斯罗德里格斯岛

网站：www.mauritius-seychelles.com　**价格指数：**❶

罗德里格斯岛是一个极为简单的地方，即便是在岛上的首都——马蒂兰港也没有什么恢弘的历史遗迹或者不容错过的博物馆。而且，你也不必担心有什么交通高峰时间，因为这里每一分钟都清清静静。也就是说，这儿既没有交通堵塞一说，也没有超市里排得长长的付款队伍。这是可以逃开快节奏现代城市的一片乐土，可以让人尽情放松，悠闲度日。

罗德里格斯岛的名字出自于1528年在岛上短暂停留的一名葡萄牙航海家，从政治管辖上看，该岛归毛里求斯所有，但有一定的自治权，可以自主处理本地事务。跟它的姐妹岛毛里求斯比起来，这座岛上的商业化水平较低。商家或多或少都赶在周日热闹的早集上出摊。

很多游客会选择乘船前往椰岛，岛上沿岸是带状的雪白沙滩，沙滩上生长着木麻黄树，还栖息有成千上万只海鸟，包括乌燕鸥、白玄鸥和黑燕鸥。其他游客可能会去探索布满了石笋和钟乳石的帕塔特洞穴，或者从科顿角出发，徒步穿过碧浪拍岸、荒凉寂寥的海滩，向戈哈维埃前行。

你可以下榻于坐落在小岛东岸宁静沙滩上的棉朵湾酒店。酒店所在地同时也建有棉朵潜水中心。导游会带领游客穿过小岛原始的珊瑚礁；因为罗德里格斯岛的独木舟是靠划桨推进的，所以此地的珊瑚从未遭到过破坏。岛上还有一座叫木胡克艾博尼的克立奥尔风格酒店，酒店背靠群山，前面则是一汪泻湖；酒店还为客人准备了水上运动。在罗德里格斯岛度假的真实写照就是无所事事，而这个“无所事事”不就是度假带给你的“好事”吗？这是一座无须你太过活跃的小岛，你所要做的无非是深呼吸几口新鲜空气，慵懒地躺在沙滩上，沉浸在悠闲氛围中。**PE**

享受玛雅水疗度假村的奢华体验
Enjoy Maia Resort and Spa

地点：塞舌尔安西路易

网站：www.maia.com.sc　**价格指数：**$$$$

和附近印度洋上其他广受欢迎的度假岛屿相比，塞舌尔岛的地势较低，但动植物群都富有特色，岛上还洋溢着一种克里奥尔式的风情，所以品质比大多数度假小岛都更高一筹。玛雅水疗度假村由火山岩和梢木建成，共有30座别墅，就坐落在马埃岛西南部安静的安西路易沙滩上。

这些别墅奢华而独特。茅草屋顶上设有宽敞的眺望台，别墅毗邻诸多酒吧，还配有超大的长椅供人小憩，此外，卧室设计为亚洲风格，浴室中则安装了独立的步入式淋浴，室外也设有浴缸，你大可以选择在草棚下享受芳香疗法、药浴等水疗服务。面朝大海的别墅就伫立在沙滩上，海景别墅建在半山腰上，海洋全景别墅则高高地耸立于山顶，放眼望去是一片葱郁的植被和壮阔的海洋。

> “马埃岛被大家称为，引人入胜的塞舌尔群岛这顶王冠上的一颗璀璨明珠。”
>
> 玛雅水疗度假村主人

水疗服务中最高档的是“大草原”理疗——理疗项目以它们营造出的氛围和带来的感觉分类；水疗中心建议游客每天清晨都进行冥想，这也是中心的培训课程的一部分。此外，度假村每天还会赠送客人气功、瑜伽课程和指压按摩服务。如果你在小岛附近浮潜或潜水，更会看到令人震撼的水底美景。玛雅水疗度假村高雅精致的亚洲-法国克里奥尔风味融合餐厅“泰科泰科”的美食也会给你带来无上惊喜。**PS**

在拉布瑞兹阿库水疗中心放松
Relax at Labriz Aquum Spa

地点：塞舌尔西卢埃特岛

网站：www.aquumspas.com **价格指数：**$$

阿库水疗中心的空气中氤氲着绝对的安宁，它是由半山腰中雕凿出来的，就坐落在塞舌尔美丽的西卢埃特岛上，四周环绕着热带森林。这里的外部世界并没有通常的车辆经过或是机器运转的嘈杂声，只有鸟儿令人舒心的歌唱和从碧波荡漾的海面拂来的阵阵轻风。

理疗形式多种多样，因为受到茂密丛林与湛蓝大海的启发，理疗过程中使用的配方材料均来自于当地。其中招牌理疗项目有使用含有黄糖与肉豆蔻成分的温暖泡沫涂遍全身，这是为了去角质；另一种则是采用生咖啡和椰浆包裹皮肤，再用散发着香味的椰浆作为发膜滋养你的缕缕秀发。当地种植的香子兰、可可豆和腰果也被用于水疗中。其他疗法包含奢华的鱼籽焕颜脸部肌肤护理，可以让脸上的岁月痕迹消失不见，让你变得更加年轻富有朝气；而“丛林型男”理疗项目则是为了渴望呵护的男性顾客所设。

阿库水疗中心属于塞舌尔群岛上唯一一座度假村——拉布瑞兹，沿着一英里长的海岸而建。这座度假村的名字是塞舌尔克里奥耳语中的一个词，来自于法文“la brise”，意为“微风”。现代感十足的别墅和房舍掩映在生长茂盛热带植被中，都配备了返璞归真的户外淋浴设施。

水疗中心配备有芳香蒸汽浴室、水疗泳池和热水浴缸，但除了长时间泡在水疗中心之外，你也可以参加度假村安排的徒步热带丛林探险活动，去拜访巨型陆龟的栖息地或者体验精彩纷呈的海底潜水。**LP**

↗ 阿库水疗中心的环境布局非常独特，六间水疗馆均位于巨大的花岗岩卵石之间。

“［这座度假酒店］就坐落在古老的冈瓦纳超级大陆中依然存在的南部土地上。”

《塞舌尔国家报》

探索阿尔达布拉环礁

Explore Aldabra Atoll

地点： 塞舌尔阿尔达不拉岛

网站： www.aldabra.org **价格指数：** $$$

阿尔达布拉岛上栖息着15.2万只巨龟。这里是世界上最大的巨龟栖息地，是加拉帕戈斯群岛上陆龟数量的五倍。阿尔达布拉环礁曾被大卫·爱登堡爵士称为“世界奇观之一”，因为它在印度洋上孑然独立，偏僻而遥远，陆地环境不宜人类居住，也正是因此才得以保留了此地相对自然的状态。该岛也是绿毛海龟、玳瑁海龟以及白喉莺（印度洋地区唯一幸存的不会飞的鸟类）的家园。环礁是大量军舰鸟的繁殖地，红脚鲣鸟则栖息在阿尔达布拉环礁湖北缘的红树林中。

阿尔达布拉环礁堪称是自然主义者的天堂，但对于人类来说，想要到达该岛确实不是一件容易的事。（当然也正是因为如此，岛上的野生动物才过着无忧无虑的生活）。环礁位于马达加斯加以北250英里（402公里）处，坐落在塞舌尔首都维多利亚的西南部，绵延700英里（1,125公里）。岛上只住着一些科学家和保护环境的管理人员，既没有定期的航班，也没有常规的酒店。如果你想登岛并入住数量有限的客房，你得先得到塞舌尔岛基金会的许可才行。

阿尔达布拉环礁会为那些执着的游客，尤其是具有科学探索热情的人奉上丰厚的回报：希望能了解热带海洋生态系统、海草、红树林的到访者可以进入岛上完美的自然实验室参观学习。20世纪60年代的时候，英国政府曾计划在阿尔达布拉岛上建立机场，让英国皇家学会负责管理小岛，但最终没有落实这一计划。登岛参观游览的人无不认为该计划的流产对于这座美丽的小岛是件幸运的事。**PE**

→ 阿尔达布拉环礁包含四座巨大的珊瑚岛，其本身也环绕着一圈珊瑚礁。

探索丹尼斯岛 Discover Denis Island

地点：塞舌尔丹尼斯岛　**网站：**www.denisisland.com　**价格指数：**$$$$

丹尼斯岛是集每一个荒岛梦于一身的浪漫岛屿。从上空俯瞰，这座小岛就好像是印度洋西部的一个小逗点，低调而简单，毫不起眼。草木茂盛的丹尼斯岛名字来源于一位法国探险家——丹尼斯·德·托布里扬，他于1773年第一次发现了这座富饶的小岛，登岛之后，他发现岛上的野生动物物种十分丰富，这种多样性也延续至今。靠近海滩的位置上坐落着25栋克里奥尔人风格的别墅，室内摆放着巨大的双人床和造型饱满的扶手椅。别墅配有前卫浪漫的浴室、露天淋浴设施、私人阳台和木麻黄与椰子树间点缀的小小庭院。

在此地度假，并没什么需要你做的，你可以在这片人烟稀少、丝般柔滑的沙滩上晒着日光浴，偶尔起身浸入凉爽的小池塘中，或者沿着岛上的步道散步去拜访附近古老的村庄、教堂和灯塔。岛上没有电视或收音机，除了此地可爱的“居民”——一种非常大的乌龟之外，没有任何其他打扰你平静的事物。好动的游客可以参加浮潜或潜水活动，到碧蓝色的海水中探险猎奇，与水下的海龟、鲨鱼和鳐鱼共舞；而且此地一年到头都可以出海钓鱼，通常钓上来的有旗鱼、马林鱼、金枪鱼；9月份到11月份之间，你则会在这片海域见识到鲸鲨和蝠鲼。

岛上用餐比较随意，菜品新鲜丰富，食材均是来自于岛上农作物种类齐全、禽畜蓄养数量充足的农场，其中包括一系列生鲜农产品，除了鸡、猪、牛、鹌鹑，还有本土的香子兰、药草和蔬菜。每一个慵懒的日子里，睁开眼便是丰盛的早餐、午餐以及按单点菜的晚餐。你要面对的难题就是到底选择在餐厅里还是在星空下的沙滩上用餐。嗯，这的确是个难以取舍的选择。**LP**

↑ 丹尼斯岛周边自然环境与世隔绝，是那些寻找浪漫避世胜地的游客们的最爱。

住在表姐妹岛上 Stay on Cousine Island

地点：塞舌尔表姐妹岛　**网站：**www.cousineisland.com　**价格指数：**ⓈⓈⓈⓈ

表姐妹岛也许地方不算大，但却有着自己的特色，那就是地理位置偏僻隐蔽、与世隔绝。该岛也是一处自然保护区，从生态学的角度看，此地环境颇为重要。小岛面积共62英亩（25公顷），宽2,625英尺（800米）。自从2000年小岛归私人所有后就致力于保护塞舌尔群岛的自然环境。岛上的物种令人惊叹：植物中95%都是本地特有植物，同时还至少有五种本地的特色陆禽栖息于此。其余5%的植物由原生的果树和植物组成，玳瑁海龟也常登岛筑巢。

距离原始纯净的海滩100英尺（30米）的地方，坐落着四座奢华别墅；登岛的游客流连于这片美好的自然风景中，可以选择入住其中的一座。看上去，每座别墅的设计旨在与其周遭环境和谐地融为一体：建筑为法式殖民风格，所用建材皆尽可能取自于当地；而且各个别墅内部空间都比较宽敞，下榻的客人可以充分放松，享受宁静的氛围。客人用餐的地方是一处通风良好的单独空间——被称为“亭阁”餐厅，从亭阁向外眺望，可以看到淡水游泳池和更远的海洋。餐厅的主厨是南非的艾德兰·凡·尼可克，他所烹制的一系列菜肴灵感来自于克里奥尔和欧洲的饮食文化，食材则是选用的当地新鲜的原料。

为了防止外来物种入侵，建议游客乘直升机登岛，这种交通方式更增强了小岛带给人的尊贵感觉。也正是因为这种做法，岛上特有的鸟类和植物群编织成的一张微妙的生物网至今都保持着它的完整性，从未遭到破坏。小岛的管理机构还会邀请游客参与到多种多样的保护活动中来，比如种树、检测海龟生存状况等。在无事可做的日子里，你便可以去水疗中心（海滨保健度假中心）消遣一番，或是去沙滩上晒太阳，再或者投入印度洋温柔的怀抱。**LC**

↑ 对保护区之类的景点有强烈兴趣的游客都会因为表姐妹岛少有的生态重要性而对此地格外关注。

弗雷格特私人小岛度假村的欢乐时光

Enjoy Frégate Island Private

地点： 塞舌尔弗雷格特岛

网站： www.fregate.com　**价格指数：** ⓈⓈ

多年前，造访弗雷格特岛的只有私掠船。那个时候，这座风景如画的印度洋岛屿上海盗的身影无处不在。不管是热带森林，还是白沙铺地的海湾，整个岛上都充满了神秘感，到处是禁地。

这座小小的花岗岩岛至多可同时接待40位客人，是所在地区最隐秘也是最吸引人的度假胜地。岛上的16座豪华别墅都与周围环境和谐地相融在一起。其中13座位于峭壁之上，可以远眺印度洋，风景绝佳；其余两座坐落在各自的私人热带花园中。客房的内部装修同时受到了殖民时期风格和塞舌尔人设计的影响，而室内陈设的手工家具则是印度洋上的商贩在世界各地旅行时收集来的。所有别墅都配有私人泳池、冲浪浴缸和亭阁餐厅，此外还装有滑动玻璃墙和法式落地玻璃门，而且玻璃门总是敞开着，以便游客能够与这片热带天堂亲密接触。你也可以随驻地生态学家参加定期展开的徒步活动，深入探索小岛的海滩与丛林。游客可以在环礁湖中安全地潜水、游泳和浮潜。而且，如果你是经验丰富的潜水老手，可以搭船寻找更激动人心的潜水地。

穿过瀑布峡谷和淡水池塘，就来到了非同凡响的岩石水疗中心，此处提供整体理疗项目。而当你在健身馆中做运动、去普拉兰岛打高尔夫或者慵懒地躺着心想“那些被冲上岸的海盗们来到如此仙境一定觉得自己特别幸运”的时候，漂流者儿童俱乐部还可以为你照看孩子。**SH**

→ 这些茅草顶的别墅的建筑材料均是产自本地的红木和柚木，而且无论你入住哪一座别墅，都能看到美好的景色。

亚洲将带给你震撼人心的生命历练。你可以在喜马拉雅山的庙宇中过夜，造访柬埔寨的远古神社，也可以在东京的阁楼中充分体验现代社会带给你的一切舒适愉悦，在香港尽情享受奢华美妙的水疗。如果这些还不能吸引你，去试试泰国的海滨别墅吧！

亚洲

⇐ 泰国萨罗普酒店

探索费拉桑群岛 Explore the Farasan Islands

地点：沙特阿拉伯费拉桑群岛 **网站：**www.sauditourism.com.sa **价格指数：**

红海流域以动植物的物种多样性而闻名于世，但是一直以来，只有和沙特皇族攀得上关系的人才能有幸游览这里面积最大的群岛，领略那令人目眩神迷的水下世界。幸运的是，近期沙特王室涉足旅游市场，因此，位于沙特阿拉伯吉赞省港口以南25英里（40公里）处的费拉桑群岛这一潜水者的天堂才得以向外界开放，而且尚未被人类活动影响，至少现在还保留着自然原貌。

最后的冰川期结束后，海平面上升，这八十四座地势较低的石灰岩岛屿就是那时形成的，岛屿周围是广阔的浅滩，那里是一片无边无际的珊瑚“花园”，孕育着许许多多的海洋生物。现在，该区域已被列为自然保护区。凯比尔岛是群岛中面积最大的岛，也是三个有人永久居住的岛屿之一，而其他的岛便顺理成章成为了海龟和海鸟理想的繁衍栖息地。群岛上还有沙特阿拉伯最大的瞪羚群。除此之外，这里也是濒临灭绝的儒艮最后的栖息地之一。

这里的旅游基础设施清爽简单：三星级的费拉桑酒店是这片群岛中唯一的住宿地，虽然房间有限，条件也略有不足，但酒店员工对远道而来的观光者总会迸发出一种淳朴的热情，这足以弥补那些本就微不足道的小缺陷。当你沿着大群岛空旷的海滩漫步时（你能见到的仅有的生命迹象便是动物的足迹和偶尔经过的一群火烈鸟向你投来的好奇目光），当你在到周围温暖的水域中和海豚、魔鬼鱼、鲸鲨不期而遇时，你会为这世外桃源发出由衷的赞叹。**DaH**

↑ 多年以来，只有沙特皇室成员及其邀请的宾客才能在群岛附近潜水或游泳。

在阿尔布斯坦宫殿酒店小住 Stay at Al Bustan Palace Hotel

地点：阿曼马斯喀特　**网站**：www.ichotelsgroup.com　**价格指数**：$$

在脑海中勾勒一下阿拉伯王子亲自设计的酒店吧，是不是眼前出现了成堆的金子、珠宝和大把抛洒的银币？你的想象和阿尔布斯坦宫殿酒店其实非常接近。酒店共有250个房间，背靠一座陡峭的山，周围是200英亩（80公顷）的私家海滩和郁郁葱葱青翠欲滴的私家花园。最近，这座酒店刚刚经过重新装修，突兀多余的装饰已经荡然无存，取而代之的是高雅时尚的崭新装潢。

酒店的大厅禁得起任何一句赞美，总之绝不低调平凡。它奢华绝世，有时还会被阿曼的国王征用。酒店内墙由马赛克瓷砖镶嵌而成，中庭高大宏伟，此情此景，你会误以为自己是在一座清真寺里，而不是一个阿拉伯地区的洲际连锁大酒店。天花板上垂下来的硕大枝形吊灯闪闪发光，如同玲珑剔透的钟乳石，而大理石地板上铺着织有华丽图案的亚细亚地毯。所有的房间都是那么富丽堂皇，色彩斑斓，房间里的地毯、挂毯等织物各式各样、让人眼花缭乱，却又恰到好处，美不胜收。浴室里无论是墙面还是地面均为大理石铺制而成，里面的有些浴缸大得可以装下一个足球队。

正如你所想的一样，这座豪华的酒店配有一处设备齐全的健身中心，里面都是世界顶尖的健身器材，还配有桑拿蒸汽浴室。不过，考虑到阿曼火一样的夏天，这些新添置的设施恐怕是有点画蛇添足了。与其在桑拿室里汗蒸，不如到沙滩上逛一逛，出一身汗也是好的，或者到美丽的、经过精心修剪的花园里散散步，享受一个人在偌大空间中独处的乐趣。如果你想满足自己对梦幻般阿拉伯之夜的遐想，手中却不宽裕，那么这里是你的不二选择。**HA**

↑ 酒店的内部比外部更豪华，在“奢侈”一事上，该酒店无所不用其极。

驾车行驶在瓦迪阿代路上

Drive Through Wadi Adai

地点：阿曼，马斯喀特至沙巴河谷

网站：www.gulfleisure.com/wadibashing.htm **价格指数：** Ⓢ

去阿曼旅游，如果没有体验过当地人所说的“瓦迪越野”，那么这次阿曼之行就是不完整的。所谓“瓦迪”，其实就是一条干枯的河床，在这个苏丹统治的中东国家的高热天气里，此地的温度曾一度抬升到122℉（50℃）。因此，河床中不再流淌着生命之水，而是常常处于焦干开裂的状态。

最好的一条驾车路线就是穿过瓦迪阿代开往马扎拉村。这座小村庄坐落在一片绿洲中，四处是随风轻摇的椰枣树，风景如画。时不时有穿着纯白及踝长袍的当地人经过你的身边，还有活泼的羊群在周围跳来跳去，此情此景，宛若《圣经》中描述过的场景。驱车穿过崎岖的东部哈迦山脉的丘陵地带，穿过起伏无常的荒凉大地，很快你就会将铺得平平整整的柏油路抛在后面，驶上沿海的野径。车子东倒西歪地在原始的干涸海床上努力推进，沿着尘土飞扬的红色山路向迪哈勃猛冲。不多时，你就会遇到一个巨大的天然水坑，水质清澈，宛若翠玉，被大家称为“贝特阿尔阿弗瑞特”。接着往下开，你就会到达沙巴河谷，意为“悬崖间的峡谷”。这段河谷很少会完全干涸，因此是个跳进水里避暑的好地方。河谷位于一处深邃的山涧中，谷中绿洲皆是郁郁葱葱的树木、草地和椰枣树，和周边高低不平的地形形成鲜明反差。

你最好花些时间在沙漠中行驶，以便体验在沙丘间越野的惊险和快乐；现代的贝都因人就是这样跨越柔软起伏的沙地的。**HA**

→ 一定要在当地向导的指导下驾车，因为在这个像月球表面一样的干河床中，形状各异的沙丘和岩石遍布，很容易迷路。

参观苏丹卡布斯的大清真寺

Discover the Sultan Qaboos Grand Mosque

地点：阿曼马斯喀特

网站：www.omanet.om/english/Relegious/grandmosq.asp **价格指数：**❶

炎炎夏日，温度计的水银柱眼看着升到了122℉（50℃），要想找个避暑的好地方，再没有比美丽的苏丹卡布斯大清真寺合适的了。步行穿过传统的伊斯兰园林，经过一道道对称的白石拱门，最后进入令人目眩的白色大理石内庭。若是正午时分，阳光射在大理石表面，反射出一片耀眼的白色，人们几乎什么也看不清。不过，等到进入凉爽神圣的清真寺（一定要确保自己穿戴得体）之后，你的视力将会迅速调整到最佳的状态，以便清楚地迎接眼前庄重华美的建筑。

这座清真寺建成于2001年，是沙特阿拉伯之外世界上最大的清真寺，其面积之大可同时容纳2万人做礼拜。大殿为方形，中央为圆屋顶，距离地面有165英尺（50米）之高。圆顶，主宣礼塔和四座侧宣礼塔是清真寺的主要建筑特征。妇女们做礼拜的地方是一间专门的礼拜堂，可容纳750个信徒。

供人们礼拜时用的地毯长230英尺（70米），宽200英尺（60米），面积惊人，是世界上最大的一张地毯。该地毯由600名伊朗妇女手工编织而成，耗时4年，重达21吨，其中共有28种色彩（全部为植物染料上色）。清真寺中央顶部的枝形水晶吊灯之华美也是你见所未见的，这盏灯共由60万块货真价实的水晶和1000个灯泡组成，由奥地利的施华洛世奇公司制造。就面积而言，它仅次于阿布达比酋长国的一座清真寺。大清真寺除了它的“大”和令人印象深刻的这一串统计数字之外，更是一个安宁幽静而祥和的所在。**HA**

> “这一定是世界上最沉静美丽的建筑之一……经过打磨的大理石如此光滑平整。”
>
> 马丁·拉乌，《观察家报》

⇱ 苏丹卡布斯的大清真寺可同时容纳多达2万民众做礼拜。

在兹伊湾度假村充分放松
Unwind at Zighy Bay

地点：阿曼穆桑代姆半岛

网站：www.sixsenses.com **价格指数：**$$$

几个世纪以来，兹伊湾都默默无闻地隐蔽在穆桑代姆半岛的阿曼极北地区。现如今，该地区建起了一个与之同名的度假酒店，而且客人们可以选择通过多种方式到达该地：滑翔伞、在蜿蜒的山路上驱车赶到或者坐快艇从水路走，沿途超过那些传统的单桅三角捕鱼帆船和成群结队的海豚，这样仅花一刻钟的时间就能到达目的地。

兹伊湾紧连着一片金色沙滩，远处则是崎岖不平、俯瞰着阿拉伯湾的山峦。酒店归Evanson Hideaway奢侈品牌所有，建筑风格与传统的阿曼建筑相仿。一片土黄色的立方体建筑聚在一起，中间点缀着几丛棕榈树，看起来不是美轮美奂、让人赏心悦目的建筑群，但是它确实与哈迦山脉地区荒凉的美感搭配在一起很是和谐。所有的别墅都有各自的私人泳池、室外淋浴设施、沙发休闲区和阳台。还有，只要打个电话，你的专属私人男仆就会上门听候你的吩咐。如果你感觉还需要深度放松，那就体验一下第六感度假村的水疗服务吧。

> “在兹伊湾度过的四天长假朦胧曼妙，总是沐浴在灿烂阳光中，我不得不承认……我完全沦陷在此了。”
>
> 安娜贝拉·索普，《观察家报》

入夜，度假村就展示出它真正的魅力来：步道两旁烛光摇曳，海滨沙滩上布置好的餐桌在熊熊火把下显得浪漫至极。晚餐结束后，你可以在海滩上散散步，抬头眺望满天星斗，享受这片度假宝地这一刻的完美静谧。**HA**

在阿玛哈度假酒店放松心情
Relax at Al Maha

地点：阿拉伯联合酋长国迪拜

网站：www.al-maha.com **价格指数：**$$

迪拜，一座发展迅速、蒸蒸日上的崛起于沙漠之中的大都市，是中东地区的世界中心。这座城市变化无穷，独一无二，汇集着众多现代建筑和前卫先锋设计。

距离这座纸醉金迷的“黄金之城”仅一小时车程的地方坐落着一座沙漠度假胜地——阿玛哈。驾车驶入沙漠保护区，你一定会感觉自己到了另外一个星球上。离开疯狂而喧嚣的迪拜，你眼前是宁静平和的阿玛哈，三三两两的骆驼从容地从你身边走过，一副怡然自得的神态。打造阿玛哈的灵感来源于贝多因人的帐篷营地，是沙漠中终极的奢华住所。

人们的活动往往受限于酷热的天气，所以不如清晨早起，看看当地人如何放鹰捕猎，或者走出帐篷，在周边漫步，留心大羚羊和品种稀有、体态高雅的沙漠羚羊的出没。如果你可以骑马，那就像《阿拉伯的劳伦斯》电影中任务的派头一样，骑上高贵健硕的纯种马，在沙漠中徐徐而行。如果你觉得这些太过夸张，乘高尔夫球车返回帐篷也是不错的选择。

白天温度太高，所以除了休闲放松，欣赏一下周围的美景，基本上没有什么好做的。你休息住宿的套房中配备了空调，凉爽而舒适；有带大床的卧室、炫目的卫生间和双人浴缸；或者浸在你的私人泳池中，陶醉在眼前金色沙滩的绝美景致里。这时候，你可以惬意地享受水疗。黄昏时分，骑上骆驼和大家一起在沙漠中漫步；归来的时候，早有服务人员为你在柔软如丝的沙丘间准备好了一杯香槟鸡尾酒。此处氤氲着一种遗世独立的氛围，你会产生一种真实的感觉，仿佛自己已经自愿迷失在这片有《一千零一夜》故事的大地上。**RCA**

体验与众不同的阿拉伯塔酒店

Experience the Burj Al Arab

地点：阿拉伯联合酋长国迪拜　**网站：**www.burj-al-arab.com　**价格指数：**$$$$

“这是迪拜最著名的酒店，其奢侈豪华的程度超乎你的想象。”

《Time Out》，迪拜

↑ 阿拉伯塔酒店的建筑形象仿佛是一座独一无二的游艇，张满了帆，正在乘风破浪。

→ 想要恰如其分地描述这座酒店的气派，就得用更多的“豪奢”的近义词来形容。

提到奢华酒店，就不能不提阿拉伯塔酒店。不管是用光彩夺目、绚丽华美、魅力迷人还是什么别的形容词来描述这座标志性的帆船形迪拜度假酒店，实际的场景都将会把这些词提升到新的高度。自从1999年酒店开业以来，它就成为了无尽奢华的基准，也是其他酒店屡屡模仿却终究无法企及的行业标杆。阿拉伯塔傲然耸立，高达1,050英尺（321米）；夜晚灯光点亮，顿时，酒店的整体建筑流光溢彩、灯火辉煌，成为了全场瞩目的焦点。它静静伫立在海岸线上，就像是一座格外华丽的灯塔。

所有的豪华套房（这里根本不存在“普通客房”）均有两层空间，并且配有冲浪浴缸，房间中划分了生活区和用餐区。此外，还会有一位周到的男管家为你服务。酒店为顾客提供了选择丰富的枕头选单和洗浴选单，细致入微，更显奢华。有些套房中装修格外奢侈，甚至拥有旋转楼梯、私人鸡尾酒吧、更衣化妆室、斯诺克台球桌等等。要说起这些内部设施，那就没有尽头了。用“阔气”这种词形容此地其实是一种侮辱，不如说这里拥有一种令人惊愕的“富贵气魄”。二十八层设有直升机的停机坪，而皇家套房更是配备了专属电梯和电影院、大理石和金子建成的楼梯，甚至还有一张带天篷的旋转四柱床。

听上去非常诱惑，不过只呆在自己的豪华套房中就会错过酒店其他部分的更多乐趣。从十八层的阿萨旺水疗与保健俱乐部可以看到极为震撼的海湾美景，更有美不胜收的马基勒斯阿尔巴哈私人海滩，非常适合皇室度假。酒店共有9家餐厅和酒吧，包括酒店的水下餐厅，餐厅里甚至配备了鲨鱼水族箱。如果这些还不够令你满意的话，你可以租游艇出航或者去世界顶级的高尔夫球场上一展身手。**LP**

骑着骆驼游沙漠

Go on a Camel Safari

地点：阿拉伯联合酋长国迪拜

网站：www.nettoursdubai.com/camel_trek.htm **价格指数：**$$

迪拜拥有豪奢惊人的六星级酒店，几乎每天都会有全新的建筑拔地而起，出现在海上，因此，这里是一处超级摩登的度假旅游胜地。不过，如果你不想和那些来到阿联酋却只在酒店里吹空调的游客们为伍，而是想体验真正的阿拉伯，那么就得骑上骆驼去观光。

骆驼被当地的贝都因人称为是真主阿拉的礼物，它们迈着沉重缓慢的步伐，在不吃不喝的情况下与浩浩荡荡的商队一起可行走数周。骆驼脚掌宽大，背上配有带靠背的鞍座，再加上它轻轻摇摆的步态，一定会给你带来舒适的旅程。

骑着骆驼深入阿拉伯沙漠探险会让你见识到神秘的荒原，大地上零星点缀着椰枣树和阿拉伯橡胶树，这里还栖息着一些不同寻常的沙漠动物，比如沙猫、沙漠野兔和沙鼠。有时候你也会看到无精打采的沙漠狐狸，还有不少蜥蜴从你骑着的这座踏实可靠、慢悠悠向前移动着的“小山峰”脚下飞快爬过。天色渐晚，这时你就可以坐在帐篷旁的毯子上，舒展腿脚，一边看着令人难忘的沙漠日落，一边享受摆在你前面的传统贝都因人宴席。此时此刻，斜阳拉长了沙丘的影子，阿拉伯沙漠的轮廓也变得柔和起来。

很多人说，登上高山山顶是清除烦恼忧愁、获得启发和找到自己在世上的定位的最佳方法。不过，热爱沙漠的人会说，当你穿行于这些美丽而荒凉的沙丘间，地图、图表、旅行计划皆无用处的时候，你就会知道，这才是发现自我的完美方式。**SWi**

→ 欣赏沙漠的壮丽与安静的最好方式就是骑着一头骆驼去探险。

太阳之门沙漠水疗度假酒店的消遣

Relax at Bab Al Shams

地点： 阿拉伯联合酋长国迪拜

网站： www.jumeirahbabalshams.com **价格指数：** $$$

你可以很容易地在脑海中勾勒出这样的画面，自己在太阳之门这座美丽而神奇的阿拉伯沙漠水疗度假酒店中享受着周到的服务，而外面则是无边无际的沙漠；不过，其实这座酒店距离迪拜车程还不到一个小时。酒店的建筑模仿了传统的古堡外形，搭配上其所处的独特环境，客人们会不禁产生沙漠历险的感觉。所有的客房按传统风格设计，屋中陈设着暗色木材打造的家具，铺有柔软的地毯，还有可以远眺连绵沙丘的阳台与露台。套房中有单独的议会大厅风格的休息间和步入式更衣室，直接与配有单独雨淋花洒的浴室相连。

> "酒店建筑以传统阿拉伯城堡为蓝本……混搭多种风格，却呈现出无比和谐的效果。"
>
> 马修·李，《每日电讯报》

而且，这是个适合所有年龄层次的度假酒店，小孩子们可以在儿童俱乐部里尽情游戏，大人们则可以在无边际泳池旁眺望远处绵延沙丘的壮丽美景，或者在萨托利水疗中心放松消遣。酒店拥有6座餐厅和酒吧，可以为客人们准备国际料理和阿拉伯风味菜肴。如果对鸡尾酒感兴趣，那就去楼顶酒吧，在那里还能观赏到太阳落山的黄昏美景。

沙漠探险中可参与的阿拉伯式活动有很多，可以骑马、骑骆驼，也包括观看放鹰捕猎的表演。或者起个大早在周围沙漠地区探索一番，然后在有着涟漪般纹路的沙地上席地而坐用早餐。

离开太阳之门归家的路上有个热闹繁华的集市——金子、皮革、香料在那里应有尽有。**AD**

在皇家幻影酒店享受奢华生活

Enjoy the Royal Mirage

地点： 阿拉伯联合酋长国迪拜

网站： www.oneandonlyresorts.com **价格指数：** $$$$

朱美拉集团旗下的诸多豪华酒店沿阿拉伯湾而建，因而形成了一条狭长的黄金地带。在这些竞相在此占据一席之地的酒店中，有一个地方可以让你避开城市中熙熙攘攘的人群，那就是唯一皇家幻影度假酒店的土耳其浴室。

皇家幻影酒店中摩尔是的建筑风格和阿拉伯设计格调给人一种质朴的感觉。建筑整体与沙子同色，最大的特点就是拱门与圆顶，在碧蓝天际的映衬下，它们显得更加突出。酒店占据了一方郁郁葱葱的绿洲，除了茂盛的棕榈树，这里还有隐蔽的泳池和眺望台，无论哪个区域都洋溢着阿拉伯的异国风情。在保留东方神韵方面，最值得推荐的就是酒店的水疗中心，该处建筑的圆顶高耸，设计复杂，地上镶嵌着马赛克瓷砖。来到水疗中心内美丽传统的土耳其浴室，你会有拥有非凡的体验：带有几分戏剧感的沐浴仪式。土耳其浴室雾气蒸腾的空间和湿漉漉的墙壁都是为了孕育一种美妙和幸福。在这里沐浴有着一套固定的程序，首先裹着传统的白色棉质软浴巾的土耳其浴按摩师会为你服务，清洁、擦洗、拍打你的肌肤，直至你的皮肤上渗出一层晶亮的汗珠，精神也彻底放松。这时，会有人带你来到一个温度极高、水汽密度极大的隔间，几道光柱从室内朦胧微弱的光线中射出，灯笼的光芒也盖过了马赛克瓷砖的光泽。

无论是永恒不断的淙淙流水，闪烁着质朴光芒的银钵还是包裹着你的厚重热度都有一种令人着迷的神奇效力。受到这样细致入微的招待，你会感到有些招架不住，如果是这样，就更多地将时间投入到放松消遣中吧。**RCA**

→ 唯一皇家幻影度假酒店的一切都是为了让客人得到最好的身心放松。

在沙迦村尽情享受
Relax at Sharq Village

地点： 卡塔尔多哈

网站： www.sharqvillage.com　**价格指数：** $$$$

这座宏伟的酒店会为客人直接带来美妙的卡塔尔文化体验。这片失落的世界是在原有基础上重新建立起的渔村：渔夫和潜水采珠人与他们的家人曾经一起居住在多哈湾旁的此地。当年因为渔业发生变革，这座渔村中的人便纷纷移居到其他地方讨生活，不过现在这片大地因为建起的酒店而获得了新生。

沙迦村是在卡塔尔酋长的规划下建成的，也是他们对本国历史致以敬意的一个鲜活例证。经过五年的细致规划和两年的认真建造，沙迦村将酋长的大理石宫殿和庭院别墅结合，还建有一座奢华的水疗中心，仿佛是座小型度假酒店。

> “这片围墙中的乐园毗邻白沙海滩……让人的每一种感官都深深陶醉于此。”
>
> 梅丽莎·罗西，《奢华旅行杂志》

客房卧室中陈设有使用香柏木木材精心雕琢出的四柱床；接待处和公共房间中装饰着从卡塔尔一些古老的宅邸购得的古董摆件。

客人可以沿着旧式房子间迷宫一般的步道漫步，穿过传统的庭园，去集市买上一块披巾或者些许珠宝首饰。此外，这里还经营着好几家餐馆，从简单的阿拉伯式油酥面点到精致高档的菜肴应有尽有。

你可以去雪茄吧里请动作娴熟的店内卷烟师傅为你手工卷一支定制雪茄，或者到露台上抽水烟，水烟馆的服务员会轻巧地在各个支着天蓬的摊点间穿来穿去，为客人们殷勤服务。再或者你也可以仰头靠在枕头上，凝神欣赏阿拉伯的星空。**AD**

探索雅兹德城
Explore Yazd

地点： 伊朗雅兹德

网站： www.iranvisitor.com　**价格指数：** !

雅兹德城仿佛是一座从沙漠中拔地而起的城镇，城里分布着一座座泥砖砌成的房屋和一条条狭窄逼仄的巷子，虽然有些混乱，但自有迷人之处。人们在这里居住生活的历史长达3000年，因为小城所在环境炎热干旱，雅兹德的人们为了让室内保持凉爽宜人找到了一个富有创意的解决方案，他们在房顶上都竖起了风塔。利用垂直的开口这种结构设计，这些风塔可以捕捉到极小的微风，然后将这一丝丝凉气送给塔下房子里的住户。雅兹德城还以坎儿井闻名，这是一种古老的暗渠，位于这座古城的泥砖房地下。沿着城中的弧形砖砌楼梯走下去，你还能看到它们的存在。

这座城市悠久的历史令人印象深刻，而且因为这里是地球上始终有人类居住的最古老的地方之一，所以在13世纪成吉思汗率领部队四处征战杀伐之际，这里就成为了大批艺术家和学者避难的安全港。从那时以后，过了半个多世纪，也就是1272年的时候，马可波罗来到此地。而拜火教神殿中的火焰可以追溯到更久远的年代，据说这簇火焰从公元470年点燃就一直燃烧至今，期间从未熄灭过。此地风景名胜很多，其中最令人难忘的就是星期五清真寺，该建筑建成于14世纪，以精致的蓝色马赛克瓷砖装饰墙面，还有高耸入云的宣礼塔，高达150英尺（45米）。不过，大多数游客只是单纯地喜欢雅兹德令人愉快的悠闲氛围。

该城市规模相当大，城中居民近五十万人。当你漫步于大街小巷中，在凉爽的庭院里尽情放松，品尝着该城闻名于世的厚重伊朗风味调料（包括糕点），你会感觉自己仿佛回到了历史上某段岁月，直想融入这片沙漠热情的拥抱中。**PE**

下榻阿巴斯酒店
Enjoy Abbasi Hotel

地点：伊朗伊斯法罕

网站：www.abbasihotel.com　**价格指数：**$$

五星级的阿巴斯酒店坐落在波斯之前的首都——伊斯法罕的市中心，整体建筑风格可以说是对其所在城市曾经辉煌时代的回归。该建筑可追溯到约300年前繁荣的萨非王朝（波斯在该王朝统治下的两个多世纪中建立了伊斯兰教史上最伟大的帝国），一直以来都可以为旅行者提供住宿，开始时是为过往的商队提供服务，现在则摇身一变称为中东地区最美丽的酒店之一。

进行改造时，为了保留建筑原本的外形和完整性，建筑师们将之前蒙尘的庭院改头换面，变成了一座绿草如茵、繁花似锦的典型波斯花园，同时花园也成为了酒店里最具吸引力的一个景点。附近的MadresehChahar-Bagh神学院从18世纪起就是伊斯兰学者讲经布道的地方，从学院那瓦蓝色的宣礼塔和伊斯兰式圆顶上可以俯瞰到酒店的露台。

> “这座辉煌的建筑像是伊朗大地上的一枚宝石，永远散发着夺目的光彩。”
>
> 阿巴斯酒店的所有者

围绕着这座可爱花园的建筑中有一系列典型的中东拱廊，通往各个客房。酒店总共有两百多间客房，有赭石与赤褐色的舒适客房，其中设有休息区，卧室里摆放着大号床；也有拥有多间房屋的奢侈套房，房间里装饰着波斯地毯和花纹图案精致的手绘墙纸，天花板也是拱形的。**DaH**

入住布尔吉拉萨拉姆酒店
Stay at Burj Al Salam Hotel

地点：也门萨那

网站：www.burjalsalam.com　**价格指数：**$$

也门高原地区的首都城市——萨那的中心地带海拔高达7,200英尺（2,200米），所以在阿拉伯半岛几乎要令人窒息的高温中，这是一片宜人的清凉度假胜地。萨那市是世界上最古老的城市之一，位于市中心的巴尔吉拉萨拉姆酒店的建筑与装潢也同样古香古色，下榻在这里就仿佛穿越到了古老的年代。

在联合国教科文组织的指导下，经过10年的完全复原，“和平之塔”（布尔吉拉萨姆的直译词意）在也门特有的美学风格中混杂了欧洲的格调。这座多层建筑共有47间普通客房和套房，外观的装饰设计也很漂亮，入口便是一个巨大的拱形木门。在市镇上具有历史纪念意义的部分地区中，这是唯一的一处冒尖的高层建筑，也是唯一一个安装有电梯的建筑。酒店的餐厅可向顾客提供也门的传统菜肴和西餐。对于想探访也门其他地方的游客，酒店还可提供探索周边村子的短途带队旅行服务。

巴尔吉拉萨拉姆酒店最宝贵的财富就是楼顶的露台，人们站在上面可以俯瞰整座古老的城市。这是中东地区保存最为完好的阿拉伯人聚居区，向远方眺望，满眼是圆顶、宣礼塔、五彩缤纷的窗户和萨那城标志性的泥房子。事实上，是也门的建筑让它在中东地区的其他国家中显得格外突出。因为其高原气候，萨那城建筑运用了其特有的材料，所以此处的建筑景观与沿海平原和更靠近内陆地区的沙漠中的景观截然不同。这些高大平顶的房子看上去似乎就是古时候的高楼大厦，那些精心细致雕琢的壁缘和边框更为这次异国度假之旅增添了几分情致。**DaH**

体验基布兹集体农场
Experience a Kibbutz

地点：以色列埃拉特附近

网站：www.kibbutz.org.il/eng/welcome.htm **价格指数：**❶

19世纪末期，俄罗斯帝国兴起了工党犹太复国主义，后基布兹运动也随之渐渐形成。这场运动的社会主义领导人认为，在他们犹太人旧时家园的田野间进行体力劳动是一种救赎的手段，也是将自己从当时经历了离散之苦的犹太人所遭受的社会约束中解脱出来的工具。这场运动引发的结果之一就是1909年在加利利海南端建起了世界上首个基布兹（即集体农场）。1948年以色列建国时，正是这种集体农庄式的集体主义流行繁荣的时候。

现如今，农业生产已经不再是基布兹存在的理由了。位于埃拉特以北31英里（50公里）处的柯图拉基布兹是依然留存的少数几个抵制集体化的私营以色列农场之一。柯图拉建于1973年，因为此地居民教育程度较高，他们在艺术和技术上付出的努力也较为突出，所以这座农场与其他农场有着很大的区别。柯图拉为大家所提供的工作机会有会计工作、水藻养殖和摄影绘画等。在其他地方度假可能要花上一笔钱，而在柯图拉度假，你却能通过劳动在这里赚上一笔钱。

志愿者们均住在两室的公寓中。除了免费住宿和一日三餐，农场还会为志愿者们提供每月65美元的补助。志愿者们在这里工作的2到6个月期间，大多数会被分配到服务部门工作，也有一些人会在安排下做农业相关工作或照看农场的孩子们。不管你负责何种工作，住在基布兹都将会带给你日常生活中从未有过的体验。**DaH**

在阿加敏酒店放松心情
Relax at Isrotel Agamim

地点：以色列埃拉特

网站：www.isrotel.co.il **价格指数：**$$

阿加敏酒店也叫“水景花园酒店”，毗邻红海海岸和埃拉特步行区，吸引了不少来此地放松休闲的年轻客人入住。酒店泳池畔放着令人神经松弛的音乐，酒吧里缤纷的鸡尾酒摆在桌上，郁郁葱葱的花园里棕榈树之间还绑着吊床。

酒店的环境受到想度过一个浪漫假期的人们的欢迎。坠入爱河的情侣们可以预订酒店的招牌房型——水景房。这种客房的底层房间直接面向一条私人的溪流开放，这条涓涓细流直接通往主泻湖式泳池。客人们可以在私人平台上放松心情，或者踏入石拱道下的溪流中戏水。

> “在这里可以尽情享受热带鸡尾酒、舒适温馨的吊床，完完全全地放松，什么都不用操心。”
>
> 阿加敏酒店的所有者

早上，你不必着急起床，因为直到中午之前，酒店都有早餐服务，而且你还可以直接通过泳池的“水上酒吧”享受送餐服务。对于那些想走出酒店体验更多冒险的客人来说，可以选择乘吉普车登上埃拉特的山巅，抓住这个宝贵的机会欣赏美轮美奂的沙漠景观全景。此外，这一地区还有着非同一般的历史传说。示巴女王与所罗门王进行具有历史意义的会面时就是在埃拉特的南部，而靠北部的死海周围的洞窟则是20世纪40年代贝都因牧童发现著名的《死海古卷》的地方。**AD**

← 基布兹集体农场有不少活等着你去忙呢，比如说摘油桃。

死海沐浴

Bathe in the Dead Sea

地点：以色列/约旦

网站：www.deadsea.co.il　**价格指数：**❶

死海是地球上海拔最低的地方，因为当地人缺水的缘故，目前死海水位正在迅速下降，不久的将来恐怕会消失不见。死海具有一种令人着迷的灵性特质，因为人们可以浮在水上，这让此地仿佛变成了世界上最大的水疗场地。《圣经》中关于死海的传说悬而未决，不过大家不应该仅仅因为这可能是你最后一次见到死海的机会而来到这里，而是应该怀着对死海本身史诗般的美丽的仰慕而来。

“泡在死海中是一种独特的体验。因为浮力太大……你甚至无法将双腿完全浸入水中。”

杰奎琳·海德，《每日邮报》

死海作为天然水疗地的功效与其所在环境的微气候有关，这里的空气中臭氧浓度高，湿度低、蒸发率和大气压却比较高；而且因为臭氧吸收了对人体有害的短波紫外线，这里的阳光也很健康。据称，因为死海中的水和泥巴盐度高，而且富含多种矿物质，可以塑造出像埃及艳后克里奥佩特拉那样的柔软滑润肌肤。对于那些不喜欢和鱼儿一同游泳的人来说，死海堪称是个完美的游泳胜地，因为这片约旦和约旦河西岸之间的水域里半条鱼都没有，只有一些藻类植物。

你可以涂上一层厚厚的泥巴，然后在浮在水面上任自己漂向耶利哥、所多玛和蛾摩拉城，一边仰望耶路撒冷天际猩红色的夕阳美景。这里还有伊斯塔水疗中心，颇有巴比伦建筑的壮丽风格。**LGS**

➔ 死海中盐分和其他矿物质所占的比重很高，所以人们可以躺在死海的水面上而不用担心下沉。

在费岩生态旅馆留宿

Stay at Feynan Lodge

地点： 约旦阿拉伯谷

网站： www.rscn.org.jo **价格指数：** Ⓢ

想要到达费岩生态旅馆，你得徒步6个小时或者乘车颠簸两个半小时，不过你会发现这些艰辛都是值得的。费岩生态旅馆坐落在遥远干旱的瓦迪阿拉巴谷山地中，是去往达纳生物保护区的必经之路。这座与众不同的、利用太阳能的生态旅馆由皇家自然保护协会建成，为来此地旅游的游客们提供膳宿。

太阳落山后，旅馆的客房中、平台上和用餐区域都纷纷点上蜡烛，远远望去，旅舍就好像沙漠中闪烁发光的海市蜃楼。此情此景，你就仿佛是回到了古时候传统的商队旅馆。为了保住旅馆的绿色证书，其所用的蜡烛都是由当地贝都因妇女亲手制作的，而且餐厅烹制贝都因传统素食所用的香料食材也都是产自本地。皇家自然保护协会建造这座旅馆是为了给当地受过度放牧之苦的贝都因人提供另外一个可持续发展的收入来源。建造旅馆所用的材料皆是来自于当地，结合了独一无二的阿拉伯图案花纹设计和传统的土砖建造技术。

> “这家旅馆是在约旦营造独特旅游体验的一个大胆尝试。”
>
> 皇家自然保护协会

因为此地与世隔绝，风景极美，所以成了徒步爱好者钟爱的旅游地。该地区还坐拥惊人的考古财富，包括古老的罗马铜矿遗址和拜占庭帝国建筑的废墟。**AD**

在月亮谷中露营

Camp at Wadi Rum

地点： 约旦月亮谷

网站： www.baitali.com; www.visitjordan.com **价格指数：** ⓈⓈⓈ

月亮谷是一片占地超过270平方英尺（700平方公里）的荒野，也是约旦最具吸引力的景点之一。谷中的大卵石和悬崖经过千年风沙的侵袭，最终像一座座教堂一样耸立在游客面前。过着半游牧生活的部落几个世纪以来都在这里生活和放牧羊群。想要欣赏层峦叠嶂的秀色，你既可以选择骑骆驼，也可以坐吉普或者干脆步行。登山好手们也可以在高达5,740英尺（1,750米）的峭壁上试试运气。

很多当地部落的人都将来此冒险的旅人们请进他们用羊毛编织的帐篷，为他们留出一张床来过夜。这种沙漠露营的体验是独一无二的。部落的男人们抽着水烟，烟气从烟管中袅袅地冒了出来，香气缓缓氤氲在周围的空气中。客人们总会受到热情的招待，不但有部落里的现场歌舞表演、讲故事等有趣的活动，你还有机会品鉴味道浓郁的阿拉伯咖啡。

谷中也有固定的露营地，包括奢华的贝特阿里营地。该营地中甚至有一座游泳池、豪华的帐篷和热水淋浴。在向导的带领下，你可以深入沙漠地带，在漫天星辰的照耀下，在摇曳烛光的围绕下，享有自己的私密露营体验——一顿户外烧烤，一张华丽舒适的床，就这样在毗邻河砂岩山脉的古老河床上过夜。这里的传奇故事既有古时候的，也有时间较近一些的，人们经常提起的就是阿拉伯的劳伦斯的故事，他曾经在世界第一次大战阿拉伯起义时期将这里作为他的指挥部。

劳伦斯在他的著作《七根智慧之柱》中对此区域的地貌评价颇高，他是这样形容此地风景的：“广袤无边、回声隆隆、鬼斧神工。”**LD**

→ 这片露营地成为了游客们探索月亮谷中广阔奇异的沙漠地区的大本营。

在艾尔伯格酒店小住

Stay at Hotel Albergo

地点：黎巴嫩贝鲁特

网站：www.albergobeirut.com **价格指数：**$$$

艾尔伯格酒店位于贝鲁特城外传统的基督教区，即绿草如茵、安安静静的阿克拉菲区，是一个让人放松的幽静地方。这是一栋经过装修改良的城市大厦，是游客们参观游览黎巴嫩首都中许许多多的名胜古迹的理想大本营。

作为贝鲁特市里唯一一座货真价实的精品酒店，艾尔伯格酒店共拥有33间奢华的客房和套房，每间客房都有各自与众不同的奢华特点，酒店也正是以此闻名于世。因为酒店归于罗莱夏朵精品酒店集团旗下，所以品质相当有保证。客房主题各不相同，其中包括殖民风格、亚洲、地中海和欧陆风情等，而且房间中还陈设着各种珍奇古玩和当地的仿古饰品。每间套房的设计都各具特色，而且舒适度极高。浴室中提供有意大利芙蕾特品牌的擦身海绵和死海浴盐，为塔发·萨拉姆室内设计工作室与众不同的客房设计又增添了几分精致贴心。因为黎巴嫩区位条件的缘故，这个国家一直以来都受到近东、中东和欧洲地中海地区的文化影响，在表面上安宁和谐，实质却略有些变奏的酒店装潢上，这些影响体现得淋漓尽致。酒店中以红色天鹅绒装饰的酒吧顿时抬升了大堂的档次，让氛围中有了一种新式路易十四的典雅，让这一小片区域变得温暖舒适，所以人们总是乐于来这里喝上一两杯冰饮。

无论是在花园、游泳池还是冲浪浴缸中都能看到黎巴嫩群山，景致无与伦比的美丽。你可以坐下来，呼吸也一并享受着温暖干燥的空气，感受着直接从非洲平原上吹过来的风。

艾尔伯格酒店拥有两座餐厅，一为楼顶餐厅，享有无与伦比的开阔视野；而阿尔丹特位于底层，以出色的意大利菜和黎巴嫩菜为特色。**PS**

在贝特艾尔玛姆鲁卡酒店享受假期

Enjoy Beit Al-Mamlouka

地点：叙利亚大马士革

网站：www.almamlouka.com **价格指数：**$$

大马士革越来越成为西方游客眼中的时尚旅游地。作为叙利亚的首都和该国最大的城市，大马士革与20世纪60年代的贝鲁特和如今的特拉维夫市不同，并没有纸醉金迷的丰富夜生活，也没有分布着几十家酒吧的人满为患的海滩；相反，吸引人们的是这里的文化气息和中东地区的浪漫情调。

贝特艾尔玛姆鲁卡酒店是叙利亚第一家精品酒店，于2005年开始营业，位于城市中最古老的自治区，也是基督教区巴伯图玛中，其建筑是一

“在大马士革游玩的最佳方式就是让自己在这座绝世古城中尽情‘迷失’。”

赛斯·舍伍德，《纽约时报》

栋17世纪的老房子。从外面看，酒店并不显眼，只有那些真正曾经下榻在这里的人才会知道，那红粉色的墙壁背后是怎样一座令人目眩神迷、私密别致的宅邸。酒店共有8间客房，中心位置是一个庭院，庭院中的柑橘树和喷泉为这幅传统的阿拉伯唯美画卷更增添了几分圆满。

客房中有两个单人间、两个双人间和四个豪华套房，都有各自的特点，并且所陈设的家具都是当地匠人手工打造的。酒店中处处是拱形的廊道和精致的彩绘天花板，之前作为私宅时宅邸中的马厩现如今改造成了餐厅和酒吧。走出酒店就是大马士革人头攒动的小巷子，而那热闹非凡、遮有顶棚的传统集市距离酒店所在位置仅有几步之遥。**DaH**

入住四季酒店
Stay at Four Seasons Hotel

地点：叙利亚大马士革

网站：www.fourseasons.com　**价格指数：**$$

这座世界上最古老的城市只有一座五星级酒店，就是我们现在要介绍的这一座。四季酒店位于古城外，俯瞰着附近清真寺的宣礼塔和圆顶天台。酒店中并非充满了浮华的现代元素，而是具有相当浓厚的传统风格。因此，即便是那些游历过许多地方的游客下榻在此处，也会为其异国情调和扑面而来的历史气息而陶醉。豪华套房与普通客房中拥有齐备的现代生活设施，但也不乏手工编织的叙利亚织品和当地手工雕刻的家具。

酒店中共有三家不同的餐厅：阿尔哈拉比餐厅可烹制叙利亚北部最棒的阿勒波菜；装修风格颇为现代的伊勒西荷口餐厅则可为客人提供意大利南部的地方传统菜肴；萨弗朗餐厅设在露台上，因此你可以一边在户外就餐一边欣赏壮观的城市美景。

酒店的巴乐润水疗中心环境优雅，理疗项目可让人充分放松、恢复活力。而且其招牌按摩项目匝诺比亚有平静心情、舒缓神经的神奇功效，曾是帕米拉帝国时代皇室的最爱。按摩师会使用药膏和芬芳的精油热敷在你的肌肉上，以起到缓解疲劳、滋养肌肤、促进放松的作用。你也可以去室外泳池游泳，活动完毕后，泳池周围会有敬业的服务人员为你递上冰爽的毛巾并帮你喷水冲洗身体。

大马士革作为世界上最古老而且始终有人居住的城市可以说是一座活的博物馆。城市中的清真寺、市集和古迹（包括罗马城墙）让游客仿佛置身于一个古老的年代，不过为了跟上现代的步伐，大马士革正在试图打造品质环境上佳的购物场所和广受欢迎的餐厅。在古老的市集中穿梭，恍惚间你似乎回到了那个一度雄居大西洋海岸到中亚大陆的帝国统治的时代。**AD**

在曼苏里亚酒店休闲放松
Relax at Mansouriya Hotel

地点：叙利亚阿勒波

网站：www.mansouriya.com　**价格指数：**$$$$

曼苏里亚酒店位于古老的阿勒波城市中的旧城区，看上去就好像是《一千零一夜》中的宫殿。这座建筑原建于16世纪，后来经过大规模的翻修才成就了今天这座小小的精品酒店，酒店中呈现出塑造阿勒波城的多种不同文化的元素，有赫梯人的风格，也有希腊罗马和奥斯曼帝国时代的特点。

酒店位于小巷子中的入口并不起眼，而内部的装修却格外奢华。因为没有什么特别的标志，所以除非你早就知道酒店在哪儿，否则很难发现。穿过一座小厅和第二扇拱门，你便来到一座极好的庭院中，院落里的每个小细节都经过精心的设计安排，客房的浴缸就是用整块大理石雕凿出来的。

> “阿勒波这座城市独一无二……是世上最棒的失落古城，也是完全被大家低估和忽略的美丽城市。”
>
> 塔里克·卡沙耶夫，suite101.com

酒店共有两个会客厅，伊万会客厅会在花香袭人的仲夏夜开放，而镶嵌木质地板的卡哈会客厅中陈设着舒适的沙发，还设有喷泉造景，也会给人们留下深刻的印象。此外，酒店还拥有一座装修精致、藏书颇丰的图书馆，更不要提冲浪浴缸和吊床等工人放松休闲的便利设施了。

阿勒波城吸引游人的两大主要景点——集市和城堡，就在酒店附近。黄昏时分，你可以去这座世界上最迷人也最好客的城市里的咖啡馆坐坐，那里会有不少打扮入时的阿勒波年轻人。**DaH**

TUVAL
nus

探索阿拉萨提镇

Explore Alaçati

地点： 土耳其伊兹密尔

网站： www.tasotel.com **价格指数：**

位于土耳其爱琴海沿岸的阿拉萨提镇是一座历史悠久的希腊古镇，稍稍靠近内陆，镇上建有不少品位不俗的精品酒店的美食餐厅。这里还有一个小小的沙湾，因建有高端度假村，所以成了远近闻名的冲浪中心。而仅仅在10年前，这里还是一片荒芜。

2001年，一个退休的市场总监泽伊内普·奥蒂斯产生了一个想法，他要将这座镇子里破败的楼房改造为高级酒店。于是便有了阿拉萨提塔斯酒店这个成功的典范，于是其他人争相效仿，几乎全镇的建筑都被改造成为了此类酒店。目前，镇上已经有36家酒店，而且数量还在增加。幸好政府在规划方面有着严格的法律规定，每一座改造的酒店建筑和特色都贴合小镇的环境。

> “白色的墙、灰蓝色的窗框、古老的家具和迷人的篝火。”
>
> 《泰晤士报》

不过，这些跟风模仿的酒店中，没有哪一家妄图在塔斯酒店的基础上进行改良。这座酒店的客房宽敞大方，装修风格迷人，屋外是有围墙与外界相隔的宁静花园和一处幽静的游泳池；客人用餐则是在浓荫遮蔽的露台上，酒店的可口菜肴大多数所用食材都是产自本地。酒店安静清幽，离热闹的镇中心仅有几分钟的步行路程。一到了晚上，镇中心的餐厅酒吧就会热闹起来。此外，你也可以乘车到附近的海滨晒日光浴或者进行水上运动。**JF**

← 让这些熙熙攘攘的街道与众不同的，就是这里有很多机会可以观察到形形色色的路人。

走在利西亚之路上
Walk the Lycian Way

地点：土耳其，费特希耶至安塔利亚
网站：www.lycianway.com **价格指数：**❶

利西亚是土耳其特科半岛的古名，位于地中海南岸。小小的海湾沿岸，陡峭的山脉拔地而起，成为了林间坡道上跋涉的徒步者们恣意欣赏的美景。利西亚之路建于10年前，是沿着利西亚海岸的一条总长316英里（509公里）的小路，沿途设有标识，始于费特希耶，终于安塔利亚。靠近费特希耶地段的路途平缓易行，越向前推进，路越难走，途中有好几段很是陡峭的上下坡。

不管你是走完全程还是只体验其中的一段，在利西亚之路上徒步的几天都将是乐趣横生的经历。途中，你不信可以看到失落的利西亚古城遗迹、偏僻的荒野中古怪的老房子，还能领略森林、岩石、远方波光粼粼的地中海美景。其中风景最为美好的包括长7英里（12公里）的帕塔拉沙滩，绵延的山峦壮阔景观，如巴巴山，气喘吁吁地爬上一段坡道后，还有壮丽的卡斯和卡尔坎海岸远景等着你。

路上，有些徒步者会在格里朵尼亚海角的灯塔歇脚过夜，其他人则会选择翻越海拔7,835英尺（2,388米）的奥林匹斯山。无疑，这样做你会经过时不时有碎石落入深谷的险境，也会经过令人战战兢兢却又难以忘怀的山脊羊肠小道，还会惊喜地发现山上孤零零地矗立着几座古老的小教堂。这条路上每隔328英尺（100米）就会有红白色相间的路标出现，标记完全符合欧洲的巨大游览远足径的标准。

沿这条美丽的远足径徒步的最佳时间是春季或秋季。沿途大部分路段旁边都有简单的住宿地或是小型酒店，可供徒步者过夜。**SH**

⇐ 走在利西亚之路，沿途你会看到一处处古代遗迹，比如这些在山体岩石中凿刻出的陵墓。

在胡祖尔马迪西露营
Camp at Huzur Vadisi

地点：土耳其利西亚
网站：www.huzurvadisi.com **价格指数：**❺❺

利西亚意为“宁静山谷”，在这片乐土上消遣一两周的时间是个不错的选择。胡祖尔马迪西建立在松树林覆盖的山间一座经过改造的农舍中，周围是一丛丛茂盛的无花果树和橄榄树，是休闲度假或者做瑜伽等全身运动的好地方。你可以在天然石头砌成的游泳池里畅快地游泳，清空一切烦恼，或者挑一个吊床躺进去进入甜蜜的梦想，抑或借助按摩师精湛的按摩手法尽情放松。

你可以住在一个设施齐全的传统圆顶帐篷里。这里气氛轻松友好，在此露营的其他人通常都在二十岁上下，所以对于一人独行的旅者来说，这是个再合适不过的露营地。而且通过此地为客人们提供的一系列有趣的课程，你还能交到一两个新朋友。

> “客人们总是评价说胡祖尔马迪西的热情招待让他们真切体会到了什么叫做‘宾至如归’。”
>
> responsibletravel.com

这座生机盎然的小山村十分宁静，吃饭的时候，远处偶尔会传来牧羊人的笛子声，或者周围山间会响起山羊脖子上挂铃的叮当声。这里的饮食多为素食，所用食材也皆为当地出产的新鲜农产品，包括当地闻名的坚果、奶酪和酸奶。

这里有不少非常吸引人的远足线路，你可以外出徒步一整天。此外，你可以去当地一个叫做戈塞克的恬静村庄里的餐厅酒馆中消遣，也可以划着一艘传统的木船在附近岛屿间游玩，再或者停下手中的桨，下水游泳。另外一个度假胜地达利安，非常适合喜欢参观游览古代遗址、享受泥浆浴和含硫温泉的游客。**JS**

在博德鲁姆潜水
Dive at Bodrum

地点：土耳其博德鲁姆

网站：www.divingturkey.com/dive_bodrum.htm **价格指数：**

因为温暖的气候，爱琴海清澈的海水，土耳其的古城博德鲁姆成为了世界上顶级潜水胜地之一。海中水流稳定，能见度高，不会因为汹涌的海潮或者湍流为潜水者造成困扰。

因为海湾比较安全，所以对于学习水肺潜水或带通气管潜水是一个非常理想的练习场所；而且，因为此地近海的火山岛水下地形崎岖不平，对经验丰富的潜水老手也有着强大的吸引力。这些岛上可参观游玩的景点很多，其中有温泉、溶洞、礁石和险峻陡峭的岩壁。附近甚至还有一些失事的现代船只残骸，所以对于那些对考古感兴趣的潜水者来说，去博德鲁姆潜水将是非常好的圆梦机会。每次下潜，你基本上都能看到该地区远古文明留下的人造工具。尽管那些历史沉船所在位置都处于潜水区域以外，但人们还能时常看到水底有陶瓷碎片。海床上受到保护的船只残骸成百上千，其中还包括人们已知的最古老的遇难船，那是一艘青铜器时代的船，船上所载的货物是铜锭、玻璃锭等各种各样的物品，如黑檀木、琥珀和象牙。

> “环绕博德鲁姆半岛的是水晶般透亮清澈的海水，而在海水中你会发现各种各样的海洋生物。”
>
> motifdiving.com

航海考古学会拥有世界上最大的水下考古学图书馆，而博德鲁姆水下考古博物馆拥有世界上最大的水下挖掘的史前古器物馆藏。这些藏品就珍藏在位于滨水区的圣皮特城堡中，该城堡建于15世纪，历史十分悠久。**SH**

入住安纳托利亚人之家
Stay at Anatolian Houses

地点：土耳其卡帕多西亚

网站：www.anatolianhouses.com.tr **价格指数：**

如果要按照环境浪漫程度为酒店排名，恐怕由洞穴改造成的酒店不会排在前面，不过，如果你见识了卡帕多西亚，就一定不会有这种想法。卡帕多西亚地区的地形怪异，好似月球表面，地面上三三两两分布着被人们称为“精灵烟囱”的巨大石柱。今天，许多高端时尚的酒店选择落户这里，其中最为高端时尚的就是安纳托利亚人之家了。

这座包含诸多豪华套房（只有豪华套房，没有普通客房）的建筑群中穿插错落着一些呈波状起伏的高迪式圆锥形岩柱。酒店的建筑风格偏传统，因此你可以看到拱形门廊和桶形穹窿的房间。不过，房间内部设施现代而齐全。此外，酒店拥有室内和室外游泳池、水疗和保健中心、土耳其浴室、顶级餐厅和宽敞的酒窖。这里所有事物的布置安排都显得非常有格调和品位，也许将其形容为奥斯曼帝国设计风格最为合适。床铺以薄纱帘悬垂其上作为装饰，墙上则挂着色彩缤纷的基里姆花毯（平织毯）。屋中的家具也是经过精挑细选的，既有上年头的古董家具，又有出自现代设计师之手的家具。其中14个房间拥有私人热水浴缸。换言之，这里拥有一切现代洞穴居所应该配有的便利设备。

如果想更好地欣赏一下此地独特的地貌，那就试试乘坐热气球吧。每年5月到9月间，酒店每天都会安排二十个热气球升空观景，并且为乘客们献上“九重天”酒水套餐，其中包含有香槟酒和樱桃果汁，这种奇怪的饮品搭配才适合人们在空中俯瞰这个好似外星球一般的美丽世界。**JF**

→ 几世纪以来，卡帕多西亚的当地居民都是从质软的火山岩中雕凿出他们的住宅。

在卡帕多西亚上空乘热气球飞翔

Take a Balloon Ride over Cappadocia

地点：土耳其卡帕多西亚

网站：www.cappadociaflights.com　**价格指数：**$$

说起乘坐热气球，人们脑海中就会浮现出乘着风平静地飘过广袤大地的美妙画面，所以说，这是最棒的旅行方式之一。在卡帕多西亚上空尤其是这样。这片位于土耳其中部的地区高低不平，拥有世界上最令人叹为观止的地形。因为长时间的侵蚀，地面上松软的火山岩堆叠成奇形怪状的柱子和石锥。类似的“精灵烟囱”有成百上千座，其天然形成的颜色也多种多样，从深粉到鹅黄不一而足，而乘热气球是唯一可以饱览此等奇景的方式。

太阳升起前，会有服务人员在酒店门口接你前往起航地点。充满气后，你就可以进入柳条筐。气球离地的时候很轻盈，就好像乘着一架看不见的电梯升入空中一般。然后你会飞到山谷上方，摇摇晃晃地在天上飘浮90分钟左右。最后再轻盈地着陆，这时乘客们往往会开香槟以示庆祝，顺便用早餐。

卡帕多西亚位于陆地的中央地带，因此昼夜温差很大。晚上，冷空气就会积聚在山谷间。也正是幸亏日出前有这股可靠的冷空气气流，热气球飞行员几乎在一年当中的每一天都能驾驶气球升空。乘客们也会乐于欣赏卡帕多西亚一年四季的不同景观：春天，大地便铺上了一层罂粟花的红毯；夏天，水果和鲜花纷纷亮相；秋天，轮到大串大串的葡萄登场；冬天，白雪皑皑，也很美丽。乘坐热气球经验丰富的人通常会同意这种说法，即卡帕多西亚是世界上乘坐热球球观光最美的地方。因为此地良好的热力条件，热气球可以在距离地面非常近的上空飞翔，在低空中飞的时候你甚至可以伸手摘到熟透的杏子。**SH**

→ 卡帕多西亚稳定的气流会确保游客们始终可以顺利体验乘坐热气球。

在耶迪布鲁恩拉灯塔放松心情

Relax at Yediburunlar

地点： 土耳其费特希耶

网站： www.exclusiveescapes.co.uk **价格指数：** S

耶迪布鲁恩拉灯塔坐落在土耳其沿海的山巅之上，下方是爱琴海湛蓝的海水卷起的阵阵波涛。灯塔由简单的石头和木材搭建而成，室内铺陈着色彩丰富的基里姆平织地毯。这里环境清幽、景色优美，是放松心情的完美去处。这里的空气也很纯净，仿佛是到了阿尔卑斯山。不久，你就会感觉到自己和大自然融为了一体，整个身心完全松弛下来。除了远处偶尔经过的羊群传来的叮当铃声，再没有什么会搅扰你，所以你可以尽情陶醉在自己美好轻松的思绪中。

“耶迪布鲁恩拉所在地区共有七条港湾，它们共同组成了整个土耳其最优美的海岸线。”

exclusiveescapes.co.uk

耶迪布鲁恩拉的菜肴是最吸引游客们的特色之一。这儿的菜大多为当地种植的蔬菜所做的素食或是附近捕捞的新鲜海鱼，而且都是由主人塞姆拉亲自下厨烹制。要知道，他可是土耳其鼎鼎大名的素食厨师。一餐中的开胃菜往往是新鲜采摘的有机时蔬，而且口味独到、摆盘精巧。这里每周还能为客人提供一次烤鱼或者烤羊。

灯塔的另外一个主人利昂会组织客人们沿附近的利西亚之路进行徒步旅行。无论客人身体素质如何，总有相适合的徒步路线。或者，你也可以自己找路下山去一片偏僻的卵石滩游玩，下山只需走一两个小时。白天，你可以计划去帕塔拉海滩和卡尔坎的市场，或者由当地村子的村长带队，乘坐土耳其传统的小帆船沿着岸边航行。灯塔还可以提供按摩服务。到这里度假，无需花心思在打扮上，只需要简单地享受就可以了。**JDa**

参观鲁斯坦帕夏清真寺

See Rüstem Pasha Mosque

地点： 土耳其伊斯坦布尔

网站： www.sinanasaygi.com **价格指数：** ❶

伊斯坦布尔以清真寺闻名于世，事实也证明是这样的：看起来似乎这座城市中的每一个街角都矗立着令人印象深刻的清真寺建筑，此情此景仿佛是一场竞争激烈的比赛，无论是庄严的氛围、宣礼塔的数量、圆顶的高度、所藏财富的价值还是建筑的宏伟，它们似乎都要一较高下。

在每天照常开市的香料市场旁边闹哄哄的后街上，有一座静悄悄地安于一隅的清真寺，似乎没有人注意到它的美丽。和位于哈希尔西拉卡代西商业街上的更为宏伟的其他兄弟寺相比，鲁斯坦帕夏清真寺的规模比较小，外墙以蓝、白两色的伊兹尼克瓷砖装饰，显得充满了活力，让有着同样装饰的蓝色清真寺显得有些暗淡无光。这座建筑可以追溯到16世纪中期，当时是著名的建筑师斯楠为鲁斯坦帕夏设计了这座清真寺，他是前奥斯曼帝国苏莱曼一世的大维齐尔（相当于宰相），也是国王的女婿。

清真寺的入口是一段窄小的楼梯，掩蔽在繁忙商铺间，这些小店有的卖日用商品，有的卖便宜的T恤衫。这个入口的设计仿佛是为了故意避免访客发现一样，实在是很难找到；只能说，如果这确实是它设计的初衷，那么这个目的达到了。这里没有参观者不断的嘟囔议论声，也没有徘徊不肯散去的旅行团人群，只有安宁与寂静。沿着石砌的台阶走上去就来到了清真寺的主庭院，眼前是一幅接一幅的不同画面——每个拱门和每道墙上似乎都装饰有拼出不同图案的瓷砖，往前走着，你会发现自己仿佛正在穿过一个庞大的万花筒。

这座清真寺验证了一条格言，即“小即是美”，况且它还是躲避城市的噪音和混乱的完美地点。**SWa**

下榻苏玛汗酒店
Stay at Sumahan

地点： 土耳其伊斯坦布尔

网站： www.sumahan.com　**价格指数：** $$

相信没有几个酒店曾有幸是奥斯曼帝国时期的酿酒厂，而水上苏玛汗酒店就有着如此珍稀的前身。19世纪时期，这里就是用来制作苏玛酒的工厂，这是一种土耳其特有的葡萄蒸馏酒。当时，酒店客栈统统都被称为“汗”，所以当2005年这栋建筑的改造工程完成时，酒店的名字早就被人们熟知了。

苏玛汗酒店位于博斯普鲁斯海峡的亚洲部分，所以从这里能眺望到欧洲一侧标志性的空中轮廓线，这一景色如同明信片中的一样美好。在亚洲部分的这座城市中，酒店成为了重新唤起人们兴趣的建筑景观之一。这不仅是因为其扩建的一部分所具有的现代风格，更是因为其保留下来的原本特征，二者相结合——建筑本身就代表了这座城市的变迁。酒店主体为砖石结构，而阁楼层则为钢铁结构，二者相交相融；酒店共有20间客房，每间客房中都有敞开式壁炉，铺着温暖的地毯或木质的地板；卧室光明而宽敞，浴室则是由大理石铺砌而成，有些浴室还装修成了土耳其式。在露台花园中，你则可以眺望到博斯普鲁斯海峡震撼人心的美景。

> “苏玛汗靠近高耸的博斯普鲁斯大桥，就坐落在岸边。”
>
> 《悦游》杂志

酒店的考顿餐厅可供应鱼等海鲜菜肴，而滨水露台餐厅则供应土耳其本地菜肴和各国美食。酒店还拥有一座保健中心，包括一所著名的土耳其浴室。水上苏玛汗酒店就是用这种独特而漂亮的方式将伊斯坦布尔令人兴奋狂喜的种种元素呈现在了客人面前。**PS**

在米克拉小酌鸡尾酒
Enjoy a Cocktail at Mikla

地点： 土耳其伊斯坦布尔

网站： www.istanbulyi.com　**价格指数：** $

太阳即将落山，天空变成了火焰般的红色，这时，不妨向米克拉进发，站在伊斯坦布尔看夕阳的最佳位置欣赏这场盛大的“天际落幕”。在贝伊奥卢区的中心地带，金角湾北侧，人行道旁开满了各式各样的商铺、餐厅和咖啡馆，空气中弥漫着水烟散发出的香甜味道，街上人声嘈杂，好似一副欣欣向荣的生活画卷。

迈入电梯，升上马尔马拉大酒店的顶层，你便来到了一个完全不同的世界。无论是就位置而言，还是从美丽的装潢与环境来看，米卡拉都是世界上最棒的楼顶酒吧之一。大厅里桌布等装饰品俱为白色，装点着修剪得当的绿色植物，酷酷的DJ在一旁打碟，始终让柔和的音乐萦绕在你的耳畔。此情此景，会让任何一个曼哈顿的酒吧自惭形秽。如果天气太热，酒吧还会为客人开放一个小小的泳池。泳池充满了时尚气息，但又不带一丝矫揉造作的劲头。

这家顶层酒吧的风景实在是令人叹为观止，每一位客人站在木甲板上环顾四周迷人景致时都会情不自禁地绽放微笑。沐浴在落日余晖中的圣索菲亚大教堂和托普卡普宫殿宏伟壮观，更是令客人们大开眼界。远方是博斯普鲁斯海峡、川流不息的商业区和上千个高低不平的赤褐色屋顶，它们像一卷被子般在你眼前铺展而开，在夕阳下闪烁着微光。

亲切友好、周到细心的服务员会在客人近旁巡视，只要客人吩咐一声，他们就会端上当地的埃菲斯啤酒或鸡尾酒。如果你想留下来用晚餐，就会发现餐厅时髦、复古、多姿多彩的一面。酒吧中有一个用铁路枕木搭建而成的小吧台，每到狂野的夜晚，就会有几位舞者登“台”演出。**RCA**

游览苏丹阿赫迈特清真寺
See Sultanahmet Mosque

地点：土耳其伊斯坦布尔

网站：www.islamicarchitecture.org **价格指数：**$

在伊斯坦布尔这片繁荣热闹的集市中，到处是商贩与顾客间的讲价还价声。但是，有个地方保证能给你带来平静与安宁，那就是伊斯坦布尔当地人称为苏丹阿赫迈特清真寺的蓝色清真寺，热浪滚滚的白天，这里不失为一个避暑乘凉的好地方。

从外观来看，清真寺的宣礼塔塔尖尖细，直刺苍穹，宏大的圆顶占据了城市天际的一隅，俯瞰着博斯普鲁斯海峡。清真寺的花园美丽浪漫，吸引着诸多情侣在此谈情说爱，他们经常会坐在长椅上欣赏园中欢快奔流的喷泉。经过宽敞的庭院，游客们便进入了清真寺的内部，枝形吊灯低低地悬挂在厅中，照亮了精致复杂的蓝色瓷砖铺成的种种图案，正是这些具有特色的瓷砖成就了这座清真寺的另一个响亮的名字——“蓝色清真寺”。庄严肃穆的内部环境和宁静的氛围让游客们不由得生出一种敬畏虔诚的感觉，这样的感觉是我们每个人都应该在有生之年体验一下的。

苏丹阿赫迈特清真寺建于17世纪早期。因为施工建设时的一个翻译错误——错把“阿尔庭”（意为“金子”）听成了“阿尔提”（意为“六个”），结果建筑师并没能按照吩咐使用金子建造宣礼塔，反而建起了六座宣礼塔。幸好苏丹王对这几座宣礼塔非常满意，所以它们才得以留存至今，这个建筑师也幸运地免于被砍头。今天，这座建筑是土耳其唯一一个拥有六座宣礼塔的清真寺。

白天乘船驶入伊斯坦布尔港口的游客们在海上便可远远看到这座清真寺，它是伊斯坦布尔亚洲部分给人留下印象最为深刻的景点之一。**LD**

← 这座历史上著名的清真寺是土耳其标志性的建筑，人们从远方天际凸显的轮廓就可以立即将其辨认出来。

体验加洛鲁土耳其浴场
Visit Cağaloğlu Hammam

地点：土耳其伊斯坦布尔

网站：www.cagalogluhamami.com.tr **价格指数：**$

我们现在介绍的这座土耳其浴场是1741年在苏丹马哈茂德一世的主持下修建的；时至今日，对于当地居民和远来的游客而言，去卡嘎娄格鲁享受一次按摩仍然是缓解城市生活压力的一剂良方。将近三百年来，此地浴场中的专业按摩始终受到大家的欢迎。

浴场中分男女宾部沐浴区。你也可以选择独自洗澡，而不在服务人员的服侍下进行沐浴。不过，大多数游客都不会错过这里的整套东方奢华沐浴服务。在大理石砌成的蒸汽房中度过一个半小时之后，你会觉得浑身上下充满了活力，整个人容光焕发。甚至单单环顾蒸汽房中的环境都会让人觉得放松：半球形的穹顶上开着星星形状的窗口，一束束光线透过窗口洒入室内，而你此时正坐在冰凉的大理石长椅上，沉浸在周围蒸腾的水汽中。当你身上冒出一层汗珠的时候，按摩师（与客人性别相同）会引领你走到位于蒸汽室中央的一座八角形大理石柱基处。现在正是去除全身角质、进行清洁和洗头的时候，最后就是全身裹着泡沫美美地享受按摩，按摩师有时候力道舒缓，还会为你轻轻搔刮皮肤，有的时候则力道充沛，握拳捶击你的脊背。最终，你会觉得自己的身体变得绵软无力，就像一个轻飘飘的布娃娃。借着这个机会，你可以在私人包间中进入梦乡，也可以在美丽的庭院中喝上一杯苹果茶，然后才能渐渐缓过神来。**SWa**

> “不管是弗洛伦斯·南丁格尔，还是卡梅隆·迪亚兹，加洛鲁土耳其浴场总能舒缓每个人的神经。”
>
> 《卫报》

在博斯普鲁斯海峡巡游

Cruise up the Bosphorus Strait

地点：土耳其伊斯坦布尔

网站：www.toursistanbul.com　**价格指数**：$

伊斯坦布尔独特之处在于它是唯一一个横跨两大洲的城市，一边在欧洲，另一边又属于亚洲。古老与现代，东方与西方，各种元素都共存于此地，而乘船沿着博斯普鲁斯海峡参观游览才是最好的体验方式。

你不用跳到公共渡轮上，眼看着自己随着轮船一起以疯狂的速度呈之字形渡过大河，也不用奋力挤上人山人海的观光船，最好还是避开人群，选一条私人驾驶的小船。很简单，你只需要在艾米诺努的渡轮码头闲晃上一会儿，又会有殷勤的船家来招揽生意，提供私家小船供你乘坐。然后，你就可以随心所欲地安排自己的行程了，无论是在河上徜徉多长时间，抑或何时上岸，你都可以按自己的想法来。

> “和整个博斯普鲁斯王国一样，海岸附近的海水也结了冰。”
>
> 希罗多德，《历史》

从架在金角湾之上的加拉塔大桥下穿过，你眼前就会出现一座有四百年悠久历史的新清真寺——耶尼清真寺。河中大大小小的船只竞相争渡，拥挤不堪，却不知怎么的从来不会相互碰撞。

博斯普鲁斯海峡岸边的建筑各式各样，数不胜数。其中有苏丹王的各种宫殿，如19世纪时建的具有新古典主义风格的多尔马巴赫切宫，也有前奥斯曼帝国的贵族夏季避暑时所住的木造海滨别墅，还有优雅简单的巴洛克风格的迈吉狄清真寺。**SWa**

→ 海峡两岸的建筑群融合了亚洲与欧洲的风格，让人难以忘怀。

参观托普卡普宫殿的后宫

See the Harem at the Topkapi Palace

地点：土耳其伊斯坦布尔

网站：www.topkapisarayi.gov.tr **价格指数：**Ⓢ

“逃离”这个词和帝王后宫可从来都没什么联系，因为在阿拉伯语中，“后宫”的本意就是“禁止”。托普卡普宫殿的后宫建于16世纪中期，是奥斯曼帝国苏丹王庞大家族中女眷们的私密生活区。后宫中有四百多个房间，有的奢华，有的稍显普通，供苏丹王的母亲、正妻和无数嫔妃们居住。苏丹王的嫔妃数量之多是出了名的，据说在奥斯曼帝国末期，这些嫔妃的数量有八百余人之多。

负责严格监管后宫的是一群阉人，之所以选择他们，是因为他们无法利用手中职权带来的便利“近水楼台先得月”。后宫通往外面世界的只有一道被严加看守的大门——车马门，而萧墙内则是阴谋诡计的温床。嫔妃们为了得到苏丹王的宠幸总是争斗不息，她们希望能借此获得荣华富贵，更重要的是为了给她们的儿子谋求地位。的确，有不少嫔妃爬上了权力的宝座，掌管内廷事务；有的嫔妃最终还有幸得见他们的儿子被立为苏丹王，于是作为苏丹王的母亲，她们也就顺理成章地登上了觊觎已久的苏丹皇太后之位。

一直到19世纪中期，这座宏伟的托普卡普宫殿都是奥斯曼帝国的政府所在地。而今，你可以进入宫殿参观其中最引人入胜的一些区域，包括后宫里的一间间房舍。具有讽刺意味的是，尽管总有旅行团来此参观游览，但比起此地曾见证过的妃嫔间勾心斗角的险恶岁月，现在的后宫却显得尤其宁静祥和，竟然成为了游人们“逃离”伊斯坦布尔闹市区躲清静的首选去处。JF

“伫立在托普卡普宫殿的正门，便有一种庄重神秘的感觉袭上心头。”

尼克·传德，《每日电讯报》

⇱ 四个世纪以来，无数能工巧匠都在这座宫殿的雕琢与装饰中倾注了心血。

入住阿加酒店
Stay at A'jia Hotel

地点：土耳其伊斯坦布尔

网站：www.ajiahotel.com **价格指数：**$$

在博斯普鲁斯海峡亚洲一侧的岸上，坐落着一栋宏伟的酒店，下榻的客人可以居高临下地欣赏下方水量丰沛的河流上来来往往的船只。该建筑前身为奥斯曼帝国时代一位宫廷高官的避暑宅邸，距离市中心仅有一个小时的车程。酒店的名字“阿加”在日语中是“亚洲”的意思，此处环境清幽，是繁华热闹的伊斯坦布尔城中难得的安静所在。

这家酒店是城中如雨后春笋般冒出来的精品酒店中的一个，共有16间客房。其外观整体呈耀眼的白色，看上去颇为传统，但楼内装潢紧跟21世纪潮流，十分现代，连陈设的家具也属于极简抽象派艺术风格。房间的主色调为白色和米色的混合色，室内配备了所有你能想到的现代化生活设施，诸如液晶电视、DVD播放器、无线网络等等。卧室里摆着特大号的舒适卧床，浴室也同样令人印象深刻，其中墙面地板都铺砌着奶油色的大理石，并配有超大的浴盆。

> “酒店装潢给人带来了震撼的纯净感觉，为博斯普鲁斯地区的美丽平添了一份诱惑。”
>
> 《Hayallere Visa》杂志

从客房的浴室中可以望见海峡的美丽风光，会让人产生漂浮在博斯普鲁斯海峡的水面上的错觉。此外，你还能看到不断有游艇、渡船、油轮和渔船等列队从马尔马里斯港出发，沿着海峡中的航线缓缓前行，向黑海驶去。只要你需要掉头返回熙熙攘攘的闹市区，就可以乘坐酒店提供的私人小船，快速向海峡对岸属于欧洲的伊斯坦布尔城区进发，同时体验这次迷人的旅程。**HA**

在契拉昂宫中放松心情
Relax at Ciragan Palace

地点：土耳其伊斯坦布尔

网站：www.kempinski.com **价格指数：**$$$$

伊斯坦布尔是一个充满了神秘感的传奇城市，跨越两大洲，总是散发着异国风情，美丽迷人，引人入胜。这座城市就是曾经的拜占庭和君士坦丁堡，所以确确实实是各种文化与建筑的大熔炉，总会对人们的感官带来冲击。

城中的历史景点全部聚集在伊斯坦布尔旧城区或艾米诺努区内，其中包括苏丹穆罕默德二世建于1459年的托普卡普宫殿，前身为东正教教堂、后于1453年改造为清真寺的圣索菲亚大教堂，该教堂被世人称为“世界第八大奇迹”，还有世界上最大的室内市场——大巴扎。

离开嘈杂的街道集市，走入奥斯曼帝国的最后一个苏丹王曾经居住的契拉昂宫。这座建筑最初建于16世纪，原本为木结构，后于1857年用大理石改建，成为了苏丹王阿布杜勒阿齐兹的宫殿。现如今，这座建筑改造成了一座五星级的奢华酒店，查尔斯王子、伊丽莎白·赫利、乌玛·瑟曼和乔治·阿玛尼都曾经在这里下榻。该酒店的一切都符合一线明星及世界名流的要求，不仅有华丽的游泳池，还有私人游船和直升飞机可供差遣。如果愿意过个超级奢华惬意的假期，就请订下苏丹王套房，房间中有富丽堂皇的枝形吊灯、仿古家具和各种艺术品；最重要的是，入住该套房可以俯瞰博斯普鲁斯海峡，此外你还能享有私人管家服务。

你可以在宫殿中豪华的图格拉餐厅享受美味的土耳其料理，这一定会为你此行增添不少亮色。餐厅中的菜单上有各式各样的土耳其风味美食，比如含有香辣鹰嘴豆泥和大米羊肉菜叶包的梅泽开胃菜、清蒸大虾和羊肉馅酥皮点心。至于甜点，你可以选择既粘且甜的果仁蜜饼。**RCA**

在哈克马诺夫斯基克鲁奇温泉放松身心
Relax at Rakhmanovskie Kluchi Hot Springs

地点： 哈萨克斯坦哈克马诺夫斯基克鲁奇

网站： www.kazakhstan.orexca.com **价格指数：** $$

若说起逃离现代生活的喧嚣烦恼，远走天涯，很难找到比富有乡村风情的哈萨克斯坦更偏远的国度了。哈萨克斯坦与整个西欧的面积一样，是这颗星球上最大的内陆国家，却只拥有1,500万居民。自从苏联解体后，凭借着其丰富的自然资源，哈萨克斯坦渐渐成为了一个旅游胜地。

在该国东部靠近俄国、蒙古和中国交界的地方，有一座名叫阿拉桑的河谷，河谷中的哈克马诺夫斯基克鲁奇温泉据称含有一种有治愈功能的元素——氡，该种元素是放射性元素衰变的副产品。传说，17世纪60年代，有一个叫哈克马诺夫的农夫在追逐一头受伤的野鹿途中发现了这处温泉。然后这头鹿慌不择路地跑入温泉中，片刻过后伤口便痊愈了。现如今，这里的温泉水被人们用来治疗关节疼痛、腰酸背疼以及皮肤病。哈克马诺夫斯基克鲁奇坐落在一处佛教圣地遗址，周围是雪松林、高山草甸和宁谧的山隘。人们从此处眺望远方，可以看到原始的湖泊和高达14,750英尺（4,500米）的群峰。

哈萨克游牧民的圆顶毛毡帐篷就坐落在温泉附近山间小溪的两岸上。如果除了在这个世界上最偏僻的角落里尽情呼吸新鲜空气之外你还想体验更多，那么你可以和游牧民一起共度几天游牧生活，与他们一道照料马群，给小母马挤奶，制作他们的传统肉食和乳制品。不过你要想好，这种生活可远不如你在家中惬意舒适。**DaH**

乘船游达尔湖
Explore Dal Lake by Boat

地点： 印度查谟和喀什米尔，达尔湖

网站： www.kashmir-tourism.net **价格指数：** $

达尔湖位于喜马拉雅白雪皑皑的陡峭山峰边缘，想要到达湖上船屋的唯一方法就是租一支西卡拉从清澈的湖水上划过去。这座宁静的小岛所在地区过去曾充满了纷争，因此在相当长的时间里都没有人来此观光，而现在游人们很乐意回到达尔湖游玩。

此处有几条船屋长期停泊在湖面上，供游人住宿。其中，得到广大游客鼎力推荐的一家船屋叫做“帕克图恩宫殿”。船上最多可供8个人过夜，其中有一间比较宽敞的起居室和分开的餐厅，两个房间中均有烧柴的炉子作为保暖设施。帕克图恩的内部装修非常华丽，从高高的吊顶垂下来优雅的支形吊灯，屋子里陈设着复古家具，木嵌板也经过了精心雕琢，即便放在一座英国的豪华古宅中，也丝毫没有什么不协调的地方。

> “喀什米尔的水上宫殿[船屋]与山谷中的人文传统有着紧密的联系。”
>
> trekearth.com

热情的船屋主人会为客人准备好美味的克什米尔咖喱菜肴，席间主人还会开心地为大家讲述该地区的历史。清晨，你可以在甲板上一边喝早茶，一边看着鱼鹰猛然扎入水中去捕鱼。如果起得早，你还会有幸看到达尔湖的水上集市，当地人会在集市上卖秋葵、荷花和湖中小岛上产的其他农产品。**SB**

→ 在达尔湖畔坐看喜马拉雅山背后落下的夕阳是喀什米尔最神奇的景象之一。

参观金庙
Visit the Golden Temple

地点：印度旁遮普阿姆利则
网站：www.amritsar.com **价格指数：**$

在旁遮普的阿姆利泽市中，有一片人造的湖泊，湖滨长堤的尽头就坐落着被大家称为“金庙”的哈尔曼地尔寺（意为“上帝之殿”），这是锡克教最重要的神庙。该寺庙四方均留有入口，这是为了效仿《旧约全书》中亚伯拉罕的那座也开设了四个入口欢迎宾客的帐篷。金庙是世界上公认的平等与宽容的象征，它的大门向世上所有男人和女人敞开，无论他们是何信仰、种族还是种姓，是个敬神的清静之地。

金庙于1574年由锡克教第五代宗师阿尔琼开始指挥建设，建成于1604年。庙中供奉着故去的古鲁，还生长着被称为“Bers”的三棵树，它们象征着锡克教的一些重要历史事件。寺庙的外部以复杂的技艺用大理石砌成，外部精致地镀上了一层金子，这一工程开始于锡克帝国的第一代君主兰吉特辛格统治时期，完成于1830年。

锡克教的圣典《阿底格兰特》中收录了许多祷告词、赞美诗，是锡克教神圣的经文，镌刻于寺庙中镶嵌着珠宝的讲坛上。庙宇外围是一圈宽阔的步道，沿着这条步道前行，可以在寺庙周围一边漫步，一边欣赏着建筑的尖拱和奢华精致的细节部分。每当你从堤道起始处出发，从拱形门楼下穿过，无论是寺庙的环境布置，还是其四面设门的通达设计，都会给你的内心带来宁静祥和的感受，让你不由得心生感慨：这的确是世界上最神圣不朽的宗教建筑之一。**BS**

← 金庙的建筑同时受到了伊斯兰教和印度教的文化艺术传统的强烈影响。

在芭萨提酒店小住
Stay at Basunti

地点：印度喜马偕尔邦
网站：www.basunti.com **价格指数：**$$

如果你比较热爱垂钓，那么一定知道印度最珍贵的淡水鱼就是印度鲃了。不过，你不一定知道这件事，如果你决定在位于印度多山的喜马偕尔邦的芭萨提住上几天，就很有可能收获到一桶26磅（10公斤）重的印度鲃。

除了在芭萨提门前的人造湿地中垂钓，你当然还可以在这处田园牧歌般的度假胜地参加其他有意思的活动，花销也不多。这座精品度假酒店位于野生动物保护区的腹地，旨在让人们留下的生态足迹尽可能得少。酒店共有6间客房，还拥有一座以茅草为顶的巴厘式瑜伽和冥想中心。芭萨提位置相对隐蔽，周边环境清幽宁静，其中两座小型旅馆都有各自的遮阴游廊，从那里可以居高临下地欣赏周边湿地景观。该地区鸟类品种丰富，载入记录的约有230类鸟和超过50种水禽。比较专业的观鸟者一定会想去游览蓝瑟岛，这座岛屿是该地首屈一指的观鸟胜地。春天，雨季到来前水位最低的时候，游客可以看到古老的巴土吉拉西古城的寺庙略显怪诞地重新出现在水面之上，这些寺庙代表着印度艺术和建筑的高峰。名为卡提亚的古村落距离这里不远，只需步行半个小时。这个村庄很是可爱，既有古香古色的乡村建筑，又有原始的林地。**BS**

> “这仿佛是一件富有魔力的珠宝，你即便花上几个月去寻找也可能终究无功而返。”
>
> 《星期日电讯报》

探索喜马拉雅山脚下的西姆拉

Explore Shimla in the Foothills of the Himalayas

地点：印度喜马偕尔邦西姆拉

网站：www.shimlaindia.net **价格指数：**❶

要想看纯净原始、崎岖粗犷的山景，那么一定要去印度的喜马偕尔邦。该地主要被旁遮普平原上拔地而起的山川丘陵占据着，形成了若干个文化各不相同的地区，彼此之间被山梁相隔。

西姆拉是一个美妙的地方，从那里可以望到喜马拉雅山的山脚，可能还会令人想到英国统治印度的那段褪色岁月，一时间你会不由得生出些许愁思。如今，这座小镇很是受到新婚夫妇的欢迎，经常会被选为蜜月之旅的目的地。这里可供观赏的景色有很多，从紧邻陡峭的山脊的狭窄冲沟中熙熙攘攘的集市，到特别的总督宅邸，还有一段3英里（5公里）长的宜人小路，两旁尽是郁郁森森的松树林，非常适合人们漫步。这样的景致是次大陆的地理位置特点决定的。

野花大厅酒店可以带来真正的喜马拉雅山地区体验，而不必牺牲客人居家的舒适感。这座五星级的山顶度假酒店置身于一座占地面积超过20英亩（8公顷）的松树和雪松的森林中，海拔高达8,250英尺（2,500米）。从酒店向外望，眼前是一片白雪皑皑的山峰、青葱翠绿的森林和深不见底的峡谷。野花大厅酒店为客人安排的诸多活动很是特别，与一般酒店的活动项目大不相同，其中有箭术、萨特累季河激浪漂流、骑马和溜冰。酒店拥有两架直升机，你甚至可以选择乘坐其中一架来一次珠穆朗玛峰一日游，或者以此方便快捷的方式去偏远的喜马拉雅山谷中游览。西姆拉山脉的最高点上建有一座哈努曼庙，在那里观看日落十分美好。在该地游玩过程中，你身旁总会有猴子神出鬼没，它们或许是在等机会趁人不注意把你随身带的什么物件抢走。**LB/BS**

→ 没有经验丰富的向导带路和骡子驮行李，这里多山的地形可算得上是个不小的挑战。

在阿南达放松减压
De-stress at Ananda

地点：印度北阿坎德邦喜马拉雅山脉
网站：www.anandaspa.com　**价格指数：**$$$

阿南达坐落在喜马拉雅山的山脚下，该酒店旨在通过个人定制的瑜伽和阿育吠陀项目让客人的头脑、身体与心灵达到协调，从而获得平衡与和谐。因为此地靠近圣洁的瑞诗凯诗小镇，所以就更加重视对于灵性修行的专注，这种专注不仅要平和，更要深厚。尽管采用了内部整体方法，这种体验还是和修行会所的体验差得很远。阿南达位于一片面积为100英亩（40公顷）的原始森林中，拥有一座总督宫殿和广受好评的水疗中心，供有75间普通客房与套房和3座私人别墅，别墅中各有两间双人卧室，还能看到恒河的美景。任何在这里住宿的客人都可以免费享受水疗服务。酒店设施包括土耳其蒸汽浴室、芬兰桑拿浴室、冲浪浴缸、情侣洗浴套间、水疗按摩系统和室外游泳池。

到达目的地后，所有的客人都会从咨询阿育吠陀专家开始他们下榻阿南达的体验。然后客人就会得到一份量身定制、内容广泛的项目安排，其中有营养、锻炼、压力管理、排毒和放松。喜爱瑜伽健身的人肯定会喜出望外。此处所谓的“阿南达”瑜伽其实包含了一系列的传统瑜伽种类，有哈达瑜伽、艾萨克里亚瑜伽和王瑜伽；酒店鼓励初学者和有经验的学员同样参加包括冥想和呼吸控制的项目。这里专供瑜伽修习者练习的一座亭子与周围环境融合得恰到好处，你可以选择在亭中学习，也可以选择在水池和广阔的草坪旁的露天大理石地板上做瑜伽练习。

如果想增加更多一些户外活动，游客可以加入壁球、高尔夫、划独木舟和激浪漂流等项目。这里有一个以昆乍浦里庙为终点的4小时徒步项目。到达目的地后，你所得到的奖赏就是眼前白茫茫一片的喜马拉雅山脉，景色绝美。**LC**

在360° 乐提放松身心
Unwind at 360° Leti

地点：印度北阿坎德邦皮托哈噶
网站：www.shaktihimalaya.com　**价格指数：**$$

对于那些为了获得真正难忘的体验肯加倍付出努力的无谓的旅者，360° 乐提一定会以到达该处要经历的艰辛的十倍回馈给旅者惊喜与欢乐。不得不说，到达此地确实不易。你首先要从印度的首都新德里赶到喜马拉雅山地区一个名叫皮托哈噶的小镇，此行可以选择坐一整夜的火车，然后再坐7个小时的汽车，也可以乘坐一个多小时专机，然后再坐三个半小时的汽车。下车后，夏尔巴人搬运工会扛起你的行李开始到达360° 乐提前最后一个半小时的步行路程：渐渐地，喜马拉雅山的全景展现在你眼前，顿时各种观感都活跃了起来，毕竟，从海拔8,000英尺（2,400米）的高原上看到的全景绝对是无与伦比的。

> “我脚下便是谷底，涟漪般的翠绿色梯田中点缀着一座座圆圆的小山头。”
> 索菲·罗伯茨，《金融时报》

360° 乐提所在地远离道路，共有4座别墅，所用建筑材料均是当地开采的石材和砍伐的木材。别墅内部以石板铺地，浴室由设计师专门设计，并且布置有最精致的亚麻织物，此外还有几堵玻璃墙。别墅建有私人室外露台，方便你舒服地坐在室外看夕阳西下，此外，露台上还挖有一个石砌的火坑。

下榻的客人都会收到一张关于社会责任的便签，上面的内容是要邀请客人为村庄开发基金会捐款，该基金会收到的善款百分之百会直接用于附近村庄的建筑工程项目。当地人经过专门培训，可以为客人们提供无可指摘的服务，正为如此，360° 乐提的房间预订情况总是很火爆，极少有空房。**BS**

在哈瓦力哈里加亚放松心情
Relax at Haveli Hari Ganga

地点：印度北阿坎德邦哈里瓦

网站：www.haveliharigaanga.com **价格指数：**$

印度城市哈里瓦是印度教七大圣地之一，世界上的印度教信徒们都称这座城市为“众神之门”。自从1917年哈瓦力哈里加亚建在神圣的恒河旁边以来，它就成为了城市日常生活节奏的一个内在组成部分。

酒店房间曾是比利皮特大君（印度君侯尊称）的住所，其他房间自然也是为与大君地位相仿的客人准备的，这也就不难明白为什么这些客房如此宽敞、建筑风格如此纯粹了。抵达哈里瓦后，酒店所派的人力车会接上你，几英里外便是酒店了。哈瓦力哈里加亚现在属于休闲酒店集团中的一家，也是指定的世界遗产之一。以难得的黑白档案照片作为参照来看，人们对此建筑的保存和看护可谓是煞费了一番苦心，不但建筑保存完好，酒店内必要的现代设施一样也不缺，比如空调和奢侈的家具。内部的设计有种古老印度神话的感觉，而且酒店还拥有一段私人河边石阶，外侧是涌动的河水，内侧则是可供客人浸入其中净化灵魂的水，安全而清澈。如果你信奉印度教，那么在哈里瓦住一夜相当于向众神献祭了一千头牛。

室外露台上是客人享受瑜伽与水疗的场地，位置紧贴河水，你几乎可以将这里当作跳入河里的跳水板，话说回来，即便你这样做了也无妨。此处的河水远比更远处沿着瓦拉纳西河堤的那段下游河水干净。每夜，哈奇宝瑞河畔石阶码头旁的河上都会举办净化仪式——阿尔提崇拜仪式，到时人们会高举着硕大的灯，很是热闹。此外，你还可以听到铿锵的铙钹声与富有韵律的唱诵声，这也是游客绝不容错过的异国体验。而且，印度教徒相信这里的古老石墙上有毗湿奴（印度教三大主神之一）曾经留下的脚印。**BS**

在巴格酒店小住
Stay at the Bagh

地点：印度拉贾斯坦邦巴拉特普尔

网站：www.thebagh.com **价格指数：**$$

巴格酒店的怡人花园仿照了泰姬陵的园林设计，清幽宁静，是个安心度假的好地方。该花园恰好是按照伊斯兰正式的围墙花园的建筑传统习惯来建成的，12英亩（5公顷）的占地由水渠和甬道一分为二。园中果树挺拔，林木成荫，花圃里的花儿颜色明亮鲜艳，芳香的草儿四处蔓延。不过，这里最吸引人的地方还是住宿环境。酒店共有3座虽然低矮但十分华美的居所，外部为白色砂岩，内部则是大理石铺砌而成。房间中摆放的家具皆为手工打造，铺陈的织品也很华美。室外供客人落座休息的地方也布置得很惬意。虽然这家传统酒店外观复古，但是其实经营者很有前瞻性，因为酒店使用的是太阳能热水器，既生态又环保，饮用水也是从地下的井中打上来的。

> “酒店中陈设的满是几位印度当代女艺术家的作品。”
>
> Nature Safari India website

巴拉特普尔这座古老的城市算是拉贾斯坦邦的东大门，也是生态旅游者颇为热衷的一个美妙的目的地。酒店附近便是基拉德加那国家公园和位于班德贝尔萨的野生动物保护区。阿格拉除了拥有辉煌壮丽的泰姬陵，还有一座设计杰出的建筑——阿格拉堡，印度莫卧儿帝国的皇帝沙贾汗晚年就是囚禁在这里，直至最后病逝，禁闭期间他总是从窗口远眺泰姬陵，寄托对亡妻的哀思。

等你从熙熙攘攘的集市购物归来，回到巴格酒店，浸入清爽宜人的泳池中，伴着悦耳的鸟鸣，是否有种置身于天堂的感觉？**AD**

参观胡马雍陵

Visit Humayun's Tomb

地点：印度新德里

网站：whc.unesco.org/en/list/232 **价格指数：**Ⓢ

旧德里的城市景观总会令人想起湮没于历史长河中的莫卧儿王朝，因为这座城市在17世纪到19世纪之间是印度穆斯林聚集的中心城市。这座设有城墙的城市中最值得称道的，很明显是那些建筑了，比如宏伟的红堡和贾玛清真寺，二者就建在狭窄难行、错综复杂的大街小巷中，给人一种空间感和别样的美感。旧德里的街头交通拥堵，一眼望去满是佛寺、清真寺、乞丐和市集。而新德里却拥有规划完善的宽敞大路，这自然是英国人有意设计的，于是新德里如今便成了现代印度的行政中心。在旧城中，恶劣的环境几乎要让人患上幽闭恐惧症，但你一进入新德里，便感觉如释重负；然而，新德里缺少一座座浪漫的堡垒，不过，胡马雍的陵墓可以弥补这一短处。

这座陵墓是莫卧尔王朝的第二位皇帝胡马雍的波斯妻子哈吉碧岗下令兴建的，建成于1570年，是早期莫卧儿建筑绝佳的代表，表现出了许多设计元素：低矮的建筑、高高的拱形入口、球形的穹顶和非常适合人们散心的整齐的花园，据说阿格拉的泰姬陵就是仿造胡马雍陵建造的。胡马雍想必很中意他的理发师，因为理发师的灵柩也深埋于这座波斯风格的正方形花园地下。

参观完陵墓后，在这处规则的园林中漫步，你可以看到修剪整齐的绿荫和经过精心保留的喷泉水景。园中常有看起来小心翼翼的印度情侣，他们在苦楝、罗望子和阿朱那树下羞赧地并肩牵手。树下是大片大片的荫凉，非常适合午后小憩。**LB**

⇥ 此地是印度次大陆上第一座花园陵墓，游人们非常享受从露台向远处眺望所看到的美丽风景。

在欧贝罗伊阿马威拉斯酒店休闲放松

Relax at Oberoi Amarvilas

地点：印度拉贾斯坦邦

网站：www.lhw.com/amarvilas **价格指数**：$$

阿格拉无需介绍，大家都听说过，那里不仅是泰姬陵的所在地，还有恢弘的红堡与一条条挤满了小商贩的街道，集市上从大理石雕像到饼干盒卖什么的都有。虽说泰姬陵的图案随处可见，不过建筑本身无疑是人类创造出来的最辉煌的成就之一。你尽可以多花些时间，欣赏那尊光与色彩变幻万千的印度神兽摩伽罗的大理石雕像：这一刻还是粉色，下一刻却变成了温暖的浅金色。

下榻欧贝罗伊阿马威拉斯酒店，从每间客房都能看到距离酒店仅有1,800英尺（550米）远泰姬陵。酒店的现代建筑也给人留下了深刻印象。无论是底层客房的风格，还是水池旁规规矩矩的印度花园，都深受莫卧儿帝国统治者留下的遗迹的影响。酒店五楼由男管家组成的团队提供服务，当你需要时，他们会适时地为你奉上冰凉清爽的饮品；能体验如此贴心的服务，你大可以在头脑中将自己想象为莫卧儿时期的皇亲贵戚。

> “过了相当长的时间，泰姬陵的故乡终于拥有了真正意义上的顶级酒店，这令人叹为观止。”
>
> 《悦游》杂志

酒店的餐厅不容错过，因为那里的美食实在是令人惊艳。餐厅推崇发源于印度北邦首府勒克瑙的菜肴，你可以品尝到以豆蔻子调味的卡巴烤肉、填料马铃薯、泰式咖喱菜（泰国料理在印度十分流行）、咖喱羊肉配着看上去更像法式肉丸的一种菠菜饺，还有比尔亚尼风味的番红花配羊肉，餐厅的主厨开列的菜单中体现着融合在一起的印度菜与法餐的元素，令人垂涎欲滴。**GMD**

享受安缦巴格度假酒店的异国风情

Enjoy Amanbagh Resort

地点：印度拉贾斯坦邦

网站：www.amanresorts.com/amanbagh **价格指数**：$$$

安缦巴格度假酒店位于一片有几个世纪历史的围墙圈起的地块上，是一处充满浪漫情怀的度假地。酒店建筑气势恢宏，对文化遗产敬意十足，不仅有砂岩穹顶、墨绿色的乌代浦尔大理石和私人泳池，更有如宫殿般宏伟的高大内堂。

安缦巴格度假酒店为向有“粉红之城”之称的斋浦尔表示敬意，也选用了粉色的砂岩作为建筑材料，最终造就了这样一座惊世骇俗的现代宫殿。酒店静静矗立在一座树木茂盛、土壤肥沃的小山谷中，因此不会受到拉贾斯坦沙漠的高温与沙尘影响，仿佛海市蜃楼一般。主建筑中有接待处、餐厅和休息厅，但最终会长久萦绕在心头的是酒店套房的种种庄重华丽。房间中使用的主要建筑材料依然是粉色砂岩，不过更令人印象深刻的是其中用一整块大理石雕刻出的浴盆和用来支撑巨大的天花板的一根根圆柱。安缦巴格的游泳池是奥运会比赛用规格的，棕榈树和尤加利树倒映在中，让人眼前一亮。你可以体验各种各样的水疗套餐，包括瑜伽、灵气疗法、气功疗法和指甲花染甲高级服务。

安缦巴格具有历史韵味的环境布置让这家酒店显得十分特别。驱车不多时便可抵达17世纪的阿加伯格堡、拉贾斯坦邦古老的纳拉亚尼玛塔庙（公元1058年）和一处据说是受到诅咒的城镇——斑嘎城堡，该地无人居住，无论是庙宇还是花园皆不见一个人影；此外，附近还有一座可以追溯到6世纪的小镇——尼迦堤。因为安缦巴格附近有一片湖泊，水草丰美，所以形成了一片明艳的绿洲，对于那些想探索该地区丰富多彩的历史古迹的游客们来说，这里是个再合适不过的“大本营”。**BS**

下榻兰巴皇宫酒店
Stay at Rambagh Palace

地点：印度拉贾斯坦邦

网站：www.tajhotels.com **价格指数：**$$

兰巴皇宫酒店位于拉贾斯坦邦的首府城市斋浦尔腹地，坐落在一片占地47英亩（19公顷）的田野上，庄重而奢华，结合了拉其普特人和莫卧儿时代的传统建筑风格。这座宏伟的建筑拥有优雅的圆拱、两端各建有一座装饰性的角楼。酒店内部四周是精心设计的步道，在中央庭院的暖暖阳光下，有悠闲徜徉的客人，也有自在地踱着步子的孔雀。草坪修剪料理得可谓完美，喷泉轻柔地喷出一道道水线，再加上美丽的观赏花园，客人眼前尽是美好景致。

“大千世界，你只有在兰巴皇宫酒店才能看到有喷泉的豪华套房。”

《每日电讯报》

兰巴皇宫始建于1835年，然后在1925年的时候人们对这座宏伟的宫殿进行了一次全面检修，最终成就了现如今被当地人称为“斋浦尔之宝”的这座皇家建筑杰作。1957年，该建筑经过再次改造成为了印度史上第一座皇宫酒店。酒店房间虽然经过重新布置，但终究保留了皇室宅邸的原本魅力，让下榻的宾客均能体验到原汁原味的皇家待遇。客房中的天花板较高，卧室里摆放着四柱床，为房间增添了一丝大气。总之，从外观上来看，绝对具备那种令人瞠目结舌的豪奢特质。

酒店中设有健身中心、高尔夫场地和几个酒吧，可以满足你的一切需求，所以下榻期间客人根本无需离开这座豪华宫殿。不过，斋浦尔充满了诗情画意的街道还是值得大家关注的。1853年，威尔士王子前来印度进行国事访问，当地百姓为了迎接他的到来将所有的建筑涂成了粉色，自此，斋浦尔便有了“粉红之城”的美誉。**JP**

在尼穆拉纳城堡酒店彻底放松
Unwind at Neemrana Fort

地点：印度拉贾斯坦邦

网站：www.neemranahotels.com **价格指数：**$

1464年，莫卧儿帝国崛起之前，戴维·辛格大君开始在靠近阿尔瓦尔城的地方修筑带有防御工事的宫殿。而正是这座建筑在1991年的时候变身为酒店开业迎客，如今的尼穆拉纳城堡是整个印度历史最为悠久的遗迹，也是拉贾斯坦邦的建筑珍宝。该酒店为客人们提供了一个稀有的机会，住在这里就相当于生活在中世纪的壮美灿烂的氛围里，还可以沉浸在旧日拉其普特人的历史与传统中。

尼穆拉纳城堡的规模与拉贾斯坦邦的其他古堡或宫殿基本相同，比如焦特布尔的巴旺宫酒店和梅兰加尔城堡。该城堡酒店共有70间客房，客房的装修与主题都各不相同，不过大多数都拥有私人阳台。酒店拥有十层交叠的楼层结构，不仅规模宏大，还建有一些可爱而令人欣喜的建筑，比如最近沿着南面城墙建设的一座空中花园，靠近宫殿围墙的花园中还有一口十一层的阶梯井，水井周围是罗马式的拱桥和螺旋阶梯。尼穆拉纳城堡度假酒店距离新德里仅80英里（130公里），是印度交通较为便利的宫殿式酒店之一，也是距离印度首都最近的拉贾斯坦邦宫殿。

酒店共有四翼，其中每一个房间的装修陈设都很美观大方，是传统的印度风格。在轮廓分明的墙内，有一座游泳池和设施齐全的水疗中心，可以为客人提供各种传统的理疗，如阿育吠陀回春疗法。每天客人都有机会在向导带领下参观城堡，不过如果你感觉想出城堡活动（但你基本不大可能产生这种想法），也可以在周边地区参加其他活动，比如骑骆驼游猎、徒步和多种短途旅游。**BS**

在萨摩哈瓦里酒店休闲放松

Relax at Samode Haveli

地点：印度拉贾斯坦邦

网站：www.samode.com　**价格指数：**$$

就在有“粉红之城”之称的斋浦尔，那些落满灰尘的小街道间掩藏着一颗“宝石”，它就仿佛是人声嘈杂的街市中一片宁静美好的绿洲。这座宏伟的旧别墅本是150年前为沙梦德皇族所建的宅邸，但在1988年的时候经改造成为了古迹酒店，自从那时起便被圈内人奉为世界上最时尚的酒店之一。

这处雄伟的宅邸四周是茂密的九重葛花丛，入口设计得非同凡响，门上铺砌着带有精致纹样的砖，分外考究。通向门中的是一段供大象走过的坡道，这是20世纪40年代为结婚典礼所建。酒店内部也延续了人们从外部观察到的奢华装修风格，里面的壁饰和壁画随处可见，数不胜数。通过迷宫般的通道和黑暗的楼梯，你会意想不到地发现自己已经来到了一处无边无际的迷人庭院。而其中最美丽的要数中央庭院了，院子中满种着石榴树和各色花卉，还建有一片装饰性的池塘，附近顽皮的猴子们倒是经常来此玩耍。

因为酒店个性十足，其中共有22间客房，而这些客房之间不但外形各不相同，设计也独一无二。对于喜欢珠宝首饰的人，可以选择那些内有从地板到天花板高度的马赛克镶边镜子的套房。室外泳池也宽敞大方，令人目眩神迷，池壁以摩洛哥瓷砖装饰，泳池两岸也设宽大的舒适长椅；此外，这里设有冲浪浴缸并为小朋友们安装了浅水池。酒店的餐厅是经过精心设计的，墙壁上绘满了鲜花和跳舞的女子。如果你倾向于选择更轻松自在一点的就餐环境，酒店的服务人员会在酒店的花园中为你安排私人午餐或烛光晚餐，让你置身于红花绿树中，格外浪漫。**JK**

← 所有的房间都极度奢华舒适，有古老的石拱、拉贾斯坦古玩和大理石砌成的浴室。

在拉贾斯坦邦骑马拉尼马
Ride Marwari in Rajasthan

地点：印度拉贾斯坦邦

网站：www.thetharmarwarisafari.com **价格指数：**$$

孩子们聚在泥泞的道路旁叽叽喳喳地聊得正欢；村庄里的妇女们头上顶着巨大的水瓮沿着小路缓缓而行；男人们弯腰低头，手掌相对，彼此问候。这是拉贾斯坦邦的又一个生活场景，而你在喧闹的城市或通常的巴士旅游观光中是无缘得见的。而骑着马走在鲜有人涉足的偏僻乡间才能一瞥印度人的日常生活。

一百年前，拉其普特人的交通运输都是依靠马匹。即便是国王和贵族在外出旅行时也会挑选一匹忠实可靠的骏马为伴，于是便有了一句俗语："任谁也无法让拉其普特人离开马儿。"几世纪以来，拉其普特皇室都选用一种特殊品种的马作为他们的坐骑，那就是马拉尼马。这种马是无所畏惧的战马，同时也因为俊美的外形而受到皇室赏识，而且只有拉贾斯坦邦才出产这种马。马拉尼马因为其优雅的仪态而闻名于世，它们的耳朵向内微卷，也是其独特之处。直到今天，威武雄壮的马拉尼马依然在拉贾斯坦邦被视为是力量与财富的宝贵象征。因此，骑在马背上才是游览观光这片仍被称为"王者领地"的地区的最佳方式。

没有什么能比骑在这样俊美的马上更浪漫的事了，沿着古时候王公们骑马走过的道路前行确实是体验"真实的"拉贾斯坦邦的较好的方式。骑着马儿，你不仅可以观赏沿途一座座华丽的寺庙和大理石城堡，也可以停驻在尚未开发旅游的乡间田野中，下马喝上几杯甜滋滋的印度奶茶。你可以骑马沿着湖边或是河滨散心，或是穿过生长着杜松和蓝花楹树的森林。忘掉嘈杂与拥挤的城市吧，你现在唯一需要担心的交通问题就是眼前缓缓挪动的羊群。无论如何，在印度旅游，这确实是一种独特而收获颇丰的体验方式。**JP**

享受荒野露营生活
Enjoy Wilderness Camp

地点：印度拉贾斯坦邦

网站：www.rohetgarh.com **价格指数：**$

如果你想在印度找一处偏僻遥远的地方度假，那么塔尔沙漠一定能满足你的要求。拉贾斯坦邦西部狂风漫卷黄沙的情景恐怕可以算是这处豪华营地的终极背景了。你在这里不仅可以看到绝美的日出日落，还有徒步穿过无边无际的沙丘的机会。

荒原营地中拥有舒适的床铺和铺着瓷砖的卫生间，是令人印象非常深刻的露营地。此外，在荒原营地下榻的你脚下还有柔软的地毯，床上铺着的也是奢华的织物，房间中陈设的家具也是经过抛光处理的柚木家具，这一切都将为你营造美妙的露营体验。你可以在传统的茅草为顶、灰泥抹墙的餐厅中进餐，沉浸在这片沙漠奇境的魔力中。白天，客人们可以骑着骆驼或马儿在大漠中跋涉，探访偏远的部落，或者去寻访在此地栖息的野生动物。负责管理这片营地的是辛格家族，是他们确保了你住宿期间能领略到传统的拉贾斯坦风格，还可以从家具装饰和营地服务人员温暖的问候和迎接中体验别样的风情。

> "雅致的帐篷在微风中簌簌轻抖，在寂寥荒漠的映衬下愈发得具有异国情调。"
>
> 《美食旅游》杂志

因为这里是最好的浪漫沙漠度假基地，所以也是你和你的另一半逃离尘嚣、忘却一切时间烦恼的好地方。在沙漠之海中游荡一天后，不如在烛光摇曳的休息厅中落座，喝上一杯。最重要的是，你会被浓浓的静谧温馨的氛围所包围，耳畔传来的只有鸟儿的歌唱声和牧羊人从身边经过时轻声嘟囔的几句当地话。**AD**

在查哈特拉萨嘎宿营

Camp at Chhatra Sagar

地点： 印度拉贾斯坦邦

网站： www.chhatrasagar.com **价格指数：** $$

在斋浦尔和焦特布尔这两座人声鼎沸的城市中间的地区，坐落着一座奢华的营地，营地中充满了宁静与安逸。这块营地原本是尼玛加家族为打猎而建的狩猎小屋，而且周边农田一个多世纪以来都归该家族所有。这里共有11座装修富丽堂皇的帐篷，可以俯瞰栖息着许多种鸟类的巨大的保护区。这片天堂般的田园世界就位于青葱的麦田、芥菜地、棉花田、辣椒地和放牧草场之中，因此这些田地可供营地露宿的客人们细细观赏。除了几座当地的村庄以外，此处还是你在拉贾斯坦邦中能去到的最偏远的营地了。

该营地将自然的浪漫与五星级酒店所具有的全部便利设施相结合，在手工缝纫的帐篷中建有私人石砌盥洗室，其中冷热水一应俱全，还装配了风扇；走廊面对着起伏有致的乡村田野和羚羊扎堆的湖泊。地板上则是用传统的指甲花手工染出的种种花纹图案，季风季节过后重新树起帐篷时会显得格外美丽。黎明起床到露台上观看日出时，会有服务人员为你贴心地奉上一杯暖茶；而黄昏将至，你可以在附近的山头啜饮可口的鸡尾酒；晚上，你还可以仰望苍穹中的繁星，而后在露天的餐厅中享用浪漫的烛光晚餐；最终，大家可以围坐在温馨的篝火旁听村子里有趣的民间故事，度过这完美的一夜。

经营这片营地的是英俊迷人且热情好客的两兄弟和他们的妻子。因为有自家种植的农产品和传统烹制方式，他们自制的菜肴被客人们赞为是拉贾斯坦邦最棒的美食。营地的主人甚至会为客人们准备烹饪课程、乘吉普打猎和观鸟等活动。尼玛加家族还可以为客人安排湖上荡舟和参观附近村庄，这样大家就能见识到当地的手工艺品，包括陶艺制作等。**JK**

下榻迪奥加宫殿

Stay at Deogarh Mahal

地点： 印度拉贾斯坦邦

网站： www.deogarhmahal.com **价格指数：** $$

迪奥加宫殿位于拉贾斯坦邦的中部，是印度保存最为完好的古老宫殿之一，建筑四周环绕着山峦与沙漠，抵达之后你会有短暂的一瞬感觉像是穿越到了古代。内部廊道曲折、楼梯狭窄陡峭，像是毫无章法地组合在一起，这样的规划是350年前的建筑师为了阻挠侵略者抢劫而设计的。

这些城堡是这片土地上最富有的一些家族的宅邸，富丽堂皇，宏伟高大，其中大多数房间依然留存着那个时代所有奢华的家具。女王套房中有一面装饰性的镜子，周围镶嵌着精美的瓷砖，高雅华丽，要知道在当时，镜子与任何珍稀的贵金属同样贵重。客人们在城堡的墙壁上还能看到古时的画作。

> “迪奥加宫殿在各个方面都是辉煌华丽的，不仅有悠闲的氛围，还有不可否认的迷人魅力。”
>
> 《闲谈者》

迪奥加宫殿可为下榻的客人提供现代酒店中拥有的一切便利设施，无论是泳池、水疗中心、小型健身房，还是高端餐厅，都会让客人们在体验古老建筑的怀古氛围的同时享受到现代的舒适从容。酒店还会组织乘吉普狩猎、沙漠漫步和乘老爷车兜风等活动。每当夜幕降临，你都可以在露台上见到酒店的所有者——Veerbhadra Singh Chundawat，他和他的祖辈一样，喜爱在傍晚时分擎着一杯鸡尾酒观看拉贾斯坦的舞娘们卖力地为客人们演出。除了奢侈华丽的装修设计和沧桑怀古的历史感，迪奥加宫殿最突出的品质便是它让客人们感到的那份热情和私密。**JD**

在神格萨嘎城堡放松心情

Relax at Seengh Sagar Fort

地点：印度拉贾斯坦邦

网站：www.deogarhmahal.com **价格指数：**$$

在印度，要说可以度过一段安静时光的最佳景点，莫过于多姿多彩的沙漠之都——拉贾斯坦邦中部地区的一座古老的岛上城堡了，而今这座城堡已经被改造为了一座共有4间客房的奢华别墅酒店了。这是一个仿佛蕴含魔力的地方，好似从未受到无情岁月的影响。耳畔没有印度城市里常有的机动车发出的噪音，取而代之的是冠蓝鸦和长尾小鹦鹉动听的叫声。雨季到来时，会有湖泊环绕整座城堡，届时只有乘坐小船才能进入，这样的情景更增加了此处的静谧感觉。

城堡有4间套房，装修各不相同，但是都使用了极具拉贾斯坦特色的生机勃勃的色彩和纺织品，而且每间套房都有可以俯瞰下方湖泊的阳台。不过，大家不要误以为住进神格萨嘎城堡就意味着要过返璞归真的生活，相反，每个房间中都有现代酒店应有的舒适家居与设备，比如放满了各种酒水的迷你吧台、空调系统等。此外，万一有什么需要，服务人员也会随时听候客人差遣的。你可以在露天平台上观赏琥珀色的夕阳，或是在四处覆盖着藤蔓的庭院中央那棵硕大的尼姆树下啜饮鸡尾酒，也可以沉浸在阿育吠陀按摩那天堂般的享受中。如果你已经厌倦了这些，那随时可以通过3英里（5公里）外的神格萨嘎姐妹酒店——德奥格尔城堡酒店预订一些更具活力的活动，这些活动包括沙漠漫步、骑马、乘吉普狩猎和参观寺庙。同时，和神格萨嘎的所有者RandhirSinghji上校聊聊天也会有很多收获，他这个人脑子里有许多和城堡相关的精彩历史故事，若你问起他的枪伤，恐怕他还会给你细细道来他年轻时在印度军队里服役的事情。**JD**

入住法塔赫普拉喀什皇宫酒店

Unwind at Fateh Prakash

地点：印度拉贾斯坦邦乌代浦尔

网站：www.hrhhotels.com **价格指数：**$$

拉贾斯坦邦高贵而豪华，无需宫殿和寺庙这些建筑来进一步突显印度王公们曾经拥有的巨大财富，然而，其中的乌代浦尔市中却矗立着不少辉煌的古老建筑。在市中心就有一座法塔赫普拉喀什皇宫酒店，这栋建筑宏伟壮观，坐落在浪漫的皮丘拉湖岸上，毗邻阿拉瓦利山，其中塔楼林立，阳台、圆顶这些元素也极为常见。

该皇宫始建于玛哈拉纳·法塔赫·辛格统治下的20世纪早期，在最初建成的几年里，专门作为皇室的娱乐场所。而在殖民时期之后的印度，政府不再向王公发放每年的津贴，后来王公们发现自己很难在这种情况下维护手中的地产。于是，他们不得不将自己的宫殿大门向广大游客敞开，以便从旅游业中赚取经费。

> “假若威尼斯人拥有皮丘拉湖，那么他一定会说句相当公道的话，‘能得见此美景，死亦无憾’。”
>
> 拉迪亚德·吉卜林，《掳掠敌国商船令》

酒店主要部分的客房仍旧保留着原先的装饰元素，如稀有的油画、精美的枝形吊灯和仿古家具。客人们还有机会参观玛哈拉纳令人吃惊的水晶藏品，包括水晶椅子、桌子和床。不过若说这顶“王冠”上最宝贵的“珠宝”，那应该是酒店最新建的侧翼——“鸽舍”。套房不仅给人带来时代感，还有珍贵的湖泊美景可供观赏，湖边修有一段石阶，还耸立着标志性的湖上宫殿，若是能在沙漠太阳落山时从夕阳露台上观赏此情此景将是最合适的。**SG**

在戴维阁酒店放松心情

Relax at Devi Garh

地点： 印度拉贾斯坦邦

网站： www.deviresorts.com **价格指数：** $$

古老的城堡有着圆顶、拱门、塔楼、阳台和宏伟的城墙，在远山的映衬下，仿佛是从田野中崛起的印度帝国时代的遗迹，斑驳而沧桑。也许这里只是距离印度西北省份乌代浦尔45分钟车程的乡下地方而已，恬静安宁，不过戴维阁确实称得上是世界上最好的酒店之一。

当你进入这座18世纪的古堡时，感觉像是瞬间移动到了21世纪。眼前线条简洁的白色大理石、玻璃屏墙、时尚别致的纺织物让人无法移开目光。卧室宽敞大方，浴室也奢华至极，满眼都是大理石和玻璃材质的装置。屋中色彩明亮的丝绸窗帘、盛满花瓣碗钵和当地艺术品与空调、巨大的等离子电视屏幕和DVD播放器等现代设施搭配地天衣无缝，十分和谐。这里甚至还有一个“枕头选单”可供客人挑选适合自己的枕头，而且39间套房中，每一间客房的墙壁上都镶嵌着夺目的宝石。这座酒店既有现代的奢华，又具备古老的印度风情。

在这栋十四层的庞大迷宫中，新旧事物相得益彰。客人可以躺在古老阳台上的躺椅中，一边欣赏阿拉瓦利山的美景，一边通过无线方式上网，而且看上去这是件再自然不过的事。走出富丽堂皇的套房，迎接你的还有很多值得纪念的公共空间，比如5座中央庭院、烛光摇曳的鸡尾酒吧和灯火通明的现代健身房。客人们既可以投身于碧绿的大理石游泳池，也可以在日出时分的楼顶练习瑜伽。

至于酒店外的活动，你可以骑着骆驼狩猎，徒步跋涉，欣赏沿途壮美风景，在导游的带领下短途旅行或者享受酒店的代驾租车服务。**SH**

↗ 从亭阁餐厅向外望去是令人惊叹的山景，这里的食物也赢得了来自世界各地的客人的赞美。

“戴维阁酒店中装饰着许许多多都市化的极简主义艺术作品，让你流连忘返。”

《悦游》杂志

入住千瓦城堡 Stay at Fort Chanwa

地点：印度拉贾斯坦邦　**网站：**www.fortchanwa.com　**价格指数：**$

卢尼的千瓦城堡是英国著名影星杰瑞米·艾恩斯在拉贾斯坦邦最喜欢的度假去处。他喜欢在焦特布尔的露天集市购物，醉心于金银丝线所做的马尔瓦尔床罩，这些布料都是回收利用的婚礼礼服。

焦特布尔贾斯旺·辛格大君二世将该城堡所在土地赐予了卡维拉吉·穆哈瑞丹吉，而这位醉心于诗歌的宰相于1894年在这片采邑上建起了城堡，并且作为回馈，穆哈瑞丹吉同意如果他身后无继承子嗣，那么就会将该城堡的所有权交给皇室。20世纪40年代，千瓦城堡终于易手，现如今这处地产由焦特布尔大君的一个儿子经营。

皇室将千瓦城堡改造成了一座令人愉快的精品酒店。有些住宿设施安排在城堡外庭，被宰相当做他的采邑法庭和会堂。这房间现在分别改造成了餐厅与酒吧。有些客房的建筑装潢格外迷人，带有双曲线的窗户和彩色的窗玻璃。城堡还会为客人在晚餐时段安排小型乐队演奏小夜曲，本地权贵世世代代都会在城堡中欣赏此类表演。

在卢尼小镇中漫步，深入小镇生活是一次非常精彩的体验。这里有成群的头戴红色头巾、身围白色缠腰布的马尔瓦尔游牧民正在赶着山羊群、绵羊群或者骆驼群过马路。在周边的街道上，有一些当地人使用牛粪制作盆和壶等器皿贩卖，以此谋生。在一座房子的天井中，有一头戴着眼罩的小阉牛正在拉着压榨机转圈，它是在榨取芥菜籽油，这种油在当地做菜时很常用。有时候，四方游走的铁匠会到小镇上来，他们从头巾到马裤、全身上下都穿成白色，挨家挨户地为大家补锅打铁，忙得不亦乐乎。卢尼小镇在印度这个国度是片非常宁静的净土，这里人们的生活方式也似乎脱离了现代社会，没有受到外界的影响。**GMD**

↑ 屋顶的露台为本就恢弘的印度城堡建筑平添了一份庄严。

在泰姬湖皇宫酒店尽情享受 Enjoy Taj Lake Palace

地点：印度拉贾斯坦邦 **网站：**www.tajhotels.com **价格指数：**$$$

泰姬湖皇宫酒店位于乌代浦尔的皮丘拉湖中央，是一片集浪漫与享乐与一身的乐土。这座宫殿有250年的历史，曾经为玛哈拉纳·佳嘎·辛格所有，因此与世界上的其他酒店相比，无论是奢侈程度还是舒适等级都不逊色，再加上其所在地理位置特殊，充满异国风景，更为酒店增添了迷人魅力。酒店四周是一片湖泊，而湖畔也有群山环绕，因此尽管乘船仅需两分钟便可到达乌代浦尔人声嘈杂的街道，你在踏上这座占地4英亩（1.6公顷）的小岛那一刻还是会为周围宁静的氛围感到由衷的欣慰，脸上也会绽出灿烂的笑颜。

酒店共有83间客房，各有不同的主题，面积较大的几间套房尤其宏伟豪华。蜜月套房更是令人为之赞叹，外面的光线透过彩色玻璃窗，在室内投射出红色、绿色和黄色的斑纹，天花板上还垂下一架情侣秋千，十分富有浪漫情调。较小的客房中，从窗户向外望去，几英尺外就是舔舐着外墙的湖水，给人一种身处奢华游艇在海上航行的感觉。所有的客房均配有24小时的私人管家服务。

酒店还拥有一座经过精心雕琢的花园，三家格调高雅的餐厅和一家酒吧、一家水疗会所，因此，就算一辈子都不离岛也无所谓。如果想参与小小的冒险活动，可以登上浮在湖中的旧时国王庆典所用的驳船，船上既有美酒佳肴，还有传统的音乐相伴。对于那些想要在水上漂泊，抛却一切烦恼的人而言，乘船出航再浪漫不过，船上尽是带着蕾丝面纱、神秘而风情的面孔。

想让泰姬湖皇宫酒店之旅给你带来更加难忘的体验吗？那就选择淡季去，并且只订一间标准间（酒店订房信息中为豪华标间）。因为泰姬湖在客人登记入住时发现有更好的空房，则会为客人免费升房。JD

↑ 那白色的大理石和马赛克瓷砖拼砌成的宫殿仿佛是浮在泰姬湖上一样。

下榻乌代比拉斯皇宫酒店
Stay at Udai Bilas Palace

地点：印度拉贾斯坦邦

网站：www.udaibilaspalace.com　**价格指数：**Ⓢ

在富丽堂皇的印度宫殿中住上一两个晚上，你会感觉自己就是印度的王公。我们现在要介绍的这座历史遗迹酒店远离拉贾斯坦邦南部的旅游路线，坐落在盖博撒加湖的湖岸上，雄伟高大。

乌代比拉斯宫殿是玛哈拉瓦尔·乌代·森吉在19世纪时所建，自此成了拉其普特家族——栋格尔布尔王公的宅邸，至今仍是皇室在经营管理。经过最近的一次翻修，酒店保留了很多以前的特色——墙纸虽然已经有50年了，但贴合严密，状态依然很好。袖珍油画、精心制作的壁画和石雕都展现出了拉其普特王室留下的文化遗产是绝对地丰富多彩。这座蓝灰色建筑的宏大与壮观正如游客们所料，建筑以雕刻有精致纹样图案的圆柱以及包有大理石材质的拱门作为装饰。而建筑的中心位置是一处引人入胜的天井，其中建有一座水池和一座雕刻错综复杂的亭子。附近的湖泊本身神奇而宁静，吸引了许许多多的鸟儿在此栖息，如白鹭、鹳和夜鹭，因此乘船在湖中赏鸟将是放松休闲的上佳方式。

宫殿的每一间宽敞的客房和套房设计装修风格都各不相同，但是都拥有华丽的阳台、红木家具和令人心情愉悦的装饰物。其中最好的套房的地面以镜面铺成，十分令人难忘。宴会厅极为高雅，客人的就餐环境布置得舒适别致，天花板上的枝形水晶灯也璀璨夺目。位于中央的大理石长桌里侧嵌有水槽，水面上浮着蜡烛和鲜花，格外浪漫。

如果你不喜欢杀生，可能这里不会对你的胃口。经营酒店的家族成员都是受人敬仰的好猎手，他们屡次狩猎的战利品都固定在餐厅的墙壁上，以此向客人们骄傲地展示他们的收获。**JK**

在乌代维拉斯酒店尽情享受
Enjoy Udaivilas

地点：印度拉贾斯坦邦

网站：www.oberoihotels.com　**价格指数：**ⓈⓈⓈ

因为受到了16世纪和17世纪宏伟宫殿建筑的影响，乌代维拉斯酒店的建筑中有许多圆柱、分层布置的花园、装饰性的圆拱和壁龛，以此向住宿的客人展示一个奢华的世界。

这处欧贝罗伊的地产宏伟壮观，坐落在阿拉瓦利山脚下，周边环境荒凉冷清，但可以眺望到皮丘拉湖和更远处乌代浦尔的两座著名的宫殿——加格曼迪尔和加格尼瓦斯宫殿。在这座古老的拉贾斯坦皇宫改造的酒店中，每一个细节都值得细细品味，无论是露天柱廊中手工雕刻的圆柱、大片的手绘壁画、用金叶子精工建造的圆屋顶，还是白色大理石打造的波光粼粼的观赏性水池中那座美丽的喷泉。

> "这座酒店也许是拉贾斯坦邦最典型的现代印度建筑。"
>
> concierge.com

客房中大多数都有被围墙围起来的私人宅院，还有以经典的拉其普特风格安装的嵌入式座椅与桌子。有些客房可通往半私用的泳池，泳池边缘以沟渠围护，从池中可以看到楼下湖面的风景和酒店自营的占地20英亩（8公顷）的野生动物养殖基地，其中客人们可以看到野猪、孔雀以及印度梅花鹿。酒店的柯伊诺尔钻石套房会带给你终极享乐体验，入住该套房的客人不仅享有大片的私人庭院和泳池，还能看到令人激动的乌代浦尔城市宫殿建筑群全景。

酒店的悦榕水疗中心可提供从芳香疗法到阿育吠陀等一系列理疗服务，并且可以在客人的房间中进行服务，服务质量与范围与皇家标准不相上下。**BS**

探索欧恰古城
Discover Orcha

地点：印度中央邦

网站：www.spiritualjourneys.net/Venues/orcha.htm **价格指数：**

欧恰古城坐落在通往繁华的占西市的一条主路附近，位置十分隐蔽，古城中矗立着几座16世纪到17世纪的宫殿和带装饰性尖顶的庙宇。从16世纪早期到20世纪中期期间，印度中部的大部分领土都由邦德拉人统治，他们最终选择了风景如画的贝德瓦河中的这座岛屿作为他们的首都。如今，住在这些宫殿里的却是成群顽皮的恒河猴，但尽管岁月如梭，这座建筑还是比较完好地保留了下来，与周围的环境相安无事，完美地融合在了一起。

古城的中心位置是迦汗基尔宫，此建筑是为了纪念17世纪初期莫卧儿王朝的统治者迦汗基尔造访欧恰古城而建造的。站在空荡荡的宫殿顶楼房间，从没有玻璃的窗口向外眺望，眼前是一片郁郁葱葱的丛林美景。你可以看到当地人在缓缓流淌的溪流边上搓洗衣物，而喜欢观察鸟儿的游客则会近距离关注天空中盘旋的许多秃鹰。毗邻的拉吉宫殿中则有一些精美的壁画，而且坐落在河流的右岸，与古城的主要部分相隔离。欧恰古城本区域的寺院依旧为当地村民所用，游人们借此机会也可以一瞥印度北部人口过密的城市外百姓过着怎样的生活。

这些古老的建筑更为该地区魅力的自然环境增添了一份完满。单说欧恰古城带给游客的视觉享受，此地就非常值得参观游览。不过，事实上知道印度有这片迷人乐土的游客还不多，而且这座宁静的古城可以说是印度喧闹与嘈杂的其他乡镇、城市的对立面，所以想要逃离尘嚣，躲个清静，这里绝对是你要找的地方。**DaH**

游览坎哈国家公园
Visit Kanha National Park

地点：印度中央邦

网站：www.kanhanationalpark.com **价格指数：**

中央邦位于印度的地理中心位置，整片地区覆盖的茂密的森林，而且栖息着世界上22%的老虎。在这里，最方便游人观赏动物的地方是坎哈国家公园，园中是苍翠的竹林和婆罗双树森林、开阔的草地和数不胜数的溪流，因为这些景观，凡是来此游览的人都会为此处的自然美景心动不已。正是受到了如此美妙风景的启发，拉迪亚德·吉卜林来此游玩后写出了引人入胜的小说——《森林王子》。

> "第一眼望上去，这座公园几乎与著名园艺师布朗设计的英国公园一模一样。"
>
> 林恩·巴贝尔，《观察家报》

这片野生动物保护地建于1955年，在此地开展的有若干个自然保护计划，旨在保护栖息于此的动物。公园中，老虎、沼鹿（一种濒临灭绝的鹿）、印度野牛、豹的数量在这几年中已经稳步增加。3月到7月间是去坎哈国家公园观赏野生动物的最好时节，因为随着气温升高，动物们都会从藏身的树林中跑出来找水喝。当地的公园管理员每天清晨都会追踪老虎的活动轨迹，大致摸清去哪里才能看到它们。观鸟者也会在坎哈的林中泡上一整天，幸运的话会看到华丽的孔雀。

该公园是是印度最大的一所公园，也是公认的整个亚洲保护最好的公园，坎哈为大家提供了一个绝无仅有的机会，那就是去亲眼看一看这颗星球上最神奇的（很不幸也是最濒危的）野生动物。**DaH**

饱览恒河

Discover the Ganges

地点： 印度北方邦瓦拉纳西

网站： www.varanasicity.com/ganges-ghats.html **价格指数：** ❶

恒河是一条生命之河。发源自根戈德里等冰川，横越炎热的北印度平原，几经曲折迂回，绵延几百英里，最终注入孟加拉湾。恒河也是信仰之河，是“圣河”，是湿婆之城（也被称为“瓦拉纳西”或“贝拿勒斯”）中最为神圣的地方。印度教的朝圣者们总是沐浴在恒河水中，进行清洗罪恶的仪式。这座城市也被认为是迎接死亡的最佳地点，因为传说如果你在这里逝去，就会从无休止的生死轮回中得到解脱。

印度人会在恒河边公开举行人生中最私密的仪式——庆祝婴儿出生和葬礼。就在恒河边通向河中的石阶上，有人在洗衣，有人在祷告，还有人在修行瑜伽、打板球、理发剃须或者为了增加自己的业力向乞丐施舍钱财。此外，还有水牛浸在河中的阴凉里，也有架起的柴堆上熊熊燃烧的尸体。虔诚的朝圣者和苦行僧与游客和行乞的当地人不分彼此，都聚集在恒河旁；不幸的是，这也意味着神圣的地方总是充斥着伪装的圣人和黑心的商人。在迷宫一般的大街小巷中，那些兜售商品的小商小贩总是黏在你的身边，不肯散去。想要摆脱这种纠缠，最好在阳光还没有洒向河流的黎明之前就跳上一只小船，在河上航行。随着船儿一路向下游驶去，扩音器中传来的唱诵声会渐渐消散在轻风中。耳畔回荡的只有船桨的起落声，此时船上的你就好像黑暗中烛火摇曳下浮在水面上的供品，就像划过天际的星辰。很快，黎明到来，河水转瞬沐浴在充满魔力的阳光中。朝圣者纷纷向旭日礼拜，新的一天开始了。**LB**

→ 神圣的恒河是个充满了神奇力量的地方，无论在肉体上还是精神上都是印度人生命的中心。

拜访格兰浜茶庄
Visit Glenburn Tea Estate

地点： 印度西孟加拉邦大吉岭附近

网站： www.glenburnteaestate.com **价格指数：** $$

格兰浜茶庄由一些苏格兰茶场主共同建于1860年，拥有1,600英亩（646公顷）的私有森林、采茶庄园，还有两条河流流经此处，而且茶场至今仍在营业。坐在殖民时期风格的浪漫游廊上，喝上一杯茶场自制的茶，目光绕过米拉所铸的佛陀——格兰浜对面山上的一尊令人印象深刻的铜佛像，还能看到远处的喜马拉雅山。

经过修复，这座茶场主人的小别墅目前共有4间单独设计的套房，可以容纳12名客人过夜。其中受众人喜爱的是茶场主的套房，因为房间中摆放着西班牙红木四柱大床，床上铺着最好的全棉印花床单——约依印花布制作的床单。如果想要更加私密的环境，你可以选择那栋带私人休息室和阳台的小屋，或者外出在格兰浜旅馆的浪吉河旁露营，那里夜间只有煤油灯照明。这里的菜肴从茶叶帕可拉（印度的炸蔬菜小吃）到木菠萝肉丸咖喱饭，再到馍馍（西藏饺子）和绿茶冰激凌，总是那么可口而别出心裁。做菜时用到的香料和蔬菜均是茶场土生土长的，而花园中满满种的全是香豌豆、茉莉花和玫瑰花。

在茶场中巡游一圈，你会发现这里的劳动密集型生产方式基本没有变化；你也可以在这片土地上徒步一天，看看房子周围的橘园、附近的女修道院。如果你渴望去更远的地方探索一番，那么就坐上吉普车到大吉岭、卡林朋和米拉克地区逛一逛吧。如果不想走出茶场，那么住在这里的格兰浜茶庄女主人妮娜也一定会好好招待你的。另外，因为这里比大吉岭在海拔上要低3,000英尺（915米），远没有那么冷，所以还是一个庆祝圣诞节和新年的好地方。**CSJ**

⇐ 坐在格兰浜茶庄的走廊中可以一边品着下午茶一边欣赏远处美丽的山景。

下榻温德米尔酒店
Stay at Windamere Hotel

地点： 印度西孟加拉邦大吉岭

网站： www.windamerehotel.com **价格指数：** $$

在喜马拉雅山中海拔7,000多英尺（2,133米）的地方是最后一片依然保留在这世上的“英国旧世界”，置身于该地，你甚至会想象自己倒了20世纪40年代英国电影中的场景。

首先，要到达这个地方，你最好先飞抵巴格杜拉机场，然后坐上一辆“玩具火车”（一列依然使用蒸汽动力的火车），在曲折前行的火车道上度过6个小时，翻山越岭，穿过让大吉岭蜚声世界的一座座茶园。颠簸一路后，你会到达西孟加拉邦的夏季首府，不过接下来的几天你会如梦般度过。办好入住手续后，会有服务人员引领你到茶室享用下午茶，摆在你面前的会是一份极薄的黄瓜三明治和一杯大吉岭茶。因为这个纬度地区的夜晚很凉，所以下午五点半的时候，服务员会为你的房间生起煤火，还会在你的被褥里塞进一个热水袋。酒店墙上则装饰着有些褪色的摄影作品和油画。

> “温德米尔酒店的棉布印花窗帘、下午茶和球爪式浴缸都让这里显得格外特别。”
>
> 汤姆·波奇，《每日电讯报》

夏天，客人们会在花园中一边享用白兰地潘趣酒和美味的馅饼，一边欣赏尼泊尔舞者的精彩表演。极目远眺，最远处便是干城章嘉峰——世界第三高峰，海拔28,145英尺（8,578米）。夜幕降临后，露台上就会生起火盆，以便你再去餐厅吃饭的路上能暖和一点。烛光晚餐会让你感到非常享受，特别是还有女钢琴师为就餐的各位客人演奏诺埃尔·科沃德的歌曲。**GMD**

观光加尔各答

Explore Calcutta

地点： 印度西孟加拉邦加尔各答

网站： www.calcutta-tours.com **价格指数：** $

加尔各答乱糟糟的街道可能会让第一次来印度旅游的人大吃一惊。这个城市可以称得上"疯狂"二字，街上的人摩肩接踵：上下班的人总是堵在斑驳的胡格利河渡口处，黑压压的一片；工人们扛着沉重的货物，正一步步艰难地走在高高的豪拉大桥上；无家可归的人们就睡在较大的交通路口旁。城市中既有大片的贫民窟，也有豪华的殖民时代建筑，虽然年久失修，但仍旧屹立不倒，到底是什么支撑着这些古旧的宅邸让它们免遭坍塌的厄运？这在美丽的加尔各答市中更算是一种丑陋的存在，而不是什么靓丽的风景。

加尔各答与古老的莫卧儿时期的首府德里不同，是一座相对较新的城市，由英国在约300年前建立，作为在印度的交易栈。殖民时期的一些遗址既有意思又发人深省，属于值得一探究竟的景点；这些地方也会为那些忍受不了市区的嘈杂混乱的游人带来难得的清净环境。加尔各答的练兵场是一片广阔的绿茵，仿佛是这座城市的肺，草地上有人在打板球，也许还会有几头牛在悠闲地漫步，在这里你才会享受到一丝静谧。维多利亚纪念堂则具有一种阴暗深郁的氛围，这座宏伟的白色大理石建筑物中陈列着许多纪念英国和印度历史关系的文物。而南方公园街墓地是一个能赋予人平静心情的场所，墓地中，树荫下，是一座座特别的陵寝，墓碑上的铭文总是能令人想起逝去的那个年代。

走入蜡烛油俱乐部暗淡褪色的包房，你会了解到这是又一处殖民时代的遗迹，现在改造为这座城市里精英人物运动锻炼的场所。这里曾经是驻印度的英国人休闲放松的乡村俱乐部，现在是城市腹地一片广阔的青葱绿地。**LB**

乘德干奥德赛皇宫号列车欣赏沿途风光

Ride the Deccan Odyssey

地点： 印度马哈拉施特拉邦

网站： www.deccanodyssey.com **价格指数：** $$

印度拥有世界上最长的铁路网之一，总长超过6万英里（10万公里）。印度铁路公司拥有将近23万节火车车厢和8,300个火车头，一天可完成1.9万段旅程，这些数字是十分惊人的。德干奥德赛皇宫号带给客人的旅程是众多线路里最受欢迎的。

这一旅程首先将带你穿过马哈拉施特拉邦，一路下行，到达毗邻的果阿邦，中途可下车参观几个在印度最为特殊的景点，比如被列入世界遗产名录的阿旃陀（印度中西部村庄，附近洞窟中有佛教雕塑和湿壁画）和埃洛拉石窟。旅途中你还会享受到少有人知的一些乐趣，比如在普纳赛马俱乐部用下午茶和游览游人稀少的甘帕提普尔沙滩，住在这个地区的印度人的生活节奏还基本与上百年前保持一致，不曾有什么改变。而其实你订票登上德干奥德赛皇宫号的真正原因在于体验这列火车本身。

> "你将会看到大多数旅行者无缘得见的印度风景。"
>
> 丽塔·库克，作家

火车车厢中是一个镀金的世界，不管是雕刻出的栩栩如生的孔雀，还是奢华的扶手椅，抑或是每节车厢中侍奉周到的私人贴身男仆，无不显示出如王室般的豪华盛大。餐食以地方菜肴为主，所有的乘客包间都有自带的洗手间和铺满整个地板的长绒地毯。列车上还有两间豪华套房、两节餐车、一间休息室、一节晚上可以转为舞池的会议车厢、一个高级网吧，甚至拥有一节迷你健身房和水疗专用车厢。**BS**

在潘查瓦迪酒店充分放松
Relax at Panchavatti

地点：印度果阿邦

网站：www.islaingoa.com　**价格指数：**$$

潘查瓦迪坐落在果阿邦的考朱埃姆岛上，与大陆仅有一桥之隔，是设计者及其拥有者鲁鲁·凡·达默——一个时尚的比利时女人的家。经过扩建，现在该酒店坐拥24英亩（10公顷）的土地，住在那里的客人既能享受到果阿邦的沙滩，又能远离熙熙攘攘的人群，这一变化非常令人欢喜。同时，你还能在酒店周围的各种水果树、热带植物、草坪规整的庭院中悠闲漫步。

酒店的主要建筑位于一片绿草如茵、树木繁茂的庭院中，其中有一间放满了古董的休息厅，宽敞而舒适。放上一张肖邦的唱片，走出门，驻足在浪漫的游廊中，你必将会沉醉于眼前美丽的景色——可爱的水田和马普沙河。酒店有四间现代风格的卧室，独立装修，因而风格各不相同；除了地面以石头铺砌，窗户为百叶窗之外，每个房间中还陈设着各种有趣的艺术品、装饰性极强的桌子，床上还铺着高档的亚麻床单。房子里随处可见盛着新鲜花朵的巨大碗钵，让人赏心悦目。就连精心设计的健康可口的菜肴中也点缀着美丽的花朵和颜色鲜艳的布块。此外，你可以选择与其他客人一起在游廊中用餐，也可以在花园的餐桌旁享用浪漫的烛光晚餐。

你可以和酒店主人鲁鲁一起练习她每日必修的萨特亚南达瑜伽，这是一种源于比哈瑜伽学校的冥想式瑜伽姿势。这里的理疗师可以为你进行阿育吠陀按摩或者通过新鲜配制的水果和蔬菜开展脸部护理。当地有很多宜人小道供游人徒步赏景，酒店也会为此提供自行车租赁服务。如果你对沙滩很有兴趣，驱车30分钟左右就能到达果阿邦最好的几处沙滩。不过，话说回来，能拥有这样舒适的环境，谁还想走出酒店呢？**CSJ**

在巴克提库特尔客栈放松心情
Unwind at Bhakti Kutir

地点：印度果阿邦

网站：www.bhaktikutir.com　**价格指数：**$

这座返璞归真的村落距离果阿邦南部的帕洛伦海滩仅有650英尺（200米）的距离，似乎有一种能沟通你与你深层灵魂的魔力。住在村子中，早上起来可以乘船看海豚跃出海岬的壮观景象，探访周遭难以抵达的沙滩，然后晚些时候在吊床中打个盹；等夜幕降临，可以去森林中潮湿的露天教室上一节瑜伽课，在熏香与烛光中慢慢放松。如果选择住在简单的海滨小屋中，千万别忘了带上蚊帐。此地没有那些便利的现代设施，所以有些必备用品你得自己带。

> “准备好迎接厉害的蚊子、黑暗的小径和许许多多其他回归自然的体验吧。”
>
> 《纽约时报》

如果你想开始于你的灵魂对话，那么这里有一位来自恒河河畔的瑜伽修行大师会为你上瑜伽课，你也可以选择参加3天或6天的冥想课程——涅槃之旅，保证你会从中学到一些绝密的印度冥想技巧，帮助你清除精神上的烦忧，便于你更加适应现代生活。

海滨小屋围着旧果阿人村庄而建，建筑使用的材料也取自于当地。早在社会上开始提倡绿色环保之前，此地的村民就开始关注环境。这并不是遵守生态原则那么简单，每间小屋中甚至修建了堆肥厕所。客栈的员工也都是本地人，包括会真正的阿育吠陀按摩的当地妇女。客栈的中心餐厅会为客人们提供素食，而且只有素食。总之，这个所在提倡的就是简单的快乐。**LD**

在提拉克尔城堡酒店小住

Stay at Fort Tiracol

地点： 印度果阿邦

网站： www.forttiracol.com　**价格指数：** $$

果阿邦以前是葡萄牙的殖民地，所以这片土地上还留存有不少欧洲统治者的遗迹。在该地区宏伟的白色建筑中，提拉克尔城堡绝对是一个特殊的地方。这座古董酒店高居悬崖峭壁，脚下便是阿拉伯海和提拉克尔河，俯瞰一片茂盛的棕榈树林，所以可以视其为雨林中宏伟建筑的典范。

提拉克尔城堡酒店的诸多优点之一就是它不算太大的规模。酒店仅有7间客房，所以有时候你会觉得自己就是城堡的主人。建筑的颜色搭配颇有皇室风格，使用了金色、白色和黑色，让这座城堡更有皇家气派，此外，设计装潢也无可指摘。如果你想要一份安宁与恬静，那么提拉克尔城堡酒店是你的不二选择。你可以花大把的时间欣赏那片纯净原始的海滩，尽情放松自己的精神，也可以随时参加瑜伽修习或享受按摩理疗，更有私人小船可以载着你沿海岸巡航，欣赏时不时出现在眼前的海豚。晚上，你可以在户外用餐，坐像漫天的璀璨星斗。

> “酒店平铺着遮阳棚，整体呈向日葵般的黄色，让人不由得想起葡萄牙的阿尔加维。”
>
> 《悦旅》杂志

夕阳西下的时候，住在果阿邦其他地方的游客们就会转而要上一杯鸡尾酒，坐看天空变为深深的粉红色，然后等待夜幕降临。这座城堡在过去是为了低于入侵者而建的，现在却吸引了大量的游客，称为旅游的一个景点。站在城堡上部的壁垒中可以俯瞰下面的汹涌大海，海岸交际的地方围着18世纪的铁栏杆，而今已有茂盛的九重葛花丛紧紧包裹在这些栏杆周围。**LD**

在河猫别墅酒店休闲放松

Relax at Villa River Cat

地点： 印度果阿邦

网站： www.villarivercat.com　**价格指数：** $

在果阿邦北部这处高端度假胜地旁的沙滩上，没有大多数海岸线上令人烦恼的招揽生意和兜售商品的小贩，反而你会比较常见到正在扒沙埋蛋的海龟。河猫别墅酒店由仁胡·塞加尔——一个充满了创意想法的旅行家经营，是一座深藏棕榈树林中的田园风格圆形建筑，所在位置附近就是果阿邦北部这块遗失的土地上的一条崎岖不平的土路。比起酒店，这里更像是一个隐居避世的基地：仁胡在此养了许多猫狗，它们总会在酒店附近的空地上活动，而微风中还有吊床和秋千长椅轻轻摆动。

酒店主人个人的格调与众不同，吸引了大批的艺术家和剧作家一次又一次来此参观，而且他们每次到来都会有第一次来时感受到的新奇与震撼。酒店的浴室颜色鲜亮，而且因为这里是印度，大堂墙上布置着提线木偶和湿婆神的塑像，更有其他神灵也在一起注视着下方的客人。

这里的菜肴也会给你带来不凡的体验。无论是新鲜的香料、水果和辣椒，还是香喷喷的有机大米和自制咖喱，酒店的米奥餐厅都能提供；不仅如此，餐厅外还有潺潺的河流声，很有意境。如果你不想只是在阴凉的地方悠闲地散步，可以让仁胡带你去他最喜爱的泻湖游泳，捧着他的望远镜看星星或者让他帮你指路，细数印度各地的名胜古迹。有一件事是可以确定的，那就是果阿邦的这片土地并没有受到其他地方的影响，没有四下舞动的荧光棒和震耳欲聋的电子舞曲，而是一片宁静偏僻的胜地。你可以在这里的水中嬉戏玩闹，数那树上的一个个椰子，而清晨则看渔夫带着一天的收获还家。**LD**

→ 河猫别墅酒店附近的海滩很美，放眼望去，视野中几乎没有一个游客。

参观查摩哈拉宫
Visit Chowmahalla Palace

地点： 印度安德拉邦

网站： www.chowmahalla.com **价格指数：** $

查摩哈拉宫是一座足以让你吃惊到说不出话来的建筑。宫殿坐落在海德拉巴旧城区的中心位置，离总是热闹非凡的拉德市场仅有几步之遥，市场中到处是令人眼花缭乱的手镯摊和纱丽店，所以说这座宫殿算是闹中取静的一片乐土。穿过遮挡着里面美景的巨大木门，你会恍然间觉得自己倒了另外一个世界。这里曾经是海德拉巴的尼扎姆（君主称号）的宅邸，共包含四座宫殿，占地总面积为12英亩（5公顷），修建时间可追溯到18世纪晚期。宫殿名字中"查摩"意为"四个"，而"哈拉"意为"宫殿"。

到此参观的游客首先会注意到的就是赤素馨花散发出的阵阵甜香，这些盛开的白色花朵点缀在庭院北侧的圆柱和拱廊间，也映照在旁边静水渠的水面上，煞是好看。此处环境清幽静谧，查尔米纳尔清真寺附近车辆过往的嘈杂声完全听不到了，耳畔只有枝头鸟鸣和喷泉流水声。徐步穿过庭院，认真体味着每一刻的平静，然后迎接你的就是富丽堂皇的觐见厅。到时候你会需要一些时间才能反应过来自己置身于多么恢弘壮丽的环境中。以前，历任尼扎姆都会在如此时尚奢华的大厅中举行宗教仪式和宴请活动。

经过大规模的修正翻新，该宫殿于2005年才第一次面向公众开放。宫殿里的博物馆和前厅中摆满了各种照片和肖像，参观者们可借此机会了解一下尼扎姆的奢华生活方式。展览中还展示了曾经生活在这座宫殿里的女子们的生活，其中的杜露·舍哈瓦和尼鲁芙两位公主被视为是她们那一辈中长相最为出众的美女。**SWa**

看上去产自比利时的枝形水晶吊灯几乎占据了灰泥粉饰的天花板与冰凉的大理石地面之间的全部空间。

在斯瓦斯瓦拉度假村充分放松
Unwind at SwaSwara

地点： 卡印度纳塔克邦

网站： www.swaswara.com **价格指数：** $$

下榻斯瓦斯瓦拉度假村就意味着你会置身于椰树林和水稻田中，还能远眺欧姆沙滩附近的一对海湾。在这里，你可以通过练习瑜伽和冥想让你的灵魂焕然一新，重新沟通自己的内心体验。从日常习惯、每日的备餐过程到斯瓦斯瓦拉度假村以当地的康坎风格建造的带空调别墅，无不围绕着自我觉醒这一目的。客房阳台的设计也是为了便于练习瑜伽，而修行区则为修习心性营造了私密环境。针对经验丰富的瑜伽修习者，度假村还准备了为期10天的"五业排毒治疗"课程，课上使用古法放松，平衡你的身体、思想和灵魂。

> "这个地方遗世独立，充满了宁静……你会在这里找到你灵魂深处真正的自我。"
>
> 《闲谈者》

斯瓦斯瓦拉度假村在环境保护上的技术措施都很先进。这里配备了能将堆肥等有机物质转化为做饭所需的燃气的沼气转化装置，还建有雨水净化处理厂。一日三餐更像是有严格配比的健康营养餐，专门为你个人的需求和体质类型量身定做。这里不提供肉类食物，但是有新鲜的海产品和附近农场种植的蔬菜。在这片30英亩（12公顷）的宁静大地上，时间似乎过得有些慢；沿着一条条步道两侧生长着一丛丛有药用价值的植物。侧耳倾听，只有欧姆沙滩上翻滚的浪涛声，栖息在斯瓦斯瓦拉周边的长尾叶猴、壁虎和翠鸟会始终陪伴你度过这场宁静的回归自我的旅程。

BS

探索哈奴曼庙

Explore Hanuman Temple

地点：印度卡纳塔克邦

网站：www.hampi.in/sites/Anjaneya_Hill.htm　**价格指数：**❶

汉比是中世纪时期印度帝国的首都，也是联合国教科文组织所列的世界遗产之一，从此地到安佳尼亚山上的达哈奴曼庙的这段旅程一路上可不轻松。从集市出发，沿着蜿蜒曲折的街道走上一段时间，就来到了河边，那里到处是雕刻着印度诸多神灵的砂岩洞。付钱登上小圆舟，让乘船的小伙子载着你向下游前进，在船上看着远方的地平线，心中会开阔许多。山顶的一抹白色就是你这次旅行的目的地：哈努曼庙。在城市中所有的庙宇中，这座庙会给你留下格外深刻的印象。

到了山脚下，你得沿着一条小径步行穿过田野，一路上会有三三两两的小孩儿向你致意，问你要铅笔，讨钱，总之，免不了被他们包围的经历。路边会有卖花生蛋卷冰激凌的小贩，而经过成百上千节曲折向上的石阶最终到达山顶的路上，猴子轻松地上蹿下跳，苦行僧、朝圣者和游客却在烈日炎炎下走得气喘吁吁。爬山大概要花45分钟的时间，所以别忘了带水。山顶庙中灯火辉煌、香烟缭绕，善男信女们赤足在庙中跪拜祈福。传说神猴哈奴曼就是诞生于此，而且此地对于罗摩的追随者尤其具有重要意义。

站在山顶，你便可以一眼尽览这片地区的大大小小的事物：散布着巨大卵石的平原、御象厩、沉陷的宫殿花园，飞过起伏大地的成群的白色朱鹮，还有河流中央古老的石桥遗迹。整个国度的五彩斑斓在你眼前尽情呈现，而身边是一片绝对的宁静与祥和，只有一面面橘黄色的旗帜在风中招展，还有猴子们身轻如燕般的腾跃窜跳。

LD

← 费尽周章最后终于到达这座供奉着哈奴曼猴神的小小白色庙宇，你会发现一路上的辛苦都是值得的。

在施瑞娅瑜伽修行馆放松心情

Relax in Style at Shreya's

地点： 印度卡纳塔克邦班加罗尔

网站： www.shreyasretreat.com　**价格指数：** $$

施瑞娅瑜伽修行馆是一处瑜伽修行者的福地，位于熙熙攘攘的印度班加罗尔市郊外。在此处下榻，就是一场自我发现的旅行的开始。施瑞娅坐拥占地面积达25英亩（10公顷）的景观花园，景致与布局堪称完美。这里不仅有印度南部最大的室外瑜伽修习亭，还提倡住在这里的客人进菜园或者下水稻田劳作，体验劳动的快乐。借此机会，你会了解到可持续发展农业的原则。你甚至可以抛开你的拘谨，和毗邻的村庄中的孩子们做游戏，做回自己心中童年的那个“你”，累了就随便躺在哪张吊床上尽情放松。

施瑞娅会为住宿的客人们提供几座帆布帐篷、石造小屋和花园别墅，这些住宿设施就围绕在一座83英尺（25米）长的游泳池旁，这座泳池不仅富含氧气，形状也并不规则，给人以健康自由的印象。无论你住在哪里，都可以享有私人阳台，而且这些阳台各自所处位置都非常隐蔽，所以能完全保障你的隐私。修行馆的公共食堂会提供可口的素食，其中用到的食材大多来自于当地的有机花园。如果晚上温度尚可，你也可以选择在户外用餐，菜谱上的食物搭配细致入微，正好与施瑞娅的健康计划、你个人的体质情况和想要达到的健康目标相得益彰。

按摩护理项目中包含以精油为基础的巴厘式疗法，该疗法比较注重人体肌肉组织，还有传统泰式按摩，这种按摩技法结合了反射学和穴位按压法的原则。总之，住在施瑞娅的体验就是你追求宁静和自知，了解古老印度多层次的哲学的一场内心探索之旅。**BS**

“我第一次在一个印度瑜伽学校感受到冥冥中存在着一种超脱俗世的幸福感。”

露西·艾芝，作家

⇱ 施瑞娅瑜伽修行馆是专为那些既想练习瑜伽又想享受五星级奢华待遇的人所准备的。

在苏克亚养生中心充分减压
De-stress at Soukya

地点：印度卡纳塔克邦班加罗尔

网站：www.soukya.com **价格指数：**$$

体验过班加罗尔拥挤嘈杂的城市景象后，来到苏克亚养生中心，享受梦幻般的接待，喝上一口甘甜的椰子汁，你会觉得自己仿佛进入了平行宇宙，这里满眼是石板路、绿草坪、散发着芬芳的赤素馨花树和大片的空间。此处只有你、24位客人、116名员工和30英亩（12公顷）的恬静花园、喷泉水池、有机农田和果园。

苏克亚不是单纯的水疗中心，而是一处经过精心布置的自然疗法中心。因为专业的护理服务，这里吸引了世界各地的许多富豪和名人，

> “对于很多人来讲，这个令人心情愉悦的场所看上去有点不自然，人为痕迹较重，但事实上，这种环境对于养生很有利。”
>
> 《社会》杂志

因为理疗确实有效。有些客人是为了减压，而另外一些是想减肥或者是刚刚经历过伤病，希望能借此机会让身体得到更好的恢复。首先，顾问会对你的情况做大致了解，比如你的身体健康、人际关系、社交生活和个性特点。然后，你会得到一份为你个人定制的计划，其中包括阿育吠陀治疗、顺势治疗、有机素食和广泛的其他疗法，一切都是为了让你的身体能达到更好的状态。当然，这里也有现代的对抗疗法。

该计划可能会包含超过一百种护理治疗项目，持续时间则会持续一个月，甚至更长，其治疗项目和所需时间也各不相同。你一定会为最终得到的成果感到欣喜的，体重降下来了，皮肤有了光泽，你也能更加清楚地认识自己了。**OM**

乘金色战车号列车欣赏沿途风景
Ride the Golden Chariot

地点：印度卡纳塔克邦班加罗尔

网站：www.goldenchariot.com **价格指数：**$$

2008年3月，班加罗尔的雅诗万特普尔火车站为印度越来越成熟的旅游业掀开了新的一章。金色战车号列车的环形处女航中经过了迈索尔邦雄伟的宫殿和果阿邦阳光灿烂的海滩。这是一场奢侈高端的铁路旅游，可以和世界上任何精彩的陆地列车旅行相媲美。

金色战车号列车共包括19节洋红色的车厢，最多可容纳88位乘客；包厢华丽精妙，配有空调，窗户选用的也是双层玻璃，壁上还固定着装饰性的木质面板，天花板上的浮雕还会令人想起大君统治时期的印度。列车的两节车厢为餐车，可为乘客提供西式早餐、精致的当地菜肴和欧陆式西餐。菜单上有传统的素食佳肴，还有地方美食，比如叫尼尔朵兹的一种搭配酸辣酱和椰蓉的米饭。佐餐的酒水也都是上档次的葡萄酒和烈性酒。酒吧间的装修陈设效仿了迈索尔邦的一座宫殿，堪称完美。车上甚至还建有桑拿室并配有男按摩师，另外除了一些便利设施之外，列车还有健身馆车厢和会议室车厢。平均年龄超过50岁的乘客们唯一需要的就是一段放松享受的旅程。

旅程中并没有什么麻烦事儿，中途停下的站点并没有大家想象中的那么多。而整个旅途就是将舒适精彩的体验完美地融合在了一起，并且这段美好的记忆会伴随你一生。其中一些亮点包括参观幼象，在卡碧尼旅馆（这片地产原属于迈索尔邦的王公）附近的卡碧尼河中为它们洗澡。**BS**

在宁静度假村放松休息
Unwind at Tranquil Resort

地点： 印度喀拉拉邦

网站： www.tranquilresort.com **价格指数：** $$

宁静度假村可是喀拉拉邦旅游业中经常获得“最佳家庭酒店奖”的度假酒店，该酒店位于印度喀拉拉邦，坐落在一片占地400英亩（160公顷）的私人咖啡香草种植园中，风景纯净美好。酒店中仅有8间客房，包括两间特别的树屋，而此处的主题就是“独树一帜，独领风骚”。走近主屋，你会感觉自己进入了一个精致非凡，别具一格的世界。度假村中的步道和阳台每两天就会有专人洒扫一新，从各方面来看都感觉像是周围苍翠葱郁的瓦亚纳德雨林的缩小版。

包围着主屋的是无边无际的宽敞阳台，其中摆放着柳条和藤蔓编织的家具，吊顶上悬着风扇，此情此景，让人不由得想起吉普林和萨默赛特·毛姆。草木茂盛的花园中还建有一片形状不规则的泳池，池畔吊床则是午后小憩完美的选择。树上别墅盘踞在四棵参天大树上，距离地面40英尺（12米），总面积达500平方英尺（45平方米），还拥有一片8英尺（2.4米）宽的阳台，孩子们在上面玩耍也很安全。附近的树屋面积超过1,000平方英尺（90平方米），是喀拉拉邦最大的此类建筑之一。两座建筑均有热水和电力，距离主屋仅有几步之遥，客人们可以通过转悠的倾斜天桥到达这两座别墅。

酒店鼓励在此留宿的客人近距离参观咖啡种植园的日常工作和从播种到收获的整体流程。如果你有时间，还可以步行穿过40英亩（16公顷）的香草种植园，亲眼见证为香草豆荚人工授粉的过程和释放香草独特味道的复杂处理过程。**BS**

在卡拉里科维拉科姆放松身心
Relax at Kalari Kovilakom

地点： 印度喀拉拉邦

网站： www.kalarikovilakom.com **价格指数：** $$

卡拉里科维拉科姆的前身是印度王公的宫殿，现在变身为与众不同的高端修行会所，内部装修富丽堂皇，可提供各种各样的阿育吠陀项目。大部分游客会选择在喀拉拉邦南部的海滩上休闲漫步，不过你可以选择和他们背道而驰，来这里度假，因为此地位于安纳马莱山山脚下一座名叫考伦戈德的村庄边缘，处在内陆地区。

来此修行最短需要住两个星期，这是阿育吠陀理疗项目发挥作用所需的最短时间。每天的项目包括舒缓瑜伽和冥想。你会在引导下体验一组古老印度整体保健系统理疗，整个流程设计成熟流畅。你还可以参观当地人参加的卡拉里帕亚图古武术培训。这种武术会将人身体的动作和强大的精神专注力相结合，虽然看上去有些奇怪，但却是能帮助人放松，如果你愿意学，当地人也会很乐意教给你几招。

> “周围环境简直太美了，高高的山峦连绵不绝，形成了高度惊人的小瀑布。”
>
> 弗朗西斯·布坎南，旅行家（1762—1829）

有些客房就设在原来的宫殿中，不过大多数都安排在经过精心设计的来宾住宿区。这些房间中四壁都粉刷着柔和的颜色，令人赏心悦目；陈设着四柱床、深色的木制家具；地上则铺有瓷砖。客人们会在公共餐桌旁落座就餐，不多时，就会有服务人员端着印度特有的大浅盘为客人们呈上美味可口的菜肴，这些餐点均是按照阿育吠陀的规矩烹制的。如果你想要的是高品质的奢华生活，那么这里可不适合你，因为这儿是不允许吃牛羊肉穿皮鞋的，而且也不提供酒精，只有特殊调制的饮料。**CSJ**

在椰子泻湖度假村小住

Stay at Coconut Lagoon

地点：印度喀拉拉邦

网站：www.cghearth.com **价格指数**：$$

要想到椰子泻湖度假村去，唯一的交通方式就是乘船。听上去这场旅行像是一次冒险，事实上也确实是这样，不过这将是一次值得的冒险，因为沿途你可以一览喀拉拉邦种类丰富的野生动物和热带植被。到了目的地，你会很快意识到为什么这座度假村要起这样一个名字。原因很简单，度假村所在位置是一片偏僻幽静的椰子园，所以这个名字勾起的一切美妙联想都能在实地得到印证，可谓名副其实。

度假村的住宿设施是被称为“塔哈沃兹”的传统喀拉拉木屋，其中有的较为传统，有的比较现代，但是所有建筑均是由当地大师级的能工巧匠按照最高标准精心打造的。此地最古老的居所可以追溯到18世纪早期，其他有的房舍历史也有一百多年。除去别墅悠久的历史不说，所有这些住所的设计都富丽堂皇、细心精致。洗浴间面向私人花园，供客人洗澡时观赏美景；更有西式的卫生间和美丽的深色木制家具，正是这种殖民时期的装潢格调为纯正的喀拉拉邦度假体验平添了一抹亮色。度假村周围环境贴近自然，美丽非凡：用来休整草坪的并不是剪草机，而是靠牛儿吃草；花园中也是一派彩蝶翩翩、草长莺飞的美好景象。

大多数来椰子泻湖度假村的游客是为了享受此处的阿育吠陀理疗服务，其中包括物理疗法、瑜伽和多种类型的非传统疗法。要是你想活动活动筋骨，还有超多的水上运动等着你，比如快艇运动、划独木舟、钓鱼灯。如果你为来时沿途的风景而陶醉，那不如在黄昏时分花上一小时在河中巡航，或者租下度假村的印度船屋“Kettuvallom”徜徉在水面上，和那些迷人的红树林、椰子树和水稻田亲密接触了。**PS**

在马拉丽沙滩度假村尽情享受

Enjoy Marari Beach Resort

地点：印度喀拉拉邦

网站：www.cghearth.com **价格指数**：$$

马拉丽沙滩度假村坐落在一片占地25英亩（10公顷）的椰子林中，坐拥全场10英里（16公里）的海岸线，周围分布着几座有几个世纪历史的小渔村，村民们世世代代以打鱼为生。

马拉丽的别墅舒适典雅，室内陈设着深色木制家具和竹子、藤艺等家具，营造出一种印度乡间村舍的氛围。每间宽敞的卧室都各自配有阳台和空调，豪华的半露天浴室房顶呈坡形，墙壁则由装饰石砌成，角落中点缀着热带棕榈树，还有半遮半掩的淋浴。因为这里是历史悠久的印度，马拉丽的空气中总是充满了灵性的光辉，这样的氛围最浓重的地方莫过于度假村中令人惊叹的阿育吠陀理疗中心了，其中的项目有海滨瑜伽课程，修身养性，强身健体。华灯初上，位于一座有200年历史的古建筑中的酒吧就会为客人们奉上当地特色的鸡尾酒：你可以尝尝看潘查穆茹塔姆，这种酒喝起来就像落日余晖的美景那般醉人。餐厅菜单上所列的菜肴都是以当地最好的农产品为原材料做成的，烧煮烹炸的食材则要取决于今天捕到手的有哪些。

> “沙滩不过是沙滩，也只是沙滩而已。但你找到了它那颗分明鲜活跳动着的心——文化，就算是到了家。”
>
> 马拉丽沙滩度假村的所有者

马拉丽并不只是看起来风光美丽，更值得一提的是这里遵守着生态友好的原则：不仅有一家有机菜园，还使用太阳能板，更配备了以食物残渣为燃料的沼气发生器。“豪奢”与“有良知和担当”这两个词组本来并不搭，可马拉丽却坚持做到了这两样。**PS**

探索喀拉拉邦回水区

Explore the Kerala Backwaters

地点： 印度喀拉拉邦

网站： www.southernbackwaters.com; www.keralatourism.org **价格指数：** Ⓢ

"河水如水晶般清澈见底，穿过整座森林……在这样的河上流连，很容易抛开内心枷锁。"

普纳·谢提，《卫报》

瓦利亚维拉所在位置靠近科兰，是一家集贸市场，也是传统的家庭旅馆，这里并不像印度大部分市场那样喜喜洋洋、人山人海，而是坐落在宁静的湖畔，仿佛回到了某个古老的年代。每天会有两趟轮渡将科兰的客人送到帕纳木卡姆码头。当然，你也可以和当地人讲好价钱，拜托他撑着一艘独木舟划过宁静的湖水，把你送到对岸。

瓦利亚维拉三面环阿许塔穆迪湖，是在喀拉拉邦的回水区休闲放松、巡游赏玩的好地方。这里不仅有成荫的棕榈树、凉爽的水面微风、点缀着宅邸阳台的摇摇晃晃的吊床，还有6间各自配备有私人日光浴平台的宽敞客房。听着船桨划过水面的哗哗声，还有渔人与过往的可图瓦勒姆船屋中的人用特有语言沟通，你一定会不由得放松下来。

回水区包括560英里（900公里）长的湖泊、运河和河口。南方回水公司为广大游客提供了从芒罗岛出发环阿许塔穆迪湖和卡拉达河巡游的服务。航程中，你要注意周围的野生动物和环境；此外，当地的船夫撑着小舟熟练地穿梭于卡拉达狭小的运河和水道中，让人不禁联想到威尼斯。当你驶过临水的村庄时，就可以一瞥喀拉拉邦人的真实生活，他们往往是在河岸上煮饭、洗衣服等等；小船会经过明艳的木槿花、凤眼兰还有沉在水中的破旧独木舟和结出大量坚果的腰果树。回到瓦利亚维拉，你就能吃上香喷喷的喀拉拉的美食、喝上一杯翠鸟啤酒，然后静静欣赏落日余晖的绝美风景。**SjD**

⇱ 探索阿许塔穆迪湖的回水区是一场无边无际的治愈静心之旅。

在莫迪的家庭旅馆享受幸福时光
Enjoy Motty's Homestay

地点：印度喀拉拉邦

网站：www.mottys.uniquehomestays.com **价格指数**：$$

住在莫迪和拉里·马修的家庭旅馆中不失为深入体验印度南部文化的好方法。这座传统的喀拉拉房子里摆满了印度次大陆各处的迷人的手工艺品，有维多利亚时代的脸盆架，还有镶框的照片，有古老的拐杖，还有年代久远的陶器。

莫迪的精品家庭旅馆坐落在阿勒皮，这个宁静的小镇被大家称为“通往喀拉拉邦回水区的门户”。走出旅馆，你可以参观当地的运河、商铺和庙宇。这里的住宿条件虽然简单，但很舒适。客人们可以选择住在莫迪家或者马拉丽海滩边缘的四间渔人小屋中，后者拥有大片棕榈树遮蔽着的沙滩，沙滩上还零散地搁置着一些渔船。主屋中的客房配有私人设施；而海滨小屋则配有露天浴室。

> “这种感觉就像是在喀拉拉邦回水区腹地发现久未蒙面的叔叔竟然在这里安了家。”
>
> 埃里森·罗伯茨旅行网站

喀拉拉邦的特色美食也是该地区的一大亮点，而莫迪家的菜肴经常会得到客人的赞誉。在这里，客人们甚至有机会学习如何做传统的印度南部菜肴。拉里做菜仅适用他们自己种的农产品和当地的食材配料，包括渔夫们刚刚捕捞的新鲜海产。到时候你便可以在烛光摇曳的餐厅中和莫迪一家共进晚餐，而且还能尝一尝传统的米馒头、辣咖喱、各式酱菜和烤香蕉。让大多数客人印象深刻的是，拉里正在着手编一本菜谱，这样客人走时就可以带回家。**SH**

体验科代卡那市镇
Experience Kodaikanal

地点：印度泰米尔纳德邦

网站：www.kodaikanal.com **价格指数**：!

泰米尔纳德邦南部坐落着一个名叫科代卡那的小市镇，在闷热的天气里为游客们提供了一份闲适与凉爽。科代卡那位于西高止山脉中，从孟买一路扩展到印度的最南端，是印度唯一一个由美国传教士建立的山中避暑胜地。市镇海拔6,900英尺（2,100米），因所处位置接近赤道，所以此地温度并不会出现季节性波动，很少有超过68℉（20℃）的时候，也几乎从未低于46℉（8℃）。

这片避暑胜地始建于19世纪40年代，始终受到广大游客的喜爱，最初是印度的外派人员为了躲避低地的炎热天气来此避暑，后来从20世纪起，一些家境富裕的印度人也来此度假消暑。小镇中心和此地50多座酒店的外缘是一片星形的人造湖泊——科代卡那湖。因为湖泊周围是常绿的起伏坡地，景致非常美好，很多来此度蜜月的新婚夫妇会在湖中荡舟，所以常常被认为是小镇的地标。湖泊的东南端是作为植物园的布莱恩特公园，值得参观游览。之后你可以沿着两侧山峦叠翠、风景如画的寇克步道散步。从科代卡那出发往山上走几英里的路程，就可以到达库瑞金安达瓦寺，寺庙与周边地区是当地一种叫做库瑞金灌木的植物的家园，这种植物的颜色介于紫色和蓝色之间，不过你得非常幸运才能看到它开花，因为每十二年该植物才会开一次花。

科代卡那被当地人称为“山中避暑胜地的公主”，体验过印度平原上拥挤喧闹的城市后，这里优美的风景和新鲜的空气一定会为你带来放松和快乐的心情。**SD**

探索默哈伯利布勒姆城

Discover Mahabalipuram

地点：印度泰米尔纳德邦

网站：www.mahabalipuram.co.in　**价格指数：**❶

默哈伯利布勒姆城以海滨神庙闻名，是跋罗婆王朝的首都甘吉布勒姆，也是海港城市，其艺术和政治权利方面的鼎盛时期在公元5世纪到8世纪之间。在这些建于7世纪中叶的美丽浪漫的寺庙中，有坚硬的岩石雕刻而成的多种多样的神龛，之后又经受了风沙、盐粒、阳光与岁月的剥蚀。

这些曼妙的雕塑作品给我们展现了当时百姓的日常生活，有在给水牛挤奶的妇女、爱管闲事的达官显贵、身材婀娜的年轻女孩，还有古代印度故事集《五卷书》中提到的动物与神明。能在印度雕塑作品中看到这些生活情景极为少见，因为其他雕塑中的主题都是神灵，而并非凡人。默哈伯利布勒姆城最让人开心的就是这里的石雕艺术依然盛行；街边满是雕塑工匠和他们的工作坊，从早到晚都能听到他们凿击岩石的声音。当地有一座雕塑博物馆，馆中藏有本地艺术家创造出的3,000多件作品，有些以木头、金属和黄铜为材料，有的则是花岗岩雕塑。

小城非常受到从金奈来的“一日游”游客的欢迎。黄昏时分，小城白天安静的氛围就一下子变得活跃起来，因为此时海滨的餐厅都开始营业了，人们纷纷前去品尝鲜美的海产。沿着广阔的海滩，渔夫们会在午后清点他们当天出海的收获，而小商贩们则支开摊子贩卖烟斗和其他石制品。自从2004年海啸发生，这里的海岸线就向陆地后退了一段距离，露出了沙滩上更多的遗迹，比如一尊花岗岩打造的石狮子。海啸期间，海水退去还露出了另一座水下庙宇。这些伫立在岸上的古老建筑向人们展示着海水将它们吞没前的美丽。海啸过后，一支潜水探险队前来考察，确认了这些遗迹的存在。**LB**

→ 英国考古队约200年前才发掘出深藏在沙地中的神庙。

在阿尔婆沙村庄小住

Stay at Ulpotha

地点： 斯里兰卡英宝伽马

网站： www.ulpotha.com **价格指数：** $$

阿尔婆沙村庄隐藏在斯里兰卡中央地区神圣而古老的城市边角上，是修习瑜伽和享受阿育吠陀草药按摩的好地方。几千年来，这里始终是信徒们的朝圣地；而今，这里为生活在现代世界中的人们带来心灵的平静并舒缓身心的压力。大多数客人将这处避世胜地叫做“人间天堂”，你无需展开你的想象力便能明白为什么这里会有如此高的评价。这座小村庄被群山环抱，前方是开满莲花的湖泊和绿油油的稻田。

阿尔婆沙村庄坐落在一片有机农场中，而且该农场依然在从事生产活动，可以说是生态旅游方面具有首创性的一例实验。村庄中心建有一座小亭子，那里便是人们就餐和修习瑜伽课程的地方。虽然这里没有五星级酒店的富丽堂皇，客人住的也无非是泥砖垒就的普通茅草屋，可是这里到处洋溢着乡村别墅招待客人的派对那种热烈的气氛，人们不仅能够尝到可口的自制素食绿咖喱和咖喱粉调味菜，还可以享受一系列阿育吠陀草药按摩护理项目。客人居住的屋子里的床单枕套以及五颜六色的靠垫都是当地的手工织品，而主宅中的客房则弥漫着焚香的味道和钵中浮动着的花瓣芬芳。夜晚的走廊以油灯和火炬照明，更增添了逃离尘嚣的美好氛围。

该度假胜地只在6月到7月的六个星期和11月到次年3月这几个月向游人开放，其他时间都不对外营业，这是为了当地人耕地种田，在不被打扰的情况下专心进行农业活动。你除了可以每天参加瑜伽课程，还可以在周围乡间走一走、看一看，抑或只是找个舒适的地方躺下，静静感受此时此刻的氛围。**AD**

← 住在森林湖泊中央的树顶棚屋中是一种完全不同的体验。

陶醉在阿育吠陀医学理疗馆中

Enjoy Ayurveda Pavilions

地点： 斯里兰卡尼甘布

网站： www.ayurvedapavilions.com **价格指数：** $$

钵中的水面上漂浮着金盏花和赤素馨花的花瓣，潮湿的空气中荡漾着迷人的芬芳。阿育吠陀医学理疗馆的主题就是放松，从水景装置令人容易进入冥想状态的流水叮咚声到馆内医师为你开出的理疗处方，你在这里的每一个角落都能发现令人放松的元素。

理疗馆坐落在一座传统的斯里兰卡村寨中，共有12座别墅，别墅的卧室天花板挑高，带室内和室外浴缸，浓荫密布的庭院花园和舒适宜人、安置着硬木座椅的游廊。从这里只需走几步路就能到达斯里兰卡西海岸上棕榈树环绕的金色沙滩，在那里你可以浸在滚滚波浪中，享受海水带来的清凉。

> “斯里兰卡人使用阿育吠陀传统治愈疗法已经有2500年的历史了。”
>
> 《旧金山纪事报》

看过阿育吠陀医生后，按摩师会将蕴含有草药的温热按摩油涂在你的酸疼的四肢上，然后以令人心神安宁、神经松弛的按摩手法轻轻按摩，耳畔是鸟儿的啁啾声，也许还会从花园中传来当地乐师弹奏西塔琴的琴声。这处疗养胜地使用古老的阿育吠陀草药和方法治疗现代人的一些症状，从腰背疼痛、关节炎、偏头疼到皮肤问题无所不包。这种神奇的医术甚至在这里的餐厅中也有所体现——阿育吠陀菜单上为客人提供新鲜的水果蔬菜和从当地捕捞的海鲜。此外，你还可以在这里参加瑜伽、冥想、音乐疗法等课程，也可以在宁静的花园中央池塘边休息，在一树树繁花的环绕下尽情放松。**AD**

在巴巴利恩礁石酒店放松心情

Unwind at Barberyn Reef

地点：斯里兰卡贝鲁瓦拉

网站：www.barberynresorts.com **价格指数：**$$

印度有一种称为阿育吠陀的医学体系（在古印度的梵文中原意为“生命的科学”），有5000年的历史，对平衡身心有很神奇的效果，在西方世界中越来越流行。

巴巴利恩礁石酒店坐落在斯里兰卡西南部的金色海滩上，是践行阿育吠陀的先驱之一。2004年海啸过后的几个月里，该景区进行了大规模的翻修重建，现在共拥有75座美丽的客房，其中一些就设在海边，还建有观景露台或阳台。

“这片土地上散发着一种特殊的能量……有一种令人恢复青春活力的氛围。”

《国家新闻报》

在这里下榻的客人可选择包括问诊在内的阿育吠陀理疗套餐、特别食谱和个人定制方案。理疗项目安排里还包括每日的双人按摩和排毒护理。享受过这样的服务，你会感觉到精神焕发、活力重现。

除了阿育吠陀之外，酒店的地理位置也会给人留下深刻印象，因为它就建在一片风景如画、棕榈树环绕的珊瑚礁以及海滩上，非常方便客人们游泳或晒日光浴。客人还可以参加一系列的活动，比如瑜伽、冥想和烹饪课程。同时，你也可以在海岸线上这片最富有诗情画意的沙滩上躺下来，单纯地看看风景、放松心情。此处还有一家可爱的非自助式海滨餐厅，不仅可提供茶点饮品，还是个可以一边欣赏夕阳西下一边啜饮鸡尾酒的惬意所在。**LC**

在阿曼加勒酒店养精蓄锐

Recharge at Amangalla

地点：斯里兰卡加勒

网站：www.amanresorts.com **价格指数：**$$

阿曼加勒酒店是阿曼连锁酒店之一，位于有四百年历史的加勒古城。在古香古色的加勒老城区里，你可以逛一逛周边的精品商店，店里一般会有殖民时期古旧物件儿、纹样图案设计用心的男式束腰长袍和手工艺品。不过，大多数时候，你都会想待在酒店里面，尝尝自制的芒果贝里尼鸡尾酒，享受尽职尽责的酒店员工提供的专人服务。

在过去的140年中，阿曼加勒曾作为荷兰军队的殖民基地，后又改造为新东方酒店，这段历史留下的遗产都得到了精心的保护。从柚木地板上走过，晚上睡在四柱床上，衣服放在四脚雕花古木箱中，坐在种植园主的椅子上享用酸亚力酒，这就是在酒店中的逍遥生活。酒店29间设计各具风格的卧室中点缀着雅致的床罩和插着鲜花的巨大花瓶，其中最受欢迎的是位于主楼梯顶的8号套房，从该房间中能清晰地望到城外的大海。酒店的午餐和晚餐则有诱人的欧式菜肴和每日均有不同的斯里兰卡米饭和咖喱饭菜。

想体验更多放松活动的话，可以到酒店大型的室外泳池中游泳，之后在树荫下的躺椅上静静休息；或者去美丽的花园中那个铺着木地板的亭子里参加各种私密课程：瑜伽、冥想和气功。以前建有新东方酒店那一系列商店的地方，如今是各种洗浴设施，有小而平静的水疗池、冷水跌水潭、蒸气浴室和桑拿房，都由柔和的烛光作为这里的照明。你也可以来这里享受阿育吠陀疗法，这是一种古老的印度医学体系，关注健康和个人发展。**CSJ**

→ 阿曼加勒堪称白色的“人间仙境”，装修风格大方沉稳、冷峻内敛，而且具有小型酒店的那种私密感觉。

河畔酒店的浪漫情怀
Enjoy River House

地点：斯里兰卡巴拉皮提亚
网站：www.taruvillas.com **价格指数：**$$

在斯里兰卡的西南海岸上，沿着本托塔沙滩的一条狭窄的上坡路走半英里左右，转个弯，便能看到一座宏伟精美的建筑矗立在绿草如茵的小山坡顶上，周围环绕着一棵棵棕榈树，而山脚下就是马杜岗嘎河，这座建筑就是河畔酒店。酒店坐落在一座占地7英亩（3公顷）的草木茂盛的私人花园中，营造了一种与外界相对隔离的私密环境。这座酒店既散发着时尚气息，又非常静谧，是由一名从时装设计师转行的建筑师纳彦撒·丰塞卡设计建造的。建筑整体使用了斯里兰卡的木材，如菠萝蜜树和棕榈树，室内陈设着手工雕刻的仿古家具，还点缀着精心选择的古玩。

客人们可以坐在露天阳台中的藤沙发里尽情放松，四周是精美的挂毯、帘幔，脚下则是奢华的地毯。酒店5套华丽的套房均以斯里兰卡星座命名：室女座和狮子座套房中的大床几乎与一些经济酒店的客房一样大；天秤座和人马座套房毗邻，专为家庭旅游团队所设；摩羯座套房坐落在河畔，与酒店主楼不远。每间套房都配有一座私人花园或者露台，此外还有室内或室外的浴盆或浴池。

你可以在与世隔绝的庭院中静思，或是去5分钟步行路程以外的私人海滨别墅中小住，也可以浸入无边界泳池中，去私人沙滩散步或者乘上摩托艇兜风，回到别墅，可以在餐厅或是花园中进餐，那里有令人垂涎欲滴的美食佳肴等你品尝。酒店服务小心谨慎而且认真周到，你会体验到服务人员为您贴心营造的私密氛围。**AD**

> “这座斯里兰卡最美的建筑在概念和设计上均有独特之处。”
>
> indiatravelite.com

↖ 河畔酒店紧邻平静的马杜河口，是观鸟者和打鱼人的天堂。

在泥房子中小住
Stay at the Mudhouse

地点：斯里兰卡阿那马杜瓦附近

网站：www.themudhouse.lk **价格指数：**$$

在斯里兰卡西部，科伦坡以北几小时车程外的阿那马杜瓦城附近有一片地区，这里不仅有雄伟的帕拉马坎达岩寺，还有寺院脚下远离尘嚣的森林。在这片60英亩（24公顷）的雨林中，分布着几座设计独特的草舍，这就是偏僻遥远但美丽宁静的泥房子旅社。

这些草舍所用的建筑材料全部取于大自然，符合现代的审美，同时也结合了传统的建筑工艺，其中既有传统的斯里兰卡村舍，也有贴近自然的树屋。这些客房中均配有室内浴室、室外淋浴，并划分了用餐区和冥想瑜伽区。因此地遵守生态原则，没有电力，晚上照明使用的是蜡烛和灯笼，这就更加增添了泥房子的诗情画意。

> “这是一座浪漫隐蔽的架空草舍……屋内陈设着带四根帷柱和幕帘的床，窗外还能看到美丽的湖景。”
>
> 《卫报》

此地的一部分建有有机农场，泥房子为客人准备的大多数水果和蔬菜都产自于此。此外，客人们也可以帮助农场采摘水果，也可以参与包括单车骑行、划船和去鸟类保护区观鸟等其他活动，或者前往安拉达普拉、亚帕乌洼和潘杜拉斯努瓦拉这三座古城参观游览。泥房子与周边的自然之美融为一体，然而却又具备特别的格调，仿佛是掩映在密林中的一颗璀璨的宝石。**DaH**

在天堂农场放松心情
Unwind at Paradise Farm

地点：斯里兰卡基图尔格勒

网站：www.paradisesrilanka.com **价格指数：**$$

斯里兰卡的茶乡成为了备受游客青睐的旅游地，他们纷沓至来，不仅是为了享受这里的清幽宁静，同时也是为了亲眼得见斯里兰卡极品茶叶的产地是什么样子。天堂农场坐落在该旅游区的中心，显得格外突出。这是一座种植有机绿茶的独立农场，其经营所得收入全部归农场工人所有，且农场组织规模较小，主要由当地社区居民负责运营。

天堂农场的宅邸周围只环绕着茂密的森林，是一处富有诗情画意的度假好地方。常有艺术家、作家和那些想远离噪音不断的机动车和坑洼不平的乡村小路的游客们到这里来躲清静。农场主建筑中有两个双人间，楼后是两座平房，都可供客人居住。住宿条件虽然赶不上五星级酒店的奢华，却会给人带来回归自然的美妙体验。世界观点国际基金会派代表为当地居民进行可持续农业方面的培训，帮助他们通过这方面的发展回馈当地社区。农场的主人保持着这里的低调氛围，客人们可以随心所欲地参加这里的活动。无论是午餐还是晚餐，你都能享受到传统的斯里兰卡咖喱菜肴，而早餐则是从森林中采摘的新鲜水果和可口的烤薄饼。

从主建筑前的露天无边际泳池向远处眺望，可以看到大片雨林和高高地在天空中翱翔的鸟儿。坐在泳池旁的藤椅秋千上，你可以沉浸在一本好书中或者单纯地半卧的柔软舒适的靠枕中尽情放松。天气好的时候，你可以看到斯里帕达山，这是斯里兰卡的圣山之一。还能看到缭绕着蓝色雾气的山峦和茂盛的种植园。白天，悠闲的水牛在地里吃草，顽皮的猴子在梢头嬉戏；夜里，空中则尽是飘来浮去的萤火虫。**LD**

海尔格荒唐屋的悠闲生活

Relax at Helga's Folly

地点：斯里兰卡康堤

网站：www.helgasfolly.com **价格指数：**$

立体音响乐队曾在海尔格的荒唐屋度过了难忘的一夜，对这里非常迷恋，后来甚至还为这里专门创作了一首歌。这座旅馆就位于到处是古董、珠宝和小饰品商店的康提古城外的一座小山顶上。不管怎么说，这都不失为一处逃离尘嚣的好去处，而且一些名人也经常去那里小住。

旅馆中的一支支蜡烛滴着蜡油，散发出一片昏黄的光亮，营造出颓废破败的氛围。此情此景，宛若19世纪的鸦片馆遇上了巴黎的红磨坊。旅馆中有好多间公共厅室，客人可以随意在哪间屋子中落座，蜷缩在摆放着蓬松靠枕的温馨沙发中放松心情；此外屋子里还摆放着古董家具和大花瓶，窗前挂着暗色的天鹅绒窗帘。旅馆四壁所涂颜色鲜艳明亮，墙上挂着富有传奇色彩的好莱坞影星的照片和旅馆主人海尔格家族的照片，此外还有油画和其他各种画作。说起海尔格，她其实是个带着巨大遮阳镜和造型夸张的帽子的古怪女人。这座有张牙舞爪之势的建筑里总能看到霉斑和积灰，但这一点却恰恰为其增添了一分魅力。卧室的装修也延续了这种风格——四柱床上笼罩着一张黑色蕾丝纱帐，而床单则是耀眼的金黄色。

旅馆外面则是一片纠纠缠缠的狂野的绿色——遮天蔽日的丛林。游泳池环绕着一圈精灵的雕塑，这可是喜爱探索的孩子们的天堂。旅馆的标语牌上写着“离开房间前请先确认门窗均已关好，要是猴子进来捣乱，我们可不负责”。这些厚脸皮的家伙通常会潜伏在树冠中，等到客人们用早餐的时间就会大批出动，所以，要想在旅馆外面吃，后果可要自负。**JK**

← 海尔格的荒唐屋因为其混搭了波西米亚与斯里兰卡传统建筑风格而格外抓人眼球。

在树顶旅馆享受生活

Enjoy Tree Tops Lodge

地点：斯里兰卡莫讷勒格勒区

网站：www.treetopsjunglelodge.com **价格指数：**$

树顶丛林旅馆坐落在斯里兰卡的维利亚拉森林中，正位于雅拉国家公园和阿拉哈特坎达山之间，是观察野生动物、聆听天籁之音的绝佳地方，因为此处丛林中竟然有161种鸟类，还有野生大象出没。在林中偶然瞥到一头带着小象的母象实在是一种很神奇的体验。

此处的住宿条件非常基本。游客们只不过是住在用黏土、牛粪和木材按照当地风格建造的简单草舍中，而且这种草舍也禁得起淡水冲刷。客人们在漫天繁星下借着月光于林中散步之后，回到屋里，伴着丛林中的虫鸣安然入睡，清早还能在鸟儿的啁啾声中睁开双眼。

> “在这里观察丛林中的动物是个很棒的选择……环境中到处是各种野生动物发出的不同的声音。”
>
> ecohotelsoftheworld.com

住在树顶旅馆不仅能观赏到各种各样的野生动植物，还会有旅馆员工带领客人参观附近的佛教石庙，这些庙宇往日因为地理位置偏僻而不为人所知。旅馆通常用柴火烧素菜，并且由通晓阿育吠陀植物疗法的厨师亲自准备汤与咖喱菜肴，菜肴中所用的药草和香料则取材于丛林。观赏此地动植物的活动安排取决于一年中的时节不同，以及干湿季节不同。不过，你倒是随时可以在旅馆的吊床中一边放松心情，一边欣赏周遭令人惊异的美景。因为此处远离21世纪的城市生活，所以景色之原始壮观可想而知。**CK**

体验巴罗斯的浪漫氛围

Experience Baros

地点：马尔代夫巴罗斯

网站：www.baros.com　**价格指数：**$$

这里简直可以被誉为天堂之所在：每天在金色阳光照耀下的是沙岛上一座座小小的沙丘。沙丘周围环绕着翠绿色的泻湖、柔软的白色湖滩还有随风轻摆的美丽棕榈树。无论你何时到这里来度假，相片中的景色都散发着惊人的美感。

从空中俯瞰，马尔代夫的小岛斑斑点点地分布在海面上。这些岛屿露出水面的部分通常不超过三四英尺（1米左右），岛上所建的都是豪华别墅和水疗中心，专为那些想逃离世俗生活的人们准备。在马累机场降落后，要想到达你那偏远独特的目的地只能转而乘坐私人水上飞机或者小船。在水面上掠过时你或许能看到成群的海豚嬉戏或者偶尔跃起的飞鱼，25分钟后，你就会像鲁滨逊一样孤身一人漂流到一座属于你自己的天堂小岛。

巴罗斯是北部环礁中最纯净的岛屿之一，那里人迹罕至，你可以在你的私人露台上打一整天的盹儿，和其他喜欢水肺潜水的人一道探索清澈透明的水域，或者在水疗馆中尽情享受放松的感觉。你还可以预订黄昏巡航、整整一天的深海钓鱼或者在洒满月光的沙滩上吃晚餐，到时候只要抬起头便能欣赏到美丽的星光。

首先，你要赤脚走在私人沙滩上，找到独属于你自己的那部分巴罗斯。在粉末样的沙滩上舒展身体，或是开启一段神奇的水下历程，你将会与跳着“芭蕾舞”的黄貂鱼和游来游去的热带鱼群近距离接触，那场景将会让你难以忘怀。最后，别忘了马尔代夫的生活箴言：避开令人心烦意乱的新闻，也不要那束缚双脚的鞋子。**SWi**

← 巴罗斯有着迷人的落日和仙境般的美景，是一处真正的避世胜地。

在神仙珊瑚岛酒店小住
Stay at Hotel Dhonakulhi

地点：马尔代夫哈阿里夫环礁

网站：www.island-hideaway.com **价格指数：**$$$

神仙珊瑚岛酒店所在环境壮丽非凡，周围是上千座《鲁滨逊漂流记》中描述的那种孤岛，还有深浅不一、波光粼粼的蓝色泻湖，可以说酒店占据了整个马尔代夫最棒的位置，那就是之前无人居住的处女地——哈阿里夫环礁。这一度假胜地周边被茂密的植被环绕着，印度洋的浪花轻舔着酒店豪华别墅的露台。有的别墅拥有私人沙滩，有的则拥有私人泳池；朴素的草舍则配备了露天淋浴设施，因此给人带来了回归自然的难得体验。小岛访客虽然要在这座孤零零的天堂之岛上度假，不过这里有一级的餐厅、令人活力重现的水疗中心和多种多样的先进媒体设备，方便你与家人联系。

不一定所有去马尔代夫玩的都是热衷浮潜的人。不过你确实可以在潜水学校里度过一两天，到时你就会见识到像水族馆中的水一样清澈见底的海水，还能欣赏一下珊瑚礁中穿梭来往的鱼儿。而后，你尽可以在椰子树下舒展身体、放松身心，或者在你的私人露天理疗室中一边享受令人全身松快的美妙按摩，一边远眺辽阔的大海。

因为无与伦比的纯净，珊瑚神仙岛在马尔代夫所有的岛屿中脱颖而出。岛上约95%的土地都没有被开发过，所以说游客们会完完全全地被马尔代夫纯天然的美景所包围。即便是整个列岛中唯一的一个码头也是由一条将礁石一分为二的通道形成的，因此这儿其实是一个天然形成的港口。如果你是乘私人游艇在周边区域航行，那么停靠码头对你来说应该算不上什么麻烦事儿。**SWi**

⇐ 酒店的客房敞亮通风，像茅草屋一般简单，旨在为客人提供终极的隐居体验，而且每间小屋的空间都足够宽敞。

在多尼蜜姬莉岛放松心情
Relax at Dhoni Mighili

地点：马尔代夫亚里环礁

网站：www.scottdunn.com **价格指数：**$$$$

多尼蜜姬莉岛位于马累西南部的亚里环礁，是一处特别的所在。在马尔代夫所有的岛屿中，它是唯一一个可以全部预订的小岛，而且这座人迹罕至的岛屿还可为你提供船上住宿这种独一无二、奢华梦幻的体验。游人须乘水上飞机到达此地。小岛上共有6座沙滩别墅，距离碧波荡漾的大海仅30英尺（9米）之遥。其中有4座别墅配有私人跌水潭。为了给你的马尔代夫之旅添加更别致的体验，每栋别墅都有马尔代夫当地人作为入住客人的专属管家，为你全天候提供服务。他们可以按照你的需要做出各种安排，无论是定制化的潜水课程、一杯完美的马提尼鸡尾酒，还是为浪漫求婚特意挑选的独特地点，他们都能为你安排妥当。

> “马尔代夫确实配得上‘印度洋中的珍珠’这一美称。”
>
> 马尔代夫评论网站

在这片令人沉醉的乐土上，有随风轻摆的棕榈树、美丽的珊瑚砂海滩和清亮温暖的海水，你可以在你专属的多尼船（传统的马尔代夫帆船，65英尺/20米长）上慵懒地待上一整天。夜幕降临，你的管家会在迷人的夜空下布置好晚餐等你享用。你可以在茅草顶的平房中过夜，也可以在多尼船上听着涛声的摇篮曲入睡。

白天，你可以去无人的沙堤地带游泳，或者潜入海底寻宝，让礁石周围五彩斑斓的海洋生物给你带来惊喜。你还有机会看到黑尾真鲨、蝠鲼，甚至更大的鲸鲨在具有异国风情的珊瑚礁附近游来游去。只有少数幸运的人才能见识到想伊甸园一样的多尼蜜姬莉岛。**LD**

在芙花芬岛海底水疗馆享受人生

Enjoy Huvafen Fushi Underwater Spa

地点：马尔代夫马累北环礁

网站：www.huvafenfushi.com **价格指数：**$$$$

超凡脱俗的马尔代夫就坐落在印度洋那一片明澈的蓝绿色海水中，整个群岛大小与葡萄牙相近，但随着全球变暖，海平面上升，这片净土将在150年后消失于海面上。那么，趁着你还能有机会见到马尔代夫的真面目，抓紧时间去吧，就住在性感平静的梦想家之乡——芙花芬岛上。

岛上共有43座时尚、现代而整洁的水上别墅。无论你选择哪一栋，你都会有完美无瑕的奢华体验。有的别墅地板是用玻璃铺就的，你可以一边啜饮着凉爽的鸡尾酒，一边观赏脚下游来游去的海洋生物；还有的别墅卫生间中配有巨大的冲浪浴缸，隔着那层薄薄的窗玻璃，你面前是广阔的环礁湖私人景致。走出房子，你可以从甲板上跳下，在湖中裸泳，或者摊开四肢，自在懒散地躺在长椅上，再或者浸在清凉的积水潭中消遣。

> “度假村的管家会在日落时分为蝠鲼喂食，这对于孩子们来说有着极大的吸引力。”
>
> 《时尚芭莎》

岛上的水疗中心也建在海上的架空楼阁中，不过还有水下理疗室，在那里，你可以一边和热带鱼儿们聊天，一边享受头部按摩。在这里，有一系列富有创意的水疗“仪式”等你体验，无论是涂敷、擦洗身体还是脸部护理和按摩，都将让你受益匪浅；此外，你还可以参加私人瑜伽和冥想课程，甚至有一位常驻“健康导师”供你咨询。夜里，无边际泳池被五颜六色的光纤灯装饰得格外迷人，你可以在其中畅快地游泳，然后再进入咸水漂浮池，放松地漂在水面上。**CSJ**

在唯一瑞提拉岛度假酒店下榻

Stay at One&Only Reethi Rah

地点：马尔代夫马累北环礁

网站：www.oneandonlyresorts.com **价格指数：**$$$

游客们通常会乘一条长55英尺（16米）的造型优美的游艇到达唯一瑞提拉岛度假酒店，而到达之后你会感到无比惊艳，因为你从未想到过这颗星球上能有这样迷人的地方。波光粼粼的泻湖环绕着你能想象到的最柔软的沙滩，一座座宽敞奢华的别墅星星点点地坐落在沙滩或水上。

度假村中的一切构成了一个小小的世界：哇！这真是个不可思议的地方。而且，就算你在度假村中的欢呼酒吧里碰到衣着光鲜、魅力逼人的明星大腕、社会名流正啜饮着鸡尾酒，这也不是什么稀罕事儿。别墅均配有散发着神秘气息的黑色无边际泳池，池边宽大的平台上摆放着设计精致的长椅。别墅内则陈设着等离子电视、宽大舒适的卧床，浴室里安装有沉降式双人浴缸，而挑高的天花板则是普通别墅高度的三倍。

这里基本上没有什么可让客人费心劳神的事儿，所以完全适合那些怀着极为喜悦的心情来到这里的客人。在那诱人的海水中，你尽可以游泳、浮潜、潜水；而水上活动则包括钓鱼和禅意十足的水疗服务，或者你也可以挑一片僻静的沙滩，尽情享受日光浴。晚上，衣着考究的客人会三三两两地走入主餐厅、日本料理融合餐厅和中东风味海滨餐厅，品尝美味佳肴。唯一集团的宣传文案中形容海滨餐厅满溢着一种“海底沉船般的别致”。

你想知道这座度假村的名字是什么意思吗？“瑞提拉”其实就是“可爱岛屿”的意思，可是来过这里的人都会同意单说它“可爱”实在是严重低估了这座小岛的魅力。**LP**

瑞提拉岛度假村总是闪烁着奢华的光芒，在设计上尤其下了功夫，一砖一瓦都极其讲究。

骑象漫游奇旺国家公园

Ride an Elephant Through Chitwan National Park

地点： 尼泊尔奇旺国家公园

网站： www.chitwannationalpark.org **价格指数：** $

> “这里唯一能听到的就是蝉鸣和驭象夫偶尔发出的命令声。”
>
> 莱斯莉·唐纳，《每日电讯报》

奇旺国家公园建于1973年，是稀有的亚洲独角犀牛和皇家孟加拉虎的家园。现在这座公园被联合国教科文组织定为世界遗产之一，其中有40余种哺乳动物和超过450种鸟类，而最佳的游览方式则是骑在大象背上慢悠悠地欣赏大地上的走兽和天空中的飞鸟。公园中的私人小屋配有经过训练的大象，象轿上有一件巨大的木鞍座，至多可以乘坐4个人。而鞍座前面骑坐在大象脖子上的则是驭象夫，他会用一双赤脚搔动大象的耳朵，以此向大象下达命令。大象缓缓前行，穿过茂密的森林和草地，而坐在象背上的你此时也有节奏地随着大象的脚步左右摇晃着，不时要闪身低头避过伸出的枝桠。其他动物并不会因为大象的经过而四下躲避，所以你很容易近距离看到犀牛，甚至于可以居高临下、清清楚楚地看到它那有些奇怪的史前动物身形和宛若穿了铠甲一样的皮肤。你可能还会遇到印度懒熊、猎豹、野猪或野鹿，甚至有机会看到公园中百头上下的老虎，要知道它们会很好地隐蔽自己，不轻易现身。

离纳拉亚尼河越来越近的时候，一定要注意观察是否有稀有的恒河河豚跳出水面呼吸，还要留心附近是否会有沼泽鳄和濒临灭绝的恒河鳄出没。过一会儿，到了较安全的河段，你就可以下来帮大象洗澡了。大象很喜欢洗澡，它们就像小孩子一样喜欢玩水。如果你在渡河的时候坐在象背上，只要驭象夫一声令下，它就会顽皮地卷起鼻子喷你一身水，或者干脆俯身到水下将你从背上掀下来。他们与你告别时还有个小绝招，当驭象夫双手合十，说出道别语“Namaste”，大象就会卷起长鼻子，和你说“再见”。**SWa**

⇱ 日落景象颇为壮观，不过一天中的任何时间里你都会对这里的景色感到敬畏。

参观梦花园

See the Garden of Dreams

地点：尼泊尔加德满都

网站：www.asianart.com/gardenofdreams　**价格指数：**$

加德满都有一个新的度假胜地——梦花园，一片拥挤的建筑群和污染垃圾中耸立着古老的印度神庙、佛塔，还有尼瓦族宫殿。这座名副其实的花园距离旅游中心泰米尔区仅有几步之遥。

花园由陆军元帅克社·山姆沙·拉纳始建于20世纪20年代，他打造此花园是因为受到了他所热爱的旅游、园艺和艺术的启发。从绿廊、甬道、雕像和爱德华时代的亭子来看，花园受到了欧洲建筑风格的影响。是创造者的巨大热情才使得这座花园如此美丽非凡，但可惜的是，自从这位元帅于1964年与世长辞之后，花园就多年无人照料，被放任自生自灭。直到2002年，尼泊尔与奥地利之间的一个合作计划才让花园得到了修复。

> “梦花园不开摇滚音乐会，不承办婚礼，不举行时装秀。”
>
> 格兹·哈格米勒，梦花园首席建筑师

今日的梦花园已经成为了加德满都中心地带的一块典雅的绿洲：紫藤和三角梅纠葛在一起，搭成了绿廊；棕榈树和竹子遮挡着阳光，形成一片片宜人的绿荫；木兰、山茶和杜鹃竞相开放，展示着它们绚丽的色彩。喷泉造景、小小的沟渠和莲花池更让花园显得清幽静谧。悉心保留修复的三座亭子为花园增添了浪漫的新古典主义格调，更衬托出这里的宏伟气势。

在这里很好打发时间，你可以躺在露天剧场的台阶上醉心于某本有趣的书，也可以藏在“神秘园”中俯瞰主花园的美景，再或者沿着甬道漫步，欣赏眼前一株株美丽的植物和一座座传神的雕塑。**SWa**

乘热气球俯瞰尼泊尔

Balloon over Nepal

地点：尼泊尔加德满都

网站：www.adventuresnepal.com　**价格指数：**$

乘坐热气球将会成为你最不可思议的一段经历了。喷火器喷出的火焰“呼呼”响着，你也越升越高，随后飘在天上伴随你的便是一片静寂；慢慢地，你会轻轻地下降，飘向风吹的方向。

最棒的还是在热气球上看到的景色。因为你此时几乎是安安静静地悬浮在空中，而地面离你是那么遥远，你几乎和鸟儿与飞机达到了同一高度，只不过既没有拍打的翅膀，也没有分散注意力的引擎，你可以专注地欣赏下面的美妙风光。

若说起从空中俯瞰到的景色，没有几个地方能超过尼泊尔的魅力。黎明时分，巨大的气球缓缓升起，波涛般起伏着慢慢伸展开来，好似是为了准备迎接这场激动人心的旅程。我们从巴克塔普尔历史古镇的红色屋顶启程，飞向加德满都山谷。下面的青山和梯田间点缀着一片片赤陶土建筑群，初升的红日将光芒投射在镀金寺庙的尖顶上，显得神圣而辉煌。而最令人惊艳的景象还不止于此。若天气晴朗，则乘热气球会是翻越珠峰的最平和轻松的一种方式了，到时低头便可欣赏到广袤无垠的喜马拉雅山脉，你眼前将是连绵不绝的美好景色，而且在你轻飘飘、慢悠悠地经过白雪皑皑的高峰时，周围一片肃穆的寂静。你会漂过希夏邦马峰、普尔比-戈雅楚峰、赤仁玛峰，再飘过重巴-巴马尔峰、珠穆朗玛峰和格重康峰的上空，着一座座险峻的山峰、一段段绵延的山岭着实令人心生敬畏。

不久，你将返回地面，载着你的柳条框缓缓沉落在山谷的梯田中，经常会有正好碰到热气球降落的附近村民，他们通常会聚拢来好奇地张望天空，想知道到底是什么从天上“掉”下来了。**SWi**

入住瓦利卡酒店

Stay at Dwarika's Hotel

地点：尼泊尔加德满都

网站：www.dwarikas.com **价格指数：**$$

这片平静安宁的度假地隐藏在高墙之后，刚好和尼泊尔首都加德满都飞扬的灰尘和嘈杂的市集隔离开来。瓦利卡酒店是一处混合着新旧元素的尼瓦式建筑群，建筑间是铺着鹅卵石的几个庭院，柱子上雕刻着花纹图案，房屋的窗子也是传统的样子。酒店散发着文化与传统的气息，仿佛是一座活的博物馆，只不过多了几分豪华与浪漫。

瓦利卡酒店是一个希望能为子孙后代保留尼泊尔文化的守护者所建，已故的瓦利卡·达斯·夏尔巴从加德满都被拆毁的老建筑中搜集了许多古老的木刻件和赤土陶器。那些精心保存的马拉王朝艺术品和建筑现在都收藏在酒店的庭院中。为了对瓦利卡酒店做出的努力进行表彰，亚太旅游协会为这座标志性的酒店颁发了传承奖，这是在奖励酒店设有驻场木雕工坊并且在建筑中使用了传统的雕刻技术。

> "可能世界上其他任何地方都不会有与德瓦利卡类似的酒店。"
>
> 《泰攀》杂志

酒店总共拥有74间华丽的客房及套房，各有特色。屋中陈设着尼泊尔的手工家具和手工印花的传统织物，而且房间都格外奢华。你可以尽情呼吸着这里混杂着香蜂叶、熏香和鲜切花散发的芬芳空气。同时，细心周到的服务人员会留意到你的每一个需求。你可以在花园中放松一下，然后跳入泳池，心中盼望着稍后克里诗纳盘餐厅的晚宴能为你带来特别的美味。**AD**

参观高班寺

Visit Kopan Monastery

地点：尼泊尔加德满都

网站：www.kopan-monastery.com **价格指数：**$

没有几个地方会特意通知来客留宿期间"不得杀生，不得说谎，不得同房"，也很少有提供住宿的一方要求访客自带睡袋、手电和驱虫剂的情况发生。不过，高班寺既不是什么豪华酒店，也不是独特的度假村，而是一个有利于心灵精修之地。在这里，人们不会有受到放纵奢靡的生活方式诱惑的机会。这种至简的生活方式让高班寺成为了最符合条件的"逃离尘嚣之地"。

这个地方可以说已经具备了一切让人精神上得到净化、压力得到缓解、灵魂得到荡涤的特质。高班寺就坐落在喜马拉雅的山脚下，海拔颇高。寺内共有360名僧人，主要为尼泊尔和西藏僧人。附近则是与其相对的噶卓卡其尔林尼姑庵，庵内共有380名尼姑。一寺一庵，二者组成了一个宁静而带有宗教庄重气息和浓郁哲学氛围的"绿洲"，每年都会有成百上千的游客从世界各地赶来参观游览。

通常访客是来参加冥想课程或者学习佛教入门知识的。课程长度从一周到几年不等。有些学生自从到了这里就再也没有离开过。这里的人们都要严格遵守寺庙和庵中的规定：男女信徒住宿分开；烟酒毒品是绝对禁止的；日常课程活动等从上午六点半开始，直到晚上九点才结束；访客们通常要求要参加所有活动；还有半天的禁言修行，这算是课上的"原则"。

访客通常几个人共享一间客房或者住在集体宿舍中，而且这里不提供寝具。要注意的是，11月到次年3月间天气非常寒冷。至于饮食，寺院的厨房会为大家提供一日三餐简单但充足的素食。**SH**

→ 极少有像高班寺这样虽然偏远孤立但在精神上却丰满富足的地方。

徒步高乔山

Trek to Gokyo Ri

地点：尼泊尔索鲁孔布

网站：www.nepaltrailblazer.com **价格指数：**$$$

珠穆朗玛峰的峰顶当仁不让是这世界上终极的避世去处。对于普通人来说，想要攀登这座高峰，需要的进行的训练和所冒的风险都太多太多，所以，其实不如换个目标，到高乔山来一次12天的徒步，然后看看那世界最高峰的日落是多么的壮丽辉煌。在尼泊尔的昆布山区，你将会遇到以擅长攀登著称的夏尔巴人，还能有幸看到喜马拉雅山中心的山岳景观。

徒步的路上其实并不需要什么爬山技巧。不过，鉴于高乔山的海拔为17,500英尺（5,350米），为了避免出现高原反应，还是应该慢慢攀登。你可以雇上几个搬运工帮你背着装备，另雇一个导游为你引路，或者干脆通过旅行社预定好行程，这样就不用担心会迷路或体力不支了，可以放心大胆地享受徒步本身带来的乐趣。晚上，你可以在茶馆或旅馆中体验到尼泊尔人的殷勤好客。尽管这些茶馆或所谓的旅馆远算不上奢华，但这并不妨碍你在温暖的炉火前充分放松，享受丰盛的尼泊尔传统食品——达巴（包含豆汤、米饭、咖喱马铃薯等，类似套餐），再搭配上尼泊尔的库克里朗姆酒，让人觉得一下子精神焕发。

高乔村是个建在山中的村庄，而村旁就是闪着银光的杜波卡湖。从此湖出发向上走两个小时左右就可以到达高乔山。你将看到4座高于2.6万英尺（8千米）的山峰：珠穆朗玛峰、卓奥友峰、洛子峰和马卡鲁峰，它们就像天边闪烁着光芒的巨大钻石。以世界最高峰的皑皑白雪做衬，太阳发出金色的光芒，而后变为火红色，最后呈浅粉色。面对如此美景，你很快就会忘记自己喘不上气来的痛苦和被寒气冻得如蚁啮般的麻木。**SWa**

← 从高乔山的至高观景点向远处眺望，能看到耸立的群峰、高高修建在山峦中的盘山路以及白莹莹的冰山。

下榻安曼库拉度假酒店

Stay at Amankora

地点：不丹帕罗

网站：www.amanresorts.com　**价格指数**：$$$$

如果想到在喜马拉雅山脉中徒步时，你脑海中浮现的是跟在健硕的尼泊尔人身后艰苦跋涉和在帐篷中冻得哆哆嗦嗦的画面，那你可就错了。因为最近安曼库拉度假酒店——不丹第一座奢侈酒店，也是第一座外资酒店的营业，该地区的住宿环境和旅游条件得到了很大改观。

度假酒店坐落在壮观的不丹最高峰——卓木拉日峰下，远处是风景如画的村庄和村庄周围茂密的松林。酒店共包括5处彼此分离的奢华建筑，其中最大的也是给人留下印象最为深刻的建筑位于山上，成功地将乡村和现代两种风格结合在了一起，内有24间卧室，分属于素土夯实的6座房屋，其外形可以说是17世纪古堡的真实写照。总之，游人们最为感兴趣的还是那些巍峨的山峦，而在客房的起居室里恰好能欣赏到最佳的山景。

> "这是一组外表朴实无华的建筑……低调的外观掩饰着酒店内部的宏大的布局和奢华的装修。"
>
> 麦克·卡特，《观察家报》

帕罗河谷是不丹境内很多徒步旅行的起点，此地风景地貌独特，有高耸入云的山巅，也有深不见底的峡谷，更有水稻梯田、谷子地和茂密森林中零零散散分布着的一个个小村舍。经过一天的辛苦跋涉后，你酸痛的肌肉一定会需要得到放松；幸运的是，安曼库拉度假酒店的所有住所中都配有水疗，可为你提供各种各样的放松理疗项目。**HA**

在乌玛酒店放松心情

Relax at Uma Paro

地点：不丹帕罗

网站：www.uma.como.bz　**价格指数**：$$

乌玛酒店高居不丹王国的喜马拉雅山脉中，是个能令人精神获得平静的好地方。这座奢华的精品酒店中蕴含着不丹精致的传统元素和现代元素中的精华，因此酒店的装修布置与周遭的景色一样惊艳。因为酒店安排的瑜伽和冥想练习会给大家带来平静的心境，所以住在这里你一定会觉得不虚此行。

酒店包括一座中央楼阁和9幢别墅，分布在山坡上占地38英亩（15公顷）的茂密树林中。从客房中可以看到松树林和远方矗立的山峰。双卧室别墅是其中最豪华的，既有室外的矿物滚石浴，还有中央带火山坑的露天庭院。所有的房间都涂着明艳的色彩，看上去现代感十足。此外，手工涂制的不丹墙壁也非常抢眼。无论是设计，还是景色都可圈可点。

佛国自然是注重瑜伽与冥想，况且山中的空气清凉、新鲜、纯净，所以在这里做瑜伽调息法的练习时会感到前所未有的舒爽。这里的服务人员会一天24小时为您提供服务，以保证你能想有一个真正放松的假期。香巴拉水疗中心的养生护理项目注重新理疗对人精神和身体两方面的影响，所以能够滋养人们的灵魂。而矿物滚石浴疗法可以让你的脉搏跳动速度放缓，帮助你进入放松的状态。布哈里餐厅提供具有不丹特色的美食佳肴，其中有牦牛肉汉堡，还有混合有印度奶茶的热巧克力以及当地的清汤面。

人们到不丹旅游不是那么容易，因为酒店可以帮你办理所有必要的入境许可证、签证和航班，所以你的准备工作会减轻许多。来这里可以算得上是一次精神之旅。**LD**

→ 乌玛酒店富丽堂皇，是结束在不丹的徒步后最佳的放松休息之地。

体验绒布寺的庄重氛围

Enjoy Rongbuk Monastery

地点：中国西藏绒布寺

网站：www.pbs.org/wgbh/nova/everest/history **价格指数：**$

地球上最高的寺庙处于世界上最令人敬畏的山峦中，海拔16,400英尺（5,000米）。经过著名的绒布冰川，有一条尘土飞扬的道路通往这座寺庙，长达48英里（77公里）。道路尽头的目的地在每一个来过的旅人心中都留下了深深的烙印。建筑本身经历的岁月已经超过了一个世纪，然而给人留下的感觉确实永恒不变的。

天边的珠穆朗玛峰云遮雾绕，仿佛是个似真似幻的虚影。对于那些想要登上珠穆朗玛峰顶的人，绒布寺是他们的必经之路；不过，只有那些肯于徒步登上真正的峰顶的富于冒险精神的徒步者，才能亲眼看到世界上最令人心生敬畏的壮丽全景。绒布寺上方的希夏邦马峰、珠穆朗玛峰、卓奥友峰和格重康峰，仿佛是西藏的泰坦巨神，这些山峰宏伟壮观，终年云雾缭绕。

绒布寺附近的招待所可供一百多名游客住宿。青年招待所的床位甚至比此地的僧尼还要多，据传这里的僧尼总数仅不超过60人，这一人数比之寺院全盛时期的500人是少之又少。寺院的餐厅可提供美味的斋饭。僧尼每日诵经时，寺院中一片肃穆，落雪让院中化为一个寒天地冻的神奇世界。周遭的山谷与峭壁中遍布着大大小小的冥想洞穴，很多隐士都选择进洞修行，他们在400年的时间里始终占据着这片地方。附近的道路上有零零散散的石头，石头上刻着经文和梵咒。无论是当地的夏尔巴人还是背包旅行者，只要是来这里朝圣人，永远都不会忘记他们在这里的种种特别体验。**VG**

坐在唐古拉号列车上看风景

Ride the Tangula Train

地点：中国，北京到拉萨，北京到丽江

网站：www.tangulaluxurytrains.com **价格指数：**$$$$

如果你想领略西藏和中国西部省份的美丽以及富于异国情调的风景地貌，那么世界上最奢华和具有未来主义特色的列车将带给你史无前例的全新火车旅行体验。唐古拉奢华列车中的所有套房华丽十足，为国际火车旅行设立了新标准。为了避免你因为眼前掠过的惊人美景而感到头晕目眩，车上甚至还为乘客提供了私人氧气供应。瑞士国际名厨玛科尔·马泽伊会以严谨的态度亲自监督烹制每一道菜肴，然后由雅致的餐车送到你的面前。

> “唐古拉一名来源于唐古拉耶秀，他是一尊力大无穷的草原之神，保护着唐古拉地区。”
>
> 《国际铁路公报》

唐古拉的火车之旅共有两条路线。北部路线经过路段的最大海拔高达16,640英尺（5,072米），将会在5天的时间里途径莽莽草原、沙漠和古代商贾走过的丝绸之路，将你从北京带到西藏的拉萨。南部路线的四夜奇幻般的冒险由北京出发，经过漓江及其周边著名的喀斯特地貌和云南石林那一根根拔地而起的奇异石灰岩柱，最后到达被定为世界文化遗产的丽江古镇。

火车最高时速为100英里/小时（160公里/小时），而且还会为了让乘客充分欣赏美景减慢速度，这便成就了你此生最激动人心的火车之旅。**BS**

← 绒布寺面朝着被当地人称为珠穆朗玛峰的埃佛勒斯峰。

在仁安悦榕庄放松心情

Unwind at Banyan Tree Ringha

地点： 中国云南仁安

网站： www.banyantree.com **价格指数：** $$

云南省的仁安悦榕庄原本是当地藏民的家园，而今改造成为了共有32座宏伟别墅的精品度假酒店。酒店坐落在青藏高原的东部边缘上，海拔10,000英尺（3,200米）。酒店所在地区有美好的山水景观，而且是中国政府规划的香格里拉通俗文化的所在地。

客房中挂着西藏挂毯，还陈设着图案复杂的木雕艺术品。房间内有火炉、木制洗澡桶和木瓢、丝绸材质的窗帘以及私人露台。此外，酒店还配备了只有坐落在如此高海拔地区的酒店才可能用得上的附加设备，比如说为有高原反应导致的精神萎靡的游客准备的氧气管和一双舒适的雪地靴。餐厅可供应云南特色小吃，如火锅和碳烤肉。大昭茶室则为客人们准备了各种传统的中国名茶以及藏茶。而这里的水疗服务更会让你感受到天堂般的舒适愉悦。参观附近的噶丹松赞林寺和仁安自有的寺庙可以让你一瞥藏族人的宗教生活。

> “在这块高海拔的飞地上……因为缺氧，你的精神很容易会进入一种如梦似幻的状态。”
>
> 《卫报》

仁安悦榕庄与周围的芥菜田和传统的西藏彩旗浑然一体，非常和谐，所以很难确切辨认出酒店与所在村庄的界限，二者已然紧密地联系在了一起。**BS**

阳朔环游骑行

Ride a Bicycle Around Yangshuo

地点： 中国广西阳朔

网站： www.bikeasia.com/cycle-tours/china/bcg.html **价格指数：** $

阳朔古镇以及附近更为有名的桂林市都坐落在广西风景优美的漓江流域，四周是非常有特色的锥形喀斯特山，几个世纪以来，为中国的诗人画家提供了源源不断的灵感。桂林是该地区唯一建有飞机场的地方，所以也更受游人欢迎，不过阳朔周边区域也同样拥有美丽迷人的风光，独具慧眼的旅行者都应该以这个小镇作为探索周边的基地。

这座有着1500年历史的古镇坐落在桂林以南40英里（65公里）处，是数不清的因侵蚀而成的石灰岩山中的一片小小的平地。周围岩山上覆盖着低矮的灌木丛和树木，有些山高达2,960英尺（903米），不过这里的大多数山还是比较矮的。参观这片景区时，乘船游漓江（附近的遇龙河因河水清澈，是不可多得的游泳的好地方）是必不可少的活动。在蛇行一般的水路上前行，每次转弯总会给你带来满眼秀美的景色。不过，为了避开庞大的游客群，也为了近距离看一看此地盛产的柚子、甜橙和柑橘，最好的旅游方式还是租一辆单车游阳朔。在阳朔的市面上有不少可以租车的店铺，你可以骑着租来的车子探访附近的村庄、进山探险或者沿着为此地平添一道靓丽的稻田骑行，速度快慢随心所欲。

在僻静的阳朔胜地度假山庄可以看到传统的中国建筑，是个幽静的住所，就位于距离阳朔古镇15分钟车程的地方。山庄共有22间客房，面对一条小河，还能看到山景，是那些想真正体验这里的宁静与童话般景色的游客们理想的留宿地。**DaH**

丝绸之路敦煌山庄的别样风情

Relax at Silk Road Dunhuang Hotel

地点： 中国甘肃敦煌

网站： www.the-silk-road.com　**价格指数：** $

丝绸之路敦煌山庄的建筑借鉴了中国汉代和唐朝的风格，从建筑角度上来说，是个非凡的成就，在现代能激发人们的怀古情思，让大家响起几个世纪前那些辉煌过的文化。山庄所在位置交通方便，距离西安以西戈壁沙漠边缘的绿洲城市——敦煌市中心仅10分钟车程。

山庄中的汉代元素有长长的走廊，唐朝风格体现在带有宽大屋檐的屋顶围成的一个传统的围合庭院。酒店的方便之处在于所在位置距离中国大多数意义非凡的宗教和历史名胜很近，包括被列为世界遗产的莫高窟，该景区由成百上千个洞窟组成，它们集中位于一道4,250英尺（1,600米）长的峭壁上，内藏一系列的佛像、手稿和壁画等无价之宝。附近还有鸣沙山和月牙泉，前者魅力惊人，以吐鲁番沙漠风吹过时沙地的“歌唱”而闻名于世。二者与酒店仅几步路的距离，非常之近。从宽敞的屋顶露台欣赏下方沙丘的视野最为开阔，因为那里是一处最佳的制高点，也适合欣赏夕阳美景，到时你可以想象着有一支去欧洲国家贩卖香料和衣服的古老驼队正一路向西跋涉着。**BS**

> “我们不仅可以为客人提供令人舒适放松的环境，还能给他们的精神世界带来丰富的体验。”
>
> 丝绸之路敦煌山庄的所有人

北京颐和安缦酒店的别样人生

Enjoy the Aman Summer Palace

地点： 中国北京

网站： www.amanresorts.com　**价格指数：** $$$

颐和安缦酒店融入在北京旧皇城的原始建筑、花园和亭阁楼台中，非常和谐，宛若一体。酒店距离市中心仅9英里（15公里），在熙熙攘攘的北京城中为游客们带来了一处华丽奢侈的庇护所。

酒店内部有一个庭院、几座中规中矩的花园和数条甬道，客房与套房就围绕着内庭排列。眼前的景观设计让明朝的精致典雅呼之欲出。酒店处处弥漫着一股神秘气息，宛若引领客人们穿越古今，回到了那段与众不同、更为安然闲适的时光。客房中铺的是泥方阶砖，因为抛过光，所以隐隐反射着微光，陈设着四柱床和明式衣橱。室内柔和的色泽和精致的家居摆设将古代的简洁与现代的奢侈格调完美结合在了一起。

酒店世界顶级的水疗服务结合了中国皇室的养生之术与现代疗法，非常有效。技巧娴熟、经验丰富的按摩师的双手会给你带来纯粹的安宁享受。之后，走上几步路，便来到杨柳依依的池塘那端的赏悦亭。夏日傍晚，身着丝绸演出服装的音乐家会坐在这里为大家表演二胡和古筝，以古曲之声为此地的清幽僻静更添一层优雅。你可以去包含六间小型私人包厢的安缦馆中餐厅享用美味的粤菜，还有肉质细嫩的北京烤鸭以及更多独特的宫廷菜肴。逛逛庭院花园，你会发现另外四家餐厅，他们各有特色，你可以在其中品尝到不同口味的美食。

晚餐后，你一定想去酒吧坐坐。这座酒店的酒吧可以远眺美丽的中国池塘与园林，是休闲放松的好去处。如果你还想外出走走，也可以有不错的安排，因为你所住的酒店周边恰巧就是中国最具标志性的两个景点：颐和园与故宫。**SWi**

在长城脚下的公社小住

Stay at the Commune by the Great Wall

地点： 中国北京

网站： www.communebythegreatwall.com **价格指数：** $$

这是个公社，但并不是大家脑海中通常会浮现出的公社的样子。出现在你眼前的不会是长城附近公社中穿着草鞋的农民伯伯。这里是专门为高端消费人群准备的避世之所。该公社项目于2002年启动，源于张欣和潘石屹这对夫妻搭档的创意，其中包含11栋超级时尚的别墅，均由亚洲建筑师设计。2005年，凯宾斯基参与到该公社的业务中来，为其添加了31栋价格稍低的别墅。公社拥有安纳塔拉旗下（屡获殊荣的水疗品牌）的水疗中心，开办瑜伽和太极课程，还建有游泳池和电影院。此外，公社还设有儿童俱乐部，在此，孩子们可在家长们外出登长城时享受自己专属的冒险时光。

> “我穿过种着桃树和栗树的园子，走向长城那古老而几欲倾颓的台阶。”
>
> 苏珊·斯巴诺，《洛杉矶时报》，长城游记

时尚现代的别墅吸引了大众的目光，以包含4间卧室的“手提箱”别墅为例，该别墅由中国香港的建筑师张智强设计。别墅中的一排可随意升降的遮帘可以隔出几个单独的房间，也可以让客人享受一个极大的空间。其中建有私密桑拿室，还有一架可以直达屋顶平台的电梯，在平台上，你可以尽情凝望雄浑壮阔的长城美景。“家具屋”由日本的坂茂设计，结构模仿了传统的北京四合院，其中共有四间卧室、一间客厅和一间餐厅，均围绕一个露天平台而建。室内设计来自于当今世界最前卫的设计师瑟吉·穆依尔、蒂埃里·霍普、冯·罗宾逊和菲利普·斯塔克。**PE**

山地瑜伽（北京香山）静修中心的美景

Relax at Mountain Yoga Fragrant Hills

地点： 中国北京

网站： www.mountain-yoga.org **价格指数：** $$

2003年，沙金，一个业余发明家兼广告经理，向北京西边驱车40分钟到达风景如画的香山脚下。爬上香山，他在那里回望遥远的中国首都北京城的万家灯火，心中明确了这就是他一直在找的修建瑜伽静修基地的完美处所。今时今日，他的梦想已经成真，在香山和附近的一座有五百年历史的佛寺中，他建有两座静修中心，还在北京北部的一个纯净的山谷中，砖墙剥蚀、未经修复的长城一隅设置了一个季节性开放的尖顶帐篷式的露营地。

沙金最初的位于北京西边的静修基地——山地瑜伽（北京香山）静修中心以一处田园诗般的乡村农舍为中心，连通一条穿过古老的木兰树林的土路，土路的那一头是修建于辽代（907—1125）的宏伟寺庙——大觉寺，内有罕见的皇家石碑。为了追求在中心的瑜伽大师的关注下享有的同一性，山地瑜伽现有两个宽敞的开放式庭院和筑成台地的区域，还有很多私人空间。

来宾们可以参加艺术和太极研习会，埋头于古老的耳烛疗法中，学习书法艺术，享受按照唱诵传统于晚间唱诵年代久远的梵语经文，或者在露天剧场中参与角色扮演的活动。山地瑜伽不仅仅是一个静修中心，而是可以将你从负能量中拯救出来并为你再度带来生命中的无限可能的圣地。中心附近有很多徒步野径，沿着这些小路行走，你可以呼吸到新鲜的山间空气，还能欣赏到迷人的香山美景。**BS**

在新红资俱乐部度过良宵

Experience the Red Capital Club

地点：中国北京

网站：www.redcapitalclub.com.cn　**价格指数：**$$

住在北京任何一家酒店，你都会产生这样的想法，即资本主义的发祥地是这里。冒出这样的想法也无可厚非，因为这些酒店都空间宽敞、看上去没什么文化底蕴，和其他地方的同等酒店没什么区别，缺乏自己的个性。而新红资俱乐部则截然不同。

这是一处极美的清朝庭院。庭院很小，仅有5间房屋，默默坐落在低调的东四居住区。这些房屋均面朝中央庭院，布置精美，内有装饰着丝绸垂帘的床铺，陈设着散发有浮华气息的家具。如果你觉得这里的格调有离经叛道之嫌，那就请移步东/西贵妃阁自带的私人庭院；这两间屋子里装饰着清朝的卧榻，是整个酒店中最富浪漫情调的客房。

尽管整个建筑中都弥漫着浓浓的怀古情思，还是有些方面体现出了21世纪的现代元素，比如说可以接入互联网，也有卫星电视。这里甚至还有与苏联之间关系紧张时，也就是1969年修建的防空洞，现在被改造成了一间逼仄的酒吧，进去喝酒聊天的人恐怕会险些犯了幽闭恐怖症。相邻的一个房间中播放着旧时代的宣传电影。酒店餐食皆由相邻的新红资俱乐部餐厅提供，其中有毛泽东和邓小平最喜欢的菜肴。最后，你可以乘坐曾经属于江青的豪华轿车绕北京城漫游一周。**HA**

“这里的红漆墙壁与门窗微微泛着光泽，天井还坐落着传统庭院中的假山。”

travelintelligence.com

↗ 客房中满是古董摆件，甚至还有一张从缅甸由大象驮过来的贵妃床。

参观苏州园林

Visit the Gardens of Suzhou

地点：中国江苏苏州

网站：www.chinavista.com/suzhou/tour/garden.html **价格指数：**S

苏州可谓是具有历史意义的宝地，除了小桥流水人家，最闻名于世的要数那里的园林了。苏州是中国的丝绸生产中心，还是几世纪以来官商学者的理想居住地。他们为了让闲暇时光过得充实美妙，修建了一座座私人园林。置身其中，便可暂别城市生活的喧嚣躁动，环境甚是清幽恬静。

苏州市内曾有200所私人园林，每座园林的设计都是各种元素的和谐组合。山石、池塘、树木和凉亭的布局都一丝不苟，因此无论你从

> “这是一个贵气十足的精妙城市……竟然有多达一千六百座石桥，而石桥下则是过往的乌篷船。”
>
> 马可·波罗，旅行家，苏州游记

哪里看，整个造景都是完美出众的。而今留存的仅有不到一半的园林，不过其中最大的苏州园林是面向公众开放的，那就是拙政园。该园林可以追溯到明朝，内有森森竹影、精妙盆景和潺潺的清流、细心修造的假山池塘和飞檐凉亭。超过半数的园林中都有水景和精心布置的网格状道路，这就方便了曾经的学者即便在雨雪天气中也能欣赏园中美景。同样值得一去的还有设计巧妙而富于艺术气息的留园，园中长廊一侧装饰着书法作品。此外，还有11世纪的沧浪亭，周边古树葱茏，美不胜收。**PE**

← 网师园的格局错落有致，水景与山石相衬，愈发灵动，更蕴含了阴阳相济的哲理。

游览黄山
See Mount Huangshan

地点： 中国安徽黄山

网站： www.huangshantour.com **价格指数：** ❶

黄山共有七十二峰，千年以来一直是游客云集的景点。古今画家诗人纷沓至来，只为一睹险锋峭壁和形态迥异的松树。

黄山是中国国内最热门的旅游点之一，所以政府修建了缆车方便游人游览。不过，我们建议，只要你身体健康都应该避免乘坐缆车，而应该选择沿着山路步行登顶。东线道路较为陡峭，但是路程也较短，仅5英里（8公里）长；西线距离是东线的两倍，而且也同样险峻，但是徒步者能欣赏到更多美景。无论你走的是哪一线，你都会发现一路上基本上都看不到其他人，只是时不时会碰到精瘦结实的搬运工人，他们正在为山顶的酒店和餐厅搬运货物。只要不走跟团旅游一般会选的路线，很轻松就可以安安静静地爬山赏景。若是天气晴朗，周遭景色更是不同凡响。不过，几个世纪以来云集于此的游人可不是为了来这里晒太阳，相反，大家是为了欣赏云山雾罩的仙境般的美景。在潮湿有雾的天气里，一开始似乎眼前什么也看不到，继而微风拂过，气流轻轻将眼前的雾霭卷走，透过眼前卷动的雪色雾帘，你就会看到线条硬朗的山石峰峦魔法般地出现在了你的面前。有那么一刻，你似乎感觉这些山峰像是神秘地盘旋在一片洁白轻柔的大海上。随后，云雾再次聚拢，眼前的崇山峻岭宛若幻象，再次消失得无影无踪。**PE**

> “黄山被世人誉为‘中国第一奇山’。”
>
> 联合国教科文组织世界遗产保护委员会

入住富春山居
Enjoy Fuchun

地点： 中国上海

网站： www.fuchunresort.com **价格指数：** $$

富春山居周边是杭州亦真亦幻的美丽群山，薄雾缭绕的妩媚湖水，附近还有一座茶园。这里宁静的氛围让人绝想不到这里紧邻熙熙攘攘的两座繁华都市：杭州和上海。田园风格的民居与清幽绝美的湖光山色浑然一体，在中国，像这样的独一无二的湖畔避世胜地还是头一个。这座度假酒店共有70座别墅，有的就位于湖畔，有的则是处于花园中，每栋别墅都配有私人泳池和禅意十足的生活起居区。别墅中的家具以令人宽心的中性色和深色的柚木材质为主。外面天气闷热潮湿的时候，在这些屋子里休息是非常惬意的事情。

这座度假酒店是以一幅有七百年历史的元朝画作为蓝本，画上表现的也是酒店所在当地的山水景致；同时这座酒店也确实抓住了该艺术品梦幻般的神韵。这里的理念就是要让客人全身心地放松，焕发新生般的活力，而且酒店中静谧平和的氛围也是可遇而不可求的。你可以花上一段时间，享受这里令人心神安宁的水疗服务中，比如杭州绢丝敷裹理疗套餐，这种理疗方法取材于当地的传统习俗；或者你也可以接受来自巴厘岛的理疗师为你准备的茉莉花与珍珠擦洗疗法，这种护理方法可以去掉角质，让皮肤如婴儿般水嫩光泽。当然，你也可以选择浸入凉爽的黑色泳池中或者泡在室外的花岗岩冲浪浴缸（共有3个）中，尽情享受此时此刻独处的欢乐。

你可以将自己不羁的一面释放在瑜伽或太极课程中，这两类活动都会在风景如画的湖畔游廊中进行。酒店内有18洞72标准杆高尔夫球场，还有两个网球场任你选用。若是运动之后有些饿了，便可以去屡次获奖的T8餐厅享用美味的东西方菜肴。**HA**

晨练太极

Join in Tai Chi at Dawn

地点：中国上海

网站：www.chenqiang.net **价格指数：**

到了上海，可千万别在高级酒吧或高层餐厅中玩到太晚，因为如果你要想领略这座城市最靓丽的风景线之一，看当地市民晨练太极，就得早早起床。打太极拳的活动并非固定在某一特定地点，你只要在前法租界的大街小巷中走过，一准会遇到练太极的队伍。有时候你会看到三五个上了年纪的街坊邻居，他们伴着老旧的小型录音机中卡带播放出的音乐，就这样缓缓地出拳伸腿、一板一眼地练着。

> “太极并不是所谓的充满了东方智慧或异国风情的功夫，而是关于你自身各种观感的一种智慧。”
>
> 黄忠良，太极大师

无论城市的哪一片绿地上，你都会看到百十来人在认真地练习太极。复兴公园里，玫瑰花圃旁，一个头发已经掉光的老人正聚精会神地关注着自己的招式，将手缓缓反转抬至头顶。其他人则是进行团体练习，而且他们练习的不仅仅是太极。公园里有一个约五十人的团队，按照一定队形排列整齐，正在伴着声音很大的卡带录音机练习有氧健身操。有一些梳着奇特头型的妇女们在跳扇子舞，离她们几步之遥处有个年轻人正在一位老者的教导下学习舞剑。还有步履蹒跚的老者拎着鸟笼子遛鸟儿，他们通常会将笼子挂在树枝上，然后在附近找个长条板凳坐下休息，时不时端起随身带的罐头瓶，慢悠悠地咂上一口里面的绿茶。

比之上海一派现代的都市景象，这样的日常生活之景当然更胜一筹。这说明在这座浮华忙碌的超级城市中，民间的传统依旧存在。**PE**

入住三亚南山树屋

Stay at Sanya Nanshan

地点：中国海南

网站：www.treehousesofhawaii.com/nanshan.html **价格指数：**

海南岛是中国最靠南的一个省份，也是世界上第二大的海岛。这座岛屿不但坐拥中国南海温暖的海水，还有多山的地形、温和的气候、绵延数英里的白色沙滩，中国人将其誉为“东方夏威夷”。如果你从沙滩返回附近的南部城市，即亚龙湾的三亚，凝望郁郁葱葱的森林，便会发现沿着海南南部海岸线的这一片腹地是建造树屋的绝佳地段。

这里的四座树屋均安全地建在高高的罗望子树上，而这片罗望子树群是经过精心挑选才选中的，因为它们树冠浓密、木质坚固耐用、可以承担一般树屋的重量和结构。三亚南山的这几座树屋与承载它们的大树和谐地组合在一起，几乎会让人以为二者本就是一体，极具伪装性；这些树屋之间彼此由绳索木板搭建的通道相连，这条通道高高地架设在森林地面上空，惊险而刺激。树屋中并不通电，所以想要冲凉就得多走几步路。因为建在树上，受到一定限制，所以屋中空间并不宽敞，但是环境非常整洁优雅，而且几乎从每个树屋向外望去都能看到远处壮丽的海景。超过两层的“空中沙滩”树屋可以容纳至多6人住宿；而“海滨俱乐部树屋”仅能容两人过夜，从这座树屋出发仅需步行几分钟便可到达海滩。

附近的三亚南山佛教文化苑建于1959年，是自中华人民共和国成立以来最大的佛教寺庙建筑，也是该地区的必看景点之一。园区占地66英亩（27公顷），园中有晚唐时期（618—907）的代表建筑物，还建一座有美丽的金玉观世音菩萨塑像，其上镶嵌了超过221磅（100千克）的金银和玉石，堪称国宝。**BS**

观光日月潭
Explore Sun Moon Lake

地点：中国台湾中部日月潭

网站：www.sunmoonlake.gov.tw/sun.aspx?Lang=EN **价格指数：**❶

位于台湾省中部的日月潭海拔2500英尺（760米），潭水平滑如镜，仿佛一块美丽的祖母绿宝石，水面上时常浮动着雾气，集中呈现了远东的静谧风情和自然之美。潭水四周环山，由两个部分组成，它们分别为新月形和圆形，这也就是日月潭得名的原因。作为台湾岛上最大的内陆水体，日月潭当之无愧地成为了最受欢迎的旅游目的地。

该地区居住着邵族人，他们是台湾人数最少的原住民部落。他们将拉鲁岛，即将日月潭分隔为两部分的小岛视为他们祖灵的家园。二十多年前，岛上建起了一座“月下老人亭”，专为举行集体婚礼所用，但是这个政府机构（连同岛上其他大部分）都在1999年的大地震中消失于潭中了，最后只剩下了一个形状奇怪的小岛。

与此同时，风景优美的潭边公路沿线还坐落着几座20世纪建造的传统式样的庙宇或公园，如孔雀园，其中有两百只羽翼华美的孔雀在绿地上悠闲踱步。另一方面，伊达邵是当地部落的主要聚居点，那里有相关展览和表演，由此你可以一瞥邵族人的文化并深入了解他们的风俗习惯。不过，到日月潭参观旅游主要是去欣赏那份静谧的景色，再加上台湾所处的热带位置带来的全年的好天气，你会由此联想到远东的山水画。事实上，在潭中游泳是被明令禁止的，因此日月潭才有了如此宁静安适的风景。租一条划艇是在水面上享受那份独处乐趣和欣赏周围森林山川的最佳方式。**DaH**

游览天坛大佛和宝莲寺
Visit Big Buddha and Po Lin Monastery

地点：中国香港大屿山

网站：www.discoverhongkong.com; www.plm.org.hk **价格指数：**❶

大家可以暂时忘掉香港商业的一面，乘渡船去参观大屿山，你会看到一尊庞大的佛陀坐像，这是世界上最大的户外青铜佛像，也是整个城市中度过下午时光的最安静的地方。

佛像属于宝莲寺，该寺自1906年久建于这片多山地带。你可以乘巴士到达寺庙台阶下，下车后便能看到在向你微笑的青铜大佛。这时候，你可以选择沿着迎风招展的彩旗旁的台阶拾级而上，顺便逛逛沿路卖饰品等小玩意儿的摊点；你也可以参观一下博物馆。寺院中供奉有佛祖的两颗舍利，神奇的是，它们在不同的人面前能呈现出不同的颜色。观看佛像，你会发现它由内至外散发着一种内心的平静，这可不是一个意外造成的效果，而是精心设计好的：佛陀打莲花坐时，其面部宽阔平静，象征着内心安宁。他的右手举起，拂去所有的恐惧，左手垂于膝前，作与愿印。你一定要在这里驻足凝望一段时间，充分体会佛祖庄严安详的面容，体验宁静平和的氛围，然后再返回繁华喧嚣的都市。**LD**

> “有三样东西是无法长久掩蔽的——太阳、月亮和真理。”
>
> 佛陀

→ 大佛象征着人与自然、人与宗教之间和谐的关系。

在香港JIA精品酒店中尽情放松
Unwind at Jia

地点：中国香港铜锣湾

网站：www.jiahongkong.com **价格指数：**$$

在普通话中，“JIA”的意思就是“家”。在整个亚洲地区，还是第一座由菲利普·斯塔克设计的精品酒店，确实在香港熙熙攘攘的都市环境中为游客提供了一份颇受欢迎的恬静氛围。JIA酒店坐落在市内的铜锣湾地区，走时尚路线，以“自然”作为其中心主题，营造了一种超级别致而且极其舒适的住宿环境。

酒店所在的建筑前身是一座写字楼，共25层，54间客房。从外面看，酒店可能显得平淡无奇，但是进入酒店内部，你就会发现自己已经置身于现代化的设计装修环境中：四周是雪白的墙壁、脚下铺设着柚木地板，身边陈设着品味高雅的艺术品。如果你想好好犒赏一下自己，度过一个愉快的假期，那就应该选择一间单卧室客房或者双卧室顶层公寓，两者都有极好的视野，可以俯瞰整座城市，室内家具陈设也非常上档次。如果你想多晒晒太阳，那就选择二楼带阳台的客房吧，在那里，你可以手捧一杯免费赠送的红酒静静地放松精神与身体。

尽管香港的餐饮种类丰富齐全，从时髦的装修豪华的餐厅到路边小摊应有尽有，不过JIA酒店的客房可是配备了设施齐全的小厨房，所以如果你不想外出就餐的话，尽可以待在个人的私密空间中“自己动手，丰衣足食”。不过那样的话不免有些遗憾，因为毕竟酒店附近还有很多值得逛一逛的地方。马路对面是一家传统的中药店，你可以在那里买到燕窝等等中药材；隔壁则是渣甸街，街上有下午开市的菜市场和花市，晚上甚至还有夜市。**HA**

> “酒店内部装修注重空间上的通透性、舒适感和时尚氛围，还配备了具有超现代感的便利设施。”
>
> JIA精品酒店的所有人

↖ 酒店顶层公寓的生活区设计简洁大方，有着简练明快的线条、温暖人心的灯光和舒适温馨的靠垫。

沿麦理浩径远足

Walk the MacLehose Trail

地点： 中国香港新界

网站： www.oxfamtrailwalker.org.hk/en/home.html **价格指数：**

那些对香港有着刻板印象、认为那里到处伸展着钢筋水泥爪子的人们是大错特错了。香港面积的40%都由郊野公园覆盖着。长达60英里（96公里）的麦理浩径穿过的就是公园中景色最为优美的那一部分，沿途穿过了新界茂密的丛林，丛林中甚至有蛇出没，还穿过了纯净的白沙滩、碧蓝色的大海和傲立的群峰，还包括了香港最高的大帽山，整条小径最高点超过海拔3,000英尺（915米）。

这条小径修建于1979年，以廉政公署的前港督麦理浩命名，因为他就是徒步运动的爱好者。1981年，在英国军队中服役的廓尔喀人发起了首届毅行者活动，这是一场需要选手走完小径全长的比赛，旨在锻炼身体。1986年，该赛事面向公众开放，成为了一项为乐施会筹集善款的国际性公益赛事。从那时起，将近有五万名群众参加了比赛。这支队伍的速度前所未有得快，他们仅用了不到12个小时就走完了全程。

若是比赛结束一周内你遇到哪个参赛者，他一定会跟你抱怨膝盖有多难受。关节不好的人可要注意了，这条小径起起伏伏，上下坡很多，而且有很多混凝土筑成的台阶。你无须一次走完全程，或者如果你愿意的话可以多走一些。从西贡国家公园的新界东海岸的北潭涌开始，至西部的屯门结束，整条路共分为十个路段，其中大多数路段长约6英里（9公里）。因此，你可以每次只走其中一两个路段即可，中途可以停下来泡在海水中放松一下。因为是在香港，交通方便，徒步完成后你可以随时跳上的士或者巴士直接到最近的一家面馆或者更高级的餐馆饱餐一顿，犒赏自己。**PE**

下榻朗豪酒店

Stay at Langham Place

地点： 中国香港旺角

网站： www.hongkong.langhamplacehotels.com/en **价格指数：**

香港最令人兴奋的特质之一便是那里的繁华喧闹了。在旺角的中央，众多五星级酒店的簇拥下，却矗立着一座严格地讲可以称得上是“遗世独立”的酒店——朗豪酒店。就是这种地理位置才让这座酒店如此特殊。这里距离市场仅一个街区之遥，那些热闹的市场上可以买到各式各样的商品，从榴莲到金鱼，再到耐克运动鞋，无所不包。可以说，我们要介绍的这座酒店就处在最平静的暴风之眼上。

> “繁华嘈杂的旺角中心地带竟然建有如此典雅与奢华的朗豪酒店，实在是令人精神一振。”
>
> luxurytravel.com

朗豪酒店所在位置与当地市民的生活非常贴近，你可以透过酒店窗户清楚地看到当地人出门晒衣服，或是在附近的公寓楼里处理他们的日常事务。因为位于此区域，酒店给当地的经济也带来了颇多益处。整栋酒店建筑中都布置着当地的艺术品。其中尤为具有特色的是“川”水疗中心，该水疗也采用了中国传统疗法。中心设有桑拿房、湿蒸房和向所有客人敞开的楼顶泳池；这里还为客人提供多种中国疗法，包括反射疗法。

酒店的服务完美无可挑剔，客房设施先进，非常现代化，从枕头到iHome MP3播放器应有尽有。从“川”水疗中心套房出类拔萃的客房望出去，是香港维多利亚港震撼人心的美景，你手边托盘中则放着传统的中国甜品和花草茶，耳畔飘荡着抚慰人心的音乐声，附近是别具一格的水疗套房。**LD**

探索米埔湿地
Explore Mai Po Wetlands

地点：中国香港米埔

网站：www.wwf.org.hk/eng/maipo **价格指数：**$

天空突然暗了下来，好似一片阴云飘过头顶。不过米埔湿地并非将要遭受暴风雨的侵袭，而是一大群鸟儿黑压压地遮蔽着冬季天空。每年，这片沼泽湿地都会迎来超过60,000多只南迁的水鸟，其中不乏鸥类、苍鹭、白鹭和黑脸琵鹭。它们是沿着从北极圈起、穿过东南亚，再到澳大利亚、新西兰的东亚-澳大利亚迁徙飞行路线飞抵此地的。米埔是一个方便的中途热带停歇站，鸟儿们可以在这里休息，为完成接下来的漫漫征程补充体力。

因为在香港西北一隅的这座自然保护区中聚集着350多种家禽及候鸟，在1995年的时候，这里被划为“国际重要湿地”。这些鸟儿们会成群结队地飞至传统的基围虾塘附近，与成千上万只同类一齐栖息在周边的树上。春天，天气暖和起来，那些冬候鸟也开始准备返乡之行了，湿地也焕发出新生的迹象。树上的花骨朵开了花，基围中满是肥美的鲜虾，水鸟总会在开始返乡的长途飞行之前借此机会饱餐一顿。色彩明亮的豆娘和蜻蜓此时会完成它们的蜕变，从虾塘的淡水中纷纷冒出来，出现在我们面前。

夏季是繁殖的季节，此时湿地的留鸟就会换下那身灰扑扑的“冬衣”，披上色彩鲜艳的羽衣，以此获得异性的青睐。到了晚上，夜风中会传来各种昆虫动听的和鸣，蛙类“呱呱”的叫声。你可能还会碰巧看到几尾小蛇悄悄沿着小径游走。秋天，一年一度的鸟类迁徙又开始了，于是，自然的生命就这样循环往复，生生不息。**JP**

在半岛酒店充分休息
Relax at the Peninsula

地点：中国香港九龙

网站：www.peninsula.com **价格指数：**$$$

半岛酒店建成于1928年，是这座城市里最古老的一座酒店。正如香港这个大都市的灯红酒绿一样，酒店的大厅也富丽堂皇、宏伟大方，其中布置着很多闪亮的装饰，也聚集着喧嚣热闹的人群。不过，当你踏入电梯，向客房走近的时候，周围却是一片难得的寂静和安宁。

半岛酒店被亲切地称为“尊贵的香港贵妇”。一出机场，就会有司机驾着半岛酒店著名的车队中的一辆劳斯莱斯，载着你轻盈快捷地向酒店方向开去。如果你认为这样的交通方式太过流俗或浮夸，也可以乘直升机去，因为酒店楼顶上为超级贵宾准备了两处直升机起降坪。

> “这里的服务已经不是‘周到用心’一词能形容的了，而是好到会让你每次都不禁发出惊讶的赞叹声。”
>
> concierge.com

半岛酒店刚好位于香港休闲娱乐区的中心，可以望到维多利亚港美妙而激动人心的景致。你可以选择位于顶楼的套房，在华灯初上时沉浸在城市天际亮起的万家灯火中。酒店客房很是华美，尤其非常注重细节；客人们可以通过床头的操作面板自行决定室内温度、湿度、灯光以及窗帘开闭状态、电视开关状态等。卫生间由大理石铺砌，安装了情景照明设施，装修则结合了欧陆风情与亚洲情调。酒店既有旧时代的典雅，又搭配了绚丽的织物、西方的家具和亚洲的艺术品、灯具和瓷器。酒店楼顶是全香港最高级的餐厅Felix和罗马主题的泳池。如果你没有带上足够的现金在这座精致高档的酒店中挥霍，那么不如装扮好了去享用一下这里的下午茶。**JK**

在三只骆驼客栈安营扎寨

Camp at Three Camel Lodge

地点：蒙古戈壁沙漠

网站：www.threecamellodge.com **价格指数：**$

在蒙古荒凉难行的戈壁沙漠中，充满着游牧民族流浪激情的人们可以在这处奢华的营地中好好休整一下，放松一下疲惫的身体。三只骆驼客栈就坐落在阿尔泰山脚下的古尔班赛罕国家公园中，客栈与四周令人震撼的自然美景与无垠的沙漠完美地结合在了一起，让人感觉到非常和谐。

客栈共有45座毛毡做的蒙古包，还有一座抢眼的主建筑，它们背靠着有5400万年历史的露出地表的火山岩，就建在一片茫茫的戈壁滩上。这些蒙古包的建筑灵感来源于游牧部落，而且确实营造出了游牧民之家的氛围。这些手工制作的蒙古包质朴、温馨而且舒适，其中摆放着烧柴的路子、手工上漆的木床和当地打造的家具。每个蒙古包可至多住4个客人，而且在太阳能板的帮助下，大家可以享受24小时供电的待遇。客栈的主建筑由当地的工匠精心建成，上上下下都没有使用一颗钉子，建筑风格为蒙古族的佛教建筑。

此地是一个严格遵守生态保护准则的客栈：夜间照明和烧热水均使用太阳能和风能，而炉子里生火所用的燃料则是动物的粪便。因为客栈处于沙漠腹地，偏远荒凉，大家可以在露出地表的火山岩发现各种石刻，有野绵羊、野山羊和羚羊。你还有机会遇到赶着牲口经过客栈的现代游牧民。你可以去阿尔泰山的山路丘陵地带远足，或者乘着骆驼翻越沙丘，骑在马背上进山谷游荡，在富有传奇色彩的火焰崖上挖寻恐龙化石。太阳落山时，你可以舒舒服服地靠在舒适的座椅上看沙漠中美妙的星空。**AD**

“这样殷勤好客的顶级服务却是在世界上最不宜居的地方——戈壁沙漠。”

《独立报》

↗ 入夜，在无边无际的干草原上，你可以伫立在木造门廊和石砌露台上眺望沙漠美景。

发现库苏古尔湖

Discover Lake Khövsgöl

地点：蒙古汗赫镇

网站：www.mongoliatourism.gov.mn　**价格指数：**❶

蒙古景色最美、交通也最便利的景点之一是库苏古尔湖，湖畔是覆盖着郁郁葱葱的森林的山丘和开满了野花的草原。从霍里道勒萨利代戈山上俯瞰，这片全国面积最广、深度最深的湖泊宛若水晶般清澈透亮，所蓄淡水占全世界淡水量的两成。库苏古尔湖也是最原生态的湖泊之一，因为湖里的水干净无杂质，你甚至可以直接饮用而无需额外处理。

你可以在这里钓西伯利亚河鳟或者了解游牧家族如何照看他们的驯鹿群，也可以乘轮渡往来于哈特嘎勒镇与汗赫镇之间，探索库苏古尔国家公园范围内的种种美景。这座国家公园比加州的黄石公园还要大，是各种各样的野生动物的家园，其中包括野山羊、麋鹿、狼、棕熊和驼鹿。这里也是从西伯利亚迁徙到远方的候鸟们的中途停歇站，这也就意味着你可以在这里观赏到众多可爱的鸟儿。要想拥有完整的体验，就要在温馨舒适的蒙古包里过夜，帐篷里由传统的烧木柴的炉子，可以驱走帐外的寒冷。

在这片贫瘠的土地上，许许多多的湖泊都是咸水湖，所以库苏古尔湖这片淡水湖在这样一个佛教国家被视为圣湖也不难理解了。该地区公路很少，当地人通常是骑马出行。冬季，气温骤然下降，湖水冰封之际，他们就会用马拉的冰橇载满货物，穿过湖上的冰层去西伯利亚边境做买卖。整个冬季最吸引人的莫过于冰雪节，这是一个在冰封的湖面上庆祝冬至的节日，届时会有冰橇和滑冰比赛。**AD**

⇥ 库苏古尔湖有超过两百万年的历史，是世界上十七大古老湖泊之一。

观赏卡穆伊瓦卡瀑布
See Kamuiwakka-no-taki

地点：日本北海道

网站：www.japan-guide.com/e/e6851.html **价格指数：**

卡穆伊瓦卡地热瀑布位于知床国立公园中，该公园则坐落在北海道野趣盎然的多山半岛上。这处瀑布会为你带来独特的沐浴体验。在当地原住民阿伊努族人的语言中，卡木伊娃卡的意思是“众神之水”，而且该地热瀑布算是世界奇观之一。瀑布水带着淡淡的硫磺味儿从火山岩浆所在的深度迸出，咕嘟嘟地冒着泡从一系列的通风孔经过，最后涌入一条穿过森林的水道中，留下一片蒸腾的云雾。闪烁着光芒的水流继而汇入一系列清澈的池塘中，人们便可随意选择在哪个池塘中沐浴。其中位置最高的池塘水温也最高，恐怕也是景色最美的。池水略偏酸性，所以如果你的皮肤上有些轻微的割伤或擦伤，入水时可能觉得有些刺痛，不过一旦习惯了，你就会得到充分的放松，而且这种水被认为对人体健康非常有益。

日本人将整个人沉浸在温泉中的陶醉状态形容为“沸水煮章鱼”，虽然这个说法听上去不怎么讨喜，不过能保证的是，你只要泡在池中到了这个状态，就绝对不想再离开一步。你可以在树林旁放松休息，听着湍流传出的那催人入眠的背景音，享受温泉带来的惬意心境。池塘底部的水温较低，随着高度渐渐上升，池中形成一个个小小的漩涡，最终贴近水面的水温度是最高的。这里和日本其他大多数温泉不同，你可以穿着泳衣沐浴，而且你要确保自己穿对鞋子，因为周边的石头湿滑，非常容易摔跤。除去在地热瀑布中可以好好享受一番，你还可以在国立公园中发现不少值得探索的事物，其中包括冷杉、桦木和橡树组成的绝美森林。此外，这里还有一些非常有名的温泉，包括登别温泉——日本最棒的公共浴场之一，还有各种各样的活火山，其中包括樽前山，该火山曾在1982年的时候爆发过。**HA**

在青荷温泉旅馆充分放松
Relax at Aoni Onsen

地点：日本青森县

网站：www.onsenexpress.com **价格指数：**

青荷温泉野趣横生，是日本北部地区最能令人产生共鸣的沐浴之地。因为这家旅馆几十年如一日不使用电，所以难怪此地也被称之为“灯之温泉旅馆”。即便是到了现如今，客人泡在温泉中享受一个人的宁静时光时，周围的照明器具也是油灯。

冬天到了，温泉四周白雪皑皑，你耳畔只有山涧淙淙的流水声。混合式露天风吕的一侧直接与大自然交融，可以看到奔流直下的瀑布，而内侧是一间又一间隔离开的沐浴室，可以看到附近的溪流景致，令人心灵得以慰藉。青荷是广受温泉行家欢迎的一处温泉，坐落在富有诗意的白神山地间一座小小的溪谷中，靠近八甲田山。这家传统的日式旅馆共有32间客房，最初是由一位名叫丹羽尤加的诗人于1931年开设的，这是为了寻求此处泉水的治疗特性。时至今日，这座日式旅馆仍能反映出诗人那富于艺术情调和平静安宁的心灵。拉开和室的推拉门，眼前就是精致的假山园林和可爱的池塘。

> “日本人将温泉转化成一种艺术形式……专注于沐浴和饮食。”
>
> 《独立报》

这处偏僻遥远的避世之所让人们都仿佛回到了那段被遗忘的时光，深藏着的禅意也让大家体验到寺院中那种清苦纯粹的快乐。屋顶上垂下来一根根冰棱，当冬日黄昏中淡蓝色的光晕淡入这片白雪皑皑的大地时，你可以蜷缩在熊熊燃烧的火堆旁体验此时的温暖与温馨。若是在那几个较为温暖的月份里，你还可以徒步去山上观赏野鹿、黑貂和羚羊。**AD**

在藏王温泉消遣

Unwind at Zao Onsen

地点： 日本山形县

网站： www.zao-spa.or.jp/english　**价格指数：** Ⓢ

露天浴池中，坐落在藏王国立公园入口处的藏王温泉令人印象最为深刻。这座温泉能容纳200人，是最大的净化水蒸气池。其中最引人注意的还是原生态的藏王温泉大露天风吕，由三个冒着泡的室外池塘组成，是山涧中建起的一处庞大的浴池，置身其中可以欣赏到郁郁葱葱的森林覆盖着的群山，景色无比壮观震撼。

藏王温泉的发现可以追溯到公元110年，因此可以算是日本东北地区最古老的三大温泉之一。根据当地的传说，曾经有一个受伤的武士将射入体内的一支箭拔出，用一眼泉水清洗伤口，结果伤口就奇迹般地愈合了，于是此处泉水的治愈能力便远近闻名了。乳白色的泉水具有较高的酸度，始终保持着接近125℉（52℃）的高温，仍然被视为是对皮肤问题和肠胃疾病有着神奇的治愈功效。

温泉所在的村庄保留着其传统的魅力和近乎禅境的宁静氛围。泡完了温泉，在布置着灯笼的街道上漫步，两侧皆是古香古色的日式旅馆。从山形县的高速火车站乘巴士便可方便地到达藏王温泉，这里既受到滑雪爱好者的欢迎，又受到了爱泡温泉者的喜爱。开始下雪时，周遭的树木就会覆盖上一层冰，这情形非常奇特新鲜，所以人们常常会将它们称为“冰怪”。这时，此地就会变为一个冬季仙境。此外，这里还是日本最古老的滑雪度假地之一，因为藏王温泉的山海拔超过4,000英尺（1,220米），地形对滑雪非常有利。对于胆子大的人来说，可以尝试1,000英尺（305米）、30度坡度的“墙”路段。AD

↗ 温泉中涌出的热水在任何季节都能缓解你各个关节承受的压力，给予你彻彻底底的放松。

“一定要在进入温泉之前洗净身体，带着肥皂沫进入温泉可是最失礼的事情了。”

大卫·阿特金森，《独立报》

探索日光城
Discover Nikko

地点：日本栃木县

网站：www.nikko-jp.org/english/index.html　**价格指数：**Ⓢ

伫立在日本北部山间神秘古朴的神社入口前，你眼前有大群猴子吱吱叫着窜来窜去，所以你得尽可能地避开这些顽皮的动物，登上林地中通往神社的最后几节石阶，然后你就会发现自己正对面的就是给人留下深刻印象的轮王寺。该寺建于公元766年，其大厅中满是日本江户时代的宝贝，而室外则是美丽的19世纪风格的园林。

继续深入神社，你会发现眼前的庙宇建筑变得愈发神秘迷人，其中有排成列的装饰性石灯笼、陵墓、宝塔和龇牙咧嘴、怒目圆瞪瞪着来客的古代武士雕像。穿过一系列精心漆成红色与金色的大门，到达坡顶便是一片日本柳杉林，林中便是寺庙中建筑最为出彩的日光庙大猷院，其中供奉着幕府第三代将军德川家光（1603—1605）的骨灰。

日光城位于山中较高的位置，所以在地理上来讲与外界相对隔离，这也就是这里的神社建筑给人的感觉与你看到过的其他神社庙宇不同的原因。日本人信仰神道教，而在神道教中他们信仰的神统称为Kami，这是一种精神形式的存在或是某个地方的精灵。在这处宁静的森林中，你会尤其感觉到冥冥中有神明精灵存在，这种似有还无的感觉很难消除。

附近具有重要历史意义的朱红色的神桥庵和日光植物园也非常美丽。此外，还有一条称为Ganmna-ga-fuchi的风景如画的小河，河水呈石青色，流过附近的男体山的旧熔岩遗址。**CW**

“请在日光城为我搭起一座小小的神社，如神般敬我、供奉我，我将守护和平。”

幕府时代将军德川家康，1542—1616

↖ 日光城中的神社周边最令人赞叹的就是这座高五层的宝塔。

下榻银座西洋酒店
Stay at Seiyo Ginza Hotel

地点：日本东京

网站：www.seiyo-ginza.com **价格指数：**$$

银座西洋酒店从外观上来看并不太起眼，不过酒店这样设计是有意为之。酒店的客人中有许多是皇室成员、社会名流或富有的企业集团首席执行官，而酒店低调私密的奢华氛围正好迎合了该人群的品位，因此非常受到欢迎。银座西洋酒店所在的建筑是一栋超现代的大楼，周边便是银座地区高端的购物场所和灯红酒绿的夜生活圈，同时也处在日本桥金融中心的喧嚣沸腾中。

进入酒店，大堂中人不多，而且格外宽敞。

> “该酒店是日本首家引入24小时私人定制管家服务的酒店，因此吸引了许多讲究派头的贵宾。”
>
> 《纽约时报》

服务人员们会迎接客人在单独的办公桌前舒适的靠背椅上坐下，办理登记入住的手续，而周围环境始终是安静宜人的。酒店的格调新鲜摩登，通往客房的通道中摆放着大捧的新鲜花束装饰，客房的卧室中陈设着传统的家具，然而每间卧室都经过独立设计，各不相同。最精致的客房中竖着17世纪的日本屏风，摆放着四柱床，其中还有空间颇大的餐厅。据说，这里的浴室是日本酒店中最大的；大多客房的浴室中都包括蒸汽浴缸、淋浴隔间、步入式衣帽间，并且配备了奢侈的化妆品、精品浴袍，还在多处使用了大理石材质。

客人们可能会想，去哪里就餐呢？酒店有一家标志性的现代法式餐厅，一家荣获过多个奖项的意大利餐厅，还有一家日式美食餐厅。如果你想在两餐之间吃点零食，那么酒店的面包屋一定可以满足你的需要，你在店中可以买到新鲜出炉的酥皮糕点、曲奇和现场制作的巧克力。**SH**

入住东京半岛酒店
Enjoy the Peninsula

地点：日本东京

网站：http://tokyo.peninsula.com **价格指数：**$$$

在生活节奏飞快，到处熙熙攘攘的东京，有时候游客们会十分渴望能找到一处清静雅致的地方喘口气，避开摩肩擦踵的人群、繁忙拥堵的交通和闪烁纷乱的霓虹。东京半岛酒店于2007年末开始营业，在此之前，东京市的五星级酒店都是建在比较破旧的区域，城市的设计者们倡议在较为繁华时尚的地段建设酒店，于是，半岛酒店就应运而生了。该酒店所在地距离城市最高档的购物区仅一个街区之遥，刚好满足之前人们的这种需求，而且本身就是高消费人群的专属酒店。

在宽敞摩登的大堂中，天花板上固定着一盏非常醒目的半球形现代枝形吊灯，向地板垂下精致、纤细的玻璃碎片。东京最有品位的女性会相约在这里喝下午茶，空间中回荡着的则是悦耳的钢琴声。京都皇居是日本皇室的宅邸，在此酒店下榻，便可俯瞰此地，此酒店建成之前绝没有哪个建筑能让人从如此独特的角度来欣赏皇居。因为东京寸土寸金，所以酒店的客房宽敞大方会给人留下极其深刻的印象。酒店拥有五家餐厅了，其中的PETER扒房餐厅以其精致时尚的装修风格和可以俯瞰城市美景的宽阔视野闻名，而且氛围非常适合客人品尝开胃酒和享受雪茄。餐厅中的陈设如同电影的场景，就连好莱坞的明星大亨也是这里的常客。不说别的，餐厅调制的鸡尾酒就会让你产生飘飘欲仙的感觉。

酒店的二楼是起凤台粤菜馆，进去又是一番别致的景象：厨房中间有一个以玻璃隔出的封闭式就餐空间，称为主厨之桌，此外还有3间私密的雅间。所有一切与奢华的水疗馆、配有专人司机的劳斯莱斯、顶级珠宝店和高雅的法式蛋糕店共同轻松烘托出了半岛酒店的辉煌与杰出。在这里，你很容易将自己视为富豪阶级中的一员。**LD**

游览箱根国家公园

Visit Hakone National Park

地点：日本神奈川县

网站：www.japaneseguesthouses.com **价格指数：**Ⓢ

箱根国家公园是组成日本富士箱根伊豆国立公园的五个公园之一，中心地带是芦之湖，也就是广为人知的阿什湖。该地有美丽壮观、无与伦比的富士山景，是日本举国闻名的景点，也是那些想走出东京去周边游玩的游客们“一日游”的最佳目的地。

因为箱根位于火山区，所以这里的温泉、养生度假村和水疗、理疗中心颇为有名。很长时间以来，此地都被大家认为是有魔力的，成千上万想要恢复青春活力的人们纷纷慕名而来。如果你没能及时预订理疗酒店的房间也不用担心，体验一下绿茶浴也不失为一个很好的选择：箱根小涌园饭店温泉避暑地是一个温泉水疗度假胜地，也是全年向公众开放的水上乐园。从驹岳山和衣张山徒步归来，此地是很好的歇脚休息处。那些希望延年益寿的游客往往会向大涌谷进发，该区域遍布着活跃的硫磺火道和温泉。人们拿鸡蛋在这里煮熟后会含有些许的硫磺，如果你能忍受那种刺鼻的味道，可以试着尝尝鸡蛋，因为传说每吃一个这里煮的鸡蛋就能增加七年寿命。

箱根还以广受欢迎的箱根湿地植物园与露天博物馆闻名。博物馆中展出了著名的现代艺术家的杰作，包括毕加索、罗丹和米罗的作品。不过，最抢眼的还是阿什湖。湖畔风景充满了诗情画意，远方是白雪皑皑的富士山，对面则是箱根神社大红色的牌坊，从牌坊下走过，进入神社，你就会发现自己置身于神圣的氛围中，仿佛是到了另外一个世界。**LM**

→ 往芦之湖的另一侧看去，远处是12,390英尺（3,776米）高的富士山，美丽壮观。

探索镰仓
Explore Kamakura

地点：日本神奈川县

网站：www.asahi-net.or.jp/~qm9t-kndu **价格指数：**

这个沉寂安宁的小城距离东京仅有31英里（50公里），可二者之间的差别之大就好像隔了一个世界。因为这里既没有直插云天高到令人头晕目眩的摩天大楼，也没有夜夜霓虹闪烁的卡拉OK酒吧。幕府时代的1185年到1333年期间，镰仓是日本的首府，当时它是世界上第四大的城市。镰仓因为其悠久的历史，可以算得上是现代首都城市的对立面。在东京参加一日游的游客往往会来这里享受凉爽的海风、参观寺院与神社。镰仓的北、东、西三面环山，南邻相模湾，是一处天然要塞。这里的环境与几世纪前的鼎盛时期相比没有太多变化，还是那么令人倾心。此处的地标性建筑是俯瞰整座城市的、具有纪念意义的青铜大佛。

13世纪时，镰仓也是日莲宗的摇篮。日莲并不是镰仓本地人，而是生于安房国，他来到当时全国的政治中心讲学，自此便永远与这个城市联系在了一起。

如果想见到最美丽的镰仓，你可以从松冈山上的东庆寺出发，穿过山上的森林，站在高德院俯瞰整个城市风景。你还可以到钱洗弁财天宇贺福神社观看洗钱仪式，人们在这里用水洗铜钱，祈祷全家荣华富贵，一路上还可以驻足参观别的庙宇。当你经过怒放的紫色鸢尾花和茂盛的李树时，耳畔萦绕的唯一声响便是夜莺的美妙啼鸣。

这座城市引人注意之处并不只是古老的历史，沙滩也是很受游客欢迎的，更不用提主要商业街上贩卖的现做煎饼了，这种小吃是一种脆脆的烤年糕，十分可口，吃在嘴里，仿佛品尝到了日本的真味。**AD**

在虹夕诺雅度假村充分放松
Unwind at Hoshinoya

地点：日本长野县

网站：www.hoshinoya.com **价格指数：**

没有哪个地方像新颖时尚的虹夕诺雅度假村这样如此推崇沐浴的仪式。虹夕诺雅并不是那种传统的温泉度假村，而是紧跟21世纪的潮流，使用了由绿色的地热能带来的地板下供暖，而且周边环境的陈设布置也十分现代。室内地上并没有铺着大家熟知的榻榻米垫子，而是深色的木地板和石砌地板。这里还配有露天浴场和天花板较低的室内澡堂，穿过迷宫般的澡堂，你会到达冥想浴场，浴场中安装了水下聚光灯，氛围极好。令人心情舒缓的音乐搭配着恰到好处的热度与硫磺蒸汽，会给你带来难忘的沐浴体验。

> “温泉旅馆最关键的两大因素是要看它的地理位置和温泉水的质量。”
>
> Hiroshi Ebisawa，建筑师兼设计师

酒店外是绿草如茵的梯田与晶亮如玉的瀑布群，实在是一场美景的盛宴，而周围则是轻井泽茂密的日本枫树林，秋天一到漫山遍野销魂的金色与深红。度假村位于本州岛中部，靠近长野县，其中的一座座屋舍沿着一条小河而建。每间客房都有各自独特的美丽，不过相同的地方就是它们都有躺在里面可以看到河景的私人浴缸，只要轻轻按下按钮，温泉水就会溢满整个浴缸。墙壁则是令人心神安宁的绿茶颜色，卧室中的天花板则像大教堂的穹顶一般宏伟。

除了温泉，度假村还为你带来了以森林游览与夜晚观星为主题的生态旅游。你也可以窝在图书馆里，捧着一本好书静静阅读，或者和其他客人一道清晨在Chaya木茶屋中做伸展运动。虹夕诺雅堪称温泉天堂。**AD**

⇐ 报国寺旁的竹林因其美丽而禅意十足的环境而闻名于世。

在妙莲寺小住
Stay in Myoren-ji Temple

地点：日本京都

网站：www.pref.kyoto.jp/visitkyoto/en **价格指数：**S

尽管很多从未去过日本的朋友会想象去那里旅游时的住宿环境会像影片《迷失东京》中的那种豪华酒店一样，不过那些了解情况的人和想找清净的人往往会选择入住shukubos（供僧侣和游客住的招待所，附着寺庙而建）。这种住处在日本很多，是寺庙或神社为大家提供的住宿地，即便是那些精神上并没有皈依佛教，但还是想体验一下传统的远东宗教生活的人，也可以住在这里。以往shukubos属于宗教场所，供烧香礼佛的善男信女居住，不过现如今欢迎信奉任何宗教的人来住。此外，游客们还可借此机会了解被称为zaza的禅宗修行（一种可以让身心达到平静以帮助世人洞悉世事真意的修行）。

13世纪时，坐落在前帝国首都——京都的妙莲寺就是日莲宗有名的圣地。在秀丽的美景中，寺庙为大家准备了基本的住宿设施，其所在地区十分安静，距离京都的市中心步行距离也很近。寺庙供访客居住的客房装有纸拉门（通常描画非常精致）间壁和传统的榻榻米垫子。卫生间是公用的，你需要和同住的旅行者和僧侣共用；唯一的洗浴设施是在住宿建筑外的一间公共浴池。所以从根本上讲，在此类寺院中住宿的体验与奢华放纵没有丝毫关联。七座较小的寺庙中，有一座前面建有令人惊艳的假山庭园，再加上周围环境安宁祥和的氛围，足以弥补这里一切一切的不便。

这些匠心独具的古老建筑本身就是历久弥坚的日本传统的一种绝佳呈现形式，所带来的体验也确实真正称得上是“逃离尘嚣”。**DaH**

造访稻荷大社
Visit Fushumi Inari Shrine

地点：日本京都

网站：www.japan-guide.com **价格指数：**!

通往位于京都南部的稻荷大社有一条美丽的林间小道，甬道两旁生长着一棵棵繁茂的枫树，这里在过去的1300年中始终是日本人朝圣之旅的必去之地。你可以选择驾车直线穿过这片自然美景，不过，更令人印象深刻的赏玩方式还是沿着那条由亮红色的鸟居排列而成的蜿蜒通道步行上山。这条路一直从山脚下延伸到山顶的伏见稻荷大社，总长2.5英里（4公里），沿途游客们可以见到平静清澈的池塘、柔美洁净的小瀑布、静谧雅致的墓地以及许许多多可供民间供奉崇拜的地点。最后到达山顶可以富看到同样令人叹为观止的京都城市全景，无论是阳光下清晰广阔的景色还是闪烁的霓虹灯中的夜景都非常迷人。

> “穿过神社前的牌坊，沿着林间隧道前行……看着脚下光影交错，实在是一次神奇的体验。”
>
> sacred-destinations.com

在不同的季节里漫步可以欣赏到不同的景观，各有各的魅力。炎炎夏日中有苍翠葱郁的森林，通往神社的鸟居也可以充分满足游客们纳凉避暑的需要；清凉冬日中，四下里则是一片白雪皑皑，鸟居会让步道保持干爽无积雪，游人也不必担心滑倒出危险。无论是夏日中的旺绿丛中明艳的鲜红色，还是冬天白茫茫一片中更加戏剧性的火焰般的红，这一座座鸟居确实是在视觉上创造了让人过目不忘的效果。**CW**

→ 单独矗立的鸟居在日本很常见，但是在通往稻荷大社的山坡上却建着一万多道鸟居。

平成十三年元旦建之
呉市東中央一・六・二
(株)メイナン
税理士 平松高雄
古川武法
鈴木啓之
技研トレーディング株式会社
高田良平
レンゴーロジスティクス株
大阪近鉄バファローズ
梨田昌孝
(株)奈良オオクワセンター

体验柊家旅馆
Experience Hiiragiya Ryokan

地点： 日本京都

网站： www.hiiragiya.co.jp/en　**价格指数：** $$

“柊家旅馆让我不禁回忆起旧时代日本居家的宁静氛围。”

川端康成，作家

如果你听到一个令你十分困扰的消息，说你已经死了，可别惊慌。你可能只是在穿和服的时候右搭左襟领了，这其实是寿衣的穿法，你只需改正过来，将左襟领搭在外侧就好。

柊家旅馆有三百多年的历史，是一家十分具有历史纪念价值的小旅馆，被认为非常具有自己的风格，而且还保留了热情好客的传统。近距离仔细看，你就会发现这里长长的黏土墙上还留有古时候的系马柱，是当时的封建领主行至此处拴马所用的。在过去那个年代，这样的贵客临门可是要受到隆重接待的，既然有过这样的辉煌，再加上经营该旅馆的家族世世代代的努力，如今的服务依旧不打折扣，宛若一把经过岁月磨砺却愈发锋利的武士刀。

客人到来后，首先迎接他们的是一系列令人应接不暇的殷勤鞠躬，然后会有贴身女仆带领大家到各自的客房去。客房面积以榻榻米垫数量为单位；最大的一间客房可同时供7人住宿。有些客房中配有可爱的雪松木澡盆，可让盆中的洗澡水保温数个小时。客房布置虽然简单，但细节部分却无可指摘。为了保持这份恬然环境的真实感，有些房间甚至没有配备电视，过客们通常会花大把的时间在沐浴和美食上，基本没有时间想去看电视。入住这座小旅馆的一大惊喜就是可以享用到传统的怀石料理（这种料理会依次为客人呈上堪称艺术品的几道菜品），你需要为此准备好一个空空如也的胃和敢于尝试的冒险精神。柊家旅馆对于文化上的礼节向来不太注重，不过等你领会了这种休闲随意的精髓，就可以放松下来，大大方方地登上一双木屐，穿着浴衣和服，咯噔咯噔地出入公共浴池和饭厅了。**TM**

↖ 柊家（冬青树之家）旅馆是日式旅馆的精髓所在。

在西山旅馆舒心居住
Relax at Nishiyama Ryokan

地点：日本京都

网站：http://nishiyamahotel.blogspot.com　**价格指数：**$$

日本旧都——京都是该国最大的旅游胜地之一。市内有一系列迷宫般的窄巷与运河，还有宏伟庄严的佛寺与隐蔽的神社、古老的木造房宅和极简主义庭院。春天里，空气中飘荡着樱花的芬芳；秋日里，枫叶则迸发出火焰般的颜色。

西山旅馆位于市中心，靠近市政厅，所在街道非常安静，毗邻鸭川河和时尚的新经济商业街。虽说建筑很现代，不过这座家族经营的酒店改写了日式旅馆的传统氛围，因为西山的员工会讲英文，这让在此下榻的游客们可以更简单地体验到旧京都的文化。

"这里有着传统日本民居的环境，从门上悬着的旧式灯笼到庭院花园无不体现着这一点。"

kyotoinside.com

客人沐浴时可以同时欣赏到外面庭院中的瀑布，而且沐浴是在隔间中，私密稳妥。日本文化有时会另一些外国客人感到羞窘难堪，不过旅馆友好的员工会向其解释公共沐浴的规矩。此外，旅馆会为所有的客人提供浴衣和服。这里的食物货真价实，不仅能饱腹，还非常可口。早餐有水煮豆腐、烤鱼、日式煎蛋、蔬菜、味增汤和米饭。精致的怀石料理由多道菜肴组成，其中不乏新鲜的鱼肉与蔬菜。大多数的客房中都铺着榻榻米，配有小茶几，这就需要客人仿效日本人的方式跪坐在桌前。房间中为客人们常备有绿茶和京都特色小吃——肉桂为主料做成的八桥饼。**SH**

在贝乐生之家小住
Stay at Benesse House

地点：日本香川县直岛

网站：www.naoshima-is.co.jp　**价格指数：**$$

贝乐生之家位于日本内海中偏僻的直岛上，是一家颇有艺术气息的酒店，它结合了美术馆与精品酒店，非常独特。该酒店的创意来自福武总一郎。他是贝立兹语言学校公司旗下的一家图书出版公司——日本贝乐生株式会社的董事长。

美术馆中既有许多国际知名大腕的作品，也有不少日本艺术界冉冉升起的新星的作品，该馆就是以这种革命的方式向公众展出其藏品。贝乐生美术馆与其他美术馆之间最大的不同就在于，参观者无需离开，可以在这里过夜。而且，参观者在贝乐生可以近距离地感知艺术的魅力，比如触摸雕像，站到距离画作非常近的地方细细观赏，最重要的是，无论白天还是晚上，客人们都可以沉浸在艺术的氛围中。

贝乐生之家是以极简主义的宗教建筑蜚声国际的日本建筑家——安藤忠雄的作品。整座建筑就是岛屿南端掏空的一角岩石密布的海岬，深入建在地表之下，顶上是开阔而巨大的露台以及阳光普照的天井，上面的草坪中点缀装饰着一座座雕像。美术馆中巧妙地布置着一扇扇天窗，外部的日光就是通过天窗为建筑内部照明的，而且美术馆还安装有巨大的滑动玻璃门。粗粗切割而成的大理石台阶直接通往一片天然灌木丛中。中央画廊宛若小礼拜堂一般，是以混凝土浇筑的工事隔开的空间，位于一片具有宗教意义的树林中，顶上则是一座凸出的玻璃棱锥体，它刺穿上层草坪，指向天空。

这座建筑的美在于画廊的空间与访客所住的卧室无缝融合于一体。建筑中自始至终贯穿着打磨光滑的混凝土墙壁和灰白的木地板，间或穿插着悬挂或摆放着几件现代艺术作品。看来"生活在模仿艺术"，这句话确实没错。**AD**

巡游伊洛瓦底江

Cruise the Ayeyarwady

地点： 缅甸伊洛瓦底江

网站： www.orient-express.com　**价格指数：** $$$

在遥远的山巅，透过翠绿欲滴的树木森林，可以看到具有异域风情的佛塔金色的圆顶闪着微光。向江岸望去，剃度的僧侣们排成一纵队，沿路向美丽的女子化缘，她们面颊上涂着奇异的灰白色粉末。江中，皮肤光亮的水牛站在及膝深的浅滩中，摇摇晃晃的小船上载着一袋袋稻米，从水牛身旁漂过。当你沿壮美的伊洛瓦底江乘奢华游艇航行时，从顶层甲板望向两侧，这片神秘诱人的土地上种种令人着迷的场景便如画卷般一一展现在你的眼前。

相比较而言，来缅甸旅游的人并不太多，这一点对于游客来说其实是个好消息。旅游业不发达并不意味着背包徒步旅行是游客们唯一的选择。大家大可以选择东方快车集团打造的“前往曼德勒之路”号这艘五星级游轮，船上有52间船舱，在曼德勒、蒲甘和靠近中国边界的八莫三地间的江段巡游，可沿途停靠让游客下船观光。此巡航体验堪比在埃及的尼罗河游轮之行，只不过航行路段较短，而且各景点的游人也要少得到，其中的热门景点有蒲甘及其2,000座华丽的佛塔，还有曼德勒的马哈木尼佛塔中金箔裹身的佛像。船上的生活颇为豪华，船内环境布置别致而不沉闷，娱乐室和客舱以当地装修风格为主，陈设的家具摆件也让人舒心，地上铺着暖色调的木板。船上的饮食也很特别，你可以品尝到特色的香米、咖喱牛肉和咖喱鸡肉以及熏鱼，如果你愿意，还可以再多加些辣椒。

一路上，船上的民俗表演和文化展示会让你目不暇接，还会有美丽的女孩教给游人如何在脸上涂“特纳卡”，原来我们前面提到的那些美丽女子脸颊上涂得就是这种粉，是用黄香楝自制的一种天然防晒美容霜，谜题终于解开了。**WG**

在道花园度假村放松身心

Relax at Tao Garden

地点： 泰国清迈

网站： www.tao-garden.com　**价格指数：** $

度假村坐落在泰国北部，由道家冥想大师和气功大师创立，曾经是道教艺术培训基地和综合静修地。如果你刚刚从风景大致相同的曼谷来到清迈，尤其是坐卧铺赶到此地，那么一定会有一种如释重负的感觉顿时袭上心头。

远离曼谷的熙攘与喧嚣，即便你还没来到道花园的绿洲，也会真切地感受到清迈宁静氛围的迷人之处。道花园中有全身保健水疗中心和综合内科诊所，对于那些有意体验另一种生活方式以及尝试新鲜理疗方法的人，道花园实质上可以说是他们的伊甸园。这里有不同的养生保健项目供你选择：太极、气功、针灸、药草蒸气浴、桑拿、洗肠、“气内脏”腹部按摩（清除阻塞在腹部的能量，即气的一种疗法，能够排毒和释放消极情绪）。

> “清迈以水疗胜地众多著称，那里的一切都有助于人们舒缓精神压力和去除身体疲乏。”
>
> 鲍勃·凯密斯，《国家》杂志

度假村融合了东西方的元素，因此你能在这里看到多种多样的现代设施，包括羽毛球和网球场地、游泳池和健身房。当然，注重健康的理念也深入到了度假村的餐厅，这里的大师傅所用的食材大多是度假村自营有机花园出产的。无论你来此的目的是为了振奋精神还是休闲放松，离开道花园的时候，你都会感到全身重新焕发了青春活力，无论是精神还是身体都有了新的面貌。**JS**

在四季营地露营

Camp at Four Seasons

地点：泰国清莱

网站：www.fourseasons.com/goldentriangle **价格指数**：$$$$

如果在你看来，露营不过是住在只能弯着腰爬进去的帐篷里，忍受着冷水澡的刺激和日复一日的热狗等方便食品，那么四季营地将会让你大开眼界，颠覆你对露营的印象。该营地坐落在金三角（泰国、老挝和缅甸交界处）多山的丛林地区，可以俯瞰洛克河，这里既是奢华的度假村，又是野生动物保护基地。

人们只能乘坐江轮才能到达营地，而航程本身就令人难以忘怀。所乘飞机降落到清迈机场后，游客们将乘车赶往营地西侧的一个换乘点（距离大概有一英里），在这里搭上一条豪华的长尾船，一路向江的下游开去，最后到达营地的东站。在终点，驮马和端着迎宾饮料的度假村员工正等着你的到来。每座帐篷的入口处均设有一个供奉神灵的小神龛，被称为PhraPhum，梵文中意为“精神大地的守卫者”。在通往水疗地的路上有一座260英尺（80米）长的吊桥，横跨圣山谷，走上去惊心动魄。营地“帐篷”中的家具为亚洲的老式家具，有宽大的卧床，阳台和两张按摩床，最棒的是有维多利亚风格的手工锤制的铜浴缸。

营地里有六头从曼谷街头救回的印度大象，这属于一个康复救助项目的一部分。大象就住在营地，游客们可以给他们喂食、洗澡，也可以试着骑象，同时也能从驯象师或象夫那里得知关于它们的更多知识。营地的游客们会一起用餐，可以是丛林烧烤，也可以是在漫天星光下品味美食，还可以是在主餐厅中按照五道菜的正式西餐流程用餐，无论在哪里，派对般欢快的氛围不多时就会将大家紧紧包围。TW

↗ 这处私密而奢华的营地中共有十五座宫殿般的架空帐篷。

> “住在这座有魔力的竹林中，你的各种感觉与情绪都会被调动起来。”
>
> 《悦游》杂志

体验安娜塔拉大象营地

Experience Anantara Elephant Camp

地点： 泰国清莱

网站： www.anantara.com **价格指数：** $$

在泰国北部的边境上，有一个充满了传奇色彩的地方，坐落着一家与众不同的度假村，那里完美融合了奢华和冒险的元素。因为到安娜塔拉需要乘很长时间的飞机，还要沿着风景如画的稻田坐上一段时间的车，所以人们总会觉得目的地遥不可及。幸运的是，漫长的旅途总会得到补偿：你最终会得以见到漂亮的异国花园，还能一览奔流向三个不同国家的湄公河。

最重要的是，度假村以驭象夫（大象训练员）营地闻名。在营地，游客们会学习“驭象之术”。耗时一整天的驭象速成课程绝对称得上是无与伦比的体验，也是住在这里的小特权。很快，你就可以驾轻就熟地骑在大象背上，用泰语向这头令人印象深刻的坐骑发出各种指令，然后顺着它的鼻子轻松滑落下地。

> “与大象之间的关系其实就像婚姻一样。你给予大象信任与尊重，他们也会同样信任与尊重你。”
>
> 驭象夫（大象训练员），安娜塔拉

整个度假村对大象都推崇有加：甚至连精心设计的卧室中的毛巾都被巧妙地叠成大象的形状。在辛苦了一天终于学会如何骑象之后，可以奖励自己舒舒服服地泡在无边际泳池中，或者去水疗中心享受按摩，沉浸在幽暗森林的怀抱中，细嗅芬芳的兰花，体验光滑的丝绸贴近肌肤的感受。徒步至曾经属于缅甸和老挝的地区也是吸引人的一个特色。金三角这片曾经的无主之地如今已变得大不一样了。**RCA**

乘坐亚洲东方快车沿途赏景

Ride the Eastern Orient Express Train

地点： 泰国曼谷到新加坡

网站： www.orient-express.com **价格指数：** $$

东方快车以其神话般的品质享有盛誉。听到这个终极奢华铁道旅行的代名词，人们就会联想到精彩纷呈的旅途和向遥远目的地进发的特别旅客。

登上深绿色与米黄色的火车，进入典雅的车厢，你仿佛瞬间回到了那个久远的年代。车厢中的氛围如此怀旧，以至于你很快就完全沉浸在自己的乘车体验中无暇他顾。车厢里的摆设有着繁复精致的镶嵌工艺，此外还有长毛绒的柔软椅垫，一切均按照传统的泰国和马来西亚风格设计，不禁让人忆起了旧日时光。这列火车原本是为新西兰银星号设计制造的，由英国普尔曼和威尼斯辛普朗东方快车团队联手重新装修，其灵感来自于1932年的电影《上海快车》。

值得注意的是，车上没有电视和广播，也不会响起电话铃声，不过娱乐消遣活动可到处都是。你可以在观光车厢中落座，好好利用这节露天车厢与其他乘客交际聊天，一边还可以欣赏到美好的风景。你还可以下车参加桂河或槟城的一日游。餐车是此行另一个不容错过的部分：这里每晚都会为奉上正式晚宴，因此需要就餐的乘客礼貌着装。餐车的才要值得嘉奖，同时也是对味蕾的一番宠溺：佐以桃红色大豆奶油的烤雪花鱼排、热乎乎的羊奶酪蛋奶酥配油焖重汁龙虾、油炸黑鲈鱼外加柠檬草意式调味饭，甚至还有配上四川榨菜的鸭腿。去酒吧车厢喝睡前餐后酒之前，更有令人垂涎欲滴的各款甜点等你享用，如点缀着黑醋栗酱的狄妮诗巧克力和热腾腾的芒果馅饼。**RCA**

→ 几个小时的时间里，保管你都会盯着车窗外掠过的风景看，从布满铁皮屋的曼谷棚户区到草木茂盛的丛林，新鲜的景观让人目不暇接。

在素可泰酒店小住

Stay at Sukhothai

地点： 泰国曼谷

网站： www.sukhothai.com　**价格指数：** $$

有些酒店的装修建设颇具智慧，他们将游人此行目的地的精华体现在建筑中，让客人看了就会觉得甚至不用外出去各个景点观光了。素可泰酒店所在区域以高楼大厦为主，而它本身却与周边环境反其道而行之，是由一系列低矮的建筑组成的，建筑周边是莲花池与茂密的花园，这样的环境布置昭示着酒店内的不同寻常。

早在流行“精品”一词之前，素可泰酒店就吸引了那些眼光独到的旅行者，让后来的大多数伪精品酒店一败涂地。从嘈杂混乱的闹市进到酒店内，你会感觉到自己被彻底的宁静氛围怀抱着，从这个角度来说，这是曼谷市中心的一个了不起的工程。亲切的酒店员工步履轻盈从容，看上去仿佛不是在走，而是在优雅地滑行。如果将酒店这片丰润优美的绿洲比作一颗小蛋糕，那么酒店的员工便是这蛋糕上的一层酥皮。

泰国首个王朝的首都与酒店同名，为了对其致以敬意，酒店的装潢所表现出的泰国鼎盛时期的特点不仅仅停留在表面，建筑风格和室内造型无不凸显出那个时代的特征——对称的柱廊、倒映池，与青铜、柚木、大理石等材质搭配的露天拱形游廊和精美的织物，这些元素均来自于古老泰国王庭的宫殿大厅。你可以落座莲花池畔的露天餐桌，在享有盛誉的塞拉顿餐厅用餐，也可以选择在令人心驰神往的80英尺（25米）无边际泳池中尽情放松。泳池旁的水疗花园不久前经过了重新装修，可以为客人提供正宗的泰式按摩服务。酒店有个额外的优点，建筑楼层高度适中，仅有七层，这意味着几乎整个泳池都在阳光的照耀下，这在曼谷是比较罕见的。TM

→ 寂静、朴素再加上一点点异国情调，这就是素可泰，这座酒店浓缩了泰国所有吸引人的特点。

在利亚纳水疗中心减压
Unwind at Leyana Spa

地点：泰国曼谷

网站：www.leyanaspa.com **价格指数：**$

在混乱嘈杂的曼谷，有一片充满了安宁与平静的乐土——利亚纳水疗中心，那是一座郁郁葱葱的花园，有着原始的治愈理疗效果，对于泰国首都那令人抓狂的一派繁华景象，这里无疑是一针完美的解毒剂。曼谷的水疗市场长期被四星级和五星级的酒店割据，他们总是忙不迭地推出各种时尚的理疗项目，还努力营造具有异域风情的氛围，想以此一争高下。但是他们却忘了水疗最本真的目的，那就是治愈身体和恢复精神。

“这里的所有物品不仅要美观，还要超级洁净，因为我喜欢这样。”

利亚纳水疗中心的经营者

利亚纳水疗中心年轻的主人——香惠相信，手法娴熟的按摩师、安静的环境、新鲜调配的磨砂膏和芳香精油的治愈力量是强大的。她在水疗中心的13间理疗室（其中6间为接待情侣的双人间）都具备了上述条件，还配有漩涡按摩浴池和加满花瓣的白色浴缸。你可以早早来到水疗中心，于理疗项目开始前静静坐在禅意的花园中，理疗师会将你的双脚轻轻放入漂着柔美的玫瑰花瓣的温水中。棕榈树后摆放着几个可爱泰国小孩形象的卡通式瓷像，仿佛在向室内窥视，如果有兴致，你可以一边慵懒地躺在这绿意盎然的温室中一边数瓷像。你还可以挑选理疗中所用的天然材料——蜂蜜和燕麦、新鲜椰浆、多汁的柠檬或是泰国罗望子，也可以与理疗师探讨一下药草蒸气浴和花香牛奶浴的好处。总之，你将会摆脱以往的日常压力，享受曼谷最棒的水疗体验——治愈与放松。**MN**

在尤金尼亚酒店放松休息
Relax at the Eugenia

地点：泰国曼谷

网站：www.theeugenia.com **价格指数：**$$

曼谷的市中心坐落着一座古香古色的美丽建筑——尤金尼亚酒店。这是一栋19世纪晚期的殖民风格的家族宅邸，看上去并不像酒店，更像是私人住宅。宅中陈设着高雅的古董，昭示着酒店不凡的品位，车库里停满了各种老式轿车和豪华轿车。

步入酒店大门的瞬间，有一丝时光倒流的感觉，可酒店紧跟时代的设施又把人带回了现代。12间挑高套房中陈设的家具来自于英国和法国殖民时代的缅甸、印度和印度支那，这样的搭配美观大方。即便是手工打造的铜浴缸也显得颇有贵族少女闺阁的情调。洁白的被单枕套和松软的羽毛枕皆进口自遥远的比利时。

低调的优雅才是酒店的特别之处。客人们可以在庭院池塘边摇曳的棕榈树下端坐着啜饮下午茶或鸡尾酒，也可以在酒店司机的带领下乘坐梅赛德斯-奔驰或捷豹环城观光一番。酒店的正式餐厅名为D. B. Bradley，名字来源于1835年前往暹罗传播西方医学的先驱教士。餐厅内铺着金色墙纸，摆放着精致的瓷器，而与装潢相比，菜单上的菜品更为贴近现代，不仅有松露和鹌鹑蛋，还有蟹肉味增汤和泰式炒河粉。“郑和餐吧”则是为了纪念伟大的中国航海家郑和，该餐吧提供早餐和晚餐的餐前小吃。

白天，你可以在酒店的图书馆找一本好书，窝在舒适安静的角落里阅读，或者在书架上随手翻看艺术和设计书籍。与曼谷那些高层五星酒店及其成百上千间客房和满室的金碧辉煌相比，这里独树一帜，别具一格。**AD**

下榻香格里拉酒店
Stay at Shangri-La Hotel

地点：泰国曼谷

网站：www.shangrila.com　**价格指数**：＄＄

在曼谷这么嘈杂、潮湿、污浊的城市里，一家好的酒店绝对很有必要，而要说起好的酒店，首屈一指的便是香格里拉。酒店位于湄南河畔，餐厅露台临河而建，在那里就餐的客人们都会感受到河面上吹来的习习凉风，蒸人的暑气便消了不少。设计高雅、服务周到的娱乐室和远近闻名的“气”水疗让香格里拉的声名远播。

曼谷老城沿河而建，所以说这条湄南河曾是这座城市的生命线。香格里拉就位于城区的中心地带，可以十分方便游人乘坐大艇私人出行或搭乘快艇游玩各个景点，快艇停泊的站点有大皇宫、附近的卧佛寺、黎明寺和唐人街。乘着船儿徜徉在曼谷的河中，向上游悠然前行，没有熙熙攘攘的人群，只有迎面吹来的凉爽的风。

> “这座酒店的藏式水疗按摩带给我非凡的体验——是我有过的最好的水疗。”
>
> 杰瑞米·艾恩斯，演员

晚餐前，你可以感受一下酒店的下午茶和水疗馆的“气”疗法，这样的安排再合适不过。理疗项目融合了一系列亚洲技能手法，包括刺激阳气运行的激活按摩和调和阴气的舒缓按摩。而“气”疗法中关键的一环是聆听源自西藏的“铜钵”敲击声，一敲之下，钵音阵阵回荡在室内，营造出一种玄妙的氛围。不少感受过此种疗法的客人都言说有“灵魂出窍”的感觉，仿佛一下子置身于香格里拉那片令人青春永驻的神奇土地。香格里拉酒店虽然不能保证客人长生不老，但在这里小住确实能得到安宁与平和的心境。**MN**

巡游国王河
Cruise the River of Kings

地点：泰国湄南河

网站：www.manohracruises.com　**价格指数**：＄＄

沿着曼谷的生命线——湄南河逆流而上，眼前便展现出一段新鲜特别的泰国风情生活画卷。乘坐宽敞大气的“曼诺拉之歌”号游轮无疑是游览国王河的最佳方式，这条船前身是一条有百年历史的柚木驳船，专门用于运米。这条船经过大规模的改装修整，现在成为了有4个船舱的河上酒店，周身透着华贵高雅。带空调的特等舱内装饰着泰国丝绸、乳白色的亚麻织品和轻飘飘的白色窗帘。

岸上的工业建筑紧挨着闪闪发光的寺庙和破败的棚户，河中有孩童嬉戏玩耍，当小船拖着的巨大驳船经过时，他们纷纷扎入浑浊的褐色水中，以便借着荡开的波澜感受那一丝凉意。“曼诺拉之歌”的行程有若干站，第一站便是郑王庙，也被称为“黎明寺”，寺庙中央坐落着一座高耸的高棉式尖塔，周围四座塔楼代表着三十三重天。接下来，船会停在尼瓦特寺附近，这座寺庙建筑风格模仿了新哥特式教堂，身着藏红僧袍的年轻僧侣便是在这里修行。下一站是挽巴茵夏宫，是国王的诸多夏日行宫之一。

下午4点是英式下午茶时间，你会品尝到精致的烟熏三文鱼手指三明治、巧克力和奶油司康饼。周遭的异国环境显得那么美妙而不真实。不多时，经典的泰式美食就会在甲板上摆开，椰子壳中盛放着传统的泰式浓汤，然后上来的是一系列令人眼花缭乱的菜肴：从香味扑鼻的绿咖喱到芦笋大虾五花八门、无所不包。按照泰国的习俗，餐后甜点也要无比美味丰盛。

驳船节奏缓慢地在河上摇摆着前进，轻风和慢悠悠的速度令人不觉有些迷醉，眼前的景色更是让人着迷。这真是一次令人陶醉的体验。**RCA**

在奇瓦颂放松心情
Unwind at Chiva-Som

地点：泰国班布里

网站：www.chivasom.com **价格指数：**$$$

奇瓦颂是一个非常独特的世外桃源，不管是皇室、名流还是重要人物都选择来此度假。奇瓦颂坐落在泰国的华欣和班布里这两个世界级海滩度假村之间，算得上是顶级水疗度假酒店中的精华。酒店规定客人不得在店内使用手机和笔记本。对于那些渴望得到彻底的清净却为他人频繁接打摆弄手机而感到伤脑筋的人来说，店方这样的规定是容易理解的。

酒店的豪华海景房和带游泳池的别墅坐落在暹罗湾的白沙滩上；别致的泰式凉亭前方是绿意盎然的平整草坪和倒映出蔚蓝天空的清澈湖水。餐厅主厨那份别出心裁的美食菜单上所列的菜肴均是取材于酒店自营有机菜园中的新鲜果蔬。（上撒香草下铺茴香，并佐以藏红花汁的雪鱼，外加巧克力蛋糕，有没有引得你食指大动呢？）

游客们在度假村中可以沉浸在奢华的按摩和美容护理中，也可以去学舞蹈，尝试水中有氧运用、水上运动（包括海上皮艇）、普拉提、瑜伽、太极和泰拳。当然，你也可以选择独特的水中按摩疗法，这种被动的按摩技法来源于禅宗指压按摩，需要你在温水池中通过一系列轻柔的韵律运动拉伸、控制你的身体，让自己进行更深层次的放松。如果你能忍心放弃水疗中心静谧平和的氛围，到附近的华欣逛街购物也不失为好的选择，你可以买到华美的泰国丝绸和雕刻工艺品，或许还能以不可思议的低廉价格购得裁缝为“焕然一新”的你匆匆赶制的服装。**MN**

← 泰语中，“奇瓦颂”意为生活天堂——完美的名字，完美的地方。

在萨罗晋酒店消遣
Stay at the Sarojin

地点：泰国镐立

网站：www.sarojin.com **价格指数**：$$

“露天套房附近有沙丘围护，离海如此之近，都能听到海浪拍打珊瑚礁的声音。”

《悦游》杂志

萨罗晋是一个时间静止的地方。中央是一棵古老的无花果树，高大茂密，气势非凡，令人印象深刻。树的一侧是一片湖泊，另一侧则是汪洋大海。无花果树的树影清晰完整地投映在平静的莲花池塘中，这是永生与自然的另一个象征。

萨罗晋总占地面积达10英亩（4公顷），包括一段私人白沙海滩。酒店的56座住宅拥有各式各样的奢华设施：私人花园、日光浴处所、双人浴缸、户外瀑布式淋浴，更有跌水潭和水疗池。建筑风格属于现代亚洲风格。7栋独立的双层小楼的设计与周边环境融合得天衣无缝、完美无瑕。只设一床的园林式别墅中拥有泰式躺椅和私人露台；而14座泳池别墅则配有额外的跌水潭和阳光花园。至于豪华的萨罗晋套房，顶层是安装有空调的亭阁和露天圆形休闲池。上述的豪华设施不过是冰山一角。酒店的“野径”水疗馆与周遭的自然环境相结合，理疗中可以听到安达曼海那催人入梦的波涛声。

酒店可以远眺到荒芜的椰子林和大海，因此客人们的活动选择也不少，有浮潜、轻便潜水、湖中垂钓，还可以在攀牙湾中划着小艇探索海中密洞（攀牙湾分布着众多石灰岩岛屿并以此闻名）。探访温泉、骑象入林和观赏野生动物都是不错的选择。包下整条“萨罗晋夫人”号奢华游艇出航、参加泰式菜肴培训班或在瀑布附近吃午餐都是体验萨罗晋的绝佳方式。PS

↖ 在沙滩上享用你的专属厨师烹制的可口菜肴，是入住萨罗晋酒店的特权之一。

享受沃润达度假村的美好生活

Enjoy Veranda Resort

地点： 泰国佛丕府

网站： www.verandaresortandspa.com **价格指数：** $$

泰国华欣小镇坐落在曼谷以南124英里（200公里）处，是泰国历史最悠久的海滨度假村。20世纪20年代，拉玛七世在这里建立了行宫，小镇才渐渐被世人所熟知。直到现在，泰国皇室成员仍旧有到这里来度假的习惯。不出所料，多年后的今天，华欣变成了一个魅力十足的度假村，这里的白色沙滩、高档酒店和酒馆餐厅林立的蜿蜒街道吸引着人们纷来沓至，有些小街甚至沿着码头直延伸到海中。小镇的夜市规模很大，摊点的货物多种多样，从珠宝首饰到开司米套装、丝绸睡袍无所不包，逛起来恐怕要花上个把小时；这是个买便宜货的好地方，因此最好带上一个空空如也的手提箱，因为最后你总会满载而归。

时尚的沃润达水疗度假村位于华欣镇外，正好可以避开小镇的喧嚣，好好放松一下。度假村的房屋遵循现代极简主义风格，包括13栋泳池别墅套房和84间客房。房间均能看到泰国湾的美丽海景，此外还配备了露天浴缸和冲浪按摩浴缸。“水”是沃润达度假村中最主要的元素：水疗中心可为游人提供美容或按摩理疗服务，让人得以真正地放松减压；从客房中望向中央庭院，可以看到夜里映衬着摇曳烛光的水景，令人赏心悦目；此外还有一座设有水帘的无边际泳池，你可以在周围甲板上放松心情，在人造沙滩上露天用餐。和其他度假村一样，这里的食物非常可口；主料为海鲜的融合式菜肴以及用新鲜菠萝和椰浆制成的酸香口味创意混搭菜都尤其出彩。如果你正在寻找一座远离人群的潮流酒店，沃润达一定会符合你的要求——放松心情也要有型有款。**CK**

班塔林枷木度假村的休闲时光

Relax at Baan Taling Ngam

地点： 泰国苏梅岛

网站： www.baan-taling-ngam.com **价格指数：** $$

在班塔林枷木度假村与水疗中心的标志性无边际泳池中，你可以欣赏到泰国湾水域和安通国家海洋公园的美丽景致。在上游酒吧一边啜饮鸡尾酒，一边极目远眺那蔚蓝的大海、石灰岩岛和沿着西南岸延伸的丛林覆盖的山坡。

酒店的客房位于山坡的一片椰子园中，以传统的泰国风格装修：屋顶为拱形，屋中摆放着柚木家具，装饰着丰富的蜡染丝绸织物，地板为抛光的硬木。从露台望出去，可以看到海湾、色彩斑斓的花园以及花园里盛开的种种芬芳的热带花朵。悬崖别墅位于山坡较高的位置，那里的景致也是最好的。

> “景色美得令人惊诧——目之所及，一座座小小的岛屿逐渐消失于平静的大海与云天之间。”
>
> 卡洛琳·温菲尔德，英国《独立报》

你可以坐在班查恩特拉餐厅的矮桌旁一边品尝泰式佳肴，一边聆听演奏者诠释经典的泰国乐曲。无边际泳池旁的亭阁内有精心布置的餐桌，你可以端坐在旁享受浪漫的私密晚餐。沙滩上布置着熊熊燃烧的火炬，在摇曳的火光中进餐也是极惬意的事情。白天，你可以在私人白沙滩上消遣放空，或是泡在七个泳池中的任意一个畅快地游泳。累了乏了，便可以去水疗中心享受传统的按摩，然后在药草蒸汽浴室中彻底放松，或者干脆来一次香喷喷的花瓣浴。

游客们也可以到海洋公园里潜水或者尝试帆板运动和皮划艇。再或者向内陆进发，去探索丛林腹地、瀑布溪流、悬崖峭壁，还有那象群走过的野径。**AD**

在卡马拉雅度假村恢复活力

Recharge at Kamalaya

地点：泰国苏梅岛

网站：www.kamalaya.com **价格指数：**$$

卡马拉雅坐落在泰国湾苏梅岛这座热带岛屿上，是一座崇尚健康的度假村，也是全方位的水疗中心。它的名字中结合了印度语中的“卡马尔”和“阿拉雅”两词，前者意为“莲花”，后者则是人类精神成长与演变的古老象征。卡马拉雅的一切都是为了益阳人们的心灵：从饮食到环境，再到提供的各种各样的健康活动，如气功、太极、冥想、瑜伽、西藏唱钵疗法和心灵舞蹈，都是为了达到这个目的。这是一个努力寻求内心平静的地方。

无论是白色的沙滩上、莲花盛开的泳池旁，还是在瀑布下或温暖或凉爽的池塘中，客人们都可以尽情地放松。度假村的中央区域保留了大片的露天空地，如此优雅的设计为客人们带来了令人惊艳的美景，同时也会让大家产生一种与周边自然环境和谐相融的感觉。水疗中心借鉴了来自东西方传统的整体疗法和补充疗法，推出了很多的理疗服务项目，旨在帮助人们排毒、减脂以及让疲惫的身心重新恢复活力。客人们的选择很多，有印度头部按摩、“气内脏”道家腹部按摩、传统的中医针灸疗法、艾灸和拔火罐。度假村的餐饮也结合了东西方的饮食特点，客人们还可以从一系列的草茶、药茶中选几样尝一尝。

无论你只是单纯地在考虑尝试瑜伽，还是已经在积极探索瑜伽给身心带来的种种益处，在卡马拉雅感受到的平静心情和精神集中的感觉都会让你找到逃离尘嚣的出口，也许还会帮助你在离开这里之后仍然保有那份宝贵的安宁。CK

> “卡马拉雅度假村的存在就是为了让你在离开那里的时候变得心情愉悦、身体健康、身心放松。”
>
> 蒂芙尼·达克，《泰晤士报》

↖ 水疗馆建在花岗石山的山顶，山顶树木茂盛，可以俯瞰大海与群山。

下榻苏梅岛卡马酒店

Stay at Karma Samui

地点：泰国苏梅岛

网站：www.karmasamui.com　**价格指数：**$$$

大多数人度假归来会带回一身健康的小麦色，一些美好的回忆，甚至是几句午夜时分的动人誓言。而苏梅岛卡马酒店能让你带回的不只是这些。单单泰式料理课就会保证你能收获比以往更难忘的度假经历，因为厨师会亲自带着你到街市上参观，向你解释美味菜肴中的这些真材实料是怎样搭配在一起的，还会帮你挑选最新鲜的配料，然后在度假村教你如何再现泰式美食的正宗原味。

> “简单来说，住在这里就像是你拥有一座自己的宅邸，而房子内外却围绕着五星级酒店才有的种种便利设施。”
>
> 苏珊·黑泽，《澳大利亚人报》

苏梅岛卡马酒店拥有36座泳池别墅，它们位于五片阶地上，均可眺望到迷人的海景。每栋房子均有开敞式平面布置的亭子，亭中设有最为关键的厨房，你可以在这里测试自己的新厨艺掌握得究竟如何。推开双扇门，眼前是一个露天庭院和惊艳的无边际泳池，泳池与远处辽阔的大海融为一体。

该度假村以美食闻名全岛，据说其中的“帕德玛”餐厅在泰国、乃至亚洲餐厅中都属于最高水平。你可以让私人厨师在你入住别墅的露台上专门为你烧烤，这将是一个更为私密的体验。每个月，“音之内阁”厂牌下的DJ都会举办“月升跳跃派对”，派对结束后就会赶到查克拉水疗与保健中心，在诸多疗法中选择其一，然后尽情地享受它。人们很难相信，如此静谧的度假村竟然距离该岛的娱乐购物中心查汶海滩仅5分钟的车程。**PS**

在娜帕赛酒店小住

Unwind at Napasai

地点：泰国苏梅岛

网站：www.napasai.com　**价格指数：**$$

苏梅岛长期以来一直是背包客的最爱，而且自从莱昂纳多·迪卡普里奥为主角的邪典电影《海滩》上映后，这里作为取景地在国际上更加有名了。尽管大量游客来此观光，坐落在暹罗湾的这座小小天堂依旧努力保持着它的本色。小岛并不热衷于大肆开发旅游业，而是致力于保护岛上美丽的自然风光，甚至规定任何建筑的高度均不得超过棕榈树。岛上有许多值得参观的文化景点，比如纳帕朗寺或大佛——位于小岛北端的金身佛像令人印象深刻，还有值得赞叹的自然资源，如以非凡的潜水体验闻名的国家海洋公园。

湄南河畔的娜帕赛酒店由东方快车酒店集团运营管理，是个可以“逃离尘嚣”的度假胜地。奢华、休闲和超级友好贴心的服务人员，酒店可以为你提供这一切。如你所愿，这里有热带绿洲应该有的一切：既有可以远眺班泰海滩和泰国湾的无边际泳池，还有提供上等咖喱和泰式炒河粉等当地美味的莱泰餐厅。餐厅菜品的呈现方式完美到了极致，餐盘中甚至有雕工精细的水果，说是“菜肴”，更似“艺术”。若要肆意享受一次彻底的放松，可以预订豪华舒适的水疗服务，在那里，你将体验到当地草药的效果和亚洲养生理念的神奇。你可以尝试令人振奋的泰式按摩或是利用热带水果与花朵进行的整体疗法，以便达到平衡身心健康的目的，更有可促进能量流动的帕拉能量全身按摩服务可供选择。

海景泰式别墅建筑群占地超过17英亩（7公顷），其间种有椰树、腰果、木菠萝和芒果树。在这个典型的泰国海滨，既有茂盛的果树，又有温暖的阳光，还有比这更能让人心满意足的情景吗？**RCA**

探索通塞湾

Discover Tongsai Bay

地点：泰国苏梅岛

网站：www.tongsaibay.co.th **价格指数：** SSSS

来到通塞湾就是为了体验这里的户外生活。装修设计曼妙美丽的客房有一半空间属于露天平台，这意味着住在这里的客人既能享受清风拂面，又可观赏到震撼人心的海景。宏伟的豪华别墅群坐落在海湾右边的山坡上。住在这里可以一边在洒满花瓣的室外浴缸中泡澡，一边远看夕阳西下。入夜，还可以在装点着白色幔帘的观景台上伴着漫天星光入眠。而各个泳池别墅则拥有50英尺（15米）的私人跌水潭，周边是围着棕榈树的花园，日光浴后来这里找清凉最好不过了。

通赛湾是该岛上唯一一家由胡恩塔克斯家族经营管理的五星级度假村，服务热情周到。这片沙滩倾斜着伸入碧蓝的大海中，来此度假的游客们可以在沙滩上找个安静的地点放松心情；此外度假村有两个泳池，游客也可以跳进其中一个好让自己凉快凉快。你还可以体验一系列水上活动，如航海、皮划艇、帆板和浮潜；在每周两次的鸡尾酒会上，你还有机会与经营度假村的家族成员碰面。如果你能从度假村丰富的活动中抽身，就可以去附近的帕雅寺瞻仰那在阳光下闪闪发亮、气势恢宏的大佛雕像。晚上返回度假村，可去大厨乔姆的餐厅（按菜单点菜）享用正宗的泰式料理，或者在巴特勒餐厅那更为私密的就餐环境中就餐，该餐厅坐落在可以俯瞰下方新月形水池的山坡上，最多仅可同时招待20位客人。

度假村中的普拉纳水疗中心可以消除现代生活带给人们的压力，中心位于滨海区域，是放松休闲的乐园，可提供各种护理疗法和使人焕发活力的按摩项目，当然这里还有露天的花瓣浴池供客人享受。**AD**

← 这处度假胜地独占海岸的东北角，可以远眺人迹罕至的白沙滩。

在圣地酒店小住
Stay at the Sanctuary

地点：泰国帕安岛

网站：www.thesanctuarythailand.com **价格指数：**Ⓢ

虽然要坐两次快艇才能抵达海天沙滩上的圣地酒店，但是偏僻的地理位置却更为此地增添了迷人魅力。这里不仅每天都有瑜伽、冥想、太极和萨满之旅的课程，还有极棒的海鲜与素食海滨餐厅，全方位的服务让度假村的客人们无论是身体还是精神都得到了极大的满足。

全世界的游客纷纷前来参与该度假村的禁食与清肠活动。活动领导者是一个叫做穆恩的禁食爱好者，他看上去比他的真实年龄小很多。参与者将按照计划服用草药，继而每日洗肠，最后重新开始进食，食物皆是度假村酒店菜单上提供的各种生冷菜肴。走过崎岖难行的海岸，就会来到水疗按摩中心，圣地酒店的水疗服务可以在晒日光浴之前用菠萝为你巧去角质。

> “圣地从一个孤零零的小草屋变成了今天这座成熟的度假酒店，住在这里可以俯瞰美丽的海滩。”
>
> 《时代》（亚洲）

到了晚上，餐厅会给人仿佛置身于洛杉矶的感觉，门口摆放着许多双人字拖，吊床上方灯光闪烁，音乐声持续不断，但却永不会令人腻烦。晚餐后，沙滩上的篝火晚会就开始了，每个周五晚上，你都可以在海滩各种热闹的派对上跳舞跳到天亮。如果想参加节奏更为舒缓、氛围更加愉悦的派对，你可以选择去附近的哈林海滩体验带有传奇色彩的满月派对。曾经有几个西方人来这里工作，然后就再也没有离开过。他们看上去仿佛是这世界上最快乐的人。**JS**

在阿曼布里度假村放松心情
Relax at Amanpuri

地点：泰国普吉岛

网站：www.amanpuri.com **价格指数：**ⓈⓈⓈ

阿曼布里度假村是一个低调简约的“世外桃源”，它泥泞的小径、隐蔽的通道、可滑动的栅门和巧妙的伪装效果为度假村内部营造了一个禅意的世界，而这种永恒存在的无限感来自于可以远眺安达曼群岛的瓦灰色泳池，也来自于直插蓝天的高层海景房。这是让人从日常疲惫感中解脱出来的终极度假地，迷人的大海波涛声、动听的鸟儿啁啾声和风吹树叶的哗哗声仿佛能拯救人的灵魂。透过木板建成的大厅，你可以瞥到脚下的茂密树林。高高地站在覆盖着丛林的山丘上，仿佛自己是这岛上无忧无虑的王者，不过间或会有服务员无声地为你奉上茶点果盘，还有壁虎匆匆在周围爬过。

下山，来到沙滩上，你依然能体验到无垠的空间感和细致入微的服务。据称，阿曼布里度假村拥有普吉岛上唯一一片私人海滩。沿着新月般的金色弧状海岸线是青灰色的卵石，这样的景致便为度假村的整体设计定下了基调。

在岛上，阿曼布里的餐厅排名最优。与度假村本身一样，这座餐厅在精妙的设计、健康的理念和专业的资质上堪称典范。意大利餐的菜单由来自南半球的珍珠制作而成；夜晚从餐厅可以望得到漆黑神秘的大海。如果私人沙滩、隐蔽的亭阁和树顶的冥想都不能让你满足，那还有毗邻阿曼布里度假村的私人住宅，那里配有游泳池和娱乐室和可供休息的多个卧室，可以为你带来绝对的隐秘体验和多重空间。此外，还会有私人服务人员随时听候你的吩咐。阿曼布里意为“平静之所”，可以说是名至实归。**VG**

⇥ 这里是避开世事纷扰的天堂。阿曼布里一流的套房为度假村中内敛沉静的设计风格开了先河。

斯攀瓦度假村的快乐天堂

Relax at Sri Panwa

地点：泰国普吉岛

网站：www.sripanwa.com　**价格指数：**$$$

度假村的别墅盘踞在130英尺（40米）高的悬崖上，下面便是安达曼海碧蓝的海水。针对泰国的气候，度假村设计了阳光亭阁，并在露台上安装了浴缸和使用雨水冲凉的淋浴设施，为下榻的客人们提供了最好的室内和室外生活条件。客房的每间卧室三面都环绕着落地玻璃门，打开门，面前便是配备了按摩喷头的无边际泳池。在房间里，不用离开舒适的床铺便可轻松饱览令人惊艳的美景。在这座精品雨林度假村中，一栋栋样式别致的别墅中使用了诸多天然材料和奢华的面料。此外，别墅还配备了高科技产品，如家庭影院系统。一切细节也安排地尽善尽美，其中房间的娱乐系统已经预设了DJ编辑好的音乐频道。

除了豪华别墅，更有广袤无垠的私人沙滩、健身房、网球场和慢跑跑道与自行车骑行道供你进行休闲活动。度假村中名叫“赛”的水疗中心可以为客人提供泰式和瑞典式按摩和浴疗服务。斯攀瓦创意餐厅位于山顶的池畔别墅内，餐厅有令人垂涎欲滴的泰式菜肴，新鲜鱼类与海产应有尽有，如果你想要更为私密的就餐环境，可以将用餐地点安排在自己的雅间内。

从你下榻的别墅出发，要走上一段距离才能到达酒吧。在酒吧里，你可以一边放松地来上一杯鸡尾酒，一边听着DJ专门准备的浩室音乐和沙发音乐。喝完小酒就离开人头攒动的酒吧区回到住处，在月空下静静享受属于你的私密午夜。**AD**

探索波岛

Discover Bon Island

地点：泰国普吉岛

网站：www.sixsenses.com　**价格指数：**$$

如果你想住在一座完全属于自己，而且配备了奢华酒店的所有便利设施的热带岛屿上，那么请去属于普吉艾维森度假酒店的波岛吧。那是一个远离度假村的微型小岛，仿若极乐世界。在这里，你会拥有大片的私人空间、安静的环境和与世隔绝的氛围。

艾维森度假酒店的设计堪称一绝，酒店典型泰式风格的建筑美观大方，有着油光发亮的暗色木材和波光粼粼的水景。这里有摇晃着的悬空沙发，色彩缤纷；有闪烁着柔光的巨大灯笼，美轮美奂；还有以棕榈树和岛屿景致为背景的接待台。岛上的沙滩犹如画中一样完美，但更令人兴奋的还是你将一个人独占一个小岛。波岛上唯一的套房以吊脚楼的形式建在丛林中，从那里可以看到完美的安达曼海景与周围岛屿。套房不但配有可供日光浴和就餐使用的露台，而且其茅草屋顶和木结构还会让人产生入住奢华树屋的感觉。此外，套房的露天浴室可能让你享有一边泡澡一边赏景的特权，而室内则是一张朴素的白色大床，上方吊着蚊帐，看上去非常浪漫。小屋不但有各种现代的便利设施，还有一台电话，使用快速拨号功能便可召唤管家为你服务。

> “来到这里，外面的世界就彻底与你无关了。你进入了一个滋养灵魂的静谧王国。”
>
> 《亚洲水疗》杂志

你可以乘坐长尾船在碧海蓝天中进行短途旅行，船上的彩色飘带随风轻摆，会给你留下美好而深刻的体验。也可以渡海去度假村享受完美的水疗服务或者到海滨餐厅品尝美味晚餐。**RCA**

尽情体验特瑞萨度假村
Experience Trisara

地点：泰国普吉岛

网站：www.trisara.com　**价格指数：**$$$

普吉岛是泰国最大的岛屿，自千年之交，此地便成了极受欢迎的旅游景区，越来越多的游客都选择来此度假。位于岛屿西岸的沙滩遭到了开发商肆意地开发，这些无情的开发商正在逐渐破坏着这片区域的自然美。不过，特瑞萨奢华度假村和水疗中心是个例外，该度假村位于一个私人港湾中，距离普吉岛的国际机场仅有15分钟的车程。

度假村坐落在一片占地40英亩（16公顷）的热带森林与开阔草地上，共有42座面向大海的套房与别墅，每栋建筑都有各自的私人无边际泳池。每座套房的空间为1,260平方英尺（117平方米），而别墅的面积是套房的两倍。套房与别墅均配有空调、电视、DVD播放器、柚木日光浴阳台、宽带、宽敞的浴室和户外淋浴设施。而卧室宽大的床仿佛是“这世界上你睡过的最舒服的床”。

从度假村的主要餐厅可以俯瞰到海滨地区，这家室外餐厅既有当地食物，也有西餐。而位于靠近沙滩的特瑞萨烧烤餐厅只有晚餐时间才营业，你可以在那里品尝到美味的烤海鲜和烤肉，室内室外均可就餐。至于娱乐活动，特瑞萨有几条机动游艇供客人挑选，乘游艇出航去探索周边的海湾是一件很有趣的事。度假酒店还拥有两个带照明设施的网球场和一家图书馆。水疗中心位于山上，比别墅所在的高度更高。该中心理疗水准颇高，在客人中赢得了较好的口碑。去过了水疗中心，才算是一次完满的度假体验。

对于那些在这里住下就不想走的人来说，有一个好消息，那就是他们可以永远留在这里。因为度假村中的12栋住宅别墅可供私人购买，别墅户型从两室到五室不等。**DaH**

小住解脱自在园
Stay at Suan Mokkh

地点：泰国万仑

网站：www.suanmokkh-idh.org　**价格指数：**$

泰国仅有两家禅修中心可为那些对佛学修行知之甚少的人提供十天的住宿课程，自在园便是其中一家，对于远东哲学的初学者来说，这里是一个理想的学习基地。很多西方人由于课程的天数较短，在学习中遇到了很多不容小觑的困难，因此中途放弃学习的人数高达总人数的70%，这也正说明了开悟的道路上确实是充满了艰难险阻。

自在园的一天是从凌晨4点开始的。客人们要从草席上起来，离开各自的男女宿舍，然后聚拢到宽阔的庭院中来。院子里摆放着一些由混凝土浇筑而成的巨大水桶，里面盛放的是供人们洗漱的雨水。客人们纷纷舀起桶里的水泼在自己身上，算是淋浴。第一堂晨读将在半小时后开始。然后就是两个小时的冥想课程，接着是瑜伽课。人们每天都会在这里探讨佛教知识，进行冥想，再就是做一些杂务琐事。活动课程期间仅有一日基本但还算可口的三餐。每日的修行课程持续到晚上九点。晚十点，宿舍准时拉闸限电。幸运的是，这里仅收取并不贵的餐费，住宿和修习并不收取费用。若想体验与自己国家文化有着本质差别的文化，你一定会为地处热带环境的自在园着迷的。**DaH**

> “冥想需要付出精神力量，需要刚毅果断的态度和自我约束的能力……这并不容易。”
>
> 解脱自在园的主人

探索吴哥

Discover Angkor

地点：柬埔寨吴哥

网站：www.angkorwhat.net **价格指数：**❶

吴哥曾经是世界上最大的城市，但15世纪的时候被人们遗弃，现在成为了一座几乎可以称得上是梦幻般的考古公园，公园中到处是被肆意生长的雨林无情吞没的昔日印度教古老寺庙。柬埔寨的生态环境中心是结合了湖泊和河水系统的洞里萨湖，而吴哥正是坐落在洞里萨以北的位置。自吴哥于1993年被宣布为世界遗产保护区开始，前来参观这些圆锥状圣殿的游客就络绎不绝，呈指数增长的趋势。事实上，与很多其他公园中的建筑物一样，山顶上具有重大历史意义的巴肯寺正因为大量游人参观而变得岌岌可危。要知道，每天傍晚，拾级而上去巴肯寺观看日落的游人多达3,000人；每天在他们的注视下，太阳会渐渐消失在位于吴哥中心的建筑——与吴哥齐名的吴哥窟背后。

然而，吴哥不仅仅是世界上最大的宗教历史遗迹，还是现代柬埔寨的象征和该国国旗上的图案。在吴哥保存最完好的寺庙周围，终日聚集有大批的游客旅行团，如果你的游览探索范围不仅限于此，那么你就会发现超过1,000座大大小小的其他圣地，最重要的是，这些圣地受欢迎的程度也各不相同。有些庙宇不过是几堆碎石，有的却气势恢宏，墙体上还纠葛着巨大的树根。

整个遗址占地超过99,000英亩（40,000公顷），你可以乘巴士参加旅游团，也可以连带司机一起租一辆汽车或摩托去游玩，但是最好的游览方法还是租自行车，不走寻常路，专门去人烟稀少的地方，静静欣赏那片独属于你自己的风景，无需与他人共赏。**DaH**

→ 庙宇表面被蜿蜒的树根覆盖着，给人一种不朽的奇异感觉。

在南海小住
Stay at the Nam Hai

地点：越南广南省

网站：www.ghmhotels.com **价格指数：**$$$

专业旅行家比尔·布莱森曾写到过，作为游客的我们总是浪费大量的时间与金钱妄图换取我们本可在家就享受到的舒适。显然，比尔肯定从不会去南海这样能带给人无限欢愉的地方旅游。

这座度假村就像一扇向世人展现纯粹奢侈的展示橱窗，坐拥上百座令人惊艳的别墅，这些别墅均由专门的设计师打造，完全对称地分布在度假村中，周围是经过精心修剪的草坪和无边际泳池，二者完美地与纤尘不染的夏眉白色沙滩和湛蓝辽阔的中国南海相融合，形成了美丽而自然的景致，也带来了一种平静与安宁的氛围。华丽的别墅内有着富裕的空间和充足的光线：错层式的平台上摆放着超大号的双人卧床，床上铺着小山般的柔软垫子；浴室中涂着蛋壳乳胶漆的长浴缸向着私人花园的方向，当然你也可以选择露天淋浴；两用长椅和硕大的沙发放置在露台上供人午休。40座泳池别墅都拥有带温控功能的私人游泳池并配备了为你服务的专属管家。

同样具有五星级品质的还有酒店下属的两家餐厅，其中越南传统菜肴与各国料理、新鲜海鲜的融合让人胃口大开。若想恢复活力、保持青春，开满莲花的池塘间有八所安静的水疗别墅等候你的光临，这里多种多样精致细心的疗法几乎一定能给你带来巨大的幸福感，如果这还不够，那么就让酒吧为你驱除仅存的一丝压力吧。你要是慢慢厌烦了放松，可以驱车赶往距离此处仅有15分钟车程的古老港口城市会安，城区的热闹景象格外令人兴奋，市场上有西装店、小摊位、江景咖啡厅、艺术画廊和古建筑，如果你想深入了解真正的越南，那么这是不容错过的一座城市。

SG

下榻攀喜风筝山饭店
Enjoy Résidence Phou Vao

地点：老挝琅勃拉邦

网站：www.residencephouvao.com **价格指数：**$$

攀喜风筝山饭店坐落在盛开着赤素馨花、生长着棕榈树的山顶上，从此处可以俯瞰琅勃拉邦的圣山——浦西山和瓦特乔木西舍利塔的金色圆顶，景色壮观，摄人心魄。

该饭店是一处宏大的法国殖民时期豪宅，有着白色的墙壁、红棕色的屋顶和带百叶窗的宽敞游廊——一所亚洲格调的庄严庙宇。一条狭窄的小径从墙皮剥落的佛教舍利塔和热带花园间蜿蜒而过，通往当地建筑风格的一座座小亭子，那是设在莲花池中的水疗区。其中的按摩和脸部护理项目均使用传统的老挝配方，能起到滋养身心的功效。你可以在药草蒸气浴室中放松，也可以在能俯瞰山谷的无边际泳池里慵懒地漂着。更具冒险精神的游客会选择租一辆单车探索琅勃拉邦，这里不仅是一座古老的城市，更是老挝佛教的中心。游客们或许还回去参加饭店主厨的烹饪课，他在泳池旁的餐厅中会为你奉上法餐和传统老挝菜肴。

> “老挝的琅勃拉邦古老城市是世界上最神奇的地方之一。”
>
> 《标准晚报》

传统风格的客房中有许多棉制品和檀木家具。从私人露台看出去，目光越过层层的森林树冠，落在那点缀着佛塔的遥远群山上。这里没有恼人的嘈杂声，只是间或有僧人的诵经之声从山谷中传来飘进你的耳朵。**AD**

→ 要遏制住游览山谷中这座被列为世界遗产的小城镇的欲望，几乎是不可能的事情。

在第六感观宁万湾酒店放松心情

Unwind at Six Senses Hideaway Ninh Van Bay

地点：越南庆和省

网站：www.sixsenses.com　价格指数：$$$

观宁万湾的第六感酒店只可通过水路到达，这里不仅有彻底的清幽，还有令人目眩神迷的美丽。天鹅绒般的白色沙地在高耸青翠的山峦下闪闪发光，而海水中那千差万别的蓝仿佛魔咒般让人着迷。

度假村中全部别墅的样式均遵照越南建筑传统的风格来设计，将奢华之风发挥到了极致。酒店拥有自己的花园、手工制作的木制浴盆、酒窖和步入式衣帽间。水中别墅则毫无疑问是度假村中最浪漫的住宅，游人可以乘坐柚木制造的小船到达别墅。每栋别墅都有私人的柚木甲板，并且人们正好可以在甲板上观赏到绝美的日落，所以深受蜜月情侣的欢迎。水疗别墅套房是专为那些希望得到奢华尊宠的游人准备的；别墅自配了蒸气桑拿室和室内水疗设施。

世界级的“第六感”水疗中心在一道温和的瀑布旁若隐若现，与周围环境和谐地融为一体，令人舒心安神的流水声和香精油的芬芳围绕着你，仿佛空气中都荡漾着禅意。专业理疗高手会使用传统的越南疗法和整体疗法将你的身心疲劳统统化为无形。这样的享受会让人胃口大开，不过幸好这里的饮食选择足够给人以深刻的印象。餐厅氛围私密而浪漫，当然你也可以选择在别墅中或沙滩上享受私人烧烤，或者在防波堤上或是藏酒洞穴中进晚餐。白天，这里有很多荒无人烟的沙滩和海湾供游人探索，也有各种水上运动和带水肺潜水的活动可以参加。乘船20分钟即可到达海滨城市芽庄。如果大家来评选终极隐秘的沙滩胜地，观宁万湾的第六感酒店一定是最终的赢家。**LP**

→ 这里有一排面朝大海的奢华别墅，别墅的游泳池甚至是由海边的岩石雕刻出来的。

在鲸鱼岛度假村舒缓神经

Relax at Whale Island Resort

地点：越南庆和省

网站：www.iledelabaleine.com　**价格指数：**Ⓢ

芽庄北部是越南最大的海滨度假区，而小小的鲸鱼岛就坐落在中国南海温暖的水域中的文峰湾里。在周围诸多列岛的怀抱中，这个小岛最吸引人的地方莫过于潜水。每年的1月到10月，经验丰富的潜水爱好者都可以在热带鱼的簇拥下穿梭于水下的珊瑚礁花园中，游过一个又一个迷宫和洞穴。在这里能观赏到刺鳐、蝠鲼、海鳗、海马、小丑鱼以及巨大的名为“西班牙舞娘”的深海鱼。这里也有适合潜水新手的潜水区，合格的教练会在这里耐心指导初学者。

对于鲸鱼岛，4月至7月这段时间尤为特殊。鲸鱼和鲸鲨都会游到文峰湾进食，因为这里汇聚了大量的磷虾和浮游生物。而且3月末和4月初时，当地人会举行宗教仪式，欢迎这些生物来到这片水域。

如果你喜欢潜水以外的水上运动，鲸鱼岛上则为你准备了双体船、帆板和独木舟等运动。同时，在陆地上，小岛有23座竹造平房供游人小住。这些住宅造型简单，以茅草铺顶，屋中配置了电风扇和淋浴间，而没有空调和冲浪浴缸——不过简单朴素却正是这个地方的特别之处。走出门，脚趾踩在岛上的白沙中，顿时感觉回到了自然的怀抱。慵懒的午后，在绿树红花的掩映下，躺在竹板休闲椅上，再舒服不过了。餐厅的菜谱完全取决于捕鱼人早上的收获：或许一天晚上你吃到的是箭鱼和梭鱼，第二天晚餐就是吞拿鱼、螃蟹、石斑鱼和小虾。每一天，菜谱都是新的——食材的配料更是非一般得新鲜。如果你喜欢《鲁滨逊漂流记》这本书，那么不用再寻寻觅觅了，这里将是你的完美度假地。鲸鱼岛将让你独处荒岛的梦想成真。**PE**

下榻艾威森安娜曼德拉温泉酒店

Unwind at Evason Ana Mandara Villas Dalat

地点：越南林同省

网站：www.sixsenses.com　**价格指数：**ⓈⓈ

艾威森安娜曼德拉温泉酒店深藏在越南中南部的乡村高地上，拥有天堂般的水疗馆，是一处精致的“世外桃源”。在大叻，青翠的绿地和五颜六色的花朵到处可见，一年四季气候宜人。因此便得了“春城”的美誉。这里有一种惊心动魄的美，看上去好似一片有魔法的土地：奔流而下的瀑布、飘荡着松香的森林、还有平静如镜的湖泊，比如广阔的春香湖。雨季（4月到10月），雾气降临，整座城市和森林都仿佛被吞没在白茫茫的雾中，像是中了奇怪的魔咒，朦朦胧胧，若隐若现。

> “景色颇为震撼……到处都是起伏和缓的小山包。”
>
> vietnamstay.com

游客们所住的是20世纪20年代到30年代间所建的法国殖民风格的宅邸。酒店有着欧式的建筑、宫殿和花卉公园，而且地理位置刚好适合人们探索大叻这座城市。在这片休闲放松的大本营里，尤其是在“第六感”水疗馆中还有很多感觉有待我们去唤醒。其中的理疗项目包括传统的越南式按摩，还有结合新鲜玫瑰花瓣与越南绿茶的疗法。

浪漫主义者将会爱上叹息湖的风光，据说这里曾经发生过像罗密欧与朱丽叶一样可歌可泣的爱情故事。一个错以为自己的爱人已经不在人世的女人投湖自尽，从此以后，湖畔的松林就会发出阵阵哀婉的叹息。**LP**

湄公河上荡舟

Explore the Mekong by Boat

地点：越南湄公河

网站：www.cruisemekong.com　**价格指数：**$$

随着太阳缓缓沉落地平线，整个天空被渲染成了夺目的火红与橙黄。游船向着日落的方向缓缓而行，湄公河的河水看上去也好像着了火一样。

湄公河长达2,980英里（4,800公里），发源自青藏高原，流经中国、缅甸、老挝、泰国、柬埔寨和越南，最后注入中国南海，一路上多个湖泊和多条水道注入此河。乘船沿河而下，沿途风光别致而秀丽。白天，你可以尽情欣赏小舟漂过的宽阔水路、经过的一片片湿地与热带森林。晚上，坐在甲板上手执一杯红酒小酌，一边静静注视着河上夕阳西下，没有什么比这更享受的了。整个天空因夕阳的余辉呈现出火焰般明亮的橙色，这温暖的色调也照亮了流淌的河水。太阳像个明艳的火球，消失在水天相接的前方时，你仿佛能听到灼热的钢铁入水冷却时的“嗞啦”声。

三角洲是世界上人口最稠密的地方之一。你可以在此一窥沿岸居住和工作的越南人民的日常生活。你会发现这里有能漂浮在水面上的学校、集市和房子，这都是为了应对每年的洪水而设计的。洪水可能表面看上去给人们带来了诸多不便，但是每年雨季都会降临的洪水是一环关键的自然过程，它会将成千上万条鱼带到南方产卵，还能带来因自然侵蚀被水流挟带的泥沙。当地人已经适应了在河边的生活。漂浮的集市上叫卖声此起彼伏，小贩们纷纷在招揽顾客购买他们的鲜鱼、水果和异域风情的热带花朵。**JP**

↗ 游人们观看日落时，当地人挥着桨儿悠然地在这条浑浊的水路中行舟。

> “这条河见证了王朝的兴盛与衰微，见证了不同种族和文化之间大大小小的斗争。”
>
> mekongboat.com

藏身于阿曼普罗度假村

Hide Away at Amanpulo

地点：菲律宾巴拉望岛

网站：www.amanresorts.com **价格指数：**$$$

你可以在沙滩上悠闲地漫步，躺在椰子树下的吊床中微微打晃，或者卧在某个露天的厅中享受舒适的整体护理。这里有100英尺（30米）长的泳池，供人消暑放松，当然你也可以选择去海边潜水，珊瑚礁离岸仅1,000英尺（300米）。这里的餐厅有一半设在露台上，从那里可以看到海峡对岸的玛娜默克岛，你可以一边品尝着欧陆大餐或是亚洲餐点，一边欣赏这绝美的风景。晚餐后，你可以在露台上凝望美丽的夜空，观赏漫天繁星。餐厅甚至为游人们准备了观星望远镜，员工还会指导初学者如何观星，为他们讲述星星的故事。

逃开纷扰的世界，来到这座菲律宾的私人小岛上，脚下是粉末般细腻的白沙，眼前是水晶般清澈的海水，身后是随风摇摆的热带棕榈树，抬头是明亮的青蓝色天空。阿曼普罗意为“平静的岛屿”，这名字再贴切不过了。该岛是马尼拉西南沿岸星罗棋布点缀着的七千多座热带岛屿组成的群岛中的一个。游人将乘坐度假村自有的19座双引擎飞机降落在该岛的停机坪上，单单这一到达方式就令人难忘得很。

海滩、山坡和树上的小屋均是模仿真正的“巴哈库伯”住宅建造的，这是一种有几个世纪历史的老式传统民宅，房屋有角度较小的斜屋顶，撑着屋顶的是木构架。若是住在山坡小屋，你可以看到神奇的海景，住在海滩小屋里则可以通过野草丛生的私人小径散步到海滩。所有这些小屋都静静隐藏在沙地热带植物中。**AD**

还有什么比一边听着浪花拍岸一边在沙滩上进晚餐更浪漫的事情呢？

参观爱妮岛拉根度假村

Visit El Nido Lagen

地点：菲律宾巴拉望岛

网站：www.elnidoresorts.com **价格指数：**$$

来到爱妮岛拉根度假村，你才能彻底明白“归隐”的含义。俯瞰下去，海湾周围是白色的沙滩，而围绕着沙滩的则是一圈石灰岩的峭壁和茂密的雨林。爱妮岛是巴拉望最北端600多座岛屿组成的海洋保护区的一部分，对于钟爱“绿色风尚”的遁世者是一个理想的地方。岛上一些小屋以吊脚楼的形式建设而成，小屋下方便是海水；其他住所可以远眺10英亩（4公顷）的热带景观。所有房子都建有阳台，内部家具陈设等均为传统的菲律宾家居木艺雕刻风格。

> “爱妮岛注重环保，致力于保护当地环境。”
>
> 《悦旅》杂志

这个度假胜地有着水晶般清澈的海水和簇拥着热带鱼群的珊瑚礁，简直是潜水者的天堂。你可以划着充气式独木舟去近距离探索石灰岩洞和泻湖；也可以试试攀岩或者徒步穿越雨林，看看林中那些活泼可爱的猴子。岛上的拉根小径是绝佳的观鸟路线，在这条路上清晨时候可以看到成群的犀鸟飞向蓝天的壮观景象。游客们还可以乘船探访附近的迷你岛屿、荒凉的海滩和毗邻的山隘峭壁。

到了晚上，露天自助餐厅会为你奉上当地鲜美的海味。晚餐后，你可以去泻湖处欣赏音乐会，高耸的石灰岩峭壁营造了完美的音响效果。在一轮明月的照耀下，弦乐四重奏乐团和男高音站在水中的浮式平台上为观众们献上最精彩的演出。这里的的确确可以算得上是人间天堂。**AD**

在达泰湾享受轻松假期

Relax at Datai

地点：马来西亚兰卡威岛

网站：www.ghmhotels.com　**价格指数：**$$$

达泰湾被美丽的兰卡威岛热带雨林环绕着，宛若传说中的伊甸园。在小岛欠发达的北部海岸上有一处建筑群，就坐落在面向安达曼海的纯美沙滩上，与周边青葱的莽林相互映衬，给人一种舒适的感觉。这座设计出众的度假村拥有露天通道、亭子、乡间草屋一样的别墅，下面有木柱支起，而周围的郁郁葱葱的丛林都保持完好，里面活跃着各种各样的野生动物。活泼好动的猴子和体型巨大的鼯鼠在树上跳来跳去，而壁虎和蜥蜴闲适地爬在阳光透过树叶撒到地上的一块块光斑中。在这里居住的一名环境保护主义者会带着游客徜徉在大自然的怀抱中，沿原始雨林中的几条野径，一路上他会引导你观赏林中各式各样的鸟儿和蝙蝠。

> “达泰湾拥有这座岛上最好的沙滩——白色的纯净沙粒和丛林覆盖的峭壁。”
>
> 安德鲁·凯奇波，《卫报》

尽管这里有着返璞归真的氛围，但下榻达泰湾度假村其实是一次奢华的体验。这里不仅配备了Bose音响系统，还提供摩顿布朗的产品，而且这里的员工能记住每位客人的名字。到了“亭阁”这座建在雨林树冠上的架空露天餐厅，你可以享用到顶级的泰式美食。想好好享受一番吗？缓步走到露天水疗馆，那里的特色疗法选择很多，从暖石按摩到芳香足底磨砂不一而足。度假村的高尔夫球场设在壮观的雨林中，两侧便是安达曼海和迈特辛坎山脉。更喜欢户外活动的游客可以租一辆单车，骑单车探索这座基本没有其他交通工具的小岛是个很棒的选择。**JK**

在绿中海度假村放松心情

Unwind at Pangkor Laut

地点：马来西亚邦咯岛

网站：www.pangkorlautresort.com　**价格指数：**$$

绿中海度假村坐落在马来西亚半岛西海岸附近，是1994年由歌唱家帕瓦罗蒂投资建造的，他声称自己已经深深爱上了这座小岛，说“上帝把这座‘天堂’建得美丽非凡”。绿中海的美并不仅仅停留在表面层次，该度假村除品位格调格美之外，还有着高标准的周到服务和世界顶级的设施建筑。住宿条件之奢华令人咋舌，尤其是最为豪华的帕瓦罗蒂套房。这座两居室的典雅套房中有屋顶开放式的浴室和可以俯瞰大海的阳台，从这处阳台望出去的风光是全岛最美的，因为阳台就高高地建在雨林上方。

在高雅的“渔夫之湾”餐厅，你可以品尝到美味的当地菜肴，这里的新鲜海味的烹调均使用餐厅自家种植的配料，包括水疗中心花园中的草药香料等。但是，其中最为特别的要数餐厅提供私密就餐的服务，你可以选择在自己所住的别墅里用餐，也可以在漫天星光的翡翠湾海滩这样浪漫的氛围中用餐。

绿中海度假村的水疗中心也是悠闲慵懒的氛围，因为此处有丰富自然资源和历史上闻名的治愈效果，水疗中心可为客人们提供种类齐全的护理项目。传统的马来西亚按摩以长时间的揉捏按抚为特色，配以当地原料（包括肉桂和香茅）制成的独特按摩油，形成了一套可以让人深度放松的护理疗法。但是最值得一提的还是铁木水疗馆的终极水疗体验，那才是至尊的奢华享受，水疗馆中不仅配备了室外冲浪浴缸、瑜伽修习亭、小憩露台、整齐浴室，还有私人的理疗区，这是来此小住的人绝对不容错过的体验。**HO**

探索停泊岛

Explore Perhentian Islands

地点：马来西亚停泊岛

网站：www.perhentian.com.my **价格指数：**Ⓢ

马来西亚东岸的停泊岛几乎可以说得上是个完美的海滩度假胜地。该群岛有两座小岛可供游人选择，其中较大的是大停泊岛，很适合家庭和想寻求安宁的人们来游玩，其中较小的小停泊岛则更受到经济节俭的背包客所喜爱。两座岛上均有棕榈树勾勒的弧形海滩，海滩远处是丛林密布的内陆。同时，两座岛上也都可供游人住宿。

虽然大多数游客来这里不过是为了躺在棕榈树下消磨时光，但其实还有很多值得做的事。浮潜和潜水就是两项主要活动，潜水学校之间的竞争也导致停泊岛成为了世界上潜水最便宜的地方之一。礁石附近经常会有绿海龟和黑梢真鲨出没，此外还有五花八门的其他水生生物，比如蛤蚌、鳗鱼、海蛇和乌贼，这些都是常见的。游客也可以在向导的带领下在丛林中徒步探险，还能租海上独木舟自己在海中徜徉。

> “停泊岛简直太棒了，没有人工修建的公路，也没有大批的游客，这简直就是天赐的福地。”
>
> 杰克·巴克，《独立报》

这些岛屿中的一些地方不可避免会有人类改造的影子，小停泊岛上的长滩上尤其修筑了不少设施与工程。不过很多其他沙滩上仅有一座度假村，而也有一些沙滩并没有人工雕琢的痕迹。在旅游旺季，即2月到10月期间，这里的度假村生意很是火爆。**JD**

在阿雅妮度假村振奋精神

Recharge at the Aryani

地点：马来西亚登嘉楼

网站：www.thearyani.com **价格指数：**Ⓢ

阿雅妮度假村的建筑灵感来源于古老的苏丹王宫殿，而实际的建筑风格则参考了传统的堡垒，而且贯穿了经典的马来建筑混搭格调。该度假村坐落在马来西亚的东海岸，这片海岸拥有马来全国最长的海岸线和白色的沙滩、海洋公园，还为游人提供了顶级的浮潜和潜水体验。阿雅妮位于温暖的中国南海边上一座叫做瓜拉登嘉楼的渔村中。

住在这处华丽的“世外桃源”，人们会很容易放松心情，体验到融入大自然的感觉。在这里，你可能会为不可思议的按摩手法彻底折服，或者在某个美容师的贴心服侍下身心得到抚慰。如果你想体验公主般的水疗感受，希望能在绝对清洁的纯白色环境中享受理疗服务，可能最好还是另择他地。阿雅妮的“古老传承”水疗馆只是一座掩映在椰树叶、香蕉树和热带鲜花中的茅草顶架空木屋，由原始的木材建成，再现了真正的马来西亚古老建筑。水疗馆的木板壁上有微小的缝隙，风儿就是透过这些缝隙将清新的花朵芬芳吹了进来，满室生香。正因为理疗室里没有铺着冰冷的瓷砖，所以这栋华美的树屋中反而氤氲着一种别致的宠溺氛围。来到这儿无需接受注氧活肤面部护理，从海上吹来的令人神清气爽的微风，再加上透过窗口飘来的异国芬芳，这就是最自然的面部氧气护理了。

你会俯身趴在舒适的地毯上，享受着理疗师的按摩、揉擦，在药草、香料、水果和鲜花的包围中焕发出新的活力。然后沉浸在室外浴缸中，洗澡水中撒着茉莉花、热带木兰花和玫瑰花的芬芳花瓣。你可以一边享受花瓣浴，一边看着海浪越过低垂的紫素馨花的叶丛冲上海岸。**SjD**

在月之影度假村放松心情
Relax at Tanjong Jara

地点：马来西亚登嘉楼
网站：www.tanjongjararesort.com **价格指数：**$ $

在月之影度假村，游人们可以亲身领略此处蕴含的马来西亚历史意义。古老的“苏西摩尼”哲学强调精神的纯洁、身体的健康及心灵的安宁。再没有比这里备受赞誉的华丽水疗会所更符合这样的描述了。

水疗会所使用的疗法世代流传，甚至可以追溯到马六甲苏丹王朝，这种疗法被当地的人们用来满足现代人的理疗需求。水疗会所使用的理疗材料芙蓉茄是芙蓉的红色花朵部分，广泛用于放松按摩、去角质磨砂膏和有恢复活力的功效的茶饮中，可以改善肤色并且有益于肾脏健康。传统的马来式按摩、花瓣浴和香薰蒸汽浴室和舒缓人的神经，驱散全身的压力。

月之影度假村位于马来西亚的东海岸，面朝大海，占地42英亩（17公顷）。客房四周围着棕榈树，建筑风格效仿了曾经为马来西亚国王设计的17世纪宫殿。建筑由当地工匠手工打造，柚木地板和高高的天花板为游人们遮挡了热带的高温，带来了一片清凉。中午的钟声响起，这代表着渔民们从海中捕捞上来了当日的新鲜海产。你可以去“河流之上”餐厅（该餐厅名副其实，就建在水上）或者“渔人”海鲜馆享用当地的风味美食，若选择后者，你便可以在海滩上借着火炬之光就餐了。

在周边的自然环境中，你会有很多发现。可以在河中航行时垂钓，可以骑着单车探索当地村寨，可以徒步穿越丛林到达该地区最高的瀑布，也可以参加度假村主厨开设的马来菜肴烹饪课。你甚至能在这里看到濒危的巨大棱皮龟爬上岸回巢的情景。**AD**

← 水疗场所设在七个独立的豪华理疗馆中，周围是恬静的花园和池塘。

探索姆鲁山
Discover Gunung Mulu

地点：马来西亚姆鲁山
网站：www.mulupark.com/index.htm **价格指数：**!

从属于马来西亚的婆罗洲北部的美里这座海滨城市出发，乘坐两个小时左右的飞机即可到达联合国教科文组织指定的世界遗产地——姆鲁山国家公园。该公园以其地上和地下的特别景致而著称。被雨林覆盖着的整座公园拥有世界上最美的港湾，还有世界上最大的地下洞穴：沙捞越厅，2,300英尺（700米）长，超过230英尺（79米）高。

科学家绘制了一幅地图，地图上涵盖了超过185英里（300公里）的公园地下通道，不过游客只能在导游的带领下参观其中四个洞穴。人们按照到达这些洞穴的难度对它们进行了划分，而去往沙捞越厅被认为是其中最为艰险的旅途。你必须证明自己之前有过洞穴探险的经历才能加入这里的探洞之旅，不过，完成过姆鲁山最容易的旅游活动也会被视为有资格前往公园地下主要景点参观。

> “这是一系列让人难以忘怀的洞穴，里面还有悬垂的钟乳石……值得你来此探险。”
>
> 本·戴维斯，《每日电讯报》

此地的石灰岩山脉受到地下水的侵蚀，形成了地上起起伏伏的地势。公园服务部为游人们准备了若干条不同的参观路线，你可以选择雨林树冠天桥漫步——走过世界上最长的树上通道，也可以去参观非常特别的尖峰石阵——火焰山附近外形尖锐的岩溶堆积物。**DaH**

在朗卡央岛潜水
Dive at Lankayan Island

地点：马来西亚沙巴州朗卡央岛

网站：www.lankayan-island.com **价格指数：**$$

朗卡央岛潜水胜地不过是马来西亚婆罗洲海域苏禄海中一个小小地点，不过来到这里后，你会真正体验到脱离喧嚣俗世的感觉。乘上快艇，只需90分钟的颠簸便可越过蔚蓝的大海，看到这座天堂般的小岛。满潮时，小岛面积有10英亩（4公顷），岸边长着一棵棵棕榈树，白色沙滩上尽是美丽的贝壳。岛屿很小，以至于围着海滩漫步一圈只需要15分钟。

客房是铺着柚木的茅草屋，阳台宽敞，可供客人尽情欣赏美景。你可以在海滩上支起硬木椅子，度过一个慵懒的午后，也可以躺在每间客房前的树之间悬挂的吊床上，舒舒服服地享受悠闲时光。向微微倾斜的海滩走去，在温暖的海水中游泳；然后沿着防波堤漫步，俯瞰聚集着成百上千条热带鱼的海域，其中不乏小丑鱼、小鲨鱼和巨大的海星。该岛处于海洋保护区的范围内，因此是不允许在这里进行水上摩托、赛艇或垂钓活动的。不过，游人们可以潜水，探索珊瑚礁和水下沉船，顺便留心观赏黄貂鱼、海牛和梭鱼等各种各样的海洋生物。繁殖季节，绿海龟和玳瑁龟会纷纷游上岸筑巢。最后，就以在露天露台上的晚餐结束这愉快的一天吧，别忘了，露台下方的水中还游着黑鳍鲨呢！ **AD**

> "浅水区以多得令人难以置信的大型海洋生物……和鲸鲨经常出没著称。"
>
> diveborneo.com

观光踏缤野生动物保护区
See Tabin Wildlife Reserve

地点：马来西亚沙巴州

网站：www.tabinwildlife.com **价格指数：**$

踏缤野生动物保护区是地球上最具生物多样性的区域，坐落在婆罗洲岛的沙巴州上。园区不仅生长着龙脑香料树树林，还是猩猩以及八种其他灵长类动物的家园，同时该地区活跃着三种最大的哺乳动物——苏门答腊犀牛、亚洲象和爪哇野牛（一种本土野牛）。可以说，这座公园对野生动物的保护起着至关重要的作用。

保护区占地29.8万英亩（12.05万公顷），包括7座泥火山和若干口咸水泉，因为泉水矿物质含量高，吸引了多种多样的动物在公园中繁衍生息。同样，泥火山也是观察当地动物界情况的理想地点，因为哺乳动物和鸟类经常出没于此。事实上，喜好观察野鸟的游人会在踏缤度过极为愉快的一天，因为这里有220种不同的鸟儿可供观赏。

尽管地理位置相对偏远，但其实进入公园并不困难（从沙巴州的首府哥打基纳巴卢机场出发），公园中的住宿条件也很舒适，并配有现代设施。这里总共有20家酒店，半数坐落在河畔，另外一半建在群山之中。要知道，在荒野之地居住并不意味着要过艰苦的日子。酒店为游客们提供了无任何节疤的光洁木材搭建的平房，室内有双人床和带热淋浴的私人盥洗室，外加隐蔽的阳台。你可以在阳台上观察周围的原始森林而无需置身于丛林中。对那些希望能体验原生态的自然、却又不愿舍弃舒适的现代便利设施的人们来说，踏缤野生动物保护区是他们最完美的旅游目的地。 **DaH**

探索京那巴鲁国家公园

Explore Kinabalu National Park

地点：马来西亚沙巴州

网站：www.sabahparks.org.my **价格指数：**❶

站在马来西亚海拔13,435英尺（4,095米）的最高峰上，便可傲然俯瞰京那巴鲁国家公园的全貌。这座公园的特别之处便是此处的气候多种多样，其植被从山顶的亚高山植物区系到低地的热带阔叶林也不一而足。正因为这种多样性，我们在可以看到这里茁壮成长着6,000多种植物，其中很多是只存在于京那巴鲁的品种，因此，该公园于2000年被指定为世界遗产。

或许，公园里最有名气的“居民”就是大王花了，它是沙巴州的州花。此花每9个月盛开一次，花期仅有数天，但是盛开的大王花绝对是值得人们为之等待的一个奇景。大王花是世界上最大的花，花朵直径近乎3英尺（1米），花上斑斑点点的橘红色煞是耀眼，尽管花开景象令人难忘，但其实气味并不宜人，甚至有“腐尸花”之称，因为其散发出腐烂肉类的味道吸引飞蝇。

对于徒步者而言，沿着花岗岩山坡向峰顶进发是一次极富挑战却又颇受欢迎的旅程。推荐安排是花两天的时间爬坡，中途在靠近山峰的客栈里过夜。游人们通常从栗子树与橡树的树林出发，沿着色彩明亮的杜鹃花和异域兰花标示出的小径一路向上。随着海拔越来越高，周边植物的覆盖便越来越稀。这时你会看到很多的猪笼草，这种碗状的植物也不一般，它会吃掉昆虫和各种小虫子以获得生长所需的营养。接近顶峰的地方只孤零零站着几棵耐寒的树。到达顶峰，你会看到布满了青苔和耐寒草的石坡，还会有可能看到婆罗洲最美的景致。**JP**

“据说京那巴鲁拥有一千种兰花、一千处温泉、一座蝴蝶园和各种各样的龟。”

莱斯利·瑞德，《每日电讯报》

↗ 京那巴鲁山占据着沙巴州的天际线，它那参差不齐的圆顶山峰终年云雾缭绕。

入住浮尔顿酒店
Unwind at Fullerton Hotel

地点： 新加坡

网站： www.fullertonhotel.com **价格指数：** $$

要想找到真正“抵达”新加坡的感觉，没有什么能比坐在浮尔顿酒店极富特色的邮政酒吧里大口喝荔枝马提尼更好的方法了。无论是标志性的狮头鱼尾像，还是浮尔顿酒店门前蜿蜒流过的波光粼粼的新加坡河，二者都会让来到这里的游客强烈地感受到他们确实“抵达”了新加坡，但还是邮政酒吧的招牌马提尼最令人印象深刻。相比较而言，该酒店资历较浅，但是却一跃成为亚洲顶级酒店中的一员，而且始终保持着这一高排名。

“在酒店的无边际泳池中可以俯瞰新加坡河和城市的天际线，能给人留下深刻的印象。”

《悦游》杂志

20世纪20年代，浮尔顿大厦凭借着其别具一格的建筑——多利安式圆柱、飞檐和方格天花板引起了大家的注意。除了古典建筑风格之外，浮尔顿真正获得好评的是一流的酒店设施和卓越的个人服务。亚洲国家越来越多开始使用高科技，浮尔顿也不例外，菲利普·斯塔克设计的盥洗室中的各种“小玩意儿”正好能证明此点。总是喜欢窝在家里看电视的人会疯狂爱上酒店客房中的床头控制板，而如果出门在外的你有些想家，负责IT支持的部门将会为你派来一辆多媒体推车，上门服务，为你安装网络摄像机，如此一来，你便可以和世界上其他地方的友人联络了。酒店还配有安全电源插座，以便为笔记本电脑充电。

一生中，每个人都应该来浮尔顿酒店感受一次，哪怕是一晚也好。有传闻说该酒店的总统套房非常合适接待女王这样的人物。**TM**

游览布纳肯国家海洋公园
Explore Bunaken National Marine Park

地点： 印度尼西亚巽他群岛苏拉威西岛

网站： www.divetheworldindonesia.com **价格指数：** $

布纳肯国家海洋公园位于苏拉威西岛的北部海域，是地球上水生物的生物多样性水平最高的地方之一，因此被视为是潜水者的天堂。公园占地共220,000英亩（89,000公顷），其中包含一些小型岛屿，如内恩岛、西拉丹岛、芒特哈芝岛、美娜多二号岛和布那肯岛。周围海域中栖息着的鱼与整个菲律宾群岛的鱼相比，前者种类数量只多不少，因为印度-西太平洋70%的海洋生物物种都以此为家。

海洋公园中有梭鱼、海豚、礁鲨、黄貂鱼、海龟，甚至还有鲸鱼和儒艮。这一区域也生长着70个属的珊瑚，而夏威夷仅有十个属。在布纳肯岛附近水底的一座座陡峭的珊瑚墙周围，汇聚着种类繁多的海洋生物。夜晚，这些礁石将更加迷人，因为大批白日里很难见到的动物都会在此时突然出现在大家眼前。

公园的五个岛上总共约有2万个居民，其中大多数人都是专业的渔民，他们经常会使用没什么技术含量的方法捕鱼，比如说炸鱼。印尼政府于1991年成立了这座海洋公园，以避免这些破坏行为和过度捕捞，而且游人入园所付的参观费也成为了当地人的一个收入来源，从而有利于保护这里特殊的生态系统。北苏拉威西岛水上运动协会（NSWA）不仅致力于保护海洋生物，还为村民们带来了旅游业的财务收益。为了确保该地区的环境不会受到人为破坏，前来潜水的游客们仅可雇佣是NSWA成员的潜水员。**DaH**

→ 原始的热带水域深达5,150英尺（1,570米），因此吸引了世界各地的潜水爱好者前来一试身手。

徒步穿越古农列尤择国家公园

Trek Through Gunung Leuser National Park

地点：印度尼西亚苏门答腊岛

网站：www.geocities.com/rainforest/4466/leuser1.htm **价格指数：**$

苏门答腊岛是印度尼西亚拥有的最大的岛屿，古农列尤择国家公园就坐落在这座岛上，公园包含若干个不同的自然保护区，覆盖了长达62英里（100公里）的布吉巴里桑火山山脉。公园名称来源于这座山脉的最高峰——11,100英尺（3,381米）高的古农列尤择峰。公园中多个地区的地势都非常险峻，非人力所能及，因此也变成了一些濒危动物（如苏门答腊猩猩——两种猩猩中体型较小较稀少的一种）的乐园。据估计，在公园主要入口处武吉拉旺的猩猩康复中心里，此种猩猩共5,000只，游客们可以近距离地观赏这些大猩猩。

这片地区的特殊之处还在于，这是唯一一个猩猩、鳄鱼、犀牛、大象和老虎共存的地方。因为此地海拔高度有很大差异，所以公园中的植物种类也颇为丰富，覆盖该地区的森林种类各不相同，有低地的雨林和沼泽森林，也有处在山坡较高地方的亚高山森林。

为了探索这片广袤的土地，最好的方法还是参与一次园区的徒步旅行，这些旅行耗时从几个小时到两个星期不等，旅途中为游客提供的住宿条件是扎在山洞中的帐篷或者河畔的简单平房。鉴于公园的生物多样性非常突出——拥有超过700种动物，我们建议游客多留宿几天，以便可以完整地体验未经人类染指的大自然与我们惯常居住的人造世界之间的巨大差别。**DaH**

→ 苏门答腊世界遗产保护区里坐落在热带雨林中的三家国家公园之一。

下榻阿曼佳沃酒店

Stay at Amanjiwo

地点：印度尼西亚爪哇岛

网站：www.amanresorts.com **价格指数：**$$$$

这座婆罗浮屠寺庙是世界上最大的佛教圣地，寺庙对面是一整块惊人的巨大圆形石灰岩；米诺拉山丘在寺庙背后耸起，一座座火山在遥远的天边冒出阵阵轻烟。这里到处弥漫着深沉的静谧。这就是阿曼佳沃，或许是这个世界上最富灵性的“世外桃源”。

若是在这里看到游客们在静坐冥想或是彼此探讨生命的意义，无需感到惊讶，这在阿曼佳沃很常见。阿曼佳沃坐落在爪哇中部郁郁葱葱的乡间。因为周围遍布着古代遗迹，建筑与环境都让人顿生敬畏之情，所以来到这里的人们都不禁开始严肃地思考。每间套房中甚至配备了一盒水彩颜料，这是为那些受到触动、想把眼前秀美景色搬上画布的游人所准备的。不过，这里并不要求游客像僧侣般遵守清规戒律。酒店有34座圆顶套房，室内的卧床周围围绕着庄严肃穆的柱子和手工制作的家具。大多套房配有私人泳池且所有套房都能看到神圣的山峦、山丘或婆罗浮屠寺庙。酒店还设有带柱廊的泳池俱乐部，建有130英尺（40米）长的无边际泳池，这座泳池一直延伸到稻田、僻静的餐厅和酒吧以及水疗区中，客人们到了水疗区便可一享皇家爪哇草药理疗服务，这种传统的爪哇疗法本是为出嫁前夜的公主准备的。

在阿曼佳沃，给人留下持久印象的反而是那些无形的体验，比如来到这里骑在苏门答腊象背上探索过大吉山后，在穿着围裙的当地年轻女子的服侍下享受玫瑰花瓣雨的经历。但凡在阿曼佳沃小住过的游人们，无不感受到真切的幸福。**LP**

> “阿曼佳沃的建筑完美映衬了婆罗浮屠的古老与宏伟。”
>
> 《每日电讯报》

↖ 阿曼佳沃外观像一座恢弘的庙宇，不但有高大的石柱，还似乎笼罩着一圈神秘的光环。

在瓦卡堪格酒店休息
Relax at Waka Gangga

地点：印度尼西亚巴厘岛

网站：www.wakagangga.com　**价格指数：**$$

瓦卡堪格会给你带来纯粹的放松。客房中并没有往常随处可见的现代时髦玩意儿，这一安排就是为了让你忘记现代生活的烦忧，从而学会真正的放松。未上漆的原木木材、本地产的纤维织物、茅草搭建的屋顶构成了一座座由切割好的石板构筑的别墅，在锦簇花团的映衬下，与周边环境形成了和谐的搭配。度假酒店不仅仅是向游人展现了它原始自然的一面，更提供了诸如空调等基本设施。所有的客房都配有奢华大床、开放式壁炉、大型沙发、沉陷式浴缸、花园淋浴和室外日光浴平台。度假村的公共功能区分类齐全，有美术馆、图书馆、水疗馆和瑜伽馆，使用这些设施都是有效地帮助你深层放松的途径。日落时分，在你沉溺于餐厅提供的巴厘岛美食之前，酒吧首先会为你奉上一杯鸡尾酒，一边品味着美酒佳肴，一边可欣赏到震撼人心的海景。正是因为酒店所处位置在小岛的悬崖边，这才有了如此壮观的美景，也让人不由想起了巴厘岛的另一名副其实的别称——“神明之岛”。

集雅致、奢华、隐秘于一身的瓦卡堪格酒店坐落在起伏的水稻梯田中，从此处可以俯瞰印度洋的壮丽风景，这更为酒店平添了一分魔力与魅力。酒店有10间极具自然特色的平房和6栋私人别墅，这些建筑均由本地材料建成。这座度假酒店对生态环境非常重视，如果说有一项环保旅游奖的话，那一定非他莫属了。一边是平滑如镜的稻田，一边是边缘消失于海中的黑色沙滩。在天气多变的季节里，因为有凶险的暗流，下海游泳是不智的选择。当地马厩里的马儿可以载着你去参观著名的海神庙——南巴厘岛最神圣的地方。PS

在爱丽拉乌布酒店减压
De-stress at Alila Ubud

地点：印度尼西亚巴厘岛

网站：www.alilahotels.com/Ubud　**价格指数：**$$

巴厘岛的文化之乡——乌布坐落在一片具有纯然之美的绿洲中，到过这里的人都会体验到这儿的减压奇效。从此处出发，10分钟后便可到达我们将向你介绍的爱丽拉乌布度假酒店，该酒店位于人迹罕至的清幽小山上，在此度假会让人把曾经生活的那个真实世界完全抛在脑后。酒店宁静雅致的设计效仿了传统的巴厘岛山村民居，这也恰是融入周边秀美环境的一大特点。

> “宛若绿宝石一般的无边际泳池……曾被称为世界上最美丽的泳池之一。”
>
> 《每日电讯报》

酒店共有56所客房和8座别墅。在此处小住就相当于向外面的广阔世界挥手作别，转而进入安宁与平静的理想内心状态。减压的方法有很多，客房本身其实就可以作为减压过程的起点。房子底层既是私人花园露台，再加上令人重新振奋恢复活力的露天淋浴与浴室，这为你与大自然亲密接触提供了绝妙的好机会。从房间弧形的阳台上向外远眺，目之所及，尽是令人惊艳的美景。

不用说，爱丽拉水疗中心的按摩非常棒，度假酒店还提供24小时图书馆和客房内用餐服务，这些都是为了营造轻松的氛围。你也可以游览金塔马尼山村和附近的德戈拉朗水稻梯田。此处周围的火山不仅展示出巍峨的姿态和永恒的意味，同时也提醒着人们，百万年前，是怎样一股强大的力量才塑造了这片地方。总而言之，爱丽拉乌布酒店是独自旅游度假的完美选择。PS

在盖贾密那海滩度假村小住

Stay at Gajah Mina

地点： 印度尼西亚巴厘岛

网站： www.gajahminaresort.com **价格指数：** $

这些简单偏僻的小岛孤零零地矗立在巴厘岛风景如画的西南岸，岛上有一块块稻田和本地的庙宇建筑，距离旅游度假景区好几英里远。这座私密的精品海滩度假酒店仅有9栋地中海式的别墅，别墅坐落在绿意盎然的花园中，而花园里则盛开着一朵朵芬芳的花朵，巨大的蝴蝶在其中翩翩起舞。在那里可以远眺到盖贾密那的私人黑色沙滩和参差不齐、布满坑洞和石刻的火山岩。游人们可以去探索长满草的崖顶、稻田、椰林和绵延19英里（30公里）的空旷沙滩。精力充沛的人可以骑上单车，沿着山上的小径穿过可可种植园到达附近的火山；其他人可以选择在海中冲浪，和汹涌的波涛较量一番。

度假村的别墅坐落在有墙围住的个人花园中，另建有观景露台。回到宁静而私密的别墅中，便可登上露台远眺粗犷的海岸和崎岖的稻田。单层客房中具有同样质朴的氛围——整个建筑使用了若干种天然材料，如火山石、椰树木材、柚木，室内镶嵌着彩色的玻璃，还陈设着一些印尼古玩和一张大而舒适的床，私人游廊下支起一张长椅，等待你慵懒地躺在上面看海。在棕榈树旁的游泳池畔，你可以趴在草亭中享受传统的巴厘岛按摩，或者在鸟鸣与花香中上一节瑜伽课，进行更深层次的放松。美食是在盖贾密那放松度假的另一个重点。餐厅的菜单中有许多有机植物和新鲜的海产品，其特点就是混搭了巴厘岛本地菜肴和法餐的精华，之所以有法餐，是因为度假村的所有者是法国人。这里的特色菜有香蕉花咖喱、青椒沙司配马林鱼。综上所述，这就是安静美丽的盖贾密那了，好一个浪漫之地，休闲之所。**SH**

体验巴厘岛特博克水疗别墅度假村

Experience Tembok Bali

地点： 印度尼西亚巴厘岛

网站： www.spavillage.com/tembokbali **价格指数：** $$

高耸的山峰构成令人错愕的地貌，沙滩上是火山熔岩形成的黑色沙粒，天蓝色的印度洋波光粼粼，巴厘岛特博克水疗别墅度假村就坐落在这样的环境中，这里是每一个为水疗而痴狂的人心目中的胜地。巴厘岛水疗并不是一味地讲究享乐与舒适，其中还融入了流传下来的古老调理治疗方法。水疗意味着净化身体、思想与灵魂，这正是水疗别墅度假村的服务方向，该度假村位于岛屿北部，所在区域环境纯净美丽。

> “巴厘岛特博克水疗别墅度假村周边唯一的建筑就是捕鱼者小小的临时居住点和零零落落的路边小店。”
>
> 《独立报》

从客人们到来的那一刻开始，度假村便为大家量身打造了专属的活动安排。度假村首先会为客人们奉上热情的足底按摩服务并邀请大家挑选“度假兴趣点”：是想寻找“平衡”、开发“创造力”，还是激发“活力”。这里的课程项目各式各样，如木工雕刻、篮筐编织、指引式冥想和水肺潜水。

尽管此地的服务更注重满足客人精神方面的需求，不过对于生命中简单的快乐，度假村也并没有忽视。在宽敞的无边际泳池旁，客人们可以享用鸡尾酒；在宛提兰餐厅，每天你都可以吃到新鲜的海产和应季的有机食物。无论是套房还是别墅，住宿环境都完美而奢华。度假村的活动也很丰富，如乘坐传统的巴厘岛小船在黄昏时分出海巡航，在海上眺望雄伟的阿贡火山。总之，此地推崇古老的巴厘岛文化，甚至将文化的内涵以更好的形式展现了出来。**LP**

在班卓园度假酒店休闲放松

Relax at Panchoran Retreat

地点：印度尼西亚巴厘岛

网站：www.lindagarland.com　**价格指数：**$$

如果你在田园牧歌般的地方有一个美丽的家园，又想和大家分享你的这份好运，你会怎么做呢？琳达·加兰德就属于这样的情况，而她选择将她的家园改造成了一座不可思议的酒店。班卓园度假酒店便是琳达·加兰德的家园乐土了，独特而平静，占地25英亩（10公顷），位于靠近巴厘岛文化之乡乌布的一处河谷旁，之前是她的私人领地，2003年，她将这里改建成为了一处生态环保、使人乐而忘忧的胜地，迎接来自世界各地的观光客。

“班卓园”在巴厘语中是“泉水”的意思，酒店的建筑与周遭环境的融合非常和谐。纵观主别墅、瀑布别墅和河畔别墅，可以看出这里的风格老旧但别致。庞大的茅草别墅很容易给人带来一种清凉感，别墅周围簇拥着许多芬芳的花朵，摆放着爪哇雕塑，还配有吊床、露天淋浴。室内则陈设着带蚊帐的床铺。瀑布别墅设有天然泉水灌注的池塘和室外冲浪浴缸。在那里可以远眺瀑布；瀑布声萦绕在耳畔，舒缓你的压力，抚慰你的心灵。河畔别墅则面积更大，不仅有池塘，还有一大片可望见稻田与竹林的观景台。

美味的印尼菜肴配料皆是来自于酒店自营的有机花园；你身边还会有熟稔传统巴厘式按摩方法的女按摩师为你服务，帮助你放松心情。这里的环境似乎有魔力一般深深吸引着想独处的艺术家和浪漫主义者。附近的乌布镇洋溢着波西米亚风情，有古老的庙宇、典雅的咖啡厅、生动的文化景观。从乌布出发，只需步行很短的一段路程便可到达圣猴森林公园，至此，这一圣境还有各种神奇之处等待你去发掘。**LP**

↗ 班卓园度假酒店的建筑和装修材料均采用可循环的硬木、竹木和其他天然材料。

“我想提倡大家在装修和建筑中用竹材替代木材。”

琳达·加兰德，班卓园度假酒店设计师

享受班奎思别墅酒店的浪漫情调
Enjoy Villa Balquisse

地点：印度尼西亚巴厘岛

网站：www.balquisse.com **价格指数：**$$

跨过石雕入口，便进入了班奎思，眼前是覆盖着华美印度织物的老式摩洛哥沙发，还有屋子木梁上悬挂着的旧式铜灯。年代久远的印尼大象木雕矗立在陈旧的石头地板上，象眼凝望着远方。欢迎来到巴厘岛最迷人的精品酒店之一——班奎思别墅酒店。

酒店及其经过修整的巴厘式别墅坐落在热带花园中，旁边是一片红树林沼泽，另一侧则是一片椰树林，所在地是颇受游人欢迎的金巴兰村庄。酒店距离海滩仅有几百码之遥。店主是生于摩洛哥的室内设计师，因此酒店便有了令人眼前一亮的混搭风格。在这栋传统的巴厘岛建筑中，既有枝形吊灯，也有法国巴洛克式的座椅，还有珐琅瓷的独立浴缸以及阿拉伯风格的屏风。

> “桌椅沿水而设，这一点吸引游客纷纷选择在星光下就餐。”
>
> 周·阿戴图恩基，《卫报》

别墅拥有私人泳池，而住在酒店主楼中的客人们可以共享一个泳池，这片祖母绿般的泳池掩映在竹子、棕榈树和一丛丛三角梅中，煞是美丽。这里的菜肴采用当地食材烹制，但兼具来自印度、印尼、东南亚、中东地区和欧洲的菜品烹饪特点。你可以在烛光下享用摩洛哥酷司酷司（一种蒸粗麦粉），然后尝一尝美妙的五香焦糖布蕾。室外草亭中的水疗与酒店内的体验一样独特，其特色疗法就是传统的巴厘式按摩。很多旅游时尚杂志中都有取景自班奎思别墅酒店的摄影作品，但其实身临其境才知道，这里的实际景色比照片里的要美多了。**SH**

在小巽他群岛海域巡游
Cruise Lesser Sunda

地点：印度尼西亚龙目海峡

网站：www.lomboksailing.com **价格指数：**$$$

乘一只小舟，在静美如画的风景中航行，这是享受小巽他群岛周边蔚蓝海域的最佳方式。在生物地理学上，龙目海峡是印度-马来西亚动物界与澳大利亚动物界的分界线，沿着海峡向巴厘岛西部航行几个小时后，就到了吉利群岛的特拉旺岸岛。岛上有一艘82英尺（25米）长的手工制造的木船，其典雅的造型让人想起几个世纪以前欧洲探险家们乘坐的船只。“满月号”上共有4名海员和一位船长，在保障舒适程度的前提下，最多能搭乘9名乘客。因为没有装空调，也没有热水淋浴，所以该船并不能算是奢华游船，但船上的怀旧气息和周围奇妙的热带环境会给人难忘且轻松的体验，让人的心绪从日常的繁忙工作中彻底解脱出来。

该船的公司会为游客推荐若干种旅游日程安排，不过游客们也可以根据航程时间自主策划旅途活动。但是有一个地方是绝对不容错过的。那就是占地55,700英亩（22,540公顷）的自然保护区——莫约岛狩猎公园。该公园坐落在松巴哇岛北部的同名小岛上，范围包括大半岛屿，园内野生动物种类繁多，如野鹿、野牛和数不胜数的各种鸟类。因为有美丽的珊瑚礁的缘故，当地的海洋公园也十分受到潜水者和浮潜者的欢迎。再向东深入，还有值得一游的世界遗产——科莫多国家公园。这座公园是世界上最大的蜥蜴——科莫多龙的根据地，这种蜥蜴身长10英尺（3米），食肉，长得像史前时代的生物。乘坐“满月号”巡航的经历将带给你在日常生活中无法找到的惊奇体验。**DaH**

下榻欧贝罗伊酒店
Stay at the Oberoi

地点： 印度尼西亚龙目海峡

网站： www.oberoilombok.com **价格指数：** $$$$

酒店被茂密的丛林层层包裹着，坐落在一座偏僻的半岛上，距离最近的人类聚居点也有好几英里。这座小岛贫穷欠发达，但当你步入欧贝罗伊的露天接待区的那一刻，就会有穿着整洁制服的酒店员工从四面迎上来，殷勤地为你服务，就好像你身处的是伦敦皮卡迪利大街的里兹饭店。酒店住宿设施中有一半是高高的石墙围起来的别墅，每栋别墅都有单独的门房。石墙内有泳池、天井、草亭餐厅、鱼塘和郁郁葱葱的花园。别墅本身是石造的平房，茅草房顶，屋内设有华盖大床，卧在床上亦可远眺大海。此外，别墅还建有大理石的浴室和私人花园。

> “这是一座设施齐全的‘幸福神庙’，既有泳池，也有观赏鱼池。”
>
> 理查德·马登，《每日电讯报》

夜幕降临，半圆的广场上坐落着一家家酒吧和美食餐厅，它们围绕着一系列的池塘而建，池塘远处即是海滩。大家凝望着遥远的巴厘岛火山，都沉醉在太阳落山的美景中。白天，当地的工匠会蹲坐在接待区周围制作美丽的红木动物雕塑。不多时，伴着虫吟蛙鸣，本地的音乐家便开始演奏简单的印尼乐曲。大海沉静、清澈而温暖。酒店的船只可以载你出海垂钓、浮潜、潜水或者观光礁石与海岛。若是想选择黄昏巡航，最好到码头雇上四个人随你一起出海——一个掌舵，其他三个则为你调制鸡尾酒。**SH**

在阿曼瓦那酒店消遣
Unwind at Amanwana

地点： 印度尼西亚莫约岛

网站： www.amanresorts.com **价格指数：** $$$

我们大多数人从来没有听说过莫约岛，也许这是因为它是世界上极少数丝毫不曾遭到人类破坏的天堂般的岛屿之一吧，因此这片净土更是需要保护。巴厘岛以东，远离松巴哇岛海岸的便是莫约岛了，全岛面积135平方英里（350平方公里），偏僻而荒凉，绝对不是那种总是会碰到其他游人的热门景区。

阿曼瓦那坐落在莫约岛一处隐僻的海湾中，被佛洛瑞斯海清澈透明的海水环抱着，你可以乘坐摩托艇、涡轮螺旋桨水上飞机或者甚至直升机到达酒店。酒店拥有20座奢华帐篷，它们或是坐落在丛林间，或是搭建在大海边，都为客人们提供了别具一格的住宿环境。帐篷周围间或有猕猴在树上荡来摇去，或是有海鸥在碧空中翱翔。尽管帐篷外面罩着的是帆布，但这和上童子军学校时的露营完全是两回事。这些帐篷有着坚实的墙基，里面有宽敞的浴室，卧室纱网下摆放有浪漫垂褶装饰的大床，内部装修材料则以雅致的抛光木材为主。用餐地点设在一座室外亭阁中，亭顶较高，以竹材搭建，餐厅可为客人们提供可口的亚洲菜肴。在丛林湾水疗馆，你可以躺在罗望子树的浓荫下享受婆罗洲全身磨砂去角质服务。

在这座空旷无人的小岛上，能参加的活动还不少：带着水肺潜入海中，你可以看到海龟与侏儒海马相伴而游；在陆上，你可以观察到野猪在自然保护区腹地觅食的情形。富于冒险精神的游客可以参与科莫多探险游，这样一来，你就可以将酒店作为基地，下榻期间乘船前往附近两所栖息着科莫多龙的岛屿了。

如何让这“天堂”中的一天圆满结束呢？在阿曼瓦那（意为“宁静的森林”），就该在炫目的晚霞中开心地享用营火晚宴。**LP**

在克里穆图火山观光

See Kelimutu Mountain

地点：印度尼西亚佛洛瑞斯岛

网站：www.bali-travel-online.com **价格指数：**

佛洛瑞斯岛位于爪哇东部，属于印尼小巽他群岛的一部分。此岛名气颇大，其中一条原因便是这里栖息着本地的巨鼠和矮象；另外就是因为考古学家近期在那里挖掘出了“真正的霍比特人”的骸骨——该人种平均身高仅3英尺（1米），有可能是俾格米人的祖先。

克里穆图山是世界上看日出的最佳景点之一。峰顶形成了三面火山口湖，因为非同寻常的地球化学条件，湖中的水颜色不尽相同。最西边的寿星湖的湖水为蓝色；旁边的少男少女湖的湖水则为绿色；再旁边位于火山东南侧的神仙湖（或称魔法湖）的湖水则为红色。随着时间的推移，湖水酸度水平的波动会引起其颜色的变化：一天绿色的湖水可能会变为黑色、咖啡色，隔天却变为浅蓝色。矿藏层的矿物质泄露入湖中让湖水变得愈发色彩斑斓，这更加印证了大家的想法——不能按常理推断佛洛瑞斯这片神奇的土地。

为了看日出，游客们不得不起个大早，驱车上山，最后快到山顶时还要下车步行，但是这一切辛苦都是值得的。在这座宛若月球表面般寸草不生的火山上，太阳在一片朦胧中迎着后面五彩缤纷的湖水冉冉升起， 这是多么特别的体验啊！有些人给这些湖起了个名字——“上帝的油漆罐”，另外一些人建议说这些湖泊应该列入世界奇观。确实，人们甚至可以在湖间一坐便是数个小时，只为了长时间凝望这美丽的景色。**LD**

← 克里穆图火山顶上色彩纷呈的湖泊不但吸引了游客，就连地质学家也慕名而来。

在尼黑瓦图度假酒店小住

Discover Nihiwatu

地点：印度尼西亚松巴岛

网站：www.nihiwatu.com **价格指数：**

松巴岛一度被外国商人视为是威猛武士之岛，因为在那里，“杀人取头”简直可以说是常事。敌对双方或者部落之间交战后，对方的头颅便被视为战利品，会挂在村子里的“骷髅树”上展览。万幸的是，现在这种特殊而血腥的习俗已经绝迹。尽管如此，东部印尼小岛的大多数灿烂文化还是得到了保留，而且，松巴人也依然珍视他们的传统生活方式和部落团结。

尼黑瓦图度假村一直以来致力于帮助当地社区，因此而都受到了当地人的支持与称赞。从石器时代的遗址和几世纪以来未曾改变模样的村庄中，游人们可以了解岛民的历史。尼黑瓦图是一处独特的热带度假乐园，在这里，游人们可以体验到古代松巴人从未得见的简约奢华。度假村仅有7座宽敞的空调平房和3栋双卧室草顶别墅，均由印尼工匠使用本地材料所建。建筑风格颇为现代，房屋的墙壁与门皆为透明玻璃，因此可以最大限度地欣赏到壮丽的美景。

> “冲浪爱好者都知道这座度假酒店，因为那里的沙滩上有宽阔的左手浪。”
>
> 《悦游》杂志

除了在岛上探索，游人们也可以参加更为现代的活动，如冲浪、潜水和游钓。原生态的露天生活区和悬崖顶端的酒吧更凸显了海岛上慵懒的氛围。此外，度假村还配有泳池、丛林水疗馆和水上运动中心等设施。**LP**

无论在宛如人间天堂的波拉波拉或库克岛游览，还是在澳大利亚人迹罕至、令人迷醉的内陆旅行，又或是住在新西兰奢华的山间小屋，大洋洲都会为你带来充满魅力的千变万化的享受。在安静的海滩上放松一个星期，再花七天时间探寻内陆的丛林。在一静一动的世界中享受最美好的景致，难道还会有人拒绝吗？

大洋洲

⇐ 法属波利尼西亚塔哈岛

乘印度洋太平洋号火车游历

Ride the *Indian Pacific* Train

地点： 澳大利亚，珀斯到悉尼

网站： www.trainways.com.au **价格指数：** $$

成群的野生袋鼠、一望无际的斯塔克沙漠平原和蓝色薄雾笼罩的山脉——当世界唯一横贯大陆的火车启动时，这些还只是即将看到的部分景致。乘坐印度洋太平洋号，从东海岸行至西海岸需要65个小时，也就是三天三夜的时间；行驶距离为2,702英里（4,352公里），是世界上最长的火车旅行路线。火车驶离悉尼中央火车站通过郊区后，沿着蜿蜒的铁路穿过令人激动的蓝山。这里被称为蓝山，是因为遍布山岭的桉树梢上升起了怪异的蓝色薄雾。火车会在布罗肯希尔小镇短暂停歇。这个偏远的采矿小镇吸引了众多的艺术家前来观赏山水美景，并获得灵感。火车继续前行，跨过荒凉的纳拉伯平原，车轮下就是一段最长的直行铁轨：297英里（478公里）的超酷路线。

一路上可以看到许多野生动物，如野骆驼、鸸鹋、袋鼠、树袋熊和鹦鹉。此外还有澳大利亚楔尾鹰，它的翼展达到了6.5英尺（2米）；火车的徽章非同寻常，上面印的就是这种楔尾鹰。车厢甚是舒适，两个等级的车厢分别是卧铺车厢和民航飞机式座椅车厢。从悉尼飞到珀斯仅需5个小时，而乘坐火车从澳大利亚大陆的一侧到另一侧则需65个小时之久。假如乘坐印度洋太平洋火车，那就为避免全球气候变暖出了一份力，同时也为自己创造了一个千载难逢、尽情欣赏美景的机会。**JK**

在宁格罗潜航

Snorkel in Ningaloo

地点： 澳大利亚西澳大利亚州宁格罗海洋公园

网站： www.environment.gov.au **价格指数：** $

如果你是潜水爱好者，就应该去澳大利亚西海岸的宁格罗海洋公园游玩。在这里你可以和最大的鱼类一起游泳。这种名为鲸鲨的巨大海洋动物身长40英尺（12米），重达14吨，最讨人喜欢的地方就是：它不会吞食潜水者，因为它只喜爱吞噬浮游生物和磷虾。

因为极少有污染，所以宁格罗礁才能一直保持着原始的生态环境。这里也是地球上仅有的两个鲸鲨经常聚集的地方之一。鲸鲨每年3月份都会来到此地，6月再离开。这里还是座头鲸、蝠鲼、玳瑁、绿海龟和赤蠵龟的繁殖地。宁格罗礁长200英里（322公里）。建于1987年的海洋公园占地600英亩（243公顷），目的是保护这些礁石。公园中生活着500种鱼类和超过200种珊瑚；游客进到公园，就可见到接近令人赞叹的海洋生物。公园位于近海区域，被浅浅的泻湖环绕，是适合一家人浮潜的好地方，也是适合游泳技术欠佳的游客的好地方。游客会见到颜色鲜艳的小丑鱼、虎鱼和海葵。对于那些不想下水的游客，也可以参加赏鲸旅行，乘坐透明玻璃钢底的船出游，或乘飞机观赏海洋美景。**LD**

> “宁格罗礁是整个地区自然遗产杰出价值的最核心部分。”
>
> 联合国教科文组织世界遗产委员会

← 驶过一座具有历史纪念意义的高架桥，印度洋太平洋号火车踏上了穿越广阔澳大利亚大陆的旅程。

在金伯利地区尽情享受
Enjoy the Kimberley Region

地点： 澳大利亚西澳大利亚州金伯利地区
网站： www.elquestrohomestead.com.au **价格指数：** ❗

位于西澳大利亚的金伯利地区地势崎岖，拥有世界上最为荒凉壮丽的景致。整个区域与美国加州或三个英国的面积大体相同。引人入胜的自然景观星罗棋布，包括波奴鲁鲁、米切尔瀑布和410英里长的（660公里）吉布河路。

艾奎斯特野生动物园占据了广阔的金伯利地区100万英亩（404,685公顷）的面积。园区穿过张伯伦峡谷上方的山峰，下方是畅游着鱼、乌龟和鳄鱼的河流。沿着郁郁葱葱的热带花园拾阶而下，就会看到家园酒店的游泳池和网球场。酒店有7套风格各异的客房，由悉尼室内建筑师派克威瑟斯在2007进行了现代室内设计装修：纯朴澳大利亚风格的摆件、扎诺塔沙发、现代意大利风格的垫脚软垫和编织藤椅子。张伯伦套房更是酷，户外露台的浴缸和阳台面向立体的景色。

然而，艾奎斯特令人眼花缭乱的短途野游才是真正的看点：在张伯伦峡谷划船，在附近的温泉池（西庇太泉）中放松，或是骑马慢行，又或是乘坐观景直升机飞跃金伯利峡谷。许多的游览费用都包含在房费之中；喜爱冒险的人们可以预订额外的游览项目。想在美里米里瀑布旁享用美味的野餐吗？想参加直升机钓鱼之旅吗？艾奎斯特会在瞬息之间为你安排好各项行程。欣赏了金伯利的美景，农庄住宅的大厨会用归来的客人准备好美味佳肴。你甚至可以在棕榈树下的优雅窗台上享用晚餐——但千万不要给下面的鳄鱼喂食。**PS**

探索波奴鲁鲁
Explore Purnululu

地点： 澳大利亚西澳大利亚州波奴鲁鲁国家公园
网站： www.westernaustralia.com **价格指数：** Ⓢ

列入世界遗产名录的波奴鲁鲁国家公园（也被称为“嘣咯嘣咯”）和大峡谷同是澳大利亚的重要遗产。国家公园位于西澳的两个城镇之间，即库努纳拉和大厅溪之间；占地面积为593,000英亩（240,000公顷）。这片广阔的平原海拔大约只有1,000英尺（300米），是典型的喀斯特地貌，到处耸立着1,000英尺高的石灰岩山峰。陡峭的岩石是西澳的特色所在，而这片平原则被林地和草地覆盖。1987年，这片山峰迭起的土地成为了国家公园。那时，这里对于外国游客来说还十分陌生。

> “［‘嘣咯嘣咯’］的景致不仅是独一无二的……还令人呼吸为之一滞，根本无法用言语描述。”
>
> 马克·莫克森，旅行作家

公园内有两个宿营地可以提供基本住宿，葵科营地在游客中心以北4英里（7公里），华拉迪营地则在南面7.5英里（12公里）处。公园内拥有迷人的石头造型，包括针鼹鼠峡谷、皮卡尼尼峡谷、青蛙洞和大教堂峡谷等。虽然公园在国外的知名度还不高，位置也比较偏远，但却拥有壮丽的风景，并为那些身处繁忙环境、急需休息的人们提供了一处净土。**DaH**

→ 波奴鲁鲁的丘陵形如蜂窝，其上有独特的条纹，是一处非比寻常的景观。

在巴姆鲁平原尽情享受

Enjoy Bamurru Plains

地点：澳大利亚北领地巴姆鲁平原

网站：www.bamurruplains.com **价格指数：**$$$

在游溪站的范围内，距离卡卡都国家公园最西侧不远的地方，坐落着极为美丽偏僻的巴姆鲁平原。从北领地的首府达尔文出发，乘飞机只需125分钟即可到达平原。这里向客人展现了澳大利亚内陆最叹为观止的景致。

由木材和波状铁搭建而成的平房混合了纯粹的乡村魅力和含蓄的奢华感。房子位于高高的木质平台之上，其下就是红土地。平台的高度足以吓走黄昏时在此游荡的成群野牛。晚上在私人阳台放松的时候，耳边会伴随着猫头鹰、猛禽、黑狐蝠、青蛙和蝉的鸣叫。从12月到3月，季风每年都会从帝汶海席卷而来，随之而来的还有白鹭、蓝翼笑翠鸟、大雁等大量的鸟类。所有的这些鸟类都可以在舒适的私人汽船上或有组织的游猎旅行中见到。

> “巴姆鲁平原已经萃取了游猎旅行的精华，并将其变成了澳大利亚式的游猎旅行。”
>
> 《澳大利亚人报》

你的五星级厨师会为你准备好令人垂涎欲滴的美食，可能会包括巴姆鲁的主要食品，如牡蛎、尖吻鲈和水牛肉片。巴姆鲁的9间平房完全相互隔离，以确保房子的私密性。**BS**

此处的内陆景观与更为干燥、岩石更多的地区有着明显的不同。

探索阿纳姆地
Explore Arnhem Land

地点：澳大利亚北领地阿纳姆地

网站：www.australianexplorer.com/arnhem_land.htm **价格指数：**$

占地面积超过36,300平方英里（94,000平方公里）的阿纳姆地位于澳大利亚的北领地，是澳大利亚为数不多的几个土著人居住地之一。为了保护古老的土著人栖息地，游客的数量不仅收到了限制，还只能参观指定的几个旅游区域。

5月到10月，获得了必要许可的游客们可以探索的科堡半岛的部分区域。这座几乎无人居住的半岛又被称为基那奥巴鲁国家公园。为期两天的旅行会在奥北区首府达尔文的东部展开，游客会看到壮美的海岸线和未经破坏的沙滩。对于步行者而言，这些沙滩就是天堂。因为禁止商业捕鱼，半岛的泻湖和珊瑚礁中满是海洋生物；沿岸有许多适合乘船休闲钓鱼或不乘船钓鱼的地方。再往东走，就会见到戈夫半岛同样美丽的景色：郁郁葱葱的热带森林和原始的沙滩。

与此同时，科堡半岛以南的亚热带草原还拥有超过200种鸟类，以及小袋鼠、野狗、海龟、树蛇和世界上最大的爬行动物——咸水鳄。

在这里还能找到古老的岩石壁画：博拉戴尔山附近的壁画可以追溯到近50000年前。遍布阿纳姆地的游客中心会为旅客提供当地人文化成就的信息。当地人发明了澳大利亚土著人最著名的乐器——迪吉里杜管，并因此而为世界所知。**DaH**

“想要感受热带顶端地带的澳大利亚土著文化，阿纳姆地就是另一个特别的选择。”

莱斯利·帕克，《每日电讯报》

↖ 这片区域是世界范围内澳大利亚土著岩石艺术品密集度最高的地方之一。

在东经131° 露营
Camp at Longitude 131°

地点：澳大利亚北领地乌鲁鲁-卡塔丘塔国家公园

网站：www.longitude131.com.au **价格指数：**$$$$

想到生态旅游，很容易就会想到堆肥厕所。但是，来到东经131° 营地，这种挥之不去、先入为主的想法很快就会被彻底地改变。

位于澳大利亚红土中心的奢华荒野露营地饱受赞誉。这里不仅是环保型的营地，还是非常浪漫的度假地。营地坐落在一个孤零零的沙丘顶部，距离乌鲁鲁-卡塔丘塔国家公园的边界很近，与标志性的乌鲁鲁巨岩（艾尔斯岩）只相距6英里（10公里）。营地由15个配有空调的奢华帐篷组成；这些帐篷中不仅铺有昂贵的石头地板，还拥有中性朴实的装饰，以及让客人尽情享受的最先进的浴室。

> “在豪华的帐篷形房间中，你能安安静静地欣赏澳大利亚红土中心的标志性景致。”
>
> 保罗·米勒，《每日电讯报》

与早期的探险者不同，营地的客人可以享受到五星级的豪华住宿环境。只需拨动床头的开关，就能升起百叶窗，看到乌鲁鲁日出与日落时的壮观景象。为了做到冬暖夏凉，帐篷也经过了精心地设计；为了彻底控制温度，帐篷中也安装了逆循环的空调。此处还有一家重点使用新鲜农产品的餐厅。这家餐厅为客人提供了当代澳大利亚最好的美食。想要沉浸在旷野和澳大利亚的土著文化之中，可以与经验丰富的导游一起进行环保徒步旅行，也可以参观艺术家的社区并参加天文学家举办的户外晚餐会。**HA**

在班达拉海滨别墅尽情享受
Enjoy Bedarra Beach House

地点：澳大利亚昆士兰班达拉

网站：www.bedarrabeachhouse.com.au **价格指数：**$$$

这里既没有商店或餐馆，也没有电视机，能接收到手机信号的区域十分有限，也几乎没有什么居民。作为一个热带岛屿，班达拉欢迎游客们的到来。这座小岛在澳大利亚大堡礁的范围内；对于不想被外界发现的人来说，这里就是个完美的世外桃源。从邓克岛乘船20分钟，即可到达真正与世隔绝、隐秘而充满诱惑的班达拉。

在岛上未经破坏的海岸线上，坐落着长满了木槿花和鸡蛋花的斜坡。这些花朵散发出令人愉悦的香气，将延伸至班达拉海滨别墅的蜿蜒小路装点得色彩斑斓。别墅位于小岛苍翠繁茂的雨林之中，所处的位置很高，是个极为浪漫的隐蔽居所。这座别墅仅限成人居住，且严令禁止孩童在此住宿。建筑师在设计这栋建筑的时候，充分考虑到了周围的环境，从而将木质地板和花岗岩巨石与自然环境巧妙地融合在一起。室内的装饰风格混合了昆士兰与亚洲风情，奢侈的装潢体现在细微之处：主卧室中有一个特大号的床，上面还放有羽绒枕头；浴室里则有一个面向雨林的跌水潭。与房子只有一箭之遥的地方，坐落着两个私人海滩：新月形的多利亚湾被棕榈树遮蔽，僻静的库姆尔湾则拥有辽阔的细纱海滩。

来此住宿前，别墅要求客人们列出购物清单。抵达之后，客人们就会发现橱柜和冰箱中放着他们需要的所有东西，包括新鲜的海鲜、热带水果、葡萄酒和香槟。躺在海滩别墅的吊床上，读着书消磨掉一整个下午。假如觉得厌倦了，不妨划着单人筏桨在岛上探险。想要在自然的环抱中感受宁静，就应直奔岛上安静的别墅。**JK**

在丹特里度假村和水疗中心放松

Relax at Daintree Ecolodge and Spa

地点：澳大利亚昆士兰丹特里雨林

网站：www.daintree-ecolodge.com.au　**价格指数：**$$

好莱坞的一线明星们非常喜爱这个位于雨林中的水疗中心。从昆士兰州的凯恩斯出发，驾车向北行驶90分钟，即可到达该中心。除明星之外，还有许多人喜爱这里。小型旅馆兼水疗中心不仅为人们提供了雨林散步的机会，让他们对澳大利亚的土著艺术有了初步的了解，还为客人提供了15座时尚的树屋别墅。这里的一切都值得赞誉。

小屋为何能如此特别呢？因为小屋所在的地方就是最先要游览的地方。丹特里雨林是世界上现存的最古老的热带雨林，而小屋就位于雨林的心脏位置。除了热带鸟类、树蛙和爬行动物，近1.35亿岁的雨林中生活着13种其他任何地方都见不到的物种。小屋坐落在30英亩（12公顷）的土地之中，一直肩负着维持周围原始环境和保护土著人遗产的职责。散步的时候，导游会为客人介绍当地具有药用价值的昆虫和树木。林中还有一个搭有甲板的瀑布；客人可以在甲板上进行特殊的冥想和瑜伽练习，土著风格的婚礼和土著艺术课程也时常在这里举行。

回到小屋之中，最吸引人的就是水疗中心。该中心的设计灵感源于原住民的生活，他们的"瓦瓦库帕"哲学（即精神的治疗）也融入到了设计之中。治疗中会用到雨林中的浆果；"丹特里必需品"中出产的商品也对外出售。别墅本身就是生态与现代的完美结合体，里面不仅配有互联网端口、有线电视和所有渴望拥有的现代便利设施，还有按摩浴缸、装有帷帘与竹子顶篷的奢华睡床，以及土著人的艺术品。**LD**

→ 生态小屋中有一家名叫Julaymba的时尚餐厅。餐厅俯瞰着一个淡水泻湖，烹制的都是当地美食。

乘坐库兰达观光列车
Ride the Kuranda Scenic Railway

地点： 澳大利亚昆士兰，凯恩斯至库兰达

网站： www.kurandascenicrailway.com.au　**价格指数：** $

筹建于1882年，9年后才开始动工的库兰达观光铁路最初是为了连接凯恩斯和昆士兰北部的库兰达，从而帮助缺少食物和必需品的当地锡矿工。

海拔高达1,000英尺（300米）的茂密丛林和陡峭的岩石是建设铁路的主要障碍。这里的工人主要由爱尔兰和意大利人组成，为了建成47英里（75公里）的铁轨，他们必须修建15个隧道和数十座桥梁。许多工人在这项危险浩大的工程中丧生。但是，正是有了这条通往库兰达的铁路，现在的游客才能更加悠闲地旅行，一路欣赏凯恩斯和斯托尼溪水瀑布的壮丽美景。

> “历史悠久的库兰达观光列车穿过瀑布和山谷，向山顶上驶去。”
>
> 杰伊·坎宁，《每日电讯报》

凯恩斯的村庄位于雨林之中，原住民已经在村中居住了10,000多年。如今，凯恩斯最著名的景点是风景如画的火车站（建于1915年）和热带雨林观光空中缆车。若是乘坐索道，就能鸟瞰到绚烂的风景，例如被列入世界遗产名录的热带雨林和壮观的巴伦瀑布。通过购买各种各样的套票，游客可以乘坐舒适的平底船或火车，进入世界上最古老的热带雨林游览。**DaH**

住在邓克岛
Stay at Dunk Island

地点： 澳大利亚昆士兰邓克岛

网站： www.dunk-island.com　**价格指数：** $$

班吉人和智如人已经在岛上生活了数千年。他们将这座岛屿称为“古纳格勒巴”，即和平与富足的岛屿。后来，库克船长将这里重新命名为邓克岛。岛屿距离昆士兰北部的海岸很近，旁边就是大堡礁。作为澳大利亚最美丽的度假岛屿，邓克岛上不仅有完美洁白的沙滩，还有热带花园和原始雨林。

在凯恩斯乘坐飞机，只需40分钟即可到达度假村。但狂热的游客会选择在使命海滩乘坐渡轮。在旅途中，他们会将手伸入水中，并留心观看海豚、海龟、海牛和迁徙的鲸鱼。邓克岛是由官方评定的国家公园，岛上拥有杰出的自然景点，包括海拔889英尺（271米）高的古塔罗山。站在山顶的瞭望点，可以看到青绿色的大海中点缀着黑色的岛屿，环绕在周围的珊瑚礁好似项链一般。在这里的热带雨林中，你将会看到尤利西斯蝴蝶，也叫做蓝山蝴蝶：一种绚彩的蓝色生物，其翼展达到了5.5英寸（14厘米）。对于自然爱好者来说，这种蝴蝶尤其具有吸引力。

度假村的经营者是澳大利亚的远航公司。来客所能想到的现代便利设施都能在这里见到；你可以乘着小船去大堡礁浮潜或潜水，或是去网球场打球，也可以去探访艺术家的聚居地或是出海旅行。“和平与富足水疗中心”会使用艾丽美品牌的产品，在莲花池附近为客人提供治疗：看着嗡嗡作响的蜻蜓，你的烦恼也随之消失。这里拥有顶级的服务，也难怪如此多的人选择在这里度蜜月，他们都将此处视为田园诗般的岛上度假地。**LD**

→ 与邓克岛的度假村相比，即使是海景房，也不会拥有更加接近天堂的美景。

住在奎利亚度假村

Stay at Qualia

地点：澳大利亚昆士兰圣灵群岛

网站：www.qualia.com.au **价格指数：**$$$

奎利亚度假村完美展现了澳大利亚的悠闲风格。度假村不仅利用了当地的木材和石头，与周围的环境达到了和谐，还占据了大堡礁上的重要位置。这里有两种僻静的私人居所供客人选择，即“背风馆”和“迎风馆”。这些房子零星分散在当地的桉树林中。从宽敞的木质平台和无边无际的跌水潭向林中眺望，映入眼中的是明信片上超凡的风景。

“奎利亚”源于拉丁语，指的是许多感觉体验的集合体。度假区的创造者们认为，这个词的含义恰好与他们亲手建造的房屋的＂精髓相符＂。来到奎利亚度假村，各个感官都会被激活。蓝绿色的海水和昆士兰海岸边郁郁葱葱的绿色植物组成了一幅全景图，唤醒了来客的视觉。海水冲击着鹅卵石海岸，发出的声响唤醒了听觉。空气中弥漫的桉树叶香气则唤醒了嗅觉。

在浮潜或潜水的过程中，游客们可以近距离地欣赏此处非凡的水下生命。每天，他们还可以享用到一系列快速制成、口味各异的食物。举例来说，无论是俯瞰着珊瑚海的长馆，还是圆石滩边的澳大利亚休闲餐厅，都拥有许多美味佳肴。

度假村的世界级水疗中心也会提供许多感官体验。客人可以沉溺于幸福之中，尽情享受罗马浴和令人振奋的瑞士淋浴，或是使用中心的蒸汽房及露天瑜伽和冥想馆。平和与和谐构成了感觉的绝大部分。毫无疑问，因为此处只限成人使用，所以才能让这种感觉得以加强。对于那些能够并且愿意再挥霍一点钱的人来说，不论是租下一艘私人游艇，还是乘坐直升机旅行，那就是锦上添花了。**LP**

← 在无边无沿的泳池中，可以欣赏到美好的景色，感觉好似身处另一个世界。

在天堂湾尽情享受

Enjoy Paradise Bay

地点：澳大利亚昆士兰圣灵群岛

网站：www.paradisebay.com.au **价格指数：**$$$

快速划过珊瑚海平静的水面，到达恰如其名的天堂湾，就会见到郁郁葱葱的绿色山峰傲然挺立在蔚蓝的大海之中，美妙绝伦的白色沙滩和其他类似的风景。对于大多数人而言，这些景色只在梦中出现过。天堂湾海岛生态度假村位于澳大利亚昆士兰州的海岸边，地处南长岛的边缘位置。在圣灵岛74个海岛连锁度假村之中，这里是最为私密、最具可持续发展能力的一个。

无论何时，这里一次只能招待16位客人。度假村的主人在岛上发展生态旅游，并积极为游客创建一个拥有各种豪华装饰的岛上度假居所。与此同时，他们也考虑到了保护环境所需的费用。度假村由本地出产的材料建造而成，使用的全部是替代能源，东西也是尽可能地做到回收再利用。水边的小屋可供客人居住；这些房子的装潢既简单又优雅，每个房子里都配有一个特大号的床、卫生间和太阳能照明设施。

> “好似乌托邦的度假村位于汉密尔顿岛的最北端，所处的位置极为偏僻。”
>
> 《康德纳斯特旅游者》

客人可以在国家公园周围的茂密荒原中自由漫步，也可以乘坐度假村的游艇出海游览（游艇每天都会开往附近偏僻的海湾），或是在大堡礁温暖的水域中浮潜（度假村前方就是大堡礁）。晚餐会在户外进行：在星空之下，不仅有美酒相伴，还有志趣相投的朋友相陪。他们放弃了喧嚣的日常生活，并因此而感到快乐。**LM**

参观海曼岛
Experience Hayman Island

地点：澳大利亚昆士兰圣灵群岛
网站：www.hayman.com.au **价格指数：**$$$$

船只朝着海曼岛（大堡礁最受欢迎的度假村就在这座岛上）航行，你就能见证群岛亮丽的自然美景。这个迷人的群岛矗立在深蓝的海水之中。这里的服务贴心周到，却又不过分唐突，能够满足客人的所有需求和奇想。度假村有8个餐厅；餐厅每周都会在厨房开设贵宾席位，并举办欢宴活动。在享用大师级菜肴的同时，还有专业的酒侍为客人服务。想要体验更加温馨的就餐环境，可以在房中的阳台或游廊中享用烛光晚餐，或是在僻静的海滩上享用美食。

水疗查克拉会为客人提供彻底的享受和放松：豪华的治疗会在田园风格的房间中进行。使用冥想和专用湿气治疗室的时候，也可以进行有助于恢复健康的保健和健身项目。在此之后，可以在宁静的客房、套房、别墅或阁楼中放松。

“度假之翼”位于宜人的热带花园中，在这里可以见到野生的动物群。其他区域则为你提供了海曼度假村标志性的梦幻游泳池、淡金色的沙滩、蔚蓝的泻湖；你也可以站在高处，鸟瞰珊瑚海和岛屿。每个小岛都拥有令人心灵宽慰的、漂亮且经典的设计。

大部分游客前往海曼，就是为了沿着此处的通道，前往最伟大的世界自然奇观之一：迷人的大堡礁。游客还可以选择海上皮划艇、帆船、观赏鲸鱼和钓鱼比赛。事实上，这里拥有无穷无尽的选择：无论是高尔夫或网球，还是到世界上最纯净的怀特黑文海滩游玩，所有的想法都可以实现。**VG**

→ 作为一个热带岛屿，郁郁葱葱的海曼岛就像世界尽头的天堂般美好，岛上的活动适合所有的心情。

住在海风小屋
Stay at Seabreeze House

地点：澳大利亚昆士兰1770小镇
网站：www.seabreeze1770.com **价格指数：**$$$$

1770年5月23日，探险家詹姆斯·库克船长作为一名海军中校第一次在此处登陆。这是他第二次踏上澳大利亚的土地。现在，1770小镇俨然成为了昆士兰州的发源地。几乎可以肯定的是，即使到了今日，伟大的英国航海家也会认出这片混合了河流、珊瑚礁和泻湖，未被破坏的区域。这在很大程度上要归功于该地区谨慎的开发，以及富有环保意识的隐蔽居所，例如海风小屋。

海风小屋坐落在1,600英亩（647公顷）的原始自然保护区中，是艾格尼丝水域少数几个海滩房子之一。从小屋出发，短短几分钟就能到达大鸨湾，也就是库克和他的小型航海队第一次登陆的地方。封闭的围地环绕在精致的小屋周围，与四周的植物完美地融合在一起。除了巨大的凹形浴缸，卧室还配有特大号的床，床上放有埃及的棉制床单。40英尺（12米）长的恢宏游泳池俯瞰着珊瑚海的碧蓝海水和大堡礁的泻湖与珊瑚礁。

> “自然爱好者们一定会喜爱在红色岩石小道上散步……沿途观赏海龟。”
>
> 海风小屋的业主

一定不要错过在菲茨罗伊礁泻湖中游泳的机会，因为这里是世界上最顶级的潜水地之一。泻湖距离1,770小镇只有80分钟的船程，湖中生活着2,500种海洋生物。除了游泳和潜水，也可以坐着海风小屋长达75英尺（23米）的超级游艇，在平静的湖面上过夜。**BS**

参观弗雷泽岛
Visit Fraser Island

地点：澳大利亚昆士兰弗雷泽岛
网站：www.fraserisland.net **价格指数：**❶

约有78英里（126公里）长，9英里（15公里）宽的弗雷泽岛不仅是世界上最大的沙岛，还是野马们的生态乐园。夜晚，数量众多的澳洲野狗在岛上嚎叫；8月至10月会有无数的座头鲸游经该岛。它们往返于南极洲之间，整个旅程长约5,000英里（8,050公里）。岛上的沙子也是如此之多，某个海滩的长度足有75英里（120公里）。但是，这里并不适合游泳。这片水域不仅波涛汹涌，就连浅滩处也有来势汹汹的虎鲨出没。若是站在印度海岬，就能看到它们在海浪中穿梭。

游客们通常会直接跳上一辆四轮驱动的汽车，然后开车前往夯实的沙滩。假如看到一架飞机即将降落在沙滩上，是否给其让路全有你自己决定。小岛的内陆和安静原始的雨林中分布着一百多个水流纯净的天然湖泊（部分湖泊被沙丘包围）。在澳大利亚土著语中，弗雷泽被称为“库尕莉”，也就是“美丽的女人”。根据神话，神灵创造了这座岛屿，又被其美丽所震撼，最终独自留在了岛上，并将野生动物呼唤到这里陪伴自己。

美丽湖泊的水流极为清澈。麦肯齐湖边的沙滩几乎由纯硅沙组成，这些沙子既可以用来清洗头发、牙齿和珠宝，也可以用来去除皮肤角质。千万要当心澳洲野狗。夜幕一旦降临，它们就会将所有移动的生物吞入腹中。这已经是澳大利亚东部最后幸存的纯种澳洲野狗了，所以无论如何都不要给它们喂食。**LB**

⇥ 弗雷泽岛美轮美奂的长长海滩绵延数英里，其间几乎看不到一个游客。

在“湖上的秘密”尽情享受

Enjoy Secrets on the Lake

地点：澳大利亚昆士兰阳光海岸

网站：www.secretsonthelake.com.au **价格指数：**$$

虽然小屋名为“蜻蜓”、“两只青蛙”和“蜥蜴巢穴”，但千万不要被这些名字吓走。假如梦想过在自己的树屋中过夜，四周都是林中的树木，纵横交错的高架人行道连接到外部，此处就是实现梦想的地点。“湖上的秘密”度假村位于阳光海岸的内陆地区（即布里斯班以北的地区），俯瞰着巴罗恩湖平静的水面。在占地45英亩（18公顷）的度假村中，坐落着十个华美精致的小屋和一个拥有百年历史的联邦风格的小屋。

每个小屋都配有单独雕刻的前门，手工制作的特大号床、壁炉和澳大利亚本土动植物造型的实木雕塑。小屋希望达到的设计效果是：客人来到这里，就仿佛回到了位于热带的家中。在阳台上烧烤进餐的时候，林中居住时间更长的住客会陪伴在你的身边。这些住客包括笑翠鸟、负鼠、园丁鸟和树蛙。

将这里的建筑称为小屋几乎是个错误。这些建筑的天花板很高，室内装有长条状的厨房；敞亮的玻璃门不仅将森林深绿的色彩引入屋中，还让斑驳的日光照亮每一个角落。与周围的环境相比，这些房子虽然华丽，却并没有忘记那些让人感到温馨的小摆设，比如花岗岩灶台、彩色玻璃窗户、油灯和当地艺术家手工制作的陶器。

小屋会用装满免费香槟、早餐麦片和水果的篮子欢迎客人的到来。每天都有新鲜的面包送到你的门前；如果需要的话，度假村还可以为你提供午餐和晚餐时享用的美味烧烤。你可以避开其他人，在门廊中的雪松秋千上品尝美食。**BS**

在盖亚度假村与水疗中心放松

Relax at Gaia Retreat & Spa

地点：澳大利亚新南威尔士州拜伦郡

网站：www.gaiaretreat.com.au **价格指数：**$$

与世隔绝又整洁的盖亚度假村是由奥利维亚·牛顿·约翰和她的朋友格雷格·科夫创建的。这个度假村兼水疗中心在简约与奢华之间取得了绝妙的平衡。度假村位于乡村腹地之中，距离拜伦湾的沙滩和冲浪者聚集地只有15分钟的车程，是个与城中狂欢的游客相距深远的地方。游客们可以在平和的土地上放松一下：那里布满了蓝花楹树、吊床和手工雕刻的西藏石瓮。坐在冥想长凳和带有顶棚的沙发床上，可以望见鼓舞人心的绿色丘陵和山谷。此处还有一个雅致的游泳池、热水浴缸和桑拿房。阿玛拉日间水疗中心雇佣了该地区最好的治疗师，不仅提供自然治疗、虹膜诊断、针灸和催眠治疗，还有美容治疗和能够想到的各式按摩。每日的课程安排都会有所不同，你可以从中选择一两门课程，如瑜伽、声音冥想、普拉提、艺术、烹饪和太极。瑜伽工作室又大又漂亮，网球场和自行车也可供你使用。

> “长达三个小时的美妙身体治疗（磨砂、蒸汽和精油护肤）会让你得到梦幻般的享受。”
>
> 《闲谈者》

木制小屋环绕着一个萨摩亚人的长屋，客房就位于小屋之中。名为“苏拉露台”的房间拥有自己的庭院、沙发床、浴室，阿卡拉套房则拥有更为宽敞的空间。这里提供的是精心设计的现代澳大利亚菜肴。奥利维亚一年大约会来这里四次，假如你是她的粉丝，或许能在这里见到她。**CSJ**

探寻豪勋爵岛
Discover Lord Howe Island

地点：澳大利亚新南威尔士州豪勋爵岛

网站：www.lordhoweisland.info **价格指数**：$$

太平洋中的豪勋爵岛是个超小的岛屿，该岛与新南威尔士州的海岸相距430英里（690公里）。小岛虽然地处偏远，风景却是绚烂无比。1788年英国中校前往诺福克岛的途中发现了这座岛屿。那时，他正打算在诺福克岛上建立第二个殖民地。直到1833年，岛上才出现了长住居民；自那以后，豪勋爵岛一直作为马氏射叶棕榈树的原产地而为人所知。20世纪70年代，这种棕榈树的室内盆栽几乎遍布各处。然而在此之后，再也没有什么值得说道的故事了。

小岛只有7英里（11公里）长，2英里（3.2公里）宽，每次只允许400名游客上岛参观。直至今日，岛上的风景依然纯净美丽。豪勋爵岛的限速为每小时25英里（40公里），公共烧烤地旁边堆放着免费的木头供来客使用；人们都将自行车作为交通工具，酒店的客人们连房门都不用锁。岛上三分之二都是自然森林，有些徒步旅游的线路具有振奋人心的效果，实在不容错过：沿着陡峭的山路爬到山羊房洞穴，就能见到达利风格的柏尔金字塔岛。沿着更为安静的马克斯·尼科尔斯纪念小路行至内德海滩，就能见到无鳔石首鱼在浅滩中游动。

住宿的地方是航海风格的卡佩拉小屋，即岛上唯一能望见大海和两座巍峨神秘山峰的酒店。岛上的两座山峰分别为利居柏德山和高尔山。客人可以在铺有木板的露台上放松一会儿，一边喝着香槟一边享用美味的点心。此外，游客也可以勇敢地进入冷水池中。小屋还有一个缓解身体疲劳的热水浴缸和一个提供脚部按摩和传统科多按摩的微型水疗室。如果想尝试一下阿育吠陀治疗，可以骑车前往阿瑞杰拉，是坐落在榕树林中一座手工建造的木制圆顶小屋中。**CSJ**

住在沃特格海滩的雷伊酒店
Stay at Rae's On Watego's

地点：澳大利亚新南威尔士州拜伦湾

网站：www.raes.com.au **价格指数**：$$

许多酒店都声称能够为客人提供无与伦比的私密环境。看一眼雷伊酒店的住客名单，就会发现拉塞尔·克罗、汤姆·克鲁斯和梅格·瑞恩等非常重视安保问题的明星都位列其中。由此得知，这个酒店对上述承诺的认真程度。这座豪华的精品酒店位于澳大利亚最东边的沃特格海滩，拜伦湾灯塔的阴影将其笼罩。酒店的主人文森特·雷伊创造了一个半地中海风格半摩尔人风格的度假地。与此同时，这里也是澳大利亚最与世隔绝的住宿地之一。

手绘的爪哇瓷砖、手工制作的家具、意大利的大理石和摩洛哥的马赛克，这些还只是豪宅中的部分时尚元素而已。这座精致的海景楼只有7个豪华套房，所以永远都不必担心会被人群打扰。拜伦角海岬自然保护区是原始林区的一部分。林区中有数条超过2.5英里（4公里）的步行小道；沿海的热带雨林几乎将酒店包裹其中，从而在酒店和成群的游客（他们都涌向了拜伦湾附近的时尚城镇）之间创造了一个宁静的缓冲地带。

> “若有哪个酒店曾当过美丽的梦想家，那就一定是［沃特格海滩的雷伊酒店］。”
>
> 《GC杂志》

豪华的套房和公寓室套间要么面朝着迷人的庭院，要么面朝着宽敞的露台。雷伊酒店能够将私密、奢华和精致的菜肴结合在一起，实属难得。《康德纳斯特旅游者》也将该酒店评为世界上最好的25个酒店之一。**BS**

参观蓝色山脉

Visit the Blue Mountains

地点：澳大利亚新南威尔士州蓝色山脉

网站：www.bluemts.com.au **价格指数：**❶

蓝色山脉的名字十分浪漫，听起来就像是童话中的场景，是让人不惜乞求别人也要去的那种地方。幸运的是，蓝色山脉不仅没有辜负这个好名字，还超越了这个名字。俯瞰山谷的时候，能够见到蓝色的烟雾。这些烟雾是由91种茁壮成长的桉树制造出来的。联合国教科文组织已经将这里列为了世界文化遗产。这片区域的面积超过了3,860平方英里（10,000平方公里），包含7个国家公园和珍罗兰山洞。虽然每年的游客数量超过了300万，蓝山却是如此广阔，都市人可以轻松地融入大自然中。

该地区不仅拥有古代的雨林、欧石南丛生的荒野，还拥有壮丽的峡谷和成片高大的树木。多样的景致将这里变为了自然的天堂。要是热爱刺激的活动，可以在巨大的洞穴群中冒险，也可以尝试攀岩、绳索垂降、山地自行车和骑马等运动。要是更喜欢平稳的活动，可以选择一条路线，然后徒步走上87英里（140公里），沿途一路观景。假如没有那么勇敢，在瞭望点欣赏美景也是不错的选择。游客可以从众多的瞭望点中选择一个。向远处眺望，或许能望见卡南格拉瀑布——澳大利亚最令人印象深刻的瀑布之一，或是在落日的余晖中，见到回声谷最具代表性的三姐妹峰的全景。

瓦勒迈松是世界上最古老的树，也是真正的“活化石”。这棵繁茂的树木一直生长在这里，直到1994年才被人们发现。这片区域不仅植物品种多样，还生活着数百种濒临灭绝的动物，其中就包括长鼻袋鼠和考拉。蓝色山脉为游客提供了一个方便进入的自然度假地。**EP**

⇥ 欧洲移民花了十五年的时间探索，才找到了一个跨越山脉的确切方法。

在老雷拉乳品旅店尽情享受
Enjoy Old Leura Dairy

地点：澳大利亚新南威尔士州蓝色山脉
网站：www.oldleuradairy.com **价格指数：**$$

老雷拉乳品旅店将多个典型的乡野建筑集合在一起，并将它们修复一新。如今，旅店已经成长为澳大利亚最博采众长、最独特的度假住所之一。过去生产乳制品的农场和相关的建筑已经被赋予了崭新的生命。20世纪20年代的朴素檐板建筑已经变成了现在的“工人小屋”——一套三居室的住宅。屋中配有典型的澳大利亚奢华装饰，例如由栅栏围成的墙壁和用古老衬板制成的家具。“挤牛奶小屋”是一座达利风格的建筑：屋子的墙面不仅带有弧度，地板也带有斜度，里面还放有精巧的熟铁制品和锡制品。旅店的主人还将小屋的干草棚和原本的谷仓门保留了下来。虽然可以猛地打开谷仓门，动作也可以夸张一些，但仍要保持平和的心态。

旅店最近又建造了一个使用太阳能的环保小屋——“稻草房子”。到了冬季，此处便会寒风刺骨，小屋在厚厚的墙壁中塞满了稻草，从而达到了保温的效果。进到屋中，就会看到从悉尼帕拉马塔河的老码头运来的再生木材；透过小屋的门窗，也见不到城中著名的古老建筑——维多利亚女王医院。

围场的草地已经被改造成了宽敞的本土花园，耐旱的灌木也被种植在这里，以便达到固定土地、吸引本地鸟类的效果。这个乳制品农场和澳大利亚开拓者们留下的代表性遗址都没有被拆除，而是被保存了下来，依然矗立在宏伟的蓝色山脉（世界文化遗产）之中。**BS**

← 经过了八年充满艰辛与爱意的修复，老雷拉乳品旅店才得以成型。

探寻巴林顿高原
Explore Barrington Tops

地点：澳大利亚新南威尔士州巴林顿高原
网站：www.barringtons.com.au **价格指数：**❶

驱车两个半小时，就可到达悉尼以北的亚热带森林。这片连绵起伏的森林位于巴林顿高原之中，是个很容易就能进入的地方。被列入世界遗产的高原则拥有纯粹自然的旷野景致。此处的气候既适合澳大利亚南部的动植物生长，也适合热带的动植物生长。得益于这种气候，高原成为了五十多种罕见动植物的家园。此外，高原还连接了皇家山脉中的两座死火山。

刚刚超过5,000英尺（1,500米）的山峰经常被薄雾笼罩，其下的景致绚烂无比，例如无边无际的森林和郁郁葱葱的草地。超过3,000英尺（900米）高的南极山毛榉森林让人们想起了三叠纪位于南半球的冈瓦纳大陆。澳洲大陆在1.67亿年前与大陆分离，分散在公园中的花岗岩巨石却拥有比这更长的历史。无处不在的河流由雾气、融化的白雪和大量的降雨汇聚而成，经常会变成壮观的瀑布。

> “巴林顿高原是个包含了溪流、瀑布、森林和高耸悬崖的世界。”
>
> visitnsw.com

虽然在森林中能找到住宿的地方，但也可以选择住在附近的城镇，比如格洛斯特和敦格。欧洲移民于19世纪早期在此定居，当地的历史博物馆用迷人的方式，深入介绍了开拓者们面临的种种挑战。**DaH**

住在古塔别墅
Stay at Tower Lodge

地点： 澳大利亚新南威尔士州猎人谷

网站： www.towerlodge.com.au **价格指数：** $$$

古塔别墅坐落在猎人谷的中心，位于古城堡庄园的酿酒厂中。这座别墅极为舒适与温馨，就像一个与世隔绝的天堂。完美无缺的房间与提供特色美食的罗伯茨餐厅相得益彰。这个餐厅是山谷中最具标志性的餐馆之一。点餐的时候，餐厅会为客人奉上一份包含各种优质葡萄酒的酒单。进餐的地点位于具有历史氛围的板坯小屋之中，即定居者早期居住的地方。

从远处看去，就能发现别墅拥有古典欧洲庄园宅邸的外部结构。其特点在于粉刷的外墙

> "你应该很想出外探险，找一个能体验葡萄酒的地方。要知道，这里可不缺葡萄酒厂。"
>
> 约翰·斯蒂菲，《观察家报》

和令人敬畏的正面外观；方形的钟楼是别墅的核心建筑，围墙中心坐落着一个令人愉快的封闭式庭院。所有的房间都堆满了由当地再生木材制成的古董和家具。许多房间都拥有喷泉，其他的房间则拥有私人庭院或水池。宏伟的旅店对细节十分关注，建筑的各个角落都放置着小小的奇特陈设，例如拥有300年历史的拉贾斯坦床和路易十六写字台。如果预订了华丽的主席套房，这些东西就都属于你了。

在这个受人欢迎的地区，令人难忘的活动包括：爵士和歌剧节、乘坐热气球、在罪犯小径上散步、参加品酒游览和参观历史悠久的城镇，如沃伦比和莫珀斯等。**BS**

在圣基里安斯旅店放松
Relax at St. Killians

地点： 澳大利亚新南威尔士州猎人谷

网站： www.stkillians.com.au **价格指数：** $$

由沙砖筑成的圣基里安斯教堂建于1879年。教堂位于悉尼以北的猎人谷中，原本是布鲁克菲尔德小小农业社区的宗教中心。现在，这座教堂已经被改建成了一个融合了旧世界魅力与当代豪华的浪漫居所。

在圣基里安斯旅店，你既可以随着自己的心意尽情玩乐，也可以尽情休息。在大教堂古老的雪松天花板下面，有两个舒适的休息区，其中分别装有一个壁炉。旅店的按摩师们会在壁炉前为客人提供私人的服务。要是想出外探险，可以选择在近处的威廉姆斯河边野餐，或是在当地的古董店中买些便宜货，又或是在该地著名的葡萄酒厂中品尝一下午的葡萄酒。该地共有八十多家葡萄酒厂，你可以挑选其中的几家。

旅店有两间卧室，一间位于唱诗班所在的走廊，一间位于过去的法衣室。从舒适的超大号古董黄铜床上望去，可以见到超凡的景致。房中配有绝佳的厨房，你可以自己做饭，然后在室外阳光四溢的庭院中就餐；你也可以打电话让专业的厨师为你准备饭菜，圣基里安斯旅店的厨师很乐意用本地最新鲜的原料为客人们准备早餐、午餐或晚餐。配有藏红花酱的虾肉和三文鱼蛋糕、地中海羊肉塔吉锅、酸橙与杏仁蛋白松饼，以及用烤香蕉面包制成的百吉饼都是斯蒂芬·肯尼迪主厨为客人提供的菜肴。这位主厨曾在欧洲学习烹饪，见到上述菜肴，你会对他的风格有所了解。

圣基里安斯的抛光木制地板上铺着精致的波斯地毯，白色的内墙与暗色的雪松天花板和彩色玻璃窗搭配在一起，成就了一个既优雅又宽敞的空间，也造就了一场视觉盛宴。轻松的环境必定能够让你的心平静下来，让你的灵魂重新找准方向。**BS**

在鹰景度假酒店尽情享受
Enjoy Eagle View Escape

地点：澳大利亚新南威尔士州莱尔湖

网站：www.eagleview.com.au **价格指数：**$$

假如连通到房间的地下通道对你来说充满了吸引力，鹰景度假酒店的水疗套房就是你的最佳选择。人们在科克斯河上筑造水坝，由此形成了一个人造湖泊——莱尔湖。湖中的鲈鱼和虹鳟鱼数量众多，即使是最缺乏热情的垂钓者，也会被这些鱼类吸引。俯瞰着莱尔湖的鹰景度假酒店拥有完全私密的环境，是个仅限夫妻居住的浪漫住所。

5个“荒野小屋”配有用波状铁制成的浴室和带有沉入式浴池的户外阳台。阳台俯瞰着当地一如往昔的灌木丛。酒店为客人提供野餐篮，让其能够自由地在令人印象深刻的小径中行走。这些交错的小径位于灌木丛中，游走其间，极有可能遇见一些其他的住客，例如袋熊、袋鼠、针鼹和沙袋鼠。莱尔湖的水质十分清澈，湖边零星的沙滩将游泳变成了一件愉快的事情。湖边还有5个船用坡道，人们可以沿着曲折的水道，轻松进入众多的水湾和隐蔽的小海湾。

> “站在‘荒野小屋’的私人阳台上，可以眺望到树林另一头的莱尔湖。”
>
> 鹰景度假酒店的业主

占地110英亩（45公顷）的度假村会让客人看到澳大利亚丛林的全景并感受到真正意义上的与世隔绝。酒店所在的度假村距离城镇和蓝色山脉满是古董的小村庄只有半个小时的车程，与珍罗兰洞穴绚丽的地下世界也只有一小段距离。**BS**

走在麦格理夫人之路上
Walk Mrs. Macquarie's Road

地点：澳大利亚新南威尔士州悉尼

网站：www.discoversydney.com.au/parks/mmc.html **价格指数：**!

悉尼大部分的美景都在港口之中。欣赏这座城市特色景致的方式有很多，行至麦格理夫人之路的顶端就是一种最佳的方式。

150多年前，澳大利亚第一任州长的妻子（也就是麦格理夫人）很喜欢坐在这里。她所在的位置十分不错，正好位于歌剧院的正东方，皇家植物园的东侧边缘，可以尽情欣赏天然海港无与伦比的美景。要是现在来到这里，只要向西边望去，就能看到海港大桥和环形码头。后者是悉尼最具代表性的景点，也是第一舰队1788年曾抵达的地方。若是天气晴朗，你还能看到远处的蓝色山脉。向北部和东部看去，映入眼中的是基里比利官邸、宾施盖特岛和乌鲁姆鲁地区的海军造船厂。看着绿色和乳白色的渡轮突突地驶过，悉尼的人们正忙着自己的事情：上班族正在用手机讲电话；慢跑者正自得其乐；游客们在拍照，浪漫的夫妇则在拍摄婚礼的照片（无数的日本和韩国夫妇在花园中举办婚礼）。

虽然这里位于城市的心脏，却仍然能找到一片蓝天之下的草地。你可以坐在草地上喝咖啡，和朋友一起闲聊。隔壁的皇家植物园是个汇集了澳大利亚本土树木和欧洲树木的人间仙境。植物园时而沐浴在阳光之中，时而隐蔽在阴影之中，其中不仅有一百万多个标本，还有许多野生生物：叫声尖锐的长尾小鹦鹉、倒挂在树上的巨大蝙蝠、朱鹭和凤头鹦鹉、叫声悦耳的八哥鸟和鸭子。这里是第一批欧洲人尝试耕种的地方，但他们并没有取得成功。自那之后，持续了数百年的堆肥作用已经将这里变成了热带植物的天堂，也就是这座城市的绿色心脏。**LB**

从勃朗特走到邦迪

Walk From Bondi to Bronte

地点：澳大利亚新南威尔士州悉尼

网站：www.bondivillage.com **价格指数：**❶

冲浪运动出现以后，举世闻名的邦迪海滩就被人们视为了悉尼的科尼岛。1906年，澳大利亚的第一个冲浪俱乐部就是在这里建立的。如今的邦迪海滩上挤满了乱糟糟的精品咖啡馆、餐厅、酒店、快餐店、果汁酒吧和廉价的服装店。对于新来的游客和当地人来说，从邦迪海滩走到勃朗特海滩，就像是经历了人生中的重要仪式，也从中免费获得了一种简单的喜悦感。东部海滩所在的郊区气氛悠闲，在海滩间步行，也是吸收这里坚韧精神的最佳方法。

从北邦迪出发，沿着沙滩前行，穿过熙熙攘攘的冲浪俱乐部、晒太阳的游客和救生员，最终到达海滩的最南端。那里有一个岩石潭，岩石上还坐落着一间正面由玻璃筑成的超凡酒吧。你可以走到上方的海滨散步，沿着悬崖上的小径向勃朗特海滩的方向行进。一路上会见到许多推着婴儿车慢跑的母亲，以及拥有古铜色皮肤、练习仰卧推举的帅哥。若是赶上了好季节，或许还能看到跃出水面的座头鲸。该地区还举办了海边雕塑展览；你可能还会看到不拘礼节的婚礼（条件允许的话，许多澳大利亚人都喜欢在户外举办婚礼）。这条路会穿过塔马拉马沙滩，也会穿过世界上最浪漫的墓地：在薄薄的黄色沙滩两侧，矗立着悬崖峭壁；在墓地之中，凯尔特的十字架和维多利亚时代的墓碑被带有盐分的空气与阳光侵蚀着。到达勃朗特的时候，呈现在眼前的是一个大小适中的海滩。海滩后面是自然保护区和草坪，草坪上设有公共烧烤区，人们在那里烤制汉堡。见到这样的景象，你可能会为自己没能住在这里而感到惋惜。**LB**

“邦迪海滩是一处标志性的景观……完美的蓝色海水拍打着新月形的金色沙滩。”

彼得·摩尔，《卫报》

⇱ 海滩于1882年对外开放，它的名字源自一个澳大利亚土著单词，意为“冲破岩石的水流”。

住在香格里拉酒店
Stay at the Shangri-La

地点： 澳大利亚新南威尔士州悉尼
网站： www.shangri-la.com　**价格指数：** ⓈⓈ

悉尼的五星级香格里拉酒店矗立在城市商业区的边缘。在阳光的照耀下，酒店在悉尼湾的海面上投下了长长的影子。房地产行业似乎创造出了“位置，位置，还是位置”这个短语，并将其特别用在了这座建筑上面。作为悉尼的地标性建筑，酒店与市中所有的景点都相距不远。无论你想去哪里，只需走上一段距离，就可神清气爽地到达目的地。

酒店的客房拥有令人惊叹的全景，客人可以俯瞰到充满活力的城市中的所有标志性建筑。向下方望去，就可看到悉尼海港大桥、悉尼歌剧院、植物园和丹尼森堡（过去的港岛监狱），以及环形码头来来往往的悉尼渡轮船队。你可以从悉尼北部的林荫郊区，一直眺望到远处的太平洋。

在时尚的城市中，规模仍然是个问题，但香格里拉却是城中最大的酒店。酒店拥有563间客房和套房，其中包括悉尼最大的一些房间。酒店俯瞰着城市的街道，在最顶端的36层，客人可以透过巨大的落地窗鸟瞰城市的面貌。在这里，你可以在饱受赞誉且名副其实的“至高餐厅”就餐，然后在布鲁地平线酒吧喝一杯鸡尾酒，酒吧的设计灵感来自于曼哈顿。《福布斯》杂志还将其评选为悉尼最好的酒吧。酒店的面包房每天都会为客人提供新鲜出炉的酥皮点心与面包；这些食物的品种多样，令人馋涎欲滴。哈特酒吧是一家传统的澳大利亚酒吧。酒吧位于未曾改变的私人住宅之中；为了展现殖民时期遗留下来的建筑，人们才将其修复一新。日夜营业的酒吧会为客人提供披萨、零食、啤酒和葡萄酒。出了酒吧，可以回到自己的房间，低头凝视着整个城市中成排的灯光。**BS**

在白千层营地尽情享受
Enjoy Paperbark Camp

地点： 澳大利亚新南威尔士州杰维斯湾
网站： www.paperbarkcamp.com.au　**价格指数：** ⓈⓈ

营地的主人伊雷娜和杰里米·哈钦斯在非洲的时候，有了将维持生态平衡的游猎营地带回澳大利亚的想法。在回家的途中，他们碰巧看见了原始的杰维斯湾，便在一个受到保护的灌丛湿地中安营扎寨。正如他们所说，之后的事情大家也能够料想到了。

在斑皮桉和树皮脱落的白千层树下，有12个“帐篷”坐落在木制高台上面。若是喜爱艰苦的生活，但又不想体验真正艰苦的生活，白千层营地就是最佳的选择。桉树和松树的香气时时刻刻挑逗着你的感官，生态旅游在这里得到了很好的重视。

> “对于那些喜爱亲近自然，也同样欣赏生活中美好事物的人们来说，这里堪称完美。”
>
> 《澳大利亚之旅》杂志

营地附近就是世界上最好的海滩之一（海姆斯海滩）。你可以划着租来的独木舟，在卡瑞伯纳溪上前行，也可以骑着租来的自行车在桉树林、林地或杰维斯湾的城镇附近进行短途旅行。当地人从数英里外赶来，只为了在树顶小屋中的甘亚餐厅享用美食。在土著语中，“甘亚”代表“见面的地方”。小屋确实同时充当了营地的精神中心：白天可以在这里看书，晚上可以在炉火旁聊天。在博采众长的菜单上，可能会出现袋鼠肉串配柠檬和桃金娘酸奶、白千层裹烤鲑鱼、卡菲尔酸橙和姜冰糕配荔枝与朗姆酒。人们已经知道，假如不把帐篷拉上，讨厌的负鼠就会把鼻子戳进帐篷中。到了清晨，无与伦比的鸟鸣声会将你从睡梦中唤醒。**TM**

参观温斯尼公园牧场

Visit Rawnsley Park Station

地点： 澳大利亚南澳大利亚州维佩纳凹地

网站： www.rawnsleypark.com.au **价格指数：** $$

这个绵羊牧场坐落在维佩纳凹地之中：环形的山谷就像一个天然的圆形剧场，坐落在弗林德斯山脉的中心地区，周围都是被风雨侵蚀的古老山峰。山谷位于阿德莱德以北270英里（435公里）的澳大利亚内陆地区。占地7,410英亩（3,000公顷）的公园展现了最极致的孤寂景致。你可以在这里尽情地玩乐，也可以尽情地休息。无论是乘坐飞机还是骑马，又或是沿着通往各个方向的原始灌木小径徒步旅行，都可以见到世界上最干燥大陆的风景和动植物。这些景物一定会令你难以忘怀。

如今的温斯尼公园俨然成为了一个至关重要的田园牧场，南澳大利亚高品质的美利奴羊毛大多来自这里。自1968年起，牧场就会为来访的客人展示剪羊毛的过程。现在，旅游业已经取代了农业，成为了牧场主要的收入来源。住宿地点既包括移动房车和基础旅行单间，也包括一系列高级的生态小屋。这些小屋代表了弗林德斯山脉最顶级的住宿条件。私人小屋俯瞰着绝美的维佩纳凹地，屋子采用稻草包壁的天然保温方法，将该地区极端的温度波动降到了最低。宽敞的阳台上装有挑檐，为住客提供了许多遮荫的地方；室内的抛光木材地板、大教堂式的天花板和巨大的床为住客创造了如家般温馨舒适的环境。床上甚至还装有一个非常容易打开的滑动式顶篷，若是在夜晚打开顶篷，就可看到挂满繁星的夜空。难怪每年都有2万多人来这里体验澳大利亚早期开拓者的生活。**BS**

← 位于澳大利亚内陆地区的温斯尼公园牧场让游客们得以感受开拓者的艰辛生活。

在伯达罗斯牧场重振精神

Recharge at Poltalloch Station

地点：澳大利亚南澳大利亚州亚历山德里娜湖

网站：www.poltalloch.com　**价格指数**：$$

1829年，探险家查尔斯·斯特尔特在墨累河上顺流而下，一连航行了47天，只为找寻澳大利亚的神秘内海。当他到达亚历山德里娜湖的湖岸时，一定以为找到了这片内海。现在，只要运气不错，能够在历史悠久的伯达罗斯牧场住上一晚，就能看到斯特尔特当年见到的景致。

虽然尚未到达牧场，住宿的兴奋感却是早早袭来。向着东方下行，阿德莱德山上的繁茂绿地逐渐变成了广袤的草原和小小的盐田。此处鲜有城镇，陪伴你的唯有养牛场无边无际的边界围栏。

伯达罗斯牧场横跨在亚历山德里娜湖上，各种附属建筑和工人居住的小屋已经被改建成了古雅的客房。骑马巡修围栏工小屋、牧场工小屋和监工小屋构成了一组罕见的澳大利亚社会和建筑遗产。这些建筑能够保存得如此完好，很大程度上要归功于较为偏僻的位置和业主细心的保护。

木匠和铁匠作坊中古老奇特的器具足以填满一个博物馆。长柄大镰刀、木板虎钳、古旧的药瓶，以及其他成千上万被古老挂锁固定着的手工制品，将人们带入了一个活灵活现、属于开拓者的世界。牧场还拥有澳大利亚绝无仅有的剪毛棚——巨大的双拱形剪毛棚。这个剪毛棚也促使伯达罗斯牧场成为了最独特的度假地之一。**BS**

> “本质上说来，建于1839年，拥有数代主人的……伯达罗斯牧场就是个自给自足的村庄。”
>
> 马克·奇普菲尔德，《每日电讯报》

⇱ 在伯达罗斯牧场，见到秀丽的风景自不必说，你还能见证澳大利亚的开拓史。

在月光海角小屋放松

Unwind at Moonlight Head Lodge

地点：澳大利亚维多利亚奥特韦国家公园

网站：www.moonlighthead.com　**价格指数**：$$$$

位于维多利亚的月光海角小屋是一处豪华的度假居所。小屋俯瞰着维多利亚最大的国家公园——奥特韦国家公园。公园在沿海区域拥有超过100万英亩（40万公顷）的灌木丛。现代主义风格的小屋被桉树丛林和农田（以及许多澳大利亚的野生动物）包围，进而在与世隔绝的环境中营造了一个隐私而宁静的居所。为了达到可回收的标准，修建小屋时使用的材料也经特别挑选。

小屋的室内装潢精美迷人，屋中放有一系列精致的家具和充满世俗感的装饰物。原创的艺术品、古风的波斯地毯，以及现代意大利阿基米德品牌的照明设施混合在一起，形成了一幅独特的景象。在美丽的青石浴室中，装有奥运场馆规格的浴缸，你可以一边泡澡，一边欣赏玻璃屋顶外的繁星。

> "这座建筑就像个谨慎的生物，也像个慢慢展露意图的极简主义杰出作品。"
>
> 弗朗西丝·希巴德，《时尚芭莎》

这里的服务与环境一样丰富多彩：想要一顿特别的大餐吗？小屋的厨师会为你准备。想去钓鱼，或是乘坐直升机，又或是潜水探寻水下残骸？小屋都会为你安排。度假村拥有一个无与伦比的冒险伙伴名单。多亏了这份名单，你才能和专业的天文学家们一起观赏夜晚的银河，才能看着猛烈的风暴从南大洋上吹来。所有的这些都是发生在令人愉悦的自然环境之中：吃早饭的时候，即使看到了袋鼠和笑翠鸟，也不是什么奇怪的事。**PS**

骑马穿过维多利亚葡萄园

Ride Through the Victoria Vineyards

地点：澳大利亚维多利亚摩宁顿半岛

网站：www.onedge.com.au　**价格指数**：$

摩宁顿半岛很受附近人们的欢迎。他们从墨尔本来到这里，是为了美丽的景致、菲利普港湾的僻静海滩和面朝南方的外海。起伏的土地大多用于耕种；品酒师们对这种情况尤为赞赏，因为葡萄酒之旅可以遍布各处。要提醒客人的是，切莫醉得太厉害，因为还得骑马跨越富饶的小山。春溪农场既是马术中心，也是葡萄酒之旅的组织者。迷人的葡萄园环绕着红色山丘和索尔海姆的寂静城镇；农场就坐落在葡萄园附近，为新手和老手提供安全的马匹。马术专家也会将你照顾得很好。

该地汇聚了众多澳大利亚最好的葡萄酒庄，骑马旅行至少会包含其中的两家。旅行的长度各有不同，游客可以从中做出选择。在较短的线路中，第一个到达的地方是曼顿小溪葡萄园：又小又怡人的庄园生产出了八种不同的葡萄酒。品尝了这些葡萄酒，客人就得跨上马鞍，向着前方的塔伽兰特酒庄疾驰而去。酒庄葡萄园出产的是这个地区的特色品种，即高品质的灰比诺葡萄。这个酒庄也是较长线路的第二站；在红色山丘庄园品完美酒，享用过午餐，才会来到这里。

当地其他的酒庄会为客人提供更多的美酒，比如蒙塔尔托和塔克斯岭的酒庄。虽然孩子们不能一同感受醉酒的快乐，但葡萄园还是欢迎他们参加骑马旅行，欣赏如画的风景。无论是否纵情畅饮，骑马穿过美丽半岛上的葡萄园，都会度过有趣且放松的一天。**DaH**

来到袋鼠岛

Stay on Kangaroo Island

地点：澳大利亚南澳大利亚州袋鼠岛

网站：www.southernoceanlodge.com.au **价格指数：**$$$

原始的袋鼠岛尚未受到破坏。在袋鼠岛和南极洲之间，再没有其他的岛屿。一旦踏上该岛，就会吸入带有桉树清香和空灵感觉的空气。这座小岛就是澳大利亚给予加拉帕戈斯群岛的回应。

岛上有21个保护区兼国家公园，还有许多形形色色的动植物。起伏不平的海滩旁坐落着沙丘和陡峭的悬崖。有些海滩被成群的野生海狮或小企鹅占领，其他的则被露出地面的花岗岩俯视着。在大风与海水的侵蚀下，这些岩层被雕刻成了超凡的形状。波涛拍击着海岸，很多海滩上的浪涛十分凶险。在无边无际的灌木丛中，偶尔会出现围场或丛林大火烧出的小路，袋鼠、沙袋鼠、负鼠、针鼹和考拉等动物则是随处可见。晚上，袋鼠和沙袋鼠会毫无预警地穿过马路，开车有时就像玩碰碰车一样。

当地人都过得不紧不慢的，岛上也不存在私人空间问题，毕竟在1,737平方英里（4,500平方公里）的岛屿上，只有3,000个居民。澳大利亚的土著人也不太可能住在这里：弗林德斯1802年在小岛环航的时候，发现该地没有烧荒的痕迹，袋鼠也并不惧怕人类的到来。所以他们用棍棒打死了一些袋鼠，大快朵颐乐一顿，然后将这里命名为袋鼠岛。

南太平洋旅馆是一座低矮的宫殿。旅馆位于小岛南部偏僻的角落中，坐落在孤零零的汉森湾中，整个建筑沿着峭壁蜿蜒而下。旅馆的公共空间如此之大，感觉就像到了一个非常酷的机场航站楼。探索岛上原始的美景时，可以住在这个非比寻常的地方。**LB**

← 南太平洋旅馆坐落在崎岖的悬崖上，眺望着下方的大海。

徒步游览火焰湾
Hike Around Bay of Fires

地点：澳大利亚塔斯马尼亚火焰湾
网站：www.bayoffires.com.au **价格指数：**$$

火焰湾的景色狂野不羁。在比那龙湾至艾迪斯顿灯塔绵延20英里（32公里）的海岸线上，耀眼的白色沙滩比住宅还要多。

火焰湾徒步四日游全程都有向导陪伴；游览期间，你将会领略到塔斯马尼亚最令人称道的特色事物：当地美食、寒冷地带出产的葡萄酒以及令人叹为观止的美景。每个徒步旅行团最多可以包含10位成员，此外还需配备至少两名向导，以确保每位客人都能得到照顾。除了尝美食、品美酒，以及徒步行走（每天最多行走8英里，相当于13公里），旅客有充足的时间放松娱乐。客人可以在塔斯曼海中潜水，或是在安逊斯河上划皮艇。

> “无论是远观还是近赏，大海始终是快乐的源泉，给予人们温馨又粗犷的愉悦感。”
>
> Anthology Traveler's Collection网站

博德灯塔是徒步游的起点。在那里，寂静的海滩和岩石岬角点缀着美丽的风景。在一天即将结束之际，支起的帐篷与旁边的沙丘几乎分不出彼此，水流就从身边淌过，你几乎可以像鱼儿一样从床上游到水中。一般情况下，用于休息的帐篷都有帆布做顶，木板做底。客人会在火焰湾小屋中度过两个夜晚：这座旅馆将时尚与可持续性作为修建的标准。小屋坐落在沙丘下方，不仅碳排放量很低，还将雨水积蓄起来善加利用，并用太阳能板为所有照明设备提供电力。最终，不光是房屋，就连客人都和环境完美地融合在一起。

GC

伊斯灵顿酒店的休闲时光
Relax at Islington Hotel

地点：澳大利亚塔斯马尼亚霍巴特
网站：www.islingtonhotel.com **价格指数：**$$

即使对伊斯灵顿酒店进行初级的审计，都足以令会计们郁闷不已，因为酒店的每间客房都拥有一些等同于兰博基尼价值的物品，而这也要归功于酒店的翻新工程。毫无疑问，翻新工程取得了成功。不难想象，顾客将在这里度过将近一周的美好时光，享受多彩纷呈的个性化服务。

伊斯灵顿酒店原本是塔斯马尼亚总理詹姆斯·米尔恩·威尔逊的宅第。这座房子建于1847年，展现了摄政时期的建筑风格。由宅第改造成的酒店于2006年1月开业。一座私人宅邸能够变为一家拥有11个客房的豪华酒店，很大程度上要归功于兼收并蓄的古董收藏，比如路易十五时代的椅子、彼德迈风格的桌子、中式衣橱以及宏伟之屋中的奥地利睡床。除此之外，在酒店中还能看到毕加索、博莱特·惠特莉和朱铭的绘画作品，以及吉姆·汤姆逊的丝织品和一整个图书馆的丰富藏书。

特大睡床、私人浴室、背光大理石面板、舒适的深水浴池和带有地热的花岗岩地板是所有房间的标准配备，但每个房间的陈设却又各不相同。事实上，酒店的主人创造了一家定制的酒店。酒店有一间美丽的温室，温室外就是建有闪亮池塘的露台，远处则是规整的花园。在酒店的后方可以远眺丛林密布的惠灵顿山。日落时分，顾客可以坐在走廊中享用免费的饮品和西式糕点。清晨，颇有法式农舍风格的新式可视厨房会使用新鲜的塔斯马尼亚产食材，为顾客奉上丰盛的早餐。伊斯灵顿酒店的主厨甚至可以依照顾客的要求准备晚餐。但要搭配红酒，可能需要一些时间准备，因为酒店的酒窖拥有1,000多瓶藏酒。

GC

在克雷德尔山旅舍的轻松时刻

Unwind at Cradle Mountain Lodge

地点：澳大利亚塔斯马尼亚克雷德尔山

网站：www.cradlemountainlodge.com.au　**价格指数：**$$

住在世界遗产地边缘的舒适小木屋中，在高山水疗池中尽享静谧，克雷德尔山旅舍为人们提供了从未体验过的奢侈绿色生活。旅舍位于澳洲塔斯马尼亚的海岛之上，四周是烟波浩渺、光滑如镜的湖泊和嶙峋的山峰。毫无疑问，在如此具有生态气息的原始居所，一定能融入自然之中。

有些舒适的木屋配有热水浴缸（位于屋外的木板上），休息室中的燃木壁炉会将傍晚山林间的寒气挡在屋外。即使能够不沉迷于窗外的景色，瓦尔德海姆水疗室中还有更加动人心弦的景色在等待着你。透过治疗室的落地窗，山间的景色尽收眼底。与治疗室相连的休闲娱乐区还有一个眺望着森林全景的露天热水浴缸。

为了维持旅舍的绿色资质，不仅菜单中包含了最好的当地菜肴，乐于助人的服务生还会为顾客提供建议，从而在窖藏丰富的酒窖中挑选出适合的葡萄酒。对于美食和葡萄酒爱好者来说，一年一度的“极品滋味”美食品尝大会无疑会让他们兴奋不已。大会持续3天，期间经营酒庄的酿酒商们、生产者们和手工乳酪制造商们将会向人们展示美食和葡萄酒。

这片自然风光吸引了各式各样的徒步旅行者。你可以在此野餐，然后沿着步行小径自由自在地散步，在克雷德尔山间和多芬湖边寻得一处宁静之所，静静地享受那与世隔绝的静谧。你也可以在湖上划独木舟，或是租一辆山地车越过人迹罕至的山路。当地的导游还会组织观光游览，带领你近距离地观赏当地的动物，如沙袋鼠、负鼠，甚至还有塔斯马尼亚的袋獾。在水疗池享受放松按摩的时候，也可遥望森林，说不定就能看到这些动物。AD

“比之摇篮，克雷德尔山倒更像是一个被岩石山峰包围的火山口。”

《每日电讯报》

↗ 僻静而奢华的木屋藏身于童话故事般的古老丛林之中。

在梅垛酒庄尽情享受

Enjoy Meadowbank Estate

地点：澳大利亚塔斯马尼亚梅垛酒庄

网站：www.meadowbankwines.com.au　**价格指数：**S

梅垛酒庄可不只是个葡萄园。酒庄不仅拥有一家饱受赞誉的餐厅、一家售卖美食与葡萄酒的店铺（位于地窖之中），还有一个美术馆和演奏室。所有这些距离霍伯特的滨水区只有15分钟的车程。

酒庄的地理位置十分优越。透过餐厅硕大的玻璃，可以看到科尔河谷中的葡萄园和百味来海湾的入海口。与此同时，这里还处处突显了历史的厚重感：餐厅里的木质柱子曾经是斯马尼亚船只的压舱物。餐厅提供的都是当地的美食，比如烟熏鳗鱼配土豆饼、达纳利牡蛎、柑橘汁腌制的无鳔石首鱼。这些菜肴都以小碟装盘，与之搭配的是装在玻璃器皿中的葡萄酒。厨房选用的食材大部分来自科尔河谷附近的地区，而餐厅提供的菜单几乎每天都在变化。顾客最多可以在地窖商店中免费品尝到六种梅垛酒庄出产的高级葡萄酒。美术馆内会举办当地艺术家的作品展，酒庄还会定期举办音乐会，其中就包括塔斯马尼亚室内音乐会和塔斯马尼亚吉他爵士音乐会。其实，塔斯马尼亚本身就是一个风格迥异的音乐主题。

> “站在山顶上眺望整个葡萄园和一万一千只美利奴细毛羊，心灵就会得到净化。”
>
> 约翰·贝尔，《每日电讯报》

然而，真正创造了这一切的还是酒庄的葡萄酒。第一批葡萄藤于1974年在此种下，酒庄起先只打算为自家酿造几瓶葡萄酒，结果销量却远远超出预期，葡萄园也便逐渐壮大。现在的梅垛酒庄已经跻身顶级的酒庄行列。**PE**

探索酒杯湾

Discover Wineglass Bay

地点：澳大利亚塔斯马尼亚菲欣那国家公园

网站：www.wineglassbay.com　**价格指数：**!

酒杯湾可能拥有塔斯马尼亚最婀娜多姿的景色。这处自然景观最值得称赞的就是那片葡萄酒杯形状的白色海滩。然而，最令人感到欣喜的是，海滩虽然有数英里长，却丝毫没有开发的痕迹，莫说是建筑，就连一点点商业气息都不曾在这里出现。

酒杯湾位于塔斯马尼亚东海岸的一个半岛之中，岛上的菲欣那国家公园为人所知。荷兰人阿贝尔·塔斯曼本该是第一个登上半岛的欧洲人，但是直到19世纪初，法国人才给这座岛起了名字。岛上被称为哈扎兹的巍峨花岗岩山脉俯瞰着国家公园。这些岩石意外地阻碍了道路的修建，却也因此成为了该地的保护者。

在小径的地点，完全看不出它会通往海滩，但是，这条精心铺设的栈道却穿过了无处不在的花岗岩和森林。陡峭的栈道就好像横跨在花岗岩高山上的马鞍。在这里游览，经常会与当地的绿色玫瑰鹦鹉、扇尾杜鹃或沙袋鼠不期而遇。在马鞍一样的栈道上，会最先看到海湾的全景。假如登高远望，在远处一英里左右的地方，会望见海浪排击着蜿蜒的沙滩，好像要奔向附近的丛林深处一般。桉树散发出的蓝色烟雾与波光粼粼的绿海交相辉映。简而言之，你会在这里欣赏到全世界海滩的缩影。但是，很多游客欣赏过这里的美景后，就心满意足地回到了车中。千里迢迢地来到这里，若是不在沙滩上留下自己的足迹，难道不会觉得遗憾吗？**GC**

白茫茫的海滩洁白无瑕，就好像有人定期修护一样。

在鹰巢尽情享受

Relax at Eagles Nest

地点：新西兰北岛岛屿湾

网站：www.eaglesnest.co.nz **价格指数：**$$$

鹰巢度假酒店坐落在私人半岛的边缘地带，与新西兰岛屿湾上的历史名镇拉塞尔相隔不远。奢华的度假酒店位于占地75英亩（30公顷）的僻静大庄园之中。酒店虽然只有5个独立的别墅出租，每栋别墅却都是高级住宅。

虽然酒店的拥有者将所有的花园和房间都与自然环境完美地融合在一起，酒店却严格遵循着现代派的设计风格。每座别墅都是独一无二的，别墅中既有现代风格的陈设，又不乏古董家具和当地原创的艺术品，你所能想到的所有现代化设备也是一应俱全。酒店中的别墅大小不一：最小的别墅只能容下两个人，最大的可容纳8个人，但是无论大小，所有的别墅都宽敞明亮，采光良好。名叫“鹰巢灵魂”的房间拥有60英尺（18米）长的豪华泳池，“第一光塔”拥有更加浪漫的氛围，最适合度蜜月的新人居住。两层楼高的“神圣空间”是整家酒店最耀眼的一座别墅，其中包含三间套房、一间起居室和私人放映室。如果还有需要，别墅还有专门的管家和教练为顾客提供服务。由大理石和铬合金筑成的浴室闪闪发光，里面的玻璃罩淋浴间和地热砖虽然引人注目，也只是别墅中受人瞩目的小细节罢了。

除了舒适的居住环境，酒店外的风景也令人心旷神怡。在举世闻名的岛屿湾中，有超过144座可供游览的岛屿。从大型的垂钓活动到帆船和潜水，再到高山自行车、远足和直升机观光，可供选择的活动一应俱全，很难会感到厌烦。而拥有这一切的就是鹰巢度假酒店。**PS**

虽然这里的设计很简单——玻璃墙、宽阔的甲板和私人泳池，却给人一种高贵奢靡的感觉。

游览奥龙戈海湾
Stay at Orongo Bay

地点： 新西兰北岛岛屿湾

网站： www.thehomestead.co.nz **价格指数：** $$

奥龙戈海湾农庄酒店拥有无可比拟的地理位置。向酒店外望去，映入眼中的是岛屿湾位于亚热带地区的奥龙戈海湾那清澈、碧绿、动人心魄的海水。两层高的农庄宅第建于19世纪60年代，如今已由史迹信托基金提供资助，将其修复至原先金碧辉煌的模样。现在的酒店不仅弥漫着历史的肃穆感，还特别关注细小的地方：从久负盛名的奥地利三角钢琴、维多利亚时期手工雕刻的木架长椅到私人浴室中伸手可得的睡袍、澡巾和当地植物提炼的护肤品，酒店在细节处也尽显了品质。酒店的共同所有者克里斯·瓦力新加·斯万纳尔和迈克尔·胡伯都对葡萄酒和美食大有研究，而这些也无一例外地体现在了完美的菜单之中。可以想象一下，菜单上不仅出现了有机香蕉、番石榴、木瓜、猕猴桃和多种当地的蔬菜，还附有一份绝妙的新西兰葡萄酒酒单。

> “私人住宅与酒店相结合，创造了一个独一无二、拥有健康有机美食的奢华农庄酒店。”
>
> 奥龙戈海湾的业主

这里还有很多娱乐活动可供选择，比如在海豚的自然栖息地与它们一起游泳，搭乘高桅帆船巡航，或是在草地上玩儿槌球或滚球游戏。芬兰桑拿室和水池式浴池是额外配备的绝好设施；如有需要，酒店还会提供按摩服务。此外，酒店离新西兰最初的首都拉塞尔很近，酒店的主人克里斯还拥有部分毛利血统，对于毛利人的历史也是无所不晓。在这里，历史、文化、自然和舒适的居住环境得到了完美的融合。**PS**

观赏贝壳杉树林
See the Kauri Forests

地点： 新西兰北岛贝壳杉树林

网站： www.doc.govt.nz **价格指数：** !

新西兰北岛上的贝壳杉树林可不仅是辽阔而已。毫不夸张地说，这片森林真的是漫无边际。事实上，贝壳杉也是硕大无比，在19世纪80年代的时候，一个富有勇气的家庭（一对父母外加13个孩子）在一棵腐朽的枯树中安了家，并在这间“树屋”中生活了14年。

对于一棵贝壳杉来说，14年转瞬即逝。这些树林中的庞然大物可以存活千万年之久。在北岛西海岸上的怀波瓦森林中，最高大的树木据说已经存活了1250年到2500年。罗马人大刀阔斧地修建皇宫的时候，它就静静地在角落中缓慢地生长，尽管时过境迁，它却依旧矗立在这里。这棵森林之王超过了160英尺（48米）高，周长约有45英尺（14米）。异常粗大的树干直入天际，直到接近顶端的部分，才能见到岔出的枝桠。布满木瘤的树干充满个性，透露出令人尊崇的苍然古色。即便对树木毫无兴趣，看到了如此壮观的景色，也会心生崇敬之情。

在稍远一些的地方，还有一棵树根延伸至远处的森林之父。这棵树虽没有森林之王那般高耸入云，却有着惊人的周长。树干的直径达到了16英尺（4.8米），造型也是令人难以忘怀。

曾几何时，新西兰北部还生长着更为粗壮的树木。可惜的是，19世纪和20世纪初发展起来的伐木工业和树胶贸易使得这些庞然大物消失在历史的长河中。尽管如此，从新西兰北部驶过的时候，也要将车停下，然后沿着平坦的小径和木板路观赏那些留存下来的、雄伟壮观的贝壳杉树林。这些树木真的会令人惊叹不已。**PE**

在迪拉莫尔酒店尽情享受

Enjoy Delamore Lodge

地点： 新西兰豪拉基湾激流岛

网站： www.delamorelodge.com **价格指数：** $$$

激流岛是豪拉基湾较为辽阔的景点之一，岛上的农田、森林、海滩、葡萄园和橄榄林交相辉映，汇成了一幅美丽的画卷。沿着蜿蜒的海岸线向远处望去，映入眼帘的是迪拉莫尔酒店。这座隐秘的度假酒店依山而建，坐落在奥哈纳克湾中。当地建筑设计师罗恩·斯蒂文森和酒店的拥有者罗塞利·巴尼特·斯托里将地中海的建筑风格与毛利的象征主义手法结合在一起，将酒店打造成了马特苏（即毛利人使用的传统骨质鱼钩）形状的建筑。

酒店中有4间套房，每间套房都可观赏到海湾的全景。你可以坐在院中品尝鸡尾酒，或是浸泡在奢华的泡泡浴池中，欣赏豪拉基湾变幻莫测的蔚蓝海水。沿着旋转楼梯下来就是宽敞的起居室和餐厅，厨师亚伦·史密斯会使用酒店花园自产的食材为你烹饪美食。激流岛上举世瞩目的葡萄园和橄榄树林会在一年一度的葡萄酒美食节上大放异彩。假如和善地对亚伦提出要求，他就会从酒窖中为你挑选一瓶上等的佳酿，甚至会用你钓到的鱼制作一顿可口的菜肴，如此便是极完美的一天了。这里的娱乐活动有帆船运动、潜水、划独木舟和垂钓。其实只在岛上呼吸一下清新的空气，都能让心灵得到沉静。在酒店的私人水疗池和石窟风格的按摩浴缸中放松，所有的烦恼都会消失得无影无踪。**PS**

> “美丽温馨的[迪拉莫尔酒店]拥有最令人陶醉的海景。”
>
> 《时尚旅游》

在科特豪斯酒店放松身心

Unwind at Cotter House

地点： 新西兰北岛奥克兰

网站： www.cotterhouse.com **价格指数：** $$

英国移民约瑟夫·纽曼于1847年创建了科特豪斯酒店。具有讽刺意味的是，身为禁酒主义者的纽曼却在1892年被一块威士忌的广告牌砸中头部不幸身亡。如今，这座摄政风格的古老建筑已经变成了一家绝佳的酒店：非凡的古董与当代的艺术品相互融合，点缀在酒店之中。

雅致的花园为奥克兰和新西兰的年轻艺术家们提供了展示的平台，很多在此展出的艺术品都对外出售。你可以随着心意收集一些艺术品，然后在房间中消磨一些时间。这些时间花得十分值得，因为华丽的装潢同样令人赞叹：在大面积的传统法国装饰和精致古董的包围中，引人注目的窗子装饰物也失去了光彩。1892年修建的舞厅依然被用作每月正式聚会的场所，偶尔也有人在此举办婚礼。酒店现在的拥有者格罗里亚·博帕德·沃布里奇提供的法式早餐越来越出名，几乎达到了与宅第齐名的程度。如今的宅第还拥有一个更胜从前的酒窖。

科特豪斯酒店会为客人提供所需的所有商务服务，还会为客人提供许多个性化的服务，例如婴儿看护、随传随到的牙医和医生等服务。有了这些服务，客人的生活实在是再便利不过。酒店的员工可以用法语、西班牙语、葡萄牙语、汉语和韩语与客人进行交流，客人提出的需求一定能很好地传达给服务人员。在如此休闲雅致的环境中，你可以在室外的热水池或按摩浴池中泡澡，也可以练习普拉提和拳击强健体魄，或是在打高尔夫球前先练习几个瑜伽动作。无论选择哪种活动，想会是种绝妙的享受。想要体验最顶级的午餐会，你或许可以乘坐直升机前往附近温馨的海湾群岛，然后降落在其中的一座小岛上。**PS**

尽享莫里斯的闲适时光
Stay at Mollies

地点： 新西兰北岛奥克兰

网站： www.mollies.co.nz **价格指数：** $$$

建于19世纪70年代的莫里斯酒店总是给人们留下深刻的印象。不久前，歌唱教师弗朗西丝·威尔逊和歌剧布景设计师斯蒂芬·菲茨杰拉德对这座建筑进行了全面的整修，并对完成后的作品深感自豪。这对组合也确实应该感到自豪，因为他们的重建工作达到了大师级的水平，使得这座建筑成为了市中心最好的五星级精品酒店。

精美华丽的酒店拥有13个豪华套房和公寓房。楼上的套房配有雅致的阳台，楼下的房间则直通精心维护的花园。房间的设计融合了古典与现代两大元素；依照奥克兰的标准，这些房间算是很大，即使是最小的工作间也配备了私人浴室及观赏庭院的角落。客人既可以在温室的花海中享受美食，也可以悠闲地在自己的房间中用餐。有趣的是，酒店的餐厅直接以“餐室”命名。这座餐厅不仅拥有美味的菜肴，还拥有许多当地醇香的葡萄酒，因此在整个新西兰都很有名气。莫里斯酒店已经荣获了多个奖项，餐厅也因其高品质的菜肴，不久前被评为了奥克兰最顶级的餐厅之一。

想要燃烧掉热量，酒店的东日水疗中心就是个不错的选择。该中心提供一系列的阿育吠陀治疗，包括面部护理、按摩和许多的全身护理。水疗中心拥有圣玛丽湾宝石街最好的服务，虽然图书馆的服务也十分完善，却仍然无法撼动其第一的位置。只要关上房门，就能享受放松的私人空间；只需一个电话，细心的工作人员就会为你提供服务，安心的感觉也会时刻伴你左右。**PS**

← 能够拥有宏伟的氛围，部分原因在于这里从前是奥克兰首任市长的宅邸。

乐在普卡公园
Unwind at Puka Park

地点： 新西兰北岛科罗曼德尔

网站： www.pukapark.co.nz **价格指数：** $$

走过一段吱吱呀呀的木头栈道，穿越烟雨蒙蒙的树林，客人们才能到达自己的房间。在普卡公园酒店，你会看到一座与繁茂的树木融为一体的豪华树屋。清晨，你可以走到木制阳台上，透过枝叶凝望远方，眼前的景色十分壮观：又长又空旷的沙滩没有尽头，太平洋奔腾的海浪冲向北方拥有更多树林和山丘的地方。普卡公园坐落在美丽而不羁的科罗曼德半岛上，位于帕瓦努伊海滩陡峭的翠绿山腰上。酒店隐藏在25英亩（10公顷）的茂密灌木丛中，尽管距离奥克兰只有两小时的车程，却好似远离了尘世一般。

> “在新西兰美丽的原生灌木丛中，你会找到一个非常独特、如同田园诗般的僻静之所。”
>
> escapenewzealand.com

度假村有一家饱受赞誉的餐厅，你可以在室外的火堆旁享用美食，或是坐在露天平台上远眺大海。你还可以蜷缩在鸡尾酒酒吧里的沙发中，透过窗户欣赏自然美景。有些人会坐在私人阳台上凝望远处的树林，沉迷在美丽的全景中。有些人会兴奋地进入健身房、游泳池或水疗池中，胆子大些的客人可以尝试一下特别开设的高空绳索项目。客人可以在树顶间穿梭，也可以体验长达755英尺（400米）、穿越山谷的“天空跳水”滑索活动。此外，也可以乘船到附近的岛屿游览，或者沿着步行小道爬到1,310英尺（400米）高的帕瓦努伊山上，领略更为壮观的景色。**SH**

畅游热水海滩
Enjoy Hot Water Beach

地点：新西兰北岛科罗曼德尔

网站：http://mercurybay.co.nz/index.php **价格指数：**

没有人会平白无故地把自己埋在大坑里，除非你置身于科罗曼德半岛东海岸的热水海滩。

新西兰位于纵横交错的断层线，在经历了多个世纪的板块构造运动和火山活动后，形成了烟雾缭绕的矿物湖泊和冒着泡的泥浆池等地热仙境。热水海滩是一处平坦的金色沙滩，四周风景如画。它的一边满是猩红色红花圣诞树，另一边则是咕咕冒泡的碧绿色海洋。

整个科罗曼德海岸线的壮观景象令人叹为观止。海滩之所以一分为二，是因为过热的地下湖水所致。自然分离的海滩裂隙淌过滚烫沸腾的河水，当沸水与太平洋海域的冷水相遇时，就会有羽状蒸汽从水中升起，只有当任何一边退潮的时候，喷薄而出的河水没有流经热水海滩的黄金沙滩，这样的情景才不会发生，但也只有两个小时而已。这时如果你在沙滩上挖洞，就会挖到富含盐、钙和镁的泉水。如果挖得更深，泉水会奔涌而出，溢满整个沙坑，因此你不妨打造出一个自己的私人浴池来。虽然现在天气极冷，但是矿物质水温仍高达147℉（64℃）。必要时还需要添加一些冷海水，然后坐下来享受肌肉放松的舒适感觉。记得要留意海水的上涨，因为热水海滩的水流很急，潮水冲力很强，稍不留意就有可能发生意外。

汩汩而出的泉水一年四季都不会干涸。在夜间参观海滩会有别样的体验。挖一口温泉池，躺下来仰望天空，看闪耀的星星划过漆黑的夜空。**JP**

在波利尼西亚温泉放松身心
Relax at Polynesian Spa

地点：新西兰北岛罗托鲁瓦

网站：www.polynesianspa.co.nz **价格指数：**

根据毛利人的传说，大祭司加陀螺仪朗基在汤加里罗山之巅进行祈祷的时候，觉得寒冷无比，哈瓦基的诸神们便在地下深处燃起了熊熊火焰（在神话中，哈瓦基是毛利人的家乡）。然而，近期越来越多的科学研究表明，罗托鲁瓦剧烈的地热活动是由板块移动造成的。

一百多年来，为了这里冒泡的泥浆、滚烫的喷泉和炙热的矿泉池，游客们一直将罗托鲁瓦视为重要的景点。现在，波利尼西亚温泉已经把这些自然资源变成了休闲娱乐的绿洲。这里至少有26个热水矿泉池，许多池子都俯瞰着罗托鲁瓦湖。其中的牧师温泉池是以马奥尼牧师的名字命名的。1878年，这位牧师从唐朗格出发，徒步行进了50英里（80公里）才来到这里。他用双手挖出了一个水池，利用池水缓解了他的关节炎：弱酸性的池水可以有效地缓解肌肉疲劳、疼痛、关节炎和风湿病。

> “上升的水汽营造了梦幻的氛围，为之后的热泥面膜做好了完美的铺垫。”
>
> 《牧场和海岸》杂志

其他池子的水都呈弱碱性。这里有极度奢华的湖景温泉，你可以浸泡在温暖的水中，两侧有瀑布相伴。此处包含一间家庭水疗室、一间成人水疗室和只想与最亲近、最珍爱的人一起沐浴的私人水疗室。在治疗当中，会使用到新西兰出产的麦卢卡蜂蜜、猕猴桃和必不可少的罗托鲁瓦热泥。**PE**

在胡卡小屋酒店轻松享受
Unwind at Huka Lodge

地点：新西兰北岛陶波

网站：www.hukalodge.com **价格指数：**$$

从远处看去，这座低矮的战后建筑显得平淡无奇。隐藏在林间湖畔的大房子就像某个家族的夏季度假小屋。实际上，坐落在林间的僻静房子是世界上最优质、最奢华的酒店之一。胡卡酒店曾获得过无数个国际奖项，也曾招待过许多知名的客人，其中非常值得一提的是：英国女王伊丽莎白二世曾在此居住过五次。

毫无疑问，酒店的设计与装潢都十分别致，设施也十分齐全。无论是食物、服务，还是对于细节的关注，都达到了超凡的水平。因而住宿费用也相当之高。旅馆的20个房间均面朝着几码外的湖泊。许多客人在睡觉的时候会让巨大的玻璃门开着，聆听着怀卡托河的流水声。怀卡托河是新西兰最长的河，河水穿过热带雨林，向着附近的胡卡瀑布流去（胡卡在毛利语中是瀑布的意思）。

气氛放松的小屋将狩猎作为装饰的主题，挂在壁炉上的羚羊头、格子地毯、皮质沙发和木质地板无一不突显着这个主题。你可以在正式的饭厅中享用极好的晚餐，或是在湖畔挂满蕨类植物的私人餐桌上进餐，观赏鸭子摇摇晃晃地穿过草坪。

胡卡酒店坐落在新西兰北岛的中部，毗邻被青山环绕、清澈碧蓝的陶波湖。旅客可以自行前往陶波湖旅游，或是去近海的白岛看正在喷发的火山。当然，要去这两个地方，都需要乘坐直升机。在相同类型的酒店中，只有新西兰的酒店会为客人提供150英尺（45米）高的蹦极服务。除了在怀卡托上尝试蹦极，客人还可以参加刺激的蒸汽船之旅，从胡卡瀑布下面驶过。虽然没人知道女王陛下是否尝试过这些活动，但有人猜测她并未参加过任何一项活动。**SH**

住在树屋旅店
Stay at Treetops Lodge

地点：新西兰北岛丰盛湾

网站：www.treetops.co.nz **价格指数：**$$$

“树屋与原始生活旅店”拥有地球上最天然的野外景观。旅店位于2,500公顷的私人土地之中，四周的原始森林拥有800年的历史。这个生态旅店坐落在一个精心管理的游乐及野外生活居住地中，使用飞蝇钓法的渔民可以在七段溪流中掉到大量的野生鲑鱼。

作为这里的主人，约翰·萨克斯一生的梦想就是建造这座旅店。他花费了8年的时间与心血，终于建成了这座小屋。小屋位于罗托鲁瓦，这里不仅是毛利人生活的中心地带，还是世界上鲑鱼垂钓的中心城市。小屋的生态主义建筑风格继承了新西兰拓荒时期的精神。

> “树屋……是一个宁静且美丽的地方，与令人崇敬的美景有一种亲密的联系。”
>
> 维多利亚·豪姆伍德，《每日电讯报》

优质的菜肴也是树屋不可缺少的一部分。能力出众的大厨选取了最好的野味与当地食材，烹制出了美味且健康的菜肴，并佐以高品质的新西兰葡萄酒。树屋旅馆的野外活动有原地垂钓鲑鱼、游览4个湖泊，以及44英里（70千米）多长的徒步冒险之旅。其他活动则包括摄影远征、直升机游览、观赏瀑布的豪华徒步游和四轮驱动的驾车游。当然，你也可以选择躺下来聆听四周的自然之声。在微风之中，你或许会听到远处钓鱼者说话的声音，听到他们讨论“故去的人们”。**PS**

参观卡拉梅亚
Visit Karamea

地点：新西兰南岛卡拉梅亚
网站：www.karameainfo.co.nz **价格指数：**❶

卡拉梅亚位于公路的尽头，假如再向前行进，就只能见到灌木丛了。来到此地的游客大多数都是为了这些灌木丛，因为卡拉梅亚就坐落在希菲步行道的末端。长达50英里（80公里）的步道两侧是如画的风景：步道先是穿过卡胡朗吉国家公园，然后沿着海岸边的白色沙滩一路延伸下去。

如果愿意的话，大可舍弃长途跋涉，直接驾车在此游览，因为即使是通往卡拉梅亚的公路上，都充满了辉煌的美景。郁郁葱葱的植物组成了一顶绿色的华盖，面朝着长长的沙滩。泛着银光的海浪时常将漂流木冲到沙滩上。假如想在此留宿，可以选择终极度假酒店或卡拉梅亚村庄酒店。酒店的老板会为你准备好银鱼馅饼和当地的啤酒。

> “著名的希菲步行道是一条美丽而又崎岖的小径，卡拉梅亚就位于小径的起点（或是终点）。
>
> viewpoints.com

小小的卡拉梅亚是个慵懒的地方，但又有许多让活跃的人群参与的活动。皮艇运动就是其中的一项，此外还有河口观鸟活动，喜鹊、黑天鹅、都鸟和青鹭都住在河口中。即使不想走得太远，至少也要沿着美妙的希菲步行道小踱几步。在卡拉梅亚的尽头，高贵的尼考棕榈树高耸云端；沿着小路继续向前，映入眼帘的是海岸线旁泡沫翻腾的晶莹海水、交错的海湾和鹅卵石沙滩。**PE**

⇦ 虽然卡拉梅亚周围的风景会有所不同，未被破坏的沙滩却是总能见到。

住在隐谷山屋
Enjoy Hidden Valley Lodge

地点：新西兰南岛波鲁阿湖

网站：www.hiddenvalleylodge.co.nz　**价格指数：**$

1923年，新西兰灰谷后面建起了一座小木屋。1953年，木屋迁至波鲁阿湖外数英里的地方，此后的43年间，木屋一直充当着天主教小教区的教堂。直至1996年，小教堂被投入拍卖的时候，现在的所有者才将其买下。现在的木屋隐藏于一小片新西兰的蕨类植物之中，眺望着盛产鲑鳟鱼的波鲁阿湖。

木屋使用原生木料进行了大范围的内部修葺；为保留其原始风貌，彩色玻璃窗也未经改动。隐谷山屋最多可以容纳7位客人。在波鲁阿湖湖畔，游客们会感受到与世隔绝的完美景致。湖的一边为私人享有，另一边则由环境保护署管理。

> "木屋周围的丛林和山间常有野生赤鹿出没，山顶还有岩羚羊出没。"
>
> 隐谷山屋的经营者

钓鱼爱好者们来到这里，是为了波鲁阿湖及周边河流中的褐色鳟鱼。你也可以在湖中划橡皮船，这也是很受欢迎的活动之一，你可以看到许多鸟类，比如野鹅、食肉鹦鹉、天鹅和少见的白鹭。隐谷山屋为探索新西兰西海岸的崎岖之美提供了绝佳的住宿地。驾车从基督城出发，一路上会见到险峻的峡谷和巍峨的雪顶山峰。**BS**

在荒野旅店小憩
Stay at Wilderness Lodge

地点：新西兰南岛亚瑟隘口

网站：www.wildernesslodge.co.nz　**价格指数：**$

顶部盖有白雪的南阿尔卑斯山矗立在地平线上，高耸的山峰直插云霄。山下的怀马卡里里河蜿蜒流淌，就像一条银色的丝带。拥有了这样的景色，亚瑟隘口的荒野旅店俨然成为了顶级的生态度假胜地。

旅店建于1996年，雅致的木料和波状钢建筑与纯自然的森林空地交相辉映、相互融合。旅店的20个山景房间都采用适度的装修。出门便是壮美的风景，夸张的装潢只会变成无谓的干扰。4个阿尔卑小屋为游客提供了更为奢华的住宿环境。旅店隐藏于山毛榉树林中，所有房间都配有煤气取暖炉和可以远眺群山的温泉水疗。房间中没有电视或网络，真正吸引人的事物都在屋外。旅店位于6,000英亩（2,400公顷）的自然保护区中（这片土地同时也是绵羊牧场）。此处的主人安和盖瑞都是积极提倡保护自然资源的人士。除了这家旅店，他们在摩拉基湖南边还有一座原始的荒野旅店。

人们将旅店称为徒步旅行者的天堂，是因为周围分布着交错纵横的小径，等待着游人去探寻。穿梭在未遭损坏的森林中，可以呼吸到新鲜的空气，捕捉到铃鸟和食肉鹦鹉的身影。游客也可以自由选择其他短程路线，例如在附近的皮尔森湖上划独木舟，或是参加找寻南十字星座的夜晚观星之旅。

除此之外，你也可以前往附近的亚瑟隘口国家公园，在晶莹的湖水旁钓鲑鳟鱼，或者爬至山顶，围坐在高山草甸的花丛中野餐一顿。新西兰的景色不仅独特，还很多样，你可以上午躺在沙滩上休息，下午在雨林中徒步游览，次日再去攀登冰洞。**JP**

乘坐高山线的火车

Ride the TranzAlpine Train

地点：新西兰南岛基督城至格雷茅斯

网站：www.tranzscenic.co.nz **价格指数：**$

作为世界十大短途火车之一，高山线火车每天从东海岸的基督城出发，穿过南阿尔卑斯山，行至西海岸的格雷茅斯。尽管全程仅耗时4个小时，客人却能沿途欣赏到新西兰最为雄伟的景色。

高山线的火车依靠两节车头拉动，后面有九节乘客车厢和一节供应轻松小食与饮料的餐饮车厢。在最后一节的露天车厢中，还有供游客拍照留念的绝好平台。火车的行驶路线令人赞叹不已：穿越宽阔平坦的坎特伯雷平原，火车会沿着怀马卡里里河继续前进，越过5个被人们亲切地称作“楼梯”的高架桥后，火车就会到达亚瑟隘口的小村庄。在此之后，火车会沿着陡峭的山坡向下方的西海岸驶去，并穿越5英里长的欧蒂拉隧道。这条隧道穿过了世界上最坚硬的岩石（整个工程历时16年之久），堪称最伟大的工程之一。在140英里（224公里）的旅程中，火车还会穿过其他15条隧道。假如在亚瑟隘口国家公园徒步游览，也可以在那里登上火车。行至非利士山的时候，由于坡度很大，火车的速度会放慢不少。

沿着南阿尔卑斯山西面的斜坡向下行驶，就会穿越云雾缭绕的茂密森林。此处的景色与东面的平原和广阔的山石坡形成了鲜明的对比。欣赏了如此多的美景，自然会感到饥饿，那就别忘了在回程前品尝一下格雷茅斯布朗士菲尔德面包坊的肉饼。**BS**

“变幻的景色在峡谷迷宫中时隐时现……山谷被山毛榉树林环绕着。”

《卫报》

↗ 火车攀登托力士山脉的时候，秀美的景色甚至让人忘记了呼吸。

在哈普库旅店放松身心

Relax at Hapuku Lodge

地点：新西兰南岛凯库拉

网站：www.hapukulodge.com **价格指数：**$$

新西兰南岛的东海岸坐落着一家令人叹为观止的旅店——哈普库旅店。住在这里，感觉就像回到了家中。1982年，托尼·维尔森和哥哥迈克尔刚刚在旧金山海湾区设计了住宅，他们归来以后，与弟弟彼得和姐姐萨拉一起创建了维尔森协会，进而在家族的鹿苑中建造了这座最为先进的乡村旅店。占地120英亩（48公顷）的鹿苑俯瞰着芒咖毛努海湾的海水。

> "此处带给人们的总体感受是好玩与自然……关于海滩的梦想都能在这里实现。"
>
> 《Urbis》杂志

无论是种植1,000多棵橄榄树，还是制作绝好的菜单，哈普库旅店的一切始终由维尔森家族亲自完成。旅店的主要建筑中包含6间客房，此外还有5座奢华的树屋。这些树屋由钢梁支撑，外部铺有铜瓦和天然的涂层，其下就是麦卢卡的树林。在树屋中可以眺望到开阔的景色，比如凯库拉海向山脉的雪顶高峰和太平洋奔腾的海浪。

这里的树屋与质朴一词全然没有关系。屋内全部配有特大号的床和高级亚麻床单，家具都是用当地原生木材手工制作的。卫生间隐藏在绿色磨砂玻璃的后面；浴缸有大扇玻璃窗，透过私家的甲板可以看到海洋的全景。维尔森家族还会为每位预订房间的客人种下一棵原生的树木。截至今日，这里已经有11,000多棵树木了。**BS**

行走在福克斯冰川上

Walk the Fox Glacier

地点：新西兰南岛西部国家公园

网站：www.foxguides.co.nz **价格指数：**$

福克斯冰川是以19世纪新西兰总理威廉姆·福克斯爵士的名字命名的。到了夏季，这里每天都会接待1,000多名游客。位于新西兰南岛上的福克斯冰川是世界上最易到达的冰川之一。这条新西兰西海岸最长的冰川起自南阿尔卑斯山脉，一路向下延伸8英里（13公里），最终止于福克斯河。与世界上许多因全球变暖而消融的冰川不同，福克斯冰川自20世纪80年代中期开始，就以每天3英尺（1米）的速度增长着。之所以能够如此，主要是因为冰川奇特的漏斗形状。冰川的冰原（上层部分）与基督城一般大小；随着海拔变低，冰原越变越小，越接近海岸的冰原就越小。

在福克斯冰川上步行的方式很多，每种都会使人兴奋不已。你可以从低海拔处的再生灌木丛（从前也是冰川）抵达冰川，也可以去附近高海拔的地方乘坐直升飞机观光。穿上登山鞋，有经验的导游就会带领你走过冰洞、隧道和冰塔。他们会为你辟出冰道，帮助你找到穿越冰雪世界的道路。他们甚至会给予你协助，让你在攀冰工具和登山鞋尖头的辅助下攀爬冰山。一名导游可以带领4名游客攀爬几近垂直的冰山；攀登的时候，绳索和降落伞会保证你的安全，但肾上腺素还是会不受控制的一路飙升。在导游的带领下，你还可以沿着福克斯河谷向前行进，直至到达冰川表面。

福克斯冰川不仅是西部国家公园的一部分，也是联合国教科文组织指定的世界遗产区域。行走在冰川上，就等于续写了1928年福克斯酒店建成时开创的传统。**BS**

探访斯图尔特岛
Explore Stewart Island

地点：新西兰福沃海峡斯图尔特岛

网站：www.stewartisland.co.nz **价格指数：**

前往斯图尔特岛有两种方式，当地人如此说道：要不就得晕船一小时，要不就得经历20分钟的骇人高空旅程。福沃海峡将偏僻迷人的边界村庄与新西兰南岛分隔开来。这座海峡可谓是超乎寻常的波涛汹涌，所以从因弗卡吉尔起飞的航班总是充满了刺激，使人全然忘记了舒适性这回事。

在斯图尔特岛上游览总是需要一些勇气的。岛上大约只有400个居民，大多数人都居住在奥本镇中。长约450英里（725公里）的海岸线中，公路只占其中的12英里（19公里）。岛上85%的土地都归拉奇欧拉国家公园所有，其间遍布无数条山中小径，数量比那些想要来探索的热情步行者还要多。走完80英里（128公里）的环路，需要花费10至12天。体力稍差的游人可以选择2至3天就可走完拉奇欧拉路。

> “在这个岛上，最可能见到的就是新西兰独有的无翼鸟。”
>
> 凯西·马克思，《独立报》

无论选择耗时几日的马拉松，还是耗费几小时的散步游览（有导游陪同），在斯图尔特岛上，你都会沿着无人海滩前行，穿过当地长满了茂密蕨类植物和娇嫩兰花的芮木泪柏和卡马希树林。斯图尔特岛上的鸟类也十分有名；与大陆相比，岛上的捕食者也比较少。橄榄色鹦鹉、长尾小鹦鹉、蜜雀和铃鸟都栖息在这里，并在黎明破晓时引吭高歌。在近海的地方，不仅能见到信天翁、鸬鹚、小蓝企鹅，还会时不时地见到稀有的黄眼企鹅。**PE**

游遍马当省
Visit Madang Province

地点：巴布亚新几内亚马当

网站：www.pacificislandtravel.com **价格指数：**

马当原本是一座风景如画的小镇，在二战时期几乎被摧毁殆尽。后来经过重建，小镇成为了巴布亚新几内亚最受海外游客欢迎的主要景点之一。这里常被人们称为南太平洋上最美丽的小镇。小岛俯瞰着多个岛屿，其中许多都是活火山岛屿。值得骄傲的黑色沙滩与大陆上最为原始的白色沙滩形成了鲜明的对比，崎岖的群山则被热带雨林覆盖。

该地区也因水下世界闻名遐迩，此处的海域可与美丽的红海和大堡礁相媲美。令人眼花缭乱的珊瑚花园中生活着无数的生物，清澈海水中的壮美陡坡吸引着世界各地的潜水爱好者，那些喜爱人造建筑残骸的游客更能大饱眼福，保吉亚（马当省北部）附近的水域中就有二战期间遗留的34艘沉船。沿着海岸行进，还能找到小部分沉船和飞机，但主要的景观还是内陆湿地和阿尔卑斯山脉的牧场。海滩上方布满了香草、椰子树、可可等植物，位于背倚着陡峭悬崖的马当海湾则拥有整个南太平洋最令人赞叹的港口。

虽然拥有秀美的自然风光和完善的基础设施（也有许多迷人的海边景区），巴布亚新几内亚仍然没有变成一个彻头彻尾的旅游地。熙熙攘攘的街头市场陈列了许多商品，这些商品的客户群依然是当地居民，而非国外游客。这种清新淳朴的氛围与美丽的景色相互结合，共同创造了一个远离喧嚣的完美居所。**DaH**

探寻瓦图莱莱岛
Discover Vatulele Island

地点： 斐济瓦图莱莱岛

网站： www.sixsenses.com　**价格指数：** $$$

斐济的私人茅草屋或“bure”（斐济语，意为茅屋）隐藏在海边的丛林中，刚到岛上的游客会在此住上一段时间。摆脱了时差的影响，他们决定考验一下瓦图莱莱岛度假村的内部交流水平。要是有什么需求（无论想要什么），只要在白色沙滩的旗杆上升起一面属于自己的旗子，身穿制服、赤着脚丫的服务生就会迅速跑过来为客人点单。从冰镇法国香槟到新鲜的海鲜小吃，岛上的菜单涵盖广泛，旗杆上的旗子也是嗖嗖地上升下降，一刻不停。

暗礁旁有饱受赞誉的潜水和浮潜区域，但是最能代表小岛特色的还是那些闲散的时光。赤脚的银行家和度假的名人们放弃了别墅中的烛光晚餐，选择在中央开放式的茅屋中和人们一同就餐。萦绕在整个小岛间的是协作与可持续性的环保精神。此处的建筑本土气息浓重，厨房用的都是刚从海边捕上来的海鲜和自家有机花园出产的新鲜食材。与其他奢华的度假村所不同的是，瓦图莱莱岛的员工不会称呼游客为“先生”或“女士”，而是直呼名字。

在斐济机场乘坐小型飞机，经过25分钟难忘的飞行，最后降落在植被中开辟出来的跑道上，面带笑容的村民们会聚集在此欢迎客人的到来。愤世嫉俗的游客或许会询问他们这样做是否能获得报酬，而村民们总是一脸疑惑地回答：“我们只是这么做，只是想表达欢迎而已。”**SH**

⇦ 顶级的奢华享受和海边流浪者一般的不拘小节相互融合，将瓦图莱莱岛变成了顶级的度假村。

在科思雷岛划独木舟
Canoe at Kosrae Island

地点： 密克罗尼西亚科思雷岛

网站： www.kosraevillage.com　**价格指数：** $

科思雷岛是密克罗尼西亚最不发达的岛屿之一。位于美国关岛东南部的科思雷岛是加罗林群岛中最东端的岛屿。这座小岛还有一段令人印象深刻的航海历史：要知道，现在驶入的这片海域，包含了许多人艰辛的历史。

首先，第一个千年中，在岛上定居的应该是来自瓦努阿图马绍尔群岛的航海者。他们是该地最初的探险者，也是最勇敢的探险者。几百年后，小岛成为了鲸鱼群、商人和海盗经常光顾的地方。据说，19世纪南海上声名狼藉的海盗布利希斯在岛上埋藏了宝藏。

> “参加观赏珊瑚的潜水运动，学会在水中迂回前进……然后再品尝用椰叶熏制的旗鱼。”
>
> 《国家地理》

一般说来，坐船是探寻小岛的很好方式，无数的深潜和浮潜游览也会前往暗礁，但是真正有趣的还是岛屿南面的尤特维-瓦隆海洋公园。你可以划着传统的独木舟，在受到保护区的红树林水道上观赏独特的森林和生态系统。在水面上可以见到雨林中的古老石头，若是去往无人的海滩，甚至可以一窥布利希斯遇难的船只。慢慢划动船桨，还能到达岛上徒步不能到达的地方。你还能到达一些拥有清澈水域的地方，你可以在此浮潜并观赏生机勃勃的珊瑚。**LD**

在爱都莫爱那放松休闲
Unwind at Etu Moana

地点：库克群岛艾图塔基岛

网站：www.etumoana.com **价格指数：**SS

来到艾图塔基岛的乡村机场，你可能会暗中怀疑自己是否失足跌入了天堂。这座简单的机场与现代世界完全隔离开来，优美的本土音乐和手工花环那令人晕眩的香氛萦绕在空气中。驾车开出一小段距离，就能到达爱都莫爱那度假村了。这个精品度假村坐落在库克群岛最大的环状珊瑚岛上。

只有8幢别墅的高级度假村坐落在风景极佳的地方，周围就是太平洋清澈、温暖的环礁湖和长长的白色细沙海滩。每幢波利尼西亚风格的别墅都配有真正的茅草屋顶和暴露在外的原木，屋内则放满了柚木家具和崭新的亚麻制品。别墅外还有一个私人小花园和一个乘凉的阳台，宽敞的阳台中配有奢华的户外家具。度假村的老板和员工都心情愉悦，认为没有什么值得烦恼的事。私人泳池被火山岩和斑斓的花园环绕，客人可以在此享用精美的早餐。泳池旁还有一个酒吧。离度假村只有几步的地方，坐落着岛上最棒的几家餐厅。来客可以在烛光中品尝当地博采众长的美味菜肴。你可以选择在自己的浪漫小屋中休息，也可以选择感受小岛的生活，在天堂般迷人的小岛上探寻水中和陆地的多样文化。**JH**

> "爱都莫爱那度假村中生长着超凡的植物。事实上，这里的花园无比美丽，令人迷醉不已。"
>
> 伊冯娜·万·登根，《倾听者》杂志

在波拉波拉泻湖水疗度假酒店放松
Relax at Bora Bora Lagoon Resort and Spa

地点：波拉波拉岛莫图沙岛

网站：www.boraboralagoon.com **价格指数：**SSS

在这片如天堂般的小岛上，空气中弥漫着木槿花浓郁的香气，原始沙滩的边缘处布满了棕榈树，亚当和夏娃来到这里，一定有种回到家中的感觉。波拉波拉泻湖水疗度假酒店坐落在与世隔绝的莫图沙岛上。这座岛屿矗立在青绿色的晶莹泻湖上，其实是古老火山遗留下来的部分碎片。

小岛上既没有公路和村庄，也没有夜生活，游客只能义无反顾地闯入悠闲的奢华世界。来到度假村后，客人可以住在波利尼西亚风格的小屋中。小屋的屋顶由露兜树的叶子铺制而成，内部配有光滑的木质装潢。度假村有44个建于支柱上的水上小屋，每间屋子都配有一个带有玻璃罩的咖啡桌，以供客人观赏海洋生物或给其喂食。

酒店的水疗室面朝着海滩，被进口浴池、瀑布和百合花围绕。来到这里，可以享受到更多的宁静。去治疗室按摩之前，不妨先泡个椰奶浴或鲜花浴。治疗室建于引人注目的木屋之中，位于两棵巨大菩提树的荫蔽之下。治疗师使用的都是波利尼西亚的产品，这些产品混合了当地的植物、花朵和水果，对皮肤和头发都大有益处。来度蜜月的新婚夫妇可以在双人按摩间一起接受治疗，然后享受异国情调的雨水淋浴。如果厌倦了出神的相互凝视，酒店内还设有淡水泳池，其深度足以用来练习潜水。其他活动则包括浮潜、皮划艇、喂食鲨鱼的短途旅行和日落巡航等。**JK**

→ 波拉波拉岛上的死火山无疑是地球上最好的景致之一。

在塔哈岛休息

Relax at Le Taha'a

地点：法属波利尼西亚塔哈岛

网站：www.letahaa.com **价格指数：**$$$

这里超越了任何热门的蜜月旅行地。塔哈岛私人岛屿水疗酒店坐落在法属波利尼西亚晶莹的海水旁，是个最为隐蔽的度假胜地。花朵形状的小岛位于大溪地西面143英里（230公里）的珊瑚环礁上。在绵延的山脚下，生长着由当地农民种植的西瓜、香草和椰子。度假酒店周围环绕着极小的岛屿和美丽的沙滩。

岛上有12座既美观又宽敞的沙滩别墅，每栋别墅都采用传统的波利尼西亚装饰风格，不仅配有私人泳池，还装有木质地板和茅草屋顶。如果想体验别样的乐趣，可以选择住在水上套房。你可以整日在珊瑚花园中浮潜，一览泻湖和波拉波拉岛的壮美景观，也可以沉浸在非同凡响的马尼亚水疗中。水疗室位于蜿蜒的小湖和泻湖之间，隐藏在椰树林的树荫之中，该建筑全部由自然材料建筑而成，以保证与环境完美地融合在一起。此外，千万别忘了感受一下使用纯自然润肤油和精油的按摩与治疗。

无论做什么，都无法逃离空气中浓郁的香草芬芳，这就是属于传统大溪地生活的香气。虽然只是太平洋上的一座小岛，这里却从来都不缺少绝好的美食。在小岛中央的树林中，有一家名叫欧西里的隐蔽餐厅。这家餐厅十分不错，你可以在此享用精致的美食，同时欣赏大溪地的传统舞蹈。这必定会令人欣喜若狂。**AD**

→ 海滩洋房内都配有私人泳池和热带花园，外围则被石墙环绕。

与维珍银河的飞船一起上太空

Fly into Space with Virgin Galactic

地点：太空　**网站**：www.virgingalactic.com　**价格指数**：ⓈⓈⓈⓈ

“为了成千上万具有开拓精神的航空旅行者，我们将越过‘最终边界’变为了现实。”

威尔·怀特霍恩，维珍银河总裁

↑ 图中是“白骑士”和“太空船1号”，即太空舰及其母舰。

→ 面对这样的景色，任何文字都显得苍白无力。想象一下，若是向客舱外看去，就能见到此等景致，该有多么震撼。

想象一下快速穿过最为神秘莫测的地带、穿过每晚都能看见却极少有人触及的黑色太空。想象一下乘坐着维珍奥德赛太空船，穿越群星的情景。据说，这些飞船会留下不可磨灭的印记。想象一下极致的避世之地，想象一下那些极少有人去过的地方。这是库布里克式（著名导演，曾执导《2001太空漫游》）的奇妙幻想，但年轻的宇航员却有机会去探索地球外的空间。

在这个世界中，极少有人类尚未触及的地方。在新型的商业航空竞赛中，名列前茅的是理查德·布兰森的旗舰飞船。两名驾驶舱的飞行员和其他5名太空冒险者会与你一同乘坐飞船。这些同伴都来自美国新墨西哥州罗斯维尔市附近的宇航基地。这座基地的首席设计师是一名非比寻常的天才——菲利普·斯塔克。在冲向天空，穿梭星海，到达太空的过程中，就会感受到失重的感觉。这是场没有重力、颠覆信仰的冒险之旅，虽然整个旅程仅耗时两个半小时，却能对你产生延续一生的影响。

完成了3天的训练，各项工作已准备充分。但从根本上来说，无论做些什么，都无法让你做好准备。跟随着太空探险家和冒险者的步伐，看着天空变体从蓝色变为淡紫色，又从靛蓝变为黑色。当你慢慢上升滑入银河系的时候，就好像被地球抛弃一般，被吞入了可怕的无声世界。

一直以来，这都是一项为少数人保留的特权运动。尽管花费高达20万美元，并丝毫没有降价的可能，这趟旅行却代表着人类的过去、未来和所有的未解之谜。未来的探险已经将“飞越北极光”纳入了计划之中，谁又知道哪一天，我们或许都能飞上太空，体验一次逃离尘世的极致之旅呢？**VG**

总索引

目的地索引

M

N

O

P

撰稿人

（AD）Angela Dewar是一位旅行作家兼摄影师，曾周游四方。她是印度及远东地区的专家，为英国和美国的旅行指南、游客及旅行杂志提供帮助。

（AM）Andy Moss是一位旅行作家，取材地为英国。

（BS）Barry Stone是一位旅行作家，工作中心在澳大利亚悉尼。他酷爱旅行，与他人合著了许多地理、历史及建筑方面的书籍。他的游记已在澳大利亚的一些主要报刊上发表，包括悉尼的《太阳先驱报》《堪培拉时报》。

（CD）Christabelle Dilks将阿根廷视为自己的避世之地，二十年前因马尔维纳斯群岛战争爆发，仓促撤离那里。1982年，她与家人居住在靠近潘帕斯草原的地区，与一位阿根廷人坠入爱河。2002年，她重返阿根廷并再次爱上这里的野外风景和善良的居民。现在，阿根廷仍是她的梦想之所。

（CK）Carol King是一位自由作者，工作中心是英国伦敦和意大利西西里岛的一个小城。她曾在西班牙马德里以及阿根廷布宜诺斯艾利斯居住过。出于对旅游的热爱，她曾在乌干达追踪过猩猩，攀登过斯里兰卡的亚当峰，参观过波兰的盐矿，还在古巴吸过雪茄。

（CM）Chris Moss在阿根廷居住十年。他的作品《巴塔哥尼亚：一部文化史》于2008年出版。

（CFM）Caroline Mills担任杂志编辑十二年、自由作家两年。她专门研究跨越整个欧洲的旅行，特别是那些不为人知的地方和园林。她向英国多个出版物供稿，包括《法国杂志》《泰晤士报》《实用房车》《法兰西杂志》以及《英国食品》。米尔斯目前正在创作另一本旅行书籍。

（CR）Claire Rigby是一位英国作家兼编辑。他曾在多国居住，包括中国香港、科威特、巴西以及美国。她目前在阿根廷工作，并担任《Time Out's Buenos Aires for Visitors》的编辑一职。

（CSJ）Caroline Sylger-Jones是一位温泉疗养专家，著有《身体与灵魂的逃脱》以及《身体与灵魂的逃脱：英国与爱尔兰》。她定期在报纸和杂志发表评论和特写，包括阿联酋的《国家报》英国的《每日电讯报》《泰晤士报》《卫报》《康德纳斯特旅游者》《漫游癖》《红》以及《心理》。Jones的工作中心在德文郡，在西南海岸的小路上漫步是她最快乐的时光。

（CW）Chrissy Williams是英意混血儿，曾周游世界。她曾为众多英国旅行出版物和组织供稿，包括《意大利杂志》《红色佛罗里达导游》《婚礼和蜜月》以及葡萄牙商会。

（DA）David Atkinson是一位旅行作家，工作中心在英国切斯特。他向英国的《观察家报》《星期日电讯报》以及《每日快报》供稿，著有《玻利维亚：布拉特旅游指南》。他在《漫游癖》上发表的玻利维亚特写，曾获得2008年拉美旅游协会（LATA）年度文章。www.atkinsondavid.co.uk

（DaH）David Hutter出生于德国，少年时期曾短暂居住在英国和法国。中学毕业后迁居意大利学习经济学，但成绩平平，无果而终。两年后，他搬到英国，并在米都塞克斯大学学习创意写作和宗教研究。他的足迹遍布欧洲、中东、亚洲及澳大拉西亚。他现在是一位自由作家兼编辑，工作地点在伦敦。

（DN）Daniel Neilson是一位自由记者兼旅行指南编辑。他在多家杂志发表过文章和照片，包括《442》《CNN旅行者》以及《The Wire》，他还为《Time Out》编辑了五期指南。

（EP）Eleanor Parkman在英国报刊《观察家报》以及其他刊物上发表过自己的旅行经历。她居住在都灵时遇见了自己的丈夫，现在夫妇二人住在伦敦，育有二女。

（GC）Greg Clarke是一位澳大利亚作者，定期向澳大利亚及亚洲杂志供稿。他曾居住在伦敦东区，这也对他在《星期日泰晤士报》的工作提供了帮助。不旅行或不写作的时候，他的女儿就会带他出外游玩，一同寻找家附近的精灵。

（GMD）Giles MacDonogh以前住在巴黎，十五年来一直为《金融时报》撰写豪华旅游地的介绍性文章。他也是食品饮料方面的权威人士，担任世界葡萄酒大奖赛德国奥地利地区的评审主席。他也向许多刊物供稿，包括《泰晤士报》《卫报》《旁观者报》和《新政治家》，最近更多在《立场》上发表文章。1988年他获得格林菲迪特别奖。著有13本作品，大部分内容有关德国。

（HA）Helen Arnold是一位旅行、美食、饮品记者，有17年多的经验。她向多领域报刊杂志供稿，包括《观察家报》《高尚生活》《苏格兰周日报》《旅行周刊》《妇女与家庭》《家庭圈》《葡萄酒及烈酒周刊》《天下美食》以及《夏娃》。她也为公司客户写作，包括东方快车集团、易捷航空公司和通济隆旅行社。1992年她开始环球旅行，为期一年，此后就一直热衷于旅行。她曾住在中东地区的阿曼，后来与丈夫孩子一起定居伦敦。

（HO）Helen Ochyra是一名自由旅行作家。她曾居住在加利福尼亚，如今工作中心在伦敦北部。她现在向多家刊物供稿，包括《卫报》《观察家报》以及《Time Out》。

（IA）Ismay Atkins是一位旅行作家兼编辑，工作中心在英格兰康沃尔西部。她为一些刊物撰写有关旅行的文章，包括《独立报》《旅行导览》和《Time Out》，并定期为《Time Out》杂志的指南编辑书籍。由于她长久以来喜爱拉丁美洲，所以曾经居住在哈瓦那，墨西哥农村以及布宜诺斯艾利斯。

（JA）Jane Archer是一名自由旅行记者，而且是英国著名的漫游作家。她在网络版《电讯报》上有个每周专栏，在许多刊物上发表文章，例如《每日电讯报》《房屋与园艺》《康德纳斯特旅游者》。

（JC）Joe Cawley是一位获奖的旅行作者，工作地点为加那利群岛的特内里费岛。他向许多刊物供稿，包括《星期日泰晤士报》《纽约邮报》及《康德纳斯特旅游者》。他的第一部作品《番茄酱多于莎莎酱》于2007年被英国作家协会评为“最佳旅行叙述类作品”。

（JD）James Durston已经在许多刊物上发表文章，包括《旅行周刊》《独立报》以及《每日快报》。他在东非度过了性格形成期，并在日本生活了一年，最近两年则一直试着不要爱上印度，但这种努力是徒劳的，他现在依然住在孟买市中心。

（JED）Judy Darley是一位英国旅行作家，向《葡萄牙杂志》《希腊杂志》以及《意大利杂志》多个刊物投稿。在成为自由作家之前，她是《西班牙家居杂志》的特写编辑。她最近刚完成了自己的第一部小说。

（JDA）Jess Darby曾是英国广播公司杂志记者（向《夏娃》和《素菜美食》供稿），后来转为自由特写作者。她在性格形成期去过许多地方，例如伊比沙岛、津巴布韦和爱尔兰。后来她定居伦敦西南部，有三段感情生活，养了一只叫迪格比的狗。

（JF）Joe Fullman是一位拥有十多年经验的旅行作家，在此期间为许多重要的国际旅行指南出版社供稿，包括《旅行导览》《寂寞星球》《A.A.》以及《卡多根》。他不仅为哥斯达黎加、伯利兹城、伦敦、英格兰、巴黎、柏林、威尼斯以及拉斯维加斯撰写过旅游指南，也为意大利、土耳其、中美洲以及加勒比地区撰写过旅游指南。他目前的工作中心在英国伦敦。

（JH）Jane Hannon于2007年第一次在旅游选集《我的文胸中有更多沙子》发表了自己的短篇小说，也向《心理》杂志供稿。现在她是一位自由作者，工作中心在埃塞克斯郡。她做过24份工作，在34个国家游历过，曾经在纽约和澳大利亚工作居住。

（JK）Janine Kelso的工作中心在英国伦敦，向《旅行周刊》以及许多女性杂志供稿。她在拉丁美洲旅行过九个月，从此特别喜爱拉丁美洲，她还专门研究加勒比地区以及波兰。大学时代，她曾在美国纽约、科罗拉多以及马里兰州生活且工作了两个暑假。她的旅行线路中经常包括极限运动，例如攀岩、冲浪、滑雪或花样跳伞。

（JP）Jacqui Paterson是一位旅行和特写记者，15年间一直为新西兰、澳大利亚以及英国的报刊杂志撰稿。她曾跳伞降落在昆士兰北部的海滩上，蹦极越过赞比亚的赞比西河，并在北极圈的冰雪间游泳。

（JS）Jessica Stone是在迈阿密的美籍古巴家庭中长大的，她后来前往纽约学习新闻。她已经向多家国际刊物提供过稿件，包括《纽约时报》《泰晤士报》《卫报》以及《男性健康》。Ripelondon.com网站记录了她在伦敦收养家庭中的饮食与约会行程。

（JW）James Williams是一位旅行作家，工作地点在伦敦。他专门研究希腊，并为许多的英国杂志供稿。他已经周游世界，从遥远的热带岛屿到希腊雅典的隐蔽岛屿，全部都有他的足迹。

（KF）Kathryn Farmer在一家法律出版社工作了十五年，后来因孩子年幼就辞去了工作。现在是一名自由作家，为一些英国刊物供稿。

（LB）Lydia Bell目前生活在英国伦敦，是《时尚芭莎》的旅行编辑副手。她曾在苏格兰、英国、希腊、印度和澳大利亚居住（或者逗留了）几个月。

（LC）Lucia Cockcroft在《旅行导览》的邀请下环游了西班牙。她还是《豪华旅游杂志》的西班牙语作家。她最近也向《身体与灵魂》供稿，并在《易捷飞行》和《海外生活杂志》上发表作品。

（LD）Laura Dixon为时尚杂志和旅行刊物写作，内容涉及时尚、旅行以及潮流。她为l-escape.com网站撰写精品旅馆评论，并在《星期日泰晤士报旅行杂志》《星期日快报》《商务生活》以及其他刊物上发表过特写。她是英国旅行作家协会的会员。

（LGS）Lisa Gerard-Sharp是一位获奖记者兼旅行作家，曾经居住在巴黎、布鲁塞尔、罗马和托斯卡纳。尽管目前以伦敦为工作中心，但大部分时间还是用于旅行，以及为《时尚》杂志筹集特写素材（她本人也是该杂志的记者）。她也为英国国内的报纸杂志以及国外的刊物供稿。

（LJ）Lisa Johnson曾在比利时布鲁塞尔《通讯报》担任了三年艺术作家，随后转到旅行领域，并继续使用自己的语言（法语、德语、西班牙语）撰写作品。她现在一直在英国伦敦工作，并已经向多家刊物供稿，包括《康德纳斯特旅游者》《房屋与园艺》《红》《标准晚报》《卫报》《旁观者报》以及《每日邮报》。

（LM）Linda McCormick是新闻网站Environmental Graffiti的资深作家兼编辑，也是EcoTravelLogue.com网站的内容编辑。她曾周游各地，在澳大利亚定居过一段时间。虽然她一直威胁说要搬去西班牙的巴塞罗那，但是如今仍然住在英国伦敦。

（LP）Lisa Pollen是位富有经验的记者，工作地点为英国伦敦。她专门研究豪华旅行和名流市场。她原来是《明星推荐！》，也就是《当红明星》的特写编辑，现在则为多家刊物供稿，包括《每日快报》《当前》《渐进》《她》以及各种航班杂志。

（ML）Martin Li热衷于到世界著名的山区探险，探索当地文化。他著有《印加足迹》，一本关于穿越安第斯山脉追寻印加帝国兴衰的行记。他还著有《苏格兰探险导游》。

（MN）Mari Nicholson是一位获奖的旅行作家，以怀特岛为工作中心。她的作品曾由重要的出版社发表，包括《卫报》《泰晤士报》《英国广播公司历史》《漫游癖》，以及重要的航班杂志。她是网上旅行杂志www.suite101.com东亚地区的特写作者。

（NB）Nick Bruno是英国-意大利记者，他往返于苏格兰和意大利，为多家刊物撰稿并提供照片。他的新书《那不勒斯与阿马尔菲海岸》已由“足迹”出版。

（NS）Nicola Smith是一位自由记者，工作地点为英格兰的康沃尔。她为许多家刊物撰写过旅行特写，包括《泰晤士报》《新西兰世界》《海岸》以及《今日康沃尔》。

（OM）Olivia Mackinder是一位旅行作家，也撰写有关生活方式的作品。她在出版物、网络以及电视上都发表过作品。她是N.L.P.的工作者，现今在英国着手建立自己的疗养中心。

（PE）Polly Evans是一位获奖旅行记者，工作中心在伦敦。他为多家刊物供稿，比如《星期日独立报》《漫游癖》《康德纳斯特旅游者》以及《美食与美酒》。她也创作了五本旅行书籍，包括《与西班牙小菜无关》以及《疯狗与一个英国女人》。

（PS）Paul Sullivan是一位以柏林为工作中心的作家兼摄影师，专门研究旅行与音乐。他的文章曾发表在多家刊物上，包括《独立报》《观察家报：音乐月刊》《欧洲飞行》《国家地理音乐》以及英国广播电台的杂志等等。他创作的旅行作品包括《一位享乐主义者的柏林导游》《马拉喀什和布拉格》《意大利小憩》《凉爽法国露营》以及《凉爽欧洲露营》。

（RB）Rory Brogan是一位英国记者，曾周游南美洲。

（RCA）Rowena Carr-Allinson已经在多国杂志上发表过文章，比如《多伦多星报》、伦敦的《地铁》《世界时尚之苑》《时尚芭莎》《精彩OK!》等等。她从布宜诺斯艾利斯出发，途径毛伊岛和莫斯科，最后到达曼谷。虽然游览了那么多地方，她却难以决定到底该定居在法国还是英国。
www.carrallinson.com

（RS）Richard Siddle是一位英国的获奖商业记者。他曾是《旅行周刊》的编辑，如今则以《葡萄酒及烈酒周刊》编辑的身份周游世界。

（RsP）Roger St.Pierre是一位旅行作家兼广播员，在漫长而精彩的职业生涯中，他去过的国家已经达到了125个，他现在还在继续旅行。他已经出版了33本作品，包括一些畅销旅行指南和关于自行车和音乐的书籍。

（SB）Sam Baldwin特别擅长撰写与日本、冒险、冬季运动有关的文章，特别是鲜有人去的地方。他是SnowSphere.com网站的编辑，不仅为《卫报》《苏格兰人》以及旅行指南《足迹》供稿，还是许多滑雪以及滑雪板杂志的专栏作家。

（SD）Sally Dowling是一位自由旅行作家，工作地点为英国。她定期向《轻松时刻》以及相关杂志供稿，2006年获得访美媒体旅行奖。她擅长寻找具有纪念意义的旅馆以及独特的度假胜地。
www.sallydowling.co.uk

（SG）Si Gray曾担任英国城市导游指南《渴望旅行》的编辑，并以此展开写作生涯。他曾去过50多个国家，并在jamieoliver.com网站上建立博客，发表了自己对于流行美食旅行的特写评论。现在他正筹划着增加内容以便出书。

（SH）Simon Heptinstall是一位英国作家、记者兼广播员。成为旅行作家的第一年，他就去了23个国家。有一次甚至创造了一天访问最多国家的世界纪录（他访问了12个国家）。然而，他最后选择的隐蔽居所，却是英格兰威尔特郡郊区的一个村庄边缘。

（SM）Shona Main是设得兰郡人，开始是《杰基》杂志的流行乐编辑，也干过与法律政治相关的工作，但是业绩平平，后来又转回新闻业。她在苏格兰和意大利之间往返，最新著作是《威尼斯及威尼托足迹指南》。

（SoH）Solange Hando是一名职业旅行作家。她曾获得许多奖项，并为世界上多种类型的刊物供稿。她是英国旅行作家协会以及英国旅行作家组织的成员。

（SP）Sudi Pigott十分热衷于美食，并四处游览以获得新的美食体验。索迪的文章主要涉及美食和餐馆，多家国际刊物也邀请他旅行并撰稿，其中包括《时代周刊》《金融时报：如何旅行》《高尚生活》《百夫长》《美味》以及《美食指南》。

（SWa）Sue Watt是一位自由旅行作家，工作地点在伦敦。受到迟来的非洲大陆休学旅行的影响，她的主要写作对象是非洲。她定期向《非洲旅行杂志》供稿，并在《卫报》等英国刊物和意大利杂志上刊登过文章。

（SWi）Stephanie Wilson还是教师的时候，大部分的假期都用来周游欧洲以及土耳其，后来他辞去教师的工作，专心从事旅行写作。

（TL）Tim Locke的作品涉及诸多题材，比如国家公园、徒步旅行、英国许多地区、欧洲铁路旅行，以及新英格兰和泰国的指南。他也是可持续环保旅行的顾问和《精品酒吧指南》的编辑。

（TM）Teresa Machan已经在20多本环球旅行刊物上发表了文章，包括国家报纸、指南和杂志。很幸运的是，她一直住在香港。在继续环球之旅的同时，她也会定期返回亚洲。

（TW）Tina Walsh是一名专门研究旅行和生活方式的自由记者。她曾在《卫报》《星期日泰晤士报》《每日邮报》以及其他刊物上发表文章。她也为多林金德斯利公司出版的《目击指南》系列丛书供稿。

（VG）Victoria Gill是一名作家和广播员，也是英国第五频道、史密斯夫妇网站和《星期日泰晤士报》等媒体的记者。她热衷于环球旅行，居住在伦敦海格特区，撰写的《菲斯城景点》于2009年出版。

（WG）Wendy Gomersall在《每日邮报》工作了十年，于2000年转为自由工作者。如今，她作为一名自由旅行作家，为许多报纸杂志以及网站供稿，包括《星期日邮报》、TravelMail.co.uk、英国旅行社协会的杂志，以及《苏格兰人》。她也向《每日邮报》《天下美食》《卫报》以及其他当地的报纸和国际杂志供稿。

图片来源

Every effort has been made to credit the copyright holders of the images used in this book. We apologize for any unintentional omissions or errors and will insert the appropriate acknowledgment to any companies or individuals in subsequent editions of the work.

2 Johnny Stockshooter / Photolibrary.com **20** Little Good Harbour **22** Pep Roig / Alamy **24** Inn on the Lake **25** Stefan Wackerhagen **26** AlaskaStock / Photolibrary.com **27** Buddy Mays / Alamy **29** Clayoquot Wilderness Resort **30** Poets Cove **31** Mowgli Frere / Frere Images **32** All Canada Photos / Alamy **34** Fairmont Chateau **36** Baker Creek Chalets **38** AndrC Kedl **39** AndrC Kedl **41** All Canada Photos / Photoshot **45** John Shaw / Photoshot **47** Michael S. Lewis/Corbis **48** Sundance **51** The Point **54** Wave Hill Gardens **55** Gramercy Park Hotel **56** Waldorf-Astoria and Waldorf Towers **58** Della Huff / Alamy **60** East Brother Light Station **62** Calistoga Ranch **63** Spa Vitale **64** Philip Lee Harvey / Getty **68** Radius Images / Photolibrary.com **71** All Canada Photos / Photoshot **73** Cody Duncan / Alamy **75** Mii Amo **76** Mowgli Frere / Frere Images **77** MI Sinibaldi / Photolibrary.com **80** The Setai **85** Rod McLean / Alamy **86** Kevin Spreekmeester / Photolibrary.com **88** David Muench/Corbis **89** Peter French / Photolibrary.com **90** nik wheeler / Alamy **92** Esperanza Resort **93** Las Ventanas Al Paraiso **94** Blaine Harrington III / Alamy **96** One&Only Palmilla **98** Cuixmala **102** Hemis / Alamy **103** M. Timothy O'Keefe / Alamy **104** Esencia **107** La Lancha **108** Nitun Reserve **111** Blancaneaux **112** Stephen Frink Collection / Alamy **115** Mowgli Frere / Frere Images **116** Christabelle Dilks **118** Bob Stefko / Getty **122** IML Image Group Ltd / Alamy **125** Musha Cay **126** Parrot Cay **128** Danita Delimont / Alamy **130** Alex Bartel / Photoshot **133** Rolf Nussbaumer / Alamy **134** The Caves **137** Biras Creek **138** Jean-Marc Lecerf (Ocean Images) / Photoshot **140** Rodger Klein / Photolibrary.com **143** La Samanna **144** Tom Bean/Corbis **147** Tim Larsen-Collinge / Photoshot **148** Rock Cottage **150** Jade Mountain **153** Jean-Marc Lecerf (Ocean Images) / Photoshot **154** Charlie Knight / Alamy **156** Palm Island **157** L'Anse aux Epines **161** Pies Specifics / Alamy **162** Jose Enrique Molina / Photolibrary.com **164** Arco Digital Images / Tips **165** Rosemary Calvert / Photolibrary.com **167** Andoni Canela / Photolibrary.com **169** Vidler Vidler / Photolibrary.com **170** Hotel Monasterio **173** Jason Rothe / Alamy **176** Image Brokers / Photoshot **178** De Agostini / Photoshot **179** Worldwide Picture Library / Alamy **180** Interfoto / Alamy **185** Villas de Trancoso **186** Fasano Hotel **188** Robert Harding Picture Library Ltd / Alamy **190** Frédéric Soreau / Photononstop / Tips **193** Ponta dos Ganchos **194** Frédéric Soreau / Photononstop / Tips **197** Sunset / Tips **198** Elqui Domos **200** Secret Ranchito **201** Hemis / Photoshot **203** Cephas Picture Library / Alamy **205** Christabelle Dilks **207** Martin Harvey / Photoshot **209** Javier Etcheverry / Alamy **210** Eduardo Longoni/Corbis **212** Christabelle Dilks **214** Estancia El Colibrí **219** Faena Hotel **221** Christabelle Dilks **223** Christabelle Dilks **225** Christabelle Dilks **227** Ismay Atkins **229** David Tipling / Photoshot **230** Castello di Vicarello **233** blickwinkel / Alamy **235** StockPile Collection / Alamy **236** Gregory Gerault / Photolibrary.com **238** Danita Delimont / Alamy **240** Blue Lagoon **243** Chad Ehlers / Tips **244** Hotel Kakslauttanen **246** Snow Castle **248** Finland Tourist Board **250** Arctic-Images/Corbis **251** Hans Strand/Corbis **252** Nordic Light Hotel **255** Yasuragi **256** Frank Chmura / Alamy **261** OJPhotos / Alamy **262** Park Hotel Kenmare **264** Temple County retreat **267** John Warburton-Lee Photography / Alamy **268** Ard Nahoo **269** O fabulous **271** Belle Isle Castle **272** Radius Images / Alamy **275** Derek Croucher / Alamy **276** Rua Reidh Lighthouse **278** Paul Glendell / Alamy **281** Alistair Petrie / Alamy **285** Hebridean Princess **286** The Witchery **289** james jagger / Alamy **291** Steve Peake, St. Curig's Church **292** Eco Retreat **295** Mint Photography / Alamy **296** Les Gibbon / Alamy **299** Roger Coulam / Alamy **303** Le Manoir **304** Oxford Picture Library / Alamy **307** The Victoria **311** james kerr / Alamy **313** Ellen Rooney / Photolibrary.com **314** Terry Williams / Getty **316** Alamy **319** SenSpa **322** Royal Crescent Hotel **325** Lundy Island Tourism **328** ImagesEurope / Alamy **331** Marc Hill / Alamy **332** way out west photography / Alamy **334** Arco Digital Images / Tips **338** Liz Garnett / Alamy **341** Island of Rugen **342** Carsten Koall/Stringer / Getty **345** **68**images **68**images / Photolibrary.com **348** Bildagentur RM / Tips **351** Martin Rugner / Photolibrary.com **353** imagebroker / Alamy **356** Camille Moirenc / Photononstop / Tips **358** Yann Guichaoua / Tips **359** Arco Digital Images / Tips **361** Steve Vidler / Photolibrary.com **365** S.Nicolas / Photolibrary.com **367** TTL Images / Alamy **368** Bateau Simpatico **371** Roy Rainford / Photolibrary.com **375** Picture Contact / Alamy **376** Tristan Deschamps / Tips **379** Hemis / Photoshot **380** Robert Harding Picture Library Ltd / Alamy **383** Yann Guichaoua / Tips **384** A. Demotes / Tips **387** Jupiter Images / Agence Images / Alamy **389** Les Fermes de Marie **392** Marion Bull / Alamy **397** Emmanuel Lattes / Alamy **399** Papilio / Alamy **400** Abbaye de Sainte Croix **402** tbkmedia.de / Alamy **405** Hemis / Photolibrary.com **406** Le Couvent des Minimes Spa **408** Horse and Ventures **412** Arco Digital Images / Tips **417** Piotr & Irena Kolasa / Alamy **419** Dumrath Dumrath / Photolibrary.com **421** imagebroker / Alamy **422** Liebes Rot-Fluh Hotel **425** Corbis / Photolibrary.com **426** Bella Tola **427** The Lodge **428** Riffelalp Resort **431** Lisa Pollen **433** Daniele Comoglio / Alamy **434** CuboImages srl / Alamy **437** Brian Lawrence / Photolibrary.com **438** L'Albereta **441** Vigilius **442** Roy Rainford / Photolibrary.com **444** Bauer Palladio **446** David Noton Photography / Alamy **449** Mark Bolton / Photolibrary.com **453** Silwen Randebrock / Photolibrary.com **457** Arco Digital Images / Tips **459** The Travel Library Limited / Photolibrary.com **460** Todi Castle **463** La Posta

Vecchia **465** Sue Watt **467** Sextantio Albergo Diffuso **468** Vito Arcomano / Alamy **471** Regina Isabella **475** Solange Hando **476** La Masseria San Domenico **479** Bruno Morandi / Photolibrary.com **480** JTB Photo Communications / Photoshot **484** Juan Carlos Munoz / Photolibrary.com **486** ROBIN SMITH / Photolibrary.com **488** Gonzalo Azumendi / Photolibrary.com **490** Westend61 / Photoshot **491** Hostal Sa Rascassa **492** Gavin Hellier / Photolibrary.com **497** The Travel Library Limited / Photolibrary.com **498** Visual&Written SL / Alamy **503** Parador de Ubeda **504** Image Brokers / Photoshot **507** Ignasi Rovira / Photolibrary.com **509** Hemis / Photoshot **511** Imagesource / Photolibrary.com **514** Hoopoe Yurt Hotel **516** Jesus Sierra / Photolibrary.com **518** Parador de Granada **521** Canabi Hugo / Photolibrary.com **524** Abama **527** David Robertson / Alamy **531** Michael Howard / Photoshot **532** John Ferro Sims / Alamy **535** Mark Edward Smith / Tips **537** Michael Krabs / Photolibrary.com **541** Ruth Tomlinson / Photolibrary.com **543** Cephas Picture Library / Alamy **544** Reid's Palace **546** MIXA Co. Ltd. / Photolibrary.com **549** terry harris just greece photo library / Alamy **550** Jon Arnold Images / Photolibrary.com **553** Raga Raga / Photolibrary.com **555** Matthew Smith / Alamy **556** Max Stuart / Alamy **557** Elixir Spa **559** Photononstop / Tips **560** Terry Harris Just Greece photo library / Alamy **562** R Matina / Photolibrary.com **564** Elounda Peninsula **566** Andrea Matone / Alamy **571** Jon Sparks / Alamy **572** Johnny Greig Travel Photography / Alamy **573** Pucic Palace **574** Villa Dubrovnik **576** Croatian National Tourist Board **578** CuboImages srl / Alamy **581** Wilmar Photography / Alamy **583** Richard Nebesky / Photolibrary.com **586** blickwinkel / Alamy **589** Jan Wlodarczyk / Alamy **591** Padaste Manor **592** Ellen Rooney / Photolibrary.com **595** Aflo Co. Ltd. / Alamy **596** Wolfgang Kaehler / Alamy **599** Wolfgang Kaehler / Alamy **601** Wolfgang Kaehler / Alamy **602** Shompole **605** Maison M.K. **607** Amanjena **608** Ethel Davies / Photolibrary.com **611** Caravanserai **612** john Angerson / Alamy **616** Alan Keohane **619** TTL Images / Alamy **621** Sylvain Grandadam / Photolibrary.com **623** Egyptian Tourist Authority, Gardel Bertrand/hemis.fr **624** Body Philippe / Photolibrary.com **629** Andrew Plumptre / Photolibrary.com **631** Pepeira Tom / Photolibrary.com **632** Shompole **634** J Marshall - Tribaleye Images / Alamy **635** Greystoke Mahal **637** Craig Lovell / Eagle Visions Photography / Alamy **638** Chumbe Island Coral Park **640** Selous Project **642** Demelza Cloke / Alamy **645** Azura **646** Reinhard Dirscherl / Photolibrary.com **648** JL Photography / Alamy **651** Nigel Dennis / Photolibrary.com **653** www.namibweb.com, the online guide to Namibia and Elena Travel Services **655** John Warburton-Lee / Photolibrary.com **656** Abu Camp **658** Photononstop / Tips **660** Steve Vidler / Photolibrary.com **665** Earth Lodge **669** Ariadne Van Zandbergen / Alamy **671** Thanda Reserve **672** Rovos Rail **676** Bushman's Kloof Wilderness Reserve & Retreat **678** Kurland Hotel **681** Robert Cundy / Photolibrary.com **685** Le Prince Maurice **686** Trevor Neal / Alamy **689** Shanti Andana Maurice Spa **691** Labriz Aquum Spa **693** Sunset / Tips **694** Denis Island **695** Cousine Island **697** Frégate Island Private **698** The Sarojin **700** Farasan Islands Tourism **701** FotoLibra **703** Paul Thuysbaert / Photolibrary.com **704** Widmann Widmann / Photolibrary.com **706** Amanda Hall / Photolibrary.com **707** Martin Kreuzer / Photolibrary.com **709** isifa Image Service s.r.o. / Alamy **711** Hemis / Photoshot **714** Hanan Isachar/Corbis **717** Hanan Isachar / Photolibrary.com **719** Jon Arnold Images Ltd / Alamy **722** Images&Stories / Alamy **724** Robert Harding Picture Library Ltd / Alamy **727** Anatolian Houses **729** Andrea Pistolesi / Tips **732** Renato Valterza / Photolibrary.com **735** Dennis Cox / Alamy **736** Michele Falzone / Photolibrary.com **739** Indiapicture / Alamy **740** Luciano Mortula / Alamy **743** Image**100** / Photolibrary.com **747** Brand X Pictures / Photolibrary.com **750** Samode Haveli **755** John Henry Claude Wilson / Photolibrary.com **756** Fort Chanwa **757** Mark Hannaford / Photolibrary.com **761** John Henry Claude Wilson / Photolibrary.com **762** Dave Pattison / Alamy **767** Ben Pipe / Alamy **768** Noah Seelam/Stringer / Getty **770** Kathleen Watmough / Aliki image library / Alamy **772** Shreya's **776** Sarah Dawson **779** Richard Ashworth / Photolibrary.com **780** Douglas Peebles Photography / Alamy **783** Amangalla **784** Angela Dewar **786** Helga's Folly **788** Eye Ubiquitous / Photoshot **790** Hotel Dhonakulhi **793** One&Only **794** Horizon International Images Limited / Alamy **797** Look Die Bildagentur der Fotografen GmbH / Alamy **798** Royal Geographical Society / Alamy **801** Uma Paro **802** Tony Waltham / Photolibrary.com **807** Red Capital Club **808** Susan Seubert / Photolibrary.com **813** Adina Tovy / Photolibrary.com **814** Jia **817** Camel Lodge **819** Bruno Morandi / Photolibrary.com **821** Zao Onsen **822** Demetrio Carrasco / Photolibrary.com **825** JTB Photo / Photolibrary.com **826** Kuba Noto / Alamy **829** Boe Oote / Photolibrary.com **830** Hiiragiya Ryokan **833** Four Seasons Tented Camp **835** Orient Express **837** Sukhothai **840** Chiva Som **842** The Sarojin **844** Kamalaya **846** Tongsai Bay **849** Amanpuri **853** Rob Henderson / Photolibrary.com **855** Résidence Phou Vao **857** Six Senses Resorts & Spas **859** Jtb Photo / Photolibrary.com **860** Amanpulo **864** Giles Robberts / Alamy **867** Robert Francis / Photolibrary.com **869** David W. Hamilton / Tips **871** Tony Waltham / Photolibrary.com **872** Amanjiwo **875** Lisa Pollen **878** Michael Freeman/Corbis **880** Le Taha'a **882** Indian Pacific **885** FotoLibra **887** Bamurru Plains **888** Roberto Rinaldi / Photolibrary.com **891** Daintree Ecolodge and Spa **893** Iconsinternational.Com / Alamy **894** Qualia **897** aeropix / Alamy **899** Jochen Knobloch / Photolibrary.com **903** Yann Guichaoua / Tips **904** Old Leura Dairy **908** David Messent / Photolibrary.com **910** William Robinson / Alamy **912** Poltalloch Station **914** Southern Ocean Lodge **917** Cradle Mountain Lodge **919** Alistair Scott / Alamy **921** Eagles Nest **924** Mollies **928** Jim Harding / Photolibrary.com **931** TranzAlpine Train **934** Vatulele Island **937** Bora Bora Lagoon Resort **939** Le Taha'a **940** Virgin Galactic **941** Virgin Galactic

致谢

Quintessence would like to thank the following picture libraries, and in particular the individuals named:

Tim Kantoch/Photolibrary.com

Tim Harris/Photoshot

Katja Rowedder and Charles Montgomery/Tips

Maria Kuzmin/Alamy

Gwyn Headley and Yvonne Seele/FotoLibra

John Moelwyn-Hughes/Corbis

Hayley Newman/Getty

Quintessence would also like to thank the following individuals for their assistance in producing this book:

Helena Baser

Robert Dimery

Rebecca Gee

Lucinda Hawksley

David Hutter

Fiona Plowman